JN432242

이창희 교수 정년기념논문집

세법학 연구의 좌표 1995~2025

이창희 교수 정년기념논문집 간행위원회

박영사

이창희(李昌熙) 교수

발 간 사

백 제 흠(법무법인(유) 세종 대표변호사)

세법학의 큰 기둥이신 서울대 이창희 교수님께서 올해로 정년을 맞이하시게 되었습니다. 교수님께서 수십 년간 조세법 학계와 실무계에 남기신 공로와 그 깊은 뜻을 기리고자, 문하생들은 존경과 감사의 마음을 담아 정년기념 논문집 『세법학 연구의 좌표 1995~2025』를 발간하게 되었습니다.

이창희 교수님께서는 서울대학교와 동국대학교에서 법학과 경제학을 전공하시고 1982년부터 로펌과 회계법인에서 조세와 국제거래 분야 실무 경험을 쌓으셨습니다. 1991년 미국 하버드 로스쿨에서 박사학위를 취득하신 후 미국 로펌에서 국제조세 업무를 수행하시다가 1995년 귀국하시어 학계에 몸담으셨습니다. 그 이후 30년 동안 교수님께서는 연구와 교육에 헌신하시며 우리 세법학의 학문적 토대를 다지고, 수많은 후학(後學)들을 길러내어 오늘날 학계와 실무계의 중추적인 전문가들로 성장시켜 주셨습니다.

교수님이 귀국하실 당시, 국내 세법학계는 연구자와 연구성과 모두 부족하고 연구방법 또한 외국 논문의 단편적 소개에 머물러 있었습니다. 그럼에도 교수님께서는 후학들에게 "세법을 모르고는 결코 훌륭한 법률가가 될 수 없다"는 지론(持論)을 설파하시며 세법학 전반에 걸쳐 굵직한 주제를 깊이 있게 탐구하셨습니다. 이제는 그 헌신적인 노력이 결과를 맺어 다수 조세법 학회가 쟁점과 논의를 주도하고 활발한 학술활동을 수행하고 있으며 연구자들의 저술 수준 또한 비약적으로 향상되어 오늘의 학문적 토양이 마련되었습니다.

교수님께서는 정치철학과 헌법 이론, 경제학·회계학 등 인접 학문을 아우르는 폭넓은 관점을 바탕으로 세법학을 다층적(多層的)·입체적으로 탐구해 오셨습니다. 또한 10년에 이르는 실무 경험을 바탕으로 조세 입법, 조세소송, 조세심판 등에 지속적으로 참여하시며 학문과 실무의 유기적 결합을 실천해 오셨습니다. "학문은 관념의 놀이가 아니고 법은 하늘에서 뚝 떨어진 것은 아니다"라는 교수님의 지론대로의 행보를 보여주셨습니다.

특히 국제조세 분야에서의 연구는 우리나라 학계의 위상을 한 단계 끌어올렸습니다. 교수님의 하버드 박사학위 논문은 자본수입국인 대한민국의 국익을 극대화하기 위해 국제조세 제도가 어떠해야 하는지를 다룬 것으로, 이미 연구의 출발부터 공공성과 현실성이 담겨 있었습니다. 이후 "국제조세조정에 관한 법률과 조세정책", "조세조약 해석방법", "고정사업장의 과세", "이전가격 세제의 회고와 전망", "외국납부세액공제 제도의 제 문제", "국외투자기구에 대한 실질귀속자 특례" 등 국제조세 실무와 학문을 아우르는 다수의 역작(力作)을 남기셨습니다. 2015년 출간된 『국제조세법』은 이 분야의 지침서이자 후학들의 필수서로 자리매김하였습니다.

또한, 교수님께서는 하버드 대(大), 뉴욕대, 도쿄대 등 세계 유수 대학에서 국제조세와 조세정책을 강의하시며 한국 세법의 학문적 수준을 전세계에 널리 알리셨습니다. 2018년 개최된 IFA 세계연차총회에서는 대주제인 "Withholding tax in the era of BEPS, CIVs and the digital economy"의 총괄 보고자(General Reporter)를 맡아 글로벌 조세 논의의 중심에서 한국 학계의 위상을 높이셨습니다.

교수님께서는 통일적 법질서의 하나로서의 국내 세법의 기틀을 잡는 작업에도 심혈을 기울이셨습니다. 그 대표적 사례로 상속세·증여세 완전포괄주의 입법에 참여하여 헌법적 정합성(整合性)을 확보하는 데 중요한 역할을 하셨습니다. 법인세 분야에서 "합병의 과세 문제", "조합 및 회사의 설립과 자본 출연" 등 다수의 논문을 발표하셨고 2000년에는 『법인세와 회계』를 저술하시어 소득 개념에 대한 비교법적·경제학적 분석을 결합한 참신한 시각을 제시하시기도 했습니다. 또한 국세기본법, 조세정책, 조세쟁송법 등 제반 조세법 분야에 대한 연구뿐만 아니라, 소비세 분야에서도 "부가가치세법의 기본 구조", "금융·보험업의 부가가치세" 등 논문을 발간하셨으며, "부동산 보유세제의 회고와 전망", "취득세에 있어서 취득의 개념" 등 지방세 분야까지 학문적 지평을 확대하는 등 국내 세법 체계의 정립에 크게 공헌하셨습니다. 이러한 연구성과들이 집약된 『세법강의』는 2001년 초판 이후 23판에 이르기까지 세법학 연구자와 실무가들의 필독서로 자리하며 지난 사반세기(四半世紀) 세법학의 방향을 제시하는 든든한 나침반이 되어 왔습니다.

무엇보다도 교수님께서는 후학 양성에 남다른 정성과 열정을 쏟으셨습니다. 지도교수로서 하나하나 제자들의 사정을 살피며 세심하게 논문을 지도하셨고, 학문적 성장뿐 아니라 큰 무대에서 제자들이 활동할 수 있도록 따뜻한 조언과 격려를 아끼지 않으셨습니다. 주말에도 청년 조세전문가들의 학술모임인 YIN, 조세미래포럼에 참여하시어 논의를 이끌어 주신 일화는 청년 연구자들에게 오랫동안 기억될 것입니다. 교수님께서는 제자들에게 조세법 배움의 신세계를 알려주고 조세법학의 미래를 밝혀 주신 진정한 사표(師表)이셨습니다.

수많은 업적과 공로가 켜켜이 쌓여 오던 30여 성상(星霜)의 세월이 흘러 어느덧 이창희 교수님께서 정년 퇴임을 하시게 되었습니다. 교수님의 학문적 열정과 공헌을 기리고자 문하생들이 헌정하는 본 논문집 『세법학 연구의 좌표』는 서울대 윤지현 교수님 이하 간행위원회의 여러 분들이 장기간 기획하고 주도하여 마련된 것으로, 조세법 총론, 소득과세, 국제조세, 부가가치세, 상속·증여세의 다섯 분야로 구성되었으며 총 19편의 논문이 수록되었습니다. 이 논문들은 19명의 문하생들이 각자의 연구영역에서 담아낸 깊은 성찰의 결과물로서, 교수님께서 일구어 오신 한국 세법학의 현주소와 미래를 함께 보여주는 뜻깊은 성과입니다.

이제 교수님께서는 비록 정든 강단을 떠나시지만, 앞으로도 학계와 실무계의 정신적 지주이자 세법학계의 큰 어른으로서 계속 가르침을 주시리라 믿습니다. 급변하는 글로벌 조세 환경 속에서 학문적 통찰과 실무 경험을 겸비하신 교수님의 혜안(慧眼)은 새로운 학문적 연대와 산학(産學) 협력의 지평을 여는 든든한 초석이 될 것입니다.

그동안 공적 영역에서 분주한 세월을 보내신 교수님께서는 이제는 다소 여유로운 여정 속에서 강건하신 모습으로 가족과 기쁨을 함께하시고 후학들에게 지혜와 가르침을 베풀어 주시는 행복한 시간들이 이어지기를 진심으로 기원합니다.

서 문

대표 편집자 윤 지 현(서울대학교 법학전문대학원 교수)

이 책은 서울대학교 법과대학과 법학전문대학원의 세법 교수로 봉직(奉職)하다가 2025년 8월 말에 정년을 맞아 퇴임하신 이창희 선생의 그간의 경력과 연구 업적을 기리는 의미에서 기획된 것이다. “그동안 선생이 세법의 전 영역에 걸쳐 중요한 연구 업적을 남긴 논점을 추려, 선생의 제자들이 쓴 글을 모아 정년 퇴임의 시점에 맞추어 출간한다”는 것이, 한 문장으로 줄인 이 책의 기획 의도라고 할 수 있다. 그리하여 이 책에는 모두 19편의 글을 모았으며, 이들을 조세법 총론(總論), 소득과세, 국제조세, 부가가치세, 그리고 상속·증여세의 다섯 영역으로 나누어 차례대로 수록하였다. 각자의 일로 바쁜 가운데 기획에 흔쾌히 동참하여 글을 보내 준 저자(著者) 분들, 특히 기획과 편집 작업에 동참하여 준 다른 간행위원들에게 이 자리를 빌려 감사드린다.

이 책에 수록된 각각의 글의 논의 대상은 어느 정도 이창희 선생의 연구 분야나 업적을 감안하여 선정되었기 때문에, 이 글들 중에는 이창희 선생의 연구 업적을 중심으로 글을 풀어나가는 것도 있고, 그와는 다소 무관하게 현 시점의 학계(學界)나 실무계(實務界) 상황, 또는 저자 개인의 이해와 주장을 주로 다룬 것도 있다. 물론 이창희 선생의 연구 관심사가 워낙 다방면에 걸쳐 있었고 선생의 연구 업적은 늘 그 영역에서 가장 새롭고 적확(的確)한 시각을 담고 있었기 때문에 어느 방향의 글이든 간에 해당 분야를 분석하고 논의하는 글로서는 의미가 있으리라 생각하고, 또 그렇기 때문에 기획과 편집의 과정에서 일부러 이러한 다양성을 존중하였음을 독자 여러분께 일러둔다.

제1부의 제목인 ‘조세법 총론’은 엄밀하게 말해 그 의미가 반드시 분명한 명칭이 아닐지 모르지만, 개별 세법에 국한되지 않는 일반적 논의를 담은 글들을 여기에 모았다.

그 첫 번째 글은 헌법 전공자인 성균관대 교수 서경미 선생의 "위헌심사 기준으로서 실질과세 원칙에 대한 비판적 검토 — 헌법재판소 결정을 중심으로"이다. 이창희 선생은 "조세법 연구 방법론"이라는 제목 아래 세법의 해석 방법론을 풀어간 2005년의 글 — 아래 김성환 변호사의 제2장과, 조경준 변호사 등의 제5장에서도 논의의 중요한 소재로 등장한다 — 에서 실질과세 원칙을 다룬 바 있고, 이 원칙이 세법의 해석·적용의 대원칙이라는 지위에서 종종 충돌한다고 여겨지는 조세법률주의 역시 이창희 선생이 연구 생활 초기에 극히 중요한 저작을 남긴 소재이다. 이 글에서 서경미 선생은 오랜 기간 헌법재판소 헌법연구관으로 일한 경험을 살려, 헌법재판소가 헌법재판의 과정에서 실질과세 원칙을 어떻게 이해하고 활용하는지, 헌법재판소의 판례를 중심으로 살펴보았고, 그 결과 초창기의 일부 결정례에서 나타나는 오해와 달리 실질과세 원칙이 헌법 차원의 효력을 가진 법 원칙이 아니며 또 될 수도 없음을 분명히 한다. 그리고 이에 덧붙여서, 십 수 년 전 헌법재판소와 대법원 사이의, 또 한 번의 격렬한 충돌을 낳았다는 점에서 주목을 받은 어느 사건 역시 조세법률주의의 바탕 위에서 간단하게나마 살펴보고 있다.

제2장은 김성환 변호사(법무법인(유) 광장)의 "세법 해석 방법론 — 엄격해석 원칙의 극복 방안"이다. 이창희 선생의 "조세법 연구 방법론"의 내용을 훑어 나가는 한편으로, 우리나라 법원과 학계에 널리 퍼져 있는 도식적(圖式的)인 해석 방법론 — 이른바 '엄격 해석의 원칙'이라는 수사(修辭)로 대표되는 — 을 특히 필자 개인의 실무 경험에 비추어 비판의 대상으로 삼고 있다. '엄격 해석'의 미신(迷信)에서 벗어나서 다른 모든 법 영역에서 그러하듯이 다양한 방식의 해석을 시도할 필요가 있고 이때 해석을 지도하는 이념은 결국 효율과 공평, 그리고 나라의 경제 정책이라는 것이 이창희 선생의 오랜 지론(持論)인데, 김 변호사 스스로가 짧지 않은 직업적 경력에서 바로 그러한 '미신'이 만연한 분위기 속에 악전고투(惡戰苦鬪)를 거듭하여 왔기 때문에 그러한 결론이 더 무게감 있게 다가오는 것이 아닌가 한다. 다른 한편 이 글은 '해석 방법론'에 덧붙여서, 이창희 선생이 "조세법 연구 방법론"에서 다루었던 '입법 방법론'에도 언급하고 있는데, 이는 아래 제2편 제5장의 논의에서도 다른 저자들이 활용하고 있는 내용이다.

제3장은 윤준석 판사의 "조세소송과 그 소송물을 어떻게 이해할 것인가?"이다. 이창희 선생은 조세절차법, 특히 쟁송법에 크게 관심이 없었으리라 속단하기 쉽지만 실제로 주저(主著) 『세법강의』 중 쟁송법 관련 부분은, 실체법에 관한 부분만큼이나 정확하고 참신한 통찰과 이해로 가득 차 있다. 그 중에서도 납세의무의 개념이나 단위와, 실제 소송에서 다툼의 대상이 되는 행정처분의 개념을 연결시키고, 이를 바탕으로 이른바 총액주의와 흡수설의 연관성을 명확히 규명하는 부분은 읽을 때마다 감탄이 절로 나온다. 윤 판사의 이 글은, 납세의무의 성립·확정 단계로부터 시작하여 취소소송의 대상이 되는 부과처분의 개념, 그리고 그 취소소송에서 이루어지는 심판의 범위와, 그에 관한 논의를 뒷받침하는 소송물 이론 등 관련된 쟁점들을 『세법강의』의 관련 부분을 충실하게 따라가면서 서술한다.

제2부에는 넓은 의미의 소득세, 그러니까 소득세와 법인세를 논의 대상으로 삼아 쓰인 글 일곱 편을 모았다.

이 책의 체계에서 제4장에 해당하는 첫 번째 글은 필자(筆者)의 것으로서 소득세의 '인적(人的) 과세단위'를 논의한다. 이 글은 2000년대 초반 헌법재판소가 이른바 '부부 자산(資産) 소득의 합산(合算) 과세'를 규정한 소득세법 조항을 위헌으로 결정한 사건과 관련을 맺는다. 부부 합산과세가 헌법의 혼인과 가족 제도 보장에 관한 규정에 어긋난다고 본 이 결정에 이창희 선생은 즉각 가장 강력한 반대 의견을 개진한 세법학자였고, 이 글에서 소개되어 있듯이 이창희 선생은 실제로 헌법재판소의 '실무연구회' 모임에 참석하여 흔치 않게 격렬한 논쟁을 벌이기도 하였다. 이 글은 과거의 논쟁을 세법 이론의 시각에서 다시 한 번 돌아보고, 이론적 약점에 불구하고 확립된 현재의 판례가 현행 세제에까지 계속 미치고 있는 영향을 평가하면서 결국 이창희 선생의 비판론이 지금도 여전히 유효함을 확인하는 내용이다.

제5장은 조경준(법무법인(유) 광장)·이정렬(법무법인(유) 세종), 두 변호사와 윤준석 판사의 3인이 함께 집필한 "금융소득과세의 현황과 전망"이다. 앞에서 특정 대상에 관한 이창희 선생의 연구 성과를 개관하는 것만으로도 그 대상 항목

에 관한 우리 세법학 ― 때로는 외국의 세법학까지 ― 의 현황과 성과를 충분히 살펴보는 셈이 될 수 있다고 언급하였지만 세 사람이 공저자(共著者)로 나선 이 글 역시 그러한 진술이 참임을 잘 보여주는 사례이다. 이 글은 선생의 경력 초기인 1990년대부터 최근인 2010, 2020년대에 이르기까지 국내외에서 발표한 연구 성과들을 하나씩 살펴보면서 우리나라의 금융소득 과세 상황을 국내법과 국제조세 측면에서 각각 설명해 나가고 있다. 특히 기존의 세법학 연구 경향과 달리, 선생이 역사적·경제학적·비교법적 도구를 광범위하게 동원하고 적재적소(適材適所)에 자유롭게 활용하면서 선생만의 주장을 설득력 있게 펼친 것에 주목하면서 (제2장의 김성환 변호사의 글과 마찬가지로) 세법 연구 방법론이라는 측면에서 우리 학계·실무계에 가져온 긍정적 영향 역시 별도의 평가 대상으로 삼고 있다. 이 글이 결론 짓고 있듯이, 금융소득의 과세를 둘러싼 논의는 아직도 현재 진행 중이거니와, 이 글에 언급된 이창희 선생의 글들을 다시 읽으면서 이 논의가 꼭 필요로 하는 과학적이고 논리적인 접근방식이 어떤 것인지 엿볼 수 있지 않을까 생각한다. 다른 한편으로 이 글은 선생이 연구 경력의 비교적 초기에 발표한, 그리하여 지금은 어쩔 수 없이 많이 잊혀 지다시피 한 많은 저작들의 존재를 다시 우리에게 일깨워 준 것만으로도 그 가치가 높다.

국무총리실 조세심판원의 곽상민 변호사는 제6장 "양도소득세에 있어 '양도'의 의의 및 범위"를 집필해 주었다. 이 글은 우리 소득세제에서 실현주의를 구현하는 주요 제도적 도구라 할 수 있는 양도소득세에서 '양도' 개념이 가지는 의미를 실무적인 해석론과 소득세 이론의 두 차원에서 폭 넓게 풀어내고 있다. 저자의 서술대로 양도소득세가 일반인들에게 상당히 친숙한 세금인 만큼 선례가 많이 쌓여 있는 이 영역에서, 저자는 특히 소득세법의 '양도' 개념이 민사법의 그것과 분명히 구별되어 규정되어 있는 이상 그 해석론에서 민사법적 시각을 탈피할 필요성 ― 이 역시 이창희 선생의 지론이기도 하다 ― 을 글의 군데군데에서 강조하고 있으며, 세법 고유의 양도 개념에 따라 양도소득세 납세의무가 성립한 뒤, 정말로 일정한 민사법적 사건이 발생한 결과 납세의무를 소멸시켜야 할 만한 사정변경이 생겼다면 이는 국세기본법이 정하는 '후발적 사유에 기한 경정청구'를 통하여 해결하면 될 것이라고 주장한다. 이는 2010년대에 들어와서 대법원이 일부 사건에서 취한 입장과도 일맥상통하는 데가 있다. 끝으로 이 글은 상속 재산을 양도한 다음 유류분(遺留分) 반환의무가 이행된 경우의 양도소득세 문제라는 특이한 논점을 어느 실제 사건의 사실관계에 터 잡아 살펴보고, 소유권이 이전되는 다양한 상황에서 '양도' 개념을 일관성 있게 적용하는 일이 이처럼 쉽지 않을 수 있음을 다시금 보여주며 마무리한다.

제7장은 현재 미국 뉴욕의 '카르도조 로스쿨'(Benjamin N. Cardozo School of Law)에서 세법 교수로 있는 김영란 선생이 태평양 너머에서 보내온 글로서, '실현주의의 세법적 의미'라는 제목을 달고 있다. 실현주의는 방금 언급한 제6장에서도 언급되었고, 또 이어지는 제9장 역시 특히 법인세의 맥락에서 이 문제를 다루지만, 김영란 선생의 이 글은 100여 년 전 '아이스너 대 매컴버'(Eisner v. Macomber) 판결을 내어 놓음으로써 이를테면 실현주의의 원조(元祖)가 된 미국 연방대법원의 최근 '무어'(Moore) 판결을 논의의 시작점으로 삼아 미국과 우리나라, 그리고 유럽 제국(諸國)을 넘나들며 실현주의가 소득세제에서 어떤 의미를 가지는 것으로 받아들여지고 있는지를 검토한다. 실현주의가 소득 개념을 구성하는 필연적 요소라거나 헌법 차원의 법원칙이라기보다는, 행정 편의에 따라 통용되어 온 기술적(技術的) 입법 태도에 불과하다는 논의 자체는 이창희 선생의 저작에서 이미 충분히 드러나 있지만, 요즘 여러 나라의 상황을 소개한 부분이나, 특히 '직접세'(direct tax)의 주 별(州別) 배분을 요구한 헌법 조항 — 19세기 말 미국 연방소득세의 도입을 20여 년 지연시킨 구실이 된 바로 그 조항이다 — 이 최근의 새로운 화두인 '부유세'(wealth tax)의 도입에도 장애가 되면서 그 불완전한 대안으로서 미실현이익의 과세, 곧 실현주의의 폐기가 미국에서 논의되고 있다는 설명은 우리나라 연구자들에게도 퍽 흥미롭게 다가온다.

제8장은 강원대 교수 김석환 선생의 "법인세의 본질 — 법인세제 개혁의 이상과 현실"이다. 아마도 이 책에 실린 글 중 가장 폭 넓고 근본적인 주제를 다루고 있을 이 글은, 법인세의 존재이유에서 시작하여, 법인세의 귀착(歸着, incidence), 소득세와 법인세 간의 '통합'(integration), 소비세의 소득세에 대한 우월성을 둘러싼 논쟁, 그리고 '소비지의 현금 흐름에 기반'한 새로운 법인세(destination-based cash-flow tax)나 '경제적 지대(地代, economic rent)'에 대한 법인세를 향한 세제 개편 논의 등, 하나하나 극도로 중요하지만 이해의 난도(難度)가 매우 높은 주제

들을 짧은 글 한 편 안에서 전부 개관(槪觀)하고 있다. 김 선생이 글의 말미에 언급하고 있듯이, 이 많은 중요 주제들의 대부분이 기실 이창희 선생의 『세법강의』에 모두 언급되어 있다는 것이 놀랍기도 한데, 아무튼 이러한 개관 후 저자는, 이와 같이 많은 사람들의 지적(知的) 성과가 오랜 기간 집적되었음에도 불구하고 막상 현실의 법인세제 개편에 영향을 미치지 못하는 이유가 무엇일지 되돌아보고 장래를 향한 약간의 전망도 덧붙이고 있다.

제9장은 방진영 변호사(법무법인(유) 태평양)의 "법인세와 손익의 귀속시기"이다. 이창희 선생은 서울대학교 법과대학에 부임한 지 얼마 되지 않은 2000년에 『법인세와 회계』라는 연구서 단행본을 출간할 정도로 이 주제를 깊이 파고들었는데, 이 글은 발생주의와 실현주의, 그리고 권리확정주의라는 개념들의 내용과 상호 관계를 명확히 한 선생의 연구 업적을 회고하는 한편, 그러한 논의의 틀 아래에서 『법인세와 회계』 출간 이후 20여 년이 지난 현재의 법제나 판례의 해석론, 그리고 제한된 범위에서나마, 앞으로 권리확정주의 중심의 체계에서 벗어나 시가(時價) 평가나 그 밖의 원칙들이 여러 국면에서 다양하게 활용되리라는 향후의 전망까지 제시하고 있다.

서울시립대 교수 양인준 선생의 제10장은 "기업구조조정 세제상의 '부득이한 사유' 규정의 해석론과 그 대안의 시론(試論)"이라는 제목이다. 기업구조조정 세제는 일찍부터 법인세제 안에서도 독특하게 매력 있는 영역으로 알려져 있으면서 많은 훌륭한 연구자들의 관심을 끌어 왔다. 궁극적으로 이 글은 실정법이 채택한 '부득이한 사유'라는, 그 의미가 모호한 불확정개념의 해석론을 제시하고자 하지만, 문언의 해석으로 나아가기에 앞서 기업구조조정 세제가 바탕하고 있는 이론적 토대의 내용과 한계, 그리고 이 세제 안에 포함되어 있는 서로 대립하는 사고방식 — '형식주의'와 '실질주의'로 명명(命名)된 — 들을 먼저 상세히 살피면서, '부득이한 사유'의 해석론이 간과하지 않고 담아내야 하는 다양한 법적 시각과 가치들을 두루 고려하는 해석의 방법, 그리고 사고의 과정을 보여주고 있다. 애초에 완전히 명쾌하게 해명될 수 없는 내부적 모순을 안고 있는 세법의 영역이 구조조정 세제만은 아니지만, 그러한 상황에서 '차선(次善)인 최선(最善)'을 추구해야 하는 법률가의 과제가 어떠한 것인지를 엿볼 수 있게 하는 글이다.

제3부에는 국제조세에 관한 세 편의 글을 모았다.

필자가 쓴 또 한 편의 글인 제11장 "고정사업장 개념을 둘러싼 논의 개관"은 국제조세법의 핵심 개념 중 하나인 '고정사업장'(permanent establishment, PE)을 두고 이창희 선생이 쓴 두 편의 논문, 그리고 여기서 제시된 시각에서 출발하여 최근 20여 년간 국내외에서 고정사업장 개념을 놓고 벌어진 세 가지의 중요한 사건을 살펴보는 체계로 되어 있다. 이탈리아 최고법원의 '필립 모리스'(Philip Morris) 판결, 우리나라 대법원의 '블룸버그'(Bloomberg) 판결, 그리고 고정사업장 귀속 소득의 판정에 관한 경제개발협력기구(OECD)의 새로운 접근인 AOA (Authorized OECD Approach)의 공표(公表)가 이 세 가지 사건인데, 그 내용이나 이들을 둘러싸고 일어난 일련의 상황들은 이창희 선생이 일찍이 지적한 대로 '고정사업장'이라는 오래된 개념이 가지는 놀라운, 하지만 본질적인 불안정성을 잘 보여주고 있음을 이 짧은 글은 지적한다.

이창희 선생의 주저(主著) 중 하나인『국제조세법』— 이제는 3인 공저(共著) 형태이다 — 의 공저자로 참여하고 있는 김정홍 박사·외국 변호사(법무법인(유) 광장)가 쓴 제12장은 "EU 국가보조금과 유해조세경쟁"이라는 제목을 달고 있다.『국제조세법』에도 언급되어 있듯이 21세기 들어 디지털 경제의 영향력이 더 커지고 디지털·인터넷 기술 기반의 다국적 기업이 가지는 경제적 권력의 크기가 계속 늘어나면서, 20세기 후반부에 비슷하게 '선진국'의 지위를 사이좋게 누려왔던 미국과 유럽 국가들 간의 이해관계가 분리되기 시작하고 있는 상황 아래, 특히 유럽연합(EU)이 '애플'(Apple)이나 '아마존'(Amazon)과 같은 미국의 거대 다국적기업이 유럽 내에서 제대로 세금을 내지 않고 있는 현실에 의문을 제기하는 경향이 나타났고, 이것이 이 글의 배경을 이루고 있다. 유럽 내에서도 세금 부담을 줄여줌으로써 외국 자본이나 기업을 유치하는 것을 주요 정책으로 삼는 나라들이 있는데, 이를 유럽연합법이 금지하는 '국가 보조금'(state aid)으로 취급하여 독일이나 프랑스와 같은 큰 나라들이 주도하는 유럽연합의 차원에서 문제 삼고 그 결과 이들 나라들이 미국의 다국적기업들에 과세하도록 강제하는 사례들이 최근에 나타났다. 이 상황을 유럽연합법의 시각에서 분석하고 평가하는 것이 이 글의 주된 내용이다. 그리고 이러한 국가 간 '조세 경쟁'의 현실을 비판적으로 바라보고 그에 대한 대처의 수단으로 부상한 것이 '필라 2'(Pillar 2) 기획인 만큼, 이러한 새로운 법제가 과연 현재와 장래의 조세경쟁 문제를 해결할 수 있을지 하는 질문까지도 던지면서 글을 마무리하고 있다. 국제조세 영역에서 유럽연합법이 알게 모르게 가지는 중요성은 『국제조세법』에도 지적되어 있지만, 국가보조금과 조세경쟁이라는 맥락에서 유럽연합법이 작동하는 모습을 잠시 엿볼 수 있게 하는 글이기도 하다.

제13장은 동아대 교수 노미리 선생의 글로서, "'필라(Pillar) 2' 도입과 CFC 제도의 미래, '필라 1' 도입과 이전가격 세제의 전망"이라는 제목이다. '필라 1, 2' 기획을 전후한 국제조세 질서의 변화는 최근 개정판이 나온 이창희 선생의 『국제조세법』에서도 중요하게 다루어지는 항목이고, 그 중 특히 '필라 1' 기획과 이전가격 세제 간 상호 관계는 노 선생의 2023년 법학박사 학위논문이 논의한 주요 대상이기도 하다. 노 선생은 먼저 다루는 '필라 2' 부분에서 이 기획이 이미 우리나라를 비롯하여 많은 나라에서 실행되고 있음을 전제로 당장 현실적으로 문제될 수 있는 몇 가지 실무적 논점을 제시하고 있으며, '필라 1' 부분에서는 'A 금액'과 'B 금액'(Amounts A, B)의 기본 개념을 설명하고 이른바 '공식배분법'(formulary apportionment)의 성격을 가진 'A 금액'에 관한 논의가 OECD 차원에서 이루어졌다고는 해도 이 제도의 성패(成敗)에 관계없이 어차피, 정상가격 원칙에 따른 '건별(件別) 협상'을 중핵(中核)으로 삼는 기존의 이전가격 세제 — 역시 이창희 선생 특유의 분석이다 — 는 계속 의미를 잃지 않고 존속하리라 내다보고 있다. 그리고 미국 대통령 도널드 트럼프의 재(再) 집권이 이러한 기존의 국제협력에 가져올 영향에 주목할 필요가 있다는 언급을 당연하게도 덧붙이고 있다.

제4부에는 부가가치세에 관한 글 세 편이 있다.

제14장은 서울시립대 교수 강성모 선생의 "부가가치세 국내사업장의 의미와 판단 기준"이라는 글이다. 이 글과 제15장 이의영 고법판사의 글은 그 논의 대상에 약간 겹치는 부분이 있는데, 제14장은 제목 그대로 국경을 넘는 재화·용역의 공급 거래에서 부가가치세 과세권이 나라 간에 어떻게 배분되는지에 관한

논의에서 출발하여, 특히 요즘 문제가 되고 있는 부가가치세법의 '국내사업장' 개념을 해석하는 방법을 다루고 있다. 현실에서는 조세조약에서 잘 알려진 '고정사업장'(PE)의 존재 여부가 확인되면 과세관청이 그 외국법인·비거주자에 대한 소득과세에 나서면서 그와 동시에, 부가가치세법의 '국내사업장' 역시 존재한다고 보아 부가가치세 신고·납부의무 불이행에 대한 조치를 아울러 취하는 경우가 많은데, 이 글은 궁극적으로 과연 '고정사업장'이 있으면 늘 부가가치세 '국내사업장'도 있다고 말할 수 있을지를 둘러싼 논의를 다양한 시각에서 정리하고 있다.

아마도 이 책에 실린 것 중 가장 긴 글인 이의영 판사의 제15장 "전자상거래(e-Commerce)와 부가가치세 ― 플랫폼 등을 통한 국제적 용역 거래 관련 쟁점을 중심으로" 역시 부가가치세 거래의 국제적 측면을 다루고 있으며, 시대적으로는 디지털 경제로 인하여 가치를 창출하는 경제 활동의 양상이 크게 바뀐 최근의 상황을, 장소적(場所的)으로는 부가가치세제의 개편에 가장 적극적인 유럽연합의 노력을 위주로 하여 폭넓게 논의하면서, 나아가 우리나라의 입법이나 해석 작업에 관한 교훈까지 제시하고자 시도하고 있다. 부가가치세제 분야에서 유럽연합의 쌍두마차라 할, 유럽연합 집행위원회(EU Commission)가 주도하는 각종 '지침'(Directive, 또는 준칙)이나 '시행명령'(Implementing Regulation), 그리고 이러한 유럽연합 규범 체계와 각 회원국의 국내법 간 충돌 여부를 심리하는 '유럽연합 사법재판소'(CJEU)의 판결들을 최근의 사례 중심으로 살펴보고 있으며, 특히 CJEU의 최근 판결들을 상세하게 소개한 부분은 다른 연구자들에게 많은 도움이 되리라 여겨진다.

제16장에서 정재희 변호사(법무법인(유) 바른)는 부가가치세제에서 가장 다루기 어려운 문제라고 할 수 있는 금융용역의 과세 문제를 논의하는 "금융용역에 대한 면세의 근거와 적용범위에 관한 고찰 ― 부수 용역을 중심으로"라는 제목의 글을 기고(寄稿)해 주었다. 이 글의 전반부에는 이창희 선생의 선행 연구도 다루고 있는, 부가가치세제를 금융용역에 적용하는 다양한 방안 ― 가령 대출 원리금을 포함, 현금 흐름을 그대로 매출·매입액으로 취급하여 부가가치세법을 적용하는 것을 포함하여 ― 을 소개하고 있고, 이러한 방안들이 썩 만족스럽지 않기

때문에 결국 면세로 이어지게 마련이라는 점을 다시 한번 확인하고 있다. 그리고 후반부에서는 일부 금융용역을 이처럼 면세하는 이상 경쟁 중립성의 측면에서 결국 금융업 전반에 부가가치세를 면세하게 되고, 나아가 그 자체로는 금융용역이라고 말하기 어렵더라도 그것이 금융업에 '부수'하여 이루어지는 경우 마찬가지로 면세할 수밖에 없음을 전제로, 그러한 부수성(附隨性) 판단이 문제된 다양한 행정해석과 법원 판결의 사례를 소개하고 있다.

마지막 제5부는 상속·증여세 편으로, 세 편의 글이 실려 있다.

현행의 유산세제(遺産稅制)를 유산취득세(遺産取得稅)로 개편하는 논의는 지난 행정부에서 탄력을 받았고 정부의 안(案)이 공개되는 단계까지 가기는 했지만 갑작스런 정치적 상황의 변화로 일단 모멘텀(momentum)을 상실했다고 할 수 있다. 그러나 넓게 보아 상속세제의 개편 논의는 기업의 지배권 승계가 일반인들의 일상적 관심사가 된 현재, 정치권력의 향배와 무관하게 앞으로도 계속 이어질 듯하고 이때 유산세제냐 유산취득세제냐 하는 비교적 기술적(技術的)인 차원의 논의 역시 계속 그 내용의 일부를 이루리라 예측할 수 있다. 이러한 점에서 볼 때 서울대 교수 김범준 선생의 제17장 "상속세 계산 방식의 전환에 관한 쟁점과 개정 방향"은 이 문제를 둘러싼 그간의 수많은 논의를 두루 섭렵하고 그 내용을 정리하고 있다는 점에서, 이 논점에 관심을 가진 사람들에게 큰 도움이 될 수 있으리라 생각한다. 모든 세제 개편이 다 그러하지만 단순히 유산세와 유산취득세가 가지는 근본적인 장·단점을 비교하는 것으로 충분하지 않고, 각각의 제도가 세법의 나머지 부분과 맺고 있는 다양한 상호 관계를 일일이 고려에 넣고 또 그에 따른 상속인 별 조세수입 증감의 효과를 아울러 고려할 필요가 있음을 이 글은 지적하고 있다.

이창희 선생은 2004년에 도입된 이른바 '증여세 완전포괄주의'의 막후(幕後) 설계자로도 잘 알려져 있다. 노무현 대통령의 선거 공약으로 취임 이후 도입된 이 포괄주의 체계는 그 후 20여 년 동안 엇갈린 결과를 낳았지만 그 덕분에 증여세의 존재이유, 과세의 범위, 입법의 형태 등을 둘러싼 논의는 어쨌거나 상당한 진전을 이루었다. 2004년의 최초 입법, 2015년의 보완 입법 후 다시 10여 년

이 경과한 시점에서 나온 정광진 변호사(김 · 장 법률사무소)의 제18장 "증여세 완전포괄주의의 제도화와 그 여정"은 이 기간 동안 '(완전) 포괄주의'로 지칭되는 새로운 법제를 두고 대법원이 형성하여 온 판례, 그리고 이에 대한 대응·보완 입법을 통하여 상황이 전개·변화되어 온 과정을 살피고, 그럼에도 남아 있는 현실적 문제를 개선할 방안을 제시하고 있다. 전반적으로 포괄주의 입법의 원래 의도를 이어 받으면서도, 이 세제가 현실에서, 특히 대법원의 법 해석 경향에서 부닺힌 어려움을 감안하여, 증여세 과세에 상당한 수준의 비과세 한도를 설정할 필요가 있고, 이론적으로는 소득세가 증여세에 우선한다는 현행법의 규정은 포괄주의 입법과 잘 조화를 이룰 수 없음을 지적한 부분이 눈에 뜨인다.

이 책의 마지막, 제19장 한원교 변호사(법무법인(유) 율촌)의 "명의신탁 증여의제 규정에 관한 소고 ― 조세회피목적에 관한 해석 및 행정벌로의 전환 필요성을 중심으로 ―"는 우리 상증세법에 특유한 제도로서, 명의신탁된 재산을 증여되었다고 의제하여 증여세를 물리는 논란 많은 조항의 입법, 그리고 해석론의 역사와, 이 조항과 관련된 현재 상황의 평가, 또 그리고 장래를 위한 제안을 차례로 제시하고 있다. 이 글이 말하는 이른바 '추정설'(推定說)과 '제재설'(制裁說)의 대립과 같은 이론적 틀의 역사적 정립 과정은 이창희 선생도 예전부터 『세법강의』에서 처음 소개하고 상세히 분석한 일이 있지만, 계속된 논란 끝에 특히 최근에 와서 명의수탁자가 아닌 명의신탁을 한 사람에게 증여세 납세의무를 지우게 된 이상 더군다나 명의신탁을 증여로 의제하여 증여세를 물린다는 사고방식은 더 이상 통용될 여지가 없고('한계 상황'에 다다랐다고 평가한다), 조세부담을 줄이고자 명의신탁이라는 수단을 선택한 납세자에게 적정한 제재를 가하는 데에 증여세의 틀은 잘 들어맞지 않기 때문에, 아예 증여의제 조항을 없애고 부동산 명의신탁의 경우처럼 별도의 행정벌(行政罰)을 부과해야 한다고 (타당하게도) 주장한다.

이창희 선생은 1997년 서울대학교 법과대학에 부임한 이래 30년 가까운 기간에 걸쳐 다양한 과정에서 수많은 제자들을 키워냈고 지금은 이들이 한국의 세법 실무계·학계에서 중추적 역할을 하고 있다. 이 책에 수록된 글들은, 이창희 선생이 남긴 독창적인 연구결과들과 비교하기는 어렵지만, 그래도 이창희 선생이 서울법대에 있으면서 올려 놓은 세법 실무계·학계의 현재 수준을 그대로 보여준다. 세법의 주요 논점을 선별하여 각 논점마다 이창희 선생의 기여, 그리고 해당 논점과 관련된 현재의 상황을 체계적으로 정리한다는 이 책의 목적이 그 덕택에 어느 정도 달성되었기를 바랄 따름이다. 서로 다른 사고방식과 문체(文體), '스타일'을 가진 각 저자들의 글을 한 자리에 모으면서, 다양성을 최대한 존중하는 가운데 그래도 한 권의 책으로서 가져야 할 최소한의 일관성을 기한다는 생각에서 이런저런 편집 작업을 하였으나 능력과 시간의 한계로 충분히 깔끔하게 마무리하지 못하였다는 생각이 든다. 독자들의 너그러운 양해를 구하고, 그보다 각각의 글에 담겨 있는 저자들의 연구성과와, 그 모든 글들의 막후(幕後)에 어른거리고 있을 거인(巨人)의 그림자에 주목해 주실 것을 부탁드린다.

이창희(李昌熙) 교수 연보·논저 목록

Ⅰ. 연 보

[출생 및 학력]

1960. 5. 경북 봉화군 소천면 현동리 출생
1976. 8. 대입검정고시
1985. 2. 동국대학교 경상대학 경제학과 경제학사
1987. 8. 서울대학교 법학과 법학사
1991. 5. 미국 하버드대학 로스쿨 법학석사(LL.M.)
1994. 8. 미국 하버드대학 로스쿨 법학박사(S.J.D.)

[수상]

2007. 3. 대통령 근정포장
2013. 3. 홍조근정훈장
2017. 2. 한국세무사회 조세학술상
2020. 2. 한국국제조세협회 조세학술상
2024. 2. 한국세법학회 조세법률문화상

[학내경력]

1997. 9.～2025. 8. 서울대학교 법과대학 교수
2025. 9.～ 현재 서울대학교 명예교수

[학외경력]

공인회계사, 미국변호사
1982. 12.～1985. 5. 삼일회계법인(국제조세 업무)

1985. 5.～1990. 6.	아세아합동법률사무소(조세 및 국제거래 업무)
1991. 9.～1992. 8.	미국 하버드대학 로스쿨 연구원(Research Fellow)
1992. 9.～1994. 5.	미국 Harvard Academy for International & Area Studies 연구원
1994. 9.～1995. 2.	미국 Washington D.C. Caplin & Drysdale 법무법인 (국제조세업무)
1995. 3.～1997. 8.	동국대학교 경상대학 교수
1998.	금융감독위원회 회계제도 특별연구위원
1998.～2001.	증권선물위원회 감리위원
1999.～2001.	한국회계기준위원회 자문위원
1999.～2008.	한국조세연구원 자문위원
2001. 4.～2002. 3.	일본 동경대학 법학부 방문교수 (visiting professor of law, 국제조세·조세정책 강의)
2003.～2004.	재정경제부 상속세 및 증여세법 개정 추진 위원
2003.～2005.	증권선물위원회 감리위원
2005. 9.～2006. 8.	미국 하버드대학 로스쿨 방문교수 (visiting professor of law, 비교세법·한국법 강의)
2006.～2013.	기획재정부 세제발전심의위원회 위원
2006. 12.～2007. 3.	미국 뉴욕대학 로스쿨 방문교수 (Hauser global visiting professor, 조세조약 강의)
2009. 3.～2015. 3.	포스코 사외이사(감사위원장, 이사회 의장)
2011.～2013.	조세심판원 비상임심판관
2017. 12.～2018. 12.	한국세법학회 회장
2018. 4.～2019. 3.	재정개혁특별위원회 위원
2025. 9.～ 현재	법무법인(유) 세종 고문

Ⅱ. 논저 목록

1. 단행본(단독 및 공동)

- 『법인세와 회계: 법인세법상 손익의 귀속시기』, 박영사(2000).
- 『세법강의』, 박영사(초판: 2001; 제23판: 2025).
- 『절차적 정의와 법의 지배』(공편), 박영사(2003).
- 『조세법강의』(공편), 법문사(2005).
- 『판례세법』(공저), 박영사(초판: 2011; 제5판: 2025).
- 『국제조세법』(공저), 박영사(초판: 2015; 제4판: 2025).
- 『세법』(공저), 한국방송통신대학교출판문화원(2016).
- International Tax Law (공저), Edward Elgar Publishing (2016).
- 『세법입문』(공저), 박영사(초판: 2017; 제2판: 2021).
- 『미국법인세법』, 박영사(2018).

2. 논문

- "Legal Aspects of Establishing Business Presence in the Republic of Korea"(공저), *Transnational Lawyer*, Vol. 3, No. 1 (1990).
- "Taxation of U.S.－Korea Technology Transfer", *International Tax and Business Lawyer*, Vol. 10, No. 1 (1992).
- "재벌문제와 세법", 상사법연구, 제15권 제1호(1996).
- "국제조세조정에 관한 법률과 조세정책", 국제거래법연구, 제5권(1996).
- "파생금융상품의 과세문제", 조세학술논집, 제12집(1996).
- "제2차납세의무자의 구상권의 범위와 세법상 인정이자의 계산", 조세법연구, 제2집(1996).
- "종속대리인 고정사업장", 인권과 정의, 통권 제238호(1996).
- "A Strategic Approach for Small Capital Importing Countries to Tax US Investors without Regard to Treaty Considerations", *Asia Pacific Tax Bulletin*, Vol. 2, No. 12 (1996).
- "South Korea: Suggested Guideline for Amending the Tax Treaty with

Japan", *Asia Pacific Tax Bulletin*, Vol. 3, No. 8 (1997).
- "증자감자를 통한 부의 무상이전에 대한 법인세", 인권과 정의, 통권 제247호(1997).
- "지적재산권의 과세", 『지적재산권법강의』, 홍문사(1997).
- "日韓租税条約の問題点について", ノモス, 第8号(1997).
- "기업구조조정과 미실현이득과세", 서울대학교 법학, 제38권 제3호(1997).
- "배당세액공제와 금융소득 분리과세간의 모순이 기업의 재무구조 및 지배구조에 미치는 영향", 인권과 정의, 통권 제261호(1998).
- "Foreign Investment and Tax Policy - Lessons from the South Korean Experience -", *Asia Pacific Tax Bulletin*, Vol. 4, No. 5 (1998).
- "전자상거래가 국제조세질서에 미치는 영향", 정보법학, 제2호(1998).
- "A Strategic Tax Approach for Capital-Importing Countries under the Arm's-Length Constraint", *Tax Notes International*, Vol. 18 (1999).
- "Impact of E-commerce on Allocation of Tax Revenue between Developed and Developing Countries", *Tax Notes International*, Vol. 18 (1999).
- "자유와 공평의 타협으로서의 소득 개념", 서울대학교 법학, 제40권 제2호(1999).
- "손금산입요건으로서의 통상경비", 상사판례연구, 제5권(2000).
- "Subjecting Financial Income to Graduated Tax Rates: A Political Explanation of Changes in Tax Rules", *Recent Transformations in Korean Law and Society*, Seoul National University Press (2000).
- "세법의 헌법적 기초에 관한 시론", 조세법연구, 제6집(2000).
- "주식배당과 과세"(공저), 서울대학교 법학, 제41권 제4호(2001).
- "소득세제의 이론적 기초", 서울대학교 법학, 제41권 제4호(2001).
- "부가가치세법의 기본구조", 조세학술논집, 제17집(2001).
- "미국법상 파트너십 세제의 정책적 시사점", 『21세기 한국상사법학의 과제와 전망』(심당 송상현 선생 화갑기념논문집)(2002).
- "금융보험업에 대한 부가가치세", 서울대학교 법학, 제43권 제3호(2002).
- "Instability of the Dependent Agency Permanent Establishment Concept", *Tax Notes International*, Vol. 27 (2002).

- "The Tax Treatment of Transfer of Residence by Individuals", *Cahiers de droit fiscal international*, Vol. 87b (2002).
- "국제적 투자기금과 특수목적법인에 대한 과세", 조세법연구, 제8집 제1호 (2002).
- "租税政策の分析枠組み(上)", ジュリスト, 1220号(2002).
- "租税政策の分析枠組み(下)", ジュリスト, 1221号(2002).
- "Korean Taxation of Cross-Border Investment Funds and SPCs", 『金融取引と国際課税: 学術フロンティア推進事業国際シンポジウム』, 関西大学法学研究所(2002).
- "조합 및 회사의 설립과 자본 출연 — 세법의 입장에서 본 법인격의 의의 —", 서울대학교 법학, 제43권 제1호(2002).
- "Tax Implications of International Trading Agency", *ICCLP Review*, Vol. 5, No. 1 (2002).
- "합병의 과세문제"(공저), 조세법연구, 제8집 제2호(2002).
- "변호사 보수의 적정성과 투명성", 『법률가의 윤리와 책임』, 박영사(2003).
- "조세쟁송절차의 합리화", 『절차적 정의와 법의 지배』, 박영사(2003).
- "배당관련세제 개선에 관한 연구", 상장협연구, 제47호(2003).
- "독일법상 인적회사와 조합기업의 과세", 조세학술논집, 제19집(2003).
- "상속증여세 완전포괄주의 도입에 관한 연구", 서울대학교 법학, 제44권 제4호(2003).
- "부부자산소득합산과세는 위헌인가?", 헌법실무연구, 제4권(2003).
- "Law and Taxation of Corporate Merger and Division in Korea", *Journal of Korean Law*, Vol. 3, No. 2 (2003).
- "파트너십과 국제조세", 조세법연구, 제10집 제2호(2004).
- "実現主義の盛衰", 『市場と組織』, 東京大学出版会(2005).
- "조세법 연구 방법론", 서울대학교 법학, 제46권 제2호(2005).
- "신주인수권부 사채를 이용한 증여와 비상장주식의 평가방법", BFL, 제11호 (2005).
- "Korean Law: What and How to Teach? Korean Law and Globalization", 『한국법과 세계화』, 법문사(2006).
- "조세조약 해석방법", 조세학술논집, 제23권 제2호(2007).

- “고정사업장의 과세”, 조세법연구, 제13집 제2호(2007).
- “과소자본세제의 현황과 전망”, 서울대학교 법학, 제48권 제4호(2007).
- “전세계소득 납세의무와 조세조약상 거주자 개념”, 서울대학교 법학, 제49권 제1호(2008).
- “이전가격 세제의 회고와 전망”, 서울대학교 법학, 제49권 제4호(2008).
- “租税條約上の居住者概念は全世界所得課税を要件とするのか”, ジュリスト, 1362号(2008).
- “세법상 속인주의와 속지주의의 대립”, 서울대학교 법학, 제50권 제1호(2009).
- “비거주자·외국법인의 배당소득에 대한 과세”, 서울대학교 법학, 제50권 제4호(2009).
- “조세조약상 이중거주자”, 서울대학교 법학, 제51권 제1호(2010).
- “합병 기타 기업결합의 과세문제”, 조세학술논집, 제26집 제2호(2010).
- “비거주자·외국법인의 이자소득에 대한 과세”, 조세법연구, 제18집 제3호(2012).
- “비거주자·외국법인의 부동산 임대/양도소득에 대한 과세”, 서울대학교 법학, 제54권 제3호(2013).
- “조세조약과 실질과세”, 사법, 통권 제25호(2013).
- “비거주자·외국법인의 사용료소득에 대한 과세”, 서울대학교 법학, 제54권 제4호(2013).
- “종속대리인 고정사업장”, 조세법연구, 제20집 제1호(2014).
- “외국납부세액공제 제도의 제 문제”, 서울대학교 법학, 제55권 제1호(2014).
- “증여세 완전포괄주의와 흑자 영리법인을 이용한 간접 증여”, 조세법연구, 제21집 제3호(2015).
- “Tax Treaty Disputes in South Korea”(공저), *A Global Analysis of Tax Treaty Disputes*, Cambridge University Press (2017).
- “Withholding Tax in the Era of BEPS, CIVs and the Digital Economy”(공저), *Cahier de droit fiscal international*, Vol. 103b (2018).
- “국외투자기구에 대한 실질귀속자 특례”, 서울대학교 법학, 제60권 제3호(2019).
- “이전가격 세제에 따른 정상가격 산출방법은 정상인가?”, 조세학술논집, 제

35집 제3호(2019).

- “미등록특허권 침해에 따르는 손해배상금의 과세”(공저), 조세법연구, 제25집 제3호(2019).
- “납세자의 금반언과 부과제척기간”(공저), 조세법연구, 제26집 제3호(2020).
- “조세피난처/피지배외국법인 세제의 회고와 전망”, 조세학술논집, 제38집 제3호(2022).
- “부동산 보유세의 회고와 전망”, 조세법연구, 제30집 제3호(2024).
- “취득세에서 취득의 개념”, 서울대학교 법학, 제65권 제4호(2024).

3. 연구보고서

- 세정정보화 및 전자상거래 세제지원방안(공저), 정보통신정책연구원 연구보고서(1999).

일러두기

* 문헌들은 비교적 일반적이라고 여겨지는 방식으로 인용하였지만, 특히 자주 인용될 수밖에 없는 이창희 선생의 책들은 단순히 제목만으로 인용하였다. 특별히 다른 지시가 없으면 이 책들은 다음의 것을 가리킨다.

- 이창희, 『세법강의』 → 이창희, 『세법강의』 (제23판), 박영사, 2025
- 이창희 외 2인, 『국제조세법』 → 이창희 · 김정홍 · 윤지현, 『국제조세법』 (제4판), 박영사, 2025
- 이창희, 『미국법인세법』 → 이창희, 『미국법인세법』, 박영사, 2018

* 학술지 중에는 한국세법학회가 발간하는 『조세법연구』와 한국국제조세협회의 『조세학술논집』이 자주 인용되었고, 이들에 한하여 발행처(發行處)를 따로 표기하지 않았다.

* 세법에 속하는 단행(單行) 법률 중 이름이 긴 것들은 축약형(縮約形)을 만들어 사용하였다.

- 「상속세 및 증여세법」 → 상증세법
- 조세특례제한법 → 조특법
- 「국제조세조정에 관한 법률」 → 국조법

* 각 장(章)마다 모두(冒頭)에 절(節, Ⅰ., Ⅱ.와 같이 표기)과 항(項, 1., 2.와 같이 표기) 단계까지 목차를 표시하여 독자가 읽는 데에 편하게 하고자 하였다. 글을 모으는 단계에서 저자에 따라 '초록'(抄錄)이나 참고문헌 난(欄)을 따로 두기도 하고 그렇지 않기도 하였는데, 굳이 일부러 빼거나 또는 만들어 넣거나 할 필요가 모두 없다고 보아 그대로 두었음을 밝혀둔다.

* 이 책에 실린 글들은 대개 2024년 하반기, 그리고 2025년 상반기에 쓰인 것

이다. 따라서 대략 그 시점의 법 상황을 기준으로 쓰인 것이지만, 정확한 기준 시점은 글마다 조금씩 다를 수 있다. 따라서 이 글들에는 2025년 하반기 이후의 최근 법 상황은 반영되어 있지 않다는 점에 독자들의 주의와 양해를 구한다.

차 례

제1부 조세법 총론(總論)

제 2 부 소득과세

제 3 부 국제조세

제 4 부 부가가치세

제 5 부 상속 · 증여세

제1부

조세법 총론(總論)

1. 위헌심사 기준으로서 실질과세 원칙에 대한 비판적 검토
   – 헌법재판소 결정을 중심으로
2. 세법 해석 방법론
   – 엄격해석 원칙의 극복 방안
3. 조세소송과 그 소송물을 어떻게 이해할 것인가?

1. 위헌심사 기준으로서 실질과세 원칙에 대한 비판적 검토
– 헌법재판소 결정을 중심으로

서경미*

Ⅰ. 서론(序論)

필자의 기억에 남는 이창희 선생의 가르침은 참으로 많다. 먼저 개별 세법 조항이 추구하는 입법 목적에만 집중할 것이 아니라 우리 세법 전체가 추구해야 할 헌법적·정치적 기초에 대하여 깊이 숙고할 것을 강조하였다. 또 조세법률주의와 같이, 기존의 학설이나 헌법재판소 실무에서 너무나 당연한 것으로 받아들이고 있던 헌법 원칙도, 도그마 적(的)인 사고에서 벗어난 과학적 분석과 토론의 대상이 되어야 함을 보였다. 세법 영역에서 입법 재량이 가지는 한계에 관한 논의에서도, 그동안 너무나 자명한 것으로 받아들여지고 있던 재산권 보장이나 조세평등주의 등과 같은 헌법 원칙을 다시 면밀한 분석의 대상으로 삼아 이들이

* 성균관대학교 법학전문대학원 부교수

가진 한계와 문제점을 밝혔으며, 그에 따른 사법부의 역할과 그 한계 또한 분명하게 지적하였다. 무엇보다 이 모든 논의의 전제이자 세법 체계 전체가 지향해야 할 가치로서 효율과 공평을 제시하였다.

이러한 분석들은 기존 법학에서는 쉽게 발견하기 어려운 깊은 통찰을 담고 있을 뿐만 아니라 기존 법학이 가지고 있던 접근방법의 문제와 한계를 깊이 성찰할 기회를 제공하였다는 점에서 큰 의의가 있다. 이 글에서 주로 다루는 대상인 헌법재판소가 최근, 초기에 비해 다소 신중하게 조세 관련 법률에 대한 위헌심사를 하고 있지만, 조세법률주의의 무(無) 비판적인 수용과 이른바 '엄격해석'의 신화(神話)에서 벗어나, 세법이 가져야 하는 목적과 역할, 그리고 헌법적 가치에 집중하되 과학적 분석을 토대로 사법부가 해야 할 일과 그렇지 않은 일의 구분을 깊이 생각해 봐야 한다는 지적은 여전히 헌법재판소가 귀담아 들어야 할 유효한 지적이라 할 것이다.

이 글에서는 이러한 이창희 선생의 비판정신을 이어받아, 세법의 중요한 원칙인 실질과세 원칙이 헌법재판소의 결정에서 나타나는 양상과 그로부터 부여받는 법적 성격을 살펴보고자 한다. 헌법재판소 결정에서 실질과세 원칙은 세법의 해석·적용 원리에서 더 나아가 입법 재량의 한계를 설정하는 독자적인 위헌심사 기준으로 설시(說示)되고 있다. 특히 이러한 입장이 비교적 분명하게 드러나는 것은 헌법재판소의 초기 결정들에 집중되어 있고, 최근의 결정에서는, 당사자가 내세우는 실질과세 원칙의 주장이, 조세평등주의나 과잉금지원칙 위배, 또 재산권 침해 등에 관한 주장과 사실상 동일하다는 이유로 쟁점 정리의 단계에서부터 이 주장이 사실상 배척되는 경향이 있어 과연 이 시점에서 실질과세 원칙의 헌법적 위상을 고민할 필요가 있는 것인지 의문이 제기될 수도 있다.

그러나 헌법재판소가 실질과세 원칙을 독자적인 헌법 원칙으로 인정한 기존 선례를 아직 명시적으로 변경한 일은 없고, 최근 결정에서도 실질과세 원칙이 헌법 원칙이 아니라는 이유로 청구인의 주장을 배척한 바도 없다는 점을 고려하면, 여전히 실질과세 원칙이 헌법 체계 내에서 가지는 법적 위상을 검토할 필요가 있다고 할 것이다. 이러한 이해 아래 이 글에서는 실질과세 원칙이, 헌법 원칙으로서 독자성을 인정받는, 따라서 위헌 심사의 기준이 될 수 있는지 여부를 검토하고, 다른 한편으로 이 원칙이 조세법률주의와 어떤 관계를 맺는지, 이와 관련된 범위에서 헌법재판소가 수행하는 사법 심사의 범위와 한계에 대해서도 살펴보고자 한다.

Ⅱ. 헌법재판소 결정에 나타난 실질과세 원칙

1. 초기의 결정

헌법재판소는 부동산의 실질 소유자와 명의자가 다른 경우 실질 소유자가 명의자에게 부동산을 증여한 것으로 간주한 구(舊) 상속세법 조항에 대하여 "조세회피의 목적이 없이 실질 소유자와 명의자를 다르게 등기 등을 한 경우에는 적용되지 아니하는 것으로 해석하는 한, 헌법에 위반되지 아니한다."는 한정위헌 결정을 한 바 있다(헌재 1989. 7. 21. 89헌마38). 위 결정에서 헌법재판소는 처음으로 실질과세 원칙에 대하여 언급하였고, 그 내용은 다음과 같다.

> "우리 헌법은 제11조 제1항에서 '모든 국민은 법 앞에 평등하다. 누구든지 성별·종교 또는 사회적 신분에 의하여 정치적·경제적·사회적·문화적 생활의 모든 영역에 있어서 차별을 받지 아니한다'라고 규정하고 있다. 조세평등주의는 위 헌법규정에 의한 평등의 원칙 또는 차별금지의 원칙의 세법적 표현이라고 할 수 있다. 따라서 국가는 조세입법(租稅立法)을 함에 있어서 조세의 부담이 공평하게 국민들 사이에 배분되도록 법을 제정하여야 할 뿐만 아니라, 세법의 해석·적용에 있어서도 모든 국민을 평등하게 취급하여야 할 의무를 진다. 이러한 조세평등주의의 이념을 실현하기 위한 법 제도의 하나가 바로 국세기본법 제14조에 규정한 실질과세의 원칙이라고 할 수 있다. 또한 이러한 조세평등주의는 정의의 이념에 따라 '평등한 것은 평등하게', 그리고 '불평등한 것은 불평등하게' 취급함으로써 세법의 입법과정이나 집행과정에서 조세정의(租稅正義)를 실현하려는 원칙이라고 할 수 있다." (헌재 1989. 7. 21. 89헌마38)

헌법재판소는 위와 같은 입장을 전제로

> "위 법률조항이 모든 명의신탁에 대하여 실질과세의 원칙에 대한 예외 내지 특례라고 할 수 있는 증여의제 제도를 무차별적으로 적용하여 과세하겠다는 것이라

면, 헌법이 규정한 평등의 원칙과 차별금지의 원칙의 세법상 표현이라고 할 수 있는 조세평등주의와 그 실현수단인 실질과세의 원칙에 위반된다고 할 수 있다. 그러나 조세평등주의의 이념을 실현하기 위한 실질과세의 원칙은 조세회피의 방지 또는 조세정의의 실현을 위하여 경우에 따라서는 예외 내지 특례를 인정할 수 있다." (헌재 1989. 7. 21. 89헌마38)

고 판시하였다. 위 설시에서 문제된 조항이 "조세평등주의와 그 실현 수단인 실질과세의 원칙에 위반된다고 할 수 있다"고 판시한 내용에 비추어 보면, 헌법재판소는 실질과세 원칙이 단순히 세법 원칙에 그치는 것이 아니라 위헌심사의 기준이 될 수 있는 헌법 원칙의 성격을 가진다고 이해한 것으로 보인다. 하지만 또 "실질과세의 원칙은 조세회피의 방지 또는 조세정의의 실현을 위하여 경우에 따라서는 예외 내지 특례를 인정할 수 있다"고 판시한 부분을 보면, 독자적인 위헌심사 기준이라기보다는 조세평등주의의 하위에 있는 법원칙으로 파악한 것처럼 보이기도 한다.

2. 그 이후의 상황

(1) 모호한 결정들

따라서 1.에서 살펴본 내용만으로는 헌법재판소가 실질과세 원칙을 독자적인 위헌심사 기준으로 인정한 것인지 여부가 명확하지 않다. 위와 같은 내용의 설시는 회사의 무한책임사원에 대하여 경영의 지배 또는 출자액의 다소(多少)와 상관없이 제2차 납세의무를 부과한 구 국세기본법 조항의 헌법소원 사건(헌재 1999. 3. 25. 98헌바2)이나, 상속재산 가액에 상속인 이외의 자에 대한 생전 증여재산 가액을 가산하는 구 상속세법 조항의 헌법소원 사건(헌재 2002. 10. 31. 2002헌바43)에서도 발견된다.

(2) 독자적 심사기준의 위상을 인정한 결정들

그러나 헌법재판소의 또 다른 결정들을 보면, 실질과세 원칙을 독자적인 위헌심사 기준으로 보는 내용 역시 다수 발견된다. 예컨대 헌법재판소는 토지초과이득세법에 대한 위헌소원 사건(헌재 1994. 7. 29. 92헌바49등)에서

> "토지초과이득세가 양도소득세와 같은 수득세의 일종으로서 그 과세대상 또한 양도소득세 과세대상의 일부와 완전히 중복되는 자본이득에 대한 과세이고, 위 두 가지의 조세가 지향하는 목적과 기능의 상당 부분이 겹치고 있어 어느 의미에서는 토지초과이득세가 양도소득세의 예납적 성격을 가지고 있다고 봄이 상당하므로, 결국 위 중복 부분은 이중과세에 해당하여 조세법률주의상의 실질과세 원칙에 반한다."

고 판시하였다. 위 결정에서는 실질과세 원칙의 근거를 이른바 '실질적 조세법률주의'에 두는데, 실질적 조세법률주의라는 것이 우리나라와 같이 기본권 규정이 상세한 헌법 체계에서 별도로 필요한 개념인지는 별론(別論)으로 하더라도, 실질과세 원칙을 독자적인 위헌심사 기준으로 보아 다른 헌법 원칙(예를 들어, 조세평등주의 또는 조세공평주의) 위반 여부를 추가로 판단하지 않았다는 점에서는 위 89헌마38 결정과 구별된다고 볼 수 있다. 위 결정 외에도,

① 법인 장부에 의하여 취득가격이 입증되는 취득에 대해서는 사실상의 취득가격에 의하여 취득세를 부과하도록 한 구 지방세법 조항에 대한 헌법소원 사건(헌재 1995. 7. 21. 92헌바40),

② 법인이 설립 이후에 대도시 내에서 하는 부동산등기에 통상 세율의 5배에 해당하는 등록세를 중과할 수 있도록 규정한 구 지방세법 조항에 대한 헌법소원 사건(헌재 1996. 3. 28. 96헌바42),

③ 임대보증금 등에 대하여 총수입금액 간주 규정을 둔 구 소득세법 조항의 위헌법률심판 사건(헌재 1996. 12. 26. 94헌가10),

④ 제조장 또는 보세구역에서 반출된 제조 담배에 대한 담배소비세의 공제 및 환급 사유를 일정한 경우로 제한한 구 지방세법 조항에 대한 헌법소원 사건(헌재 2001. 4. 26. 2000헌바56),

⑤ 토지구획정리 사업에서 비용 조달을 위하여 체비지(替費地)로 정한 토지에 관하여 그 사업 시행자에게 종합토지세를 부과하는 구 지방세법 조항에 대한 헌법소원 사건(헌재 2001. 7. 19. 2000헌바40등),

⑥ 증여 계약만 체결된 채 소유권이전등기가 경료되지 않은 상태에서 피(被)상속인이 사망한 경우의 부동산은 증여세액 공제를 받지 못하도록 한 구 상속세법 조항과, 상속인 이외의 자에게 국내에 있는 재산에 대하여 상속 개시일로부

터 3년 전까지 생긴 증여 채무만을 상속재산 가액에서 공제하도록 제한하여 증여 채무로서도 공제를 받지 못하게 한 구 상속세법 조항에 대한 헌법소원 사건(헌재 2001. 12. 20. 2001헌바25),

⑦ 대통령령이 정하는 최대주주 및 그와 특수관계에 있는 주주의 주식에 대하여 주식평가액의 100분의 20을 가산하도록 규정한 구 상증세법 조항에 대한 헌법소원 사건(헌재 2007. 1. 17. 2006헌바22)

등의 결정에서도 실질과세 원칙을 독자적인 위헌심사 기준으로 보는 설시가 나온다. 그러나 실질과세 원칙만을 단독으로 언급하지는 않는 대신, 조세평등주의(또는 조세공평주의)와 함께 판단의 기준으로 삼은 결정이 대부분이다.

이 이외에도 헌법재판소 결정에서는 '실질과세 원칙에 위반하여 재산권을 침해하는지 여부'와 같이 실질과세 원칙을 재산권 침해 여부의 판단에서 기준이 되는 헌법 원칙처럼 서술하거나(헌재 2010. 7. 29. 2008헌바149), 과잉금지 원칙 중 침해의 최소성 부분에서 실질과세 원칙 위반 여부를 판단한 사례도 발견된다(헌재 2021. 11. 25. 2017헌바280).

(3) 최근의 실무 경향

한편 비교적 최근의 결정에서는 청구인의 실질과세 원칙 위반 주장에 대하여

> "실질과세원칙은 조세평등주의의 한 내용으로서, 법률상의 형식과 경제적 실질이 서로 부합하지 않는 경우에 그 경제적 실질을 추구하여 그에 과세함으로써 조세를 공평하게 부과하여야 한다는 것이므로, 이에 대하여는 조세평등주의 위배 여부를 판단하면 충분하다." (헌재 2015. 9. 24. 2012헌가5등)

고 하거나 주장 내용에 비추어 실상은 재산권 침해를 주장하는 것과 같다는 이유로, 재산권 침해를 내세우는 주장으로 정리하여 재산권 침해 여부만 판단하고 실질과세 원칙 위반 여부는 따로 판단하지 않는 결정이 다수이다(헌재 2016. 5. 26. 2015헌바176; 헌재 2019. 9. 26. 2018헌바337; 헌재 2023. 3. 23. 2019헌바140등; 헌재 2024. 7. 18. 2023헌바379등 다수).

3. 검토

위와 같은 헌법재판소 결정들을 보면, 다수의 결정은 실질과세 원칙을 독자적인 헌법 원칙으로 이해하고 있는 것으로 보인다. 헌법재판소는

> "조세평등주의는 헌법 제11조 제1항의 평등 원칙이 세법 영역에서 구현된 것으로서, 조세의 부과와 징수는 납세자의 담세능력에 상응하여 공정하고 평등하게 이루어져야 하고 합리적인 이유 없이 특정 납세의무자를 불리하게 차별하거나 우대하는 것은 허용되지 아니한다는 원칙이다." (헌재 2015. 10. 21. 2014헌바355)

라고 판시하고 있고, 실질과세 원칙에 대해서는

> "실질과세의 원칙은, 조세평등주의의 이념을 실현하기 위하여, 법률상의 형식과 경제적 실질이 서로 부합하지 않는 경우에 그 경제적 실질을 추구하여 그에 과세함으로써 조세를 공평하게 부과하여야 한다는 것이다." (헌재 2009. 2. 26. 2006헌바65)

라고 판시하여 양자(兩者)가 서로 구분되는 원칙임은 분명히 하고 있다. 그러나 실질과세 원칙에 대하여는 그 예외 인정 여부에 대한 판단 없이 실질과세 원칙에 위반하였다는 이유만으로 위헌을 선언한 결정이 있는 반면, 조세회피의 방지 또는 조세정의의 실현을 위하여 합리적인 이유가 있는 경우에는 그 예외를 둘 수 있다는 결정도 있다. 그뿐만 아니라 실질과세 원칙을 독자적인 위헌심사 기준으로 설시한 결정에서도 조세평등주의와 함께 판단된 경우가 다수임은 이미 위 2.(2)에서 언급하였다.

헌법재판소의 이러한 태도는 위헌심사 기준으로 적용되고 있는 다른 일반적인 헌법 원칙과 비교하면 상당히 이례적이다. 헌법 원칙이 위헌심사 기준이 된다면, 그 원칙 위반이 확인되는 순간 바로 위헌이 선언되는 것이 보통이고, 그 원칙 위반이 확인되더라도 다른 헌법 원칙에 위반되지 않으면 여전히 합헌이 될 수 있다는 결론은 상정하기 어렵다. 결국 헌법재판소가 실질과세 원칙에 대해서는 예외를 인정할 뿐 아니라, 조세평등주의 등 다른 헌법 원칙에 위반하지 않는다면 실질과세 원칙에 대한 예외로 보아 위헌이 아니라는 입장을 취하고 있는

것은 실질과세 원칙의 헌법적 위상이 제대로 정립되어 있지 않기 때문으로 보인다. 그렇게 보면 최근의 결정에서 실질과세 원칙의 주장을, 될 수 있으면 쟁점 정리의 단계에서부터 배제하려는 경향이 두드러지게 나타나는 태도 역시 이해가 어렵지 않다.

그러면 다음 절(節)에서는, 이러한 헌법재판소의 태도를 배경으로 삼아 좀 더 이론적인 차원에서, 실질과세 원칙이 헌법 원칙으로서 독자적인 위헌심사 기준으로 인정될 수 있는 것인지 여부를 살펴보기로 한다.

Ⅲ. 실질과세 원칙이 위헌심사 기준으로서 독자성을 인정할 수 있는지 여부

1. 실질과세 원칙이 헌법상 원칙인지 여부

(1) 학설

실질과세 원칙이 위헌심사 기준으로서 독자성을 인정 받을 수 있는지 여부를 살펴보기 위해서 먼저 실질과세 원칙이 헌법상 원칙인지를 살펴보아야 한다. 헌법상 원칙이 아니라면 당연히 위헌심사 기준으로서 작동하기 어려울 것이기 때문이다. 그러나 헌법상 원칙이라고 본다면, 실질과세 원칙이 다른 헌법 원칙과 명확히 구별되는 독자적인 위헌심사 기준이 될 수 있는지 여부가 추가로 문제될 수 있다.

헌법재판소는 실질과세 원칙에 대하여

> "법률상의 형식과 경제적 실질이 서로 부합하지 않는 경우에 그 경제적 실질을 추구하여 그에 과세함으로써 조세를 공평하게 부과하여야 한다는 것이다."(헌재 2009. 2. 26. 2006헌바65)

라고 설시하고 있는바, 이는 세법학에서 실질과세 원칙을 정의하고 있는 내용과 크게 다르지 않다.

대부분 세법학에서는 실질과세 원칙의 '실질' 개념을 어떻게 이해할 것인지와 실질과세 원칙이 세법의 적용뿐만 아니라 해석에도 관련된 원칙인지 여부가 문제되고 있다. 그러나 많지는 않지만 실질과세 원칙이 세법의 해석·적용에 관한 원칙인 것을 넘어 입법의 지침이나 위헌심사 기준이 될 수 있는지도 논의되고 있다. 실질과세 원칙이 입법의 지침으로서 위헌심사 기준이 될 수 있다는 견해의 논거는 다음과 같다. 즉 실질과세 원칙은 결국에는 동일한 담세력 — 명의·외관이나 법적 형식에 따라 달라지지 않을 것이다 — 에 동일한 과세가 이루어져야 한다는 원칙으로서 조세공평주의의 하위 원칙이고, 조세공평주의는 헌법 제11조 제1항이 정한 평등의 원칙 또는 평등권에 터잡은 헌법상 원칙이므로, 국세기본법 제14조가 명문으로 규정하지 않더라도 이러한 헌법 원칙으로서의 실질과세 원칙의 존재를 부정할 수 없다는 것이다. 또 실질과세 원칙이 이렇듯 헌법 원칙으로부터 파생된 법원칙인 이상 입법의 원리로 작용하는 것이 부정될 수 없고, 그렇다면 실질과세 원칙이, 입법자가 가지는 입법 형성의 자유의 한계를 이루는 경우에는 위헌법률 심사의 기준이 될 수도 있다고 한다.[1)]

이 이외에도 실질과세 원칙을, 헌법상의 실질과세 원칙과 개별 세법상의 실질과세 원칙으로 구별하여, 전자(前者)는 헌법상 조세평등주의의 파생 원칙이므로, 조세평등주의와 결합하여 헌법적 효력을 가지고 입법의 지도이념으로서 기능한다는 견해가 있다.[2)] 헌법상 실질과세 원칙이 추구하는 실질은 '경제적 실질'이 될 수밖에 없다고 하면서, 실질과세 원칙은 '조세평등주의', 또는 '조세법률주의 및 이중과세 금지 원칙'과 결합되어 담세력을 초과하는 과세에 대한 대항 수단으로서 입법의 한계를 설정할 수 있는 헌법상 원칙이 된다는 것이다.[3)]

(2) 검토

이처럼 실질과세 원칙을 헌법 원칙으로 보는 입장은 실질과세 원칙이 조세평등주의의 실현 수단 내지 하위 원칙이므로 헌법적 근거를 가지고 있다는 점을 주된 근거로 든다. 헌법재판소는 헌법 제11조로부터 조세평등주의가 도출된다고 보고 있고, 조세평등주의는 평등의 원칙이나 차별금지 원칙의 세법적 표현이라고 본다. 또한 조세평등주의는 정의의 이념에 따라 '평등한 것은 평등하게', 그리

1) 장석조, "조세법상 실질과세원칙의 적용한계 – 실질의 의미에 관한 판례이론의 분석과 재해석", 『사법논집』 제33집, 법원도서관, 2001, 558~559면.
2) 조영식, "실질과세의 헌법적 고찰 — 헌법재판소 결정례를 중심으로 —", 『헌법논총』, 제21집, 헌법재판소, 2010, 533~534면; 김완석, "거래내용에 관한 실질과세의 원칙의 적용 범위 — 판례의 동향을 중심으로", 『조세논총』 제1권, 한국조세법학회, 2016, 42면.
3) 조영식, 위의 글, 533~534면.

고 '불평등한 것은 불평등하게' 취급함으로써. 세법의 입법이나 집행 과정에서 조세 정의를 실현하려는 원칙이라고 하면서, 조세평등주의에는 담세 능력에 따른 과세의 원칙으로서, 동일한 소득은 원칙적으로 동일하게 과세될 것을 요청하는 이른바 '수평적 조세 정의'와, 소득이 다른 사람들 간의 공평한 조세 부담의 배분을 요청하는 '수직적 조세 정의'가 모두 포함되어 있다고 한다.

그러나 이러한 담세 능력에 따른 과세의 원칙이라 하여 늘 예외 없이 절대적으로 관철되어야 한다고 할 수는 없고, 합리적 이유가 있는 경우라면 납세자 간의 차별 취급도 예외적으로 허용된다고 본다.[4] 헌법재판소의 이러한 논증은 조세평등주의에 특유한 내용이라고 보기는 어렵고, 제11조가 정하는 평등 원칙(또는 평등권)의 심사 구조와 동일한 논증 방식을 세법에 맞게 전개한 것에 불과하다. 결국 조세평등주의도 평등 원칙의 심사와 마찬가지로 차별의 합리적 이유 유무에 따라 원칙 위반 여부를 판단하게 된다는 의미이다.

공평이나 정의는 평등보다 더 큰 개념이므로 평등에서 공평을 이끌어 내는 헌법재판소의 논증에는 논리적인 문제가 있다는 지적이 있고, 수평적 조세정의와 수직적 조세정의와 관련한 보다 심오한 철학적인 문제들이 있으며, 이와 관련하여 사법심사의 한계를 어떻게 볼 것인지 등에 대한 복잡하고도 어려운 논의가 있지만, 이들은 모두 더 깊은 통찰과 연구를 필요로 하는, 이 글의 목적에서 벗어나는 부분이므로,[5] 여기서는 일단 헌법재판소가 판시한 바와 같이 헌법 제11조로부터 조세평등주의(또는 조세공평주의)라는 헌법 원칙이 도출될 수 있음을 인정하고 논의를 시작하기로 한다.

헌법재판소의 설시에 비추어 보면, 조세평등주의에 위반되는지 여부는 결국 조세 부과에 있어 차별의 합리성을 인정할 수 있는지 여부에 따라 결정되는데, 담세력에 따른 과세라는 것은 합리성을 인정할 수 있는 주요한 근거가 될 수 있지만 그것 자체만으로 조세평등주의의 내용을 충족시키는 것은 아니다. 헌법재판소 설시에서 나타난 바와 같이 조세평등주의가 담세력에 따른 과세에 어떠한 예외도 인정할 수 없다는 의미는 아니고 다른 합리적인 이유가 있으면 조세평등주의 위반이 아니라고 보고 있기 때문이다.

실질과세 원칙을 경제적 실질에 따라 과세하여야 한다는 원칙으로 이해한다

---

4) 헌재 1989. 7. 21. 89헌마38; 헌재 2002. 8. 29. 2001헌가24 참조.
5) 위의 내용과 관련된 논의는 이창희, 『세법강의』, 65~73면 참조.

면, 실질과세 원칙은 조세 부과의 합리적 이유를 인정할 수 있는 가장 설득력 높은 근거가 될 수 있을 뿐이다. 경제적 실질에 따른 과세 그 자체가 헌법이 추구하는 가치나 목적에 해당한다고 볼 수 없기 때문이다. 헌법이 추구하는 가치는 헌법 제11조에서 요구하는 평등하고 공평한 과세일 뿐이다. 그렇기 때문에 실질과세 원칙을 헌법 원칙인 것처럼 설시한 헌법재판소 결정에서도 실질과세 원칙에 대한 예외의 가능성을 인정하고 그 예외의 위헌성 여부는 다시 조세평등주의에 따라 판단하는 구조를 보일 수밖에 없었던 것이다. 따라서 실질과세 원칙은 조세평등주의를 실현하기 위한 하나의 수단으로 입법자가 추구할 수 있는 정당한 공익이 될 수 있고, 세법의 해석·적용에 적용될 수 있는 법원칙이 될 수는 있으나, 그 자체가 헌법 원칙으로서 법률의 위헌 여부를 결정할 수 있는 위헌심사 기준이 된다고 보기는 어렵다.

게다가 설령 실질과세 원칙을 헌법 원칙으로 보는 견해에 따라 위헌심사 기준이 될 수 있다고 보더라도, 아래에서 항(項)을 바꾸어 살펴보는 바와 같이 실질과세 원칙은 조세평등주의와의 관계에서 독자성을 인정하기 어렵다.

2. 실질과세 원칙이 위헌심사 기준으로서 독자성을 가지고 있는지 여부

(1) 독자성 판단의 전제

실질과세 원칙이 헌법 원칙으로서 독자적인 위헌심사 기준이 되기 위해서는 다른 헌법 원칙과 구분되는 내용을 가지고 있어야 한다. 보통 실질과세 원칙을 입법의 지도이념이자 위헌심사 기준이 될 수 있다고 이해하는 입장에서는, 실질과세 원칙에서 말하는 '실질'의 의미를 이른바 '경제적 실질설'에 따라 이해한다. 이 경우 실질과세 원칙은 결국 담세력이 있는 곳에 과세를 하라는 의미가 되고, 조세평등주의와 다른 독자적인 내용을 가지고 있다고 보기 어렵다. 오히려 실질과세 원칙은 경제적 실질에 따라 과세하라는 내용에 국한된 원칙이어서 엄밀히 말하자면, 궁극적으로 과세의 합리적 이유 유무를 판단하여야 하게 되는 조세평등주의에 대한 관계에서는 조세평등주의보다 더 작은 내용을 담고 있는 원칙에 해당한다. 실질과세 원칙은 조세평등주의의 위반이 아니라고 판단할 수 있는 합리적 근거로서 가장 설득력 있는 내용을 담고 있지만, 이러한 내용은 이미 조세평등주의라는 헌법 원칙 안에 모두 포함되어 있는 것이다.

이처럼 서로 포함되고 포함하는 관계에 있는 두 원칙 사이에서, 더 작은 내용을 담고 있는 원칙에 독자적인 성격을 인정하려면, 결국 이를 인정할 만한 실익이 있어야 한다. 실질과세 원칙이 독자적인 적용 영역을 가지고 그 위반이 인정될 경우 문제된 법률을 위헌으로 선언할 수 있는 힘을 가져야 한다.

(2) 헌법재판소의 판단 경향

그런데 위에서 살펴본 바와 같이 헌법재판소는 경제적 실질에 따른 과세가 아닌, 실질과세 원칙의 예외를 규정한 법률 조항에 대해서 실질과세 원칙만을 적용하여 위헌 여부를 판단한 것이 아니라, 오히려 실질과세 원칙에 대한 예외 입법에 대하여 조세평등주의 위반 여부를 다시 판단하는 태도를 취하고 있다. 실질과세 원칙에 대한 예외를 규정한 조항이라도 그 자체로 실질과세 원칙 위반을 이유로 위헌을 선언하는 것이 아니라 조세평등주의에 위반되는지 여부를 추가로 판단하여 조세평등주의에 위반이 되지 않으면 합헌, 조세평등주의까지 위반하면 위헌이라고 결정하는 것이다. 또한 실질과세 원칙 위반이 아니라고 판단한 대부분의 결정에서도 실질과세 원칙이 독립적으로 판단된 것이 아니라 조세평등주의와 함께 판단되었다. 독립적으로 실질과세 원칙 위반 여부만을 판단하여 결론에 이른 결정은 헌법재판소 설립 초기 몇몇 소수의 것에 국한되어 있다. 반면 대부분의 헌법재판소 결정에서는 실질과세 원칙을 조세평등주의로부터 파생되는 독자적인 헌법 원칙인 것처럼 서술하면서도 그 예외를 인정한 법률 조항에 대해서는 조세평등주의와 같은 다른 헌법 원칙 위반 여부를 추가로 판단하거나, 심지어 최근의 결정에서는 과잉금지 원칙 중 침해의 최소성 여하를 판단하면서 실질과세 원칙을 적용하는 경우도 보이는 등 다른 헌법 원칙과는 확연히 다른 적용례를 보이고 있다. 그리고 이것마저도 또 최근에 이르러서는, 쟁점을 정리하는 단계에서부터 조세평등주의나 재산권 침해 주장 등과 실질적으로 동일하다는 이유로 실질과세 원칙의 위반을 내세우는 주장을 별달리 판단의 대상으로 삼지 않기도 한다.

(3) 평가

이는 실질과세 원칙을 독자적인 헌법 원칙으로 인정하더라도 과세의 형평과 조세 행정의 효율성 등을 위하여 그 예외를 인정하는 것이 어차피 불가피하기 때문에 실질과세 원칙만으로는 독자적으로 법률의 위헌 여부를 결정할 수 없다는 인식 때문인 것으로 보인다. 그렇기 때문에 실질과세 원칙을 적용하더라도 추가적으로 조세평등주의 위반 여부를 판단할 수밖에 없고, 그렇지 않은 경우에는 다른 헌법 원칙을 판단하면서 부수적으로 고려하거나 아니면 다른 헌법 원칙이나 기본권 침해 주장과 실질적으로 주장 내용이 동일하다는 이유로 별도로 판단하지 않는 사례가 늘어나고 있는 것으로 보인다. 따라서 이제는 실질과세 원칙이 독자적인 헌법 원칙으로 인정할 실익이 있는지 의문이 생기며, 오히려 실질과세 원칙을 독자적인 헌법 원칙으로 보았던 과거의 헌법재판소 입장이 위헌심사 기준의 체계 자체를 혼란스럽게 하는 원인이 되지 않았나 하는 의심이 든다.

(4) 이후의 방향

이러한 혼란스러운 태도를 정리하기 위해 이제는 실질과세 원칙의 법적 위상을 분명히 할 필요가 있다. 실질과세 원칙은 위에서 살펴본 바와 같이, 설령 헌법 원칙으로 보더라도 조세평등주의와 구별하여 독자적인 헌법 원칙으로 인정할 실익이 없다. 실질과세 원칙은 조세평등주의를 실현시키는 수단으로서 입법적으로 추구할 수 있는 정당한 공익이 될 수 있고, 세법의 해석·적용 원리라고 볼 수는 있으나, 적어도 위헌심사의 영역에서는 조세평등주의와 구별하여 독자성을 인정할 수 있는 내용을 가지고 있지 않으므로 심사 기준으로서 독자성을 인정하기 어렵다.

실질과세 원칙을 헌법 원칙으로 인정하는 견해에서도 실질과세 원칙이 조세평등주의와 구별되는 내용이나 이를 그와 같이 다루어야 할 실익을 제시하고 있지 않으며, 단지 조세평등주의 등 다른 헌법 원칙과 결합하여 작용한다고 설명하거나, 실질과세 원칙에 대한 예외를 규정하는 것 자체가 위헌이라고 평가하지 않고, 또 추가적으로 조세평등주의에 비추어 위헌 여부를 판단하는 헌법재판소 태도에 의문을 제기하지도 않는다. 이처럼 실질과세 원칙만으로 법률의 위헌 여부를 독자적으로 결정할 수 없다는 것 자체가 이미 독자적인 위헌심사 기준으로서의 역할을 못하고 있다는 점을 보여주는 것임은 말할 나위도 없다.

Ⅳ. 세법의 해석·적용의 원칙으로서 실질과세 원칙과 헌법재판소의 위헌 심사 가능성

실질과세 원칙을 독자적인 위헌심사 기준으로 볼 수 없다고 하더라도 실질과세 원칙은 조세평등주의를 실현하기 위한 수단으로서 입법자가 추구할 수 있는 정당한 공익이 될 수 있으므로, 입법자는 실질과세 원칙을 구현하기 위한 개별 법률 조항을 제정할 수 있다. 이러한 경우 그 입법이 다른 헌법 원칙에 위반되거나 기본권을 침해하는 문제가 없다면, 그 법의 해석·적용에 관한 문제만 남게 될 것이고, 이는 재판소원이 허용되지 않는 현행 헌법소원 체계 내에서는 법원의 권한에 속한 영역이어서 헌법재판소의 위헌심사권이 미칠 수 없다.

한편 실질과세 원칙은 이미 제정된 세법 규정의 해석·적용 단계에서도 적용될 수 있다. 이러한 경우 세법의 개별 조항에 아무런 명문의 규정이 없어도 당연히 실질과세 원칙을 바탕으로 해석·적용이 이루어지기 때문에 그 결과로 이루어진 과세에 법적 근거가 있는지 여부와 관련하여 특히 조세법률주의 위반의 문제가 발생할 수 있다. 이 영역에서는 헌법재판소의 사법심사가 미칠 가능성이 있는데, 이에 대하여 이미 존재하는 유효한 법률 조항에 대한 경우와, 법률이 폐지 또는 전부 개정된 경우로 나누어 살펴보기로 한다.

1. 이미 존재하는 유효한 법률 조항의 경우

(1) 헌법재판소의 입장

헌법재판소는 조세법률주의에 대하여 다음과 같이 설시하고 있다.

"헌법 제38조와 제59조가 규정하고 있는 조세법률주의는 과세요건법정주의와 과세요건명확주의를 핵심적 내용으로 삼는데, 이는 과세요건을 법률로 명확하게 규정함으로써 국민의 재산권을 보장함과 동시에 국민의 경제생활에 법적 안정성과 예측가능성을 보장하는 것을 그 이념으로 하고 있다. 구체적으로 살펴보면, 과세요건법정주의는 납세의무를 성립시키는 납세의무자, 과세물건, 과세표준, 과세기간, 세율 등의 과세요건과 조세의 부과 징수절차를 모두 국민의 대표기관인 국회가 제정한 법률로 규정하여야 한다는 원칙을 말한다. 과세요건명확주의는 과세요건을 법률로 규정하였다고 하더라도 그 규정 내용이 지나치게 추상적이고 불명확하면 과세관청의 자의적인 해석과 집행을 초래할 염려가 있으므로 그 규정 내용이 명확하고, 일의적이어야 한다는 원칙을 말한다." (헌재 2001. 8. 30. 99헌바90 참조).

(2) 이창희 선생의 조세법률주의 비판

이러한 조세법률주의에 대하여 이창희 선생은 '조세법률주의'라는 용어 자체는 일본에서 만들어 낸 것으로 서양사에서 잘 알려진 "대표 없이 과세 없다"는 구호를 일본의 세법학이 받아들이면서 독일 법학의 영향을 받은 과세요건 법정주의, 과세요건 명확주의, 합법성의 원칙이나 그 밖에 엄격해석 등의 내용을 추가한 개념임을 밝히며, 이러한 개념을 우리나라 헌법재판소가 아무런 비판 없이 자명한 헌법 원리인 것처럼 받아들이고 있는 문제점을 지적한 바 있다.[6] 그뿐만 아니라 이러한 일본식의 이해가 결국 귀결되는 형식적 법치주의에 대해서도, 보통 법적 안정성 확보에 기여한다는 이유로 그 정당성을 인정하고 있으나, 실은 이 역시 국회는 국민의 대표로 구성되고, 행정부는 왕이 지배하던 19세기 프로이센의 정치 현실에서나 타당한 것이고, 국회와 행정부가 모두 선거에 의하여 선출되는 오늘날에도 당연히 타당하지는 않다는 점을 지적한다. 또한 형식적 법치주의가 법정 안정성을 확보한다는 정당화 근거에 대해서도 다시 과학적 토론을 거쳐 재검토할 필요가 있음을 강조한 바 있다.[7] 21세기에 여전히 19세기 프로이센 법학을 일본 사람들이 이해한 데에서 나온 산물인 조세법률주의를 학설사적(學說史的) 비판 없이 금과옥조(金科玉條)처럼 받아들이고 있는 현실에서 위와 같은 지적은 헌법재판소가 위헌심사 기준을 적용함에 있어 깊이 숙고해야 할 부분이다.

(3) 헌법재판소의 판례에 따른 검토

그러나 이 글에서는 위와 같은 지적에도 불구하고 현재 헌법재판소의 판례와 이에 따른 위헌심사 현실에 바탕을 두고, 실질과세 원칙이 조세법률주의와 충돌되는 영역에 국한하여 양자(兩者)의 관계를 살펴보려고 한다. 조세법의 해석·적용 단계에서 실질과세 원칙이 작동하는 경우는, 과세를 위해서는 법률에 근거를 요한다는 측면, 즉 헌법재판소의 설시에 비추어 보면 조세법률주의 중 과세요건 법정주의와 관련된 부분이다. 따라서 과세요건 법정주의와 관련된 부분을 중심으로 실질과세 원칙과 조세법률주의의 관계 및 그에 따른 헌법재판소의 사법심사 가능성을 살펴보기로 하겠다.

---

6) 이창희, 『세법강의』, 24면 참조.
7) 이창희, 『세법강의』, 34~35면 참조.

실질과세 원칙은 결국 세법의 개별 조항을 어느 범위까지 확장·유추하여 과세를 할 수 있을지의 문제이므로, 결국 세법에 대한 목적론적 해석이나 유추 해석의 한계와 관련된 문제라 함이 이창희 선생의 이해이다.[8] 어디까지 정당한 해석의 범위인지는 물론 획일적으로 정하기 어려운 문제이므로,[9] 이 글에서도 그 한계의 일반론을 제시하기는 어렵다. 이 글에서는 해석의 정당한 범위에 관한 논의는 건너뛰고, 일단 여러 논의를 거쳐 일단의 기준이 세워지고 그 기준에 따라 '정당한' 해석의 범위에 든다고 인정된 목적론적 해석이나 유추해석이 있는 경우, 달리 말하면 '정당한' 범위 내에서 실질과세 원칙이 적용된 경우와, 그렇지 않은 목적론적 해석이나 유추해석이 있는 경우 즉, '정당한' 범위를 넘어서 실질과세 원칙이 적용된 경우가 있다는 것을 전제로 실질과세 원칙과 조세법률주의 사이의 관계를 생각해 보려고 한다.

실질과세의 원칙이 정당한 해석·적용의 범위 내에서 적용되어 과세된 경우에는 법률의 근거가 있는 과세이므로, 조세법률주의 중 과세요건 법정주의를 준수한 과세가 된다. 반면 실질과세 원칙이 정당한 해석·적용의 범위를 넘어 적용되어 과세된 경우에는 사실상 세법에 규정된 내용을 넘어 과세된 것이므로, 법률의 근거가 있는 과세라고 볼 수 없다. 이러한 경우에는 조세법률주의 중 과세요건 법정주의를 위반한 과세가 된다. 위 두 경우는 조세법률주의의 위반 여부가, 실질과세 원칙이 정당한 범위 내에서 적용되었는지 여부의 판단에 의존하게 되므로, 만약 법원에서 과세처분을 다투는 원고가 헌법소원을 제기하게 된다면, 구체적인 사실관계를 놓고 특정한 법조항의 해석·적용을 다투면서 한정위헌 청구의 형식으로 헌법소원을 제기할 가능성이 높다. 그러나 한정위헌 청구의 적법성을 원칙적으로 인정하는 헌법재판소의 입장에 따르더라도

8) 이창희, 『세법강의』, 129~130면 참조. 이 책의 제2장이 이에 관한 논의이다. 한편 세법에 있어서도 목적론적 해석이나 유추해석이 가능하다는 견해가 있는 반면, 이와 달리 법문의 문의를 벗어나는 법률에 대한 흠결보충이나 유추가 금지된다는 견해도 있다(방승주, "조세법률주의와 헌법재판 –헌법재판소의 2009헌바123,126(병합) 구 조세감면규제법 부칙 제23조에 대한 위헌소원결정과 관련한 헌법적 쟁점들을 중심으로", 『법학논총』 제29집 제4호, 한양대학교 법학연구소, 2012, 217면). 이러한 견해에 의하더라도 실질과세 원칙이 조세법률주의와 관련하여 문제될 수 있는 영역은 결국 정당한 해석의 범위를 벗어나 해석이 이루어진 경우에 발생하는 것이므로, '일응의 정당한 해석'의 범위라는 기준만 달리 할 뿐 그 기준을 벗어난 해석에 따른 과세는 조세법률주의에 위배된다는 결론이 달라지는 것은 아니다.

9) 양천수, 『법해석학』, 한국문화사, 2017, 373면; 오세혁, 『법학방법론』, 박영사, 2024, 258~259면; 김혁기, "법해석에 의한 모호성 제거의 불가능성", 『서울대학교 법학』, 제50권 제1호, 2009, 129면 참조.

"실제로는 당해 사건 재판의 기초가 되는 사실관계의 인정이나 평가 또는 개별적·구체적 사건에서의 법률조항의 단순한 포섭·적용에 관한 문제를 다투거나, 의미 있는 헌법문제를 주장하지 않으면서 법원의 법률해석이나 재판결과를 다투는 경우 등은 모두 현행의 규범통제제도에 어긋나는 것으로서 허용될 수 없다." (헌재 2012. 12. 27. 2011헌바117; 헌재 2023. 3. 23. 2018헌바433등 참조)

는 입장이므로, 대부분의 청구는 이에 해당된다는 이유로 각하될 것으로 보인다.

그러나 위와 같은 실무적인 측면이 아니라도 위와 같은 영역에서 헌법재판소가 사법심사 권한을 자제하는 것이 바람직하다. 이미 존재하는 법조항의 해석·적용과 관련하여 실질과세 원칙의 정당한 적용 범위를 결정하는 문제는 결국 세법에 대한 해석의 정당한 범위를 따지는 문제이므로, 이는 전형적으로 법원의 판단 권한에 속한다고 볼 수 있고, 현행 헌법소원 제도에서 재판소원(裁判訴願)을 금지하고 있는 취지까지 고려하면, 이와 관련된 법원의 판단은 헌법재판소가 존중할 필요가 있기 때문이다.

2. 법률이 폐지 또는 전부 개정된 경우

이미 존재하는 유효한 법률에 대하여 정당한 해석의 범위를 따져야 하는 위와 같은 경우가 아닌, 법률의 폐지나 전부 개정이 있는 경우에는 달리 접근할 필요가 있다. 그런데 법률이 폐지된 경우는 입법부의 의도가 분명하고 그에 따라 명시적인 입법 행위가 이루어졌으므로 법원이 이를 무시한 판단을 할 가능성은 낮다. 따라서 주로 문제가 되는 것은 법률이 전부 개정되는 경우 구법(舊法) 조항이 실효되었는지 여부에 관한 다툼일 것이다.

(1) 법률의 전부 개정이 법률의 부칙 조항에 미치는 영향이 문제된 사례

과거 상장(上場)을 조건으로 자산재평가법에 따라 재평가를 한 법인에게 평가차익 과세의 특례를 규정한 구 조세감면규제법 조항과 관련하여, 법 개정으로 이 특례 규정이 삭제된 후, 그 전에 재평가를 한 법인에 대한 사후(事後) 처리를 규정한 부칙(附則) 조항의 해석이 문제된 적이 있었다. 그 뒤에 다시 구 조세감면규제법이 '전문(全文) 개정' — 현재의 '전부 개정'과 같은 말이다 — 될 때, 이러한 부칙 조항의 효력을 정하는 경과 규정을 따로 두지 않았기 때문이다. 이때

대법원은

"법률의 개정시에 종전 법률 부칙의 경과규정을 개정하거나 삭제하는 명시적인 조치가 없다면 개정 법률에 다시 경과규정을 두지 않았다고 하여도 부칙의 경과규정이 당연히 실효되는 것은 아니지만, 개정 법률이 전문 개정된 경우에는 기존 법률을 폐지하고 새로운 법률을 제정하는 것과 마찬가지여서 종전의 본칙은 물론, 부칙 규정도 모두 소멸하는 것으로 보아야 하므로 종전의 법률 부칙의 경과규정도 실효된다고 보는 것이 원칙이지만, 특별한 사정이 있는 경우에는 그 효력이 상실되지 않는다."

고 판시하면서,

"여기에서 '특별한 사정'이라 함은 전문 개정된 법률에서 종전의 법률 부칙의 경과규정에 관하여 계속 적용한다는 별도의 규정을 둔 경우뿐만 아니라, 그러한 규정을 두지 않았다고 하더라도 종전의 경과규정이 실효되지 않고 계속 적용된다고 보아야 할 만한 예외적인 특별한 사정이 있는 경우도 포함된다고 할 것이고, 이 경우 예외적인 '특별한 사정'이 있는지 여부를 판단함에 있어서는 종전 경과규정의 입법 경위 및 취지, 전문 개정된 법령의 입법 취지 및 전반적 체계, 종전의 경과규정이 실효된다고 볼 경우 법률상 공백상태가 발생하는지 여부, 기타 제반 사정 등을 종합적으로 고려하여 개별적, 구체적으로 판단하여야 한다."

는 입장을 제시하였다. 이러한 입장에 따라 대법원은 위 구 조세감면규제법 부칙 조항이 전부 개정에 불구하고 실효되지 않았다고 볼 특별한 사정이 있음을 인정하였다(대법원 2008. 11. 27. 선고 2006두19419 판결).

이에 대하여 헌법재판소는 헌재 2012. 5. 31. 2009헌바123등 결정에서

"과세요건법정주의 및 과세요건명확주의를 포함하는 조세법률주의가 지배하는 조세법의 영역에서는 경과규정의 미비라는 명백한 입법의 공백을 방지하고 형평성의 왜곡을 시정하는 것은 원칙적으로 입법자의 권한이고 책임이지, 법률조항의 법문의 한계 안에서 법률을 해석·적용하여야 하는 법원이나 과세관청의 몫은 아니라

할 것이다. 뿐만 아니라, 구체적 타당성을 이유로 법률에 대한 유추해석 내지 보충적 해석을 해야 하는 경우에도 그것은 어디까지나 '유효한' 법률조항을 대상으로 그 의미와 내용을 분명히 하기 위한 것이지, 이미 실효된 법률조항은 그러한 해석의 대상이 될 수 없음은 명백하다. 그러므로 관련 당사자가 공평에 반하는 이익을 얻을 가능성이 있다 하여 이미 실효된 법률조항을 유효한 것으로 의제하여 과세의 근거로 삼는 것은 과세근거의 창설을 국회가 제정하는 법률에 맡기고 있는 헌법상의 권력분립원칙과 조세법률주의의 원칙에 근본적으로 반하는 것이다."

라고 판시하면서

"구 조세감면규제법(1993. 12. 31. 법률 제4666호로 전부 개정된 것)의 시행에도 불구하고 구 조세감면규제법(1990. 12. 31. 법률 제4285호) 부칙 제23조가 실효되지 않은 것으로 해석하는 것은 헌법에 위반된다."

라는 한정위헌 결정을 내렸다.

(2) 검토

대법원의 입장에 따르면, 입법자가 전부 개정을 하더라도 전부 개정 전의 법조항이 실효되었는지 여부는 결국 '특별한 사정'이 인정되는지 여부에 따라 결정된다. 대법원은 '특별한 사정'을 판단하는 기준으로 '종전 경과 규정의 입법 경위 및 취지, 전문 개정된 법령의 입법 취지 및 전반적 체계, 종전의 경과 규정이 실효된다고 볼 경우 법률상 공백 상태가 발생하는지 여부, 기타 제반 사정 등'을 제시하고 있는데, 이러한 기준들은 수범자(受範者)가 스스로 확인하거나 판단하기 어려운 내용들이다.

물론 유효하게 존재하는 법률을 해석·적용하는 과정에서 다툼이 발생하고 이에 대하여 법원의 판단을 받는 것은 법조항이 가진 일반성과 추상성에 비추어 불가피한 측면이 있다. 그러나 이를 넘어 법률의 폐지나 전부 개정이 이루어진 경우까지 법조항의 실효 여부를, 대법원의 유권적(有權的) 판단이 있어야만 정확하게 인식할 수 있다면 세법의 존재 여부 자체에 대하여도 수범자는 예측가능성을 가질 수 없게 된다. 이러한 예측가능성을 중핵으로 하는, 조세법률주의에 관한 헌법재판소의 판례 입장에 비추어 볼 때 이는 분명 문제라고 생각한다.

물론 이에 대하여 '전부 개정된 법률의 일반적 효력'에 관한 문제는, 그동안 정설(定說)이라 할 만한 것이 없이 그저 대법원 판례와 법제처의 유권해석이 있었을 뿐이므로, 여전히 법률 해석의 문제로서 법원의 권한에 속한다고 보아야 한다는 견해가 있다.[10] 그러나 적어도 입법부가 법률을 폐지하거나 전부 개정을 한 경우에는 법률의 폐지 여부나 전부 개정으로 인한 구법 조항의 실효 여부를 수범자가 입법자의 행위만으로 명확하게 인식할 수 있어야 한다. 전부 개정은 말 그대로 법률 전부를 새롭게 개정하는 것이므로, 법률의 내용뿐 아니라 조문의 체계까지도 변경이 가능한 개정 방식이다. 이러한 전부 개정에서는 기존의 구법 조항이 전부 개정된 법률에 포함된다고 보기는 어렵고, 기존 법률을 폐지하고 새로운 법률을 제정하여 대체하는 의미를 가진다.[11] 따라서 법률을 개정할 때에는 일부 개정인지, 아니면 전부 개정인지가 명시되는데, 이처럼 명확한 입법자의 입법행위에 대해서도 전부 개정으로 구법 조항이 실효되었는지 여부를 법률 해석의 문제로 보아 대법원의 유권적 판단이 있기 전까지는 법적 다툼의 대상이 될 수 있다고 본다면, 사실상 조세법규에 있어서 수범자의 예측가능성이 제대로 확보되기는 매우 어렵고, 입법부에게 입법 권한을 인정한 권력분립 원리의 측면에서도 바람직하다고 볼 수 있는지 의문이다. 적어도 법률의 폐지나 전부 개정의 경우에는 세법의 존부(存否)에 대한 수범자의 예측가능성 확보를 위해, 입법자의 법 폐지 행위나 전부 개정 행위에 대한 확인만으로도 충분히 쉽게 해당 법률이 폐지되거나 전부 개정되어 기존의 구법 조항들이 실효되었음을 수범자가 명확하게 판단할 수 있도록 하여야 한다.

(3) 실질과세 원칙에 대한 관련성

위 2009헌바123등 결정은 주로 조세법률주의와 연결되어 있고, 실질과세 원칙이 직접 문제된 사안은 아니다. 다만 이미 폐지되거나 전부 개정으로 실효된 법조항의 해석에 다시 실질과세 원칙을 적용하여 과세하는 경우 ― 물론 현실적으로 흔하지는 않을 테지만 ― 를 상정해 볼 수 있다. 이러한 상황에서는 방금 살펴본 대로, 법치주의와 권력분립 원리에 비추어 적어도 법률의 폐지나 전부

---

10) 김래영, "헌법재판소는 법원 재판의 당부를 심사할 수 있는가?: 헌재 2012. 5. 31. 2009헌바123,126(병합)", 『법과사회』, 제43호, 법과사회이론학회, 2012, 466면.

11) 안경봉, "폐지된 세법규정의 효력", 『조세법연구』, 제19권 제2호, 2013, 106면 참조.

개정으로 인한 법률의 실효 여부의 문제는 법원의 해석에 따라 결정되어야 할 부분이 아니므로, 이러한 해석에 따른 과세 역시 법률의 근거가 없는 과세가 되어 조세법률주의에 위반된다고 평가할 수 있다.

3. 소결(小結)

요컨대 이미 유효하게 존재하는 법조항을 대상으로 실질과세 원칙의 적용이 문제되는 경우에는 법원의 해석·적용에 관한 문제이므로 이를 존중하여 헌법재판소가 사법심사를 자제하는 것이 바람직하지만, 법률이 폐지되었거나 전부 개정된 경우라면 헌법재판소가 적극적으로 사법심사를 하여 법률에 근거가 있는 과세인지 여부를 판단하는 것이 필요하다. 이러한 입법자의 명백한 입법행위에 대하여도 법원의 사후적인 판단에 따라 법률의 효력 유무가 달리 결정될 수 있다면 수범자의 예측가능성과 법적 안정성을 확보하려는 법치주의 의념에 부합한다고 보기 어렵고, 입법부에 입법 권한을 부여한 권력분립 원리에 비추어 보아도 바람직하다고 평가하기 어렵기 때문이다. 적어도 법률의 폐지 여부나 전부 개정으로 인한 실효 여부는 입법부의 행위만으로도 명확하게 판단할 수 있도록 하여야 하고, 이러한 전제가 흔들리고 있는 영역에서는 헌법재판소가 조세법률주의 위배 여부를 판단할 수 있어야 한다.

V. 요약 및 결론

위에서 살펴본 내용을 종합하면, 우선 실질과세 원칙은 조세평등주의를 실현하기 위한 수단이기 때문에 그 자체로 입법에서 추구할 수 있는 정당한 공익이자 조세법의 해석·적용에 관한 법원칙이라고 볼 수 있지만, 헌법 원칙의 성격을 가진다고 말하기 어렵다. 실질과세 원칙이 요구하는 '경제적 실질에 따른 과세'는 조세평등주의가 요구하는 '담세력에 따른 과세'를 정당화하는 가장 설득력 있는 근거가 될 수 있지만, 그렇다고 우리 헌법이 항상 경제적 실질에 따른 과세만을 요구한다고 보기는 어렵기 때문이다. 헌법 제11조가 정하는 평등 원칙의 조세법적 표현인 조세평등주의는 합리적인 이유 있는 차별적 과세를 허용하고 있으므로, 경제적 실질 외의 법적 외관이나 형식에 따른 과세를 하더라도 그와 같이 하는 데에 합리적인 이유를 인정할 수 있으면 우리 헌법 하에서 허용된다.

따라서 실질과세 원칙 그 자체는 헌법 제11조에서 도출되는 헌법 원칙이라고 보기 어렵다.

설령 실질과세 원칙을 헌법 제11조의 조세평등주의로부터 도출되는 헌법상 원칙이라고 인정하는 견해에 따라 그 구체적인 내용을 보더라도 사실상 조세평등주의와의 관계에서 독자성을 인정할 만한 내용을 담고 있지 않아 위헌심사 기준으로서 독자성이 있다고 보기 어려워 조세평등주의 외에 실질과세 원칙을 독립된 위헌심사 기준으로 인정할 만한 실익도 인정하기 어렵다.

그러나 실질과세 원칙은 조세평등주의를 실현하기 위한 수단으로서 입법자가 추구할 수 있는 정당한 공익이 될 수 있으므로, 입법자는 실질과세 원칙을 구현하기 위한 개별 법조항을 제정할 수 있고, 이미 입법자가 제정한 세법 조항과 관련해서는 조세법의 해석·적용에 관한 법원리로 적용될 수 있다. 이때 이미 유효하게 존재하는 법조항에 대하여 정당한 범위를 넘어 실질과세 원칙을 적용한다면 이는 곧 법률의 근거 없는 과세일 것이므로, 조세법률주의 위반의 문제가 발생할 수 있다. 그러나 이와 같이 실질과세 원칙을 정당한 범위 내에서 적용하였는지의 문제는 구체적인 사실관계에 대한 세법의 해석·적용에 따라 결정되므로, 이는 법원의 고유한 권한에 속하는 영역에 해당된다. 재판소원이 금지되고 있는 현행 헌법소원 제도의 법체계에 비추어 보면, 이러한 영역에서의 헌법재판소의 사법심사는 자제되어야 할 필요가 있다.

반면 법률의 폐지나 전부 개정과 같이 입법행위의 내용이 그 자체로 명백하거나 명백하여야 할 사안에서까지 법원의 판단 여하(如何)에 따라 과세의 적법 여부가 달라지게 된다면(실질과세 원칙을 동원하여 과세가 이루어지는 경우를 포함한다), 이는 수범자의 예측가능성 확보와 입법부에게 입법 권한을 보장하는 권력분립의 원리에 비추어 받아들일 수 없는 결과가 된다. 이러한 경우의 과세는 조세법률주의 위반이 될 수 있고, 따라서 여기서는 법률의 실효 여부를 객관적이고 명확한 기준에 의하여 수범자가 쉽게 예측할 수 있도록 헌법재판소의 적극적인 사법심사가 필요하다고 보인다.

참고문헌

(인용된 문헌)

양천수, 『법해석학』, 한국문화사, 2017

오세혁, 『법학방법론』, 박영사, 2024

김래영, "헌법재판소는 법원 재판의 당부를 심사할 수 있는가?: 헌재 2012. 5. 31. 2009헌바123,126(병합)", 『법과사회』, 제43호, 법과사회이론학회, 2012

김완석, "거래내용에 관한 실질과세의 원칙의 적용 범위 ― 판례의 동향을 중심으로", 『조세논총』 제1권, 한국조세법학회, 2016

김혁기, "법해석에 의한 모호성 제거의 불가능성", 『서울대학교 법학』, 제50권 제1호 (2009. 3.)

방승주, "조세법률주의와 헌법재판 ― 헌법재판소의 2009헌바123,126(병합) 구 조세감면규제법 부칙 제23조에 대한 위헌소원결정과 관련한 헌법적 쟁점들을 중심으로", 『법학논총』 제29집 제4호, 한양대학교 법학연구소, 2012

안경봉, "폐지된 세법규정의 효력", 『조세법연구』, 제19권 제2호, 2013

양인준, "실질과세원칙의 적용범위와 경계에 관한 소고", 『법학논집』, 제28권 제1호 (2023), 이화여자대학교 법학연구소

장석조, "조세법상 실질과세원칙의 적용한계 – 실질의 의미에 관한 판례이론의 분석과 재해석", 『사법논집』 제33집, 법원도서관, 2001

조영식, "실질과세의 헌법적 고찰 ― 헌법재판소 결정례를 중심으로", 『헌법논총』 제21집, 헌법재판소, 2010

(그 밖에 참고한 문헌)

이준봉, 『조세법총론』 (제9판), 삼일인포마인, 2023

이태로 · 한만수, 『조세법강의』 (신정 13판), 박영사, 2018

임승순 · 김용택, 『조세법』 (제24판), 박영사, 2024

김영우, "실질과세원칙의 재검토", 『인권과 정의』 제457호, 대한변호사협회, 2016

김완석, "조세법의 해석방법에 관한 대법원 판례의 검토 ― 대법원 2008. 2. 15. 선고 2007두4438 판결을 중심으로", 『조세논총』 제6권 제4호, 한국조세법학회, 2021

김의석, "실질과세원칙의 적용에 관한 접근방식", 『조세법연구』, 제18권 제2호, 2012

박정우 · 김영심, "조세법과 형평법의 조화 ― 민법상 한정승인제도에 있어 조세법률주의

와 실질과세원칙의 조화를 중심으로 –", 『비교사법』 제17권 제1호, 한국사법학회, 2010

이창희, "세법의 헌법적 기초에 관한 시론", 『조세법연구』 제6권, 2000

이창희, "조세법 연구 방법론", 『서울대학교 법학』, 제46권 제2호, 2005

이철송, "폐지된 세법규정이 해석을 통해 효력을 유지할 수 있는가?", 『조세법연구』 제18권 제3호, 2012

황남석, "실질과세원칙의 적용과 관련된 최근 판례의 동향 및 쟁점", 『조세법연구』, 제23권 제1호, 2017

2. 세법 해석 방법론

― 엄격해석 원칙의 극복 방안

김성환*

Ⅰ. 들어가며

먼저 개인적인 소회(所懷)를 피력하자면, 이창희 선생을 대학원에서 처음 뵈었던 것이 어느덧 20여 년 전 일이 되었다. 법원에 재직하면서 대학원 수업을 듣자니 평일 저녁, 아니면 토요일 수업 말고는 엄두를 내기 어려웠던 처지에, 당시만 해도 유일한 선택지는 이창희 선생께서 개설해 주신 세법 과목들이었다. 그때 처음 들었던 과목 중에서도 '소비세법 연구'는 미국 웨인 주립 대학교(Wayne State University)의 앨런 솅크(Allen Schenk)와 하버드 대학교의 올리버 올드맨(Oliver Oldman)이 함께 쓴 『Value Added Tax』라는 원서(原書)를 번역하고

* 변호사, 법무법인(유) 광장

같이 공부하는 과목이었는데, 영어를 우리말로 옮기는 일 자체도 만만찮은 작업이었지만 정작 사전을 뒤져가면서 어찌어찌 번역본을 만든 후에도 세법의 초심자였던 탓에 그 내용이 좀처럼 쉽게 이해되지가 않았다.

그리고 나서 몇 년 후 이창희 선생의 추천서 덕분에 입학한 미국 조지타운대학교(Georgetown University)에서 본격적으로 접하게 된 미국 세법은 '복잡하지만 그래도 이해가 (어느 정도) 가능한' 내용으로 새롭게 와 닿았다. 그때도 여전히 영어 실력의 큰 향상은 없는 상태였음에도 불구하고 그처럼 다른 느낌이 든 이유는 아마도 미국 세법(Internal Revenue Code, IRC)과 이를 풀이한 시행규칙(regulation)의 규정들이 감탄스러울 정도로 체계적이고도 상세하게 만들어진 까닭이 아니었을까 싶다. 법률 규정에서 필요한 대목마다 중요 용어의 정의 규정을 두고, 아울러 그 정의 규정의 적용범위도 예컨대 '이 조항의 적용 범위에서'(for the purpose of this clause) 등의 문구를 달아 명확하게 정해두어서, 한 줄 한 줄 읽다 보면 마치 하나의 거대한 지적(知的) 퍼즐을 풀어내는 듯한 감상을 받게 되었다. 게다가 그러한 법률 규정의 구체적인 의미를 다시 상세하게 풀이하는 시행규칙에서는 법률에 쓰인 추상적 불확정 개념에 관하여 이러이러한 경우에는 과세대상이 아니라는 내용의 '세이프하버'(safe harbor)를 두어 예측가능성을 최대한 확보하고, 심지어 법률 규정이 구체적인 사안에서 어떻게 적용되는지를 여러 사례(examples)로써 설명하기까지 하였는데, 우리로 치면 유권해석에서나 접할 수 있는 내용이 추상적인 법규범 중 일부로 사전(事前)에 구체화되어 있는 미국 세법의 모습을 접하고서는 경탄을 금하기 어려웠다.

하지만 그처럼 상세하고 친절한 법규정을 만들어 두어도 또 어쩔 수 없이 법의 흠결(欠缺)이 발견되고 이를 메꾸는 법 해석이 필요하다는 사실은 복잡다단한 경제·사회 현상을 규율해야만 하는 법의 숙명일 것이다. 그런데 우리 세법의 경우에는 그에 비하여 상대적으로 눈에 띄는 흠결이 잦고, 시행령이나 시행규칙의 내용도 그다지 구체적이라고 하기 어려워서, 때에 따라서는 유권해석이나 판례를 하나하나 찾고 확인하지 않으면 해당 규정의 기초적인 의미도 파악하기 어려운 경우조차 종종 눈에 띈다. 이 때문에 우리의 현실에서는 세법의 해석을 어떻게 할 것인지가 훨씬 더 광범위한 문제로 다가올 수밖에 없다. 더군다나 세법은 그 용어와 내용 등 여러 면에서 일견 다른 법보다도 어렵게 느껴지는 까닭에, 결국 세법의 해석은 '광범위하고 동시에 어려운 문제'를 해결해내야 하는 고도의 난제(難題)로 다가온다.

세법의 해석은 어떻게 하여야 하는가, 세법의 해석은 다른 법의 해석과는 다르게 이루어져야 하는가 등과 같은 질문은 지금도 논의가 진행 과정에 있는 유효한 논제로 남아 있다. 요즘도 세법 실무를 처음 접하는 사람들이 흔하게 듣는 '꿀팁' 중 하나는 이른바 엄격해석의 원칙, 즉 세법은 법령에 쓰인 글귀대로만 해석해야 한다는 것이고, 이러한 엄격해석의 원칙은 여러 유권해석과 법원 판례에서도 '약방의 감초'처럼 등장하는 경구(警句)이기도 하다. 그런데 과연 엄격해석의 원칙이 그처럼 세법 해석의 금과옥조(金科玉條)이자 당연하고도 절대적인 전제가 될 만큼 타당한 것일까? 엄격해석의 원칙이 근거로 삼고 있는 헌법상 조세법률주의는 정말로 엄격해석의 원칙을 뒷받침하는 대원칙일까? 이에 관하여 이창희 선생이 쓴 책과 글의 내용을 살펴보면서 그 해답을 짚어보고자 한다.

Ⅱ. 세법의 해석은 오로지 '엄격해석의 원칙'에 따라야 한다는 명제의 비판과 극복

1. "조세법 연구 방법론"의 기본 입장

이창희 선생은 2005년 6월에 공간(公刊)된 "조세법 연구 방법론"이라는 글에서[1)] 이미 이에 관한 문제의식과 해답을 제시하신 바 있고, 논문의 내용은 주저(主著) 『세법강의』 중 해당 부분을 구성하고 있기도 하다.[2)] '방법론'의 체제를 살펴보면 조세법의 연구 방법론이라는 논제 아래 크게 세법의 해석 방법론과 세법의 입법 방법론이라는 두 가지 주제로 나누어 논점을 검토하고 분석함으로써 결론을 도출하고 있는데, 논문의 절반을 차지하는 세법의 해석 방법론 부분은 "세법에서는 엄격해석만이 가능하다"는 말이 틀렸다는 점을 논증하는 내용이다.

세법의 해석 방법론을 논하기 위해서는 우선 법 해석이란 무엇인지부터 짚고 넘어가는 것이 순서일 터이다. 논문에서도 이를 시작점으로 삼아 논의를 전개하면서, 법이란 일정한 법률요건에 해당하면 일정한 법률효과를 주는 것인데, '법령의 흠결이나 틈'이 있는 부분에 관해서 어떠한 법률효과를 줄 것인지가 바

---

1) 이창희, "조세법 연구 방법론", 『서울대학교 법학』 제46권 제2호, 2005, 1~35면. 이 글에서 내내 인용하므로 이하에서는 '방법론'이라고만 한다.
2) 이창희, 『세법강의』, 91면 이하.

로 법률의 해석이나 적용의 문제임을 설명하고 있다. 그러면서 논문은, 법의 해석에는 재량의 여지가 생기게 마련인데, 법관으로 하여금 각자 제멋대로 자유로이 판단하도록 내버려둔다면 법적 안정성에 정면으로 어긋나게 되므로, 이러한 '자의를 막기 위해 법해석 방법론이 필요'하게 된다는 점을 지적하고 있다.[3] 특히 이 대목에 관하여 '방법론'은 다음과 같은 내용으로 법해석 방법론의 정립이 필요함을 지적하고 있다.

> "해석자의 주관이란 있을 여지가 없고 법관은 법을 기계적으로 적용할 뿐이라는 개념법학적 사고는 오히려, 법관이 제 법감정이나 가치판단, 극단적으로는 개인적 이해관계에 따라 판단을 내리면서 이런 판단과정을 숨기는 결과를 낳을 뿐이다."

뒤에서 다시 보겠지만, 이 대목이야말로 왜 엄격해석의 원칙이 문제가 되고 특히 법원 판결의 이유에서 가급적 사용되지 않아야 하는지를 가장 통렬하고도 적확하게 지적하는 구절이 아닌가 생각된다. 실제로 우리 법원의 판결 중에서도 다른 이유 설시는 모두 배제한 채 오로지 '엄격해석의 원칙'만 앵무새처럼 되뇌이는 경우가 적지 않다. "해당 규정은 이러이러하게 읽히고, 엄격해석의 원칙상 위 글귀와 다른 주장은 받아들일 수 없다"는 앙상한 이유 설시만으로 이루어진 판결문을 읽고 있노라면 — 아마도 이창희 선생이 수업 시간에 언급한 비유적 표현으로 기억되지만 — 흡사 『성경』의 "창세기" 중 "하느님이 뭍을 땅이라 칭하시고 모인 물을 바다라 칭하시니라. 하느님이 보시기에 좋았더라"는 구절을 떠올리게 된다. 엄격해석의 원칙만 내세워서 그 뒤에 숨은 채 다른 이유 설시를 거부하고서도 결론을 정당화하고자 하는 것은 법관 자신의 자의(恣意)와 편향(偏向)을 숨기려는 시도일 뿐, 판결 결론을 정당화하는 데에 충분한 이유 설시가 못된다. 법관은 신(神)이 아니기에 단지 "법관이 보기에 그러하더라"는 이유만으로는 왜 그 같은 결론에 국민들이 승복해야 하는지를 설득하는 데에 턱없이 부족한 까닭이다.

2. 비교법적 분석

'방법론'은 "세법에서는 엄격해석만이 가능하다"는 말이 틀렸음을 논증하기

3) 이창희, 『세법강의』, 93면 주54에 의하면 이는 티프케(Klaus Tipke)의 견해로 보인다.

위한 구체적인 논거로서 먼저 독일·미국·영국 등과 같은 다른 선진국의 사례를 분석하였다. 우선 독일의 경우, 19세기 독일을 풍미하였던 개념법학이 극복되면서 20세기 들어 세법 해석에서 '목적과 경제적 의미'를 고려해야 한다는 '라이히'(Reich) 국세통칙법 제4조가 입법되었음을 설명하고, 이에 관한 티프케(Tipke), 크루제(Kruse) 등과 같은 저명한 법학자들의 견해를 상당한 지면(紙面)을 할애하여 인용하고 있다. 티프케는 "잘못된 법문(法文)의 틈은 세법 적용에서 세법의 목적을 고려하여 메울 수 있다. 따라서 우리 생각에는 틈 메우기나 유추의 금지란 존재하지 않는다"고 하였다고 한다. 법 흠결의 종류를 구분한 티프케의 견해를 잠시 들여다보면, '무의식적 법 흠결'이란 입법부가 삶의 사실관계를 모두 생각할 수 없었거나 또는 입법 당시 아직 없었던 일이어서 생각할 수 없었던 경우로서, 이에 관해 법 적용자가 자유로이 주관적으로 채울 수 있는 것은 아니고, 흠결을 채우는 기준은 규범의 기초를 이루는 원칙(가치판단), 즉 유추의 방법으로 실효성을 얻는 원칙이라고 하였다. 반면에 의식적 흠결은 입법부가 의식적으로 규정을 두지 않은 경우로서, 특히 사안이 법률을 만들 만큼 성숙하지 않았다고 여겨서 법률효과의 결정을 우선은 판례와 학설에 맡겨두기를 원할 때 그렇게 한다고 한다. 티프케의 견해는 이와 같이 법의 흠결의 종류를 구분하면서도 각각의 경우 모두 법관에 의한 유추해석이 허용된다는 것으로 이해되는데, 이후 독일의 현실은 '목적론적 해석이나 유추해석의 가부를 논하는 것 자체가 시대착오'로서 세법 해석과 다른 일반 법률의 해석은 완전히 동일한 것으로 받아들여지고 있다고 한다.

'방법론'은 이어 미국과 영국의 경우도 언급하였는데, 미국에서도 19세기에는 엄격해석만이 가능하다고 생각하였지만 오늘날 미국 법원은 세법의 해석·적용에 다른 법률과 차이를 두지 않고 있으며, 지금도 엄격해석을 해야 한다는 식의 언급이 판결에 나오는 적은 있지만 이는 '레토릭일 뿐'이라고 설명한다. 영국도 마찬가지로 전통적 견해는 엄격해석만이 가능하다고 하였지만, 1981년의 램지(Ramsay) 판결 이후 목적론적 해석의 길을 열고 있으며, 이제는 목적론적 해석 그 자체는 당연한 것으로 받아들이고 있다고 한다.

'방법론'에서는 결론의 도출을 위해 먼저 다른 나라의 사례를 분석한 이유에 관하여 첫머리에서,

"엄격해석이라는 레토릭과 현실 사이에 괴리가 생기는 것은 엄격해석만으로는 구체적 타당성이 없는 경우가 많고 또 구체적 사안의 결론에 앞뒤가 어긋나는 경우가 많기 때문이다. 다른 나라에서도 이 사정은 마찬가지이다."

라고 시작하였다. 주장과 견해가 설득력을 갖기 위해서는 논리적 완결성만으로는 충분하지 않고 현실성이 있어야 한다. 특히나 우리와 같이 법률 선진국들의 사례를 끊임없이 연구·검토해야 하는 입장에서는 더더욱 그러하다. 그렇기 때문에 논지를 내세움에 있어서 그에 부합하는 실제 현실의 사례만큼 강한 설득력을 가진 것은 없을 것이며, 그것이 뒷받침된다면 오히려 다른 나라들과는 우리나라가 전제 상황이 달라 반대의 결과가 발생할 것임은, 입증책임의 원리로 치면 '이를 주장하는 반대자에게 입증의 필요'가 돌아갈 것이다. 따라서 '방법론'에서 첫 번째 길라잡이로 다른 나라의 사례를 분석한 것은 지극히 타당하고 현명한 방식이다.

특히 흥미로운 지점은, 독일·미국·영국 등 서로 다른 나라들에서 한결같이 일단은 '세법 해석은 엄격해석만이 가능'하다고 보는 시기를 상당 기간 거쳤다는 사실이다. 이는 아마도 세금이란 본래 '반대급부 없이 국가가 거두어가는 돈'인 탓에 초기에는 국민의 대표자인 입법부를 통해 사전에 이러이러한 경우에 세금을 걷겠다고 법률 문구로써 명확하게 선언해 둔 경우에 한해서만 세금을 내도록 해야 한다는 생각이 지배적일 수밖에 없었고, 이후 법치국가로서의 여건이 점점 성숙해짐에 따라 이를 극복하고서 '합리적이고 합당한 과세'가 무엇인지를 세법 해석으로써 찾아가는 것이 당연하다는 생각이 널리 퍼졌기 때문이 아닐까 싶다.

3. 형법의 해석 방법론과 비교

다음으로 '방법론'은 세법에서 확장해석이나 유추해석이 가능한지를 검토하기 위해 형법의 해석 방법과 견주는 방식을 택하였다. 잠시 '방법론'의 논리구조를 따라가 보자. i) 형법의 해석에서는 피의자나 피고인에게 '불리한 유추적용이 금지'된다고 보는 반면에, '확대해석'은 이미 존재하고 있는 법규범을 전제로 하면서 당해 법규가 지향하는 목표나 방향 설정의 테두리 내에서 그 법규의 의미내용을 넓혀가는 것으로서, 해석의 한계를 준수하는 확장해석은 정당하다. 실제로 판례나 교과서에도 피고인에게 불리한 확장해석의 사례가 적지 않다. ii) 형법상 유추적용이 금지되는 이유는 헌법상 대원칙인 죄형법정주의에 의해서이다. iii) 반면에 세금과 관련한 헌법 조항을 보면, 형법과 관련해서 헌법 제12조와 제13조가 '국민의 자유와 권리'를 정하는 형식을 띠고 있는 데 비하여, 제38조는 '납세의 의무'라는 제목을 달고 있고 제59조는 중립적 글귀를 담고 있을 뿐이므로, 이에 의할 때 세법의 유추적용이 가능하다는 결론까지 당연히 나오는 것은 아니지만 아무리 적게 잡더라도 형법의 해석에서 허용되는 정도의 확대해석을 금한다고 풀이할 길은 없다. iv) "세법에서는 오로지 엄격해석만 인정된다"는 의미의 조세법률주의가 우리의 관습헌법이거나 불문(不文) 헌법이라고 할 수도 없으며, 형법상 죄형법정주의보다 더 엄격한 법해석을 세법에서 요구한다는 것은 받아들이기 어렵다.

세금은 기본적으로 재산권의 문제이므로, 아무리 조세법률주의를 엄격하게 본다 하더라도 신체의 자유가 문제되는 형사법상 죄형법정주의보다도 더 좁고 엄격하게 해석할 수는 없다는 지적에 이견(異見)을 달기 어려우므로, '방법론'의 두 번째 논거 역시도 매우 타당하다. 이와 같은 논증을 거쳐 '방법론'은 세법에서도 최소한 '확대해석'은 가능함을 밝히고, 실제로 법원 판례도 그러하다고 결론 내린다. 그러면서 '유추해석'에 의한 과세가 가능한지에 관하여 실질과세 원칙이 본질적으로 유추해석의 문제임을 지적하였다.

4. 우리나라 법원의 법 해석에 관하여

이러한 논문의 지적에 응하여 법원 판례의 입장이 어떻게 전개되어 왔는지를 잠깐 살펴보면, 이창희 선생의 『세법강의』 교과서에 대표적인 사례들이 인용되어 있다시피 법원에서 실제로는 납세자에게 불리한 확대해석 또는 유추해석을 허용한 사례들이 꽤나 발견된다.[4] 이후 대법원은 다음과 같이 판시함으로써 세법의 해석에서 '엄격해석의 원칙'뿐만 아니라 때로는 합목적적(合目的的) 해석이 가능함을 정면으로 밝히고 있다.

> "조세법률주의의 원칙상 조세법규의 해석은 특별한 사정이 없는 한 법문대로 해석하여야 하고 합리적 이유 없이 확장해석하거나 유추해석하는 것은 허용되지 않지만, 법규 상호간의 해석을 통하여 그 의미를 명백히 할 필요가 있는 경우에는 조세

---

4) 이창희, 『세법강의』, 97~98면.

법률주의가 지향하는 법적 안정성 및 예측가능성을 해치지 않는 범위 내에서 입법 취지 및 목적 등을 고려한 합목적적 해석을 하는 것은 불가피하다."[5]

얼핏 보면 합목적적 해석을 허용한다는 판시 내용이므로 '세법 해석은 오로지 엄격해석만 가능'하다는 명제에서 탈피한 듯이 여겨진다. 그렇다면 이로써 문제가 해결된 것일까? 애초에 이창희 선생이 왜 세법 해석은 오로지 엄격해석만 가능하다는 말은 틀렸다는 결론을 도출해 내고자 하였는지로 되돌아가 보면, 엄격해석만을 세법 해석의 방법론으로 삼는 입장에서 벗어나 합목적적 해석을 지향해야 하는 이유는 바로 "법이란 자의적 규정의 뭉텅이가 아니라, 옳은가 그른가를 논리로 따져야 할 대상인 까닭"이다.[6] 이창희 선생이 교과서에서 강조하다시피 "구체적 결론에 이른 전제를 숨겨버린 채 때로는 아무 말 없이 유추나 확대해석을 하고 때로는 느닷없이 유추나 확대해석의 금지를 내세운다면 이런 모습이야말로 자의"이므로, "바른 임무는 실정법의 개념을 넓게 또는 좁게 해석할 때에는 왜 그래야 옳은가에 대한 방법론을 세우는 것"이다. 그런데 위 대법원 판결의 판시 내용을 뜯어보면, 법 문언을 벗어나는 합목적적 해석도 가능하다고 하면서도 구체적으로 어떤 경우에 합목적적 해석을 하고 어떤 경우는 문언해석에 그쳐야 하는지에 관해서는 뚜렷한 기준을 제시하고 있지 않다. '법규 상호간의 해석을 통하여 그 의미를 명백히 할 필요가 있는 경우'라는 문구만으로는 문리해석과 합목적적 해석의 경계를 설정하는 데 불충분하다. 그 결과 종래에도 엄연히 사용되어 왔으나 음지(陰地)에 숨어서 마치 부(不) 존재하는 양 모습을 감추고 있던 확대해석과 유추해석이 합목적적 해석이라는 이름 아래 양지(陽地)로 나오게 된 의의는 있으나, 세법 해석에서의 '자의를 방지'하고자 하였던 본래의 목적은 여전히 달성이 요원한 상태로 남아 있다. 법원이 엄격해석과 합목적적 해석을 양손에 틀어쥐고서 그때그때 마음대로 원하는 바에 따라 사용하더라도 아직 별다른 제어 장치가 마련되어 있지 않은 탓이다.

---

5) 대법원 2008. 1. 17. 선고 2007두11139 판결.
6) 이창희, 『세법강의』, 102면.

Ⅲ. 합목적적 세법 해석의 올바른 방향

1. 일반론

앞서 본 대법원 판례 법리의 문제점 중 하나는, 엄격해석과 합목적적 해석이 서로 대척점에 서는 것처럼 설시하였다는 점이다. 위 판례 법리만 보면 세법을 해석함에 있어서 법관은 엄격해석과 합목적적 해석 둘 중 하나를 사안에 따라 양자택일(兩者擇一)할 수 있는 것처럼 읽힌다. 그로 인해 법관이 구체적인 사건에서 엄격해석의 방법을 택하기로 결정하였을 경우 더 이상 합목적적 해석을 굳이 덧붙일 필요성은 사라진다. 그러나 엄격해석의 원칙만으로 구성된 판결문은 법관이 결론을 내리면서 그 결론이 왜 타당한지를 논증하려 하지 않고 마치 스스로가 신이 된 것처럼 "법관이 보기에 그러하더라"는 식의 선언만 내세우는 것에 불과하다. 엄격해석의 원칙은 그 자체로 공허하며 자족적(自足的)인 논거가 될 수 없다.

'방법론'의 앞머리로 돌아가면, 법의 해석에는 재량의 여지가 생기게 마련인데 법관으로 하여금 각자 제멋대로 자유로이 판단하도록 내버려 둔다면 법적 안정성에 정면으로 어긋나게 되므로 이러한 자의(恣意)를 막기 위해 법해석 방법론이 필요하다고 서술한다. 그런데도 대법원 판례 법리가 제시한 세법 해석의 방법론은 이같은 자의를 막기 위한 목적에 충분한 것이 못되고, 그로 인해 여전히 엄격해석의 원칙이라는 이름의 세법 해석 방법론은 법관의 자의를 허용하고 은폐하는 도구로 남용될 소지가 있다. '방법론'의 앞서 인용한 부분에서 '개념법학'을 '엄격해석의 원칙'으로 고쳐 쓰면 곧바로 엄격해석의 원칙이 낳고 있는 폐해가 드러난다.

> "해석자의 주관이란 있을 여지가 없고 법관은 세법을 기계적으로 적용할 뿐이라는 엄격해석의 원칙은 오히려, 법관이 제 법감정이나 가치판단, 극단적으로는 개인적 이해관계에 따라 판단을 내리면서 이런 판단과정을 숨기는 결과를 낳을 뿐이다."

법관이 판결을 함에 있어 엄격해석의 원칙을 자족적 논거로 활용하는 순간 자신의 마음에 드는 결론부터 내려놓고서는 그에 관하여 합당하고도 필요한 이유도 설시하지 아니한 채 '엄격해석의 원칙'을 아테나 여신의 방패처럼 내세워 그 뒤에 숨어버리는 결과가 된다. 이는 결코 올바른 세법 해석의 방법이라 할 수 없다. 그렇다면 바람직한 세법 해석의 방법은 무엇일까? 일단은 세법 해석의 출발점 자체가 세법의 문언이 되어야 한다는 데에는 이견의 여지가 적을 것이고, 나아가 문리해석에서 그치지 않고서 문리해석을 통해 도출된 결론이 입법목적과 구체적 타당성에도 부합한다는 논증 — 이러한 의미에서의 합목적적 해석 — 이 반드시 포함되어야 할 것이다. 즉 엄격해석, 문리해석과 합목적적 해석은 서로 양자택일의 관계에 있는 것이 아니라 항상 동반되어야 하는 관계에 있으며, 문리해석이 그 출발점이라면 합목적적 해석은 그 길잡이인 것이다. 올바른 문리해석과 합당한 합목적적 해석이 합쳐짐으로써 비로소 타당하고 설득력 있는 결론이 도출된다. 이러한 명제가 타당한지를 검증해보려면 문리해석과 합목적적 해석이 어떻게 이루어져야 하는지에 관한 이창희 선생의 설명을 좀더 자세히 살펴볼 필요가 있다.

2. 최근의 대법원 판결례

먼저 문언의 올바른 해석은 과연 어떻게 이루어지는지부터 최근의 판례를 본보기로 하여 살펴본다. 대법원 2024. 9. 13. 선고 2021두54293 판결에서의 쟁점이 된 법조항은 구 상증세법[7] 제48조 제2항 제4호로서, 공익법인이 출연받은 재산에 관한 증여세 비과세 규정의 사후(事後) 관리를 위하여, 공익법인이 출연받은 재산을 매각하고서 그 매각대금을 공익목적사업 외에 사용하는 경우 등에는 증여세를 과세하도록 정한 규정이다. 이 쟁점 조항에서의 '출연받은 재산의 매각대금'에 학교법인이 증여를 직접 원인으로 취득한 것이 아니라 매매 또는 신축을 원인으로 취득한 재산도 포함되는지 여부가 다툼의 대상이 되었다. 위 문언을 해석함에 있어서 대법원은, i) 먼저 해당 법령(구 상증세법)에 '출연받은 재산'에 관한 별도의 정의 규정이 있는지를 살피고, ii) 해당 법령에 규정된 정의가 없는 경우에는 원칙적으로 사전적(辭典的)인 정의 등 일반적으로 받아들여지는 의미를 존중하여야 한다고 전제하고서 그 사전적 의미를 살펴보았다. iii) 아울러 해당 사건의 적용법령은 아니지만 종전에 시행되던 법령상 동일한 용어의 정의 규정도 함께 고려한 후에, 비로소 '출연받은 재산'에 출연받은 당해 재산이 아니라 출연받은 재산의 매각대금으로 취득한 재산 등까지 포함하는 것으로 해

7) 2007. 12. 31. 법률 제8828호로 개정되기 전의 것.

석하는 것은 문언의 가능한 의미를 벗어난 것이라고 판시하였다. 대법원은 여기에 그치지 않고, 동일한 법령에서의 용어는 법령에 다른 규정이 있는 등 특별한 사정이 없는 한 동일하게 해석·적용되어야 한다는 법리를 전제한 후, '출연받은 재산'이라는 동일한 용어를 사용하고 있는 구 상증세법령의 다른 조항들에서의 쓰임새를 살펴보는 체계적 해석을 통해서도 '출연받은 재산'은 '출연받은 당해 재산'만을 의미하는 것으로 새겨야 한다고 결론지었다.

법령상의 정의 규정, 해당 용어의 사전적 정의 등에서 출발해서 그와 동일, 또는 유사한 용어가 사용된 다른 규정에서의 쓰임새 등을 살펴봄으로써 용어의 의미를 밝혀내는 위 판결의 논증 구조는 문언 해석을 어떻게 해야 하는지에 관하여 기본이 되는 방식을 잘 보여주는 표본이다. 다만 문언 해석이 항상 일의적(一義的)으로 이루어지는 것은 아니므로 위와 같은 문언 해석의 결과가 근거 규정의 입법 목적과 취지, 구체적 타당성 등에 부합하는 것인지를 음미하는 과정을 거쳐 최종적인 결론의 정당성이 확보되어야 할 것인데, 이에 관해서는 추가 설시가 없었던 점은 다소 아쉽다.

3. 문리해석의 보완 – 합목적적 해석

(1) 일반론

합목적적 해석이 입법 목적과 취지, 구체적 타당성 등을 따져보는 것이라면 이는 문리해석으로써 세운 틀 안의 내용을 채우는 작업이라고 할 수 있다. 합목적적 해석에서 전거가 되는 세법의 목적에 관하여, 이창희 선생은 먼저

> "세수의 확보가 세법의 해석기준이 될 수는 없다"

라고 지적한다.[8] 예컨대 채권법의 목적이란 채권의 실현, 즉 돈을 받을 수 있게 하는 것이지만 그렇다고 해서 일방적으로 채권자에게 유리하게, 또는 채무자에게 유리하게 해석해야 한다는 기준이 아님과 마찬가지라는 것이다. 지극히 타당한 지적이다. 만일 법원이 세법을 세금의 일방 당사자인 국가 또는 납세자에게 편향되어 한쪽에 유리하게끔 해석한다면 이는 판단자로서의 기본적인 책무를 저

8) 이창희, 『세법강의』, 103면.

버리는 행태일 뿐이다. 법관이 민사 사건이나 형사 사건에서 한쪽 편을 일방적으로 드는 것이 지양되어야 하듯이 조세 사건에서도 하등 다를 바가 없다.

⑵ 세법 해석의 전거가 되는 목적

세법 해석의 전거로서 이창희 선생이 열거한 것은 효율과 공평, 그리고 경제정책적인 '정합성'(整合性)이다.[9)]

1) 효율

우선 효율의 핵심이 되는 것은 조세중립성이라고 한다. 경제학에서 설명하는 바와 같이 시장이 완전경쟁 상태에 있다면 수요와 공급이 일치하는 지점에서 최적의 결과가 달성되는데, 만일 세금이 조세중립성을 실현하는 방향으로 해석되지 않는다면 최적의 결과가 달성되지 못하고 자중손실(自重損失, deadweight loss)이 발생하기 때문이다. 이창희 선생은 또한 조세중립성에 버금가는 효율의 요소로서 법적 안정성이 요구된다고 지적한다. 유권해석 기관이나 법원이 세법을 어떻게 해석할지가 도대체 예측이 되지 않는다면 거래 주체들은 만일의 경우에 대비하여 추가 비용을 부담해야 하거나 또는 거래 자체가 성사되지 않을 수도 있는 까닭이다. 요컨대 세법 해석의 전거로서의 효율이란 경제의 효율적인 운용을 해치지 않게끔 뒷받침해야 한다는 의미로 이해된다.

2) 공평

한편 이창희 선생은 효율과 쌍을 이루는 세법의 목표는 공평이라고 설명한다. 정치 이념, 헌법 이념으로서 '공평 과세'란 담세력에 따른 과세를 의미하지만, 여기에서 이창희 선생은 공평이라는 잣대를 함부로 휘둘러서는 안된다고 강조한다. 법관이 공평이라는 이름으로 자신의 생각을 함부로 강요해서는 안되고, 세법이나 과세요건을 규율하는 법령에 일정한 가치판단이 들어있다면 법관은 이를 따라야 한다는 것이다.

3) 정합성

마지막으로 '정합성'은 경제 조정의 맥락에서 설명된다. 완전경쟁시장, 유효경쟁시장이 아니라면 오히려 비(非) 중립적 세제가 효율에 맞는 것이므로 경제 조정을 꾀하는 세법 규정이라면 그 입법 목적에 맞추어 해석해야 한다는 것이

---

9) 이창희, 『세법강의』, 102~104면.

다. 또한 완전경쟁시장이나 유효경쟁시장이더라도 국가가 어떠한 산업 정책적 이유에서 경제에 개입하는 법제를 두는 경우에는 그 입법취지에 부합하는 해석을 해야 한다고 이창희 선생은 설명한다.

(3) 합목적적 해석과 유추해석의 필요성

이상과 같은 세법 해석의 전거를 세법의 해석 실무에 적용하기 위해서는 어떻게 하여야 할까? 일단은 쟁점이 되는 근거 규정이 조세중립성을 깨뜨려가면서 경제 조정을 달성하고자 하는 것인지부터 검토해서, 그에 해당할 경우 입법 목적에 충실한 해석이 우선시되어야 할 것이다. 그에 반하여 조세중립성을 토대로 경제의 효율적 운영을 방해하지 않으면서 세수(稅收)를 확보하고자 하는 규정이라면, 해당 규정이 의율(擬律) 대상으로 삼는 거래 현상과 경제적 함의(含意)를 파악한 후 그와 같은 거래에 불필요한 충격을 가하지 않도록 해석할 필요가 있다. 이 점이 특히 중요한 이유는, 현실 세계에서 과세처분을 둘러싸고 다툼이 발생하는 요인 가운데 근거 규정의 작동원리와 지향점을 고려한 합리적 해석보다는 개별 사건에서의 징세 실적을 고려한 돌출적(突出的) 과세가 이루어지는 경우가 드물지 않고, 때로는 그 반대의 경우도 발생하기 때문이다. 이러한 과세처분이나 비과세 조치가 그대로 유지되면 자칫 효율을 해칠 뿐만 아니라 과세 공평에도 어긋나는 결과가 되므로, 세법의 해석 실무에서 위와 같은 세법 해석의 전거를 관철하기 위해서는 개별 사건뿐만 아니라 이를 둘러싼 전체적인 그림을 조망해 낼 수 있는 시야와 노력이 필요하다.

합목적적 해석방법을 이와 같이 이해한다면, 이는 문리해석이나 체계적 해석과 대치되는 것이 아니라 이들과 항상 함께 사용되어야 한다는 데에 동의할 수 있을 것이다. 합목적적 해석은 문리해석과 체계적 해석을 통해 도출된 결론이 과연 효율·공평·정합성 등과 같은 세법 해석의 목적에 부합하는지를 곱씹어보고 이를 밝혀내는 작업이므로, 이는 문언과 배치되거나 문언을 넘어서는 해석으로만 파악될 것이 아니라 문리해석과 병립되고 조화를 이루는 상호 보완적인 해석 방법으로 자리매김되어야 하는 것이다. 이러한 관점에서 마치 합목적적 해석이 엄격해석의 원칙과 대척점에 서는 것처럼 설시한 앞서의 대법원 판례 법리는 발전적으로 극복되어야 함을 알 수 있다. 또한 간혹 눈에 띄는 '오로지 엄격해석의 원칙만 논거로 내세운 판결'은 반드시 지양(止揚)되어야 하며, 합당한 합목적적 해석으로써 엄격해석 원칙의 공허함을 채워야 한다.

(4) 합목적적·유추 해석의 한계

이처럼 이창희 선생은 합목적적 해석이나 유추해석을 피할 수 없다고 이해하고, 실제로 우리 대법원 판결에서도 매우 많은 사례가 발견됨을 지적하고 있다.[10] 그러면서도 이창희 선생은 과세공평이라는 개념의 외연(外延)은 어디까지인가라는 질문에 '실질과세'라고 답함으로써[11] 문언을 벗어난 세법 해석이 무한정 허용될 수는 없음을 지적한 것으로 이해된다.

무엇이 '문언의 범위를 넓힌 확대해석'이고 무엇이 '문언의 범위를 벗어난 (유추) 해석'인지를 가르는 기준을 세우는 것은 쉬운 문제가 아니겠으나, 그렇더라도 판례 법리에 따라 실질과세 원칙의 적용에 의해 사실관계를 재구성하여 과세하는 경우 등이 아니라면 그것이 납세자에게 유리한 비(非) 과세나 감면 규정이든, 아니면 과세관청에 유리한 과세의 근거 규정이든 간에 모두 문언의 범위를 벗어난 해석은 적어도 현재로서는 가급적 허용되지 않아야 할 것으로 생각된다. 이는 다음 절(節)에서 살펴볼 입법 방법론과 관계된 현실적인 차원의 접근이지만, 그 논거를 추가한다면 입법부와 사법부의 권한 배분의 관점에서 입법 권한이 행사되지 않은 영역을 사법부가 해석으로 메꾸는 것은 입법부가 해야 할 일을 사법부가 대신 하는 것이어서 바람직하지 않다는 점을 들 수 있지 않을까 싶다.

Ⅳ. 덧붙여서 — 세법의 입법 방법론

1. 입법 방법론 개관

'방법론'에서는 이상과 같은 세법의 해석 방법론에 그치지 않고 입법 방법론까지 논의를 펼치고 있다. 이창희 선생의 표현을 그대로 인용하면

> "나라 전체를 놓고 본다면 법률의 해석방법론보다 한결 중요한 것은 법률을 바로 잘 만드는 것"

---

10) 이창희, 『세법강의』, 97면.
11) 이창희, 『세법강의』, 103~104면.

이다. 다른 나라들이 종래의 개념법학적 사고를 극복할 수 있었던 배경 중 하나가 아마도 미국의 사례에서 보듯이 법률의 규정 체계를 정교하게 잘 만들어 둔 덕택이 아닌가 추측되는데, 입법에서 법의 흠결이 최소화되고 납세자와 과세관청 모두의 예측가능성이 확보되며 사적 자치(私的自治)의 공간이 마련되었을 때 비로소 확대해석과 유추해석이 음지를 벗어나 양지로 나올 때가 되는 것이라 여겨지기 때문이다. 다소 내용이 길어지더라도 입법 자체가 최대한 완결적으로 마련되어야만, 그럼에도 불구하고 발생할 수밖에 없는 법의 흠결에 이르러 입법목적과 취지를 합리적으로 파악한 후 그에 맞는 합당한 해석론을 펼쳐낼 수 있다. 그리고 그러한 상황에서의 합리적인 확대해석 또는 유추해석이라면 응당 입법자도 그러하였을 것이라고 고개가 끄덕여질 것이므로 법적 안정성의 측면에서도 큰 문제가 발생하지 않는다. 그렇지 않고서 법을 아무리 들여다보아도 과연 어떠한 목적과 취지를 관철하고자 규정을 만든 것인지 고개가 갸우뚱할 수밖에 없다면 그같이 커다란 구멍이 숭숭 뚫린 상태에서 이를 해석론으로 메우는 데에 한계가 있을 수밖에 없고, 그렇게 되면 확대해석 또는 유추해석의 합리성이 인정되더라도 그것이 과연 입법자의 진정한 의도에 부합하는 것인지 끊임없이 의문이 제기될 수밖에 없으며, 이는 곧 법적 안정성이 확보되지 않는 상태임을 의미한다.

이에 '방법론'에서는 과세요건을 법률로 명확히 정해야 한다는 입법 형식상의 법치주의가 필요함을 지적하고, 이를 위해서는 '읽어서 무슨 뜻인지 알 수 있는 법률'을 만들어야 한다고 결론짓는다. 그러면서 구 상증세법상 '증자에 따른 이익'을 증여로 의제하는 규정을 예로 들어, 지극히 복잡하고도 세세하게 기술적(技術的)인 내용까지도 규정하였으나 이를 읽어서는 그 내용을 파악하기 어려움을 지적하고 있다. 무작정 법규정을 복잡하고 세세하게 만든다고 해서 그 내용이 쉽게 파악되는 것은 아닐 것이다. 게다가 세법 규정은 아무리 쉽게 쓰려고 노력하더라도 복잡하고 어려울 수밖에 없는 것들이 많다. 이러한 상황에서도 '읽어서 무슨 뜻인지 알 수 있는 법률'을 만들려면, 군데군데 용어의 개념과 적용범위가 문제될 만한 주요한 것들에 관해 미국 세법과 같이 적용범위를 특정한 정의 규정을 친절하게 만들어 둘 필요가 있다. 이에 미치지 못하는 불친절한 입법이 이루어지는 순간 세법의 해석은 해당 규정뿐만 아니라 일일이 다른 유사한 규정들까지도 다 뒤져서 비교 검토해야만 그나마 어슴푸레하게라도 윤곽이 잡히는 고도로 복잡다단한 작업이 되어버린다. 또한 정의 규정만으로는 그 구체적인 내용과 범위를 선뜻 짐작하기 어려운 불확정 개념은 가급적 사용하지 않으면 좋겠지만 입법 기술상 부득이한 경우가 있기 마련이므로, 불가피하게 불확정 개념을 사용하는 때에는 미국 세법 시행령과 같이 그 구체적인 적용례와 특히 비(非)적용례('세이프하버')를 명시함으로써 예측가능성과 법적 안정성을 확보하는 것이 바람직하다. 이를 통해서 거래 당사자로 하여금 해당 거래가 과세의 위험성이 없는 영역에 속하는지, 아니면 과세 위험성이 존재하는지 여부를 미리 판단할 수 있게 함으로써 불필요한 분쟁을 방지하고 거래 비용을 낮추어 세법의 목표 중 하나인 효율, 즉 조세중립성을 제고할 수 있다.

2. 현실의 개선 방안

이와 같이 '읽어서 무슨 뜻인지 알 수 있는 법률'을 만듦에 있어서 어떠한 목표를 지향해야 하는지에 관해서 '방법론'은 흔히 제시되는 법적 안정성과 구체적 타당성이라는 개념에 치명적 한계가 있음을 지적한다. 도대체 어떤 경우에 법적 안정성이 우선되고 어떠한 경우에 구체적 타당성을 우선할 것인지 알기 어렵고, 그 때문에 우리나라의 법을 해석하는 사람들은 기실 논점 별로 각자의 개인적 취향에 따라 어느 하나를 선택해 온 것에 지나지 않는다는 이유에서이다. 앞서 살핀 문리해석(엄격해석)과 합목적적 해석의 관계에 관한 대법원 판례 법리를 떠올리게 되는 대목이다. 따라서 이러한 한계를 극복하기 위하여 '방법론'은 합목적적 세법 해석의 전거에서와 동일한 '효율'과 '공평', 그리고 '경제조정'을 입법의 지도원리로 설명하고 있다. 이에 따르면 바람직한 세법의 입법은 먼저 효율의 핵심인 조세중립성을 달성하는 방향으로 이루어져야 하고, 공평한 과세가 달성되도록 만들어져야 한다. 만일 입법자가 현실의 시장이 완전경쟁시장, 유효경쟁시장이 아니라고 판단하여 이를 합리적으로 조정하고자 하거나, 또는 산업 정책적 이유로 그 밖의 영역에서 경제에 개입하고자 한다면, 그 목적과 취지를 분명히 밝히고 그에 맞는 상세하고 명확한 규율 대상과 범위를 획정(劃定)하는 법 규정을 마련하여야 한다. 이와 관련해서 입법자의 진정한 목적을 확인할 수 있도록 보다 상세한 입법 검토 보고서와 입법 심사 자료 등이 뒷받침되어야 할 것이다. 입법부의 취지를 행정부가 발간하는 간략한 개정 세법의 해설 자료에서 어림짐작해야 하는 작금의 현실은 결코 바람직하다고 할 수 없으며, 아무리 행정부에 법률안 제출 권한이 있고 현실적으로 '정부 입법'의 비중이 크다고 하여도 법을 제정하는 곳은 입법부인 이상 입법부 스스로가 자신의 진정한 입법 목적과 취지를 직접 공표하는 절차를 마련하는 것이 필요하다.

V. 글을 마무리하며

다시 개인적인 내용으로 돌아가 보자면, 이창희 선생을 뵙기 전에는 세법에 관해 지식이나 관심조차 없었던 처지에 선생과의 인연 덕택으로 법원에서부터 현재까지도 세법 실무에 종사해 오게 되었다. 살갑게 챙겨드리지도 못하였고 가르침을 제대로 소화해 내지도 못하였는데도 불구하고 고비고비마다 이끌어주시고 도움을 주신 이창희 선생을 생각하면 무슨 복인가 싶기도 하고 이러한 것을 두고 운명이라고 하는가 싶기도 하다. 그간 이창희 선생의 강의와 글에서 배운 교훈 가운데 교과서 서문(序文)에 실려 있는 "세법은 과학적으로 접근해야 한다"라는 말을 되새겨본다. 법은 미신과 주문(呪文)의 집합체가 아니라 사회 제도를 글로 다듬어 명확히 한 것이므로 그 입법과 해석은 옳고 그름을 따져 토론하는 대상이라는 것이다.

세법의 해석은 최종적으로 법원에 의해서 이루어지고, 법관에 의한 세법 해석은 판결문으로써 구현된다. 따라서 판결문에는 법원이 내린 결론을 정당화하기에 충분한 이유가 담겨 있어야 한다. 법원 실무에서 판결문 작성이 차지하는 비중이 큰 탓에 이를 간이화해야 한다는 논의가 많지만, 그 때문에 판결 이유가 부실해지고 자족성(自足性)과 완결성을 상실하는 결과는 용인될 수 없다. 법원은 사법의 수요자인 국민에게 사법 서비스를 제공하는 곳이고 법관은 오직 판결로써만 말하는 지위에 있으므로 법원의 판결문에는 사법 수요자인 국민을 설득하고 납득시키려는 노력이 담겨야 한다. 세법의 해석 방법론에 관한 이창희 선생의 논문과 교과서 등을 다시 읽어보면서 현재까지도 법원 실무를 지배하고 있다고 해도 과언이 아닌, 엄격해석의 원칙이 낳는 폐해와 문제점을 다시금 확인할 수 있었고, 거기에서 출발하여 합목적적 해석과 유추해석이 세법에서 어떻게 구현되어야 하는지, 그 내용으로 무엇을 담아야 하는지도 짚어볼 수 있었다.

엄격해석의 원칙은 세법 해석의 출발점이 문언이 되어야 한다는 것 외에는 다른 의미를 가질 수 없다. 세법 해석에서 엄격해석의 원칙만 내세워 결론을 도출하는 것은 그 자체로 불충분하고 부족한 논증이 될 수밖에 없으며, "법관이 보기에 그렇다"는 식의 논거만 내세우는 것은 더 이상 옳고 그름을 따질 수 없게 만듦으로써 토론을 막고 세법 해석을 미신의 영역으로 보내는 일이 된다. 법원이 내린 결론이 왜 합리적이고 합당한지에 관한 설명이 없다면 이는 결국 구제를 거부당한 당사자에게 입법자가 엉터리로 법을 만들어 놓았으니 억울하면 국회 앞에 가서 항의 시위를 해보라고 등을 떠미는 책임 떠넘기기와 다름없다.

"조세법 연구 방법론"이라는 제목 아래 세법의 해석과 입법 방법론을 논한 이창희 선생의 글이 공간된 지도 만 20년이 되었다. 그 사이 대법원 판례는 일견 엄격해석 원칙만을 세법 해석방법의 유일한 기준으로 내세웠던 종전 입장에서 벗어난 것처럼 보이나, 실제로는 해석자의 자의를 방지하고자 하는 법 해석 방법론 본래의 목적을 달성하는 데에 아직도 요원한 정도에 그치고 있음을 확인하였다. 이창희 선생의 논지가 20년 후에도 여전히 유효하다는 사실에 이창희 선생의 혜안(慧眼)에 대한 경외감을 한층 더 갖게 되는 한편, 아울러 세법 실무가 아직까지도 갈 길이 멀고 뒤쳐져 있음에 아쉬움을 금할 수 없다. 이에 이 글을 쓰면서 이창희 선생의 교과서 서문(序文)에서 강조하시는 바와 같이

"學而不思則罔, 思而不學則殆"

의 자세로 이창희 선생의 논문과 교과서를 공부하고 곱씹어 생각하여 말단 후학(末端後學)으로서 다시 한 번 분발해 보고자 하였으나, 여러모로 모자란 탓에 큰 뜻을 제대로 담아내지 못하고서 오히려 과한 욕심만 부린 것이 아닌가 두렵기만 하다. 다만 어느덧 정년을 맞이하신 이창희 선생께 부족한 글로나마 조금이라도 감사의 마음을 표할 수 있는 기회를 갖게 되어 한없이 영광스러울 따름이다.

3. 조세소송과 그 소송물을 어떻게 이해할 것인가?

윤준석*

Ⅰ. 들어가며

이 글이 다루는 주제인 총액주의와 쟁점주의, 그리고 흡수설과 병존설 등의 논의는 모두 조세소송의[1)2)] 소송물과 관련되어[3)] 있다. 조세소송의 소송물에 관

* 전주지방법원 정읍지원 부장판사, 법학박사

1) 이창희 선생의 저서에는 '조세소송'과 '세금소송'이라는 용어가 모두 등장한다. 예컨대 이창희, 『세법강의』 제6장 제4절의 표제는 '세금소송의 틀'이지만, 제5절의 표제는 '조세소송의 소송물'이다. 두 용어를 특별히 구별할 필요가 없다고 보여, 이 글에서는 이창희 선생의 표현을 직접 인용하는 경우가 아니면, '조세소송'이라는 용어로 통일하여 사용한다. 이 분야의 대표적인 체계서인 소순무 외 5인, 『조세소송』(개정12판), 조세통람, 2025의 제목도 참조. 한편 '조세소송'과 '세무소송' 용어를 사용하는 문헌으로, 한만수, 『조세법강의』 (신정15판), 박영사, 2023; 임승순·김용택, 『조세법』 (제25판), 박영사, 2025. 구체적인 판결 번호까지 소개하지 않지만, 판례에는 '조세소송', '세금소송', '세무소송'이라는 용어가 모두 등장하는데, 최근에는 '조세소송'이라는 용어를 주로 사용하는 듯하다.

2) 넓은 의미에서 조세소송을 조세법상의 법률관계에 대한 모든 소송이라고 하기도 하지만(고종주,

한 이창희 선생의 연구 성과는 주저(主著)인 『세법강의』 전반에 걸쳐 찾을 수 있지만, 그중에서도 특히 제2편 제6장 제5절 '조세소송의 소송물'에 집약되어 있다. 그래서 별도의 지면(紙面)을 할애해서 이창희 선생의 연구 성과를 개괄하기보다는 위 저서에 담긴 그의 연구에서 출발해서 지금의 법과 제도를 논의하는 순서로 살펴본다.

이창희 선생의 연구는 주로 이론이나 판례가 추구하는 지향점이 어디인지를 살피고, 그것을 관철하기 위해 어떠한 논리를 구성하고 있는지를 분석하며, 그러한 논리 구성의 허점이나 제도적 문제점을 지적하는 내용으로 이루어져 있다. 소송물이 결국 법원의 판단 과정에서 문제가 되는 것이라는 점을 생각하면, 판례와 소송 제도가 그 연구의 중심이 되는 것은 당연하다고 하겠다.[4] 그래서 많은 판례가 인용되어 있고, 그 판례에 대한 이창희 선생의 생각이 본문과 주석(註釋)에 상세히 담겨 있다. 그 본문과 주석의[5] 내용 및 관련 판례를[6] 한번 살펴보는 것만으로도 상당한 의미가 있으리라 생각한다.

"조세소송의 소송물과 심판의 범위", 『특별법연구』 제5권, 특별소송실무연구회, 1997, 185면. 위의 글, 283면은 다양한 조세소송의 정의 방식과 그 유형을 소개하고 있다), 이 글은 그보다 좁게 보아 '납세의무의 존부와 크기 자체를 다투는 소송'을 가리키는 용어로 조세소송을 사용한다. 이러한 용례는 윤지현, 『조세소송의 심리 범위와 판결 효력의 범위에 관한 연구』, 서울대학교 법학박사 학위논문, 2012, 1면(주1). 그래서 만약 납세의무자가 납세의무의 존부와 크기 자체를 다투기 위해 과세처분에 대하여 항고소송을 제기했다면, 그 처분의 실체법상 하자만을 다투는 경우만 전제하고, 절차법상 하자까지 다투는 경우까지 생각하지 않는다. 절차법상 하자를 다투는 것은 납세의무의 존부와 크기 자체보다는 그 과세처분의 적법 여부를 문제 삼는다고 봐야 하기 때문이다. 이러한 이유로 조세소송의 소송물을 이원화(二元化)해서 파악해야 한다는 견해로, 고종주, 위의 글, 205면 이하 참조. 한편 이창희 선생은, 납세의무자가 실체적 위법도 함께 주장하면, 절차적 위법만을 이유로 과세처분을 취소하는 것은 불필요한 과세처분의 반복을 낳는다고 평가한다(이창희, 『세법강의』, 321면(주362)).

3) '관련' 있다고 한 것은 총액주의와 쟁점주의, 흡수설과 병존설 등의 논의 자체가 소송물에 관한 논의인지, 심판의 범위에 관한 이론인지, 아니면 심리와 판결의 효력 범위까지 이어지는 논의인지가 분명하지는 않기 때문이다. 이 점을 지적하는 문헌으로, 윤지현, 앞의 글, 55면(주192).

4) 윤지현, 앞의 글, 21~22면은 행정소송법이나 국세기본법이 소송물에 관한 아무런 규정을 두고 있지 않은 점에 착안해서 그 소송 절차를 주관하는 법원에 관련 쟁점들을 해결할 방안을 스스로 찾도록 한 것으로 보고 있다.

5) 이창희 선생이 여담(餘談)으로 '논문 쓸 주제가 고민된다면, 본인 저서의 각주(脚注)를 참고해 보라'라는 취지의 이야기를 한 적이 있다. 이 글을 쓰면서 주로 살펴본 부분에서도 각주에 많은 생각들이 담겨 있었고, 그래서 지면이 허락하는 범위에서 간단히라도 언급하고자 했다.

6) 이 글은 판례 검색과 관련하여 가장 공신력 있는 웹사이트라 생각되는 『대법원 종합법률정보』 (https://portal.scourt.go.kr/pgp/index.on?m=PGP1001M01&l=N&c=900)에서 검색이 가능한 판례만을 다루었다. 이창희 선생의 저서나 다른 참고문헌이 언급한 판례 중 위 웹사이트에서 검색이 안 되는 판례는 다루지 않았음을 미리 밝혀둔다.

Ⅱ. 조세소송의 형태

1. 조세법률관계

"우리 현행법의 글귀에서는 실체법상 요건을 만족하여 납세의무가 있는 이상 국가의 행정행위를 기다리지 않고 세금을 낼 의무가 납세의무자에게 생긴다. 예외가 없다. 그런 뜻에서는 조세법률관계 역시 債權債務[채권채무]관계임은 다툼의 여지가 없다."[7)]

조세법률관계를 두고 그것이 권력관계인가, 채권채무관계인가에 관한 논의가 있기는 하지만,[8)] 적어도 납세의무와 관련해서는 채권채무관계의 성격이 크다고 보아도 문제가 없을 듯하다.[9)] 모든 국민은 법률이 정하는 바에 의하여 납세의무를 지고, 조세의 종목과 세율은 법률로 정하기 때문이다.[10)]

2. 조세소송의 형태

(1) 의의

"그래서 세금 사건에 관한 다툼은 대개 납세의무자가 일단 세금을 낸 뒤 이 돈을 다시 되돌려달라는 꼴이 된다."[11)]

---

7) 이창희, 『세법강의』, 148면.

8) 대다수 문헌은 독일의 논의를 소개한다. 이창희, 『세법강의』, 147면 이하; 임승순·김용택, 앞의 책, 13면 이하; 한만수, 앞의 책, 9면, 고종주, 앞의 글, 188면 이하 등. 이에 대해 국내 문헌들은 대체로 조세법률관계가 권력관계와 채권채무관계 모두의 성격을 가진 것으로 보면서도, (1) 조세법률관계가 권력관계인가 채권채무관계인가라는 식의 논의는 올바른 물음이 아니고, 조세법률관계의 본질을 국가에 어느 정도의 우월적 지위를 인정할 것인가의 문제로 이해해야 한다는 견해(이창희, 『세법강의』, 148면), (2) 조세법률관계를 실체법 관계와 절차법 관계로 구분해서 전자는 채권채무관계로, 후자는 권력관계로 보는 견해(임승순·김용택, 위의 책, 14면; 고종주, 위의 글, 192면), (3) 기본적으로는 권력관계로 보되 일부 측면에서는 채권채무관계도 아울러 가지는 것으로 보는 견해(한만수, 위의 책, 12면) 등이 있다.

9) 대법원 2018. 7. 19. 선고 2017다242409 전원합의체 판결의 반대의견("국민의 재산권 또는 경제생활에 직접적인 영향을 미치는 조세법률관계는 일반 행정법관계와 달리 채권채무관계로서의 실체를 지니고 있다"); 서울고등법원 2012. 2. 3. 선고 2011나40221 판결("조세법률관계는 과세관청과 납세의무자 사이의 단순한 금전급부관계로서 실질적으로는 민사상의 금전급부관계와 본질적인 차이가 없다") 등 참조.

10) 대한민국헌법 제38조, 제59조.

11) 이창희, 『세법강의』, 289면.

조세법률관계[12] 역시 기본적으로 채권채무관계이다.[13] 일반적으로 사인(私人)이 다른 사인으로부터 받을 돈이 있다고 해서 바로 강제집행을 할 수는 없다.[14] 그런데 국가는 납세의무자를 상대로 확정판결을 받지 않더라도 조세채권을 실현할 수 있다.[15] 세금은 국가 재정의 근간(根幹)이어서, 법률이 국가에 세금의 부과와 징수를 위한 상당한 권한을 부여하고 있기 때문이다. 이러한 이유로 조세소송의 원고는 대부분 납세의무자이다.[16] 조세소송이 대개 결국은 세금을 돌려달라는 소송이 되는 이유가 바로 여기에 있다.[17]

(2) 항고소송

1) 의의

과세관청의 처분과 납세의무의 관계에 대해서는 뒤에서 살펴보기로 하고, 일단 과세처분에 따라 납부한 세금이 있으면, 그 처분의 유효 여부와 납부한 세금에 대한 환급청구권의 존부는 사실상 동일 선상(線上)의 문제인데,[18] 국세기본법 제56조 제2항은 행정소송으로 과세관청의 처분을 다투도록 하고 있다. 처분을 불복 대상으로 하는 점에서[19] 행정소송 중 항고소송을, 제소기간의 제한을[20] 두고 있는 점에서[21] 항소소송 중 '취소소송'을 각각 의미한다고 보인다.

세금에 대한 다툼을 어떠한 형태로 해결할 것인가는 기본적으로 '사법(司法) 국가'냐 '행정(行政) 국가'냐에[22] 달린 문제인데,[23] 우리나라는 기본적으로 행정

12) 조세법률관계는 결국 국가와 납세의무자 사이의 권리의무관계이고, 그 핵심은 납세의무이다(이창희, 『세법강의』, 147~148면).

13) 이창희, 『세법강의』, 148면.

14) 민사집행법 제24조.

15) 특히 조세채권에는 우선권(국세기본법 제35조 내지 제37조)과 자력집행권(국세징수법 제3장 이하)이 인정된다. 나아가 민법상 법정(法定) 변제충당 법리가 적용되지 않아서, 납세의무자의 변제 이익을 해하지 않는 이상 여러 개의 세금 중 먼저 충당할 세금을 선택할 수 있다(대법원 2007. 12. 14. 선고 2005다11848 판결, 대법원 2013. 7. 12. 선고 2011두20321 판결 등 참조).

16) 국가는 스스로 조세채권을 실현할 수 있어서 납세의무자를 상대로 소를 제기할 이익이 대체로 없지만, 조세채권의 소멸시효 중단을 위해 납세의무자를 상대로 조세채권 존재 확인의 소를 제기하는 때도 있다(대법원 2020. 3. 2. 선고 2017두41771 판결 참조). 한편 뒤에서 보는 것과 같이, 조세소송의 실질이 채무부존재 확인의 소라고 표현하는 것 역시 원고가 납세의무자인 측면을 고려한 것이다(윤지현, 앞의 글, 216면(주758)).

17) 조세소송은 위법한 과세처분의 집행을 막기 위한 수단이라고 표현하는 문헌도 있다(임승순, "세액의 확정·경정과 조세쟁송(Ⅰ)", 『조세법연구』, 제23권 제1호, 417면).

18) 대법원 1992. 3. 31. 선고 91다32053 전원합의체 판결 참조.

19) 행정소송법 제3조 제1호, 제4조.

20) 국세기본법 제56조 제3항.

21) 행정소송법 제20조.

사건도 일반 법원의 관할로 하고 있다.[24] 그러면서 민사 사건과 행정 사건을 나누어 행정 사건에 대한 심판권을 행정법원에 주고 있다.[25] 하지만 서울행정법원 이외에는 지역 단위에 행정법원이 설치된 곳은 없고, 해당 지방법원 본원(本院) 등이 행정 사건을 관할하도록 하고 있다.[26] 서울 지역 이외에는 같은 법원에서 민사 사건과 행정 사건을 처리하고 있고,[27] 민사부 소속 법관과 행정부 소속 법관 사이의 보직(補職) 또는 사무 분담 역시 주기적으로 변경되고 있다.[28] 사법국가에서 행정법원을 두는 이유를 법관의 전문화(專門化)를 통한 내부의 분업이라는 관점에서 찾는다면, 우리나라는 거기에 딱 들어맞지 않는다. 이창희 선생이 지적한 대로, 위와 같은 기능적 관점이 아니라 독일이나 일본에서 받아들인 공정력(公定力) 이론을 위해서는 행정 사건을 관할하는 별도의 법원이 필요했기 때문으로 보인다.[29] 이 글에서 앞으로 살펴볼 조세소송의 소송물과 관련된 문제들은, 형식적으로는 처분을 다툼의 대상으로 삼으면서도 실질적으로는 채권채무관계에 관한 다툼이라는 측면에서 비롯되는 문제라고 해도 거의 무방할 것이다.[30]

2) 공정력과 항고소송의 배타성

"조세채권의 자력집행력과 행정행위의 공정력이라는 두 축 속에서 우리나라의

22) 행정상 분쟁에 관해 일반 사법재판소가 그 재판기관이 되는 국가를 사법국가라 하고, 별도의 행정재판소가 그 재판기관이 되는 행정국가라고 한다(김동희·최계영, 『행정법 Ⅰ』(제27판), 박영사, 2023, 632면).

23) 영국처럼 국가와 사인(私人) 사이의 다툼을 사인과 사인 사이의 다툼과 같은 법원에서 재판하는 국가도 있고, 프랑스, 독일처럼 별개의 행정법원에서 재판하는 국가도 있으며, 미국처럼 민사법원과 조세법원이 같이 존재하는 국가도 있는데, 그 제도의 역사적 발전 과정이 다르기 때문이라고 한다(이창희, 『세법강의』, 289~291면).

24) 대한민국헌법 제107조 제2항.

25) 법원조직법 제40조의4. 한편 가사소송법(제2조)과 달리, 행정소송법은 행정사건이 행정법원의 전속관할인지를 따로 정하고 있지 않지만, 그 사건의 성질상 행정법원의 전속관할에 속한다고 한다(『법원실무제요 행정 Ⅰ』, 44면).

26) 지원(支院) 중에는 춘천지방법원 강릉지원이 유일하다(법원조직법 부칙(1994. 7. 27.) 제2조). 위 부칙을 둔 지 약 30년이 흐른 지금까지도 지역 별로 행정법원을 설치하지 않은 것을 보면, 사법부로서는 굳이 행정사건 처리를 위해 별도로 행정법원을 설치할 필요성을 못 느끼고 있는 것이 아닌가 싶다.

27) 지방법원 본원이 행정사건으로 취급해야 할 사건을 민사사건으로 접수해 처리했다고 해도 단순한 사무 분담의 문제이지 전속관할 위반의 문제는 아니라고 한다(『법원 실무제요 행정 Ⅰ』, 45면).

28) 대법원 2013. 3. 21. 선고 2011다95564 전원합의체 판결의 박보영 대법관 반대의견.

29) 이창희, 『세법강의』, 291~292면.

30) 임승순, 앞의 글, 435면은 "처분이나 항고소송의 개념을 도입하지 않고 있는 미국에서는 불복하거나 환급을 구하는 세액의 범위만이 문제가 될 뿐 소송물의 개수나 대상의 특정은 문제가 되지 않는다"라고 하고 있다.

세금소송은 원칙적으로 행정소송이 된다."[31]

공정력이란, 행정행위가 위법하더라도 권한이 있는 기관에 의해 취소 또는 철회되거나 기간의 경과 등으로 소멸하기 전까지 유효한 것으로 통용되는 힘을 말한다.[32] 한편 행정행위를 원인으로 발생한 분쟁에 대해서는, 민사소송으로 그 권리의무관계의 존부를 다투는 것이 아니라, 그 원인 행위인 행정행위를 다투어야 하고, 그 취소는 취소소송에 의해서만 가능하다는 이른바 '취소소송의 배타적 관할'[33] 또는 '항고소송의 배타성'이[34] 인정된다. 이러한 공정력과 취소소송의 배타적 관할 때문에, 행정행위의 위법을 전제로 하는 법률관계에 대한 소송을 맡은 민사법원은 행정처분의 하자가 '당연 무효'가 아닌 이상 그 처분의 효력을 부정할 수 없다.[35] 그래서 처분에 근거하여 행정청에 납부한 돈이 있다면, 그 처분이 취소되거나 당연무효가 아닌 이상 법률상 원인 없는 이득이라고 할 수 없다.[36] 그러면 처분의 공정력이 문제가 되지 않는 경우는 어떤 소송을 해야 할까.

(3) 당사자소송과 민사소송

1) 의의

행정소송법 제3조 제2호가 당사자소송을 행정소송의 하나로 규정하고 있으나,[37] 막상 어떠한 소송이 당사자소송의 대상인지가 불분명했다.[38] 판례는 조세

---

31) 이창희, 『세법강의』, 292면.

32) 행정기본법 제15조. 한편 "행정처분이 아무리 위법하다고 하여도 그 하자가 중대하고 명백하여 당연무효라고 보아야 할 사유가 있는 경우를 제외하고는 아무도 그 하자를 이유로 그 효과를 부정하지 못하는 것으로, 이러한 행정행위의 공정력은 판결의 기판력과 같은 효력은 아니"라고 설명하는 판례도 있다(대법원 1994. 11. 11. 선고 94다28000 판결 참조). 다만 공정력이 인정된다고 해도, 처분이 적법하게 취소되었다면, 장래를 향해서만 효력을 잃게 되는 것은 아니고, 원래부터 그 처분에 복종할 의무가 없는 것이 된다(대법원 1999. 2. 5. 선고 98도4239 판결 참조).

33) 김동희·최계영, 앞의 책, 322면.

34) 이창희, 『세법강의』, 268면.

35) 대법원 1999. 8. 20. 선고 99다20179 판결 참조. 한편 판례 중에는 그 이유를 '공정력 또는 집행력'(대법원 1999. 8. 20. 선고 99다20179 판결)이나 '공정력 또는 자력집행력(대법원 1977. 2. 22. 선고 76다2520 판결 참조)' 등으로 표현한 것도 있다.

36) 대법원 2021. 12. 30. 선고 2018두241458 판결 참조.

37) 1984. 12. 14. 법률 제3754호로 전부 개정 당시 행정소송법에 들어온 규정이다. 그 이전에는 당사자소송이라는 용어가 행정소송법에 없었고, 행정소송의 정의 규정 중 '기타 공법상의 권리관계에 관한 소송' 부분을 당사자소송으로 해석했다고 한다. 입법 연혁에 대해서는 『행정소송규칙

채무관계를 공법상의 법률관계로 보고, 그에 대한 쟁송은 원칙적으로 행정사건이라고 하면서도[39] 오납액(誤納額),[40] 초과 납부액[41] 및 환급세액[42] 반환청구소송을 민사소송의 대상으로[43] 보고 있었으나,[44] 그 중 부가가치세 환급세액 지급청구소송만은[45] 당사자소송에 해당한다고 판단했다.[46]

2) 납세의무 존부(存否) 확인의 소(訴)

행정소송규칙이 2023년 8월 31일 제정 및 시행되면서, 당사자소송의 대상에

해설』, 119~120면.

38) 법원행정처가 발간한 문헌에는 "공법관계와 사법관계의 구별이 어렵고, 양자의 성격이 혼화된 법률관계가 많다는 이유로, 당사자소송에 해당하는지는 개개의 소송유형에 따라 개별적으로 판단할 수밖에 없고, 그 경계선상의 사건에 대해서 논리적으로 분명한 답이 있다고 하기 어렵다"는 취지로 기재되어 있다(『행정소송규칙 해설』, 126면).

39) 대법원 2007. 12. 14. 선고 2005다11848 판결 참조.

40) 납부 또는 징수의 기초가 된 신고 또는 부과처분이 부(不) 존재하거나 당연무효임에도 불구하고 납부 또는 징수된 세액을 말한다(대법원 1989. 6. 15. 선고 88누6436 전원합의체 판결 참조).

41) 신고 또는 부과처분이 당연무효는 아니나 그 후 취소 또는 경정됨으로써 그 전부 또는 일부가 감소된 세액을 말한다(대법원 1989. 6. 15. 선고 88누6436 전원합의체 판결 참조).

42) 적법하게 납부 또는 징수되었으나, 그 후 국가가 보유할 정당한 이유가 없게 되어 각 개별 세법에서 환급하기로 정한 세액을 말한다(대법원 1989. 6. 15. 선고 88누6436 전원합의체 판결 참조).

43) 오납액, 초과납부액 및 환급세액은 모두 조세채무가 처음부터 존재하지 않거나 그 후 소멸하였음에도 불구하고 국가가 법률상 원인 없이 수령하거나 보유하고 있는 부당이득에 해당하고, 국세환급금 및 국세가산금 결정이나 환급거부 결정은 항고소송의 대상이 되는 처분이 아니므로(대법원 1989. 6. 15. 선고 88누6436 전원합의체 판결 참조), 납세의무자가 부당하게 환급거부를 당한 경우에는 민사소송으로 그 환급을 구해야 하고(대법원 1990. 2. 13. 선고 88누6610 판결 참조), 조세부과처분이 당연무효임을 전제로 하여 이미 납부한 세금의 반환을 청구하는 것도 민사상의 부당이득반환청구로서 민사소송 절차에 따라야 한다(대법원 1991. 2. 6.자 90프2 결정, 대법원 1995. 4. 28. 선고 94다55019 판결 등 참조). 관세환급금에 대한 가산금 지급의무 확인을 구하는 소송 역시 당사자소송이 아니라 민사소송에 의해야 한다(대법원 1984. 12. 26. 선고 82누344 판결 참조). 또 국세환급금 결정이 행정처분임을 전제로 그 결정을 하지 않고 있는 부작위의 위법 확인을 구하는 소송도 부적법하다(대법원 1989. 7. 11. 선고 87누415 판결 참조).

44) 조세법률관계 이외에도 판례는 행정청에 이미 납부한 돈을 부당이득에 해당한다는 이유로 반환을 구하려면, 민사소송 절차를 따라야 한다고 한다(공법상 부담금이 문제된 사안으로 대법원 2021. 12. 30. 선고 2018다241458 판결 참조).

45) 부가가치세 환급세액의 지급의무의 법적 성격이 부당이득반환의무가 아니라 부가가치세법령에 따라 조세 정책적 관점에서 특별히 인정되는 공법상 의무라고 본다(대법원 2013. 3. 21. 선고 2011다95564 전원합의체 판결 참조).

46) 당사자소송이 행정법원의 전속관할이고, 행정소송법상 특칙의 적용을 받는 점에서 민사소송과 구별할 실익이 있기는 하다. 그런데 판례에 따르면, 고의 또는 중과실 없이 행정소송으로 제기해야 할 사건을 민사소송으로 제기했더라도 바로 각하할 것이 아니라 관할 법원에 이송해야 하고(대법원 1997. 5. 30. 선고 95다28960 판결 참조), 그 제소기간 준수 여부도 처음에 소를 제기한 때를 기준으로 하며(2013. 7. 12. 선고 2011두20321, 대법원 2022. 11. 17. 선고 2021두44425 판결 참조), 특별한 사정이 없다면, 민사사건을 행정소송 절차로 진행한 것 자체가 위법하다고 볼 수 없어서(대법원 2018. 2. 13. 선고 2014두11328 판결 참조), 민사소송과 당사자소송을 잘못 구분해서 입는 불이익이 생각보다 크지는 않을 것으로 보인다.

관한 명문의 규정이 들어왔다.[47] 행정소송규칙 제19조 제2호 가목은 '납세의무 존부의 확인'을 당사자소송의 대상으로 규정하고 있다. 기존 판례에 따르면, (국가 등이 피고가 되는) 납세의무 부존재 확인의 소와[48] (국가 등이 원고가 되는) 조세채권 존재 확인의 소[49] 모두 당사자소송의 대상이었고, 이를 규칙으로 만든 것으로 보인다.

소(訴)가 적법해지려면, 소송상 청구에 대하여 본안 판결을 구할 정당한 이익 또는 필요, 즉 협의(狹義)의 소의 이익이 있어야 한다.[50] 특히 확인의 소에서는 확인의 이익이 필요하다. 민사소송에서는 이행의 소를 제기할 수 있는데도 확인의 소를 제기하는 것은 '확인의 이익'이 없다고 본다.[51] 이러한 보충성 요건을 행정소송에도 요구할 것이냐가 문제 되는데,[52] 판례는 2003년의 전원합의체 판결 이후 항고소송인 무효등 확인소송에서는 보충성 요건을 요구하지 않는다.[53] 따라서 세금을 낸 뒤에라도 과세처분 무효확인의 소를 제기할 수 있다.[54]

---

47) 법원행정처는 위 제19조가 당사자소송의 개념을 '정의'하는 것이 아니라 구체적으로 당사자소송에 해당하는 것을 '예시'한 것임을 강조한다(『행정소송규칙 해설』, 130면).

48) 대법원 2000. 9. 8. 선고 99두2765 판결 참조.

49) 대법원 2020. 3. 2. 선고 2017두41771 판결 참조.

50) 『실무제요 행정 Ⅰ』, 147면.

51) 대법원 1991. 10. 11. 선고 91다1264 판결 참조.

52) 행정소송법 제8조 제2항은 특별한 규정이 없는 사항에 대하여 민사소송법을 준용하도록 하고 있다.

53) 과세처분 무효확인의 소에서 민사소송에 의한 부당이득반환청구가 가능한 이상 그 처분의 무효확인을 구할 법률상 이익이 없다는 판례가 있었으나(대법원 1976. 2. 10. 선고 74누159 전원합의체 판결, 대법원 1988. 3. 8. 선고 87누133 판결 등 참조), 대법원 2008. 3. 20. 선고 2007두6342 전원합의체 판결은 (항고소송인) 무효확인소송에서 무효확인을 구할 법률상 이익이 있는지를 판단할 때 처분의 무효 등을 전제로 한 이행소송 등과 같은 직접적인 구제 수단이 있는지를 따질 필요가 없다고 견해를 변경했다.

54) '부과처분 부존재확인소송'에 관한 것이지만, 부과처분 부존재확인소송의 소송물이 그 부존재를 주장하는 부과처분의 결과로 생긴 조세채무의 부존재 확인이라고 보고, 부과된 세액을 납부한 이후에는 조세채무가 존재하지 아니한 상태에서는 원고들이 가진 권리 또는 법률상의 지위가 피고의 행위로 위협받거나 방해를 당하는 등 어떤 영향을 받게 될 여지는 없어서 원고의 권리와 법률상의 지위에 현존하는 불안이나 위험은 있다고 할 수 없다는 이유로, 확인의 이익이 없다고 본 판례도 있다(대법원 1982. 3. 23. 선고 80누476 전원합의체 판결 참조. 상속세 부과처분에 따라 부과된 세액을 납부한 사안이다). 위 전원합의체 판결은 '조세부과처분의 부존재확인'은 '그 부존재를 주장하는 부과처분의 결과로 인하여 생긴 조세채무의 부존재확인'이라고 보고 있다. 이에 대해 위 전원합의체 판결의 별개의견은 처분의 무효확인 또는 부존재확인의 대상은 그 처분 자체의 무효 또는 부존재이고, 그 처분을 전제로 한 조세채무의 무효 또는 부존재라고 볼 것은 아니라고 하고 있다. 위 판례는 위 2007두6342 전원합의체 판결로 변경되지는 않았다. 한편 이창희, 『세법강의』, 303면은 위 판례도 위 2007두6342 전원합의체 판결로 변경된 것으로 보는 듯하다.

그러면 '당사자소송'인 납세의무 부존재확인의 소에서는 어떻게 해석해야 할까.[55] 위 전원합의체 판결 선고 이후에도 판례는 당사자소송에서 여전히 보충성 요건을 요구하고 있다.[56] 그래서 이행의 소를 제기할 수 있는데도 확인의 소를 제기하는 것은 그 실효성이 없어서 확인의 이익이 없다고 본다.[57] 따라서 아직 세금을 납부하지 않은 경우에나 납세의무자가 당사자소송으로 납세의무 부존재 확인의 소를 제기할 수 있을 것이고, 이미 세금을 내서 민사소송으로 부당이득 반환을 구할 수 있는 경우에는 납세의무 부존재 확인의 소를 제기할 확인의 이익이 없다고 보인다.

다른 한편으로 그 문구 자체만 두고 봤을 때, 과세처분의 취소를 구하는 소의 소송물이 '객관적인 조세채무의 존부 확인'이라고 하는 판례를[58] 생각하면, 위 제19조 제2호 가목의 신설을 계기로 종전 취소소송의 형태로 하던 조세소송을 당사자소송으로 할 여지가 생긴 것 아닌가 하는 생각이 들기도 하는데, 처분의 공정력이 민사소송뿐만 아니라 당사자소송에서도 인정되는 것이라면,[59] 그렇게 보기는 어려울 것이다.

3) 부가가치세 환급청구의 소

> "세금환급소송이 당사자소송인가 민사소송인가는 바른 논점이 아니다. [...] 바른 논점은 세금환급소송을 어느 법원에 맡길 것인가의 문제일 뿐이[다]."[60]

행정소송규칙 제19조 제2호 나목은 대법원 2013. 3. 21. 선고 2011다95564 전원합의체 판결을 입법한 것으로 볼 수 있다. 그런데 앞서 본 것처럼 판례는 부가가치세 환급청구 이외에 나머지 과·오납(過誤納) 세금의 반환청구소송을 모

---

55) 이창희, 『세법강의』, 323면은 "판례도 신고 [납세] 방식의 조세에서, 신고가 무효이고 세금을 아직 내지 않은 경우의 채무부존재 확인소송은 당사자소송이라고 한다"고 하면서 주353에 대법원 2000. 9. 8. 선고 99두2765 판결, 대법원 2003. 10. 23. 선고 2002두5115 판결 등을 소개하고 있다. 다만 대법원 판례에 기재된 사실관계만으로는 위 사안의 납세의무자가 세금을 아직 내지 않았는지는 확인이 어렵다.

56) 대법원 2019. 12. 13. 선고 2019두39277 판결, 대법원 2021. 4. 29. 선고 2016두39856 판결 등 참조.

57) 대법원 1991. 10. 11. 선고 91다1264 판결 참조.

58) 대법원 1992. 3. 31. 선고 91다32053 전원합의체 판결 참조.

59) 방론(傍論)이기는 하지만 이를 언급한 하급심 판결로 서울고등법원 1988. 5. 13. 선고 85구568 판결 참조.

60) 이창희, 『세법강의』, 324면.

두 민사소송의 대상으로 보고 있었다. 당초 행정소송규칙 입법예고안은 '과세처분의 무효 또는 부존재 등을 원인으로 한 과오납 세금 부당이득반환청구'로 되어 있었는데,[61] 최종 입법은 부가가치세 환급 청구만을 당사자소송의 대상으로 하고 있다. 법원행정처가 발간한 문헌은 과오납 세금의 부당이득반환소송 전체를 당사자소송의 대상으로 규정해야 하는 이유를 나열한 후 "그러나 논의 결과, 현 단계에서는 종래의 대법원 판례에 따라 부가가치세법 제59조에 따른 환급청구만 당사자소송으로 예시하는 것으로 하였다"고 할 뿐, 입법예고안과 다르게 입법한 이유에 대해 상세히 설명하고 있지 않다.[62]

물론 위 행정소송규칙이 '예시' 규정이라고 하지만,[63] 판례 변경이 없는 이상 지금까지의 예에 비추어 볼 때, 부가가치세 환급청구 이외에 나머지 오납액, 초과납부액 및 환급세액이 있는 납세의무자는 세금을 내지 않은 상태에서는 당사자소송으로 납세의무 부존재확인의 소를, 세금을 낸 상태에서는 민사소송으로 부당이득반환청구의 소를 각각 제기해야 하는데, 이러한 구분이 과연 행정소송규칙으로 당사자소송의 대상을 구체적으로 규정한 취지에[64] 부합하는지는 한번 따져 볼 필요가 있다고 생각한다.[65]

3. 소결(小結)

조세소송을 납세의무의 존부와 범위를 다투는 소송으로 이해한다면, 지금의 조세소송은 크게, (1) 처분의 공정력이 문제가 되는 법률관계에서 납세의무의 존

61) 행정소송규칙안 제19조 제2호 나목.

62) 『행정소송규칙 해설』, 135면.

63) 법원행정처가 발간한 문헌에는 제19조가 '예시 규정'이고, 판례를 통해 당사자소송의 대상이 추가될 수 있다고 하면서(『행정소송규칙 해설』, 130면), 제2호 나목을 과오납세금 부당이득반환소송 전체로 확대할지는 '향후 추가적 논의가 이루어질 것으로 예상'한다고 되어 있는데(『행정소송규칙 해설』, 135면), 행정소송규칙을 통해 판례를 변경할 것이 아니라, 전원합의체 판결로 판례를 변경한 후 그에 따라 규칙을 개정해야 한다는 취지로 이해된다.

64) '당사자소송 개념의 불확정성, 행정의 발전에 따른 당사자소송의 확대 경향 등으로 인해, 소송방법 선택의 착오로 인한 이송, 심리의 중복 등 절차의 낭비나 지연이 발생하고 있으므로, 이러한 낭비나 지연을 줄이기 위해 법이론이나 재판 실무를 통해 정립된 당사자소송의 예시를 나열하여 널리 알리는 방법으로 그 불확정성을 줄이려는' 이유라고 한다(행정소송규칙 제정안 입법예고 참조).

65) 판례의 논리는, 부가가치세 환급세액 지급의무를 부당이득반환의무가 아닌 조세 정책적 관점에서 특별히 인정되는 공법상 의무로 봐서 당사자소송의 절차에 따라야 한다는 것이어서, 그 외에 과세처분 부존재 또는 무효에 따른 납부세액 반환의무에 대해서도 이러한 논리를 적용하기는 쉽지 않아 보인다.

부와 범위를 다투기 위한 취소소송, (2) 처분의 공정력이 문제가 되지 않는 법률관계에서 납세의무 존부 확인을 구하기 위한 당사자소송(세금 납부 전)과 부가가치세를 제외한 나머지 세금의 환급을 구하기 위한 민사소송(세금 납부 후)[66], (3) 부가가치세 환급을 위한 당사자소송으로 이루어져 있다. 무효 사유[67] 등으로 처분의 공정력이 문제가 되지 않는 경우는 많지 않을 것이고, 부가가치세 환급청구 역시 전(前) 단계 세액공제라는 고유의 제도 때문에 발생하는 문제라는 점을 생각하면, 조세소송은 대체로 과세관청의 처분에 대한 취소를 구하는 형태가 일반적일 것이고, 그래서 조세소송의 소송물에 관한 논의 역시 항고소송, 특히 취소소송을 중심으로 이루어진다.[68]

Ⅲ. 납세의무의 성립과 확정

1. 의의

조세소송이 기본적으로 과세관청의 처분을 취소하는 형태라면, 납세의무자에게 납세의무를 지우는 데에 (행정) 처분의 존재가 전제되어야 한다.[69] 그러면 과세관청의 '처분'이 납세의무에 어떠한 영향을 주는지 살펴볼 필요가 있다.

2. 납세의무의 성립

(1) 법정(法定) 채무

> "조세를 납부할 의무는 법이 정하는 과세요건이 충족되면 성립한다."[70]

납세의무는 납세의무자의 어떠한 행위가 있거나 객관적인 시기가 도래하면 성립할 뿐,[71] 여기에 과세관청의 어떠한 처분이 필요하지 않다.[72] 납세의무는

---

66) 비슷한 설명으로『실무제요 행정 Ⅰ』, 396면.

67) 부과제척기간이 지난 후 부과처분이 이루어진 경우가 대표적인 무효 사유이다. 대법원 2004. 2. 13. 선고 2002두9971 판결 참조. 한편 잘 알려진 것처럼 대법원은 이른바 중대명백설에 따라 무효 여부를 판단한다. 대법원 2018. 7. 19. 선고 2017다242409 전원합의체 판결의 반대의견은 조세법률관계에서는 하자의 중대함(대법원 판결로 과세 법리가 잘못되었음이 확실하게 확인된 경우)만으로 그 처분을 당연무효로 볼 수 있다는 견해를 밝힌 바 있다.

68) 고종주, 앞의 글, 185면.

69) 윤지현, 앞의 글, 31면.

70) 이창희,『세법강의』, 158면.

법에서 정한 과세요건을 충족하면 자동적으로 성립하는 법정 채무이다.[73]

(2) 납세의무 성립 단위

> "조세채무의 성립에는 당연히 단위가 있다. 조세채무의 단위는 법에서 1개의 채권이라고 정한 대로이다."[74]

국세기본법 제21조는 납세의무의 성립 시기를 정하고 있다. 소득세, 법인세 등은 일정한 과세기간을 단위로 조세채무가 성립하고, 상속세, 증여세 등은 상속의 개시나 증여에 의한 재산 취득과 같은 사건을 단위로 조세채무가 성립한다. 각 조세채무는 과세요건의 요건사실을 만족하는 순간 성립한다.[75]

3. 납세의무의 확정

(1) 의의

> "조세채무의 성립이라는 개념은 뒤따르는 조세채무의 확정이라는 개념의 논리적 전제라는 뜻뿐이다."[76]

납세의무의 확정 방식은 크게 3가지, 즉 신고납세 방식의 조세, 부과과세 방식의 조세,[77] 자동확정 방식의 조세로 구분한다. 성립과 동시에 확정이 되는 자동확정 방식의 조세를[78] 제외한 나머지 조세는 어떠한 확정 행위, 즉 납세의무자의 신고, 또는 과세관청의 결정이나 경정(更正)이 필요하다. 그리고 이러한 신고, 결정 및 경정 같은 납세의무 확정 행위는 중첩적으로 이루어질 수도 있다. 예컨대 납세의무자의 신고(이하 '당초 신고')나 과세관청의 부과 결정(이하 '당초 처분')이 있다고 해도, 과세관청은 경정하고 또 다시 경정할 수도 있다. 순차적으로

---

71) 국세기본법 제21조.
72) '수시(隨時) 부과'하여 징수하는 국세 역시 수시부과할 때가 아니라 수시부과할 사유가 발생한 때 납세의무가 성립한다(국세기본법 제21조 제3항 제4호).
73) 이창희, 『세법강의』, 158면.
74) 이창희, 『세법강의』, 163면.
75) 이창희, 『세법강의』, 163면.
76) 이창희, 『세법강의』, 166면.
77) 상속세나 증여세처럼 납세의무자가 신고의무를 부담하지만, 과세관청이 과세표준과 세액을 결정하는 형태도 있다.
78) 국세기본법 제22조 제4항.

이루어진 납세의무 확정 행위들의 관계를 어떻게 볼 것인가를 두고 견해의 대립이 있는데, 뒤에서 자세히 보기로 한다.

(2) 확정의 의미

> "이행 내지 강제징수의 단계에 들어갈 수 있도록 조세채무의 내용이 특정된다는 사실 내지 그렇게 특정하는 행위를 확정이라 부른다. 이런 의미에서는 조세채권의 확정이라는 말은 결과적으로 확정판결의 확정이라는 말과 뜻이 통한다."[79)]

과세요건이 충족되었다는 사실을 납세의무자가 인식하지 못하더라도, 또 과세관청이 구체적인 조세채권의 금액을 아직 모르더라도, 납세의무는 자동적으로 성립하기 때문에[80)] 납세의무자와 과세관청이 그 이행이나 징수를 위해 서로 납세의무의 존부와 크기를 '확정' 또는 '확인'하는 절차가 필요할 수 있다.[81)] 확정판결의 '확정'이 더는 다툴 수 없다는 뜻과 이제 집행에 들어갈 수 있다는 뜻을 모두 포함한다면, 납세의무의 '확정'은 불가쟁력(不可爭力)을 뜻하지는 않고,[82)] 단순히 이제 징수 절차에 들어갈 수 있다는 뜻이다.

(3) 부과처분

납세의무의 확정 단계에 가서야 '과세관청'이 '과세표준과 세액을 결정'하는[83)] 행위가 등장하고, 그러한 행위는 세금을 징수하기에 앞서 부과하는 행위,[84)] 즉 '부과 처분'이라고[85)] 할 수 있다. 이러한 부과처분이 국민의 구체적 권리·의무에 직접적인 변동을 초래하는 행정처분이고, 그 중에서도 준(準) 법률행위적 성격을 가진 '확인'으로 보는 데에는 큰 이견이 없는 듯하다.[86)]

---

79) 이창희, 『세법강의』, 167면.
80) 이창희, 『세법강의』, 160면.
81) 윤지현, 앞의 글, 33면.
82) 대법원 2019. 10. 17. 선고 2018두104 판결 참조.
83) 국세기본법 제22조 제3항.
84) 국세기본법은 '부과'(국세기본법 제26조의2)와 '징수'(국세기본법 제27조)를 구별하고 있다.
85) '부과처분'이라는 용어는 국세기본법 제26조의2 제7항에 등장한다.
86) 이창희, 『세법강의』, 167면; 고종주, 앞의 글, 198~199면. 대법원 1994. 5. 24. 선고 92누9265 판결 등 참조.

⑷ 납세의무자의 신고와 경정청구의 배타성

1) 의의

신고납세 방식에 속하는 조세의[87] 경우, 납세의무자가 신고하지 않거나 신고를 잘못한 것이 아닌 이상, 과세관청의 세액을 결정하거나 경정하는 행위가 납세의무 확정에 개입하지 않는다. 납세의무자가 신고를 잘못(과다 신고)했다면, 경정청구를 할 수 있지만,[88] 세액 확정 과정에서 공정력 있는 처분이 개입하지 않았으니, 경정청구를 하지 않고, 바로 민사소송으로 그 세액의 반환을 구할 수는 없을까?

2) 경정청구의 배타성

> "결과적으로 신고납세에도 행정처분의 공정력에 맞먹는 효력이 있고, 항고소송의 배타적 효력 자리에 경정청구의 배타적 효력을 대입하면서 행정사건으로 삼는다."[89]

판례는 중대하고 명백한 하자가 있어 신고 행위가 당연무효로 되지 않는 이상, 국가가 확정된 조세채권에 기하여 납부된 세액을 보유하는 것이 부당이득에 해당한다고 할 수 없다고 한다.[90] 이창희 선생은, 위 판례를 두고, 결론은 맞지만, 부당이득이 성립하지 않는 이유를 납세의무의 확정에서 찾을 것이 아니라, 신고 행위의 절차적 효력(경정청구의 배타성)에서 찾아야 한다고 하고 있다.[91] 이유야 어찌 됐든 위 판례의 결론에 따르면, 신고 행위가 당연무효가 아니라면, 경정청구를 통해 신고 행위의 효력을 다퉈야 하지, 바로 민사소송으로 부당이득반환을 구할 수는 없다. 그래서 확정된 납세의무에 대해서 그 확정을 깨지 않고는[92] 민사소송으로 다툴 수 없다는 의미, 즉 신고 행위에도 처분의 공정력과 유사한 효력을 부여한 것으로 해석할 수 있다. 현행 법령의 해석상 납세의무자의 신고가 있었던 때에 과세관청의 처분이 있었던 것으로 봐야 하는 것은 아니지

---

87) 국세기본법 제22조 제2항.
88) 국세기본법 제45조의2 제1항.
89) 이창희, 『세법강의』, 292면.
90) 대법원 1995. 2. 28. 선고 94다31419 판결, 대법원 2001. 4. 27. 선고 99다11618 판결, 대법원 2002. 11. 22. 선고 2002다46102 판결 등 참조.
91) 이창희, 『세법강의』, 179면.
92) 임승순·김용택, 앞의 책, 189면은 "납세의무자가 '확정'이라는 보호막을 깨뜨린다"고 한다.

만,[93] 신고 행위의 하자를[94] 다투려면, 과세관청에 경정청구를 하고, 만약 과세관청이 경정청구를 거부하면, 그 거부처분의 취소를 구하는 행정소송을 제기하는 것이 현재의 확립된 실무라고 하고,[95] 이를 '경정청구의 배타성'이라고 한다.[96] 당초 신고의 확정 효과를 배제하고자 하는 납세의무자의 신청을 거부하는 측면에서 경정거부처분 역시 납세의무의 확정과 관련 있는 행정처분이라 할 수 있다.[97] 이창희 선생은, '납세의무자의 신고행위에 대해 부과처분과 맞먹는 효력을 인정해야 하는 이상, 경정청구를 거부하는 것은 부과처분이나 마찬가지라고 풀이'해야 한다고 하고 있다.[98]

4. 소결

조세소송이 기본적으로 항고소송으로서 과세관청의 처분을 취소하는 형태라면, 그 대상은 주로 부과처분과 경정거부처분일 것이다. 이하에서는 특별한 사정이 없다면, 과세관청의 부과처분과 경정거부처분을 구분하지 않고 '과세처분'이라고 표현하고, 부과처분 취소소송과 경정거부처분 취소소송을 '조세소송'으로 표현한다.[99]

Ⅳ. 조세소송의 소송물

1. 의의

"과세처분에 관한 다툼은 근본적으로는 부당이득 이론을 밑바탕에 깔고 있다. 그

93) 구 지방세법(2010. 12. 27. 법률 제10416호로 개정되기 전의 것) 제72조 제1항이 바로 그러했다. 이를 지적하는 문헌으로, 윤지현, 앞의 글, 40면(주137).

94) 신고는 강학상 사인(私人)의 공법행위 정도라고 할 수 있을 텐데, 그에 대해서는 비진의(非眞意) 표시 무효(민법 제107조)나 착오 취소(민법 제109조)와 같은 민사법상의 이론이 그대로 적용되지 않는다고 한다(대법원 2000. 11. 14. 선고 99두5481 판결, 서울고등법원 1988. 3. 11. 선고 88구188 판결 등 참조).

95) 윤지현, 앞의 글, 40－41면. 경정청구의 배타성을 인정하는 이유에 대해 이창희 선생은, '납세의무자가 세액 얼마를 신고한 뒤 제 마음대로 신고를 없는 셈 치고 부당이득의 반환을 구할 수 있다면 조세법률관계가 매우 불안정'해지는 점을 든다(이창희, 『세법강의』, 279면).

96) 임승순·김용택, 앞의 책, 199면; 윤지현, 앞의 글, 44면(주153).

97) 윤지현, 앞의 글, 41면(주140).

98) 이창희, 『세법강의』, 312면.

99) 서술의 편의를 위한 것이지만, 윤지현, 앞의 글, 1면의 용례와 같다.

저 기존의 행정쟁송 제도가 반환청구권행사에 대한 장애로 작용하고 있을 뿐."[100]

기본적으로 조세소송이 납세의무자가 부담해야 할 객관적인 조세채무의 존부 또는 크기를 확인하는 절차라면,[101] 민사소송 중 채무부존재 확인의 소와 유사하다.[102] 그 확인 결과 과세관청(채권자)이 주장하는 조세채권(확정된 납세의무)이 객관적인 조세채무의 범위를 초과한다면, 성립도 하지 않은 납세의무에까지 확정력이 미친 것이므로, 그 초과 부분에 대한 확정력을 소멸시켜야 한다.[103] 그러려면 신고나 처분의 확정력을 취소 또는 변경해야 하는데, 앞서 살펴본 처분의 공정력 또는 그에 준하는 신고의 효력, 항고소송이나 경정청구의 배타성 등 때문에, 형성소송인[104] 취소소송을 통해 취소 또는 변경해야 한다. 납세의무자가 처분 자체의 취소를 구하는 소송 형태를 취하고 있지만, 실질적으로 그 처분의 대상인 납세의무의 부존재확인을 구하는 것임을 고려하면,[105] 조세소송의 소송물을 살펴보기에 앞서 민사소송에서의 소송물 논의도 살펴볼 필요가 있다.

2. 민사소송에서의 소송물 논의

"소송은 무언가에 대한 다툼이다. (중략) 다툼의 단위를 어떻게 정할 것인가에 따라서 심판의 범위 및 판결의 효력이 미치는 범위가 달라지고, 당사자들이 소송과정에서 어디까지 주장할 수 있는가가 달라지게 마련이다."[106]

소송물에 관한 이론적 논의는 분쟁[107] 또는 심판의 대상이나 범위를 어떻게

---

100) 이창희, 『세법강의』, 295면.

101) 앞서 언급한 것처럼, 과세처분에 어떠한 절차적 하자가 있는 경우는 이 글의 논의 밖이다. 특별한 사정이 없다면, 그 경우는 행정소송의 일반적인 논의가 그대로 적용될 것이다. 고종주, 앞의 글, 205면.

102) 대법원 1992. 3. 31. 선고 91다32053 전원합의체 판결 참조.

103) 납세의무가 성립하지 않았으니, 성립하지 않은 납세의무를 대상으로 한 신고나 처분은 그 범위에서 당연무효이고, 그래서 처분의 공정력 등이 문제가 되지 않는 것 아닌가 하는 의문이 들기도 한다.

104) 일단 유효한 처분의 취소 또는 변경을 통해 그 처분을 원인으로 한 법률관계를 소멸 또는 변경시키는 소송으로 보는 것인데, 이러한 견해가 행정법학계의 통설이라고 한다(하명호, 『행정쟁송법』(제5판), 박영사, 2021, 54면; 박균성, 『행정법론(상)』(제22판), 박영사, 2023, 1234면).

105) 윤지현, 앞의 글, 48면(주171)은 이를 두고 조세소송의 '이중적 성격' 또는 '이중성'으로 표현한다.

106) 이창희, 『세법강의』 295~296면.

107) 윤지현, 앞의 글, 12면.

파악할 것이냐의 문제이다. 심판의 대상을 가능한 한 넓히면, 분쟁을 한 번에 해결할 수 있는 장점이 있지만, 법원이 판단해야 할 부분이 너무 늘어나거나, 소송에서 제대로 공격과 방어를 하지 못한 당사자는 예상치 못한 불이익을 입을 수 있다. 반대로 심판의 대상을 최대한 좁히면, 소송이 한결 간결해지고, 당사자가 예상치 못한 불이익을 입을 가능성도 어느 정도 줄어들겠지만, 새로운 쟁점에 대한 분쟁이 끊이지 않을 우려도 있다.[108)]

민사소송법 학계의 이른바 소송물 이론이 바로 이러한 심판의 대상을 이론적으로 어떻게 파악할 것인지의 문제를 다룬다. 잘 알려진 것처럼, 민사소송의 소송물에 관한 논의는, 실체법상 권리를 기준으로 소송물을 파악할 것인지, 아니면 실체법상 권리에 구애받지 않고 소송법 독자의 관점에서 파악할 것인지의 양상이다.[109)] 다만 확인소송의 소송물을 구체적인 권리 또는 법률관계의 존부로 보는 데에는 크게 다툼이 없다.[110)]

3. 조세소송의 소송물

(1) 의의

"실체법상 단위가 서로 다른 채권이라면 당연히 다른 소송물이다."[111)]

조세소송이 채무부존재 확인의 소와 유사한 점에 주목한다면, 조세소송의 소송물 문제는 조세법률관계, 즉 실체법상 조세채권채무에서 출발할 필요가 있다. 납세의무자는 세목 별(別)로, 그리고 과세기간 별로 납세할 의무를 부담한다. 그렇다면 같은 사실관계에 기초한 것이라 해도[112)] 세목 별로,[113)] 과세기간 별로

108) 이창희, 『세법강의』, 296면.

109) 자세한 내용은 김홍엽, 『민사소송법』(제10판), 박영사, 2021, 328~330면; 전병서, 『강의 민사소송법』(제3판), 박영사, 2021, 80~83면 참조.

110) 김홍엽, 위의 책, 342면; 전병서, 위의 책, 81면. 대법원 1982. 6. 8. 선고 81다636 판결, 대법원 1999. 7. 27. 선고 99다9806 판결 등 참조.

111) 이창희, 『세법강의』, 296면.

112) 이창희, 『세법강의』, 296면("사실관계의 동일성 따위를 주장할 필요가 없다").

113) 세목은 부과처분에서는 물론 징수처분에서도 납세의무의 단위를 구분하는 본질적인 요소이다. 따라서 근거 세목이 '소득세'인 징수처분과 '법인세'인 징수처분은 그 처분의 동일성이 인정되지 않는다(대법원 2020. 11. 12. 선고 2017두36908 판결 참조). 한편 같은 세목에서는 소득금액이나 수입금액의 수령자가 누구인지는 납세의무의 단위를 구분하는 본질적인 요소가 아니라고 한다(대법원 2013. 7. 11. 선고 2011두7311 판결 참조). 이를 두고 이창희, 『세법강의』, 297면(주204)은 '일단 어느 한쪽으로 들어간 뒤 받는 자가 누구인가는 조세채권의 금액 문제

각각 다른 별개의 조세채권이다.[114] 또 소득세법이 소득을 종류에 따라 구분해서 분리과세하고 있으므로, 종합소득과 양도소득은 과세단위를 달리한다.[115] 증여세는 증여자 별로,[116] 증여행위 별로[117] 각각 별개의 과세요건을 충족한다. 하나의 소송으로 별개의 조세채권을 다투더라도, 별개의 조세채권 별로 소송물을 판단한다.[118]

(2) 총액주의와 쟁점주의

"문제는 소송물을 실체법상 조세채권의 단위보다 더 잘게 나눌 것인가이다."[119]

조세소송의 소송물과 관련된 총액주의와 쟁점주의 논의는[120] 조세소송의 소송물을 앞서 본 실체법상 조세채권의 존부로 볼 것이냐, 아니면 그보다 좁게 당사자들이 문제 삼은 쟁점[121] 그 자체로 볼 것이냐의 문제라고 할 수 있다.[122]

일 뿐'이라고 설명한다.

114) 이창희, 『세법강의』, 296면.

115) 대법원 2010. 7. 22. 선고 2008두21768 판결, 대법원 2014. 3. 13. 선고 2012두7370 판결 등 참조. 따라서 종합소득세 부과처분의 취소를 구하는 소송에서 양도소득세의 과세표준과 세액은 심판의 대상이 아니고(대법원 1987. 11. 10. 선고 86누491 판결 참조), 하나의 종합소득에 포함되는 소득의 구분을 잘못해 신고했더라도 종합소득세 신고로서 효력이 있다(대법원 2019. 5. 16. 선고 2018두34848 판결 참조). 한편 과세관청이 양도소득세 부과처분을 했다가, 그 소득이 사업소득이라고 보아 다시 종합소득세 부과처분을 하면서 기(旣) 납부한 양도소득세액을 공제하고 남은 세액을 결정, 고지하는 것도 가능하다고 한다(대법원 2001. 4. 24. 선고 99두5412 판결 참조).

116) 증여자 별로 각각 증여세액을 산출해야 하고, 증여자를 1인으로 보고 과세처분을 했는데, 실제 증여자가 2인 이상으로 밝혀진 것처럼 증여자의 수에 차이가 있으면 과세단위가 달라지고, 과세의 기초사실이 달라져 당초 처분의 동일성이 유지되지 않는다(대법원 2006. 4. 27. 선고 2005두17058 판결 참조). 한편 증여자의 수에는 차이가 없고, 증여자만 달라진 경우에 그 처분의 동일성을 인정한 사안(당초 예금의 명의인을 증여자로 해서 증여세 부과처분이 이루어졌는데, 그 후 예금의 실질적 관리자가 밝혀지고, 그에 의해 증여가 이루어졌음이 밝혀졌다)에 대해서는 대법원 1997. 2. 11. 선고 96누3272 판결 참조.

117) 재차 증여에 따른 증여세 부과처분 역시 별개의 처분이므로, 그 불복 역시 종전 처분과 별도로 해야 한다(대법원 2004. 12. 10. 선고 2003두9800 판결 참조).

118) 조세의 종목과 과세기간에 의하여 구분되는 각 과세단위에 관한 개개의 부과처분이 조세소송의 소송물이 된다(대법원 1986. 3. 25. 선고 84누216 판결 참조).

119) 이창희, 『세법강의』, 297면.

120) 고종주, 앞의 글, 208면은 총액주의와 쟁점주의가 '심판의 범위'와 관련된 일본의 논의로, 그 용어 자체는 국세불복절차를 다루던 행정기관이 효율적인 조사·심리 방식을 위해 사용하던 용어라고 소개한다. 일본의 논의에 대한 보다 상세한 내용은 윤지현, 앞의 글, 129-144면(일본의 통설이 우리와 다른 점은 기판력 역시 납세의무 단위 전체에 미쳐야 한다는 점을 긍정한다는 점이라고 한다). 한편 윤지현, 앞의 글, 149면은 '조세소송의 소송물에 관한 한 일본은 비교법적 검토의 대상이라기보다는 현행 이론 체계의 연원을 탐구하기 위한 대상'이라고 평가하고 있다. 이러한 이유로 조세소송의 소송물과 관련된 상당수 연구는 일본 문헌을 인용하고 있다.

예컨대 납세의무자가 익금을 과다하게 결정한 과세관청의 처분이[123] 위법하다고 주장했고, 그 주장이 타당한 것으로 밝혀졌으나, 한편 손금이 당초 신고 내용보다 적은 것으로 드러난 경우, 쟁점주의에 따르면 그 처분이 위법하나, 총액주의에 따르면 그렇게 산정한 세액이 과세관청이 부과한 세액보다 적지 않은 이상 그 처분은 적법하다.[124]

총액주의는 조세소송을 실질적으로 채무부존재 확인의 소로 보는 것과 같다. 그래서 그 소송물은 청구취지 기재만으로 특정된다.[125] 판례[126] 역시 그 소송 형태가 부과처분 취소소송이든 감액경정청구 거부처분 취소소송이든[127] 총액주의 입장이라는 데에 큰 이론은 없다.[128][129]

---

121) 여기서 쟁점이 과세관청이 제시한 처분이유이냐, 꼭 처분이유가 아니더라도 소송 개시 시점에 확인할 수 있는 처분사유이냐를 두고 견해가 다를 수 있다(윤지현, 앞의 글, 140면(주500)).

122) 이창희, 『세법강의』, 297면.

123) 여기서 말하는 '처분'은 익금산입 결정을 기초로 한 증액경정처분을 말한다. 익금과 손금을 산정하여 소득금액을 계산하고 이에 따라 과세표준을 결정하는 것 자체는 처분이 아니고(대법원 1986. 1. 21. 선고 82누236 판결, 1996. 9. 24. 선고 95누12842 판결 등 참조), 그 결정에 잘못이 있다면, 그에 따라 이루어진 과세처분의 효력을 다투는 절차에서 주장해야 하기 때문이다(대법원 2002. 11. 26. 선고 2001두2652 판결 참조).

124) 이렇게 당사자들이 다툴 수 있는 범위가 넓어지면, 소송 지연의 문제가 있을 수 있다. 소송 지연 이외에 총액주의에 대한 일반적인 비판으로 (1) 과세관청의 조사 범위가 확대되어 소송 과정에서 새로운 과세가 이루어질 우려 때문에 조세 불복을 꺼릴 우려가 있다는 점, (2) 은닉한 소득에 대한 납세의무를 면하기 위해 사소한 오류나 세액 등을 이유로 소를 제기해서 확정판결을 받으려고 할 우려가 있는 점, (3) 과세관청이 소송 과정에서 모든 요인을 조사하는 것은 현실적으로 불가능한 점, (4) 판단 기관은 처분의 당부만을 판단할 수 있을 뿐인데, 처분청의 권한을 대행하는 결과를 가져오는 점 등이 있다(고종주, 앞의 글, 211면).

125) 청구취지 기재만으로 소송물이 특정되므로, "과세처분은 위법하다" 이상의 청구원인은 필요 없다고 한다(고종주, 앞의 글, 227면).

126) 특히 '정당한 세액의 존부'라는 표현을 사용한 판례로 대법원 1997. 3. 28. 선고 96누15022 판결(종합소득세), 대법원 1997. 10. 24. 선고 97누2429 판결(소득세), 대법원 2001. 8. 24. 선고 2000두4873 판결(법인세), 대법원 2002. 9. 24. 선고 2000두6657 판결(법인세), 대법원 2005. 9. 15. 선고 2003두12271 판결(상속세), 대법원 2022. 5. 26. 선고 2022두33712 판결(증여세), 대법원 2023. 5. 18. 선고 2022두31570 판결(법인세) 등 참조. 한편 이처럼 소송물을 '정당한 세액의 존부'라고 표현한 것을 두고, 잠재적 심판 대상까지 포함해 소송물의 외연(外延)을 분명히 제시하였다고 평가하는 문헌으로, 고종주, 앞의 글, 220면.

127) 대법원 2009. 5. 14. 선고 2006두17390 판결 등 참조. 한편 과세처분 무효확인의 소송의 소송물 역시 권리 또는 법률관계의 존부 확인을 구하는 것이라고 보고 있다(대법원 1992. 2. 25. 선고 91누6108 판결 참조. 그래서 청구원인에서 무효사유로 내세우는 개개의 주장은 공격방어방법에 불과하다).

128) 이창희, 『세법강의』, 298면. 한편 윤지현, 앞의 글, 256면처럼 "심리의 범위에 관하여는 총액주의 이론이 지배하지만, 판결 효력의 범위에 관하여는 쟁점주의적 사고가 지배한다는 모순된 형태가 극명히 드러난다"고 평가하는 문헌도 있다.

129) 정형화된 표현에서 조금 벗어나는 판례, 예컨대, 조세소송의 소송물은 '조세의 종목과 과세기간에 의하여 구분되는 각 과세단위에 관한 개개의 부과처분'이라고 본 판례(대법원 1986. 3.

(3) 흡수설, 역(逆) 흡수설, 병존설 및 소송법적 흡수설

1) 의의

"행정처분의 단위 = 소송물의 단위 = 조세채무의 단위"[130)]

취소소송의 소송물은 처분의 위법성 일반이므로, 처분의 단위가 소송물의 단위가 된다(처분의 단위 = 소송물의 단위). 한편 총액주의에 따라 조세소송의 소송물을 실체법상의 조세채무로 파악하면, 실체법상 조세채무의 단위가 소송물의 단위가 된다(조세채무의 단위 = 소송물의 단위). 그래서 위 두 개의 등식(等式)을 나란히 두고 보면, 과세처분의 단위가 실체법상의 조세채무 단위와 일치해야 한다는 결론이 나온다.[131)] 그래서 지금부터 살펴볼 논의는 바로 과세처분과 실체법상 조세채무 단위를 일치시킬 것인가, 일치시킨다면 어떻게 일치시킬 것인가의 논의이다.

2) 논의의 소개

특히 증액경정처분이[132)] 있는 경우, 과세처분의 개념을 어떻게 조작할지, 즉 당초 신고 또는 처분과 증액경정처분의 관계에 관하여 잘 알려진 것처럼, 흡수설, 역흡수설, 병존설, 소송법적 흡수설[133)] 등의 대립이 있다.[134)] 어떠한 견해를

---

25. 선고 84누216 판결 참조), 조세부과처분의 부존재확인소송의 소송물은 '그 부존재를 주장하는 부과처분의 결과로 인하여 생긴 조세채무의 부존재확인'이라고 본 판례(대법원 1982. 3. 23. 선고 80누476 전원합의체 판결 참조) 등도 있다.

130) 이창희, 『세법강의』, 300면.

131) 이창희, 『세법강의』, 300면; 윤지현, 앞의 글, 209~210면. 한편 한만수, 앞의 책, 100면은 "하나의 과세물건에 대하여 복수의 과세처분이 병존한다는 것은 개념상 성립할 수 없다"고 하고 있다.

132) 감액경정처분에 대해서는 당초 신고나 처분의 일부 취소 또는 변경으로 보아 여전히 당초 신고나 처분만 쟁송의 대상으로 보는 듯하다(대법원 1982. 11. 23. 선고 81누393 판결, 대법원 1985. 11. 26. 선고 85누632 판결등 참조). 이창희 선생은 이러한 판례를 두고 역(逆) 흡수설이라고 평가하는 것은 잘못이라고 지적한다. 당초 처분이 역으로 흡수하는 것이 아니라 당초 처분의 일부만 남아 있는 것이기 때문이다(이창희, 『세법강의』, 301면(주222)).

133) 병존적(竝存的) 흡수설이라고도 하는데, 흡수설을 소송법적으로만 유효하다고 보는 것이다(윤지현, 앞의 글, 314면).

134) 부가가치세의 특수한 문제로, 납세의무자가 환급세액이 있다고 신고(음(陰)의 신고)했는데, 과세관청이 증액경정처분한 경우, 당초 신고가 증액경정처분에 흡수되는 것으로 볼 것이냐의 문제가 있다. 증액경정처분 취소만으로는 납세의무자가 원하는 결과, 즉 세액의 환급을 받지 못할 수도 있기 때문이다. 이 문제에 대해서는 고종주, 앞의 글, 286~287면; 윤지현, 앞의 글, 62면(주219), 125~126면 참조. 이에 대해서는 「독점규제 및 공정거래에 관한 법률」상 과징금 사건에 관한 판례이기는 하나, 공정거래위원회가 과징금 부과처분과 자진신고 등에 따른 감면신

취하느냐에 따라 (1) 당초 신고 또는 처분과 증액경정처분 중 다툼의 대상을 무엇으로 할 것인가, (2) 그 불복 절차에서 주장할 수 있는 위법사유 또는 쟁점의 범위와, (3) 취소될 세액의 범위는 어떻게 되는가, (4) 당초 신고 또는 처분의 실체법적 효력은 어떻게 되는가에 대한 답이 달라진다. 이에 맞추어 각 학설의 핵심적인 내용만 정리하면, 다음과 같다.

구분	다툼의 대상	주장할 수 있는 쟁점 범위	취소될 세액 범위	당초 처분의 실체법적 효력
흡수설	증액경정처분	당초 처분사유 + 증액경정사유	당초 처분세액 + 증액경정처분세액	소멸
병존설	당초 처분	당초 처분사유	당초 처분세액	유지
	증액경정처분	증액경정사유	증액경정처분세액	
역흡수설	당초 처분	당초 처분사유 + 증액경정사유	당초 처분세액 + 증액경정처분세액	유지
소송법적 흡수설	증액경정처분	당초 처분사유 + 증액경정사유	당초 처분세액 + 증액경정처분세액	유지

3) 판례

가) 다툼의 대상, 주장할 수 있는 쟁점 및 취소될 세액의 범위

판례를 정리하자면, ① 당초 처분이나 신고는 증액경정처분에[135] 흡수되어 소멸하고 오직 증액경정처분만 다툼의 대상이 되며,[136] ② 증액경정처분 취소소송에서 당초 처분이나 신고에 대한 불복기간의 경과 여부 등에 관계 없이 증액경정사유와 함께 당초 처분의 위법 여부나 과다신고 사유도 함께 주장할 수 있으나,[137] ③ 국세기본법 제22조의3[138] 제1항의 신설로 그 불복기간이나 경정청

청 기각 결정을 분리 심리하여 별개의 처분서로 했다면, 2개의 처분이 존재한다고 보아 각각의 처분에 대하여 불복할 수 있다(감면신청기각 결정의 취소를 구할 소의 이익이 있다)고 한 대법원 2016. 12. 27. 선고 2016두43282 판결, 대법원 2017. 1. 12. 선고 2016두35199 판결 등을 한번 참고할 만하다. 다만 본문의 논의는 이러한 특수한 문제를 고려하지 않는다.

135) 증액경정처분이 무효가 아니어야 한다(대법원 2004. 2. 13. 선고 2002두9971 판결 참조).

136) 이 법리를 조세 사건뿐만 아니라 일반 행정사건에도 그대로 적용한다. 개발부담금과 관련된 판례에 대해서는 대법원 2006. 5. 12. 선고 2004두12698 판결(감액경정처분 사안), 대법원 2001. 6. 26. 선고 99두11592 판결(증액경정처분 사안) 등 참조.

137) 대법원 1995. 11. 10. 선고 95누7758 판결, 대법원 1999. 5. 28. 선고 97누16329 판결 등 참조.

138) 국세기본법 제22조의2 제1항이 2018. 12. 31. 법률 제16097호로 제22조의3 제1항으로 변경되었다. 이하 개정 전·후를 구분하지 않고, 현행법만 표시한다. 한편 이창희 선생은 위 조항을 두고 '병존설의 법률효과를 얻기 위한 창설적 규정'으로 평가한다(이창희, 『세법강의』, 304면).

구기간이 지나서 다툴 수 없는 세액에 대해서는 취소를 구할 수 없다고 할 수 있다.[139] 이러한 판례의 입장을 압축적으로 보여주는 표현이 바로 '주장할 수 있는 공격방어방법의 무(無) 제한', '취소를 구할 수 있는 세액의 제한'이다.[140] 이러한 증액경정처분에 관한 판례의 입장을 대체로 흡수설로 평가하고,[141] 총액주의에 따라 소송물을 파악하는 이상, 흡수설이 타당하다는 평가가 일반적인 것 같다.[142] 그리고 그 근거를 찾자면, (하나의 불복절차에서 다툴 수 있도록 하므로) 소송경제와 납세의무자의 권익 보호 정도일 것이다.

나) 당초 처분의 실체법적 효력

당초 처분이 증액경정처분에 흡수되므로, 당초 처분에서 정한 납부기한을 전제로 한 가산금 징수처분도 효력을 잃고,[143] 당초 처분의 절차적 하자도 경정처분에 승계되지 않는다.[144]

다) 당초 신고의 실체법적 효력

판례는, 당초 신고에 대한 경정청구 및 그 거부처분 취소소송 중 증액경정처분이 있었다면, 그러한 경정청구 및 거부처분은 증액경정처분에 흡수되지 않고,[145] 증액경정처분에 대한 불복기간이 지났다고 해도, 당초 신고한 과세표준과 세액에 대한 경청청구가 가능하다고 본다.[146] 그리고 그 경정청구 절차에서 불복기간이 지난 증액경정사유도 주장할 수 있다.[147] 흡수설을 일관하면, 그 경정청구를 구할 대상이 없어야 하는데, 판례는 그런 입장은 아닌 것으로 보인다. 이창희 선생은, '당초 신고가 유효했다는 사실 자체는 이미 굳었기 때문'이라고 설명한다.[148] 물론 이 경우에도 증액경정처분에 대한 취소소송을 그 불복기간

---

139) 대법원 2009. 5. 14. 선고 2006두17390 판결, 대법원 2013. 4. 18. 선고 2010두11733 전원합의체 판결, 대법원 2013. 10. 31. 선고 2010두4599 판결, 대법원 2020. 4. 9. 선고 2018두57490 판결 등 참조.

140) 국세기본법 제22조의3 제1항 신설 전에는 '주장할 수 있는 공격방어방법의 무제한', '취소를 구할 수 있는 세액의 무제한'이었다고 표현하는 문헌으로, 윤지현, 앞의 글, 319면.

141) 이창희, 『세법강의』, 301, 304면; 한만수, 앞의 책, 99면; 임승순, 앞의 책, 322면.

142) 이창희, 『세법강의』, 305면; 임승순, 위의 책, 322면; 고종주, 앞의 글, 210면.

143) 대법원 1999. 5. 11. 선고 97누13139 판결 참조. 이창희 선생은 '가산금은 실체법상의 채권을 원처분 부분과 증액 부분으로 나누어 받으면서 거기에 물리는 이자'라는 측면에서 위 판례의 결론이 잘못되었다고 지적한다(이창희, 『세법강의』, 302면).

144) 대법원 2010. 6. 24. 선고 2007두16493 판결 참조.

145) 대법원 2005. 10. 14. 선고 2004두8972 판결 참조.

146) 대법원 2014. 6. 26. 선고 2012두12822 판결 참조.

147) 다만 당초 신고된 세액을 한도로만 취소를 구할 수 있다고 판시했다(대법원 2024. 6. 27. 선고 2021두39997 판결 참조).

내에 제기했다면, 경정청구 거부처분 취소소송은 소의 이익이 없다고 한다.[149]

4) 검토

"총액주의를 택하는 이상 소송물은 하나일 수밖에 없고 따라서 흡수관계는 필연이니까."[150]

현행 법령에 대한 고려 없이 순수하게 이론적인 측면만 살펴본다. 만약 조세소송이 취소소송의 형태라는 점과 그 소송물을 총액주의에 따라 정당한 세액의 존부라고 판단하는 점을 모두 고려해서 논리를 구성해야만 한다면,[151] 세액을 기준으로 가장 큰 처분이 다른 처분을 흡수한다는 논리를 구성할 수밖에 없다.[152] 그러면 존재 자체가 없어진 당초 신고나 처분에 대해서는 더는 불복할 수 없고, 유일하게 존재하는 증액경정처분만 불복의 대상이 된다. 당초 신고나 처분을 흡수한 것이니까 증액경정처분에는 과다신고 사유나 당초 처분의 위법사유도 존재한다. 그래서 납세의무자는 그 불복 절차에서 증액경정사유와 함께 위 사유들을 주장할 수 있고, 최종 증액된 세액 전부에 대한 취소를 구할 수도 있다.

그런데 현행 법령은 취소될 세액의 범위를 제한하고 있다. 즉 국세기본법 제22조의3 제1항은 당초 신고나 처분에 대해 불가쟁력이 발생한 때에, 국세기본법 제45조의2 제1항 단서는 증액경정처분에 대해 불가쟁력이 발생한 때에, 각각 그 부분에 해당하는 세액만큼 다툴 수 없도록 하고 있다. 이창희 선생이 '논리가 휜다'라고 표현하고 있듯이, '취소될 세액의 범위'는 더는 학설의 논의 영역이 아니다. 결국 '주장할 수 있는 쟁점의 무제한'이라는 결과만 남는 셈인데, 이는 꼭 흡수설까지 가지 않더라도 총액주의만으로도 설명할 수 있다.[153] 그에 따르면, 적어도 소송법적으로는 당초 처분과 증액경정처분 중 어떠한 과세처분을 불복의 대상으로 삼든, 과세처분의 취소를 일부만 구하든, 전부를 구하든 간에 그 소송물은 '정당한 세액의 존부'이기 때문이다.[154]

---

148) 이창희, 『세법강의』, 305면.
149) 대법원 2005. 10. 14. 선고 2004두8972 판결 참조.
150) 이창희, 『세법강의』, 305면.
151) 반드시 두 가지 모두를 고려해야 하는지, 즉 어느 하나만을 기준으로 이론 구성을 하면 안 되는지에 관하여서는 의문이 있는데, 이 글의 논의 범위를 벗어나 살펴보지 않고, 일단 다음 기회로 미뤄두기로 한다.
152) 이창희, 『세법강의』, 300면.
153) 이창희 선생은 '권리구제'라는 측면에서 그 근거를 찾기도 한다(이창희, 『세법강의』, 305면).

4. 소결(小結)

"미국과 달리 우리나라에서는 총액주의가 한판주의에까지 이를 수는 없다."[155]

총액주의의 근본적인 생각은 세액을 소송물로 삼아 소송 과정에서 진정한 금액을 확정하자는 것이다.[156] 결국 소송에서 진정한 세액을 확정하자는 생각은, 납세의무자와 과세관청 모두 그 문제에 대해서 법원에 판단을 맡기고, 그 판단에 따라 분쟁을 한 번에 끝내자는 생각, 즉 이른바 '한판주의'이다.[157] 과세관청이 부과한 세액이 실체법상 조세채무보다 더 크면, 법원은 그만큼 납세의무자에게 환급하라고 할 수 있어야 하고, 반대로 실체법상 조세채무보다 작으면, 법원은 그만큼 납세의무자에게 납부하라고 할 수 있어야 한다. 그래야 분쟁이 한 번에 끝날 수 있다.[158]

그런데 우리나라의 사법 제도에서는 이러한 한판주의가 불가능하다.[159] 우선 소의 제기나 종료, 심판의 대상은 당사자가 정한다(처분권주의). 행정소송 역시 마찬가지이다.[160] 법원은 소가 제기되지 않는 이상 사건을 심리하거나 그에 대해 재판할 수 없고, 소가 제기되었다고 해도 원고가 청구한 범위를 벗어나 심리하거나 재판할 수 없으며,[161] 심리의 대상이 되는 처분보다 원고에게 불이익한 판결을 하지 못한다(불고불리(不告不理)의 원칙).[162] 따라서 소송 과정에서 실체적

---

154) 고종주, 앞의 글, 208면.

155) 이창희, 『세법강의』, 299면.

156) 이창희, 『세법강의』, 298면. 한편 총액주의라는 용어 자체가 일본의 행정기관이 사용하던 것이었음을 고려하면, 총액주의를 한판주의로 연결 짓기가 더 쉽다.

157) 이창희 선생은 이를 '이념형으로서[의] 총액주의'라고 부른다(이창희, 『세법강의』, 307면).

158) 미국의 조세법원(Tax Court)이 이러한 권한을 가진다. 이때 다른 과세연도의 조세를 고려할 수 있지만, 그렇다고 다른 과세연도의 납세의무와 관련된 판단까지 할 수는 없다(미국 세법 제6214(a), (b)조). 다만, 언제나 법원이 직권으로 조사하여 세액을 증액할 수 있는 것은 아니고, 세액을 증액해 달라는 과세관청의 요청이 있는 경우에만 가능하다고 한다(윤지현, 앞의 글, 175면은 '조세법원에 소가 계속 중인 경우, 과세관청은 추가세액을 부과할 수 없기 때문'이라고 설명한다). 미국 조세법원이 이러한 권한을 가지는 이유는, 행정심판 기구였던 "Board of Tax Appeal"이 조세법원이 된 역사적 배경 때문이다(이창희, 『세법강의』, 290~291면).

159) 이창희 선생은, "근본적으로 총액주의는, 법원은 스스로 사실을 조사하는 기관이 아니고 당사자가 주장·증명하는 사실에 터잡아 판단한다는 사법제도의 본질과 잘 맞지 않는다"고 평가한다(이창희, 『세법강의』, 306면).

160) 행정소송법 제8조 제2항, 민사소송법 제203조.

161) 『실무제요 행정 II』, 283면.

162) 불고불리(不告不理)의 원칙은 처분권주의의 내용 중 하나이다(박균성, 앞의 책, 1460면).

조세채무가 과세관청이 처분한 세액보다 크다는 사실이 밝혀져도, 납세의무자에게 그 세액을 납부하도록 판결할 수 없다. 더욱이 변론주의의 한계, 즉 재판의 기초가 되는 사실과 증거의 수집 및 제출은 당사자의 책임으로 하고, 당사자가 주장하지 않은 사실을 판결의 기초로 삼아서는 안 되며, 당사자 사이에 다툼 있는 사실을 인정할 때는 반드시 당사자가 제출한 증거에 의하여야 하므로, 세무조사 권한이 없는 법원이 관련된 모든 사실을 조사해서 실체적 조세채무를 확정하는 것은 사실상 불가능하다.[163] 물론 그 소송의 특성상 법원이 직권으로 관여할 수 있는 여지가 민사소송보다 넓다(직권심리주의). 하지만 행정소송법 제26조 직권심리주의는 어디까지나 사실 심리에 관한 것으로 처분권주의 자체를 배제하지는 않는다.[164] 원고의 청구 범위를 초월해 그 이상의 청구를 인용할 수 있다는 뜻이 아니라 원고의 청구 범위를 유지하면서 그 범위 내에서 필요에 따라 당사자의 주장 외의 사실에 관하여 판단할 수 있다는 의미이다.[165] 그래서 변론에 나타나지 않은 사실에 관하여 판단할 수 없고, 판단할 필요도 없으며,[166] 당사자가 주장하지도 않은 법률효과에 관한 요건사실이나 공격방어방법을 시사(示唆)하여 그 제출을 권유하는 행위는 변론주의의 원칙 위반이다.[167] 따라서 당사자들이 정당한 세액이 얼마인지는 크게 관심이 없고, 과세처분으로 확인된 세액이 과연 적법한지에만 관심이 있다면, 그것을 중심으로 심리가 이루어질 수밖에 없다. 그리고 이러한 심리 방법은 앞서 본 것처럼 총액주의에 완전히 부합하지는 않는다.[168] 나아가 정당한 세액이 부과된 세액보다 크다고 하더라도, 과세관청이 과세처분을 하지 않는 이상, 법원이 세액을 증액해서 확정할 방법은 현행법상 없다.[169]

"결국 우리 판례가 말하는 소송물은 무엇인가? 행정처분이 진정한 세액의 범위

---

163) 이러한 취지의 판례로 대법원 1997. 11. 14. 선고 96누8307 판결(소송 과정에서 다른 유형의 소득으로 밝혀진 경우, 과세관청이 처분사유를 변경하고, 그에 따른 정당한 세액을 주장, 증명해야 한다) 참조.

164) 『실무제요 행정 Ⅱ』, 283면.

165) 대법원 1992. 3. 10. 선고 91누6030 판결, 대법원 1995. 4. 28. 선고 95누627 판결 등 참조.

166) 『실무제요 행정 Ⅱ』, 285면.

167) 조세소송에 관한 판결로 대법원 2001. 1. 16. 선고 99두8107 판결, 2001. 10. 23. 선고 99두3423 판결 등 참조.

168) 이창희 선생은 '특정 쟁점만을 따져 과세처분을 취소'할 수 있고, '그런 의미에서 총액주의 원칙에 대한 예외'가 생긴다고 하고 있다(이창희, 『세법강의』, 308면).

169) 윤지현, 앞의 글, 62면.

안에 있는가이며 진정한 세액 자체는 심리대상이 아니다."[170]

V. 마치며

"소송물이란 심리범위와 판결의 효력범위를 간명하게 하기 위한 도구개념일 뿐이고, 기판력의 범위를 소송물에서 끌어내는 것은 그저 동어반복."[171]

소송물에 대한 이론적 검토를 마치면, 그다음 단계로 심리와 판결의 범위와 같은 문제, 조금 더 구체적으로 표현하자면, 공격방어방법이나 처분사유 추가·변경의 허용 범위,[172] 판결의 기속력과 기판력의 범위 그리고 과세관청이 재(再)처분할 수 있는 범위[173] 등과 같은 쟁점을 살펴보기 마련이다. 같은 단위의 납세의무에 관한 것인 이상, 총액주의 아래에서는 공격방어방법이나 처분사유의 추가·변경이 사실상 제한 없이 허용되고, 그래서 그 심리의 범위가 대단히 넓다. 판결의 효력 범위도 그 심리의 범위와 같다고 보아, 판결 후 재처분의 범위를 제한할 것인지, 아니면 다른 이유를 들어 판결의 효력 범위를 심리의 범위보다 좁게 볼 것인지[174] 등의 논의로 자연스럽게 이어진다.

이 글에서 위 논의까지 검토하지 않은 이유는 간단하다. 이창희 선생의 지적처럼, 판결의 범위를 소송물에서 끌어내는 것은 동어반복(同語反覆)이기 때문이다. 이만큼 심판했으니, 판결의 효력도 그만큼 미친다는 결론과 다름없다. 그렇다면 판결의 효력이 이만큼만 미쳐야 하니, 심판의 범위도 그만큼이어야 한다는 결론도 가능하다. 소송물은 심리와 판결의 효력 범위를 간명하게 설명하기 위한 '도구 개념'이기도 하지만, 더 본질적으로는 소송 제도를 어떻게 하면 효율적으로 설계할 것인가의 문제, 그래서 '선험적'(先驗的)으로 정해진 답이 있는 문제가 아니다. 그렇다면 조세소송의 소송물에 관한 이해와 연구는 어떤 방향으로 이루

170) 이창희, 『세법강의』, 301면.
171) 이창희, 『세법강의』, 307면.
172) 이창희, 『세법강의』, 315~319면.
173) 이창희, 『세법강의』, 319~322면.
174) 특히 이창희 선생은, 과세처분 취소판결 확정 후에도 새로운 사실에 기초해 과세처분이 허용되어야 하는 이유를 소송 구조적 측면, 즉 "법원에 드러난 사실을 기초로 계산한 세액이 반드시 실체법상의 진정한 세액이라는 보장이 전혀 없[다]"는 점에서 찾고 있다(이창희, 『세법강의』, 321면).

어져야 할까. 이창희 선생은 이미 답을 주고 있다.

> “이념형으로서 총액주의와 쟁점주의 사이의 선택은 근본적으로 민사소송법에서 소송물이론과 같은 문제. 숱한 논란에도 불구하고 민사소송 실무에서는 소송물을 실체법설(구소송물이론)에 따라 정하거나, 또는 소송법설 가운데서 이원론에 따라 정함으로써 소송물을 되도록 좁게 정의하고 있다. 민사소송에서 소송물을 좁게 정의하는 이유가 무엇인가, 민사소송과 조세소송 사이에서 소송물을 달리 정할 필요가 있는가, 이런 논점들을 깊이 따지는 것이 무엇을 조세소송의 소송물로 삼을 것인가에 대한 답을 구하는 바른 길.”[175]

175) 이창희, 『세법강의』, 307면.

제2부

소득과세

4. 인적(人的) 과세단위의 문제

윤지현*

Ⅰ. 시작하면서

소득에 과세한다고 할 때 이 소득을 누구에게 결부(結付) — 흔히 '귀속', 영어 표현으로는 "attribution of income"[1] — 시켜서 그 '사람'의 소득으로 보아 세금을 물릴지 하는 논점이 있다. 이 논점은 복수(複數)의 맥락에서 다루게 되는데, 예를 들어 법인이나 신탁의 법적 형식을 활용하여 발생시킨 소득에 대한 납세의무를 누구에게 지울지 하는 질문도 이에 속한다. 그런데 이러한 특수한 법적 형식이 아니더라도, 공동생활을 하는 사람의 경우 그 소득을 그러한 '공동생활의 단위'에[2] 귀속시킬지, 아니면 그에 관계없이 그저 각 개인에게 귀속시킬지 하는

* 서울대학교 법학전문대학원 교수

1) 이 표현은, 소득세법의 비교법적 연구에서 잘 알려진 책인, Hugh J. Ault *et al.*, Comparative Income Taxation - A Structural Analysis (4th edition), Wolters Kluwer, 2020, p. 427 에 나온다. 이 소제목 아래에서 첫 번째로 다루어진 소재가 바로 이 글에서 논의하는 '(인적) 과세단위의 결정', 곧 "Definition of Taxable Unit"이다.

2) 이창희, "부부자산소득합산과세는 위헌인가?", 『헌법실무연구』 제4권, 헌법재판소, 2003, 150면

논점이 있다. 현 시점에서 그러한 공동생활의 단위로 생각할 수 있는 것은 가족과 부부이다. 이때 '부부'란 법률혼(法律婚)을 가리키지만, 사실혼(事實婚)이나 동성혼(同性婚) 같은 개념들도 사람이 살아가는 모습의 변화에 따라 앞으로 고려될 여지가 없지는 않다.[3] 아무튼 이 짧은 글에서는 이 중 법률혼 부부와 개인 중 어느 쪽에 소득을 귀속시킬지를 논의의 대상으로 삼는다(미리 일러두자면 사실혼·동성혼이나 그 밖의 다른 결합 관계가 현재의 시점에서 이 논의에 미칠 수 있는 영향은 맺음말 부분에서 다시 짤막하게 주의를 환기시키는 데 그치고자 한다).

소득세의 '(인적, 人的) 과세단위'로 흔히 불리는 이 논점은,[4] 이창희 선생이 지적한 대로 소득세제 일반에서 오래된 것이고,[5] 대립하는 입장들의 양상(樣相)도 어느 정도 이미 분명히 드러나 있으며 외국의 논의도 우리나라에 잘 소개되어 있는 편이다.[6] 우리나라의 소득세제 역시 이 논점에 관한 일정한 입장을 바탕으로 삼아 입법되어 있었다. 그런데 2000년대 초반에 와서 이러한 체계 중 일부를 이루는 법조항[7] 하나를 판단 대상으로 삼아 위헌으로 선언한 헌법재판소 결정이 나왔다.[8] 이는 소득 중 '자산(資産) 소득'을[9] 부부 단위에서 합산하여 소

에는 '사람이 실제 삶을 꾸려 나가는 단위'라는 표현이 나온다. 이 문헌은 V.1.에서 언급하는 대로 이창희 선생이 2002년 12월에 헌법재판소 실무연구회에서 행한 발표의 내용을 담고 있는데, 그 뒤에는 이창희 선생의 주저(主著)라 할, 이창희, 『세법강의』, 446면 이하에도 상당 부분 그대로 반영되어 있다.

3) 이창희, 『세법강의』, 447면의 "적어도 아직까지는 거의 모든 사람들은 남녀가 짝을 이루어 자식을 낳고 살아간다"는 부분에도 현 시점에서는 이미 다양한 반응이 나올 수 있으리라 여겨진다.

4) 현재 우리나라 문헌 중 이 논점을 가장 자세하게 다루는 것은 아마도, 김완석·정지선, 『소득세법론』(2023년 개정증보판), 삼일인포마인, 2023, 71면 이하인데, 여기서는 '소득세의 과세단위'란 '소득을 종합하는 인적단위'라고 하고, '소득을 가득하는 개인단위로 소득세를 산정할 것인가 또는 생활공동체로서의 부부나 가족과 같은 소비단위로 소득세를 산정할 것인가에 관한 문제'라고 부연한다.

5) 이창희, "부부자산소득합산과세는 위헌인가?", 150면 ("부부간 합산문제는 소득계산의 인적 단위 내지 과세단위를 어떻게 정할 것인가라는 세법의 고전적 문제이다"). 한편 김완석·정지선, 앞의 책, 71면도 이 논점의 중요성을 지적하고 있다 ("과세 베이스 및 세율과 함께 소득세의 가장 기본적인 골격을 형성하고 있다").

6) 특히 아래 II.4. 부분 참조.

7) 특히 여기서 다루어진 것은, 1994. 12. 22. 법률 제4803호로 전문 개정된 후의 소득세법 제61조 제1항이다. 바로 이어서 살펴보듯이 이 조항은 2002. 8.에 위헌 결정을 받았고, 그 해 12. 29. 법률 제6781호 개정 때 삭제되었다. 이 조항을 이후 이 글에서는 '쟁점 조항'이라고 부르도록 하자. 한편 세액 감면의 한도 등을 다루는 현재의 소득세법 제61조는 이와 무관한 새로운 내용이다.

8) 헌재 2002. 8. 29. 2001헌바82 결정. 이후 이 글에서는 '쟁점 결정'이라고 부르려고 한다.

9) 원래는 '재산을 보유하고 있으면 그 재산에서 발생하는 소득' 정도의 의미를 가지는 말이겠지만, 실제로 쟁점 조항에서는 일정한 기술적(技術的) 의미로 '자산소득'이라는 말을 사용하였다. 서술의 편의를 위해, 이러한 '자산소득'의 상세한 의미는 아래 IV.1.에서 살핀다.

득세 부과의 대상으로 삼도록 하는 내용이었는데, 이 결정에 대한 비판이 즉각 제기되었고 이창희 선생은 그러한 비판론의 선두에 섰다. 그럼에도 가족 제도의 보장을 규정한 헌법 제36조 제1항의 해석론을 내세운 헌법재판소의 입장은 그대로 유지되어 현행 세제(稅制)에 계속 영향을 미치고 있고, 이에 대한 이창희 선생의 비판론 역시 지금까지 여전히 유효하다.

이 글에서는 먼저 이 논점을 간단히, 좀 더 풀어서 제시하고(Ⅱ), 비판의 대상이 된 헌법재판소 결정의 요지도 살펴본다(Ⅲ). 그 다음 이에 대한 이창희 선생의 비판론을 다시 음미(吟味)하고 나서(Ⅳ), 이 비판론이 이후의 상황 전개에 미친 영향을 살피고 또 평가하면서 글을 맺으려 한다(Ⅴ).

Ⅱ. 논점의 내용

1. 도입

근대 이후 '개인'이라는 단위는 여러모로 중요하다. 이 점은 결혼이라는 관계에서도 마찬가지여서, 두 개인의 자유로운 의사에 따른 결합이라는 성격을 가진다는 이해가 일반적일 것이다. 한편 자녀 역시 가능한 한 부모와 구별되는 독립된 개인으로서 존중 받아야 할 당위가 있다. 이러한 인식을 소득세제 안으로 들여왔을 때, 그와 같이 독립되고 자유로운 개인인 각자가 얻은 소득에 소득세도 각자 부담하고 납부해야 한다는 데에 자연스레 생각이 미칠 수 있다. 조금 더 기술적(技術的)인 차원에서 말하자면, 소득을 개인 단위로 측정하고 소득세 납세의무도 그 개인에게 지운다는 의미인데, 이렇게 하는 까닭이 물론 이러한 관념적인 사고에만 있지는 않고 세법의 규정과 적용을 단순화할 수 있다는 이유도 작용하였을 것이다.[10] 하지만 그렇다고 해도, 한 사람 한 사람의 개인을 바라보는 이러한 일반적인 시각이 소득세제의 세부적·기술적 내용까지 좌우한다고 볼 수 있을지에 여전히 의문이 남는다. 또 행정 편의는 물론 중요한 가치이지만 조

10) 김완석·정지선, 앞의 책, 80면 역시 '세무행정의 간편성'이 소득세의 인적 과세단위라는 논점에서 고려되어야 할 중요한 가치라고 하면서, 다만 개인 단위로 소득을 측정할 경우 납세자들이 소득을 부부나 가족 간에 분산시킴으로써 소득세 부담의 감경을 기도할 가능성 때문에 행정편의 차원에서도 개인을 단위로 하는 방안이 반드시 우월하지는 않다고 지적한다. 이 지적은 타당하고, 다른 한편으로 헌재가 쟁점 결정이 쟁점 조항의 성격을 파악할 때 이러한 납세자들의 행태에 대항하기 위해 만들어졌다고 이해하는 것과 관련을 맺는다. 아래 Ⅳ.2. 참조.

세정책에서 어떤 경우에나 늘 존중 받아야 하는 최우선의 지상(至上) 목표라고 할 수도 없다.

그렇다면 여기서 경합할 수 있는 다른 가치에 어떠한 것이 있는지 역시 생각하여 볼 필요가 있다. 특히 '개인 단위 소득세제'를 향한 반론(反論)으로, 우리가 현재 가지고 있는 '직접' 소득세제의 목표 중 하나가 '공평'의 가치에 있다고 하면 이를 위하여 소득을 측정하는 단위는 개인이 아니라 부부가 되어야 마땅하다는 주장이 있을 수 있다.[11] 이렇듯 '공평'의 이념은 '개인 단위 소득세제' 아닌 '부부 단위 소득세제'를 뒷받침한다고 볼 여지가 있고 또 그 밖의 가치들을 함께 놓고 교량(較量)하는 일 역시 필요하게 된다.

2. 대립하는 가치

그러면 계속하여, 여기서 고려되어야 할, 소득세제에서 의미를 가진다고 할 수 있는 몇 가지 가치나 이념을 일별(一瞥)하여 보도록 하자.

(1) 부부 단위 과세를 뒷받침하는 것 – 공평

우선 그 첫 번째는 소득이 '담세력'(擔稅力)이라는 점이다[12](실은 현행 세제에서 가장 중요한 담세력임에 틀림없다[13]). 담세력은 말 그대로 세금을 부담할 만한 능력이며, 그 능력이 클수록 더 많은 세금을 부담해야 하고, 반대로 그 능력이 같으면 같은 세금을 부담해야 한다는 당위가 존재한다. 이는 수직적·수평적 공평의 문제로 잘 알려진 바로 그것이다.[14] 그 도입 과정에서 공평, 또는 평등의 이념이 기여한 것을 생각하면 더군다나 소득세제에서 공평이라는 가치를 가벼이 다룰 수가 없다.[15]

이때 정하기 어려운 것이 이 담세력의 크기를 측정하는 '단위'이다. 이러한 '단위'의 결정 역시 공평의 요청을 만족시켜야 함은 말할 나위도 없다. 그리고

11) 김완석·정지선, 앞의 책, 78면도 이와 같이 경합하는 가치로서 '공평'을 가장 먼저 들고 있다("일반적으로 경제생활의 기본단위를 부부 내지 가족이기 때문에 [...] 부부 내지 가족과 같은 소비단위 [...] 구성원의 소득을 합산하여 과세하는 것이 보다 공평의 원칙에 합치한다").

12) 담세력이라는 말의 뜻은, 이창희, 『세법강의』, 53면 참조("현실에서는 소득, 소비, 재산 따위의 객관적 가치로 담세력을 재고 있[다]").

13) 이창희, 『세법강의』, 361면("소득세제가 오늘날 현실적으로 가장 중요한 세제이[다]).

14) 이에 관한 기본적인 설명은, 이창희, 『세법강의』, 66~71면.

15) 이창희, 『세법강의』, 387면 참조("결국 현행 소득세를 직접세로 물리는 까닭은 그 밑바탕이 인민주의적 공평의 이념이기 때문").

당연히 개인과 부부 단위로 소득을 측정하는 것 중 어느 편이 더 공평하겠는가 하는 질문이 뒤따른다. 그런데 개인들이 혼인을 하여 부부 관계를 이루게 되면, 부부는 '대개'[16] 공동의 생활을 하게 된다. 이를테면 하나의 생활공동체를 이룬다고 할 수 있을 터인데, 이때 어느 한 사람은 다른 사람이 얻은 소득이나 그동안 쌓아온 부(富)를 함께 누리고 이에 용이하게 접근할 수 있다.[17] 쉽게 말해 자기만의 소득이나 재산은 많지 않아도 만약 배우자의 소득이나 재산이 많다면 이 사람은 자기만의 소득·재산을 넘어서는 수준의 효용을 부부의 소득·재산 합계로부터 얻을 수 있게 된다는 것이다. 또 다르게 말하자면, 부부 중 어느 한 사람의 '경제적 지위'는 부부의 소득이나 재산 합계에 따라 정하여진다고도 할 수 있다. 그렇다면 아예 부부의 소득을 합산하여 소득을 측정하고 이에 세금을 물리는 편이 더 공평한 방안이 아닌지 하는 의문이 당연히 생길 수 있다.[18]

(2) 부부 단위 과세를 방해하는 것

그런데 부부의 소득을 과세하는 데에 이것이 유일한 고려가 될 수는 없음이 또한 지적되어 있다. 이미 언급한 행정 편의라는 측면에서는 부부의 소득을 합산하여 파악하고 여기에 세법을 적용하는 데에서 오는 번거로움이 있겠지만, 여기에 더하여 다음의 두 가지를 이야기할 수 있다. 이는 모두 누진적(累進的, progressive) 세율 체계, 곧 누진세제와 관련을 맺는데, 공평의 가치를 우선시하여 도입된 직접 소득세제에서 수직적 공평을 추구하는 의미를 가지고 따라서 현재의 소득세제에서 핵심에 속하는 것이다.[19]

---

16) 이 글에서는 이와 같이 일종의 '전형적'인 상황을 상정하고 이를 전제로 논의한다는 점을 미리 일러둔다. 세법에서, 특히 입법을 할 때에는 어느 정도 이러한 획일적 취급이 불가피하다고 생각하기 때문이다. 물론 구체적·개별적 사안에서 법 해석을 통해 그러한 획일적 취급이 정당화되지 않는 경우를 찾아내어 예외로 삼는 것은 원론적으로 가능하리라 생각한다.

17) 쟁점 결정에 언급된 쟁점 조항의 입법의도에 관한 '재정경제부장관 및 국세청장의 의견요지'에는 '현실적으로 부부의 경우 서로간의 소득을 공유하면서 이를 향유하는 것이 일반적'이라는 언급이 있다. 다만 김완석·정지선, 앞의 책, 83면은 부부가 각각 직업을 갖고 경제생활을 영위하는 일이 흔하여지면서 부부 간에도 각자의 소득이나 재산 상황을 두고 '프라이버시'를 가지려는 경우가 '증가하는 추세'에 있다고 언급하고 있다. 이 지적이 얼마나 옳은지 당장 판단할 만한 근거를 가지고 있지는 않지만, 예전과 달리 이러한 상황까지 고려하여야 한다면 이는 혼인이나 가족생활의 실태가 변화하여 감에 따라 이 글에서 다루는 과세단위의 논점에 관한 결론이 달라질 수 있는 가능성을 암시한다. 다만 이 글에서는, 이러한 지적을 경청하고 염두에 두는 가운데에서도 일단 예전의 전형적인 이해에 따라 논의를 진행한다.

18) 이창희, 『세법강의』, 446~447면 참조.

19) 이창희, 『세법강의』, 387면 참조(주15에서 인용).

① 우선 '노동 시장'에 참여할지 말지를 놓고 내리는 개개인의 결정을 왜곡할 가능성이다.[20] 오래된 방식으로 가정 내에서 남녀가 역할을 분담하는, 그리하여 우선적으로 남성이 돈을 벌기 위해 경제 활동을 하고, 다음으로 여성도 이러한 경제 활동을 할지 말지를 고민하는 상황이 여전히 흔한 가운데, 여성이 실제로 그러한 활동을 하는 정도나 가능성이 꾸준히 올라가는 추세라고 말할 수 있다. 이와 같은 상황에서 여성은 가사(家事) 노동에 전념할지, 전업(專業)이든 부업이든 경제 활동에 가담할지 선택에 직면하는데, 단순하게 부부 단위로 소득을 합산할 경우 그와 같이 새로 시작하는 경제 활동에서 벌어들이는 소득은 누진세제 아래에서 처음부터 높은 세율의 적용을 받게 된다. 여성이 경제 활동에 참여 — 이를 늘리는 것은 그 자체로 하나의 사회정책 목표가 될 수 있다 — 하는 데에 장애요인이 될 수 있다는 것이다. 이것은 분명히 곤란한 결과이다. 이러한 이해 아래에서는 소득이라고 해도, '일 해서 번 돈'과, '자산을 보유함으로써 번 돈'을 구별하여[21] 취급할 필요가 생기게 되고, 따라서 부부의 소득을 합산하여 과세 대상으로 삼는다고 하더라도 그 범위는 '자산소득'에 국한하는 방향으로 나아가게 된다.

② 그보다 좀 더 오래되었고 이 글에서 다루는 헌법재판소 결정에 직접 영향을 미친 지적도 역시 누진세제의 시행과 관련이 있는데, 이는 혼인하지 않은 두 사람과 혼인한 두 사람을 비교해 보았을 때, 후자(後者)의 소득세 합계액이 더 커지는 결과와 관련이 있다.[22] 물론 이는 방금 살핀 대로 부부가 공동생활을 한다는 점을 감안하면 당연한 결론이라고 할 여지가 있다. 하지만 그러한 논리 과정을 감안하지 않고 결과에 초점을 맞춘다면, 혼인한 사람들이 더 많은 세금을 내는, 즉 혼인한 사람들을 세법이 더 불리하게 취급하는 셈이라고 말할 수 있을지도 모른다. 흔히 '혼인에 대한 징벌'(marriage penalty)로 알려진 문제가 생기는 것이다.

---

20) IFS(Institute for Fiscal Sduties) 지음, 한국조세재정연구원 옮김, 조세설계, 시그마프레스, 2015, 86면의 다음의 서술을 참고할 만하다. "따라서 가족과세의 구조는 근로에 대한 영향과 '공정성'에 대한 문제로 귀결된다." 김완석·정지선, 앞의 책, 79~80면은 이 논점을 '효율성'이라는 소(小) 제목 아래 소개하고 있다.

21) 우리말에는 이 구별을 명확히 할 수 있는 용어들이 없다. 영어로는 "earned income"과 "unearned income"과 같이 표현한다. "earned income"에는 우리가 흔히 말하는 근로소득 외에 사업소득도 들어갈 수 있어서 단순히 '근로소득'이라는 말로 번역하기는 어렵다.

22) 김완석·정지선, 앞의 책, 83면 이하는 '결혼에 대한 중립성'이라는 소제목 아래 소개한다.

(3) 해결의 가능성

이와 같이 서로 구별되는 당위나 정책 방향들이 소득세 부과의 인적 단위를 둘러싼 논점에서 충돌한다. 그리고 조화롭게 해결하기가 쉽지 않다. 이창희 선생이 이 문제를 '불가능성의 정리'(impossibility theorem)라는 이름 아래 소개하면서, 부부 단위의 소득 측정과 누진세율 체계, 그리고 기혼(旣婚)·비혼(非婚)의 동등 취급을 동시에 시행하는 것이 논리적·수학적으로 불가능하다는 점을 강조하기도 했거니와,[23] 기실 부부 단위로 소득을 측정하는 이유 자체가 부부 관계에, 부부가 아닌 두 사람의 관계와 구별되는 특징이 존재한다는 데에 있는 것이므로 이를 꼭 '조화롭게 해결'해야 하는지가 분명하지도 않다.

다음 절(節)에서 헌법재판소 결정을 검토할 때 다시 살펴보겠지만, 우리나라 헌법의 특수성이 이 논점의 해결에서 일정한 역할을 할 수 있는지 여부도 논의 대상이다. 이는 대한민국헌법 제36조 제1항의 '혼인과 가족생활 보장'과 관련이 있는데, 헌법이 '가족생활'과 그 주요 부분에 해당하는 '혼인' 관계를 보호한다고 했으니 혼인하지 않은 두 사람보다 혼인한 두 사람에 더 무거운 세금을 물리는 결과가 나온다면 이는 헌법에 위반되지 않는가 하는 의문이 제기되고 있다. 그러나 이미 언급한 대로 혼인으로 인하여 생기는 생활 관계의 특징을 반영하여 그에 걸맞은 수준의 세금을 물리는 것이, 헌법의 혼인 관계를 보호한다는 입장과 어긋난다고 말할 수 있을지 역시 분명하지 않다고 생각한다.

3. 이론적 가능성과 비교법적 검토

(1) 이론적 가능성

이론적으로 따져보자면 크게는 개인을 과세단위로 하는 방안과, 부부를 과세단위로 하는 방안을 생각해 볼 수 있다.[24] 그리고 둘 사이에는 특히 우리나라에서도 그러하였듯이, 노동에서 버는 소득이 아니라 자산을 보유함으로써 생기는 소득에 한하여 부부를 과세단위로 삼는 절충적 입장이 존재한다.[25] 그리고 부부

23) 이창희, 『세법강의』, 447~448면 참조. 사실 조세정책 영역에서는 잘 알려진 이야기이다. 김완석·정지선, 앞의 책, 84면.

24) Ⅰ.에서 이미 그렇게 전제하였다. 이 글에서 일단 배제하기로 한 가족 단위의 합산은 사실 부부를 과세단위로 삼는 방안의 '확장판'(擴張版) 정도가 된다.

25) 이 입장은 2.(2)에서 이미 살펴보았다.

를 과세단위로 삼는 방안에도, '혼인에 대한 징벌'을 피하거나 줄인다는 의미에서, 개인에 대한 과세와 아예 다른, 전반적으로 더 낮은 세율의 체계를 적용하거나, 이른바 '2분 2승법'(二分二乘法), 즉 부부의 소득 합계를 정확히 반분(半分)한 다음 각자에게 귀속시켜 세율 체계를 적용하는 방법 등 다양한 변종(變種)이 있다. 그리고 이 중 둘 이상의 제도를 동시에 채택하면서 납세의무자에게 선택권을 주기도 한다.

(2) 비교법적 검토

과세단위라는 논점이 여러 가지 대립하는 사회·경제적 가치가 충돌하는 장(場)이기 때문에 각 나라들은 자국의 고유한 상황에 맞는 제도를 골라서 사용하는 모습을 보인다. 이러한 비교법적 검토 역시 이미 여러 곳에서 이루어져 있어서,[26] 굳이 이 글에서 다시 시시콜콜한 내용을 소개할 필요는 없을 듯하다. 바로 이어서 인용하는 쟁점 결정에서도 다른 나라의 이러한 예들 중 특히 독일과 일본이 거시되어 있다.[27] 이에 따르면,

① 독일은 제2차 세계대전 후 근로소득을 제외한 나머지 소득에서 부부합산제도를 시행하다가 1957년 연방 헌법재판소의 위헌 결정 이후 '2분 2승제'와 개인 단위 과세 중 선택할 수 있도록 되어 있고,[28]

② 일본은 역시 제2차 세계대전 이후 개인 단위 과세를 기본으로 하되, '자산소득'에 세대 단위로 합산하는 제도를 1957년부터 1988년까지 사이에 실시하다가 폐지하였다고 한다.

쟁점 결정은 거기에 더하여, 그 밖의 "다른 선진국가들도 부부의 자산소득합산과세제도를 시행하지 않고 있다"고 정리하고 있기도 하다. 또 '납세의무자를 미혼자, 부부 등 여러 가지 범주로 나누어 별개의 세율을 적용하는 복잡한 구조'

---

26) 가장 자세한 것은, 김완석·정지선, 앞의 책, 73면 이하. 출간된 지 조금 오래 되었지만, 미국·독일·프랑스·일본의 세제를 차례로 소개한 이동식, 『조세법과 헌법』, 준커뮤니케이션즈, 2012, 208~217면도 비교적 상세하다. 간단한 요약으로는, 임승순·김용택, 조세법(제25판), 박영사, 2025, 416~417면. 한만수, 『조세법강의』(신정15판), 박영사, 2023, 263~264면.

27) 쟁점 결정은 쟁점 조항 등 관련된 소득세법 조항의 내용을 인용한 후, 바로 비교법적 검토로 나아가 '외국의 입법례'를 소개하는 수순을 밟는데, V.1.에서 언급하는 헌법재판소 실무연구회의 토론 과정에서 참석자 중 서울대학교 명예교수 윤진수는 이 점을 비판적으로 지적하기도 하였다. "제34회 발표회 토론요지", 『헌법실무연구』 제4권, 2003, 191면("헌법재판소의 체통에 어울리지 않습니다").

28) 이창희, 『세법강의』, 449면은 독일의 현행 제도는 '혼인을 장려하는 셈'이라고 평가한다. 바로 이어지는 (3) 부분도 참조.

를 취하는 미국의 사례나,[29] '혼인의 중립성을 우위에 놓'는 영국의 사례, 소득을 합쳤다가 쪼갤 때 자녀의 수도 함께 감안하는 프랑스의 세제도[30] 이창희 선생이 『세법강의』에서 소개하고 있다.

이처럼 쉽게 찾아볼 수 있는 몇몇 외국의 사례들에서 볼 때 개인 단위 과세가 흔히 보이는 선택이라는 점은 어느 정도 사실이다.[31] 여기에는 각 나라마다 사정이 있겠지만, 어차피 여러 가지 고려 사항들을 모두 충족할 수 있는 이상적인 방안이 존재하지 않기 때문에 이론적으로 간명하고 집행하기에도 비교적 편하며[32] 혼인에 중립적인 세제를 선택하였다고 요약해 볼 수 있지 않을까 생각한다.

(3) '2분(分) 2승(乘) 제'

한편 '2분 2승'이라는 특이한 제도는 현재 우리나라에서도 일부의 지지를 받고 있는데, 기본적으로 개인 단위 과세의 모양새를 띠지만, 그에 이르는 과정에서 부부 소득의 합산이 이루어진다는 특징이 있다. 따라서 소득의 측정은 기본적으로 부부 단위로 이루어지고, 부부의 소득 합계가 같은 이상 부부가 나누어서 지는 소득세 부담의 합계도 같아진다. 이러한 의미에서 공평의 가치가 일정 부분 충족된다. 또 그렇게 하면서도 소득을 다시 둘로 나누어[33] 개인 단위 과세와 마찬가지의 겉모습을 갖추는데, 여기서 얻을 수 있는 또 하나의 장점은 개인과 마찬가지의 세율 체계를 적용할 수 있다는 데에 있다(세제의 간명함). '혼인에 대한 징벌'이라는 측면에서 보면, 부부가 부담하는 세액의 합계는 누진세제 하에서 대개 늘지 않고 줄어드는 것이 보통일 터이다.[34] 극단적인 경우로 높은 수준

29) 다만 자산소득은 가족 단위 합산과 마찬가지의 결과가 된다고 한다. 이창희, 『세법강의』, 449면.

30) 혼인뿐 아니라 '출산을 장려하는' 의미를 가질 수 있다고 한다. 이창희, 『세법강의』, 449면.

31) Hugh J. Ault *et al.*, *op. cit.*, pp. 428~433 에는, 지금까지 본문에 소개된 나라들 외에 캐나다, 오스트레일리아, 네덜란드, 스웨덴, 인도의 예를 소개하는데 모두 기본적으로 개인 단위로 소득을 측정한다고 한다. 이 책이 나온 시점은 2020년이다.

32) 다만 경제적으로나 생활 측면에서 공동체를 이루는 부부 간에 재산이나 소득을 인위적으로 분할하여 세금 부담을 줄이고자 하는 유인(誘因)이 생기기 때문에 이를 막는 일이 과세행정에서 중요한 문제로 떠오른다. 주10 참조. 또 이어지는 Ⅳ.에서 보듯이 쟁점 결정에는 이 논점이 자주 언급된다.

33) 바로 앞 주32에서 언급한 '인위적 소득 분할의 유인'을 없애는 의미가 있다.

34) 이창희, 『세법강의』, 440면 참조("[2분 2승으로] 소득을 쪼갤 수 있다면, 결혼으로 세금을 오히려 줄일 수 있게 된다"). 조금 더 자세한 설명은 이창희, "부부자산소득합산과세는 위헌인가?", 151면("소득이 2,500만 원인 사람과 견줄 때, 소득이 4,000만 원인 사람이 더 내는 세금은 소득

의 소득을 얻는 한 사람과 전혀 소득이 없는 다른 사람이 결혼하면, 틀림없이 합계 세액이 줄어든다. 물론 소득이 없는 배우자만 놓고 보면, 합계 소득 절반에 대한 납세의무를 새로 부담하기 시작하게 되지만, 둘의 세금 합계를 합치면 세금 부담은 결혼 전보다 줄어든다는 것이다(부부 단위로 소득을 측정하는 사고방식). 이는 '혼인에 대한 징벌'과 반대로 혼인에 대한 '보너스', 또는 '상여금'을 지급하는 셈이고, 그런 의미에서 보면 세제가 혼인에 중립적인 입장을 취하지는 않는 격이라고 할 수도 있다. 다만 상대적으로 단점이 적고, 혼인에 '보너스'를 주는 쪽이 '징벌'보다는 더 낫다고 생각하기 때문에[35] 지지가 높은 것이 아닐까 생각한다.

Ⅲ. 헌법재판소의 쟁점 결정

1. 쟁점 조항의 내용

이처럼 소득을 개인 단위, 아니면 부부 단위로 측정할지를 둘러싼 다양한 가능성이 있는데, 예전 우리 소득세법의 쟁점 조항은[36] 소득을 '자산소득'과 그 밖의 소득으로 분류하여 자산소득만 부부 단위로 측정한다고 규정하고 있었다. 흔히 '자산소득 부부 합산과세'로 불리던 제도이다. 예전 소득세법의 분류를 기준으로 할 때 이 '자산소득'에는 주식 등에서 발생하는 배당소득, 금전채권 등에서 발생하는 이자소득, 그리고 부동산에서 발생하는 부동산임대소득이 포함되었다. 독자의 편의를 위해 이 조항을 아래에 그대로 인용한다.

> 소득세법 제61조(자산소득합산과세) ① 거주자 또는 그 배우자가 이자소득·배당소득 또는 부동산임대소득(이하 "자산소득"이라 한다)이 있는 경우에는 당해 거주자와 그 배우자중 대통령령이 정하는 주된 소득자(이하 "주된 소득자"라 한다)에

이 1,000만 원인 사람이 덜 내는 세금보다 많을 수밖에 없는 까닭이다"). 다만 이동식, 앞의 책, 213면도 참조("일부 사례의 경우에는 이분이승방식이 오히려 개인별과세보다 더 세부담이 높아지는 경우도 발생할 수 있다"). 아마 세율 체계가 완전히 규칙적이지 않은, 그러한 의미에서 조금 독특한 경우를 염두에 두지 않았나 싶다.

35) 이동식, 앞의 책, 213~214면은, 독일 헌법 제6조 제1항이 혼인 관계를 '특별히 보호'한다고 하고 있기 때문에 이러한 세(稅) 부담의 차별이 허용된다고 설명한다.

36) 주7 참조.

게 그 배우자(이하 "자산합산대상배우자"라 한다)의 자산소득이 있는 것으로 보고 이를 주된 소득자의 종합소득에 합산하여 세액을 계산한다.

Ⅱ.2.에서 살펴보았듯이 이 제도의 당부(當否)는 한 가지로 입장을 정하여 옳다 그르다 말하기 쉽지 않다. 옛 소득세법의 입장은 부부의 소득을 합산하여 과세할 때 생기는 문제점이 상대적으로 적은 자산소득의 경우에만 그러한 합산과세를 규정한 타협책이나 절충안이라고 할 수도 있고,[37] 또 여기에 더하여 우리나라에서는 자산소득의 경우 누진세제 회피를 위한 인위적 재산 분산의 가능성이[38] 더 높기 때문에 나온 조세회피 방지책의 성격이 있다는 설명이 널리 통용되기도 하였다. 실제로 지금까지 논의한 이론적인 사항들보다 조세회피 방지책의 성격이 더 전면에 부각된 것이 이어서 살펴보는 쟁점 결정의 결론과 이유에 영향을 미치지 않았나 짐작이 가기도 한다.[39]

2. 쟁점 결정의 요지

이처럼 지금껏 다룬 수평적·수직적 공평의 논점이 쟁점 결정에 전혀 등장하지 않는다는 점은 주목할 만하다. 대신 헌재는 오로지 '혼인에 대한 징벌'이 정당화되는지 여부만이 논점이라고 하고 있다.[40]

> "그러므로 이 사건에서의 법률상 쟁점은 이 사건 법률조항으로 인하여 혼인한 부부에게 더 많은 조세를 부과하는 것이 헌법에 위반되는지 여부이다."

그리고 그와 같이 위반될 가능성이 있는 헌법의 조항으로 제36조 제1항을 들면서,

> "이 사건 법률조항은 자산소득합산과세의 대상을 혼인한 부부로 한정하고 있으

37) Ⅱ.2.(2)의 ①, Ⅱ.3.(1) 참조.

38) 주32 참조.

39) 실제로 쟁점 결정을 보면, 이 제도의 '입법취지'를, '자산소득[이] 통상 세대주의 지배아래에 있으며, 그 성질상 명의분산이 용이하여 조세회피의 가능성이 높으므로 이를 방지함으로써 담세력에 맞는 공평한 과세를 실현하려는 데에 있다'고만 설명하고 있다.

40) 이 점은 특히 관련된 소송 사건에서 서울행정법원이 원고의 위헌제청신청을 기각하면서 쟁점조항의 입법의도에, '자산소득에 대하여는 부부를 같은 소비 단위로 담세력을 고려하는 것이 개인단위별 과세보다 생활실태에 합당하'다는 점이 포함됨을 명확히 한 것에 비추어서도 의문이다. 이 기각 결정의 '이유요지'는 쟁점 결정 앞부분에 수록되어 있다.

> 므로, 혼인과 가족생활의 보호를 규정하고 있는 헌법 제36조 제1항에 위반되는지 여부를 중점적으로 살펴본다.”

고 설시한다. 이처럼 법적 쟁점의 범위를 처음부터 제한하였기 때문에 결론은 처음부터 어느 정도 예상할 수 있었다고 할 수 있다. 헌재에 따르면, 헌법 제36조 제1항이 있으므로 혼인한 사람을 혼인하지 않은 사람에 비하여 불리하게 취급하여서는 안 되고 이는 세법 영역에서도 마찬가지인데 합산과세는 바로 그러한 불리한 취급에 해당한다고 한다. 그렇다면 다음으로 그러한 차별 취급을 정당화할 수 있는 사유가 있는지를 살펴야 하는데, 결론적으로 정당화될 수 없다고 판시한다. 그러면서 몇 가지 이유를 붙였는데, 그 중 논의할 만한 것을 세 가지 정도 인용하여 둔다.

① 우선 첫 번째는

> “인위적인 소득분산에 의한 조세회피를 방지하기 위해서 부부의 자산소득을 합산과세하는 것은 부적절하며 합리적이라고 볼 수 없다.”

는 부분이다. 이 이유가 가장 먼저 등장하는 것은, 이미 언급하였듯이 헌재가 합산과세 조항의 입법의도가 조세회피 방지에 있다고 이해한 데에 그 이유가 있는 듯하다.

② 한편

> “개인이 획득한 소득을 소비하는 형태는 개인마다 다양할 것인데 부부의 공동생활에서 얻어지는 절약가능성을 담세력 내지 급부능력과 결부시켜 조세의 차이를 두는 것은 타당하지 않다.”

는 내용도 설시되어 있다. 이 부분은 부부 관계에서 발생하는 담세력의 특성에 언급한 것이지만, 그 가운데 유독 ‘절약가능성’이라는 측면을 들어 논의한 것이기도 하다. 여기서 말하는 ‘절약’이란 소비를 덜 한다는 의미로 받아들여지는데, 사실 소득세 이론에 따를 때 소비를 더하거나 덜하거나 소득의 크기에 영향을 미치지는 않기 때문에, 설사 혼인한 덕분에 소비를 덜 할 수 있게 되었다고 해서 그것으로 소득이 늘어나지는 않는다. 즉 소비를 덜 하면서 살아갈 수 있는

가능성이 실제 생겼다고 하여도 소득이라는 담세력에는 영향이 없다. 그러한 점에서 이 설시 자체는 타당하다고 평가할 수 있다. 다만 지금껏 살펴보았듯이 여기서도, 부부 단위로 소득을 측정하는 것은 누구의 소득을 ('절약 가능성' 때문이든 무엇이든 간에) 늘려 잡는다기보다, 공동생활을 하기 때문에 서로가 얻은 소득이나 쌓아 온 재산에서 오는 효용을 함께 누릴 수 있는 가능성이 높아진 부부의 소득을 합산하여 측정할지 말지 하는 문제이다. '절약 가능성'은 잘해야 그러한 상황의 일부일 따름이다.

③ 또 그 밖에도 여러 사항들을 들고 있지만, 여기서 끝으로 인용하여 둘 것은,

> "부부자산소득합산과세와 같이 순수한 조세법 규정에서 조세부과를 혼인관계에 결부시키는 것은 가족법 등에서 혼인관계를 규율하는 것과는 달리 소득세법 체계상 사물의 본성에 어긋난다"

는 부분이다. '사물의 본성'을 판단의 기준으로 내세우는 것이 과연 틀을 갖춘 법적 논증이라고 말할 수 있을지 논란이 있을 수 있다.[41] 굳이 말하자면 이 말은 따로 더 논증이 필요하다고 말하기 어려울 정도로 그 당부가 자명한 명제가 있을 때에나 쓸 수 있는 것이 아닌가 싶다. 그렇다면 이 결정은 부부 관계의 존재 여부에 따라 세법의 법률효과가 달라져서는 안 된다는 결론이 '자명'하다고 본 셈이다. 그러나 과연 그러한지는 의문이다.[42]

3. 평가

이미 언급하였듯이 "혼인이나 가족 제도를 헌법적으로 보장하려면 부부 단위에서 소득을 측정하지 말아야 한다"는 식의 주장에 설득력이 있다고 생각하지 않는다. 오히려 혼인 관계가 헌법적인 보호를 잘 받게 되면 그 결과로서 부부 단위로 담세력을 측정할 당위성은 그만큼 커진다고 말할 여지도 생긴다. 즉 부

---

41) '사물의 본성'이라는 말이 법적 논증에서 실제로 널리 쓰이고 있지 않은가 하는 반문(反問)은, 이창희 선생의 발표에 대한 토론 중 하나인, 최갑선, "부부자산소득합산과세는 위헌인가? — 제34회 발표회 자유토론문", 178면에 나온다("'사물의 본성'이라는 개념은 이미 학설 및 판례로 널리 사용되고 있[다]").

42) 이창희, "부부자산소득합산과세는 위헌인가?", 156면("행정법원판사, 재정경제부장관, 또 미국의 대법관들에게조차 보이지 않은 '사물의 본성'이 우리 헌법재판관들에게만 드러난다는 것은 믿을 수 없다").

부 중 일방만이 소득을 얻는 경우와, 두 사람이 비슷한 수준의 소득을 얻는 경우에 그 합계액이 같다면, 공동체를 이루어 생활하는 두 부부의 생활수준은 (세법으로 측정할 수 있는 범위 안에서는) 같다고 할 수 있으니, 이 두 부부의 담세력 역시 같다고 말할 수도 있다. 그리고 부부 단위로 소득을 측정할 때 세금 부담이 늘어나는 것은 그에 따른 부수적인, 하지만 합당한 결과이다.[43] 헌법재판소나 대법원도 많은 곳에서 법의 규정을 적용한 어떤 결과가 그저 '반사적'인 것이라거나 '부수적'인 것에 지나지 않는다고 치부(置簿)하고는 하는데, 이때에는 그러한 결과를 법 규정의 당부를 판단할 때 고려하지 않는다. 그렇다면 쟁점 조항이 혼인한 사람들을 불리하게 취급하는 결과도 공평을 추구한 데에서 오는 '반사적', 또는 '부수적' 효과가 아니라고 단정할 수 있을까 하는 의심도 든다.

아무튼 합산과세가 헌법이 정하는 혼인 제도의 보장에 어긋난다는 생각은 납득하기 어렵다. 부부 단위로 소득을 측정하는 것이 혼인 제도의 보장이 명하는 '차별금지 명령'에 어긋난다는 쟁점 결정의 입장 역시 마찬가지인데, 혼인한 두 사람은 생활공동체를 이루고 이것이 담세력을 둘러싼 상황에 변화를 일으키기 때문에[44] 혼인하지 않은 두 사람과 다르게 취급하더라도 합리적 근거 없는 차별이라고 말하기 어렵다고 볼 수도 있다.

또 굳이 말하자면 각각 자산소득을 얻고 있는 두 사람이 혼인하기 전과 후에 세금 부담이 달라지는 결과가 나올 수 있겠지만, 구체적으로 그러한 상황을 가정하여 숫자를 계산하여 본다면[45] 이 때문에 혼인에 관한 의사 결정이 왜곡될

---

43) 따라서 주40에서 언급한 서울행정법원의 기각 결정에 쟁점 조항의 입법의도로 열거된 사항들 중 다음의 것은 상당히 설득력이 있다고 여겨진다. "헌법 제36조 제1항에서 혼인과 가족생활을 보장할 국가의 의무를 규정하고 있는 취지는 개인의 존엄과 양성의 평등을 기초로 한 혼인제도를 국가가 보장한다는 의미라 할 것이지, 납세의무자의 담세력과 생활실태에 부합하는 공평한 과세를 무시하고 일률적으로 모든 사람들에게 똑같이 과세를 하여야 할 의무를 부담시키는 규정이라고 볼 수 없"다. 쟁점 결정의 바로 이어지는 부분에 인용된 '재정경제부장관 및 국세청장의 의견요지'에도 비슷하게 '생활실태'에 관한 언급이 있다. 그럼에도 이러한 논거를 쟁점 결정이 진지하게 다루지 않은 것은 아쉬운 일이고, 이어지는 본문에서 언급하듯이 쟁점 결정이 '논점을 헛짚'었다는 비난을 자초한 셈이다.

44) 동일한 크기의 소득을 얻더라도 배우자나 자녀가 있는지 여부에 따라 소득세 부담은 달라질 수밖에 없다. 예를 들자면 흔히 '인적 공제'라고 부르는 내용을 담고 있는 소득세법 제50조 참조. 이창희, 『세법강의』, 451면("경제생활의 관점에서 볼 때 [부부] 내지 [가족]을 하나의 단위로 취급해야 한다는 생각은 세법의 여러 곳에서 드러난다"). 또 이혼에 따른 재산 분할에 증여세를 물리지 않는다는 현행 세법의 입장 — 헌법재판소 결정(1997. 10. 30. 96헌바14)에 따른 것이다 — 도 그 연장선 위에 놓여 있는 것으로 보아야 함을 강조한다. 위의 책, 451~452면.

45) 현행법을 기준으로 간단히 살펴보자. 각자 1억 원씩의 자산소득 과세표준이 있는 두 사람이 결혼하거나 하지 않는다고 가정하여 보자. 각자의 매년 소득세 산출세액은 1,956만 원, 둘의 합계

수 있다는 생각은 탁상공론(卓上空論)에 가깝다고 볼 여지도 있다.[46)]

그렇기 때문에 쟁점 결정이 부부 단위로 소득을 측정해야 공평하다는 명제를 직접적으로 다루지 않았다는 점은 분명 주목할 만하다. 그보다 헌재 결정은 ('절약 가능성'의 문제를 잠시 언급한 외에는) 문제된 합산과세 조항이 재산 분산을 통한 누진세제의 적용 회피를 겨냥하는 의미를 가진다고 이해하고, 합산과세 조항이 가지는 그러한 입법의도가 헌법적 가치와 조화를 이루는지 여부를 주로 논의하고 있다. 조세회피 방지를 위한 조항이라면 그것이 조세회피 방지에 실제로 유효하고 적절한 수단인지를 따져 볼 필요가 생기게 되는데, 헌재 결정은 그러한 틀 안에서 주로 논의를 전개한 것이다. 그리고 이는 이창희 선생의 말대로 '논점을 헛짚은' 것이거나 '비껴간 것'이 아닌지 하는 의문을 낳게 되는데, 이제 이 헌재 결정에 대한 이창희 선생의 비판론의 내용과 경과를 살펴보도록 한다.

Ⅳ. 이창희 선생의 비판론

1. '실무연구회' 발표

지금은 『세법강의』에도 자세히 실려 있는,[47)] 쟁점 결정의 비판론은 2002년 8월의 결정 직후인 같은 해 12월 2일에 '헌법재판소 실무연구회'의 '정기 발표회'에서 바로 제기되었고 즉시 현장에서 격렬한 토론의 대상이 되었다.[48)] 이 비판론의 요지는 대략 다음과 같이 정리할 수 있다.

① 이는 우리나라에 고유한 것이 아닌 세법학의 '고전적 문제'이고, 누진세와 '부부 단위로 같은 세금을 내어야 한다는 생각', 그리고 '혼인에 대한 징벌'이 없어야 한다는 생각이 모두 나름대로 그럴 듯하지만 이 셋을 한꺼번에 달성할 길

는 3,912만 원이다. 합산과세를 하면 5,606만 원, 두 가능성 간의 차이는 매년 194만 원이다. 각자 5억 원씩이라면, 두 가능성 간의 차이는, 3억 4,812만 원과 3억 8,406만 원의 차액 3,594만 원이다. 자산 수익률을 5%로 높게 잡더라도, 자산소득 1억 원과 5억 원이 생기려면 수익을 낳는 자산 자체의 가액은 각각 20억 원과 100억 원이 되어야 한다. 실제로 이러한 경우가 있다고 하더라도 구체적인 상황은 천차만별일 터인데 판단은 각각의 독자에게 맡긴다.

46) 실증적 연구의 결과를 간단히 소개한 것으로, IFS, 조세설계, 86면(H. 호인즈(Hoynes)의 연구 결과로, "전반적으로, 과세효과가 결혼에 미치는 영향은 이론적인 예측과 일치하지만, 그 규모는 작다"는 것이 인용되어 있다).

47) 이창희, 『세법강의』, 450~453면.

48) 이 발표에 사용된 발표문과 이후의 토론 내용은 『헌법실무연구』 제4권, 139면 이하에 상세하게 실려 있다.

은 없다.[49)]

② 특히 누진세제를 버릴 수 없다고 한다면, 부부 단위 과세와 혼인에 대한 징벌 금지 중 어느 하나를 선택할 수밖에 없는데 쟁점 결정은 합산과세를 단순히 조세회피 방지 대책의 문제로 취급하면서 이 논점을 제대로 짚어내지 못하고 있다.[50)] 자산소득의 부부 합산과세는 이러한 딜레마의 결과 선택된 하나의 방안일 따름이다.

③ 그 밖에 쟁점 결정에서 '사물의 본성'을 고려하면 결국 합산과세를 할 수 없다고 한 것은 제대로 된 논증이라고 말할 수 없다. 오히려 세법은 부부나 가족을 하나의 단위로 취급하는 사고를 다른 곳에서 종종 보여주고[51)] 특히 이혼으로 인한 재산 분할에 증여세를 물릴 수 없다는 헌법재판소 결정이[52)] 그러하다.

2. 실무연구회 토론

'헌법재판소 실무연구회'의 '정기 발표회'는 헌법재판소 내에서 정기적으로 개최되는 일종의 내부 행사로서 헌법재판소에 근무하는 법률가들이나 평소 헌법재판소와 교류하는 헌법학계의 연구자들이 고정적으로 참석하는 가운데 열린다. 다만 발표자는 종종 외부에서 초청하는 듯한데 쟁점 결정이 세법의 논점을 담고 있는 만큼 특히 이창희 선생을 초청하여 의견을 들어보고자 한 것이 아닐까 한다. 1.에서 일부를 살폈지만 이 발표문에는 쟁점 결정이 소득세 이론에 비추어 가지는 문제점들이 상세히 지적되어 있었는데, (그리 놀라운 일은 아닐지 모르지만) 헌재 청사(廳舍) 안, 그리고 헌재 구성원들 앞에서 헌재 결정을 비판하는 상황이었음에도 불구하고 완곡히 표현하기보다는 직설적으로 잘못되었거나 문제가 있다고 여겨지는 항목들을 지적하였고, 특히 이창희 선생의 지론(持論)이기는 하지만 헌법재판 제도 자체에 대한 회의론(懷疑論)이라고 받아들여질 수 있는 내용들이 군데군데 포함되어 있었기 때문에 일부 참석자들로부터는 격렬한 반발을 사기도 한 것으로 기록되어 있다. 하지만 그렇기 때문에 오히려 우리나라에서는

49) 이창희, 『세법강의』, 438면. 조금 더 자세히는, 이창희, "부부자산소득합산과세는 위헌인가?", 151~152면.

50) 이창희, "부부자산소득합산과세는 위헌인가?", 154면("부부합산과세는 '인위적인 소득분산에 의한 조세회피를 방지'하려는 목적을 훨씬 넘는 그 나름으로의 공평이념에 터잡고 있는 까닭이다").

51) 주44 참조.

52) 헌법재판소 1997. 10. 30. 96헌바14.

보기 드물게, 모처럼 주요 쟁점들에 관한 흥미진진한 논의가 이루어졌다고 평할 수도 있다.

어쨌든 이 날 토론에서 불거진 논점은,

① 부부 단위로 소득을 측정해야 공평하다는 것이 (혼인 관계의 보장과 마찬가지의) 헌법적 가치인지 아닌지

② 혼인 관계의 보장에 관한 헌법 제36조 제1항이 과연 부부 단위의 소득 측정을 부정하는 내용을 담고 있다고 할 수 있는 것인지

③ 그리고 이러한 논점들에 답을 제시하기 위한 논증의 방법은 어떠해야 하는지

등이었다고 대략 요약할 수 있고, 이러한 논의가 별다른 사전 조율 없이 격렬하게, 때로 아슬아슬하게 이루어지는 과정에서, 헌법재판의 존재 근거라든지, 특히 1990년대 헌법재판소가 조세 영역에서 내어 놓은 많은 위헌 결정들이 혹시 헌법재판소가 재산을 가진 사람들의 편에 선 결과가 아니냐 하는 의문에 대한 논의까지 잠시나마 이루어지게 된다. 그리고 이러한 논점에서 이창희 선생과 다른 참석자들 사이에 근본적인 시각의 차이가 드러나기도 하였다는 정도로 대략 요약해 볼 수 있다.

한편 세법 규정을 위헌으로 선언하는 예가 매우 흔했던 1990년대와 달리 2002년의 쟁점 결정 이후 세법 규정이 위헌으로 선언된 사례는 한 손으로 꼽을 만큼 드물어진다. 그리고 조금 넘겨짚어 보자면 헌법재판소로서는 나름대로 자신을 가지고 내린 쟁점 결정이 세법학계에서 정면으로 비난 받은 상황이 조금은 당황스러웠고 이것이 이후 세법 조항의 위헌 여부를 다루는 데 영향을 미치지 않았을까 싶기도 하다. 이는 순수한 짐작이지만, 만일 그런 짐작에 조금이라도 진실이 포함되어 있다면, 이 인적 과세단위 논점에 관한 이창희 선생의 연구와 발표는 우리나라 헌법재판의 경로에도 현재까지 의미 있는 흔적을 남겼다고 평가할 수 있으리라.

V. 맺음말

쟁점 결정은 이후 우리 세제의 방향을, 누진세제가 적용되는 범위에서는 전면적인 개인 단위 과세로 이끌었다. 부부 단위가 되었든 가족 단위가 되었든 '합

산'은 합산하지 않은 경우와 비교할 때 세금 부담을 늘릴 수밖에 없기 때문이다. 그리고 이 결과가 실제로 드러난 것이 2008년의 종합부동산세 관련 헌재 결정으로, 여기서는 '세대별 합산'이 마찬가지로 헌법 제36조 제1항의 가족 제도 보장에 어긋난다는 판시가 나왔다. 이 새로운 결정에 붙어 있는 반대의견에도 지적되어 있듯이, 종합부동산세에서 부동산(의 소유)라는 담세력을 파악할 때 '세대', 또는 가족을 단위로 삼는 데에는 나름대로의 정책적 판단이 배경에 자리잡고 있고, 이러한 판단이 과연 우리가 공유하는 헌법적 가치에 위반된다고 말할 수 있을지 의문을 제기할 여지가 충분하다. 하지만 이 새로운 사건에서도 헌재는 쟁점 결정을 하나의 판례로 삼아 그 결론을 그대로 이어갔고, 그 점에서 쟁점 결정은 그 이후에도 계속하여 우리 사회에 영향을 미치고 있는 셈이다. 그리고 Ⅰ.에서 언급하였듯이 이에 대한 이창희 선생의 비판 역시 오늘날에도 그대로 유효하다.

5. 금융소득과세의 현황과 전망

조경준*, 윤준석**, 이정렬***

Ⅰ. 들어가며

"인생이란 결국 세 가지 의사결정을 내리다가 가는 것이다. 1) 돈을 벌까 아니면 쉬거나 놀까, 2) 버는 돈이나 이미 벌어놓은 돈을 쓸까 말까, 3) 아직 안 쓰고 모아 놓은 돈은 어떻게 불릴까"[1)]

* 법무법인(유) 광장 변호사, 법학전문박사
** 전주지방법원 정읍지원 부장판사, 법학박사
*** 법무법인(유) 세종 변호사

1) 이창희, 『세법강의』, 387면.

돈을 벌기로 하고, 번 돈을 소비하지 않고 저축하기로 했다면, 어딘가에 투자하기 마련이다.[2] 예컨대 은행에 예금하고 이자를 받거나 기업 활동에 출자하고 그 수익을 분배받을 수도 있다. 아니면 채권이나 주식을 사두었다가 나중에 그 가치가 올라가면 팔아 차익(差益)을 남길 수도 있다. 모두 '돈(金)'을 '융(融)'통해서 얻는 소득이지만,[3] 소득세법은 이자소득·배당소득·양도소득 등 각각 다른 소득으로 구분해서 세금을 내도록 하고 있다.

엄밀히 말해 '금융소득'은 소득세법상의 소득 구분은 아니다.[4] 그런데 일반적으로는 이자소득과 배당소득을 금융소득으로 다루고 있다.[5] 이는 '금융소득 종합과세'[6] 대상이 이자소득과 배당소득이기 때문이다. 한편 2025년 시행을 앞두었던 금융투자소득도,[7] 금융소득 종합과세 대상은 아니지만 금융 자산의[8] 거래로 얻은 소득이라는 측면에서, 만약 시행되었더라면 넓은 의미의 금융소득으로 볼 수 있었을 것이다.[9] 이 글에서는 '금융소득'을 금융자산 거래로 얻는 모든 소득을 아우르는 개념으로 사용하기로 한다.[10]

---

2) 이창희, 『세법강의』, 390면. 이때 투자 대상은 크게 금융자산(제도권 금융자산, 개인 사채(私債), 현금 등)과 실물(實物) 자산(부동산, 서화, 귀금속 등)으로 나눠 볼 수 있다. 조계근, 『금융소득종합과세 시행의 영향분석』, 한국경제연구원, 1996, 27면. 이처럼 자본은 자산 또는 재산 형태로 존재하고, 그 자산이나 재산은 교환가치와 사용가치를 가진다. 오윤, "자본이득과세제도 개선방안", 『조세학술논집』 제28집 제2호, 2012, 179면.

3) 자산의 보유로 얻는 소득이냐, 아니면 자산의 처분으로 얻는 소득이냐의 차이는 있다. 오윤·문성훈, "금융자산거래 과세제도 개선방안 — 거래세와 소득세의 비교분석", 『조세법연구』 제21권 제1호, 2015, 78~79면.

4) 소득세법부칙(제7319호, 2004. 12. 31.) 제2조가 유일하게 그 표제에 '금융소득'을 포함하고 있다.

5) 이창희, 『세법강의』, 522면 이하; 임승순·김용택, 『조세법』(제25판), 박영사, 2025, 411면 이하; 한만수, 『조세법강의』(신정 13판), 박영사, 2023, 398면 이하.

6) 역시 '금융소득 종합과세'라는 표현을 담고 있는 규정은 위 부칙 제2조가 유일하다. 오히려 금융소득 종합과세의 내용을 담고 있는 제62조는 '이자소득과 배당소득'이라고 표현하고 있다.

7) 소득세법 제2장의2 이하 참조. 참고로 1996년 금융소득 종합과세 실시 당시 유가증권의 매매차익에 대한 과세 문제는 1998년 이후에나 검토하기로 했다고 한다. 조계근, 앞의 책, 23면. 금융투자소득 관련 규정은 2020년이 되어서야 소득세법에 들어왔고, 2025년 시행을 앞두고 있었으나, 정부와 여야(與野) 모두 폐지하기로 하면서, 당장 시행될 일은 없어 보인다.

8) 이 글에서 '금융자산'은 「금융실명거래 및 비밀보장에 관한 법률」(이하 '금융실명법') 제2조 제2호의 '금융자산'보다 넓은 개념, 즉 금융회사 등이 취급하는 금융자산을 비롯해 개인 사채, 현금 등을 포함하는 개념으로 사용한다. 주2의 금융자산도 마찬가지 용례이다.

9) 이창희, 『세법강의』 역시 제11장 제4절 '금융소득: 이자소득과 배당소득'이라는 표제에서 이자소득, 배당소득, 그리고 금융투자소득을 함께 다루고 있다.

10) 이러한 측면에서 보자면, 보통 근로소득과 대비되는 개념으로서의 '자본소득'(capital income) 중 부동산 관련 소득을 제외한 나머지라고 볼 수 있다. 자본소득을 이자·배당, 부동산과 주식 양도차익(capital gain)으로 단순화하여 논의하는 문헌으로, Michelle Harding, "*Taxation of Dividend, Interest, and Capital Gain Income*", *OECD Taxation Working Papers* No. 19,

금융투자소득세를 도입하기로 했다가 몇 차례 연기 끝에 결국 포기하는 것으로 일단락된 최근의 사례에서 보듯이, 금융소득의 과세 문제는 그 나라의 정치·경제적 상황과 매우 밀접한 관련이 있다.[11] 그래서 경제적 분석과 함께 정치적·역사적 맥락에 대한 이해, 그리고 다른 국가와의 비교 연구가 반드시 수반되어야 하는 연구 영역이기도 하다. 예컨대 자본이 불평등하게 배분된 결과, 소득의 불평등 문제가 심각하다는 측면만 고려한다면, 종합과세 또는 누진과세를 통해 금융소득에 대한 세금 부담을 무겁게 해야 할 것이다. 하지만 오늘날 자본은 세계 어디든 자유롭게 이동할 수 있고, 이러한 상황에서 혼자만 높은 세율로 과세하면, 자본이 유출되고 일자리가 없어지게 되어 결국 나라 전체적인 입장에서는 손해를 본다. 오히려 현실에서는 자본을 두고 조세 경쟁이 일어나고, 이른바 이원적(二元的) 소득세제, 즉 금융소득을 다른 소득과 구분해서 낮은 세율로 분리과세하는 국가가 늘고 있다.[12] 우리나라의 경우, 이자소득과 배당소득을 종합과세하는 측면에서 완전한 이원적 소득세제라고 하기는 어렵다.[13] 그러면 세계적인 흐름을 따라가지 못하고 있으니 부정적으로 평가해야 할까? 우리나라에서 오랜 기간 금융소득 종합과세와 누진(累進) 과세를 하지 못했던 역사적 맥락을 생각한다면, 꼭 그렇다고 하기는 어려울 것이다. 지금의 금융실명제, 그리고 그에 기초하여 시행된 금융소득 종합과세는, '투명한 정치와 공평한 과세를 바라는 사회적 요구와 이를 피하려는 정치인, 조세회피자들 간의 오랜 게임'에서 우리 사회가 얻어낸 값진 성과일 수 있기 때문이다. 또 금융소득을 어떻게 하면 공평하고 효율적으로 과세할 것인가, 즉 '공평'과[14] '효율'이라는[15] 잣대는 국가

OECD, 2013 참조. 한편 국내 문헌들은 그 글의 목적과 범위에 따라 금융소득에 대하여 각기 다른 정의를 사용하고 있다. 예컨대 정운오·전병욱, "금융소득 과세에 관한 연구 – 이자소득과 자본이득의 구분을 중심으로 –", 『조세학술논집』 제26집 제2호, 2010, 261면은 '금융소득'을 '금융상품의 거래로부터 발생하는 소득'이라 정의하고 있고, 오윤·문성훈, 앞의 글, 78~79면은 '자본자산'을 금융자산과 동일한 의미로 사용하면서 '자본소득'을 '자본자산의 처분에 따른 자본이득 이외에 자본자산의 보유로 인한 이자 및 배당소득 등을 포함'하는 개념으로 사용하고 있다.

11) 금융소득은 아주 오래전부터 정치적·윤리적 측면에서 논쟁의 대상이 되어 왔는데, 대표적으로 이자에 대한 부정적 인식('이자'란 천리(天理)에 어긋난다는 생각, 이창희, 『세법강의』, 391면)이 드러난 오래전 문헌으로 성경이 있다. 예컨대 "너희는 동족(同族)에게 이자를 받고 빌려 주어서는 안 된다"(성서의 '신명기' 제23장 제19절). 한편 이를 '동족 외의 자'에게는 이자를 받아도 되는 것으로 해석해서 고리대금업을 영위했던 이가 베니스(Venezia)의 샤일록(Shylock)이다.

12) 이창희, 『세법강의』, 400면.

13) 이창희, 『세법강의』, 440면. 한편 주식·채권·파생상품과 같은 금융자산의 양도차익은 양도소득으로 과세하거나 비과세한다. 이를 '금융투자소득'으로 과세하려 했으나(소득세법 제87조의6), 주지하는 대로 얼마 전 '없던 이야기'가 되었다.

마다 다를 수 있다. 금융소득을 누진과세하지 않아도 '공평'에 어긋나지 않는다는 생각이 받아들여질 수도 있고,[16] 사회 전체적으로 봤을 때, 납세의무자의 '주머니'보다는 국가 '주머니'에 넣어두는 편이 더 '효율'적인 결과로 이어질 수도 있다.

이창희 선생의 금융소득 과세와 관련된 연구들도 이러한 고민에서 출발하고 있다. 이 글은 그 중 주목할 만한 연구 몇몇을 선별하여, 금융소득 과세 분야에서의 선생의 연구 방법론과 그 연구 성과를 되짚어 보고, 금융소득 과세에 영향을 주는 여러 동인(動因)들이 선생의 연구에서 어떠한 모습으로 다채롭게 발현되고 있는지 확인해 본다. 한편 이러한 논의는 자연스럽게 금융소득 과세의 현황과 전망이라는 보다 큰 주제로 수렴하기에, 다소 거시적이고 추상적인 수준에 머무르더라도, 이 기회를 빌어 향후 금융소득 과세의 방향을 전망해 보고, 후속 연구가 지향해야 할 바까지 간략히 언급해 본다.

이 글의 구성은 다음과 같다. Ⅱ.에서는 본격적인 논의에 앞서 금융소득 과세의 현황을 소개한다. 당분간은 금융투자소득에 대한 과세를 하지 않을 것으로 보이므로, 이자소득과 배당소득을 중심으로 본다. Ⅲ.에서는 이창희 선생의 금융소득 과세에 대한 연구 방법론을 본다. 그 연구 방법론은 크게 역사적 접근, 경제적 접근, 비교법적 접근으로 나누어 볼 수 있다. Ⅳ.에서는 이창희 선생의 구체적인 연구 성과와 그것이 미친 영향을 시간의 흐름에 따라 정리해 본다. 시간이라는 것이 칼로 무 자르듯 자를 수 있는 것은 아니지만, 연구라는 것이 시대적 흐름 또는 상황과 동떨어질 수 없는 것이고, 무엇보다 연구 성과의 정리라는 측면에서 시간이라는 기준이 가지는 장점을 무시할 수 없다. Ⅴ.에서는 결론에 갈음하여 앞으로의 금융소득 과세가 어떻게 될지 예측해 보고, 후속 연구가 지향해야 할 바를 간단히 제시해 본다.

---

14) 이창희, 『세법강의』, 38면.
15) 이창희, 『세법강의』, 50면.
16) 수직적 공평은 다수의 의사로 정할 주관적 가치 판단의 문제이기 때문이다. 이창희, 『세법강의』, 71면.

Ⅱ. 금융소득과세의 현황

1. 의의

이자소득과 배당소득은, 비(非) 과세 대상이거나[17] 분리과세 대상을[18] 제외하고 1인당 연간 합계 2천만 원을 초과하면 합산 과세하고,[19] 그렇지 않으면 14%의 세율로 원천징수하여 분리과세한다.[20] 필요경비 공제를 허용하지 않기 때문에[21] 총수입금액이 그대로 소득금액이 된다.[22] 한편 주식·채권·파생상품과 같은 금융자산의 양도차익은 양도소득으로 과세하거나 비과세한다.[23]

2. 이자소득

민사법상 이자란, 채권자가 금전 대차(貸借)와[24] 관련하여 채무자로부터 그 원본과 대차 기간에 비례하여 받는 금전이라 할 수 있다.[25] 소득세법 제16조 제1항 제11호의 '비영업대금(非營業貸金)의 이익'이 여기에 해당한다.[26]

보통 같은 금액이라면, 현재의 돈이 미래의 돈보다 더 가치가 있다. 이러한 돈의 시간가치가 바로 채무자가 지급하는 이자이다.[27] 뵘 바베르크(Eugen Böhm Bawerk)의 표현을 빌면, 결국 이자란 것은 현재재(現在財, present goods)와 미래재(未來財, future goods) 사이의 차익(agio)이다.[28] 그렇다면 유가증권의 할인액

---

17) 예컨대 조특법 제88조의2 제1항.
18) 예컨대 소득세법 제14조 제3항 제3호, 제129조 제2항.
19) 소득세법 제62조.
20) 소득세법 제130조.
21) 순자산증가설이 아닌 소득원천설에 따라 과세하는 이상, 금융소득에 대한 필요경비를 인정할지 여부는 입법재량 사항이라고 한다. 이창희, 『세법강의』, 540면. 같은 취지의 헌법재판소 2001. 12. 20. 선고 2000헌바54 결정, 대법원 2002. 7. 23. 선고 2000두6237 판결 등 참조.
22) 소득세법 제16조 제2항, 제17조 제3항.
23) 소득세법 제94조 제1항 제3호(주식), 제5호(파생상품). 당초 예정대로였다면 금융투자소득 과세 대상이었다. 소득세법 제87조의6.
24) 소비대차(消費貸借, 민법 제598조)는 물론 소비대차 규정을 준용하는 소비임치(消費任置, 민법 제702조)에서도 이자가 발생할 수 있다.
25) 그 명칭이 반드시 '이자'일 필요는 없다. 이자제한법 제4조.
26) '비(非) 영업 대금(貸金)'의 이익이란, 금전의 대여를 영업으로 하지 않는 자가 일시적·우발적으로 금전을 대여함에 따라 지급받는 이자를 말한다. 대법원 1991. 3. 27. 선고 90누9230 판결 참조.
27) 이창희, 『세법강의』, 524면.
28) Eugen Böhm Bawerk, *Capital and Interest: A Critical History of Economic Theory* (Altenmuenster: Jazzybee Verlag), trans. William A. Smart, Macmillan, 1890, p.259.

(original issue discount)도 경제적 실질은 이자이다.[29] 소득세법 역시 할인액을 이자소득으로 정하고 있다.[30] 만약 유가증권을 중도에 팔아버렸다면, 그 보유 기간에 발생한 이자만 이자소득으로 과세하고, 양도차익은 비과세한다.[31]

그 경제적 실질이 돈의 시간가치라고 해서 모두 이자소득으로 과세하는 것은 아니다.[32] 소득세법이 소득원천설의 입장에서 이자소득을 개별적으로 열거하고 있는 까닭이다. 대표적 예로 환매(還買) 차익이 있다. 환매 약정의 경우, 매도인 또는 채무자는 그 조건이 성취될 때까지 매매대금 상당의 돈을 사용할 기회를 얻는다. 환매가격과 애초 매도가격의 차액은 금전 사용의 대가이므로, 결국 그 경제적 실질이 이자와 다르지 않다. 그런데 소득세법은 금융기관과의 채권 또는 증권의 거래로 생긴 환매차익만 이자소득으로 과세한다.[33] 이러한 상황에서 위와 같은 유형 이외의 나머지 환매차익에 대하여는 어떻게 과세할지 문제가 된다. 지금의 소득세법 제16조 제1항 제13호가 없던 시절, 판례는 이른바 엔화

---

29) 지금 100원을 빌려주고 1년 뒤에 110원을 받는 것(이자 = 10원)이나, 1년 뒤에 110원을 받을 수 있는 어음을 지금 100원에 취득하는 것(할인액 = 10원)은 원본에 연 10%의 이율을 곱한 만큼 소득을 얻는 점에서 동일하다. 이자와 할인액의 수입 시기는 모두 그 상환일이다. 소득세법 시행령 제45조. 한편 사채업자(私債業者)가 제3자 발행의 약속어음을 배서·교부받으면서 액면금에서 할인료를 공제한 나머지 금액을 대여하는 경우, 그 할인료는 어음상의 권리 이전에 따른 대가로 보는 것이 상당하고 선(先) 이자 공제에는 해당하지 않는다는 판례로, 대법원 1990. 7. 10. 선고 89누4048 판결 참조(위 약속어음이 만기에 부도 처리 되고, 발행이나 배서인이 어음금을 지급할 자력(資力)이 없다면, 할인료 상당의 이자소득에 대해 소득세를 부과할 수 없다고 한다).

30) 금융 제도가 발전하지 않아서 유가증권 제도가 자리잡지 못했다면, 유가증권 할인액을 이자소득으로 과세하는 경우가 많지 않을 것이다. 이창희, 『세법강의』, 524~525면. 예컨대 1949년 제정된 소득세법에는 '할인액'이라는 표현이 없다.

31) 예컨대 어떤 사람이 액면금 100원, 만기 2년짜리 어음을 구매할 당시 금리가 연 10%였다고 하면, 위 어음을 82원($=100원 \div (1.1)^2$)에 구매할 것이다. 이때 할인액은 18원이다. 그런데 1년 뒤 금리가 5%로 되었다면, 위 사람은 이제 위 어음을 95원($=100원 \div 1.05$)에 매도할 수 있다. 위 사람이 위 어음을 팔아서 얻은 13원 중 9원은 이자소득이고, 4원은 양도차익으로 비과세한다. 금융투자소득 과세를 신설하여 4원의 양도차익에 대하여도 세금을 매기려 하였으나 앞서 주13에서 본 바와 같이 '없던 일'이 되었다.

32) 가령 '비영업대금의 이익'에 해당하지 않는다고 본 판례로, 대법원 1991. 3. 27. 선고 90누9230 판결(연불(延拂) 조건으로 물품을 매도하고 추가로 지급받은 금액), 대법원 1991. 10. 8. 선고 91누3475 판결(매도인이 대금지급 기일을 연장해주고 반대급부로 받은 금액. 한편 그 매매대금이 실질적인 소비대차의 목적물로 전환된 경우에는 비영업대금의 이익으로 볼 수 있다. 대법원 2000. 9. 8. 선고 98두16149 판결 참조), 대법원 1997. 9. 5. 선고 96누16315 판결(수탁보증인이 구상권 행사로서 수령한 법정이자) 등 참조.

33) 소득세법 제16조 제1항 제9호, 같은 법 시행령 제24조. 한편 금융기관이 사전에 약정된 이율이 아닌 시장가격에 의해 환매수(還買收)했다면, 여기에 해당하지 않는다. 소득세법 시행규칙 제12조 제2항.

(貨) 스왑(swap) 사건에서 선물환(先物換) 차익, 즉 예금해 둔 외화를 미리 확정된 환율로 매각해서 얻은 차익은 이자소득이 아니라고 보았다.[34] 외화는 채권 또는 증권이라고 보기 어렵기 때문이다.[35] 위 판례 이후 위와 같은 환매차익을 이자소득으로 과세하기 위해 소득세법 제16조 제1항 제13호가 신설되었다. 특이하게도 유형별 포괄주의 조항(제12호) 다음에 위치하고 있어서, 그 적용 범위가 제한적으로 보이기도 하고, '결합'이라는 말의 의미도 조금 애매한 면은 있다.[36] 한편 부동산의 경우는 일단 그 소유권이 양수인에게 이전되었다가 다시 양도인에게 이전되므로, 그 환매차익을 양도소득으로 과세할 수 있을 것이다.[37]

---

34) 대법원 2011. 4. 28. 선고 2010두3961 판결 참조.

35) 이외에도 판례는 '엔화(円貨) 스왑(swap) 예금 계약'은 현물환(現物換) 거래계약, 엔화 정기예금 계약, 선물환(先物換) 거래계약이라는 3개의 계약으로 이루어진 것으로 하나의 예금계약으로 볼 수 없어, 예금의 이자 또는 그와 유사한 소득으로 볼 수 없다고도 했다.

36) 소득세법 시행령 제26조 제5항 제1호는 '실질상 하나의 상품과 같이 운영'되는 경우라고 규정하고 있다. 그런데 '엔화 스왑' 사건에서 판례는 선물환 계약은 정기예금 계약과는 구별되는 별개의 계약으로, 정기예금 계약에 포함되어 일체가 되었다고 보기 어렵다는 입장이었다. 이에 따를 경우, 과연 선물환 계약과 정기예금 계약이 결합하여 실질상 하나의 상품과 같이 운영된다고 평가될 수 있을지 분명하지는 않다. 판례의 결론을 뒤집고 과세하기로 마음먹은 것이라면, 차라리 "실질상 하나의 상품과 같이 운영되는 것으로 본다"처럼 개별적이고 구체적인 부인(否認) 규정의 형태가 입법 목적에 더 부합했을 것이다.

37) 이창희, 『세법강의』, 527면. 한편 그 환매 약정이 양도담보나 매도담보, 즉 채무담보의 목적인 경우는 조금 더 생각해 볼 필요가 있다. 일단 채무자가 채권자에게 자산을 양도한 것으로 보지 않는다(소득세법 시행령 제151조 제1항, 판례는 소득세법 시행령을 두고 그 요건을 갖추지 못했다고 해서 반드시 자산의 양도로 보아야 한다는 취지는 아니라고 한다. 대법원 1987. 3. 24. 선고 86누819 판결 참조). 채권자가 담보 부동산을 양도하고 그 대가를 피담보(被擔保) 채무의 변제에 충당하더라도 양도소득세를 부담하지 않고(대법원 1984. 6. 26. 선고 84누117 판결, 위 판례는 실질적인 소유권의 측면에서 보면 채권자는 그 담보 부동산의 소유권을 보유하고 있었던 것이 아니라 단지 담보권을 보유하고 있었다고 한다), 그 양도소득세 납세의무자는 채무자이다(대법원 1994. 8. 26. 선고 93다15267 판결 참조). 그리고 「가등기담보 등에 관한 법률」(이하 '가등기담보법')이 적용되는 경우, 청산 절차 전에는 여전히 채무자가 소유권을 가진다(가등기담보법 제3조 제1항, 제4조 제2항). 판례는 동산 양도담보처럼 가등기담보법이 적용되지 않더라도, "동산의 소유권은 신탁적으로 이전됨에 불과하여 채권자와 채무자 사이의 대내적 관계에서 채무자가 소유권을 보유한다"(대법원 2004. 6. 25. 선고 2004도1751 판결 참조)거나 "양도담보권자는 양도담보권설정자를 제외한 제3자에 대한 관계에서 소유자임을 주장할 수 있다"(대법원 1999. 9. 7. 선고 98다47283 판결 참조)고 보고 있다. 또 일반적으로 채권담보 목적으로 부동산을 양도한 경우, 그 사용·수익권 역시 채무자에게 있다고 한다(대법원 2001. 12. 11. 선고 2001다40213 판결 참조). 이러한 점들을 고려하면, 채무자가 원본(元本)에 이자를 더한 값에 환매해 가더라도, 이를 채권자의 양도소득으로 보기는 어려운 측면이 있고, 비영업대금의 이익, 또는 그와 유사한 성격의 것으로 보아 이자소득으로 이론 구성하는 것도 가능하리라 생각된다.

3. 배당소득

소득세법 제17조 제1항은, 좁은 의미의 배당, 즉 주주가 배분받은 기업의 이윤 이외에도 의제(擬制) 배당, 분배금 등 기업으로부터 받는 다른 명목의 돈이나 관련 법령에 따라 배당으로 처분되거나 간주된 것 역시 배당소득으로 규정하고 있다. 주주에의 귀속이 반드시 적법해야만 하는 것은 아니다. 주주총회의 결의 여부, 배당가능이익의 존부, 출자 비율에 따른 지급 여부 등과 관계없이 사외(社外) 유출된 법인의 소득이 주주에게 확정적으로 귀속되었다면, 배당소득으로 과세할 수 있다.[38]

한편 회사가 아닌 단체로부터 수익을 배분받은 경우에도 배당소득으로 과세한다.[39] 특히 「자본시장과 금융투자업에 관한 법률」(이하 '자본시장법')에 따른 집합투자기구로부터 받은 이익은 그 형태를 따지지 않고, 모두 배당소득으로 과세한다.[40] '신탁 형(型)'과 조합형의 경우, 그 수익자나 조합원에게 투시(透視) 과세해야 하나, 현실적으로 그 소득 구분이 매우 어렵고,[41] 이익이 배분되기 전에는 과세하지 못하는 문제가 있는데, 위와 같이 획일적으로 배당소득으로 과세함으로써 이러한 문제를 입법적으로 해결하였다. 다만 투자자가 거주자 1인이거나, 거주자 1인 및 그 거주자의 특수관계인으로 구성되어 있고, 투자자가 사실상 자산운용에 관한 의사결정을 하는 '사모(私募) 집합투자기구'는 투시 과세한다.[42]

4. 유형별(類型別) 포괄주의

소득세법은 소득원천설에 따라 한정된 소득 원천에만 과세하고 있다. 하지만

---

38) 대법원 2004. 7. 9. 선고 2003두1059, 1066 판결 참조(사외유출된 소득이 출자자 등에게 귀속되었는지 여부와 현실귀속된 소득이 어떠한 종류에 해당하는가의 문제는 기본적으로 사실인정의 문제라고 한다).

39) 예컨대 '출자 공동사업자'가 배분받은 소득은 공동사업 단계에서의 소득 구분과 무관하게 언제나 배당소득으로 과세한다. 소득세법 제17조 제1항 제8호. 유형별 포괄주의 규정(제17조 제1항 제9호)은 위 제8호를 언급하고 있지 않다. 한편 조합에서 탈퇴하면서 출자금보다 더 많이 정산받아 생긴 소득을 의제배당과 유사한 소득으로 본 하급심 판결에 대하여는 서울고등법원 2012. 3. 30. 선고 2011누32777 판결 참조.

40) 소득세법 제17조 제1항 제5호, 같은 법 시행령 제26조의2 제1항. 집합투자기구로부터 이익을 지급받은 날을 그 수입시기로 한다. 소득세법 시행령 제46조 제7호.

41) 집합투자기구로부터의 이익에는 양도차익, 평가이익, 이자, 배당 등 다양한 원천의 소득이 혼재되어 있기 때문이다. 헌법재판소 2017. 7. 27. 2016헌바290 결정 참조.

42) 소득세법 시행령 제26조의2 제7항.

금융이 매우 발전한 오늘날 이러한 열거주의 방법만으로 금융소득 과세 체계를 짤 수는 없다. 새로운 유형이 발견될 때마다 조문을 추가하는 방법[43]에는 한계가 있기 때문이다. 이러한 배경에서 열거주의 방식의 단점을 보완하고 공평 과세의 원칙을 실현하기 위해[44] 열거된 어느 유형에 딱 부합하지 않더라도 과세할 수 있는 근거를 마련했는데, 이를 두고 '유형별 포괄주의' 규정이라 부른다. 상증세법처럼 완전포괄주의 형태[45]는 아니고, 기존에 열거 중인 유형과 유사한 소득에 한하여 과세할 수 있다. 이자소득은 '금전 사용에 따른 대가의 성격'을, 배당소득은 '수익분배의 성격'을 각각 그 개념 징표로 삼았다.[46] 유형별 포괄주의 규정을 통해 과세 기반을 확대할 수 있겠으나, 이자소득과 배당소득은 원천징수 대상이어서 원천징수의무자의 부담 역시 증가하였다.[47]

Ⅲ. 금융소득 과세 분야에서의 연구 방법론

1. 의의

앞서 Ⅱ.에서는 금융소득 과세의 현황을 세법 조문 및 판례를 중심으로 개략적으로 살펴보았다. 이제는 우리 세법이 이러한 금융소득 과세의 틀을 갖추게 된 배경 및 그 기저에서 작동하는 여러 동인(動因)들을 이창희 선생의 그간의 금융소득 과세 분야에서의 연구를 중심으로 짚어 보기로 한다. 물론 이 짧은 글에서 우리나라 금융소득 과세의 전부를 설명해 낼 수도 없거니와, 이창희 선생의 연구가 금융소득 과세의 모든 범위를 다루고 있는 것도 아니기에, 이하의 논의는 내용적으로만 본다면 금융소득 과세의 몇몇 쟁점에 국한될 수밖에 없다. 그러나 이 글이 보다 주목하고 있는 바는 금융소득 과세의 내용 그 자체보다는, 그것을 만들어 내고 또 해석해 내는 데 작용하는 궁극적 요인은 무엇인가 하는 보다 근원적인 질문이다. 이러한 물음에 대한 답을 찾는 것이라면 이창희 선생

---

43) 실제로 채권 또는 증권의 환매조건부 매매차익(1982년), 저축성 보험의 보험차익(1990년), 직장공제회 초과반환금(1994년) 등이 차례대로 이자소득에 추가되었다.

44) 대법원 2010. 2. 25. 선고 2007두18284 판결 참조.

45) 상증세법 제2조 제6호.

46) 판례는 그 소득의 성격이 유사하고 "담세력도 대등하다"고 볼 수 있으면, 유형별 포괄주의 규정에 따라 과세할 수 있다고 한다. 대법원 2010. 2. 25. 선고 2007두18284 판결 참조.

47) 이와 함께 원천징수의무자는 '실질적인 귀속자를 기준'으로 그 소득에 대한 세금을 원천징수할 의무도 부담한다(대법원 2017. 12. 28. 선고 2017두59253 판결 참조).

의 연구 방법론 및 연구 성과를 되짚어 보는 만큼 유용한 방안도 찾기 쉽지 않다.

2. 금융소득 과세 분야에서의 문제 제기

이 책의 제2장에서도 널리 인용된 것이지만, 이창희 선생은 일찍이 『서울대학교 법학』의 '법학방법론' 특집호에 "조세법 연구 방법론"이라는 글을[48] 발표한 바 있다. 선생의 연구 방법론이 갖는 의미와 후속 연구에 미친 영향을 따로 뽑아내어 논하고 있는 글도 찾아볼 수 있다.[49] 이러한 점을 고려하여 이 글에서는 이창희 선생의 조세법 연구 방법론 전반을 다시 들여다보지는 아니하고, 몇 가지 얼개에 주목하면서 선생의 연구 방법론이 금융소득 과세 분야의 연구에도 그대로 나타나고 있음을 확인해 본다. 그 과정에서 선생이 금융소득 과세 분야에서 제기한 문제의식도 자연스럽게 드러날 수 있을 것이다.

이창희 선생의 조세법 연구 방법론의 핵심은 선생이 '주의(主義)'[50] 내지는 '법미신(法迷信)'이라고[51] 부르는 "논리인 척 위장한 주문(呪文)의 체계"를[52] 깨고, 세법 분야뿐 아니라 법률 전체, 나아가 사회 제도를 입안하는 지도이념이라 할 수 있는 '효율'과 '공평'의 개념에 기초하여,[53] 법의 해석과 입법의 각각의 단계에서[54] 옳고 그름을 따져보는 과학적 태도의 복원에 있다. 선생의 이러한 학문적 원칙은 세법의 각 분야에 투영되면서 특유의 구체적 방법론으로 나타나는데, (1) 소득과 같은 세법 개념의 형성사(形成史)에 대한 고찰[55] 등을 통해 세법의 핵심 개념이 갖는 본질적 의의를 찾아내는 역사적 접근, (2) 파생금융상품 등 신종(新種) 금융상품의 경제적 기능에 대한 분석[56] 등을 통해 기존의 과세 제도가 갖는 문제점을 드러내 보는 경제적 접근, (3) 부채와 자기자본의 구분 문제[57] 등 이미 해당 과세 문제를 우리보다 먼저 맞닥뜨린 바 있는 다른 국가의 논의를 짚어 보는 비교법적 접근 등이 그것이다.

---

48) 이창희, "조세법 연구 방법론", 『서울대학교 법학』 제46권 제2호, 2005.
49) 윤지현, "서울법대 70년의 세법 교육·연구", 『서울대학교 법학』 제46권 제2호, 2017, 355~372면.
50) 이창희, "파생금융상품의 과세문제", 『조세학술논집』 제12집, 1996, 135면.
51) 이창희, 『세법강의』, vi면.
52) 이창희, 『세법강의』, v면.
53) 이창희, "파생금융상품의 과세문제", 28면.
54) 이창희, "파생금융상품의 과세문제", 2면.
55) 이창희, "자유와 공평의 타협으로서의 소득 개념", 『서울대학교 법학』 제40권 제2호, 1999.
56) 이창희, "파생금융상품의 과세문제".
57) 이창희, 『세법강의』, 1034~1036면.

이창희 선생의 역사적·경제적·비교법적 접근은 금융소득 과세 분야의 연구에서도 그대로 드러난다. 특히 금융소득 부문은 실물(實物)의 이전이나 이용이 수반되지 아니하는 자금의 융통 그 자체에서 발생하는 소득을 과세 대상으로 삼고 있기에, 과학적 방법론을 통한 면밀한 분석 없이는 과세 문제의 본질을 깨치기가 여의치 않다. 하나의 용어를 만들어 놓고 마치 선험적(先驗的) 개념인 양 추상화(抽象化) 해버리는 방식은[58] 금융소득과 관련된 과세 문제 해결을 더욱 요원하게 만들 뿐이다. 선생의 과학적 연구 방법론이 갖는 의의와 가치가 금융소득 과세 분야에서 더 빛을 발할 수 있었던 이유이기도 하다.

다만 염두에 둘 점은 비록 이창희 선생이 역사적·경제적·비교법적 접근 등 다채로운 방법론을 넘나들면서 과세 문제 해결에 매진하였지만, 그 목적 면에서는 완고하리만치 일관된 모습을 견지하였다는 것이다. 선생이 여러 방법론을 통해 종국에 풀어내고자 한 문제는 "우리 세법을 어떻게 만들 것인가"라는 입법 문제와 "만들어 놓은 세법을 어떻게 해석하고 적용할 것인가"라는 해석 문제였고,[59] 선생의 연구에는 서두와 말미에 늘, 해당 연구에서 제기하거나 풀어내고자 했던 세법 문제가 무엇인지 명료하게 적혀 있다. 선생은 과학적 연구 방법론이 갖는 의미와 중요성을 누차 강조하였지만, 그것이 '과세 문제'를 풀기 위한 말 그대로 '방법' 내지 '수단'에 불과하다는 점 또한 늘 잊지 않았던 것이다.

이하에서는 이창희 선생의 초기 연구를 중심으로 각각의 구체적 방법론 — 역사적·경제적·비교법적 접근 — 이 뚜렷이 드러난 글들을 차례대로 짚어보면서, 금융소득 과세 분야에서의 선생의 연구를 되새겨 본다.

3. 역사적 접근의 모색

"Subjecting Financial Income to Graduated Tax Rates: A Political Explanation of Changes in the Tax Rules", in Recent Transformation in Korean Law and Society (2000)[60]

58) 이창희, 『세법강의』, 17면.
59) 이창희, 『세법강의』, 83면.
60) 이창희, "Subjecting Financial Income to Graduated Tax Rates: A Political Explanation of Changes in the Tax Rules", 『Recent Transformation in Korean Law and Society』, 서울대 출판부, 2000.

영어로 쓰인 이 글은 당시 우리나라에서 금융소득에 대하여 종합과세·누진과세를 적용하지 않고, 분리과세의 대상으로 삼은 이유를 우리나라의 정치·경제학적 현실에 터 잡아[61] 분석한 연구이다. 이창희 선생은 이 글에서 1960년대부터 1990년대에 이르기까지 우리나라의 금융소득 과세 제도가 변해 온 과정을 정치·경제학적 주요 사건과 매듭지어 상세히 조명하고 있다. 이러한 역사적 접근을 취한 이유는 당시 우리 세법이 금융소득을 분리과세하는 이유를 세법의 내재적 원리나 조세 정책만으로 설명하기에는 한계가 있었기 때문이다.[62]

우리나라는 이미 1960년대 초반에 잘 정립된 주민등록 제도를 갖추고 있었기에, 당시에도 금융실명제, 금융소득의 종합과세 및 누진과세를 실현할 수 있는 과세 제도 구축은 충분히 가능한 상태였다. 그러나 실제로 금융실명제, 금융소득의 종합과세 및 누진과세는 오랜 기간 시행되지 못하였는데, 이 연구는 그 원인 중 하나로 군사정권에 속한 당시 정치인들의 사적(私的) 동기를 지목하고 있다. 그들이 저지른 여러 형태의 불법적 행태와 금융실명제의 양립(兩立) 자체가 애초부터 불가능하였다는 것이다.[63] 그럼에도 1982년 이른바 '장영자·이철희 어음사기 사건'의 발생을 계기로 금융실명제를 향한 사회적 요구는 더욱 드세어졌고, 그 대응으로 당시 입법부는 금융실명법 제정에 이르게 된다.[64] 그러나 이는 단순한 시늉에 불과하였는데, 입법부가 금융실명법의 시행 시기 결정을 대통령에게 위임하였기 때문이다.[65] 당시는 전두환 대통령 집권 시기로 재벌 총수들로부터 거대한 비자금(秘資金)을 조성하고 있었던 그의 입장에서 금융실명법 시행은 고려 대상 자체가 되지 못하였고,[66] 그 결과 금융실명법은 상당 기간 시행되지 못하였다.

이 글은 이후의 금융실명제 및 금융소득 과세의 변천 과정에 대해서도, 1987년 헌법 개정, 1988년 노태우 정부의 출현과 1990년 3당 합당, 1992년 김영삼

61) 이창희, "자유와 공평의 타협으로서의 소득 개념", 315면.
62) 이창희, "자유와 공평의 타협으로서의 소득 개념". 315면.
63) 이창희, "Subjecting Financial Income to Graduated Tax Rates: A Political Explanation of Changes in the Tax Rules", 198~199면.
64) 이창희, "Subjecting Financial Income to Graduated Tax Rates: A Political Explanation of Changes in the Tax Rules", 199면.
65) 이창희, "Subjecting Financial Income to Graduated Tax Rates: A Political Explanation of Changes in the Tax Rules", 199면.
66) 이창희, "Subjecting Financial Income to Graduated Tax Rates: A Political Explanation of Changes in the Tax Rules", 199－200면

정부의 출현 및 긴급재정경제명령 발표, 1997년 IMF 구제금융 등 일련의 굵직굵직한 정치·경제학적 주요 사건을 빠짐없이 거론하면서, 그 동학(動學, dynamics)을 깊이 있게 분석하고 있다. 이창희 선생은 이 글의 결론에서 투명한 정치와 공평한 과세를 바라는 사회적 요구와 이를 피하려는 정치인, 조세회피자들 간의 게임은 아직도 진행 중이라고 일갈(一喝)하면서, 금융 투명성과 정치 개혁을 동시에 달성하기 위한 첫걸음으로 정치자금의 원천과 용처를 투명하게 공개할 것을 제안하고 있기도 하다.[67]

이창희 선생이 이 글에서 우리나라의 금융소득 분리과세라는 현상을 해명하기 위해 역사적 접근 방식을 취한 이유는, 앞서 언급한 바와 같이, 금융실명제, 금융소득 종합과세 및 누진과세의 도입이 지체된 본질적 원인을 규명해 내기 위해서는 이를 둘러싼 그간의 정치·경제학적 동학의 전개 과정에 대한 고찰이 반드시 필요했기 때문이다.[68] 즉 당면한 과세 문제의 해명에 가장 적절한 연구 방법론으로 역사적 접근 방식을 채택한 것이다. 선생은 이 글과는 대조적으로 1998년 발표한 "배당세액공제와 금융소득 분리과세간의 모순이 기업의 재무구조 및 지배구조에 미치는 영향"에서는,[69] 법인을 거쳐 번 소득을 법인 단계와 주주 단계에서 두 번 과세하는 '고전적 세제'(classical system)가 갖는 문제점을 지적하기 위해, 수직적 공평이라는 세법의 지도이념에 터잡아 금융소득 분리과세와 배당세액공제가 어떠한 상호작용을 일으키는지 면밀히 분석하고 있다. 위 각각의 연구를 비교·고찰해 보는 것은, 이창희 선생이 과세 문제의 본질을 파악해 내기 위해 얼마나 유연하면서도 적확하게 다양한 연구 방법론을 채택하였는지 뚜렷이 확인할 수 있는 기회가 된다.

4. 경제적 기능의 분석

"파생금융 상품의 과세문제", 조세학술논집, 제12집 (1996)[70]

---

67) 이창희, "Subjecting Financial Income to Graduated Tax Rates: A Political Explanation of Changes in the Tax Rules", 207~208면.

68) 이창희 선생은 『세법강의』에서 "모름지기 사회과학이란 역사과학일 뿐이고, 법학은 언제나 법제도의 역사에서 시작하게 마련이다"라고 적고 있기도 하다. 이창희, 『세법강의』, 6면.

69) 이창희, "배당세액공제와 금융소득 분리과세간의 모순이 기업의 재무구조 및 지배구조에 미치는 영향", 『인권과 정의』 제261호, 대한변호사협회, 1998.

70) 이 글은 이창희 선생이 동국대학교 경상대학 교수로 재직 중에 쓴 글이다.

경제학 개념을 지나치게 단순화한 점에 대하여 경제학도들의 이해와 용서를 구하면서 시작하는 이 글에서 이창희 선생은 특유의 간결하면서도 핵심을 꿰뚫는 문체로 파생금융상품이라는, 당시로서는 생소한 금융상품이 갖는 경제적 실질 및 기능을 여러 사례를 통해 알기 쉽게 설명하고 있다. "경제적 정책적 분석 없이는 세법에 어떤 내용을 담을 것인가를 따질 길이 없다"는[71] 선생의 지론(持論)이 뚜렷하게 드러나는 글이다.

이창희 선생은 이 글에서 파생금융상품을 응용하면 법률적 형식은 다르지만 경제적 실질이 같은 금융거래들이 세법에 따라 달리 과세되고, 그 결과 손익 조작이 가능해져 사인(私人)이 국고의 부담으로 이익을 얻는 조세 재정(裁定) 거래(tax arbitrage)가 가능해진다는 점을[72] 밝히고 있다. 이러한 논지를 펴기 위해, 선생은 상당한 지면을 할애하여 파생금융상품의 개념, 종류 및 경제적 기능, 선물(先物) 거래 시장의 구조 등을 선제적으로 설명한다. 이 글에서 해명하고자 한 과세 문제인 파생금융상품과 현행 소득세제 사이의 갈등이라는 본질적 문제를 논하기 위해서는, 그 전제 작업으로서 파생금융상품 및 그 거래 구조의 경제적 실질 및 기능에 대한 이해가 반드시 선행되어야 했기 때문이다.[73]

선생은 이 글의 백미(白眉)라 할 수 있는 제V절에서는 앞선 논의를 바탕으로, 파생금융상품을 과세소득의 범위, 소득의 구분, 손익의 귀속시기, 부채와 자본의 구별 등의 전통적 과세원칙에 적용해 보면서, 파생금융상품이 불러일으키는 예기치 못한 과세 문제가 무엇인지 밝히고 있다. 이창희 선생은 조세법의 여러 쟁점을 다루면서, 그 기저에 놓여 있는 경제적 실질 및 기능의 탐색에 탁월한 면모를 보여 왔고 또 누구보다 이를 즐겨 활용했지만, 이러한 작업 역시 '과세 문제'를 풀기 위한 '방법' 내지 '수단'에 불과하다는 점을 늘 잊지 않았고, 이 글의 제V절은 그러한 지향(指向)을 아주 잘 보여준다.[74]

---

71) 이창희, 『세법강의』, 6면.

72) 이창희, "파생금융상품의 과세문제", 110면.

73) 이러한 인식 하에 친절하게도 파생금융상품의 경제적 기능과 제도적 규제에 익숙한 사람은 바로 과세 문제에 대한 논의로 넘어가도 된다는 별도의 안내를 덧붙이고 있기도 하다. 이창희, "파생금융상품의 과세문제", 111면.

74) 이 글의 말미에서 한 가지 중요한 방론(傍論)을 추가로 언급하는데, 이창희 선생의 학문적 성취를 다시 곱씹어 보는 의미에서 그 전문(全文)을 아래 그대로 옮겨 놓는다.
"파생금융상품의 과세 문제를 검토하는 과정에서 한 가지 중요한 방론을 얻을 수 있다. 그것은, 실현주의, 역사적 원가주의, 내지는 권리의무확정주의라는 것이 흔히 생각하듯 그렇게 신성한 이론적 근거가 있는 진리는 아니라는 것이다. 이런 주의들은 독자적 근거를 가진 원칙이 아니

5. 비교법적 접근

"미국법인세 연구자료 2 : 배당에 대한 과세", 『조세법연구』 22-1권 (2016)

비교법적 연구는 비단 조세법 분야뿐 아니라 법학 분야 전반에 걸쳐 널리 활용되는 연구 방법론 중 하나이다. 그럼에도 이창희 선생의 비교법적 연구는 두 가지 면에서 뚜렷한 특징을 보이는데, 하나는 여러 나라의 법제를 단순히 비교하는 데 그치는 것이 아니라 효율과 공평이라는 세법의 지도이념의 틀 안에서 각 나라의 법제를 분석적으로 검토하고 있다는 것이고, 다른 하나는 1990년대 후반과 2000년대 초반 당시로서는 우리에게 생소했던 미국 세법학의 논의를 전면적으로 소개하였다는 점이다.

이 글은 이창희 선생의 비교법적 연구 중에서도 미국 법인세법에 대한 연구 성과를 고스란히 보여주는 자료로서, 미국 법인세법의 법조문 체계에서부터 시작하여 배당에 대한 과세와 관련한 온갖 쟁점을 스스로 재구성한 서술 체계에 따라 치밀하게 서술해 내고 있다. 선생이 이러한 글을 쓰게 된 계기는 훗날 동종(同種)의 연구를 묶어 펴낸 『미국법인세법』의[75] 머리말에서 찾아볼 수 있는데, '1997년 금융위기 이후 미국 법인세제가 우리법에 미치고 있는 엄청난 영향'이라는 실무적 필요성과 '세상의 어느 법과도 견줄 수 없이 복잡'한 구조를 띤 미국 법인세법의 해석을 통해 '법해석학이라는 것이 얼마나 정치한 작업인가를 보여주자는' 학문적 필요성이 각각 고려된 것이었다.[76]

특히 『미국법인세법』 중 '제1장 미국법인세제의 틀', 그 중에서도 'Ⅱ. 법인의 개념', 'Ⅲ. 자본과 부채, 출자와 채권채무의 구별'에 관한 서술은 미국에서의 세법상 법인 개념의 형성 과정 및 부채와 자본 구별의 상대성에 관한 논의를 압축하여 설명하고 있는 부분으로, 금융소득과세와 관련하여 우리가 가장 자주 쓰고 있는 법인·부채·자본과 같은 개념들 또한 선험적인 것이 아니라 '역사를 담은

라, 자산 부채를 모두 시가평가할 수 없다는 데에서 나오는 현실적 제약의 [결과적 표현(結果的表現)]일 뿐이다. 이들 '주의'는 '원칙' 내지 '주의'의 차원에서 격하되어, 경제적 실질적 손익의 측정이 불가능한 경우에 보충적으로 적용되는 이익 측정의 한 수단 정도로 다시 자리매김 되어야 옳지 않을까 싶다"

75) 이창희 선생 스스로 머리말에서 언급하고 있는 것처럼, 몇 해에 걸쳐 『미국법인세법』의 서술에만 매달려야 했던 방대한 작업이었다.

76) 이창희, 『미국법인세법』, 머리말 i~ii.

개념'이라는[77] 점을 다시 한 번 일깨워 준다.

Ⅳ. 금융소득 과세 분야에서의 연구 성과 및 그 영향

1. 의의

이창희 선생이 견지한 '사회과학은 곧 역사과학'이고 그래서 '법학'은 '법제도의 역사'에서 시작한다는 학문적 인식에[78] 따르면, 선생의 학문적 성취와 기여를 평가할 때에도 연구가 이루어진 대략적인 순서에 발맞추어, 당시의 금융소득 과세에 대한 평가 및 전망, 그리고 그 평가와 전망이 스며든 현재의 세제와 조세 환경을 비교해보는 작업이 큰 의미를 띨 수 있으리라 생각된다. 세법은 다른 법률에 비해 상대적으로 변화가 잦고 빠르며, 선생이 비교적 이른 시기에 밝힌 연구 성과가 훗날 우리 세제에 현실화되거나, 당시 예견했던 문제점들이 실제 사건에서 쟁점이 된 경우도 여럿 찾아볼 수 있다.

이창희 선생의 금융소득 과세에 관한 연구는 우리나라의 금융 환경 변화에 따라 세 시기로 구분해 볼 수 있다. (1) (이창희 선생이 금융소득과세의 가장 기초가 되는 제도라고 밝힌) 금융실명제의 도입, 한국선물거래소의 개장과 외환 위기 등 상대적으로 금융 환경이 불안전하면서도 점진적으로 발전해 나갔던 1990년대, (2) 한시적으로 시행이 유예되었던 금융소득 종합과세가 본격적으로 시행되고 다양한 금융상품이 등장하면서 본격적으로 세제의 본질적 문제에 천착(穿鑿)했던 2000년대, (3) 금융시장의 국제화가 본격화되면서 국제 규범과의 조화를 모색했던 2010년대 이후의 시기가 그것이다. 이하에서는 시기 별로 연구 성과 및 그 특징을 살펴본다.

2. 1990년대

(1) 의의

1990년대에는 우리나라 금융 환경에 그 어느 시기보다 큰 변화가 있었다. 1993년 금융실명제가 전면 시행되었고, 1997년 외환 위기가 있었으며, 1999년

---

77) 이창희, 『세법강의』, 17면.
78) 주68 참조.

한국선물거래소가 개장되었다. 이 시기 이창희 선생의 연구는 금융실명제 시행의 의미를 정치·경제학적 맥락에서 분석하고, 새롭게 등장한 금융상품에 대한 과세 체계를 한 걸음 앞서 제시하는 데 목적을 두고 있다.

(2) "Subjecting Financial Income to Graduated Tax Rates: A Political Explanation of Changes in the Tax Rules"

이 시기 선생의 연구에 대한 소개는 한국의 정치적 상황과 금융 환경을 시대 순으로 조망한 "Subjecting Financial Income to Graduated Tax Rates: A Political Explanation of Changes in the Tax Rules"에서 시작하는 것이 적절하다.

앞서 이미 언급한 바와 같이,[79] 이 연구를 관통하는 논지는 금융실명제로 대표되는 '금융 투명성'(financial transparency)의 확보가 금융소득 과세의 전제가 된다는 점, 당시 대중적인 열망에도 불구하고 정치인들과 조세회피자들의 사적(私的) 동기로 인해 금융실명제가 확고한 제도로 정착되지 못하였다는 점이다.

실제로 금융실명제의 궁극적 목적은 금융소득에 대한 과세에 있다고 평가되고 있기도 하고,[80] 금융실명제라는 제도적 기반을 바탕으로 1996년 금융소득 종합과세 제도가 비로소 실시되었다(그러나 1997년 외환 위기로 인해 금융시장으로의 자금 유입이 시급하다는 이유로 1998년 1월 금융소득 종합과세가 유보되었고, 2001년 1월에 이르러서야 재(再) 시행되기에 이른다).[81] 금융실명제는 1997년 이래 비실명자산으로부터 발생한 금융소득에 대해서는 90%의 세금을 물리고 있고,[82] 2014년 탈법행위를 목적으로 한 차명(借名) 거래와 이에 대한 금융회사의 알선·중개에 대하여 형사처벌 조항을 신설하고, 금융자산의 명의자 소유 추정 조항을 추가하는 등 최근까지도 지속적인 제도 보완을 해 오고 있다.[83]

79) Ⅲ.3. 참조.
80) 홍범교, 『갈등사례분석 — 금융실명제를 중심으로』, 한국조세연구원, 2006, 18면.
81) 구 소득세법(1995. 12. 29, 법률 제5031호로 개정되기 전의 것) 제62조, 소득세법 부칙(법률 제4803호, 1994. 12. 22.) 제1조 제1항.
82) 금융실명법 제5조. 1997. 12. 31. 법률 제5493호로 위 법률이 제정된 이래 지금까지 위 조항은 큰 변화 없이 유지되고 있다.
83) 금융실명법 제3조 제3 내지 제5항, 제6조. 금융실명법이 2014. 5. 28. 법률 제12711호로 개정되면서 신설되었다.

(3) "파생금융상품의 과세문제"

"파생금융상품의 과세문제"에서 이창희 선생은 보다 주제를 좁혀 파생금융상품 영역에서의 과세 문제를 다루고 있다. 앞서 언급한 '금융실명제'가 그랬던 것처럼 '파생금융상품' 역시 당시 세법학의 분야에서는 본격적인 규율 대상으로 인식되기 전의 상태였다. 실제 선물거래소의 설립 근거 법률인 선물거래법이 1995년 12월 29일 법률 제5041호로 제정되어 1996년 7월 1일 시행되었고, 선물거래소가 개장된 것이 1999년 4월 경임을 감안하면 1996년에 이루어진 이 연구가 금융 환경의 변화에 상당히 앞섰음을 알 수 있다.[84] 이 글의 주된 논지는 파생금융상품이 법인 형태로 얻은 소득을 법인 단계와 주주 단계에서 두 번 과세하는 기존의 고전적 세제 하에서는 실질과 무관한 손익 조작이 가능하다는 것인데,[85] 이러한 문제는 약 20년 뒤 권리확정주의의 적용과 맞물려 대법원에서 정면으로 다투어지게 된다.[86] 해당 사안에서 외국 증권업자인 원고는 '주식 워런트 증권'(Equity Linked Warrant, 이하 'ELW'라 한다)의 유동성 공급자로서 ① 발행사로부터 발행된 ELW를 모두 인수하고, 투자자와 사이에 ELW 매매거래를 하며 만기에 보유 중인 ELW를 발행사로부터 상환 받는 거래와, ② ELW 발행사에 ELW와 상품 내용(기초자산, 발행가격, 행사가격, 만기 등)이 동일한 장외(場外) 파생상품(Over the Counter Derivatives, OTC)을 매도하고 만기에 발행사에게 상환하는 거래를 각각 수행하였고, 인수한 ELW를 투자자에게 최초 매도할 때 발생하는 손실(인수가격－매도가격)을 당해 사업연도의 손금으로 산입하였다.

이에 대해 과세관청은 원고가 인수한 ELW를 투자자들에게 시가로 판매할 수밖에 없음에도 불구하고, 발행사로부터 시가보다 높은 가격인 발행가액으로 ELW를 인수한 것은, ELW 처분손실을 조기에 인식하기 위한 목적에서 비롯된 가장행위(假裝行爲)의 성격을 갖고 있으므로 그에 따른 손실은 국세기본법 제14조 제2항이 정하는 실질과세의 원칙상 부인되어야 한다고 주장했다. 즉 원고는 이를 통해 ELW 처분손실의 귀속시기를 1년 앞당겨 관련 법인세를 1년 늦게 납

84) 이 글에서 또 하나 눈에 띄는 점은 당시 미국이나 영국에도 파생금융상품에 대한 과세문제를 규율할 적절한 법률이 없다는 점을 지적하면서, 무의미한 비교법적 연구를 과감하게 포기하고, 그 스스로 금융파생상품과 현행 소득과세 사이의 괴리라는 본질적인 문제에 과감히 천착해 들어가고 있다는 것이다.

85) 이창희, "파생금융상품의 과세문제", 127면.

86) 대법원 2017. 3. 22. 선고 2016두51511 판결.

부함으로써 위 금액의 1년 동안의 시간가치에 상당하는 이익을 얻었다는 것이다. 이창희 선생은 권리확정주의를 취하고 있는 우리 법인세법 하에서 "매수인이 ... 매매목적물을 인도받아서 이를 바로 110원에 매각하고, 매매목적물과 같은 물품을 다른 곳에서 100원에 사들인다면 차익 10원을 당년도의 이익으로 할 수 있다"는 예를 들면서 납세자가 차익 인식의 시점을 마음대로 선택할 수 있게 되는 문제점에 대해 이미 지적한 바 있는데,[87] 위 대법원 판결에서 다투어진 거래는 '수익'이 '손실'로, 같은 상품을 '매수'한 것이 아니라 '발행'하였다는 점에서 차이가 날 뿐, 선생이 예시로 든 거래와 기본적으로 동일한 구조이다.

위 사안에서 대법원은 일찍이 선생이 문제가 될 것이라 지적했던 것처럼, '법인세법이 [권리]확정주의를 채택하고 있는 이상 원고가 발행사로부터 증권을 인수한 가격과 투자자들에게 매도한 가격의 차액을 해당 사업연도의 손실로 인식하여 손금에 산입하는 것이 맞다'고 판단하면서 과세관청의 주장을 배척하였다.[88] 이는 모든 자본과 부채를 시가(時價) 평가하여 경제적 손익을 과세하는 대신 권리확정주의를 채택하고 있는 현행 세제 하에서, 법원이 내릴 수 있는 불가피한 선택이었다고 평가된다. 이창희 선생은 '손익 조작'의 문제를 해결하기 위해서는 권리확정주의를 폐기할 수밖에 없다고 주장했는데, 법인세법상 권리확정주의가 여전히 유지되고 있는 한,[89] 법해석만으로 이를 극복하는 데에는 어려움이 있었던 것이다.[90]

(4) "배당세액공제와 금융소득 분리과세 간의 모순이 기업의 지배구조와 재무구조에 미치는 영향"[91]

하나 더 살펴볼 글은 이창희 선생이 1998년에 쓴 "배당세액공제와 금융소득 분리과세 간의 모순이 기업의 지배구조와 재무구조에 미치는 영향"이다. 이 글에서 선생은 현행 세제의 구조적 모순을 분석하면서, 이것이 기업의 재무와 지배구조에 미치는 영향을 분석하고 있다. 금융소득 종합과세 제도가 실시되었으나 금융실명법에 의해 그 시행이 유보되었던 다소 특수한 시기에 쓰여진[92] 이

87) 이창희, "파생금융상품의 과세문제", 129면.
88) 대법원 2017. 3. 22. 선고 2016두51511 판결.
89) 법인세법 제40조.
90) 이창희, "파생금융상품의 과세문제", 127면.
91) 주69.
92) Ⅲ.3. 참조.

글의 핵심 논지는 배당세액공제와 금융소득 분리과세가 결합됨으로써 효율성과 공평성이 양립할 수 없는 상태가 초래되었다는 문제 제기이다.[93] 그는 이 글에서 금융소득 분리과세 제도는 '수직적 공평'을 포기하면서도 되려 여러 가지 문제점들을 낳을 가능성이 있다는 점을 논증하고 있는데,[94] 배당세액공제는 이중과세를 조정해 주주에게 발생하는 법인세 부담을 완화하려는 제도지만, 금융소득 분리과세와의 결합으로 인해 그 효과가 크게 제한되고 있다고 지적한다.[95] 이로 인해 상장 및 등록 회사 소액주주와 대주주, 폐쇄회사 주주, 이자소득을 받는 투자자 사이에 세금 부담의 불균형이 초래된다는 것이다.[96] 나아가 이러한 세 부담의 차이는 결과적으로 기업 파산 위험을 증가시키고, 기업 공개를 저해하며, 소유 경영 구조를 강화하는 등 기업의 지배구조에 부정적인 영향을 미친다고 분석하고 있다.[97]

주지하다시피, 현재는 2,000만 원 이하의 금융소득에 대해서만 분리과세 및 완납적(完納的) 원천징수가 이루어지고 있고, 이를 초과하는 금융소득에 대하여는 종합과세가 이루어지고 있어 '수직적 공평'이 어느 정도는 확보되어 있다. 이 글은 금융소득이 분리과세되던 상황 하에서 금융소득 종합과세의 이론적 근거를 논증하였다는 점에서 그 의미가 크다.

3. 2000년대

(1) 의의

2000년대는 시행이 유예되었던 금융소득 종합과세 제도가 본격적으로 시행되고, 파생상품시장이 활성화되는 등 금융소득 과세 체계가 자리를 잡기 시작한 시기로 볼 수 있다. 이 시기 이창희 선생은 세제 자체가 지니고 있는 모순, 공평성과 효율성의 상충관계, 세제 설계가 기업 재무구조에 미치는 영향 등을 분석

93) 이창희, "배당세액공제와 금융소득 분리과세간의 모순이 기업의 재무구조 및 지배구조에 미치는 영향", 119면

94) 이창희, "배당세액공제와 금융소득 분리과세간의 모순이 기업의 재무구조 및 지배구조에 미치는 영향", 112면.

95) 이창희, "배당세액공제와 금융소득 분리과세간의 모순이 기업의 재무구조 및 지배구조에 미치는 영향", 112면.

96) 이창희, "배당세액공제와 금융소득 분리과세간의 모순이 기업의 재무구조 및 지배구조에 미치는 영향", 123면.

97) 이창희, "배당세액공제와 금융소득 분리과세간의 모순이 기업의 재무구조 및 지배구조에 미치는 영향", 123면.

하는 데 역량을 집중하고 있다.

(2) "주식배당과 과세"와[98] "배당관련세제 개선에 관한 연구"[99]

이창희 선생이 동료 교수인 김건식 선생과 함께 쓴 논문 "주식배당과 과세"는 주식배당에 대한 과세의 정당성과 그 한계를 법적·경제적·세법적 관점에서 고찰한 연구로, 주식배당 과세가 단순히 현금 배당과 유사한 대체물로 인식되고 있는 한계를 지적한다. 그는 주식배당이 회사나 주주의 실질적인 재산에 변화를 일으키지 않으므로 과세 대상으로 삼기 어렵다는 점을 강조하면서 주식배당이 실질적으로는 이익배당이 아닌 자본의 이전에 가깝다는 입장을 취하고 있다. 즉 주식배당은 주주의 보유 주식 수를 증가시킬 뿐 자산의 가치를 변동시키지 않기에 실질적으로는 '주식분할'과 유사하다는 것이다.[100] 현금 배당은 법인과 주주 단계의 이중과세라는 문제에도 불구하고 '수직적 공평'을 위해 포기하기 어렵지만, 주식배당은 주주의 재산 상태에 변동을 주는 것이 아니어서 그 과세의 정당성을 찾기 어렵다는 것이 주요 논지였다.

다만 단독으로 수행한 연구에서는 이러한 입장에 다소 미묘한 차이가 눈에 뜨인다. 이 글이 쓰인 지 얼마 되지 않아 나온 "배당관련세제 개선에 관한 연구"에서 이창희 선생은 주식배당 과세와 관련한 대목에서, 주식배당은 현금 배당을 받은 뒤 그 돈으로 신주를 발행한 것과 본질적으로 동일하므로 주식배당을 단순히 주식분할과 동일시하여 그 과세가 불합리하다고 주장하는 것은 문제를 지나치게 단순화하는 것이라는 입장을 밝히고 있다.[101] 굳이 학설에 맞추어 분석해 보면, 주식배당의 '상법상' 성격에 대하여 2001년의 공동 연구에서는 이른바 '주식분할설'을 취하고 있었으나, 2003년의 단독 연구에서는 이른바 '이익배당설'을 취한 것으로 보이고, 이 입장은 주저(主著) 『세법강의』에서도 내내 그대로 유지되고 있다.[102] 이 책에서도 밝히고 있듯이 주식배당의 상법상 성격이 세법의 영역에서 의미가 있는 것은 아니나,[103] 현금 배당에 대한 과세를 피할 수 없다는 전제에 서 보면 '주식분할설'은 과세부정론에, '이익배당설'은 과세긍정론으로 이

98) 김건식·이창희, "주식배당과 과세", 『서울대학교 법학』 제41권 제4호, 2001.
99) 이창희, "배당관련세제 개선에 관한 연구", 『상장협』 제47집, 한국상장회사협의회, 2003.
100) 김건식·이창희, "주식배당과 과세", 148면.
101) 이창희, "배당관련세제 개선에 관한 연구", 113면.
102) 이창희, 『세법강의』, 690면.
103) 이창희, 『세법강의』, 690면.

어지기 쉽고, 실제 이창희 선생의 앞선 공동 연구와, 그보다 뒤의 단독 연구에서 나온 글에서의 결론도 이와 비슷한 맥락에서 차이가 있는 것으로 보인다.

(3) "과소자본세제의 현황과 전망"[104)]

이창희 선생의 "과소자본세제의 현황과 전망"은 과소자본 세제가 독립기업의 원칙과 어떤 관계에 있는지, 조세조약상 손금산입 차별금지나 외국인 투자기업에 대한 차별금지에 어긋나는 점은 없는지 다루고 있는 글이다. 선생은 먼저 과소자본 세제는 독립기업의 원칙과는 구분되는 별개의 제도로 이해해야 논리가 맞다고 하면서, 과소자본 세제가 독립기업의 원칙에서 비롯되었다는 '미신'(迷信)부터 깬다.[105)] 내국법인이 특수관계 없는 제3자로부터 자본을 차입할 수 없다는 점에 대해 별다른 의문을 갖지 않기로 하고, 이자율이 적정한지 여부만을 문제 삼기로 한다면, 특수관계 없는 제3자의 입장에서는 시중(市中) 이자율보다 더 높은 이자율을 받으려 하기에, 초과 지급이자를 손금불산입하고 있는 과소자본 세제는 오히려 독립기업의 원칙과는 반대의 결과를 낳는다는 것이다.[106)] 또한 과소자본 세제는 해외 투자자에게 불리하게 작용할 수 있고, 조세조약상 손금산입 차별금지 조항 및 외국인 투자기업에 대한 차별금지 조항과도 충돌한다는 점을 같이 지적하고 있다.[107)] 다만 그러면서도 과소자본 세제가 국제규범으로서의 조세조약과의 관계에서 앞으로 유지되기 어려울 것인지, 아니면 앞서 지적된 모순과 충돌에도 불구하고 계속해서 유지될 것인지에 대해서는 판단을 유보하고 있다. 각 나라의 이익과 국수주의 등의 법률 외적(外的)인 영역에 의해 영향을 받을 수밖에 없는 것이 세법의 숙명이기 때문이다.[108)]

결과적으로 과소자본 세제는 현재도 처음과 거의 변함없는 형태로 우리 세법에 남아있다. 국조법이 2013년 1월 1일 법률 제11606호로 개정되면서 제14조 소정의 '출자지분'이 '출자금액'으로 바뀌고, 2014년 12월 23일 법률 제12849호로 개정되면서 차입 대상에 '친족 등'이 추가되었으며, 2017년 12월 19일 법률 제15221호로 개정되면서 '조정 소득금액' 대비 '순(純) 이자 비용'이 30%를 초과한 경우와 혼성(混成) 금융상품에 따라 발생하는 이자비용에 대해서는 손금불산

104) 이창희, "과소자본세제의 현황과 전망", 『서울대학교 법학』 제48권 제4호, 2007.
105) 이창희, "과소자본세제의 현황과 전망", 75~77면.
106) 이창희, "과소자본세제의 현황과 전망", 77면.
107) 이창희, "과소자본세제의 현황과 전망", 78~85면.
108) 이창희, "과소자본세제의 현황과 전망", 85~86면.

입하는 제도가 도입되는 정도의 변화만 있었을 뿐이다. 과소자본 세제와 관련해서는 최근에 외국법인의 국내 지점에 대해서도 과소자본 세제가 적용되는지 여부가 쟁점이 된 판결이 있다.[109] 해당 사안에서 대법원은 국조법상 과소자본 세제의 적용 대상에는 '외국법인의 국내사업장'이 포함되고, 법인세법상 '외국법인의 국내사업장'에는 '외국법인의 국내 지점'이 포함된다고 보면서 과세관청의 손을 들어주었다. 이러한 흐름에 기초해 굳이 방향성을 따진다면 우리 세법에서는 과세자본 세제가 강화되는 방향으로 변화하여 온 것으로 볼 수 있다고 사료된다. 문제는 그 동기가 세수 확보(이창희 선생의 표현을 빌자면 '국수주의')에 있을 뿐, 조세조약과의 충돌과 모순에 대한 고민의 흔적을 찾기는 어렵다는 점이다. 연구와 현실 간의 간극이 드러나는 지점이기도 하다.

4. 2010년대 이후

(1) 의의

2010년대 이후는 금융시장의 국제화가 가속화되면서 우리 세제와 국제 규범 간의 조화가 중요한 과제로 대두된 시기다. 이창희 선생은 이 시기에 국제 금융거래에서 발생하는 과세 문제, 특히 국가 간 과세권 배분과 이중과세 문제를 중점적으로 연구하는 한편, 미국의 법인세제에 대한 깊이 있는 연구를 통해 국제적 정합성을 갖춘 과세체계 구축의 이론적 기반을 제공하는 데 매진하였다.

(2) "비거주자 및 외국법인의 이자소득에 대한 과세"[110]

2012년에 발표한 "비거주자 및 외국법인의 이자소득에 대한 과세"는 외국법인의 국내 지점이 발생시키는 '지점이자세' 문제와, 이자소득에 대한 본점 소재지국, 지점 소재지국 및 거주지국 간의 과세권 배분과 이중과세 문제를 다루고 있다. 다른 연구에서와 마찬가지로 이 글에서도 그는 세법과 이론이 구체적으로 어떻게 작동하는지 여러 실례를 통해 자세히 보여주고 있다. 가령 미국법인의 한국 지점이 일본의 대주(貸主)에게 이자를 지급한다면 우리 세법상으로 위 이자는 원천징수 대상이고, 한·일 조세조약상으로도 우리나라가 원천지국으로서 조약에서 정한 세율 상한의[111] 적용을 받는다.[112] 한·미 조세조약에는 제3국 거

---

109) 대법원 2022. 5. 12. 선고 2018두58332 판결.
110) 이창희, "비거주자 및 외국법인의 이자소득에 대한 과세", 『조세법연구』 제18권 제3호, 2012.

주자에게 지급하는 이자에 대해 원천지국의 과세권을 제한하는 규정이 없으므로 우리 세법에 따른 과세를 제약하지는 않는다.[113] 하지만 이 이자는 미국법인이 지급하는 이자이므로 미국 세법상 미국원천소득이고, 한·미 조세조약에는 제3국 거주자에게 지급하는 이자에 관해 원천지국의 과세권을 제한하는 규정이 없으므로 한·미 조세조약이 미국 세법에 따른 과세를 제약하지 않는다.[114] 그 결과 위 이자에 대해서는 우리나라와 미국 모두에 대해 원천징수세를 납부해야 하는 문제가 발생하게 된다.[115] 위와 같은 정형적인 삼각관계는 아니지만, 외국법인의 거주지국에서 발생하여 우리나라 고정사업장에 귀속된 소득을 둘러싼 이중과세 조정 문제에 대한 최초의 대법원 판결이 비교적 최근에 선고 되었다.[116]

나아가 이창희 선생은 이 글에서 채권이 전전(轉轉) 유통될 경우 보유 기간에 대한 이자 상당액이 이중과세되는 결과가 나타나는 문제,[117] 국내사업장이 없는 비거주자·외국법인이 채권의 전전유통 시 원천징수 의무를 이행하지 않은 경우 최종적으로 이자를 지급하는 내국법인(채권 발행법인)이 마지막 보유자로부터 원천징수하게 되는 문제 등을 함께 지적하고 있다.[118]

(3) "미국법인세 연구자료: 배당에 대한 과세"

한편 국제 규범과의 조화를 직접적으로 추구한 것은 아니지만, 비교법적 차원에서 이창희 선생의 연구가 갖는 폭과 깊이를 여실히 보여 주는 것으로 선생의 미국 법인세법에 관한 연구가 있다. 일례로 앞서 언급한 바 있는[119] "미국법인세 연구자료: 배당에 대한 과세"에서, 선생은 미국 세법에서 사용하는 '분배'의 개념이 주주의 경제적 이익에 미치는 영향을 기준으로 구성되어 있는 점, 배당과 투자 원금 회수가 각기 다른 세법적 결과를 초래하고 있는 점 등을 상세히 보여 주고 있다. 또한 주주의 배당소득에 대한 과세 및 투자 원금 회수의 구분이 어떻게 이루어지는지 살피면서 배당가능이익의 개념을 구체화하고 있고, 배

111) 이창희 외 2, 『국제조세법』, 559면은 일반적으로 많이 사용하는 '제한세율'이 아니라 '세율 상한'이 정확한 용어임을 지적하고 있다.
112) 이창희, "비거주자 및 외국법인의 이자소득에 대한 과세", 212면.
113) 이창희, "비거주자 및 외국법인의 이자소득에 대한 과세", 213면.
114) 이창희, "비거주자 및 외국법인의 이자소득에 대한 과세", 213면.
115) 이창희, "비거주자 및 외국법인의 이자소득에 대한 과세", 212~213면.
116) 대법원 2024. 1. 25. 선고 2021두46940 판결 참조.
117) 이창희, "비거주자 및 외국법인의 이자소득에 대한 과세", 182~189면.
118) 이창희, "비거주자 및 외국법인의 이자소득에 대한 과세", 214면.
119) Ⅲ.4. 참조.

당이 세법상 '배당'으로 간주될 조건에 대해서도 자세히 소개하고 있다.

이러한 선생의 연구는 국제조세와 미국 법인세법의 관점에서 우리 세법을 조망해 봄으로써, 우리 세법에 대한 중층적(重層的) 이해를 도모하는 동시에, 우리 세법이 나아갈 바를 고민해 볼 수 있는 가늠자를 제공한다는 면에서도 의미가 크다.

V. 마치며 ― 금융소득 과세의 전망

이창희 선생의 금융소득 과세 분야에서의 연구는 금융소득 과세의 기저에 놓여 있는 여러 동인들과 불가분하게 연계되어 왔다. 선생은 때로 역사적 맥락에서, 때로는 경제적 분석에 기초하여, 혹은 비교법적 연구의 방식으로 그때그때마다 맞닥뜨린 세법 문제의 해결을 위해 매진해 왔는데, 이는 당면한 세법 문제의 해결에 선생이 얼마나 유연한 태도를 취해 왔는지, 가장 적절하고 타당한 연구 방법론을 채택하는 데 얼마나 주저함이 없었는지 보여주는 증거이기도 하다.

이 글의 서두에서 이 기회에 금융소득 과세의 방향을 전망해 본다고 하였으나, 그 모습을 구체적으로 예측하기란 실상 무척 어렵다. 당장에 금융소득 과세는 정치적 논리의 영향을 받을 여지가 큰 분야이다. 금융소득 과세는 필연적으로 자본, 또는 그에 따른 소득의 불평등 분배 문제와 연결되기 때문이다.[120] 우리 사회의 소득 불평등 문제가 지속적으로 악화되고,[121] 그 원인을 금융소득에서 찾는다면,[122] 금융소득 과세는 '공평'에 중점을 둘 수밖에 없다. 그런데 금융

120) 소득의 불평등 문제가 사회적으로 큰 관심을 끄는 문제라는 것은 약 10년 전에 있었던 이른바 '피케티 열풍'에서 확인할 수 있다. 토마 피케티(Thomas Piketty)가 쓴 『21세기 자본』은 2014년 9월 한국어 번역본이 출간되었는데, 2015년 12월 기준 88,000부가 판매되었다고 한다. 아서 골드해머, "피케티 현상", 토마 피케티 외, 『에프터 피케티』, 율리시즈, 2017. 피케티 주장의 요지는 높은 누진세율과 부유세를 통해 자본수익률을 낮춰야 한다는 것이다.

121) 1990년대 후반 외환위기 이후 자본수익률이 경제성장률보다 높고, 국민 소득에서 자본소득이 차지하는 비율이 증가해 왔으며, 소득 불평등이 지속적으로 악화되었다고 한다. 이우진, "한국의 소득 및 자산 불평등: 현황과 과제", 『정부학연구』 제24권 제2호, 고려대학교 정부학연구소, 2018, 30, 52~55면 (자본소득의 불평등이 전체 소득의 불평등의 주요한 요인이 될 수 있다). 소득 유형별로 살펴보면, 같은 크기의 소득이 증가한다고 할 때, 근로소득보다 자본소득(이자, 배당 및 임대소득)이 증가할 때 소득 분배가 악화될 수 있다. 박기백, "유형별 소득이 소득 불평등에 미치는 영향", 『재정학연구』 제7권 제2호, 한국재정학회, 2014, 113면.

122) 상위 소득집단일수록 전체 소득에서 임대소득보다 금융소득이 차지하는 비중이 크기 때문에, 결국 우리나라에서 소득 불평등의 주요 원인 중 하나는 상위 소득집단에서 차지하는 금융소득의 비중 증가라고 볼 수 있다. 특히 고소득 구간일수록 배당소득의 비중이 커진다고 한다. 이

의 발전 속도는 매우 빨라서 세제가 그 속도를 따라가기가 쉽지 않다. 그 항목이 하나둘씩 추가되다가 이제는 유형별 포괄주의 조항까지 추가된 것이 이를 잘 보여준다. 그렇다고 모든 것을 단순화시켜 일정한 기준에 포섭해 과세하려는 시도는 공평만큼이나 무시할 수 없는 효율이라는 요소를 침해할 수 있다.[123] 또 중소 규모의 개방경제 국가인 우리로서는 자본 유치도 중요하기에, 무작정 무겁게 과세하는 것만이 장기적인 측면에서 국익에 꼭 도움이 되는 것은 아닐 수도 있다. 다소 추상적이기는 하지만 요약하자면, 금융소득 과세의 미래는, 지금까지 그랬던 것처럼 점차 그 과세 범위를 확대하는 방향일 테지만, 자본시장의 발전과 성숙에 대한 요구 때문에 그 확대 속도는 그리 빠르지 않을 것이며, 결국 국제적인 흐름에 맞춰 세제를 설계할 수밖에 없을 것이라는 정도이다.

향후의 금융소득과세 관련 연구가 이러한 상황을 십분 고려하여야 함은 두말할 여지가 없다. 이창희 선생의 연구가 그래왔던 것처럼, 금융소득 과세 문제의 본질을 꿰뚫어내기 위해서는 역사적 접근, 경제적 접근, 비교법적 접근 등 여러 방법론이 다채롭게 활용되어야 한다. 먼저 우리의 정치 체계가 미국처럼 확고한 양당(兩黨) 체제는 아니더라도 거기에 거의 근접하고 있는 점을 고려한다면, 집권 정당과 그 전통적 지지 기반이 자본 과세에 대해 어떠한 입장이고, 그것이 세제에 어떤 변화를 가져왔는지 등의 역사적 접근을 할 필요가 있다. 이를 통해 우리의 금융소득 과세 체계가 일정한 방향성을 가지고 발전해 왔는지, 그렇다면 그것이 지향하는 바는 무엇인지, 그렇지 아니하다면 그 원인은 무엇이고, 그로 인해 발생하는 사회적 비용 내지 문제는 무엇인지를 고찰할 수 있을 것이다. 다음으로, 새로운 금융상품에 대한 과세 문제는 특히 경제적 접근이 중요하다. 새로운 금융상품과 현재 세제 사이의 갈등 문제를 풀기 위해서는 무엇보다 그 상품에 대한 경제적 실질과 기능에 대한 이해가 선행되어야 하기 때문

종철, "한국의 상위 소득구조와 금융소득의 역할", 『사회과학연구』 제29권 제1호, 국민대학교 사회과학연구소, 2021, 114~120면.

123) 국내 경제적인 측면만 보더라도 자본소득에 대해 조세 혜택을 부여할 필요가 있다고 설명하는 문헌도 있다. 투자자는 투자 위험이 따르는 투자를 하려 하지 않지만, 그러한 투자를 통해 경제성장이 이루어질 수 있는데, 바로 사회적 '한계 편익'(限界便益)이 사적(私的) 한계편익보다 큰 경우라 할 수 있다. 그런데 개별 투자자는 이러한 사회적 한계편익에 대한 고려 없이 사적 한계편익과 사적 한계비용을 따져 둘이 서로 일치하는 지점까지만 투자하므로, 사회적 한계편익이 사회적 한계비용보다 큰 상황, 즉 사회적 자원이 비효율적으로 배분된 상황이 된다. 따라서 조세 혜택을 부여해 개별 투자자들의 사적 한계비용을 감소시키고, 경제성장에 필수적인 투자를 유인할 필요가 있다는 것이다. 정운오·전병욱, 앞의 글, 273~276면.

이다. 비교법적 접근도 뒷받침되어야 한다. 특히나 금융시장의 규모와 발전 정도, 전 세계에 미치는 영향력 등을 고려하면, 이창희 선생의 미국 세법과 제도에 대한 연구를 보다 능동적으로 이어갈 필요가 있다.

마지막으로 염두에 둘 점은, 이상 설명의 편의를 위해 역사적·경제적·비교법적 접근으로 나눠 봤지만, 세 가지 접근 방법을 뚜렷이 구분할 수 있는 것도 아니고, 그 구분이 중요한 것도 아니라는 사실이다. 가장 어렵지만 본질적인 것은 이창희 선생이 그러했듯이 당면한 과세 문제의 해결에 가장 적절한 연구 방법론을 찾아 이를 적용해 내는 학문적 역량과 태도를 기르는 일일 테다. 금융소득 과세의 미래를 전망하기는 어렵더라도 이 점에서만큼은 이견(異見)이 들어설 여지가 없지 않을까 싶다.

6. 양도소득세에 있어 '양도'의 의의 및 범위

곽상민*

Ⅰ. 시작하며

양도소득은 자산의 양도로 인해 발생하는 양도차익으로 이루어지는 소득을 말한다.[1] 우리 세법은 1974년경 소득세법 제정 시부터 양도소득에 대하여 양도소득세라는 이름으로 종합소득과는 별도로 분류하여 과세하면서, 토지·건물 등의 부동산과 주식 등을 주된 과세대상인 '자산'으로 삼고 있다.[2] 다만 재고자산의 경우 양도로 인해 발생하는 차익은 사업소득을 구성하므로 양도소득의 과세대상에서 제외된다. 사업목적으로 부동산을 양도한 경우 부동산매매업이나 건설

* 변호사, 조세심판원.

1) 임승순·김용택, 『조세법』(제25판), 박영사, 2025, 521면.

2) 소득세법 제94조 제1항. 상세하게는 토지 또는 건물(제1호), 부동산을 취득할 수 있는 권리 등 부동산에 관한 권리(제2호), 대주주가 소유한 상장주식 또는 비상장주식 등의 주식(제3호), 사업에 사용하는 토지 또는 건물과 함께 양도하는 영업권, 이용권·회원권 등의 기타자산(제4호), 파생상품 등의 금융투자상품(제5호), 신탁의 이익을 받을 권리(제6호)가 양도소득세 과세 대상이다.

업 등의 재고자산 등의 판매에 해당하므로 마찬가지로 양도소득세 과세대상에서 제외된다.

양도소득세는 '자본이득'(capital gain) 세(稅)의 하나로 자본이득의 환수 기능을 가지고 있는데, 이를 소득으로 볼 것인지, 그리고 이에 대한 과세가 맞는지에 대하여는 여러 의견이 있고,[3] 각국의 입법례도 다르다. 특히 미실현소득에 대하여 양도소득세를 과세할 것인지를 두고 논란이 많은데, 우리 세법의 경우 어쨌든 자산의 이전을 양도소득세 과세를 위한 전제로 삼아 미실현소득은 원칙적으로 과세하지 않고 있고, 따라서 완전한 자본이득세로 보기 어려운 측면이 있다.

양도소득세는 다른 소득세와 비교하여 일반적으로 '소득 결집'(bunching of income) 효과, '봉쇄' 효과(lock－in effect), '전가'(轉嫁) 효과(shifting of taxation) 등을 가지고 있다고 한다.[4] 이로 인해 우리 세법은 위 효과들에서 발생하는 부정적 영향을 줄이기 위해 이런저런 보완책을 마련해 두고 있기도 하다. 그러나 보다 현실적으로 의미가 있는 것은 우리의 경우 양도소득세를 오랜 시간 부동산 관련 주요 정책 수단 중 하나로 활용하여 온 점이다. 그 결과 우리 양도소득세는 과도한 투기 억제를 위해 부동산 단기 보유 양도에 대한 중(重) 과세를, 소득 재분배 등을 위해 차등 누진세율 체계를, 경기 활성화 등을 이유로 주택 등과 관련하여 광범위한 비과세·감면 제도 등을 택하게 되었다.[5] 이러한 특징들은 1974년 말경 폐지된 '부동산투기억제에 관한 특별조치세'가 현행 양도소득세로 이어진 역사를 생각하면, 어찌 보면 당연한 모습이라 할 수도 있을 것이다.

아무튼 이러한 양도소득세는 개인의 일상 생활과 가장 밀접한 세금이라 할 수 있다. 자연스레 그에 따른 관심도 큰데, 개인의 재산 중 큰 부분을 차지하는 부동산, 그 중에서도 특히 주택을 나의 뜻에 따라 거래하는 가운데 발생하는 세금이기 때문이다. 즉 양도소득세는 개인의 가장 기본적인 경제 활동인 자산의 거래 과정에서 필수적으로 발생하는 세금이므로 누구에게나 문제될 수 있고, 따라서 누구라도 한 번쯤은 관심을 가질 수밖에 없으며, 실제 그에 대한 다툼도 큰 세금이다.[6] 그런데 양도소득세는 자산의 양도 여부에 따라 과세 여부가 정해

---

3) 자본이득이 소득인지 등에 대하여는 한만수, "자본이득과세제도(양도소득세, 토지초과이득세, 특별부가세)에 관한 원론적 고찰과 판례", 『조세법연구』 제4권, 1998, 100~101면 참조.

4) 이에 대한 상세한 설명은 임승순·김용택, 앞의 책, 522면.

5) 임승순·김용택, 앞의 책, 522면.

6) 2023년 조세심판 처리대상 사건 20,030건 중 1,139건이 양도소득세 사건으로, 부가가치세 사건에 이어 단일 세목으로는 두 번째 많은 불복이 제기되었다(조세심판원, "2023 조세심판통계연

지므로, 결국 양도소득세 문제에 있어서는 '양도'의 의의와 그에 따른 구체적인 범위를 정하는 것이 가장 중요하다.

따라서 이 글에서는 우선 양도소득세에 있어 '양도'의 의의를 검토하고(Ⅱ), 이를 바탕으로 그동안 양도 여부가 다툼이 된 사례를 대법원 판례를 중심으로 살펴본다(Ⅲ). 양도의 의의에서는 소득세법 규정과 판례 등의 분석을 통해 몇 가지 판단 기준을 확인할 수 있을 것이고, 이를 바탕으로 다툼이 많았던 사례로 양도가 무효 또는 해제된 경우, 명의신탁의 경우, 토지거래허가 구역 내 토지를 거래한 경우 등을 검토한다. 이상의 논의를 종합하여 마지막으로 '양도'는 결국 미실현이익의 과세계기로 이해하는 것이 출발점임을 확인하고, 최근 문제되는 사례를 간략히 검토하는 것으로 결론을 대신하도록 한다(Ⅳ).

Ⅱ. '양도'의 의의

1. '양도' 일반

(1) 양도소득

양도소득은 과세대상 '자산'의 '양도'로 인해 발생한 '소득'을 말한다. 과세대상 자산에 대하여는 앞서 간략히 살펴보았다. 다음으로 '양도'가 무엇인지가 중요한데, 일상 용어로 양도란 재산이나 물건을 남에게 넘겨주는 것을 말하지만, 세금 문제도 결국 세법, 즉 법률의 문제이므로 우선 민사법상 개념을 출발점으로 삼을 수 있을 것이다. 민사법상 양도, 즉 소유권의 이전이 있는지를 살피는 것이다. 여기서는 이른바 차용개념에 관한 논의를 활용할 수 있는데,[7] 결론만 말하자면 차용개념에 관한 대부분 논의가 그러하듯, 양도에 있어서도 세법 고유의 개념을 사용할 수 있는 것이고, 따라서 양도가 무엇인지를 정함에 있어 반드시 민사법상의 개념을 따를 것은 아니다. 세금 문제로 보자면, 결국 양도로 인한 '소득'에 대하여 과세하기 위한 것인데, 결론부터 말하면 민사법상 소유권의 이전이 있고, 그에 따라 반드시 소득이 실현되어야만 소득으로 볼 것은 아니기 때문이다. 교과서의 예를 들자면, 100억 원을 주고 산 자산이 200억 원이 되었다

보", 59면). 참고로 '조세심판'은 대표적인 조세불복 절차로 필요적 전치주의(前置主義)에 따라 조세 관련 대부분의 소송 사건은 조세심판을 거쳐 가고 있다.

7) '차용 개념'에 대하여는 임승순·김용택, 앞의 책, 51~52면 참조.

면, 이를 팔았든 안 팔았든 100억 원의 소득이 있음에 틀림이 없고, 현금으로 바꾸지 않았더라도 100억 원 만큼은 부자가 된 것이기 때문이다.[8] 만약 실현을 지나치게 강조한다면 결국 소비만이 과세대상이 되고, 그렇다면 이는 소득세가 아니라 소비세가 되므로, 결국 실현 여부는 소득과 무관하다고 봄이 타당하다.[9] 바꾸어 말하면, 실현 여부와 무관한 ‘소득’에 대한 과세를 위해서 ‘양도’의 개념 또한 반드시 민사법상 개념, 즉 소유권 이전을 전제로 할 필요는 없다.

(2) 소득세법 규정

우리 소득세법은 ‘양도’를 ‘자산에 대한 등기 또는 등록과 관계없이 매도, 교환, 법인에 대한 현물출자 등으로 인하여 그 자산이 유상으로 사실상 이전’하는 것으로 정하고 있다.[10] 유상(有償)임을 명확하게 규정하여 상속·증여에 의한 무상(無償) 양도는 양도소득세 과세 대상에서 제외하고 있다. 우리 세법이 상속·증여세를 별도로 마련해 두고 있는 이상 무상양도를 양도소득세 과세 대상에서 제외하는 것으로 명확히 규정한 것은 타당하다. 다만 증여라도 수증자(受贈者)가 증여자의 채무를 인수하는 부담부(負擔附) 증여의 경우 수증자가 부담하는 채무액에 상당하는 부분은 양도에 해당하여 양도소득세가 과세된다.[11] 반면 환지(換地) 처분이나 토지 교환, 신탁의 설정·해지에 따른 자산 이전은 양도가 아니라고 보는데, 그 취지 등은 뒤에서 다시 살펴본다.[12]

등기 또는 등록과 관계없고, ‘사실상 이전’으로 충분하므로 양도소득세에 있어 ‘양도’가 민사법상 소유권의 이전에 국한되지 않음은 분명하나, 그렇다고 하여 단순히 점유권의 이전 정도로는 여기에 해당하지 않는다. 결국 소유권의 이전이 있거나 아니면 그에 비견될 정도로 ‘사실상 지배권의 이전’이 있어야 양도소득세를 부과하기 위한 전제로서 ‘양도’가 있는 것으로 보아야 한다. 교과서의 예를 들자면, 매매계약을 하여 재산권을 넘겨주기로 하였고, 비록 소유권은 아직 이전되기 전이라도 이미 돈을 다 받았고 사실상 그 물건의 점유를 이전한 정

---

8) 이창희, 『세법강의』, 574면.

9) 양도소득에 있어 ‘소득’의 개념과 ‘실현’의 관계 등에 대한 보다 상세한 논의는 윤지현, “담보물의 환가와 물상보증인의 양도소득 : 대법원 2021. 4. 8. 선고 2020두53699 판결”, 『조세법연구』 제29권 제2호, 2023, 184~194면 참조.

10) 소득세법 제88조 제1호 전문.

11) 소득세법 제88조 제1호 후문 전단.

12) 소득세법 제88조 제1호 후문 후단 및 각 호.

도에 이른 경우라면 아마도 세법상 양도에 해당한다고 할 수 있을 것이다.[13] 매매의 경우라면 그 물건의 대가가 사회통념상 대금으로 거의 전부가 지급되었다고 볼 만한 정도의 대금 지급이 이행되었을 때를 말한다.[14]

2. 세법상 '양도' 여부 판단 시 몇 가지 고려사항

(1) 당사자의 의사 : 고려하지 않음

'양도' 여부에 본인의 의사는 크게 고려되지 않는다. 본인의 의사에 반하더라도 과세대상 자산이 유상으로 사실상 이전되었다면 양도에 해당한다. 따라서 '경매'나 '공용 수용'(公用收用)은 모두 양도에 해당한다. 경매는 담보권의 내용을 실현하는 환가(換價) 행위로서 경락인(競落人)은 목적 부동산의 소유권을 승계취득하므로, 소득세법상 양도의 개념에도 부합한다.[15] 소유자인 물상(物上) 보증인이 담보로 제공했던 재산이 경매로 넘어간 경우라면, 물상보증인에게 양도소득이 발생한 것이고, 이때 구상권(求償權) 행사가 가능한지 여부와는 무관하다.[16] 구상권은 대위 변제적(代位辨濟的) 효과로 발생하는 것이므로 그 행사 가능 여부는 양도소득세 성립 여부에 아무 영향이 없다고 봄이 타당하고, 따라서 같은 취지에서 구성권 행사가 불가능하게 되었더라도 이는 국세기본법 제45조의2 제2항이 정한 후발적 경정청구 사유에 해당하지 않는다.[17]

(2) 자산에 대한 권리의 동일성이 유지되는 경우 : 양도 아님

1) 환지처분(換地處分)

세법상 양도에 해당하려면 자산 ― 또는 그에 대한 권리 ― 의 사실상 이전이

---

13) 이창희, 『세법강의』, 563~564면.
14) 대법원 1984. 2. 14. 선고 82누286 판결.
15) 대법원 1984. 2. 28. 선고 83누269 판결.
16) 대법원 1986. 3. 25. 선고 85누968 판결.
17) 대법원 2021. 4. 8. 선고 2020두53699 판결. 이 판결에 대한 평석은 류성욱, "물상보증인이 담보권 실행을 위한 경매로 담보목적물의 소유권을 상실하였으나 채무자의 파산으로 구상권을 행사할 수 없게 된 경우 후발적 경정청구 사유로 보아 양도소득세 부과처분을 위법하다고 볼 수 있는지 여부", 『대법원판례해설』 제128호, 법원도서관, 2021, 3면 이하 참조. 이 판결의 결론에 찬성하는 입장으로는 윤지현, 앞의 글, 169면 이하, 반대하는 입장으로는 한병기, "부동산 임의경매로 인한 물상보증인의 양도소득세 납세의무와 구상금 채권의 사후적 회수불능으로 인한 후발적 경정청구 : 대법원 2021. 4. 8. 선고 2020두53699 판결에 대한 비판적 검토", 『조세법연구』 제28권 제3호, 2022, 71면 이하.

있어야 하므로, 반대로 권리의 동일성이 유지되는 경우라면 양도가 있다고 보기 어렵다. 대표적인 예로 소득세법은 도시개발법 등에 따라 환지처분으로 지목(地目) 또는 지번(地番)이 변경되거나 보류지(保留地)로 충당되는 경우 '양도'에 해당하지 않는다고 규정하고 있다.[18] 이러한 경우 환지처분에도 불구하고 종전 토지에 대한 소유권이 그대로 유지되는 것으로 보는 환지처분의 법리를 그대로 받아들인 것이다.[19] 더 나아가 판례는 도시개발법상 분양 처분에 의해 종전 토지 대신 상가를 취득한 것도 종전 토지의 양도가 아니라고 한다.[20] 상가는 종전 토지의 권리 변환으로서의 성질을 가지고, 그 권리로서의 동일성이 유지되므로 양도라 보기 어렵다는 것이다. 다만 청산금, 즉 종전 토지 대신 현금을 받는 부분만큼은 당연히 양도에 해당한다.

2) 공유물(共有物)의 분할

같은 취지에서 공유물의 분할도 양도가 아니다.[21] 공유물의 분할은 법률상으로는 공유자 상호간 지분의 교환 또는 매매라고 볼 것이나, 실질적으로는 공유물에 대하여 관념적으로 그 지분에 상당하는 비율에 따라 제한적으로 행사되는 권리, 즉 지분권을 분할로 인하여 취득하는 특정 부분에 집중시켜 그 특정 부분에만 존속시키는 것으로 그 소유 형태가 변경되는 것에 불과하기 때문이다.[22] 그러나 현물 분할이 불가능하여 공유물을 양도한 후 양도대금을 나누는 경우나 공유자 중 일부가 다른 공유자의 지분을 취득하고 대가를 지급하는 경우는 앞서 본 청산금을 받는 경우와 마찬가지로 양도로 봄이 타당하다.[23]

나아가 판례는 공유물에 대한 논리를 이혼 시의 재산분할에도 그대로 적용하여, 양도가 아니라고 한다.[24] 재산분할 제도는 혼인 중에 부부 쌍방의 협력으

18) 소득세법 제88조 제1호 가목.

19) 도시개발법 제42조 제1항.

20) 대법원 2004. 6. 11. 선고 2002두6149 판결. 이 판결에 대한 평석은 고영구, "주택개량재개발조합에게 토지를 제공하고 아파트와 상가를 분양받은 경우 상가부분을 청산금의 대가로 취득한 것으로 보아 종전 토지 중 상가분양가액에 상응하는 토지 부분에 대하여 양도소득세를 부과할 수 있는지", 『대법원판례해설』 제50호, 법원도서관, 2004, 337면, 참조.

21) 대법원 1995. 1. 20. 선고 94누11460 판결.

22) 대법원 1995. 9. 5. 선고 95누5653 판결은 여러 필의 공유 토지를 각 공유자가 하나씩 단독소유하기로 분할하더라도, 차액에 대한 정산을 하였다는 특별한 사정이 없는 한 마찬가지라고 한다.

23) 이창희, 『세법강의』, 565면. 실무례도 같다(국세청 부동산거래관리과-597, 2012. 11. 7.).

24) 대법원 2003. 11. 14. 선고 2002두6422 판결. 이에 대한 평석은 성열우, "이혼시 재산분할을 원인으로 이전받은 부동산의 양도차익을 산출함에 있어 그 취득시기", 『대법원판례해설』, 제48호, 법원도서관, 2004, 48면 이하 참조.

로 이룩한 실질적인 공동재산을 청산 분배하는 것을 주된 목적으로 하는 것이므로, 이는 실질적으로는 공유물분할과 같다고 보는 것이다.[25] 재산분할로 인해 분여자(分與者)의 재산분할 의무가 소멸하는 경제적 이익이 발생하더라도, 그 이익이 분할재산의 양도와 대가적 관계에 있는 자산의 출연으로 인한 것이라 볼 수 없다는 것도 그 이유로 든다. 그렇다고 하여 증여세도 부과되지 않으므로, 결국 이혼 시 재산분할에는 자산의 이전이 있더라도 세금이 전혀 부과되지 않는다. 다만 판례는 위자료 명목으로 자산을 제공하는 경우, 이는 위자료채무의 이행에 갈음한 것으로서 위자료채무가 소멸하는 경제적 이익을 얻으므로, 대물변제와 마찬가지로 양도에 해당한다고 한다.[26]

3) 토지 교환

한편 소득세법은 「공간정보의 구축 및 관리 등에 관한 법률」에 따라 토지 이용상 불합리한 지상(地上)의 경계를 합리적으로 바꾸기 위한 토지 교환의 경우도 '양도'에 해당하지 않는다고 규정하고 있다.[27]

(3) 소유권의 형식적 이전에 불과한 경우 : 양도 아님

1) 양도담보

조금 더 나아가 소유권이 이전되긴 하였지만 형식적인 이전에 불과한 경우도 '양도'로 보기 어렵다. 대표적인 예는 양도담보로, 소득세법 시행령 제151조 제1항은 채무자가 채무의 변제를 담보하기 위하여 자산을 양도하는 계약을 체결한 경우 양도로 보지 않는다고 규정하고 있다. 해당 조문에서 양도로 보지 않기 위한 별도의 요건을[28] 정하고 있긴 하지만, 판례는 "채무담보의 목적으로 자산의 소유권을 이전한 것만으로는 양도소득세의 과세대상인 자산의 양도로 볼 수 없다"는 전제 하에, 납세의무자가 동 거래는 양도담보이므로 양도에 해당하지

---

25) 이창희, 『세법강의』, 565면 주67은, 이러한 논리는 부부가 아닌 개인을 과세 단위로 보는 헌법재판소의 결정과 모순된다고 지적한다(이 헌재 결정은 이 책 제4장의 논의 대상이다). 나아가 혼인 후 취득(형성)한 자산이 공유재산이라면, 혼인 후의 소득 또한 같이 번 것으로 보아야 한다고 한다.

26) 대법원 1995. 11. 24. 선고 95누4599 판결.

27) 소득세법 제88조 제1호 나목.

28) 계약서에 일정한 요건(ⅰ) 당사자간에 채무의 변제를 담보하기 위하여 양도한다는 의사표시가 있을 것, ⅱ) 당해 자산을 채무자가 원래대로 사용·수익한다는 의사표시가 있을 것, ⅲ) 원금·이율·변제기한·변제방법 등에 관한 약정이 있을 것)을 내용으로 담고 있고, 그 사본을 양도소득 과세표준 확정신고서에 첨부하여 신고하여야 한다.

않고 따라서 양도소득세 과세대상이 아니라고 주장하는 경우 이를 받아들이기 위한 일응(一應)의 기준을 정한 것에 불과한 것으로 보고 있다.[29)]

다만 양도담보 계약 체결 후 채무불이행 등으로 인해 당해 자산을 변제에 충당한 때에는 이를 양도한 것으로 본다.[30)] 이 경우 양도소득세의 납세의무자는 당초 소유자인 양도담보 설정자이고, 이는 양도담보의 목적물인 자산을 명의상 현재 소유자인 양도담보권자가 직접 제3자에게 처분한 경우에도 마찬가지이다.[31)]

한편 양도담보와 유사한 경우로 매도담보, 즉 물건을 팔고 이후 물건을 다시 사는 형태를 취한 경우가 있는데 양자는 법률상 형식에 차이가 있을 뿐 그 실질은 동일하므로, 이 또한 양도로 보기 어렵다.[32)]

2) 신탁

소유권의 형식적 이전에 불과하여 양도로 볼 수 없는 또 다른 경우로 신탁을 생각할 수 있다. 물론 신탁으로 해당 자산에 관하여 수탁자 앞으로 소유권 이전이 이루어지면 대내·외적(對內外的)으로 소유권은 수탁자에게 완전히 이전되는 것이고, 위탁자와의 내부 관계에 있어 소유권이 위탁자에게 유보되는 것은 아니므로,[33)] 소유권의 '형식적' 이전에 불과하다고 말하기 어려운 측면은 있다. 그러나 2020년 말 개정된 소득세법은 "위탁자의 자산에 신탁이 설정되고 그 신탁재산의 소유권이 수탁자에게 이전된 경우로서 위탁자가 신탁 설정을 해지하거나 신탁의 수익자를 변경할 수 있는 등 신탁재산을 실질적으로 지배하고 소유하는 것으로 볼 수 있는 경우"를 양도에서 제외하여,[34)] 이러한 경우 적어도 양도소득세에 있어서는 양도가 아니게 되었다. 동 개정에 대하여 기획재정부는

> "신탁 설정 시 양도로 보지 않고, 신탁재산 양도 시 위탁자를 양도자로 보아 과세함을 원칙으로 하되, 예외적으로 위탁자의 지배를 벗어나는 경우에 한해 신탁 설

---

29) 대법원 1987. 3. 24. 선고 86누819 판결.
30) 소득세법 제151조 제2항.
31) 대법원 1994. 8. 26. 선고 93다15267 판결.
32) 이창희, 『세법강의』, 567면.
33) 대법원 2002. 4. 12. 선고 2000다70460 판결. 이 판결에 대한 평석은 조한창, "신탁법에 따른 신탁등기와 주택임대차보호법에 의한 임대인 지위의 승계", 『대법원판례해설』 제40호, 법원도서관, 2002, 410면 이하 참조.
34) 소득세법 제88조 제3호.

정 시에 양도소득세 과세하기 위한 것”

으로, 또한

“신탁 설정 시 양도소득세 과세 기준을 명확히 하여 집행상 혼란을 방지하고자 하는 취지로, 현재도 위탁자가 신탁재산에 대한 실질적 지배를 하고 있는 일반적인 신탁 설정 시 양도소득세를 과세하지 않고 있으므로, 현행과 달라지는 것은 없[다]”

고 설명한다.[35)]

종래 우리 세법은 신탁에 관하여 원칙적으로 신탁도관설(信託導管說)의 입장으로, 신탁의 수익자에 대하여 과세하는 방식을 택하였다. 그에 따라 신탁재산에 귀속되는 소득에 대해서는 그 신탁의 이익을 받을 수익자가 그 신탁재산을 가진 것으로 보고,[36)] 신탁재산에 귀속되는 수입과 지출은 다른 재산과 구분하도록 하였다.[37)] 다만 다수의 투자자들에 의한 투자신탁의 경우, 신탁수익이 발생할 때마다 수익자인 투자자들에게 곧바로 과세하는 것이 사실상 불가능하므로 불가피하게 신탁수익이 발생할 때가 아니라, 신탁재산에 그 수익이 귀속되었다가 나중에 수익자가 이를 분배받으면 배당소득으로 이를 과세하였고,[38)] 그 결과 사실상 과세이연(課稅移延)의 효과가 발생하였다.[39)]

이와 같은 수익자를 중심으로 한 일관된 우리의 과세 방식에 대하여는 그 획일성으로 인하여 다양한 신탁의 활성화를 저해한다는 비판이 많았고, 그에 따라 2020년 세법 개정으로 일정한 경우,[40)] 즉 신탁 자체가 법인의 역할을 수행하는

35) 기획재정부, 「2020 세법개정안_상세본」 및 「2020 세법개정안_문답자료」, 기획재정부 홈페이지(www.mosf.go.kr) 보도자료 란(최종검색 : 2025. 2. 1.).

36) 법인세법 제5조 제1항, 소득세법 제2조의3 제1항(2020. 12. 29. 법률 제17757호로 개정되기 전의 소득세법 제2조의2 제6항).

37) 법인세법 제5조 제4항(2020. 12, 22, 법률 제17652호로 개정되기 전의 같은 조 제2항), 소득세법 시행령 제4조의2 제1항.

38) 소득세법 제17조 제1항 제5호, 소득세법 시행령 제46조 제7호.

39) 이러한 과세방식은 금융투자소득 관련 개정 법률이 시행되면 달라질 것이나, 이 부분에 대한 자세한 논의는 이 글의 범위를 넘으므로 생략하도록 한다. 금융투자소득세 과세의 논점은 이 책의 제5장 참조.

40) 사실 2020년 신탁과 관련된 여러 세법 개정은 부동산 담보신탁을 둘러싼 부가가치세의 납세의무자와 관련된 대법원 2017. 5. 18. 선고 2012두22485 전원합의체 판결이 그 출발점이었는데, 이 판결에 따라 수탁자가 신탁부동산을 관리·처분하면서 재화를 공급하는 경우의 부가가치세의 납세의무자가 ‘수탁자’로 변경되었다. 이 판결에 대한 평석은 김희철, “신탁재산처분에 따른

경우나 수익자에게 과세할 수 없거나 과세가 적절하지 않은 경우, 수탁자를 납세의무자로 하여 법인세를 납부할 수 있도록 하였다.[41] 그러면서 조세회피 방지를 위하여 신탁에도 불구하고 위탁자가 여전히 지배·통제권을 보유하고 있는 경우에는 위탁자를 납세의무자로 보도록 하였다.[42] 그리고 이러한 경우로는 위탁자가 신탁해지권, 수익자 지정·변경권, 신탁종료 시 잔여재산 귀속권을 보유하는 등 신탁재산을 실질적으로 지배·통제하고 있고, 신탁재산 원본을 받을 권리에 대한 수익자는 위탁자로, 수익을 받을 권리에 대한 수익자는 위탁자의 지배주주 등의 배우자 또는 생계를 같이 하는 직계 존·비속(尊卑屬)으로 설정한 경우를 들고 있다.[43]

앞서 본 양도에 관한 규정의 개정은 이러한 배경에서 이루어졌는데, 다만 그 실제 의미에는 다소 의문이 있다. 재산의 종류를 기준으로 신탁을 분류하면, 금전신탁, 유가증권신탁, 금전채권신탁, 부동산신탁 등으로 나눌 수 있고, 그 중 주로 이용되는 부동산신탁은 실무상 다시 담보신탁, 관리신탁, 처분신탁, 토지신탁(개발신탁)으로 나눌 수 있다.[44] 이중 개정된 소득세법 규정은 주로 담보신탁을 염두에 둔 것으로 보이는데, 담보신탁은 그 기능이 양도담보와 유사하므로, 판례의 기존 이론에 따르더라도 애당초 양도로 보기 어렵다. 특히 신탁 설정시 매매대금에 준하는 어떠한 형태의 대금 이전이 없어 유상성(有償性)을 전제로 한 소득세법상 양도의 정의를 충족하는 것으로 보기 어렵다. 다만 담보 설정자, 즉 담보신탁의 위탁자가 자신의 지위 내지 권리를 제3자에게 넘기는 것은 양도에 해당하는 것으로 볼 수 있을 것이다.[45] 담보신탁으로 위탁자는 후순위 수익권을 얻게 되는데 이를 양도한 것이기 때문이다.

한편 위 규정을 그대로 반대해석하여, 신탁재산에 대한 실질 지배가 수탁자에게 이전되었다고 해서 이를 곧바로 양도로 볼 것도 아니다.[46] 위탁자 본인이 수익자인 신탁의 경우 만약 투시과세(透視課稅) 대상이라면 소득과세에 있어서는

부가가치세 납세의무자", 『사법』 제44호, 사법발전재단, 2018, 453면 이하 참조.

41) 법인세법 제5조 제2항. 이러한 법인세 과세가 가능한 경우로 목적신탁(신탁법 제3조), 수익증권발행신탁(신탁법 제78조), 유한책임신탁(신탁법 제114조)을 규정하고 있다.

42) 법인세법 제5조 제3항, 소득세법 제2조의3 제2항.

43) 법인세법 시행령 제3조의2 제2항, 소득세법 시행령 제4조의2 제4항.

44) 광장신탁법연구회, 『주석 신탁법』 (제2판), 박영사, 2016, 576면.

45) 이창희, 『세법강의』, 568면.

46) 이창희, 『세법강의』, 569면.

여전히 위탁자의 재산으로 보는 것이 일관되기 때문이다. 뿐만 아니라 애당초 신탁을 설정하는 과정에서 그 대금이 지급되었다고 보기 어려워 이 경우도 유상성의 요건을 충족한 것으로 보기도 어렵다. 개발신탁의 경우 수탁자가 신탁재산을 지배하며 관리하므로 이를 양도로 볼 여지도 있지만, 「도시 및 주거환경 정비법」 등에 의한 개발의 전후는 그 성격이 환지처분에 해당하므로, 그 사이의 신탁 설정을 양도로 보기도 어렵다.

3. '양도'의 결과로서 '취득'세(?)

세법상 '양도'가 인정된다면 과세대상 자산을 양도하는 양도인과 그 목적물을 취득하는 양수인이 있을 수밖에 없으므로, 양도인의 '양도'행위의 결과로 양수인의 '취득'이 따라오는 것이 자연스럽다고 생각할 수 있으나, 반드시 그러한 것은 아니다.

세법상 '양도'는 앞서 보았듯 민사법상의 소유권의 이전까지는 요구하지는 않고, 그에 비견될 정도로 지배권의 사실상 이전이 있으면 족하다. '취득'의 경우 그 개념에 관하여 견해의 대립도 있긴 하나,[47] 지방세법 제7조 제2항은[48]

> "관계 법령에 따른 등기, 등록 등을 하지 아니한 경우라도 사실상 취득하면 취득한 것으로 본다."

고 하여 일단 양도의 경우와 마찬가지로 민사법상의 취득과는 구별되는 별도의 개념을 사용하고 있다.

한편 판례는 이에 대하여

> "취득세는 본래 재화의 이전이라는 사실 자체를 포착하여 거기에 담세력을 인정하고 부과하는 유통세의 일종으로 취득자가 재화를 사용·수익·처분함으로써 얻을 수 있는 이익을 포착하여 부과하는 것이 아니어서 취득자가 실질로 완전한 내용의 소유권을 취득하는가의 여부에 관계없이 사실상 취득행위 자체를 과세객체로

---

47) 취득 개념에 관한 견해 대립에 관한 자세한 내용은 김태호, "지방세법상 취득세의 취득개념과 과세물건에 관한 연구", 『세무학연구』 25-3, 한국세무학회, 2008, 73~76면.

48) 이 규정의 표제는 "납세의무자 등"으로 취득세 납세의무자를 정하는 조항으로, '사실상 취득'의 개념은 취득세 납세의무자가 누구인지를 결정하기 위한 중요한 판단기준이 된다.

하는 것"

이라고 판시하고 있다.[49]

이와 같이 세법상 '양도'는 '사실상 이전'을, 세법상 '취득'은 '사실상 취득'을 말하는바, 민사법상의 그것과 구별하여 '사실상'을 따지는 공통점이 있긴 하나, 그렇다고 하여 두 개념이 필연적으로 연결된다고 볼 수는 없다.

법령 또한 마찬가지로, 지방세법 제6조 제1호는 '취득'의 방식을 열거하면서 유상·무상의 모든 유형의 취득을 포함한다고 규정하고 있고,[50] 같은 법 제9조는 모든 취득의 유형 중 신탁, 환매권의 행사 등에 관하여는 별도로 비과세한다고 규정하고 있어,[51] '양도'의 경우와 차이를 두고 있다. 판례 또한 마찬가지로, 양도담보로 부동산을 취득한 경우 별도의 비과세 규정이 없으므로 취득세 과세 대상이라는 입장이고,[52] 양도담보로 제공된 부동산을 소유권이전등기 말소를 통해 다시 되찾아 온 경우 또한 취득세 과세 대상이라는 입장이므로,[53] 두 경우 모두 양도소득세 과세 대상이 아니라고 보는 것과는 차이가 있다. 더 나아가 취득세의 경우 '유통세'의 특징을 강조하여 계약이 해제되어 부동산의 소유권이 반환되더라도 이미 성립한 취득세에는 영향이 없고, 따라서 경정청구 대상이 되지 않는다는 판례의 확고한 태도 또한 (뒤에서 자세히 살펴볼) 양도소득세의 경우와 차이가 있다.[54]

결국 세법상 '취득'은 세법상 '양도'가 있어, 다시 말해 지배권이 사실상 이전되어 최종적 귀속이 되었냐는 측면보다는, 그와 별도로 '취득 행위'라는 사실 자체를 과세물건으로 하는 취득세에 고유한 유통세적 특질을 고려하여야 하므로,

---

49) 대법원 2007. 5. 11. 선고 2005두13360 판결.

50) 구체적으로 "취득이란 매매, 교환, 상속, 증여, 기부, 법인에 대한 현물출자, 건축, 개수(改修), 공유수면의 매립, 간척에 의한 토지의 조성 등과 그 밖에 이와 유사한 취득으로서 원시취득(수용재결로 취득한 경우 등 과세대상이 이미 존재하는 상태에서 취득하는 경우는 제외한다), 승계취득 또는 유상·무상의 모든 취득을 말한다"고 규정하고 있다.

51) 참조로 구 지방세법(2010. 3. 31. 법률 제10221호로 전부 개정되기 전의 것) 제110조는 "형식적인 소유권의 취득 등에 대한 비과세"라는 표제 아래 취득세의 비과세 대상을 열거하고 있었고, 판례는 이에 대하여 취득세 비과세 대상을 한정적으로 열거한 것으로 보았다(대법원 2006. 5. 25. 선고 2005다19163 판결).

52) 대법원 1980. 1. 29. 선고 79누305 판결.

53) 대법원 1999. 10. 8. 선고 98두11496 판결.

54) 대법원 1996. 2. 9. 선고 95누12750 판결. 최근 이러한 입장을 재확인 것으로 대법원 2018. 9. 13. 선고 2018두38345 판결 등.

‘양도’의 결과로서 반드시 ‘취득’을 생각할 필요는 없다.

4. 소결(小結)

자산에 대한 권리의 동일성이 인정되거나 소유권의 형식적 이전이 있는 경우 등 이외에는, 특별한 사정이 없는 한 유상으로 사실상의 지배권이 이전된다는 소득세법상의 ‘양도’의 정의를 충족한다면, 양도소득세 과세 대상으로 봄이 타당하다. 뒤에서 더 자세히 살펴보겠지만, ‘양도’의 개념을 비교적 넓게 본 결과로, 만약 어떠한 행위가 세법상 ‘양도’인지 여부에 관하여 분쟁이 발생한다면, 이는 제도 도입의 취지에 충실하게 경정청구를 통하여 해결하면 충분하다.

Ⅲ. ‘양도’ 여부가 다툼이 된 경우

1. 양도가 무효이거나 해제(또는 취소)된 경우

(1) 판례의 기본 입장

오래전부터 판례는 부동산의 양도가 무효인 경우에는 특별한 사정이 없는 한 양수인 명의로 소유권이전등기가 마쳐졌더라도 양도소득세 과세 대상인 자산의 양도에 해당한다거나 자산의 양도로 인한 소득이 있다고 할 수 없다고 하였다.[55] 이러한 태도를 끝까지 견지하면, 양도계약이 해제(또는 취소)되는 경우도 그 효과는 소급해서 무효이므로 양도소득세를 과세할 수 없다는 결론에 이르는 것이 자연스럽고, 판례의 확고한 입장이었다. 판례는 법정(法定) 해제는[56] 물론 약정 해제의[57] 경우도 마찬가지로 보았고, 해제 시점도 특별히 문제 삼지 않았다. 뿐만 아니라 합의 해제된 경우도 동일하게 매매계약의 효력이 상실되어 양도가 이루어지지 않은 것이 되므로 양도소득세의 과세요건인 자산의 양도가 없다고 하였다.[58]

판례는 더 나아가 설령 그 부동산에 대한 제3취득자가 있어 양도인 앞으로의 원상회복이 이행불능이 됨으로써 양도인이 이로 인한 손해배상청구권을 취득하

55) 대법원 1997. 1. 21. 선고 96누8901 판결.
56) 대법원 1985. 3. 12. 선고 83누243 판결
57) 대법원 1986. 7. 8. 선고 85누709 판결.
58) 대법원 1990. 7. 13. 선고 90누1991 판결.

였더라도 이를 그 부동산의 양도로 인한 소득이라고 볼 수는 없다고 하였다.[59] 그러나 양도인의 입장에서는 해당 부동산이 사실상 이전되었다고 충분히 볼 만하고, 대가에 갈음하여 손해배상청구권을 취득하였으므로 이러한 경우까지 양도가 아니라고 보아야 하는지 의문이다. 양도인의 의사에 따라 부동산의 양도 과정이 시작되었고, 당초 의도한 바와는 차이가 있긴 하지만 최종적으로 그 대가에 상응하는 현금(또는 채권)을 얻었으므로 양도로 보아 양도소득세를 과세하는 것이 타당하다. 더구나 손해배상청구권의 행사로 가액(價額) 배상을 받는 경우 관련 민사 법리에 따라 양도 시(時)가 아닌 이행불능 시의 부동산 시가를 기준으로 배상을 받을 것이므로,[60] 만약 양도소득세를 부과하지 않는다면, 취득 시부터 양도 시까지의 차익은 물론, 양도 이후 이행불능 시까지의 차익에 대하여도 전혀 과세가 이루어지지 않는 문제가 있으므로, 이 경우는 양도가 있다고 보아야 한다.

한편 실무례는 적어도 합의해제에 있어서는 조세탈루 가능성 등을 고려하여 여전히 부정적 태도, 즉 양도소득세 과세대상에 해당한다고 보는 점에서 다소 차이가 있다.[61]

(2) 경정청구 제도가 도입된 이후

아무튼 판례의 이러한 태도는 1994년 말 국세기본법상 경정청구 제도가 도입되기 전에는 양도가 무효이거나 해제(또는 취소)된 경우 이미 납부한 양도소득세를 돌려받을 적절한 방법이 마련되어 있지 않은 현실적 필요성이 크게 고려된 것으로 보인다. 그런데 정작 경정청구가 마련된 이후에도 판례의 태도는 그대로 유지되었다.[62] 하지만 현재는 경정청구 제도가 마련되어 있는 이상 양도 당시

59) 대법원 1989. 7. 11. 선고 88누8609 판결.

60) 대법원 1990. 12. 7. 선고 90다5672 판결.

61) 조심 2023광3196(2023.9.14.) 등 다수의 조세심판례는 '매매계약이 성립한 후 당사가 간에 합의해제를 한 경우 양도소득세 부과대상인 자산의 양도에 해당하는지 여부는 매매계약의 이행완료 여부, 양도소득세 납세의무의 성립 여부, 부과처분의 유무, 계약을 소급적으로 소멸시킬 객관적 사정변경 또는 부득이한 사유의 유무, 합의해제의 동기 및 의도 등을 종합하여 판단하여야 할 것'임을 전제로, 다수의 합의해제 사례에서 여전히 양도소득세 부과는 정당하다는 결론을 내리고 있다.

62) 대법원 2002. 9. 27. 선고 2001두5972 판결. 이 판결에 대한 평석은 성열우, "부동산매매계약이 매수인의 채무불이행을 이유로 해제된 경우 양도소득세 부과대상이 되는 '자산의 양도'에 해당하는지 여부 및 매매 계약의 해제시기", 『대법원판례해설』, 제43호, 법원도서관, 2003, 290면 이하 참조.

소득세법상 양도의 개념에 들어맞으면 양도소득세를 부과하고, 이후 해제 등이 된다면 경정청구를 통해 환급하는 방식으로 해결하는 것이 타당하다.[63] 합의해제의 경우 '부득이한 사유'의 제한이 있긴 하나, 부당한 조세포탈의 가능성이 없는 한 당사자의 입장에서 이를 넓게 해석하면 된다. 현재 실무상으로는 대부분 후발적 경정청구를 거쳐 불복 절차로 나아가고 있으므로 절차상으로는 어느 정도 정리된 것으로 볼 수도 있으나, 그 사유로는 여전히 양도에 해당하는지를 따지고 있고, 이는 결국 경정청구의 종류 및 그에 따른 청구기한에 영향을 미치므로 여전히 논란은 남아 있다.[64]

참고로, 판례는 기존의 입장에서 더 나아가 대금 감액의 경우 통상적 경정청구 사유에도 해당한다 하였는데,[65] 이는 대금감액을 마치 계약의 일부 해제처럼 취급한 결과로 보인다. 그러나 양도 자산 자체의 일부를 양도에서 제외한 경우는 몰라도, 대금감액을 계약의 일부 해제로 보는 것은 어색하다. 설령 대금감액을 계약의 일부 해제로 보더라도 이는 합의해제에 해당하므로, 마찬가지로 대금감액의 부득이한 사유 유무를 따져 후발적 경정청구의 인용 여부를 정하면 충분할 것이다.

한편 앞서 보았듯 부담부증여에서 수증자가 부담한 채무액에 대하여는 양도소득세가 과세되는데, 이 경우에도 수증자의 채무변제 불이행으로 증여계약이 해제된다면 처음부터 양도가 없었던 것이 된다.[66]

2. 거래계약 허가를 받지 못한 토지 매매의 경우

(1) 판례의 기본 입장

거래계약 허가 구역 안에 있는 토지의 소유권을 이전하는 경우 관할 기관의 허가를 받아야 하고, 허가를 받지 않고 체결한 거래계약은 효력이 없다.[67] 거래

---

63) 국세기본법 시행령 제25조의2 제2호는 후발적 경정청구 사유 중 하나로 '최초의 신고·결정 또는 경정을 할 때 과세표준 및 세액의 계산 근거가 된 거래 또는 행위 등의 효력과 관계되는 계약이 해제권의 행사에 의하여 해제되거나 해당 계약의 성립 후 발생한 부득이한 사유로 해제되거나 취소된 경우'를 규정하고 있다.

64) 엄밀히 말하면, 애당초 '양도'가 없다면 이는 후발적 경정청구 사유가 아니라 통상적 경정청구 사유로 봄이 타당하다.

65) 대법원 2018. 6. 15. 선고 2015두36003 판결.

66) 대법원 2016. 11. 10. 선고 2016두45400 판결. 이 판결에 대한 평석은 이용우, "부담부증여에 있어서 '면책적 채무인수'가 아닌 '중첩적 채무인수'에 대해서도 양도소득세 납세의무가 성립하는지 여부", 『대법원판례해설』, 제110호, 법원도서관, 2017, 376면 이하 참조.

계약은 채권적으로도 물권적으로도 효력이 없으므로,[68] 양도소득세 과세를 위한 전제로 토지의 '양도'가 있었다고 말하기는 쉽지 않다. 그러나 판례가 거래계약의 효력에 대하여 이른바 '유동적 무효'의[69] 입장을 취함에 따라 양도소득세를 과세할 수 있는지에 대한 논란은 지속되어 왔다.

대표적으로 잔금이 청산된 이상 세법상 양도에 해당하고, 실질과세 원칙이나 공평과세의 원칙을 고려하여도 그러하다는 이유에서 양도소득세 과세가 가능하다는 견해와, 허가를 받기 전에는 채권적으로도 물권적으로도 효력이 없고 소유권이전등기도 불가능하며, 무효가 되어 양도대금 또한 반환될 가능성이 높으므로 소득이 실현된 것으로 볼 수 없다는 이유에서 과세가 불가능하다는 견해가 대립하였다.[70] 이에 대하여 판례는[71] 확고하게, 설령 잔금을 청산한 경우라도 허가를 받기 전에는 양도로 볼 수 없다고 하였는데,[72] 허가를 받지 않으면 양수

67) 종래 국토이용관리법 제21조의3에 규정되어 있던 내용으로, 2003년에는 「국토의 계획 및 이용에 관한 법률」 제118조로 이관되었고, 2017년부터는 「부동산 거래신고 등에 관한 법률」 제11조에서 이를 규정하고 있다.

68) 대법원 1991. 12. 24. 선고 90다12243 전원합의체 판결.

69) 바로 앞 주68의 판결은 다음과 같은 내용이다. "허가를 받기 전의 거래계약이 처음부터 허가를 배제하거나 잠탈하는 내용의 계약일 경우에는 확정적으로 무효로서 유효화될 여지가 없으나 이와 달리 허가받을 것을 전제로 한 거래계약(허가를 배제하거나 잠탈하는 내용의 계약이 아닌 계약은 여기에 해당하는 것으로 본다)일 경우에는 허가를 받을 때까지는 법률상 미완성의 법률행위로서 소유권 등 권리의 이전 또는 설정에 관한 거래의 효력이 전혀 발생하지 않음은 위의 확정적 무효의 경우와 다를 바 없지만, 일단 허가를 받으면 그 계약은 소급하여 유효한 계약이 되고 이와 달리 불허가가 된 때에는 무효로 확정되므로 허가를 받기까지는 유동적 무효의 상태에 있다고 보는 것이 타당하므로 허가받을 것을 전제로 한 거래계약은 허가받기 전의 상태에서는 거래계약의 채권적 효력도 전혀 발생하지 않으므로 권리의 이전 또는 설정에 관한 어떠한 내용의 이행청구도 할 수 없으나 일단 허가를 받으면 그 계약은 소급해서 유효화되므로 허가 후에 새로이 거래계약을 체결할 필요는 없다."

70) 견해 대립의 상세는 김갑순·정지선, "양도소득세에 있어서 양도의 의의에 관한 연구", 『조세법연구』 제11권 제1호, 2005, 92~94면 참조.

71) 대법원 1993. 1. 15. 선고 92누8361 판결. 구체적으로는
"토지에 대한 거래허가를 받지 아니하여 무효의 상태에 있다면 단지 매매대금이 먼저 지급되어 양도인이 이를 보관하고 있다 하여 이를 두고 양도소득의 과세대상인 자산의 양도에 해당한다거나 자산의 양도로 인한 소득이 있었다고 단정할 수는 없는 것이며, 소득세법에 의하면 양도소득에 있어 자산의 양도라 함은 자산이 유상으로 사실상 이전되는 것을 말한다고 규정하고 있는 바, 경제적인 측면에서만 양도소득을 파악하여 이득의 지배관리나 향수를 하고 있는 지위에 있는 것만으로 양도소득이 있다고 판단하여서는 안 된다."
고 판시하였다.

72) 더 나아가 판례는 원고가 매매계약을 체결한 후 토지거래허가가 나지 아니하자 증여를 원인으로 한 소유권이전등기를 한 사례에서, 그 계약은 확정적으로 무효로 되었고 그 소유권이전등기 또한 원인이 없어 무효이므로 결국 원고가 이 사건 토지를 취득할 수 없게 된 이상 증여세 납부의무도 없다고 하였다(대법원 1997. 3. 20. 선고 95누18383 전원합의체 판결). 또한 판례는 같은 취지에서 매수인의 취득세 신고·납부는 당연무효라고 하였다(대법원 1997. 11. 11. 선고 97

인이 정상적으로 소유권을 이전받는 것이 불가능하고, 이후에 허가를 받으면 그 때 양도소득세를 과세하여도 되는 점 등을 종합적으로 고려한 것으로 보인다.

그러나 양수인이 대금을 지급받아 이를 관리할 수 있는 상태라면, 경정청구 제도가 도입된 이후에는 앞서 본 것과 마찬가지로 양도소득세 과세를 위한 전제로서 양도가 있다고 보기에 충분하므로 일단 양도소득세를 과세하고, 이후 확정적으로 무효가 되면 경정청구 등을 통하여 구제받도록 하는 것이 타당하다. 또한 허가가 없어 소유권이전등기를 하지 못한 경우라도 실제 그 토지를 사용하고 있는 경우라면 해당 토지는 사실상 이전이 되었다고 보는 것이 합리적이고, 특히 제3자에게 다시 양도가 된 경우는 더욱 그러하므로, 양도소득세 회피를 허용한다는 측면에서 판례에 대한 비판이 계속 이어져 왔다.

(2) 최근의 판례

결국 판례는[73] 그 입장을 바꾸어 예외적으로 양도소득세 과세를 긍정하면서, 그 이유로는 소득세법은 양도의 원인 행위가 유효할 것을 요구하고 있지 않은 점과 조세정의 및 형평을 들었다.[74] 구체적으로는 양도소득세 과세가 가능한 예로 두 가지의 경우를 들었는데,

① 토지거래허가구역 내 토지를 매도하고 대금을 수수하였으면서도 토지거래허가를 배제하거나 잠탈할 목적으로 매매가 아닌 증여가 이루어진 것처럼 가장하여 매수인 앞으로 증여를 원인으로 한 이전등기까지 마친 경우와,

② 토지거래허가구역 내 토지를 매수하였으나 그에 따른 토지거래허가를 받

다8427 판결).

73) 대법원 2011. 7. 21. 선고 2010두23644 전원합의체 판결. 이에 대한 평석은 윤경아, "토지거래허가를 배제·잠탈하는 경우의 양도소득세 과세 여부", 『사법』 제18호, 사법발전재단, 2011, 291면 이하 참조.

74) 구체적으로 "소득세법은 '…'양도'라 함은 자산에 대한 등기 또는 등록에 관계없이 매도, 교환, 법인에 대한 현물출자 등으로 인하여 그 자산이 유상으로 사실상 이전되는 것을 말한다.'라고 규정하고 있을 뿐 자산이 유상으로 이전된 원인인 매매·교환·현물출자 등(이하 '매매 등'이라 한다) 계약이 법률상 유효할 것까지 요구하고 있지 않다. 한편 매매 등 계약이 처음부터 국토의 계획 및 이용에 관한 법률(이하 '국토계획법'이라 한다)에서 정한 토지거래허가를 배제하거나 잠탈할 목적으로 이루어진 경우와 같이, 위법 내지 탈법적인 것이어서 무효임에도 당사자 사이에서는 매매 등 계약이 유효한 것으로 취급되어 매도인 등이 매매 등 계약의 이행으로 매매대금 등을 수수하여 그대로 보유하고 있는 경우에는 종국적으로 경제적 이익이 매도인 등에게 귀속되고, 그럼에도 매매 등 계약이 법률상 무효라는 이유로 매도인 등이 그로 말미암아 얻은 양도차익에 대하여 양도소득세를 과세할 수 없다고 보는 것은 매도인 등으로 하여금 과세 없는 양도차익을 향유하게 하는 결과로 되어 조세정의와 형평에 심히 어긋난다."고 판시하였다.

지 않고 이전등기를 마치지도 않은 채 토지를 제3자에게 전매하여 매매대금을 수수하고서도 최초 매도인이 제3자에게 직접 매도한 것처럼 매매계약서를 작성하고 그에 따른 토지거래허가를 받아 이전등기까지 마친 경우, 이전등기가 말소되지 않은 채 남아 있고 매도인 또는 중간 매도인이 수수한 매매대금도 매수인 또는 제3자에게 반환하지 않은 채 그대로 보유하고 있는 때에 양도소득세 과세가 가능하다고 하였다. 위 판례에 대하여는 대체적으로 결론을 수긍하면서, 세부적으로는 다만 이를 위법소득 과세의 문제로 접근하여 양도소득의 경우에만 예외를 인정할 필요가 없으므로 타당하다는 견해와[75] 강행법규를 위반하여 소유권이전등기를 할 수는 없지만 돈은 이미 받았고 등기까지 넘겼다면 양도소득세 과세는 일단 유효하고, 그 이후 무효의 문제는 경정청구로 해결하면 된다는 견해[76] 등으로 나누어진다. 특별한 사정이 없는 한 소득세법상 양도의 정의를 충족하면 양도소득세 과세대상으로 봄이 타당하므로, 앞서 보았듯 이 경우는 대금청산 여부는 물론 토지의 실제 이용 현황 등을 고려할 때 양도로 봄이 충분하고, 예외적으로 무효가 되는 경우는 경정청구로 이를 해결하면 될 것이다.

(3) 유의할 점

참고로 2011년 판례가 변경되기 전인 2000년 말 소득세법을 개정하여, 토지거래계약에 관한 허가 구역에 있는 토지를 양도할 때 토지거래계약 허가를 받기 전에 대금을 청산한 경우에는 그 허가일을 기준으로 양도소득세 예정신고와 확정신고를 할 수 있도록 하였다.[77] 그간 납세자가 납세의무 성립 여부를 정확히 알지 못하여 양도소득세 신고에 어려움을 겪거나 과세관청이 납세의무 성립을 인식하지 못하여 부과제척기간이 도과하는 경우를 막기 위한 취지로 보인다.[78] 그런데 별도 규정이 없는 이상 납세의무 성립 시기는 원칙에 따라 대금청산시로 볼 수밖에 없고, 그러면 그때부터 부과제척기간은 진행되는 것이므로 신고기한 유예로 가산세를 면하는 것 이외에 부과제척기간이 도과하는 문제는 해결된 것으로 볼 수 없다. 그리고 이러한 문제는 변경된 판례가 예외적으로 양도소득세 과세가 유효하다고 본 경우도 마찬가지로 발생한다.[79]

---

75) 한만수, 『조세법강의』(신정15판), 박영사, 2023, 251~252면.
76) 이창희, 『세법강의』, 574면.
77) 소득세법(2000. 12. 29. 법률 제6929호로 개정된 것) 제105조, 제110조.
78) 구(舊) 재정경제부, 『2000 간추린 개정세법』, 2001, 119면.
79) 각 경우에 따라 양도시기, 신고납부기한, 부과제척기간의 기산일이 분리되는 문제점에 대한 상

3. 명의신탁의 경우

명의신탁 약정에 따라 부동산의 매매가 이루어진 경우 이를 '양도'에 해당한다고 볼 수 있을지 문제된다. 종래 명의신탁을 무효로 보는 견해도 있었지만, 판례는 종중(宗中)이나 부부 사이에 명의신탁이 빈번하게 이루어지는 현실 등을 고려해서 이를 유효한 것으로 보아 왔다.[80] 그러나 명의신탁은 법률관계를 복잡하게 하고, 탈세 등에 이용되는 문제점이 있어 이에 대한 규제 필요성이 컸고, 그 결과 부동산실명법이 제정되었다. 그에 따라 명의신탁 약정은 물론 그에 따른 등기로 인한 물권 변동도 원칙적으로 무효가 되었고,[81] 명의신탁자에게는 과징금을 부과하게 되었다.[82]

부동산실명법 제정 이후 명의신탁에 관한 판례의 태도를 간략히 정리하면 아래와 같다.

① 우선 2자간 명의신탁의 경우 명의신탁 약정과 그에 따른 소유권이전등기는 무효이고, 그에 따라 명의신탁자는 명의수탁자에게 소유권이전등기의 말소(반환)를 구할 수 있다.[83]

② 다음으로 3자간 등기명의신탁, 즉 매도인과 명의신탁자(실제 매수인)간 매매계약이 체결되었으나, 합의에 따라 매도인으로부터 명의수탁자(명목상 매수인)로 소유권이전등기를 한 경우, 명의신탁자와 명의수탁자 사이의 명의신탁약정과 매도인과 명의수탁자 간의 소유권이전등기는 무효이므로, 매도인은 명의수탁자에게 소유권이전등기의 말소(반환)를 구할 수 있다. 그리고 매도인과 명의신탁자 사이의 당초 매매계약은 여전히 유효하므로 명의신탁자는 매도인에게 소유권이전등기를 청구할 수 있고, 그 소유권이전등기청구권을 보전하기 위하여 매도인을 대위(代位)하여 명의수탁자에게 무효인 그 명의 등기의 말소를 구할 수도 있다.[84] 나아가 위 두 과정을 합하면, 명의수탁자가 곧바로 명의신탁자 앞으로 한 소유권이전등기는 결국 실체(實體) 관계에 부합하는 등기로서 유효한 등기에 해

세한 분석으로는 이중교, "토지거래허가에 관한 조세법적 문제 – 양도소득세를 중심으로", 『조세법연구』 제19권 제3호, 2014, 93면 이하 참조.

80) 대법원 1965. 11. 23. 선고 65다1669 판결 등.

81) 부동산실명법 제4조.

82) 부동산실명법 제5조.

83) '불법원인급여'(不法原因給與)가 아니므로 반환 청구가 가능하다는 것으로 대법원 2003. 11. 27. 선고 2003다41722 판결 등.

84) 대법원 2002. 3. 15. 선고 2001다61654 판결.

당한다.[85)]

③ 마지막으로 계약명의신탁, 즉 명의수탁자가 나서서 매도인과 명의수탁자 간 매매계약이 체결된 경우, 매도인이 이를 알았더라면 사실상 3자간 등기명의신탁과 마찬가지이므로 매매계약과 소유권이전등기는 무효가 되나,[86)] 매도인이 이를 몰랐다면 소유권이전등기는 유효하고 명의수탁자는 일단 소유권을 취득한다.[87)] 이때 매도인이 악의(惡意)인 경우의 계약명의신탁은 사실상 3자간 등기명의신탁과 유사하여 그 구분이 쉽지 않은데, 이는 결국 계약 당사자가 누구인가를 확정하는 문제로 귀결된다.[88)]

위와 같은 판례의 태도를 바탕으로 명의신탁에 따른 소유권이전등기가 있는 경우 양도소득세 과세를 위한 전제로서 ‘양도’가 있는지를 정리하면 아래와 같다.

① 명의신탁에 따른 소유권이전등기는 무효이므로 이는 양도가 아니고, 같은 취지에서 명의신탁 해지에 따른 소유권이전(말소)등기도 양도가 아니다.[89)]

② 3자간 등기명의신탁의 경우, 비록 매도인으로부터 명의수탁자에게 이루어진 소유권이전등기는 무효이나 매도인과 명의신탁자 사이의 매매계약은 여전히 유효하고 대금도 모두 지급되었으므로 양도에 해당하는 것으로 봄이 타당하다. 소득세법상 양도, 즉 자산이 유상으로 사실상 이전된 것이 분명한 이상, 대금을 전부 수령한 매도인은 소유권이전등기의 최종 귀속자가 누구인지와 무관하게 그 시점에 양도소득세 납세의무를 부담하는 것으로 보아야 한다. 그리고 이후 명의신탁자가 자신의 의사에 따라 부동산을 양도한다면, 그에 대한 양도소득세는 명의신탁자가 부담하면 된다. 앞서 본 관련 민사 법리 또한 결국에는 명의신탁자(실제 매수인)에게 소유권이 귀속되는 것이 실체관계에 부합된다는 취지를 담고 있으므로 이와 같이 보더라도 별다른 문제가 없다.

---

85) 대법원 2004. 6. 25. 선고 2004다6764 판결.

86) 대법원 2003. 9. 5. 선고 2001다32120 판결. 이 경우 “3자간 등기명의신탁과 달리 매도인과 명의신탁자 사이에는 아무런 매매계약이 없으므로, 명의신탁자가 당연히 매수인이 된다고 할 수는 없지만, 매도인이 계약명의자인 명의수탁자 대신 명의신탁자가 그 계약의 매수인으로 되는 것에 대하여 동의 내지 승낙을 함으로써 부동산을 명의신탁자에게 양도할 의사를 표시하였다면, 이는 매도인과 명의신탁자 사이에 종전의 매매계약과 같은 내용의 양도약정이 따로 체결된 것으로 봄이 상당하므로, 이 경우 명의신탁자는 매도인에 대하여 소유권이전등기청구를 할 수 있다.”고 한다.

87) 부동산실명법 제4조 제2항 단서.

88) 대법원 2010. 10. 28. 선고 2010다52799 판결.

89) 법률 개정 이전의 것이지만 양도소득세 과세대상이 아니라고 한 것으로 대법원 1994. 9. 9. 선고 93누23541 판결 등

판례도 같은 취지이며,[90] 심지어는 더 나아가 아직 소유권을 취득하기 전임에도 불구하고, 양도소득세 중과(重課) 대상인 '1세대 3주택 이상에 해당하는 주택'인지 여부를 판단함에 있어서도 명의신탁한 주택은 명의신탁자가 소유하는 것으로 보아 주택수를 산정하여야 한다고 하고 있다.[91]

③ 계약명의신탁의 경우 만약 매도인이 그 사실을 몰라 유효인 경우라면 명의수탁자가 소유권을 유효하게 취득하므로 양도에 해당하나, 무효인 경우라면 애당초 양도에 해당하지 않는다. 결국 매도인의 선의(善意) 여부에 따라 그 결과가 달라지는데 이러한 상태는 앞서 본 거래계약 허가를 받지 못한 토지의 매매, 즉 유동적 무효인 경우와 동일하므로, 같은 방식으로 접근하는 것이 타당하다. 즉 소득세법상 정의를 충족하는 이상 양도에 해당하는 것으로 보아 일단 양도소득세 과세 대상으로 삼고, 이후 매도인이 악의로 드러나 무효로 확정된다면 경정청구를 통해 정리하면 된다.[92]

이처럼 명의신탁의 경우는 양도소득세에 있어 '양도' 여부를 판단함에 있어 민사법상 법리에 따른 결과와 사실상 일치한다. 다만 이러한 결과는 명의신탁의 경우 대금이 청산되고 이후 자산의 실제 이용 현황 등을 고려할 때 소득세법상 양도의 정의를 충족하고 있기 때문일 뿐, 민사법상의 법리에 따라 양도 해당 여부를 판단하여 그러한 것은 아니라고 보아야 한다.

Ⅳ. 마치며 — 양도소득세에 있어 '양도'

1. '양도' = 미실현이득의 과세 계기

앞서 보았듯이 소득세법은 '양도'의 개념을 민사법상 양도와 다른 개념으로 규정하고 있다. 그럼에도 판례는 '양도'의 개념을 가능한 민사법의 법리와 일치시키려고 한다. 대표적인 예로 양도가 무효이거나 해제된 경우가 그러하고, 명

---

90) 대법원 2018. 11. 9. 선고 2015두41630 판결. 이 판례는 3자간 등기명의신탁 약정에 따라 명의수탁자 명의로 마친 소유권이전등기는 무효임을 전제로, 해당 이전등기는 법령이 정한 양도시기가 될 수 없으므로, 설령 잔금 청산이 이전등기 이후에 이루어졌더라도 이전등기일이 아닌 잔금 청산일을 양도시기로 보아야 한다고 한다.

91) 대법원 2016. 10. 27. 선고 2016두43091 판결. 이 판결에 대한 평석은 이의영, "등기명의신탁관계에서 소득세법상 주택보유자 판정", 『대법원판례해설』, 제110호, 법원도서관, 2017, 386면 이하 참조.

92) 이창희, 『세법강의』, 574~575면.

의신탁이나 토지거래허가 구역 내 토지의 양도의 경우가 그러하다. 소득세법에서 이미 민사법과 다르게 정의하고 있는데, 둘을 굳이 일치시키려고 하니 메울 수 없는 틈이 생기는 것은 불가피하다. 그때그때 다른 길을 선택하되 구체적 타당성, 조세정의 등의 이유를 붙여 설명할 수밖에 없게 된다. 민사법상 양도 개념에 충실할 때 가장 큰 장점은 소유권이 이전하였고, 그에 따라 증가된 소득이 — 현금이든 채권이든 — 분명히 실현되었다는 점이다. 그러나 앞서 보았듯 양도소득세도 소득세인 이상 실현 여부는 소득 개념과 무관하다.

결국 다시 돌아와 '양도' 여부의 판단은 소득세법의 법 문언(文言)을 충실하게 따르면 된다. 유상으로 사실상 이전이 된 경우면 양도로 보는 것이다. 대금 지급이 되었고 형식적으로나 실질적으로 소유권이 이전된 것이 분명하다면 양도에 해당할 것이다. 법문언에 따라 등기가 되지 않은 경우도 양도에 해당한다. 다만 앞서 보았듯 권리의 동일성이 유지된 경우나 소유권의 형식적 이전에 불과한 경우는 양도가 아니다.

양 끝단의 중간 어느 지점에서 결론이 달라지는 시점을 정해야 하는데, 이를 위해서는 종래 자산의 소유자인 납세자가 가지고 있는 투자 포지션의 수익률과 위험도가 상당한 정도로 변화하였는지 등을 종합적으로 살피면 된다. 상당한 변화가 발생하였다면 담세력 등을 비롯한 여러 요건들이 양도소득세를 과세하기 충분할 정도로 충족되었다 할 것이고, 따라서 이때를 양도소득세 과세의 계기로 삼는 것이다.[93] 구체적으로 어느 정도의 변화를 기준으로 삼을지 문제되나, 양도소득세의 목적상으로는 양도 개념을 가능한 넓게 보면 된다. 민사법의 법리와 다소 어긋나더라도, 그렇게 보는 것이 세법이 '양도'를 다르게 규정하고 있는 취지에도 들어맞는다. 양도를 넓게 본 만큼 이후 해제 등으로 인해 양도소득세를 환급해 주어야 하는 문제가 여럿 발생할 수도 있지만, 계속 살펴보았듯 이는 제도의 도입 취지 등에 맞게 경정청구를 통해 해결하면 된다.

2. 사망을 '양도'로 볼 수 있는지

'양도'를 양도소득세 과세를 위한 계기로 이해하고, 자산의 사실상 이전 여부를 따진다면, 사망에 따른 상속도 무상인 것 외에는 양도의 개념에 딱 들어맞는다. 그런데 우리 세법은 유상양도만을 양도소득세 과세대상으로 삼고, 무

93) 이창희, 『세법강의』, 574면.

상양도인 상속을 양도소득세 과세대상에서 제외한 체 상속세 과세대상으로 삼으면서, 서로 다른 방식으로 세액을 계산하다 보니 사실상 과세에 공백이 발생하고 있다.

교과서의 예로,[94] '갑1', '을1' 두 사람이 동시에 똑같은 부동산을 100원씩 주고 산 후 부동산의 값이 300원으로 오른 상황에서, 갑1은 부동산을 판 직후에 사망하고, 을1은 부동산을 팔지 않고 사망하면, 갑1에게는 양도차익 200원(= 300원 - 100원)에 대하여 양도소득세가 부과되지만, '을2'에게는 양도소득세가 부과되지 않는다. 세금 부담의 차이가 발생한 것이다. 이후 상속인인 '갑2'에게는 300원의 현금에 대하여, 을2에게는 300원의 부동산에 대하여 상속세 납세의무가 있는 것은 동일하다.[95] 갑1과 을1의 담세력은 같지만, 자산의 최종 이전 결과 세부담은 다르고, 이를 두고 이중과세라 할 수도 없다.

이후 부동산의 값이 400원으로 증가하고 을2가 이를 양도한다면, 현행법상 상속받은 자산의 실지취득가액은 상속개시일 현재의 평가액(시가)이므로,[96] 을2에게는 양도차익 100원(= 400원 - 300원)에 대하여 양도소득세가 부과된다. 만약 갑2가 300원의 현금을 잘 활용하여 총 400원을 얻었다면 소득 100원에 대하여 세금이 부과되는 것은 같다. 복잡한 듯 보이지만, 현행법상 양도소득세 계산시 상속받은 재산의 '실지(實地) 취득가액'은 '승계(carry－over) 방식'이 아닌 '평가증(評價增, step－up) 방식'으로 정해지므로, 피상속인 을1의 보유 기간 동안 발생한 미실현이익 200원(= 300원 - 100원)에 대하여는 영구적으로 과세가 이루어지지 않게 되는 것이다.

이러한 문제는 또 다른 무상양도인 증여의 경우에도 마찬가지로 발생한다. 결국 이 문제를 근본적으로 해결하기 위해서는 무상양도에도 양도소득세를 물리는 것이 타당하나, 그렇지 않다면, 적어도 상속받은 재산의 취득가액을 '승계 방식'으로 전환할 필요가 있다.[97]

---

94) 이창희, 『세법강의』, 575~576면 본문의 예를 바탕으로 일부 수정하였다.

95) 정확히는 양도소득세와 상속세의 세율을 모두 50%로 가정할 경우, '갑 가족'은 갑1이 양도소득세 100원을, 갑2가 양도소득세 납부 후 상속세 100원(= 200 × 50%)을 각 부담하여 총 200원의 세금을, '을 가족'은 을2가 상속세 150원(= 300 × 50%)만을 부담한다.

96) 소득세법 시행령 제163조 제9항.

97) 승계 방식을 적용할 경우 을2가 상속받은 부동산을 양도하면, 취득가액으로 100원이 적용되어 양도차익 300원(= 400원 - 100원)에 대하여 양도소득세가 부과된다.

3. 최근의 사례 하나

최근의 사례 하나를 살펴본다. 이해를 돕기 위해 사안을 단순화하고, 급격한 가격 변동이 있는 것으로 설정하였다.

(사례) '갑'은 2021. 2. 1. 자녀인 '을'에게 당시 시가 30억 원 상당의 토지를 증여하였고, 을은 2022. 5.경 '정'에게 위 토지를 45억 원에 양도하였다. 갑은 2022. 1. 1. 사망하였는데, 상속인은 자녀 을과 '병'이었고, 사망 당시 다른 재산은 없었다. 병은 2022. 6.경 을을 상대로 유류분(遺留分) 반환청구 소송을 제기하였고, 2024. 11.경 변론이 종결되었다. 법원은 을이 병에게 20억 원을 지급하라고 판결하였는데, 위 토지의 시가는 상속 개시 당시 40억 원, 변론 종결 당시 80억 원이었다.

(1) 유류분 제도 개관

유류분 제도란 피(被) 상속인이 증여 등으로 자유로이 재산을 처분하는 것을 제한하여 법정(法定) 상속인 중 일정한 범위의 근친자(近親者)에게 법정 상속분의 일부가 귀속되도록 법률상 보장하는 것으로, 우리 민법은 피상속인의 직계비속 등을 유류분 권리자로 정하고 있다.[98] 유류분 제도는 피상속인의 재산처분 행위로부터 유족들의 생존권을 보호하고, 법정 상속분의 일정 비율에 상당하는 부분을 유류분으로 산정하여 상속재산 형성에 대한 기여와 상속재산에 대한 기대를 보장하려는 데에 그 취지가 있고, 가족의 연대가 종국적으로 단절되는 것을 저지하는 기능을 한다.[99]

유류분은 상속 개시시 피상속인이 가진 재산의 가액에 증여재산의 가액을 가산하고 채무의 전액을 공제하여 산정하는데,[100] 여기서 증여는 원칙적으로 상속 개시 전 1년 간에 행한 것을 말하며,[101] 그 가액은 상속 개시시를 기준으로 하여 산정한다.[102] 유류분 권리자가 피상속인의 증여로 인하여 그 유류분에 부족이 생긴 때에는 부족한 한도에서 그 재산의 반환을 청구할 수 있다.[103] 이 경우 반환의무자는 증여재산 그 자체를 반환하면 되나, 원물(原物) 반환이 불가능

98) 민법 제1112조.
99) 헌재 2010. 4. 29. 선고 2007헌바144 결정.
100) 민법 제1113조 제1항.
101) 민법 제1114조.
102) 대법원 1996. 2. 9. 선고 95다17885 판결.
103) 민법 제1115조 제1항.

한 경우에는 그 가액 상당액을 반환하여야 하고, 이때 반환할 가액은 사실심 변론 종결시를 기준으로 산정한다.[104]

⑵ 유류분 제도의 적용

위 사례에서 을은 상속 개시 전 1년 이내에 갑으로부터 토지를 증여받은 반면, 병은 아무런 재산을 상속받지 못하였으므로, 병은 을을 상대로 유류분 부족액을 반환받을 권리를 가진다. 병의 유류분이자 유류분 부족액은 10억 원(= 상속개시 당시 토지의 시가 40억 원 × 법정상속분 1/2[105] × 유류분 1/2[106])이다. 토지 자체의 반환이 원칙이나, 을이 이미 정에게 토지를 양도하여 원물반환이 불가능하게 되었으므로 가액반환을 하여야 하고, 이때 반환할 가액은 20억 원(= 변론 종결시 당시 토지의 시가 80억 원 × 법정상속분 1/2 × 유류분 1/2)이다.

⑶ 세금 문제

1) 과세 실무

이처럼 부동산 관련 유류분이 가액반환 된 경우 세금 문제는 어떤 방식으로 처리되어야 하는지 문제된다. 실무례는 '상속개시 당시의 부동산 가액 중 유류분 부분'은 상속재산에 가산하여 상속세가, '가액반환금과 상속개시 당시의 부동산 가액 중 유류분 부분의 차이'는 각각 양도가액과 취득가액이 되어 양도소득세가 과세된다고 한다.[107] 위 사례에 대입하여 보면, 유류분 권리자 병이 반환받은 양도대금에 해당하는 재산인 토지의 상속개시 당시 시가 10억 원은 상속재산에 가산되어 (이를 상속한 병에게) 상속세가 부과됨과 동시에 가액 반환액인 20억 원은 양도가액이 되고, 유류분 산정액인 상속개시 당시 토지의 시가 10억 원은 취득가액이 되어 양도소득세가 부과된다.

유류분이 반환되면 기존에 있었던 증여는 유류분 비율(지분)만큼 소급하여 그 효력을 상실하여 상속개시 당시 그 비율만큼 피상속인에게 상속재산이 남아 있었고, 이를 유류분 반환권리자(병)가 상속받았다고 관념상 의제하였다가, 이후 가액반환시 유류분 반환의무자(을)에게 해당 지분을 양도한 것이라 생각하는 것이다.

---

104) 대법원 2005. 6. 23. 선고 2004다51887 판결.

105) 민법 제1009조 제1항.

106) 민법 제1112조 제1호.

107) 국세청 부동산거래관리과-406, 2012. 7. 27.

2) 검토

타당한 결론일까. 최근 하급심에서는 위와 같은 실무례에 기초하여 과세한 사안에서 세법상 '양도'로 삼을만한 것도 없고, 특히 '양도'의 핵심 요소인 '유상성'(有償性)이 없다는 이유에서 양도소득세 부과처분이 위법하다 보았다.[108] 유류분의 소급효를 인정하더라도 반환받는 금전은 부동산 그 자체의 변형물(變形物)에 불과하고 이를 자산 이전의 '대가'로 볼 수는 없다는 것이다.

위 사례를 다시 살펴보면, 과세관청은 병이 제기한 유류분반환소송의 결과에 따라 갑이 을에게 증여한 토지가 상속 개시 시점으로 소급하여 유류분 비율만큼 상속재산으로 회복됨과 동시에 병이 이를 상속하게 되는데, 유류분 반환의무자인 을이 유류분 권리자인 병에게 토지를 원물반환할 수 없게 됨에 따라 결국 병이 변론 종결 시점에 유류분 비율만큼 상속받은 토지를 시가로 을에게 '양도'하고 그 대가를 지급받은 것처럼 논리를 구성하였다. 과세관청의 이러한 논리는 유류분의 원물반환이 불가능하여 가액반환될 경우 (판례에 따라) 반환액 산정의 기준 시점은 사실심 변론 종결시인 반면, 상속세가 부과되는 재산가액 산정의 기준 시점은 (사실심 변론 종결시보다 상당 기간 이전인) 상속 개시일이기 때문에 불가피하게 발생하는 과세공백을 메우기 위한 것으로 이해된다.

그러나 병에게 양도소득세를 부과하기 위해서는 '양도'로 볼 만한 어떠한 행위가 있어야 하는데, 위 사례에서 해당 토지의 소유권은 갑에서 을로 증여를 원인으로, 그리고 을에서 제3자인 정으로 양도되었을 뿐이므로, 병으로부터 어떠한 형태로든 사실상 이전이 있었다고 의제(擬制)할 수 있는지 의문이다. 또한 가액반환은 주된 의무인 원물반환의 대체적 의무로 발생하는 것뿐이므로, 하급심 판례의 결론처럼 그 가액반환이 '유상'으로 이루어졌다고 볼 수 있는지도 의문이다.

다만 우리 민법은 유류분의 반환 방법에 대하여 별도로 규정하고 있지 않으므로 위 사례처럼 원물반환이 불가능하여 가액반환을 할 수밖에 없는 경우 외에도, 원물반환이 가능함에도 불구하고 유류분 반환권리자가 가액반환을 청구하고 이에 대하여 유류분 반환의무자가 다투지 않거나 또는 양자의 협의에 따라 가액반환이 이루어지는 경우도 있을 수 있다.[109] 만약 이러한 경우라면 유류분 권리

108) 서울행정법원 2024. 5. 22. 선고 2023구단70391 판결.
109) 대법원 2013. 3. 14. 선고 2010다42624,42631 판결.

자가 반환의무자에게 자신의 유류분에 상당하는 토지 부분을 양도하였다고, 또는 적어도 그러한 의사가 있었다고 볼 수 있을지는 모르겠지만, 앞서 보았듯 당사자의 의사에 따라 양도 여부가 정해지는 것은 아니다.

3) 소결

결국 유류분의 반환 방법에 따라 불가피하게 유류분으로서의 상속재산 그 자체와 상속재산의 대체물을 평가하는 시점의 차이가 발생할 수밖에 없는 데다가, 상속세는 '상속의 개시(사망)'이라는 사건을 과세 시점으로 포착하고 있는 반면, 양도소득세는 '양도'라는 행위를 중심으로 각자가 굳건한 과세체계를 구축하고 있으므로, 불가피하게 과세 공백이 발생할 수밖에 없는 실정이다. 그렇다고 하여 이를 억지로 '양도'로 구성하여 양도소득세를 과세할 수는 없다. 유류분 반환은 기본적으로 상속의 영역에 속해 있는 문제이므로, 이에 대한 과세 문제는 결국 상속세로 해결하는 것이 타당하고, 유류분 반환이 가액반환으로 이루어질 경우의 과세 공백을 보완하기 위해 상증세법에 평가 등에 관련하여 별도의 규정을 마련할 필요가 있다.

참고문헌

한만수, 『조세법강의』 (신정15판), 박영사, 2023

임승순 · 김용택, 『조세법』 (제25판), 박영사, 2025

광장신탁법연구회, 『주석 신탁법』 (제2판), 박영사, 2016

고영구, “주택개량재개발조합에게 토지를 제공하고 아파트와 상가를 분양받은 경우 상가 부분을 청산금의 대가로 취득한 것으로 보아 종전 토지 중 상가분양가액에 상응하는 토지 부분에 대하여 양도소득세를 부과할 수 있는지”, 『대법원판례해설』 제50호, 법원도서관, 2004

김갑순 · 정지선, “양도소득세에 있어서 양도의 의의에 관한 연구”, 『조세법연구』 제11권 제1호, 2005

김태호, “지방세법상 취득세의 취득개념과 과세물건에 관한 연구”, 『세무학연구』 제25권 제3호, 한국세무학회, 2008

김희철, “신탁재산처분에 따른 부가가치세 납세의무자”, 『사법』 제44호, 사법발전재단, 2018

류성욱, “물상보증인이 담보권 실행을 위한 경매로 담보목적물의 소유권을 상실하였으나 채무자의 파산으로 구상권을 행사할 수 없게 된 경우 후발적 경정청구 사유로 보아 양도소득세 부과처분을 위법하다고 볼 수 있는지 여부”, 『대법원판례해설』 제128호, 법원도서관, 2021

성열우, “부동산매매계약이 매수인의 채무불이행을 이유로 해제된 경우 양도소득세 부과대상이 되는 ‘자산의 양도’에 해당하는지 여부 및 매매계약의 해제시기”, 『대법원판례해설』, 제43호, 법원도서관, 2003

______, “이혼시 재산분할을 원인으로 이전받은 부동산의 양도차익을 산출함에 있어 그 취득시기”, 『대법원판례해설』, 제48호, 법원도서관, 2004

윤경아, “토지거래허가를 배제 · 잠탈하는 경우의 양도소득세 과세 여부”, 『사법』 제18호, 사법발전재단, 2011

윤지현, “담보물의 환가와 물상보증인의 양도소득 : 대법원 2021. 4. 8. 선고 2020두53699 판결”, 『조세법연구』 제29권 제2호, 2023

이용우, “부담부증여에 있어서 ‘면책적 채무인수’가 아닌 ‘중첩적 채무인수’에 대해서도 양도소득세 납세의무가 성립하는지 여부”, 『대법원판례해설』, 제110호, 법원도서관,

2017

이의영, “등기명의신탁관계에서 소득세법상 주택보유자 판정”, 『대법원판례해설』, 제110호, 법원도서관, 2017

이중교, “토지거래허가에 관한 조세법적 문제 — 양도소득세를 중심으로”, 『조세법연구』 제19권 제3호, 2014

조한창, “신탁법에 따른 신탁등기와 주택임대차보호법에 의한 임대인 지위의 승계”, 『대법원판례해설』 제40호, 법원도서관, 2002

한만수, “자본이득과세제도(양도소득세, 토지초과이득세, 특별부가세)에 관한 원론적 고찰과 판례”, 『조세법연구』 제4권, 1998

한병기, “부동산 임의경매로 인한 물상보증인의 양도소득세 납세의무와 구상금 채권의 사후적 회수불능으로 인한 후발적 경정청구 : 대법원 2021. 4. 8. 선고 2020두53699 판결에 대한 비판적 검토”, 『조세법연구』 제28권 제3호, 2022

7. 실현주의의 세법적 의미

김영란*

Ⅰ. 서론(序論)

필자가 활동하고 있는 미국에서 최근 소득세제의 핵심 원리 중 하나인 실현주의(realization principle)가 다시금 학계와 실무에서 뜨거운 논쟁의 대상이 되고 있다. 그 계기는 21세기 심화되는 부(富)의 불균형을 해소하기 위하여 미국 민주당 측이 거듭 '억만장자 세(稅)'(billionaire tax) 또는 부유세(富裕稅, wealth tax)를 제안하고 공화당이 이에 반대하면서 정쟁(政爭)이 심화되는 가운데 사법부에서

* Young Ran (Christine) Kim, Professor of Law, Benjamin N. Cardozo School of Law, Yeshiva University. 본 논문 작성에 도움을 준 카도조 로스쿨 졸업생 마이클 새퍼(Michael Sappir, JD Class '24), 켈리 말린스키(Kelly Malinsky, LL.M. Class '25), 임준영 (Joon Young Lim, JD Class '25) 변호사와 홍수연 학생 (Yena Hong, JD Class '26)에게 감사를 표한다.

펼쳐진 '대리전'(proxy battle)이라 할 수 있는 2024년 미국 연방대법원 판결 "Moore v. United States"이다.[1] '무어(Moore) 사건'은 단순한 세법 해석의 문제가 아니라, '소득'이라는 개념 자체를 헌법적으로 어디까지 확장할 수 있는가라는 근본적 질문을 제기했다.

무어 사건의 쟁점은 미국 세법상 '실현되지 않은(unrealized)' 소득, 즉 아직 현금화(現金化)되지 않았고 납세자가 실제로 수령하지 않은 소득에도 과세할 수 있는지의 여부다. 미국 연방헌법 제1조 제9항 제4호는 '직접세'(direct tax)의 경우 '주 별(州別) 배분(apportionment)' 없이는 과세할 수 없다고 정한다. 이 헌법 조항에 근거하여 연방대법원은 1895년 폴락(Pollock) 사건에서[2] 1894년 갓 제정된 연방소득세법(Internal Revenue Code)에 따른 연방소득세(federal income tax)는 직접세이지만 주별 배분을 하지 않고 있으므로 위헌이라고 판결하였다. 그 후 미국 의회는 1913년 수정(修正) 헌법 제16조(16th Amendment)를 제정하여 '소득'에 대해서는 주별 배분 없이도 과세할 수 있다는 예외를 추가하였다. 그러나 얼마 후인 1920년 '아이스너 대(對) 매컴버'(Eisner v. Macomber) 판결에서[3] 주식배당(stock dividend)은 자본의 형태가 변한 것일뿐 소득이 실현된 것이 아니므로 주별 배분 없이 과세할 수 없다고 판시하여, 이후 한 세기 가까이 '소득의 실현'이라는 요건이 '소득'의 본질적 구성요소인지가 미묘한 논쟁거리로 남아 있었다. 이후에도 1955년의 '글렌쇼 글래스'(Commissioner v. Glenshaw Glass Co.) 판결[4] 등에서 대법원은 소득의 범위를 확장하면서도 소득의 실현 문제는 명시적으로 다루지 않았다. 결국 2024년 무어 사건은 이 오랜 논의를 다시 수면 위로 끌어올린 상징적 계기가 되었고, 그 판결의 방향에 따라 부유세의 도입 가능성, 나아가 미국 헌법상 과세표준의 범위가 크게 달라질 수 있었다.

그런데 주목할 점은 무어 사건에서도 연방대법원이 실현 요건에 대해 명시적 판단을 회피했다는 것이다. 다수의견은 '쟁점 조항'인 연방소득세법 제965조(해외 현지법인 누적이익 귀속 과세 조항) 자체의 합헌성(合憲性)은 인정했지만, '실현'이 소득 개념을 구성하는 헌법상 요건인지에 대한 사법적 판단은 의도적으로 회피했다. 이는 단순한 침묵이라기보다는 향후의 정치·입법적 논의로 넘기려는

1) Moore v. United States, 602 U.S. 572 (2024).
2) Pollock v. Farmers' Loan & Trust Co., 158 U. S. 601 (1895).
3) Eisner v. Macomber, 252 U.S. 189 (1920).
4) Commissioner v. Glenshaw Glass Co., 348 U.S. 426 (1955).

전략적 선택이라 할 수 있다. 따라서 필자는 이 판결이 결과적으로 미국의 실현주의를 둘러싼 논의를 헌법적 문제에서 입법 정책의 문제로 전환시킨 기점(起點)이라고 평가하고자 한다.

한편 한국은 이미 1990년대 초에 실현주의에 대한 헌법적·법리적 정리를 한 차례 마무리한 바 있다. 헌법재판소 1994. 7. 29., 92헌바49, 52 전원재판부 결정(토지초과이득세와 관련하여 미실현이익의 과세 합헌)과 대법원 2011. 9. 8.자 2009아79 결정(소득세법상 권리확정주의 위헌제청 신청의 기각)은 모두 "미실현이익에 대한 과세 자체는 헌법적으로 금지되지 않는다"는 점을 명확히 했다. 다만 그러한 입법이 평등·비례·명확성 등 헌법 원칙을 위반하지 않아야 한다는 요건을 제시했을 뿐이다. 한국 세법에서 '실현'은 헌법이 허용하는 과세가능 '소득'의 개념적 구성요소가 아닌, 입법 정책의 문제로 정리된 것이다.

결과적으로 양국(兩國)에서 사법적(司法的) 논의가 이토록 유사하게 수렴하였음에도 불구하고, 미국에서 무어 판결을 계기로 실현주의에 관한 논의가 다시 주목받는 이유는 무엇일까? 이는 "소득세의 과세표준을 확장하는 방식으로 미실현이익을 과세하는 것이 새로운 입법이 필요한 부유세를 대체하는 수단으로 이용될 수 있다"는 정치적 논리가 부상했기 때문이다. 따라서 본 논문은 다음의 세 가지 질문에 답하여 실현주의의 세법적 의미를 고찰하고자 한다. 첫째, 실현주의가 헌법상 문제로 다루어야 할 '소득'의 개념적·본질적 요소인가, 아니면 단지 입법 정책적 요소인가? 둘째, 헌법적 과세원리가 미실현이익 과세를 금지하지 않는다면, 구체적으로 어떠한 경우에 미실현이익 과세가 가능한가? 셋째, 부유세 논의와 결합된 작금(昨今)의 실현주의 논쟁은 법 이론적으로 바람직한가? 이 세 질문에 답하기 위해, 본 논문은 무어 판결의 경위와 쟁점(II), 실현주의의 의미 일반론(III), 이창희 선생이 전개한 실현주의에 관한 학문적 논의(IV), 한국의 실정법 및 판례(V), 비교법적 분석(VI), 정책적 평가와 결론(VII)의 순서로 논의를 전개한다.

Ⅱ. 무어(Moore) 사건의 사실관계와 판결 경위

무어(Moore) 부부는 2005년 인도의 농기계 '스타트업' 회사인 "KisanKraft"에 미화(美貨) 약 4만 달러를 투자하고 13%의 지분을 보유하게 되었다. 회사는 매년 영업이익을 달성하였지만 배당을 하지 않았고, 무어 부부는 배당소득이 없었으므로 투자 이후 미국에 세금을 내지 않았다. 하지만 2017년, 트럼프 행정부는 당시의 세제 개혁 ― "Tax Cuts and Jobs Act"라는 이름의 세법으로 알려진 ― 을 통해 미국 소득세법에 새로운 일회성(一回性) 과세 조항인 연방세법 제965조를 도입했다. 피지배(被支配) 외국법인(CFC) 세제(Subpart F)를 임시로 확장한 이 조항은 미국 거주자가 10% 이상 지분을 보유한 해외법인이 해외에서 유보한 이익을 미국으로 '송환'한 것으로 간주하여(deemed repatriation) 일회성으로 과세하도록 한 것이다(mandatory repatriation tax). 이로 인해 무어 부부에게 약 15,000달러의 세금이 부과되었고, 무어 부부는 이 과세에 불복하여 연방 지방법원에 소송을 제기하며 다음과 같이 주장하였다. 미국 헌법이 상정하고 있는 소득세란 '실현된 이익'에 대한 과세만을 의미하는데, 해당 과세처분은 미실현이익에 대한 과세이므로 수정헌법 제16조의 범위를 벗어난 소득세이자 '직접세'이다. 따라서 주별 배분 없는 현행 조항은 위헌이라고 주장했다.

제1심을 맡은 워싱턴 주(州)의 서부 지방법원(US District Court, Western District of Washington)은 '아이스너 대 매컴버 판결'(1920)에서 해당 사건의 주식 배당이 소득으로 실현되지 않았기 때문에 과세대상이 될 수 없다고 판시한 점은 인정하나,

> 이후 발전한 다양한 귀속과세 제도(피지배 외국법인 세제, 파트너십(partnership) 세제, S 법인(S corporation) 세제 등)를 고려할 때, 소득이 납세자에게 실제 지급되지 않아도 '귀속'의 형태로 과세할 수 있다.

고 판단하였다.[5] 항소심 법원인 제9순회 항소법원(US Court of Appeal, 9th Circuit) 역시

> 실현은 납세자의 현금화 시점이 아니라, 법적으로 귀속된 시점에서 발생한다.

고 판시하며, 실현 요건은 헌법적 필수요건이 아니라는 입장을 취했다.[6]

---

5) Moore v. United States, W.D. Wash. (2020) (unreported, available at 2020 WL 6799022).
6) Moore v. United States, 36 F.4th 930 (9th Cir. 2022).

2024년 연방대법원은 이 사건 상고를 허가하고, 수정헌법 제16조가 의회에게 주별 배분 없이 미실현이익에 과세할 권한을 부여하는지를 심리하기로 하였다. 다수의견(캐버너 Kavanaugh, 로버츠 Roberts, 소토마요르 Sotomayor, 케이건 Kagan, 잭슨 Jackson 대법관)은 실현 요건에 대해 직접 판단하지 않았고, 다만 연방소득세법상 사업체의 소득을 주주·파트너·법인 구성원에게 귀속시켜 과세하는 조항들이 이미 수십 년간 인정받아 왔다는 점을 강조하여 쟁점 조항을 합헌(合憲)으로 판단했다. 배럿(Barrett)과 앨리토(Alito) 대법관은 '동의 의견'(concurring opinion)에서

> 수정헌법 제16조는 소득의 실현을 요구하지만, 제965조는 기업이 실현한 소득을 주주에게 귀속시키는 조항으로서 합헌적 범위 안에 있다.

고 했다. 반면 토마스(Thomas)와 고서치(Gorsuch) 대법관은 반대의견에서

> 실현은 수정헌법 제16조 및 '아이스너 판결'에서 요구하는 소득의 개념이며, '귀속 과세'는 그에 반하는 조작적 개념

이라고 비판했다. 즉 5명의 대법관은 실현 요건에 대한 헌법적 판단을 회피했지만, 4명의 대법관이 이를 헌법적 요소로 볼 가능성을 시사한 것이다. 이는 향후 실현 요건을 둘러싼 새로운 분쟁의 여지를 남긴 것이라 할 수 있다.

Ⅲ. 실현주의의 세법적 의미

필자는 실현주의의 세법적 의미를 소득 개념에 관한 헌법적 필수 요건이 아닌 실무적 필요에 의한 입법정책적 선택의 문제로 규정하여 왔다.[7)] 실현주의는 국가의 과세권에 대한 헌법적 한계와 입법형성권의 경계를 명확히 하기 위한 수단이다. 후술하듯이 한국, 유럽 및 대륙법 계(系) 다수 국가의 판례와 학설 역시 기본적으로 이러한 입장을 공유하고 있다. 실현주의를 실무적 필요에 의한 실용적 원칙으로 볼 경우, 경제·사회적 변화에 따라 조세 행정능력이 발전함으로써

7) Young Ran (Christine) Kim, *Taxing the Metaverse*, 112 Georgetown L.J. 787 (2024).

실현주의의 경계는 얼마든지 변해갈 수 있는 것이며, 특히 모든 기록이 '디지털 발자국'(digital footprint)으로 남고 연산(演算) 능력이 무궁무진한 21세기 디지털 경제에서는 얼마든지 실현주의가 후퇴하고 이론적으로 더 완벽한 소득세제를 구현할 수 있다. 이러한 입장에서 출발한 필자의 논문이 "Taxing the Metaverse"이다.

먼저 실현주의의 세법적 의미에 관한 기존의 이론적 논의를 살펴보자. 실현주의는 근대 조세법 체계에서 소득의 인식 시점을 결정하는 가장 핵심적인 원칙으로 기능해 왔다. 또 그 이론적 기원이 경제학적 소득 개념과 헌법적 과세원리 사이의 긴장 속에서 형성된 역사적 산물이다. 전통적 경제학에서 소득의 정의는 헤이그-사이먼즈(Haig－Simons)의 포괄적 소득 개념으로 귀결된다. 헤이그와 사이먼즈는 소득을

특정 기간 동안의 소비(consumption)와 순(純) 자산의 증가(Δ wealth)의 합(合)

으로 정의하였다. 즉

$$\text{Income} = \text{Consumption} + \Delta\text{Wealth}$$

라는 정의에 따르면, 납세자의 경제적 능력을 가장 충실히 반영하는 것은 단순히 실현된 현금흐름이 아니라 그 기간 동안 자산 가치가 증가한 부분 전체라는 것이다. 이 개념은 이론적으로 완결성이 높지만, 현실적 과세 행정에 적용하기에는 여러 제약이 존재한다.

우선 ΔW(순자산의 증가)는 대부분 시장거래 없이 발생하는 '미실현이익'(unrealized gains)을 포함한다. 이를 과세대상에 포함하려면 모든 납세자가 보유한 자산의 공정 가치(公正價値)를 매년 평가해야 하며, 이는 막대한 행정비용과 유동성(流動性) 문제를 초래한다. 납세자는 실현되지 않은 이익에 대해 세금을 납부해야 하므로 현금 유동성이 부족해질 수 있고, 정부는 자산가치 변동의 불확실성을 반영하기 어려워진다. 이러한 실무적 한계로 인해 대부분의 국가들은 헤이그-사이먼즈 소득 개념의 ΔW 부분 중 미실현이익을 과세대상에서 제외하는 실현주의를 채택하게 되었다. 이때 실현주의는 '소득'이란 개념에 관한 헌법

상 원칙이 아니라 조세행정의 효율성과 납세자 담세력(擔稅力)의 현실적 조화를 위한 입법기술적 타협으로 자리 잡았다. 그러나 이러한 ΔW에 대한, 특히 미실현이익에 대한 과세 포기는 완전한 이론적 해결이 아니라 임시적 선택이었다.

최근 들어 부유세 논의가 다시 활발해지면서 한동안 잠잠하였던 미실현이익 과세의 가능성이 재조명(再照明)되고 있다. 갈수록 심각해지는 부(富)와 소득의 불균형에 대한 해결책으로 토마 피케티(Thomas Piketty)의 『21세기 자본』 등에서 주장하는 부유세가 각국의 정치적 의제(議題, agenda)로 떠올랐다. 그러나 미국에서는 그 논의가 특수한 헌법적 장애물을 만난 것이다. 부유세를 직접세라고 볼 경우, 수정헌법 제16조 때문에 주별 배분 없이 도입하는 부유세는 위헌일 수밖에 없다. 개헌은 현실적으로 불가(不可)하기에 부유세의 위헌 요소를 해소하기 위하여 미국 학자들은 다양한 주장을 전개하고 있는데,

① 헌법상 직접세 및 주별 배분 요건을 축소해석하자는 주장,[8]

② 수정헌법 제16조로 예외를 인정받은 소득세의 과세표준을 확장하여 미실현이익을 과세한다면 수학적·경제적으로 부유세와 동일한 효과를 얻을 수 있다는 주장[9]

들이 그 예이다. 특히 미국의 무어 판결은 미실현이익에 대한 과세가 수정헌법 제16조 하에서 허용될 수 있는지를 직접적으로 다루며, 헤이그-사이먼즈 소득 개념의 ΔW 요소를 다시 헌법적 쟁점으로 끌어올렸다. 즉 한 세기 전 포기되었던 'ΔW 항(項) 미실현이익'에 대한 과세가 부유세의 헌법적 정당성 논의 속에서 다시 "실현주의의 경계를 어디까지 확장할 수 있는가"라는 문제로 귀환한 것이다.

결국 실현주의는 단순히 세법상 과세 시점을 결정하는 기술적(技術的) 기준이 아니라, 경제적 소득 개념과 헌법적 조세 원칙 사이의 경계를 설정하는 핵심 논제임이 드러난다. 헤이그-사이먼즈의 포괄적 소득 개념이 부유세 논의와 맞물

---

8) *See, e.g.*, Bruce Ackerman, *Taxation and the Constitution*, 99 Colum. L. Rev. 1, 5658 (1999); Dawn Johnsen & Walter Dellinger, *The Constitutionality of a National Wealth Tax*, 93 Ind. L.J. 111, 13537 (2018); Calvin H. Johnson, *Purging Out* Pollock: *The Constitutionality of Federal Wealth or Sales Taxes*, 97 Tax Notes 1723, 172829, 1734 (2002).

9) *See* Thomas Brennan, Protean Capital Income Taxes, Presentation at the Spring 2023 Davis Polk & Wardwell Tax Policy Colloquium at Columbia Law School (March 28, 2023) (on file with author).

려 다시 논쟁의 중심에 선 것은, 조세정의와 평등 원칙을 실질적으로 구현하기 위해 실현 개념을 재(再) 해석해야 할 필요성이 커졌기 때문이다. 따라서 실현주의는 더 이상 고정된 과세원리가 아니라, 경제적 불평등과 글로벌 조세정의의 맥락 속에서 다시 한 번 헌법적·정책적 의미를 새롭게 검토해야 할 대상이 되고 있다.

Ⅳ. 이창희 선생의 실현주의에 관한 학문적 논의

1. 내용

실현주의의 세법적 의미에 대하여 필자가 학문적 입장을 정립한 데에는 은사(恩師)이신 이창희 선생의 영향을 빼 놓을 수 없다. 선생은 실현주의에 대해 논하기 앞서 '미실현이익이나 소유 재산의 사용가치는 당연히 소득'이라고 설명한다.[10] 미실현이익이 존재한다는 것은 이미 소득이 증가했음을 의미하며, 그 소득이 단지 실현되지 않았을 뿐이라는 것이다.[11] 또한 소득의 기본 개념으로 자리잡은 '헤이그-사이먼즈'의 정의에 따르면 경제적 이익이 발생하는 순간 과세를 해야 하며, 실현은 소득 개념의 구성 요소가 될 수 없다.[12] 선생의 논의를 간단히 요약하면 다음과 같다.

첫째, 실현이라는 개념은 소득의 구성 요소로 적합하지 않다.[13] 예를 들어, 미실현이익에 과세한 후 자산 가치가 하락할 경우 결과적으로 손실이 났음에도 과세하는 결과가 되므로, 아직 확보되지 않은 이득에 대해서는 과세하지 말아야 한다는 주장을 생각해 보자. 그러나 자산의 가치가 하락할 가능성이 있다는 이유로 미실현이익을 소득으로 보지 않는다면, 해당 자산을 팔아 실현된 이익 또한 나중에 값이 떨어질 가능성이 있으므로 소득으로 간주되지 않을 수 있다. 결국 미실현이익이 실현되지 않았기 때문에 소득이 아니라는 주장은 논점을 회피하는 결과를 낳는다.[14]

둘째, 실현주의는 소득세의 기본 개념과 충돌할 여지가 있다.[15] 근대 소득세

---

10) 이창희, 『세법강의』, 361면.
11) 이창희, 『세법강의』, 364면.
12) 이창희, 『세법강의』, 364면.
13) 이창희, 『세법강의』, 365면.
14) 이창희, 『세법강의』, 365면.

제는 인민주의적(人民主義的) 공평에 근거하여 발전하였다, 부(富)의 재분배를 정책 목표로 삼을 때 '직접 소득세'가 필요하다는 것이다.[16] 반면 자산 가치가 일정 금액 상승했을 때 일부는 재(再) 투자하고 나머지만 소비하는 경우 이 소비에 대해서만 과세하는 실현주의는 '소비세'의 속성을 띤다.[17] 소득은 소비와 저축의 합(合)이며, 저축은 곧 금융자산에 대한 투자로, 소비세는 이러한 투자수익에 대해 비(非) 과세한다는 점에서 소비세와 차이가 있다.[18]

셋째, 실현주의는 효율성 측면에서도 부정적 영향을 미친다. 자산 가격이 변동할 때 발생하는 손익을 인식할지 여부를 납세자의 판단에 맡기는 것이 실현주의의 특징이라고 할 수 있다.[19] 이 경우, 실현주의는 자산 보유자에게 기존 투자를 유지하도록 강제하는 '동결(凍結) 효과'(lock－up effect)를 일으키며, 이에 따라 자원 배분의 효율성이 떨어진다.[20] 동결효과가 발생하는 이유는 종류가 다른 투자수익을 동일하게 과세하지 않아 조세의 중립성이 훼손되기 때문이다.[21] 아울러 실현주의는 자산의 처분 등 특정 행위나 사건이 발생했을 때만 과세를 진행하기 때문에, 납세자가 손익을 인식하는 시점을 자의적(恣意的)으로 결정하고 조작할 여지를 주게 된다.[22] 불필요한 거래를 강요하여 경제적 비효율을 초래하는 것도 실현주의의 문제점 중 하나이다. 예를 들어, 시가가 하락한 자산을 매도 후 재(再) 매입하여 손실을 세금 계산에서 공제하는 경우가 그러하다.[23]

그렇다면 미실현이익을 과세하려는 노력에는 어떤 것들이 있을까? 재산 보유에 대한 과세, 혹은 더 나아가 부유세는 현실의 소득세가 미실현이익이나, 주택과 같은 재산에서 발생하는 '내재적(內在的) 수익'(imputed income)에 과세하지 않는 부분을 보완하는 역할을 할 수 있다.[24] 부동산이나 차량 등 고가(高價) 자

15) 이창희, 『세법강의』, 366면.
16) 이창희, 『세법강의』, 377, 381, 387, 397면.
17) 이창희, 『세법강의』, 366, 371, 372면.
18) 이창희, 『세법강의』, 372면. 소비세는 노동소득과 초과이윤에 과세하고, 정상 수익률에 해당하는 투자수익에는 과세하지 않는다.
19) 이창희, 『세법강의』, 900면.
20) 이창희, 『세법강의』, 906면. 미국 세법에서는 자산 보유 기간 동안 그 발생 여부와 크기를 예상 가능한 소득('확정 소득')과 예상이 어려운 소득('미확정 소득')을 구별하여, 확정소득의 경우 실현주의를 적용하지 않고 미리 정해진 수익률에 따라 각 사업연도의 소득에 포함시킨다. 이런 태도는 현금주의보다는 실현주의를 완화시킨 것이지만, 이러한 방식조차 자원의 비(非) 효율적 배분을 초래할 가능성이 크다. 같은 책, 901, 906면.
21) 이창희, 『세법강의』, 905면.
22) 이창희, 『세법강의』, 900면.
23) 이창희, 『세법강의』, 907면.

산에 대한 '재산세'는 이러한 재산이 창출하는 수익을 분리 과세하는 효과가 있다.[25] 재산을 취득하는 과정에서 이미 (그 취득 자금에) 소득세나 상속세·증여세를 납부했으니 추가적인 세금을 부과하지 말아야 한다는 견해도 있을 수 있으며, 반면 재산 그 자체에 세금을 부과하여 부(富)의 재분배를 이루어야 한다는 생각도 존재할 수 있다. 대부분의 국가들은 재산에 대해 따로 과세하고 있으며, 이 안에는 소득세의 일부인 부분과 재산 자체에 부과되는 세금 부분이 혼합되어 있다.

2005년 입법된 종합부동산세는 '재산 자체에 부과되는 세금', 곧 '재산세'(또는 재산 '보유세')의 대표적인 예로 수직적 공평을 반영하여 개인이 소유한 부동산의 전체 가치에 누진세율을 적용하는 제도이다.[26] 종합부동산세는 임차 보증금이나 빚을 제외하지 않고 그저 부동산 가치를 합산하는 것이 공평한지에 대한 의문과, 재산세와 지방 공공재(公共財)와 부동산 가격 변동이라는 시장 원리에 부합하지 않을 수 있다는 우려를 낳고 있다. 또한 부 자체에 수직적 공평을 적용하려는 시도에서, 다른 재산을 고려하지 않고 부동산에만 과세하는 것이 정당한지에 대한 의문도 제기된다. 부유한 사람들이 더 많은 세금을 부담해야 한다는 원칙을 적용한다면, 종합부동산세 대신 모든 자산을 합산하고 부채를 차감한 순(純) 재산에 과세하는 '부유세'가 더 필요하다는 결론에 이르게 된다.[27]

한편 법인세법에서의 실현주의 현황을 보면, 법인세법에도 국제회계기준이 도입된 21세기 이후부터는 기업회계에서 실현 개념이 사용되지 않으며, 한국의 회계학 교재에도 일반적으로 포함되지 않는다.[28] 대신 최근의 세제에서는 실현 개념을 두 가지 요소로 대체하고 있는데, 하나는 돈을 받을 권리의 '확정', 다른 하나는 익금 금액의 예측가능성이다.[29] 법인세법 제40조 1항은 소득의 실제 발생 여부와 상관없이 원인이 되는 권리가 확정적으로 발생하면 이를 실현된 소득으로 보고 과세 소득을 계산하는 '권리확정주의'를 채택하고 있다.[30] 이는 권리

---

24) 이창희, 『세법강의』, 403면. 예를 들어, 소유한 가옥에 사는 사람에게는 그 집의 사용가치나 집세 상당의 내재적 소득이 있다고 볼 수 있다. 이창희, 『세법강의』, 377면.
25) 이창희, 『세법강의』, 403면.
26) 이창희, 『세법강의』, 406면.
27) 이창희, 『세법강의』, 407면.
28) 이창희, 『세법강의』, 881면.
29) 이창희, 『세법강의』, 881~882면.
30) 이창희, 『세법강의』, 883면.

의 확정 시기와 소득의 실현 시기 사이에 시간적 차이가 있을 경우 실현 시기가 아닌 권리확정 시점을 기준으로 소득이 있는 것으로 간주하여, 실질적으로 발생 여부가 불확실한 소득에 대해 장래 실현을 전제로 미리 과세할 수 있도록 허용하는 것이다.[31] 또한 기업구조조정을 미실현이익의 과세계기로 삼을 것인가에 대하여 이창희 선생은 정책적 판단의 대상일 뿐이라고 한다.[32]

재산세이든 법인세이든, 또 소득세에 미실현이익을 포함시켜 과세하든, 실현주의를 탈피하여 과세하는 것은 두 가지 실무적인 어려움을 수반한다. 첫째, 금융시장이 덜 발달된 경우 미실현이익을 과세하면 세금 납부를 위해 자산을 매각해야 하는 '유동성' 문제가 발생할 수 있다.[33] 둘째, 미실현이익 과세는 자산 매각과 같은 거래를 수반하는 것이 아니라 보유 자체를 과세계기로 삼는 것이므로 '평가'가 어렵다는 문제가 존재한다. '시가'가 존재한다면 극복이 가능한 문제이겠지만, 현실에서 시가 평가는 분명한 시가가 존재하는 금융자산에 국한될 수밖에 없다.[34]

이제 세법을 넘어 더 큰 정치·사회적, 공법적(公法的) 의미를 찾아보자. 미실현이익의 과세와 실현주의 사이의 갈등은 자유와 공평 사이에서의 갈등에서 비롯되었다. 미실현이익에 과세하려면 국가는 누가 어떤 재산을 소유하고 있으며 그 가치가 어떻게 변동하는지를 파악해야 한다.[35] 사업적 재산뿐 아니라 사적(私的) 재산까지 미실현이익에 대해 과세하려 한다면, 사생활의 비밀은 유지될 수 없게 된다. 제한적인 소득 개념이 존재하는 이유는 "계속적이고 반복적인 소득만이 소득"이라는 도그마(dogma) 때문이 아니라, 국가로부터 자유로운 개인의 사생활을 보호해야 한다는 요구에서 비롯된 것이다.[36] 한편 조세 시스템의 발달로 이미 개인의 재산 상황과 그 가치의 변동이 상당 부분 파악되고 있는 상황이거나 재산세와 같이 일정한 법정(法定) 가액에 세율을 곱하여 세액을 산출하는 세금의 경우, 납세의무자보다 국가가 액수를 계산하는 것이 훨씬 더 수월한 것이 현실이다.[37]

31) 이창희, 『세법강의』, 883~885면.
32) 이창희, 『세법강의』, 730면.
33) 이창희, 『세법강의』, 911면.
34) 이창희, 『세법강의』, 911면.
35) 이창희, 『세법강의』, 416면.
36) 이창희, 『세법강의』, 409면.
37) 이창희, 『세법강의』, 171면.

미실현이익에 과세하는 방식은 과세물건의 범위를 넓힌다는 점에서 공평 및 재분배 목표에 더 가깝게 다가갈 수 있다.[38] 그러나 결과적으로 실효세율이 높아질 수도 있다. 세계화가 진전되면서 각국은 자본 유치를 위해 자산소득에 대한 세금을 낮추는 조세 경쟁을 벌이고 있는데, 실효세율이 높아질 경우 자본이 유출되고 일자리 감소가 발생할 가능성이 있다.[39] 나아가 극단적인 재분배 요구는 저축 및 투자에 대한 무거운 과세로 이어져, 장기적으로 사회 전체의 경제적 수준이 낮아질 위험을 수반한다.[40]

2. 개인적 소회(所懷)와 참고 문헌

필자는 학부(學部) 과정 3학년 1학기 때 이창희 선생의 세법 개론(槪論)을 수강(受講)하면서 학기 초 선생의 실현주의에 대한 견해를 처음 접하고 신선한 충격을 받았었다. 상당히 경직된 느낌의 소위 '기본 육법(六法)' 수업에 지쳐 있던 필자에게, 개념적 본질을 논함에 있어 공법 및 사회과학적 이론이 결합되어 있는 한편 구체적인 법 적용에 들어가면 이보다 더 정교한 퍼즐일 수 없는 세법은 이창희 선생의 선진화(先進化)된 강의 내용과 버무려져 인생의 진로를 정하는 데에 큰 영향을 끼쳤다. 필자가 미국 학계에 진출하게 되면서 선생의 당시 논의의 원류(源流)가 된 학술서적들을 찾아볼 기회가 있었는데, 이 기회를 빌려 일부 소개하고자 한다.

미국에서도 이미 20세기 중반부터 실현 요건을 부정하는 입장이 확고하여졌음에도 불구하고, 2025년 현재에도 이에 대한 논의가 여전히 진행, 혹은 아예 미뤄지고 있는 상황이다. 이 중 이창희 선생의 논의와 가장 결이 비슷한 저술은, 앞선 세대의 저명한 경제학자인 리처드 머스그레이브(Richard Musgrave, 1910~2007) 하버드 대(大) 교수가 '하버드 로 리뷰'(Harvard Law Review)에 1967년 출판한 논문 "In Defense of an Income Concept"라고 생각된다.[41] 머스그레이브는 이 논문에서 헤이그-사이먼즈 소득 개념과 같은 '포괄적 소득 개념'(general income concept)의 필요성을 강조하며, 실현되지 않은 소득은 소득이 아니라는 주장을 반박한다.[42] 구체적으로

38) 이창희, 『세법강의』, 399면.
39) 이창희, 『세법강의』, 400면.
40) 이창희, 『세법강의』, 403면.
41) Richard A. Musgrave, *In Defense of an Income Concept*, 81 Harv. L. Rev. 44 (1967).

① 소득의 실현 없이 이루어진 가치 상승은 소득을 실현하고 재투자한 상황과 같으며,

② 오직 실현되었을 때에만 과세하는 것은 세금 징수를 '소득의 사건'이 아닌 포트폴리오 변화의 기술성(技術性)에 의존시키는 것이고,

③ 소비를 위해 인출된 것이 아니기 때문에 미실현이익이 과세대상에서 제외되어야 한다는 주장은 타당하지 않으며,

④ 만약 그 주장이 맞다면, 모든 저축된 소득은 과세대상에서 제외되어야 하고 소득세는 소비세로 대체되어야 한다

는 주장이다. 다만 행정적인 한계로 인해 미실현이익에 대한 완전한 과세가 어려울 것이라는 반론에 대해서, 재산에 대한 가치 평가는 전체 재산 아닌 일부에 대하여만 가능할 것이라고 한계를 인정하였다.[43] 이 논문은 제2차 세계대전 이후 도입된 세법상 여러 가지 예외나 특별 조항(tax expenditure)들을 없애고 의회로 하여금 소득세 과세표준의 '침식'(erosion)을 되돌리고자 하는 논의와 관련하여 예일 대(大) 로스쿨 교수인 보리스 비트커(Boris Bittkerm, 1916~2005)가 같은 해에 같은 학술지에 출판한 "A 'Comprehensive Tax Base' as a Goal of Income Tax Reform"에서[44] 단지 각 세법 조항 별로 개별적인 검토가 필요한 것이지 포괄적 소득 개념(comprehensive tax base, general income concept)을 검토할 이론적 가치가 없다고 하자, 머스그레이브가 반박을 위하여 쓴 글이다.

V. 한국의 실정법 및 판례: 입법정책으로서의 과세 기술(技術)

한국의 조세 법제에서 실현주의는 헌법상 소득 개념의 본질적 구성요건이 아니라, 입법자가 과세기술적 효율성과 담세력 원칙을 조화시키기 위해 채택한 정책적 선택으로 이해된다. 즉 입법 단계에서 공평과세와 재산권 보호 간의 균형을 조정하기 위한 입법기술의 문제라는 것이다. 헌법재판소는 이미 1994년 토지초과이득세 사건(1994. 7. 29. 92헌바49, 52 전원재판부)에서 미실현이익에 대한 과세가 헌법상 조세 개념에 저촉되지 않는다고 판시하며,

---

42) *Ibid.*, 49.

43) *Ibid.*, 60.

44) Bittker, *A "Comprehensive Tax Base" as a Goal of Income Tax Reform*, 80 Harv. L. Rev. 925 (1967). 두 학자의 논의에 대해서는 이창희, 『세법강의』, 412면 주 5) 참고.

> "실현 여부를 과세요건으로 삼을 것인가는 입법정책의 문제에 불과하며, 미실현 이익을 포함하는 과세 제도가 헌법상의 조세 개념과 양립할 수 없는 모순이 있다고 볼 수 없다"

고 분명히 판시하였다. 즉 헌법재판소는 실현주의를 헌법상 소득의 개념적 필수 요건으로 보지 않았으며, 오히려 입법자가 조세정의와 재산권 보호의 원칙을 어떻게 설계하는지에 따라 미실현이익 과세의 합헌(合憲) 여부가 달라질 수 있다고 본 것이다.

다만 헌법재판소는 미실현이익 과세가 정당한 목적을 추구하더라도 그 입법이 비례성·평등 원칙 등 헌법적 한계를 준수해야 함을 분명히 했다. 당시 토지초과이득세 제도는 '유휴(遊休) 토지' 보유의 억제와 불로소득(不勞所得) 환수를 통한 조세 형평의 실현이라는 공익적 목적에도 불구하고, 과세대상의 불합리한 범위 설정과 과도한 세율로 인해 조세법률주의와 재산권보장 원칙에 위반된다고 판단되어 위헌 결정이 내려졌다. 결국 위헌의 근거는 '미실현이익 과세' 그 자체가 아니라, 입법 설계 자체가 헌법상 비례성과 평등 원칙을 충족하지 못했다는 점이었다. 즉 이 판결은 실현주의를 과세 기술의 정당성과 헌법 원칙 간의 조화라는 관점에서 이해했다고 평가된다.

이후 대법원 역시 같은 입장을 명확히 하였다. 대법원은 2011. 9. 8.자 2009아79 결정에서 소득세법 제24조 제1항이 채택한 '권리확정주의'에 근거하여, 소득이 현실적으로 실현되지 않았더라도 그 원인인 권리가 '확정'된 시점에 과세가 가능하다고 판시하였다. 대법원 역시 실현주의를 세법의 편의적인 기준으로 보았으며, 이를 헌법적 원칙이나 소득의 본질적 요건으로 보지 않았다. 이로써 헌법재판소와 대법원 모두 실현주의의 체계적 위치를 입법 정책의 문제로 확립한 셈이다.

따라서 한국의 조세 입법 및 판례는 실현주의를 조세의 헌법적 한계로 규정하지 않는다. 과세 입법이 합헌이기 위해서는 조세법률주의에 따라 과세요건이 명확히 규정될 것, 평등 원칙과 비례 원칙에 부합하여 조세 부담이 공평하게 분배될 것, 과도한 재산권 침해를 방지할 수 있는 보충적 제도가 마련될 것과 같은 요건을 충족해야 한다. 미실현이익 과세의 헌법적 정당성 또한 '실현 여부'가 아니라 당해 입법이 헌법상 다른 원칙들과 조화롭게 설계되었는지에 달려 있다.

따라서 실현주의는 조세의 헌법적 근본 원리가 아니라, 입법자가 조세정의, 소득 재분배, 행정 효율성이라는 공익 목적을 실현하기 위해 선택할 수 있는 하나의 입법기술적 방법에 불과하다. 입법이 헌법 원칙을 충분히 고려한 설계를 갖추었다면 미실현이익 과세도 합헌적(合憲的) 조세로 인정될 수 있다. 이러한 점에서, 실현주의는 헌법이 아니라 입법정책의 영역에 속하며, 그 타당성은 구체적 입법 과정에서의 비례성(比例性) 심사와 사법적 통제에 의해 보완된다.

VI. 비교법적(比較法的) 연구

앞서 설명하였듯이 실현주의는 전통적으로 소득세 체계에서 과세의 시점을 결정하는 기준으로 기능해 왔으나, 그 법적 의미가 소득 개념의 본질적 요소인지 혹은 입법정책상의 기술적 수난인지에 대해서는 국가 별로 접근이 상이하다. 필자가 유럽연합(EU) 및 그 회원국에 대해 비교법적 연구를 하여 공통적으로 확인한 점은, 어느 국가도 실현을 소득과세의 헌법적 요건으로 간주하지 않는다는 것이다. 각국의 헌법재판기관과 최고법원은 실현 여부를 조세의 본질적 문제로 보지 않으며, 비례성·형평성, 그리고 납세자의 재산권 보호라는 일반 헌법 원칙의 틀 안에서 법률을 심사하여 조정하고 있다. 이러한 경향은 실현주의를 헌법적 원칙이 아니라 입법자가 조세정책적 목적에 따라 활용할 수 있는 실무적 도구로 인식하는 국제적 흐름을 보여준다.

1. 유럽연합

유럽연합 사법재판소(Court of Justice of the European Union, CJEU)의 판례는 미실현이익 과세를 입법정책의 관점에서 접근하는 대표적 사례라고 생각한다. CJEU는 '내셔널 그리드'(National Grid),[45] '집행위원회 대 덴마크'(Commission v. Denmark),[46] '랩테크'(LabTec),[47] 'VP 캐피털'(VP Capital)[48] 등 일련의 판례를 통

45) *National Grid Indus BV v Inspecteur van de Belastingdienst Rijnmond/kantoor Rotterdam*, Case C-371/10, [2011] ECR I-12273 (ECJ Nov. 29, 2011).

46) *Comm'n v. Denmark*, Case C-261/11, [2013] E.C.R., EU:C:2013:480, ECLI:EU:C:2013:480.

47) *Verder LabTec GmbH & Co. KG v Finanzamt Hilden*, Case C-657/13, [2015] EU:C:2015:331.

48) *VP Capital NV v. Belgische Staat*, Case C-414/21, ECLI:EU:C:2022:871, Judgment of Nov.

해, 미실현이익 과세의 하나라고 할 수 있는 이른바 '출국세'(exit tax)가 회원국 간 거주·이전 혹은 설립의 자유(Freedom of Establishment)를 제한할 수 있음을 인정하면서도, 그 자체를 '위헌'(실은 유럽연합 기능조약; Treaty on the Functioning of the European Union, TFEU 위반)이라거나 부당한 과세로 보지 않고 있다.

CJEU는 일관되게 '비례성 심사'(three–part proportionality test)를 적용하였다. 즉

① 해당 과세 조치가 설립의 자유를 제한하는지,

② 그 제한이 조세회피 방지 또는 과세권의 회원국 별 공정 배분(fair allocation of taxing powers)이라는 정당한 공익 목적으로 정당화될 수 있는지,

③ 목적 달성을 위해 필요한 범위를 초과하지 않는지

를 단계적으로 심사하였다. 그 결과, 미실현이익 과세가 공익적 목적을 달성하기 위한 적합하고 필요한 수단으로 비례적으로 설계되어 있다면, 합헌적인 (또는 조약 합치적인) 조세로 인정될 수 있다고 판시하였다.

나아가 CJEU는 '세금의 부과'(levying the tax)와 '납부 요건'(requirement of payment)을 명확히 구별하였다. 즉 과세관청이 미실현이익에 대해 세액을 산정하고 부과하는 것은 허용되지만, 그 징수 시점 — 여기서는 '출국'의 시점 — 에서 즉시 납부를 요구하는 것은 납세자의 현금흐름(cash–flow)에 과도한 부담을 초래하여 비례성에 반한다고 보았다. 따라서 CJEU는 납세자의 유동성 위험을 완화하기 위해 분납(分納) 제도(deferred payment plan), 또는 납세유예(deferred collection)를 병행해야 한다는 점을 반복적으로 강조하였다.

결국 유럽연합 사법재판소의 판례는 실현주의를 조세의 헌법적 원칙이라거나 소득의 본질적 개념요소로 파악하지 않고, 조세의 정당성과 공익 간의 비례성 확보를 위한 입법·행정적 설계의 문제로 이해한다. 핵심은 "언제 과세하느냐"의 실현 시점이 아니라 "어떻게 과세하느냐", 즉 과세 목적의 정당성과 그 목적을 달성하기 위한 수단의 비례성에 있다.

2. 프랑스

프랑스의 '헌법위원회'(Conseil Constitutionnel) 또한 실현주의를 헌법상 원칙으로 간주하지 않는다. 헌법위원회는 미실현이익 과세 제도의 합헌성 여부를 판

10, 2022.

단함에 있어, 항상 입법 목적의 합리성과 과세의 형평, 비례성 원칙을 종합적으로 심사하는 태도를 취해왔다. 그 판결 중 "Décision n° 2002-464 DC"는[49] 부동산투자회사(Société d'investissement immobilier cotée, SIIC) 제도에 따라 미실현 자본이익(latent capital gains)에 대해 16.5%의 세율로 즉시 과세하는 조항을 심사하였다. 헌법위원회는 이 제도가 부동산투자 및 금융시장 활성화를 위한 입법 목적을 가지고 있고, 차등적 과세가 입법정책적 판단 영역에 속하며 조세형평과 공익 간의 균형적 조화를 유지하는 한 헌법에 위반되지 않는다고 판시하였다. 이어 "Décision n° 2011-638 DC"에서[50] 헌법위원회는 거주·이전의 시점에서 미실현이익에 과세하는 이른바 '출국세' 규정이 조세회피 방지와 조세정의 실현이라는 공익 목적을 달성하기 위한 합리적 수단임을 인정하여 이를 합헌으로 판단하였다. 또한 "Décision n° 2018-777 DC"에서는[51] 출국세 제도의 개정을 통해 미실현이익에 대한 과세 정지(automatic tax suspension)의 범위 확대 및 세액 환급 기한을 단축한 규정이 공익 목적과 납세자의 권리 간의 비례성 원칙에 부합한다고 판시하였다.

결국 프랑스 헌법위원회는 실현 여부 자체를 소득과세의 헌법적 원칙 또는 한계로 보지 않으며, 과세입법이 공익과 조세 형평의 정당한 균형을 유지하는가를 중심으로 심사한다. 역시 프랑스에서도 실현주의는 헌법적 요건이 아니라 입법자가 정책목표에 따라 선택할 수 있는 조세 기술적 수단인 것이다.

3. 네덜란드

네덜란드의 판례는 경제적 실질(economic substance)과 과세의 일관성(consistency)을 중심으로 실현주의를 재(再) 해석한다. 1978년 네덜란드 대법원은 부유세의 세액 산정시 기업이 보유한 부동산의 '미실현이익'(hidden reserves)이 이미 경제적 실체를 형성하고 있다면, 그 가치를 명목(名目) 가치(nominal value) 로 평가해 과세기초에 포함할 수 있다고 판시하였다.[52] 대법원은 자산 평가가 단순한 실현

---

49) *Décision n° 2002-464 DC*, Conseil constitutionnel, 27 décembre. 2002 (Fr.).

50) *Conseil constitutionnel, Décision no 2011-638 DC du 28 juillet 2011*, Loi de finances rectificative pour 2011 [Constitutional Council, Décision No. 2011-638 DC of July 28, 2011, *Amending Finance Law for 2011*], J.O. p. 13001 (July 30, 2011).

51) *Décision n° 2018-777 DC du 28* décembre. *2018*, Loi de finances pour 2019 [2019 Finance Act], https://www.conseil-constitutionnel.fr/decision/2018/2018777DC.htm.

52) Hoge Raad, 08-03-1978, AX3024, 18 249.

시점이 아니라 자산의 경제적 귀속과 회계상 실재성(實在性)에 따라 결정되어야 한다고 보았으며, 실현 여부는 자산의 가치 평가에 영향을 미치지 않는다고 명확히 밝혔다. 이 판례는 결국 '실현'이 아닌 '경제적 귀속'(economic entitlement)을 과세의 기준으로 삼아, 과세의 통일성과 형평성을 유지하려는 접근을 보여준다.

반면 2021년 12월 24일 네덜란드 정부가 도입한 금융투자자산의 부유세에 관한 위헌 판결에서[53)] 대법원은 해당 제도가 투자평균수익률에 고정 비율을 곱한 가상(假想) 수익에 대하여 과세(fictitious return system)하는 것이어서 실제 투자 성과와 괴리되어 평균 수익률보다 낮은 수익을 올린 납세자에게 과도한 부담을 부과하므로, "유럽 인권협약"(Protocol No. 1 Article 1 및 Article 14) 상 재산권과 평등권을 침해한다고 판시하였다. 대법원은 고정 수익률 산정 방식이 개별 납세자의 실제 투자수익을 반영하지 못해 비례성과 공정과세 원칙을 위반한다고 보고, 실제 수익(actual return)에 기반한 과세로 수정할 것을 명령하였다.

위 네덜란드의 판례들은 소득세 내에서의 실현주의를 검토한 것이 아니라 부유세에 관한 판단이다. 그러나 우리나라 헌법재판소가 토초세를 검토하면서 실현주의에 관하여 판단한 바 있듯이, 차이점을 적절히 감안한다면 그 판시 내용을 참고할 만하다. 네덜란드의 경우 실현주의의 존부(存否)를 문제 삼기보다는 과세가 경제적 실질에 얼마나 합리적으로 연동되어 있는가를 중심으로 조세 정당성을 판단한다. 이는 실현주의를 폐기한 것이 아니라, 경제적 실질의 원칙 속으로 실현주의를 흡수·조화시킨 형태라 평가할 수 있다.

4. 벨기에

벨기에 헌법재판소(Grondwettelijk Hof, Cour constituionnel) 역시 조세 입법의 합헌성을 심사할 때, 실현 여부 자체보다는 재산권 보호, 평등 원칙, 법적 안정성(legal certainty) 등의 헌법원칙 충족 여부를 중심으로 판단한다. 이러한 접근은 조세의 기술적(技術的) 구조보다 입법 목적의 합리성과 수단의 비례성을 중시하는 점에서 프랑스와 유사하다.

2005년 결정 No. 107/2005(소위 '상속세 90% 사건')에서[54)] 헌법재판소는 벨기에 왈롱(Walloon) 지역의 상속세율 개정법을 심사하였다. 이 법은 일정 금액 이

53) Hoge Raad, 24–12–2021/21/01243.
54) Grondwettelijk Hof – arrest nr. 107/2005 d.d. 22 juni 2005.

상의 상속재산에 최고 90%의 세율을 부과하도록 규정하였는데, 헌법재판소는 이와 같은 과도한 세율이 재산권의 본질을 침해하고 비례성을 상실했다고 보아 80%를 초과하는 세율 조항을 위헌으로 결정하였다. 헌법재판소는 해당 세법이 재정 안정성 및 공공복지를 목표로 하는 점은 인정되지만, 조세 수단이 목적을 합리적으로 달성할 수 있어야 하며 납세자의 재산권을 본질적으로 침해해서는 안 된다고 강조하였다. 이 결정은 벨기에 헌법재판소가 조세의 비례성과 재산권 보호를 가장 중심적인 합헌성 판단의 기준으로 삼고 있음을 보여준다.

2019년 결정 No. 138/2019 (소위 '증권계좌세 사건')에서는,[55] 정부가 도입한 '2018년 증권계좌세 법'(Taxe sur les comptes-titres 2018)이 다양한 금융자산에 대하여 0.15%의 보유세를 부과하되 일부 금융상품(파생상품, 예금증서 등)을 과세 대상에서 제외한 점이 문제가 되었다. 헌법재판소는 이러한 차별적 대우가 헌법상 평등 원칙(제10조, 제11조) 및 자본의 자유이동 원칙에 반한다고 보아 전면 위헌을 선고하였다. 특히 공동 명의의 계좌와 개인 명의 계좌 간의 과세 기준이 달랐던 점, 그리고 일부 금융기관이 대리 징수할 때 발생한 불균형이 결정적 위헌 요인으로 지적되었다. 이 판례는 벨기에 헌법재판소가 조세입법의 형평성과 합리성을 엄격히 심사함을 보여주는 사례이다.

이후 정부는 2019년 위헌판결 직후 관련법을 개정하여, '2021년 2월 17일 증권계좌세 법'(Taxe sur les comptes-titres 2.0)을 제정하였다. 그러나 이에 대해서도 다수의 위헌 소송이 제기되었고, 헌법재판소는 결정 No. 53/2021에서[56] 금융자산보유세 과세 자체는 입법재량 범위 내로 합헌이라고 보면서도, 소급 적용 및 불명확한 남용금지 조항(anti-abuse provision)이 법적 안정성 원칙에 위배된다고 판시하였다. 특히 재판소는 소급 조항이 '공공의 중대한 이익'을 충족하지 못하며, 예외적 상황으로 정당화될 수 없다고 보았다. 이에 따라 일반적 남용금지 조항의 소급효(遡及效) 부분은 무효로 결정되었으며, 법적 불확실성을 해소하기 위해 명확한 입법기준을 요구하였다.

벨기에의 판례도 소득세법상의 실현주의에 관한 것은 아니고, 상속세와 자산보유세에 관한 것임을 감안할 부분이 있다. 그럼에도 불구하고 벨기에의 헌법적 접근 역시 과세물건의 '실현 시점'보다는 입법 수단의 비례성, 납세자 평등, 법적

---

55) Grondwettelijk Hof – arrest nr. 138/2019 d.d. 17 oktober 2019.
56) Grondwettelijk Hof – arrest nr. 138/2019 d.d. 17 oktober 2019.

예측가능성을 핵심 심사기준으로 삼는다. 이익의 실현 여부는 벨기에의 헌법 심사에서 직접적 기준이 되지 않으며, 조세의 정당성은 형평성과 법률명확성의 조화 속에서 평가된다.

5. 미국의 실현주의와 그 예외

유럽에 비해 미국은 오랜 기간 실현주의에 가장 보수적이고 엄격한 태도를 취해온 국가로 평가된다. '아이스너 판결(Eisner v. Macomber)'에서 미국의 연방대법원은 "소득은 실현되어야 과세할 수 있다"고 하여 '실현'이 소득과세의 헌법적 요건인 것처럼 설시(說示)하였다. 이러한 태도는 영국에서 독립할 당시부터 개인의 재산권 보호와 납세자의 예측가능성을 중시하게 된 미국 특유의 '조세문화'의 산물이다. 그 결과 미국 세법은 명목상 실현주의를 헌법적 수준의 원칙처럼 유지해 왔으며, 이후 '커비 럼버(Kirby Lumber) 판결'이나[57] '글렌쇼 글래스 판결'[58] 등이 '아이스너 판결'의 실현주의 판시 부분을 사실상 폐기하였다는 평가에도[59] 불구하고 미실현이익 과세에 대하여 상당히 소극적인 태도를 취하고 있다.

그러나 실제로 미국 연방세법(Internal Revenue Code)을 자세히 살펴보면, 실현주의의 예외가 다양한 조항에 걸쳐 존재한다.[60] 파생상품과 선물(先物) 계약의 경우 제1256조는 매 회계연도 말에 자산을 시가로 평가(mark-to-market)하여 미실현이익을 과세한다. 이는 과세이연(課稅移延)을 방지하고 금융상품의 경제적 실질을 반영하기 위한 장치다. 제475조는 증권 및 일정 원자재 '딜러'(dealer)나 '트레이더'(trader)에게 매년 시가 평가를 의무화함으로써, 미실현손익을 실현된 소득으로 처리하도록 규정한다.

또한 제1272조 (a)항의 '원본 할인 채권'(Original Issue Discount) 제도는 이자를 실제 수취하지 않았더라도 매년 일정액을 수입으로 인식하게 하며, 제1259조의 '가상 매도'(constructive sale) 규정은 경제적으로 동일한 효과를 지닌 거래를

57) *United States v. Kirby Lumber Co.*, 284 U.S. 1 (1931).
58) *Commissioner v. Glenshaw Glass Co.*, 348 U.S. 426, 75 S.Ct. 473, 99 L.Ed. 483 (1955). I.에서도 인용하였다.
59) 이창희, 『세법강의』, 343면.
60) Reuven S. Avi-Yonah, *Taxation With Realization After Moore*, Tax Notes (June 25, 2024), available at https://www.taxnotes.com/featured-analysis/taxation-realization-after-moore/2024/06/25/7kdlr.

실현된 것으로 간주한다.

국제조세 영역에서도 예외가 다수 존재한다. 피지배 외국법인 세제(Subpart F, §§951~964)와 GILTI (Global Intangible Low-Taxed Income) 과세(§951A)는 해외 자(子) 회사의 미(未) 분배 이익을 미국 모(母) 회사 주주의 현재 소득으로 간주해 과세하며, 제877A조(Expatriation Tax, '출국세'의 일종)는 국적을 포기하거나 장기(長期) 거주자 지위를 상실하는 납세자의 자산을 시가로 처분한 것으로 보아 미실현이익에 즉시 과세한다.

이처럼 미국 세법은 겉으로는 실현주의를 고수하는 듯 보이지만, 실제로는 조세회피 방지, 금융시장 안정, 형평성 확보 등 정책 목적을 달성하기 위해 실현 이전 단계의 이익을 과세대상에 포함시키는 여러 입법 기술적 장치를 활용하고 있다. 결국 실현주의는 미국에서도 헌법적 원칙이 아니라, 입법자가 조세정의와 경제적 실질 사이의 균형을 맞추기 위해 조정 가능한 '정책적 수단'(policy tool)에 불과하다고 보아야 한다.[61)]

6. 소결(小結)

종합하면, 유럽 여러 나라의 조세 제도는 공통적으로 실현주의를 헌법상 조세를 규율하는 절대적인 원칙으로 보지 않는다. 벨기에 헌법재판소는 상속세율이 90%에 달했던 법률을 위헌으로 판단하면서, 조세의 헌법적 정당성을 실현 여부가 아닌 비례성 원칙과 재산권 보호 여부로 평가하였다. 프랑스 역시 실현 개념보다는 조세의 형평성과 납세자 간 평등 원칙을 핵심 기준으로 삼고 있으며, 네덜란드는 실현주의를 부정하지 않으면서도 경제적 실질과 비례성을 중심으로 과세의 정당성을 판단한다. 나아가 유럽연합 사법재판소(CJEU)는 회원국이 조세 입법에서 가지는 자율성을 인정하되, 조세가 기본권 보장 및 평등 원칙과 조화되어야 함을 반복적으로 확인하고 있다.

이처럼 유럽의 접근은 실현주의의 존부(存否)보다도, 조세입법이 헌법상 기본 원칙들과 얼마나 합리적으로 조화되는가에 초점을 맞춘다. 실현주의는 그 자체가 조세의 헌법적 요건이 아니라, 입법자가 조세형평과 경제적 실질 사이의 균형을 맞추기 위한 수단으로 이해된다.

한국의 경우, 위 V.에서 이미 언급했듯이, 헌법재판소와 대법원 모두 실현주

61) 최근 연방대법원의 무어 판결과 관련한 논의는 II. 참조.

의가 헌법의 요청이라고는 인정하지 않았다. 헌법재판소는 1994년 토지초과이득세 사건(92헌바49 등)에서 미실현이익에 대한 과세가 헌법상 소득 개념에 반하지 않으며, 입법정책의 영역에 속한다고 판시하였다. 다만 재산권 보장과 담세력 원칙의 관점에서 과세의 수단과 정도가 비례성 원칙을 준수해야 한다고 강조하였다. 이후 대법원 역시 2011년 판결에서 권리확정주의를 과세의 기준으로 인정하면서, 실현 여부는 헌법적 문제라기보다 과세 기술상의 문제라고 보았다. 한국은 대륙법적 전통에 따라 조세입법의 폭넓은 재량을 인정하되, 그 한계를 비례성과 평등 원칙을 통해 통제하는 구조를 취하고 있다.

이상의 비교법적 고찰을 통해 확인할 수 있는 결론은 명확하다. 실현주의는 소득 개념의 본질적 요건이 아니라, 과세 시점을 결정하는 입법정책적 기준에 불과하다. 미국과 달리 유럽 대륙법 국가들은 실현 여부를 헌법적 논의의 대상으로 삼지 않으며, 조세 형평, 재산권 보장, 비례성의 원칙을 통해 과세 제도의 정당성을 확보한다. 결국 실현주의의 문제는 헌법적 원칙으로 논할 것이 아니라 각 나라 별로 입법자가 경제적 현실과 조세정책의 목표를 고려하여 공익(公益)과 사익(私益) 간의 균형을 어떻게 설정하느냐에 관한 입법 기술의 문제로 귀결된다.

Ⅶ. 결론

이 글은 실현주의가 소득의 본질적 요건이 아니라, 입법정책적 선택의 문제임을 밝히는 데 그 목적이 있다. 실현주의는 헌법이 직접 요구하는 소득과세 요건이 아니며, 나라별 조세 담론(談論)에 따라 각기 다른 비례성·형평성을 설계하는 데에 이용되는 입법정책적 원칙이다.

유럽은 비례성, 평등, 법적 안정성 등 대륙법계의 헌법적 원칙을 중심으로 과세입법의 정당성을 판단하고, 한국은 담세력 원칙과 조세형평을 조화시키는 실무적 접근을 취한다. 반면 미국은 실현주의를 법리적으로 강조하면서도 실질적으로는 여러 예외를 입법적으로 도입하여 경제 현실에 부합하는 조세 체계를 구축하고 있다. 이처럼 실현주의의 적용 범위와 강도(强度)는 국가의 역사적·문화적·경제적 맥락에 따라 달라지며, 이는 실현주의가 헌법적 절대 원칙이 아니라 '입법적 조정의 산물'임을 보여준다.

따라서 실현주의를 헌법적·절대적 조세 원리로 고정시키는 것은 이론적으로나 정책적으로 모두 한계를 보일 수밖에 없다. 과세입법의 합헌성은 실현주의의 충실한 구현 여부가 아니라 그 입법이 헌법상 공익 목적, 비례성, 평등 원칙, 법적 안정성 등의 균형을 종합적으로 충족하는가에 달려 있다.

이와 관련하여, 최근 미실현이익 과세를 부유세의 대체 수단으로 활용하려는 경향은 신중할 필요가 있다고 본다. 정쟁(政爭)으로 인하여 법 이론이 왜곡될 가능성이 다분하기 때문이다. 이창희 선생도 설명하였듯이 부유세와 소득세 모두 재산이 창출하는 수익, 즉 순자산증가 분(分)을 과세물건에 포함한다는 점에서 기능이 중첩되기도 한다. 따라서 부유세 도입에 관한 저항을 누르기 위하여 미실현이익 과세 — 이미 존재하는 소득세의 범위만 조정하면 족한 실현주의 완화 — 의 카드를 꺼내는 것은 매혹적인 방안처럼 보일 것이다. 그러나 부유세는 투자 원본(元本)을 포함한 재산가치 전체를 과세하는 제도이며, 소득세는 재산에서 취득가액을 공제한 순이익 부분을 과세하는 제도이므로, 양자(兩者)의 기능과 목적은 구분된다. 미국의 경우, 쉬운 길로 돌아가려다가 그 반발로 실현주의가 헌법적 원칙으로 격상될 수도 있다는, 법 이론적으로 별 가치 없는 리스크만 커졌다.

요컨대 실현주의는 소득의 헌법적 요건으로 이해될 수 없으며, 입법자가 사회적 형평성과 경제적 실질을 조화시키기 위해 활용할 수 있는 정책적 원리로 보는 것이 타당하다. 나라마다 서로 다른 경제 구조와 문화적 가치, 그리고 헌법적 전통이 존재하기 때문에, 실현주의의 의미 또한 고정된 개념이 아니라 상대적이고 유연한 실무적 개념으로 해석되어야 한다. 실현주의의 세법적 의미를 이렇게 상정한다면, 실현주의 논의의 방향을 부유세에 대한 찬반(贊反)처럼 단순한 정치적 흑백논리가 아니라, 발전된 21세기 조세 행정 하에서 얼마나 어떻게 완화시킬 수 있을 것인가로 설정할 수 있을 것이다. 이 점이 필자가 “Taxing the Metaverse” 논문을 쓸 때 가장 바랐던 부분이다.

결국 실현주의의 세법적 의미는 그 이론적 타당성 자체에 있는 것이 아니라, 입법자가 헌법 원칙과 사회적 현실 사이에서 균형 잡힌 조세 제도를 얼마나 정교하게 설계하는지에 달려 있다. 실현주의가 21세기에는 좀 더 발전적인 세제를 생각해보는 화두로서 기능하길 바란다.

8. 법인세의 본질

– 법인세제 개혁의 이상(理想)과 현실(現實)*

김석환**

Ⅰ. 들어가며: 글의 구조와 한계

오늘날 모든 문명국가를 지탱하는 조세 체계의 중심은 단연 법인세라 할 수 있다. 거의 모든 사회적 생산물이 법인을 통해 형성되면서 소비 과정으로 흘러 들어간다. 이러한 법인의 역할을 도외시한 채 부(富)의 형성과 분배 구조, 생산에서 소비에 이르기까지 경제적 자원의 흐름을 파악하는 것은 불가능하다. 따라서 법인 단계에서 형성한 소득, 또는 부가가치에 대한 과세는 법인세의 세수(稅收) 규모와 무관하게 법인과 경제적 관계를 형성하고 있는 주주, 채권자, 근로자, 소비자, 거래 상대방 등에 대한 과세와 밀접한 연관 관계를 형성한다. 법인

* 이 글의 초고(草稿)를 읽고 여러 소중한 지적을 해 주신 이창희 선생께 감사드린다. 그럼에도 이 글의 오류는 모두 저자(著者)의 몫이다.

** 강원대학교 법학전문대학원 교수

세가 오늘날 조세 제도의 근간이 되는 이유이다.

하지만 이렇듯 중요한 역할을 담당하는 법인세는 그 존재 자체부터 매우 강력한 비판의 대상이 되고 있다. 법인이란 늘상 그 경제적 가치를 지배하는 '주인'이 따로 있기 마련인데 그 주인 단계의 세금과 별도로 법인 단계의 세금을 걷는 것은 전형적인 이중과세에 해당하고 온갖 경제적 해악을 끼친다는 것이 비판의 주된 논거이다. 이는 곧 법인세 폐지론(廢止論)의 주된 논거이기도 하다. 또한 법인세 폐지와는 별론(別論)으로, 법인세의 과세물건인 소득의 개념을 둘러싼 논쟁 또한 치열하다. 오늘날 대부분 국가의 법인세제가 그러하듯 '자기 자본'(自己資本)의 '정상 수익률'(normal return)을 포함하는 '회계상 이익' 개념을 세법상 소득 개념으로 치환(置換)하는 경우 자본과 부채, 배당과 이자에 대한 차별적 취급으로 온갖 경제적 왜곡을 가져오므로 자본의 정상 수익률을 과세대상에서 뺀 '경제학적 이윤'(economic rent)만을 과세대상으로 삼아야 한다는 유(類)의 주장이 대표적이다. 법인의 투자 자본의 일부 요소(자기자본)에만 과세하는 '부분 요소세(稅)'의 성격을 갖는 법인세를 둘러싼 이러한 논쟁은 뒤에서 살펴보는 바와 같이 그 전개 과정의 치열함에 비하면 현실의 세제에서는 아직까지 그다지 큰 영향력을 발휘한다고는 보기 어렵다. 한편 현실의 소득세제 속에 깊숙이 들어와 있는 실현주의는 이러한 논쟁의 파생물(派生物)임과 동시에 논쟁의 종식을 어렵게 하는 주요 원인이라 할 수 있다.

이 글은 법인세를 둘러싼 이러한 논쟁을 당대 최고 석학(碩學)들의 담론(談論)을 통해 살펴보는 데 그 목적이 있다. 이를 통해 이러한 논쟁이 앞으로 어떤 방향으로 전개될 것인지를 전망하면서 현실의 세제에서 어떤 의미를 갖는지 살펴보고자 한다. 다만 짧은 분량의 이 글은 아직 우리에게 생소한 이러한 논쟁의 여러 측면을 일별(一瞥)하고자 하는 데에 목표가 있기 때문에 관련된 논쟁의 모든 면을 세세히 다루고 있지는 못할 뿐만 아니라, 그 주장의 옳고 그름을 논증하는 것 또한 필자의 능력 밖임을 미리 밝혀둔다.

Ⅱ. 법인세의 존재 이유

법인세가 왜 존재해야 하는가라는 질문에 대하여 아직까지 명쾌한 답을 찾기는 어렵다. 미국의 논의를 보자면, 1913년 연방 헌법의 개정을 통해 소득세가 도입되기 전인 1909년에 시행된 '법인 특권세'(corporate excise tax)가[1] 근대 법인세제의 기원이라 할 수 있다. 이는 1894년 소득세법 제정으로 도입된 소득세제가 결국 연방 대법원의 위헌 판결을 받아 불발(不發)되자[2] 그 대안으로서 나온 정치적 타협의 산물이라 할 수 있는데, 당시 법인세 도입의 주된 논거를 두고서는 크게 세 갈래의 주장이 있다.

① '혜택 이론'(benefit theory)에 근거하여 회사의 형식으로 사업을 수행하는 두드러진 특권을 부여 받은 데 대한 대가라고 보는 주장,

② 회사는 소득의 '원천'이자 세금을 낼 수 있는 '사람'(人)이라는 주장,

③ 법인세 신고서를 공개하도록 함으로써 연방 정부가 회사에 대한 규제의 의도를 달성하는 수단이라는 주장

이 그것이다.[3] 제16차 헌법 개정을 통해 1913년 소득세가 다시 도입되자 1909년 법인세의 폐지 논의가 잠시 있었다. 그러나 (폐지된다면) 미(未) 배당 유보이익이 소득세 과세 대상에 포함됨으로써 강화된 규제 권한이 정부에 주어질 수 있음을 우려한 기업들의 이해와, 회사에 대한 규제의 가능성을 유지하고자 하는 정부의 이해가 맞아떨어진 결과 법인세는 1913년 소득세법에서도 그 명맥을 유지하게 되었다.[4]

법인세의 존재 이유를 밝히는 데 위와 같은 미국의 사례는 시사하는 바가 크다. 결국 소득을 과세대상 또는 담세력으로 삼는 소득세제의 큰 틀에서 보자면 개인에 대한 소득세와 별도로 법인세 제도를 두는 것은 반드시 당위(當爲) 또는 논리적 귀결이라고만 볼 수 없다. 오히려 주주에 대한 과세의 편의, 또는 회사에

---

1) 모든 미국의 내국(內國) 회사와 미국에서 사업을 영위하는 외국 회사에 대하여 $5,000를 넘는 순(純) 이익의 1%에 해당하는 세금을 부과. "corporate excise tax"라는 명칭은, 그 내용은 회사의 소득에 대한 과세이나, 폴락(Pollock) 판결로 인해 '소득세'라는 용어 사용에 여전히 어려움이 있어 "excise tax"라는 명칭을 부여한 것이다. Tariff Act of 1909. 회사가 법인 형식을 이용하는 특권의 대가라는 입법 배경을 고려하여 '법인특권세'로 부른다. 이창희, 『세법강의』, 340~341면.

2) Pollock v. Farmer's Loan & Trust Co., 157 US 429 (1895). 미국 연방대법원의, 대법관 의견이 5대 4로 갈린 판결로 1894년 소득세법이 위헌이라고 결정하였다. 미국 소득세법의 역사에 대하여는, 김석환, "미국소득세제의 기원에 관한 소고", 『조세법연구』 제15권 제2호, 2009 참조.

3) Yariv Brauner, "Why tax corporations?", *Corporate Taxation* (edited by Reuven S. Avi−Yonah), Edward Elgar, 2023, pp. 6~7.

4) 1913년 소득세법은 회사가 배당에 대한 주주 과세를 피할 목적으로 이익을 유보하는 경우 그 주주들에게 배당한 것으로 간주하여 과세하는 규정을 두고 있었다. 1913 IRC ch. 16, § II (A)(2), 38 Stat. 114. 166~67(이 조항은 1920년 "Eisner v. Macomber" 판결 이후 주주가 아닌 회사에 대한 유보이익세로 변경됨).

대한 정부의 통제 기제(機制)의 작동 결과라고 보는 것이 보다 설득력이 있다. 법인세의 출발 또는 탄생 논거에 대한 이러한 심각한 문제 제기는 법인세 폐지 또는 개혁론의 강한 토대를 형성하고 있다고 볼 수 있다.

Ⅲ. 법인세 개혁 논쟁

1. 법인세 개혁의 주된 논거

법인세는 소득세, 부가가치세 등과 같은 대형 세목(稅目) 중 제일 논란이 되는데, 소득세와 부가가치세가 '일반 세(稅)'인 데 반해 법인세는 투자 자본 중 자기자본의 수익에 대하여만 과세하는 '부분 요소 세'(partial factor tax)의 성격을 지니고 있다.[5] 이 때문에 자본과 부채 간 중립성이 깨어지고 자원 배분의 왜곡 효과가 발생한다는 점이 문제이다. 이는 자본 공급에 영향을 주고 투자에 영향을 주기 때문에 결국 중·장기적 경제 성장에 부정적 영향을 미친다.[6]

주주 단계의 소득세와 별도로 법인 단계의 법인세를 부과하는 '고전적 세제'(classical system)의 문제점을 지적하는 대표적 문헌에 따르면, ① 개인 투자자들이 지분(持分, equity) 증권 형식의 새로운 투자를 꺼리게 만든다는 점, ② 회사들로 하여금 신주를 발행하는 것보다 유보금을 활용하거나 차입을 통해 사업 자금을 조달하도록 조장한다는 점, ③ 회사들로 하여금 배당을 지급하는 대신 감자(減資) 등 세법상 유리한 거래를 통해 이익을 분배하도록 조장한다는 점 등을 들고 있다.[7] 이와 같은 고전적 세제로 인해 회사가 이익을 배당할지 유보할지 여부는 자본 시장의 작동 — 자금조달 비용의 고려 — 에 대한 가정(假定)이라는 외생(外生) 변수 외에 법인세율, (배당) 소득세율 및 (주식) 양도소득세율의 관계에 달려 있다. 현행 제도의 조세로 인한 왜곡은, 법인이 자기자본보다 차입에 의

---

5) 곽태원, "법인세 개혁논의의 최근 동향과 우리나라 법인세 정책에 대한 시사점", 『예산정책연구』 제1권 제1호, 국회예산정책처, 2012년, 3면. 이 글에 따르면, '부분 요소세'란 일반세에 대응하는 의미로서 특정 부문의 특정 생산요소에서 산출되는 부가가치만을 과세 대상으로 한다는 의미이다.

6) 곽태원, 위의 글, 3면.

7) The American Law Institute, *Federal Income Tax Project, Integration of the Individual and Corporate Income Taxes*, Reporter's Study of Corporate Tax Integration(Alvin Warren, Jr., Reporter), 1993, p. 3(역시 이 글에서 자주 인용되므로 이하에서는 '1993 ALI 보고서'라 한다). 이창희, 『세법강의』, 637면 이하.

존하도록 하는 것 같은 유해(有害)한 경제적 효과를 가지거나, 자본과 부채의 구별과 같이 실제 집행이 곤란한 법적 구분의 문제를 야기한다는 점에서 바람직하지 않다. 법인세의 폐지, 또는 소득세와의 '통합'(integration)이 제기되는 주된 논거라 할 수 있다.

2. 법인세의 귀착(歸着, incidence)

법인세의 귀착, 즉 누가 법인세를 부담하는가의 문제는 법인세 개혁 논쟁에서 근본적인 문제라 할 수 있다. 예를 들어, 만일 법인세 부담이 변화할 때 실제로는 근로자의 소득 감소, 또는 소비자의 제품 구입가격 상승 등의 형태로 주주 외의 자에게 전부 또는 일부가 귀착된다면, 법인세가 주주에게 귀착된다는 인식을 전제로 하는 배당세액 공제 방식의 이중과세 제거는 담세력에 따른 공평한 세 부담 원칙에서 벗어나거나 세금의 재(再) 분배 기능을 왜곡하는 결과를 야기하게 된다. 또한 오늘날 같은 개방 경제 하에서 세율 인상은 저(低) 세율국으로 자본이 유출되는 결과를 초래하면서 생산성 저하와 일자리 감소를 통해 경제적 후생의 감소와 근로자의 소득 감소를 야기하게 되는데, 이 또한 법인세 귀착의 한 단면이라 할 수 있다.

법인세는 일차적으로 주주 또는 자본 소유자에게 귀착되지만[8] 방금 가정하였듯이 상품의 소비자나 노동의 공급자에게 일부 전가될 수도 있고 그 전가의 정도에 따라 법인세가 자원의 효율적 배분에 미치는 왜곡의 수준이 달라진다. 법인세의 궁극적인 귀착은 법인과 비(非) 법인 기업의 요소 집약도, 상품 수요의 가격 탄력성, 요소 간 대체 탄력성, 자본 공급의 이자율 탄력성, 자본 수익율, 기업의 경쟁 정도 등에 따라 달라진다.[9] 실증적 분석에 따르면 법인세 부담의 일부는 노동으로, 또 다른 일부는 소비자에게 돌아간다. 만약 노동자 또는 소비자

---

8) 1962년 경제학자인 아놀드 하버거(Arnold Harberger)가 이러한 법인세의 귀착 문제를 처음 제기한 것으로 알려졌다. 그에 따르면 법인세는 자본 소유주에 의해 부담하게 되는데 그 결과 법인세는 법인과 비(非) 법인 간 자본의 배분을 왜곡시키고 대개 자본 소유주들은 법인 주주들보다 부유하지 못하므로 누진성에서 그다지 효과적이지 못하다고 보았다. 그 후 '하버거 모형'을 둘러싼 다양한 문제 제기와 대안 모델들이 등장하였는데 이에 관한 자세한 설명으로, Yariv Brauner, *op. cit.*, pp. 14~15; 김승래, "법인세율 인하의 경제주체별 귀착효과 분석", 『한국재정학회 학술대회 논문집』, 2009년, 121~123면 참조. 오늘날 하버거 모형의 가장 큰 한계로 지적되는 점은 역시 세계화에 따른 자본 이동의 가능성을 고려하지 못하였다는 것이다.

9) 김승래, 위의 글, 120면.

가 법인세의 상당 부분을 부담한다면 법인세는 덜 부유한 사람으로부터 부자들에게 재분배하는 꼴이 된다. 오늘날 세계화에 따른 국가 간 자본의 자유로운 이동은 법인세 부담의 보다 큰 부분이 비(非) 유동적 요인에 전가되어 이러한 상황을 더욱 악화시킨다. 이러한 국제적인 모형은 복잡하고 그 변형들은 꾸준히 바뀌고 있으며, 세계화의 경향이 가속(加速)됨에 따라 재화의 대체성(代替性)은 변화한다. 나아가 법인세는 회사의 순(純) 이익에 대한 세금이 아니며, 회사의 이익을 가져가는 자들이 꼭 이를 부담한다고도 볼 수 없게 된다. 결국 법인세의 존재 이유에 공감하더라도 여러 의문에 대한 모든 측면들이 실증적으로 연구되어 있지 않고 자료의 상대적인 결함, 회사 행위의 복잡성 및 세계화의 효과는 법인세에서 공평을 확보하는 것을 실질적으로 곤란 또는 불가능하게 만든다. 이러한 결함으로 인해 법인세는 매우 빈약한 정책 수단일 수 있다.[10)]

한편 법인세의 귀착에 관한 경제학의 논의에 따르면, 법인의 이익은 자본 지분이 얻는 통상의 수익을 나타내는 '정상 수익'(normal returns)과 정상 수익율을 초과하는 경제학적 이윤(economic rents) 또는 '초과 수익'(excess returns)으로 구분한다.[11)] 초과수익의 원천으로는 예전에는 천연자원과 같은 독특한 물리적 자산의 소유나 정부 인·허가에 따른 독점 등이 있었지만 오늘날은 대개 그 법인에 특유한 무형자산의 활용에서 비롯된다. 또한 이와 같은 두 가지 이익은 법인세의 귀착 면에서 상이(相異)한데, 법인의 이해관계자 모두에게 미치는 정상수익의 경우보다 초과수익의 경우 법인세가 주주(또는 자본 소유자)에게 더 큰 부담이 되는 것은 분명하지만, 초과수익의 경우 역시 주주 외에 초과수익을 함께 향유(享有)하는 근로자들에게도 법인세의 귀착이 발생한다. 최근 미국의 실증적 분석에 따르면 정상수익에만 영향을 미치는 감가상각 방법의 변경에 따른 세 부담의 변화는 자본과 노동에 50:50으로 귀착되어, 정상수익과 초과수익 모두에 영향을 미치는 세율의 변화보다 노동에 귀착되는 정도가 더 크다.[12)]

또 토더(Toder) 박사의 분석 결과에 따르면, 경제학의 이론적·실증적 분석의 한계에도 불구하고 법인세는 매우 누진적인 성격을 갖는 세입(稅入)의 원천으로 평가할 수 있다. 이와 같은 누진성의 정확한 수준은 많은 '상쇄하는'(offsetting)

---

10) Yariv Brauner, *op. cit.*, p. 16.
11) 이창희 선생은 이를 '경제학적 이윤'(economic profit)으로 부른다. 이창희, 『세법강의』, 359면, 636면 외(外).
12) Eric Toder, "The Incidence of the Corporate Tax", *Corporate Taxation*, pp. 49~50.

요인들을 폭넓게 다 따지면서 세금의 순(純) 효과를 측정하는 문제이다. 법인세 수입을 증가시키는 구체적 방법은, 가령 감가상각 같은 '자본 회수 규정'(capital recovery provisions)을 한결 엄격하게 만드는 것보다 세율을 한결 누진적으로 만들어 세수를 늘릴 수 있는 데에서 보듯이, 법인세제 전체의 누진적 성격에 영향을 미친다. 그렇더라도 법인세의 증가가 소득 상위 계층에게 보다 많은 부담을 지우고 법인세의 감소는 소득 상위 계층에게 불균형적으로 혜택을 준다는 점은 분명하다.[13] 토더의 이와 같은 분석은 자본 소유자 이외의 이해관계자들에게 법인세의 일부가 귀착될 수 있지만 여전히 법인세는 자본 소유자의 부담 몫이 가장 크다는 점을 시사하며 법인세의 존재 이유를 그럴듯하게 뒷받침하고 있다.

3. 다양한 법인세 개혁의 방안들

비(非) 법인 부문을 제외한 법인 부문에만 이중과세를 허용하면서 '타인(他人) 자본'을 제외한 자기자본의 총 이익(정상 이익 + 경제적 지대(地代))에만 과세하는 현행 법인세제의 폐해가 명백한데도 법인세만을 전면 폐지하자는 주장은 거의 찾아볼 수 없다. 아마도 공평의 측면에서 법인세의 유지가 바람직하다고 여기거나 법인세의 폐지가 정치적으로 받아들여지기 어렵다거나 세수의 감소와 같은 현실적 제약이 그 주된 원인이라고 볼 수 있다. 다만 이와 같은 법인세의 문제점을 해결하기 위한 대안에 관한 논의는 매우 활발한데, 1993 '미국 법률 협회'(ALI, American Law Institute)의 보고서가 제시하고 있는 방안은 다음의 6 가지이다. ① 배당세액 공제 방식, ② 투시(透視) 과세 방식, ③ 주식 가치상승 과세 방식, ④ 주주 배당과세 폐지 방식, ⑤ 법인의 자본투자 즉시상각(卽時償却) 방식(= 현금흐름 과세 방식), ⑥ 배당의 손금 산입 방식 등이다. 이 중 ②와 ③의 방법은 법인 단계의 세금을 폐지하는 것을 전제로 그 대안으로 제시된 것인 데 비해, 나머지는 법인세 자체는 존치하면서 이로 인한 이중과세를 제거하는 방법들로 볼 수 있다. 이하에서는 법인세 세율의 인하에 관한 논쟁을 먼저 살펴보고, 위 ①~⑥의 방법들을 살펴보고자 한다.

(1) 법인세율의 인하

위에서 언급한 다양한 법인세 개혁 방안들보다 현실 세계에서 법인세 제도

13) *Ibid.*, p. 53.

의 더 큰 변화를 가져온 것은 무엇보다 법인세율 인하라고 할 수 있다. 다만 이러한 현상의 원인으로는 법인세율이 낮아질수록 법인세가 야기하는 부정적 효과를 줄일 수 있다는 논리적 요인보다는, 세계화에 따른 자본의 이동성이 높아짐에 따른 국가 간 세율 인하 경쟁의 결과를 드는 것이 더 타당할 수 있다. 세율 인하에 따른 세수 감소는, 투자 증가가 성장률과 일자리 및 임금 수준에 미치는 긍정적 효과로 상쇄가 가능하기 때문이다.

다만 이와 같은 법인세율 인하 경쟁에 대해서는 다음과 같은 최근의 비판도 주목할 만하다.[14] 즉 법인세의 문제를 해결하는 방안으로서 법인세율의 인하는 정치적 성격이 매우 짙다는 것이다. 법인세로 인해 초래된 왜곡을 감소시키고자 할 때 세율 인하는 매우 호소력이 있는데, 경제 성장과 고용 창출을 통해 보다 많은 세수를 걷을 수 있다는 주장을 믿는 정치가들에게 특히 매력적이다. 법인세는 회사 경영진들로 하여금 '지대(地代) 추구 행위'(rent seeking behaviors)에[15] 나서도록 할 뿐만 아니라 회사의 다른 이해관계자들을 따돌린 채 부(富)를 축적할 권한을 유지할 수 있는 일종의 장막인데, 세율 인하는 그들이 부담해야 하는 비용을 저렴하게 하는 가장 좋은 방법이다. 즉 세율 인하는 그들이 운용할 수 있는 이익과 현금이 덜 줄어들게 하여 그들이 지불할 가격을 낮춘다. 이렇게 줄어든 법인세는 값비싼 '절세 계획'(tax planning)의 필요를 줄이면서 높은 세율의 조세와 마찬가지로 '불투명성'(opacity)을[16] 확보하는 데 여전히 매우 효과적이다. 낮은 세율은 이를 반대하는 정치적 압력을 증가시키지만 그러한 압력은 정치적 여건에 따라 균형을 맞출 수 있고 시간의 흐름에 따라 변화할 수 있다. '벱스(BEPS) 기획'에서 보듯이 이는 다국적 기업들의 낮은 세 부담에 대한 공분(公憤)에서 시작되었으나 그 결과는 이들에 대한 보다 많은 세 부담이 아니라 기껏 법인세율 인하의 논리를 받아들인 '글로벌 최저한 세(稅)'로 귀결되고 말았다. 이는 "왜 법인에 과세해야 하는가"라는 핵심 질문에서 벗어난 결과로서 법인세 그

---

14) 대표적으로, Yariv Brauner, *op. cit.*

15) 고든 털록(Gordon Tullock)과 앤 크루거(Anne Kruger)가 주장한 경제학 용어로서, 개인이나 기업이 새로운 가치를 창출하지 않고 기존 자원이나 권리를 활용하여 경제적 이익을 극대화하는 행위를 말한다. 이때 '지대'(rent)란 애덤 스미스(Adam Smith)가 말한 소득의 세 가지 원천(임금, 이윤, 지대)의 하나이다.

16) 여기서 '불투명성'(opacity)이란 '투명성'(transparency)에 대비되는 말로, 그 구성원으로부터 독립된 권리·의무의 귀속 주체로서 법인의 실체적 존재에서 비롯되는 각종 법률 또는 사실상의 효과를 의미한다. 대표적으로 주주의 유한(有限) 책임을 들 수 있다.

자체는 전혀 건드리지도 못한 것이다. 세율 인하가 늘 틀렸다고 할 수는 없지만 법인세의 본질과 근본 문제를 해결하기 위한 논의를 방해하고, 궁극적으로는 법인의 '불투명성'을 유지할 수 있게 하여 주는 좋은 타협안일 뿐이다.[17)]

(2) 법인세 폐지 및 투시과세 방식(② 방법)

투시과세 방법은 미국의 '파트너십 과세'(Subchapter K), 또는 일정한 요건을 갖춘 'S 법인'(S－Corporation)에[18)] 대한 과세(Subchapter S)와 같이 기업이 번 소득에 대하여 기업 단계에서 세금을 매기지 않고 출자자에게 배분(allocation)하여 직접 투시과세하는 방식(look－through basis)을 말한다.[19)] 우리나라의 경우 조특법상 '동업기업 과세'를 법인에 적용하는 경우가 이에 해당한다. 즉 동업기업 과세를 모든 법인에게 적용하는 꼴이다. 이 방법에 대하여는 다수의 주주 구성, 이들의 잦은 손 바뀜, 그리고 일부 법인의 불투명성 등으로 인한 집행상의 곤란을 고려할 때 현실적 대안이 될 수 없다는 주장이 꾸준하다.[20)] 다만 투시과세 방법의 구체적 내용 중 일부는 '간주 배당 선택권'(constructive dividend option)과 같은 방식으로 나중에 살펴볼 배당세액 공제 방법에서 적극 활용되고 있다.

이러한 주장에 대해서는, ⅰ) '시가'(時價)에 따라(mark－to－market) 주식의 가치 상승분에 과세하는 방식(③)과 같아, 다수의 과거 법인세 개혁 제안들이 직접 주주들에게 과세하는 어려움을 피할 수 있는 대안들을 이미 제시하고 있다거나, ⅱ) 대부분 국가들에서 거대 기업을 포함한 수많은 기업들이 이미 투시과세의 대상이 되어 있다거나, ⅲ) 오늘날 기업의 회계 투명성이 전보다 증가하였고, 은행 비밀주의(bank secrecy)도 사실상 폐지되었으며, '국가별 보고서'(CbCR) 등 세계적인 정보 교환망 구축이 이루어진 상황에서 시대착오적이라는 비판이 있다. 즉 법인세 존치의 이유로서, 법인의 주주들을 직접 과세하지 못한다는 주장은 더 이상 설 자리가 없고 굳이 이유를 찾는다면 이는 '정치적 편의'(political convenience)에서 비롯되었을 따름이라는 것이다.[21)]

---

17) Yariv Brauner, *op. cit.*, pp. 16~20.

18) 주(州) 회사법에 따라 설립된 회사 가운데, ① 주주가 75명 이하이고, ② 주주가 미국 거주자인 자연인이며, 또한 ③ 수종(數種)의 주식을 발행하고 있지 않는 등의 요건을 충족하는 회사를 말한다(미국세법 §1363).

19) 1993 ALI 보고서의 두 번째 제안이다. 1993 ALI 보고서, p. 47.

20) 미국 재무부는 이러한 이유들을 근거로 투시과세 방식을 적용할 수 없다고 결론내린 바 있다. US Treasury Dep't., Report on Integration of the Individual and Corporate Tax Systems - Taxing Business Income Once, 1992 (이하 '1992 재무부 보고서'라 한다), p. 27.

이러한 '정치적 편의'의 구체적 내용으로는 다음의 것들이 들어진다. 첫째, 역사적으로 법인세는 유보이익에 대한 주주 직접 과세를 피하고자 했던 거대 기업들과 이들이 지원하는 정치인들 간의 타협의 산물로서 이들은 태생적으로 투시과세보다 법인세 존치를 선호한 데서 출발하였고, 오늘날에도 이들은 법인세 폐지 및 투시과세로의 전환보다 법인세율 인하, 각종 조세 특례와 법인세 부담의 전가를 통해 이익을 챙기려고 한다. 둘째, 법인세는 사회적으로 부자들의 몫이어야 한다는 생각과, 회사의 인격화된 이미지를 연상하는 대중의 시각은 매우 강력해서 분배를 우선시하는 정치인들이 법인세 존치를 더 선호하도록 영향을 미친다. 또 법인세의 오류를 잘 이해하는 학자들마저 이러한 대중의 시각을 법인세 존치의 강력한 근거로 삼고 있다. 셋째, 법인세는 정치인들에게 조세 특례의 각종 은전(恩典)을 베푸는 형태로 활동할 수 있는 유리한 지형을 제공하는데 법인세의 불투명성과 그 귀착의 복잡성은 그들의 책임을 효과적으로 막을 수 있는 환경을 제공한다는 것이다.[22] 결국 격렬한 논쟁에도 불구하고 그 결과의 대부분이 개혁의 기본 원칙에서 벗어난 것들로서, 소득세는 결국 '법인'이 아닌 '사람'에게 부과되어야 한다는 분명한 원칙만이 논쟁을 안전한 곳으로 되돌릴 수 있다는 것이다.[23] 일단 이러한 원칙을 세운다면 다양한 실행 방안들에 대한 보다 생산적인 담론의 장(場)이 열릴 것이다.

(3) 주식가치 상승 과세 방식(③ 방법)

법인세를 폐지하는 또 다른 방법으로 법인이 번 소득에 대하여 법인 단계에서 세금을 매기지 않고 주주 단계에서 주식가치 상승 분(分)을 곧바로 과세하는 방식도 생각해 볼 수 있다.[24] 다만 주식가치 상승분은 법인 단계의 '미(未) 실현이익'도 반영하므로 주식의 시가를 알 수 있는 상장(上場) 법인과는 달리 대부분의 비(非) 상장법인은 주식의 시가를 알기 어렵다는 한계가 있다. 그렇다고 상장법인만 시가 평가하는 것은 실현주의를 취하는 비상장법인의 주식은 물론, 부동산 등 다른 형태의 자산과 사이에서 중립성이 깨어져 더 효율적이라거나 공평에 부합한다고 보기 어렵다. 실은 소득과세에서 실현주의를 포기해야 한다는 점이

21) Yariv Brauner, *op. cit.*, p. 19.
22) *Ibid.*, pp. 19~20.
23) *Ibid.*, p. 20.
24) 1993 ALI 보고서의 세 번째 제안이다. 1993 ALI 보고서, p. 47.

이 방법의 결정적 문제라고 할 수도 있다. 한편 법인으로부터 분배가 없는 상태에서 소득세를 납부하는 경우 또 다른 미실현이익에 대한 과세가 되어 현실적 어려움이 발생한다.[25] 이런 이유로 이 방법은 현실에서 시행될 가능성이 희박하다고 볼 수 있으며 이를 강하게 주장하는 논자(論者)도 드물다.

(4) 주주 배당과세 폐지 방법(④ 방법)

법인 단계에서 법인세만 과세하고 주주 단계에서 배당과세를 폐지하는 방법인데 1992년 미국 재무부의 보고서에서 제안한 방식이고[26] 2003년 미국의 '아들 부시'(George W, Bush) 행정부가 지지한 바 있다. 다만 2003년 미국 의회는 이러한 제안을 수용하는 대신 배당소득을 최고세율 39.6%의 '통상 소득'(ordinary income) '바구니'(basket)에 담아 과세하던 전통적 방식을 바꾸어 양도소득과 마찬가지로 최고세율 23.8%로 하는 누진세율 체계를 적용하는 법 개정을 하였다. 이를 통하여 주주들이 회사를 통해 번 소득을, 배당을 통해 실현하든 양도를 통해 실현하든 엇비슷하게 과세하도록 맞춘 것이다. 1992년 재무부 보고서에서 함께 제안된 일명 '포괄적 사업소득세'(Comprehensive Business Income Tax, CBIT)도 이 방법의 하나로 볼 수 있다. CBIT란 법인이 주주에게 지급하는 배당뿐만 아니라 채권자에게 지급하는 이자까지 손금에 넣지 않고[27] 법인세를 과세한 다음. 그 대신 주주와 채권자 단계에서 이를 소득으로 보지 않는 방식이다. 자본과 부채의 과세상 차이를 제거하여 고전적 법인세제의 여러 왜곡을 제거할 수 있으나 개별 주주와 채권자의 담세력에 따른 공평한 세 부담이라는 수직적 공평의 이념과는 거리가 먼 제도라 할 수 있다.

이와 같이 주주 단계 배당 과세의 폐지는 수직적 공평의 측면에서 약점이 있으나 주주가 개인이 아닌 법인이라면 이중과세를 제거할 수 있는 효과적인 방법이 될 수 있다.[28] 그렇지만 법인과 비(非) 법인 출자자 간, 자기자본과 타인자본 간, 그리고 배당과 자기주식 취득 간 과세의 차이를 야기하여 조세 중립성이 깨

25) 1993 ALI 보고서, p. 49. 같은 취지의 지적으로, 김의석, 『법인과세와 주주과세의 통합』, 서울대학교 박사학위 논문, 2021년, 22면.

26) 1992 재무부 보고서에 따르면, 배당의 경우 법인세만 과세하는 데서 나아가, 배당하지 않고 유보하는 경우 회사는 법인세를 내고 남은 유보이익을 마치 배당한 것처럼 보아(constructive dividends) 주주들의 주식에 대한 취득원가(basis)를 증액하도록 허용하였다. George Yin, Corporate/shareholder tax integration, *Corporate Taxation*, pp. 67–68.

27) 그 결과 법인의 소득은 주주 및 채권자의 집합적 소득으로 볼 수 있다.

28) 예를 들자면 법인세법 제18조.

어지는 문제가 발생한다.[29] 또한 이 방법에 의하더라도 주식 양도소득은 여전히 과세되는데 배당과 양도에 대한 과세상 취급이 달라짐에 따라 여전히 경제적 왜곡이 발생한다.[30]

(5) 배당 손금산입 방법(⑥ 방법)

이자와 마찬가지로 배당을 손금산입하면 배당에 해당하는 법인의 이익만큼은 이중과세가 제거된다. 이러한 배당 손금산입 형(型)의 '통합' 방법은 주주 입장에서 볼 때 원천징수의 복잡한 절차를 거쳐야 하는 배당세액 공제 방법보다 훨씬 간편하다. 법인세의 실효세율을 낮추고 현금흐름과 배당 성향을 개선하는 효과도 있다. 또한 이자와 배당 사이의 과세상 차별도 사라진다. 다만 이 방법에 의하면 법인에 결손이 발생한 과세기간에, 그 이전 과세기간에 실현된 잉여금으로 배당하는 경우와 같이 배당하지 않고 유보된 이익에는 이중과세의 가능성이 남는다. 유보 금액에 대한 별도의 이중과세 제거 장치가 함께 작동한다면 매우 효과적인 방법이 될 수도 있다. 하지만 이 방법은 이러한 통합의 혜택이 연금 기금(年金基金)과 같은 '비과세 기관'(tax-exempt entity)들이나 외국인 주주에게까지 미치게 된다는 점이다. 주주 단계에서 이중과세를 제거하는 배당세액 공제 방법의 경우 이러한 상황에 적절히 대응할 수 있으나 배당 손금산입 방법은 불가능하다. 이 방법이 널리 사용되지 못하는 중요한 이유이기도 하다.[31] 다만 이러한 고려가 필요 없는 간접투자 수단인 특수목적 회사(SPC, special purpose company), 또는 자산 유동화(流動化) 회사 등에서 제한적으로 사용될 수 있다.[32][33]

(6) 배당세액 공제 방법(① 방법)과 현금흐름 과세 방법(⑤ 방법)

이 두 가지 방법은 법인세제 개혁 논의의 핵심이라 할 수 있으므로 아예 장(章)을 바꾸어 하나씩 살펴보고자 한다.

---

29) George Yin, Corporate Tax Integration and The Search for the Pragmatic Ideal, NYU Tax Law Review Vol. 47 (1991), p. 462.

30) 김의석, 『법인과세와 주주과세의 통합』, 25면.

31) 1993 ALI 보고서, p. 53.

32) 법인세법 제51조의2.

33) 법인세 귀착의 관점에서, 그 귀착이 불확실한 법인세 금액을 최소화할 필요가 있고 배당에 대해서는 법인세를 과세하지 않는 것이 이와 같은 법인세 귀착의 불확실성을 줄일 수 있다는 취지에서 배당 손금산입 방법이 장점을 가진다는 취지의 주장으로, 김의석, "법인세의 경제적 귀착 관점에서 본 배당소득에 대한 이중과세 조정", 『조세법연구』 제21권 제2호, 2015.

Ⅳ. 배당세액 공제 방법(Imputation)

1. 기본 구조

법인세로 인한 이중과세의 문제를 해결하기 위한 가장 일반적인 방법으로 전(全) 세계적으로 널리 사용되는 것이 배당세액 공제 방법이다. 그 구체적인 적용 방식은 각 나라마다 차이가 있지만 '1993 ALI 보고서'가 설명하는 기본 구조는 아래와 같다.

이 방법은 회사의 주주가 받는 배당을 회사의 근로자들이 받는 급여와 마찬가지로 취급하는 것이다. 즉 배당금액을 (급여와 마찬가지로) 회사가 원천징수해서 납부한 세금만큼 증가시키고(gross-up), 주주는 이와 같이 증가시킨(gross-up) 배당금액에 대하여 자신의 세율로 세액을 계산한 다음, 앞서 증가시킨 금액만큼 세액 공제를 하는 것이다. 이 방법을 모두 실행하면 법인세는 주주가 회사를 통해 번 개인 소득에 대한 세금의 단순한 선납(先納), 또는 원천징수가 된다. 1993년 ALI 보고서는 이 방법을 '주주 세액공제에 따른 통합'(shareholder credit integration)이라고 칭하고, 다른 나라에서는 이를 "imputation"이라고 부르는데 배당금액의 증가(gross-up)와 같은 금액의 세액 공제를 하는 과정에서, 회사가 내는 법인세가 주주가 낸 세금으로 '귀속'(impute)되기 때문이라고 설명한다.[34)]

이 방법에 따르면 회사가 배당세액 공제 방법에 반응하여 배당 수준을 조정하지 않는다면 (회사가 아닌) 주주 단계에서 추가적인 현금흐름을 낳게 된다. 따라서 이 방법은 외국인 주주 또는 비과세 주주들에게는 세액 공제를 불허하는 방법으로 통합으로 인한 혜택을 선택적으로 부인할 수 있다는 점에서 다른 방법들보다 우월한 방식으로 평가된다. 이하에서는 가장 포괄적인 내용으로 배당세액 공제 방법의 모델을 제시한 것으로 평가받는 1993년 ALI 보고서의 제안을 살펴보고 이 방법의 한계와 시사점(示唆點)을 살펴보고자 한다.

2. 1993년 ALI 보고서의 제안

이 제안의 골자는 아래 4가지 제안으로 구성된다.

---

34) 1993 ALI 보고서, p. 52.

(1) 배당 원천징수

'적격'(適格) 배당에 대하여 법인은 개인 최고 소득세율로 '배당 원천징수'(dividend withholding tax, DWT)를 한다. 이때 적격배당은 배당 선언되어 주주들에게 분배되는 현금 또는 현물이거나 법인의 이익잉여금과 상관 없이 법률에 따라 배당으로 간주된 것을 말한다. 회사는 초기 장부가액 0으로 하는 '납부세액계정'(taxes paid account, TPA)을 유지해야 하는데 TPA는 법인세 납부액만큼 증가하고 법인세 환급액만큼 감소한다. TPA 잔고를 초과하는 환급은 곧바로 배당원천징수로 납부한다. 배당 법인의 DWT 의무는 그 법인의 TPA 금액으로 이행되며 DWT 의무 이행을 위한 TPA 잔액의 사용만큼 TPA 금액을 감소시킨다. DWT로 납부한 금액은 장차 납부할 법인세액에서 공제된다.[35)]

이와 같은 DWT 구조의 예를 들면, A 법인이 어느 해에 $190의 순(純) 이익을 내고 이 중 $100이 과세되는 소득이라고 하자. 법인세율이 40%라면 $40의 법인세를 내고 $150의 현금을 유보한다. 법인세 납부 결과 TPA 잔액은 $40이다. $150 중 $100을 배당하면 $40의 DWT가 발생하는데 이는 TPA 잔액으로 모두 충당된다. 그 결과 A 법인은 추가적인 원천징수세액의 납부 없이 $60을 분배할 수 있다. 이와 달리 $190을 배당하면 $76의 DWT가 발생하는데 이 중 $40은 TPA로 충당되며 $36의 추가 납부가 필요하다. 두 경우 모두 A 법인은 주주에게 분배한 배당의 40%를 원천징수세액으로 정부에 납부한다.[36)]

(2) 주주 원천징수 세액 공제[37)]

적격배당의 수령에 따라 비(非) 법인 거주자인 주주는 DWT를 포함한 배당금액을 총(總) 소득에 가산한다. 해당 DWT는 주주의 소득세액에서 세액 공제 또는 환급된다. 파트너십(partnership) 같은 투시과세 사업체는 관련 규정에 따라 배당소득의 귀속과 원천징수 세액의 공제에서도 투시과세를 적용한다.

위 (1)의 예에서, $100의 적격배당을 한다면 $40의 DWT는 TPA 잔액으로 충당된다. 주주는 $60을 받지만 $40을 보태 $100을 과세소득에 포함한 다음 산출세액에서 다시 $40을 공제받는다. 만일 그 주주의 한계세율이 40%라면 추가적인 세부담 없이 $60을 갖게 되거나, 보다 낮은 세율이라면 환급을 받는다. 어

35) 1993 ALI 보고서, pp. 92~93.
36) 1993 ALI 보고서, pp. 94~95.
37) 1993 ALI 보고서, pp. 102~103.

느 경우에도 법인세는 주주들이 내는 세금에서 전부 공제되는 원천징수세의 일부가 된다.

(3) 조세특례의 경우[38]

법인은 '비과세 소득 계정'(exempt income account, EIA)을 유지해야 하는데, EIA는 법인이 받는 적격 비과세소득이 더해지고 주주들에게 이 소득에서 적격 배당으로 분배되는 금액을 뺀다. TPA 잔액이 0이고 EIA가 양(+)의 금액일 때 적격배당의 분배는 DWT나 주주 과세소득을 발생시키지 않는다. 대신 배당은 EIA 금액 범위에서 주주에게 비과세된다. 법인은 주주에게 비과세 배당으로 소득에서 제외되는 금액을 통지하여야 한다. '적격 비과세소득'과 '적격 세액공제'의 범위는 법령으로 정한다.

(4) 유보소득과 주식 양도차익

위와 같은 배당세액공제 방법 하에서도 주식 양도차익 과세에 따른 이중과세 문제가 남는다. 주식 양도차익은 법인 단계에서 과세 대상인 유보이익(실현된 이익)이나 미실현 손익을 포함한 다른 이유들로 인한 주식가치 변경으로 생긴다. 따라서 주식 양도차익 과세의 수준은 법인세·소득세 통합을 넘어서는 정책적 고려에 따라야 하겠지만 주식 가치에서 유보이익 과세의 효과는 이러한 통합을 설계할 때 고려되어야 한다.

널리 알려져 있듯이, 법인이 이익잉여금을 배당할지 유보할지는 법인세와 소득세의 세율 수준에 영향을 받는다.[39] 다만 소득세율과 법인세율의 상관관계(相關關係)와 무관하게 주식 양도소득을 별도로 과세하는 경우 유보이익과 함께 양도차익(주식 양도소득)을 줄이고자 배당을 선호하게 된다. 현행 조세 체계도 그러하듯이, 이와 같은 (양도인에 대한) 주식 양도소득 과세로 인한 중복과세를 해결하기 위한 별도의 장치를 마련하지 않은 채 대개 필연적으로 따라오는 양도차손과[40] 저절로 상계하는 방법으로 대응하는 꼴이다. 또한 주식 양도차익에 대한 과세는 법인 자산의 가치 상승에 대한 당장의 과세를 하는 꼴인데 그럼에도 법

---

38) 1993 ALI 보고서, p. 108.

39) 이창희, 『세법강의』, 637면 주192.

40) 배당에 따른 주식가치 하락을 반영한 것이다. 유보이익만을 놓고 볼 때, 이로 인한 양도차익은 유보이익의 궁극적인 분배 시 주식가치 하락과 씻겨나가게 되기 때문이다. 1993 ALI 보고서, p. 118. 물론 주식의 가치는 유보이익뿐만 아니라 미실현이익을 포함한 다양한 요소가 반영되는 것이다.

인 단계에서 해당 자산의 '취득원가 (상향) 조정'(step-up)은 이루어지지 않는다. 이로 인해 주식양도의 방식보다 '취득원가 조정'이 가능한 자산양도 후 청산의 방식을 선호할 수 있다. 이런 문제에 대한 해결책으로 1993 ALI 보고서는 다음의 방안을 제시하고 있다.[41)]

즉 법인은 적격배당을 대신하여 주주들에게 '간주 배당'(constructive dividend) 및 후속 '간주 출자'(constructive capital contribution)를 선언할 수 있다. 이러한 간주배당 및 재투자는 실제로 적격배당과 세후 소득금액의 재투자와 같은 결과를 낳는다. 배당 법인은 주주들에게 소득, 관련된 DWT 및 '취득원가 조정'될 취득원가의 금액을 통보하여야 한다. 이러한 방법은 주주에게 실제 분배가 없어도 주주들의 배당세액 공제를 가능하게 한다. 또한 어떤 납세자에게도 추가적인 세금을 내지 않게 하면서 이익은 유보하고, 배당세액 공제 목적으로 TPA 잔액을 분배하고자 하는 법인은 이 방법을 사용할 수 있다. 최고세율 구간의 주주는 간주배당에 따른 납세의무를 세액공제로 상쇄할 수 있고 그 이하 세율 구간의 주주는 환급을 받을 수 있다.

또한 실제 배당이 있는 때 중복과세를 방지하기 위해, 법인은 간주 배당 및 재투자된 금액을 '이미 과세된 배당 계정'(previously taxed dividends account)에 기록해야 한다. 만일 TPA 잔액이 0이라면 주주에 대한 적격배당은 '이미 과세된 배당 계정'의 한도 내에서 주주들의 취득원가를 줄이는 것으로 간주되며, 그러한 취득원가를 초과하는 적격배당은 주주의 과세소득이 된다. 즉 TPA 잔액을 초과하는 배당은 '이미 과세된 배당 계정'에서 나온 것으로 간주되고 주주에 대한 자본의 환급으로 취급되어 주식 취득원가를 낮춘다. 또한 주식 취득원가를 초과하는 배당은 주주의 과세소득이 되는 것이다.[42)]

(5) 평가와 시사점

위에서 살펴본 1993 ALI 보고서가 제안한 방식은 주주 배당에 대한 배당세액 공제 방법과 유보소득에 대한 간주배당 및 재투자 방법을 혼용(混用)하고 있다는 점에서 훨씬 과거인 1966년 캐나다의 '카터 보고서'(Carter Report)의[43)] 제안과 그 골격이 대동소이(大同小異)하다. 또한 1993 ALI 보고서가 자세히 설명하

41) 1993 ALI 보고서, pp. 126~127.
42) 1993 ALI 보고서, p. 127.
43) Report of the Royal Commission on Taxation(위원장 케네스 카터, Kenneth Carter), 1966.

고 있듯이 이미 영국, 캐나다, 호주, 뉴질랜드, 일본 등에서 배당세액 공제 방법을 채택하고 있었다.

1993 ALI 보고서가 제안한 배당세액 공제 방법은 법인을 통해 실현한 이익 중 유보하는 대신 배당한 부분에 대한 이중과세를 제거하는 기능에 매우 충실한 것으로 평가할 수 있다. 다만 이러한 방법을 현실의 세제에서 채택하기 위해서는 몇 가지 고려할 사안이 있다.

첫째, 배당세액 공제 방법은 법인에 대한 과세가 주주에 대한 과세의 선납(先納)임을 전제로 한 것인데 앞서 살펴본 대로 법인세가 대체로 주주에게 귀착되기는 하지만 여러 실물 및 자본시장의 여건에 따라 주주 외에도 근로자 등의 이해관계자에게 귀착되기도 한다. 그리고 그 크기는 여러 생산요소들 간의 대체(代替) 탄력성 등에 의해 정해진다. 따라서 법인세가 전적으로 주주에게 귀착되는 것을 전제로 한 배당세액 공제 방법은 법인세로 인한 왜곡을 모두 제거하는 데는 한계가 있다.

둘째, 배당세액 공제 방법은 배당금액이 아닌 유보금액으로 인한 이중과세를 제거하기 위한 방안으로 '간주 배당 및 재투자'의 해결책을 제시하고 있다. 하지만 위에서 살펴보았듯이 이 방안은 양수인이 주식 취득 후 배당받는 경우 배당 시 과세하면서 배당세액 공제로 이중과세를 제거하고 이를 다시 양도 시 (배당으로 인해 양도가액이 줄어들어) 발생한 양도차손으로 씻겨나가는 구조이다. 즉 이 방법은 주식 양도차손의 소득 공제를 제한 없이 허용해야 그 목적을 달성할 수 있는데 우리나라의 경우도 그러하지만, 이런저런 이유로 주식 양도차손의 소득 공제가 제한 없이 허용되는 경우는 거의 없다.

셋째, 배당세액 공제 방법은 법인이 번 소득 중 배당 부분에 대한 이중과세를 제거하여 비(非) 법인과의 중립성을 확보하는 데 초점이 맞춰져 있다. 다만 이때 이중과세를 완전히 제거하기 위해서는 법인 단계 세금 전액에 대한 "gross-up"과 세액 공제를 전제로 한다. 하지만 이러한 완전한 이중과세 제거는 우리나라 현행 법령이 그렇듯이 금융소득 종합과세·분리과세의 이원적(二元的) 제도 운용과 같은 또 다른 제약이 따를 수 있다. 또한 EU의 경우 내국인 주주에게만 배당세액 공제를 허용하는 것이 EU법상 '자본 이동의 자유'(freedom of capital movement)와 '사업장소 선택의 자유'(freedom of establishment)에 어긋난다는 이유로 위법이라고 판단되는[44] 등 원형(原形)의 모습으로 적용하는 데는 상당한 난관이 있는 것도 현실이다.

미국의 경우 1993 ALI 보고서가 제안한 배당세액 공제 방법은, 의회를 비롯한 학계 및 실무계의 숱한 논란만 이어진 가운데 2004년 배당소득세율을 통상 소득세율에서 양도소득세율과 맞추어 낮추는 방식의 타협안으로 귀결되었다. 또한 미국 의회는 2015년 1992 재무부 보고서에서 제안한 배당 손금산입 방식과 1993 ALI 보고서에서 제안한 배당 원천징수 방식을 결합한 '통합' 방식을 제시하는 등 '통합'을 위한 노력을 계속하고 있다.[45] EU 최고법원의 판결이라는 변수 때문이기는 하지만 독일 또한 배당세액 공제 방법을 포기하고 미국과 유사한 방식의 대안을 모색한 바 있다.[46]

한편 최근 국내의 한 연구는 법인세의 중복과세 유형을 ① 배당소득 이중과세, ②법인의 실현 소득과 주주 양도소득의 이중과세 및 ③ 법인의 미실현소득과 주주 양도소득의 이중과세의 세 가지로 구분한 다음, 이를 모두 해결하는 방안으로 '중복과세 포괄적 조정 방안'을 제시하고 있다.[47] '중복과세 제거'라는 정책 목표 외에도 실현주의의 문제, 법인세/소득세 세율 체계, 자본소득세제, 국제조세의 측면 등 추가적인 고려 요소가 많겠지만 일단 중복과세 문제에만 집중하면서 나름의 대안을 제시하고 있다는 점에서 매우 의미 있는 연구 성과로 평가할 만하다.

V. 직접소비세를 통한 법인세 개혁

1. 논의의 역사

국가 재정의 원천(源泉, tax base)으로서 소득보다는 소비가 더 공평하다는 생각은 그 역사가 매우 길다. 멀리는 1651년 영국의 철학자 토마스 홉스(Thomas Hobbes)가 쓴 『리바이어던』(Leviathan)이나[48] 1848년 존 스튜어트 밀(John Stuart

---

44) ECJ Case C-319/02, 2004. 9. 7.

45) US Senate Committee on Finance, Report of the Business Income Taxation Working Group, 2015, 특히, pp. 34~38 참조. 이러한 방식의 통합이 법인세로 인한 왜곡을 방지할 뿐만 아니라 다국적기업의 저(低) 세율국으로의 소득 이전이나 거주지 이전(inversion)의 유인을 감소시킬 수 있다는 분석 글로, Michael Graetz & Alvin Warren, Jr., Integration of Corporate and Shareholder Taxes, 69 Nat'l Tax J. 677, 2016.

46) 독일의 상황에 대해서는, 이창희, 『세법강의』, 641면 주210.

47) 김의석, 『법인과세와 주주과세의 통합』.

Mill)의 유명한 『정치경제학 원리』(Principles of Political Economy)에서도[49] 그 생각의 일단을 엿볼 수 있다. 그리고 이러한 생각은 20세기 이후 들어 주류(主流) 경제학자들 사이에서 널리 퍼지게 되었고,[50] 오늘날까지 그 논쟁이 이어지고 있다.[51][52]

법학 분야에서 이러한 논쟁을 촉발시킨 결정적 계기가 된 것은 1974년 하버드 법대(法大) 앤드루스(William Andrews) 교수가 발표한 유명한 논문이라 할 수 있다. 이 논문에서 앤드루스는 소비세 또는 지출세에 관한 경제학 분야의 논의를 토대로 세법 분야에서 '소비 또는 현금흐름 방식의 소득세'를 주창하였다.[53] 한편 이 논문을 보다 유명하게 만든 것은 그 이듬해인 1975년 당시 듀크 법대 워렌(Alvin Warren Jr.) 교수의 비판 논문이라 할 수 있다.[54] 이에 앤드루스는 워

---

48) 예를 들어, "많이 일하고 그 과실을 저장하면서 적게 소비하는 자가 게으르고 적게 벌면서 번 돈을 다 쓰는 자보다 더 많은 세금을 내어야 하는 이유는 무엇인가?; 전자(前者)라고 해서 후자(後者)보다 공동체로부터 더 큰 보호를 받지도 않는데..." Thomas Hobbes, *Leviathan* (Lindsay ed.), 1950, p. 298. 홉스의 이러한 주장에 대한 평가로, "기실 Hobbes의 문제제기가 반드시 옳지는 않다. 소비세에서는 열심히 일하고 적게 쓰는 사람과 놀면서 적게 쓰는 사람이 같은 세금을 낸다는 말은 옳지만, 열심히 일하고 많이 쓰는 사람이 놀면서 적게 쓰는 사람보다 세금을 더 냄은 소득세나 소비세나 마찬가지인 까닭이다." 이창희, 『세법강의』, 394면 주87.

49) 예를 들어, "연기된 소비(= 저축)에 대한 순자산증가 방식의 소득세는 축적될 때 한번 과세되었다가 (저축기간 경과 후) 스스로의 수익을 올렸을 때 또 과세함으로써 이중과세이며 차별적이다", J. S. Mill, *Principles of Political Economy* (Laughlin ed.), 1884, p. 544.

50) 대표적으로, Irving Fisher & Herbert Fisher, *Constructive Income Taxation*, 1942 [피셔는 이 책에서 현행 소득세는 저축과 그 과실을 이중과세하고 국부(國富)의 생산자들을 단순한 그 소비자들보다 무겁게 과세하므로 납세의무자와 정부 모두에 불공평한 세금이므로 이를 대체하는 일명 USA Tax(Unlimited Savings Allowance Tax)로 개혁을 주장하였다. 이 개혁 방안의 골자는 소비된 소득만 과세하고 유보이익과 투자와 같이 저축된 소득은 과세하지 말자는 것이다]; Nicholas Kaldor, *An Expenditure Tax*, 1955.

51) 피셔가 든 다음 사례는 유명하다. "세금 없는 세상에서 갑, 을, 병 세 형제가 똑같이 $10,000를 상속받았고 시장이자율은 5%라고 가정한다. 갑은 매년 $500를 받는 영구 연금에 투자하고, 을은 14년 후 $20,000이 되는 정기예금에 집어넣고, 병은 6년간 매년 $2,000을 받는 연금 상품을 구입하였다. 세금 없는 세상에서 세 형제가 투자한 자산의 현재가치는 모두 $10,000인데, 소득세가 들어오면 세 형제의 장래 납세의무의 현재가치는 달라진다. 만일 소득세율이 10%라면 갑, 을, 병 세금의 현재가치는 각각 $1,000, $1,714, $157.73이 된다. 소비의 지연(deferral)이 추가적인 이자와 추가적인 소득세를 낳는데, 그러한 조세 제도는 명백히 불공정하고 저축을 억제하면서 낭비를 조장한다." I. Fisher, *The Nature of Capital and Income*, Macmillan Co., 1906, pp. 249~53.

52) 1980~90년대 미국에서 법인세제를 소비에 대한 과세 체계로 바꾸자는 다양한 주장과 입법 대안에 관한 소개 및 분석 글로, 하태홍, 『미국의 근본적 세제개혁방향에 대한 연구』, 서울대학교 석사학위 논문, 2004년 참조.

53) William Andrews, A Consumption-type or Cash Flow Personal Income Tax, 87 Harv. L. Rev. 1113(1974). "이 논문은 소득세를 대체하는 소비세에 관한 심도 있는 사고의 기원(genesis)으로 평가된다." — C. 켈리(Kelley_, 앤드루스에 대한 조사(弔辭, 2017) 중에서.

렌의 비판에 즉각적으로 재반박하는 글을 발표하는[55] 등으로 소비세 논쟁은 당시뿐만 아니라 오늘날까지 큰 영향을 미치고 있다.

아래에서는 앤드루스와 워렌의 당시 논쟁을 살펴보고, 같은 맥락에서 영국의 1978년 '미드 보고서'(Meade Report)와 2011년 '멀리스 보고서'(Mirrlees Review)의 내용을 좀 더 자세히 살펴본 다음 앞으로의 전망을 짚어보고자 한다.

2. 앤드루스 대(對) 워렌 논쟁

(1) '포기한 소비'로서 부(富)의 증가

윌리엄 앤드루스 William Andrews

앤드루스는 소득 중 소비되지 않은 부분을 '포기한 소비'(consumption foregone)로서 부(富)의 증가(accumulation)로 보고 다음과 같은 두 가지 이유로 이를 과세 대상에서 제외해야 한다고 주장한다. 첫째, 일반적으로 세금의 기본 효과는 달리 소비되어질 수 있는 경제적 자원 중 개인적 소비를 줄어들게 하는 것이므로 그 세금의 부담을 소비 수준에 맞게 분배하는 것이 공평한 것으로 추정할 수 있다. 둘째, 홉스가 설명하였듯이 '부(富)의 증가'는 대개 노동이나 자본, 또는 둘 다로부터 생산에 기여한 것에서 개인 소비를 위해 꺼낸 쓴 것을 초과하는 부분의 시장가치를 나타내며 이 부분에 세금을 부과할 이유는 없다.[56)]

이에 대해 워렌은 위와 같은 주장에 대하여 세금의 효과를 담세력을 재는 세원(稅源)과 혼동한 것이라고 비판한다. 즉 달리 소비할 수 있는 자원으로 세금을 낸다고 가정하는 것은 부(富)의 증가, 소비, 부(富) 그 자체, 또는 그 밖의 어떤 것들에 과세하는 것이 보다 공평한가를 말하지 않는다는 것이다. 마치 허리둘레를 기준으로 세금을 매기는 것이 공평하다고 하더라도 세금은 살(flesh)이 아니

54) Alvin Warren, Jr., Fairness and a Consumption−type or Cash Flow Personal Income Tax, 88 Harv. L. Rev. 931(1975). 이 글을 쓰고 난 이후인 1979년 워렌은 앤드루스가 있는 하버드 법대로 자리를 옮긴다.

55) W. Andrews, Fairness and the Personal Income Tax: a Reply to Professor Warren, 87 Harv. L. Rev. 1113(1975).

56) W. Andrews, *op. cit.*, *supra* note 54, pp. 1165~1166.

라 돈으로 받는 것과 마찬가지다. 또한 부(富)의 증가는 소비와 무관하므로 과세해서는 안 된다는 주장은 부(富)의 증가가 여전히 그 소유자에게 속하고 이는 사실상 '포기한 소비'가 아니라 '지연된 소비'(consumption deferred)일 뿐이라는 치명적 약점을 갖고 있다고 지적한다.[57]

(2) '지연된 소비'로서 부(富)의 증가

앤드루스는 소비세의 경우 소비가 언제 일어나든지 궁극적으로 소비에 대하여 보다 통일된 부담을 지우므로 소득세보다 낫다고 주장한다. 소비는 소득 분배의 효율을 높일 뿐만 아니라 특정한 재화 또는 용역에 대한 필요나 기호, 현재 또는 미래 소비의 차이로 인해 어떤 사람을 다른 사람보다 무겁게 과세할 수 있으므로 소비에 대한 중립성이 매우 중요하다고 강조한다. 예를 들어, '갑'(甲)이 현재 소득 $100를, 퇴직을 대비해서 9%의 수익률로 저축한다면 24년 후에 $800가 된다. 이 중 33%의 소비세를 내면 갑에게 $533가 남는다. 이에 비해 33%의 소득세를 내면 초기 $100에 $33 세금을 내고 남은 $67를 저축하면 24년 후에는 $267만 남는다. 소비세의 논리는 세금이 없는 경우 $800를 가지게 되는 납세자는 소득과 저축을 어떻게 구성하든지 24년 후 세금을 내고 나서 $533를 남겨야 한다는 것이다. 소득세는 퇴직 후의 납세자에게 25년째에 $800의 소득을 가지는 다른 납세자보다 적은 금액을 남기게 되므로 차별적이라고 한다.[58]

하지만 이런 주장에 대해 워렌은 다음과 같이 비판한다. 즉 소득세가 현재와 미래 소비에 대한 선호도에 따라 납세자를 차별하는지는 소비가 더 공평한 세원이라는 가정을 전제할 때만 성립한다. 그렇지만 문제의 본질은 왜 소비가 더 공평한가에 있으므로 이를 도외시한 채 소득세가 차별적이라는 주장은 순환논법(循環論法)일 뿐이라는 것이다. 위 예의 조건에서, 갑과 을이 첫 해에 $100를 벌었다면 둘은 그 해에 $100를 소비하거나 24년 후에 $800를 소비하는 선택을 할 수 있다. 24년 후 소비 대비(對比) 첫 해의 소비의 대가는 100/800, 즉 1/8이다. 소비세가 부과되면 그 비율은 67/533 또는 1/8이다. 만일 갑은 첫 해에 소비하고 을은 25년째 해에 소비한다면 둘은 세금으로 소

앨빈 워렌
Alvin Warren

57) A. Warren, Jr., *op. cit.*, *supra* note 55, pp. 932~933.
58) W. Andrews, *op. cit.*, *supra* note 54, p. 1168.

비가 줄어들지만 상대적인 지위는 세금 부과 전과 동일하다. 하지만 소득세가 부과되면 그 비율은 67/267 또는 1/4로 변한다. 즉 미래 소비를 선호하는 납세자는 보다 과중한 세금을 부담하는 꼴이다. 따라서 어떠한 세금도 '특정한 재화 또는 용역에 대한 필요나 기호, 현재 또는 미래 소비'를 이유로 차별하지는 않지만 소득세는 현재 소비에 비해 장래 소비를 선호하는 납세자를 차별한다. 다만 이러한 결론은 세금이 있건 없건 저축에 대한 수익률은 9%로 동일하다는 것을 전제로 하는데 만일 세금으로 인해 (세후, 稅後) 수익률이 6%로 떨어지면 자금에 대한 수요 공급에 따라 총 수익률은 9%를 초과할 수 있으므로 그 초과하는 부분만큼은 차별이 제거되겠지만 그 정확한 범위를 파악하기는 힘들다.[59)]

(3) 부(富)의 불평등

앤드루스는, 소득세는 부와 생활수준의 불평등을 해결하는 데 효과적이지 못하다고 한다. 부의 증가가 지연된 소비를 나타내는 한 소득세는 장래 소비에 대한 차별을 낳으므로 바람직하지 못하며, 부의 증가가 지연된 소비를 초과하는 것이라면 이는 포기된 소비이고 앞서 비판과 마찬가지 이유로 바람직하지 못하다. 즉 앤드루스에 따르면 포기 또는 지연된 소비인 부의 증가에 대한 과세는 부의 불평등을 줄이기 위한 자산소득 과세의 필요를 능가하여 해롭다는 것이다.[60)]

이에 대해 워렌의 반론은 매우 강력하다. 즉 앤드루스는 부(富)가 권력의 원천이고 경제적 후생을 측정하는 또 다른 기준이라고 인정하면서도 소득세가 미래 소비를 선호하는 납세자들에게 차별적이라는 이유로 반대하면서 부의 불평등을 완화하기 위한 아무런 대응책을 제시하고 있지 않다는 것이다. 사실 부를 줄이는 것은 현재 소비 대비 미래 소비의 대가를 증가시키므로 살아생전 부의 편차를 줄이기 위한 어떠한 시도도 그러한 주장과 조화하지 못한다. 앤드루스는 이러한 곤란을 피하고자 보다 강력한 상속·증여세제를 호소하고 있지만 이 또한 가족들에게 부를 이전하기 위해 저축을 선호하는 납세자에 대한 차별을 야기한다. 앤드루스의 주장에 따르면 상속에 따른 재산의 이전을 '새로운 세대에서 일종의 부의 원천적인 불평등을 만드는 것'이라고 한다. 그렇다면 그의 주장은 사회적 정의 차원에서 납세자들 간 야기되는 불평등 가운데 살아생전 부의 불평등을 제거하는 것보다 세대간 부의 불평등을 제거하는 것이 더 중요하다는 것인

59) A. Warren, Jr., *op. cit.*, *supra* note 55, p. 935.
60) W. Andrews, *op. cit.*, *supra* note 54, p. 1169.

데 공평의 측면에서 소비세가 소득세보다 우월하다는 것은 이러한 명제를 받아들이는 것이다. 그렇지만 살아생전 무한대의 부와 그에 상응하는 사회 권력을 그러한 부의 증가에 대한 세금 없이 축적해서는 안 된다고 한다면 앤드루스의 주장은 수용할 수 없다고 한다. 홉스의 질문에[61] 적절히 대답하자면,

> "돈을 벌었지만 쓰지 않은 자를 과세하는 것은 한결 공평한 부의 분배를 달성하기 위해 필요하다. 저축에 대한 세후 수익의 감소, 즉 지연된 소비에 대한 차별은 살아생전 부의 불평등을 완화하는 데 필요하므로 마찬가지로 정당화될 수 있다."[62]

(4) 부(富)의 재분배와 누진율

앤드루스는 소비세에도 소득세와 마찬가지로 누진율이 적용될 수 있으므로 소득세만큼 누진적일 수 있다고 주장한다. 이에 대해 워렌은 앞서 살펴본 예의 ($100를 24년 간 저축한) 퇴직자와 25년째에 $800의 소득을 얻는 납세자의 경우에는 소비세에 누진율을 적용하더라도 모순이 없지만, 같은 돈을 벌어 바로 소비하는 납세자와 저축하여 미래에 소비하는 납세자 간에는 누진율이 미래 소비에 대한 차별을 야기하여 직접소비세의 주된 논거와 모순이 일어난다고 지적하였다.[63]

즉 세금이 없는 경우, 25년째 $800를 버는 갑과, 첫 해 $100를 벌어 24년간 저축하는 을과, 첫 해 $100를 벌어 모두 소비하는 '병'(丙)의 상대적 지위는 수익률에 의해 결정되는데, 첫 해 $1는 24년 후 $8라고 가정한다. 소비세가 비례세라면, 갑과 을은 병이 첫 해 소비할 수 있는 돈의 8배를 소비할 수 있는 반면, 을은 24년 후 갑과 같은 금액을 소비할 수 있다. 소비세의 세율이 $100까지는 33%이고, 그 초과는 50%라고 가정한다면? 을과 병 간의 공평은 양자(兩者) 간의 상대적 지위를 왜곡해야만 유지될 수 있다. 을과 병의 유일한 차이는 현재 또는 미래 소비에 대한 선호가 다르다는 점이므로 을에게 발생하는 차별은 애초 소비세를 택해야 한다는 주장과 모순된다. 따라서 직접소비세는 비례세로 한정되어야 하거나 앤드루스가 주장하는 소득세의 치명적 오류를 그대로 안고 가야 한다. 워렌은

61) 위 주49.
62) A. Warren, Jr., *op. cit.*, *supra* note 55, pp. 942~945.
63) W. Andrews, *op. cit.*, *supra* note 54, pp. 1174~1175.

"공평의 측면에서 직접소비세와 소득세의 선택은 살아생전 부(富)의 불평등 완화와, 현재와 미래 소비의 세전(稅前) 상대가격 유지 간의 선택으로 귀결된다. (적어도 법적 또는 경제적) 논리보다 윤리적인 선호가 그러한 선택의 근거를 제공해야 한다"

라는 말로 비판을 정리하였다.[64]

(5) 이어지는 논쟁

워렌의 강력한 반론에 대해 앤드루스는 곧바로 재반박 논문을 내놓았다.[65] 이에 따르면, 같은 돈을 번 자들은 다른 소득에서 차이와 무관하게 똑같이 과세되어야 한다는 주장은 그다지 설득력이 없다. 똑같은 소득을 버는 자들은 이를 어떻게 사용되는지와 무관하게 같은 세금을 부담해야 한다는 주장은 충분히 그럴듯해 보이지만 투자소득에 대한 세금이 저축할 결심의 대가라면 자기모순(自己矛盾)이다. 어떠한 주장이 옳은가의 문제는 논리적 증명이 아니라 정책적 선택의 문제이지만 합리적 논증을 통한 함의(含意)는 같은 소비자에게 같은 세금을 부과하는 쪽으로 선택하는 것이 상당한 이유가 있음을 보여준다.[66] 또한 새로운 부(富)의 증가에 과세하는 것은 부의 불평등을 줄이는 데 하책(下策)일 뿐인데, 이는 그러한 과세 전에 이미 형성된 모든 부는 그대로 남겨두기 때문이다.[67]

1979년 하버드 법대로 옮긴 워렌은 그 이듬해인 1980년 앤드루스의 반론을 다시 비판하는 논문을 발표하였는데,[68] 앤드루스나 피셔(Irving Fisher) 교수가 전제한 가정의 핵심은, "공평이란 (투자의) 결과가 아니라 납세자의 기대에 따라 측정되어야 한다"는 것이다. 즉 이들의 분석은 실질적으로 사전적(事前的, prospective/forward-looking)인 것이지만 '헤이그 - 사이먼즈(Haig-Simons)의 소득 개념'은 일정한 기간 동안 각 납세자의 지위 변화를 중시하는 사후적(事後的, retrospective/backward-looking)인 것이다. 불확실성의 세상에서 만사가 기대한 대로 일어나지는 않는다. 그래서 사전적(ex ante) 또는 사후적(ex post) 기초에서

64) A. Warren, Jr., *op. cit.*, *supra* note 55, pp. 942-946.
65) W. Andrews, *op. cit.*, *supra* note 56.
66) *Ibid.*, p. 952.
67) *Ibid.*, p. 957.
68) A. Warren, Jr., Would a Consumption Tax be Fairer than an Income Tax?, 89 Yale L. J. 1081(1980).

납세자들을 비교하는 선택이 있어야 한다. '기대'는 경제 이론에서 중심 개념이고 대개 사전에 합리적 선택을 하는 것과 관련 있다. 그러나 세금에서 공평이란 '기대'가 아니라 '결과'에 달려 있다. 만일 A와 B가 투자의 미래에 동일한 기대를 갖고 있지만 A는 망하고 B의 꿈이 실현된다면 이러한 결과의 차이를 고려하는 것이 공정한 세금이 아니겠는가![69][70]

3. 영국의 논의

(1) 1978년 미드 보고서(Meade Report)

제임스 미드 James E. Meade

1978년 영국의 '미드 위원회'(Meade Committee)가 발표한 보고서는[71] 소득세와 법인세 전반에 걸친 정책 목표를 제시하면서 (개인) 소득세의 경우 1966년 카터 보고서가 제안한 '지출세', 즉 직접소비세를 약간 보완하는 방식을,[72] 법인세의 경우 오랫동안 경제학계에서 주장되었던 '현금흐름 법인세'(flow-of-funds type of corporation tax)를 제안하였다. 소득세와 법인세 부분의 핵심적 내용을 간추리면 아래와 같다.

1) 소득세를 지출세로 전환

먼저 '소득'에 대하여 두 가지 방식의 정의를 할 수 있다. 첫째 방식(Definition A)은 헤이그-사이먼즈의 소득 개념으로서 어느 해 동안 '원본'(元本, capital wealth)을 까먹지 않으면서 소비할 수 있는 금액이며, 둘째 방식(Definition B)은 어느 해의 마지막에 장래 무한히 같은 수준의 소비를 유지할 수 있도록 하는 원천과 기대를 남기면서 그 해 동안 소비할 수 있는 금액을 말한다.[73] 예를 들면, 갑은 $1,000,000를 갖고서 매년 $100,000의 이자를 낳는 상품(이자율 10%)

69) *Ibid.*, p. 1098.
70) 이 논쟁의 소개로, 이창희, 『세법강의』, 395면.
71) IFS, *The Structure and Reform of Direct Taxation*, Report of a Committee (chaired by Professor James E. Meade), 1978(이하 '미드 보고서'라 한다).
72) 대표적으로, 세제 개혁 내용에 물가 상승(inflation)을 반영한 것이다. *Ibid.*. Ch. 7.
73) '항상(恒常) 소득'이라고 할 수 있다. 이창희, 『세법강의』, 404면.

에 투자했다고 하자. 그런데 첫 해에 시장 이자율이 10%에서 11.11%로 올라 투자원금의 가치가 $100,000 줄었다면 첫째 방식 아래 갑의 소득은 0인데 반해, 둘째 방식은 일종의 '항상(恒常) 소득' 개념으로서 이때 갑의 소득은 $100,000이 된다. 현행 세제는 원칙으로서 첫째 방식을 취하고 있는데 이 경우 재산 덕택에 놀고먹는 갑이 극빈자(極貧者) 대우를 받을 수 있다는 점에서 본다면 이를 공평의 잣대로 삼기에는 개념상 받아들이기 어려운 점이 있다.[74] 반면 둘째 방식은 원칙적으로 바람직한 소득 개념이기는 하지만 소득을 정의하는 데 반드시 장래의 기대에 좌우되므로 실행 가능성이 없다는 치명적 약점을 노출한다. 올해 얼마를 쓰고 장래 무한히 쓸 수 있는 소비 지출의 수준이 무엇인지는 장래 벌이가 실제로 얼마가 될지, 장래 이자율이 어떻게 될지 등에 대한 납세자와 과세관청 간 합의가 필요한데 이는 사실상 불가능하다.[75]

그럼에도 미드 보고서는 (실행가능성이 없는) 둘째 방식의 소득을 그대로 쓰기보다는 '소비 지출'(consumption expenditure)을 사용하는 것이 첫째 방식을 쓰는 것보다 낫다고 보았다. 만일 사람들이 늘상 일정한 수준의 소비 지출을 무한히 유지하고자 계획한다는 명제를 받아들인다면 '과세 원천'(tax base)으로서 '소비'는, 과세 원천으로서 둘째 방식의 소득과 일치할 수 있다. 단 과세당국이 이러한 납세자의 미래에 대한 태도를 늘 받아들여야 하겠지만.[76]

이러한 분석을 토대로 미드 보고서는, 현행과 같이 '소득에 기반한 과세 체계'(income−based tax)를 유지한다면 양도소득이나 상속·증여에 따른 부(富)의 증가를 모두 포함하여 단일한 세원으로 삼는 '종합 소득세'(comprehensive income tax) 체제로 바꿀 것을 제안하였다. 나아가 위에서 살펴본 이유 등을 근거로 보다 이상적으로는 이와 같은 소득에 기반한 과세 체계를 '지출세'(expenditure tax) 방식으로 변경할 것을 제안하고 있다.[77] 이 글의 성격상 더 자세한 내용은 생략한다.

2) '현금흐름(flow-of-funds) 법인세'

미드 보고서는 (개인) 소득세가 지출세로 바뀐다면 법인세도 현금흐름 법인

---

74) 이창희, 『세법강의』, 404면. 이 이외에도 미드 보고서는 순(純) 자본가치의 증감을 평가할 수 있는 충분한 시장이 있어야 한다는 점을 상기시키고 있다. 미드 보고서, p. 128.

75) *Ibid.*, pp. 31~32.

76) *Ibid.*, p. 32.

77) *Ibid.*, p. 502. 한 명을 제외한 모든 위원이 지출세로의 전환을 선호하였다고 한다.

세로 바꿀 것을 제안하였다. 현행 법인세는 더 이상 단순한 법인의 실제 이익 또는 소득을 세원으로 하고 있지 않으며, 가장 중요한 실물 자산에 대한 100%의 '손금 산입'(capital allowance) 허용은 이미 상당한 정도로 현금흐름 세원 쪽으로 간 것이라고 평가한다. (개인) 소득에 대한 지출세와 마찬가지로 현금흐름 법인세는 법인의 이익이 분배되지 않고 법인 부문에 재투자된다면 법인의 투자 자본에 대한 수익률이 과세되지 않는다는 것을 의미한다. 따라서 현금흐름 법인세는 개인에 대한 지출세와 '잘 어울리는 단짝'(bed-fellow)이다.

현금흐름 법인세가 전제하는 기업의 현금흐름은 아래 표와 같다.[78]

<table>
<tr><th colspan="2">유입(Inflows)</th><th colspan="2">유출(outflows)</th></tr>
<tr><td colspan="4">R : 실물거래 항목</td></tr>
<tr><td>R</td><td>재고자산, 용역 고정자산 등의 매출</td><td>$\underline{R}$</td><td>원재료 구입, 임금 등 용역 구입, 고정자산 구입</td></tr>
<tr><td colspan="4">F : 금융거래 항목. 주식거래는 제외(→ S)</td></tr>
<tr><td>F</td><td>차입 증가/부채 감소/당좌대월 증가/현금 감소/기타 차입 증가/기타 대출 감소/수입이자/외국 타법인 주식 감소</td><td>$\underline{F}$</td><td>차입 감소/부채 증가/당좌대월 감소/현금 증가/기타 차입 감소/기타 대출 증가/지급이자/외국 타법인 주식 증가</td></tr>
<tr><td colspan="4">S : 주식거래 항목</td></tr>
<tr><td>S</td><td>발행주식 증가/내국 타법인 주식 감소/내국 타법인 수취배당</td><td>$\underline{S}$</td><td>발행주식 감소/내국 타법인 주식 증가/배당 지급</td></tr>
<tr><td colspan="4">T : 세금 항목</td></tr>
<tr><td>T</td><td>환급 세금</td><td>$\underline{T}$</td><td>납부 세금</td></tr>
<tr><td colspan="4">총 유입(R + F + S + T) = 총 유출($\underline{R}$ + $\underline{F}$ + $\underline{S}$ + $\underline{T}$)</td></tr>
</table>

미드 보고서는 법인세의 세원인 '현금흐름'으로 먼저 실물 거래만을 고려한 이른바 'R 베이스(base)', 즉 위 표의 (R - $\underline{R}$)을 제안한다. 이는 법인이 생산한 부가가치에서 인건비를 뺀 금액이며, 투자자본의 조달 방법(자본 v. 차입)을 불문하고 투자금액을 모두 손금산입하는 방법이다. 그 결과는 앞의 Ⅰ.과 Ⅲ.2.에서 설명한 자본의 '정상 이익률'(normal return)을 지급이자와 마찬가지로 손금산입하는 꼴이며 '경제적 이윤'(economic rent)만 과세하는 꼴이다. 당연히 자본과 부채의 구별도 불필요해진다.[79]

---

78) *Ibid.*, p. 231(Table 12.1).
79) *Ibid.*, pp. 230~233.

다음으로 금융거래까지 포함하는 현금흐름, 즉 'R + F 베이스'를 고려할 수 있다. 위의 R 베이스에서 (F - F)를 더해주는 것이다. 그런데 차입 시 차입금(1억)을 익금에 넣고 1년 후 상환 시 차입금과 그 이자(5%로 가정)를 손금에 넣는 것은 세 부담에 아무런 차이가 없다. 세율이 동일하다면 차입시 1억과 상환시 '1억 + 500만'의 차이인 500만은 투자원본의 정상이익율에 해당하기 때문이다. 국가는 이자를 지급하는 회사에서 손금불산입해서 세금을 매기든 손금산입한 다음 지급받는 회사에서 매기든 차이가 없다.[80)]

한편 미드 보고서는 주식 관련 거래에 따른 현금흐름인 'S 베이스'도 제안한다. 그런데 이것은 위의 R + F 베이스와 동일하다. 위 표의 좌변 합계와 우변 합계가 동일하고 R + F 베이스에 '세금 요소'(T)를 빼면 주식 거래에 따른 S 베이스가 되기 때문이다. 즉 R + F 베이스 = S 베이스 + T 베이스가 된다. T라는 세금을 R + F 베이스에 매길 수도 있고 S 베이스에 매길 수도 있다.[81)] 미드 보고서는 R + F 베이스보다 단순한 S 베이스를 선호한다고 밝히고 있다.[82)]

3) 의미

미드 보고서가 법인세의 세원으로 제안한 세 가지 방식(R, R + F, S)은 모두 그 원천지에서 발생하는 '경제적 지대'(economic rent)만을 겨냥한 것이다. 대부분 국가의 법인세 제도가 경제적 지대에 더해 정상이윤(normal return)까지 과세 대상에 포함함으로써 자본 비용에 영향을 미치고 자본조달 방식에 대한 기업의 선택에 왜곡을 초래한다. 따라서 경제적 지대만을 과세하는 것은 자본의 정상이윤을 과세 대상에서 제외시켜 경제를 왜곡시키지 않는다. 미드 보고서가 제안한 현금흐름 법인세는 이러한 정책 목표를 달성하는 데 매우 충실히 논리구조를 취하고 있는 것으로 평가할 수 있다.

(2) 2011년 멀리스 보고서(Mirrlees Review)

영국은 미드 보고서가 나온 이후 30여 년 동안의 조세 이론 발전과 경제 환경의 변화를 반영하여 2011년 새로운 조세 개혁의 담론을 제시하는 '멀리스 보고서'(Mirrlees Review)를 내놓았다.[83)] 조세 제도 전반에 걸친 다양한 의제들에

80) *Ibid.*, p. 233.

81) *Ibid.*, pp. 233~235. 물론 이 경우 ***R*** + ***F*** 베이스 금액과 ***S*** 베이스 금액에 차이가 있을 수 있으므로 세율을 달리해야 한다.

82) *Ibid.*, p. 234.

제임스 멀리스 James A. Mirrlees

대한 방대한 분량의 연구 결과인데 이 글에서는 법인세 개혁에 관련된 특징적 내용에 국한해서 다루고자 한다.

멀리스 보고서 전반에 걸쳐 미드 보고서와 가장 큰 차이를 보이는 결정적 환경의 변화는 세계화, 달리 말하면 자본의 국가 간 이동가능성이 지난 30여 년 동안 비교할 수 없을 정도로 커졌다는 점이다. 이는 미드 보고서가 법인세제 개혁 방안으로 제시한 현금흐름 법인세에 대한 새로운 개혁 방안에도 그대로 투영되어 있다. 즉 멀리스 보고서는 미드 보고서가 제안한 현금흐름 법인세의 기본 골격을 유지하면서도, 원천지국 과세를 전제로 삼은 미드 보고서와 달리, 전통적인 원천지국 과세와 거주지국 과세의 논쟁에서 벗어난 '소비지국 과세 방식'(destination-based taxation)을 제안하고 있다.[84]

먼저 법인세의 세원(稅源)과 관련하여, 현행 세제가 취하고 있는 자기자본에 대한 정상이윤(normal return)을 포함하는 자본(주주)에 대한 수익의 과세를 벗어나, 미드 보고서가 제안한 경제적 지대(economic rent)에 대한 과세, 또는 '포괄적 사업소득세'(CBIT)나[85] '이원적(二元的) 소득세'(DIT)와[86] 같이 모든 자본(주주+채권자)에 대한 수익을 세원으로 삼아야 한다고 보았다. 이를 통해 '부분요소세'로서 법인세가 경제적 왜곡을 초래하는 것을 막을 수 있고 갈수록 그 구별이 모호해지고 있는 자본과 부채의 구별도 불필요하게 된다는 점 등을 그 근거로 들고 있다.[87]

---

83) IFS, *Dimensions of Tax Design: The Mirrlees Review* (chaired by James Mirrlees), Oxford Univ. Press, 2011(이하 '멀리스 보고서'라 한다).

84) *Ibid.*, p. 876 이하(Ch. 9의 필자는, Alan Auerbach, Michael Devereux & Helen Simpson).

85) Comprehensive Business Income Tax. 1992 재무부 보고서에서 제안한 방식인데, 법인·비법인 또는 이자·배당 가릴 것 없이 모든 자본소득(주택 임대료와 사용료는 제외)을 개인 소득세의 최고세율로 한 번만 과세하자고 주장하였다.

86) Dual Income Tax. 소득을 '자본소득'과 '근로소득'으로 양분(兩分)해서 대략 전자(前者)는 낮은 비례세율로, 후자(後者)는 누진세율로 과세하자는 것이다. 자본의 이동성이 높은 탓에 자본에 대한 높은 세율은 결국 노동에 귀착되므로 자본 유출을 막아 국내 후생을 늘리자는 취지에서 1980~90년대 덴마크, 스웨덴, 노르웨이, 핀란드 등의 북구(北歐) 국가들이 실제로 도입한 바 있다. 국가 간 세율 인하 경쟁의 결과로 볼 수 있는데, CBIT와 마찬가지로 이자·배당 구분 없이 자본소득을 한꺼번에 과세하는 구조로서 CBIT와 유사하지만 세율 구조, 법인과 개인 단계의 과세 구조 등에서 차이도 있다. 곽태원, 앞의 글, 15면.

87) 멀리스 보고서, p. 889.

다만 미드 보고서가 제안한 현금흐름 법인세는 폐쇄 경제를 전제로 원천지국 내에서 그 세원을 포착하기 위한 차원의 제안인데 오늘날과 같은 개방 경제하에서는 그 목적을 달성하기 어렵다. 경제적 지대를 구성하는 주요 원천이 과거처럼 천연자원과 같은 '지리적 이점'(location-specific rent)에 있다면 그 지대에 대한 과세로 인해 자본의 이동이 일어날 수 없다. 그러나 오늘날 다국적기업들의 경제적 지대의 주요 원천은 이러한 지리적 이점보다는 무형자산과 같은 연구개발의 결과물이라 할 수 있는데 이 경우 지대에 대한 세금은 쉽게 자본의 이동을 초래할 수 있다. 이 경우 미드 보고서의 제안과 같이 원천지국 과세 방식의 '지대에 대한 과세'는 법인의 경제적 활동을 보다 낮은 세율의 다른 나라들로 내쫓을 수 있다. 또한 현금흐름 법인세는 자본과 부채의 구별을 없앴다는 점에서 타당하지만 여전히 자본과 부채의 구별(F와 S)은 물론 실물거래와 금융거래에 따른 자금 흐름의 구별을 필요로 하는데 이는 금융회사의 소득을 과세하는 데 추가적인 어려움을 야기한다.[88]

원천지국 과세를 기초로 하는 현금흐름 법인세에 이러한 문제가 있다고 해서 거주지국 과세로 가는 것은 상책이 아니다. 모회사에게 법인세를 과세하는 것은 모회사가 고정되어 있지 않으므로 사실상 원천지국 과세와 다를 바 없다. 거주지국 과세를 제대로 하려면 최종 개인 투자자들 단계의 과세라야 하는데 이는 현실적으로 가능하지 않다. 따라서 멀리스 보고서는 그 대안으로 소비지국 과세 방식이 타당하다고 주장한다. 이에 따르면 법인의 국내 매출에서 국내 매입을 공제하고 이에 더해 인건비를 공제한 것을 세원으로 삼는 것인데, 여기에 부가가치세와 같이 '국경 조정'(border adjustment), 즉 수출은 빼고 수입은 포함하는 방식으로 쉽게 실행할 수 있다. 또한 국내 차입자들에게 대여하면서 은행이 번 경제적 지대까지 과세할 수 있다는 점에서 R 베이스보다는 R + F 베이스가 더 우수하다. 이런 방식의 조세는 기업들의 입지 선정에 영향을 주지 않고 기업들이 국가 간에 이익을 이전시킬 기회를 현저히 낮추는 장점이 있다.[89]

(3) 평가: 현실적인 대안이 될 수 있는가?

미드 보고서가 제안한 현금흐름 법인세는 직접세의 세원으로서 소득을 대신하여 소비 또는 지출로 바꿔야 한다는 경제학계의 오랜 주장을 수용하는 입장에

88) *Ibid.*, p. 890.
89) *Ibid.*, p. 890.

서 그 구체적인 대안을 제시한 것으로 그 의미가 매우 크다. 그 후 1991년 영국의 재정연구소(IFS, Institute of Fiscal Studies)가 제안한 '자기자본에 대한 공제'(ACE, Allowance for Corporate Equity) 제도는 현행 법인세제를 기초로 차입에 대한 이자와 마찬가지로 자기자본의 기회비용에 해당하는 정상이윤을 손금산입하는 방안이다. 그 결과 법인세는 경제적 지대에 대한 세금으로 바뀐다. 이 방식은 현행 법인세 제도의 틀 내에서 미드 보고서가 제안한 현금흐름 법인세의 정책 목표를 용이하게 달성하고자 하는 방안으로 평가할 수 있다. 또한 앞서 언급한 포괄적 사업소득세(CBIT) 또는 이원적 소득세(DIT) 등의 제안에도 큰 영향을 미친 것으로 볼 수 있다. 실제로 ACE 제도의 경우 오스트리아, 이탈리아, 벨기에 등 다수의 국가에서 실제로 채택한 경험이 있고 이원적 소득세도 덴마크 등의 북구(北歐) 국가들이 시행하였거나 시행 중이다.

보다 최근의 연구로서, 아비-요나(Reuven Avi-Yonah) 교수의 주장이 주목된다.[90] 20세기 초 미국에서 소득세 도입을 위한 제16차 헌법 개정 전에 이미 법인세가 도입되었던 이유는 거대 독과점(獨寡占) 기업들의 권한을 제한하고 경쟁을 저해하는 행위를 규제하기 위한 차원이었음을 상기한 다음 이는 오늘날에도 그대로 적용된다고 본다. 그 결과 오늘날 법인세가 경제적 자원 배분을 왜곡하고 자본과 부채의 구분과 같은 집행 가능성을 저해하는 폐해가 발생하더라도 법인세는 유지할 필요가 있다고 본다. 다만 이러한 왜곡을 제거하고 자본과 부채의 구분이 필요 없도록 정상이윤에 대한 과세를 없애고[91] 대신 경제적 지대에 대한 80% 정도의 고(高) 세율을 적용하자고 주장한다. 이러한 주장 또한 기본적으로 미드 보고서가 제안한 현금흐름 법인세 또는 ACE 방식과 별반 다르지 않다.

하지만 위와 같은 활발한 논의에 비하면 새로운 제도를 실제로 채택하고 있는 국가는 그리 많지 않은 실정이다. ACE 정도가 몇몇 나라에서 도입되었으나 도입 후 얼마 못 가서 포기하였다. 전통적 방식의 법인세에 대한 강한 '경로 의존'(path-dependence)의 결과일 수도 있겠으나 결정적으로는 세계화에 따른 자본의 이동성이 증가한 것을 요인으로 볼 수 있다. 그런 측면에서 이러한 한계를 극복하고자 제안된 것으로 볼 수 있는 멀리스 보고서의 소비지국 현금흐름 법인

90) Reuven S. Avi-Yonah, *Corporate Taxation*, p. 434ff.
91) 실물자본 투자를 전부 손금산입하는 방식을 제시하고 있다. *Ibid.*, p. 435.

세의 향후 진로를 주의 깊게 살펴볼 필요가 있겠다.[92] 또한 미국의 공화당은 2016년 트럼프의 대통령 선거운동 기간에 이미 이러한 방식으로 미국의 조세 제도를 개혁할 필요가 있다는 목소리를 낸 바 있다.[93] 다만 이러한 방식은 수입에 의존하는 중소 규모 기업의 희생으로 거대 다국적기업의 수출 경쟁력을 제고하는 구조를 취하고 있고 WTO 체제 아래 교역 상대국과의 통상 마찰이 커질 수 있다는 등의 우려도 있다.[94]

Ⅵ. 마무리하며

법인세는 중요 세목이지만 여러모로 말도 많고 탈도 많은 세금이다. 법인도 법률적으로 개인과 맞먹는 '사람(人)'이므로 당연히 납세의무자가 되어야 한다는 '법인 실재'(法人實在)의 믿음은 오래전에 이미 사라졌다.[95] 하지만 '법인 실재'의 생각이 사라졌다고 해서 법인세 폐지로 곧바로 이어지지는 않는다. 법인을 통해 번 소득의 궁극적 주인인 개인에 대한 과세 편의성이나 오늘날 대부분 조세 체계가 법인의 소득 창출 활동을 위주로 발전해 왔다는 경로의존(path-dependence)의 보수적 생각만으로 법인세의 존재가 정당화될 수는 없다. 재정(財政) 권력이 국가 권력의 물적(物的) 토대가 되는 현대 조세국가에서 개인 소득의 저수지 역할을 하는 법인의 기능을 도외시하는 생각은 너무나 비현실적이다. 법인세를 개인 소득 과세의 편의로 생각하든 법인 자체의 사회경제적 특권에 대한 규제나 통제 수단으로 여기든 법인세의 존재 그 자체를 부정할 수 없다.

법인세의 존재 자체를 인정하여야 한다면 그 제도의 설계는 법인세로 인한

---

92) 아우어바흐(Auerbach) 교수 등은 소비지국 과세 방식의 현금흐름 법인세를 DBCFT(destination-based cash flow tax)라 칭하면서, 각 국이 함께 이 방식으로 전환한다면 이전가격 조작, 과소자본(과다 차입), 저(低) 세율국으로 무형자산을 이전하는 행위 등을 통한 다국적 기업의 조세회피를 효과적으로 방지할 수 있다고 주장하고 있다. Alan Auerbach, Michael Devereux, Michael Keen & John Vella, International Tax Planning under the Destination-based Cash Flow Tax, National Tax Journal, 2017.

93) U.S. GOP, A Better Way: Our Vision for a Confident America, Jun., 2016.

94) Richard Rubin, "GOP Plan to Overhaul Tax Code Gets Held Up at the Border: Linchpin of potential legislation is a concept known as 'border adjustment,' which is splitting the business world into competing camps", The Wall Street Journal, February 17, 2017.

95) 법인 실재설(實在說)에 대한 비판으로, 이창희, 『세법강의』, 613~615면.

부작용을 최소화하면서 세금의 기본 원리인 효율과 공평을 함께 추구하는 것이다. 법인과 비(非) 법인, 자본과 부채의 구분과 차별적 취급을 전제로 하는 전통적 세제는 커다란 도전에 직면해 있다. 이 글에서 논의한 숱한 제도 개혁 방안들은 이러한 문제를 해결하기 위한 지구촌 차원의 고도로 지적(知的)인 노력의 결실들이다. 2011년 멀리스 보고서는 이 글의 모두(冒頭)에서 인용한 1978년 미드 보고서 '서문'(序文)의 상황이 30년이 넘어도 그대로라고 진단하였다. 그럼에도 그 간의 지적 논쟁들의 성과를 결코 과소평가할 수는 없다.

그동안 이루어진 주류적 논의의 결과, 큰 방향은 어렴풋이 보인다. 법인세를 존치시키되 법인의 투자자본의 요소별 차이를 제거하는 한편 소득세와 법인세의 통합을 통하여 법인세를 개인이 부담하는 세금의 선납(先納)으로서 기능을 충분히 회복하는 것이라 할 수 있다. 그러나 전자(前者)의 경우, 법인과 비법인, 자본과 부채의 중립성을 통하여 법인세의 왜곡 효과를 제거하고 효율을 제고할 수는 있겠으나 이는 소득이 아닌 소비에 대한 세금으로서 공평을 추구하는 데 한계가 있다. 이를 지적한 앨빈 워렌의 비판은 여전히 유효하며, 소비세 전환에 동반되어야 하는 이전세제(移轉稅制)나 부유세 도입은 여전히 정치 논리가 압도하고 있다.[96] 후자(後者)의 경우에도 배당세액 공제 방법은 미국이나 우리나라 등 많은 나라에서 이런저런 이유로 온전한 모습을 갖추지 못하고 배당 손금산입의 방법 등은 그 효용이 충분히 입증되고 있지 않으며 앞으로 전망도 불투명하다. 현실의 세제에서 법인세를 둘러싼 근본적인 개혁은 답보하고 있는데 세계화의 진전과 자본의 이동성 증가에 따른 법인세율 인하 경쟁이 만연하고 결국 '글로벌 최저한세'를 논의하는 단계에 이르렀다.

그럼에도 불구하고 거듭 말하거니와 법인세 개혁을 둘러싼 그 간의 논쟁은 그 의미가 적지 않다. 세계화를 통한 자본과 실물자산의 이동성 증가는 이러한 개혁의 효과를 어느 한 나라에 가두지 못한다. 특히 2016년 대선 선거운동 당시 현금흐름 법인세와 국경 조정을 결합한 '소비지 기준 현금흐름세'(DBCFT)의 도입을 주장했던 미국 공화당의 재집권은 다시 한 번 이 논쟁에 불을 붙일 기세다. 특히 이 제도는 어느 한 나라만의 선택으로 실행할 수 있는 성격이 아니며 주요 교역 국가들 간 합의가 따라야 하므로 우리나라도 더 이상 그 논쟁에서 자

96) 부(富)의 불평등을 주제로 삼아 상속세제 강화 및 부유세(글로벌 자본 세(稅)) 도입 등의 화두를 던지고 있는 중요한 연구 결과로서, 너무도 유명한 토마 피케티(Thomas Piketty), 장경덕 외 옮김, 『21세기 자본』(Le Capital au XXIe siècle), 글항아리, 2014이 있다.

유로울 수 없다. 국제적 논의 동향과 각국의 조세정책의 변화 추세에 좀 더 많은 관심을 가져야 할 이유이다.

마지막으로, 이 글에서 다루는 대부분의 논의는 이창희 선생의 교과서(『세법강의』), 특히 2025년 판에 반영되어 있으며, 이 글에서 일일이 그 출처를 다 밝히고 있지 못한 점, 독자들의 양해를 구한다. 선생이 세법 해석론에서 쌓아 올린 업적 못지않게, 조세정책의 고전(古典)과 동시대 연구 성과에 관한 비판과 혜안(慧眼)은 우리에게 선사한 또 다른 큰 선물이며 이에 깊은 존경과 감사를 드린다.

참고문헌

곽태원, "법인세 개혁논의의 최근 동향과 우리나라 법인세 정책에 대한 시사점", 『예산정책연구』 제1-1호, 국회예산정책처, 2012

김석환, "미국소득세제의 기원에 관한 소고", 『조세법연구』 제15권 제2호, 2009

김승래, "법인세율 인하의 경제주체별 귀착효과 분석", 『한국재정학회 학술대회 논문집』, 2009

김의석, "법인세의 경제적 귀착 관점에서 본 배당소득에 대한 이중과세 조정", 『조세법연구』 제21권 제2호, 2015

김의석, 『법인과세와 주주과세의 통합』, 서울대 박사학위 논문, 2021

하태홍, 『미국의 근본적 세제개혁방향에 대한 연구』, 서울대 석사학위 논문, 2004

토마 피케티, 장경덕 외 옮김, 『21세기 자본』, 글항아리, 2014

J. S. Mill, *Principles of Political Economy*(Laughlin ed.), 1884

Nicholas Kaldor, *An Expenditure Tax*, 1955

I. Fisher, *The Nature of Capital and Income*, Macmillan Co., 1906

Irving Fisher & Herbert Fisher, *Constructive Income Taxation*, 1942

IFS, *The Structure and Reform of Direct Taxation*, Report of a Committee(chaired by Professor James E. Meade), 1978

IFS, *Dimensions of Tax Design: The Mirrlees Review*(chaired by James Mirrlees), Oxford Univ. Press, 2011

The American Law Institute, *Federal Income Tax Project, Integration of the Individual and Corporate Income Taxes*, Reporter's Study of Corporate Tax Integration(Alvin Warren, Jr., Reporter), 1993

Reuven S. Avi-Yonah(Editor), *Corporate Taxation*, Edward Elgar, 2023

US Treasury Dep't., Report on Integration of the Individual and Corporate Tax Systems - Taxing Business Income Once, 1992

George Yin, Corporate Tax Integration and The Search for the Pragmatic Ideal, NYU Tax Law Review Vol. 47(1991)

US Senate Committee on Finance, Report of the Business Income Taxation Working

Group(215)

Michael Graetz & Alvin Warren, Jr., Integration of Corporate and Shareholder Taxes, 69 Nat'l Tax J. 677(2016)

William Andrews, A Consumption－type or Cash Flow Personal Income Tax, 87 Harv. L. Rev. 1113(1974)

Alvin Warren, Jr., Fairness and a Consumption－type or Cash Flow Personal Income Tax, 88 Harv. L. Rev. 931(1975)

W. Andrews, Fairness and the Personal Income Tax: a Reply to Professor Warren, 87 Harv. L. Rev. 1113(1975)

A. Warren, Jr., Would a Consumption Tax be Fairer than an Income Tax?, 89 Yale L. J. 1081(1980)

U.S. GOP, A Better Way: Our Vision for a Confident America, Jun., 2016

Alan Auerbach, Michael Devereux, Michael Keen & John Vella, International Tax Planning under the Destination－based Cash Flow Tax, National Tax Journal(2017)

9. 법인세와 손익의 귀속시기

방진영*

Ⅰ. 들어가며

이 글은 '법인의 소득 계산을 위한 손익의 귀속 시기'라는 주제에 대한 이창희 선생의 연구 업적을 돌아보고, 그의 연구 내용이 세법학의 발전 및 현행 법제(法制)에 미친 영향에 대해 분석하는 것을 목적으로 한다.[1] 이창희 선생은 세법학 연구에 사회과학적 방법론을 접목시켜 독자적이고 체계적인 이론 체계를

* 법무법인(유) 태평양 변호사

1) 이창희 선생의 연구업적 중 법인과 주주 사이의 법률관계, 즉 자본거래에서 생기는 손익의 귀속시기, 현행 소득세제상 소득의 개념 및 세법에서 실현주의가 가지는 의미와 관련된 자세한 논의는 이 글의 범위를 벗어난다.

구축하였다.[2] 그 중에서도 소득과세[3] 분야에서의 연구 성과는 행정 편의와 회계 실무가 법 해석을 지배해 오던 법인세 분야의 연구 수준을 한 단계 도약시켰다고 평가받아 마땅하다. 선생은 역사적·비교법적 분석을 통해, 현행 법인세제에서 과세의 객체가 되는 '소득'의 개념적 기초를 포괄적 소득 개념에 따라 정의하고, 법률·회계·경제 여러 분야에 걸친 역사적 접근과 경제학적인 분석을 바탕으로 소득의 귀속시기에 관한 대(大) 원칙으로 통용되어 오던 '실현주의'에 정면으로 맞섰다. 2000년 경 출간된 『법인세와 회계』를 통하여 이창희 선생은 손익의 귀속시기와 관련된 현행법 규정들을 분석하고, 현행법을 관통하는 귀속시기의 판단기준인 '확정' 내지 '실현'이 포괄적인 소득 개념과 어긋나 담세력을 제대로 반영하지 못하여 자의적(恣意的)인 손익 조작을 가능하게 한다는 근본적인 모순점을 지적하면서, 시가주의(時價主義)에 따른 과세가 곧 담세력을 바르게 재는 잣대임을 밝혔다. 당시로서는 매우 획기적인 선생의 연구방법론 및 그 성과는 그 뒤로도 주저(主著)인 『세법강의』를 통하여 발전·보완되어 현재에 이르렀다. 선생의 연구는 세법학계와 실무계 양쪽에 모두 큰 영향을 끼쳤고, 그 성과물은 현재의 법인세제 및 대법원의 법해석 곳곳에 스며들어 있다.

이 글은 다음과 같이 구성되어 있다. Ⅱ.에서는 본격적인 논의를 시작하기 전에 기업의 세금을 계산함에 있어 손익의 귀속시기가 갖는 의의 및 그러한 귀속시기를 결정짓는 현행법의 규범 기준을 간략히 짚어보고, Ⅲ.에서는 이 주제에 관한 이창희 선생의 연구 성과를 선생의 연구방법론과 함께 구체적으로 소개한다. 그 후 Ⅳ.에서는 선생의 연구 내용이 현행법 및 판례에 미친 영향을 주요 연구 업적을 기준으로 살펴보고, Ⅴ.에서는 부족하지만 추상적으로나마 감히 본 주제와 관련한 장래를 전망하는 것으로 이 글을 마치고자 한다.

Ⅱ. 손익 귀속시기 논점의 의의 및 현행법상 규범 기준

법인세는 법인으로 하여금 각 사업연도마다 그 해의 소득을 계산하여 납부하도록 하는 기간과세 세목이다.[4] 매 사업연도 법인세의 계산을 위해서는 계속

2) 윤지현, "서울법대 70년의 세법연구 - 이태로 선생과 이창희 선생의 연구를 중심으로 -", 『서울대학교 법학』 제58권 제1호, 2017, 363면.

3) 소득 개념을 과세물건으로 하는 직접세제, 즉 우리 현행 법제에서의 법인세와 소득세를 의미한다.

이어져 나가는 법인의 사업 활동에 따른 소득을 특정한 사업연도에 귀속시킬 필요가 생긴다. 즉 법인의 과세소득 계산에 있어 손익의 귀속시기는 과세소득의 시간적 단위를 결정하는 문제이다. 손익의 귀속시기는 법인이 각 사업연도에 납부해야 할 법인세가 얼마인지에[5] 영향을 미침은 물론이고 조세채무의 존부(存否), 나아가 형사책임의 유무(有無)를[6] 결정하는 데에도 결정적인 영향을 미친다. 실무상으로도 손익의 귀속시기를 다투는 문제는 납세의무자와 과세당국 간 펼쳐지는 조세 분쟁 중 상당 부분을 차지할 정도로 중요한 쟁점이다.

법인에 발생한 과세소득을 인위적으로 나누어 각 사업연도에 귀속시키기 위해서는 일정한 규범적 기준이 필요하다.[7] 이를 위하여 법인세법은 '손익의 귀속시기 등'이라는 관(款)을 따로 두고, 제40조 내지 제43조에 관련 규정들을 두고 있다. 그 중에서도 법인세법 제40조는 '손익의 귀속 사업연도'라는 표제 하에 "내국법인의 각 사업연도의 익금과 손금의 귀속사업연도는 그 익금과 손금이 확정된 날이 속하는 사업연도로 한다"고 규정하고,[8] 법의 위임을 받은 대통령령에서 법인의 손익을 자산의 판매손익, 용역 제공에 의한 손익, 이자소득, 임대료 등으로 나누어 개별적이고 구체적인 귀속시기를 정한다.[9] 그러나 위 개별 규정만으로 법인에 발생하는 모든 손익에 대한 귀속시기를 결정할 수는 없는 노릇이고, 규정이 별도로 없는 사안에서는 결국 기업이 손익을 회계 처리해 왔던 관행 내지는 손익 귀속의 일반 원칙에 따라 귀속시기를 판단할 수밖에 없다. 법인의 과세소득은 한 과세연도의 익금 총액에서 손금 총액을 뺀 순(純) 소득 개념이므로,[10] 법인세법 제40조 제1항은 법인의 손익을 '확정'되는 날에 귀속시킨다는 뜻인데, 여기에서 '확정'의 의미는 어떻게 풀이하여야 하는가? 확립된 판례는

"법인세법 제40조 제1항은 ... 현실적으로 소득이 없더라도 그 원인이 되는 권리

---

4) 법인세법 제14조. 대법원 2023. 4. 27. 선고 2018두62928 판결은 "법인세는 기간과세로서 사업연도에 따라 과세단위가 구분된다"고 표현한다.

5) 법인세는 누진세율 구조이고, 이월결손금의 공제 시한(時限)도 정해져 있어 과세소득의 귀속시기에 따라 적용세율 및 이월결손금 공제 여부가 달라질 수 있고, 이 경우 과세기간 전체를 통틀어 납부할 세액이 달라질 가능성도 있다.

6) 손익의 귀속시기는 납세의무의 성립 시기에 영향을 미치므로, 귀속시기에 따라 세금 부과제척기간 및 국세징수권 소멸시효의 기산점, 조세포탈범의 기수(旣遂) 시기 등이 모두 달라질 수 있다.

7) 이창희, 『법인세와 회계』, 박영사, 2000, 2면.

8) 법인세법 제40조 제1항.

9) 법인세법 제40조 제2항, 법인세법 시행령 제68조 내지 제71조.

10) 법인세법 제14조 제1항.

가 확정적으로 발생한 때에는 그 소득이 실현된 것으로 보고 과세소득을 계산하는 이른바 권리확정주의를 채택하고 있다”

고 판시하여 법문상의 ‘확정’의 의미를 ‘권리 의무’라는 법률적인 기준으로 풀이하고 있으며,[11] 학설도 대체로 이를 받아들이는 입장이다.

한편 법인세법 제41조, 제42조는 법인의 자산·부채는 당초의 취득 원가(原價)로 평가하되, 예외적인 경우에는 다른 가액으로 평가할 수 있음을 규정한다.[12] 이는 법인세법이 자산·부채의 가액에 관하여 이른바 ‘역사적 원가주의’를[13] 채택하고 있으며, 원칙적으로 자산의 처분 시점까지 평가손익을 익금 또는 손금에 산입하지 않음을 의미한다. 마지막으로, 법인세법 제43조는 위와 같은 손익 귀속시기나 자산·부채의 평가에 관하여 일반적으로 공정·타당하다고 인정되는 기업회계의 기준 혹은 관행을 적용하여 온 경우에는 법령에 귀속시기에 관한 다른 규정이 없는 한 그러한 기준이나 관행에 따른다고 한다.

Ⅲ. 손익 귀속시기에 관한 이창희 선생의 연구 내용

이창희 선생은 2000년경 발간한 저서 『법인세와 회계』를 통하여 역사적·비교법적·경제학적 분석을 통해 손익 귀속시기에 관한 현행법의 규범 기준인 ‘실현주의’의 연원(淵源)을 밝히고, 현행 법제에서 실현주의가 안고 있는 문제점이 무엇인지를 구체적으로 다루었다. 그 후에도 주저(主著) 『세법강의』를 통해 변화된 법 제도와 판례의 흐름을 소개하면서 계속해서 현행법의 해석론을 정립하는 한편으로 현행법을 비판하고, 그 대안으로서의 입법론을 제시하고자 하였다. 『법인세와 회계』에서부터 『세법강의』에 이르기까지의 전체적인 연구방법론과 논지는 일관되므로, 이하에서는 선생이 최초로 논의를 제기한 당시를 기준으로 구체적인 연구 내용을 살펴본다.

---

11) 대법원 2013. 12. 26. 선고 2011두1245 판결 등.

12) 예컨대 재고자산은 원가와 시가 가운데 낮은 가액으로 평가할 수 있다(저가법, 低價法). 법인세법 시행령 제74조 제1항 제2호.

13) ‘순(純) 자산’ 증가액 계산을 위한 자산·부채의 평가를 지나간 과거에 들어간 취득원가로 한다는 것을 의미한다.

1. 연구의 접근 방향

손익의 귀속시기에 관한 이창희 선생의 연구는 '소득의 개념'을 정의하는 것에서부터 출발한다. 법인세의 과세물건인 소득은 그 사업연도에 속하거나 속하게 될 익금의[14] 총액에서 손금의[15] 총액을 공제한 순(純) 소득의 개념이고,[16] 익금은 순자산 증가액을, 손금은 순자산 감소액을 가리키므로, 소득은 곧 순자산의[17] 순 증감액(純增減額)을 의미한다. 이처럼 우리 법인세제는 납세의무자의 전체적인 순자산의 증가, 또는 부(富)의 증가를 따져 소득의 금액을 정하는 포괄적 소득 개념을 전제한다.[18]

결국 법인세의 계산을 위해서는 납세의무자인 법인의 순자산 증감 분(分)에 대한 계산을 필요로 하는데, 역사적·비교법적으로 그 계산은 기업회계에서의 복식부기(複式簿記)의[19] 틀과 결합하였고,[20] 우리 법인세법도 이를 받아들였다.[21] 복식부기는

---

14) 법인의 순자산을 증가시키는 거래로 인하여 발생하는 수익을 의미한다. 법인세법 제15조 제1항.

15) 법인의 순자산을 감소시키는 거래로 인하여 발생하는 손실 또는 비용을 의미한다. 법인세법 제19조 제1항.

16) 법인세법 제14조 제1항.

17) 순자산의 정의에 관하여는 법인세법에서 명문의 규정을 두고 있지 않지만, 이는 기업회계상 자주 쓰이는 용어로, 자산이 부채를 초과하는 금액을 의미한다고 보는 것이 일반적인 용례이다.

18) 이창희, 『세법강의』, 861면. 과세 객체로서의 소득의 개념은 선험적(先驗的)인 것이 아니고, 역사적으로 근대적인 소득세제가 들어서면서 생긴 사회 제도의 산물이다. 처음 영국에서 탄생한 소득세제는 한시적(限時的)인 제도로서 납세자의 사생활 침해를 최소화하기 위하여 소득을 전형적인 원천(源泉) 별로 분류한 뒤 그 원천마다 과세하는 '제한적인 소득 개념'을 받아들였으나, 근대 사회에 들어 부자라면 세금을 더 내는 세제가 공평하다는 인민주의적(人民主義的)인 공평의 이념이 지배하게 되면서 현재와 같이 순자산 증가분을 소득으로 보는 '포괄적인 소득 개념'이 자리잡게 되었다. 이창희, 『세법강의』, 332면 이하. 한편 개인소득세의 소득 개념이 제한적 소득 개념임에도 법인세가 포괄적 소득 개념을 채택할 수 있었던 이유는 법인에 대해서는 자유나 사생활의 침해라는 문제가 생길 여지가 없기 때문이다. 상세는 이창희, "자유와 공평의 타협 개념으로서의 소득개념", 『서울대학교 법학』 제40권 제2호, 1999, 291－317면. 소득 개념의 형성사에 대한 더 깊이 있고 자세한 논의는 이 글의 범위를 벗어난다.

19) 주식회사 제도는 주주의 배당가능이익을 계산하고 회사의 재무 상태를 공시하기 위해 회사의 소득이 얼마인지, 즉 회사의 순자산이 얼마나 늘었는지에 대한 계산을 필요로 하였는데, 이러한 회사소득 계산의 틀이 바로 복식부기이다. 복식부기는 회사의 수많은 거래를 통하여 일어나는 자산·부채의 변동 상황과 원인을 체계적으로 기록하기 위해 고안된 정보처리시스템으로, 각 거래별로 서로 관련된 자산·부채의 증감·변동을 동시에 기록한 뒤 자산·부채의 증감·변동을 자산·부채의 항목(과목) 별로 역사적으로 집계하여 회사의 기말(期末) 현재 자산·부채의 현황을 알아내는 방법을 말한다. 이창희, 『법인세와 회계』, 37면.

20) 이창희, 『법인세와 회계』, 35면.

21) 법인세법은 '납세의무 있는 법인은 장부를 갖추어 두고 복식부기 방식으로 장부를 기장'하도록

'자산 = 부채 + 자본'

이라는 항등식(恒等式)에서 출발하는데, 이 항등식을 통하여

'순자산(자본) = 자산 - 부채'

라는 계산식이 도출되기 때문이다. 이와 같이 법인의 자산과 부채를 모두 고려하여 순자산의 증감을 계산하고 현금이 들어오고 나가기 전이라도 순자산의 증감이 있다면 이를 곧 소득으로 보자는 생각이 발생주의이다.[22] 즉 현행 법인세법은 발생주의를 기초로 하고 있고, 현금주의를 인정하지 않는다.[23] 이러한 발생주의의 소득 개념 아래에서 손익의 귀속시기를 언제로 할 것인가의 문제와, 자산 및 부채의 평가를 어떻게 할 것인가의 문제는 동전의 앞뒷면과 같다.[24] 앞서 본 복식부기의 구조상 순자산 증가분을 어느 해에 귀속시킬 것인가는 결국 법인이 자산과 부채를 보유하고 있는 동안 그 가치 증가분에 따른 이익을 언제의 소득으로 볼 것인지의 문제로 귀결되기 때문이다. 발생주의에 기초하여 본다면, 법인세법에서 자산과 부채의 인식·분류 및 평가 규정, 수익의 범위를 정한 규정들은 실제로 모두 손익의 귀속시기에 관한 규정에 해당한다.[25]

다만 자산·부채 평가의 문제는 복식부기의 원리에서 곧바로 도출되는 것은 아니고, 별도의 규범적 기준이 필요하다.[26] 그 내용을 어떻게 정할 것인가에 대

정하고 있다. 법인세법 제112조.

22) 반면 회사에 현금이 들어오고 나가는 시기를 기준으로 소득을 측정하여야 한다는 생각을 '현금주의'라고 한다.

23) 오늘날 소득의 측정을 위한 규범을 어떻게 형성할 것인가는 어떻게 해야 공평한가라는 정의와 공평의 문제인데, 현행 소득세제에서 현금주의를 택해야 공평하다고 생각할 수 있는 범위는 별로 넓지 않다. 소득 창출 과정에서 자산이나 자본재가 중요하다면 납세의무자의 부의 증감을 따지기 위해서는 단순히 현금의 입출입(入出入)만이 아닌 자산과 부채를 모두 고려한 순자산의 증감을 따져야 하기 때문이다. 이창희, 『법인세와 회계』, 79－80면.

24) 이창희, 『법인세와 회계』, 70면.

25) 익금불산입과 손금불산입에 관한 규정도 기업회계에 따른 이익과 과세소득 사이에 일시적인 차이만을 발생시킬 뿐 나중에 이를 익금산입하거나 손금산입할 수 있다면 결국 손익의 귀속시기에 관한 규정이다. 예컨대 자산의 평가이익 익금불산입 규정(법인세법 제18조 제1항), 자산의 평가손실 손금불산입 규정(법인세법 제22조), 상각(償却) 범위액을 넘는 감가상각비의 손금불산입 규정(법인세법 제23조), 건설자금에 충당한 차입금의 이자의 손금불산입 규정(법인세법 제28조 제1항 제3호) 등이 그것이다.

26) 법인세법 제40조 제1항. 익금과 손금을 기업회계의 관행이 아닌 각각 확정된 시기에 소득에 산입한다고 규정한다.

해서는 ‘실현주의’와 ‘시가주의’의 대립이 가능한데, 현행법이 택한 잣대는 실현주의이다.[27] 이는 곧 자산과 부채를 취득원가로 평가하고(역사적 원가주의), 자산을 보유하는 동안 일어나는 가치 변동, 즉 ‘미(未) 실현 이익’은 소득 인식을 미루어 두었다가 실현 시점(처분 시점)에 가서 소득에 반영함을 의미한다.[28] 또한 실현주의는 실현을 계기로 수익과 비용을 각각 익금과 손금으로 잡아 과세소득을 계산하는 방식이므로, 논리필연적으로 수익·비용 대응의 원칙이라는 규범과 짝을 이룰 수밖에 없다. 다만 재고자산은 미실현이익은 인식하지 않지만 미실현손실은 인식하는 ‘저가법’(低價法)을 따른다. 이는 언뜻 보면 실현주의의 개념에 부합하지 않는데, 역사적으로 보면 회사의 배당가능 이익을 되도록 적게 잡히도록 하자는 상법상 채권자 보호의 원칙이 세법으로 넘어온 것이다.[29]

그러나 역사적·비교법적으로 볼 때 실현주의 및 역사적 원가주의는 자명한 진리가 아니고, ‘공평’이 소득세제의 지도이념으로 자리잡기 전, 제한적 소득 개념 하에서 소득 계산의 한 요소로 등장한 것일 뿐이다.[30] 그러나 앞서 본 바와 같이, 현행 법인세제는 법인의 순자산의 변동을 모두 따져 담세력을 재는 것이 마땅하다는 포괄적 소득 개념(순자산증가 설(說))을 기초로 하고 있다. 이러한 포괄적 소득 개념 하에서 실현주의는 소득과세 그 자체와 모순되고, 담세력을 재는 적합한 잣대가 될 수 없다는 것이 선생의 결론이다.

2. 손익 귀속시기에 관한 현행법의 해석론

이하에서는 손익 귀속시기의 규범 기준인 ‘실현’의 개념을 바탕으로 한 이창희 선생의 현행법에 대한 해석론을 살펴본다.

---

27) 현행법이 실현주의를 택하게 된 연유는 미실현소득에 대한 과세를 위해서는 개인의 자유를 제한해야 하는 문제점과 세무 행정의 번거로움 때문이다. 이에 대한 자세한 논의는 이 글의 범위를 벗어난다.

28) 법인세법 제40조 내지 제42조.

29) 이창희, 『법인세와 회계』, 227면.

30) 실현주의는 19세기 말 20세기 초 영국의 소득세제의 기초 이념이었던 ‘제한적 소득 개념’에서 탄생하였고, 영국·독일·미국의 법을 거쳐 일본법에 들어왔으며, 일본을 통해 다시 우리 법으로 자리잡았다. 당시 국가에서 개개인이 보유한 자산·부채의 가치 변동을 모두 파악하는 것은 반발을 불러일으키기에 충분했고, 이에 ‘처분’이라는 계기가 있기 전까지의 미실현소득은 소득 계산에 반영하지 않도록 세제를 구성할 수밖에 없었던 것이다. 이창희, 『법인세와 회계』, 102면.

(1) 익금의 귀속시기 : 실현의 법적 평가 및 역사적 원가주의

현행 소득세제가 실현 시점에 소득을 인식하는 '실현주의'를 채택하고 있다면, 무엇을 소득의 실현 계기로 삼을 것이며, 실현 시기는 어떻게 정의할 것인가? 실현주의는 기업회계에서도 채택하고 있는 개념이지만, 판례는[31] 법인세법 제40조의 '익금과 손금이 확정된 날'의 의미를 '권리의 확정'으로 풀이하여, '확정'을 '권리 의무'라는 법률적 기준으로 정의한다.[32] 판례가 말하는 권리의 확정은 권리의 목적이 현실에서 달성될 가능성이 매우 높아진다는 판단이고, 채권이라는 권리가 발생하는 시점부터 채권이 변제되어 소멸되는 시점 사이에서 권리의 성질과 내용 등을 따져 적당한 시점을 소득의 '실현' 시기로 삼는다는 의미이다.[33] 종래 학설 등은 판례의 이와 같은 입장을 '권리의무확정주의', 또는 '권리확정주의'로 명칭하면서 실현주의와 대립되는 개념으로 이해하는 경우도 있었으나, 이창희 선생은 역사적으로 볼 때, 권리확정주의를 실현주의와 대립되는 별도의 '주의'로까지 격상시킬 것은 아니고, 실현주의에 따를 때 그 실현 시기를 법적인 기준으로 확정하도록 하는 개념일 뿐이라는 점을 지적한다.[34] 역사적·비교법적으로도, '실현'이라는 개념은 기업회계가 아닌 법원의 판례를 통하여 먼저 정의되었고, 판례가 형성한 익금의 귀속시기는 돈을 받을 권리가 확정되고,

---

31) 대법원 2004. 11. 25. 선고 2003두14802 판결(미未 간행), 대법원 2013. 12. 26. 선고 2011두1245 판결 등 다수. 판례의 내용은 아래와 같다.
"권리확정주의란 소득의 원인이 되는 권리의 확정시기와 소득의 실현시기와의 사이에 시간적 간격이 있는 경우에는 과세상 소득이 실현된 때가 아닌 권리가 발생한 때를 기준으로 하여 그 때 소득이 있는 것으로 보고 당해연도의 소득을 산정하는 방식으로, 실질적으로는 불확실한 소득에 대하여 장래 그것이 실현될 것을 전제로 하여 미리 과세하는 것을 허용하는 것으로 납세자의 자의에 의하여 과세연도의 소득이 좌우되는 것을 방지하고자 하는 데 그 의의가 있는 것이며, 이와 같은 과세대상 소득이 발생하였다고 하기 위하여는 소득이 현실적으로 실현되었을 것까지는 필요 없다고 하더라도 소득이 발생할 권리가 그 실현의 가능성에 있어 상당히 높은 정도로 성숙·확정되어야 하고, 따라서 그 권리가 이런 정도에 이르지 아니하고 단지 성립한 것에 불과한 단계로서는 소득의 발생이 있다고 할 수 없으며, 여기서 소득이 발생할 권리가 성숙·확정되었는지 여부는 일률적으로 말할 수 없고 개개의 구체적인 권리의 성질과 내용 및 법률상·사실상의 여러 사항을 종합적으로 고려하여 결정하여야 한다."

32) 판례는 소득의 실현시기를 법률적 기준으로 판단하는 까닭은 과세소득을 획일적으로 파악하여 과세의 공평을 기하고, 납세자의 자의(恣意)를 배제하기 위함이라고 한다. 대법원 1991. 11. 22. 선고 91누1691 판결 등.

33) 판례는 이를 권리가 그 실현의 가능성에 있어 상당히 높은 정도로 성숙·확정되어야 한다는 것으로 새긴다. 대법원 1998. 6. 9. 선고 97누19144 판결.

34) 이창희, 『법인세와 회계』, 106면. 그리하여 '권리확정주의'라는 표현은 실현주의에 대립하는 원칙으로 권리확정주의라는 것이 따로 있는 것과 같이 오해하기 쉬운 표현으로 적절하지 않다고 한다.

그 금액을 합리적으로 예측할 수 있는 때이다.[35]

한편 권리의 확정을 모든 손익 귀속시기의 기준으로 삼을 수는 없고, 여기에는 중요한 예외가 있는데, 납세자가 스스로 돈을 받을 권리가 있음을 주장하고 실제로도 돈을 지급받아 그 처분에 제한이 없다면 권리가 최종적으로 확정되지 않았더라도 귀속시기가 도래했다고 보는 '권리 주장의 원칙'(claim of rights)이 그것이다. 또 다른 예외로는 소득의 관리·지배 여부에 따른 과세를 들 수 있는데, 대표적인 예로는 위법(違法) 소득을 들 수 있다. 위법한 소득을 향유하는 자는 그에 대한 적법한 권리를 보유하고 있지 않으므로 법률적으로 본다면 과세 시기에 이르지 않았지만, 경제적 측면에서 볼 때 현실적으로 돈을 지배·관리하며 그 이익을 누린다면 담세력(擔稅力)이 있는 것이고, 그렇다면 권리의 유무를 따질 것 없이 과세하는 것이 소득세의 지도이념인 '공평'의 관념에 부합한다.[36]

판례는 위법소득에 대해서는 관리·지배에 따른 기준을 받아들여 귀속시기가 도래했다고 보면서도,[37] 가집행(假執行) 선고 부(附) 판결을 통해 돈을 지급받은 경우 권리에 관한 다툼이 종결되지 않았다는 이유로 과세 시기에 이르지 않았다는 입장이었는데,[38] 이창희 선생은 아무런 권리가 없는 자는 현실적인 수입을 이유로 바로 과세하면서도 권리를 주장하는 자는 돈을 받았더라도 과세하지 않는다는 이러한 논리는 정당화하기 어렵다고 지적하였다.[39] 소득 신고 당시와 달리 추후 사정변경이 생긴 경우 소득의 경정을 청구할 수 있는 후발적 경정청구 제도가 도입된 이상 권리의 존부에 관한 다툼이 있더라도 현실적인 지급이 있다면 일단 과세함이 옳다는 것이다.[40]

(2) 손금의 귀속시기 : 수익·비용 대응의 원칙

법인세법에서 손금의 귀속시기로 수익·비용 대응의 원칙을 명문으로 규정하고 있지는 않지만,[41] 이 원칙은 실현주의의 타고난 짝이다.[42] 소득을 실현 시기

35) 이창희, 『법인세와 회계』, 107~108면. 미국은 위 기준을 재무부 규칙으로 정리하면서 "all events test"로 명명(命名)하였고, 현재는 법문(法文)으로 명시되어 있다. IRC §451(c).

36) 다만 위법 행위로 돈을 번 자가 나중에 그 소득을 실제로 반환하게 된다면 담세력을 상실하므로 그 시점에 손금산입할 수 있다. 이창희, 『법인세와 회계』, 110면.

37) 대법원 1983. 10. 25. 선고 81누136 판결, 대법원 1985. 5. 28. 선고 83누123 판결.

38) 대법원 1988. 9. 27. 선고 87누407 판결.

39) 이창희, 『법인세와 회계』, 111면.

40) 이창희, 『법인세와 회계』, 111~112면. 하지만 현재의 상황은 아래 Ⅳ.1.(1) 참조.

41) 법인세법 시행령 제11조 제1호, 제2호 및 제19조 제1호, 제2호 등이 이를 전제한 규정이다.

42) 역사적·비교법적으로도 수익·비용 대응의 원칙은 19세기 후반에서 20세기 초에 걸쳐 실현주의

에 인식한다는 것은 결국 실현 시기에 수익(익금)을 인식하면서 동시에 그에 대응하는 원가(손금)를 차감하여 소득(익금－손금)을 계산한다는 의미가 되기 때문이다. 복식부기 구조로 보면, 수익을 창출하는 데 들어간 원가는 자산이 되었다가 자산의 처분 등으로 수익이 실현될 때 비로소 비용으로 인식한다.[43]

손금의 귀속시기를 정하는 원칙으로, 권리확정주의에 대비시켜 '채무확정주의'를[44] 내세우는 학설 등이 있으나, 채무의 확정, 즉 채무의 발생 및 특정이라는 기준은 원가로 산입되지 않는 '기간(期間) 비용'에 한하여 보충적으로 인식의 기준으로 삼을 수 있을 뿐이다.[45] 우리 법인세 과세 실무 및 판례는 수익에 직접 대응되는 금액은 원가로 구분하여 수익의 귀속시기에 손금에 산입하고, 기간비용(간접 비용)은 발생 즉시 곧바로 손금에 산입하는 일본법의 개념을 받아들였으므로, 이러한 개념 구조 하에서 채무의 확정이라는 기준은 수익·비용의 대응기준에 종속된다고 볼 수밖에 없다.

나아가 이창희 선생은 근본적으로 직접 원가와 기간비용을 구분하여 기간비용을 발생 즉시 손금에 산입하는 것은 실현주의와 모순된다고 지적한다. 실현주의 하에서 비용의 산입은 수익의 실현 시기에 맞추어야 하는 것인데, 기간비용을 바로 손금에 넣는 것은 수익을 인식하지 않은 상태에서 비용만을 인식함으로써 손익 계산의 왜곡을 가져올 수 있기 때문이다. 미국법은 매출액에서 바로 차감할 수 있는 판매비를 제외하고 특정 자산에 추적할 수 없는 원가는 모두 재고자산의 취득원가로 넣는데, 입법론으로는 이러한 미국법의 입장이 낫다는 것이다.[46]

의 짝으로 자리잡았다. 이창희, 『법인세와 회계』, 115면.

43) 예컨대 부동산 취득에 들어가는 비용은 취득원가에 가산하여 자산을 구성하고 있다가, 부동산을 처분하는 때에 처분가격을 수익, 취득원가를 비용으로 하여 소득을 계산하여 처분시기에 그 소득을 귀속시킨다.

44) 채무의 확정 여부는 상대방이 자신의 의무를 다 했는지(즉 경제적인 급부를 받았는지)와 금액이 확정되었는지 여부로 판단한다. 미국 재무부 규칙 §1.461－1(a)(2).

45) 채무의 확정을 손금 귀속시기로 보는 것은 미국법으로부터 온 것인데, 미국법은 과세소득의 계산 구조가 우리와 달리 원가에 들어갈 지출액을 판매대금이나 매출액에서 직접 차감하기 때문에(순액주의, 純額主義), 손금은 원가에 들어가지 않고 바로 공제하는 비용이라는 뜻으로 쓰인다. 채무확정주의는 이러한 미국법의 개념 구조를 전제로 한 것이다. 이창희, 『법인세와 회계』, 117면.

46) 이창희, 『세법강의』, 898면.

3. 과세소득 계산에서 기업회계의 지위 및 법인세법과의 관계 정립

법인세법은 기업회계기준과 세법의 관계에 대하여, “법인이 손익의 귀속시기에 관하여 기업회계기준 및 관행(慣行)을 계속 적용하여 온 경우에는 법에서 달리 규정하고 있는 경우를 제외하고는 그에 따른다”고 정하고 있다.[47] 연혁적으로 보면, 우리 법은 한동안은 기업회계에 우선적 효력을 주다가 이와 같은 규정형식을 취하게 되었고, 판례는 기업회계의 관행에 보충적 효력만을 부여하여, 권리의 확정이라는 법률적인 기준에 반하지 않는 경우에 한하여 손익 귀속시기에 관한 기업회계기준을 채택할 수 있다고 보았다.[48]

그러나 이창희 선생은 현행법의 해석상 권리 확정의 기준이 손익의 귀속시기에 관한 회계규범에 반드시 우선한다고 보기는 어렵다고 지적하였다. 법 문언(文言) 상으로 법인세법에서 규정한 ‘확정’은 판례가 말하는 권리·의무라는 사법(私法)의 기준보다 넓은 개념이다. 그리고 권리의 확정이라는 법률적 기준이 생겨난 것은 손익 귀속시기를 획일적으로 정하기 위함인데,[49] 법률행위에 따른 권리·의무의 내용 형성은 사적 자치(私的自治)에 맡겨져 있으므로 오히려 당사자가 귀속시기를 임의로 조작할 수 있기 때문이다.[50] 역사적·비교법적으로 보더라도, 권리의 확정이라는 법률적 개념을 손익 귀속의 기준으로 삼게 된 것은 법원에서 세법상 손익의 귀속시기가 먼저 문제되었기 때문인데, 우리 법인세제는 회계기준이 이미 미국에서 자리잡은 후에 생겨났으므로, 과세소득을 획일적으로 파악하고 과세의 공평을 달성하는 데 적합하다면 기업회계의 규범을 앞세우지 못할 이유는 없다는 것이다. 특히 상품·제품 등의 판매와 같은 영업 활동과 관련된 손익에 대해서는 기업회계상 손익 계산을 위한 관행이 있기 마련이므로, 익금의 귀속시기는 그러한 회계처리 관행에 따르는 것이 오히려 납세자의 자의(恣意)를 방지하는 길이 될 수 있다.[51]

아울러 이창희 선생은, 세법과 기업회계는[52] 그 존재의 목적이 근본적으로

---

47) 법인세법 제43조.
48) 대법원 1992. 10. 23. 선고 92누2936 판결.
49) 대법원 1991. 11. 22. 선고 91누1691 판결.
50) 이창희, 『법인세와 회계』, 194~195면. 반면 기업회계기준은 경제적 실질이 같다면 사법상 형식에 불구하고 손익 계산이 같아지도록 하고 있으므로, 기업회계기준에 의하는 것이 오히려 법적 안정성을 도모할 수 있다는 것이다.
51) 이창희, 『법인세와 회계』, 214~215면.

다르므로, 기업회계상 비용으로 계상하여야 법인세법상으로도 손금으로 인정해 주는 '결산 조정'(決算調整) 제도와[53] 같이 회계처리를 과세소득 금액과 직접 연결하는 것은 근본적으로 좋은 제도가 아니라고 지적한다. 이 경우 납세자들이 기업회계의 불안정성을 악용하여 과세소득을 조작할 가능성이 생기고, 재무정보를 왜곡할 수 있으며, 결국 기업회계의 내용에 국가가 간섭할 가능성을 낳게 되기 때문이다. 비교법적으로도 결산조정은 일본의 제도를 받아들인 것인데, 일본법은 일반적으로 결산상 확정된 재무제표에 근거하여 과세소득을 계산하라고 규정하고 있지만[54] 우리 법인세법은 그러한 규정을 두고 있지 않다.

4. 포괄적 소득 개념을 전제로 한 현행 법인세제와 실현주의의 모순점

법인세의 귀속시기에 관한 규범기준인 실현주의는 실은 제한적 소득 개념 하에서 태어난 것으로, 포괄적 소득 개념 하에서는 모두 과세물건으로 포착되는 실현된 소득과 미(未) 실현된 소득을 서로 다르게 취급함에 따라 손익의 조작을 가능하게 하는 등 여러 문제점을 낳는다. 현행 법인세제가 안고 있는 여러 문제점은 대체로 포괄적 소득 개념과 실현주의 사이의 모순에서 나온다. 대표적으로, 무(無) 이자 부(附) 사채를 할인 발행하여 취득한 경우(예컨대 3년 후 만기에 상환받을 금액이 1,331원인 무이자부 사채를 1,000원에 취득한 경우)를 생각해 보면, 실현주의 하에서 할인액(1,331원－1,000원＝331원)은 실현 시점인[55] 사채의 만기가 되어서야 익금에 산입되지만, 위 할인액은 실제로는 사채의 액면 이자율(0%)과 시장 이자율(10%)의 차액을 보상해 주는 것으로, 경제적 실질은 이자와 다름이 없다.[56] 즉 무이자부 사채의 할인 발행 및 취득은 1,000원을 시장 이자율로 사채 발행회사에 빌려준 것과 경제적 실질이 완전히 동일하다. 그럼에도 할인액을 미실현 이익으로 보아 이자수익과 다른 시기에 과세하는 것은 손익의 왜곡을 가져온다.

그리하여 비교법적으로는 채권의 이자소득과 같이 미래의 현금흐름이 미리

52) 기업회계의 목적은 주주와 채권자 등 이해관계자에게 경제적 의사 결정에 도움이 되는 합목적적(合目的的)이고 신뢰성 있는 회계정보를 제공하는 것이다.
53) 예컨대 감가상각비 손금불산입에 관한 구(舊) 법인세법 제23조 제1항.
54) 일본 법인세법 제74조.
55) 할인액을 실제로 지급받는 날을 의미한다.
56) 시장이자율은 사채의 투자자가 다른 투자 안(案)에 투자하더라도 얻을 수 있는 수익률을 의미하므로, 사채의 발행에 있어서도 최소한 시장이자율에 해당하는 수익률은 보장해주어야 한다.

확정되어 있는 소득은 실현 시기가 아닌 시간의 경과를 기준으로 과세하도록 함으로써,[57] 실현주의의 적용범위를 배당소득, 양도차익 등 미확정된 손익으로 좁히기도 한다.[58] 그럼에도 불구하고 현행 법제는 여전히 모순점을 안고 있는데, 이창희 선생은 확정된 소득과 미(未) 확정된 소득의 구분에 따른 투자의 왜곡 및 동결 효과, 실현 시점의 조정을 통한 손익의 조작 가능성, 불필요한 거래의 발생 문제 등을 지적하였다.

구체적으로 보면, 확정손익과 미확정손익의 과세방법을 달리하는 경우, 투자형태 별로 실효세율이 달라진다. 확정손익은 해마다 과세하고 미확정손익은 실현 시기에 가서 과세할 경우에는 투자 의사결정을 할 때 확정손익의 세후(稅後) 수익률과 미확정손익의 세전 수익률을 비교하게 되고, 결국 두 투자 안(案)의 실효세율 차이로[59] 인하여 투자의 의사결정이 왜곡된다. 뿐만 아니라, 미확정손익은 자산을 처분하여 수익이 실현되는 시점에 과세되기 때문에 투자자의 입장에서는 기존 투자자산을 그대로 보유하려는 동결효과를 낳고, 이로 인하여 투자자산 간 자본의 분배가 왜곡될 수 있다.

실현주의의 또 다른 문제점은 법인이 자산의 취득과 처분 시기를 조작함으로써 손익의 귀속시기를 마음대로 정할 수 있다는 점이다. 그 대표적인 경우가 금융 파생상품인데, 파생상품의 본질은 전통적 금융상품(채권, 주식)을 요소 별로 분해하여 이를 재결합한 것인 만큼, 확정손익을 미확정손익의 결합으로 바꾸는 등으로 경제적 실질이 동일한 거래를 형식만 바꾸어 서로 다르게 과세되도록 할

---

57) 기업회계기준은 사채(社債)와 같은 채권의 경우 액면(額面) 이자율이 아닌 미래의 기대 현금흐름과 현재의 발행금액을 일치시키는 이자율(= 유효 이자율)에 따라 이자수익 내지는 이자비용을 인식하도록 하고 있다(기업회계기준서 제1109호 문단 5.4.1). 본문의 예에 따른다면, 3년 동안 사채의 장부가액에 유효이자율(10%)을 곱한 100원, 110원, 121원이 각각 이자수익/비용이 된다. 미국은 세법상으로도 기업회계기준상의 유효이자율법에 따른 이자수익/비용의 인식시기를 귀속시기로 본다. 즉 채권의 할인액도 미리 확정된 수익률에 따라 매 사업연도의 익금 내지는 손금으로 산입한다. IRC §1272, 1281.

58) 다만 우리 법인세법은 사채의 할인 발행이 있는 경우 발행법인은 할인액을 유효이자율법에 따라 손금에 산입할 수 있으나(법인세법 시행령 제71조 제3항), 일반적으로 법인이 지급 및 수입하는 이자 및 할인액은 현금주의에 따라 상환일 또는 지급받은 날이 속하는 사업연도에 귀속된다(법인세법 시행령 제70조 제1항 제1, 2호 본문). 이는 이자비용의 지급 시점에 지급자가 세금을 징수하여 납부하도록 하는 원천징수 제도를 두고 있기 때문이다. 다만 결산 확정시 이미 경과한 기간에 대응하는 이자 및 할인액(원천징수되는 이자 및 할인액은 제외)을 수익/비용으로 계상한 경우에는 계상한 사업연도의 익금/손금으로 할 수 있다(법인세법 시행령 제70조 제1항 제1,2호 단서).

59) 미확정 손익을 낳는 투자자산(예컨대 부동산)의 경우 장기간 보유할수록 실효세율 내지는 세부담이 가볍게 된다.

수 있다.[60] 이와 같이, 담세력의 차이가 아닌 소득의 실현 시기나 소득 구분에 따라 과세가 달라질 경우에는 납세의무자로 하여금 과세소득을 줄이기 위해 손익을 조작할 유인(誘因)을 낳고, 가공(架空) 손실을 발생시키는 불필요한 거래의 발생으로 사회적인 비용은 증가한다. 세법에서 자산의 취득가액은 손익을 계산하기 위한 중간 단계의 도구 개념일 뿐이므로,[61] 자산이 수익을 낳을 수 있게 되는 시점에서의 자산의 실제 가치를 반영하여야 한다. 그런데 실현주의에 따른 역사적 원가주의는 자산의 처분 전까지 자산의 가치와 무관한 실제 취득한 원가로 평가하도록 하여, 결과적으로 납세의무자에게 취득원가와 자산의 가치(시가)와의 차액에 대한 과세 시점을 자의적으로 선택하도록 허용하는 꼴이 되었다.

5. 결론 및 대안

결론적으로 현행법에서 채택한 포괄적 소득 개념에 따르면 순자산의 증가가 있는 한 모두 소득이 되므로, 법인의 모든 자산·부채를 시가 평가하고 그에 따른 미실현이익도 담세력의 증대가 있기 때문에 과세하여야 마땅하다. 그래야 담세력에 따른 진정한 의미의 소득세제를 구현할 수 있다. 이창희 선생은 그의 한 저작을 통해 실현주의에 대해 아래와 같이 밝힌다.[62]

> "실현주의, 역사적 원가주의 내지는 권리의무확정주의라는 것이 그렇게 신성한 이론적 근거가 있는 진리는 아니고, 자산·부채를 모두 시가평가할 수 없다는 데에서 나오는 현실적 제약의 결과적 표현일 뿐이다. 이들 주의는 원칙 내지 주의의 차원에서 격하되어, 경제적· 실질적 손익의 측정이 불가능한 경우에 보충적으로 적용되는 이익 측정의 한 수단 정도로 다시 자리매김 되어야 옳지 않을까."

다만 미실현이익에 대한 과세 제도를 선뜻 도입하기 어려운 이유는 납세자가 세금을 내기 위해 현금을 확보하여야 하는 유동성 문제와[63] 자산가치 평가의

---

60) 이창희, "파생금융 상품의 과세문제", 『조세학술논집』 제12집, 1996, 130면.

61) 이창희, 『세법강의』, 1042면.

62) 이창희, "파생금융 상품의 과세문제", 135면. 과세소득은 자산의 양도가액에서 취득가액을 차감하여 산정된다.

63) 아직 이익을 실현하기 전이므로, 자산의 가치상승분에 대한 세금을 내기 위해 자산을 팔아야 하는 결과가 발생할 수 있다. 특히 금융시장이 덜 발달된 경우에 이러한 문제가 더욱 두드러질 수 있다.

어려움이[64] 존재하기 때문이다. 이러한 연유로 비교법적으로도 시가주의에 따른 과세는 유동성이 확보되고, 거래소 등을 통한 객관적인 시가가 존재하는 금융자산 등에 국한된다. 이창희 선생은 비교법적인 검토를 통해 실현주의에 대한 대안으로, ① 미실현이익에 대해 실현 시기까지 과세를 미루되, 자산가치 상승분에 대한 과세이연(課稅移延) 이자를 징수하는 방안, ② 미확정손익을 낳는 자산에 대해서도 투자 의사결정 당시의 '무(無) 위험 자산'에 대한 시장 수익률로[65] 투자수익을 계산하여 과세하는 방안 등을 제시한다.[66] ① 방안의 경우 미확정손익과 확정손익 사이의 세 부담 차이를 줄이면서도 실현 시기에 세금을 납부하게 되므로 유동성 문제가 해결되는 장점이 있고, ② 방안의 경우에는 투자 안(案) 사이의 어느 정도의 조세중립성을 보장할 수 있다는 장점이 있다. 다만 선생은 두 방안 모두 정확한 납세의무자의 부를 재어 담세력에 따른 과세를 한다는 현행 소득세의 이념에 정확히 들어맞지는 않는다는 점을 지적하면서, 부동산이나 금융자산의 분배가 불평등하다는 정치경제학적 이유까지 더하면 중립적인 소득세 또는 소비세, 어느 한 쪽으로 일관시키는 세제 개혁이 이루어질 가능성은 당분간은 밝지 않다고 한다.[67]

Ⅳ. 현행 법제(法制)가 도달해 있는 지점

이 절(節)에서는 이창희 선생이 실현주의와 법인세법 사이의 모순을 지적한 당시와 비교하여, 손익 귀속시기에 관한 법제가 어떻게 개선되었고, 법 해석은 어느 지점까지 나아갔는지를 살펴본다. 결론적으로, 판례는 손익의 귀속시기를 판단함에 있어 좁은 의미에서의 권리확정주의에서 벗어나 '확정'의 의미를 좀 더 넓고 유연하게 해석하는 경향을 보이고, 필요한 범위 내에서는 권리확정주의보다 기업회계의 관행을 앞세우기도 한다. 법인세법은 실현주의 및 역사적 원가주

64) 정확한 시가 평가가 전제되지 않는 한 시가주의는 오히려 조세중립성을 해치고 납세자 간 조세불평등을 야기할 수도 있다.

65) 어떤 사람이 미확정소득을 낳는 자산에 투자한다면, 적어도 '무(無) 위험 수익률' 이상의 투자수익을 기대했을 것이므로, 무위험 자산에 대한 시장수익률로 과세하는 것에 대해서는 반대하기 어렵기 때문이다. Alvin C. Warren Jr., "Financial Contract Innovation and Income Tax Policy", 107 *Harvard L. Rev.* p.480, 이창희, 『법인세와 회계』, 346면에서 재인용.

66) 이창희, 『법인세와 회계』, 343~347면.

67) 이창희, 『법인세와 회계』, 349면.

의의 기본 틀을 유지하고 있지만, 부분적·예외적으로 시가주의를 받아들여 손익의 왜곡을 줄이려는 시도를 하고 있다.

1. 익금의 확정 기준에 관한 판례 ― '확정'의 의미의 확장[68)]

(1) '권리 주장 원칙'의 반영 ― 가집행 선고부 판결에 따라 현실적으로 소득이 지급된 경우

종래 대법원은 가집행 선고부 승소 판결이 선고되어 원고가 가지급물(假支給物)을 지급받았더라도, 그 지급은 상소심(上訴審)에서 본안 판결이 취소되는 것을 해제 조건으로 하는 잠정적인 것에 지나지 않으므로 소득이 확정된 것으로 볼 수 없다는 입장이었다.[69)] 그로부터 약 20년 후 대법원은 납세자가 가집행 선고부 제1심 판결을 집행권원(執行權原)으로 한 경매 절차에서 이자소득을 배당받았다면 이자소득의 실현 가능성이 상당히 높은 정도로 성숙·확정되었으므로 배당받은 시점에 이자소득을 귀속시킬 수 있다고 보았다.[70)] 비록 판례가 권리확정주의의 예외로서 '권리 주장의 원칙'을 적극적으로 수용한 것은 아니지만, '확정'의 의미를 보다 넓게 해석하는 방법을 통하여 사실상 권리 주장의 원칙과 유사한 결론에 이르렀다고 평가할 수 있다.[71)]

그 후에도 대법원은 가집행 선고부 승소 판결에 따라 채무자가 가지급물을 임의 변제하면서 소득세를 원천징수한 사례에서 본안 판결이 확정되지 않았더라도 소득의 실현 가능성이 상당히 높아졌으므로 지연손해금 수령시를 소득의 귀속시기로 볼 수 있다고 판시하였다.[72)] 이창희 선생이 이미 언급하였듯이, 경정청구 제도가[73)] 시행되었으므로 이미 받은 소득을 되돌려줄 가능성을 염려하여 본안 판결 확정시까지 소득의 귀속을 미룰 현실적 필요성이 없어졌다는 점을 아울러 고려한 것이다.[74)] 대법원은 최근 법인이 수용보상금 증액청구 소송을 제기

68) 소득세법도 손익의 귀속시기와 관련하여 법인세법과 동일한 취지의 규정을 두고 있고(소득세법 제39조), 판례는 소득세와 법인세를 구분하지 않고 권리확정주의를 기준으로 내세우고 있으므로, 필요한 범위에서 소득세 판결도 함께 살펴본다.

69) 대법원 1988. 9. 27. 선고 87누407 판결. Ⅲ.2.(1)에서 언급하였다.

70) 대법원 2011. 6. 24. 선고 2008두20871 판결.

71) 김석환, "권리확정주의에 의한 이자소득의 귀속시기", 『대법원판례해설』 제88호, 법원도서관, 2011, 44면.

72) 대법원 2019. 5. 16. 선고 2015다35270 판결.

73) 국세기본법 제45조의2 제2항.

74) 김범준, "가집행선고부 승소판결에 따른 가지급물과 소득의 실현 ― 권리확정주의와 대법원

하여 가집행 선고부 승소 판결을 받은 경우 '법인 소득'의 귀속시기가 문제된 사안에서도, 앞서 본 판례를 원용(援用)하면서 수용보상금 증액분은 판결 확정시가 아닌 지급받은 사업연도의 소득으로 귀속된다고 판시하여,[75] 소득세와 법인세 모두에서 확정의 개념을 넓게 해석하였다.

정리해 보면, 대법원 판례는 익금의 귀속시기에 대한 판단시 종전의 권리확정 기준을 유지하면서도, 확정의 개념을 보다 유연하게 해석하여 예외를 받아들이는 방향으로 발전해 왔다고 볼 수 있다.

(2) 관리·지배 기준의 적용범위 확장

최근 대법원은 위법소득 사례에서 한 걸음 더 나아가, 계약이 해제되어 법인이 더 이상 금원을 보유할 법률상의 권원이 없었던 경우에도 관리·지배 기준을 적용하여 소득의 귀속시기를 판단하였다. 즉 과세소득을 귀속시키기 위해 그 소득을 얻게 된 법률관계가 반드시 적법·유효하여야 하는 것은 아니므로, 수령한 금원을 반환하지 않은 채 보유해 온 이상 비록 법률상의 권원이 없더라도 그에 대한 담세력을 인정할 수 있어 귀속시기가 도래했다는 것이다.[76] 이는 판례가 익금의 귀속시기를 판단할 때 더 이상 '권리의 확정'이라는 법률적인 기준만을 고집하지 않고, 소득의 관리·지배 여부도 중요한 요소로 아울러 고려하고 있음을 잘 보여준다.

다른 한편으로는, 위법소득에 대해 과세가 이루어진 후 몰수·추징 등으로 그 소득이 국가에 의해 환수된 경우에는 그러한 소득은 후발적 경정청구의 대상이 된다고 보았다.[77] 당초 소득에 대한 권리가 없음에도 현실적인 관리·지배를 근거로 과세한 이상, 그와 같은 관리·지배를 상실하여 소득이 '실현'되지 않는 것으로 확정되었으므로 과세 근거를 상실하였다는 것이다. 다만 법인의 자금을 횡령한 귀속자에게 위법소득에 대한 소득세 납세의무가 성립한 이후 귀속자가 그 횡령금을 피해 법인에게 반환한 경우에 대해서는 결이 조금 다른 판결이 선

2019. 5. 16. 선고 2016다35270 판결 ―", 『조세법연구』 제26권 제1호, 2020, 169~171면.

75) 대법원 2024. 11. 20. 선고 2022두47629 판결.

76) 대법원 2023. 11. 30. 선고 2019두58445 판결.

77) 대법원 2015. 7. 16. 선고 2014두5514 전원합의체 판결. 뇌물 등의 범죄행위로 수수한 금품이 추징되었더라도 이는 범죄행위에 대한 부가적인 형벌이 가하여진 결과에 불과하여 소득세법상 과세 대상이 된다고 판시한 종전 판례(대법원 1998. 2. 27. 선고 97누19816 판결, 대법원 2002. 5. 10. 선고 2002두431 판결 등)의 입장을 변경한 것이다.

고되었는데, 횡령금의 반환만으로는 소득이 종국적으로 실현되지 않았다고 볼 수 없어 후발적 경정청구 대상에 해당하지 않는다는 것이다.[78] 이창희 선생도 지적한 바와 같이, 위법소득의 과세 시기를 결정함에 있어서는 권리가 아닌 '돈'을 실제로 관리·지배하는지 여부가 기준이 되므로, 돈에 대한 지배·관리를 잃었다면 원칙적으로는 소득에서 공제하여 주는 것이 맞다.[79] 판례는 횡령금은 국가의 몰수·추징의 대상이 되지 않아 횡령 당시부터 소득의 상실가능성이 없었다거나, 형사재판에 이르러 피해금액을 지급함으로써 양형상 이익을 얻었다는 점 등을 들어 횡령금을 반환하였더라도 그에 대한 경제적 이익을 잃은 것은 아니라고 보았는데, 관리·지배기준에 관한 기존 판례들과 부합하는지는 다소 의문이다.[80]

2. 손금의 확정 기준 – 수익·비용 대응 원칙의 선언

법인세법은 손금의 귀속시기에 관한 원칙으로 수익·비용의 대응을 명문으로 규정하고 있지는 않다. 그러나 판례는 시행령에서 이를 전제로 한 규정들을 두고 있다는 점 등을 근거로 법인세법이 수익·비용 대응의 원칙을 채택하였다는 점을 명시적으로 확인하였다.[81] 그 중에서도 대법원 2013. 4. 11. 선고 2010두17847 판결은 '부동산이 상품 또는 제품으로 판매되는 경우 그 매입가액은 가액이 확정된 이상 부동산 양도금액(익금)이 귀속되는 사업연도의 손금으로 산입되어야 하고, 현실로 그 가액이 지출되어야 손금에 산입되는 것은 아니'라고 하여, 토지 매매대금 중 미(未) 지급된 부분도 그 대금이 확정되어 있는 이상 분양 수익의 귀속시기에 대응하여 손금으로 산입할 수 있다고 한다.

---

78) 대법원 2024. 6. 17. 선고 2021두35346 판결.
79) 이창희, 『세법강의』, 888~889면.
80) 이 판결에 관한 비판론은, 윤지현, "횡령한 재산을 피해자 법인에 반환하였을 때 생기는 소득과 세의 문제 ― 대법원 2024.6.17. 선고 2021두35346 판결", 『세무와 회계연구』 제14권 제1호, 한국조세연구소, 2025.
81) 대법원 2013. 4. 11. 선고 2010두17847 판결, 대법원 2002. 11. 13. 선고 2001두1918 판결(법인이 주택 건설사업을 하면서 취득한 토지의 일부를 도로로 조성하여 기부채납(寄附採納)한 경우, 도로조성 비용은 수익 발생에 직접 관련된 비용으로서 그 귀속시기는 수익의 발정이 확정된 때가 속한 사업연도임), 대법원 2002. 11. 13. 선고 2001두4689 판결, 대법원 2014. 3. 27. 선고 2011두1719 판결 등.

3. 권리확정 기준과 기업회계의 관계 — 기업회계의 규범 및 관행 존중

판례는 기업회계의 규범을 보충적 기준으로 평가하던 기존 입장에서[82] 나아가, 손익의 귀속시기에 관한 획일적인 기준을 만들어 내기에 필요한 범위 안에서 기업회계기준을 고려하거나, 필요할 때에는 협의(狹義)의 권리확정 기준보다 기업회계의 관행을 앞세워 손익의 귀속시기를 판단하였다.

구체적으로 보면, 세법상 귀속시기에 관한 규정이 없는 매출 에누리 등 매매대금 감액 사유에 대해 법인이 회계의 관행에 따라 그 사유가 발생한 사업연도의 소득금액에서 차감하는 방식으로 법인세를 신고해 왔다면 이러한 세무 처리를 그대로 인정하였다.[83] 또한 보험회사가 지급한 신(新) 계약비를[84] 자산화(資産化)하였다가 계약의 유지 기간 동안 균등 상각하도록 규정하고 있는 「보험회계처리 준칙」에 대해, 위 회계 준칙은 보험업을 영위하는 법인들에게 강제력을 가지고 있고 과세 실무에서도 이를 승인하였으며, 신 계약비를 지급받은 즉시 비용으로 인식하는 것은 수익·비용 대응 원칙에도 부합하지 않는다는 등의 이유로 '기업회계의 기준이나 관행'에 해당한다고 보았다.[85] 해당 사안에서 보험회사는 신 계약비의 성격은 기간(期間) 비용이므로 채무확정주의에 따라 지출된 사업연도의 손금이 되어야 한다고 주장하였으나, 대법원은 기업회계의 기준이나 관행으로 인정된 회계처리 준칙에 따른 손익 처리에 대해 다시 권리·의무확정주의에 부합하는지 여부를 따질 필요는 없다는 이유로 위 주장을 내쳤다.[86] 그 후 선고된 하급심 판결도 법인이 택지개발 사업을 시행하며 준공 전 토지 인도(引渡) 시점에 공급금액을 수익으로, 예정 원가를 비용으로 인식하였다가 추후 예정 원가가 증액되자 회계기준 시행세칙에 따라 증액된 시점의 손금에 넣은 경

---

82) 대법원 1992. 10. 23. 선고 92누2936, 2943(병합) 판결.

83) 대법원 2013. 12. 26. 선고 2011두1245 판결. 다만 매출할인에 대해서는 법인세법 시행령에서 "법인이 매출할인을 하는 경우 그 매출할인금액은 상대방과의 약정에 의한 지급기일(그 지급기일이 정하여 있지 아니한 경우에는 지급한 날)이 속하는 사업연도의 매출액에서 차감한다"고 규정하고 있었는데(법인세법 시행령 제68조 제5항), 이창희 선생은 매출에누리 역시 매출액의 사후 조정이라는 점에서는 마찬가지이므로 매출할인과 귀속시기를 마찬가지로 보아야 한다는 입장이었다. 이창희, 『세법강의』, 949면.

84) 보험회사가 신규 계약을 체결하면서 소요한 비용으로, 보험모집인의 제(諸) 경비, 영업소의 인건비, 물건비, 진단비, 계약 조달비 등으로 지출한 금액을 말한다.

85) 대법원 2017. 12. 22. 선고 2014두44847 판결(공2018상, 453).

86) 정재희, "기업회계존중 원칙과 권리의무확정주의의 관계(신계약비 사건)", 『대법원판례해설』 제114호, 법원도서관, 2018, 171－172면.

우, 예정 원가의 증액 시점을 귀속시기로 수용하였다.[87)]

결국 판례로 정리된 손익의 귀속시기에 관한 기업회계 규범과 세법의 관계는, 세법상 개별 규정이 있다면 이를 우선 적용하되, 개별 규정이 없고 일반적으로 받아들여지는 공정·타당한 기업회계기준 내지 관행이 있을 경우 그 회계기준이 적용되며, 회계기준이 없거나 공정·타당한 것으로 인정받지 못할 경우에는 권리확정주의에 따른다고 할 수 있다.

4. 자산·부채의 취득원가 산정 및 평가 ― 시가주의의 일부 반영

(1) 취득원가의 산정 ― 시간 개념의 반영

세법에서 자산의 취득원가는 자산이 수익을 낳기 시작한 시점의 자산의 가치를 반영할 수 있어야 수익과 비용이 적절히 대응될 수 있고, 손익 계산의 왜곡을 방지할 수 있다. 예컨대 자산의 취득을 약정하고, 그 가격을 정한 시점과 실제 취득 시점 사이에 시차(時差)가 발생하는 경우에, 그 사이에 자산 가격의 변동이 생긴다면 취득가액은 약정 가격이 아닌 자산의 취득 시점의 가치로 기록되어야 손익의 왜곡이 없다.[88)]

법인세법은 기업이 사업용 고정자산을[89)] 매입하거나 건설하는 데 들어간 돈을 차입한 경우, 그 차입금에 대한 이자비용은 발생 즉시 손금에 넣는 것이 아니라 자산의 취득원가에 가산하도록 한다.[90)] 자산의 건설 기간 중 발생하였으나 건설에 직접 사용된 것인지 여부가 분명하지 아니한 차입금에 대해서도 일정한 금액은 자산 취득에 사용되었다고 간주하여 취득원가에 가산할 수 있다.[91)] 차입금 이자를 발생 즉시 비용에 넣는다면 자산이 아직 수익을 창출하지 못함에도 비용만을 조기에 인식하여 수익·비용 대응에 어긋난다는 점을 반영한 것이

87) 부산고등법원 2023. 2. 8. 선고 2021누10289 판결. 대법원 2023. 6. 29.자 2023두37728,37735(병합) 판결로 확정되었다.

88) 취득가격을 약정가격으로 정할 경우에는 납세의무자는 자산을 사고 팔거나 선물(先物) 계약 등을 이용하는 방식으로 수익을 낳는 시점까지의 자산가치 변동분의 손익 귀속시기를 마음대로 결정할 수 있게 된다.

89) 현행 기업회계기준의 용어로 '유형자산', '무형자산'을 의미한다.

90) 법인세법 제28조 제1항 제3호, 법인세법 시행령 제72조 제3항 제2호, 법인세법 시행령 제52조 제1항.

91) 법인세법 제28조 제1항 제3호, 법인세법 시행령 제72조 제3항 제2호, 법인세법 시행령 제52조 제1항.

다.[92] 앞서도 지적하였듯이, 비용만을 조기에 인식할 경우 수익을 실현 시기에 인식하는 것과의 시차가 생겨 손익이 왜곡된다.[93] 다만 현행법은 취득원가에 반영할 수 있는 이자를 '사업용 고정자산'에 소요된 차입금의 이자로 제한하고, 대금 청산일과 사용 개시일 중 빠른 날까지 취득가액에 가산하도록 하는데, 정확한 수익·비용의 대응을 위해서는 모든 자산에 대해 그 수익이 발생하는 시점까지 지급된 이자를 취득가액에 가산하도록 하는 것이 바람직하다.[94]

자산을 장기할부 조건으로 취득한 경우에는 약정 매매가액에서 현재가치 할인 차금(差金)을 공제하여, 취득 시점의 현재가치로 평가한다.[95] 자산의 할부 매매는 회사가 현금으로 자산을 사고 같은 돈을 빌려 이자를 지급하는 경우와 경제적 실질이 동일하므로, 회사가 빌리는 돈의 현재가치가 곧 자산의 취득 시점의 가치가 되는 까닭이다. 이와 같이 세법에서 현재가치 평가를 허용한 것은 곧 취득가액이 취득 당시의 자산 가치를 나타내는 '시가 개념'임을 전제한 것으로 볼 수 있다.[96]

(2) 자산의 평가 – 시가주의의 부분적·예외적 도입

우리 법인세법은 자산·부채의 평가에 대하여 역사적 원가주의를 유지하고, 보유 기간 동안 발생한 미실현손익(평가손익)은 소득 계산에 반영하지 않는 것을 원칙으로 한다.[97] 기업회계상 금융자산과 부채는 기말(期末) 평가를 원칙으로 하므로 평가손익이 발생하는데, 세법상으로는 이러한 평가손익을 취득가액에 반영하지 않고, 처분 시점에 미실현이익이 한꺼번에 실현되는 것으로 보아 보유 기간 동안에는 과세소득에 반영하지 않는다.

다만 금융회사·보험회사 등이 보유한 일부 금융자산 등에 대해서는 예외적으로 시가 평가를 허용한다.[98] 투자회사 등이 보유한 집합투자 재산은 시가 평

92) 대법원 1995. 8. 11. 선고 95누3121 판결.
93) 즉 건설자금 전부를 빚으로 조달한다고 보면, 자산의 건설기간 동안은 이자비용으로 인한 손실만 발생하고, 자산이 처분되거나 수익이 발생하는 시점에는 이익만 생기게 되는데, 이러한 시차로 인하여 가공손실의 계상이 가능하게 된다.
94) 이창희, 『세법강의』, 1043면.
95) 법인세법 시행령 제72조 제4항 제1호.
96) 이창희, 『세법강의』, 900면.
97) 그 취지는 과세소득을 획일적으로 정하여 공평하게 과세함과 동시에 납세의무자가 자의적으로 과세표준과 세액을 정하지 못하도록 함에 있다고 한다(대법원 2013. 4. 10. 선고 2013두25344 판결 등).
98) 법인세법 제18조 제1호 단서, 제22조 단서, 제42조 제1항 단서.

가를 하여 취득가액을 가감하여야 한다.[99] 화폐성(貨幣性) 외화 자산·부채는 금융회사 등이[100] 보유한 경우에는 시가 평가가 강제되는 반면, 그 외의 법인이 보유한 경우에는 시가 평가를 선택할 수 있다.[101] 통화 관련 파생상품 중 통화선도(先導), 통화 스왑 및 환(煥) 변동 보험의 평가로 인한 손익도 익금 또는 손금에 산입할 수 있다.[102] 이는 환율 변동에 따른 불합리한 세 부담의 변동을 방지하기 위한 것으로, 금융회사 외의 법인에 대해서는 '화폐성 외화자산·부채의 환위험을 회피하기 위하여 보유하는 통화선도등'에 한하여만 시가 평가가 허용된다.[103]

판례는 외국 증권업자 국내 지점이 발행자로부터 주식 '워런트' 증권(Equity Linked Warrant, 이하 'ELW')을[104] 매수하면서 그 가치 변동 위험을 상쇄하기 위하여 ELW 발행자에게 장외(場外) 파생상품인 옵션(Over-the-Counter Derivatives, 이하 'OTC 옵션')을 매도한 경우,[105] 위 국내 지점이 투자자에게 만기가 도래하지 않은 ELW를 매도하면서 처분손실이[106] 발생하였다면, 그러한 처분손실은 매도일이[107] 속한 사업연도에 실현되어 확정된 것이고, 비록 발행자에게 매도한 OTC 옵션에 대한 평가이익이 발생하였더라도 이러한 이익은 미실현이익에 불과할[108] 뿐 아니라, OTC 옵션 거래와 ELW 거래는 별개의 거래인 이상 이러한 사정만으로 실현된 처분손실을 가공 손실로 볼 수는 없다고 보았다.[109] 이러한

---

99) 법인세법 제42조 제1항 제2호, 법인세법 시행령 제73조 제2호 다목, 제75조 제3항.

100) 주로 은행에 한정된다. 법인세법 시행령 제61조 제2항 제1호 내지 제7호.

101) 법인세법 시행령 제76조 제1항 제1호, 제2항 제1호.

102) 법인세법 시행령 제76조 제1항 제2호.

103) 법인세법 시행령 제73조 제4호, 법인세법 시행령 제76조 제2항.

104) 주식 및 주가지수 등 기초자산을 사전에 정한 미래의 시점(만기)에 미리 정하여진 가격(행사가격)에 사거나(call) 팔(put) 수 있는 권리(옵션)를 나타내는 증권을 말한다.

105) 외국 증권업자의 국내 지점은 국내에서 ELW를 발행할 수 없는 제한이 있으므로, 외국 증권업자의 국내 지점이 국내 증권업자가 발행한 ELW를 인수하여 투자자와 ELW 매매를 하고, 해당 ELW와 동일한 내용을 담은 OTC 옵션을 ELW 발행자인 국내 증권업자에게 매도하면, 이러한 거래구조에서 국내 증권업자는 ELW 발행에 따른 위험과 보상을 외국 증권업자에게 전가할 수 있고, ELW 발행 업무를 대행하는 대가로 수수료 수익만을 얻는다. 위 거래구조에서는 외국 증권업자가 직접 ELW를 발행한 것과 경제적인 효과는 유사해진다. 자세한 거래구조는 김범준, "주식워런트증권(Equity Linkied Warrant) 거래의 몇 가지 쟁점", 『인권과 정의』 제482호, 대한변호사협회, 2019, 9~10면 참조.

106) 외국 증권업자가 발행자로부터 ELW를 인수한 가격과 매도가격과의 차액이 된다.

107) 법인세법은 상품 등 외의 자산으로 인한 손금의 귀속사업연도를 그 대금을 청산한 날이 속하는 사업연도로 정한다. 법인세법 시행령 제68조 제1항 제3호.

108) OTC 옵션의 미실현 평가손익은 세법상 OTC 옵션의 만기에 위 옵션이 행사되거나 소멸되는 시점에 실현된다.

판례의 결론은 자산의 양도로 인한 손금의 귀속시기를 '대금 청산일'로 규정하고, 금융 파생상품의 평가를 허용하지 않는 현행법의 해석상 당연히 도출될 수 밖에 없는 것이다. 반면 기업회계에서는 사업연도 말에 보유한 금융 파생상품을 시가 평가하고 이를 손익에 반영하도록 하므로, 외국 증권업자 국내 지점의 ELW 처분손실은 OTC 옵션의 평가이익과 상쇄되어 아무런 손익이 발생하지 않는다. 이창희 선생이 이미 지적했듯이, 현행법이 채택한 실현주의 하에서는 담세력의 변화 없이도 세법상 손익 귀속시기의 조작이 얼마든지 가능함을 여실히 보여주는 사례라고 할 수 있겠다.

5. 실현주의의 모순점 완화 – 자산 양도차익의 과세이연

실현주의는 투자자가 기존 자산에 묶이는 '동결(凍結) 효과'를 낳아 자원의 효율적 분배를 왜곡한다. 이에 대한 근본적인 해결책은 시가주의에 따른 과세를 도입하는 것이겠지만, 현행법은 실현주의를 유지하면서도 일부 사업용 자산에[110] 대한 양도차익의 과세를 이연(移延)함으로써[111] 동결효과를 완화하는 방식을 택하였다. 법인이 사업에 직접 사용하던 기존 자산을 양도한 경우, 실현주의를 관철한다면 해당 자산에 누적된 가치 증가분은 양도 시점에 실현된 것으로 보아 과세되어야 하지만, 그 양도 대금을 대체(代替) 자산 취득에 사용한 경우에는 과세를 이연하여 사업용 자산에 대한 투자의 저해를 완화하겠다는 것이다.[112] 과세이연은 순(純) 자산 증가분을 소득으로 보아 과세하는 현행 법인세법의 이념에 부합하는 방식은 아니지만, 당장 시가주의 과세를 도입할 수 없는 현실적인 상황 하에서 실현주의로 인한 부작용을 완화한다는 점에 있어서는 효율적인 면이 있다. 적어도 사업용 자산의 대체 의사결정에 관하여 세금이 영향을 주는 일은 없을 것이기 때문이다.[113]

---

109) 대법원 2017. 3. 22. 선고 2016두51511 판결. 대법원 2018. 8. 30. 선고 2016두51696 판결(미간행)도 같은 취지. 과세관청은 그 외에도 실질과세의 원칙상 외국 증권업자는 ELW 발행자의 역할을 수행한 것으로 볼 수 있어 위 처분손실은 세법상 인정될 수 없다고 주장하였으나 받아들여지지 않았다.

110) 부동산 임대업, 중개업, 매매업과 호텔업 및 여관업 등 소비성 서비스업에 국한된다. 조특법 시행령 제29조 제3항, 제60조 제1항 제1호 내지 제3호.

111) 법인세법 제50조.

112) 과세이연(課稅移延)을 적용받기 위해서는 2년 이상 사업에 직접 사용하던 자산을 다른 내국법인이 2년 이상 사용하던 동일한 종류의 사업용 자산과 교환한 경우이어야 하고, 교환으로 취득한 자산을 교환일이 속하는 사업연도 종료일까지 법인의 사업에 사용하여야 한다.

V. 향후 전망 및 제언

이 절(章)에서는 국제회계기준의 도입 및 필라(Pillar) 2 '모범 법안'(Model Rules)의 시행, 금융상품의 발달 등 현 상황에 비추어 손익 귀속시기와 관련된 규범의 변화 가능성을 대략적·추상적으로나마 짚어보고, 앞으로 나아갈 방향을 모색해 본다.

1. 익금 귀속시기 관련 법리의 형성

판례는 익금의 귀속시기를 판단함에 있어 좁은 의미의 권리확정주의에서 벗어나, 확정의 개념을 보다 유연하게 해석하는 방향으로 나아가고 있는 것으로 보인다. 사법(私法) 상의 권리가 확정되기 전이라고 하더라도 가집행 선고부 판결이 선고되고 그에 따른 가지급물을 수령하였다면 소득의 귀속시기가 도래하였다는 판례는 어느 정도 확립된 것으로 볼 수 있고, 법률적인 권원은 없지만 소득을 관리·지배하고 있음을 이유로 소득의 귀속을 인정한 판결들도 계속해서 선고되고 있다.

다만 대법원은 최근까지도 권리의 존부(存否) 및 범위에 관하여 분쟁 중인 일반적인 사안에서 판례는 그와 같은 분쟁이 명백히 부당하다고 할 수 없는 경우라면 판결 확정시를 권리의 '확정' 시, 즉 손익의 귀속시기로 판단해 왔는바,[114] 권리의 존부에 관한 다툼이 있는 사안에서 가집행 선고부 승소 판결이 없더라도 소득의 귀속을 허용한 판례는 아직까지 없는 것으로 보인다. 다만 원고가 계약해지에 따른 이행보증금을 지급받은 이후 상대방이 제기한 채무부존재 확인소송에서 이행보증금을 손해배상의 예정액으로 보아 감액하는 판결이 확정된 경우 판결의 확정시가 아닌 이행보증금을 수령한 시점을 소득의 귀속시기로 본 하급심 판결이[115] 있고, 이에 대해 원고가 상고하여 현재 대법원에 계류 중이다. 원고 스스로가 이행보증금에 대한 권리를 주장하고 있고, 계약에 따라 정해진 금액을 수령하여 현실적으로 보유하고 있었으며, 추후 이행보증금의 감액이 확정되더라도 후발적 경정청구로 해결할 수 있다는 점에서 소득의 귀속을 인정하여

113) 합병·분할 등 기업구조조정의 경우 과세이연 제도를 둔 것도 같은 취지이다.
114) 대법원 2018. 9. 13. 선고 2017두56575 판결.
115) 수원고등법원 2023. 5. 24. 선고 2022누10029 판결.

도 무방할 것으로 보이는데, 향후 대법원이 어떠한 판단을 내릴지 지켜볼 필요가 있다.

2. 국제회계기준의 도입에 따른 회계 규범의 변화

기업회계의 규범과 관련하여, 국제회계기준이[116] 도입되기 이전의 종전 기업회계기준은 수익 인식의 기준으로 '실현주의'를 채택하고 있었다. 즉 수익은 실현되었거나 실현 가능하고, 가득(稼得) 과정이 완료되어야[117] 인식된다고 보았고, '실현'은 곧 보유한 자산이 현금 또는 현금 청구권으로 즉시 전환될 수 있음을 의미한다고 하였다.[118] 그런데 2016년 경 공표된 국제회계기준의 '수익 인식 기준서'는[119] 더 이상 '실현'이라는 표현을 사용하지 않고, 수익은 그 수행의무를 이행하고 재화 또는 용역에 대한 '통제'가 이전되는 시점에 인식하도록 하는데, 통제 이전 여부는 지급청구권, 법적인 소유권, 물리적 점유 등으로 판단한다.[120] 이러한 판단 기준은 판례가 말하는 법률적인 기준과도 유사한 측면이 있다.

그 밖에도 새롭게 도입된 국제회계기준의 주요 특징 중의 하나는 '공정 가치'(fair value)에[121] 따른 평가를 강조한다는 것이다. 종전 기업회계기준은 보수주의에 기초하여 자산을 기본적으로 역사적 원가로 기록하도록 하였으나, 국제회계기준은 자산 간 비교가능성을 제고하고[122] 기업 가치를 보다 더 잘 나타낼 수 있는 공정가치 평가를 강조한다. 그리하여 자산의 취득원가는 역사적 원가 또는 시가 평가 중 하나를 선택하여 자산의 분류 별로 동일하게 적용하도록 하

116) "International Financial Reporting Standards" (IFRS)로, 국제회계기준위원회(IASB; International Accounting Standards Board)에 의해 발행되고 있는 회계기준을 말한다. 한국에서도 회계기준위원회에서 국제회계기준의 내용과 일치시키는 것을 원칙으로 하여 근거로 회계기준을 제정 및 개정하였고 2011년부터 상장(上場) 기업들을 대상으로 이와 같은 '한국 채택 국제회계기준'의 적용이 의무화되었다. 「주식회사 등의 외부감사에 관한 법률」 제5조 제1항 제1호, 제3항 및 같은 법 시행령 제6조 제1항.

117) 수익 창출에 따른 경제적 효익(效益)을 이용할 수 있다고 주장하기에 충분한 정도의 활동을 수행하였을 때 수익이 가득(稼得)된 것으로 본다고 한다. 종전 기업회계기준서 제4호 부록1. A1.

118) 종전 기업회계기준서 제4호 부록1 A1.

119) 한국 채택 국제회계기준(K-IFRS) 제1115호

120) K-IFRS 제1115호 문단 31, 38

121) 국제회계기준에서의 '공정 가치'란 어떤 자산에 대해 정상 거래에서 지식이 있고 자발적인 당사자 사이에 교환 가능한 금액을 의미한다. The International Accounting Standards Committee, 16, Para, 6. 기본적으로는 세법에서의 '시가'(時價)를 의미한다고 볼 수 있다.

122) 취득원가는 취득 시점이 서로 다른 자산의 경우에는 비교가능성이 떨어진다.

고,[123] 금융자산은 모두 시가 평가를 원칙으로 한다.[124] 한편 필라 2 모범 법안의[125] 도입에 따라 각 국가별 회계기준을 국제회계기준으로 통일할 필요성도 커지고 있다.[126]

세법은 기업회계기준과 그 목적을 달리하므로 동일한 규범 기준을 가질 필요는 없지만, 법인의 과세소득 계산은 기업회계기준에 따라 기장된 장부를 기초로 한다는 점에서 기업회계와 세법은 뗄 수 없는 관계에 있다. 실제로도 법인세법 및 판례는 구체적인 손익 귀속시기를 규정 및 판단함에 있어 기업회계기준의 내용을 참고하거나, 그 관행을 일부 수용해 왔다. 기업회계기준의 변화 및 국제적인 회계기준의 통일 기조가 손익 귀속시기 관련 현행법제에 어떠한 영향을 미칠지 계속해서 지켜볼 필요가 있는 이유이다.

3. 금융시장 발달로 인한 시가 평가의 확대

현행법은 파생금융상품을[127] 포함한 대부분의 금융자산에 대해서도 실현주의 및 역사적 원가주의를 따르고, 확정손익에 대해서만 손익을 인식하도록 하며, 집합투자기구 등 극히 일부의 투자회사와 외화로 표시된 자산·부채의 외화환산손익 및 그 가치 변동을 '헷지'(hedge)하기 위한 예외적인 경우에만 일부 시가 평가를 허용한다. 그러나 이창희 선생이 이미 오래전 지적하였듯이, 이러한 확정손익과 미(未) 확정 손익의 구분은 손익의 인식 시기를 납세자가 선택 가능하게 하고, 손익의 조작을 가능하게 한다. 비교법적으로도 많은 나라들이 금융상품에 대해 시가주의에 따른 과세를 도입하고 있다. 예컨대 미국은 사업 활동

---

123) K－IFRS 제1016, 1038, 1040호

124) K－IFRS 제1109호

125) OECD는 2021년 12월 경제의 디지털 화(化)로 생기는 세금 문제 해결을 목표로 하는 '필라(Pillar) 2' 모범 법안(Model Rules)을 발표하였다. 그 규칙의 주요 골자는 대규모 다국적 '연결실체'가 사업을 하는 각 국가에서 생기는 '초과 이익'에 대해 총 세액이 적어도 15%(최저한세)가 되도록 하는 것이다. 이에 따라 2023년 5월 국제회계기준위원회는 필라 2 시행으로 생기는 법인세에 대한 회계처리의 불확실성을 해소하기 위해 개정기준을 발표하였고, 한국회계기준위원회도 2023년 12월경 필라 2 모범 법안을 반영한 법률의 시행으로 생기는 법인세에 관한 내용을 담아 기업회계기준서를 개정한 바 있다. 기업회계기준서 1012호.

126) OECD, Tax Challenges Arising from Digitalisation of the Economy－Global Anti－Base Erosion Model Rules (Phillar Two), Article 3.1.

127) 법인세법 시행령 제71조 제6항은 "계약의 목적물을 인도하지 아니하고 목적물의 가액변동에 따른 차액을 금전으로 정산하는 파생상품의 거래로 인한 손익은 그 거래에서 정하는 대금결제일이 속하는 사업연도의 익금과 손금으로 한다"고 규정하여, 대금 결제일을 귀속시기로 삼고 있다.

의 내용을 고려하여 금융기관 혹은 딜러가 보유한 유가증권에 대해서는 시가 평가를 하여 손익을 인식하도록 하고,[128] 선물(先物) 계약 및 외화 계약 등 많은 파생금융상품들에 대해서도 과세연도마다 시가 평가를 하여 평가손익을 과세소득에 반영하도록 한다.[129] 일본 또한 법인이 보유한 유가증권의 시가평가 손익을 과세소득 계산에 반영하고,[130] 금융파생상품거래에서 미결제 이익 등을 결제한 것으로 간주하여 평가손익을 반영하도록 한다.[131] 현재 OECD 국가 중 우리나라만 유일하게 금융상품의 평가손익을 세무상으로 인정하고 있지 않다는 점은 금융상품의 경우 시가 평가의 필요성이 매우 크다는 점을 잘 보여준다.[132] 기업회계기준에 따르면 파생상품을 포함한 모든 금융상품을 공정 가액으로 평가하여야 하므로,[133] 금융상품은 취득가액 및 손익 산정에 있어 기업회계와 세법의 괴리가 큰 분야이기도 하다.

시가주의를 현실에 적용함에 있어 한계점으로 지적되는 평가의 객관성 및 유동성 확보 문제에 대해서도 금융상품은 비교적 자유롭다. 특히 거래소에서 거래되는 금융상품은 거래소 종가(終價)를 기준으로 객관적인 시가 평가가 가능하며 유동성도 확보할 수 있으므로, 시가평가를 허용하지 않을 이유가 없다. 학계에서도 파생금융상품 등에 대해 결제 전에도 평가손익을 법인세 과세표준에 반영하는 것이 타당하다는 논의가 지속적으로 제기되고 있다.[134] 한편 스왑, 선도거래 등 장외(場外) 시장에서 거래되는 상품에 대해서는 시가의 객관성 확보 문제가 여전히 제기될 수 있는데, 이 경우에는 신뢰할 만한 국제 금융기관, 금융결제원 등을 통해 입수한 대용(代用) 가격을 적용하는 방안도 가능하다. 객관적인 평가의 문제가 해결된다면, 외국 입법례와 같이 금융상품의 시가평가 범위를 점차 확대해 나가는 것을 고려해볼 수 있을 것이다.

---

128) IRC §475(a)
129) IRC §1256(a), (b)(1)
130) 일본 '법인세법'(法人稅法) 제61조의3
131) 일본 '법인세법' 제61조의5 제1항
132) 김수성·이세우, "신종금융상품 거래에 따른 과세 이슈에 관한 연구 – 주식워런트증권(ELW)을 중심으로 –", 『세무와 회계저널』 제17권 제1호, 한국공인회계사회, 2016, 56면.
133) K – IFRS 제1109호.
134) 김범준, 앞의 글, 23면, 최정희, "파생상품과세에 대한 선택적 시가주의 도입 논의", 『법학논고』 제45권, 경북대학교 법학연구원, 2014, 320면 이하, 손영철, "파생상품 이익의 소득구분과 수입시기에 관한 연구", 『조세법연구』 제21권 제2호, 2015, 82~88면 등.

Ⅵ. 마치며

세법은 민사법, 헌법과 행정법 등 공법(公法)에 대한 지식은 물론이거니와 제도의 의미를 명확히 파악하기 위해 역사학·경제학·회계학적인 접근도 반드시 필요한 학문이다.[135] 다른 세법도 마찬가지이지만, 그 중에서도 법인세법은 특히 기업회계 실무와 밀접한 관련이 있고, 조문이 기술적(技術的)이고 복잡하여 분석 방법에 관한 이론적인 틀이 없이는 그 의미를 제대로 읽어내기조차 어려운 경우가 많다. 그리하여 법학자들의 이렇다 할 연구 성과가 없다시피 하였던 법인세 분야에서 이창희 선생은 영국·미국·독일·일본의 약 200년간의 법과 기업회계의 역사에 대한 분석을 통해 현행 소득세제에서의 소득의 개념적 기초는 공평에 바탕을 둔 '포괄적 소득 개념'에 기초하고 있으나, 손익의 귀속시기에 관한 일반 원칙으로 받아들여진 '실현주의' 내지는 '역사적 원가주의'가 사실은 초기의 소득세제가 채택하였던 제한적 소득 개념에서 태어난 것임을 밝힌다. 여기에 경제학적·회계적 분석을 더하여 현행법상 손익의 귀속시기를 정하는 기준인 '확정' 내지 '실현'은 소득세와 소비세의 속성을 적당히 타협한 것으로서 순자산의 증가분을 과세물건으로 삼는 현행 소득세제와 모순되고, 그 결과 현행 법인세제는 담세력을 왜곡하며, 납세의무자의 의사 결정에 영향을 미쳐 손익의 귀속시기를 마음대로 정하거나 손익을 조작하는 것을 가능하게 하는 등 여러 측면에서 문제를 일으킨다는 점을 지적했다. 선생은 이러한 문제의식을 바탕으로 법인세법에 대한 올바른 해석론을 정립하고, 현행 법인세제에 대한 비판과 함께 세법의 입법상 지도이념인 '효율'과 '공평'을 바탕으로 시가주의 등 입법론의 관점에서 나아가야 할 방향을 제시하고자 하였다.

지금으로부터 약 25년 전 이창희 선생이 처음으로 연구하여 내놓았던 위 내용들은 당시로서는 정말 획기적인 것이었고, 계속된 그의 연구와 후학(後學)들에 의하여 논의의 풍부함을 더해갔다. 그리하여 현재 법인의 손익 귀속시기에 관한 판례의 법해석은 선생의 연구 결과를 상당 부분 수용하고 있고, 입법 역시도 제한적·예외적으로나마 시가주의를 받아들이거나 실현주의의 모순점을 완화하려는 방향으로 계속해서 나아가고 있는 것으로 보인다. 방대하고 체계적인 연구를 통하여 이창희 선생이 새롭게 수립한 해석 및 연구방법론, 현행 법제에 대해 가

---

135) 이창희, 『세법강의』, 5~6면

졌던 문제의식들이 앞으로도 후학들과 선생의 가르침을 받은 실무가들을 통하여 계속해서 계승되고 발전되어 나가기를 기대해 본다.

10. 기업구조조정 세제상의 '부득이한 사유' 규정의 해석론과 그 대안의 시론(試論)*

-형식주의와 실질주의 측면에서의 불확정개념 규정의 비판과 재정립-

양인준**

Ⅰ. 서론(序論)

1. 이 글의 목적

세법상 어떤 기업구조조정 행위가 적격이면 해당 거래는 '겉껍질의 변화'에

* 초고를 읽고 비판해 준 황남석 교수(경희대), 최성훈 변호사(법무법인 은율), 우지훈 재판연구관(대법원)께 감사드린다. 최초 교정은 이승재 세무사(서울시립대 세무전문대학원)가 도와주었다.
** 서울시립대학교 세무전문대학원 세무학과 교수

불과하다고 봐서 미(未) 실현 이익에 대해 과세이연을 해준다.[1] 한 걸음 더 나아가 앞선 기업구조조정 행위와 경제적 실질이 같은, 다른 거래 행위가 있을 수 있다면 동일하게 적격으로 삼는 법규정을 두어야 한다.[2] 이렇게 해야 기업구조조정을 세법적으로 지원하고, 각종 구조조정 행위에 법제도가 간섭하지 않는 것이 된다. 이런 식의 입법 태도를 이 글의 목적상 '실질주의'라 부르기로 한다. 한편, 일단 기업구조조정 세제(稅制)에[3] 특정한 법령 규정이 생겨나면 응당 그 법문(法文)에 그대로 따라야 하는 규범적 요청이 생긴다.[4] 후자와 같은 입법 태도를 이 글의 목적상 '형식주의'로 부르기로 한다. 개별 사안에서의 해석 문제로 돌아가면, 이는 법 해석론 차원에서 기업구조조정 세제상 특정 법규정을 엄격해석 해야 하는지(형식주의적 요청), 아니면 목적론적 해석을 해야 하는지(실질주의적 요청)의 문제로 귀결되는 경우가 많다. 이 글은 기업구조조정 세제상 특정한 사안의 법령 해석 문제로 실질주의와 형식주의가 충돌할 때 어떤 규범적 기준이 옳은가를 정면에서 다루지는 않는다.[5] 세법 전체를 관통하는 쟁점으로서의 '엄격해석과 목적론적 해석의 대립'이라는 큰 문제의 정답을 내기 위한 것은 더더욱 아니다. 그보다 논의 범위를 한결 좁혀서 학술적 논의가 그간 부족했던 불확정개념의 해석 문제를 하나 살펴보고자 한다. 실질주의와 형식주의, 두 관점을 고려할 때 기업구조조정 세제에서의 '부득이한 사유'라는 불확정개념의 규범적 의미를 적절히 찾아낼 수 있는가, 아니라면 현행 법령 규정은 어떻게 바꿔야 하는가의 문제이다.[6] 말하자면, 법의 체계정합성(體系整合性; 법률우위, 법률유보)과

---

1) 과세이연이 되면 일반적으로는 납세의무자에게 유리하다. 돈의 시간가치가 다르고, 한계세율에 차이가 날 수 있기 때문이다.

2) 이창희, 『세법강의』, 722면.

3) 기업구조조정 세제를 흔히 합병·분할 세제로 통칭(通稱)하는 경우도 많다. 이 글 논제와 관련해서 양자(兩者)를 특별히 구별할 실익은 없으므로 이하 양자를 혼용해서 쓴다.

4) 애초 법문(法文)의 의미가 법률과 명령을 나란히 놓고 따지는 것인지 아닌지부터 불분명한 지점이 있다. 법률우위 내지 위임입법의 한계라는 규범해석론 차원에서 법령 해석의 문제가 생길 수 있기 때문이다. 최근 '쉐브론 예양(禮讓)'(Chevron deference)을 폐기한, 2024년 미국 연방대법원 판결(Loper Bright Enterprises v. Raimondo and Relentless v. Department of Commerce)이 이 논점을 드러낸다.

5) 이는 실천적 법 해석의 논제로 연구의 필요성이 충분한 주제지만, 다른 글에서 다루기로 한다. 해당 논점에 대한 초고(初考)로, 양인준, "기업구조조정세제에서의 형식주의와 실질주의", 한국세법학회 2024년 추계학술대회 발표자료집, 49~85면(이하 '양인준, 앞의 발표문'으로 인용한다) 참조.

6) 즉 이 글은 기업구조조정 세제상 실질주의와 형식주의의 충돌 문제가 아니라, 이러한 두 시각에서 각각 '부득이한 사유'에 관한 '시차'(視差, parallax)가 어느 정도 생기는지, 그 폭을 좁혀 올바른 해석론적·입법론적 절충점은 어디일지를 다룬다.

세법 규정의 예측가능성을 제고하는 차원에서 '부득이한 사유' 규정 내용을 하나하나 따져 재(再) 분류해 보고 시론적(試論的) 차원에서 해당 규정의 개정안을 제안해 보려는 것이 이 글의 목표이다.

2. 해석 사례를 통한 문제점 모색

현행 기업구조조정 세제상 불확정개념인 '부득이한 사유'의 해석 문제에 관한 논의 소재로서, 기업구조조정의 일환인 현물출자에 따른 과세이연 쟁점을 다룬 대법원 판례 및 같은 쟁점을 '부득이한 사유'의 관점으로 확장해서 판단한 행정해석 사례(조세심판원 결정) 등을 순차 살펴보기로 하자.

[사례 I, 대법원 2015. 8. 13. 선고 2015두40569 판결]

B그룹 회장인 원고 '갑'(甲)은 B그룹을 지주회사(持株會社) 체제로 전환하기 위해 2001년 7월 경. 지주회사인 C사를 설립한 다음, C사에 D사 주식과 E사 주식을 각 현물출자하고 C사 주식을 교부받았다. 위 원고 갑은 2002년 개정 전 조특법[7] 제38조의2에[8] 따라 위와 같은 현물출자로 인하여 발생한 주식 양도차익에 상당하는 금액에 대한 양도소득세의 과세를 이연(移延) 받았다. 그 후 원고 갑은 2009년 5월 경 자신이 이사장으로 있는 공익법인인 F재단법인에 자신이 넘겨받은 C사 주식 대부분을 기부하면서도, 이런 기부는 옛 상증세법[9] 제48조 제1항에서 정한, 공익법인에 대한 출연(出捐)으로 증여세 과세대상이 아니라는 이유로 증여세를 내지는 않았다. 이에 과세관청은 2012년 9월 경 원고 갑의 위 주식 기부로 2002년 개정 전 조특법 규정이 정한 과세사유가 발생했음을 이유

---

7) 2002. 12. 11. 법률 제6762호로 개정되기 전의 것.

8) 2002년 개정 전 조특법 제38조의2(주식의 현물출자 또는 교환에 의한 지주회사의 설립 등에 대한 과세특례) ① 내국인이 주식을 현물출자하여 [...] 지주회사[...]를 새로이 설립하는 경우 그 현물출자로 인하여 취득한 주식의 가액 중 현물출자로 인하여 발생한 주식양도차익에 상당하는 금액에 대한 양도소득세 또는 법인세에 대하여는 [...] 당해 내국인이 그 지주회사의 주식을 처분할 때까지 과세를 이연받을 수 있다.
③ 내국인이 제1항[...]의 규정에 의하여 양도소득세 또는 법인세의 과세를 이연받은 후 다음 각 호의 1에 해당하는 사유가 발생한 경우에는 [...] 그 과세를 이연받은 양도소득세 또는 법인세를 납부하여야 한다. (중략)
2. 양도소득세의 과세를 이연받은 거주자가 현물출자...로 인하여 취득한 지주회사...의 주식을 증여하거나 그 주식의 상속이 이루어지는 경우 (하략)

9) 2010. 1. 1. 법률 제9916호로 개정되기 전의 것.

로 원고 갑에게 양도소득세 부과처분을 하였다.

해당 사안에 대해 원심 법원은[10)]

① 2002년 개정 전 조특법 제38조의2 제1항 및 제2항이 주식의 양도차익에 대하여 한시적·예외적으로 과세이연 혜택을 부여한 것은 기업 지배구조의 투명성을 확보하고 기업구조조정을 활성화하려는 취지이고,

② 양도소득세 과세를 이연받은 거주자가 지주회사의 주식을 증여하거나 그 주식의 상속이 이루어진 경우라면 기업구조조정 촉진이라는 목적이 상실되었으므로 원칙으로 돌아가 다시 과세해야 하며,

③ 아울러 2002년 개정 전 조특법 제38조의2 제1항 및 제2항은 지주회사를 통하여 그 출자한 주식을 간접적으로 소유·지배됨을 감안한 것인데 지주회사 주식이 증여나 상속되는 경우에는 출자된 주식이 간접적 소유·지배되지 않는다는 점

등을 이유로 과세관청의 위 양도소득세 부과처분이 적법하다고 판단하였다. 대법원 역시

> "양도소득세 과세를 이연받은 거주자가 지주회사 [...] 주식을 증여하거나 그 주식의 상속이 이루어지는 경우는 [2002년 개정 전] 조특법 제38조의2...[가] 달성하고자 하는 지주회사의 설립 [...] 을 통한 기업구조조정 촉진이라는 목적과는 무관[하]고 현물출자된 주식에 대한 간접적 소유·지배관계도 존재하지 않게 되므로 더 이상 과세이연 혜택을 부여할 필요가 없[다]"

는 이유로 앞선 원심 법원의 판단을 수긍하였다.

[사례II, 조세심판원 2021서2878 결정(합동회의, 2022. 11. 21.)]

G사는 지주회사 체제로의 전환을 위해 2013년 8월 경 투자사업 부문을 인적(人的) 분할하여 지주회사인 H사를 설립하였다. 을(乙)은 2014년 11월 경 G사

---

10) 서울고등법원 2015. 3. 19. 선고 2014누58497 판결.

주식을 H사에 현물출자하는 대가로 H사의 주식을 취득하였는데, 乙은 2015년 2월 28일 위 현물출자에 따른 양도소득세를 신고하면서 2015년 개정 전 조특법[11] 제38조의2[12] 제2항에 따라 과세를 이연받았다. 이후 피(被) 상속인 '을'(乙)의 사망으로 2019년 4월에 상속이 개시되고 청구인이자 상속인인 '병'(丙)은 위 H사 주식의 상속이 2015년 개정 전 조특법 제38조의2 제2항이 정한 과세이연의 중단 사유인 '주식의 처분'에 해당하는 것으로 봐서 2019년 귀속 양도소득세를 신고하였다. 하지만 그 뒤에 법령 규정의[13] 해석상 과세이연 중단 사유인 주식의 '처분'에 상속은 포함되지 않는다고 보아 2020년 8월 경 과세관청에 기(旣) 신고한 양도소득세의 환급을 구하는 경정청구를 했으나, 과세관청이 2021년 1월에 이를 거부하는 처분을 하였고, 심판청구에 이르게 된 사안이다.

이에 대해 조세심판원(합동회의)은,

"[2015년 개정 전] 조특법 제38조의2 제5항의[14] 위임을 받은 법인세법 시행령

11) 2015. 12. 15. 법률 제13560호로 개정되기 전의 것.

12) 2015년 개정 전 조특법 제38조의2(주식의 현물출자 등에 의한 지주회사의 설립 등에 대한 과세특례) ① 내국법인의 내국인 주주가 [...] 다음 각 호의 요건을 모두 갖추어 주식을 현물출자함에 따라 [...] 지주회사[...]를 새로 설립[...]하는 경우 그 현물출자로 인하여 취득한 주식의 가액 중 그 현물출자로 인하여 발생한 양도차익에 상당하는 금액에 대하여는 [...] 그 주주가 해당 지주회사의 주식을 처분할 때까지 양도소득세 또는 법인세의 과세를 이연받을 수 있다. (제1, 2호 생략)

③ 내국법인의 주주가 제1항[...]에 따라 과세를 이연받은 경우 지주회사[...]는 현물출자[...]로 취득한 주식의 가액을 장부가액으로 하고, 이후 3년 이내의 범위에서 대통령령으로 정하는 기간에 다음 각 호의 어느 하나의 사유가 발생하는 경우에는 현물출자등으로 취득한 주식의 장부가액과 현물출자등을 한 날 현재의 시가와의 차액[...]을 대통령령으로 정하는 바에 따라 익금에 산입하여야 한다. (중략)

4. [...] 현물출자등을 한 주주[...]가 현물출자등으로 취득한 주식을 처분하는 경우. 다만, 대통령령으로 정하는 부득이한 사유로 취득한 주식을 처분하는 경우는 제외한다. (중략)

⑤ 제1항... 및 제3항...[을] 적용할 때 대통령령으로 정하는 부득이한 사유가 있는 경우에는 주식을 보유하거나 사업을 계속하는 것으로 본다.

13) 옛 조특법 시행령(2015. 2. 3. 대통령령 제26070호로 개정되기 전의 것) 제35조의3(지주회사의 설립 등에 대한 법인 주주의 과세특례) (중략)

⑫ 법 제38조의2 제5항에서 "대통령령으로 정하는 부득이한 사유가 있는 경우"란 다음 각 호의 어느 하나에 해당하는 경우를 말한다.

1. 법 제38조의2 제1항 제1호[...] 및 같은 조 제3항 제4호에 대한 부득이한 사유가 있는 것으로 보는 경우: 지주회사, [...] 주주등이 「법인세법 시행령」 제80조의2 제1항 제1호 각 목의 어느 하나에 해당하는 경우 (이하 생략)

14) 본문에서 말하는 2015년 개정 전 조특법 제38조의2 제5항은 2010. 12. 27.자 세법 개정을 통해 "제1항 각 호(제2항에서 제1항 각 호를 준용하는 경우를 포함한다) 및 제3항 제3호, 제4호를 적용할 때 대통령령으로 정하는 부득이한 사유가 있는 경우에는 주식을 보유하거나 사업을 계속

> 제80조의2 제1항 제1호 나목[이] '해당 주주등이 사망하[여] 주식등을 처분한 경우'라고 규정[한 것은] 원칙적으로 주주의 사망에 의한 주식의 소유권 이전도 처분에 포함된다는 전제 하에 규정된 것[...]에 비추어 보면 [같은 법조] 제2항의 과세이연 종료사유로 정하고 있는 '처분'에는 '상속'도 포함된다"

고 하면서도,

> "사망이 [같은 법조] 제2항이 과세이연 종료사유인 주식의 처분에 포함된다면, [같은 법조] 제1항 제1호의 과세이연 개시요건은 충족되[나] 이는 동시에 ... 제2항에 따른 과세이연 종료사유에도 해당[하여] 결국 지배주주는 [같은 법조] 제5항에도 불구하고 과세이연을 받지 못하게 되는 불합리한 결론에 이르게 [된다]"

는 점을 지적하면서 결국

> "피상속인이 사망하였더라도 [같은 법조] 제2항에 따른 과세이연은 계속되는 것으로 봄이 타당[하다]"

고 판단하여 청구인에 대해 인용 결정하였다.

위 [사례Ⅰ]에서 지주회사 주식의 '증여'는 '처분'인가? 위 [사례Ⅱ]에서도 '상속'은 여전히 '처분'인가? 두 사례 공히[15] '상속'은 주식의 '처분'이라고 언급하면서도 전자(前者)와 후자(後者)가 과세이연 중단 여부에 대해 달리 판단한 것은 어떤 이유 때문인가? 겉보기로 이런 상이한 판단에 이르게 된 법 논리는 간단하다. 법령상 주식의 '처분'은 여전히 과세이연 중단 사유가 맞지만 2010년 세법 개정을 기점으로 '주주의 사망으로 인한' 주식의 처분이라면 법령에서 '부득이한 사유'가 된다고 새로 정했으므로 과세이연 중단 사유로 보지 않아야 한다는 것이다.

하는 것으로 본다"라는 글귀로 신설되었다가, 2024. 12. 31.자 세법 개정을 통해 현행법에서는 형식상 항번(項番)이 삭제되었다. 하지만 현행 조특법의 같은 법조 제1항과 제3항에 각각 해당 내용이 규정되어 있으므로 실질적으로는 같은 내용이 여전히 규정된 셈이다. 따라서 조세심판원의 위 판단은 현행법에서도 여전히 유효하다.

15) 엄밀히는 [사례Ⅰ]에서는 방론(傍論)으로 상속도 주식의 처분이라고 밝혔을 뿐이다.

그렇다면 몇 가지 의문이 생긴다. 가령 증여는 그저 주식 처분일 뿐이고 '부득이한 사유'는 아니므로 과세이연은 응당 중단되는가, 시행령에서 '부득이한 사유'로 들기만 하면 법률이 정한 '부득이한 사유'로 언제나 인정되는가, 그렇다면 '부득이한'이라는 말의 정당성 내지 규범적 의미는 무엇인가, 이런 '부득이한 사유'는 기업구조조정 세제의 입법목적에 부합하게 규정되어 있는가 등.

앞선 논제(論題)를 해명하고 올바른 답을 찾기 위해 이 글은 다음 차례로 풀어나간다. 논의의 출발점인 사례들에서 불확정개념('부득이한 사유')의 해석상 문제점을 가늠하기 위해 우선 2010년 법인세법 개정 전후의 기업구조조정 세제의 기본 구조 및 주요 골자, 해당 세제의 법해석상 지도원리, 비교법적 동향 등을 살핀다(Ⅱ). '부득이한 사유'를 든 기업구조조정 세제의 규정을 일별한 후, '부득이한 사유'를 해석하는 과정에서 실질주의(과세이연의 법 이론적 근거 등)나 형식주의(조세법률주의나 법률우위 등)와 상충하는 상황이 생기지 않는지를 순차 검토해 본다(Ⅲ). 이상의 분석 내용을 바탕으로 앞선 예시 사례들을 비판적으로 검토한 후, 현행법의 '부득이한 사유' 규정에 실제로 담긴 내용은 무엇인지, 이를 적절히 재분류할 수 있는지, 또 그에 따른 입법 대안 등을 살펴보기로 한다(Ⅳ).

Ⅱ. 기업구조조정 세제의 기본 구조

1. 우리 법인세법상 관련 규정의 변천사(變遷史)

'기업구조조정 세법'이라는 단행법(單行法)은 따로 없고 법인세법에만 기업구조조정에 관한 세법 규정이 있는 것도 아니지만, 기업이 합병이나 분할 등 기업구조조정 거래를 했을 때 어떻게 취급할 것인가는 기본적으로 법인세법에 주요 내용을 담고, 다른 법(소득세법, 조특법 등)은 관련 법률요건과 법률효과를 법인세법 규정 체계를 염두에 두고 맞추는 식으로 짜여 있다. 이 점에 착안해서 우리 기업구조조정 세제의 역사적 변천의 양태(樣態)를 이해한다는 차원에서 법인세법상 합병, 분할 관련 규정의 내용을 중심으로 짚어보기로 한다.

기업구조조정 세제에 관한 한 우리 법인세법은 1999년, 2010년 등 두 번에 걸쳐 세법 규정의 대대적인 변화를 겪었다. 1998년 법인세법 개정 이전에 우리 법은 가령 합병에 관해서는 '인격합일설'(人格合一說)에 바탕해서 합병 과정에서 미실현이득을 과세해서는 안 된다는 생각이 일반적이었고 그 결과로 실제 합병 과정에서도 미실현이득 과세 사례는 오히려 예외적이었다.[16] 비(非) 과세의 결과를 얻기 위한 법 기술적(技術的) 방법으로 합병 대가로 받는 주식의 가액은 주식 시가가 아니라 액면가액이라는 해석을 해왔고, 이런 식의 합병 세제 하에서는 결국 과세 여부는 납세자의 선택에 달린 문제가 되었다. 그렇다 보니 종래 합병 세제는 온갖 세법 문제를 낳게 되었다. 1998년 들이닥친 국가적인 경제위기의 극복 과정에서 나온 1999년 이후의 우리 법인세법에는 미국식 기업구조조정 세제(=기업 재조직 세제, Reorganization rules)를 본딴 규정들이 서서히 들어오기 시작했다.[17] 1999년 이후의 법인세법에서 과세요건 측면에서 우리 기업구조조정 세제(= 합병·분할 세제)를[18] 분석해 본다면 "적격(適格)이면 과세이연, 비(非) 적격이면 과세"의 기본 틀은 마련한 셈이었다. 이런 생각은 2010년 들어 큰 폭의 법인세법 규정 개정을 통해 적어도 기업구조조정 세제에 관해서는 미국법의 입장을 대체로 좇게 되었고[19] 이런 규정 체계는 큰 틀의 변화 없이 현행 기업구조조정 세제에까지 그대로 이어지고 있다.[20]

그렇다면 이런 기업구조조정 세제는 왜 필요한가, 현행법 규정 방식(법인세법상 합병·분할 세제 규정 등)을 보완해 적어도 이론상 완결적으로 구현할 수 있는가를 생각해보자. 이러한 생각이 필요한 이유는 불확정개념인 '부득이한 사유'의 올바른 법 해석론의 기준 내지 한계를 분명히 하기 위해서이다. 따라서 아래에

16) 이창희, 『세법강의』(제8판), 박영사, 2009, 603면(이하 이 책은 '이창희, 『세법강의』(2009)'와 같이 인용한다).

17) 일정한 기업구조조정에 대해 미실현이득의 과세계기로 삼지 않는다는 점, 그리고 이를 인정하기 위해 인격합일설 등 형이상학적(形而上學的) 논리에 기대지 않고 일정한 법정 요건을 요구한다는 점에서 과세이연이라는 미국식 세제의 가장 기초적 토대가 들어서기 시작했다는 뜻이다.

18) 기업구조조정 세제를 규정함에 있어 우리 법은 미국 법처럼 단체법상의 온갖 거래를 법인·주주간 거래의 기본형인 현물출자, 배당, 해산·청산 등으로 환원시켜 과세하는 방식이 아니라 단체법 거래를 합병, 분할 등 회사법상의 전형 계약별로 법률효과를 정하는 방식을 택한다. 이창희, 『세법강의』, 722면.

19) 미국 기업재조직 세제처럼 기업구조조정 전후로 실질적 동일성이 있다고 평가되면 기업구조조정 시의 양도차익에 대한 과세이연을 해주고, 특히 지분연속성이 핵심인 적격 요건을 마련한 것은 2010년 법인세법 개정부터이다.

20) 하지만 과세이연이라는 법률효과를 부여하는 방식은 차이가 났다. 2010년 이전의 옛 법인세법령은 합병 대가나 분할 대가로 받은 주식의 액면가액을 양도대가로 의제함으로써 피합병법인이나 분할법인에게 사실상의 양도차익에 대한 과세소득이 산출되지 않도록 하는 간접적 방식을 택했다. 하지만 2010년 세법 개정 이래로 현행 법인세법령은 적격인 형태라면 아예 양도대가를 시가(時價)가 아닌 장부가액으로 보는 법 규정을 두는 식으로 정면에서 과세이연을 해주는 직접적 방식으로 이를 처리한다.

서는 합병·분할 세제 과세특례의 근거가 무엇인지, 중립적 기업구조조정 세제는 이론적으로 가능한지, 세법의 지도원리로서 효율 외에 공평이 기업구조조정 세제에서 해석 지침이 되는지, 우리 법과 비교 대상이 되는 다른 나라 법에서의 기업구조조정 세제(=합병·분할 세제)의 핵심 내용은 무엇인지 등을 간단히 일별하여 논의의 바탕으로 삼아보기로 한다.

2. 세법 해석의 원리인 '공평'은 기업구조조정 세제의 판단기준이 되는가?

(1) 기업구조조정 세제 과세특례의 근거

합병·분할 세제 과세특례의 근거로 다음의 이론적·정책적 이유를 드는 것이 흔하다.

① 기업구조조정은 단순한 법적 형식의 변화, 곧 겉껍질의 변화에 불과하므로 세금을 매겨서는 안 된다.

② 평가의 곤란과 유동성 문제를 피하려면 과세이연을 해주어야 한다.

③ 세제가 기업구조조정에 걸림돌이 되어서는 안 된다.

④ 기업구조조정은 사회적으로 바람직한 현상이므로 이를 촉진하여야[21] 한다.

한편 이들 근거 중 어느 것도 기업구조조정 세제를 정당화하는 근거가 되지 못한다는 주장이 있다.[22] 이 주장처럼 애초 기업구조조정 세제의 이론적 논거가 불분명하다면 이런 특수한 세제는 아예 철폐하는 방안도 고려할 수 있다. 하지만 현행 세제 내의 실현주의나 법인격 존중 같은 틀이 이미 세금을 '묵시적'으로 이연해 주는 시스템이고, 이를 놔둔다는 전제에서는 그 부분집합인[23] 기업구조조정 세제에서 과세이연을 안 해줘도 사회적 최적(最適) 달성의 보장이 없기 때문에 현행 세제는 가능한 법제의 하나로 받아들여야 한다.[24]

---

21) 대법원은 기업구조조정을 '지원'하는 것을 기업구조조정 세제의 입법취지로 본다. 대법원 2018. 6. 28. 선고 2016두40986 판결 등 다수. 기획재정부 입법 관련 자료(『2009 간추린 개정세법』)는 '기업구조조정 원활화 지원'이라고 적고 있다.

22) 임상엽, 『기업인수세제의 논리와 구조에 관한 연구』, 서울대학교 대학원 법학박사 학위논문, 2013, 37~72면(이하 '임상엽, 앞의 학위논문'이라 인용한다). 해당 내용을 추려 쉽게 설명한 것으로, 양인준·박훈, "세법상 물적분할 적격요건에 관한 연구", 『조세법연구』 제20권 제2호, 2014, 322~324면.

23) 기업구조조정에 대해 과세이연을 해 줄지 말지의 문제는 실현주의에서 말하는 실현의 시점을 정하는 문제의 일부일 뿐이라고 보면 맞다. 임상엽, 앞의 학위논문, 71면.

24) 임상엽, 앞의 학위논문, 69~72면. 설사 법 이론적 논거가 다소 불분명하더라도 주어진 법제로 받아들일 수밖에 없다고 보인다. 경로의존성과 거래비용 측면에서의 같은 주장은, 양인준, 『합

(2) 중립적 기업구조조정 세제의 불가능성 정리

현행 기업구조조정 세제를 철폐할 수 없다면 어떻게 해야 적정하게 법을 짜고 해석할 수 있을까가 남는 문제가 된다. 결론을 앞당겨 말한다면 구조적으로 이 분야의 세법은 불완전하게 짤 수밖에 없고 그런 전제 하에서 각 쟁점 별로 타당한 답을 찾아나가야 옳다. 일단 기업구조조정을 "어떤 회사가 다른 회사의 사업에 대한 지배권을 취득하는 일체의 사건"으로 보면 합병이나 분할이든 자산 인수든 주식 인수든 이는 하나의 수단일 뿐이고,[25] 조세중립성 관점에서 이들 거래의 세금 문제는 가급적 다를 바 없어야 한다. 이처럼 지배권 취득이라는 경제적 실질이 같다면 법적 형식이라는 납세자의 자의적(恣意的) 선택에 따라 세금 문제의 답이 갈리는 것은 사회 전체적으로 봐서 이롭지 않기 때문이다. 그렇다면 그 틀과 내용을 어떤 기준에서 어떻게 채워나갈까?

기업구조조정 세제 내용을 일단 '중립성'을 기준으로 짜나감이 옳고 그 구체적 개념 도구로 '부분적 중립성'과 '단계거래 원칙'을 활용하자는 주장이 있다.[26] 즉 기업구조조정 세제의 제(諸) 규정의 앞뒤를 최대한 맞춰 보되, 종국적으로 완벽하게 법제의 앞뒤를 맞출 수 없다는 한계가 존재함을 받아들이자는 것이다.[27] 이는 기업구조조정 분야에서 중립적 세제를 짜는 것이 현실적으로 어려워서가 아니라 '법이론적으로 불가능'하기 때문이라는 데 근거한다. 실현주의와 법인격 존중을 유지하는 한 합병·분할 세제 내의 여러 구조조정 거래 유형 간의 중립성(=내부적 중립성)과 합병·분할 세제 내의 구조조정 거래와 다른 일반적 거래 유형(양도 등) 사이의 중립성(=외부적 중립성)의 동시 달성은 애초 불가능해서, 완전한 중립성 추구는 논리 그 자체로 불가능하다는 것이다(=불가능성 정리).[28] 해

병·분할시 세무요소 승계에 관한 연구』, 서울대학교 대학원 법학박사 학위논문, 2011, 244~247면 참조.

25) 회사법 분야에서 기업인수를 매수대상 측면에서, ① 자산양수, ② 주식양수, ③ 합병 등 세 가지 유형으로 나누고, 매수대가 측면에서 ① 현금 및 대체물, ② 주식 등 두 가지 유형으로 나눠서, 기업인수 거래 유형은 모두 여섯 가지로 나눌 수 있다는 생각으로, 송옥렬, 『상법강의』(제14판), 홍문사, 2024, 1241~1242면.

26) 임상엽, 앞의 학위논문, 72~113면, 특히 108~112면.

27) 기업구조조정세제에 따른 각종 단체법적 거래의 내부적 중립성을 최대한 맞춰보자는 것이다. 참고로 위 선행연구에서 말하는 기업인수세제의 거래방식은 자산인수, 주식인수, 합병 등을 말한다.

28) 임상엽, "중립적 기업인수세제의 불가능성과 그 정책적 함의", 『조세법연구』 제19권 제2호, 2013, 286~313면, 특히 309~312면(이하 "임상엽, '중립적 기업인수세제의 불가능성과 그 정책적 함의'"로 인용한다). 이 글은 임상엽, 앞의 학위논문, 72~102면의 주장과 다르지 않지만 좀

당 '불가능성 정리'는 다음 세 개 명제로 요약된다.

① 실현주의와 법인격 존중이라는 틀은 기업인수 세제의 내부적 중립성을[29] 파괴한다.[30]

② 이를 극복하고 기업인수 세제의 내부적 중립성을 구현해 내려는 모든 시도는 반드시 실현주의와 법인격 존중의 틀과 충돌함으로써 외부적 중립성을[31] 깨뜨릴 수밖에 없다.[32]

③ 중립적 기업인수 세제를 구현하는 유일한 방안은 실현주의와 법인격 존중의 현행 세제상 틀을 깨는 것이지만, 이 틀을 폐기하면 그 즉시 기업구조조정 세제 자체도 소멸한다.[33]

(3) 효율 외에 공평도 합병·분할 세제의 해석기준인가?

앞의 불가능성 정리가 '부득이한 사유'의 해석 문제에는 어떤 영향을 주는지 생각해 보자. 불가능성 정리는, 중립적 기업구조조정 세제 구현이 불가능하므로 기업구조조정 세제의 내·외부적 중립성을 딱 떨어지게 맞출 수 없고, 이는 각 구조조정 거래의 유형 별로 담세력을 서로 비교하는 통일된 기준을 세움이 불가능함을 보인다. 즉 세법 지도원리의 측면에서 말한다면 구조조정 세제의 법 해석론이나 입법론의 판단기준으로 효율 외에 따로 공평을 쓰기 어렵다는 말이다. 공평은 사람과 사람 사이의 경제적 처지를 비교하는 개념인데, 경제적 실질이 유사한 각 구조조정 행위의 앞뒤를 법제상 완전히 맞출 수 없는 이상, 각 구조조정 거래의 유형별 담세력의 같고 다름을 서로 비교해 공평 관점에서 법제도의 옳고 그름을 비판하는 것은 적절하지 않다. 하나의 보기로, 상법상 합병 형식의 거래를 택해 과세이연을 받는 사람과 달리, '사실상 합병'의 거래 방식을 취함으

더 압축적인 방식으로 논지를 제시하고 그 논증 과정을 보인다.

29) 기업구조조정 거래 방식끼리의 중립성을 의미한다.

30) 한 가지 보기로, 실현주의에 따르면, 가령 미실현이득 과세에 관해 대상회사 쪽에서만 세금을 걷고 인수회사 쪽은 세금을 안 걷는 시스템이 되고, 법인격 존중의 틀을 좇으면 자산인수는 회사 단계에서 세금을 내지만 주식인수는 세금을 안 낸다는 점에서 그렇다.

31) 기업구조조정과 다른 거래와의 중립성을 의미한다.

32) 내부적 중립성을 구현하려면 기업인수에 대해 무차별적으로 세금을 미뤄주거나(코븐(Coven)의 제안) 즉시 세금을 물려야 하는데(셰코우(Shakow)의 제안), 이들 방법은 '기업인수 영역'의 거래를 다른 거래와는 구별되는 '별도의 영역'로 만들자는 것이어서 외부적 중립성을 깬다. 이런 '별도의 영역'의 경계를 넘나들 때 세금 효과가 극적으로 달라져서 현실적으로는 '줄긋기 문제'(line−drawing problem)나 조세회피 등이 생길 우려도 크다.

33) 기업구조조정 세제의 논의는 원래 실현주의와 법인격 존중의 틀 안에서 비로소 제기되는 문제이기 때문이다.

로써 과세이연을 받지 못하는 사람의 처지를 비교하는 것은, 이미 그러한 거래 방식에 세금 차이가 생김을 사전(事前, ex ante)에 알고 자발적으로 행동한 이상 이미 공평과는 무관한 문제가 된다.[34] 어떻게 구조조정 거래를 짜더라도 모든 구조조정 거래를 유형 별로 빈틈없이 앞뒤를 맞추는 법제를 짤 수 없는 이상(=불가능성 정리), 세 부담이 큰 특정한 구조조정 거래 유형에 대한 규정 적용의 국면에서 납세의무자의 담세력과 사후(事後, ex post)적인 세 부담 차이를 들어 공평 관점에서 비난하는 것도 큰 의미가 없다.[35] 이런 의미에서 이창희 선생이

> "세법의 또 다른 이상인 공평은, [...] 수평적 공평[과] 수직적 공평[을] 뜻한다. 기업의 인수합병을 분석하면서 그에 관계된 어떤 사람의 담세력과 다른 사람의 담세력을 비교하는 것은 불가능[하고] 효율[이] 유일한 기준"

이라고 지적한 부분은 실로 타당하다.[36] 이러한 구조조정 세제 본연의 한계점을 '부득이한 사유'라는 불확정개념의 해석론과 입법론에 그대로 투영해 보면, 그 판단기준으로서도 공평 개념이 들어설 자리는 크지 않고, 앞서 언급했듯이 효율 개념, 즉 실질적 동일성 기준이나 기업구조조정 지원의 입법취지 등을 따져 해당 불확정개념의 외연(外延)을 정하면 충분한 것이 된다.

3. 법인세법상 기업구조조정 세제의 주요 골자

(1) 합병 세제

2010년 세법 개정 이후의 현행 법인세법상 합병과세 문제를 본다. 여기에서는 소멸법인(피합병법인), 소멸법인 주주, 존속법인(합병법인)의 세 단계에서 세금 문제가 생긴다. 우선 소멸법인 과세 문제부터 보면, 합병을 통해 소멸법인(피합병법인)이 존속법인(합병법인)에게 자산을 양도하는 것으로 보아 양도손익을 합병등기일이 속하는 사업연도의 소득 일부로 삼아 과세함을 원칙으로 한다. 다만

---

34) 세 부담의 차이가 남을 알고 자발적으로 행동했다면 공평이 아니라 효율의 문제일 뿐이다. 법규범적으로는 자유침해 문제로 이해할 수 있다. 이창희, 『세법강의』, 68면.

35) 합병·분할 세제의 내부적·외부적 중립성을 모두 충족하는 완벽한 법제를 짤 수 없는 상황에서 그저 우리 사회가 '가능한 법제'의 하나로 선택한, 불완전한 대안(代案)임을 용인해야 하기 때문이다.

36) 이창희, "기업구조조정과 미실현이득 과세", 『서울대학교 법학』 제38권 제3·4호, 1997, 249면.

일정한 요건(=적격 요건)을 만족하는 적격 합병이라면 소멸법인 순(純) 자산의 장부가액을 양도가액으로 봐서 양도손익을 없애는 식으로 정면에서 과세이연을 해준다. 당시 법령상 적격합병 요건은,

① 1년 이상 사업을 계속 해왔을 것(사업 영위기간 요건),
② 합병 대가의 대부분(80%)을 주식으로 줄 것(지분 연속성 요건),
③ 합병등기일이 속하는 사업연도 말까지 사업을 계속할 것(사업 계속성 요건),
④ 종업원 등의 대다수(80%)를 승계할 것(고용승계 요건)

등이었다.[37] 소멸법인 주주에게는 의제배당으로 과세함이 원칙이지만,[38] 적격합병에서라면 그러한 과세도 이연해 주었다.[39] 존속법인의 과세 문제에 대해서도 비적격합병이라면 시가로 취득(=실현)한 것으로 봐서 과세하지만,[40] 적격합병이라면 승계 자산의 세법상 가액을 소멸법인의 세법상 장부가액을 그대로 유지해서 정면에서 승계자산의 미실현이득에 대해 과세이연을 해준다.[41] 이때 적격합병에 과세이연의 법효과를 주는 법 기술적 방법으로 자산조정 계정을 활용한다.[42] 그리고 적격합병시 세법상 장부가액을 넘겨받도록 하기 위해 세무조정 사항, 그리고 이월결손금 등 여타 '세무요소'(tax attributes)를 존속법인에 승계시킨다.[43] 한편 합병 당시에만 적격 요건을 갖추면 되는 것은 아니었고 존속법인이 기본적으로 3년 이내에 승계받은 사업을 폐지하거나 소멸법인 주주 등이 합병대가로 받은 주식을 처분하면 미뤄준 세금을 추징하는 '사후(事後) 관리' 규정도 두었다.[44]

---

37) 법인세법 제46조 제2항.
38) 소득세법 제17조 제2항 제4호, 같은 법조 제5항
39) 다만 지배주주의 주식처분 제한과 사업계속성은 개별 주주의 통제 밖이므로 과세이연 요건이 아니다. 소득세법 제17조 제2항 제4호, 같은 법 시행령 제27조 제1항 제1호 등.
40) 법인세법 제44조의2 제1항.
41) 법인세법 제44조의3 제1항.
42) 적격합병이라면 장부상 자산을 시가 평가증(評價增)하더라도 미실현이득을 익금산입하지 않고 자산별로 해당 금액만큼 자산조정 계정을 설정해서 평가증액을 다시 깎는 방식으로 대응한다. 법인세법 제44조의3 제1항, 법인세법 시행령 제72조 제2항 제3호, 같은 법령 제80조의4 제1항 등.
43) 법인세법 시행령 제85조 제1호.
44) 법인세법 제44조의3 제3항.

(2) 분할 세제

다른 한편, 분할에 따른 세금 문제도 합병세제에서 본 것과 큰 차이가 없다.[45] 우선 분할법인에 대해서는, 일정한 요건(=적격 요건)을 만족하는 적격분할이라면 분할법인 순자산의 장부가액을 양도가액으로 봐서 과세이연을 해준다는 점은 합병과 같다. 다만 합병과 비교해 분할의 적격 요건은 한결 까다롭다. 분할등기일이 속하는 사업연도 말까지 사업을 계속해야 하거나(③ 사업 계속성 요건), 종업원 등의 대다수(80%)를 승계해야 함(④ 고용승계 요건)은 합병에서와 같지만, 법령상 적격분할은 사업계속 기간이 5년(분할합병은 1년) 이상이어야 하며(①사업 영위기간 요건), 분할대가가 전액(합병이나 분할합병은 90%) 주식이어야 하는데(② 지분연속성 요건), 이들 요건은 합병에 비해 한결 가중된 기준을 요구한다. 이에 더해, 분할 세제는 5년의 사업 영위기간 요건에 대해 '분리하여 사업이 가능한 독립된 사업 부문의 분할'이어야 하고(⑤ 독립 사업부문 요건), '분할하는 사업 부문의 자산 및 부채가 포괄적으로 승계'되어야 한다(⑥ 포괄승계 요건)는 요건을 추가로 요구한다.[46]

합병과 달리 분할은, 분할법인의 자산과 부채의 전부가 아니라 일부를 선택해 분리하는 것이므로 자산 양도차익에 대한 법인세 과세를 회피하는 수단이 될 가능성이 있기 때문에, 이처럼 분할법인이 분할대상 자산을 자의적으로 골라 조세회피를 하는 수단으로 적격분할이 남용되는 것을 막으려면 '독립사업 부문'에 관한 별도 요건을 둘 필요가 있다.[47] 포괄승계 요건은 이런 독립사업 부문 요건

45) 법인세법상 분할세제의 조문 체계는 다음과 같다. 우선 인적 분할을 기본으로 해서 법인세법 제46조 제1항에서는 분할법인 과세를, 같은 법 제46조의2에서는 신설법인에 대한 과세를 규정한다. 그러면서 적격분할 요건은 제46조 제2항에서, 적격분할의 효과는 제46조의3에서 규정하는 조문 체계를 갖는다. 인적분할 과세는 소멸분할을 기본형으로 하여 존속분할의 경우에 소멸분할 규정을 준용하면서(법인세법 제46조의5), 분할 과정에서 발생한 양도손익에 대하여 분할회사에게 분할등기일이 속하는 사업연도 소득으로 과세하되 적격분할 요건을 갖춘 경우에 과세이연 특례를 적용한다. 분할회사에 대한 비(非) 적격 분할시의 과세효과 및 적격분할 특례에 대해서는 법인세법 제46조 제1항, 제2항에 규정을 두었고, 법인세법 제46조의2, 제46조의3은 신설회사에 대한 비적격 분할시의 과세효과 및 적격분할의 특례를 정한다. 다만 소멸분할의 경우에는 적격분할 요건을 충족한 경우 결손금이 승계되는데, 존속분할의 경우에는 분할회사의 결손금은 승계 대상에서 제외된다는 점에서 차이가 난다(법인세법 제46조의5 제3항) 다른 한편, 물적 분할에 대한 과세는 분할회사에 대해서만 발생한다. 조문 체계로 보면 물적 분할은 앞선 인적 분할의 법조문의 준용 형식을 취하면서 제47조에서 그 적격분할의 효과에 대해 별도 규정을 마련해두었다.

46) 법인세법 제46조 제1항.

47) 이때 "분리하여 사업이 가능해야 함"이 핵심적 징표가 되고, 결국 분할의 대상이 되는 자산 및

을 보완하기 위해 두었다는 것이 판례의 입장이다.[48] 요컨대 포괄승계 요건은 독립사업 부문 요건과 상호 독립적이지 않고 유기적으로 연동된 것이며, 두 요건을 합쳐서 읽어야 합병 세제와 구별되는 분할 세제에서의 '실질적 동일성'의 뜻을 분명히 이해할 수 있다.[49] 분할법인 주주에게는, 분할법인 주식을 내놓으면서 분할신설법인 주식을 받을 때 이런 주식교환을 미실현이익 과세계기로 삼을 것인가라는 점에서 의제배당 문제가 생긴다.[50] 승계받는 법인(분할신설법인이나 분할합병의 상대방 법인)은 합병에서의 존속법인(합병법인)과 거의 같은 세금 문제가 발생한다. 적격분할이라면 승계자산의 장부가액을 넘겨받아 미실현이득에 대한 과세가 이연되고, 세무조정 사항이나 이월결손금 등의 법률사실이 승계받는 법인으로 넘어온다. 대개는 3년 이내로 사후관리 요건을 지켜야 하는 점도 같다.[51]

4. 비교법적 동향

(1) 미국

미국 법에서 기업 '재조직'(Reorganization)에 따른 과세이연을 받으려면, 단순히 '법령에 명시된 요건'(statutory requirements)을 충족한 것만으로는 부족하고 이에 더해 종래 판례가 재조직 과정에서의 온갖 조세회피를 막기 위해 정형화(定型化)시켜온 다양한 '판례 법리'(judicial requirements)에 부합하는 것이어야 한다.[52] 크게 봐서 ① '이해관계 계속성'(continuity of interest),[53] ② '사업 계속성'(continuity of business enterprise), ③ '사업 목적'(business purpose)이라는 세

부채가 분리하여 독자적인 사업이 가능할 정도로 되어야 독립 사업부문 요건을 충족한다는 지적으로, 양인준·박훈, 앞의 글, 329면. 한편 독립적으로 사업이 가능하다면 단일 사업부문의 일부만을 분할하는 것도 가능하고 사업장 별 분할이어도 위 독립성 요건을 충족할 수 있다. 대법원 2018. 6. 28. 선고 2016두40986 판결.

48) 대법원 2018. 6. 28. 선고 2016두40986 판결.

49) 이런 포괄승계 요건의 보완적 성격 때문에 입법론적으로는 아예 독립 사업부문 요건에 흡수시켜 판단하도록 법을 개정하자는 주장도 있다. 임재혁, "회사분할의 본질 및 과세이연의 이론적 근거에 입각한 현행 회사분할세제의 개선방안", 『법조』 제74권 제1호, 법조협회, 2025, 500~503면 참조.

50) 소득세법 제17조 제2항 제6호.

51) 법인세법 제46조 제3항.

52) Abrams/Leatherman, Federal Corporate Taxation, Foundation Press, 2020, pp. 263~274; 이창희, 『미국법인세법』, 364면.

53) 우리 법의 강학상(講學上) 용례로 '지분 연속성'을 말한다.

가지 판례 법리가 충족되어야 한다. '사업 목적' 요건은, 실질과세라는 일반원칙 차원에서 어떤 거래 행위에 사업 목적이나 활동이 필요하다는 점은 기업 재조직에서도 마찬가지라는 말이고, '사업 계속성' 요건도 기본적으로는 실질과세 원칙에서 요구하는 사업 활동을 뜻한다.[54] 기업재조직 세제에 고유한 미국 판례 법리의 핵심이 ①번 요건(이해관계 계속성)이긴 하지만, ②, ③번 요건은 애초 실질과세 원칙의 연장선에서 가져온 것이다.

세법상 적격 재조직인지는 단순히 법령상 명문 요건의 충족만이 아니라 (다수 선례들로 축적된, 불문(不文)의) 판례 법리에의 부합 여부까지 충분히 따져봐야 한다는 점에서도 미국법은 형식주의보다는 실질주의에 오히려 가깝다. 개별 법령 규정의 구체적 적용 면에서 봐도 그렇다. 하나의 보기로, 기업재조직을 통해 합병법인이 피합병법인의 종래 사업을 상당한 정도로 계속하거나 사업상 피합병법인의 종래 사업자산의 '상당한'(significant) 부분을 계속 사용하면 위 ②번 요건을 충족한다고 보는데,[55] 이때 '상당한'의 규범적 의미를 '종래 사업자산의 1/3 정도'로 훨씬 '느슨하게' 새긴다.[56] 이들에서 미루어 본다면, 기업구조조정 세제에 대한 법 해석 문제에서 미국 법의 입장은 실질주의에 좀 더 기울어 있다고 말할 수 있다.

(2) 일본

반면 일본 법은 조금 다르게 이해될 여지를 남긴다. 일본은 우리 법에 비해 한결 엄격한 요건 하에 '조직 재편'(組織再編)을 인정한다. 가령 적격인 조직재편이 되려면, ① 지배의 계속, ② 투자의 계속, ③ 조직재편 전의 지배에 따른 사업 등 크게 세 가지 측면에서 적격요건을 충족해야 과세이연을 받게 된다.[57]

'지배의 계속'은 인수법인이 대상법인에 대해 대가로서 주식만 줘야 하고 금전 등 다른 형태로는 안 된다는 것을 뜻한다.[58] '투자의 계속'은 주주 단계에서

54) 이런 의미에서 적어도 역사적으로는 사업계속성 요건은 실질과세 원칙의 출발점이 된 1935년의 미국 판례인 Gregory v. Helvering (293 U.S. 465)에서 찾는다는 주장도 있다. 가령 이창희c, 앞의 책, 336면.

55) 미국 재무부 규칙 §1.368-1(d)(3).

56) Laure v. Commissioner, 70 T.C. 1087 (1978).

57) 이하의 설명은, 岡村忠生, 法人税法講義(第3版), 成文堂, 2007, 341~352頁; 金子宏, 租税法(第24版), 弘文堂, 2021, 500~519頁.

58) 일본법에서 말하는 법인들 사이의 '지배의 계속성'이라는 생각은 매우 어중간한 개념이어서 이 개념을 끝까지 파고들면 결국 주주의 '투자의 계속성'으로 귀착될 수밖에 없다는 지적으로, 임상엽, 앞의 학위논문, 41면.

투자를 계속해야 한다는 것을 말한다.[59] 크게 보면 지배 계속 및 투자 계속 요건은 우리 법의 지분 연속성 요건 내지 그에 따른 사후관리 요건을 의미한다.

일본법에서 특히 복잡한 것은 사업 요건이다.[60] 그런데 일본 법은 기업 구조조정 행위에 대해 원칙적으로 세법에서 정한 범위에서만 법률효과를 부여하려는 입장이다. 반대로 그것이 과세이연 혜택을 박탈할 만한지를 판단하는 경우에도 가급적 명문의 법적 근거가 있어야 가능하다고 본다. 하나의 보기로, 일본 세법은 '조직재편성에 관한 행위·계산의 부인 규정'을 따로 두었다.[61] 위 부인 규정에 관한 일본 '최고재판소'(最高裁判所)의 최근 판례(2016년 '야후' 사건)에[62] 따르면, "'법조항의 취지나 목적'에 따를 때 조직재편이 '부자연스러운' 방식, 즉 '실태와는 괴리된 형식을 작출'했다던가 하는 방식임이 '명백한' 것이 아니라면 정당한 조직재편의 범주 내"로 본다.[63] 가급적 조세법률주의와 엄격해석 원칙을 신중히 따르려는 일본 법 입장은 한결 형식주의에 가깝다고 보인다.

5. 소결(小結)

(1) 실질주의 대(對) 형식주의의 두 입장

앞선 1.의 '변천사'에서 간단히 언급했지만, 2010년 이전의 옛 법인세법이나 2010년 이후의 현행 법인세법을 견주어 보면 이른바 적격 요건의 세부적 내용이나 과세이연이라는 법률효과에 이르는 법 기술적 방식에는 차이가 있지만, 이들 법제는 모두 미실현이득의 과세이연을 기업구조조정 세제의 핵심 문제로 인식하고 있었고 적격 요건의 충족 여부를 따져 이 문제에 대응했다는 점에서는 마찬가지이다. 이런 법 기술적 규정 방식의 차이를 뺀다면, 결국 적격 요건 충족의 문제만 남는다. 각 적격 요건은 개정 전후에 내용상 다소 차이가 있지만,[64]

59) 주주 전원은 아니고 대체로 80% 이상이 계속 주식 보유를 하면 된다고 본다.

60) 조직재편 전에 인수법인이 얼마만큼 대상법인을 지배하고 있었느냐(혹은 지배하고 있지 않았느냐)에 따라 사업 요건의 내용이 달라지고, 완전지배 관계(가령 완전자회사 합병 등)가 아니라면 이전(以前) 사업 계속이 사업 요건의 하나로 반드시 들어가게 된다.

61) 일본 '법인세법'(法人稅法) 제132조의2. 우리 법 용례로 적자면, '합병·분할 세제에 관한 부당행위계산의 부인'.

62) 最高裁判所 平成27(行ヒ)177 法人税更正処分等取消請求事件 平成28年2月29日 第二小法廷 判決. 상고 수리제(受理制)를 따르는 일본 최고재판소가, 1심과 2심 법원에서 모두 청구기각 판결, 항소기각 판결을 하였음에도 불구하고 굳이 상고 '수리'한 후 상고기각 판결을 한 사안이다.

63) 金子宏, 앞의 책, 533頁.

64) 적격 기준의 세부는 사회나 법 제도의 발전에 따라 다소 유동적이어서, 각 나라마다 시대마다

"기업구조조정에서의 법적 형식의 변화에 불구하고 무엇이 단순히 겉모습의 차이에 불과할 것이냐"를 따져보자는 것, 다른 말로 "단순한 법적 변화가 아닌 경제적 실질을 따져볼 때 서로 같은 것이 무엇이냐"를 규정하려던 점에서는 공통된다('실질적 동일성'). 법률요건 측면에서 합병보다 분할의 과세이연 요건이 한결 까다로운데, 분할은 '독립 사업부문 요건'이나 '포괄승계 요건'을 더 요구한다. 이는 분할은 거래 상대방이 없어서 추가적인 조세회피 유인이 생긴다는 점을 고려해서,[65] 분할 거래 전후로 기업구조조정의 '실질적 동일성'이[66] 있다고 보려면 단순히 지분 연속성 요건에 더해 조세회피 유인을 막는 추가요건을 집어넣어야 한다는 생각일 뿐이다. '실질적 동일성'의 큰 틀에서 보면 합병이든 분할이든, (더 나아가 현물출자 등 다른 기업구조조정 거래 형태라도) 응당 같은 취급을 받도록 법제를 맞추었다고 말할 수 있고, 이 점에서 기업구조조정 세제에 대한 기본적 관점 하나를 찾을 수 있다(곧 '실질주의적 시각').

'실질주의적 시각'을 견지하더라도, 현실의 법 문제에서 구체적 근거 규정이 없다면 실질주의적 시각을 해석론에 반영하자고 쉽사리 주장하기 어렵다. 굳이 조세법률주의를 들먹이지 않더라도 법문의 자구(字句)에 얽매이는 것은 법률가의 숙명이기 때문이다. 가령 앞선 [사례Ⅱ]에서 사망으로 인해 주식을 처분하는 경우(=상속)에는 과세이연 중단이 없다고 판단하더라도, 상속 제도를 보완하는 제도로서의 증여에 대해서도 과세이연 중단 사유가 아니라고 금방 답하기는 어렵다. 법문에 명시적 근거가 없기 때문이다. 이런 측면에서 기업구조조정 세제가 실질주의('실질적 동일성')에 터 잡아 만들어졌다고 하더라도 일단 법규정이 만들어지면 정해진 글귀만을 좇아 판단해야 한다고 말할 가능성도 생긴다('형식주의적 요청'). 다만 이런 '형식주의적 요청'을 현실의 법 해석 문제에서 기계적으로 관철할 수 없다는 점만은 우선 언급해 두기로 한다.[67] 대법원 자체가 단순히 엄격해석 원칙이나 유추해석 금지 등의 수사(修辭, rhetoric)에 집착하지 않고 있어서, 원론적 입장에서 이른바 조세법률주의에 따른 형식적 법 해석만을 고수하지는 않는다.[68] 아예 유추적용을 정면으로 인정한 판례도 있다.[69] 더 나아가 대법

적격요건 범위나 내용에도 다소 차이가 난다.

65) 양인준·박훈, 앞의 글, 329면. 같은 취지로, 이창희, 『세법강의』, 787면. 한편 분할은 그 대상 자산을 선택할 수 있다는 점에서도 합병에 비해 조세회피 내지 남용의 우려가 더 크다고 보인다.

66) 실질적 동일성 기준은 종래 강학상 개념이었다가 이제는 판례 법리로 정립되었다. 대법원 2018. 10. 25. 선고 2018두42184 판결 등.

67) 이창희, 『세법강의』, 92~93면.

원은 (일부 이례적인 사례도 보이지만) 합병·분할 세제에서 대개는 목적론적 해석을 더욱 적극적으로 수용하는 경향성도 보인다.[70] 심지어 명문 규정에 어긋난다고 보이는 경우에도 목적론적·체계적 해석 관점에서 기업구조조정 세제의 입법 취지를 법 해석에 적극 반영한 사례도 있기 때문이다.[71] 이는 기업구조조정 세제의 경우 법규정 자체를 사전에(ex ante) 완벽하게 짜는 것이 애초 불가능하기 때문에[72] 다른 개별 세법 규정에 비해 상대적으로 목적론적 해석의 필요성이 더욱 크고, 관련 법 규정도 한결 유기적으로 읽어내야 함을 법원이 적절히 고려한 것으로 보인다.[73]

(2) 앞선 사례들이 보여주는 의문점

이처럼 기업구조조정 세제 자체가 근본적으로 갖는 '실질주의적 시각'과 이를 구체화한 법 규정에 담긴 '형식주의적 요청'은 상충될 수 있다.[74] 앞선 사례들에서 떠오르는 의문 하나만 들어보자. 부(富)의 무상(無償) 이전이라는 측면에서 상속이든 증여든 같고 그런 이유로 상증세법에서는 상속세의 보완으로 증여세가 유사하게 다루어진다. 기업구조조정 세제에서도 상속과 증여를 유사하게 다루어야 한다고 여길 수 있고, 실제 [사례 I]은 당시 명문의 법 규정에 터 잡아 상속이든 증여든 주식의 처분이고 과세이연의 중단 사유라고 하였다. 그런데 [사례II]에서는 신설된 법 규정을 근거로 (증여에 대해서는 따로 언급함 없이) 주식 상속의 경우는 '부득이한 사유'에 속한다고 보고 있다. 혹시 주식 증여도 옛 조

68) "... 법규 상호간의 해석을 통하여 그 의미를 명백히 할 필요가 있는 경우에는 조세법률주의가 지향하는 법적안정성 및 예측가능성을 해치지 않는 범위 내에서 입법취지 및 목적 등을 고려한 합목적적 해석을 하는 것은 불가피하다..." 대법원 2008. 1. 17. 선고 2007두11139 판결; 2017. 10. 12. 선고 2016다212722 판결 등 다수.

69) "... 위탁매매인 또는 대리인을 통하여 재화를 공급하거나 공급받는 경우에 위탁자 또는 본인을 알 수 없는 때를 제외하고는 위탁자 또는 본인이 직접 재화를 공급하거나 공급받는 것으로 본다고 규정한 부가가치세법 제6조 제5항은 그 취지에 비추어 볼 때 준위탁매매인에 의한 용역 공급의 경우에도 유추 적용된다..." 대법원 2006. 9. 22. 선고 2004두12117 판결.

70) 기업구조조정 세제에서 대법원이 목적론적 해석을 적극 수용해 왔던 다수 판례에 대한 상세 분석으로는, 양인준, 앞의 발표문, 69~76면.

71) 가령 대법원 2017. 1. 25. 선고 2016두51535 판결은 아예 명문 규정에 반해서도 목적론적·체계적 해석의 관점에 서서 기업구조조정 세제의 적용 여부를 매우 유연하게 판단하기도 하였다.

72) II.2.(2)에서 설명한 '중립적 기업인수세제의 불가능성 정리'를 말한다.

73) 양인준, 앞의 발표문, 73면.

74) 이 문제는, 기업구조조정 세제와 관련해 입법론 차원에서는 실질주의를 따라야 하지만 일단 법이 만들어지고 나서 해석론 차원에서는 형식주의에 따를 수밖에 없는 것으로 보일 수 있다. 마찬가지의 인식을 보인 것으로, 金子宏 編(渡辺徹也 집필), "組織再編税制における実質主義と形式主義", 『租税法の基本問題』, 有斐閣, 2007, 501頁.

특법(혹은 현행 조특법) 하에서 주식 상속과 마찬가지로 과세이연 중단 사유로 봐야 하는 것은 아닐까? 이 쟁점은 뒤에 다시 다루기로 하지만, 일단 일응의 답을 끌어내는 방식과 관련해서 여기서 지적해둘 점이 있다.

명문의 법적 근거가 없음에도 증여도 상속과 동일하게 과세이연 유지 사유가 된다고 하려면, 왜 그처럼 유추해석(혹은 확대해석)할 것인가, 혹은 법문의 공백을 그처럼 엄격해석(혹은 반대해석)할 것인가를 타당하게 논증해야 한다. 즉 엄격해석을 한다면 하는 대로, 목적론적 해석을 한다면 또한 그대로 걸맞은 이유에 관해 설득력 있는 이유 설시가 있어야 한다.[75] 이미 보았듯 대법원은 법적 수사(legal rhetoric)에 집착하지는 않는다. 결국 위 쟁점에 대한 올바른 답은, 특정 규정의 법 해석이 기업구조조정에 관한 법인세 규정을 오해해 납세자에게 불리한 방향으로 잘못 나온 것인지, 아니면 법 규정의 엄격 적용이 오히려 기업구조조정 세제의 입법목적에 맞는지를 따져서 구해야 옳다.

이 글의 논제로 돌아가자면, 과연 '부득이한 사유'라는 불확정개념에서는 올바른 해석의 방향을 어떻게 찾는가 하는 문제이다. 쟁점은 도대체 '부득이하다'는 것은 무슨 말일까, 그 외연은 어떻게 가릴 수 있는가에서 생긴다. 이 문제는 과세이연 규정의 연장으로서 실질주의적 시각('실질적 동일성')에서 설명하기도 어렵고, 불확정개념이므로 형식주의적 관점에서 명확화하기도 어렵다. 아래에서는 여기에 관련되는 문제를 확인해 보고, 나름의 판단기준을 생각해 보기로 한다.

Ⅲ. '부득이한 사유'라는 불확정개념이 낳는 문제점

1. 법규정 체계의 일별(一瞥): 기업구조조정 세제에서 '부득이한 사유'라는 법률요건을 둔 경우

법인세법상 기업구조조정과 관련해서 '부득이한 사유'라는 글귀는, 법인세법 제44조 제2항(합병 적격 요건), 제44조의3 제3항(합병 사후관리 요건), 제46조 제2항(인적분할 적격 요건), 제46조의3 제3항(인적분할 사후관리 요건), 제47조 제1항과 제

75) 판결문 내에서 설득력 있는 이유 제시의 좋은 보기로, 대법원 2012. 10. 11. 선고 2010두20614 등 판결(병합). 이처럼 엄격해석에 관한 실제 쟁점은, 소위 그 원칙 자체의 인정 여부의 문제가 아니고, 실정법 개념을 넓게 해석할 때와 좁게 해석할 때 왜 그래야 옳은가의 방법론을 제대로 제시함에 달려있다는 견해로, 이창희, 『세법강의』, 102면.

2항(물적(物的)분할 적격 요건), 제3항(물적분할 사후관리 요건), 제47조의2 제1항과 제2항(현물출자 적격 요건), 제3항(현물출자 사후관리 요건) 등 모두 합쳐 10번 사용된다.[76] 약간씩 글귀에 차이가 있지만, 대개 법인세법 제44조 제2항과 그 위임을 받은 법인세법 시행령 제80조의2 제1항의 규정 내용을 준용하는 방식을 취한다. 따라서 아래에서는 해당 법령의 규정 내용을 중심으로 살핀다.

> 법인세법 제44조(합병시 피합병법인에 대한 과세) ② 제1항을 적용할 때 다음 각 호의 요건을 모두 갖춘 합병(이하 "적격합병"...)의 경우에는 제1항 제1호의 가액을 피합병법인의 합병등기일 현재의 순자산 장부가액으로 보아 양도손익이 없는 것으로 할 수 있다. 다만, 대통령령으로 정하는 부득이한 사유가 있는 경우에는 제2호·제3호 또는 제4호의 요건을 갖추지 못한 경우에도 적격합병으로 보아 ... 양도손익이 없는 것으로 할 수 있다.
>
> 1. 합병등기일 현재 1년 이상 사업을 계속하던 내국법인 간의 합병일 것. (중략)
> 2. 피합병법인의 주주등이 합병으로 인하여 받은 합병대가의 총합계액 중 합병법인의 주식등의 가액이 100분의 80 이상이거나 합병법인의 모회사...의 주식등의 가액이 100분의 80 이상인 경우로서 ... 피합병법인의 주주등이 합병등기일이 속하는 사업연도의 종료일까지 그 주식등을 보유할 것
> 3. 합병법인이 합병등기일이 속하는 사업연도의 종료일까지 피합병법인으로부터 승계받은 사업을 계속할 것. (중략)
> 4. 합병등기일 1개월 전 당시 피합병법인에 종사하는 ... 근로자 중 합병법인이 승계한 근로자의 비율이 100분의 80 이상이고, 합병등기일이 속하는 사업연도의 종료일까지 그 비율을 유지할 것

> 법인세법 시행령 제80조의2(적격합병의 요건 등) ① 법 제44조 제2항 각 호 외의 부분 단서에서 "대통령령으로 정하는 부득이한 사유가 있는 경우"란 다음 각 호의 어느 하나에 해당하는 경우를 말한다.
>
> 1. 법 제44조 제2항 제2호에 대한 부득이한 사유가 있는 것으로 보는 경우: 다음 각 목의 어느 하나에 해당하는 경우

76) 적격 요건과 사후관리 요건은 같거나 시간적 연속 개념으로 이해할 수 있다. 대법원 2017. 1. 25. 선고 2016두51535 판결 참조.

가. … 주주등이 합병으로 교부받은 전체 주식등의 2분의 1 미만을 처분한 경우
나. … 주주등이 사망하거나 파산하여 주식등을 처분한 경우
다. … 주주등이 적격합병, 적격분할, 적격물적분할 또는 적격현물출자에 따라 주식등을 처분한 경우
라. … 주주등이 「조세특례제한법」 제38조·제38조의2 또는 제121조의30에 따라 주식등을 현물출자 또는 교환·이전하고 과세를 이연받으면서 주식등을 처분한 경우
마. … 주주등이 「채무자 회생 및 파산에 관한 법률」에 따른 회생절차에 따라 법원의 허가를 받아 주식등을 처분하는 경우
바. … 주주등이 「조세특례제한법 시행령」 제34조 제6항 제1호에 따른 기업개선계획의 이행을 위한 약정 또는 같은 항 제2호에 따른 기업개선계획의 이행을 위한 특별약정에 따라 주식등을 처분하는 경우
사. … 주주등이 법령상 의무를 이행하기 위하여 주식등을 처분하는 경우

2.－3. (생략)

앞선 사례들에서 문제된 지주회사 현물출자도 위의 '부득이한 사유' 규정이 그대로 적용된다. 기업구조조정의 일환이라는 점에서, 조특법에 근거 규정을 두었다는 차이만 있을 뿐 앞서 본 법인세법과 유사한 법제를 두었기 때문이다. 다만 이들 사례의 구체적 법 해석 문제로, 옛 조특법 규정들 사이에 각기 법문 내용상 다소 차이가 있었음은 이미 언급한 바 있다. 즉 과거의 조특법은 단지 과세이연 중단 사유만을 개별적으로 열거해 둘 뿐이었으나[77] 그 이후의 옛 조특법 규정은 부득이한 사유를 중단 사유의 예외로 따로 들고 있었다.[78] 아무튼 이런 '부득이한 사유'라는 불확정개념이 기업구조조정 세제에 관한 법 해석상 어떤 문제를 낳는지를 아래에서 이른바 실질주의, 형식주의의 양 측면에서 각각 살펴보자.

77) 2002년 개정 전 조특법(2002. 12. 11. 법률 제6762호로 개정되기 전의 것) 제38조의2 제1항, 제3항 제2목.

78) 2015년 개정 전 조특법(2015. 12. 15. 법률 제13560호로 개정되기 전의 것) 제38조의2 제1항, 제3항 제2목. 구 조특법 시행령 제35조의3 제12항. 참고로, 현행 법령의 주된 내용은 이 구 조특법령 규정과 내용상 크게 달라진 바가 없다.

2. 실질주의와의 부정합(不整合)

어느 구조조정 행위가 '겉껍질의 변화'에 불과한 것이라면 거래행위 형태가 무엇이든 미실현이득 과세이연을 해주는 것이 옳다는 생각을 '실질주의'라고 부른다면, 과연 그 실질의 같음을 따지는 기준은 무엇인가의 질문에 이른다. 우리 판례는 이를 '실질적 동일성'이라는 기준에서 찾는다. 적격 인적분할을 통해 설립된 회사가 해당 분할등기일이 속하는 사업연도 종료일 전에 다른 회사에 다시 흡수합병됨으로 인해, 종래 적격 인적분할에서의 사업계속 요건이 사후적으로 충족되지 않았음을 이유로 과세처분이 된 사안에서, 대법원은 다음과 같이 판단하였다.[79]

> "회사분할에 대한 과세이연 규정은 1998. 12. 28. 법인세법 전부 개정으로 합병·분할 등 기업조직재편 세제를 도입할 때 마련된 것으로서, 회사가 기존 사업의 일부를 별도의 회사로 분리하는 조직형태의 변화가 있었으나 지분 관계를 비롯하여 기업의 실질적인 이해관계에는 변동이 없는 때에는, 이를 과세의 계기로 삼지 않음으로써 회사분할을 통한 기업구조조정을 지원하기 위한 취지[이다]. 법인세법령은 [...] 이러한 실질적 동일성 기준[을 사업계속 요건처럼 개별 요건으로] 구체화하여 규정[하고 있으며] [명문의 규정이 없더라도] 이들 규정의 문언내용과 체계, 입법 목적과 취지 등을 종합[해서] 분할신설법인이 분할법인으로부터 승계받은 사업을 분할신설법인과 합병한 법인이 다시 승계하는 경우에는 [법인세법 시행령]이 규정하는 '분할신설법인이 분할법인으로부터 승계한 사업용 고정자산을 처분[한] 경우'에 해당한다고 볼 수 없다. 따라서 [법인세법 제46조]에서 정한 사업의 계속 요건을 충족하였다고 보는 것이 타당[하다]. 분할신설법인[은] 분할등기일이 속하는 ...사업연도의 종료일 전에 원고에 흡수합병되어 해산하였지만, [분할신설법인]이 분할법인...으로부터 승계받은 사업을 원고가 다시 승계하여 위 사업연도의 종료일까지 계속 영위하였으므로, 이 사건 분할은 [법인세법 제46조]의 '분할신설법인이 분할등기일이 속하는 사업연도의 종료일까지 분할법인으로부터 승계받은 사업을 계속 영위할 것'이라는 요건을 충족하였다."

판례 입장에서 실질이 같음을 따지는 기준은 결국 "조직 형태의 변화가 있었

---

79) 대법원 2018. 10. 25. 선고 2018두42184 판결.

으나 지분 관계를 비롯하여 기업의 실질적인 이해관계에는 변동이 없는 것(=실질적 동일성)인가"이고, "어느 행위가 실질적 이해관계의 변동을 일으키지 않았는가"의 물음은 기업구조조정 세제가 왜 필요하냐의 질문으로 이어진다. 대법원은 이런 기업구조조정 세제의 입법취지를 '기업구조조정을 지원'하기 위함으로 본다. 그렇다면 특정 사안에서의 규범 해석 문제로서 어떤 기업구조조정 행위나 그에 뒤따르는 행위가 과세계기가 안 된다고 평가해서 해당 행위를 세법적으로 지원해 줄지의 규범적 평가는 건별(件別)로 따져서 판단하는 수밖에 없다. 이런 실질 판단의 문제를 그저 '(사유의) 부득이함'이라는 일반적·추상적인 불확정개념에 모두 욱여넣어 거기에 기업구조조정에서의 과세이연 타당성에 대한 판단을 맡길 수는 없다. 사전적으로 '부득이하다'는 '마지못해 하는 수 없다'거나 '어쩔 수 없다'는 정도의 뜻이어서, '실질적 동일성' 기준에 바탕을 둔 합병·분할 세제에 더 나은, 과학적 해석 기준을 제공하는 바가 없기 때문이다. '기업구조조정 지원'의 입법취지를 감안해서 '실질적 동일성'을 따지자는 것보다 오히려 더 추상적 기준일 뿐이고, 그 실제 내용이 기업구조조정 지원과는 무관하거나 심지어 '부득이하지' 않아 보이는 것들도 있다는 점까지 고려하면, '부득이한 사유'라는 법 규정의 문언은 합병·분할 세제의 바탕에 깔린 '실질주의' 자체와는 정합적이지 않다고 평가할 수 있다. 그러나 다른 한편으로는 '부득이한 사유'가 실질주의와는 무관한, 하나의 예외 요건으로 작동할 가능성도 있는 것은 아닌지 의문이 들 수 있고, 일단 법에서 '부득이한 사유'로 보기로 했고 그렇게 정했다면 그만 아닌지 하는 생각도 들 수 있다. 이 문제에 대해서는 항(項)을 바꾸어 아래에서 계속 살핀다.

3. 형식주의와의 부조화(不調和)?

이 항(項)의 논점을 논의하는 데에 필요한 부분만 다시 조문을 옮겨보면 아래와 같다.

> 법인세법 제44조(합병시 피합병법인에 대한 과세) ② 제1항을 적용할 때 다음 각 호의 요건을 모두 갖춘 합병(이하 "적격합병"...)의 경우에는 제1항 제1호의 가액을 피합병법인의 합병등기일 현재의 순자산 장부가액으로 보아 양도손익이 없는 것으로 할 수 있다. 다만, 대통령령으로 정하는 부득이한 사유가 있는 경우에는 제2호...

의 요건을 갖추지 못한 경우에도 적격합병으로 보아 ...양도손익이 없는 것으로 할 수 있다.

1.－4. (생략)

법인세법 시행령 제80조의2(적격합병의 요건 등) ① 법 제44조 제2항 각 호 외의 부분 단서에서 "대통령령으로 정하는 부득이한 사유가 있는 경우"란 다음 각호의 어느 하나에 해당하는 경우를 말한다.

1. 법 제44조 제2항 제2호에 대한 부득이한 사유가 있는 것으로 보는 경우: 다음 각 목의 어느 하나에 해당하는 경우
   가.－라. (생략)
   마. ... 주주등이 「채무자 회생 및 파산에 관한 법률」에 따른 회생절차에 따라 법원의 허가를 받아 주식등을 처분하는 경우
   바. (생략)
   사. ... 주주등이 법령상 의무를 이행하기 위하여 주식등을 처분하는 경우

위에서 보듯 부득이한 사유가 있다면 주식 보유를 하지 않아 지분 연속성 요건(제2호)을 깬 것처럼 보이더라도 계속 과세이연을 해주겠다는 것이고, 모법(母法)에서 말하는 '부득이한' 경우의 구체적·세부적 항목은 시행령에서 열거하겠다는 것이다. 이처럼 법인세법 시행령 제80조의2 규정 내용은 모법인 법인세법 제44조 규정에 따른 위임을 받아 불확정개념인 '부득이한 사유'를 규정한 것으로 일견 볼 수 있다. 하지만 위 법인세법 시행령 규정을 위임명령으로 보더라도 이 규정은 당연히 모법의 위임범위 내에서 해석되어야 한다.[80] 그렇다면 시행령 규정에 열거된 내용은 '부득이하다'는 모법의 내용에 어긋나서는 안 된다(법률우위, 법률유보).

대법원은 이 쟁점에 대해 일관되게

"특정 사안과 관련하여 법률에서 하위 법령에 위임을 한 경우에 모법의 위임 범위를 확정하거나 하위 법령이 위임의 한계를 준수하고 있는지 여부를 판단할 때에

80) 만약 포괄승계 판단 조항을 집행명령으로 본다면, 관련 법조항의 해석은 당연히 모법에서 정한 기준대로 판단해야 하지만 집행명령 내용이 그에 부합한다면 그 범위에서 법원으로서는 결과적으로 해당 집행명령의 규정 내용을 수용할 수는 있을 것이다.

는, 하위 법령이 규정한 내용이 입법자가 형식적 법률로 스스로 규율하여야 하는 본질적 사항으로서 의회유보의 원칙이 지켜져야 할 영역인지 여부, 당해 법률 규정의 입법 목적과 규정 내용, 규정의 체계, 다른 규정과의 관계 등을 종합적으로 고려하여야 하고, 위임 규정 자체에서 그 의미 내용을 정확하게 알 수 있는 용어를 사용하여 위임의 한계를 분명히 하고 있는데도 그 문언적 의미의 한계를 벗어났는지 여부나, 하위 법령의 내용이 모법 자체로부터 그 위임된 내용의 대강을 예측할 수 있는 범위 내에 속한 것인지 여부, 수권 규정에서 사용하고 있는 용어의 의미를 넘어 그 범위를 확장하거나 축소하여서 위임 내용을 구체화하는 단계를 벗어나 새로운 입법을 한 것으로 평가할 수 있는지 여부 등을 구체적으로 따져 보아야 한다”

라고 설시한다.[81] 하나의 보기로, 대법원은

“구 소득세법의 규정의 해석대상(가령 ‘시가’)의 의의 내지 개념적 징표를 도출할 수 있다면, 이러한 해석대상의 의의 내지 개념적 징표는 위임을 받은 구 소득세법 시행령 조항의 내용(가령 ‘시가평가기준’)이 법률의 위임 의사를 벗어났는지를 가리는 주요한 기준으로 삼아야 한다”

고 판단한 바도 있다.[82] 남의 나라 얘기이지만, 최근 미국의 공법(公法) 체계를 관통하는 중요한 판례 법리 중 하나였던 소위 ‘쉐브론 예양’(禮讓, Chevron deference)이[83] 40년 만에 연방 대법원에서 파기되었다는 점도 시사하는 바가 있다.[84] 이런 관점에서 보자면, 법인세법 시행령 제80조의2 규정내용은 응당 상

81) 대법원 2012. 12. 20. 선고 2011두30878 전원합의체 판결, 대법원 2015. 8. 20. 선고 2012두23808 전원합의체 판결, 대법원 2020. 6. 18. 선고 2016두43411 전원합의체 판결(대법관 6인의 반대의견 있음)

82) 대법원 2020. 6. 18. 선고 2016두43411 전원합의체 판결(다수의견).

83) 쉐브론 예양 법리(쉐브론 독트린)는 합리적인 법률 해석을 이끌어내기 위해 미국 법원이 취한 2단계 분석 방법을 채택한 판례 법리를 말한다. 법원은 일반적인 법 해석에 따라 쟁점이 되는 사항에 대해 의회가 직접적으로 언급을 하고 있는지를 우선적으로 평가하고, 이때 의회의 의도가 분명하다면 의회 의도에 따라 해당 법률을 해석한다(1단계). 하지만 만약 구체적인 쟁점과 관련해 법령이 침묵하거나 모호할 경우 법원은 행정청의 법 해석이 합리적인 경우라면 이를 따라야 하고, 주로 행정청이 만든 위임입법의 내용대로 법원도 그대로 판단하게 된다(2단계).

84) 쉐브론 판결이 파기됨으로써 이제 미국 법원은 위임입법인 행정 각부의 시행규칙을 기계적으로 좇아서는 안 되고 법률 규정만을 놓고 규정의 규범적 의미를 충분히 음미해서 결론적으로 위임입법이 맞다고 여기면 그에 따르되, 그렇지 않다면 법원으로서는 적극적으로 위임입법의 내용을 내칠 수도 있게 되었다. 최종적인 법 해석의 권한은 행정청이 아니라 법원에 있다고 보았기

위법인 법인세법 제44조의 규범 내용에 부합하게 규정되고 해석해야 옳다.[85] 그래야 이른바 조세법률주의 내지 법치주의의 본래 의미를 살리는 길이 된다.

이런 점을 고려해서인지, 법인세법 시행령 제80조의2 제1항은 "부득이한 사유가 있는 것으로 '보는' 경우"라고 해서 간주 규정의 형식을 취한다. 그렇다면 형식주의와의 상충 문제는 더 이상 안 생기는 것은 아닐까? 법해석론으로는 그렇게 말할 가능성도 없지 않다. 하지만 규정 체계상 법인세법은 '대통령령으로 정하는 부득이한 사유'라고만 정하고 있는데, 그것이 법인세법 시행령에 간주 규정의 형태까지 허용하는 입법인지 의문이라고 보면 법률우위 견지에서 혹은 '법관의 법 보충 작용으로서의 해석'의 차원에서 시행령 규정을 제한적으로 해석해야 한다는 생각도 가능하다.[86] 입법론 차원까지 고려하면 더더욱 정당하다고 단정할 수는 없다. 간주 규정의 미명(美名) 하에 모법 내용의 형해화(形骸化)를 무한정 허용한다면 이는 이른바 '법 시행령으로의 도피 현상'을 가속화(加速化)시키는 것이므로 받아들이기 어렵다. 설혹 간주 규정을 법 시행령에 두더라도 이는 나름의 정당화 근거에 터 잡은 것이어야 하고, 그렇다면 합병·분할 세제의 법 제도적 기본 이념(=실질적 동일성), 법 제도적 취지(=기업구조조정의 지원) 등에서 그 근거를 찾는 것이 타당하다. 이런 의미에서 '실질적 동일성'이나 '기업구조조정 지원'이라는 관점은, 간주 규정에 대한 법 해석적·입법적 한계가 된다고 말할 수 있다.[87]

하지만 법인세법 시행령 제80조의2 제1항에 열거된 항목을 보면, 실질적 동일성이나 기업구조조정 지원의 두 측면에서 정당하다고 평가하기 어려운 경우들이 있다. 가령 '회생절차에 따라 법원의 허가를 받아 주식등을 처분'하는 경우(마목)나, '주주등이 법령상 의무를 이행하기 위하여 주식등을 처분'하는 경우(사목)를 실질적 동일성 측면에서 정당화 근거가 있다고 보기는 어렵다. 나아가 위 두 가지 사유는 기업구조조정 지원 측면에서도 정당화 근거를 찾기도 어렵다. "적

때문이다. 쉐브론 선례의 파기가 갖는 의미와 여파를 소개한 것으로는, https://www.lawtimes.co.kr/news/199792

85) 같은 생각을 보인 것으로, 이창희, 『세법강의』, 738면.

86) 다만 대법원은 주로 명확성(가령 과세요건 명확주의) 위반 여부를 판단해야 하는 사안에서 '법관의 법 보충 작용으로서의 해석'을 들고 있기는 하다. 대법원 2014. 11. 27. 선고 2013두16876 판결 등.

87) 상증세법상의 간주·추정 규정의 한계를 논한 것으로, 윤지현, "상속세 및 증여세의 간주, 추정 규정의 한계", 『조세법연구』 제16권 제1호, 2010, 162~164면.

격 구조조정이 아닌데 그저 법원의 허가를 받았다는 이유로 과세이연을 계속한다면 사후관리가 불가능[하므로,] 법원의 처분허가가 축소되든가 세수 상실이 생기든가 둘 중 하나로 가기 십상"이기 때문이다.[88] 또한 단순히 법령상 협력의무를 이행하기 위해 주주가 나서서 주식 처분을 한 경우를 기업구조조정 지원을 위해 부득이한 사정변화가 생긴 경우로 보기도 어렵다.[89] 요컨대 '부득이한 사유'의 현행법 규정은 합병·분할세제에서의 '형식주의'와 충돌하는 면이 없지 않고[90] 그게 아니더라도 위임입법 방식으로서의 적절성을 갖는다고 평가하기는 곤란하다.

4. 소결(小結)

합병·분할 세제 과세이연 특례는 실질주의적 시각에 터 잡아 만들어졌다. 그렇더라도 일단 입법이 되면 해당 특례 조항의 구체적 운용은 형식주의적 요청에 따른 제약을 받는다. 여기에서 '부득이한 사유'가 법률요건으로 갖는 기능을 짐작할 수 있다. 불확정개념으로서 '부득이한 사유'는 법에 따른 정형적인 적격요건(지분 연속성, 사업 계속성) 등을 대체·보완해서 과세이연 혜택을 부여하는 제3의 법률요건으로서의 기능을 맡는다. 즉 해당 개념은 실질적 동일성 기준을 '부득이'하다는 말에 포섭한 것으로 이해하는 견해를 일단 상정해 볼 수 있다.[91] 반면 통상적으로 불확정개념이 사용되는 경우처럼 아예 실질적 동일성 기준의 확장과는 무관하게 개별·구체적으로 규정하기 곤란한 '부득이한' 사정변화에 대응해서 과세이연을 계속 해 주려는 예외요건으로 해당 개념 규정을 구성한 것으로 이해하는 입장도 고려해 볼 수 있다. 이런 두 측면에서 해당 개념의 기능을 찾을 수 있다면, 이를 반영해서 현행법 규정이 짜여 있는가를 비판적으로 생각해 볼 필요가 생긴다. 절(節)을 바꾸어 살핀다.

---

88) 이창희, 『세법강의』, 738면.

89) 기업구조조정 이후에 사정변화가 있더라도 과세이연을 깨지 않으려면 그런 변화가 실질적 동일성을 유지하는 변화이거나, 실질적 동일성이 없더라도 '부득이한' 변화여야 함을 지적한 것으로, 이창희, 『세법강의』, 789면.

90) 그래서 법 해석론으로는 부득이한 사유를 가급적 넓게 풀이할 수밖에 없다는 생각도 설 여지가 있다. 하지만 뒤에서 보듯 필자는 이런 생각에 반대하는 입장이다.

91) 같은 지적으로, 이창희, 『세법강의』, 738면. 더 나아가 실질적 동일성 기준을 확장시킨 것으로 파악할 여지도 생긴다. 우리 입법 방식의 기본 틀, 곧 단체법적 행위를 합병·분할 세제 적용의 전제로 삼는다는 입법 형식에 대한 예외를 둔 것으로 이해할 수도 있기 때문이다.

Ⅳ. '부득이한 사유'의 유형화 시론(類型化 試論)

1. 앞선 사례들의 재검토

[사례Ⅰ]과 [사례Ⅱ]를 보면, 조특법상 적격의 기업구조조정(= 지주회사 설립)이 있은 후 그 대가로 받은 주식을 처분하면 과세이연이 깨지는데, 상속(= 사례Ⅱ)이나 증여(= 사례Ⅰ)가 과세이연을 깨는 주식의 '처분'에 해당하느냐가 쟁점이었다. 사례Ⅱ는 그에 더해, 상속을 주식의 처분으로 보더라도 '부득이한 사유'여서 종국적으로는 과세이연을 안 깨느냐도 쟁점이 되었다. 결론은 이미 보았듯, 사례Ⅰ에서 증여는 주식 처분이며 과세이연이 깨지는 사유가 되고, 사례Ⅱ에서는 상속도 주식처분이지만 '부득이한 사유'에 속하는 경우여서 과세이연은 깨지지 않는다는 것이다.

두 사례에 적용되는 조특법 제38조의2 글귀가 2010년 전후로 달라졌고 두 사례는 각각 이런 법 개정 전후의 사안들이었다. 구법(舊法) 사안인 사례Ⅰ에서는 명시적으로 구조조정 후에 주식 증여나 상속이 있으면 과세이연이 중단된다는 규정이 있었고,[92] 개정법 사안인 사례Ⅱ에서는 구조조정 후 사망으로 인한 주식 처분이 생기면 '부득이한 사유'로 과세이연이 계속된다는 규정이 있었다.[93] 이들 규정만 얼핏 보면 당연한 결론처럼 보인다. 구조조정의 대가로 원래 주식을 취득했던 사람(피상속인, 증여자)을 기준으로 현물출자의 '이해관계 계속성'(continuity of interest)이 있던 것이, 상속이나 증여 등을 통해 제3자(상속인, 수

92) 2002년 개정 전 조특법 제38조의2 제1항, 제2항은 내국인이 주식을 현물출자하여 「독점규제 및 공정거래에 관한 법률」(이하 '공정거래법'이라 한다)에 의한 지주회사를 설립(혹은 내국법인을 지주회사로 전환)해서 그에 주식을 현물출자하면 그 현물출자로 인해 취득한 지주회사 주식의 가액 중 현물출자로 인해 생긴 주식의 양도차익 상당액에 대한 양도소득세는 그 내국인이 지주회사 주식을 처분할 때까지 과세이연해 주도록 규정하고 있고, 같은 조 제3항 제2호는 "양도소득세의 과세를 이연받은 거주자가 현물출자로 인하여 취득한 지주회사 주식을 증여하거나 그 주식의 상속이 이루어진다면" 과세이연 받은 양도소득세를 납부해야 한다고 규정하고 있었다.

93) 2010년 세법 개정 이래로, 2015년 개정 전 조특법 제38조의2는 종래 과세이연 중단 사유였던 '현물출자로 인하여 취득한 주식의 증여나 상속'에 관한 규정을 삭제하였다. 그 대신에 구 조특법 시행령상의 부득이한 사유로 취득한 주식을 보유할 수 없거나 사업을 계속할 수 없는 경우라면 여전히 과세이연을 계속 이어나갈 수 있는데, 그러한 부득이한 사유로 시행령은 '해당 주주등이 사망하거나 파산하여 주식등을 처분한 경우'를 들고 있었다. 정확히는 조특법 시행령 조항은 법인세법 시행령 규정을 준용했을 뿐이고, 그에 따라 준용 규정인 법인세법 시행령 제80조의2 제1항 제1호 나목으로 가보면 본문과 같은 규정 내용이 명기되어 있다. 기업구조조정 세제의 측면에서 보면 합병이든, 분할이든, 현물출자든 달리 볼 이유가 없기 때문에 서로 앞뒤를 맞춘 것이다(기업구조조정 세제의 내부적 중립성).

증자)에게 넘어가면서 애초에 주식을 취득했던 사람들의 위 '이해관계 계속성'은 없어졌기 때문이다. 실질적 동일성이 없다고 말할 수도 있다.

상속이든 증여든 주식 처분임은 같지만, '부득이한 사유'의 규정 신설로 인해 서로 다른 결론에 이르게 되었다. 사례Ⅱ에서는 적격요건(보유요건) 예외로, 법인세법 시행령 제80조의2에서 '부득이한 사유'로 '사망에 의한 주식 처분'을 들고 있고, 원칙으로는 실질적 동일성이 없지만 예외로서 명문 규정이 있어서 실질적 동일성이 있는 것으로 봐주고 있었기 때문이다. 그런데 개정법을 전제로 하면 사례Ⅰ의 결론은 달라질까? 개정법 하에서도 상속과 달리 기부 등 증여 방식의 주식 처분에 대해서는 '부득이한' 사유로 열거되지 않았으니 여전히 과세이연을 깬다고 볼 여지가 많을 것이다. 그러나 반대로, 전체 주식의 1/2 미만의 처분이라면 증여라 하더라도 과세이연이 깨지지 않는다는 생각도 해 볼 수 있다. 다만 구체적 사실관계로 사례Ⅰ은 지주회사 설립 후 그 대가로 받은 주식 대부분을 증여한 사안이므로 결론적으로는 사안에서의 증여는 여전히 과세이연을 중단시킬 것으로 보인다.

한편 입법론 관점까지 고려하면 앞선 사례들을 되짚는 과정에서 다음의 의문도 생긴다. 사후의(ex post) 주식 처분이 자발적(= 사례Ⅰ의 증여)으로, 혹은 비(非) 자발적(= 사례Ⅱ의 상속)으로 일어났다면 과세이연에 영향을 미쳐야 하는가, '부득이한 사유'의 현행 법 규정은 타당한 내용과 입법방식으로 규정되어 있는가, 이를 재(再) 보완할 필요성은 없는가 등이 그것이다.

2. 불확정개념 일반론

이른바 불확정개념은 특정한 법 제도를 규정함에 있어 개별적·구체적 상황을 일일이 대응시켜 규정하거나 경제 상황의 변화를 일일이 개별 조문에 담아내기 힘들 때 두는 경우가 흔하다. 세법상 가산세 면제 사유로서의 '정당한 사유'를 떠올리면 쉽다. 이런 불확정개념은 용례(用例)의 특성상 추상성·다의성(多義性)을 가질 수밖에 없다. 세금의 부과와 징수를 법에 따라 함으로써 납세의무자의 예측가능성, 법적 안정성을 높인다는 입장(조세법률주의 내지 형식적 법치주의)을 취한다면, 이런 불확정개념은 뭔가 세법과는 잘 어울리지 않는다. 그렇다고 개별 세법의 과세요건에서 아예 불확정개념이 없도록 명확하게 법률로 정한다면 오히려 세법은 '너무 복잡하고 어려워서 도대체 알 수 없는' 상태가 된다.[94]

그렇다면 어떤 경우에 불확정개념을 쓰는 것이 적당할까? 실제 현실의 세법에서도 특히 조세 절차법 영역, 예컨대 국세징수법에서는 이미 불확정개념이 많이 쓰인다. '정당한 사유', '현저한 손실', '필요가 인정되는 때', '국세징수에 지장이 있다고 인정하는 때'와 같은 여러 불확정개념이 바로 그것이다. 이런 절차법적 규정에 관해서는 법원이 적절히 판단할 수 있기 때문에 응당 과세관청의 사전(事前) 판단은 사법심사 대상이 되고, 이런 절차 문제에 관한 한 불확정개념을 세법에 규정해도 별 문제는 없다.[95)]

문제는 조세 실체법 규정에 사용된 불확정개념이다. 세금은 법대로 내는 것이고 집행 여부에 과세관청의 재량을 인정하기 어렵다.[96)] 조세법률주의가 과세요건 법정주의나 과세요건 명확주의를 하위 원칙으로 삼는 기계적 법원리가 아니라 형식적 법치주의와 같은 말이라는 정도로 일단 이해하더라도,[97)] 불확정개념이 '가급적 명확한 법률요건의 규정을 통한 예측가능성 제고(= 과세요건 명확주의)'라는 생각과는 기본적으로 뭔가 잘 어울리지 않는다는 점, 불확정개념 적용 과정에서 납세자나 과세관청 양쪽에 세무행정적 난점이 생길 수 있다는 점은 일단 분명하다.[98)] 이런 점들 때문에 불확정개념은 형식적 법치주의와 어울리지 않아 원칙적으로 쓰지 않는 것이 일반적이다. 물론 조세실체법에 불확정개념을 쓰는, 좁은 범위의 예외도 없지 않다. 대표적으로 법인세법상 부당행위계산부인 규정 같은 것이 그 예이다.[99)] 거래행위가 정당하냐, 부당하냐 등의 판단은 개별 사안을 고려한 법원의 고유 판단사항이고 법원이 잘할 수 있는 일이기 때문에, 조세 실체법에 이런 내용의 불확정개념을 쓰더라도 '그 뜻을 특정하는 것은 법해석 작업'의 일환이고 '당연히 사법적 통제의 대상'으로 삼음이 오히려 마땅하다.[100)] 문제는 합병·분할 세제에서의 '부득이한 사유'라는 것이 이와 유사한 경

94) 이창희, 『세법강의』, 33면.
95) 이창희, 『세법강의』, 142면.
96) 이창희, 『세법강의』, 141면.
97) 이창희, 『세법강의』, 24면.
98) 山本守之/守之会, 税法上の不確定概念, 中央経済社, 2015, 21頁.
99) 법인세법 제52조 제1항.
100) 같은 지적으로, 이창희, 『세법강의』, 142면. 한편, 불확정개념을 "규정 내용이 아예 일반적이거나 불명확하여 공권력의 자의나 남용이 큰 경우"와 "중간 목적이나 경험 개념을 썼으므로 법의 입법취지를 따진다면 행정청의 재량남용 우려가 적고 법 해석 문제로서 법원의 심사 대상이 되는 경우"를 나눠 후자와 같은 경우의 불확정개념은 과세요건 명확주의 위반의 우려 없이 사용해도 괜찮다고 평가하는 것으로, 山本守之/守之会, 앞의 책, 23~24頁.

우인가에 있다. 즉 기업구조조정 세제상 법인세법에 '부득이한 사유'라는 불확정개념을 쓰고서, 모법(母法)의 위임을 받아 법인세법 시행령에서는 간주 규정을 두어 해당 용례에 포섭되는 유형으로 열거하는 것이 법령 규정의 내용적 측면에서, 또 입법 방식적 측면에서 타당한가의 의문이 들기 때문이다.[101] 규정 내용 측면에서 시행령상 각 호(各號) 규정을 살피면서 이 문제를 하나하나 따져볼 필요가 있고, 그를 바탕으로 규정 방식의 측면에서 간주 규정을 두는 것이 적정한가의 문제도 곰곰이 생각해 볼 필요가 있다.

3. 시론(試論)으로서의 법규정 재정립: 유형별 재분류와 규정방식 개정

이미 여러 번 언급했지만, 합병·분할 세제라는 과세이연 특례는 실질주의 시각에 터 잡아 만들어졌다. 그렇더라도 일단 입법이 되면 해당 특례 조항의 구체적 운용은 형식주의적 요청에 따른 제약을 받는다. 이렇듯 형식주의는 실질주의의 한계로서 기능하는 측면이 있다(법률요건의 형식성 측면에서의 한계). 실질주의에 대한 다른 편의 제약으로 기업구조조정에 관한 우리 법인세법 규정 방식에 부수해서 생기는 한계도 있다(세법 규정 체계 측면에서의 한계). 가령 소멸법인 자산·부채를 포괄적으로 존속법인에 현물출자 방식으로 양도하고, 뒤이어 해산·청산하면서 양도대가로 받은 존속법인 주식을 잔여재산으로 주주에게 나누어 줬다고 하자(사실상 합병, de facto merger). 실질주의에서 보면 합병에 같은 세법상 효과를 주어야 마땅한 듯 보이지만, 달리 특별한 사정이 더 없다면 과세이연을 해주기는 어렵다. 우리 회사법상 단체법적 전형(典型) 계약 별로 세법상 효력을 부여하는 식으로 법인세법에서 기업구조조정 세제의 틀을 짠 이상, 단체법적 거래행위가 아닌 '사실상 합병'에 곧장 합병과 같이 과세이연의 효과를 주기는 곤란하기 때문이다.[102] 이처럼 실질주의적 요청이 아무리 크더라도 우리 법인세법상의 기업구조조정 세제가 짜여진 기본 틀에는 어느 정도 얽매일 수밖에 없다.[103] 우리 기업구조조정 세제상 실질주의 적용의 다른 한쪽 편의 한계는 회사

---

101) 상증세법 제45조의3 제1항(일감 몰아주기 증여의제)의 위헌 여부를 다툰 사안이긴 하지만, 해당 조항에 불확정개념을 사용하면 해당 개념의 해석과 적용에 관하여 다툼을 초래하기 때문에 의제 규정을 두는 입법 방식보다 덜 침해적인 대안이라 보기 어렵다고 지적한 것으로, 헌법재판소 2018. 6. 28. 선고 2016헌바347 결정.

102) 이런 차원에서 2002년 개정 전 조특법 제37조는 기업구조조정 세제의 기본 틀에서 벗어나는 예외 조항이었던 셈이다.

103) 이런 규정 체계적 한계는, 실질과세(실질 우위)나 단계거래 원칙의 적용이라는 형식을 빌려 손

법상 전형 계약인지 여부인 것이다.

앞서의 반복이지만, '부득이한 사유'라는 법률요건이 합병·분할 세제에서 갖는 역할과 한계는 아래와 같이 이해할 수 있다. 불확정개념인 '부득이한 사유'는 적격 요건(지분 연속성, 사업 계속성)을 대체·보완해서 과세이연 혜택을 부여하는 제3의 법률요건의 기능을 맡는다. 따라서 해당 개념은 실질적 동일성 기준을 '부득이'하다는 개념에 포섭하였거나,[104] 해당 기준을 확장해서 명문 규정으로 둔 것일 수 있다.[105] 아니면 실질적 동일성 기준, 혹은 그 확장과는 무관하게 개별·구체적으로 규정하기 어려운 사정변화에 대응해 계속 과세이연을 해주는 예외 요건을 불확정개념 형태로 규정하는 것도 가능하다. 이들 두 측면에서 '부득이한 사유'의 역할 내지 한계를 찾을 수 있다면, 이들 두 역할을 적절히 반영해서 현행법을 해석할 수 있는가, 현행법이 체계적으로 규정되었는가를 비판적으로 생각해 보면 된다.

이 항(項)의 논의에 필요한 범위에서 다시 법령 조문을 옮겨보자.

> 법인세법 시행령 제80조의2(적격합병의 요건 등) ① 법 제44조 제2항 각 호 외의 부분 단서에서 "대통령령으로 정하는 <u>부득이한 사유</u>가 있는 경우"란 다음 각호의 어느 하나에 해당하는 경우를 말한다.
>
> 1. 법 제44조 제2항 제2호에 대한 부득이한 사유가 있는 것으로 보는 경우: 다음 각 목의 어느 하나에 해당하는 경우
>   가. ... 주주등이 합병으로 교부받은 전체 주식등의 2분의 1 미만을 처분한 경우
>   나. ... 주주등이 사망하거나 파산하여 주식등을 처분한 경우
>   다. ... 주주등이 적격합병, 적격분할, 적격물적분할 또는 적격현물출자에 따라 주식등을 처분한 경우
>   라. ... 주주등이 「조세특례제한법」 제38조·제38조의2 또는 제121조의30에 따라 주식등을 현물출자 또는 교환·이전하고 과세를 이연받으면서 주식

쉽게 우회하거나 극복할 수 있다고 보기는 어렵다. 한편, 아무튼 규정 체계적인 한계를 벗어나는 예외 규정을 일단 둔다면 이를 법인세법에 두는가, 2002년 개정 전 법처럼 조특법에 두는가는 크게 문제되지 않는다. 그저 입법 기술적인 부차적 문제일 뿐이기 때문이다.

104) 법인세법 시행령 제80조의2 제1항은 실질적 동일성이 있다는 말을 '부득이'라는 개념에 포섭하고 있다는 지적으로, 이창희, 『세법강의』, 738면.

105) 우리 입법 방식의 큰 틀에 대한 예외를 둔 것으로 이해할 수도 있다.

등을 처분한 경우

마. … 주주등이 「채무자 회생 및 파산에 관한 법률」에 따른 회생절차에 따라 법원의 허가를 받아 주식등을 처분하는 경우

바. … 주주등이 「조세특례제한법 시행령」 제34조 제6항 제1호에 따른 기업개선계획의 이행을 위한 약정 또는 같은 항 제2호에 따른 기업개선계획의 이행을 위한 특별약정에 따라 주식등을 처분하는 경우

사. … 주주등이 법령상 의무를 이행하기 위하여 주식등을 처분하는 경우

이제 위 법인세법 시행령 제80조의2 제1항 제1호(이하 '쟁점 조항'이라 한다)의 각 목의 내용을 다음 몇 가지로 나눠 비판적으로 검토해보자.

첫째, '지배주주등'이 전체 주식의 1/2 미만을 처분해도 과세이연이 중단되지 않는다(가목). 구조조정으로 인해 취득한 전체 주식의 1/2 미만을 처분하는 것을 '부득이한' 사정변경이 있는 경우라고 말하기는 어렵다. 주식처분으로 인해 구조조정 당시의 지분연속성이 이어지는 것도 아니므로 실질적 동일성 기준이 그대로 이어지는 경우로 평가하기도 어렵다. 단체법적 행위가 아닌 형태로 주식 처분이 일어난다는 점에서 기업구조조정 세제의 기본 틀을 깨는 처분행위이므로 과세이연 혜택을 주는 것이 적절한지 의문이 생길 수 있다. 이 문제는 기업구조조정 이후에 얼마나 지분연속성을 유지해야 하는가의 문제이다. 즉 '사후의 주식처분'이 소급적으로 과세이연에 영향을 미치는가의 문제가 되고, 결국 지분연속성을 어느 정도까지 요구할 것인가가 된다. 합병을 예로 들면, 형식적으로 우리법은 합병일 당시를 기준으로 합병대가의 80% 이상을 주식으로, 즉 대부분을 현금이 아니라 주식으로 받을 것을 요구한다. 그리고 사후관리 요건으로 '지배주주등'은 2년 동안 주식을 계속 보유할 것(지분연속성 유지)을 요구한다. 그러면서도 다시 '부득이한 사유'의 이름으로 위 '지배주주등'이 주식의 1/2까지는 합병 이후에 곧장 처분해도 된다는 법령 규정을 둔 것이다. 어차피 '지배주주등'이 아니면 합병일 외에 지분연속성은 크게 문제가 아니고, '지배주주등'이라도 합병대가로 받은 주식의 1/2까지는 팔아도 문제가 없다. 지분연속성 요건을 사실상 80%가 아니라 40%로 요구한 것과 큰 차이가 없는 셈이다.[106] 현행법 규정 자체

106) 현실적 차이로, 비상장(非上場) 주식이라면 공개시장에서 팔기가 어렵다는 점은 있을 수 있다. 하지만 상장회사의 지배주주에 비해 비상장회사의 지배주주를 기업구조조정 세제상 달리 취급해야 하는 이유를 찾기는 어렵다.

는 실질적 동일성 기준을 확장했다고 평가할 수 있겠지만, 자발적으로 주식을 1/2 범위에서 처분해도 문제 삼지 않겠다는 것이니 모법에서 말하는 '부득이한' 사정변화는 아니다. 입법론으로는 차라리 정면에서 법률상 지분연속성 요건을 40%로 낮추고 법 시행령의 '부득이한 사유'에서는 해당 내용을 삭제하는 편이 간명하다.

둘째, '지배주주등'이 사망이나 파산으로 주식을 처분해도 과세이연은 중단되지 않는다(나목). 상속이나 파산으로 인한 주식 처분의 경우 '지배주주등'이 자발적 의사에 따라 지분연속성을 깬 것이 아니므로, 이런 비(非) 자발적 거래행위가 있다면 이를 굳이 과세이연 중단 사유로 삼을 이유가 있는가 의문이 들 수 있고, 종래 기업 활동 지속의 측면에서도 과세이연을 이어갈 필요가 있다는 생각이 들 수 있다. 이런 경우는 실질적 동일성 기준을 확장한 경우로 보기는 어렵지만, 말 그대로 '부득이'한, 어쩔 수 없는 사정변화로 이해할 수 있다. 쟁점 조항의 글귀를 현행법령 규정 그대로 두어도 무방하다. 문제는 [사례 I]처럼 증여가 있는 경우이다. 자산 처분의 자유라는 측면에서 보면, 증여(사망 이전의 부(富)의 무상이전)는 상속(사망 이후의 부의 무상이전)의 연장에서 유사하게 이해할 수 있지만, 증여 자체는 어찌할 수 없는 사정변화라기보다 대개는 자발적 거래행위의 일종이라고 보인다. 다만 증여행위가 전체 주식의 1/2 범위 내에서 일어나면 과세이연 중단 문제가 없기 때문에, 이에서 더 벗어나 증여 전체를 '부득이한 사유'로 포섭할 이유는 없다.

셋째, 적격 구조조정에 뒤이은 다른 적격 구조조정(적격합병, 적격분할, 적격현물출자, 적격주식교환·이전 등)을 이유로 '지배주주등'이 주식을 처분해도 과세이연은 중단되지 않는다(다목, 라목). 기왕에 기업구조조정 세제가 구조조정 지원을 입법취지로 삼은 이상 다른 유사한 형태(= 내부적 중립성)의 기업구조조정이 연속적으로 일어나더라도 이런 지원의 범위에서 뺄 이유는 없다. '부득이한'이라는 말과는 딱 어울리지 않지만, 연속된 적격 구조조정 거래가 있다면 실질적 동일성은 계속 이어진다고 봐도 좋고 그렇다면 해당 각 호는 실질적 동일성 기준을 확장해서 '부득이한 사유'라는 것에 포섭시킨 경우로 볼 수도 있다. 다만 입법론으로는 부득이한 사유라는 이름으로 연속된 적격 구조조정의 과세이연 유지 결론을 정당화하는 방식의 법령을 두기보다는, 차라리 "다른 적격 구조조정이 뒤따른다면 그로 인해 지분연속성 요건 등의 요건을 갖추지 못해도 앞선 적격 구조조정은 양도손익이 없는 것으로 한다"는 내용을 법인세법에 정면으로 규정하는 것이 더 간명해 보인다.

넷째, '지배주주등'이 회생 절차에 따라 법원 허가를 받거나 기업개선계획 이행 약정에 따라 주식을 처분해도 과세이연은 중단되지 않는다(마목, 바목). 하지만 이렇게까지 부득이한 사유를 넓히는 것이 옳은지는 의문이다. 특히 쟁점 조항 마목의 해석론적·입법론적 당위성에 관해서는 이창희 선생이 이미 이를 적절히 비판한 바 있다. 회생 절차에서 법원 허가를 받고 주식 처분을 하거나 재산 처분을 하는 경우에 '실질적 동일성이 있다는 보장이 없고 따라서 법률을 바로 풀이한 것인지 의문'인데 그 이유는 "적격구조조정이 아닌데 그저 법원의 허가를 받았다는 이유로 과세이연을 계속한다면 아마도 사후관리가 불가능[하여] 결국 법원의 처분허가가 취소되든가 세수상실이 생기든가 둘 중 하나로 가기 십상"이라는 것이다.[107] 이 같은 비판은 쟁점 조항 바목에도 마찬가지로 적용된다. 이른바 '도산 이전형'(倒産移轉型) 방식의 기업구조조정을 염두에 두고 과세이연 혜택을 그대로 이어지게 하기 위해 '부득이한 사유'의 한 유형으로 열거한 것이었다면 규정 보완이 필요하다. 가령 미국세법상 'G형 재조직'은 도산 절차의 일환으로 법원 허가를 받은 계획에 따라 자산을 다른 양수(讓受) 법인에 넘기는 거래에서 자산 양도차익에 대한 과세이연이 되려면, 해당 자산양도의 대가로 넘겨받는 것 대부분이 주식이어야 한다(지분연속성 요건).[108] 즉 적격 요건을 갖춘 재조직 형태로 도산법인의 자산이 넘어가야 과세이연 혜택을 받도록 규정한 것이다. 시행령상의 '부득이한 사유'에 단순 열거되었다는 이유만으로 이들 경우가 과세이연 혜택을 계속해서 받는다고 보는 것은 실질적 동일성 관점에서도, 기업구조조정 지원 측면에서도 그다지 적절하지 않다. 따라서 법 해석론상 이들 규정의 적용범위를 좁혀 읽거나, 입법론상 현행 법령의 해당 조항은 삭제하고 대신에 차라리 미국법처럼 (적격요건 구비를 전제한) 도산이전형 기업구조조정에 한해 과세이연 혜택을 주는 식의 규정을 법인세법에 신설하는 방안을 고민해 볼 필요가 있다.

다섯째, '지배주주등'이 법령상 의무를 이행하기 위하여 '주식등'을 처분하는 경우에도 과세이연 혜택은 중단되지 않는다(사목). 해당 조문을 글자 그대로 읽

107) 이창희, 『세법강의』, 738면.
108) 미국세법 제368조(a)(1)(G).

는다면 별다른 법적 제재가 동반되지 않는 단순한 협력의무를 이행하기 위해 '지배주주등'이 주식 처분을 하는 경우도 과세이연 혜택은 중단되지 않는다. 이런 결론이 실질적 동일성 기준, 혹은 기업구조조정 지원의 측면에서 과세이연 혜택을 부여했던 구조조정 세제의 입법취지에 부합하는 것인지는 극히 의문이다. 물론 법령상 의무 이행의 경우 부득이한 사정변화로 볼 경우가 있을 수 있고 '지배주주등'이 어쩔 수 없이 따라야 하는 경우도 생긴다. 그렇다면 부득이한 사유의 적용범위를 그와 같은 뜻이 드러나게 줄여서 규정하는 것이 맞다. 문제는 현행 법령의 규정 방식에서 생긴다. 쟁점 조항인 법인세법 시행령 제80조의2 제1항 제1호는 "법 제44조 제2항 제2호에 대한 부득이한 사유가 있는 것으로 '보는' 경우 : 다음 각 목의 어느 하나에 해당하는 경우"라고 하고서 위 사목을 명기해 두었다. 간주 규정의 방식이기 때문에 위 '법령상 의무 이행으로 인한 주식처분'이 부득이한지(즉 비자발적 사정변경에 따른 것인지) 아닌지를 따져서 개별적·구체적으로 판단하기가 어렵다. 즉 해당 조항처럼 간주 방식은 불확정개념을 적절히 규정하는 입법 형식으로서도 적절하지 않다고 평가할 수 있다. 차라리 입법론으로는 법인세법 시행령 제80조의2 제1항 제1호의 글귀를

> "법 제44조 제2항 제2호의 경우 : 다음 각 목의 어느 하나에 해당하는 경우"

정도로 개정하는 편이 낫다.

V. 결론

이 글은 기업구조조정 세제의 규정에 따른 법률효과(= 과세이연)를 부여하는 법률요건 중 하나인 '부득이한 사유'가 사실은 하나의 통일된 개념으로 세워진 것이 아니라, 여러 다른 성격의 것들을 뚜렷한 분류 기준 없이 '부득이한'이라는 추상적 개념 지표에 몰아넣은 것이고, 이를 적절히 분류해서 더 명확하게 규정하지 않는다면 장차 여러 해석 문제를 낳을 수 있는 불안정한 개념으로 남음을 지적하였다. 또한 단지 위임입법의 이름으로 현행 규정을 정당화하기는 어려우며, 따라서 장차 이를 적절히 구분·유형화해서 법인세법 등 합병·분할 세제상 개별 규정에 재분류할 필요가 있음을 주장하였고 모색 가능한 입법 대안도 아울

러 제시하였다. 말하자면, 기업구조조정 세제 해석론의 두 축인 실질주의와 형식주의의 관점에서 '부득이한 사유'라는 이런 불확정개념을 어떻게 이해하고 올바르게 해석해야 하는지를 살펴본 셈이다. '부득이한 사유' 조항으로 범위를 좁혀 앞서 밝힌 논지(論旨)를 요약하면 아래와 같다.

① '지배주주등'이 자발적으로 주식을 1/2 범위에서 처분해도 문제삼지 않겠다는 부분(쟁점 조항 가목)은 본법에서 말하는 '부득이한' 사정변화와 상관이 없다. 입법론으로는 정면에서 법률상 지분연속성 요건을 40%로 낮추고 시행령의 '부득이한 사유'에서는 해당 내용을 삭제하는 편이 간명하다.

② '지배주주등'이 사망이나 파산으로 주식을 처분해도 과세이연은 중단되지 않는다는 부분(쟁점 조항 나목)은 실질적 동일성 기준을 확장한 것으로 보기는 어렵지만, 어쩔 수 없는, 비자발적 사정변화의 경우를 다룬다. 따라서 쟁점 조항상 글귀를 현행 법령에 그대로 두어도 좋다. 하지만 부(富)의 무상이전이라는 측면에서 증여까지 범위를 넓혀 '부득이한 사유'로 포섭할 이유는 없다.

③ 적격 구조조정에 뒤이은 또 다른 적격 구조조정이 있다면 '지배주주등'이 주식을 처분해도 과세이연은 중단되지 않는다는 부분(쟁점 조항 다목, 라목)은 '부득이한'이라는 말과는 어울리지 않지만, 실질적 동일성 기준의 확장으로 봐서 '부득이한 사유'에 포섭시킨 경우이다. 하지만 입법론으로는 해당 조항 대신 "다른 적격 구조조정이 뒤따른다면 그로 인해 지분연속성 요건 등의 요건을 갖추지 못해도 앞선 적격 구조조정은 양도손익이 없는 것으로 한다"는 조문을 법인세법에 정면으로 적는 것이 더 낫다.

④ '지배주주등'이 회생 절차에 따라 법원 허가를 받거나 기업개선계획 이행약정에 따라 주식을 처분해서 과세이연은 중단되지 않는다는 부분(쟁점 조항 마목, 바목)은 그 적용범위를 좁혀 읽거나 아예 '부득이한 사유' 규정에서 빼는 것이 낫다. 대안으로 (적격 요건 구비를 전제한) '도산이전형' 기업구조조정에 한해 과세이연 혜택을 주는 법인세법 규정의 신설을 고민해볼 필요가 있다.

⑤ '지배주주등'이 법령상 의무를 이행하기 위하여 '주식등'을 처분하는 경우에도 과세이연 혜택은 중단되지 않는다는 부분(쟁점 조항 사목)은 '법령상 의무 이행'의 경우 중 '부득이한 사정변화로 있는 때'로 적용범위를 줄여서 규정하는 것이 맞다. 그렇게 하자면 쟁점 조항에서 간주 규정 방식으로 적은 부분은 삭제할 필요가 있다.

제3부

국제조세

11. 고정사업장 개념을 둘러싼 논의 개관(槪觀)

윤지현*

Ⅰ. 도입

잘 알려진 대로 '고정사업장'(permanent establishment, PE)은 조세조약의 핵심 개념 중 하나이다. 소득을 크게 '적극적 소득'과 '소극적 소득'으로 분류할 때, 적극적 소득에서도 특히 중요한 의미가 있는 사업소득에 대한 과세권의 배분은 다름 아닌 고정사업장 개념을 바탕으로 이루어지기 때문이다. 즉 사업소득에 관한

* 서울대학교 법학전문대학원 교수

한, 기업의 거주지국(居住地國)이 아닌 나라는 '고정사업장이 있어야 과세'할 수 있다 — '고정사업장 원칙'(PE principle)이라는 말도 쓰인다[1] — 는 것이 현행 국제조세 체계의 중요한 내용 중 하나이다.

고정사업장 개념은 이처럼 중요하므로 당연히 국제조세 이론의 차원에서도 다양하고 풍부한 논의의 대상이다. 그런데 이 개념 자체가 현재의 국제조세 체계가 처음 출범한 1920년대 이전부터 이미 존재하고 있던 것이라,[2] 특히 시간의 흐름에 따라 사업 활동의 양상이 극적으로 변해가면서, 이러한 논의를 통해 이론적으로 일관되고 현실적으로 타당한 결과를 얻는 일은 갈수록 더 어려워지고 있다. 이창희 선생 역시 오랜 연구 경력에서 고정사업장을 논의 대상으로 삼은 2편의 논문을 남겼고, 그 내용은 현재의 『국제조세법』 교과서에도 녹아들어가 있다.[3]

이 글에서는 먼저 이 논문들의 내용을 살펴보면서, 고정사업장 개념이 조세조약에서 가지는 의미를 확인하고 이를 둘러싼 법적·현실적 상황을 개관하여 보도록 한다(II). 다음으로는 이를 바탕으로 21세기에 와서 고정사업장 개념을 둘러싸고 각각 벌어진 세 가지 중요한 상황을 검토하면서 고정사업장 이론의 체계가 국내·외에서 어떻게 영향을 받았는지 살펴보려고 한다. 그 세 가지는 선고 이후 세계적으로 주목을 받은 이탈리아 법원의 '필립 모리스(Philip Morris) 판결'(III), 그리고 우리나라의 고정사업장 판례에 결정적인 한 획을 그은 대법원의 속칭(俗稱) '블룸버그(Bloomberg) 판결'(IV), 그리고 '총괄주의'(總括主義)와 '귀속주의'(歸屬主義)의 대립이라는 중요한 이론적 논란에 일단 종지부를 찍은(?) 'OECD 인정 접근방식'(AOA, Authorized OECD Approach)이다(V), 끝으로는 2010년 대 이후 'BEPS 기획' — 이른바 '1.0'과 아직은 그래도 현재 진행형이라 할

1) 고정사업장 개념을 포괄적으로 다룬 책으로 잘 알려진, A.A. Skaar, *Permanent Establishment = Erosion of a Tax Treaty Principle* (2nd Edition), Kluwer Law, 2020, p.32.

2) 이창희 외 2인, 『국제조세법』, 444면에 따르면, "사업소득은 고정사업장이 있어야 과세한다는 규정은 세계에서 가장 오래된 조세조약이라고 하는 1869년의 프로이센–작센 조약에 이미 나온다". 더 자세한 것은, A.A. Skaar, *op. cit.*, p.75ff. 이에 따르면 우선 19세기 후반부와 20세기 초에 고정사업장 개념은 독일 제국 내 여러 왕국 등의 법에서 나타났고, 조세조약 차원에서도 제1차 세계대전 이전에 이미 조금씩 쓰이기 시작했다고 한다. 우리나라 문헌으로는, 김해마중, 『고정사업장 과세의 이론과 쟁점』, 경인문화사, 2017, 25면 이하. 이 문헌은 이창희 선생의 지도 아래 쓰인 서울대학교 박사학위논문을 거의 그대로 출간한 것이다.

3) 이창희 외 2인, 『국제조세법』 중 제2편 제5장 "사업소득 및 고정사업장의 과세", 그리고 제6장 "종속대리인 고정사업장".

'2.0' — 의 '광풍'(狂風)에 휩쓸리는 가운데 고정사업장 논의가 어디로 향하고 있는지 간단히 확인하여 보고자 한다(VI).

Ⅱ. 고정사업장에 관한 이창희 선생의 연구

1. 도입

고정사업장 자체를 논의 대상으로 하는 이창희 선생의 논문은 다음의 두 편이다.

"고정사업장의 과세", 『조세법연구』 제13권 제2호, 2007
"종속대리인 고정사업장", 『조세법연구』 제20권 제1호, 2014

7년의 시차를 두고 나온 이 두 편의 글은 제목이 비교적 평면적인 데에서 보듯이 '고정사업장', 그리고 그 중요한 하나의 변형(變型)인 '대리인 고정사업장'이라는 대상을 놓고 관련된 논점 일반을 하나하나 훑어나가는 방식으로 쓰여 있다. 이 둘의 내용을 차례로 살펴보자.

2. "고정사업장의 과세"

(1) 글의 전체적인 체계

OECD의 '모범'(model) 조약을 기준으로 할 때 고정사업장에 관한 규정은 제5조이다. 이 중 제1항이 고정사업장의 원형(原型)에 해당하는 것을 우선 정의한다. 그 밖에는 제3항이, 건설공사 등의 현장이 고정사업장을 이룰 수 있는 별도의 요건을 규정하고('건설 고정사업장', construction PE), 제5항은 '대리인'(agent)의 존재가 고정사업장으로 이어지는 경우를 규율한다(바로 '대리인 고정사업장'이다). 한편 이러한 의미의 고정사업장이 어느 나라에 존재한다고 할 때 그 나라가 고정사업장과 관련하여 과세 대상으로 삼을 수 있는 소득의 크기를 규정하는 것은, OECD 모범조약 기준으로 제7조이다. 그리고 2007년에 나온 이창희 선생의 "고정사업장의 과세"는 이 중 '원형' 고정사업장을[4] 논의의 주된 대상으로 삼아

4) 김해마중, 앞의 책, 59면 이하는 '물리적 고정사업장'이라는 말을 쓴다.

고정사업장에 관한 논점 일반을 개관한다, 여기에 고정사업장 개념의 성립요건에 관한 초보적인 시시콜콜한 설명은 없지만, 그 대신 고정사업장 개념이 현실에서 가지는 기능, 나아가 고정사업장 요건이 과세 여부를 결정하는 소득[5] 중 가장 중요한 '사업소득' 개념이 미치는 범위, 또 사업소득의 과세 범위와 관련된 입법 태도로서 총괄주의와 귀속주의, 그리고 독립기업 원칙이 여기서 가지는 의미가 모두 논의의 범위 안에 들어와 있다.

(2) 개별 논점들에 관한 서술

1) 고정사업장 개념의 기능

현재의 고정사업장 개념은 고정사업장이 있어야만 과세할 수 있다는 법적 명제의 적용에서 핵심을 이룬다. 따라서 현실에서는 오랜 기간에 걸쳐 정립된 고정사업장의 개별 성립요건들이 충족되는지 여부가 논란의 대상이 된다. 하지만 처음에 고정사업장 개념이 나타났을 때에는, 사업소득의 영역에서 원천징수를 통해 총(總) 소득을 과세표준 삼아 과세하는 방식이 마땅치 않다는 점에 관한 인식, 따라서 순(純) 소득을 과세표준으로 할 필요가 있는데 그러자면 행정력이 소요되며 그러한 행정력의 소모를 가능하게 하고 또 정당화할 수 있으려면 '그렇게 과세할 만한 덩치'가 있어야 한다는 사고방식이 고정사업장 개념의 탄생과 안착(安着)으로 이어졌음을 이 글은 지적하고 있다.[6]

2) 사업소득의 개념

한편 조세조약에는 공통된 사업소득 개념을 정의하는 조항이 따로 없는 것이 보통이고,[7] 따라서 사업소득의 개념 규정은 각 나라의 국내법에 맡겨져 있다. 특히 문제가 되는 것은 소득을 낳는 경제적 활동이 '계속적·반복적'이어야 한다는 요건 — 우리나라 법에서는 특히 중요하다[8] — 이 필요한지 여부나, 다른 종류의 소득에 동시에 해당할 수 있는 소득이 사업소득으로 우선적으로 분류 —

5) OECD 모범조약에는, 배당·이자·사용료소득도 고정사업장에 귀속되면 사업소득과 마찬가지로 고정사업장 소재지국이 전면적인 과세권을 가진다는 조항이 있다(제10조 제4항, 제11조 제4항, 제12조 제3항).

6) 이창희, "고정사업장의 과세", 217~218면.

7) 이창희, "고정사업장의 과세", 220면도 OECD 모범조약에 그러한 규정이 없음을 지적한다. 더 자세한 내용은 이창희 외 2인, 『국제조세법』, 470~473면.

8) 소득세법이 말하는 사업소득의 범위에 관한 포괄 규정인 소득세법 제19조 제1항 제21호 참조. 더 자세한 내용은 이창희, 『세법강의』, 476~477면.

우리나라에서는 계속·반복성의 요건을 갖추는 한 분명히 그러하다[9] — 되는지 여부인데, 이에 대한 입장은 나라마다 다르다는 점을 오스트레일리아 법원의 '틸(Thiel) 판결', 캐나다 법원의 '멜포드(Melford Developments) 판결', 그리고 미국과 캐나다의 행정해석 등을 통하여 확인하고 있다.[10]

3) 고정사업장 관련 과세의 범위

여기서는 '총괄주의'와 '귀속주의'로 대표되는 두 가지 서로 대립하는 입장을[11] 전제로 하여, OECD나 UN의 모범조약의 입장, 그리고 미국의 국내법 등을 살펴본 다음,[12] 추상적인 이론을 따지기보다는 미국 법원의 '조르쥬 심농(Georges Simenon) 판결'이나,[13] '플랜트 수출' 거래에서 얻은 이익의 과세권 문제를 다룬 인도 과세관청의 어느 행정해석, 비슷한 논점에 관한 미국의 어느 행정해석이나 법원 판결을[14] 통해 사업소득의 과세권 배분이 현실적으로 어떻게(실은 뚜렷한 기준 없이) 행하여지고 있는지를 보이고 있다.[15]

그러고 나서 조세조약과 국내법의 규정에 따라 실제로 고정사업장에 귀속하는 순소득을 계산하는 과정을 소개하고, 또 이 과정에서 이전가격 세제의 근간을 이루는 '독립기업 원칙'의 활용에 관한 논의가 어떤 식으로 이루어지는지 설명한다.[16] 고정사업장의 개념적 이해에 관한 일체설(一體說)과 개체설(個體說)을 출발점으로 하여, 특히 중요한 의미를 가지는 미국 법원의 '내트 웨스트(NatWest) 판결'을[17] 상세히 소개하고 있고,[18] 조금 더 심화된 내용으로 캐나다 법원의 '커드 프레셔(Cudd Pressure) 판결'에 관한 설명을 덧붙인다.[19] 최종적으로는 귀속주의와 개체설을 내세우는 OECD의 최근 입장이 예전부터 일관성 있

---

9) 돈을 빌려 주고 이자를 받는 행위나 부동산을 매매하는 행위의 경우 계속 반복성의 요건을 충족하면 이자소득이나 양도소득이 아니라 사업소득으로 분류된다. 이창희, 『세법강의』, 476~477면.

10) 이창희, "고정사업장의 과세", 221~224면.

11) 이 개념들에 관하여는, 이창희 외 2인, 『국제조세법』, 475면 이하 참조.

12) 이창희, "고정사업장의 과세", 226~227면.

13) G. Simenon v. CIR, 44 T.C. 820 (1965). 이창희, "고정사업장의 과세", 230~231면.

14) 특히 Bank of America v. Chaco, 423 F. Supp. 499 (1976).

15) 이창희, "고정사업장의 과세", 232~236면.

16) 이창희, "고정사업장의 과세", 249면 이하.

17) National Westminster Bank PLC v. U.S., 44 Fed. Cl. 120 (1999). 이창희 외 2인, 『국제조세법』, 510면 이하에는 이 판결 이후 같은 당사자들 간에 같은 사건의 다른 쟁점들을 놓고 몇 건의 판결이 더 나왔다는 점이 설명되어 있는데, 여기서 언급하는 것은 그 중 가장 먼저 나온 판결이다.

18) 이창희, "고정사업장의 과세", 253~254면.

19) 캐나다 법원의 1995년 판결이다. 이창희, "고정사업장의 과세", 254~255면에 인용되어 있다.

게 유지되어 온 것이 아니라, 과거의 모범조약과 충돌을 일으킨다는 것, OECD가 새로운 '접근방식', 곧 AOA를 통해 이를 해결하려고 하는 것은 그러한 의미에서 보면 기실 단순한 법의 해석이라고 평가해 주기 어렵고 '법을 새로 만들고 있는 것이나 마찬가지'라는 점을 지적하고 있다.[20]

(3) 궁극적인 주장

이러한 개별적 논점들에 대한 설명 이후 "고정사업장의 과세"가 제시하는 궁극적인 논지는 사실 조세조약 해석방법론 차원의 것이다.[21] 국제조세의 영역에서는 무엇인가 우리가 따라가야만 하는 어떤 국제적 표준이 있는 것은 아니라는 생각이 출발점이다. 그리고 이는 많은 사람이 금과옥조(金科玉條)처럼 떠받드는 OECD의 작업 결과 ─ 모범조약 그 자체이든 그에 대한 주석서(Commentaries)이든 ─ 라 해도 마찬가지임을 강조한다.[22] 고정사업장 개념은 그것이 처음 출현한 20세기 초나 전반기의 사람들이 당시의 사회상(社會相) 아래 어렴풋이 공유하였을 생각이나 사고방식을 비교적 단순한 몇 마디 말로 표현한 것이다. 조세조약의 그러한 문구들은 매우 불명확하고 포괄적이기 때문에, 20세기 초나 전반기의 사람들과 다른 상황 아래 살면서 그들의 생각·사고방식으로부터 어느새 크게 멀어진 우리가 그에 부여하는 의미는 과거의 그것과 달라질 수밖에 없을 뿐 아니라, 무엇보다 일의적(一義的)으로 분명히 정하여지기가 어렵다. 결국 현재의 우리 입장에서 적정한 해석론을 찾아야 하는 것이고, 이 과정에서 OECD를 비롯하여 권위를 주장하는 외국의 여러 기관·사람·문헌 등이 있을 수 있지만 그것은 어디까지나 참고자료에 지나지 않는다. 그냥 무시하여도 된다기보다, 이를 두루 섭렵할 뿐 아니라 우리 입장에서 모두 소화해 낸 다음, 이를 토대로 현 시점 우리에게 알맞은 해석론을 세워야 한다는 뜻이다.

특히 이러한 상황을 전제로 이창희 선생이 강조하는 것은, 국제조세가 국제정치와 무관한, 그러한 의미에서 가치중립적인 독특한 기술적(技術的) 분야라고 생각하면 안 되고, 어디까지나 국제정치나 경제의 한 하위 분야이며 나라들 간의 정치적 관계의 반영이라는 점을 잊어서는 안 된다는 데에 있지 않을까 싶다.

20) 이창희, "고정사업장의 과세", 256면.
21) 이창희, "고정사업장의 과세", 257면.
22) 이창희, "고정사업장의 과세", 257면("OECD 모델 주석이 엄밀한 법률적 분석을 담고 있지도 않다. […] 선진국의 [개명(開明)]된 주장이 후진국을 [계몽(啓蒙)]해가는 과정은 더더욱 아니다").

마지막 문장을 보자.[23]

> "… 어쩌면 국제조세법 질서의 고갱이는 애초 무엇이 옳은가라는 정책적 문제에 관한 국제적 지혜의 결집체라기보다는 각자 자기에게 유리한 길을 꾀하는 국제정치의 현실이 지금 어디에 와 있는가를 보여 주는 힘관계의 집약일 뿐이다."

2007년만 해도 이 말은 너무 과격한 것처럼 느껴졌을지 모르지만, BEPS 기획의 시대와, 또 그것이 10여 년 간 쌓아온 결과가 금세라도 하루아침에 송두리째 뒤집힐 것 같은 '도널드 트럼프 제2기'를 겪으면서는 너무나 절실하게 체감할 수 있는 말이 되었다는 생각이 든다.

3. "종속대리인 고정사업장"

2014년에 나온 "종속대리인 고정사업장" 역시 고정사업장의 (아마도 가장 중요한) 변형이자 하위 범주인 '대리인 고정사업장' 개념을 놓고 기본적 논점들을 두루 개관한다. 그 성립요건으로서 민법 제114조 이하에서 말하는 대리인(代理人)과 구별되는 조세조약의 독특한 '대리인'(agent)의 개념,[24] 이 '대리인'이 '본인'에 대하여 가지는 법적·경제적 의미의 '종속성'(반대로 대리인이 '독립성'을 가지면 고정사업장의 요건을 충족할 수 없다),[25] 그리고 무엇보다 논란의 대상이 되는 '계약 체결의 권한'(authority to conclude contract)이라는 말이 뜻하는 바를[26] 차례로 살피고, 그러고 나서 조세조약에 규정된 이러한 기술적 내용에 불구하고, 대리인 고정사업장도 역시 고정사업장의 일종이니만큼, 사실관계가 조세조약의 문구에 들어맞거나 맞지 않는다는 것보다는 대리인이 수행하는 기능의 '본질적 중요성'이 더 중요하게 평가되어야 하지 않을지 하는 의문을 던진다.[27] 그리고 이 과정에서 바로 다음 절(節)에서 살펴보는 '필립 모리스' 판결을 중요한 논의 소재로 삼는다. 그에 이어서는 대리인 고정사업장의 존재가 인정되었을 때 그에 귀속되

23) 이창희, "고정사업장의 과세", 257면.
24) 이창희, "종속대리인 고정사업장", 298면.
25) 이창희, "종속대리인 고정사업장", 299면 이하.
26) 이창희, "종속대리인 고정사업장", 307면 이하.
27) 이창희, "종속대리인 고정사업장", 316면("[…] 결국 중요하고 본질적인 행위라는 것이 종속대리인 개념의 핵심이라고 말할 수밖에 없다").

는 소득의 크기를 어떻게 정해야 하는지 하는, 당연한 듯하지만 의외로 마땅한 답을 찾기 곤란한 논점에까지 언급한다.[28)]

이처럼 글의 체제는 평이하지만, 기실 여기서도 가장 중요한 논지는 '대리인 고정사업장' 개념이 '원형' 고정사업장에 못지않게 '극히 불안정'하다는 데에 있다.[29)] 대리인이 어떤 종류나 정도의 활동을 하여야만 그 나라에 고정사업장이 있다고 할 수 있을지를 두고 조세조약이 전통적으로 사용하여 온 문구는 '계약을 체결할 권한을 행사'한다는 것이지만,[30)] 이 글귀가 실은 불충분하다는 것이고(아래 Ⅲ.에서 살펴보는 '필립 모리스' 판결을 둘러싼 논란에서 이 점은 특히 극명하게 드러난다), 실제로 모범조약 차원에서 이 문구를 수정하게 된 '벱스 기획' 이후의 진행을 보더라도[31)] 이창희 선생의 인식은 매우 옳았음을 알 수 있다.

또 한 가지 눈여겨보아야 할 부분은, ('원형 고정사업장'에서도 살펴보았지만) '대리인 고정사업장'에 귀속하는 소득의 범위라는 논점에 관한 것이다. 개별 사건에서 많은 사람들이 고정사업장의 유무를 판단하는 데에만 관심을 쏟지만 실제로는 고정사업장이 있다고 하더라도 어느 범위의 소득을 과세 대상으로 삼을 수 있을지가 마찬가지로 중요한데, '대리인 고정사업장' 논점에서는 아예 개념적으로도 정답을 찾기 쉽지 않고 AOA와 같이 복잡한 체계를 정립한 OECD조차 분명한 방향을 제시하지 못한 채 모순된 내용을 제시하고 있을 따름임을 지적하고 있다.[32)] 특히 문제가 되는 것은, 종속대리인이란 '본인'과 구별되는 별도의 존재

---

28) 이창희, "종속대리인 고정사업장", 316면 이하. 이 논점에 관한 최근의 OECD 입장이 궁금하다면, 김명준, "고정사업장에 대한 이윤의 귀속 방법에 관한 고찰 — 공식적 OECD 접근방법(AOA)의 적용을 중심으로", 『조세학술논집』 제38집 제1호, 2020, 65~66면을 참조하라. 여기서는 고정사업장이 수행하는 기능에 대한 보상을 넘어선 '추가 이윤'의 배분이라는 측면에서 대리인 고정사업장에 발생하는 소득이 생길 수 있다고 설명하는 듯하다. 그 밖에 최정희, "고정사업장 과세의 국제적 동향 및 향후 과제", 『조세학술논집』 제40집 제1호, 2023, 93~95면에도 설명이 있지만, 사실은 그 내용들 역시 이 항(項)의 마지막에 제시하는 이창희 선생의 평가에서 크게 벗어나지는 못한다고 여겨진다.

29) 이창희, "종속대리인 고정사업장", 321면("종속대리인 고정사업장이라는 개념은 요건도 극히 불안정하고 법률효과도 극히 불안정한 개념이다").

30) OECD 모범조약 제5조 제5항. 이 개념이 채택되고 그 불충분함이 드러나고 있음에도 계속 유지되어 온 까닭에 관한 설명으로는, 김해마중, 앞의 책, 206~208면. 주로 행정 편의의 측면이 들어지고 있다.

31) 2017년에 개정된 OECD 모범조약 제5조 제5항에는, 단순히 '일상적으로 계약을 체결할 수 있는 권한을 행사'한다는 것에 더하여, 대리인이 계약 체결의 과정에서 '중요한 역할'(principal role)을 수행하는 경우에도 고정사업장이 존재할 수 있다는 내용이 추가되는 등 상당한 정도의 개정이 이루어졌다.

32) 이창희, "종속대리인 고정사업장", 316~321면.

이고 그 수행하는 기능에 대해 이미 일정한 보수를 받고 있어서, 고정사업장에서 수행되는 기능을 고려하여 그에 걸맞은 이익을 귀속시킨다는 생각이 무의미하다는 점이다. 이 논문의 다음과 같은 마지막 문장은 대략 이를 가리키는 것이다.

> "OECD 모델조약 주석은 이 모순을 애써 외면하면서 무언가 답을 내보려 하고 있으나 적어도 아직까지는 갈피 잡을 수 없는 단계일 뿐이다."

4. 요약

결국 두 편의 글이 지향하는 방향이나 담고 있는 주요 논지에는 일관되는 것이 있다. 기본적으로는 '고정사업장'이 적용요건이나 법률효과 양쪽에서 모두 극히 불안정한 개념이라는 점, 조세조약의 문구에는 이러한 불안정성을 제거할 만한 단서가 더 이상 명료하게 나타나지 않는 가운데 OECD가 모범조약 주석서라는 형식을 통해 해석론을 일정한 방향으로 이끌려는 움직임을 보이지만 그 역시 당연히 받아들여야 하는 것일 리는 없으며, 이러한 가운데 조세조약의 적정한 해석론이란 어떤 것이어야 하는지 각 나라, 각자의 입장에서 스스로 고민해 보아야 하리라는 점이다. 이러한 생각은 지금에 와서 보면 새삼스러울 것이 없을지 모르지만 특히 두 편의 글이 쓰인 때는 아직 국제조세 분야의 연구자가 많지 않았고(지금이라고 크게 달라진 것은 없을지 모른다), 그나마 있었던 소수의 연구자나 실무가들은 대부분 OECD의 모범조약 주석서나 '이전가격 지침'(Transfer Pricing Guidelines)의 내용을 따라가는 데에 급급했었던 시점임을 염두에 두어야 한다. 다시 말해 고정사업장 개념이 개별 조약 문구의 해석, 우리나라의 조세정책이라는 맥락, 국제조세 분야의 이론적·현실적 동향 등의 다양한 층위(層位)에서 가지는 의미를 스스로 사고하여 파악하고 평가할 수 있는 사람은 예나 지금이나 흔하지 않은 듯하다. 이러한 상황에서 고정사업장 개념에 관한 해석론이, 이를테면 외국에서는 분명하고 명확하게 정립되어 있는데 우리나라의 학계·실무계는 아직 그에 미치지 못하고 있으니 열심히 외국의 문헌을 섭렵하여 그들의 선진적인 지식을 빨리 습득하도록 하자는 식의 흔한 사고방식에서 벗어날 필요가 있다는 이창희 선생의 일관된 주장은 아마도 충격적이었을 터이고 그만큼 국제조세 분야의 동료나 후학(後學)들에게 강한 지적 영감(靈感)을 주었다고 생각한다.

아무튼 계속 강조하지만 고정사업장 개념은 국제조세 분야에서도 특히 전형적으로 불안정하다. 이 개념은 그것이 태동하고 형성된 일정 시점에 흔하였던 사업 형태를 반영하고 있고, 그 시점에도 반드시 안정적이었다고는 할 수 없지만, 그로부터 100여 년이 지난 지금은 더군다나 급박하게 변화하는 경제 현실에 잘 들어맞을 수 없다는 점에서 극히 불안정할 수밖에 없다, 자연스럽게 고정사업장 성립에 필요한 세 가지의 요건 — 고정된 장소, 납세자가 장소를 사용할 권한, 그리고 그 장소를 통하여 행하여지는 사업 활동[33] — 이라는 측면에서 모두 확장해석의 요구가 강한 압력으로 작용한다. 문제는 조세조약도 '법'인 이상, 그렇다고 각 나라가 마구 제 멋대로 해석하는 것을 그대로 내버려 둘 수도 없다는 데에 있다. 이를테면 극도로 불안정한 개념이라고 해서 이것이 법적 개념이 아니라고 할 수도 없다는 것이 문제이다. 현재 우리의 적정한 해석론을 세워야 한다고 했지만, 이 역시 해석론의 테두리에서 벗어나기는 어렵다는 것이다. 이러한 딜레마 상황이 고정사업장 개념을 공부하는 우리에게 극도의 어려움을 안겨준다. 일단 이 이야기는 이 정도 해 두고, 이러한 진퇴양난의 상황을 전제 삼아 이제 나라 안팎의 현실로 눈길을 돌려 보자. 방금 말한 '불안정성'은 지금 현재 우리만의 이야기가 아님을 새삼 깨달을 수 있으리라.

Ⅲ. '필립 모리스' 판결

1. 도입

2002년 3월 이탈리아 대법원이 선고한 '필립 모리스'(Philip Morris) 판결은[34] 담배 제조·판매로 잘 알려진 어느 다국적기업을 납세의무자로 삼고 있는데, 고정사업장 개념의 불안정성을 특히 극적으로 부각시킨, 국제조세 분야의 중요한 판결이고 그 결과를 둘러싼 상당한 정도의 논쟁을 촉발하기도 하였다. "종속대

33) 앞에서 몇 번 인용한, A. A. Skaar, *op. cit.*, pp.110~111은 이러한 구분에 따라 고정사업장 개념을 설명하고 있는 좋은 예이다. 이에 따르면 사업을 하는 기업이 그 나라 내에 가지는 '존재'(presence)의 '객관적'(objective), 그리고 '주관적'(subjective) 성격과, 그러한 존재의 '기능성'(functionality)이 고정사업장 요건을 설명하는 논의의 틀이 될 수 있다고 한다.

34) 이창희, "종속대리인 고정사업장", 308면 이하는 이 판결을 인용하면서 대단히 중요하게 다루고 있다. 이 내용은 이창희 외 2인, 『국제조세법』, 545면 이하로 이어져 있다. 위의 책, 545면 주40에는 이 판결이, "Court Suprema di Cassazione 07682/02" 와 같이 인용되어 있다.

리인 고정사업장"에 상세한 내용이 소개되어 있으며, 고정사업장 개념의 일반적 해석론의 범위를 벗어난 것처럼 보이기 때문에 많은 사람들의 비판을 받은 판결이지만[35] 이창희 선생은 오히려 세금 부담을 줄이기 위하여 다국적기업이 다양한 전략을 구사하는 상황에서 그동안 발전되어 온 고정사업장 해석론, 특히 '계약을 체결하는 권한'이라는 조약 문구가 가지는 의미에 근본적인 회의(懷疑)를 제기하였다.[36]

2. 사실관계와 쟁점[37]

필립 모리스 그룹의 독일 현지법인(現地法人, Philip Morris GbmH)이 이 사건에서는 모(母) 회사의 역할을 한다. 이 독일법인이 이탈리아의 전매(專賣) 관청에 담배 제품을 공급하였다. 이때 필립 모리스 그룹은 이탈리아 내에 '인터타바'(Intertaba SpA)라는 이름의 현지법인 — 그 지분은 필립 모리스 그룹의 스위스 법인이 대부분 보유하고 있었다고 한다 — 을 두고 운영하면서 일정한 역할을 부여하였는데, 주로 이탈리아 전매 관청이 계약을 제대로 이행하는지의 감시, 독일법인이 공급하는 담배 제품의 품질 검사, 이탈리아 시장에 관한 정보 수집, 그 밖의 판매 촉진을 위한 활동 등이었다. 한편 인터타바 사(社)의 임원으로 등기된 사람들은 필립 모리스 그룹 내 다른 회사의 임원 직(職)을 겸하기도 하는 한편으로, 독일법인과 이탈리아 전매청 간 협상 과정에도 관여하였다는 사정이 드러나 있었다. 이 상황에서 이탈리아 과세관청은 필립 모리스 그룹의 자(子) 회사인 인터타바가 독일법인의 이탈리아 내 고정사업장이라고 주장하면서 독일법인이 얻은 소득에까지 과세를 시도하였고, 과연 고정사업장 논점에 관한 이러한 판단이 조세조약에 부합하는지 여부가 쟁점이 되었다.

---

35) 이창희 외 2인, 『국제조세법』, 552면("2003년 OECD 모델조약 주석은 'Philip Morris' 판결을 비판하면서 종래의 해석론을 고수했[다]").

36) 이창희, "종속대리인 고정사업장", 314~316면.

37) 본문에 소개하는 사실관계과 판결의 내용은 이창희, "종속대리인 고정사업장", 308면 이하; 이창희 외 2인, 『국제조세법』, 545면 이하의 내용을 다시 정리한 것이다. 외국어 문헌으로 이 판결의 내용을 집중적으로 잘 소개하고 있는 것에는, Emidio Cacciapuoti & Raffale Russo, "Multinational Enterprises and Permanent Establishment - The Philip Morris case" from Raffaele Russo & Renata Fontana (editors), *A Decade of Case Law - Essays in honour of the 10th anniversary of the Leiden Adv LLM in International Tax Law*, IBFD, 2008, pp.91~126이 있다.

3. 이탈리아 법원의 판단

요컨대 이 사건에서 이탈리아 대법원은 인터타바 사가 비단 독일법인뿐 아니라, 필립 모리스 그룹 전체에 고정사업장 역할을 수행하였다고 이해하였다. 이 과정에서, 그룹에 속하는 '계열회사들이 함께 수행한 단일한 프로그램에 관한 모든 사실관계를 고려'해서[38] 이탈리아 내 자회사가 수행한 기능을 평가해야 한다는 입장을 취하고 있다. 그렇게 보았을 때 인터타바가 수행한 역할로서, 계약 이행의 감시나 통제 등은 결코 '부수적'이라고 치부해 버릴 것이 아니며, 특히 계약의 체결을 앞둔 협상의 과정에 참여하는 것은 대리인 고정사업장 개념에서 중요시하는 '체약(締約) 대리권'을 행사한 결과로 파악할 수 있다는 판단도 하였다. 결국 인터타바 사가 수행한 역할이 필립 모리스 그룹 전체의 이탈리아 내 영업에서 일정 수준 이상의 중요성을 가진다는 점에서 인터타바 사의 존재 자체가 고정사업장에 해당한다는 논리를 정립하였다고 이해할 수 있다.

4. 이창희 선생의 평가

1.에서 이미 언급했듯이 필립 모리스 판결은 그때까지 받아들여져 온 고정사업장 해석론과 많은 차이를 보였기 때문에 OECD나 그 회원국들 중 다수가 비판적인 입장을 보였다.[39] 하지만 옹호론도 없지는 않았고[40] 이는 이창희 선생도 마찬가지였다. 사실 대리인 고정사업장 개념의 핵심에 해당하는 '체약 대리권'의 확장은 그 전부터 있던 생각이고,[41] 벱스 기획 이후에는 결국 고정사업장이 인

---

38) 이 내용 역시 이창희, "종속대리인 고정사업장", 308면 이하; 이창희 외 2인, 『국제조세법』, 545면 이하를 참고하였고, 특히 작은따옴표로 인용한 부분은 위의 글, 310면; 위의 책, 547면에 나온다.

39) 이 점은, E. Cacciapuoti & R. Russo, *op. cit.*, p.115에도 지적되어 있다("이탈리아 대법원은 연구자들로부터 광범위한 비판을 받았고, 이는 심지어 OECD 재무위원회로 하여금 판결의 결론과 정반대의 내용을 포함하게끔 주석서를 개정하도록 하였다"). 김범준, "고정사업장 과세의 해석상 쟁점 및 정책적 과제 — 2010·2017년 OECD 모델조약 이후의 동향과 전망", 『사법』 제60호, 사법발전재단, 2022, 67면은 2005년의 모범조약 주석서 개정과 관련하여, 필립 모리스 판결이 "대리권이 없더라도 계약체결 과정에 참여하면 계약체결권한의 존재를 인정할 수 있다"고 한 것을 OECD가 "대리인이 협상에 참석 또는 관여하더라도 그 자체로 계약체결권한을 행사한 것으로 볼 수 없다"고 명확히 밝혔음을 서술하고 있다.

40) E. Cacciapuoti & R. Russo, *op. cit.*, p.114ff. 여러 가지 근거를 들고 있지만 지면(紙面)의 제약을 감안하여 다소 거칠게 요약하자면, 고정사업장 요건에 관한 조약의 문언이나 정립된 해석론에 어긋날 수 있지만 전반적으로 경제적 현실을 반영하여 고정사업장 요건을 해석·적용하였다는 입장으로 이해할 수 있다.

41) 이창희, "종속대리인 고정사업장", 311면("계약을 체결한다는 말이 계약을 서명(기명날인)한다

정되는 범위를 확장하는 방향으로 모범조약과 주석서가 모두 개정된다.[42] 이런 의미에서 보면 결국 필립 모리스 판결이나, 이창희 선생을 비롯하여 이를 지지한 사람들의 생각에 기본적으로 타당성이 있었다고 할 수 있다. 그렇다고 대리인 고정사업장 개념의 의미가 불안정함을 벗어던졌다고는 여전히 말할 수 없겠지만….[43]

'원형' 고정사업장이 되었든 대리인 고정사업장이 되었든 어느 나라 안에 고정사업장이 있는지를 물을 때 필립 모리스 판결의 입장은 결국 그 다국적기업이 그 나라 안에서 벌이는 활동이 얼마나 본질적이고 중요한지 여부를 묻는다.[44] 다국적기업이 그 나라 안에 두고 있는 '무엇인가'(presence)가 독립된 법인의 형식을 취하고 있는지 여부가 결정적이지 않다는 것이고, 체약 대리권이라는 개념 역시 그 기업의 활동이 그와 같이 본질적이고 중요한지 여부를 판단할 수 있도록 하는 하나의 표지 정도의 의미를 가지는 데에 지나지 않는다고 이해하는 셈이다.[45] '존재'보다는 '활동', 이러한 사고방식이 필립 모리스 판결이 조세조약 해석론에 진하게 남긴 흔적이고 그 영향이 우리나라에서는 '블룸버그 판결'로 이어진다.

는 뜻이 아니라 계약협상에 관여하는 것이라는, 이 얼핏 놀라운 생각은 기실 이미 OECD 모델조약 주석에 들어 있던 것이다").

42) 2017년 모범조약과 주석서 개정의 내용은 김범준, 앞의 글, 68~69면 참조(특히 이 글의 목적에서는 "[…] 2017년 OECD 모델조약 제5조 제5항은 대리인이 계약체결권한을 가진 경우뿐 아니라 계약체결에 이르는 데 중요한 역할을 한 경우에도 종속대리인으로 본다"는 부분이 중요하다). 좀 더 세부적인 내용을 포함한 설명으로는, 이경근, "OECD의 고정사업장 판정기준 변경이 우리나라 법원의 향후 판결에 미칠 영향에 대한 분석", 『세무와 회계연구』 제8권, 2015, 48~57면.

43) 이창희, "종속대리인 고정사업장", 313면("결론적으로, '계약을 체결할 권리'라는 말의 의미는 안개 속이다").

44) 이창희, "종속대리인 고정사업장", 315면("필립모리스 판결의 요는 계약을 체결하든 말든 중요하고 본질적인 행위라면 고정사업장이 된다는 것이다").

45) OECD도 2014년 모범조약의 주석서 개정에서 이와 같이 사업 활동의 '본질적이고 중요한' 성격이 중요하다는 입장을 받아들였다고 서술하는, 김범준, 앞의 글, 66면 참조(다만 여기서는 제5조 제4항의 '예비적·보조적 활동'(preparatory and auxiliary activity) 개념과 관련 하에 이러한 이해를 서술한다). 현행 OECD 모범조약의 주석서에서는 중 제5조에 관한 주석 중 문단 59 참조.

Ⅳ. '블룸버그' 판결(대법원 2011. 4. 28. 선고 2009두19229, 19236 판결)

1. 도입

최근 10여 년 동안 대법원은 고정사업장의 성립 여부를 판단한 판결을 다수 내어 놓았다.[46] 그리고 이 판결들이 모두 인용하고 있는 데에서도 보듯이 역시나 그 효시(嚆矢) 격은 이 '블룸버그 판결'이라고 할 수 있다.[47] 먼저 사실관계와 쟁점을 간단히 살펴보도록 하자.

2. 사실관계와 쟁점[48]

문제가 된 사업 활동을 벌인 것은 '블룸버그'(Bloomberg)라는 이름으로 잘 알려진, 여러 나라의 경제 주체들에게 가치 있는 정보를 제공하는 사업을 하는 기업이다. 이들은, 우선 세계 각국에 퍼져 있는 사람들로 하여금 정보를 수집하여 미국에 있는 '본사'(本社)에 보내게끔 하고, 이 '미국 본사'에서 그 정확성을 검증한 뒤 이를 분석하거나 하여 좀 더 가치 있는 형태로 가공한 다음 개별 고객에게 전달하도록 하면서 그 대가를 수취하는 사업을 하였다고 한다. 우리나라를 비롯하여 세계 각국의 고객은 특수한 '노드(node) 장비'를 구비하고 이를 이용하여 이러한 정보를 받아보게 되는 것이었다. 그리고 이러한 상황에서 블룸버그사(社)가 우리나라 안에 고정사업장을 갖고 있었다고 판단할 수 있는지 여부가 쟁점이었다.

---

46) 그 이전의 상황과 관련하여, 이경근, 앞의 글, 43~44, 그리고 63면은 과세관청이 상당히 '공격적'인 과세를 하는 경향이 있었지만, 막상 대법원 단계까지 소송이 이어진 사례는 많지 않다고 서술하고 있다.

47) 이경근, 앞의 글, 63면("블룸버그 판결은 […] 그 후 유사 사건 판결에 지침을 제시하는 역할을 하는 중요한 판결이[다]"). 블룸버그 판결을 인용하고 있는 다른 판결로, 대법원 2016. 1. 14. 선고 2014두8896 판결, 대법원 2017. 10. 12. 선고 2014두3044 등 판결을 들 수 있다.

48) 필자는 이 판결을 이미 다른 곳에서도 간단한 평석(評釋)의 대상으로 삼은 일이 있다. 윤지현, "국제조세 영역의 대법원 판례 개관(概觀) — 21세기에 들어와서 선고된 판결들", 조세학술논집 제40집 제1호, 2024, 19~22면. 이 문헌은 한국국제조세협회의 창립 30주년을 맞아 개최된 기념 학술대회에서 발표된 글을 바탕으로 한 것으로서, 제목대로 국제조세 영역의 주요 대법원 판결들을 선별하여 개관하는 내용이며, 여기서도 이 '블룸버그 판결'이 중요하게 다루어졌다. 본문의 내용도 위의 글에 터 잡고 있다.

3. 대법원의 판단

대법원은 이 판결에서, 고정사업장의 존재를 위해서는,

> “[외국]법인이 ‘처분권한 또는 사용권한’을 가지는 국내의 건물, 시설 또는 장치 등의 ‘사업상의 고정된 장소’를 통하여 [외국]법인의 직원 또는 그 지시를 받는 자가 예비적이거나 보조적인 사업활동이 아닌 ‘본질적이고 중요한 사업활동’을 수행하여야 한다고 할 것이며, 여기서 ‘본질적이고 중요한 사업활동’인지 여부는 그 사업활동의 성격과 규모, 전체 사업활동에서 차지하는 비중과 역할 등을 종합적으로 고려하여 판단하여야 한다”

는 일반론을 정립하였다. ‘고정된 장소’라든지 그 장소를 ‘통한’ 사업 활동의 수행 같은, 고정사업장의 오래되고 기본적인 요건을 내던져 버린 것은 아니지만, 결국에 가서는 문제된 사업 활동의 지역적 양상, 그리고 각각의 지역에서 이루어지는 활동 부분들의 개별적 내용에 주목한 것이다. 그리고 이 사건에서는 블룸버그 사의 주요 활동 ― 주로 세계적 차원의 정보 수집, 그리고 그 분석과 가공 작업이 이에 해당한다고 이해하였다 ― 은 우리나라 바깥에서 이루어지는 반면, 우리나라 안에서는 그러한 정보의 전달과 수신이 이루어질 뿐이어서, 블룸버그 사 활동의 ‘본질적이고 중요한’ 부분은 우리나라 안에서 이루어지지 않는다고 인정하였다. 뒤집어 말하면 이는 사업 활동 관련 요건에서 말하는 ‘예비적·보조적 성격’의 요건이 충족되었다는 뜻이지만, 고정사업장 요건을 충족하지 못하도록 하는 예외의 일반적 표지였던 이 요건을 뒤집어서 이렇듯 오히려 논의의 중심에 올려놓은 논리 전개가 눈에 뜨인다. 이처럼 파악된 사실관계를 두고 이루어진 평가에는 이론(異論)이 있을 수 있지만, 사업 활동에서 ‘본질적이고 중요한’ 부분이 어디에서 이루어졌느냐에 초점을 맞추는 입장은 여기서 분명히 드러났다고 할 수 있다.

4. 평가

블룸버그 판결은 적어도 추상적 일반론 차원으로는 우리나라 법원의 고정사업장 관련 판례에서 중요한 한 획을 그었음이 분명하다. 즉 고정사업장에 관한 기본적 해석론의 토대 위에, 궁극적으로는 다국적기업이 실제로 전 세계적 차원에서 벌이는 사업 활동의 양상과 내용을 중시하는 '필립 모리스' 판결 류(流)의 사고방식을 담고 있다고 평가할 수 있다. 그리하여 고정된 장소가 있는지 여부보다는 그 장소를 통하여 이루어진 사업 활동의 성격, 그리고 이 활동이 해당 기업의 전체 사업에서 차지하는 비중을 사실상 가장 중요한 요소로 고려하는 모습을 보여주고 있다. 이 판단은 필연적으로 개별적·구체적 사안을 전제로 이루어지고 그만큼 불안정한 것일 수밖에 없다. 어쨌든 이후의 대법원 판결들은 대개 이 블룸버그 판결이 만들어 놓은 이론적 틀 위에서 출발하여 논리를 전개하는 모습을 보인다. 물론 그러한 일반론을 얼마나 정확하게, 그리고 일관성 있게 개별 사건에 적용할 수 있는지 하는 것은 또 다른 문제이겠지만….

V. AOA(OECD 인정 접근방식, Authorized OECD Approach)

1. 도입

고정사업장 개념에는 사실 크게 두 가지, 서로 구별되는 논점이 존재한다. 지금까지 살펴본 내용은 어느 나라 안에 고정사업장이 있는지 없는지에 관한 것이었고 이는 어느 나라가 사업소득에 대한 과세권을 가지는지 여부를 정하는 의미를 가지는 것이기도 하였다. 하지만 그 다음 논점으로, 고정사업장 소재지국이 어느 정도의 소득을 이 고정사업장 개념을 활용하여 과세할 수 있는지도 따로 문제가 된다. 잘 알려져 있다시피 이 논점에서는 예전부터 '총괄주의'(force of attraction)와 '귀속주의'(attribution principle)라는 입법 태도의 대립이 있었고, 현재의 대세는 귀속주의 쪽으로 넘어가 있다.[49)]

일단 귀속주의를 채택하게 되면, 기업 전체의 이익 중 어느 부분을 어떤 기준에 따라 고정사업장에(또는 시쳇말로 '본사'(本社), 아니면 본점(本店)을 포함하여 그 기업의 나머지 부분에) '귀속'시킬지 하는 논점이 뒤따르고 여기에는 다시 이른바 '개체설'(個體說)과 '일체설'(一體說)이라는 두 가지 사고방식의 대립이 있다.[50)] 심지어 OECD의 모범조약 차원에서도 이 두 가지 입장을 각각 대변하는, 그리하

49) 이창희, "고정사업장의 과세", 224~226면.
50) 이창희, "고정사업장의 과세", 250면 참조.

여 서로 충돌하는 조문들이 혼란스럽게 병존하던 시기가 있었지만,[51] 그 후 OECD는 이러한 문제점을 인식하고 관련된 조문들을 개체설로 일원화하는 노력을 기울였고,[52] 그 결과가 2008년경에 나온 AOA이다.[53]

2. 기본적인 내용

AOA의 구체적인 내용은 대단히 복잡하고 여기서 그 내용을 다 요약할 이유도 없다.[54] 다만 개체설에 터 잡고 있는 만큼 그 출발점이 고정사업장을 마치 별도의 '현지법인'인 것처럼 취급하는 데에 있음은 당연하다. 그리고 고정사업장을 보유한 기업의 나머지 부분('본점')과 이 고정사업장('지점') 간에서도 '거래'가 있는 것으로 취급하고, 여기에 이전가격 세제와 비슷한 내용 — 곧 '독립기업 원칙'[55] — 을 적용하는 것이 핵심이 된다.[56] 현재의 이전가격 세제는 물론, 여러 가지 서로 구별되는 정상가격 산정 방법을 포함하고 있는 등 그 자체로 대단히 복잡한 체계이고, 그 저변(底邊)에는 다국적기업의 각 구성부분들이 수행하고 있는 기능 — 좀 더 나누어 보자면 각 부분이 활용하고 있는 자산과, 수행하는 기능, 그리고 부담하는 위험 — 을 분석한 결과가 깔려 있다고 할 수 있다. AOA에서도 본·지점 간 관계의 특성을 반영하여 약간 내용을 달리하고 있기는 하지만, 역시 이러한 기능 분석이 이루어지게 되어 있고 그 결과에 따라 지점, 곧 고정사업장에 귀속될 소득의 크기를 계산하게 된다.

---

51) 이 점에 관하여는, 이창희, "고정사업장의 과세", 255~256면 참조.

52) 이창희, "고정사업장의 과세", 255~256면에서 보듯이 특히 문제가 되는 것은 2010년 개정되기 전의 OECD 모범조약 제7조 제3항부터 제5항까지의 규정인데, 위 개정으로 현재의 모범조약에는 이들 조항이 모두 삭제되어 있다. 김범준, 앞의 글, 75면에도 이에 관한 설명이 있다.

53) 김명준, 앞의 글, 43면은 제목에서 보듯이 '공식적 OECD 접근방법', 그리고 김범준, 앞의 글, 73면은 'OECD 공식입장'이라고 각각 번역한다.

54) 관심이 있는 사람은, 김명준, 앞의 글, 52면 이하; 최정희, 앞의 글, 87면 이하 참조. 그 밖에 김범준, 앞의 글, 72~74면에 간단한 설명이 있다.

55) 물론 모든 면에서, 법적 독립성이 있는 기업들 간에 적용되는 이전가격 세제와 같은 내용일 수는 없을 것이다. 김명준, 앞의 글, 45면에도 이에 관한 언급이 있다("원천지국에 소재한 PEs와 같은 기업의 부문들 간의 거래에는 [OECD] 모델 제7조에 별도로 규정된 독립기업원칙이 적용되어야 한다").

56) 최정희, 앞의 글, 81면("이 개정의 핵심은 고정사업장을 별개의 독립된 사업체로 보고, 이전가격 지침을 유추적용하는 것이다").

3. 평가

이창희 선생은『국제조세법』교과서에서 이 복잡한 내용이 현실에서 적용되어, 과세관청이 이에 따라 세액을 산정하는 일은 상상하기 어렵다고 평가하고 있다.[57] 실제로 AOA를 온전히 받아들이지 못하고 있는 것은 우리나라만이 아니며 OECD가 이 기획에 들인 노력에 불구하고 실제로 AOA가 국제조세 실무에 미친 영향은 생각보다 크지 않은 것 같다.[58] 또 2010년대 이후 새로 체결된 우리나라의 조세조약의 거의 전부가 지금은 사라진, 일체설 입장에 가까운 1977년 OECD 모범조약의 제7조 제3항에 해당하는 조문을 가지고 있고, 2010년 모범조약처럼 이 조문을 삭제해 버린 것은 현재로서 2023년에 안도라와 사이에 체결된 조세조약이 유일한 듯하다. 이처럼 현재 효력을 가지는 절대 다수의 우리나라 조세조약이 여전히 일체설에 가까운 입장을 취하고 있는 이상 AOA가 우리나라 조세조약 실무에 미친 영향이 아직까지 크지 않음도 분명하다. 한편 법인세법 시행령 제130조의 규정 등을 중심으로 조금씩 AOA에 해당하는 내용을 반영하는 방향으로 법 개정이 이루어지고 있기는 하지만 AOA 자체가 가지는 현실적 한계 때문인지 어정쩡한 상태에 머물러 있고 실무의 혼란 역시 그대로 남아 있다는 평가가 지배적이다.[59] 그렇기 때문에 AOA의 실행을 지지하는

---

57) AOA가 공개된 이후에도 후속 입법이 지지부진하고 그에 따라 과세 실무에서도 관련된 이해의 정도가 매우 낮음을 비판하는 김명준, 앞의 글, 47면, 그리고 70~73면의 서술은 AOA의 이러한 약점을 역설적으로 보여준다. 한편 이은총, "외국법인 고정사업장 과세 관련 쟁점에 대한 소고 — 고정사업장 성립 이후 문제되는 실무상 쟁점을 중심으로",『조세학술논집』제34집 제2호, 2018. 82면도 우리 세법에 AOA와 같은 구체적인 소득 귀속의 기준이 마련되어 있지 않음을 지적하고 있고, 나아가 위의 글, 85면은 이러한 법의 공백 상황이 과세관청의 무분별한 과세로 이어질 가능성을 우려하고 있다("과세관청의 소득추산에 의존할 경우 외국법인의 고정사업장에 모든 기능과 위험을 배분하는 결과가 초래될 가능성이 높다"). 최정희, 앞의 글, 92면도 AOA를 현실적으로 '적용하기 어렵고 과세 당국과 납세자 모두에게 막대한 행정 부담을 안겨준다'고 평가한다.

58) 최정희, 앞의 글, 90면에 따르면, "많은 OECD 및 비 OECD 회원국들이 2010년 OECD 모델조약 제7조 채택에 대해 의문을 제기하고 있[고]", 또 위의 글, 110면은, 조세조약 차원에서 2010년 모범조약 개정 전의 문언을 그대로 담고 있는 것이 많다고 서술한다. 한편 국제적으로 잘 알려진 국제조세 전문가인 필립 베이커(Philip Baker, 영국)는 OECD가 주도하여 온 다양한 국제조세 분야의 기획 중 그다지 성공적이지 못했던 것 — 그러면서도 '성공'으로 포장된 — 으로서 AOA를 꼽고 있다. P. Baker KC, "The reform of the institutional structure of international taxation", International Tax at the Crossroads (editor: Craig Elliffe), Edward Elgar Publishing, 2023, pp.61~62("OECD가 소위 AOA에 관한 작업을 완료하였을 때에는 이미 상당수의 OECD 회원국을 포함하여 대다수의 나라에 수용되지 않으리라는 것이 명백했다").

59) 이러한 국내법의 동향을 비교적 자세히 설명한 것으로, 최정희, 앞의 글, 97~98면; 또 주57에 언급한, 김명준, 앞의 글, 47면, 70~73면. 2020년에 개정된 법인세법 시행령 제130조 제2항과, 법인세법 시행규칙 제64조를 거론하고 있다. 하지만 김명준, 앞의 글, 72면은 여전히 이러한 규

듯한 입장에서도 이에 대한 곤혹스러움이 여전히 묻어난다.[60] AOA 도입에 비판적인 이창희 선생의 입장은 여기서도 타당함을 보여준다.

VI. 맺음말

고정사업장 개념은 지난 100여 년 동안 기존의 국제조세 질서의 중핵(中核)으로서 우리와 함께 하여 왔다. 하지만 그 100여 년 동안, 특히 최근에 와서는 더구나 생산과 소비의 행위를 둘러싼 현실이 우리의 눈앞에서, 정신을 차리기 힘들 정도로 빠르게 변화해 가고 있기 때문에, 고정사업장 개념을 정하는 조세조약의 문구 안에 우리가 담아야 하는 의미 또한 그만큼 계속하여 빠르게 달라져 가고 있다고 할 수도 있다. 고정사업장에 관한 조세조약의 여러 불명확한 문구의 해석에서 어려운 점은 바로 이러한 것이고, 지금에 와서는 이 오래된 개념을 두고 법 해석이라는 수단을 통해 현실에 맞는 결과를 도출하는 일이 과연 가능하고 적절한지 근본적으로 의심할 수밖에 없는 단계에까지 도달한 것일 수 있다.

이렇듯 국제조세 질서 역시 근본적으로 새로운 시기를 맞이하였다는 평가도 있지만,[61] 그럼에도 불구하고 기존 질서의 핵심 축 가운데 하나인 고정사업장 개념은 조세조약 체계 안에서 여전히 그대로 유지되고 있으며 그 대안으로 삼을 만한 것은 아직 분명하게 나타나지 않고 있다.[62] 즉 고정사업장 개념은 최근의

정이 '원론적인 수준이어서 실무상 유용한 지침을 제공하지 못하고 있'다고 평가하고 있다.

60) 최정희, 앞의 글, 95~96면 참조. AOA가 너무 복잡하여 현실 적용에서 많은 문제점을 낳고 따라서 '현재의 형태[로] 계속 유지될 수 있을지에 [대해] 의문이 있다'고 서술한다.

61) 뉴질랜드의 국제조세 전문가 크레이그 엘리프(Craig Elliffe)는 벱스 기획 이후 필라 1, 2 논의가 한창이던 2022년에, 기존의 국제조세 질서를 '1920년대의 타협'(1920s compromise)이라고 부르면서, 새롭게 제시되고 있는 많은 제도와 사고방식들의 총합을 '2020년대의 타협'(2020s compromise)으로 명명하고, 이러한 변화는 시대의 요구에 부응하는 타당한 것이지만 변화 전반을 관통하는 분명한 이론적 기초를 세우지 못한다면 그 전망이 불투명함 역시 지적하였다. C, Elliffe, "The Brave (and Uncertain) New World of International Taxation under the 2020s Compromise", World Tax Journal (May 2022), IBFD, p.237ff.

62) 벱스 기획에서 고정사업장 논점을 다룬 것은 '행동계획 제7번'(Action 7)으로 그 제목은 '고정사업장 지위의 인위적 회피 방지'(Prevention of the Artificial Avoidance of Permanent Establishment Status)이다. 이 내용은 김해마중, 앞의 책, 47면 이하에 간단히 요약되어 있지만, 고정사업장 개념의 폐기, 또는 근본적 재검토라기보다는 기존 개념을 확대 적용할 가능성을 탐색한 의미를 갖는다. 위의 책, 331~332면은 결론적으로도 당분간 고정사업장 개념이 사라지거나 다른 개념으로 대체될 가능성은 낮다고 내다보고 있다("[…] 고정사업장 제도가 유지되는 것은 제도자체의 유연성 보다는 제도의 오랜 역사와 과세권간의 충돌과 타협의 산물이라는 속성으로 인한 것이므로 고정사업장 요건에 대한 근본적인 변화가 가까운 미래에 실현되기는 어려

복잡한 상황에 불구하고 견고하며, 이 개념에 대한 불만은 이를 대체할 또 다른 개념을 통해서가 아니라 고정사업장을 끼우지 않은 아예 다른 방향의 논의로 나타나고 있을 따름이다. 고정사업장이 없어 과세권을 갖지 못하는 시장 소재지국(market jurisdiction)에 일정한 과세권을 부여하기 위한 이른바 '필라(Pillar) 1' 기획의 'A 금액'(Amount A) 논의나, 이에 앞서 이루어진 각 나라의 디지털 용역 세(稅, digital service tax, DST) 부과는, 이 책의 제13장(노미리, "'필라(Pillar) 2' 도입과 CFC 제도의 미래, '필라 1' 도입과 이전가격 세제의 전망")에서 더 자세히 다루는 내용이지만, 고정사업장 개념이 현실에서 과세권 배분의 역할을 제대로 다하지 못하고 있음과, 그럼에도 불구하고 기존의 조세조약 논의에서 이 문제를 해결하는 방안을 국제사회가 아직 찾아내지 못하고 있음을 잘 보여준다. '필라 1' 논의가 한때 요란했던 소동의 흔적만 남기고 사실상 좌초해 버린 지금, DST의 부활 가능성이 다시 역(逆)으로 고정사업장 개념의 대안 논의 — 지금까지 그리 성공적이지 못하였던 — 에 새로운 동력을 제공할지는 더 두고 볼 일이다.

울 것이다").

12. EU 국가보조금과 유해조세경쟁

김정홍*

Ⅰ. 들어가며

국제조세법을 공부할 때 '유럽'의 논의 동향을 잘 모르고서는 제대로 된 공부가 되기 어렵다. '조세조약'이 유럽에서 유래된 것은 말할 것도 없고, 유럽법의 '차별금지 원칙'이 유럽 국가들의 조세규범에 미치는 영향은 절대적이다. 이창희 선생은 『국제조세법』 교과서 여러 군데에서 유럽법(실은 유럽연합(EU) 법)이 과거·현재와 미래의 국제조세법에 미치는 영향에 대해 설명하고 있다.

2024년 9월 10일 8년간의 긴 여정 끝에 아일랜드와 애플(Apple) 사(社)에 대한 역사적인 국가보조금 사건 판결이 '유럽연합 사법재판소'(ECJ)에[1] 의해 내려졌다. 이 판결은 유럽연합(European Union, 이하 "EU") 차원에서는 다국적기업의

* 법무법인(유) 광장 외국변호사

1) 정식 명칭은 "Court of Justice of the European Union"이나, 이 글에서는 약어(略語)인 "ECJ"로 쓰기로 한다. 최종심(最終審)인 ECJ 아래 1심 법원은 "General Court"라고 하는데, 여기서는 '일반법원'으로 쓴다.

조세회피와 불공정 조세 경쟁에 대한 큰 승리로 평가되는 반면, 국제조세 학계에서는 판결의 법리적 타당성을 두고 상당한 논란이 야기되고 있다. 아무튼 아일랜드 정부는 애플 사(社)로부터 약 20조 원 이상(140억 유로+이자)에 해당하는 국가보조금을 환수(還收)해야 한다.

EU는 주권(主權)의 집합체(pooled sovereignty)로, 특정 분야에 대해 EU의 권능으로 EU조약에 명시적으로 규정하지 않는 한 각 회원국의 주권은 존중되고, 특히 조세 분야는 기본적으로 각 회원국이 주권을 행사한다. 달리 말하면 EU 차원에서는 'EU 집행위원회'(European Commission)가[2] 초(超) 국가적 과세당국이 될 수 없는데 어떻게 회원국이 조세 예규(例規)로 어느 기업에 혜택을 부여한다는 이유로 해당 회원국에 이를 환수하라는 명령을 내릴 수 있는가? 여기에는 최근 십여 년 간 국제조세 논의의 중심에 있는 "BEPS"(Base Erosion and Profit Shifting) 현상과 더불어 각 회원국의 조세 경쟁에 대한 EU 차원의 대응책으로 강력히 집행되고 있는 EU '국가보조금 규제 제도'가 자리하고 있다.

이 글은 EU가 그동안 역내(域內) '유해(有害) 조세 경쟁'(harmful tax competition)에 어떤 방식으로 대응하여 왔는지에 대해 EU 국가보조금 규제를 중심으로 관련 제도를 살펴보고, 'BEPS 기획' 이후 이전가격(transfer pricing)에 관한 일부 회원국의 조세 예규를 대상으로 한 집행위원회 차원의 대응과 이에 대한 ECJ 판결 등 일련의 사례를 검토한 후(II), 조세 예규에 대한 EU의 국가보조금 규제를 향한 비판적 평가와 함께 유해 조세경쟁 대책으로 가능한 EU의 직접세 분야 개혁 논의를 살펴보고(III), 향후 국제조세질서에서 유해 조세경쟁의 미래를 전망해 보는 것으로 논의를 마무리한다(IV).

II. 유해 조세경쟁과 EU 차원의 대응

1. 조세경쟁과 국제조세

먼저 국제조세의 오랜 주제인 '조세 경쟁'(tax competition)의 의미부터 정리해 보자. 조세경쟁은

2) 이하 '집행위원회'로 약칭한다.

"다른 국가의 비용으로 또는 다른 방법을 통해서 이동성 있는 경제 활동과 그에 상응하는 세원(稅源)을 유지, 획득 또는 회복하기 위해 기업과 개인의 세금 부담을 줄임으로써 다른 국가에 비해 한 국가의 상대적 경쟁력을 개선하는 것"

으로 EU에서 정의되고,[3] 조세경쟁이라는 용어 그 자체에는 별도의 가치판단이 개입되는 것은 아닌 듯싶다.[4] 조세경쟁의 공정성 여부를 두고 '공정한 조세경쟁'(fair tax competition)과 '불공정한 조세경쟁'(unfair tax competition)으로도 구분하는데, '유해 조세경쟁'은 후자에서 파생되는 개념으로 보아도 무방하다. 유해 조세경쟁은 통용되는 정의를 찾기 어려우나, 넓게 정의하자면 국제적인 자원 배분을 왜곡하는 결과를 초래하는 조세경쟁을 말한다.[5]

유해 조세경쟁은 경제의 세계화(globalization)와 같이 진행되어 왔고[6] 그 대표적인 현상이 조세피난처의 확산이다. 그런데 1990년대 후반에 이르자 조세피난처 문제란 실상 '빙산(氷山)의 일각(一角)'이고 진짜 문제는 선진국 상호 간의 자본 유치 경쟁이라는 생각이 떠오른다.[7] EU 내에서도 1990년대 초 상품·서비스·노동·자본의 자유 이동과 '설립의 자유'가[8] 보장되는 '역내 단일 시

3) 유럽 의회의 요청으로 2021년 5월 발간된 "Harmful tax practices within the EU: definition, identification and recommendations" 보고서, p. 9 에서 재인용.

4) '조세정의 네트워크'(Tax Justice Network)와 같은 시민사회 단체는 조세경쟁 그 자체를 부정적으로 보고 있다. https://taxjustice.net/wp-content/uploads/2014/04/Mythbusters-2013-competitive-tax-system-is-bad-tax-system-.pdf 참조. 반면 밀튼 프리드먼과 제임스 뷰캐넌 같은 노벨상 수상 경력의 경제학자들은 조세경쟁이야 말로 세계경제 자유화의 동력이라고 하면서 이를 억제하기보다 환영해야 한다는 입장이었다고 한다. 이런 측면에서 자유주의를 표방하는 미국의 케이토(Cato) 연구소는 OECD(경제협력개발기구)에 대해 '정부를 고비용 독점 기구로 만드는 OPEC과 같은 국제 카르텔'에 비유한다. https://www.cato.org/cato-handbook-policymakers/cato-handbook-policymakers-9th-edition-2022/global-tax-competition#advantages-of-tax-competition. 국내의 논의로, 효율을 기준으로 따진다면 자본유치 경쟁이 온 세상에 도움을 주는가라는 질문에 분명한 답을 내기는 어렵다는 주장도 있다. 이창희 외 2인, 『국제조세법』, 42면.

5) 주3에서 언급한 "Harmful tax practices within the EU: definition, identification and recommendations", p. 10. 이 보고서는 유해(有害) 조세제도의 일반적 유형으로, 법인세율의 인하, '특허 박스' 제도, '명목 회사'(shell companies), '명목상 이자'(notional interest)의 공제제도(또는 자본비용 공제), 특별 경제구역 및 조세 예규를 들고 있다.

6) 초기 논의로, 비토 탄지(Vito Tanzi)에 따르면, 세계화에 따른 조세경쟁이 국가 재정에 미치는 부정적 영향으로, i) 결국 세(稅) 수입이 감소하게 되고, ii) 정책 입안자들이 원하지 않는 방향으로 세금 제도의 구조를 변경하게 되며, iii) 조세 제도의 누진성을 약화시켜 과세 형평성을 떨어뜨린다고 한다. Vito Tanzi, *Globalization, Tax Competition and the Future of Tax Systems*, IMF, 1996, p. 20.

7) 이창희 외 2인, 『국제조세법』, 883면.

장'(Internal Market, Single Market)이 완성되자 단일시장에서 법인세의 차이가 가져오는 경제의 왜곡 문제를 공정 경쟁의 문제로 다루어야 한다는 인식을 하게 되었다.[9] 이러한 유해 조세경쟁에 대한 국제적 문제 인식은 1997년 EU의 '조세조율'(tax coordination) 보고서(Monti package)에서[10] 기업과세 분야의 '행동 규범'(Code of Conduct) 제안 및 '조세 국가보조금'(fiscal state aid) 규제의 강화를 이끌어 내고, 1998년 OECD의 '유해 조세경쟁 보고서'에서 각 국의 특혜 조세 제도 정비를 위한 '유해 조세제도 포럼'(harmful tax practices forum)의 창설로 이어진다.[11]

2. 조세경쟁과 EU의 대응

(1) EU의 조세 분야 관할권

앞서 언급하였듯이 주권의 집합체로 초국가적 기구인 EU는 EU와 회원국에 각각 고유의 권한을 부여하는 규정(conferral clause)을 'EU 조약'에 두고,[12] EU의

---

8) 이와 같은 5가지 자유를 EU의 '근본적 자유'(fundamental freedoms)라고 한다.

9) 1992년 발간된 유명한 '루딩 보고서'(Ruding Report)이다. European Commission, "Report of the Committee of independent experts on company taxation", 1992.

10) European Commission, "Towards tax co-ordination in the European Union", Com(97) 495 final, 1997. 10. 1. 그 당시 마리오 몬티(Mario Monti) EU 집행위원의 이름을 따 이를 '몬티 패키지'(Monti Package)로 부른다. 이 보고서의 핵심은, 단일시장과 유럽 통화연합(EMU: European Monetary Union)은 성장과 번영에 필수적인데 이는 또한 경쟁 요인으로서 조세의 중요성을 증가시켰다고 하면서 유해 조세경쟁에 대한 대응을 통해, 세수의 일실(逸失), 자본 대비 노동에 대한 조세 부담의 증가 등 단일시장의 왜곡을 방지해야 한다는 것이다.

11) OECD의 "1998년 유해조세경쟁에 대한 보고서"(HARMFUL TAX COMPETITION: An Emerging Global Issue)에서는 조세피난처(tax haven)와 '유해(有害) 특혜조세 제도'(harmful preferential tax regime)를 검토하고 대응 방안을 모색하였다. 조세피난처는, 1) 무세(無稅) 또는 명목상 세금만 존재하고, 추가로 2) 정보 교환의 부재(不在), 3) 투명성의 부재, 4) 실질 활동의 부재를 고려하여 판단한다. 유해 특혜조세 제도는 4가지의 '핵심 요소'(key factors)와 이와 관련하여 구체적으로 고려할 8가지의 '기타 요소'(the other factors)가 있다. 우선 핵심 요소는, 1) 무세 또는 낮은 유효세율(제1요소)을 갖추고, 동시에 2) 국내 시장의 진입을 제한하는 제도(ring-fencing of regime)(제2요소), 3) 투명성의 결여(제3요소), 4) 효과적인 정보교환의 결여(제4요소) 중 하나에 해당하면 '잠재적 유해 제도'가 된다. 기타 요소는 다음 8가지를 제시하고 있다: 1) 인위적인 과세표준 정의, 2) 국제 이전가격제도의 미(未) 적용, 3) 국외원천소득에 대한 면세, 4) 협상 가능한 세율 또는 과세표준, 5) 비밀유지 규정의 존재, 6) 광범위한 조세조약망 접근, 7) 조세 최소화 수단으로 제도 홍보, 8) 오로지 조세 목적으로 하는 활동이나 거래의 장려. 해당 보고서 pp. 19~34 참조.

12) 'EU 조약'(Treaty on EU) 제5조 제1항. EU 조약은 종전 '마스트리히트(Maastricht) 조약'(1992년)이 개정된 것으로, EU의 기본 가치, 민주주의, 지배구조, 외교·안보 등 주로 정치적·제도적 성격의 규정들을 포함한다.

전속 권한이 아닌 분야는 EU가 보충적으로, 필요한 만큼만 개입하도록 되어 있다.[13] 조세 분야에 대한 EU의 조약 규정을 보면, 부가가치세는 'EU 기능조약'(Treay on Functioning of EU, 이하 'TFEU'[14]) 제113조가 EU 차원에서 '조화'(harmonization)를 위한 입법을 허용하지만,[15] 직접세는 EU의 권한 분야가 아니고 TFEU 제115조에 따라 역내 시장의 설립, 또는 기능에 직접 영향을 미치는 회원국 법령들의 '조율'(approximation)을 위해 '특별 입법 절차'(special legislative procedure)에[16] 따라 '지침'(directive)을 제정하는 방식으로 규율된다.[17]

이와 같이 EU 차원에서 조세 분야는 상대적으로 회원국의 주권이 우선적으로 행사되는 분야이기는 하지만, 그렇다고 하여 회원국의 조세 주권 내지 조세 자율권이 무한정 허용되는 것은 아니고 TFEU 중 특히 '근본적 자유'(fundamental freedoms) 규정들에 따라 회원국의 세법 규정도 영향을 받는다.[18]

(2) EU의 유해 조세경쟁 대책 1: '기업과세 행동규범'(Code of Conduct for Business Taxation)

유해 조세경쟁에 대한 EU의 대책은 1998년 3월 9일 EU 이사회(Council)의 '기업과세 행동규범'(이하 '행동규범') 설립에 대한 '결론'에[19] 따라 실현되었다. 이

13) 이를 '보충성의 원칙'(principle of subsidiarity, EU 조약 제5조 제3항)이라 하며, EU가 개입하는 작용은 비례성의 원칙에 따라야 한다(EU 조약 제5조 제4항).

14) 종전 '로마 조약'(Treaty of Rome, 1957)이 개정된 것으로, 차별 금지, EU의 소관 정책분야(단일시장, 관세동맹, 농업, 어업, 경쟁, 경제·통화, 고용 등), 대외정책, 기구 등 주로 기능적 측면을 규정한다.

15) 원문은 다음과 같다.
"The Council shall, acting unanimously in accordance with a special legislative procedure and after consulting the European Parliament and the Economic and Social Committee, adopt provisions for the harmonisation of legislation concerning turnover taxes, excise duties and other forms of indirect taxation to the extent that such harmonisation is necessary to ensure the establishment and the functioning of the internal market and to avoid distortion of competition."
이 규정에 따른 현행 EU 부가가치세 지침은 "Council Directive 2006/112/EC of 28 November 2006 on the common system of value added tax"이다. 이 지침은 이 책의 제13장, 제14장에서 '유럽연합 개편 부가가치세 지침'으로 부른다.

16) EU의 입법 절차에서 EU 이사회(Council)가 단독으로, 만장일치로 결정하여 입법권을 행사하는 경우를 말한다. 반면 조세 분야 외에는 EU 이사회가 EU 의회와 공동으로 입법권을 행사하는데(co-decision), 이를 '보통입법 절차'(ordinary legislative procedure)라고 한다.

17) 최근 EU 직접세의 전반적인 동향은, 김정홍, "EU 조세법의 현황과 전망", 『세무와 회계연구』, 제12권 제4호, 한국조세연구소, 2023, 95~150면 참조.

18) 대표적으로 ECJ는 슈마커(Schumacker) 판결에서 직접세는 각 회원국의 권한 범위에 속하지만 그 권한의 행사는 EU 법에 합치되어야 한다는 원칙을 선언하였다. C-279/93, 1995. 2. 14. 판결문 21문단.

행동규범에 따라 회원국들이 공정한 조세경쟁 원칙의 준수를 약속하고 이를 위해 기존의 유해 조세제도를 개선 또는 폐지하거나("roll back") 새로운 유해 제도를 신설하지 않기로 하며("standstill"), 회원국들의 조세 제도를 검토하고 평가하는 '행동규범 그룹'(Code of Conduct group)을 EU 이사회 내에 설치하였다. 여기서 유해 조세제도는 기업의 활동 장소에 중대한 영향을 미치는 조세 제도 및 행정행위를 말하는데, 당시 구체적인 기준은 5가지로 정하였다.[20)]

EU의 행동규범 그룹이 설치되고 약 20년 간 작업을 해 오면서 어느 정도 역내 유해 조세제도에 대한 검토와 개선이[21)] 완료되었다고 본 EU는 2010년대 중반의 잘 알려진 'BEPS 기획' 이후 EU 외부로 관심을 돌려 제3국에 적용할 유해 조세제도 기준을 만들고[22)] EU 외 국가들의 제도를 실제로 검토한 후 2017년 12월부터 매년 해당 기준의 충족 여부를 발표하고 있다.[23)]

(3) EU의 유해 조세경쟁 대책 2: 국가보조금 규제 제도

1) 집행위원회 '경쟁 당국'과 TFEU 제107조

집행위원회는 EU에서 '법안 제출권'(right of initiative)을 단독으로 행사하고,[24)] 'EU 법의 수호자'(guardian of EU law)로[25)] EU의 행정부에 해당한다. 집행

---

19) COUNCIL CONCLUSIONS of 9 March 1998 concerning the establishment of the Code of Conduct Group (business taxation). '이사회 결론'은 그 자체로 법적 구속력은 없는 일종의 연성법(軟性法, soft law)에 해당한다.

20) 5가지 기준은 다음과 같다. 1) 세제 혜택이 비거주자 등에 대해서만 부여되는지, 2) 세제 혜택이 국내시장과 분리된 국외(國外) 거래에 대해서만 부여되는지, 3) 세제 혜택이 국내에서 실질적인 경제활동이 없는 경우에도 부여되는지, 4) '이익 결정 규칙'이 국제기준에 부합하는지, 5) 법규정이 불투명한 방식으로 집행되어 '조세 조치'의 '투명성'(transparency)이 결여되는지. 현재 위 1), 2) 기준은 하나로 합쳐 '국내시장과 절연된'(ring-fenced) 조세 혜택인지를 따진다.

21) 2024년 6월 현재 EU 행동규범 그룹의 회원국별 '특혜 조세제도' 조사 및 결과에 대한 전체 내역은, https://data.consilium.europa.eu/doc/document/ST-8602-2020-REV-7/en/pdf 참조.

22) 2016. 11. 8. COUNCIL CONCLUSIONS on the criteria for and process leading to the establishment of the EU list of noncooperative jurisdictions for tax purposes. 이 기준은 1) 정보교환을 중심으로 하는 '투명성', 2) 공정과세(주20의 5가지 유해 조세제도 관련 기준), 3) BEPS 방지 '최소 기준'의 이행 약속이다.

23) 우리나라의 외국인투자 조세감면 제도인 조특법 제121조의2도 당시 비거주자만을 위한 감면 제도를 운영하여 EU의 공정과세 기준 위반으로 판단됨에 따라 EU '조세 비(非) 협조 지역'(일명 블랙리스트)에 포함되었고, 결국 2018년 12월 세법 개정으로 동 제도가 폐지되었다. 2024년 10월 8일 현재 EU의 비협조지역 리스트에는 미국령(領) 사모아, 피지, 파나마, 러시아 등 11개국이 올라 있다.

24) EU 조약 제17조 제2항.

25) 집행위원회는 제정된 EU법(EU 조약을 포함한다)이 제대로 적용되는지를 감시하고 이행이 불완전한 회원국에 대해서는 이를 강제하는 권한도 갖고 있다. 회원국의 EU법 위반 행위(또는 입법

위원회는 27명의 집행위원으로 구성되어 각 위원들이 해당 분야를 관장한다. 경쟁법 분야는 집행위원회의 '경쟁 총국'(競爭總局, DG Competition)이 담당하는데,[26] 구체적으로 TFEU 제101~109조에서 반(反) 독점, 국가보조금 규제 등 EU 경쟁법 관련 내용을 규정하고 있다. 국가보조금에 관한 EU법 규범은 TFEU 제107~109조 및 이와 관련된 EU '규정'(regulation)들이다.[27]

TFEU 제107조 제1항은 국가보조금에 대해 다음과 같이 규정한다.

> "Save as otherwise provided in the Treaties, any aid granted by a Member State or through State resources in any form whatsoever which distorts or threatens to distort competition by favoring certain undertakings or the production of certain goods shall, in so far as it affects trade between Member States, be incompatible with the common market.

> "조약에 달리 규정된 경우를 제외하고 회원국에 의하거나 국가의 자원을 통하여 부여되는 모든 형태의 보조금으로[28] 어느 사업체나[29] 어느 재화의 생산을 유리하게 하여 경쟁을 왜곡하는 것은 공동시장에 부합하지 않는다." (번역과 주석은 모두 필자의 것)

위 규정을 풀어서 보면, i) 국가에 의한, 또는 국가 자원을 통한 개입, ii) 해당 개입이 국가 간 무역에 영향을 미칠 것, iii) 수혜자에게 선택적 혜택을 부여할 것, iv) 경쟁을 왜곡하거나 그러한 위협이 있을 것이라는 4가지 요건을 충족

부작위)에 대해서는 집행위원회가 ECJ에 '침해 소송'(infringement procedure)을 제기할 수 있다.

26) 경쟁 담당 집행위원은 2014년부터 덴마크 사람인 마르그레테 베스타게르(Margrethe Vestager)가 맡고 있다. EU 경쟁총국의 사건 중 최근 우리나라 기업이 관련된 것은 대한항공-아시아나 합병 승인과, 현대중공업의 대우조선 합병 불(不) 승인이 대표적이다.

27) EU법 체계에서 '규정'은 그 자체로 모든 회원국을 구속하는 법규범이다. 반면 '지침'(directive)은 EU 회원국을 구속하는 법규범인 점에서는 같으나, 회원국의 국내 이행을 위한 입법이 필요하다.

28) "aid"는 직역(直譯)으로는 '보조 또는 지원'으로 번역하지만, "aid"의 결과는 결국 금전 또는 이에 상응하는 이익으로 구체화되므로 '보조금'으로 번역하고, 이 글에서도 "state aid"는 '국가보조금'으로 쓰기로 한다.

29) 여기서 '사업체'(undertakings)는 경제활동, 즉 시장에 재화 또는 용역을 공급하는 활동을 수행하는 모든 형태의 단체를 말한다. Sjoerd Douma *et al.*, European Tax Law (8th edition), Volume I, Wolters Kluwer, 2022, p. 482.

하는 경우, 위법한 국가보조금에 해당하게 된다.

집행위원회는 회원국의 모든 보조금 제도를 상시적(常時的)으로 검토하고 적절한 조치를 요구하며, 특히 제107조 제1항에 해당하는 '불법 국가보조금'이라고 판단되면[30] 이를 폐지하거나 일정한 기간 내에 변경하도록 결정하고, 이미 지급된 보조금은 '환수 명령'을 내릴 수 있다.[31] 만일 회원국이 집행위원회 결정에 불복하는 경우 EU 법원에 제소할 수 있다.[32]

2) 국가보조금과 조세

1.에서 본 '조세 조율 보고서', 또는 '몬티(Monti) 패키지'의 후속 작업으로 집행위원회는 1998년 조세 관련 조치가 국가보조금이 되는 기본적 요건을 포함한 국가보조금 규제 관련 집행위원회의 입장을 상세히 정리하여 소개하였는데, 당시 'EC 조약' 제92조(현재의 TFEU 제107조) 제1항의 적용과 관련하여 아래 4가지 요건을 모두 충족하는 경우 국가보조금이 된다고 선언하였다.[33]

첫째, 조세 관련 조치가 그 대상자에게 조세 부담 또는 비용을 감경해 주는 혜택이어야 한다. 그 혜택은 과세표준의 감소, 조세의 감면 또는 공제, 또는 조세 채무의 이연, 취소 등으로 나타난다.

둘째, 그 혜택은 국가의 자원(재정)에 의해 제공되어야 한다. 이는 세법 규정, 규제 또는 행정행위를 통해 실현된다.

셋째, 해당 조치는 회원국 간 경쟁과 무역에 영향을 미쳐야 한다. 이 경우 수혜(受惠) 기업은 회원국 간 거래를 포함하는 경제활동에 종사하면 되고, 해당 기업이 다른 경쟁 기업에 비해 경쟁력에서 우위에 있는 것으로 충분하다.

넷째, 해당 조치가 특정적 또는 선택적인 것으로 일정한 사업체 또는 일정한 재화의 생산에 혜택을 주는 것이어야 한다. 구체적으로 입법 또는 행정행위를 통해 선택적 혜택이 부여될 수 있다. 다만 어느 제도의 성격 또는 일반적인 구조로 인하여 그러한 혜택이 정당화되는 경우는 제외한다.

위의 4가지 기준 중에서 넷째, '선택적' 혜택과 관련하여, ECJ는 조세 조치가

---

30) 국가보조금 중 예외적으로 인정되는 경우가 있는데, 대표적으로 개인 소비자에 대한 사회보장성(社會保障性) 보조금, 자연재해 등 예외적 상황에 대한 보상, 국가 경제의 마비에 대한 복구, 지역 개발을 위한 일정한 보조금 등이 이에 해당한다. TFEU 제107조 제2항, 제3항.

31) TFEU 제108조 제1항, 제2항, 제3항.

32) TFEU 제108조 제1항. 1심 법원인 일반법원과 항소법원인 ECJ의 2심 구조로 되어 있다.

33) Commission notice on the application of the State aid rules to measures relating to direct business taxation, 98/C 384/03.

선택적 혜택인지 여부에 대해 3 단계의 평가 체계를 정립하였는데, 이는 다음과 같다.[34)]

첫 단계로, 조세의 '준거 제도'(reference system)를 결정할 필요가 있는데, 이 준거 제도에 대하여 어느 조치의 '선택성'(selectivity) 여부가 판단된다. 이는 해당 제도의 적용대상인 모든 사업체에 일반적으로 적용되는 규범, 예컨대 법인세, 일반적 감가상각 방법, 부가가치세, 조세회피방지 등에 관한 규정을 말한다.

두 번째 단계로, 조세 제도가 그 목적에 비추어 볼 때 비교 가능한 법적·사실적 상황에 있는 경제 행위자들을 다르게 취급하여 대상 조치가 준거 제도에서 이탈하는지를 판단한다.

셋째 단계로, 준거가 되는 조세 제도에서 이탈하는 경우라도 소득 재분배, 이중과세 방지, 조세중립성 등과 같은 조세 제도에 내재한 기본적 또는 지도적 원리로 인해 이를 정당화할 수 있는지 여부이다. 정당화 여부의 판단에는 해당 조치가 비례적인지, 목적 달성을 위해 필요한 한도를 넘는지 여부도 따지게 된다.

2016년 집행위원회는 국가보조금 요건에서 '중대한 선택성(material selectivity)' 개념을 제시하고,[35)] 이를 다시 '법적'(de jure) 선택성과 '사실상'(de facto) 선택성으로 구별하였다. 전자는 어느 조치를 부여하는 기준이 특정한 사업에 대해 법적으로 정해진 경우이고, 후자는 어느 조치를 적용하는 기준은 일반적·객관적으로 규정되었으나 결과적으로 특정 사업체에 혜택이 돌아가는 경우를 말한다.[36)]

그러면 국가보조금 조사 및 결정에서 '조세 예규'(tax ruling)는[37)] 어떤 의미가 있는가? 이를 논의하기 전에 조세예규에 대한 국가보조금 조사의 계기가 된 다국적기업의 국제 조세회피에 관한 언론의 폭로 사건을 먼저 살펴보자. OECD의 BEPS 논의가 본격적으로 시작되면서 국제 조세회피 문제가 정치·경제·사회적 문제로 대두되자 이와 관련한 세계 언론들의 폭로가 계속 이어졌다. 대표적인

---

34) Lampreave Márquez, "Harmful Tax Competition and Fiscal State Aid: Two Sides of the Same Coin?", European Taxation, May 2019, pp. 200~201에서 재인용.

35) 어느 조치가 해당 회원국의 특정한 사업 또는 특정한 경제 분야에만 적용되는 것을 말한다.

36) Commission Notice on the notion of State aid as referred to in Article 107(1) of the Treaty on the Functioning of the European Union, C/2016/2946, 2016. 7. 19. 120~122 문단.

37) '조세 예규'는 광의(廣義)로 볼 때 납세의무자와 과세당국 간 '사전 예규'(advance tax ruling), '이전가격 사전 약정'(advance pricing arrangement)을 포함한 모든 종류의 약정(arrangement)을 말한다. European Parliament, "Tax Rulings in the EU Member States", Study for the ECON Committee, 2015, p. 26.

것이 2014년 11월 발생한 '룩스 리크'(Lux Leak) 사건으로, 이른바 '빅4' 회계법인 중 하나가 340개 이상의 다국적기업을 대리하여 조세회피 구조를 짜고 이를 룩셈부르크 정부가 이른바 "comfort letter"라고 하는 조세예규로 승인하였다고 하면서 국제 탐사 언론단체(ICIJ)가 모든 관련 문서를 공개한 것이다.[38] 이를 계기로 집행위원회 경쟁당국은 룩셈부르크를 비롯한 EU 회원국들의 조세당국이 다국적기업에 발급한 조세 예규를 입수하여 검토하기 시작하였고,[39] 이를 바탕으로 여러 건의 국가보조금 조사가 수행되었다.[40]

이러한 조세예규 조사에 따라 주로 미국의 다국적기업들이 룩셈부르크, 아일랜드, 네덜란드 정부로부터 받은 조세예규들이 국가보조금으로 판단되었는데, 몇 개의 주요 국가보조금 결정과 이에 대한 ECJ 판결들은 다음 3.(2)에서 본다.

조세예규의 국가보조금 해당 여부가 문제되자 2016년 집행위원회는, 회원국은 기본적으로 조세 주권 내지 조세 자율성을 갖지만, 이러한 권능은 TFEU 제107조 제1항에 위반되지 않도록 행사하여야 한다는 원칙을 강조하고,[41] 구체적으로 어느 사업체에 대한 조세예규가 선택적 혜택이 되는 경우를 다음 세 가지로 제시하였다.[42]

(a) 해당 예규가 국가의 세법을 잘못 적용하여 세액을 감소시키는 경우,

(b) 해당 예규가 유사한 법적·사실적 상황에 있는 다른 사업체에는 해당되지 않는 경우, 또는

(c) 과세당국이 유사한 상황에 있는 다른 납세자에 비해 더 '유리한' 세무상

38) 이와 관련한 상세 내용은 https://www.icij.org/investigations/luxembourg-leaks/explore-documents-luxembourg-leaks-database/ 참조. 현재 홈페이지에는 해당 기업들의 조세회피 구조와 관련 예규들이 그대로 올라와 있다. 이 폭로의 당사자는 PwC 룩셈부르크 법인의 전직 직원으로, 해당 폭로로 인한 법 위반으로 형사 소추를 당하여 유죄판결을 받았으나 오랜 소송을 거쳐 결국 유럽 인권재판소(ECHR)에서 그의 유죄판결은 파기되었다. 아무튼 '룩스 리크'로 인하여 다국적기업의 조세회피는 유럽뿐만 아니라 전 세계적인 국제정치·경제 이슈가 되었고, 유사한 종류의 폭로가 '파나마 페이퍼스'(Panama Papers), '파라다이스 페이퍼스'(Paradise Papers), '판도라 페이퍼스'(Pandora Papers) 등으로 계속 이어졌는데, 그 파장은 매우 크다.

39) 이에 따라 집행위가 회원국들의 조세예규를 입수하여 검토한 건수(件數)는 1,000 개가 넘는다.

40) EU 집행위원회가 조세예규를 조사한 결과는 https://competition-policy.ec.europa.eu/state-aid/tax- rulings_en 참조.

41) DG COMPETITION WORKING PAPER ON STATE AID AND TAX RULINGS, https://competition-policy.ec.europa.eu/document/download/cc11b513-0d4b-4617-bbb2-9c8a7cdb59c5_en?filename=specific_aid_instruments_working_paper_tax_rulings.pdf (2) 문단. EU 국가보조금 제도가 회원국의 법인세 제도까지도 규율한다는 판단은 ECJ의 '이탈리아 v. 집행위원회 판결'(C-173/73, 1974년)에서 비롯되었다.

42) 앞의 주36에 인용한 문헌의 174 문단.

조치를 적용하는 경우. 예컨대 해당 예규에서 승인하는 방법론이 시장에 기반한 신뢰 가능한 근사치(近似値)에서 벗어나는 결과, 즉 독립기업 원칙에 맞지 않는 이전가격 조치를 수용하는 경우가 이에 속한다. 이와 관련, ECJ는 2006년 이미 OECD의 '이전가격 지침'이 선택적 혜택의 부여 여부 판단의 기준이 된다고 판시한 적이 있다.[43]

3. 조세 관련 국가보조금 사건들

(1) 'BEPS 기획' 이전

BEPS 이전에도 조세 관련 국가보조금 사건들이 많이 있으나 여기서는 그 중 유해 조세경쟁과 관련하여 중요한 두 개 사건을 소개한다.

1) 지브롤터(Gibraltar) 사건[44]

지브롤터는 영국의 속령(屬領)으로 영국이 2002년 지브롤터의 법인세법 개정안을 입안하였다. 해당 법안은 기존 지브롤터의 법인세를 급여세(payroll tax),[45] '사업재산 점유세'(business property occupation tax)[46] 및 '법인 등록세'(company registration tax)로[47] 대체하고 앞의 두 가지 세금은 합쳐서 법인 이익의 15%를 한도로 과세하도록[48] 규정하였다. 이 제도에 대해 집행위원회는 앞의 두 세금은 이익을 내지 않는 법인에는 해당이 없고, 종업원 및 자산 규모가 큼에도 적은 이익을 내는 법인에 유리하며, 특히 '명목상 회사'로 사실상 세금이 면제되는 역외(域外) 회사(offshore company)에[49] 선택적 혜택을 부여하여 국가보조금에 해당한다고 결정하였다. 이에 영국과 지브롤터가 일반법원에 제소하였고, 일반법원은 집행위원회가 지브롤터의 정상적 세제에서 벗어난 선택적 혜택의 존재를 증명하지 못하였다고 판단하여 집행위원회 패소 판결을 내렸다.[50][51]

---

43) Joined Cases C-182/03 and C-217/03 Belgium and Forum 187 ASBL v. Commission EU:C:2006:416

44) Joined Cases C-106/09 P and C-107/09 P, 2011. 11. 15.

45) 지브롤터에서 고용된 직원 1인당 매년 3천 파운드로 과세된다.

46) 지브롤터에 소재하는 재산에 과세되는 세금과 동일한 세율로 사업용 재산에 과세된다.

47) 영리법인은 300 파운드, 비영리법인은 150 파운드로 매년 과세된다.

48) 추가로, 금융 서비스와 '유틸리티' 업종을 영위하는 법인은 각각 이익의 일정 비율로 과세되었다.

49) 지브롤터에 설립되었지만 직원과 물적(物的) 시설 또는 활동이 없는 회사로 '우편함 회사' 또는 자산운용 사(社)를 말한다.

50) C-106/09 P and C-107/09 P Commission and Spain v Government of Gibraltar and UK, 2011. 11. 15.

그러나 항소심에서 ECJ는 지브롤터의 해당 제도가 일반적인 성격인지 여부에 관계없이, 즉 지브롤터의 일반적인 조세 제도(준거 제도)에서 벗어난 특혜 제도의 존재를 증명할 필요가 없이, 어떠한 사업형태에 대해 사실상 유리한 조세부담을 지우는 결과가 되어 선택적 혜택에 해당한다고 판단하면서 원심을 파기하였다.[52)]

지브롤터 사건은 조세 분야 국가보조금에 대해 일반적 조세 제도 하에서도 제도의 설계와 운영에 따라 '선택적 혜택'을 받는 사업체의 존재가 가능하다는 판단으로 국가보조금 규제를 (유해) 조세경쟁에도 적용하는 계기가 된 판결로 평가된다.[53)]

2) "World Duty Free" 사건[54)]

이 사건에서 문제가 된 스페인의 세법은 스페인 내국법인이 외국법인의 주식을 5% 이상 직접 또는 간접으로 취득하는 경우 해당 주식 보유에 따른 '회계상 영업권'(financial goodwill)의[55)] 상각을 허용해 주지만 다른 내국법인의 주식 취득에는 이와 같은 상각을 허용하지 않도록 규정하였다. 집행위원회는 일반 세법의 원칙에서 벗어나 국제적으로 활동하는 스페인 법인들에게 혜택을 주는 한 이는 선택적 혜택으로 국가보조금에 해당한다고 결정하였다.[56)] 이와 같은 집행위원회 결정에 대해 "World Duty Free" 등 3개 스페인 법인들이 불복하여 EU

51) ECJ 판결에 앞서 이 사건 검토를 담당한 '법무 심의관'(Advocate General)은 일반적인 성격의 조세 제도라면 그것이 유해한 제도나 조세경쟁이라도 국가보조금 제도가 다루는 대상이 아니라는 의견을 제시하였으나, ECJ는 이를 배척하였다.

52) 특히 ECJ는 '역외 회사'의 경우 지브롤터의 제도에 따라 우연히 비과세되는 것이 아니라 해당 제도가 직원과 물적 시설이 없는 역외회사의 성격에 따라 과세되지 않도록 설계된 측면이 있다는 점을 지적하였다. 판결문 106 문단.

53) Edoardo Traversa & Pierre M. Sabbadini, "State－Aid Policy and the Fight Against Harmful Tax Competition in the Internal Market: Tax Policy in Disguise?", Fiscal State Aid Law and Harmful Tax Competition in the European Union, Oxford University Press, 2023, pp. 119－120.
https://dial.uclouvain.be/pr/boreal/object/boreal%3A192193/datastream/PDF_01/view

54) Joined Cases C－20/15 P and C－21/15 P, World Duty Free Group, judgment of 21st December 2016.

55) 스페인 세법상 주주 법인이 대상법인과 합병시 장부에 계상되는 영업권을 말하며, 이는 대상법인의 주식 취득가액에서 유·무형 자산의 시가를 차감하여 산출된다.

56) 2011. 1. 12. 집행위원회 결정이다. Commission Decision 2011/5/EC of 28 October 2009 on the tax amortisation of financial goodwill for foreign shareholding acquisitions; Commission Decision 2011/282/EU of 12 January 2011 on the tax amortisation of financial goodwill for foreign shareholding acquisitions.

일반법원에 제소하였고, 일반법원은 집행위원회가 준거 제도에서 벗어난 조치를 주장하는 것만으로 충분하지 않고, 이러한 영업권 상각은 어느 부류의 경제적 거래에 적용되는 일반적인 것이며 특정한 사업체 또는 산업 부문에만 적용되는 것은 아니라고 하면서 집행위원회 결정을 취소하였다.[57]

그러나 항소심에서 ECJ는 '선택적'의 의미를, 반드시 사전에 법제도에서 정해진 수혜 그룹만을 말하는 것이 아니라 국내 세법의 일반적 체계에서 추구하는 목적에 비추어 법적·사실적으로 비교 가능한 상황에 있는 납세자를 정당한 사유 없이 다르게 취급하는 경우를 말한다고 판시하고 원심을 파기하였다.[58]

위의 두 개 ECJ 판결은 어느 조치가 순전히 국내에서 활동하는 사업체와 비교하여 국제적으로 활동하는 사업체를 더 유리한 상황에 두는 결과가 된다면, 해당 조치의 성격과 해당 조치가 국제 조세경쟁에 미치는 영향 사이에 직접 관련성이 있는 것으로 보아 국가보조금의 존재를 인정하는 것으로 평가된다.[59]

(2) BEPS 기획 이후

BEPS 논의가 본격화된 후 룩스리크 등 사건을 계기로 2014년 12월 EU 집행위는 조세회피 및 불공정 조세경쟁에 연루된 EU 국가들과 다국적기업에 대한 조사를 위해 모든 EU 회원국에 대해 기(旣) 발급한 조세예규를 제출할 것을 요구하면서 이에 대한 국가보조금 조사를 천명하였다.[60] 이로써 조세 문제에 대한

---

57) Autogrill España v Commission (T－219/10); Banco Santander and Santusa v Commission (T－399/11), 2014. 11. 7.

58) Joined Cases C-20/15 P and C-21/15 P, 2016. 12. 21. ECJ의 파기환송에 따른 후속 소송에서 최종적으로 스페인의 해당 제도가 국가보조금에 해당하는 것으로 확정되었다(2021년 10월). Sigma Alimentos Exterior v Commission (Case C－50/19) EU:C:2021:792; World Duty Free v Commission (Joined Cases C－51/19 and C－64/19) EU:C:2021:793; Banco Santander v Commission (Case C－52/19) EU:C:2021:794; Banco Santander and Santusa v Commission (Joined Cases C－53/19 and C－65/19) EU:C:2021:795; Axa Mediterranean v Commission (Case C－54/19) EU:C:2021:796; Prosegur Compañía de Seguridad v Commission (Case C－55/19) EU:C:2021:797

59) 주53에 인용한 논문, p. 130.

60) 1 European Commission, Press release of 17 December 2014: "State aid: Commission extends information enquiry on tax rulings practice to all Member States" http://europa.eu/rapid/press－release_IP－14－2742_en.htm. 당시 EU 경쟁담당 집행위원 베스타게르(Vestager)는 다음과 같이 선언하였다.
"We need a full picture of the tax rulings practices in the EU to identify if and where competition in the Single Market is being distorted through selective tax advantages. We will use the information received in today's enquiry as well as the knowledge gained from our ongoing investigations to combat tax avoidance and fight for fair tax

국가보조금 조사는 회원국의 특혜 조세 제도에서 특혜성 있는 예규로 초점이 이동하였다. 현재 EU 집행위원회의 조세예규에 대한 국가보조금 결정으로 공개된 사례는 모두 8건인데,[61] 여기서는 벨기에의 '초과이익세 제도'(excess profit tax regime), 피아트(Fiat), 아마존(Amazon) 및 애플(Apple) 사건을 차례로 살펴본다.

1) 벨기에 초과이익세 제도

2016년 집행위원회는 벨기에의 초과이익 과세 제도로 35개 다국적기업이 약 7억 유로의 혜택을 받은 것으로 판단하고 해당 금액의 환수를 결정하였다.[62] 벨기에의 동(同) 제도는 2005년부터 적용되었는데, 다국적기업의 벨기에 자(子) 회사 또는 고정사업장의 과세대상 소득 중 시너지(synergy), 규모의 경제, 또는 그 외의 이유로 발생하여 다국적기업에 속하는 초과이익은 벨기에 과세당국의 예규로 과세소득에서 공제가 가능하였다. 집행위원회는, 이러한 벨기에 제도에 따른 예규로 정상적인 법인세 과세 대상인 단독 기업보다 다국적기업의 벨기에 자회사(지점)에 선택적 혜택을 부여하고, 또한 정상가격 원칙에 따르면 이러한 초과이익은 그룹 기업들 사이에 경제적 실질에 따라 배분되어야 함에도 벨기에 자회사 소득에서만 차감하여 정상가격 원칙에 반한다는 이유로 국가보조금 결정을 한 것이다. 이에 대해 벨기에 정부가 불복·제소하였고, 일반법원에서는 집행위원회가 개별 예규가 아닌 초과이익 예규에 관한 제도 자체를 하나의 국가보조금 제도로 본 점에서 방법론적 오류가 있다고 판단하여 집행위원회 패소 판결을 내렸다.[63]

그러나 항소심에서[64] ECJ는 일반법원의 판결을 내치고 해당 초과이익 예규 제도가 일반적인 국가보조금 요건 세 가지를[65] 모두 충족한다고 판단하였다.[66]

---

competition."

61) 룩셈부르크의 피아트(Fiat) 조세 예규(2015년 결정), 네덜란드의 스타벅스(Starbucks) 조세 예규(2015년 결정), 벨기에의 초과이익 제도(2016년 결정), 아일랜드의 애플(Apple) 조세 예규(2016년 결정), 룩셈부르크의 아마존(Amazon) 조세 예규(2016년 결정), 룩셈부르크의 ENGIE 조세 예규(2018년 결정), 룩셈부르크의 맥도날드 조세 예규(2018년 결정), 영국의 CFC 제도(2019년 결정). https://competition-policy.ec.europa.eu/state-aid/tax-rulings_en 참조. 여기서 '피아트'를 제외하고는 모두 미국 다국적기업에 대한 예규들이 조사 대상이 되었다.

62) https://ec.europa.eu/commission/presscorner/detail/en/ip_16_42

63) T-131/16 and T-263/16, 2019. 2. 14.

64) C-337/19P, 2021. 9. 16.

65) 첫째, 보조금이 국가의 작용으로 개별 사업체에 부여될 것, 둘째, 보조금 부여를 위해 추가적인 이행조치를 요하지 않을 것, 셋째, 보조금이 부여될 사업체는 일반적이고 추상적 방법으로 정의될 것.

66) ECJ는 일반법원의 국가보조금 기본 요건 판단의 법적 오류를 지적하여 파기환송한 것으로, 선택적 혜택의 존재 여부는 이후 일반법원에서 판단하였는데, 2023년 9월 20일 일반법원은 벨기

2) 피아트 사건

이 사건에서 집행위원회는 룩셈부르크에 설립된 "Fiat Finance and Trade"(이하 'FTT')라는 피아트 그룹의 금융 자회사의[67] 그룹 내 대출 거래에 대해 FTT를 별도의 일반 은행과 비교 가능하다고 전제하고, 2012년 룩셈부르크의 FTT에 대한 '이전가격 사전 약정'(APA) 예규가 FTT의 부적절한 경제적 가정(假定)과 조정을 통해 실제 자본보다 낮은 금액으로 자본을 인정하고 시장 이자율보다 낮은 이자율로 이자를 받는 것을 승인한 것으로 보았다. 집행위원회는 2015년 이와 같은 APA는 국가보조금 판단에서 당연히 준거 제도로 인정되는 OECD 정상가격 원칙에 위반한 것으로 판단하고[68] 해당 거래를 국가보조금으로 결정하였다.

룩셈부르크와 피아트 사의 불복에 대해 일반법원은 집행위원회 결정을 그대로 유지하였고, 이에 원고들은 ECJ에 항소하었다. ECJ는 EU 차원에서 직접세의 '조화'가 없는 한 쟁점 예규의 근거가 된 룩셈부르크 세법 제164조 제3항 및 관련 행정해석(Circular) 164/2이[69] 준거 규범이 되어야 한다고 전제하고, 이에 따르면 집행위원회의 선택적 혜택 판단은 근거가 없다고 하면서 준거 규범에 대한 법리오해를 이유로 일반법원의 판결을 파기하였다.[70] 이 판결은 이전가격 관련 국가보조금 사안에서 ECJ가 최초로 내린 판단으로, 이어지는 ECJ의 '아마존 사건'에도 이전가격 사안의 준거 규범에 관하여 같은 법리가 그대로 적용되었다.

3) 아마존 사건

아마존 사건에서 집행위원회는 룩셈부르크에 설립된 아마존 사(社)의 유럽 사업회사(Amazon EU: 이하 'AEU'[71])가 '아마존 유럽 지주(持株) 회사'(Amazon Europe Holding Technologies: 이하 'AEHT'[72])에 지급한 사용료가 정상가격 원칙을

에의 초과이익 제도가 세법의 일반 원칙에서 벗어난 선택적 혜택에 해당하는 것으로 인정하여 집행위원회 승소 판결을 내렸다. Kingdom of Belgium v European Commission, Case T-131/16 RENV.

67) FTT는 피아트(Fiat) 그룹의 유럽 자회사들에게 외부자금 조달, 그룹 내 '자금 통합관리'(cash pooling) 등 광범위한 재무 및 금융 서비스를 제공하였다.

68) 집행위원회는 FTT의 경우 그 자본과 수익을 시장 조건에 상응하는 것으로 추정하면 룩셈부르크에서 발생한 과세소득은 실제의 20배가 된다고 추정하였다.

69) 룩셈부르크의 세법에서 정상가격 원칙을 그룹 내 금융거래(intra-group financing)에 적용하는 세부 규정이다.

70) C-885/19 P, and C-898/19P, 2022. 11. 8.

71) Amazon EU Sàrl.

72) Amazon Europe Holding Technologies SCS.

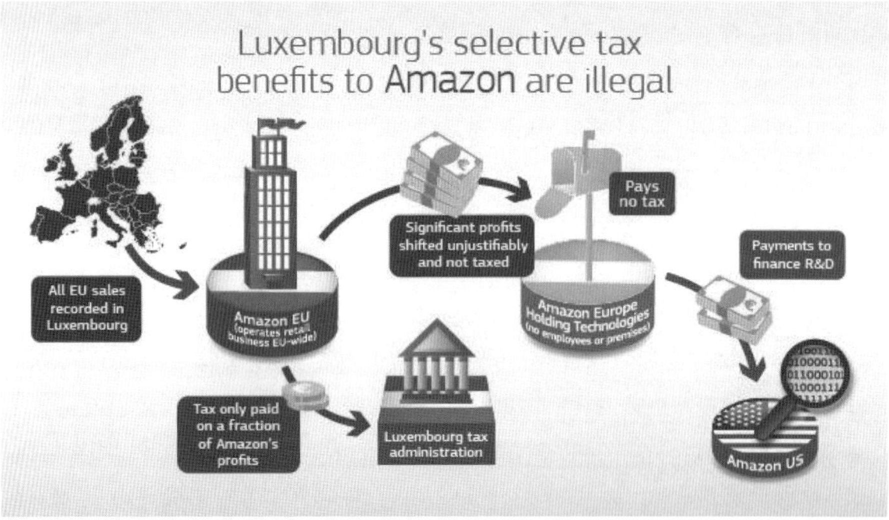

룩셈부르크 – 아마존 국가보조금 사건 개요(출처: EU 집행위원회)

위배하여 결국 아마존의 유럽 내 이익의 대부분이 과세되지 않는 결과를 초래하였고, 이는 아마존에 대한 선택적 혜택에 해당하므로 국가보조금이라는 결정을 내렸다.[73)]

AEU는 아마존의 유럽 지역 소매 판매업을 담당하는 사업회사로 500여 명의 직원을 두고 AEHT로부터 사용 허여(許與, 라이선스, license) 받은 지식재산권을 사용하여 웹사이트를 운영하면서 유럽 내 구매 고객들로부터 매출이 발생하였고 이는 모두 AEU에 귀속되었다. AEHT는 아마존의 미국 본사와 '원가 분담 약정'(cost sharing arrangement)을 통해 아마존의 유럽 내 사업에 대한 지식재산권을 보유하고 이를 AEU에 라이선스하여 일정한 사용료를 지급받았는데,[74)] AEHT는 '유한 파트너십'[75)] 형태로 룩셈부르크에서 과세 대상 단체가 아니었다. 룩셈부르크 정부는 2003년 AEU에 이런 거래 구조를 승인하는 예규를 발급하였고 이에 따라 해당 거래는 2014년까지 계속되었다.

집행위원회는 AEU가 사업활동과 지식재산권에 기여한 정도가 상당한데,[76)]

73) Commission Decision (EU) 2018/859 of 4 October 2017 on State aid SA.38944. 결정의 간단한 소개는 https://ec.europa.eu/commission/presscorner/detail/en/ip_18_5831 보도자료 참조
74) 해당 사용료는 평균적으로 AEU 영업이익의 90%를 초과하였다.
75) 룩셈부르크 SCS(société en commandite simple)로, 이는 대체로 영미법의 "Limited Partnership"에 해당한다.
76) 구체적으로 AEU의 직원들이 판매 제품의 선정, 매입, 온라인 판매 및 고객 배송의 전 과정에서

AEHT는 실체가 없이 그저 지식재산권만 보유한 상태에서 AEU가 AEHT에 지급한 사용료 금액이 경제적 실질을 반영하지 않고 과다 지급된 것으로 보고, 룩셈부르크 정부의 예규가 없었다면 실제로 납부했어야 할 세금과 예규로 인해 납부한 세금의 차액만큼을 국가보조금(2억5천만 유로 및 가산이자)으로 보아 룩셈부르크에 환수명령을 내렸다.

집행위원회의 결정에 룩셈부르크와 아마존이 불복하였고, 일반법원은 2021년 5월 집행위원회의 정상가격 원칙 적용 자체의 합법성은 인정하면서도 집행위원회가 선택적 혜택의 존재를 충분히 증명하지 못하였다고 하면서 해당 결정을 취소하였고,[77] 이에 대한 ECJ의 항소심에서 ECJ는 원심 판결을 확정하였다.[78] 여기서 ECJ는 OECD의 '이전가격 지침'이 EU 법의 일부로 선택적 혜택 판단의 준거 규범이 된다고 전제한 일반법원의 판단에는 오류가 있다고 하면서, 집행위원회가 룩셈부르크 세법에 OECD 정상가격 원칙이 반영되어 있다는 점을 증명하지 못했다는 이유로 집행위원회 결정을 취소하였다.

4) 애플 사건

가) EU 집행위원회 조사 및 결정

2016년 12월 집행위원회는 아일랜드 정부가 1991년과 2007년 애플 사의 두 개 아일랜드 자(子) 회사에 발급한 이전가격 관련 예규를 조사한 결과 이는 애플에 대한 위법한 국가보조금에 해당한다고 결정하였다. 해당 결정에 따르면 아일랜드가 애플에 대한 조세예규로 선택적 혜택을 부여하여 애플의 유럽 전체 이익에 대한 실효세율 수준이 2003년 1%에서 2014년 0.005%로 감소하였다고 하면서 2003년부터 2014년까지 과소 부과된 세금 약 140억 유로(가산이자 별도)에 대해 환수명령을 내렸다.

조사 대상인 애플의 아일랜드 자회사는 각각 "Apple Sales International"(ASI)와 "Apple Operations Europe"(AOE)로 모두 애플 본사가 지분 전부를 보유하고 있다. 이들 자회사는 모(母) 회사와의 비용분담 약정(cost-sharing agreement)에 따라[79] 미주(美洲) 외 지역에서 애플의 지식재산권을 사용하여 제품을 제

수행한 관리 활동과, AEU가 전자상거래 플랫폼에 대한 기술과 소프트웨어의 성능 향상에 기여한 점을 지적하였다.

77) Luxembourg and Amazon v Commission (T-816/17 and T-318/18), 2021. 5. 12.

78) C-457/21 P, 2023. 12. 14.

79) 애플 본사와의 CSA에 따라 ASI는 본사 연구개발비의 절반 이상을 부담하고 그에 따라 미주 외

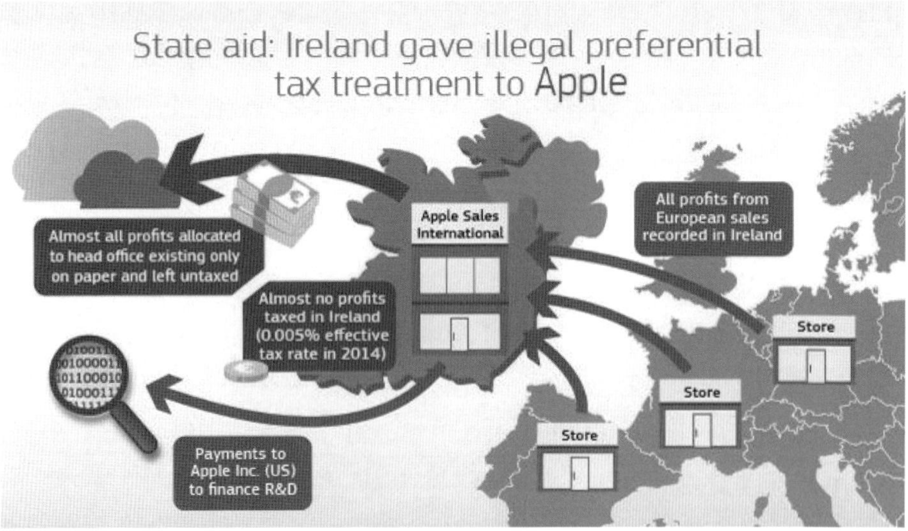

아일랜드 - 애플 국가보조금 사건 개요(출처: EU 집행위원회)

조·판매할 권리를 갖고 있었다. ASI의 경우[80] 유럽 등 시장에서 매출이 발생하면 해당 소득이 모두 ASI의 소득으로 귀속되고 해당 소득은 ASI의 '본점'(head office)과 아일랜드에 있는 지점에 분할되었는데 지점에 귀속되는 소득의 계산방법을 아일랜드가 2차례 예규로 승인하였다.[81] 문제는, ASI는 아일랜드의 거주자도 아니고 다른 외국의 거주자도 아니므로[82] 본점에 귀속되는 소득은 과세가 되지 않고(이른바 국적 없는 소득, "stateless income") 아일랜드에서 과세되는 지점의 귀속 소득은 ASI 전체 소득의 극히 일부에 불과하였다는[83] 점이다.

나) EU 법원의 판단

아일랜드와 애플 사의 불복에 따른 소송에서 일반법원은 2020년 7월 집행위원회의 국가보조금 결정을 취소하였다.[84] 그 주요 이유를 보면, 아일랜드 지점

지역에서 애플의 지식(知識) 재산권을 사용하게 되었다.

80) ASI의 거래구조에 대한 설명은 AOE에도 동일하게 적용된다.

81) 구체적으로 아일랜드 두 개 지점의 운영 비용에 일정한 비율로(공개된 판결문에서 '마크업'(mark up) 비율은 공란(空欄)으로 되어 있다) 이익을 계산하는 방식이다.

82) 당시 아일랜드 세법의 법인 거주지 판단기준은 '실질적 관리 장소'에 따르고, ASI, AOE의 관리장소인 미국은 설립 준거법지(準據法地, 아일랜드)를 따르므로 어느 국가에도 거주지가 없는 이중 비거주자가 된 것이다.

83) 2011년을 보면, ASI 전체 소득 160억 유로 중에서 5,000만 유로만 아일랜드에서 과세되었으며(나머지는 어디에서도 과세되지 않음), 이에 따라 전체 소득에 대한 실효 법인세율은 0.05%에 불과하였고, 2014년의 경우 0.005%로 떨어졌다고 한다.

에 애플의 지식재산권이 귀속되고 따라서 모든 ASI(AOE)의 소득이 여기에 귀속되어야 한다는 충분한 증거를 집행위원회가 제공하지 않아 국가보조금 규정에 따른 선택적 혜택의 존재를 충분히 증명하지 못했다고 하면서, 특히 아일랜드 밖에서 수행된 기능의 존재 여부만으로는 증명이 부족하다는 것이다.

한편 일반법원은 집행위원회가 아일랜드 세법의 준거 규범에[85] OECD의 '이전가격 지침'(이른바 AOA 포함)이 반영되어 있다고 판단한 것은 수긍하였다. 이 쟁점, 즉 준거 규범을 무엇으로 볼 것인가에 대한 일반법원의 입장이 결국 ECJ의 최종 판단에 영향을 미치게 된다.[86]

일반법원의 판결에 집행위원회가 항소하였고 ECJ는 다음과 같이 원심 판결의 법률상 오류를 지적하면서 이를 파기하고 집행위원회 결정을 확정하였다.[87] 즉 ECJ는 집행위원회가 '배제 접근법'(exclusion approach)에[88] 의존하였다는 일반법원의 판단에 대해 집행위원회가 ASI의 본점과 지점이 각각 수행한 활동에 대한 분석을 충분히 하였고 특히 지식재산권 라이선스와 관련하여 아일랜드 지점이 다양한 기능을 수행하고 라이선스의 관리 및 사용에 관련된 위험도 부담하는 등 적극적 역할을 수행하였다고 보았다. 이와 같이 ECJ는 ASI(AOE) 본점의 기능과 위험이 부재(不在)한 상태에서 아일랜드 지점이 수행한 기능의 다양성과

84) Cases T-778/16 and T-892/16, 2020. 7. 15.

85) Section 25 of Tax Consolidation Act 1997(1997년 조세통합법 제25조). 이 조항은 외국법인의 국내 사업소득 과세 조항으로, 지점이나 대리점을 통해 아일랜드에서 사업을 수행하지 않으면 과세되지 않고, 만약 지점이나 대리점을 통해 사업 활동을 수행하면 해당 지점이나 대리점에서 발생하는 소득(지점 또는 대리점이 사용하거나 보유하는 재산으로부터의 소득 포함)에 대해(on all of its trading income arising directly or indirectly from the branch or agency and from the property or rights used by or held by or for the branch or agency […]) 과세한다고 규정한다.

86) ECJ는 일반법원이 OECD '이전가격 지침'(AOA 포함)을 준거(準據) 규범으로 인정하고 이를 원고들이 별도로 다투지 않은 결과로, 결국 준거 규범에 대한 기판력이 인정된다고 보았다. ECJ 판결문, 278, 279 문단.

87) ECJ 항소심 판단에 앞서 ECJ는 법무심의관의 의견을 요청하였는데, 그는 일반법원 판결에 대해 파기환송 의견을 내었다. OPINION OF ADVOCATE GENERAL PITRUZZELLA delivered on 9 November 2023, Case C-465/20 P. 동 의견은 집행위원회가 ASI 본점의 직원이나 실질의 부재(不在)로 인하여 본점에 지식재산권에 대한 통제권이 없었다고 본 것이 아니라, 지점의 다양한 활동과 기능 및 위험의 중요성에 의존하여 적극적으로 지식재산권 및 관련 소득을 지점에 귀속시켰다고 하면서, 이에 관한 일반법원 판단의 오류를 지적하였다. 또한 쟁점이 된 아일랜드 세법 조항(조세통합법 제25조, 위 주85)은 그룹 내 기업들 간 자산, 기능 및 위험의 배분에 따라 소득이 귀속되도록 하는 취지, 즉 독립기업 원칙의 반영이라고 하였다.

88) 여기서는 본점에 귀속될 소득이 없기 때문에 결국 모든 소득이 지점에 귀속된다는 접근법을 말한다.

중요성에 비추어 집행위원회 결정에 문제가 없다는 결론을 내렸다.

다) 평가

많은 국제조세 전문가들의 예상과 달리 애플 사건은 ECJ의 파기 자판(破棄自判)에 따라 집행위원회의 완승으로 끝났다.[89] 피아트와 아마존 사건 패소 이후 다소 침체되어 있던 집행위원회 경쟁당국은 이 판결을 계기로 더욱 조세예규에 대한 국가보조금 조사에 탄력을 받을 것으로 예상된다.

하지만 OECD '이전가격 지침'을 국가보조금 판단의 준거 규범으로 하는 문제에 관하여 피아트와 아마존 판결에서 제시된 법리가 애플 사건에서 왜 적용되지 않았는지, 2010년 OECD에서 채택된 AOA가 과거로 소급하여 적용규범이 될 수 있는지 여부에 대해서는 여전히 의문점이 제기되고 있다.[90]

아일랜드로서는 더 이상 애플 사와 같은 다국적기업의 법인 거주지 문제가 발생하지 않으므로[91] 이 사건은 과거의 일로 치부되고 판결의 영향은 애플 사건의 사실관계에만 한정된다는 평가가 있으나, 아일랜드가 20조 원 상당의 국가보조금에 해당하는 유해 조세제도를 운영한 국가라는 오명(汚名)은 그대로 남을 것 같다.[92] 미국 재무부는 2016년 집행위 조사 결정에 대해서는 별도의 보고서를 내어 강력히 반발하였으나, ECJ의 최종 판단에 대해서는 별도의 입장을 낸 것이 없다.

---

89) 이에 대해 당초 애플 국가보조금 조사를 이끌었던 집행위 최고 당국자였던 마르그레테 베스타게르(Margrethe Vestager)는 '유럽 시민들과 조세정의의 큰 승리'(A big win for European citizens and for tax justice)라고 평가하면서 환영의 뜻을 표시하였다.

90) CFE ECJ Task Force, "Apple's Case: State aid concerning the (mis)allocation of profits to Irish PEs", 2024. 10. 2. https://koflerge.org/wp-content/uploads/2024/10/ecj-tf-2-2024-apple.pdf; C. Garavan, "The Apple Case: The Right Decision for the Wrong Reasons?", October 2024, European Taxation 64(12); R. Finley, "The Meaning of State Aid Is Anyone's Guess After Apple", Taxnotes, 2024. 9. 23. https://www.taxnotes.com/featured-analysis/meaning-state-aid-anyones- guess-after-apple/2024/09/20/7lm8g.

91) 2015년부터 아일랜드 법인의 거주지 판단 기준은 다음과 같이 변경되었다. 즉 아일랜드에 설립된 법인은 조세조약에 따라 다른 국가의 거주자가 아닌 한 아일랜드 거주자이며(설립 준거법지), 여기에 '중심적 관리·통제 기준'(central management and control test)이 추가되어 설립지가 외국이라도 아일랜드에 관리·통제 장소가 있으면 아일랜드 거주자가 된다. 중심적 관리·통제는 법인의 정책 결정, 투자 결정, 주요 계약의 결정, 본점의 소재지 및 다수의 이사 거주지를 종합하여 판단한다. 결국 아일랜드는 설립 준거법지와 관리장소 기준을 병행하여 법인 거주지를 결정한다. https://www.revenue.ie/en/companies-and-charities/corporation-tax-for-companies/corporation-tax/company-residency-rules.aspx 참조.

92) 물론 아일랜드로서는 엄청난 규모의 세수가 한 번에 들어오니 단기적으로 국가 재정에는 큰 도움이 될 것이다.

4. 정리

1990년대 후반 EU 차원에서 유해 조세경쟁이라는 국제적 문제에 대응하면서 행동규범 그룹과 국가보조금이라는 두 개의 제도가 병행하여 운영되어 왔다. 양 제도는 기본적으로 상호 보완 관계에 있으며, 다음과 같이 비교할 수 있다.[93)]

첫째, 행동규범은 법적 구속력이 없는 연성법(軟性法, soft law)에 해당하고, 다만 회원국 및 제3국에 사실상의 구속력을[94)] 가진다. 반면 국가보조금은 TFEU의 규율 대상이며 국가보조금에 해당한다는 결정이 나오면 회원국을 구속하여 해당 보조금을 환수해야만 한다.

둘째, 실제적 차이로, 행동규범은 EU 역내에서 이동성(移動性) 자본의 소재지에 영향을 미치는 조치를 대상으로 하지만, 국가보조금은 EU 경쟁법의 일부이므로 회원국 간 통상에 대한 영향을 따진다.

셋째, 목적을 보면, 행동규범은 다른 회원국의 세원(稅源)을 잠식하는 유해조세제도로 인한 회원국 간 경쟁의 왜곡을, 국가보조금은 비교 가능한 법적·사실적 상황에 있는 기업(사업체) 간 경쟁의 왜곡을 철폐하려고 한다.

넷째, 행동규범은 '작업 그룹'이 어느 정도 판단에 있어 재량권을 행사하지만, 집행위원회의 국가보조금 결정에는 별로 재량이 없다.

그 외에 국가보조금은 EU 법원의 사법심사 대상이 된다는 점과, 행동규범에서 다루는 유해 조세경쟁은 대체로 외국기업을 내국기업보다 우대하는 역(逆)차별 형태라면, 국가보조금은 이러한 역차별 외에 내국기업의 해외 진출까지도 그 대상으로 한다는 점을 들 수 있다.

한편 EU의 국가보조금 규제는 BEPS 이전에는 회원국의 일반적 조세 제도를 대상으로 선택적 혜택을 부여하는지를 검토하여 왔으나, BEPS 이후에는 다국적 기업의 조세회피 대응에 중점을 두면서 이전가격 문제를 다루는 조세예규에 대해 적극적으로 국가보조금 결정을 내리고 있다. 현재까지 조세예규에 관한 국가보조금 결정에 대한 EU 법원의 판결을 보면 '이전가격 지침'이 국내 세법에 제대로 반영되지 않았다는 이유로 준거 제도 기준에서 집행위원회가 패소하는 사

93) P. Lampreave Márquez, Harmful Tax Competition and Fiscal State Aid: Two Sides of the Same Coin?, 59 Eur. Taxn. 5 (2019), Journal Articles & Opinion Pieces IBFD (accessed 22 Sep. 2024). p. 204 – 205.

94) EU 기준에 위반되는 제3국의 경우 EU가 강력한 조세 및 비(非) 조세 대응 조치를 예정하고 있어 그 이행을 거부하기가 어렵다. 김정홍, 앞의 글, 133면 참조.

례가 더 많으나 가장 최근 '애플 국가보조금 판결'은 이와 다른 결론을 내려 다소 혼란스러운 상태이다. 한 가지 분명한 것은 국가보조금 위반 결정이 된 조세예규들을 보면 대부분 EU의 저(低) 세율국과 미국 다국적기업들이 관여되었다는 점이고, 이는 결국 유해 조세경쟁을 통한 국제적 조세회피에 EU가 국가보조금이라는 강력한 수단을 동원하고 있는 것으로도 평가할 수 있다. 즉 조세예규 관련 국가보조금 분쟁은 국제조세 질서의 두 축을 형성하는 미국 대 EU의 '국제조세 전쟁'(global tax war)으로도 볼 수 있는 것이다.

Ⅲ. 유해 조세경쟁 대책과 평가

1. 국가보조금: 비판적 견해들

우선 미국 정부는 집행위원회의 2016년 '애플 국가보조금 결정'이 나왔을 때, 별도의 입장을 정리한 백서(白書)를 내고 집행위원회가 자신만의 방식으로 '이전가격 지침'을 적용하여 초국가적 과세당국 노릇을 한다고 강력히 비판하였다.[95)]

학계에서도 EU 국가보조금 규범을 유해 조세경쟁에 적용하는 문제에 대해 상당한 논란이 있어 왔다. 어느 회원국의 '조세 조치'가 국가보조금이 될 수 있는지에 대해서는 TFEU 제107조에서 명확히 인정하지만, 해당 규범이 어떤 근거로 불공정 조세경쟁이나 유해 조세경쟁에도 적용되는지에 대해 의문을 제기하는 견해가 있다.[96)] 이 견해는 국제조세에서 일종의 연성법에 해당하는 '이전가격 지침'을 특정 회원국의 조세 제도에 당연히 편입되는 준거 규범으로 보아, 여기에서 벗어나는 개별 과세조치는 선택적 혜택이므로 국가보조금으로 간주하는 것은 EU 회원국의 조세 주권에 대한 침해라고 비판한다.[97)]

이전가격에 관한 조세예규를 두고 '선택적 혜택'에 해당하는 위법한 국가보조금인지 여부를 판단하는 데는 이전가격과 정상가격(독립기업 원칙)이라는 생래

---

95) U.S Department of the Treasury, 'The European Commission's Recent State Aid Investigation of Transfer Pricing Rulings' White Paper of 24 August 2016, p. 9.

96) Edoardo Traversa and Alessandra Flamini, "Fighting Harmful Tax Competition through EU State Aid Law: Will the Hardening of Soft Law Suffice?", EStAL 3, 2015, p. 323－331. https://dial.uclouvain.be/pr/boreal/object/boreal%3A167297/datastream/PDF_01/view

97) *Id.*, p. 331

적(生來的)으로 불안정하고 불확실한 개념을 적용하면서 이를 둘러싼 세수(稅收) 싸움이라는[98] 문제가 상존한다. 이와 같이 이전가격 제도가 정확한 과학이 아닌 불안정한 범위에서 과세당국과 납세의무자의 판단으로 '정상가격'을 찾는 작업이라면,[99] 집행위원회가 이전가격 지침에 위반하는 선택적 혜택을 판단할 만한 자격 또는 권한이 있는 것인지[100]라는 근본적 의문이 제기된다. 이런 문제를 감안하면, 선택성의 판단은 특정한 정상가격 산출방법이 OECD가 제공하는 명확하고 완전한 지침에서 명백히 벗어나는 경우에 한정하도록 제도를 운영해야 한다는 견해도 있다.[101]

이와 관련, 미국 버지니아 대(大)의 루스 메이슨(Ruth Mason)은 EU의 국가보조금 규범은 기본적으로 자유무역 규범이므로 '이에 따른 해석'(free trade interpretation)이 필요하다고 주장하고, 조세예규가 위법한 국가보조금이 될 수는 있지만 애플 사건을 포함한 국가보조금 결정에서 국내 조세 규범이 아닌 외부 규범을 준거 제도로 하는 것은 개별 회원국의 조세 관할권에 대한 지나친 개입이라고 비판한다.[102] 같은 맥락에서 ECJ의 법무심의관(AG)으로 조세 사건을 많이 다룬 율리아네 코코트(Julianne Kokott) 역시 공정한 국제조세 제도의 필요성은 인정하지만 국가보조금 규제는 정상적 과세 제도에서 벗어나 정당화될 수 없는 조세 조치만을 대상으로 해야 한다는 신중한 입장을 보이고 있다.[103]

---

98) 이창희 외 2인, 『국제조세법』, 342면 이하 참조.

99) OECD TPG 1.13 문단 참조.

100) 집행위원회는 OECD '이전가격 지침'은 TFEU 제107조 제1항 국가보조금 판단에 내재하는 원칙이고, 이에 부합하는 조세 예규는 국가보조금 문제를 야기할 가능성이 없다고 천명하였다. Commission Notice on the notion of State aid as referred to in Article 107(1) of the Treaty on the Functioning of the European Union, C/2016/2946, 173 문단.

101) M. Tenore, Chapter 9: APAs and State Aid: A New Era of European Tax Law? in EU Law and the Building of Global Supranational Tax Law: EU BEPS and State Aid (D. (Dennis) Weber ed., IBFD 2017), Books IBFD (accessed 29 Oct. 2024), 9.2.2.1

102) Mason, Ruth, Tax Competition and State Aid (June 1, 2022). Forthcoming 2023 Oxford Yearbook of European Law, Virginia Public Law and Legal Theory Research Paper No. 2022-38, 2022. Available at SSRN: https://ssrn.com/abstract=4125304. 루스 메이슨은 TFEU 제107조와 제115조의 관계에 대하여, 제115조는 집행위원회가 국가보조금 규정 집행을 통해 조세 '조화'를 달성하는 것을 금지한다고 해석한다. *Id.*, p. 24.

103) Juliane Kokott, Tax Harmonisation through the Prohibition of State Aid? Keynote Speech, EStALI Conference 22-23 September 2022, pp. 462~467.

2. EU의 직접세 분야 개혁 논의

위에서 본대로 애플 판결의 결과에도 불구하고 조세예규를 통한 유해 조세경쟁에 대응하기 위한 EU 국가보조금 규제는 EU 집행위원회의 무리한 법집행이라는 의견이 다수인 것 같다. 아래에서는 국가보조금 외에 EU의 직접세 분야[104] 개혁 논의 중에서 유해 조세경쟁 대책으로 활용될 수 있는 제도들을 살펴본다.

(1) BEFIT 및 이전가격 세제 지침 안(案)

1) BEFIT

2023년 9월 집행위원회는 EU 차원의 법인세 개혁 방안으로 EU '법인세 과세체계', 또는 BEFIT(Business in Europe: Framework for Income Taxation)의 '지침'(directive) 안을 발표하였다. 이 지침안은 과거 집행위원회가 제안해 왔던 EU '법인세 공통 과세표준'(CCCTB: Common Consolidated Corporate Tax Base) 지침안의[105] 새로운 명칭으로 내용적으로 큰 변화는 없다. BEFIT의 근본 목적은 EU 역내 기업들의 법인세 체계를 단순화하여 조세가 역내 시장의 장벽이 되지 않도록 하고[106] 기업 친화적 환경을 조성하는 것이다.[107]

BEIFT의 적용 범위는 필라(Pillar) 2와 같이 EU 내 연결 매출 7억 5천만 유로를 넘는 EU 다국적기업으로, 이를 'BEFIT 그룹'이라 한다. BEFIT의 과세표준은 개별 구성기업의 재무회계 손익에 일정한 조정을 하는데, 이러한 개별 과세표준을 합하여 단일한 BEFIT 그룹 과세표준이 되고, 제도 도입 후 7년간은 '기본적 배분 비율'로,[108] 그 이후는 '공식(公式) 배분법'(formulary apportionment)에[109] 따

---

104) BEPS 관련 EU의 직접세 규범은 EU 차원의 '조세회피 방지 지침'(Anti-tax avoidance directive: ATAD), '조세행정 협조 지침'(DACs), '조세분쟁 해결 지침', 국가별 보고서 공개 등 다양하다. 이에 대한 상세한 논의는, 김정홍, 앞의 글, 104~140면 참조.

105) Proposal for a COUNCIL DIRECTIVE on a Common Consolidated Corporate Tax Base (CCCTB), COM/2011/0121 final. 2011년 처음 제안되었고, 2016년 수정된 지침 안(案)이 나왔으나 모두 EU 이사회에서 합의되지 못하고 결국 폐기되었다.

106) EU 27개 회원국의 법인세법이 각각 다르기 때문에 단일시장에서 사업 활동을 하는 국제적 기업들에게 복잡성을 야기하고 이에 따라 납세이행 부담을 증가시킨다고 EU 집행위원회는 지적한다.

107) 김정홍, 앞의 글, 139면에서 재인용.

108) (이전 3년간 각 개별구성기업의 평균 과세표준/이전 3년간 BEFIT 그룹의 평균 과세표준) × 당해 연도 BEFIT 그룹 과세표준.

109) 구체적 공식은 아직 나온 것이 없다.

라 개별 기업에 그룹 과세표준을 배분한다.

결국 EU는 향후 공식배분법을 통해 EU 차원의 법인세 조화를 추구하고, 이에 따라 유해 조세경쟁도 제한하는 부수적 효과를 고려한 듯하다.[110] 그러나 공식배분법에서도 여전히 자국에 유리하도록 과세표준의 요소를 유치하는 조세경쟁이 가능하다는 지적이 있는 만큼[111] BEFIT이 시행되더라도 이를 이상적인 대안으로 보기는 어렵다. 다만 아래 (3)에서 보는 필라 2가 유럽과 전 세계에 제대로 정착한다면 일정한 최저 세율이 제도적으로 확산되어 조세경쟁을 어느 정도 제한하는 효과는 볼 수 있을 것이다.

2) 이전가격 지침 안

집행위원회는 BEFIT의 제안과 동시에 EU 차원의 이전가격 '가이드라인'을 EU 지침안으로 제안하였는데,[112] 이는 그동안 EU 회원국 별로 다르게 이행되면서 이중과세 및 분쟁의 원인이 되어 온 이전가격 세제를 EU 전체에 통용되는 법규범(지침)으로 제정하고 이를 통해 이전가격 세제의 조화를 도모하려는 것이다.[113] EU 각 회원국에서 OECD '이전가격 지침'(TPG)이 일관되게 입법되고 적용되지 않는다는 것은 이미 피아트와 아마존 등 국가보조금 사건에서 쟁점이 되었고, 이들 국가보조금 사건의 패소(敗訴)가[114] 집행위원회의 'EU 이전가격 지침' 제안에 영향을 미쳤을 가능성이 있다.[115]

---

110) BEFIT의 전신인 CCCTB를 유해 조세경쟁 대책으로 제시한 어느 견해에 따르면 CCCTB와 같은 구속력 있는 법규범으로 조세 조화를 증진하고 이에 따라 기업들이 유해한 소득 이전과 공격적 조세회피 행위로 나아갈 유인을 제한할 것이라고 주장한다. Gabriella Perotto, "HOW TO COPE WITH HARMFUL TAX COMPETITION IN THE EU LEGAL ORDER: GOING BEYOND THE ELUSIVE QUEST FOR A DEFINITION AND THE MISPLACED RELIANCE ON STATE AID LAW", p. 336－337. https://iris.unito.it/retrieve/handle/2318/1865208/1005473/Perotto_2021.pdf

111) de Wilde, Maarten Floris, Tax Competition within the European Union - Is the CCCTB Directive a Solution? (May 30, 2014). Erasmus Law Review, Vol. 7, No. 1, 2014, Available at SSRN: https://ssrn.com/abstract＝2446833

112) https://taxation－customs.ec.europa.eu/taxation/corporate－taxation/proposal－harmonised－transfer－pricing－rules－eu_en

113) EU 이전가격 지침 안(案) 제1조 참조.

114) 피아트(Fiat)와 아마존(Amazon) 사건에서 집행위원회는 OECD TPG는 국제적인 합의를 반영한다고 주장하였다. Amazon (T－816/17 and T－318/18), 문단 155 참조. 그러나 ECJ는 TFEU 제107조 제1항을 적용할 때 이전가격 지침이 국내법에 구체화 되었는지 여부에 관계없이 '자족적(自足的)인'(autonomous) 이전가격 지침이란 상정할 수 없다고 판시하였다. Fiat Chrysler Finance Europe v Commission, C－885/19 P and C－898/19 P, paragraph 104.

115) Anuschka Bakker, Anca Aron and Dusan Arsenovic, "Proposed EU TP Directive and the

동(同) 지침안은 이전가격으로 인한 조세회피, 이전가격 쟁송, 이전가격 지침의 비(非) 대칭적 적용으로 인한 이중과세 문제, '이행 비용'의 감소를 목적으로 하면서, 총 22개 조문으로 구성되어 있다.[116] 기본적으로 OECD '이전가격 지침'(2022년)의 주요 정의를 원용하는데,[117] 특기할 것은 제14조에서 독립기업 원칙의 적용을 위해 무형자산 거래, 서비스 거래, 원가분담 약정, 기업 재편(再編, restructuring), 금융거래, 본·지점 거래에 대하여 구체적인 세부 규정을 입법할 권한을 이사회에 부여한다는 점이다.

지금까지 나타난 EU 이전가격 지침안에 대한 반응은 대체로 회의적이다. 대표적으로, 해당 지침안이 EU 차원에서 집행위원회가 원하는 방식으로 OECD 이전가격 지침과 다르게 적용될 가능성이 있다는 점과, 조세회피 대응이라는 목적 자체가 OECD 이전가격 지침에는 없다는 측면이 지적되고, 이전가격 세제 자체의 불확실한 적용 문제(특히 고정사업장에도 이를 적용할 때의 기술적(技術的) 문제)를 EU 지침이라고 해서 극복할 수 있는지 여부에도 의문이 제기되고 있다.[118]

(2) EU 행동규범의 개혁

앞 Ⅱ.2.(2)에서 보았듯이 'EU 기업과세 행동규범'은 2017년 말부터 역외 국가의 유해 조세제도를 조사하고 EU 기준에 위반하는 경우 이를 조세 분야 '비(非) 협조 지역'으로 지정하여 관리하고, 필요한 경우 '방어 조치'(defensive measures)도[119] 취할 수 있도록 되어 있다.

Amazon Case – A New Lens on State Aid Investigations", European Taxation June 2024, p. 256. https://www.ibfd.org/sites/default/files/2024-09/free-article-proposed-eu-tp-directive-and-the-amazon-case-a-new-lens-on-state-aid-investigations-ibfd.pdf;

116) 제1조는 목적 조항, 제2조는 회원국의 납세의무자(고정사업장 포함)를 적용 대상으로 하고, 제3조는 정의 조항으로 OECD TPG의 주요 정의를 기본적으로 차용한다. 제4조는 독립기업원칙 적용의 일반 규칙, 제5조는 특수관계 기업의 정의, 제6조는 대응 조정, 제7조는 보상 조정, 제8조는 상업적 또는 재무적 관계의 파악, 제9조는 이전가격 방법, 제10조는 '가장 적절한 방법', 제11조는 비교가능성 분석, 제12조는 정상가격 범위의 결정, 제13조는 이전가격 문서, 제14조는 독립기업 원칙의 적용, 제15~22조는 '최종 조항'이다.

117) 구체적으로 보면, 정상가격 원칙과 특수관계 기업의 정의에서 OECD 지침과 다소 차이가 있다.

118) R. Collier, "The Transfer Pricing Directive – Round 2 for an EU ALP?", https://oxfordtax.sbs.ox.ac.uk/article/transfer-pricing-directive-round-2-eu-alp

119) 조세 분야를 보면, 비협조 지역 관련 제도의 혜택을 받는 EU 기업의 세무관리 강화 또는 해당 거래에 대한 세무관리 강화 등 EU 공동으로 취하는 조치가 있고, 개별 회원국 차원에서도 배당소득 면제의 적용 배제, 이자비용 공제의 제한 등 법률상 가능한 조치들을 다수 열거하고 있다. 비조세 분야는 대표적으로 최빈(最貧) 개도국에 대한 EU의 금융지원 중단 조치가 있다. 김

EU 이사회는 2022년 11월 행동규범의 적용 대상을 확대하는 내용을 포함한 강화된 개정 규범에 합의하였다.[120] 개정 규범은 종전 규범의 적용 대상인 특혜 조세제도가 아닌 '일반적 조세 제도'(tax features of general application)라도 이중 비(非) 과세, 또는 같은 비용과 관련한 이중·다중적 조세 혜택을 부여한다면[121] 잠재적으로 유해한 제도로 규정한다.

또한 어느 회원국의 조치에 대해 EU의 국가보조금 규정 관련 조사가 진행되는 경우 행동규범 그룹은 해당 국가보조금 조사가 종결될 때까지 해당 조치에 대한 유해 조세제도 평가 작업을 중단하도록 규정하여[122] EU 국가보조금 조사에 우선권을 부여하고 있다.

(3) EU의 필라 2(글로벌 최저한세) 이행

2021년 12월 OECD가 필라 2 '모범 법안'을 발표함과 동시에 EU도 EU 회원국에 적용될 필라 2 지침안을 발표하였다. 실제로 OECD의 필라 2 논의는 특히 독일과 프랑스가 주도하였기 때문에 자연스럽게 EU 지침안도 같이 발표된 것으로 볼 수 있다. EU 입장에서 필라 2는 법인세율 하한선(15%)을 사실상 강제함으로써 다국적기업의 조세회피와 저세율국의 (유해) 조세경쟁에 효과적으로 대응할 수단으로 여겨졌고, 이에 따라 1년간 EU 이사회 논의를 거쳐 2022년 12월 22일 'EU 필라 2 지침'에 합의하였다.[123]

EU 지침은 모든 회원국이 2023년 12월 말까지 '국내 입법'(transposition)을 완료하여 2024년 1월부터 적용하기로 예정되어 있고, 실제로 대부분의 회원국이 국내 입법을 완료하였다. 그러나 2024년 10월 현재, 4개 국(스페인, 키프로스, 폴란드, 포르투갈)은 입법이 되지 않아 결국 EU 집행위원회가 이들 국가를 상대로

정홍, 앞의 글, 주138.

120) Council conclusions on the reform of the Code of Conduct for Business Taxation, 2022. 11. 8.

121) 여기에 해당하기 위한 구체적 요건은, 1) 일반적 조세 제도로, 남용방지 규정 또는 다른 안전장치가 동반되지 않아 이중 비과세 또는 같은 비용에 관련된 이중·다중적(多重的) 혜택을 부여하고, 2) 이로 인하여 EU 내 경제활동 장소의 선택에 중요한 영향을 미치는 경우이다. *Id.*, p. 6

122) *Id.*, p. 10.

123) EU 지침은 단순히 OECD 모범 법안을 따르지는 않고 EU법 원칙에 따른 특징이 있다. 첫째, EU 지침은 OECD가 필라 2를 국가별 선택에 맡기는 것과 달리 27개 회원국이 모두 도입 의무를 갖는다는 점이다. 둘째, EU의 '근본적 자유' 원칙, 즉 차별금지 원칙에 따라 순수한 국내기업이라도 매출 기준(7.5억 유로)을 충족하면 필라 2 적용 대상이 된다. 김정홍, 앞의 글, 107면에서 재인용.

ECJ에 '침해 소송'을[124] 제기하였다. 해당 국가 별로 사정이 있겠지만 EU 내에서도 필라 2 입법이 일관되게 진행되지 않는 것은 그만큼 EU의 역내 '조세 조화'(tax harmonization)가 어렵다는 것을 보여준다고 하겠다.

(4) 조세 분야 입법: 만장일치제의 개혁

위 Ⅲ.1.에서 본 바와 같이 조세예규에 대한 집행위원회의 국가보조금 조사와 결정 관행에 대해서는 상당한 비판이 제기되고 있다. 근본적으로 EU 차원에서 단일시장의 공정한 경쟁조건을 왜곡하는 유해 조세경쟁 문제를 다루는 규범을 제정하기 위해서는 현행 '특별 입법절차'(만장일치제)의 개혁이 필요하다는 문제 제기가 있어 왔고, EU 집행위원회는 이를 개선하기 위해 조세 분야에도 가중(加重) 다수결[125] 원칙을 도입하는 로드맵을[126] 제시하였다.[127]

그러나 이 제안에 대해 결정 권한을 가진 EU 이사회에서는 논의가 진전되지 않고 있다. 프랑스, 독일, 이탈리아 등 주요 회원국은 이를 강력히 지지하지만 중소 회원국, 특히 그동안 다국적기업의 조세회피에 주로 활용되어 온 아일랜드, 룩셈부르크, 네덜란드는 물론이고, 법인세율 인하 등 조세정책을 통해 상당한 투자 유치에 성공한 동유럽 회원국들도 현상 유지를 선호하는 입장이라고 한다.[128]

3. 보론(補論): OECD의 유해 조세경쟁 대책

(1) 유해 조세제도 포럼

위 Ⅱ.1.에서 소개한 OECD의 유해 조세제도 포럼은 BEPS 기획의 "Action

124) Ⅱ.2.(3)의 1)과 주24에서 살핀 대로, EU 집행위원회는 EU법의 수호자로, EU법 위반 국가를 상대로 침해소송(Infringement Procedure)을 ECJ에 제기한다. TFEU 제258조.

125) EU 보통입법 절차에 따른 의사 결정이며, EU 이사회와 의회 양쪽이 법안에 대해 공동으로 의결권을 갖는다(co－legislators). 표결은 회원국 55% 이상과, 국별 인구를 감안한 65% 이상의 찬성을 요한다.

126) '가중 다수결'은 점진적인 방식으로 2025년까지 4단계로 추진되는데, 1단계는 조세회피 방지 협력과 같이 회원국의 세율과 과세표준에 직접 영향이 없는 이슈, 2단계는 환경, 보건 등 다른 분야 정책을 지원하는 조세 이슈, 3단계는 부가가치세와 같이 이미 '조화'된 조세 규범을 개정하는 이슈, 끝으로 4단계는 CCCTB(현재는 BEFIT)와 같은 EU 차원의 주요 조세정책 이슈이다. 김정홍, 앞의 글, 143면.

127) COMMUNICATION FROM THE COMMISSION TO THE EUROPEAN PARLIAMENT, THE EUROPEAN COUNCIL AND THE COUNCIL, COM(2019) 8 final, 2019. 1. 15.

128) 김정홍, 앞의 글, 143면에서 재인용.

5"에서 '투명성'(transparency)과 '실질 활동'(substantial activities) 요건의 강화를 중심으로 논의가 재편되어 매년 '포괄적 이행 체계'(Inclusive Framework) 참여 회원국을 대상으로 '동료 점검'(peer review)을 통해 이행을 감시하고 있다. 먼저 투명성 측면에서 특정 납세의무자에 대한 5개 유형의 조세예규를[129] 지정하고 이를 발급한 과세당국에 자발적 정보교환 의무를 부여한다. 2022년 말 현재 누적 기준 24,000개 이상의 조세예규가 발급되었고, 매년 약 5천 건의 관련 정보 교환이 이루어지고 있다.[130]

한편 실질활동 요건은 특혜 조세제도이든 비과세(또는 저율 과세) 지역이든 일정한 실질활동 요건을 충족할 의무를 해당 국가 또는 '관할권'(jurisdiction)에 부여하는데, 이는 '지식재산권(IP) 소득'과[131] '비(非) IP[132] 활동 소득'으로 구분하여 상세히 규정된다.[133]

(2) 모범(Model) 조세조약: 특별 조세제도 대응 규정

2017년 'OECD 모범 조세조약'(이하 'OECD 모델')은 '특별 조세제도'(special tax regime)의 혜택을 받는 어느 체약국 거주자에게 그와 특수관계자에 해당하는 상대 체약국(締約國) 거주자가 지급하는 이자 및 사용료에 대해 조약상 세율 상한(上限)의 적용을 배제하는 규정을 주석(註釋, Commentaries)에서 제시하고 있다.[134] 여기서 특별 조세제도는 어느 체약 당사국이 특정한 거래나 소득에 대해

---

129) (i) 특정 납세의무자에 대한 특혜 제도와 관련된 예규, (ii) 이전가격에 대한 일방 APA 또는 기타 국경 간 일방적 예규, (iii) 과세 이익의 하향 조정을 규정하는 예규, (iv) 고정사업장 예규 및 (v) 특수관계자 도관(導管) 거래 예규. OECD BEPS "Action 5" 보고서, Countering Harmful Tax Practices More Effectively, Taking into Account Transparency and Substance, 2015, pp. 48~51.

130) https://www.oecd.org/en/publications/2023/12/harmful-tax-practices-2022-peer-review-reports-on-the-exchange-of-information-on-tax-rulings_0071cee3.html 참조.

131) 지식재산권(IP) 소득에 대해 혜택을 주는 제도에 대해서는 기본적으로 '연계 접근법'(nexus approach)이 적용된다. 이는 IP 특혜 제도(예: Patent Box 제도)에 IP로부터 발생하는 소득과 IP를 창출하는 연구개발 활동을 연계시키는 방법이다(이에 대한 산식(算式)은 생략한다). 이에 대한 소개로, 한국조세재정연구원, 『유해조세환경에 대한 대응 관련 BEPS프로젝트 주요 권고사항 및 국내외 입법동향』, 2019, 3~4면 참조.

132) 비(非) IP 소득에 대한 혜택을 주는 제도 역시 그 핵심적 소득 창출 활동이 해당 제도의 관할권 안에서 발생할 것을 요구하는데, 자격 있는 상근(常勤) 직원, 충분한 운영 비용 및 이를 검증할 투명한 이행 제도가 존재해야 한다.

133) 2024년 7월 현재 '포괄적 이행 체계' 참여국들의 유해 조세제도 '동료 점검' 현황은 https://www.oecd.org/content/dam/oecd/en/topics/policy-sub-issues/harmful-tax-practices/harmful-tax-practices-consolidated-peer-review-results-on-preferential-regimes.pdf 참조.

일반적인 세율과 다른 낮은 세율로 과세하는 제도를 말하며,[135] 이는 결국 유해 조세제도 내지 특혜 조세제도를 두는 국가에 대해서는 해당 제도에 따라 혜택을 받는 거주자라면 조약을 적용하지 않겠다는[136] 취지이다.

4. 소결(小結)

EU 회원국의 이전가격 조세예규에 대한 일련의 국가보조금 규제에 대해서는 EU가 '초(超) 국가적 과세당국'이 아닌 이상 무리한 법집행이라는 비판이 유력하다. 특히 OECD의 이전가격 지침 적용은 그 자체로 불안정한 범위에서 '정상가격'을 찾는 어려운 작업인데 OECD 지침이 국내 세법에 제대로 반영되지 않은 경우라면 더욱 정당성을 인정받기 어렵다.

이런 문제점을 감안하면 결국 EU 차원에서 유해 조세경쟁에 대응하기 위해 적극적인 EU의 입법을 고려할 수 있고, 최근 BEFIT와 EU 이전가격 지침이 EU 법인세 개혁안으로 제시되고 있는데 회원국의 만장일치 요건이라는 한계가 상존한다. 아울러 EU 행동규범도 종전의 특혜 조세제도가 아닌 일반적 조세제도라도 잠재적 유해성이 있으면 규제 대상으로 하는 방향으로 규범을 강화하였다.

---

134) OECD 모델 제1조 주석 85~100문단 참조. 미국 모범조약의 경우 본문에서 이와 같은 내용의 특별 조세제도 규정을 둔다. 미국 모범조약 제3조 제1항l)호, 제11조 제2c)항, 제12조 제2c)항, 제21조 제2a)항.

135) OECD 모델 제1조에 관한 주석 85 문단은 다음 예시(例示) 조문을 두고 있다.
"조약의 대상조세(제2조)에 대해 다음 요건을 모두 충족하는 어느 체약국의 법률, 규정 또는 행정관행은 특별조세제도에 해당한다.
ⅰ) 해당 제도가 다음 중 하나 이상의 결과를 가져올 것
－ A) 이자, 사용료, 보증수수료 또는 이들의 결합된 소득에 대해 재화나 용역의 판매에 따른 소득보다 특혜세율로 과세될 것
－ B) 재화나 용역의 판매 소득과 비교하여, 위 소득에 대해 영속적으로 과세표준을 감액할 것, 또는
－ C) 실체활동 없는 법인의 소득 또는 국외소득 대부분에 대해 특혜세율 과세 또는 영속적인 과세표준 감액
ⅱ) 사용료의 경우, 해당 체약국 내 연구개발활동과 연계없이 특혜세율 또는 영속적인 과세표준 감액
ⅲ) 15% 또는 상대체약국의 일반적 법인세율의 60% 중 적은 세율(rate of taxation)로 과세될 것
ⅳ) 연금기금, 공익단체, 다양한 종목에 투자하고 투자자보호를 받으며 1회 과세되는 투자 단체(즉, 공모펀드) 또는 부동산펀드는 적용에서 배제됨(carve－out)
ⅴ) 상대체약국과의 협의에 따라 위 요건들을 충족하는 것으로 상대체약국에 의해 확인될 것"

136) 구체적으로 어느 체약국의 조세법령 또는 행정행위를 특별 조세제도로 취급하는 절차는, 양 당사국이 협의로 확인하게 되는데, 상대 체약국(원천지국)이 위 요건 충족을 서면(書面)으로 공개 통보하고 30일 경과 후 효력이 발생한다.

EU 필라 2 입법은 제대로 시행된다면 어느 정도 회원국 간 조세경쟁에 대한 대응책이 될 수 있다. OECD는 유해 조세제도 포럼을 통해 조세예규의 투명성과 실질활동 요건 강화를 기준으로 참여국들의 제도 개선을 매년 점검해 오면서 어느 정도 성과를 거둔 것으로 평가된다.

Ⅳ. 요약 및 전망

이상의 논의에서 EU 집행위원회가 BEPS 기획 이후 유해 조세경쟁에 대한 대책으로 일부 회원국들의 조세예규에 적용하고 있는 EU 국가보조금 제도의 배경과 그동안의 진행 경과를 최근 '애플 판결'까지 포함하여 살펴보았다. EU는 단일시장이라는 핵심적인 가치의 유지와 강화를 위해 회원국의 조세 제도에 지속적으로 개입하고 특히 직접세 분야의 조화 작업을 꾸준히 수행하여 왔는데, 회원국의 조세예규에 대한 국가보조금 규제는 결국 EU 법(TFEU 제107조)의 강력한 집행을 통한 또 다른 BEPS 대책의 일환으로 보인다.

애플 사건에서 집행위원회의 승소 결과에도 불구하고 조세예규에 대한 국가보조금 규제의 정당성과 법리적 타당성을 두고 논란이 여전하고 특히 집행위원회가 OECD의 이전가격 지침을 준거 제도로 삼는 것은 회원국의 조세 주권을 침해하는 무리한 법집행으로 평가되고 있다. 이를 감안하면 EU의 국가보조금 규제가 그 적용대상을, 기존의 BEPS 기획이나 EU의 '조세회피방지 지침'(ATAD)으로 다루지 못하는 유해 조세경쟁 관련 제도에 한정한다면 계속 정당성을 인정받을 수 있을 것이다.

한편 EU 차원에서 적극적인 입법으로 법인세 개혁안(BEFIT)과 이전가격 지침안이 유해 조세경쟁에 대한 대책으로 제안되고 있으나 이러한 지침의 합의에는 EU 이사회 만장일치라는 큰 장벽이 있어 현실적으로 합의가 쉽지 않을 것으로 보인다.

이 글에서는 EU의 유해 조세경쟁 문제를 다루었지만, 유해 조세경쟁은 전 세계적인 문제이고 EU에서 어느 정도 제도화된 필라 2가 전(全) 세계적인 규범으로 정착되고, OECD의 유해 조세제도 포럼이 지속적으로 각 국가들의 제도를 점검해 나간다면 특혜 조세제도나 개별 기업에 대한 조세예규를 통한 조세경쟁은 앞으로 점점 사라질 것으로 예상된다.[137)]

그럼에도 불구하고, 조세가 아닌 다른 형태의 보조금 또는 혜택으로 외국 자본을 유치하려는 비(非) 조세 경쟁은 여전히 유효한 정책 수단으로 남을 가능성이 있고, 조세 분야 역시 필라 2에서 인정하는 '환급 가능 세액공제'(Qualified Refundable Tax Credit)와[138] '실질 기반 제외 소득'(SBIE)[139] 등으로 여전히 국가 간 조세경쟁이 계속될 것으로 전망하는 견해도 주목할 만하다.[140] 세금을 줄여 투자를 유치하고 이에 따른 소득 이전으로 혜택을 볼 수 있다면, 조세경쟁은 계속될 것이다.[141] 사족을 붙이자면, 2025년 1월 트럼프 제2기 행정부의 출범으로 향후 유해 조세경쟁을 포함한 BEPS에 대응하는 '국제조세 레짐(regime)'(일명 BEPS 2.0) 자체가 상당한 혼란에 빠질 우려도 있는 만큼[142] 우리 정부 및 실무에서도 향후 관련 국제조세 동향을 면밀히 관찰해 나갈 필요가 있다.

137) EU의 '필라 2 지침' 적용에 따라 유럽 기반 다국적기업이 저(底) 세율(또는 무세, 無稅) 제3국에 소득을 이전하더라도 결국 모(母) 회사 거주지국에서 15%로 추가과세 되므로 지식재산권 등 이동성(移動性) 자산으로 인한 조세회피가 힘들어지고, 따라서 관련 APA도 줄어들게 되어 조세예규에 대한 국가보조금 규제 필요성도 감소할 것이라는 견해도 있다. Julien Pellefigue, "International tax competition, APAs & State aid: An economic analysis", Concurrences No. 2－2023, p. 39.

138) 국조법 시행령 제104조 제1항 12호.

139) 같은 법 시행령 제118조 제1항.

140) 이에 대한 상세한 논의는, J. (Jingxian) Chen & W. Chow, "Global Minimum Tax Reform and the Future of Tax Competition", 77 Bull. Intl. Taxn. 8 (2023), Journal Articles & Opinion Pieces IBFD.

141) Shafik Hebous, *Has Tax Competition Become Less Harmful?*, IMF, 2020, p. 104. 실제로 아일랜드는 법인세율 12.5%로 글로벌 기업들을 유치하여 2024년 약 55조 원(전체 국가수입의 25%)의 법인세를 걷은 것으로 보도되고 있다. 동아일보 인터넷 판 2024. 11. 25.자. https://www.donga.com/news/Inter/article/all/20241124/130492247/2 참조.

142) 트럼프 2기 행정부에서 필라 1은 합의가 더 어려워지고, 필라 2는 특히 미국 기업을 대상으로 한 UTPR(소득산입보완규칙) 적용에 대해 미국의 보복조치 가능성이 고조되고 있다고 한다. Taxnotes, "Trump Win Casts Shadow Over OECD Global Tax Reforms", 2024. 11. 12.

13. '필라(Pillar) 2' 도입과 CFC 제도의 미래, '필라 1' 도입과 이전가격 세제의 전망*

노미리**

Ⅰ. 들어가며

2008년 금융위기 이후 '과세기반 침식 및 수익 이전 방지'(Base Erosion Profit Shifting, BEPS') 문제가 전 세계적인 관심사로 주목받자,[1] 2012년 6월 G20 정상회의에서 BEPS 방지 프로젝트, 곧 'BEPS 기획'의 추진을 의결하였고 OECD에 구체적인 BEPS 대응책 마련을 위임하였다.[2] 2013년 9월 G20 정상은 OECD 회원국과 함께 포괄적인 BEPS 실행 계획을 승인하였고, 이를 기반으로 2년 만에

---

* 이 글은 필자의 은사님이신 이창희 교수님의 정년퇴임을 축하드리고 기념하기 위해 작성된 것이다. 이 글은 기본적으로 이창희, 『세법강의』; 이창희 외 2, 『국제조세법』을 토대로 작성하였고, 필라 1과 관련된 내용은 노미리, 『공식배분법의 입장에서 바라본 Pillar 1 비판』, 경인문화사, 2023; 노미리, "Pillar 1 Amount B에 관한 비판적인 고찰", 『조세학술논집』, 제40집 제2호, 2024의 상당한 부분을 참고해서 작성하였다.

** 동아대학교 법학전문대학원 교수·변호사·법학박사

1) OECD, *Background Brief–Inclusive Framework on BEPS* , 2017, p. 9.

2) 기획재정부, "OECD/G20 BEPS 프로젝트 최종 보고서 발간", 보도자료(2015. 10. 6.); 노미리, 앞의 책, 87면.

포괄적인 '패키지'를 개발하여 그 내용에 합의하였다.[3] BEPS 패키지를 효과적이고 일관되게 구현하기 위하여 2016년 2월 OECD 회원국들과 G20 국가들은 '포괄적 이행체계'(Inclusive Framework, IF)를 구축하였다.[4] BEPS 기획은 크게 다섯 부문으로 구분되고, 총 15개의 '행동 계획'(Action Plan)으로 구성되어 있으며,[5] 전반적으로 원천지국의 과세권을 강화하는 방향으로 설계되었다.[6] 그중 제1 행동계획(Action Plan 1)은 '디지털 경제의 조세 문제'를 다루고 있는데 2019년 이후 '필라(Pillar) 1'과[7] '필라(Pillar) 2'에[8] 관한 논의로 발전하였다. 필라 1의 경우 최종 합의시 2020년 10월 최초 논의된 '청사진 보고서'(Blueprint)와 비교했을 때 상당 부분 변경이 있었으나, 필라 2의 경우에는 2020년 10월 청사진 보고서부터 2021년 10월 최종 합의에 이르기까지 큰 변경 사항이 없었다.[9] 필라 1의 주된 내용은 소비지국에 대한 과세권을 새롭게 분배하는 것이고, 필라 2의 주된 내용은 다국적기업 그룹이 가치를 창출한 '관할국'(jurisdiction)에서 최소한의 세금을 납부하도록 보장하는 것이다.[10]

도널드 트럼프가 미국 제47대 대통령으로 당선됨에 따라 필라 1과 2의 시행이 불투명해졌으나, 지금까지 논의된 필라 1·2의 내용과 향후 전망을 살펴보고 이에 대응할 필요가 있다. 필라 2가 필라 1보다 먼저 논의되기 시작하였고, 필라 2의 경우에는 '글로벌 최저한세'라는 내용으로 국조법에 도입되어 2024년 1월 1일부터 시행되고 있으나, 필라 1은 아직 해당 내용이 입법되지 않았다. 이에 이 글에서는 시간 순서에 따라 필라 2에 관한 내용을 먼저 살펴보고 필라 1에 관한 내용을 살펴본 후 각 필라가 기존 제도에 미칠 영향을 전망해 보고자 한다. 이하에서는 필라 2의 도입과 CFC 제도의 미래(Ⅱ), 필라 1 도입과 이전가격세제의

---

3) OECD, *op. cit.*, p. 9.
4) OECD, *op. cit.*, pp. 9－10.
5) OECD, *Action Plan on Base Erosion and Profit Shifting* (2013).
6) 안종석, "BEPS 프로젝트의 이해: 주요 내용과 시사점", 『재정포럼』 제239호, 한국조세재정연구원 (2016. 5.), 24면; 김경하, "필라1과 필라2 관련 최근 논의의 동향과 시사점", 『조세학술논집』, 제40집 제1호, 2024, 118면.
7) OECD, *Tax Challenges Arising from Digitalisation — Report on Pillar One Blueprint*, OECD/G20 Base Erosion and Profit Shifting Project (2020).
8) OECD, *Tax Challenges Arising from Digitalisation — Report on Pillar Two Blueprint*, OECD/G20 Base Erosion and Profit Shifting Project (2020).
9) 강지현, "현행 글로벌최저한세 제도의 분석과 개선방안", 『조세학술논집』, 제40집 제3호, 2024, 39면.
10) 배효정, "Pillar 1 및 Pillar 2에 따른 국제조세 환경의 변화", 『조세법연구』, 제30권 제1호, 2024, 313면.

전망(Ⅲ)을 논의하고, 트럼프 당선과 필라 1·2의 시행(Ⅳ)을 살펴본 후 이 글을 마무리한다(Ⅴ).

Ⅱ. 필라 2 도입과 CFC 제도의 미래

1. CFC 제도와 BEPS 기획

(1) CFC 제도의 역사

'피(被) 지배 외국법인'(Controlled Foreign Corporation, 이하 'CFC'라고 한다) 제도는 조세피난처에 설립한 해외 자(子) 회사에 대해 '지배 지분'을 가진 납세자가 소득을 해외 자회사로 이전하여 조세를 회피하는 것을 막기 위해서 만들어졌다.[11] CFC 제도는 조세피난처에 설립된 해외 자회사가 모(母) 회사에 배당을 하지 않고, 해당 자회사에 소득을 유보하여 과세를 이연(移延)하는 효과가 있음을 전제한다.[12] 여기서 CFC는, 일정한 외국법인의 소득을 주주에게 배당한 것으로 보거나 뭔가 다른 방법으로 주주의 거주지국에서 투시 과세하는 법제에서 바로 그러한 외국법인을 가리킨다.

CFC 제도는 미국에서 1962년 연방 세법에 "Subpart F"를 새로 입법하면서 최초로 제정되었고,[13] 그 이후 CFC 제도 개편에 가장 적극적인 국가 역시 미국이었다. 그 이후 여러 국가에서 CFC 제도를 입법하였다.[14][15] CFC 제도는 일반적으로, 추가적인 조세 수입을 올리기 위해서가 아니라, 자회사의 이익이 모회사의 과세소득의 범위 내에서 유지되도록 함으로써 조세 수입을 보호하도록 설

---

11) OECD, *Designing Effective Controlled Foreign Company Rules, Action 3 – 2015 Final Report*, OECD/G20 Base Erosion and Profit Shifting Project (2015)(이하 이 보고서의 내용을 인용하는 경우 'BEPS Action 3'이라고 한다), p. 9.

12) 최정희, "CFC 제도의 최근 논의 동향과 시사점", 『조세학술논집』, 제40집 제3호, 2024, 158면.

13) Revenue Act of 1962(Section 951–964); 이창희, 『세법강의』, 847면.

14) 독일은 1972년, 일본은 1979년, 영국은 1984년 CFC 제도를 입법하였다. 스페인은 1995년 CFC 제도를 채택하였다. 네덜란드는 2019년 ATAD에 의해 의무화될 때까지 CFC 체제가 없었다[S. Dueñas, *CFC Rules Around the World*, Tax Foundation, Fiscal Fact No. 659 (June 2019), pp. 21–33, available at https://files.taxfoundation.org/20190617100144/CFC-Rules-Around-the-World-FF-659.pdf?_gl=1*1hkxb8q*_ga*NTkzNTkwNzg3LjE2ODkyMzczNjE.*_ga_FP7KWDV08V*MTY4OTIzNzM2MS4xLjAuMTY4OTIzNzM2MS42MC4wLjA]. (검색일: 2024. 12. 17.)

15) OECD, 앞의 글(주11), p. 9.

계되었다.[16] CFC 제도는 소득 창출 자산의 원래 가격이 올바르게 설정되었더라면 벌어들이지 못했을 수 있는 외국 자회사가 벌어들인 소득을 모회사가 획득한 것으로 간주한다.[17] 그리하여 CFC 제도는 이전가격 세제와 유사한 측면이 있어 이전가격 세제와 함께 다국적기업의 조세회피에 대처하기 위한 정책 수단으로 기능해 왔다.[18]

(2) CFC 제도에 대한 BEPS "Action 3" 권고안

OECD에 의하면 기존의 CFC 제도는 국제 비즈니스 환경의 변화 속도를 따라가지 못하는 경우가 많았고, BEPS 현상을 효과적으로 처리하지 못하였다.[19] 이러한 맥락에서 OECD/G20의 BEPS 기획은 국가가 기존 CFC 제도를 강화하고 새로운 규정을 만들 것을 제안했다.[20] 이에 기존 CFC 제도가 당면한 과제를 해결하기 위해 "Action 3"의 개발이 촉구되었다.[21]

OECD가 2015년 발간한 BEPS "Action 3" 보고서는 CFC 제도 설계에 관한 권고 사항을 담고 있다.[22] 유럽연합도 2016년 '조세회피방지 지침'(ATAD)을 통해서 회원국들이 2018년 말까지는 CFC 제도를 도입하도록 하였다.[23] 이처럼 OECD가 전 세계적인 CFC 제도 확산을 꾀한 것은 이미 CFC 제도를 입법한 국가들이 자국의 다국적기업의 경쟁력 약화를 염두에 두었기 때문이다.

CFC 제도와 BEPS "Action 3"의 가장 큰 차이는 'CFC 소득'의 정의(definition of income)이다. CFC 제도는 기본적으로 CFC의 능동적 사업소득은 투시과세에서 제외한다. 그런데 BEPS "Action 3"은 오로지 능동적인 사업소득만 있더라도 '초과 이윤'을 배당으로 간주하여 과세하자는 것으로 기존의 CFC 제도와 차이가 있다.[24] 미국은 BEPS "Action 3"의 권고사항을 적극적으로 받아들여 2017년 트

---

16) OECD, 앞의 글(주11), p. 13.
17) OECD, 앞의 글(주11), p. 14.
18) *Ibid.*
19) OECD, 앞의 글(주11), p. 9.
20) Cihat Öner, *An Analysis of Controlled Foreign Company Rules*, the OECD's Pillar Two and Developing Countries, Bulletin for International Taxation (January, 2024), p. 23.
21) OECD, 앞의 글(주11), p. 9.
22) BEPS Action 3 보고서는 CFC 제도에 포함되어야 할 사항을 6개 항목으로 구분하여 제시하고 있다. 6개 항목은 ① CFC의 범위, ② CFC 면제 및 최소요구 요건, ③ CFC 소득의 정의, ④ CFC 소득의 계산 규정, ⑤ CFC 소득의 귀속 규정, ⑥ 이중과세 방지 규정이다(*Ibid.*).
23) European Council, Anti-Tax Avoidance Directive(ATAD) 2016/1164.
24) 이창희 외 2인, 『국제조세법』, 916면; OECD, 앞의 글(주11), pp. 49~50.

럼프 1기의 세제 개혁에서 이른바 'GILTI 세(稅)'를 입법하였다.[25] 이 역시 적극적 사업소득이라고 하더라도 투시과세 대상으로 삼는 세제이다.[26]

BEPS 기획은 "행동계획"(Action) 별로 구속력에 차이가 있는데, BEPS "Action 3"은 권고사항으로 BEPS 기획 참여국에 대한 특별한 구속력이 없다.[27] 이에 BEPS "Action 3"이 공개된 이후에 CFC 제도를 도입한 국가는 18개에 불과한 등 뚜렷한 성과를 거두지 못하였다.[28] 그 이후에 등장한 것이 필라 2이다. 필라 2에 관해서는 Ⅱ. 2.항에서 후술한다.

(3) 우리나라 CFC 제도의 개요

우리나라 CFC 제도는 외환 자유화가 진행됨에 따라 1995년 국조법에 도입되었다.[29] 우리나라는 일본법을 따라 소득의 성질보다는 해외자회사가 어디에 있는가를 중시하는데, 조세피난처에 본점, 주사무소 또는 실질적 관리장소를 둔 외국법인으로서 내국법인과 특수관계가 있는 법인(CFC)의 배당가능 유보소득 발생 시 CFC에 출자한 내국인(주주)에게 배당한 것으로 간주하여 주주에게 세금을 부과한다(국조법 제27조 제1항).[30] 적용대상 내국인의 범위는 CFC의 각 사업연도 말 현재 발행주식 총수(總數) 또는 출자 총액의 10% 이상을 직·간접으로 보유하는 주주이다(국조법 제27조 제2항).

우리나라에서 조세피난처는 조세 부담률이 법인세율의 70% 이하인 국가나 지역을 말한다(국조법 제27조 제1항 제1호). 그에 따라 우리나라는 CFC의 조세 부담률이 실제 발생한 소득의 16.8%(법인세법 제55조에 따른 최고세율 24%의 70%) 이하인 경우에 과세되는 구조이다. 적극적 사업 활동을 통한 능동소득에 대해서는 과세하지 않고, 이자, 배당이나 부동산업에서 생기는 소득 등 수동소득에 대하여 과세한다(국조법 제28조, 제29조). 실제 배당 지급시에 해외에서 납부한 세액이 있다면 외국납부세액으로 공제받을 수 있다(국조법 제33조).[31]

---

25) 이창희 외 2인, 『국제조세법』, 44면.
26) 이창희 외 2인, 『국제조세법』, 45면.
27) 안종석, 앞의 글, 24면.
28) OECD, *Tax Challenges Arising from the Digitalisation of the Economy – Commentary to the Global Anti–Base Erosion Model Rules (Pillar Two)*, First Edition: Inclusive Framework on BEPS (2022. 3.), p. 194.
29) 이창희, 『세법강의』, 849~850면.
30) 이창희 외 2인, 『국제조세법』, 904면.
31) 국조법 시행령(2020. 2. 11. 대통령령 제30406호 일부 개정되기 전의 것) 제66조 제1항에서는 배당가능한 유보소득을 산출하기 위한 산식에서 이익잉여금만 고려하고 있는데, BEPS Action

2. 필라 2의 개요

필라 2의 내용은 '글로벌 최저한세'(Global Anti-Base Erosion, GloBE) 규칙에 구체화되어 있다. 글로벌 최저한세는 전 세계적으로 법인세의 실효세율을 낮추는 방식으로 조세 경쟁하는 것을 방지하기 위해서 입법되었다고 할 수 있다. 필라 2는 현행 CFC 제도를 글로벌 최저한세로 탈바꿈시키는 것이다.[32)]

우리나라는 필라 2가 시행될 것이라는 예측하에 GloBE 규칙에 따라 국조법 제5장에 글로벌 최저한세를 신설하였으므로, 국조법의 내용을 참조하여 필라 2의 내용을 살펴본다. 글로벌 최저한세의 적용대상은 직전 4개 회계연도 중 2개 연도 이상의 연결재무제표 상 매출액이 7억 5천만 유로(약 1조 원) 이상인 다국적기업그룹이다. 여기서 '다국적기업그룹'은 최종모기업의 소재지국 외의 국가에 기업 또는 고정사업장을 가지고 있는 그룹을 의미한다.[33)] GloBE 규칙은 다국적기업의 구성기업이나 시설 등이 있는 국가에서 내는 세금이 최소한의 세율인 15%에 미치지 못할 경우 그 부족한 과세금액에 대하여 다국적기업그룹이 추가적으로 세금을 부담하도록 하는 것이다.[34)] 실효세율이 15%보다 낮다고 해서 바로 추가세액을 납부할 의무가 발생하는 것은 아니다. 구성기업 소재지국 추가세액의 계산은 최저한세율 미달세율[(15%-국가별 실효세율)×(순글로벌최저한세소득-실질기반제외소득)]을 구하고, 여기에 일정한 조정을 한다.[35)]

최저한세에 미달한 부분에 대해서는 3가지 과세규칙에 따라서 과세한다. ① 소득산입규칙(Income Inclusion Rule, 이하 'IIR'이라고 한다), ② 비용공제부인규칙 또는 소득산입보완규칙(Under-Taxed Payments Rule, UTPR), ③ 적격소재국추가세(Qualified Domestic Minimum Top-up Tax, QDMTT)에 따라 과세한다.[36)] 구체적인 적용 순서는 IIR이 먼저 적용되고 잔여 추가세액에 대해 UTPR이 적용된다.

첫째, IIR은 최저세율 미만의 실효세율을 정한 국가(A국가) 내에서 다국적기

---

3 보고서에서 CFC 손실이 중요하게 다루어진 점을 고려하여 일정한 범위에서 결손이월 규정을 도입할 필요가 있다는 주장이 있다(최정희·양인준, "미국의 피지배외국법인(CFC) 세제에 대한 연구", 『조세학술논집』, 제35집 제4호, 2019, p. 104).

32) 이창희 외 2인, 『국제조세법』, 885면.

33) 기획재정부, "디지털세 필라2 모델규정 공개-글로벌 최저한세 도입을 위한 입법 지침 합의-", 보도참고자료(2021. 12. 20.), 6면; 국조법 제61조 제1항 제4호.

34) OECD, 앞의 글(주7), p. 13.

35) 이창희 외 2인, 『국제조세법』, 927면; 국조법 제70조.

36) 우리나라는 국조법 제73조에 소득산입보완규칙을 규정하였고, 2025년 1월 1일부터 시행되었다.

업그룹이 지배하는 구성기업들 모두의 소득을, 배당 여부를 묻지 않고 해당 기업 그룹이 A국에서 벌어들인 과세대상 소득으로 포함시킨 뒤 ‘하향식 접근(top-down)’ 방식에 따라 최종 모기업의 소재지국 내지 구성기업 소재지국에서 과세되도록 하는 것이다.[37] 구체적으로 하향식 접근 방식에 따라 최종 모기업 소재지국이 IIR을 시행하지 않는 경우, 그 최종모기업에 직·간접적으로 소유 및 통제되는 구성기업의 소재지국에서 IIR을 적용하게 되며, 이러한 적용방식은 다국적기업그룹의 소유관계에 따라 하향하여 적용된다.

둘째, 만약 최종 모기업의 거주지국이 저세율 국가이거나 해당 거주지국이 IIR을 도입하지 않아 거주지국 등에서 최저한세에 미달한 부분의 추가 징수가 이루어지지 않으면, IIR에 대한 보완 장치로 UTPR이 작동된다.[38] 이 경우 다국적기업의 구성기업이 소재한 여러 국가는 각 국가에 배분된 UTPR에 따른 추가세액만큼 해당 구성기업들의 세(稅) 부담이 증가하도록 비용공제를 부인하는 국내법상 조정을 하게 된다. 결국 다국적기업그룹의 최종 모기업의 관할국에서 과세하지 않으면 과세되지 않은 부분에 대하여 구성기업의 소재지국에서 일정한 비율만큼 대신 과세하게 된다.[39]

이때 각 관할국에 배분되는 추가세액만큼 관할국 내 구성기업들의 세부담이 증가하도록 국내법상 조정을 시행하여야 한다. 이때 각 관할국에 대한 배분비율은 다국적기업그룹 전체의 종업원 수에 대한 해당 관할국에서의 종업원 수와 다국적기업그룹 전체의 유형자산에 대한 해당 관할국에서의 유형자산을 50:50으로 두고 평가한다.[40]

셋째, QDMTT는 추가세액이 발생한 국가에서 과세하는 방법이다. QDMTT 과세제도의 도입 여부에 따라 추가세액에 대한 납세지가 달라질 수 있다.[41]

---

37) OECD, *Tax Challenges Arising from the Digitalisation of the Economy – Consolidated Commentary to the Global Anti–Base Erosion Model Rules (2023): Inclusive Framework on BEPS*, OECD/G20 Base Erosion and Profit Shifting Project (2024), p. 34.

38) 기획재정부, 앞의 보도참고자료(주33), 8면.

39) 국조법 제73조(소득산입보완규칙)

40) $\text{배분비율} = 50\% \times \frac{\text{해당 관할국 종업원 수}}{\text{모든 관할국* 종업원 수}} + 50\% \times \frac{\text{해당 관할국 유형자산}}{\text{모든 관할국* 유형자산}}$

* 소득산입보완규칙을 도입한 관할국에 한함

; 기획재정부, 앞의 보도참고자료(주33), 8면.

41) OECD, *Tax Challenges Arising from the Digitalisation of the Economy – Administrative Guidance on the Global Anti–Base Erosion Model Rules (Pillar Two)*, OECD/G20 Base

QDMTT는 IIR과 UTPR보다 우선하여 적용되고, 추가세액에 대하여 최종 모기업의 소재지국이 아닌 구성기업이 소재한 국가에서 과세가 이루어질 수 있도록 하는 것이다.[42)]

3. CFC 제도의 미래

(1) 필라 2와 CFC 제도의 비교

OECD는 CFC 제도보다 필라 2에 더 중점을 두고 있다. OECD는 계속해서 필라 2가 CFC 제도와 병존할 것이라고 주장하는데,[43)] 두 제도를 비교해서 검토하면 다음과 같다.

먼저 필라 2와 CFC 제도 모두 저세율 국가를 통한 조세회피를 방지하는 목적을 가진다는 점에서 큰 틀에서 두 제도의 목적은 유사하다고 할 수 있다.[44)] 특히 필라 2의 '소득산입규칙'(Income Inclusion Rule, IIR)은 CFC 제도의 핵심인 일정한 요건을 갖춘 경우 모회사가 자회사로부터 배당받지 않은 소득을 배당받은 것으로 보아 소득에 포함시키는 것과 매우 유사하다.[45)] 회계 측면에서도 두 제도는 다국적기업 모국(母國)의 회계규칙을 사용해서 소득을 계산한다는 유사점이 있다.[46)]

다음으로 두 제도의 차이점을 살펴본다. 첫째, 두 제도는 저세율 국가를 통한 조세회피를 방지하는 목적을 가진다는 점에서 큰 틀에서의 목적은 같으나 구체적인 정책 목표에는 차이가 있다. CFC 제도는 소득의 전용 방지 또는 특정 소득의 지연 분배 방지를 목표로 하나, 필라 2는 디지털 시대의 세금 문제 해결을 목표로 한다.[47)] 둘째, 필라 2와 CFC 제도는 적용 범위에 있어서 상당한 차이가 있다. 필라 2의 경우 적용 대상이 되는 법인의 범위가 CFC 제도보다 상당히 넓다.[48)] 셋째, 필라 2와 CFC 제도는 과세 측면에서도 차이가 있다. 필라 2를 구체화한 'GloBE 규칙'은 모든 형태의 소득을 대상으로 하여 전체 소득과 세금을 분

Erosion and Profit Shifting Project (2023. 7.), pp. 77~78.
42) *Ibid.*
43) OECD, 앞의 글(주7), p. 22.
44) Cihat Öner, *op. cit.*, p. 25.
45) 최정희, 앞의 글, 159면.
46) Cihat Öner, *op. cit.*, p. 26.
47) 최정희, 위의 글, 159면.
48) Cihat Öner, *op. cit.*, p. 25.

배하도록 설계되었다. 반면 CFC 제도는 법인 소득과 관련이 있고 주로 특정 유형의 수동소득(이자, 배당, 사용료 등)에 초점을 두고 있다. 넷째, 'GloBE 규칙'은 CFC 제도와 임계값의 의미가 다르다. 'GloBE 규칙'의 경우 임계값인 그룹의 통합 수익이 7억 5천만 유로(약 1조 원) 이상은 'Globe 규칙'을 적용하기 위한 기준인데, CFC 제도의 경우에는 임계값이 최소한의 수준으로서 CFC 제도를 면제하는 방법으로 작용한다.[49] 다섯째, CFC 제도와 필라 2는 세율에서도 차이가 있다. 'GloBE 규칙'에 따라서 결정된 소득은 국내 소득 기반에 직접 통합되지 않는다. 대신 다양한 관할권에 배분된다. 반면 CFC 제도는 국내 세법에 따라 설계되었기에 국내 세율의 적용을 받는다.[50] 이처럼 필라 2와 CFC 제도는 유사한 점이 있지만, 정책 목표, 적용 범위, 과세 등에서 차이가 있다.

(2) 향후 전망

1) CFC 제도와 필라 2의 병존

OECD는 계속해서 필라 2가 CFC 제도와 병존할 것이라고 주장한다. 앞서 살펴보았듯이 두 제도는 정책 목표, 적용 범위, 과세, 임계값의 의미, 세율 등에 차이가 있으므로 필라 2가 시행되더라도 CFC 제도가 사라지는 것은 아니다.[51] 이는 우리나라 국조법에 CFC 제도와 글로벌 최저한세를 함께 규정하고 있는 것을 보더라도 그러하다. CFC 제도가 도입되어 있다는 전제 하에 모국(母國)이 글로벌 최저한세의 세율보다 높은 세율을 적용하는 경우 외국의 실효세율이 낮으면 CFC 제도가 적용될 가능성이 높다. 이러한 경우 CFC 제도를 'GloBE 규칙'의 소득산입규칙(IIR)으로 대체하면 세수(稅收)가 줄어들기 때문에 CFC 제도가 세수 측면에서 이롭다.[52] 그러나 특정 국가의 세율이 15% 미만이고 CFC 제도의 적용 기준이 일정하다면 소득산입규칙은 CFC 제도와 거의 같은 역할을 하거나 적용 범위가 더 넓어 소득산입규칙이 적용되는 것이 해당 국가에 더 이로울 수 있

---

49) Cihat Öner, *op. cit.*, p. 26.

50) J. Hey, *Guest Editorial: The 2020 Pillar Two Blueprint: What Can the GloBE Income Inclusion Rule Do That CFC Legislation Can't Do?*, 49 Intertax 1 (2021), pp. 9–10.

51) 최정희, 위의 글, 177면.

52) I. Steel & V. Nair, *International corporate tax reforms. what could the OECD deal mean for lower–income countries?*, ODI Emerging Analysis, London: ODI, Working Paper 618 (29 Oct. 2021), p. 3, available at https://ifs.org.uk/publications/international–corporate–tax–reformswhat–could–oecd–deal–mean–lower–income–countries 2023). (검색일: 2024. 12. 24.)

다.[53] 궁극적으로는 다국적기업이 사업 결정을 어떻게 조정하는지에 달려있다. 향후 다국적기업의 대응을 살펴볼 필요가 있다.

2) 필라 2에 관한 전망과 대응 방안

각국 정부가 필라 2에 어떻게 대응할 것인지를 예측하는 것은 쉽지 않은 일이다. 다만 필라 2가 향후 국제사회에 미치게 될 영향을 세율과 세액공제 측면에서는 어느 정도 예측할 수 있으므로 이를 살펴본다.

첫째, 세율 측면에서 실효세율이 15% 미만인 조세피난처는 실효세율을 15%로 인상할 가능성이 높다. 그렇지 않으면 다른 국가가 'GloBE 규칙'을 사용하여 자국에서 발생하는 이익에 대하여 세금을 부과하기 때문이다. OECD는 조세피난처의 절반이 실효세율을 15%로 인상할 것이라고 전망했다.[54] 필라 2가 시행되면 조세피난처는 더 이상 저(低) 세율 혜택을 보기가 어렵다.

이는 CFC 제도에서도 유사하게 작동한다. 국가의 해외 자본 투자능력은 국내법상 CFC 제도를 둘 것인지 여부를 결정하는 데 결정적인 요인이라고 할 수 있다.[55] 개발도상국의 입장에서 CFC 제도가 제대로 설계되지 않은 경우에는 자금의 유입(流入)뿐 아니라 유출에도 영향을 미칠 수 있다. 특히 CFC 제도와 'GloBE 규칙'이 함께 시행되면 개발도상국은 더 이상 투자를 유치하는 수단으로 조세 정책을 사용하기 어렵게 된다. 결국 필라 2 시행으로 인해 개발도상국은 외국인투자 유치의 수단으로 저세율을 활용하기 어려울 것이다.[56]

둘째, 세액 공제로 인해 실효세율이 15% 미만으로 낮아질 수 있으므로 R&D 투자가 감소할 우려가 있다.[57] BEPS '제5 행동계획'(Action 5)에서는 '특허 박스(box)' 제도의 유해성(有害性)은 소득을 창출하는 R&D 활동이 어디서 수행되었는지에 따라 달라진다. 그런데 필라 2에서는 이러한 구분이 무의미하다. 특허박스 제도의 경우 R&D 투자를 장려하기 위해 낮은 법인세를 보장하는 것을 목표로 하므로 거의 모든 특허박스 제도는 실효세율을 15%로 낮출 수 있다. 그러므로 필라 2에 대응하기 위해 R&D 세액공제가 아닌 다른 접근 방식을 모색하고

53) Cihat Öner, *op. cit.*, p. 27; I. Steel & V. Nair, *op. cit.*, p. 22.
54) I. Steel & V. Nair, *op. cit.*, p. 17.
55) S. Dueñas, *op. cit.*, p. 31.
56) Cihat Öner, *op. cit.*, p. 29.
57) Jung Yi, *Tax Incentives for Technology and Innovation in Developing Countries under the "Global Minimum Tax": Challenges and Responses*, 『中国法学会财税科学研究会 · 한국세법학회, 2024年中韩税法学术研讨会 论文集』(2024. 11.), pp. 146－147.

대안을 철저하게 분석해서 대응할 필요가 있다.[58)]

R&D 세액공제와 관련해서 필라 2가 개발도상국의 주권(主權)을 침해하고 국가경제 전략에 개입하며 개발도상국의 R&D 투입을 감소시킬 것이라는 주장이 있는데,[59)] R&D 세액공제로 인해 실효세율이 15%보다 낮아지는 것은 개발도상국에만 국한되는 일이 아니다. 한국의 경우에도 필라 2 시행으로 인해 국내 기업의 R&D 투자가 4% 가까이 감소할 것이라는 연구결과가 있다.[60)] 기업이 R&D 비용에 대한 법인세 세액공제 혜택을 받으면 실효세율이 떨어지기 때문에, 실효세율이 낮아진 만큼 다른 나라에 내는 법인세 부담이 증가하면서 세액공제 효과가 상쇄되기 때문이다.[61)] 미국 역시 글로벌 최저한세 하에서 R&D 세액공제 제도로 인해 미국 기업들이 더 높은 세금을 내야 할 위기에 처해 있어 이에 대한 방안을 고심하고 있고, 아일랜드나 싱가포르 등 조세피난처로 분류되는 국가에서는 글로벌 최저한세를 준수하면서 새로운 인센티브 제공을 고려하고 있다.[62)] 예를 들어 아일랜드는 R&D 세액공제를 모두 환급 가능하도록 변경하였고,[63)] 싱가포르는 2024년 2월 '환급 가능한 투자 세액공제'(Refundable Investment Credit, 이하 'RIC'라고 한다) 제도를 발표했다.[64)]

R&D 세액공제 등으로 인해 실효세율이 15% 미만이 되는 국가들에 소재한 기업들의 경우 조세부담이 증가될 것으로 예상된다. 이에 대한 대응 방안으로 정부는 R&D 보조금 지원 방안, R&D 세액공제가 환급 가능하도록 제도를 변경하는 방안 등을 고려할 필요가 있고, 그 외에도 다른 국가에서 시행하는 정책을 관심을 가지고 지켜볼 필요가 있다.

---

58) *Ibid.*

59) *Ibid.*

60) 홍병진, "글로벌 최저한세와 R&D", 『재정포럼』 제337호, 한국조세재정연구원, 2024, 33면.

61) Noh Mie-ree, *Discussion Paper on Tax Incentives for Technology and Innovation in Developing Countries: Challenges and Responses to the Global Minimum Tax*, 『中国法学会财税科学研究会 · 한국세법학회, 2024年中韩税法学术研讨会 论文集』(2024. 11.), p. 154.

62) *Ibid.*

63) 블룸버그 택스(https://news.bloombergtax.com/daily-tax-report-international/tax-havens-race-to-lure-companies-as-15-global-levy-looms) (검색일: 2024. 11. 8.).

64) RIC는 새로운 생산 능력(예, 신규 제조 공장, 저탄소 에너지 생산)에 투자, R&D 및 혁신 활동 수행 등과 같은 고(高) 부가가치 경제 활동을 지원한다. RIC는 '적격(適格) 기간'은 최대 10년이고, 적격 기간 동안 '적격 프로젝트'에 대해 회사가 지출한 '적격 지출'에 대해 지급된다. 사용되지 않은 세액은 회사가 세액공제 조건을 충족한 후 4년 이내에 현금으로 회사에 환불된다(싱가포르 국세청(https://www.iras.gov.sg/schemes/disbursement-schemes/refundable-investment-credit-(ric)) (검색일: 2024. 11. 8.)).

Ⅲ. 필라 1 도입과 이전가격 세제의 전망

1. 이전가격 세제

(1) 이전가격 세제(transfer pricing taxation)의 역사적 의의[65]

다국적기업은 모·자(母子) 회사 등 특수관계인 사이에서는 여러 가지 이유로 상호 독립한 당사자 간 거래(arm's length transaction)에서 통상적으로 설정되는 가격(정상가격, arm's length price)과 다른 금액(이전가격, transfer price)으로 설정하는 경향이 있다. 여기서 '이전가격'은 관련 기업 간에 행하는 국제거래[66] 가격을 의미한다. 그런데 정상가격과 다른 가격으로 거래를 하면 거래 기업 간에 소득이 이전되고 이를 이용하여 조세를 회피할 수 있다. 내부 거래의 이전가격 조작을 이용한 조세회피를 방지하기 위한 제도가 이전가격 세제이다.[67]

이전가격 문제는 다국적기업을 바라보는 시각과 관련이 있다.[68] 이전가격 문제와 관련하여 다국적기업에 대한 기본적인 시각은 이 글의 주제와 직접적으로 연관된다. 이전가격 문제에 관하여 다국적기업을 바라보는 시각에는 '개별기업 접근법'과 '그룹 접근법'이 있다. 독립기업 원칙은 개별기업 접근법에 입각한 방식이고, 공식배분법은 그룹 접근법에 입각한 방식이다.[69] 개별기업 접근법은 개별 법인을 독립적인 과세단위(tax subject)로 보는 접근법이고, 그룹 접근법은 개별기업 접근법과 달리 과세단위를 개별 법인으로 국한하지 않으며, 다른 과세대상 법인의 영업 성과에 따라 과세 결과(tax consequences)가 달라지는 방법이다.[70]

---

65) 노미리, 앞의 책, 18~22면의 내용을 일부 수정하여 직접 인용하였다.

66) '국제거래'란 거래 당사자 중 어느 한쪽이나 거래 당사자 양쪽이 비거주자 또는 외국법인(비거주자 또는 외국법인의 국내사업장은 제외한다)인 거래로서 유형자산 또는 무형자산의 매매·임대차, 용역의 제공, 금전의 대차(貸借), 그 밖에 거래자의 손익 및 자산과 관련된 모든 거래를 말한다(국조법 제2조 제1항 제1호).

67) 김석환, "공식분배법에 따른 이전가격 과세방식에 대한 소고", 『조세법연구』 제14권 제2호, 2008, 185면.

68) Reuven S. Avi－Yonah, *The Rise and Fall of Arm's Length: A Study in the Evolution of U.S. International Taxation*, Virginia Tax Review, Vol. 15 (1995), pp. 92－93.

69) *Ibid.*

70) Johanna Hey and Arne Schnitger, *Group approach and separate entity approach in domestic and international tax law*, General report, Cahiers De Droit Fiscal International Studies on International Fiscal Law, Vol. 106A, International Fiscal Association (2022), p. 18.

현 OECD 모범 조세조약의 이전가격 세제는 내부 거래를 하는 기업을 독립 당사자로 보고 독립 당사자 간에 이루어졌을 거래를 기준으로 가격을 산정한다.[71] 즉 회사와 특수관계 회사 간 이전가격이 특수관계가 없는 독립기업 사이에 정해진 정상가격과 다른 경우 그 이전가격을 부인하고 독립기업 사이에 정해진 정상가격에 따라 과세소득을 재(再) 계산하는 것으로, 이를 독립기업 원칙이라고 한다.

이전가격 세제는 20세기 초부터 문제가 되었다.[72] 국제연맹(League of Nations)의 1935년 모범조세조약 초안은 "독립기업 간 거래와 다른 조건의 거래라면 계산을 부인하고 정상적으로 생겼을 소득을 과세한다"고 규정하고 있었다.[73] 이 독립기업원칙을 기반으로 하는 이전가격 세제는 미국에서 기원한다.[74] 미국은 1926년부터 연방 세법(이하 '미국세법')에 부당행위계산 부인에 해당하는 제도를 두고 있었는데, 1926년 미국세법 제240조(f)는

> "둘 이상의 사업(회사에 해당하는지 여부, 미국에 설립했는지 여부, 특수관계의 유무는 불문한다)을 같은 이해관계자가 직접·간접으로 소유하거나 통제하는 경우로, 조세회피를 방지하거나 그런 사업의 소득을 제대로 반영하기 위해 총수입금액이나 필요경비를 배분·안분 또는 할당하는 것이 필요하다고 결정한다면 국세청장은 그런 배분·안분 또는 할당을 할 수 있다."

라고 정하고 있었다.[75] 이 조문은 이후 1954년 이전가격 세제를 다루는 미국세법의 제482조가 되었고, 일부 조문의 문구가 수정되었지만 현재까지 유지되고 있다.[76]

국제 이전가격 문제는 1960년대가 되어서야 문제가 되기 시작하였는데, 이전가격 문제가 대두되기 시작한 초기에 문제가 된 주요 쟁점은 특수관계자 간 소득의 분배 기준이었다.[77] 미국세법 제482조는 위에서 살펴보았듯이 '사업의

---

71) 增井啓良·宮崎裕子[마스이 요시히로·미야자키 유코], 조윤희 외 2인 옮김, 『국제조세법』, 세경사, 2017, 266~267면.
72) 이창희 외 2인, 『국제조세법』, 324면.
73) 이창희 외 2인, 『국제조세법』, 324면.
74) 이창희 외 2인, 『국제조세법』, 324면.
75) 1926년 미국세법(Revenue Act of 1926, 44 Stat. 9) 제240조(f).
76) 이창희 외 2인, 『국제조세법』, 325면; 26 U.S. Code § 482.

소득을 제대로 반영'하라고만 되어 있고 이에 관한 기준을 제시하고 있지는 않았다. 미국세법 제482조에 관한 재무부 규칙은 '독립기업 원칙'(arm's length principle)을 정하고 있었지만, 이에 관한 법원 판결은 '적정한 기준'으로 소득을 분배하면 된다는 것이 다수였다.[78] 독립기업 원칙을 지지한 판결도 있었으나,[79] 의미가 있는 것은 1966년 "Oil Base" 판결이다.[80] 연방 제9 항소법원(US Court of Appeals for the 9th Circuit)은 "Oil Base" 판결에서 종전의 입장을 변경하여 미국세법 제482조는 독립기업 원칙이 그 기준이 된다고 판시하였고, 그 이후 독립기업 원칙이 이전가격의 기준으로 자리 잡았다.[81] 위와 같이 항소법원 판결이 변경된 이유는 국회가 1962년 재무부에 조세회피를 막을 수 있도록 재무부 규칙의 개정을 요구한 것과 무관하지 않다.[82] 재무부는 국회의 요청에 따라 1968년 재무부 규칙 1.482조에 이전가격의 기준으로 '시가' 또는 '정상가격(arm's length price)'을 어떻게 결정할 것인지에 관한 내용을 포함해서 독립기업 원칙을 보다 구체화하였다.[83]

OECD의 1979년 '이전가격 지침'은 미국 재무부 규칙의 내용을 반영한 것으로, 그 후 많은 국가들이 미국의 입법례를 좇아 자국의 세법에 독립기업 원칙을 규정하였다.[84] OECD는 이전가격 세제의 원칙으로 독립기업 원칙을 OECD 모범 조세조약 제9조[특수관계기업(associated enterprises)]에 못박았다. OECD 모범조약 제9조의 내용을 구체화한 것이 '이전가격 지침'이며, 오늘날의 형태에 가까운 것은 OECD가 1995년에 공표한 '이전가격 지침'이다.[85] OECD는 그 이후에도 여러 차례에 걸쳐서 '이전가격 지침'을 개정하였는데, 가장 최근에 공표한 것

---

77) 이창희 외 2인, 『국제조세법』, 327면 이하.

78) 이창희 외 2인, 『국제조세법』, 327면; Grenada Industries, Inc. v. Commissioner, 17 T.C. 231, 260 (1951), aff'd, 202 F.2d 873 (5th Cir. 1953), aff'd, 346 U.S. 819 등.

79) 이창희 외 2인, 『국제조세법』, 327면; Hall v. Commissioner, 32 T.C. 390 (1959), aff'd, 294 F.2d 82 (5th Cir. 1961).

80) Oil Base Inc. v. Comr., 362 F. 2d 212 (9th Cir., 1966).

81) 이창희 외 2인, 『국제조세법』, 327~328면.

82) 이창희 외 2인, 『국제조세법』, 327~328면.

83) 이창희 외 2인, 『국제조세법』, 328~329면; 현행 26 CFR §1.482-1.

84) 이창희 외 2인, 『국제조세법』, 333~334면.

85) OECD, *Transfer Pricing and Multinational Enterprises*, Report of the OECD Committee on Fiscal Affairs (1979); OECD 회원국들은 OECD 모범 조세조약과 1979년 '이전가격 지침'에서 정하고 있는 독립기업 원칙을 자국법(自國法)에 도입하였다[OECD, *Transfer Pricing Guidelines for Multinational Enterprises and Tax Administrations* (1995), P-4-5, para. 15].

은 2022년 '이전가격 지침'으로 BEPS 방지 기획 '행동계획'(Action Plan)의 일부 내용이 반영되어 있다.

(2) 독립기업 원칙의 의미[86)]

독립기업 원칙은 이전가격 세제에서 등장하는 용어이다. '독립기업 원칙'을 "Arm's length principle"이라고 표현하면서, 이를 '정상가격 원칙'이라고 번역하기도 한다. 정상가격 원칙은 정상가격 산출방법의 의미로 사용된다.

독립기업 원칙은 처음에는 다국적기업 그룹의 각 구성기업을 '독립적인 실체'(separate entity)로 보고 정상가격을 산정하는 방법을 의미하였다. 그런데 정상가격을 산출하는 방법은 후술하는 바와 같이 개별기업 접근법을 기반으로 하는 방법[비교가능 제3자 가격방법(Comparable Uncontrolled Price Method, 이하 'CUP'라고 한다) 등]과 그룹 접근법을 기반으로 하는 방법(이익분할법)을 모두 포함하고 있다. 독립기업 원칙은 개별기업 접근법을 이론적 근거로 삼고 있는데, 정상가격을 산정하는 방법(정상가격 원칙)에 그룹 접근법을 기반으로 하는 방법이 포함되어 있다. 이 글에서 독립기업 원칙은 '다국적기업 그룹의 각 구성기업을 독립적인 실체로 보는 원칙'이란 의미로 사용한다. 독립기업 원칙이 이전가격 세제에서 오랫 동안 OECD를 비롯해 전 세계적으로 지배적인 규범으로 자리 잡아 온 것은 사실이나, BEPS 현상의 시작 역시 독립기업 원칙에서 비롯되었다.[87)]

(3) 우리나라의 이전가격 세제

우리나라는 1980년대 말에 들어서면서 OECD '이전가격 지침'에 기초한 이전가격 세제를 들여왔다. 이전가격 세제를 들여올 당시에는 정상가격 산출 방법을 법인세법 시행령, 소득세법 시행령 등에 규정하였는데, 그 후 국조법을 제정하면서 그 내용을 국조법으로 옮겨왔다.[88)] 우리나라는 OECD 가입을 추진하면서 국조법을 제정하였기 때문에 국조법과 OECD 이전가격 지침에서 정하고 있는 정상가격 산출 방법 및 그 내용이 거의 유사하다.

우리나라는 정상가격[89)] 산출 방법으로 총 6가지를 규정하고 있다(국조법 제8

86) 노미리, 앞의 책, 22－24면의 내용 일부를 직접 인용하였다.
87) Johanna Hey and Arne Schnitger, *op. cit.*, pp. 15－16.
88) 법인세법 시행령(1988. 12. 31. 대통령령 제12565호) 제46조 제4항, 소득세법 시행령(1988. 12. 31. 대통령령 제12564호) 제111조 제4항.
89) '정상가격'이란 거주자, 내국법인 또는 국내사업장이 국외 특수관계인이 아닌 자와의 통상적인 거래에서 적용하거나 적용할 것으로 판단되는 가격을 말한다(국조법 제2조 제1항 제5호). 즉 특

조 제1항). 6가지 정상가격 산출방법으로는 '비교가능 제3자 가격 방법'(제1호, CUP), '재(再) 판매 가격법'(제2호), '원가(原價) 가산법'(제3호), '거래 순이익률(純利益率) 법'(제4호, Transactional Net Margin Method, 이하 'TNMM'이라고 한다), '이익분할법'(제5호), 기타 방법(제6호)이[90] 있다.

정상가격 산출 방법으로 CUP가 가장 이상적이기는 하지만, 비교대상 거래가 있는 경우가 매우 드물다. 그래서 CUP는 실제로 많이 활용되지는 않는다. 6가지 정상가격 산출 방법 중에서 활용도가 가장 높은 것은 TNMM이다.[91] TNMM은 후술하는 필라 1의 'B 금액'(Amount B) 배분 방법과도 관련이 있다. TNMM은 거주자와 국외(國外) 특수관계인 간의 국제거래와 유사한 거래 중 거주자와 특수관계가 없는 자 간의 거래에서 실현된 통상의 거래 순이익률을 기초로 산출한 거래가격을 정상가격으로 산정한다(국조법 제8조 제1항 제4호).[92] TNMM의 적합성을 평가할 때는 거래순이익률 지표와 영업활동과의 상관(相關) 관계가 높은지 여부를 분석해야 하며, TNMM의 거래순이익률 지표로는 영업이익률(Return on Sale)이 사용되는 경우가 많다.[93]

2. 필라 1의 개요

필라 1은 독립기업 원칙의 실패로 등장하게 되었다. 1990년대에 '글로벌 트레이딩'(global trading)과 전자상거래 등의 발달로 독립기업원칙이 무너지고, '공식배분법'(公式配分法, formulary apportionment method) 내지 '연결 납세'로 갈 것이라는 전망이 있었다.[94] 그리고 그 전망대로 2022년 공식배분법을 주요 내용으로 하는 필라 1의 골자가 만들어졌다. 공식배분법은 다국적기업 전체를 하나

수관계가 없었더라면 적용되었거나 적용될 가격을 의미한다.

90) '기타 방법'은 그 밖에 대통령령으로 정하는 바에 따라 합리적이라고 인정되는 방법으로서, 법에서 정한 산출방법 외에 거래의 실질 및 관행에 비추어 합리적이라고 인정되는 방법을 말한다(국조법 제8조 제1항 제6호, 같은 법 시행령 제10조).

91) TNMM은 정상가격 산출방법의 '사전 승인 제도'(Advance Pricing Arrangement, APA)에서 가장 많이 활용되는데, 그 이유는 TNMM의 순(純) 이익률 지표가 가격에 비해 거래 차이로 인한 영향을 적게 받고, 관계기업의 어느 한쪽(분석 대상)에 대한 재무 지표만 검토하면 되는 '일방적 분석 방법'이기 때문이다(이전가격 지침 2.69문단).

92) $TNMM = \frac{\text{거래순이익}}{\text{매출 } OR \text{자산 } OR \text{매출원가 및 영업비용}}$

93) 국세청, "2023 연차보고서", 국세청 국제조세관리관실, 2024, 42면.

94) 정찬모·이창희·옥무석·정영헌·박정우·김정미, "세정정보화 및 전자상거래 세제지원 방안", 『정보통신정책연구원 정책연구』, 정보통신정책연구원 보고서 99-05, 1999, 177면.

의 그룹으로 보는 그룹 접근법에 입각한 방법으로, 전 세계에 있는 개별 기업의 특수관계 기업들의 사업을 연결하여 소득을 계산한 다음 일정한 수식에 따라서 다국적기업이 활동하는 국가에 소득을 분배하는 방법을 말한다.[95)]

필라 1은 'A 금액'(Amount A), B 금액, '조세 확실성'(tax certainty)으로 구성된다.[96)] A 금액은 초과이익(잔여이익)이고, B 금액은 '기본적인 마케팅·판매와 유통 활동'(baseline marketing and distribution activites)을 수행하는 다국적기업의 자회사 등에 적용되는 것으로, B 금액은 A 금액과는 전혀 다른 구조를 취한다.[97)] 조세 확실성은 필라 1이라는 새로운 과세 제도로 인해 생기는 조세 분쟁의 효율적인 해결 절차와 관련이 있다.

필라 1은 A 금액(초과이익)에 해당하는 금액을 먼저 배분한 후 B 금액(통상이익)을 배분하거나, A 금액과 B 금액을 동시에 배분한다.[98)] 필라 1은 다국적기업의 전세계 연결소득 가운데 일부(A 금액)를 국가별 매출액 기준으로 안분한다. A 금액의 경우 A 금액의 '적용대상 그룹'(Covered Group)에게만 적용되며, A 금액은 고정사업장 유무(有無)와 무관하게 연결 순(純) 소득이 매출액의 10%를 넘는 경우 그 차액의 25%를 말한다.[99)] 여기서 A 금액의 적용대상 그룹은 해당 사업연도의 그룹 매출액이 200억 유로(27조 원)를 초과하고, 그룹의 세전(稅前) 이익률이 10%를 초과하는 그룹이다.[100)] 그리고 특정 국가에 A 금액에 대한 과세권이 형성되려면, A 금액 적용대상 그룹의 전체 매출액을 '매출 귀속' 기준에 따라서 국가 별로 나누었을 때, 해당 사업연도에 특정 국가에서 발생한 매출이 100만 유로(약 13억 원) 이상이어야 한다.[101)] 다만 연간 GDP가 400억 유로 미만인 국가의 이러한 '과세 연계점' 요건은 25만 유로이다.[102)] 즉 A 금액은 그룹 접근

---

95) 김석환, 앞의 글, 184면; Ilan Benshalom, "*The Quest to Tax Financial Income in a Global Economy: Emerging to an Allocation Phase*", 28 Virginia Tax Review (2008), p. 195]. "Formulary apportionment method"를 '공식배분법'(이창희 외 2인, 『국제조세법』, 520면), 또는 '공식분배법'(김석환, 위의 글; 임승순·김용택, 『조세법』 제24판, 박영사, 2024, 1,199면)이라고 번역하는데, 이 글에서는 전자의 방식에 따라 '공식배분법'으로 번역하였다. 노미리, "Pillar 1 Amount B에 관한 비판적인 고찰", 『조세학술논집』, 제40집 제2호, 2024, 74면.

96) OECD, 앞의 글(주7), para. 7.

97) Ian F. Dykes and Louise H.Keegan, "*The OECD Pillar 1 Blueprint: Why Amount B Matters*", Bulletin for International Taxation (March 2021), p. 124.

98) 노미리, 앞의 책, 73면.

99) 이창희 외 2인, 『국제조세법』, 439면.

100) OECD, *Public Consultation, Progress Report on Amount A of Pillar One, 11 July - 19 August 2022* (2022. 7. 11.), Title 1, Art. 1.

101) *Ibid.*, Title 3, Art. 3.

법에 입각한 정형화(定型化)된 접근법, 즉 공식배분법을 사용하여 고정사업장이 없더라도 과세연계점이 있으면 과세할 수 있고 그로 인해 추가로 발생하는 세수(稅收)가 있다.[103)]

반면 B 금액은 적용대상 기업의 매출액 요건을 별도로 규정하고 있지 않다. 대부분의 다국적기업이 B 금액의 잠재적인 적용 대상이라고 할 수 있다. B 금액은 과세당국의 이전가격 분석 업무를 단순화하고, 납세자의 납세협력 비용을 경감하기 위해서 설계된 것으로 '이전가격 지침'의 간소화와 관련이 있다.[104)] B 금액은 다국적기업의 기본 마케팅 및 유통 활동에 적용되는 '단순화되고 간소화된 접근법'(simplified and streamlined approach, 이하 'S&S 접근법'이라고 한다)을 사용하는데, S&S 접근법의 가장 적절한 방법으로 거래순이익률법(TNMM)을 사용한다.[105)] 내부 비교가능 거래가 존재하는 경우 정상가격 산출방법으로 CUP를 예외적으로 사용하는 것이 가능하다.[106)] 1.(3)에서 언급하였듯이 TNMM의 순이익률 지표로는 영업이익률이 사용되는 경우가 많은 편인데, S&S 접근법도 영업이익률을 순이익률 지표로 사용한다.[107)] S&S 접근법에 사용되는 영업이익률은 OECD가 개발한 '글로벌 데이터 세트'를 토대로 해서 만든 '가격 매트릭스'(Pricing Matrix) 상의 '기준 영업이익률'을 기초로 하여 결정된다.[108)] B 금액 적용대상 기업에 가격 매트릭스 상의 기준 영업이익률 지표를 적용한 후에는 영업비용의 교차 검증을 실시한다.[109)]

B 금액, 즉 S&S 접근법을 도입하는 국가는 '규칙'(Rule)을 도입하여 납세자·세무당국이 의무적으로 적용하도록 하거나, '세이프 하버'(safe harbor) 형태로 도입하여 납세자의 선택에 따라 적용되도록 하는 방안 중 하나를 고를 수 있

102) *Ibid.*

103) OECD, *Statement by the OECD/G20 Inclusive Framework on BEPS on the Two-Pillar Approach to Address the Tax Challenges Arising from the Digitalisation of the Economy - January 2020*, OECD/G20 Inclusive Framework on BEPS, Paris: OECD (2020. 1.), p. 8.

104) 노미리, 앞의 글, 76면.

105) OECD, *Pillar One – Amount B: Inclusive Framework on BEPS*, OECD/G20 Base Erosion and Profit Shifting Project, OECD Publishing, 2024, p. 25, para. 41.

106) *Ibid.*, para. 42.

107) OECD, 앞의 글(주105), p. 26, para. 46.

108) 가격 매트릭스에는 상품 분류에 따른 산업 군(群)과 순(純) 매출액 대비 순 영업자산의 비율(net operating asset intensity), 순 매출액 대비 영업비용의 비율(operating expense intensity)의 수준에 따라 결정된 '기준 영업이익률'이 표시되어 있다(*Ibid.*, para. 44-45).

109) 노미리, 위의 글, 82면.

고,[110] 다만 상호합의(Mutual Agreement Procedure) 대상 국가 중 한 국가라도 S&S 접근법을 채택하지 않는다면 기존의 '이전가격 지침'에 따라 합의한다.[111] S&S 접근법을 도입하지 않은 국가는 S&S 접근법으로 산정된 이익을 정상가격으로 보지 않을 수 있다.[112] 그러나 특정 사안에서 B 금액에 따른 결과가 수용 가능한 경우 이에 따른 대응조정을 선택할 수 있다.[113] 또한 B 금액 도입 이전에 타결된 '정상가격 산출 방법의 사전승인'(Advance Pricing Arrangement, APA), 상호합의 등의 결과는 B 금액 도입 후 적격(適格) 거래에 대해서 유효하게 적용된다.[114]

3. 필라 1 도입과 이전가격 세제의 전망

OECD는 필라 1의 시행을 앞두고 OECD는 2022년 판(版) '이전가격 지침'을 발간하였는데 여전히 독립기업 원칙을 지지한다.[115] 독립기업 원칙 하에서 상품이나 용역의 수입국은 여러 가지 방법 중 자국에 유리한 방법을 골라서 과세하고 상대방 체약국과 싸우면서 세수(稅收)를 확보하는 것이 일반적이었다.[116]

그러나 필라 1은 그렇지 않다. 필라 1은 기존 조세조약의 '고정사업장 원칙'과 '독립기업 원칙' 2가지를 수정하여 상품·용역의 수입국에 일정 세수를 넘기는 것을 목적으로 한다.[117] 일정 규모 이상의 다국적기업 그룹에 적용되는 필라 1의 A 금액은 공식배분법에 따라 산정되고 자국 내에 현지(現地) 법인, 고정사업

110) OECD, 앞의 글(주105), p. 6; 2023년 7월 17일부터 9월 1일까지 진행된 "Amount B" 중간보고서에 대한 서면 공청회에 딜로이트(Deloitte), EY, KPMG, PwC 등 여러 곳에서 B 금액이 '세이프하버'로 운영되는 것이 좋을 것 같다는 의견을 제시했다(Deloitee, *Comments on Pillar One–Amount B* (2023. 9. 1.), p. 7; EY, *Comments on OECD Public Consultation Document–Pillar One–Amount B* (2023. 9. 1.), p. 2; KPMG, *Comments on Public Consultation Document: Pillar One–Amount B* (2023. 9. 1.), p. 2; PwC, *OECD's Public Consultation on Amount B of Pillar One* (2023. 8. 30.), p. 1).

111) 기획재정부, "디지털세 필라1 어마운트 비(Amount B) 합의 내용 경제협력개발기구(OECD) 이전가격지침(TPG) 반영", 보도참고자료(2024. 2. 20.), 3면.

112) 기획재정부, 위의 보도참고자료(주111), 3면.

113) 조문균, "필라 1 Amount B의 최근 논의 동향 및 시사점", 『2024년 한국국제조세협회 춘계학술대회 자료집』, 2024, 62면.

114) OECD, 위의 글(주105), p. 37, para. 80.

115) OECD, *OECD Transfer Pricing Guidelines for Multinational Enterprises and Tax Administrations*, OECD Publishing, 2022, para. 1.15.

116) 이창희 외 2인, 『국제조세법』, 439면.

117) 이창희 외 2인, 『국제조세법』, 921면.

장이 없더라도 과세권이 생긴다. A 금액 외의 금액은 무형 재산의 소재지나 개발지 국가에서 과세한다.[118] 소규모 다국적기업은 예전대로 독립기업 원칙에 따르고, 다만 기본 마케팅 및 유통 활동에는 B 금액이 적용된다. B 금액은 모든 납세의무자에게 적용되며, 고정사업장이 있으면 TNMM에 기초한 S&S 접근법에 따라 과세한다. 결론적으로 필라 1은 수입국이나 원천지국의 과세권을 확대한 것이라고 할 수 있다.[119]

필라 1이 도입되더라도 소규모 다국적기업에는 여전히 독립기업 원칙이 적용될 것이므로 건별(件別) 협상이 존재할 것이다. 공식배분법이 적용되는 A 금액의 경우에도 여러 가지 기술적인 문제가 복잡한 만큼 당분간은 건별 협상이 존재할 수밖에 없다.[120] 다국적기업은 B 금액 산정 시 S&S 접근법에서 제시하는 영업이익률을 참고해서 도매(都賣) 법인(수입업자)의 영업이익률을 관리해야 하므로, 기존의 이전가격 정책에 상당한 변화가 있을 것으로 예상된다.[121] 이전가격 세제의 일부가 B 금액을 통해 단순화된다고 하더라도 이전가격 세제를 둘러싼 문제들이 일거에 해결되는 것은 아니다.[122] 결론적으로 이전가격을 둘러싼 문제는 사라지기 어려울 것으로 보인다. 일정 규모 이상 되는 기업들은 필라 1 도입으로 인한 변화에 대비하여 이전가격 정책을 재검토하고, 새로운 규정에 부합하는 문서화(文書化, documentation)와 보고 체계를 구축해야 할 것이다.

Ⅳ. 트럼프 당선과 필라 1, 필라 2의 시행

도널드 트럼프가 미국 제47대 대통령으로 당선됨에 따라 필라 1과 필라 2의 시행이 불투명해졌다. 트럼프 1기 행정부는 A 금액의 적용 대상이 되는 다국적기업의 다수가 미국 기업이기 때문에 이로 인한 미국의 세수 손실을 우려하여 필라 1을 지지하지 않았다.[123] 2021년 1월 바이든 행정부로 바뀌면서 필라 1에

---

118) 이창희 외 2인, 『국제조세법』, 439면.
119) 이창희 외 2인, 『국제조세법』, 439면.
120) 이창희 외 2인, 『국제조세법』, 440면.
121) 김수미·김태형·백혜영, "필라 1 Amount B가 관세평가에 미치게 될 영향 및 시사점에 관한 연구", 『조세학술논집』, 제40집 제2호, 2024, 105면.
122) 김수미·김태형·백혜영, 위의 글, 105면.
123) Reuven S. Avi－Yonah, *The International Tax Regime at 100: Reflections on the OECD's BEPS Project*, Bulletin for International Taxation (November/December 2021), p. 523.

대한 미국의 태도가 바뀌었는데 트럼프가 다시 대통령으로 당선되었으므로 트럼프 2기 행정부 및 공화당이 집권하는 의회에서 다자간 협약의 비준 가능성은 낮을 것으로 예상된다.[124] 다만 미국은 B 금액은 지지하므로 B 금액의 경우 A 금액이 발효되면 전 국가에 의무적으로 적용된다는 점을 고려하여 B 금액의 시행을 위해 미국이 OECD/G20의 포괄적 이행체계(IF)와 A 금액에 관한 논의에 참여할지 주시할 필요가 있다.

트럼프는 이번 대선에서 연방 법인세율을 21%에서 20%로 인하하고, 미국 내 생산기업의 법인세율을 아일랜드와 동일한 15%로 인하하겠다는 공약을 제시한 바 있다.[125] 한국의 다국적기업이 미국에 자회사를 보유하고 있고 미국의 실효세율이 15%에 미달한다고 가정하자. 이 경우 한국의 과세당국은 소득산입규칙에 따라 한국의 모회사에 그 미달 분(分)만큼 추가세액을 부과할 수 있다. 그리고 미국의 다국적기업에 대한 미국의 실효세율이 15%에 미달하는데 한국에 해당 다국적기업의 구성기업이 있다면 한국 과세당국은 이른바 소득산입보완규칙(UTPR)에 의하여 해당 미국 다국적기업에 대해 추가 과세권을 행사할 수 있다. 트럼프 행정부가 내세운 정책 방향을 감안하면 소득산입보완규칙을 통해 미국에 소재하는 다국적기업에 과세하는 국가에 대하여 높은 관세율을 적용하거나 기타 세금 부과 등 보복 조치를 시도할 가능성을 배제할 수 없다.[126] 필라 1·2 시행에 미국의 입장이 크게 작용하는 만큼 향후 미국의 행보를 관찰할 필요가 있다.

V. 맺으며

도널드 트럼프의 대통령 취임으로 필라 1·2의 시행이 불투명해졌다. 필라 1,·2의 시행 여부가 불투명해졌다고 하더라도 현재까지 논의된 필라 1과 필라 2가 기존 국제조세 제도에 미칠 영향을 전망해 보는 것은 여전히 의미가 있다. 이에 이 글에서는 필라 1과 필라 2에 관한 논의나 실제 도입이 기존 국제조세 제도에 미칠 영향을 전망해 보았다.

---

124) SHIN & KIM, "트럼프 당선과 미국 조세·관세 정책의 변화", Newsletter (2024. 11. 21.).
125) 김상희, "'법인세 수입만 55조원'... 글로벌기업 몰리며 호황 누리는 '이 나라'", 『조세일보』 2024년 11월 31일 자.
126) SHIN & KIM, 위의 글.

필라 2의 소득산입규칙은 CFC 제도와 유사한 측면이 있다. 하지만 필라 2가 시행된다고 해서 CFC 제도가 사라지지는 않을 것이다. OECD는 필라 2와 CFC 제도가 병존할 것이라고 주장하고 있고, 두 제도의 정책 목표, 적용 대상, 과세 범위 등에 차이가 있는 점, 우리나라 국조법에도 CFC 제도와 필라 2가 함께 규정되어 있는 점에 비추어 봤을 때 양 제도는 그 특성에 맞게 활용될 수 있을 것이다. 한편 필라 2가 시행되면 조세피난처는 실효세율을 15%로 인상할 가능성이 높다. 그리고 R&D 세액공제로 실효세율이 15% 미만이 될 수 있으므로 R&D에 대한 투자가 감소할 우려가 있다. 이에 대응하여 아일랜드는 R&D 세액공제를 모두 '환급 가능'하도록 변경하였고, 싱가포르는 '환급 가능'한 투자 세액공제 제도(RIC)를 도입했다. 우리나라도 필라 2 시행 시 R&D 투자가 감소할 것이라는 연구 결과가 있는 만큼 R&D 보조금 지원 방안, R&D 세액공제가 환급 가능하도록 제도를 변경하는 방안을 고려해 볼 필요가 있다.

필라 1의 가장 두드러지는 특징은 A 금액 산정 시 공식배분법이 적용된다는 점이다. B 금액은 TNMM에 기초한 S&S 접근법에 따라 산정되고, 소규모 다국적기업에는 여전히 독립기업 원칙이 적용된다. 공식배분법이 적용되는 A 금액의 경우에도 여러 가지 기술적인 문제가 복잡한 만큼 건별 협상이 존재할 수밖에 없다. 필라 1이 시행된다고 하더라도 이전가격을 둘러싼 문제가 일거에 사라지기는 어려울 것으로 보인다.

트럼프 2기 행정부의 정책 성향을 고려했을 때 트럼프 2기 행정부에서 필라 1 및 필라 2를 수용할 가능성은 낮을 것이라는 전망이 우세하다. 하지만 미국이 필라 1·2 시행에 참여하지 않을 것이라고 단정하기도 어렵다. 필라 1과 필라 2 시행에 미국의 입장이 크게 작용하는 만큼 향후 미국의 행보를 주의 깊게 관찰할 필요가 있다.

참고문헌

단행본

노미리, 『공식배분법의 입장에서 바라본 Pillar 1 비판』, 경인문화사, 2023

增井啓良 · 宮崎裕子[마스이 요시히로 · 미야자키 유코], 조윤희 외 2 옮김, 『국제조세법』, 세경사, 2017

임승순 · 김용택, 『조세법』 (제25판), 박영사, 2025

논 문

강지현, "현행 글로벌최저한세 제도의 분석과 개선방안", 『조세학술논집』 제40집 제3호, 2024

김경하, "필라1과 필라2 관련 최근 논의의 동향과 시사점", 『조세학술논집』 제40집 제1호, 2024

김석환, "공식분배법에 따른 이전가격 과세방식에 대한 소고", 『조세법연구』 제14권 제2호, 2008

김수미 · 김태형 · 백혜영, "필라 1 Amount B가 관세평가에 미치게 될 영향 및 시사점에 관한 연구", 『조세학술논집』 제40집 제2호, 2024

노미리, "Pillar 1 Amount B에 관한 비판적인 고찰", 『조세학술논집』 제40집 제2호, 2024

배효정, "Pillar 1 및 Pillar 2에 따른 국제조세 환경의 변화", 『조세법연구』 제30권 제1호. 2024

안종석, "BEPS 프로젝트의 이해: 주요 내용과 시사점", 『재정포럼』 제239호, 조세재정연구원, 2016

정찬모 · 이창희 · 옥무석 · 정영헌 · 박정우 · 김정미, "세정정보화 및 전자상거래 세제지원 방안", 『정보통신정책연구원 정책연구』 99－05 (1999)

조문균, "필라 1 Amount B의 최근 논의 동향 및 시사점", 『2024년 한국국제조세협회 춘계학술대회 자료집』, 2024

최정희 · 양인준, "미국의 피지배외국법인(CFC) 세제에 대한 연구", 『조세학술논집』 제35집 제4호, 2019

최정희, "CFC 제도의 최근 논의 동향과 시사점", 『조세학술논집』 제40집 제3호. 2024

홍병진, "글로벌 최저한세와 R&D", 『재정포럼』 제337호, 조세재정연구원, 2024

Cihat Öner, *An Analysis of Controlled Foreign Company Rules, the OECD's Pillar Two and Developing Countries*, Bulletin for International Taxation (2024)

I. Steel & V. Nair, *International corporate tax reforms. what could the OECD deal mean for lower−income countries?*, ODI Emerging Analysis, London: ODI, Working Paper 618(29 Oct. 2021), available at https://ifs.org.uk/publications/international−corporate−tax−reformswhat−could−oecd−deal−mean−lower−income−countries 2023). (검색일: 2024. 12. 24.)

Ian F. Dykes and Louise H.Keegan, *The OECD Pillar 1 Blueprint: Why Amount B Matters*, Bulletin for International Taxation (2021)

Ilan Benshalom, *The Quest to Tax Financial Income in a Global Economy: Emerging to an Allocation Phase*, 28 Virginia Tax Review (2008)

J. Hey, *Guest Editorial: The 2020 Pillar Two Blueprint: What Can the GloBE Income Inclusion Rule Do That CFC Legislation Can't Do?*, 49 Intertax 1 (2021)

Johanna Hey and Arne Schnitger, *Group approach and separate entity approach in domestic and international tax law*, General report, Cahiers De Droit Fiscal International Studies on International Fiscal Law, Vol. 106A, International Fiscal Association (2022).

Jung Yi, *Tax Incentives for Technology and Innovation in Developing Countries under the "Global Minimum Tax": Challenges and Responses*, 『中国法学会财税科学研究会·한국세법학회, 2024年中韩税法学术研讨会 论文集』(2024. 11.)

Noh Mie−ree, *Discussion Paper on Tax Incentives for Technology and Innovation in Developing Countries: Challenges and Responses to the Global Minimum Tax*, 『中国法学会财税科学研究会·한국세법학회, 2024年中韩税法学术研讨会 论文集』(2024. 11.)

Reuven S. Avi−Yonah, *The Rise and Fall of Arm's Length: A Study in the Evolution of U.S. International Taxation*, Virginia Tax Review, Vol. 15 (1995)

______________________, *The International Tax Regime at 100: Reflections on the OECD's BEPS Project*, Bulletin for International Taxation(November/December 2021)

S. Dueñas, *CFC Rules Around the World, Tax Foundation*, Fiscal Fact No. 659 (June 2019), available at https://files.taxfoundation.org/20190617100144/CFC−Rules−Around−the−World−FF−659.pdf?_gl=1*1hkxb8q*_ga*NTkzNTkwNz g3LjE2ODkyMzczNjE.*_ga_FP7KWDV08V*MTY4OTIzNzM2MS4xLjAuMTY4OTIzNzM2MS42MC4wLjA (검색일: 2024. 12. 17.)

기 타

국세청, "2023 연차보고서", 국세청 국제조세관리관실, 2024
기획재정부, "OECD/G20 BEPS 프로젝트 최종 보고서 발간", 보도자료(2015. 10. 6.).
________, "디지털세 필라2 모델규정 공개－글로벌 최저한세 도입을 위한 입법 지침 합의－", 보도참고자료(2021. 12. 20.).
________, "디지털세 필라1 어마운트 비(Amount B) 합의 내용 경제협력개발기구(OECD) 이전가격지침(TPG) 반영", 보도참고자료(2024. 2. 20.).
김상희, "'법인세 수입만 55조원'... 글로벌기업 몰리며 호황 누리는 '이 나라'", 조세일보(2024. 11. 31.)
Deloitee, *Comments on Pillar One－Amount B* (2023. 9. 1.)
EY, *Comments on OECD Public Consultation Document－Pillar One－Amount B* (2023. 9. 1.)
KPMG, *Comments on Public Consultation Document: Pillar One－Amount B* (2023. 9. 1.)
OECD, *Transfer Pricing and Multinational Enterprises, Report of the OECD Committee on Fiscal Affairs* (1979).
_____, *Transfer Pricing Guidelines for Multinational Enterprises and Tax Administrations* (1995)
_____, *Designing Effective Controlled Foreign Company Rules, Action 3 – 2015 Final Report*, OECD/G20 Base Erosion and Profit Shifting Project (2015)
_____, *Background Brief－Inclusive Framework on BEPS* (2017).
_____, *Tax Challenges Arising from Digitalisation — Report on Pillar One Blueprint*, OECD/G20 Base Erosion and Profit Shifting Project (2020).
_____, *Tax Challenges Arising from Digitalisation — Report on Pillar Two Blueprint*, OECD/G20 Base Erosion and Profit Shifting Project (2020).
_____, *Statement by the OECD/G20 Inclusive Framework on BEPS on the Two－Pillar Approach to Address the Tax Challenges Arising from the Digitalisation of the Economy—January 2020*, OECD/G20 Inclusive Framework on BEPS, Paris: OECD (2020. 1.)

_____, *OECD Transfer Pricing Guidelines for Multinational Enterprises and Tax Administrations*, OECD Publishing, Paris (2022)

_____, *Tax Challenges Arising from the Digitalisation of the Economy – Commentary to the Global Anti–Base Erosion Model Rules (Pillar Two)*, First Edition: Inclusive Framework on BEPS (2022. 3.)

_____, *Public Consultation, Progress Report on Amount A of Pillar One, 11 July – 19 August 2022* (2022. 7. 11.)

_____, *Tax Challenges Arising from the Digitalisation of the Economy – Administrative Guidance on the Global Anti–Base Erosion Model Rules (Pillar Two)*, OECD/G20 Base Erosion and Profit Shifting Project (2023. 7.)

_____, *Tax Challenges Arising from the Digitalisation of the Economy – Consolidated Commentary to the Global Anti–Base Erosion Model Rules (2023): Inclusive Framework on BEPS*, OECD/G20 Base Erosion and Profit Shifting Project (2024).

_____, *Pillar One – Amount B: Inclusive Framework on BEPS, OECD/G20 Base Erosion and Profit Shifting Project*, OECD Publishing, Paris(2024).

PwC, *OECD's Public Consultation on Amount B of Pillar One* (2023. 8. 30.)

SHIN & KIM, "트럼프 당선과 미국 조세·관세 정책의 변화", Newsletter(2024.11.21.).

블룸버그 택스(https://news.bloombergtax.com/daily–tax–report–international/tax–havens–race–to–lure–companies–as–15–global–levy–looms) (검색일: 2024. 11. 8.).

싱가포르 국세청(https://www.iras.gov.sg/schemes/disbursement–schemes/refund–able–investment–credit–(ric)) (검색일: 2024. 11. 8.).

제4부

부가가치세

14. 부가가치세 국내사업장의 의미와 판단 기준

강성모*

Ⅰ. 서론(序論)

거래의 장소적 경계가 없어진다. 거래의 목적물도 다양해진다. 용역과 전자적(電子的) 상품을 목적물로 하는 거래도 늘었다. 용역과 전자적 상품은 누가 언제 어디에서 거래하느냐를 명확히 파악하기 어렵다. 용역과 전자적 상품을 생산하는 곳과 소비하는 곳 사이의 거리도 멀어졌다. 다른 나라에 사는 사람이나 다

* 서울시립대학교 세무전문대학원 세무학과 교수

른 나라에서 설립된 법인의 거래도 많아졌다. 이들이 국내에 지점이나 자(子) 회사를 설치하는 등의 방법으로 거점(據點)을 만들기도 한다. 이러한 거점이 어느 정도의 인적(人的) 또는 물적(物的) 요건을 갖추었다고 판단하면 '국내사업장'으로 보고 과세한다. 재화 또는 용역을 공급할 때 부가가치세 납세의무를 부담하는 자는 그 재화 또는 용역을 공급하는 사업자다. 그런데 하나의 사업자는 하나의 사업장을 두고 사업할 수도 있지만, 둘 이상의 사업장을 두고 사업할 수도 있다. 다른 나라의 '거주자'인 사람이나 다른 나라에서 설립된 법인이 우리나라에 사업장을 두고 사업을 영위하기도 한다. 이때 어떻게 부가가치세 과세를 할 것이냐가 문제가 된다.

이 글은 아래와 같은 의문을 다룬다.

첫째, 부가가치세에서 '국내사업장'은 어떤 의미가 있는가? 국내사업장이 있다면 어떻게 과세해야 하는가?

둘째, 부가가치세의 '국내사업장'과 소득에 대해 과세할 때의 '국내사업장'은 어떤 관계가 있는가?

셋째, 부가가치세의 국내사업장이 있다고 하기 위해서는 어떠한 요건이 갖추어져야 하는가? 그 판단 기준은 무엇인가?

Ⅱ. '국내사업장'과 관련한 부가가치세 과세의 체계

1. 국내에서 이루어지는 공급에 대한 부가가치세 과세

공급이 국내에서 이루어지면 우리나라가 부가가치세 과세를 할 수 있다.[1] 반대로, 공급이 이루어지는 장소가 국외(國外)라면 우리나라가 과세할 수 없다.[2] 이때 '공급하는 자'가 누구냐 또는 '공급받는 자'가 누구냐는 중요하지 않다.[3] 공급받는 자가 '거주자 또는 내국법인'이라[4] 하더라도 공급되는 장소는 국내가 아닐 수 있다. 이때도 우리나라는 과세권을 행사할 수 없다. '비(非)거주자 또는 외국법인'이[5] 거래의 당사자라도 똑같은 기준이 적용된다. 그 '비거주자 등'의 국

1) 이창희, 『세법강의』, 1238~1239면; 한만수, 『조세법강의』(신정15판), 박영사, 2023, 1044면.
2) 한만수, 앞의 책, 976면.
3) 이창희, 『세법강의』, 1239면.
4) 이하 '거주자 등'이라 한다.
5) 이하 '비거주자 등'이라 한다.

내사업장이 있어도 마찬가지다.

대법원은 비거주자 등이 국외에서 공급하였다면 부가가치세 과세를 할 수 없다는 태도다. 과세권도 국가 통치권의 일부이므로, 공급하는 자가 비거주자 등이고 그 공급 행위 자체가 통치권이 미치지 아니하는 우리 영토 밖에서만 이루어진 때에는 국가는 그 비거주자 등의 공급 행위에 대하여 부가가치세를 부과·징수하는 권한, 즉 부가가치세의 과세권이 없다고 판시하였다.[6] 이때 공급받는 상대방이 '거주자 등'이냐 아니냐, '국내사업장'이 존재하느냐 아니냐는 문제가 되지 않는다고 하였다.[7]

이처럼 우리나라의 부가가치세에서 '공급되는 장소'의 개념은 세수(稅收)를 국제적으로 분배하는 기준이 된다. 우리나라가 부가가치세 과세권을 행사할 수 있냐를 결정하는 유일한 기준은 "공급되는 장소가 국내인가?"다.[8] 이 기준을 통과하여 과세권을 행사할 때 어떤 방식을 택할 것이냐는 다음 단계의 문제다. 한편 '유럽연합 사법재판소'(CJEU)는 관할권의 충돌로 생길 수 있는 이중(二重) 과세와 비(非) 과세를 피하려고 용역의 공급이 관련한 '공급되는 장소'를 정하는 규정을 두었다고 이해한다.[9]

2. 사업장과 납세지(納稅地)

'공급하는 자'이든 '공급받는 자'이든 부가가치세에서 납세의무를 지는 것은 대개 사업자이다. 이때 사업자의 부가가치세 '납세지'는 각 '사업장'의 소재지로 하고,[10] 사업자에 대한 부가가치세는 '납세지'를[11] 관할하는 세무서장 또는 지

6) 대법원 1983. 1. 18. 선고 82누483 판결; 대법원 1988. 12. 6. 선고 88누2489 판결.

7) 대법원 2016. 1. 14. 선고 2014두8766 판결. 이 판결에서는 국외에서 제공하는 용역의 공급이어서 영(零) 퍼센트의 세율, 곧 '영세율'을 적용할 수 있는지가 쟁점이 되었다. 대법원은, 국외에서 제공하는 용역은 그 용역을 공급받는 상대방이 '거주자 등'인지 아니면 '비거주자 등'인지, 혹은 비거주자 등의 국내사업장이 존재하는지를 가리지 않는다고 하였다.

8) 강성모, "2022년 소비 및 재산 과세 판례회고", 『조세법연구』 제29권 제1호, 2023, 68면. 이창희, 『세법강의』, 1238면에서는, 재화의 공급되는 장소에 관한 부가가치세법 제19조와 용역의 공급되는 장소에 관한 부가가치세법 제20조가 부가가치세법 전체에서 핵심적이라 한다.

9) Welmory sp. z o.o. v Dyrektor Izby Skarbowej w Gdańsku, 16 October 2014, C-605/12, 42문단; Dong Yang Electronics sp. z o.o. v Dyrektor Izby Administracji Skarbowej we Wrocławiu, 7 May 2020, C-547/18, 25문단; Berlin Chemie A. Menarini SRL v Administraţia Fiscală pentru Contribuabili Mijlocii Bucureşti – Direcţia Generală Regională a Finanţelor Publice Bucureşti, 7 April 2022, C-333/20, 42문단 제2문.

10) 부가가치세법 제6조 제1항.

11) 부가가치세법 제6조 제1항부터 제5항까지.

방국세청장이 과세한다.[12] '사업장'이란, 사업자가 사업을 하기 위하여 거래의 전부 또는 일부를 하는 고정된 장소를 말한다.[13]

사업자가 비거주자이면 소득세법이 정하는 일정한 장소를[14] 사업장으로 하고, 외국법인이면 법인세법이 정하는 일정한 장소를[15] 사업장으로 한다.[16] 부가가치세법은 '소득세법 제120조 또는 법인세법 제94조에 따른 국내사업장'을 '국내사업장'이라 부른다.[17] 사업자는 사업장마다 사업 개시일부터 20일 이내에 사업장 관할 세무서장에게 사업자등록을 신청하여야 한다.[18]

3. '비거주자 등'의 공급에 대한 과세의 체계

비거주자 등이 국내에서 재화 또는 용역을 공급할 때는 국내사업장이 있고 공급과 그 국내사업장이 관련이 있는지, 공급 목적물이 무엇인지 등에 따라 과세 방법이 달라진다.

(1) 국내사업장 과세

공급되는 장소가 국내이고 국내사업장이 있으면 비거주자 등이 당사자가 되는 거래라도 과세할 수 있다. 재화의 공급과 용역의 공급이 모두 포함된다. 국내사업장 소재지를 관할하는 세무서장 또는 지방국세청장이 과세한다.

다만 그 공급과 국내사업장 간 관련이 없으면 국내사업장에 과세할 수는 없다. 이때는 공급의 목적물이 무엇이냐에 따라 달리 과세한다.

(2) 공급받는 자의 부가가치세 징수와 납부 – '대리납부'(代理納付)

국내사업장이 없거나, 국내사업장이 있더라도 공급과 국내사업장이 관련이 없으면, 공급하는 자가 아니라 공급받는 자가 그 대가를 지급하는 때에 대가를 받은 자로부터 부가가치세를 징수해야 할 수 있다.

---

12) 부가가치세법 제7조 제1항.
13) 부가가치세법 제6조 제2항.
14) 소득세법 제120조 제1항은, "비거주자가 국내에 사업의 전부 또는 일부를 수행하는 고정된 장소를 가지고 있는 경우에는 국내사업장이 있는 것으로 한다."라고 규정한다.
15) 법인세법 제94조 제1항은, "외국법인이 국내에 사업의 전부 또는 일부를 수행하는 고정된 장소를 가지고 있는 경우에는 국내사업장이 있는 것으로 한다."라고 규정한다.
16) 부가가치세법 제6조 제2항, 부가가치세법 시행령 제8조 제6항.
17) 부가가치세법 제52조 제1항 제1호.
18) 부가가치세법 제8조 제1항.

1) 재화의 공급

국내에서 재화를 공급할 때는 과세 거래이지만, 국내사업장이 없다면 일반적인 방법으로 과세할 수 없다. 국내에 사업장이 없으므로 납세지가 없고, 그 결과 관할권을 가지는 세무서장 또는 지방국세청장이 없기 때문이다. 사업자등록도 할 수 없을 것이다. 그러나 재화를 공급하면서 국내사업장이 없는 상황이 흔하지는 않을 것이다.

재화가 외국으로부터 국내에 반입된 것이라면 재화의 수입으로 과세할 수 있다.[19]

2) 용역의 공급

국내에서 용역을 공급할 때도 과세 거래이지만, 역시 국내사업장이 없으므로 일반적인 방법으로 과세할 수 없다. 공급하는 자 또는 그의 사업장이 국내에 없어서, 공급받는 자로부터 거래징수하게 할 방법도, 신고하고 납부하게 할 방법도 없기 때문이다. 즉 국내사업장이 없는 비거주자 등이 용역을 공급하는 때에는 용역이 공급되는 장소가 국내이더라도 공급하는 자가 국내에 없으므로 용역을 공급하는 자에게 거래징수하라고 강제하는 것은 실효성이 없을 수 있다.[20] 국내사업장이 있더라도 그 공급이 국내사업장과 관련없이 이루어진다면 국내사업장이 없는 것과 마찬가지다.

그런데 용역은 국내사업장이 없어도 흔히 국내에서 공급될 수 있다. 재화 중 '권리'도 마찬가지다. 이러한 이유에서, 공급의 목적물이 용역 또는 권리일 때는 특별한 규정을 두고 있다. 비거주자 등으로부터 국내에서 용역 또는 권리를 공급받는 자는 그 대가를 지급하는 때에 그 대가를 받은 자로부터 부가가치세를 징수하여야 한다.[21] 국내사업장이 있는 비거주자 등이 국내사업장이 관련되지 않고 용역 또는 권리를 공급하는 때에도 마찬가지다. 이를 '대리납부'라 한다. 이때 공급받은 그 용역 또는 권리를 과세사업에 제공하는 때는 대리납부가 필요한 범위에서 제외하고, 매입세액이 공제되지 아니하는 용역 또는 권리를 공급받는 때는 포함한다.[22] 결국 최종 소비자, 면세사업자 등만이 이러한 의무를 지지

19) 부가가치세법 제4조 제2호.
20) 한만수, 앞의 책, 1045면.
21) 부가가치세법 제52조 제1항.
22) 부가가치세법 제52조 제1항.

만,[23] 특히 최종 소비자가 부가가치세를 징수하리라 기대하기는 어렵다.[24]

이러한 대리납부 제도는 부가가치세 행정의 편의를 위한 것이라 말할 수 있다.[25]

(3) 전자적 상품 거래에 대한 과세 - 간편한 방법의 사업자등록

일부 전자적 상품에[26] 대해서는 다른 취급을 한다.[27] 국내사업장이 없는 '비거주자 등'이 국내 소비자에게 제공하는 일정한 전자적 상품은 용역으로 본다. 그리고 국내에서 공급이 이루어지는 것으로 간주한다.[28] 국내사업장이 있는 비거주자 등이 국내사업장과 관련없이 용역 또는 권리를 공급하는 때에도 마찬가지다. 이러한 간주를 통해 우리나라의 과세권을 확보한다.

이러한 전자적 용역을 국내에 공급하는 자는 부가가치세법 시행령이 정하는 간편한 방법으로 사업자등록을 하여야 한다. 일정한 제3자를 통하여 일정한 전자적 상품을 공급하면 그 제3자가 공급하였다고 보고, 그 제3자가 위와 같은 사업자등록을 해야 한다.[29] 이러한 사업자등록을 한 자는 '거주자 등'처럼 취급한다. 즉 국내사업장이 없지만, 공급받는 자가 부가가치세를 징수하는 게 아니라, 공급하는 비거주자 등이 일반적인 신고 및 납부를[30] 하여야 한다.[31] 만약 위와 같은 사업자등록을 하지 않으면 가산세를 부담한다.[32]

Ⅲ. '국내사업장'의 의미

1. 관련 규정

(1) 기본 개념

부가가치세법의 '국내사업장'은 '소득세법 제120조 또는 법인세법 제94조에

---

23) 이창희, 『세법강의』, 1247면.
24) 이창희, 『세법강의』, 1247면.
25) 임승순·김용택, 『조세법』 (제25판), 박영사, 2025, 1083면.
26) 그 대상에 대해서는 부가가치세법 제53조의2 제1항에서 정한다.
27) 부가가치세법 제53조의2. 이 규정은 부가가치세법이 2014. 12. 23. 법률 제12851호로 개정되면서 신설되었다.
28) 부가가치세법 제53조의2 제1항.
29) 부가가치세법 제53조의2 제2항.
30) 부가가치세법 제48조 제1항·제2항 및 제49조에 따른 신고 및 납부를 말한다.
31) 부가가치세법 제53조의2 제4항.
32) 부가가치세법 제60조 제1항 제1호의2.

따른 국내사업장'이다.[33] 사업자가 비거주자면 '소득세법 제120조에 따른 장소'를 사업장으로 하고, 외국법인이면 '법인세법 제94조에 따른 장소'를 사업장으로 한다.[34] 그러나 소득세법 또는 법인세법의 국내사업장이 언제나 부가가치세 납세의무자인 사업자로 취급되지는 않는다.[35]

소득세 또는 법인세와 같이 소득에 대해 과세할 때의 국내사업장은, 비거주자 등이 국내에 사업의 전부 또는 일부를 수행하기 위하여 설치한 사업상의 고정된 장소인 '고정사업장'(Permanent Establishment, PE)을 의미한다.[36] 조세조약에서 사용되는 이 용어는, 소득세법 또는 법인세법의 국내사업장과 같다.[37] 경제협력개발기구(OECD)의[38] 모범조세조약은[39] 국내사업장을, '기업의 사업이 전적 또는 부분적으로 수행되는 일정한 사업 장소'(fixed place of business)를 뜻한다고 한다.[40]

경제협력개발기구 모범조세조약은, 기업 활동의 '핵심적이고 중요한 부분'(essential and significant part)을 수행해야 하고, 그 사업 장소의 '일반 목적'이 전체 기업의 일반 목적과 같다면 예비적이고 보조적인 활동이라 볼 수 없다고 한다.[41]

(2) 물리적 국내사업장

비거주자 등이 국내에 사업의 전부 또는 일부를 수행하는 고정된 장소를 가지고 있으면 국내사업장이 있다고 할 수 있다.[42] 이러한 국내사업장은 지점과 사무소, 또는 영업소를 포함한다. 상점과 그 밖의 고정된 판매 장소, 작업장·공장 또는 창고, 일정한 기간을 초과하여 존속하는 건축 장소와 건설·조립·설치공사의 현장, 또는 이와 관련되는 감독 활동을 수행하는 장소 등도 마찬가지다.[43] 고용인을 통하여 용역을 제공할 때는 일정한 기간 이상 용역이 수행되는 장소나 그렇지 않더라도 유사한 종류의 용역이 일정한 기간 이상 계속적이고 반

33) 부가가치세법 제52조 제1항 제1호.
34) 부가가치세법 제6조 제2항, 부가가치세법 시행령 제8조 제6항.
35) 이준봉, "고정사업장과 부가가치세 납세의무", 『조세법연구』 제28권 제3호, 2022, 153~162면.
36) 임승순·김용택, 앞의 책, 1242~1243면.
37) 임승순·김용택, 앞의 책, 1242면.
38) Organization for Economic Cooperation and Development.
39) Model Tax Convention on Income and on Capital. 이하 '경제협력개발기구 모범조약'이라 한다.
40) 경제협력개발기구 모범조약 제5조 제1항.
41) 경제협력개발기구 모범조약 제5조에 대한 주석 59문단.
42) 소득세법 제120조 제1항, 법인세법 제94조 제1항.
43) 소득세법 제120조 제2항 제1호부터 제4호까지, 법인세법 제94조 제2항 제1호부터 제4호까지.

복적으로 수행되는 장소가 국내사업장이 될 수 있다.[44] 광산과 채석장, 또는 해저 천연자원이나 그 밖의 천연자원을 탐사하고 채취하는 장소도 국내사업장이 될 수 있다.[45] 이때는 국제법에 따라 우리나라가 영해(領海) 밖에서 주권을 행사하는 지역으로서 우리나라의 연안에 인접한 해저 지역의 해상(海床)과 하층토(下層土)에 있는 것을 포함한다.

(3) '대리인' 국내사업장

그런데 이러한 고정된 장소를 가지고 있지 아니하더라도 일정한 자(者)를 두고 사업을 경영하는 때에는 그 자의 사업장 소재지, 주소지, 거소지 등에 국내사업장을 둔 것으로 본다.[46] 국내에서 그 비거주자 등을 위하여 비거주자 등 명의(名義)의 계약, 비거주자 등이 소유하는 자산의 소유권 이전 또는 소유권이나 사용권을 갖는 자산의 사용권 허락을 위한 계약, 비거주자 등의 용역 제공을 위한 계약을 체결할 권한을 가지고 그 권한을 반복적으로 행사하는 자를 둔 때가 여기에 해당한다.[47] 또한 국내에서 그 비거주자 등을 위하여 비거주자 등 명의의 계약 등을 체결할 권한을 가지고 있지 아니하더라도 계약을 체결하는 과정에서 중요한 역할을 반복적으로 수행하는 자를 둘 수도 있겠다.[48]

이를 '종속(從屬) 대리인'이라 부른다. 경제협력개발기구(OECD)의 모범조세조약은 종속 대리인을 통해 사업을 하면 국내사업장이 있다고 본다.[49]

(4) '예비적 또는 보조적' 성격의 활동 문제

그런데 비거주자 등이 자산의 단순한 구매만을 위하여 사용하는 일정한 장소, 비거주자 등이 판매를 목적으로 하지 아니하는 자산의 저장이나 보관만을 위하여 사용하는 일정한 장소, 비거주자 등이 자기의 자산을 타인에게 가공하게 할 목적으로만 사용하는 일정한 장소 등과 같은 특정 활동 장소가 비거주자 등의 사업 수행상 '예비적 또는 보조적인 성격'을 가진 활동을 위하여 사용되는 때에는 국내사업장에 포함되지 않는다.[50]

---

44) 소득세법 제120조 제2항 제5호, 법인세법 제94조 제2항 제5호.
45) 소득세법 제120조 제2항 제6호, 법인세법 제94조 제2항 제6호.
46) 소득세법 제120조 제3항, 법인세법 제94조 제3항.
47) 소득세법 제120조 제3항 제1호, 법인세법 제94조 제3항 제1호.
48) 소득세법 제120조 제3항 제2호, 법인세법 제94조 제3항 제2호.
49) 경제협력개발기구 모범조약 제5조 제5항.
50) 소득세법 제120조 제4항, 법인세법 제94조 제4항.

그러나 이러한 특정 활동 장소가 국내사업장에 포함될 수도 있다.[51] 비거주자 등 또는 특수관계인이 특정 활동 장소와 같은 장소 또는 국내의 다른 장소에서 사업을 수행하고, 특정 활동 장소와 같은 장소 또는 국내의 다른 장소에 해당 비거주자 등 또는 특수관계인의 국내사업장이 존재할 것, 특정 활동 장소에서 수행하는 활동과 위 국내사업장에서 수행하는 활동이 상호 보완적일 것 등의 요건을 모두 충족하면 이 특정 활동 장소는 국내사업장이 된다.[52] 또한 비거주자 등 또는 특수관계인이 특정 활동 장소와 같은 장소 또는 국내의 다른 장소에서 상호 보완적인 활동을 수행하고 각각의 활동을 결합한 전체적인 활동이 비거주자 등 또는 특수관계인의 사업 활동에 비추어 '예비적 또는 보조적인 성격'을 가진 활동에 해당하지 아니할 때도 마찬가지다.[53]

(5) 그 밖의 요건 - 부가가치세 특유의 요건

① 유럽연합 '부가가치세 집행규칙'은[54] 충분한 수준의 지속성을 요구한다.[55] 또한 인적(人的) 자원과 기술적(技術的) 자원의 측면에서 국내사업장 자체의 수요를 위하여 공급되는 용역을 받거나 사용하는 데에 적합한 구조를 갖추어야 한다.[56] 사업자등록번호가 있다고 해서 언제나 그 납세의무자에게 국내사업장이 있다고 할 수는 없다.[57]

② 용역이 공급받는 자의 어느 국내사업장에 제공되었는지를 판명하기 위해, 공급하는 자는 제공된 용역의 성격과 사용 상황을 검토하여야 한다.[58] 제공된 역무(役務)의 성격과 사용 상황만으로 어느 국내사업장에 용역이 제공되었는지를 판명하기 어려울 때, 공급하는 자는 계약이나 주문서의 양식, 사업자등록번호를 통해 용역이 제공된 국내사업장을 판정할 수 있는지, 국내사업장이 용역의 대가를 내는 주체인지 등에 주의하여야 한다.[59] 만약 이러한 기준으로 용역이

51) 소득세법 제102조 제5항, 법인세법 제94조 제5항.
52) 소득세법 제120조 제5항 제1호, 법인세법 제94조 제5항 제1호.
53) 소득세법 제120조 제5항 제2호, 법인세법 제94조 제5항 제2호.
54) Council Implementing Regulation (EU) No 282/2011 of 15 March 2011 laying down implementing measures for Directive 2006/112/EC on the common system of value added tax. 이하 '유럽연합 부가가치세 집행규칙'이라 한다.
55) 유럽연합 부가가치세 집행규칙 제11조 제1항.
56) 유럽연합 부가가치세 집행규칙 제11조 제1항.
57) 유럽연합 부가가치세 집행규칙 제11조 제2항.
58) 유럽연합 부가가치세 집행규칙 제22조 제1항 제1문.
59) 유럽연합 부가가치세 집행규칙 제22조 제1항 제2문.

제공된 국내사업장을 판명할 수 없거나 둘 이상의 용역이 하나의 계약에 따라 서로 구별되거나 계량할 수 없는 방식으로 공급된다는 등의 사정이 있다면, 공급하는 자는 공급받는 자가 주된 사업장을 둔 곳에서 그 용역이 공급되었다고 인정할 수 있다.[60] 다만 이러한 판단은 공급받는 자가 이행해야 하는 의무에는 영향을 미치지 않는다.[61]

2. 선례(先例)

(1) 대법원 판례

1) '블룸버그' 판결[62]

미국에 본사를 둔 외국회사 '갑'(甲)이 설립한 한국 내 자(子) 회사 '을'(乙)이 갑 회사와 용역계약을 체결하여 국내에 설치된 '노드'(node) 장비 및 '수신기'를 통하여 정보를 전달하는 용역을 제공하고, 갑 회사의 해외 지점 영업 직원이 을의 사무실 등에서 판촉하고 교육하는 활동을 제공한 사안이 있다. 과세 주체는 갑 회사의 국내사업장이 존재한다고 전제하고 한다고 전제하고 부가가치세 처분을 하였다.

그러나 대법원은 갑 회사의 국내사업장이 존재한다고 볼 수 없다고 판단하였다.[63] 우선 갑 회사가 국내에 설치되어 있는 노드 장비를 통하여 국내에서 수행하는 활동은 갑 회사가 하는 전체 사업 활동에서 '본질적이고 중요한 부분'이 아니라고 보았다. 위 수신기는 미국의 주(主) 컴퓨터로부터 가공되고 분석된 정보를 수신하여 고객에게 전달하는 장치에 불과하고, 갑 회사로부터 송부된 정보를 수신하는 것이 그 주된 기능이라는 이유를 들었다. 나아가 갑 회사 해외 지점의 영업 직원이 우리나라를 방문하여 고객의 사무실 등에서 판촉 활동을 하거나 계약조건을 안내해 주고 을 회사 사무실에서 고객에게 장비 사용법 등을 알려주었더라도, 이는 갑 회사의 본질적이고 중요한 사업 활동은 아니라고 하였다.

2) '인천대교 건설 공사' 판결

인천대교 건설 사업을 할 때 캐나다 법인인 '갑'(甲) 회사와 영국 법인인 '병'

---

60) 유럽연합 부가가치세 집행규칙 제22조 제1항 제3문.

61) 유럽연합 부가가치세 집행규칙 제22조 제2항.

62) 이 책의 제11장 Ⅳ.에도 소개되어 있다.

63) 대법원 2011. 4. 28. 선고 2009두19229, 19236 판결.

(丙) 회사가 그 사업의 시행자로 지정된 '을'(乙) 주식회사가 사업 시행에 필요한 업무를 수행할 수 있게 자문 용역을 공급한 사안이 있었다. 또한 이때 갑 회사 또는 병 회사의 국내사업장이 있느냐가 쟁점이 되었다.

① 갑 회사는 A 그룹의[64] 자회사인 캐나다 법인이다. 갑 회사는 1999년 12월 23일 인천광역시와 51:49 지분으로 인천대교 건설 사업을 추진하기 위하여 '특수목적 법인'인 을 주식회사를 설립하였다.

② 갑 회사는 1999년 12월경부터 2003년 3월경까지 을 주식회사의 본점 사무실에서 그 고용인을 통하여 을 주식회사에 인천대교 건설 사업 관련 용역을 제공하였다. 갑 회사는 용역을 수행할 시점에 국내사업장이 없다고 판단하고 부가가치세 신고·납부를 하지 않았다. 그러나 과세 주체는 갑 회사가, 을 주식회사의 본점 사무실을 국내사업장으로 하여 용역을 수행하였고 그 공급이 이루어진 시기는 용역 대금이 확정된 날이 된다고 보았다.

③ 갑 회사는 국내에 처분 권한 또는 사용 권한을 가지는 사업 장소를 보유하지 않았다거나 을 주식회사의 본점 사무실은 을 주식회사의 사업 장소에 불과할 뿐이라는 취지로 주장하였다.

④ 그런데 갑 회사가 1999년 12월경부터 2003년 3월경까지 그 당시에 을 주식회사의 본점이 있던 장소에서 을 주식회사의 등기부(登記簿)에 2000년 8월 23일부터 2003년 4월 16일까지 을 주식회사의 대표이사로 등재되었던 자를 총 책임자로 하여 '프로젝트 파이낸스', '상업 및 법률', '사업 제안', '건설' 등 4개의 담당 조직과 마케팅 대표로 구성된 '팀'(Proposal Team)을 두고, 인천대교 건설 사업을 위한 전반적인 사업 관리 용역을 수행하였다.

외국법인의 국내사업장에는, 그 고용인을 통하여 용역을 제공할 때 해당 용역의 제공이 계속되는 12개월 중 총 6개월을 초과하는 기간 동안 용역이 수행되는 장소, 또는 총 6개월을 초과하지 아니할 때 유사한 종류의 용역이 2년 이상 계속적이고 반복적으로 수행되는 장소도 포함된다.[65] 원심은 을 주식회사의 본점이 있던 장소는, 갑 회사가 인천대교 건설 사업을 위한 사업 관리 용역을 6개월을 초과하는 기간 수행한 장소에 해당하거나 유사한 종류의 용역이 2년 이상 계속적이고 반복적으로 수행한 장소로 볼 수 있다고 판단하였다. 을 주식회사는

64) 전 세계적인 사업 관리 및 인프라 구축 서비스를 주된 사업으로 한다.

65) 법인세법 제94조 제2항 제5호.

갑 회사가 인천광역시와 51:49의 지분 비율로 인천대교 건설 사업을 추진하기 위하여 설립한 특수목적 법인으로, 갑 회사가 용역을 제공할 당시에는 실질적으로 위 건설 사업을 주도적으로 추진할 만한 독립된 인적·물적 시설을 갖추었다고는 보이지 않는 점 등도 고려하였다.

원심은 이러한 사정을 종합적으로 고려해서 을 주식회사의 사무실에서 갑 회사가 용역을 제공할 당시에 국내에 처분 또는 사용 권한을 가지는 사업 장소가 존재하지 않는다고 볼 수는 없다고 하였다.[66] 대법원도 이러한 원심의 판단을 그대로 인정하였다.[67]

병 회사는 2003년 6월 13일 을 주식회사와 사이에 '국내 제공 용역 계약'과 '국외 제공 용역 계약'을 각각 체결하였다. 이는 인천대교 건설 사업의 사업자로 지정된 을 주식회사가 우리나라 정부와 체결한 실시 협약에 따른 업무를 수행할 수 있게 여러 용역을 국내·외에서 수행하기로 하는 내용의 계약이었다. 한편 병 회사는 2003년 11월 14일 국내에 지점을 설치하였다. 그런데 병 회사는 '국내 제공 용역 계약'에 따라 받은 대가에 관하여서는 그 용역이 병 회사의 지점을 통하여 제공되고 소득도 이 지점에 귀속된다고 보아 부가가치세와 법인세를 신고·납부하였으나, '국외 제공 용역 계약'에 따라 받은 대가에 관하여서는 그 용역이 국외에서 제공되고 소득도 병 회사 지점에 귀속되지 않는다고 보아 부가가치세와 법인세를 신고·납부하지 않았다.

대법원은 병 회사의 국외 제공 용역은 국내 제공 용역과 유기적으로 결합하여 실질적으로 하나의 용역으로 공급된 것으로서 그 중요하고도 본질적인 부분이 갑 회사의 지점에서 이루어진 것으로 볼 수 있다고 하였다.[68] 이러한 판단은 병 회사의 지점이 곧 갑 회사의 국내사업장임을 전제로 한다.

3) 카지노 '정켓' 판결

필리핀 법인인 '갑'(甲)이 국내에서 외국인 전용 카지노를 운영하는 '을' 주식회사와 카지노 이용 고객(이른바 '정켓', junket)을 모집해 알선하여 주고 모집 수수료를 받기로 하는 '정켓 계약'을 체결한 사안이 있다. 갑 법인은 위와 같은 계약을 체결한 후 우리나라를 제외한 아시아 전 지역에서 정켓 모집 활동 등을 하

66) 서울고등법원 2014. 9. 25. 선고 2013누11392 판결.
67) 대법원 2016. 2. 18. 선고 2014두13812 판결.
68) 대법원 2016. 2. 18. 선고 2014두13829 판결.

면서 을 주식회사의 영업장 내 사무실에 직원들을 두고 정켓에 대하여 '칩' 제공 업무, 항공권 및 호텔 예약, 위 영업장 안내 등의 업무를 수행하였다.

갑 법인은 정켓 모집, '프론트 머니'(front money) 징수 및 송부, 신용 제공에 대비한 자금 확보 및 담보 설정 등의 업무는 국외에서 수행했다. 그리고 국내에서는 건물 일부에 개설한 사무실에 갑 법인의 직원들을 두고 갑 법인이 모집한 정켓들에게 '칩'을 제공하고, 그들을 상대로 호텔, 공항, 카지노 영업장 안내 등의 업무를 하였다.

대법원은 을 주식회사의 영업장 내 사무실이 갑 법인의 국내사업장이라 판단하였다.[69] 갑 법인이 을 주식회사에 제공하는 용역은, 을 주식회사가 일정 금액 이상의 매출액을 올릴 수 있게 하는 목적으로 이루어졌다. 을 주식회사의 매출액은 곧바로 갑 법인이 을 주식회사로부터 분배받을 모집 수수료의 액수와 연동되었다. 이에 따라 갑 법인의 직원들이 정켓들에게 카지노에서 아무런 불편 없이 게임을 즐길 수 있게 각종 편의를 제공하는 업무를 위 사무실에서 수행하였고, 이러한 업무 수행도 을 주식회사의 매출액을 늘리는 데에 직접 필요하였다. 특히 정켓들이 국내에 거액의 도박 자금을 직접 가져오지 않고 갑 법인 등의 해외 계좌에 돈을 예치하기만 하면 카지노에서 게임을 할 수 있게 하는 것은 을 주식회사의 매출액 증대에 직결되는 요소이므로, 갑 법인의 직원들이 위 사무실에서 정켓들을 상대로 '칩' 교환업무를 해 준 것은 큰 의미가 있었다. 대법원은 이러한 점들을 종합적으로 고려해서 갑 법인의 직원들이 위 사무실에서 수행하는 활동은 갑 법인의 본질적이고 중요한 사업 활동이고, 따라서 위 사무실은 갑 법인의 국내사업장이라 판시하였다.

이 사건에서 대법원이 중요하게 생각한 판단의 기준 중 하나는 갑 법인의 직원들이 위 사무실에서 수행하는 활동이 갑 법인의 본질적이고 중요한 사업 활동이라 볼 수 있느냐였다. 여러 사실관계를 종합적으로 고려했겠지만, 갑 법인이 수행한 업무는 공급받는 자의 매출액을 늘리는 데에 직접 필요한 것이고 매출액 증대에 직결되는 것이라는 점이 크게 작용했을 것 같다. 즉 수익을 창출하는 데 이바지했느냐를 기준 중 하나로 제시하였다.[70]

---

69) 대법원 2016. 7. 14. 선고 2015두51415 판결.

70) 김혜진·박준형, "디지털 용역거래에 있어 법인세법상 고정사업장(PE)과 부가가치세법상 국내사업장(FE)의 개념구분 및 구체적인 인정요건에 대한 고찰－최근 프랑스 국사원의 Value Click 판결을 중심으로－", 『조세학술논집』 제38집 제3호, 2022, 159면.

그런데 위 사무실에서 용역을 공급할 때 필요한 모든 업무를 수행한 것은 아니다. 국외에서 수행되는 업무도 있다. 그런데 위 사무실에서는 모집한 정켓이 카지노에서 게임할 때 각종 편의를 제공하는 등의 업무를 계속적이고 반복적으로 수행했다. 이 업무들은 갑 법인의 사업과 관련하여 이루어진 것이다. 이러한 업무를 국내에서 수행하지 않았다면 공급이 이루어지기 어렵다. 또한 대법원의 판단에 따르면 갑 법인의 매출에 직접 영향을 미치는 활동이다. 설령 국외에서 수행한 업무의 비중이 더 크고, 갑 법인이 국내에서 수행한 업무가 예비적이고 보조적이라 하더라도 이러한 결론이 달라지지는 않는다. 또한 위 사무실에는 책상 7개, 컴퓨터 7대, 현금 보관용 금고 1개, 정켓 칩 보관용 금고 1개, 캐비넷 3개, 출근카드 체크 기(機) 1대 등이 있었고, 갑 법인의 직원 15명이 1일 3교대로 근무하고 있었다. 그렇다면 위 사무실에서 갑 법인의 직원이 을 주식회사로부터 거래징수하고 세금계산서를 발급할 수 있었겠다. 당연히 공급받는 을 주식회사는 갑 법인이 위 사무실을 개설하였다는 사실, 위 사무실에서 공급을 위한 업무를 수행한다는 사실을 인식하고 있었을 것이다.

(2) 유럽연합 사법재판소의 판단

유럽연합 사법재판소는, 적어도 어느 정도의 규모와 용역을 제공하기 위한 인적 자원과 기술적 자원이 영구적으로 존재해야 국내사업장이 존재할 수 있다는 태도다.[71] 즉 용역이 공급될 때 과세 관할권을 결정하는 가장 적절한 '기준점'을 결정해야 하는데, '공급하는 자가 사업장을 둔 장소'를 고려하면 조세 목적상 합리적인 결과로 이어지지 않거나 분쟁을 일으킬 때만 용역이 공급되는 다른 사업장을 고려해야 하므로, 원칙적으로 '공급하는 자가 사업장을 둔 장소'는 주요한 기준점이라 하였다.[72] 또한 그 사업장이 최소한의 규모를 가지고 있고 용역 제공에 필요한 인적 자원과 기술적 자원이 모두 영구적으로 존재하지 않는 한, 공급하는 자가 사업장을 둔 장소가 아닌 다른 사업장에서 용역을 공급한다고 간주할 수 없다고 하였다.[73]

① 그런데 공급하는 자가 사업을 개시한 장소에만 의존하면 어떤 나라에서

---

71) Karoline Spies, *Permanent Establishments in Value Added Tax*, IBFD, 2019, 193면.

72) Gunter Berkholz v Finanzamt Hamburg–Mitte–Altstadt, C–168/84, 4 July 1985, 17문단; Commissioners of Customs and Excise v DFDS A/S, 20 February 1997, C–260/95, 19문단.

73) Gunter Berkholz v Finanzamt Hamburg–Mitte–Altstadt, C–168/84, 4 July 1985, 18문단; Commissioners of Customs and Excise v DFDS A/S, 20 February 1997, C–260/95, 20문단.

거래하는 사업자가 과세를 피하려고 다른 회원국에서 사업을 개시하도록 유도할 수 있다는 점에서 경쟁 왜곡을 초래할 수 있다.[74] 모회사가 자회사를 전적으로 소유하고 모회사가 자회사에 다양한 계약상의 의무를 부과한다면 그 자회사는 모회사의 '보조 기관'(auxiliary organ)으로서의 역할만 할 뿐이다.[75] 이처럼 단순한 보조 기관 역할을 하는 회사가 국내사업장의 요소인 인적 자원과 기술적 자원을 가지고 있다면 그 회사가 있는 나라에서 과세가 되어야 한다고 보았다.[76] 그러나 단지 세무 대리인을 지정하는 것만으로는 과세 대상자가 충분한 정도의 영속성(永續性)을 갖춘 구조물과 그의 경제 활동 관리를 책임지는 직원을 가졌다고 볼 수는 없다고 하였다.[77]

② 다른 한편으로 국내사업장이 있느냐를 판단할 때는 공급하는 사업자가 아니라 공급받는 사업자를 고려해야 한다는 기준을 제시하였다.[78] 국내사업장의 개념은 인적 자원과 기술적 자원의 측면에서 공급된 용역을 필요에 맞게 공급받고 사용할 수 있는 충분한 영속성과 적합한 구조를 특징으로 한다고 하였다.[79] 국내사업장이 이러한 영속성과 구조를 가지면,[80] 즉 충분한 정도의 영속성과 인적 자원과 기술적 자원 측면에서 적합한 구조만 있으면 국내사업장이 될 수 있다고 할 수 있다.[81]

---

74) Commissioners of Customs and Excise v DFDS A/S, 20 February 1997, C－260/95, 23문단.

75) Commissioners of Customs and Excise v DFDS A/S, 20 February 1997, C－260/95, 26문단.

76) Commissioners of Customs and Excise v DFDS A/S, 20 February 1997, C－260/95, 29문단.

77) E. ON Global Commodities SE, formerly E.ON Energy Trading SE v Agenţia Naţională de Administrare Fiscală - Direcţia Generală de Soluţionare a Contestaţiilor, Direcţia Generală a Finanţelor Publice a Municipiului Bucureşti - Serviciul de administrare a contribuabililor nerezidenţi, 6 February 2014, C－323/12, 47문단.

78) Welmory sp. z o.o. v Dyrektor Izby Skarbowej w Gdańsku, 16 October 2014, C－605/12, 57문단; Berlin Chemie A. Menarini SRL v Administraţia Fiscală pentru Contribuabili Mijlocii Bucureşti － Direcţia Generală Regională a Finanţelor Publice Bucureşti, 7 April 2022, C－333/20, 30문단.

79) Gunter Berkholz v Finanzamt Hamburg－Mitte－Altstadt, C－168/84, 4 July 1985, 18문단; Commissioners of Customs and Excise v DFDS A/S, 20 February 1997, C－260/95, 15문단; Planzer Luxembourg Sàrl v Bundeszentralamt für Steuern, 28 June 2007, C－73/06, 54문단; Welmory sp. z o.o. v Dyrektor Izby Skarbowej w Gdańsku, 16 October 2014, C－605/12, 58문단, 65문단; Berlin Chemie A. Menarini SRL v Administraţia Fiscală pentru Contribuabili Mijlocii Bucureşti － Direcţia Generală Regională a Finanţelor Publice Bucureşti, 7 April 2022, C－333/20, 31문단.

80) Berlin Chemie A. Menarini SRL v Administraţia Fiscală pentru Contribuabili Mijlocii Bucureşti － Direcţia Generală Regională a Finanţelor Publice Bucureşti, 7 April 2022, C－333/20, 32문단.

81) Berlin Chemie A. Menarini SRL v Administraţia Fiscală pentru Contribuabili Mijlocii

③ 국내사업장이라는 용어는 주어진 용역의 공급에 필요한 인적 자원과 기술적 자원이 영구적으로 존재하는 데서 비롯하는 최소한의 안정성을 의미한다고 하였다.[82] 따라서 인적 자원 또는 기술적 자원의 존재로 증명이 되는 식별할 수 있는 구조가 없으면 국내사업장은 있을 수 없고, 그러한 구조는 가끔만 존재할 수도 없다고 하였다.[83] 이러한 전제에서, 경제적이고 상업적인 현실에 대한 고려가 부가가치세를 적용할 때의 근본 기준이므로, 자회사가 용역을 공급할 때도 그 법인의 법적 지위에만 의존해서 국내사업장으로 분류할 수는 없다고 판시하였다.[84] 물론 자회사가 모회사의 국내사업장일 수도 있지만, 이러한 분류는 '실질적 조건'에 따라 달라지고, 이는 경제적이고 상업적인 현실에 비추어 평가되어야 한다고 하였다.[85] 다시 말하여 어떤 회사가 다른 나라에 자회사를 두고 있다는 이유만으로 그 나라에 그 회사의 국내사업장이 존재한다고 잘라 말할 수는 없다는 것이다.[86]

Bucureşti – Direcţia Generală Regională a Finanţelor Publice Bucureşti, 7 April 2022, C–333/20, 35문단.

82) Gunter Berkholz v Finanzamt Hamburg–Mitte–Altstadt, C–168/84, 4 July 1985, 18문단; Commissioners of Customs and Excise v DFDS A/S, 20 February 1997, C–260/95, 15문단; Planzer Luxembourg Sàrl v Bundeszentralamt für Steuern, 28 June 2007, C–73/06, 54문단; Berlin Chemie A. Menarini SRL v Administraţia Fiscală pentru Contribuabili Mijlocii Bucureşti – Direcţia Generală Regională a Finanţelor Publice Bucureşti, 7 April 2022, C–333/20, 36문단.

83) Berlin Chemie A. Menarini SRL v Administraţia Fiscală pentru Contribuabili Mijlocii Bucureşti – Direcţia Generală Regională a Finanţelor Publice Bucureşti, 7 April 2022, C–333/20, 37문단.

84) Commissioners of Customs and Excise v DFDS A/S, 20 February 1997, C–260/95, 25문단; Auto Lease Holland BV v Bundesamt für Finanzen, 6 February 2003. C–185/01, 35문단, 36문단; Planzer Luxembourg Sàrl v Bundeszentralamt für Steuern, 28 June 2007, C–73/06, 43문단; Commissioners for Her Majesty's Revenue and Customs v Loyalty Management UK Ltd and Baxi Group Ltd, 7 october 2010, Joined Cases C–53/09 and C–55/09, 39문단, 40문단; Her Majesty's Commissioners of Revenue and Customs v Paul Newey, 20 June 2013, C–653/11, 42문단; Applicant: MEO — Serviços de Comunicações e Multimédia SA v Autoridade Tributária e, 22 November 2018, C–295/17, 43문단; AduaneiraBudimex S.A. v Minister Finansów, 2 May 2019, C–224/18, 27문단; Dong Yang Electronics sp. z o.o. v Dyrektor Izby Administracji Skarbowej we Wrocławiu, 7 May 2020, C–547/18, 31문단; Berlin Chemie A. Menarini SRL v Administraţia Fiscală pentru Contribuabili Mijlocii Bucureşti – Direcţia Generală Regională a Finanţelor Publice Bucureşti, 7 April 2022, C–333/20, 38문단.

85) Dong Yang Electronics sp. z o.o. v Dyrektor Izby Administracji Skarbowej we Wrocławiu, 7 May 2020, C–547/18, 32문단; Berlin Chemie A. Menarini SRL v Administraţia Fiscală pentru Contribuabili Mijlocii Bucureşti – Direcţia Generală Regională a Finanţelor Publice Bucureşti, 7 April 2022, C–333/20, 39문단.

④ 이러한 이유에서 인적 자원과 기술적 자원 측면에서 충분한 영속성을 가진 적절한 구조가 존재하는지를 경제적이고 상업적 실질에 비추어 판단하여야 판시하였다.[87] 이때 납세의무자가 꼭 인적 자원과 기술적 자원을 소유해야 하는 것은 아니지만 마치 그러한 인적 자원과 기술적 자원을 마치 납세의무자가 소유한 것처럼 처분할 수 있는 권리가 있어야 한다는 태도다.[88] 예를 들어, 고용 계약과 임대 계약에 기초하여 납세의무자가 그러한 자원을 이용할 수 있고 이러한 이용 상태가 어느 정도 지속되는 때를 생각해 볼 수 있겠다.

⑤ 부가가치세 체계의 적절한 기능을 저해할 수 있는 상황이 발생하는 것을 방지하기 위해, 납세의무자의 국내사업장으로 특징지을 수 있는 사업장에 용역을 제공했을 때 용역을 공급받는 장소는 그 국내사업장이 있는 곳으로 간주되어야 한다고 보았다.[89] 따라서 자회사가 모회사에 용역을 제공하면서 동시에 국내사업장으로서 동일한 자원을 사용할 수는 없으므로 이러한 때에는 국내사업장이 될 수 없다고 하였다.[90]

3. 요약

국내사업장이 존재하느냐를 판단할 때 대법원이 제시한 기준은 아래와 같다.[91]

---

86) Dong Yang Electronics sp. z o.o. v Dyrektor Izby Administracji Skarbowej we Wrocławiu, 7 May 2020, C－547/18, 33문단; Berlin Chemie A. Menarini SRL v Administraţia Fiscală pentru Contribuabili Mijlocii Bucureşti － Direcţia Generală Regională a Finanţelor Publice Bucureşti, 7 April 2022, C－333/20, 40문단.

87) Berlin Chemie A. Menarini SRL v Administraţia Fiscală pentru Contribuabili Mijlocii Bucureşti － Direcţia Generală Regională a Finanţelor Publice Bucureşti, 7 April 2022, C－333/20, 41문단 제1문.

88) Berlin Chemie A. Menarini SRL v Administraţia Fiscală pentru Contribuabili Mijlocii Bucureşti － Direcţia Generală Regională a Finanţelor Publice Bucureşti, 7 April 2022, C－333/20, 41문단 제2문.

89) Dong Yang Electronics sp. z o.o. v Dyrektor Izby Administracji Skarbowej we Wrocławiu, 7 May 2020, C－547/18, 27문단; Berlin Chemie A. Menarini SRL v Administraţia Fiscală pentru Contribuabili Mijlocii Bucureşti － Direcţia Generală Regională a Finanţelor Publice Bucureşti, 7 April 2022, C－333/20, 44문단.

90) Berlin Chemie A. Menarini SRL v Administraţia Fiscală pentru Contribuabili Mijlocii Bucureşti － Direcţia Generală Regională a Finanţelor Publice Bucureşti, 7 April 2022, C－333/20, 54문단.

91) 대법원 2011. 4. 28. 선고 2009두19229, 19236 판결; 대법원 2017. 10. 12. 선고 2014두3044, 3051 판결.

① 국내에 건물·시설·장치 등과 같은 사업상 고정된 장소가 있어야 한다.

② 직원 또는 그 직원의 지시를 받는 사람이 본질적이고 중요한 사업 활동을 수행해야 한다. 예비적이거나 보조적인 사업 활동을 한다고 해서 국내사업장이라 말할 수는 없다. 이때 본질적이고 중요한 사업 활동이냐, 아니면 예비적이고 보조적인 사업 활동에 불과하냐는 그 사업 활동의 성격과 규모, 전체 사업 활동에서 차지하는 비중과 역할 등을 종합적으로 고려하여 판단하여야 한다.

③ 또한 종속 대리인을 통하여 국내사업장을 가지고 있다고 하기 위해서는, 대리인이 국내에서 상시(常時)로 본인 명의의 계약 체결권을 행사하여야 하고, 그 권한도 예비적이거나 보조적인 것을 넘어 사업 활동에 본질적이고 중요한 것이어야 한다.[92]

그런데 이러한 판단은 소득에 대해 과세할 때의 국내사업장과 부가가치세의 국내사업장이 같다는 전제에서 이루어진 것 같다. 부가가치세의 국내사업장이 무엇이고 그 범위는 어디까지냐를 직접 다루지는 않았다.

한편 유럽연합 사법재판소는 국내사업장을 법률적 확실성과 실현 가능성을 위한 대용물(代用物, proxy)이라 해석하였다.[93] 많은 사안에서 유럽연합 사법재판소는 국내사업장 개념은 공급을 소비 또는 사업상 사용의 실제 장소와 연결하려는 데에 그 목적이 있지 않고, 따라서 이를 해석할 때 용역 또는 어떤 장래의 공급을 효과적으로 사용하였느냐에 영향을 받아서는 안 되다고 강조하였다.[94] 즉 대용물로서의 국내사업장은 실제 소비가 이루어진 장소와는 다르다고 강조한 것이다.[95] 유럽연합 사법재판소의 사례들은 인적 자원과 기술적 자원이 관련된 조직 구조, 시간 및 지리 면에서 어느 정도의 계속성, 그리고 자원에 대한 포괄적인 지배 등과 같은 많은 누적된 기준이 충족될 때만 국내사업장의 존재를 인정한다.[96] 국내사업장은 사업자가 위치한 '관할 구역'(jurisdiction) 외의 '관할 구역'이라는 한정된 지리적 영역에서의 지속적인 인적 자원과 기술적 자원을 요구한다.[97] 즉 적어도 어느 정도의 규모를 갖추고 공급에 요구되는 인적 자원과 기술적 자원이 모두 영속적으로 존재해야 한다고 판시하였다.[98] 이러한 일반론은

92) 대법원 2017. 10. 12. 선고 2014두3044, 3051 판결.
93) Karoline Spies, *op. cit.*, p.199.
94) Karoline Spies, *op. cit.*, p.199.
95) Karoline Spies, *op. cit.*, p.199.
96) Karoline Spies, *op. cit.*, p.204.
97) Karoline Spies, *op. cit.*, p.224.

아래과 같은 구체적 함의(含意)가 있다.

① 법률적 확실성, 실효성, 그리고 중립성의 관점에서, 짧은 기간의 우발적이고 부수적인 활동만으로는 부족하다.[99] 인적 자원 및 기술적 자원도 필요하다.[100] 그러나 고정된 기술적 자원에 접근할 수 없는 인적 자원의 단순한 존재만으로는 국내사업장의 요건을 충족할 수 없다.[101] 사업자가 법률적 관점에서 이러한 자원을 꼭 소유해야 하는 것은 아니다.[102] 그러나 사업자는 상당히 장기적으로 시간과 활용 측면에서 주요한 제약이 없이 사람이나 기반 시설을 활용할 수 있게 소유자나 사용자에 맞먹을 만큼 포괄적으로 통제할 수 있어야 한다.[103]

② 사업이 효과적인 인적 구조와 및 물적 구조를 요구하지 않고 계속 진행될 수 있다는 사실은 결정적이지 않고, 따라서 사업의 특성에도 불구하고 국내사업장으로 볼 수 있으려면 여전히 컴퓨터 장비, '서버'(server), 소프트웨어와 같은 적절한 구조가 필요하다고 하였다.[104] 그런데 이러한 '적절한 구조'가 어느 정도로 필요한지는 아직 명확하지 않다.[105]

③ 또한 유럽연합 사법재판소는 별개의 법인격을 가진 자(子) 회사가 모(母) 회사의 국내사업장이 될 수 있다고 전제하였다.[106]

④ 그러나 단지 자회사를 가지고 있다고 해서 국내사업장이라 할 수는 없고 경제적 및 상업적 현실을 고려해야 한다는 태도다.[107] 별개의 법인이라는 사실만으로는 독립적인 대리인으로 결론을 내리기에 충분하지 않고, 따라서 대리인이 모회사의 단순한 보조 기관으로 작용하고 인적 및 기술적 자원 측면에서 국내사업장의 특성을 가져야 한다고 보았다.[108]

---

98) Rita De La Feria, *Permanent Establishments in Indirect Taxation*, SSRL, 2015, p.7.
99) Karoline Spies, *op. cit.*, p.224.
100) Karoline Spies, *op. cit.*, p.225.
101) Karoline Spies, *op. cit.*, p.225.
102) Karoline Spies, *op. cit.*, p.225.
103) Karoline Spies, *op. cit.*, p.225.
104) Rita De La Feria, *op. cit.*, pp.11~12.
105) Rita De La Feria, *op. cit.*, p.12.
106) Charlène Herbain, *Indirect Taxation–Permanent Establishments*, Global Topics IBFD, 2022, pp.11~12.
107) Charlène Herbain, *op. cit.*, p.19.
108) Rita De La Feria, *op. cit.*, pp.7~8.

Ⅳ. 국내사업장 개념의 기능

1. 소득에 대해 과세할 때의 국내사업장

소득에 대해 과세할 때는 전 세계적인 과세권의 분배를 위해 손익의 귀속자를 찾는 작업을 하게 된다. 그런데 조세조약은 국내사업장을 통해 과세권을 분배한다.[109] 따라서 우리나라에 비거주자 등의 국내사업장이 있으면 우리나라가 과세권을 가진다. 이처럼 소득에 대해 과세할 때는 국내사업장이 과세권을 분배하는 기능을 한다.[110]

소득에 대해 과세할 때 '비거주자 등'의 국내사업장이 있거나 '거주자 등'과 같이 볼 수 있는 사정이 있으면, '거주자 등'과 똑같이 순(純) 소득을 계산하여 세금을 매긴다.[111] 그렇지 않다면 국외로 가져가는 소득에 원천징수한다.[112]

2. 부가가치세의 국내사업장

(1) 우리나라

우리나라의 부가가치세 과세에서는 국내사업장이 과세권을 분배하는 기능을 하지 않는다. 과세권의 분배는 공급되는 장소를 찾는 것으로 이루어진다. 공급되는 장소가 정해지면, 그 공급되는 장소가 있는 나라에서 과세권을 행사하면 된다. 그러한 과세권을 어떻게, 어느 범위까지 행사할 것이냐는 그 나라의 마음에 달려 있다.

(2) 유럽연합

용역이 공급되는 장소와 관련하여 유럽연합 '개편 부가가치세 지침'(Recast VAT Directive)은[113] '사업자와 사업자의 거래'(B2B)와 '사업자와 소비자의 거래'(B2C)에 대해 서로 다른 기준을 적용한다.

유럽연합 '개편 부가가치세 지침'은 재화가 '공급되는 장소'와 관련하여, '물

109) 이창희, 『세법강의』, 822면.

110) 윤지현, "비거주자가 하는 국내 용역공급의 부가가치세 과세체계에 관한 연구-'사업자 간(B2B) 거래'를 중심으로-", 『조세학술논집』 제34집 제3호, 2018, 109면.

111) 이창희, 『세법강의』, 805~806면.

112) 이창희, 『세법강의』, 806면.

113) COUNCIL DIRECTIVE 2006/112/EC of 28 November 2006 on the common system of value added tax. 이하 '유럽연합 개편 부가가치세 지침'이라 한다.

리적인 이동'(transport)이 없는 재화의 공급과 그렇지 않은 재화의 공급을 나누어 따로 정한다. 재화가 발송되거나 운송되지 않을 때는, '재화의 공급이 이루어지는 때에 재화가 있는 곳'이다.[114] 공급하는 자나 고객, 또는 제3자에 의하여 발송되거나 운송될 때는 원칙적으로 '공급받는 자에 대한 발송 또는 운송이 시작되는 때에 재화가 있는 곳'이 재화가 공급되는 장소가 된다.[115]

한편 용역의 공급에 대해서 유럽연합 '제6차 부가가치세 지침'은,[116] 용역을 공급하는 자가 사업장을 설치한 곳, 또는 용역을 공급하는 '국내사업장'(fixed establishment)으로 하고, 만약 그러한 장소가 없으면 공급하는 자의 주소지 또는 거소지(居所地)로 한다고 정하였다.[117] '사업자와 사업자의 거래'(B2B)에서 제공되는 용역과 '사업자와 소비자의 거래'(B2C)에서 제공되는 용역 거래를 구별하지 않았다. '개편 부가가치세 지침'도 마찬가지다.[118]

그런데 유럽연합은, 특히 사업자가 설립된 나라 밖에서 제공되는 용역이 '공급되는 장소'에 관한 새로운 기준을[119] 제시하였다.[120] 이는 기존의 '개편 부가가치세 지침'의 내용을 다시 개정하는 것으로 2010년 1월 1일부터 효력을 가진다.

① '사업자와 사업자의 거래'(B2B)에서 제공되는 용역은 '공급받는 자가 사업장을 둔 곳'이 '공급되는 장소'이다.[121] 그러나 그 이외의 장소에 둔 '국내사업장'에 용역이 공급되면 그 고정된 사업장을 둔 곳이 용역이 공급되는 장소가 된다.[122] 만약 사업장이나 국내사업장이 없으면, '용역을 공급받는 사업자가 상시

---

114) 유럽연합 개편 부가가치세 지침 제31조.

115) 유럽연합 개편 부가가치세 지침 제32조 제1문.

116) SIXTH COUNCIL DIRECTIVE of 17 May 1977(77/388/EEC) on the harmonization of the laws of the Member States relating to turnover taxes－Common system of value added tax: uniform basis of assessment, 이하 '유럽연합 제6차 부가가치세 지침'이라 한다. 지금은 '개편 부가가치세 지침'으로 대체되었다.

117) 유럽연합 제6차 부가가치세 지침 제9조 제1항.

118) 유럽연합 개편 부가가치세 지침 제43조.

119) COUNCIL DIRECTIVE 2008/8/EC of 12 February 2008 amending Directive 2006/112/EC as regards the place of supply of services. 이하 '유럽연합 수정 부가가치세 지침'이라 한다.

120) Alan Schenk and Victor Thuronyi and Wei Cui, *Value Added Tax : A Comparative Approach*(Second Edition), Cambridge University Press, 2015, p.215.

121) 유럽연합 수정 부가가치세 지침 제2조에 따라 개정된, 유럽연합 개편 부가가치세 지침 제44조 제1문.

122) 유럽연합 수정 부가가치세 지침 제2조에 따라 개정된, 유럽연합 개편 부가가치세 지침 제44조 제2문.

적(常時的)인 주소나 일상적인 거소를 둔 곳'이 용역이 공급되는 장소가 된다.[123)]

② '사업자와 소비자의 거래'(B2C)에서 제공되는 용역은 '공급하는 자가 사업장을 둔 곳'이 공급되는 장소이다.[124)] 그러나 그 이외의 장소에 둔 국내사업장으로부터 용역이 공급되면 '국내사업장을 둔 곳'이 용역이 공급되는 장소가 된다.[125)] 만약 사업장이나 국내사업장이 없으면, '용역을 공급받는 자가 상시적인 주소나 일상적인 거소를 둔 곳'이 용역이 공급되는 장소가 된다.[126)]

한편 2015년 1월 1일부터는 과세가 되지 않는 자(소비자)에 대한 통신·방송·전자적 용역의 공급 등에 관해서 개정 규정이 적용된다.[127)] 즉 위와 같은 용역은 '납세의무자가 아닌 자(소비자)가 있는 장소, 주소 또는 거소 등'이 공급되는 장소가 된다.

유럽연합에서는 어떤 형태의 거래든, 국내사업장의 존재는 어떤 나라가 과세권을 행사할 수 있느냐를 결정할 수 있다.[128)] 유럽연합 '개편 부가가치세 지침'은 '사업자와 사업자의 거래'(B2B)에서는 공급받는 자가 사업장을 둔 곳에 과세권을 분배한다.[129)] 그러나 어떤 용역이 다른 나라에 있는 국내사업장에 제공이 되면 그 국내사업장이 있는 나라가 과세권을 가진다.[130)] 이처럼 국내사업장은 공급받는 자가 소재하는 곳의 '대용물'(代用物, proxy)이 될 수 있다.[131)]

'사업자와 소비자의 거래'(B2C)와 관련해서 유럽연합 '개편 부가가치세 지침'은 공급하는 자가 사업장을 둔 곳이 있는 나라에 과세권이 속한다는 일반적인 원칙을 세웠다. 그러나 만약 다른 나라에 있는 국내사업장이 용역을 공급하면 그 나라가 과세권을 가진다.[132)]

123) 유럽연합 수정 부가가치세 지침 제2조에 따라 개정된, 유럽연합 개편 부가가치세 지침 제44조 제3문.
124) 유럽연합 수정 부가가치세 지침 제2조에 따라 개정된, 유럽연합 개편 부가가치세 지침 제45조.
125) 유럽연합 수정 부가가치세 지침 제2조에 따라 개정된, 유럽연합 개편 부가가치세 지침 제45조 제2문.
126) 유럽연합 수정 부가가치세 지침 제2조에 따라 개정된, 유럽연합 개편 부가가치세 지침 제45조 제3문.
127) 유럽연합 수정 부가가치세 지침 제5조에 따라 개정된, 유럽연합 개편 부가가치세 지침 제58조.
128) Karoline Spies, *op. cit.*, p.179.
129) 유럽연합 개편 부가가치세 지침 제44조.
130) Karoline Spies, *op. cit.*, p.179.
131) Karoline Spies, *op. cit.*, p.179.
132) Karoline Spies, *op. cit.*, p.179.

3. 둘 사이의 관계

Ⅳ.1.에서 살펴본 소득에 대해 과세할 때의 체계는 부가가치세와 비슷한 면이 있다. 부가가치세에서는 국내사업장이 있으면 거주자 등과 같이 과세하고, 그렇지 않으면 공급받는 자가 부가가치세를 징수한다.

하지만 부가가치세의 국내사업장이 존재하느냐의 판단에서까지 반드시 소득에 대해 과세할 때와 같은 기준이 적용되어야 하는 것은 아니다. 부가가치세 고유의 판단 기준이 있을 수 있고, 있어야 할 수 있다. 이때 부가가치세에서 국내사업장 개념을 두고 있는 이유와 함께 부가가치세의 원리와 과세의 체계뿐만 아니라 관련 규정까지를 함께 종합적으로 고려해야 한다.

소득에 대해 과세할 때의 국내사업장과 부가가치세의 국내사업장은 같은 기준으로 판단해서는 안 된다. 둘은 목적과 기능이 다르다. 따라서 고유의 목적과 기능을 고려해서 판단해야 한다. 소득에 대해 과세할 때 그 국내사업장이 있는 장소에 언제나 부가가치세의 국내사업장이 있다고 할 수는 없다.[133] 반대로, 소득에 대해 과세할 때 국내사업장이 없다고 해서 언제나 부가가치세의 국내사업장이 없다고 할 수도 없다. 유럽연합 사법재판소는 경제개발협력기구 모범조약은 직접세에 관한 것인데 부가가치세는 간접세이기 때문에 무관하다고 하였다.[134]

이미 Ⅲ.2.(1)의 1)에서 살펴본 '블룸버그 판결'에서 대법원은, 국내에 비거주자 등의 고정사업장이 존재한다고 하기 위해서는, 비거주자 등이 처분 또는 사용 권한을 가지는 국내의 건물·시설 또는 장치 등의 사업상의 고정된 장소를 통하여, 비거주자 등의 직원 또는 그 지시를 받는 자가 예비적이거나 보조적인 사업 활동이 아닌 본질적이고 중요한 사업 활동을 수행해야 한다고 판시하였다.[135]

특히 '본질적이고 중요한 사업 활동'이 무엇이냐가 문제가 될 수 있다. 대법원은 '본질적이고 중요한 사업 활동'인지 여부는 그 사업 활동의 성격과 규모, 전체 사업 활동에서 차지하는 비중과 역할 등을 종합적으로 고려하여 판단해야

---

133) Charlène Herbain, *op. cit.*, p.19.

134) Ministero dell'Economia e delle Finanze and Agenzia delle Entrate v FCE Bank plc, 23 March 2006, Case C-210/04, 39문단.

135) 대법원 2011. 4. 28. 선고 2009두19229, 19236 판결.

한다는 기준을 제시한다.[136)]

부가가치세에서 국내사업장 개념을 두고 있는 이유를 생각하면, 국내사업장은 '공급받는 자'가 자신이 거래하는 어떤 사업장이 '공급하는 자' 쪽에 속한다는 인식을 할 수 있을 정도의 역할을 하면 충분하다. 그리고 사업자등록을 한 다음 거래징수하고 세금계산서를 발급할 수 있으면 된다.

현실에서 일반적으로 부가가치세의 납세의무자는 공급하는 자로 설정되어 있다. 이 공급하는 자가 조세 행정에서 해야 하는 일은 거래징수하고 세금계산서를 발급하는 것이다. 이러한 의무는 그 거래를 통한 손익이 귀속되는지와 상관없이 생긴다. 비거주자 등이 국내에서 공급할 때 그 비거주자 등의 국내사업장이 거래징수하고 세금계산서를 발급할 수 있다면 그 국내사업장에 부가가치세 과세를 하면 된다.

V. 부가가치세 '국내사업장'의 판단 기준

1. 국내사업장 과세와 공급받는 자의 부가가치세 징수의 관계

'비거주자 등'이 국내에서 용역 또는 권리를 공급하면, 우리나라가 과세권을 행사할 수 있고, 해야 한다. 그러나 그 절차와 형태는 달라질 수 있다. 공급하는 비거주자 등이 부가가치세를 징수하여 납부하게 할 수도 있고, 공급받는 자가 그 대가를 지급하는 때에 그 대가를 받은 자로부터 부가가치세를 징수할 수도 있다.

어느 쪽이냐는, 공급하는 자가 국내사업장이 있고 그 국내사업장과 관련하여 공급하는 것이냐에 따라 달라진다.[137)]

① 공급하는 자가 국내사업장이 있고 그 국내사업장의 관련 하에 용역 또는 권리를 공급하면 공급하는 비거주자 등이 부가가치세를 거래징수하여 납부하여야 한다.

② 그렇지 않으면 공급받는 자가 그 대가를 지급하는 때에 그 대가를 받은 자로부터 부가가치세를 징수하여 납부한다('대리납부'). 비거주자 등의 국내사업

---

136) 대법원 2011. 4. 28. 선고 2009두19229, 19236 판결.
137) 부가가치세법 제52조 제1항.

장이 없을 때와 국내사업장이 있으나 그 국내사업장과 관련없이 용역 또는 권리를 공급할 때가 모두 이 '대리납부'의 범위에 포함된다.

이처럼 '공급하는 자'인 비거주자 등에 부가가치세 과세를 하려면 국내사업장과 관련하여 용역 또는 권리를 공급하는 것이라고 평가할 수 있어야 한다. 어떤 요건이 갖추어져야 이렇게 평가할 수 있느냐에 대해서는 부가가치세법 시행령이 정한다.[138] 이에 따르면, 소득을 과세할 때의 국내사업장과 실질적으로 관련되지 아니하거나 그 국내사업장에 귀속되지 아니한 소득의 금액은 부가가치세 과세에서도 국내사업장과 관련이 없다. 이 외에 용역 또는 권리의 제공이 국내사업장에 '귀속'하지 않아도 마찬가지라고 한다. 부가가치세 목적으로는, 국내사업장과 실질적으로 관련되지 아니하거나 그 국내사업장에 '귀속'되지 아니하는 공급은 국내사업장과 관련없이 공급한 것이고 그 공급으로 받은 대가는 공급가액에 포함되지 않는 것이라 읽을 수 있겠다.

2. 규정의 체계

부가가치세법은 일단 국내사업장 과세를 원칙으로 하고 그게 어려울 때만 공급받는 자에게 부가가치세 징수를 미루는 것으로 체계를 짰다고 이해된다. 즉 공급하는 사업자가 거래징수하여 납부하는 것이 원칙이고, 이러한 원칙을 그대로 적용하면 거래징수하기 어렵거나 납세자를 위해 이러한 원칙을 고수하지 않는 편이 낫다고 판단할 때 공급받는 자가 공급하는 자에게 부가가치세를 지급하지 않고 바로 납부하게 하거나 납부할 수 있게 하는 제도가 Ⅱ.3.(2)에서 살펴본 '대리납부'다.[139]

국내사업장에 과세할 수 있으면 그쪽을 택한다. 즉 예외적이고 보충적으로만 공급받는 자가 부가가치세를 납부한다. 누군가가 거래에서 부가가치세 징수도 하고 세금계산서도 발급해 주어야 부가가치세 제도가 잘 맞물려 돌아가게 되는데, 그럴 만한 실체가 없으므로 공급받는 자에게 의무를 지울 뿐이다. 용역 또는 권리를 공급할 때는 재화를 수입할 때처럼 세관장에게 부가가치세를 신고하고 납부하게 맡길 수도 없다.[140]

138) 부가가치세법 제52조 제1항 제2호, 부가가치세법 시행령 제95조 제4항.
139) 한만수, 앞의 책, 1044면.
140) 김두형·유호림, 『부가가치세법론』 (제4판), 정독, 2024, 414면.

이러한 점은 '대리납부' 관련 규정에서, 국내사업장이 있을 때는 비거주자 등이 국내사업장과 관련없이 용역 또는 권리를 공급하는 때로서 부가가치세법 시행령이 정하는 때에만 해당한다고 정하고 있는 것에서도[141] 명백하게 드러난다.

3. '국내사업장'과 '사업장'

(1) '사업장'의 역할

1) 일반론

사업자가 부가가치세의 납세의무자이다. 그런데 그 사업자는 현실적으로는 사업장에서 공급하거나 공급받는다. 사업장마다 사업자등록을 하고 세금계산서를 발급하거나 발급받는다.[142] 대법원은, 부가가치세법은 사업자를 납세의무자로 삼되, 사업장마다 따로 사업자등록을 하도록 정하여 사업장을 실질적인 '납세 단위'로 삼아 사업장마다 부가가치세를 신고하고 납부하게 하고 있다고 하였다.[143]

따라서 '공급하는 사업장'과 '공급받는 사업장'의 개념을 생각할 수 있다.[144] 사업자는 사업장을 하나만 둘 수 있지만, 둘 이상의 사업장을 둘 수도 있다. 각 사업장에 인적(人的) 자원과 물적(物的) 자원을 투입한다. 어떤 용역을 공급할 때 그러한 인적·물적 자원이 동원되는 사업장을 '공급하는 사업장'이라 부를 수 있고,[145] 비슷한 뜻에서 '공급받는 사업장'이라는 말도 쓸 수 있겠다.

만약 하나의 사업자가 둘 이상의 사업장을 두었다면 용역을 공급받는 사업장을 공급받는 자로 적어야 한다. '사업장'은 장소적 개념이다. 따라서 실제로 공급하거나 공급받는 주체는 사업자다. 그러나 각 사업장에서 공급이 이루어진다. 이러한 이유에서 공급하거나 공급받는 사업장이 아닌 사업장을 세금계산서에 적으면 '공급하는 사업자' 또는 '공급받는 자'가 사실과 다르게 적힌 세금계산서가 될 수 있다.

2) 매입세액 불공제

한편 사업자가 자기의 사업을 위하여 사용하였거나 사용할 목적으로 공급받은

141) 부가가치세법 제52조 제1항 제2호. '~만'이라는 표현을 골라 쓴 것에 주목해야 한다.
142) 부가가치세법 제6조 제1항, 제8조 제1항.
143) 대법원 2006. 1. 26. 선고 2005두14608 판결.
144) 박윤준, "외국기업 고정사업장에 대한 부가가치세 과세문제의 연구", 『조세학술논집』 제36집 제3호, 2020, 136~140면.
145) 박윤준, 앞의 글, 137면.

재화 또는 용역에 대한 부가가치세액은 매출세액에서 공제할 수 있다.[146] 이러한 부가가치세액은 같은 사업장 내에서 그 사업장이 사업 목적으로 필요해서 사용하였거나 사용할 재화 또는 용역의 공급에 대한 부가가치세액을 의미한다.[147]

어떤 사업자가 기존의 사업장에서 부동산임대업을 하던 중 타인과 동업으로 다른 부동산의 임대업을 추가로 하기 위해 신규 부동산을 추가로 구매하여 자기 지분 상당액의 대금을 지급하고 그 지분에 대한 소유권이전등기를 마쳤는데, 기존 사업장을 공급받는 자로 각 기재한 세금계산서를 발급받은 사안이 있다. 대법원은 기존 사업장과 신규 부동산의 소재지인 신규 사업장은 별개의 사업장이므로 사업장마다 따로 세금계산서를 발급하고 발급하여야 한다고 보았다. 만약 세금계산서에 신규 사업장 관련하여 공급받은 재화에 대하여 기존 사업장의 등록번호를 기재하였다면 그 세금계산서의 매입세액을 공제할 수 없다고 하였다.[148]

또한 본점과 물류 센터의 각 사업장을 보유한 사업자가 '물류 대행 서비스 계약'을 체결하고 용역을 공급받은 사안에서, 용역을 공급받은 사업장이 본점이지 물류 센터가 아니라면 그 용역에 관하여 공급받는 자를 물류 센터로 하여 작성된 세금계산서는 '공급받는 자'가 사실과 다르게 적힌 세금계산서이므로 그와 관련한 매입세액을 공제할 수 없다고 하였다.[149]

(2) 국내사업장의 기능

1) 국내사업장에 관한 일반론

Ⅲ.1.(1)에서 살펴본 것처럼, 부가가치세에서는 국내사업장 개념을 소득세 또는 법인세와 같이 소득에 대해 과세할 때의 국내사업장 개념에서 끌어오고 있다. 따라서 부가가치세에서도 소득에 대해 과세할 때와 같은 기준을 적용할 수 있다.

그러나 판단의 영역이나 대상이 다른데도 기준이 같다고 해서 언제나 같은 결과가 도출되어야 하는 것은 아니다. 요건은 같더라도 그 요건이 충족되는지를 판단할 때는 각 영역과 대상의 고유 목적과 관점을 고려할 수 있고, 해야 한다. 각 세목의 기본 원리와 다른 규정도 종합적으로 살펴야 한다. 특히 무엇이 '본질

146) 부가가치세법 제38조 제1항 제1호.
147) 대법원 2006. 1. 26. 선고 2005두14608 판결.
148) 대법원 2006. 1. 26. 선고 2005두14608 판결.
149) 대법원 2021. 10. 28. 선고 2021두39447 판결.

적이고 중요한 사업 활동'이냐는 구체적 상황에 따라 개별적으로 판단해야 하는 문제다. 소득에 대해 과세할 때는 '본질적이고 중요'할 수 있지만, 부가가치세 목적으로는 그렇지 않을 수도 있고, 그 반대의 상황도 생길 수 있다.[150)]

2) '국내사업장'과 '사업장' 간의 관계 검토

부가가치세에서 국내사업장은 비거주자 등의 '사업장'이다. 사업장에 관해 규율하면서, 사업자를 거주자 등과 비거주자 등으로 나누어 구분하고 있을 뿐이다.[151)]

'사업장'은 '사업자가 사업을 하기 위하여 거래의 전부 또는 일부를 하는 고정된 장소'이다.[152)] 중요한 것은 '거래의 수행'이다. 거래를 과세하는 부가가치세의 성격을 반영하였다고 말할 수 있겠다.

비거주자 등의 국내사업장도 거주자 등의 사업장과 본질에서 다르지는 않다. 거주자 등의 사업장과 비거주자의 국내사업장을 구별할 이유는 없다.[153)] 또한 '거래의 전부 또는 일부'가 사업을 하기 위한 것이라면,[154)] 그 자체로 '본질적이고 중요'하다고 할 수 있다. 그렇다면 '비거주자 등이 국내에서 사업을 하기 위하여 거래의 전부 또는 일부를 하는 고정된 장소'가 국내사업장이라고 할 수 있다. 부가가치세 국내사업장의 개념을 소득에 대해 과세할 때의 국내사업장 개념에 맞춰서는 안 된다.

3) 사업장으로서 부담하는 협력 의무

사업장은 납세지를 정하기 위한 개념이다. 이에 따라 과세 관할이 정해진다.[155)] 사업장마다 사업자등록을 해야 한다.[156)] '주(主) 사업장 총괄 납부'를[157)] 하는 게 아니라면 각 사업장에서 부가가치세를 신고하고 납부해야 한다. 거래 과정에서는 각 사업장에서 거래징수하고 세금계산서를 발급할 수 있어야 한다.

따라서 이러한 일을 수행할 수 있는 인적 또는 물적 설비를 갖추어야 사업장이라 말할 수 있다. 그리고 이러한 기준은 비거주자 등의 국내사업장에도 그대로 적용될 수 있다.

---

150) 윤지현, 앞의 글, 112면.
151) 부가가치세법 제6조 제2항, 부가가치세법 시행령 제8조 제6항.
152) 부가가치세법 제6조 제2항.
153) 윤지현, 앞의 글, 112~114면.
154) 어느 범위까지 '사업자가 사업을 하기 위하여' 거래한 것으로 볼 수 있느냐가 문제가 될 수 있다.
155) 부가가치세법 제7조 제1항.
156) 부가가치세법 제8조 제1항.
157) 부가가치세법 제51조.

4. '국내사업장' 개념을 두는 이유

공급되는 장소가 국내이고, 따라서 우리나라에 과세권이 있다면 과세해야 한다. 그러나 국내에 아무런 연결 '고리'가 없다면 과세를 할 수 없다. 그리고 부가가치세에서 국내사업장은 과세를 위한 '고리'다.

1) 과세를 위한 고리 1 - 일반적인 '사업장'으로서 국내사업장

부가가치세는 '사업장' 단위로 과세하는 게 원칙이다. 따라서 비거주자 등이라도 국내에 사업장만 있다면 기존의 체계 안에서 자연스럽게 과세가 이루어질 수 있다. 국내사업장이라는 개념을 들여오고 있는 이유는 여기에 있다. 거주자 등과 마찬가지로 국내에 사업장이라고 평가할 수 있는 어느 정도의 실체가 있다면, 거주자 등처럼 우리 부가가치세 체계에 들어오라는 것이다. 이러한 비거주자 등이 국내에서 사업으로 독립해서 재화 또는 용역을 공급한다면 사업자등록도 하고 세금계산서도 발급해야 한다.

한편 유럽연합 '개편 부가가치세 지침'은 '공급하는 자' 또는 '공급받는 자'의 사업장을 기준으로 용역이 공급되는 장소를 판단하되, 국내사업장에 용역이 공급되거나 국내사업장에서 용역이 공급되면 국내사업장이 있는 곳을 '공급되는 장소'로 본다.[158] 이처럼 '개편 부가가치세 지침'도 국내사업장은 과세를 위한 도구 개념이라 생각하고 있다.

2) 과세를 위한 고리 2 - 전자적 상품 거래에서 간편한 사업자등록

전자적 상품 거래에서 이러한 고리를 만들고자 한 것이 일정한 비거주자 등의 전자적 상품 거래에 관한 특례 제도다.[159] Ⅱ.3.(3)에서 살펴보았듯이, 제도의 핵심은 사업자등록이다. 그 출발점은 우리나라에서 과세권 행사를 해야 하고 행사할 필요가 있는데도 과세할 방법이 없다는 현실 인식이었다. 전자적 상품 거래에서는 비거주자 등이 유리한 위치에 있게 된다.

따라서 전자적 상품을 용역으로 보면서 그러한 공급은 국내에서 이루어진다고 간주한다. 공급되는 장소를 국내로 간주하지 않더라도 원래 공급되는 장소가 국내일 수도 있겠지만, 여기까지는 생각이 미치지 않았다. 아무튼 이렇게 하면

---

158) 유럽연합 수정 부가가치세 지침 제2조에 따라 개정된, 유럽연합 개편 부가가치세 지침 제44조, 제45조.

159) 부가가치세법 제53조의2.

일단 과세권은 확보가 된다. 그리고 조세 행정의 목적에서 간편한 방법으로 사업자등록을 할 수 있게 한다.

여러 번의 간주를 통해야 하지만, 전자적 상품 거래에 대해서는 이러한 방법으로 과세권을 행사한다. 국내사업장이 있으면 굳이 이렇게 번거로운 방법을 거치지 않아도 된다. 둘 다 과세권을 행사하기 위한 고리라는 점에서는 차이가 없다. 이렇게 고리가 만들어지면, 비거주자 등을 거주자 등과 같이 취급하면서 과세할 수 있는 기초가 만들어지게 된다.

3) 과세를 위한 고리 3 - '위탁매매인 등'

전자적 상품이 아니라도 이러한 과세를 위한 고리는 있다. 국외(國外) 사업자가[160] 위탁매매인, 준(準) 위탁매매인, 대리인, 중개인 등을[161] 통하여 국내에서 용역 또는 권리를 공급할 때는 이 '위탁매매인 등'이 용역 또는 권리를 공급한 것으로 본다.[162] 국외사업자로부터 권리를 공급받는 때에는 공급받는 자의 국내에 있는 사업장의 소재지 또는 주소지를 해당 권리가 공급되는 장소로 본다.[163] 법률효과가 누구에게 미치느냐와는 별개로, 실제로는 이 위탁매매인 등이 거래한다. 이처럼 실제 거래하는 자를 '공급하는 자'로 삼아 과세한다. 실제 거래하는 자를 '공급하는 자'로 하면 효율적으로 과세할 수 있다는 생각이 담겼다.[164] 비거주자 등이 국내에서 용역 또는 권리를 공급하는데, 비거주자 등의 국내사업장이 없을 때를 대비한 규정이다. 위탁매매인 등을 공급하는 자로 취급해서 과세를 위한 고리로 삼는다. 권리를 공급받는 때에는 국내를 공급되는 장소로 간주해서 과세권을 확보한다.

5. '국내사업장'이 담당해야 하는 역할

부가가치세는 각 거래 단계에서 거래 당사자가 부가가치세를 징수하는 것을 기초로 구조를 짰다. 다음 단계로 누구에게 그러한 징수를 맡길 것인가가 문제가 된다. '공급하는 자'와 '공급받는 자', 둘 중 하나가 그 역할을 맡으면 된다.

---

160) 부가가치세법 제52조 제1항.
161) 이하 '위탁매매인 등'이라 한다.
162) 부가가치세법 제53조 제1항.
163) 부가가치세법 제53조 제2항.
164) 강성모, "타인을 위한 행위를 할 때 부가가치세의 공급하거나 공급받는 자", 『조세법연구』 제30권 제2호, 2024, 457면.

과세 주체는 누가 그 역할을 맡든 제대로 세액을 신고하고 납부하면 크게 상관이 없다. 부가가치세법은 원칙적으로는 '공급하는 자'를 선택했다.

'공급하는 자'는 공급하면서 '공급받는 자'로부터 거래징수하여야 한다.[165] 그리고 '공급받는 자'에게 세금계산서를 발급하여야 한다.[166] '공급받는 자'는 실제로 거래했고 그와 관련한 세금계산서를 발급받으면 매입세액을 공제할 수 있는 게 원칙이다. 거래 과정에서 공급하는 자가 거래징수했는지, 공급하는 자가 제대로 부가가치세를 신고하고 납부했는지 등은 고려 사항이 아니다. 공급하는 자가 세금을 내지 않으면 공급하는 자에 대해서 과세해야 하고, 공급받는 자에 대해서는 공제받은 매입세액을 부인할 수 없다.[167] 부가가치세를 누가 부담할 것이냐는 사법(私法)의 문제이기 때문이다.[168] 공급하는 자가 매출세액을 인식하지 않았거나 매출세액을 내지 않고 폐업했더라도 공급하는 자는 매입세액을 공제할 수 있다.[169]

결과적으로, '공급받는 자'가 최종 소비자가 아니면 부가가치세는 아직 누구의 부담도 아니다. 실제 거래에서는 공급하는 자가 거래징수해야 할 부가가치세 전부 또는 일부를 거래징수하지 못하거나, 공급받는 자가 부담해야 하는 것보다 많이 거래징수할 수도 있다. 하지만 이는 거래 당사자 사이에서 민사적으로 해결할 문제다.

'공급하는 자'는 거래징수하고 세금계산서를 발급할 수 있으면 적어도 행정적으로는 부가가치세 납세의무를 수행할 모든 준비가 된 셈이다. 공급하는 자가 '거주자 등'이라면 특별한 문제가 없다. 사업장 단위로 과세하므로, 각 사업장에서 거래징수하고 세금계산서를 발급하면 된다. 그리고 이러한 기준은 '비거주자 등'에게도 마찬가지로 적용될 수 있다.

따라서 부가가치세 국내사업장이 있는지를 판단할 때, 그 판단 기준이 되는 가장 중요한 요소는 거래징수하고 세금계산서를 발급할 수 있을 정도의 인적 설

---

165) 부가가치세법 제31조.
166) 부가가치세법 제32조.
167) Alan Schenk and Victor Thuronyi and Wei Cui, *op. cit.*, p.136.
168) 헌법재판소 2000. 3. 30. 선고 98헌바7, 18(병합) 결정.
169) Croydon Hotel & Leisure Co Ltd, [1997] VATDR 245 (VTD 14920). Alex Millar and Edd Thompson, *Tolley's Value Added Tax 2022−23*, LexisNexis, 2022, pp.807~808; Louise Hemmingsley and Alex Millar and Edd Thompson, *Tolley's VAT Cases*, LexisNexis, 2022, p.1300에서 참고하였다.

비와 물적 설비가 있느냐다. 물론 그렇다고 해서 거래징수하고 세금계산서만 발급하면 바로 국내사업장이 있다는 결론으로 이어지는 것은 아니다.

6. 구체적 판단

'부가가치세 국내사업장'은 '사업장'이다. 다만 그 사업장에서 사업을 영위하는 사업자가 '비거주자 등'일 뿐이다. '거주자 등'이 사업을 영위할 때와 달리 볼 이유는 없다. 부가가치세의 사업장은 '사업자가 사업을 위하여 거래의 전부 또는 일부를 하는 고정된 장소'다.[170] 그리고 이 요건을 충족하면 사업자가 비거주자 등이더라도 사업장이다. 이때 거래의 전부 또는 일부가 중요하거나 본질적일 필요는 없다. 비거주자 등은 그 사업장에서 거래하면서 거래징수하고 세금계산서를 발급할 것이다. 그렇게 하려면 어느 정도의 인적 설비와 물적 설비를 갖추어야 한다. 그리고 인적 설비와 물적 설비를 어느 정도 계속해서 가지고 있어야 한다.

하나의 업무 수행으로 재화 또는 용역을 공급할 수 있다. 이때 그 업무를 수행하는 고정된 장소가 국내에 있다면, 이를 부가가치세의 국내사업장이라 하면 된다.

문제는 둘 이상의 업무 수행이 합쳐져야만 재화 또는 용역을 공급할 수 있는 때이다. 이때도 둘 이상의 업무를 모두 한 장소에서 수행한다면 큰 어려움은 없다. 그러나 그중 일부만을 수행한다면 그 일부 업무가 재화 또는 용역의 공급에 '본질적이고 중요'하냐를 따져야 한다. 재화 또는 용역의 공급에 없어서는 안 될 업무라면 본질적이고 중요하다고 할 수 있다. 예비적이고 보조적인 활동은 제외된다.

하지만 여기서 나아가 다른 곳이 수행하는 업무와 비교해서 한결 더 본질적이고 중요해야만 하는 것은 아니다. 다시 말해, 하나의 업무를 놓고 그것이 재화 또는 용역의 공급에 본질적이고 중요하냐를 따지면 충분하다. 여러 업무를 비교하는 상대적 평가는 필요하지 않다. 결과적으로 본질적이고 중요한 업무는 여럿일 수 있고, 비거주자 등의 국내사업장도 여럿일 수 있다.

만약 비거주자 등의 국내사업장이 여럿이고 여러 나라에 퍼져 있다면, 그중 어느 나라에서 과세할 것이냐의 문제가 생긴다. 하지만 이 문제는 이전에 이미

---

170) 부가가치세법 제6조 제2항.

공급되는 장소에 관한 판단에서 해결된다. 공급되는 장소가 국외라면 국내사업장이 있느냐는 따질 필요도 없다.

경제협력개발기구의 '국제 부가가치세 지침'은,[171] 공급받는 자가 하나보다 많은 국가에 사업장이 있으면 그 용역 또는 무형자산을 사용하는 사업장이 소재하는 국가에 과세권이 있다고 한다.[172] 공급되는 장소라고 판단된 장소에 국내사업장이 있으면 그 나라가 과세하라는 뜻으로 이해할 수 있다. 위 해석과 다르지 않다.

Ⅵ. 결론

비거주자 등의 국내사업장이 무엇이고 그 범위가 어디까지냐를 다루었다. 결론은 아래와 같다.

첫째, 부가가치세의 국내사업장은 비거주자 등이 국내에서 공급했을 때 과세하기 위한 장치이다. 공급되는 장소가 국내라면 비거주자 등이 공급했을 때도 부가가치세 과세를 할 수 있다. 이때 그 비거주자 등의 국내사업장이 있으면, 거주자 등처럼 거래징수하고 세금계산서를 발급하고, 또 부가가치세를 신고하고 납부하라는 것으로 이해를 할 수 있다. 그 국내사업장의 소재지가 비거주자 등의 부가가치세 납세지이다.

국내사업장이 공급하였거나 실제로 공급한 것과 같이 평가할 수 있을 정도로 행위를 하였기 때문이 아니다. 국내사업장이 없으면 거래징수하거나 세금계산서를 발급할 수도 없고, 또 부가가치세를 신고하고 납부할 방법도 없다. 사업자등록도 할 수 없을 것이다. 국내에 사업장이 없으므로 납세지가 없고, 결과적으로 관할권을 가지는 세무서장 또는 지방국세청장이 없으므로 현실적으로 과세할 방법이 없다. 이 때문에 국내사업장이 없으면 공급받는 자에게 부가가치세를 징수할 의무를 지우는 제도와 일정한 비거주자 등에게 간편하게 사업자등록을 할 수 있는 제도 등을 마련해 두고 있다.

둘째, 어느 정도의 인적 설비와 물적 설비가 있어야 국내사업장이라 말할 수

171) International VAT/GST Guidelines, 2017. 이하 '경제협력개발기구 국제 부가가치세 지침'이라 한다.

172) 경제협력개발기구 국제 부가가치세 지침 제3.4항.

있다. 그 판단 기준이 되는 가장 중요한 요소는 거래징수하고 세금계산서를 발급할 수 있느냐다. 국내사업장은 우리나라에 과세권이 있는 공급을 과세할 수 있는 고리다. 공급되는 장소가 국내이면 비거주자 등이 용역 또는 권리를 공급하더라도 우리나라가 과세권을 행사할 수 있다. 국내사업장에 과세할 것이냐 아니면 공급받는 자가 부가가치세를 징수해서 신고하고 납부하는 방식으로 과세할 것이냐의 문제만 남는다. 어느 쪽이든 상관없다고 말할 수도 있다. 하지만 국내사업장이 있다면 이 국내사업장을 거주자 등의 사업장처럼 취급해서 과세하는 편이 낫다. 공급하는 자가 거래징수를 하는 게 원칙적인 모습이고, 행정적으로도 간단하고 명료하다. 공급받는 자가 부가가치세를 징수해서 신고하고 납부하는 제도는 그 자체로 완전하지 못하고 한계가 있다는 점에서 더욱 그렇다.

셋째, 소득에 대해 과세할 때 국내사업장이 존재하거나 존재하지 않는다고 판단했다고 해서, 부가가치세에서도 반드시 같은 결론에 도달할 수 있거나 해야 하는 것은 아니다. 부가가치세에서 비거주자 등의 국내사업장은 이름만 조금 다를 뿐 거주자 등의 사업장과 기본적으로는 같다. 따라서 거래의 전부 또는 일부를 하는 고정된 장소가 있다면 부가가치세의 국내사업장이 있다고 판단할 수 있다. 중요한 것은 거래의 수행이고, 그것이 전부인지 일부인지는 중요하지 않다. 그리고 그 역할이나 경중(輕重)에 대한 평가도 필요하지 않다.

참고문헌

강성모, “타인을 위한 행위를 할 때 부가가치세의 공급하거나 공급받는 자”, 『조세법연구』 제30권 제2호, 2024

강성모, “2022년 소비 및 재산 과세 판례회고”, 『조세법연구』 제29권 제1호, 2023

김두형 · 유호림, 『부가가치세법론』(제4판), 정독, 2024

김혜진 · 박준형, “디지털 용역거래에 있어 법인세법상 고정사업장(PE)과 부가가치세법상 국내사업장(FE)의 개념구분 및 구체적인 인정요건에 대한 고찰－최근 프랑스 국사원의 Value Click 판결을 중심으로－”, 『조세학술논집』 제38집 제3호, 2022

박윤준, “외국기업 고정사업장에 대한 부가가치세 과세문제의 연구”, 『조세학술논집』 제36집 제3호, 2020

윤지현, “비거주자가 하는 국내 용역공급의 부가가치세 과세체계에 관한 연구－‘사업자간(B2B) 거래’를 중심으로－”, 『조세학술논집』 제34집 제3호, 2018

이준봉, “고정사업장과 부가가치세 납세의무”, 『조세법연구』 제28권 제3호, 2022

임승순 · 김용택, 『조세법』(제25판), 박영사, 2025

한만수, 『조세법강의』(신정15판), 박영사, 2023

Alan Schenk and Victor Thuronyi and Wei Cui, *Value Added Tax : A Comparative Approach(Second Edition)*, Cambridge University Press, 2015

Alex Millar and Edd Thompson, *Tolley's Value Added Tax 2022－23*, LexisNexis, 2022

Charlène Herbain, *Indirect Taxation－Permanent Establishments*, Global Topics IBFD, 2022

Karoline Spies, *Permanent Establishments in Value Added Tax, IBFD*, 2019

Louise Hemmingsley and Alex Millar and Edd Thompson, *Tolley's VAT Cases 2022*, LexisNexis, 2022

Rita De La Feria, *Permanent Establishments in Indirect Taxation*, SSRL, 2015

15. 전자상거래(e-Commerce)와 부가가치세

– 플랫폼 등을 통한 국제적 용역 거래 관련 쟁점을 중심으로

이의영*

Ⅰ. 서설(序說)

21세기 정보통신기술의 발전과 디지털 경제의 성장으로 전자적 방식으로 계약 체결·이행 등 거래가 이루어지는 '전자 상거래'(electronic commerce)의[1] 규모가 크게 확대되었다. 국경을 물리적으로 통과하게 되는 전통적인 국제 물품매매 거래 등과 달리, 전자적 용역의 국제거래의 경우에는 국제적인 요소에도 불구하고 계약이행 과정에서 세관 통관이나 수입신고 등의 절차가 개입되지 않는다. 기업으로서는 외국에 사무실 등 물리적 시설을 두지 않고서도 인터넷 연결만 되면 전 세계 어디에 있는 고객이든 데이터로 용역을 제공할 수 있다. '디지털 플랫폼'(digital platform)을 통해 온라인 시장이 형성되어 플랫폼 중개 방식으로도

* 광주고등법원 고법판사.

1) 「전자문서 및 전자거래 기본법」에서는 '전자거래'를 '재화나 용역을 거래할 때 그 전부 또는 일부가 전자문서 등 전자적 방식으로 처리되는 거래'로, '전자문서'를 '정보처리시스템에 의하여 전자적 형태로 작성·변환되거나 송신·수신 또는 저장된 정보'로 정의하고(위 법 제2조 제1호, 제5호), 「전자상거래 등에서의 소비자보호에 관한 법률」에서는 '전자상거래'를 '전자거래의 방법으로 상행위(商行爲)를 하는 것'으로 정의하고 있다(위 법 제2조 제1호).

국제거래가 쉽게 이루어진다. 이러한 전자적 용역의 국제거래에 대하여 소비세인 부가가치세를 어디서(국제적 과세권 배분) 누구로부터(납세의무자) 어떻게(과세방식) 거둘 것인지는 국가별 전체 세수(稅收)에서 부가가치세가 차지하는 비중의 증대, 디지털 경제의 확대, 거래의 디지털 화(化)·글로벌화 등 경제 지형의 변동, '마켓'(market, 소비지) 중심의 과세 흐름 경향 등 여러 사회적 환경변화에 따라 그 의미와 중요성이 커졌고, 이에 따라 최근 국내·외에서 입법적 조치 개선과 함께 활발한 논의가 이어졌다.[2]

이와 함께 디지털 경제 이전에 전통적 방식의 상거래를 전제로 한 기존 부가가치세제의 틀이 전자상거래에도 그대로 적절하게 적용·작동할 수 있는지, 최근 법률 개정 등 입법적 조치의 의미와 적용범위는 어디까지인지, 기존 판례 법리는 그대로 유효한지 등 많은 쟁점이 실무와 학계에서 제기되고 있다. 경제협력개발기구(Organization for Economic Cooperation and Development, OECD) 논의를 비롯하여 유럽 등 외국의 입법례와 실무에 대한 소개와 국내에의 시사점 등 관련하여 기존 연구가 상당 부분 이루어진 것으로 보인다. 사업자를 납세의무자로 삼는 간접소비세로서 거래징수 및 '전(前) 단계 매입세액 공제'에 따라 다단계(多段階)로 세금 부담이 이어지고, 전 세계 일부 국가에서 속지주의(屬地主義) 원칙에 따라 운용되는 부가가치세제의 특성으로 인해, 소득세제처럼 조세조약에 의한 과세권 배분은 애초에 상정하기 어렵다. 하지만 디지털 경제의 성장과 과세권의 적정한 확보 필요성, 세제(稅制)의 연혁적 특성에 따른 각국 제도의 상대적 유사성, 국가 간 세제 차이를 이용한 남용 행위의 방지 필요성[3] 등의 공통된 상황에서 각국의 관련 부가가치세 입법례는 OECD 논의 등을 거치며 자연스럽게 일정 부분 유사한 방향성을 보이고 있다.[4] 그럼에도 여느 법률관계 문제와

---

2) 4차 산업혁명과 디지털 경제의 활성화로 거래구조가 바뀌면서 대두된 신종 세원(新種稅源)에 대한 과세 논의 현황 등을 대략적으로 소개한 글로는, 김영순, "4차 산업혁명이 조세에 미치는 영향 — 신종 세원에 대한 입법과제를 중심으로", 『법학연구』 제25집 제4호, 인하대학교 법학연구소, 2022 등.

3) '거래에 대한 세금'이라는 특성상 부가가치세의 국제적 이중(二重) 과세는 '동일한 과세대상 거래'에 대한 문제임이 분명하다는 점에서 소득세제와 차이가 있고, 따라서 어떤 거래가 둘 이상의 나라에서 부가가치세 과세 대상이 된다면 납세의무를 공급자 또는 구매자 중 어느 쪽이 지는지에 관계없이 이중으로 과세된 것이라는 설명으로, 엘레오노르 크리스토페르손 & 페르닐라 렌달, 윤지현 등 15인 옮김, 『유럽 부가가치세법』, 박영사, 2021, 13면 등.

4) 이와 별도로 '디지털 세'(Digital Services Taxes) 도입에 관한 논의도 진행되어 프랑스, 이탈리아, 스페인, 오스트리아 등에서는 입법화되기도 하였다. 미국 정부 등에서는 디지털세가 기존 국제거래 관련 세법 원칙의 위반이라거나 부당한 차별이라는 등으로 반대하였고, 'BEPS 기획'과

마찬가지로, 다양한 구체적인 사안에 대한 과세실무나 법원의 판례가 일정 수준 축적되기 전까지는 현실의 모습에 어떻게 적용될지 쉽게 단정하거나 예측하기는 어렵다.

21세기 초입 디지털 시대를 마주하며 발표된 이창희 선생의 논문(뒤에서 보는 "Impact of E-Commerce on Allocation of Tax Revenue between Developed and Developing Countries", 제목에서 보듯 영문으로 발간되었다)은 디지털 기술 발전에 따른 전자상거래의 성장이 기존 국제조세 원칙, 특히 부가가치세제의 한계를 드러내며 필연적으로 중요한 변동을 이끌고 있음을 명쾌한 혜안(慧眼)으로 밝힌 글이다. 이후 국내·외적으로 많은 논의와 국회에서의 입법과정을 거쳐 현재에 이르게 되었다. 본글은 위 논문에서 제시된 문제의식을 기반으로, 전자적 용역의 국제거래 관련하여 최근 십여 년간 이루어진 부가가치세법 개정 경과와 그에 따른 현행법상 규율 내용 등을 정리하고(II), 그중 국내외에서 쟁점이 되고 있는 '디지털 플랫폼 기업'에[5] 대한 부가가치세 과세 관련 주요 이슈로서 '부가가치세 목적상 고정사업장'(이른바 FE)의 개념과 요건(Ⅲ.1.), 플랫폼 기업이 단순 중개자가 아닌 거래된 용역의 공급자로 간주되는 근거로서 이른바 '플랫폼의 관여' 요건(Ⅲ.2.)에 대하여 추가로 살펴본다. 아직 사례가 많지 않으나, 분석 과정에서 현행법 해석이나 입법론에 도움이 될 만한 국내외 주요 판례를 살펴보고자 했다.

Ⅱ. 디지털 경제의 등장과 부가가치세제의 변동

1. 이창희 선생의 혜안(慧眼): 기존 세제의 한계

20세기 후반부터 이루어진 인터넷과 정보통신기술의 급속한 발전으로 과거 생각하지 못하던 전자적 방식으로 상거래가 이루어지는 상황에서 미국을 비롯한 선진국들은 조세중립성을 내세워 그들에게 유리한 전통적인 과세 방식과 틀을

'필라 1, 2'에 따른 국제조세 관련 각국의 법제와 조약 등 규범 틀의 수정이 이루어지면 디지털세는 폐지되어야 한다는 등의 관련 논란이 이어지고 있는데, 사견(私見)으로는 일괄하여 국제법 위반이라고까지 보기는 어렵다고 생각된다. 상세히는, Alice Pirlot·Henri Culot, "When International Trade Law Meets Tax Policy: The Example of Digital Services Taxes", Journal of World Trade, Vol. 55 No. 6 (2021), pp. 895~919 등 참조.

5) 전통적인 거래와 달리 디지털 플랫폼 거래에서는 거래가 선형(線形)이 아닌 순환 형태로 이어진다는 등 그 구조에 대한 설명으로는, Giorgio Beretta, European VAT and the Sharing Economy, Wolters Kluwer (2019), pp. 10~11 등.

그대로 유지하려는 입장이었다. 그러한 상황에서 이창희 선생의 2004년 논문은[6] 그 한계를 아래와 같이 명확히 지적하였다.

"OECD 모델로 대변되는 소득세제의 조세조약은 물리적 국경에 기반한 원천지국의 현실적 과세권한과 인간의 물리적 존재라는 관련성에 기초한 거주지국의 과세권을 전제로 하고, 양국의 세율이 동일하지 않는 한 자본수출과 자본수입의 조세중립성을 동시에 달성하는 것은 논리적으로 불가능하다."[7]

"디지털 경제 시대에서는 자본과 인적용역의 구분이 어렵고, 장소적 요소의 의미가 소멸하여 고정사업장 개념도 타당성을 잃는다."[8]

"전통적인 부가가치세제는 소비지 과세 원칙(destination principle)에 기초하고 있는데, 국경의 통과 없이 거래가 이루어지는 전자상거래의 경우 소비지 과세원칙 역시 효용이 없고, 관세도 마찬가지 문제에 봉착한다."[9]

"선진국들은 디지털 기술로 인한 도전을 실체법적 측면이 아닌 조세행정 절차적인 측면으로 접근하여, 역내(域內) 거래에 대해서는 생산지 과세 원칙(origin principle)에 가깝게 수정하면서도 역외(域外) 거래에 대해서는 소비지 과세 원칙을 고수하고 기존의 국제조세 규범과 개념을 전자상거래에 적용하고자 하였다."[10]

"그러나 디지털상품이나 저작권 사용의 대부분이 사용료(royalty)가 아닌 사업소득(business profits)으로 분류되어, 전자상거래에 대해 기존 과세규칙과 개념을 유지하는 것은 결국 재화, 용역 및 자본의 수출국에게 유리할 뿐이다."[11]

"기존 개념을 일부 확장하는 등의 시도는 용역/재산의 이분법을 그대로 전제하는 것이어서 디지털 기술의 발달과 양립하기 어렵고 시대착오적(anachronism)이다."[12]

"조세중립성(tax neutrality)은 실은 단순한 레토릭 내지 이데올로기에 불과하다. 실제 세부담의 총량이 변하지 않는 한 국가들 사이의 세수 분배는 납세의무자의 경

6) Chang Hee Lee, "Impact of E–Commerce on Allocation of Tax Revenue between Developed and Developing Countries", Journal of Korean Law, Vol.4 No.1 (2004). 위 논문은 Tax Notes International 18호(2005. 2.)와 단행본인 International Tax Law 1, Edward Elgar Publishing, 2019에도 실렸다.
7) Chang Hee Lee, 위의 글, 27~29면.
8) Chang Hee Lee, 위의 글, 34~35면.
9) Chang Hee Lee, 위의 글, 36면.
10) Chang Hee Lee, 앞의 글, 37~38면.
11) Chang Hee Lee, 위의 글, 39~40면.
12) Chang Hee Lee, 위의 글, 41면.

제적 선택이나 경영 판단에 영향을 미치지 않기 때문이다."[13]

"소득과세에서 고정사업장의 기능은 부가가치세에서 공급장소의 기능과 본질적으로 동일하다. 전자상거래에 대해서 기존의 고정사업장 순소득과세 및 총수입 기반 원천과세의 이분법은 비판적으로 검토되어야 하고, 사업소득 등에 대한 원천징수 과세는 결코 조세중립성을 해치지 않는다."[14]

"전통적으로 '소비세 수입'(consumption tax revenue)은 '소비지 과세 원칙'에 따라 분배하고 있는데, 소비지 과세 원칙에 따르면 국제사회는 세금 조정을 위해 관세선(關稅線, customs line) 또는 경제적 국경(economic border)을 유지하여야 한다."[15]

"유럽연합(EU)은 역내 거래와 달리 글로벌 사회로는 아직 '생산지 과세 원칙'을 확대하려고 하지 않는다."[16]

"관세 목적상의 국경 심사가 존재하는 현실의 세계를 고려할 때 생산지 과세 원칙은 아직 이르고, 생산지 과세 원칙에 필요한 세율의 조화를 위해서는 국제적 합의가 이루어져야 하는데, 미국 등은 부가가치세 제도 자체가 없는 등으로 국제적 논의가 어렵다."[17]

"결국 기술 진보를 수용하고 그 과실(果實)을 더 공평하게 나누는 새로운 국제조세 체제가 필요하다."[18]

"장기적으로 부가가치세에 대해서도 양자(兩者) 간 또는 다자(多者) 간 조약이 체결될 수 있으나, 용역에 대해서 소비지 과세 원칙을 적용하기 위해서는 국제적 협력이 필요하다. 조약이 생산지 과세 원칙에 따르게 되면 역시 개발도상국들은 과세권을 가지기 어렵다. 사업소득에 대한 원천 과세나 '공식에 따른 일체설적(一體說的) 배분 과세'(formulary apportionment) 등의 완전히 새로운 제도를 짜는 것은 과거 역사적 경험에 비추어 볼 때 개발도상국들의 능력 바깥으로 보이지만, UN 모델조약의 개정 논의 등을 통해 시도해볼 수는 있을 것이다."[19]

---

13) Chang Hee Lee, 위의 글, 42~43면.
14) Chang Hee Lee, 위의 글, 43~44면.
15) Chang Hee Lee, 위의 글, 45면.
16) 위의 글이 발표된 당시의 상황으로서, 뒤에서 보듯이 EU는 이후 소비지 과세 원칙을 확대하는 방향으로 입장을 선회하였다.
17) Chang Hee Lee, 위의 글, 45~47면.
18) Chang Hee Lee, 위의 글, 47면.
19) Chang Hee Lee, 위의 글, 48~50면.

2. 부가가치세제의 기본 구조 및 주요 개정 경과 등

(1) 국제거래 관련 우리나라 부가가치세제의 기본 구조

세부적인 명칭의 차이 등에 불구하고[20] 현재 부가가치세 제도(다단계 거래징수 및 '전 단계 매입세액 공제' 방식으로 운용되는 소비세)를 운용하고 있는 나라들에서는 모두 국제적 거래와 관련해서 '수출시 영(零) 세율'과 '수입시 과세'를 기본적인 구조로 삼고 있다. 20세기 중반 유럽에서 탄생한[21] 초기부터 부가가치세는 속지주의 과세 방식을 취하였는데, 국제적인 경제활동에 따른 부가가치세에 있어서도 기본적으로 재화와 용역의 소비가 이루어지는 장소가 자국 내인지의 기준에 따라 그 과세권을 행사하는 것으로 이해된다.[22] 자국 내에서 소비가 이루어지 않고 외국으로 수출되는 물품 등 거래에 대해서는 영(0) 세율을 적용하여 과세하지 않고, 반면에 외국에서 제조되어 국내에 반입되는 물품 등 거래에 대해서는 통관 시점에서 국내 물품과 동일하게 부가가치세를 부과하는 것은 굳이 세법 이론적 틀을 끌어오지 않더라도 자국 내 시장 거래에서 조세중립성을 유지하고 과세 형평을 기하려는 것으로 자연스럽게 이해할 수 있다.

우리나라 부가가치세법도 재화와 용역의 '공급 장소'에 관한 조항(부가가치세법 제19조, 제20조)을 둠으로써 속지주의에 따라 공급 장소가 국내인 재화와 용역의 공급에 관하여 우리나라에 부가가치세 납세의무가 있는 것으로 정하고 있다.[23] 이에 따라 국외에서 이루어지는 재화와 용역의 공급 거래에 대해서는 공

---

20) 굳이 직역(直譯)하자면 부가가치세("value added tax", 영국 등; "taxe sur la valeur ajoutée", 프랑스 등), '매상세'(賣上稅, Umsatzsteuer, 독일), '재화·용역세'(goods and services tax, 호주) 등으로 적어볼 수 있겠으나, 이하에서는 모두 '부가가치세'라고 번역하기로 한다.

21) 부가가치세는 1955년 프랑스에서 최초로 도입되었고, 1967년 유럽경제공동체(EEC) '각료 이사회' 결의로 회원국 공통의 세금으로 채택된 것을 계기로 유럽과 세계 각국에 널리 전파되었다고 한다. 남성우, "국제적 용역거래의 공급장소에 관한 대법원 판례의 경향", 『조세소송의 주요 쟁점』, 사법연수원, 2020, 7~8면 등.

22) 이창희, 『세법강의』, 1240면 등. 국내 거래에 대한 부가가치세 과세의 현실에서는 세법이 '공급하는 자'인 사업자에게 납세의무를 부여함으로써 사실상 생산지 과세 원칙에 따라 운용되고 있다. 개별 소비자들의 소재(所在) 내지 실제 최종 소비가 이루어지는 개별 장소를 추적하여 과세하는 것은 현실적으로 불가능하다.

23) 원래 소비지 과세 원칙의 이상에 따르자면 공급된 재화나 용역이 어디에서 소비되는지를 살펴야 되지만, 현실적으로 이를 일일이 알기는 어렵다. 통상적으로 재화가 이동되는 곳이나 용역이 제공되는 곳 등에서 소비가 이루어지므로, 세법에서는 이러한 '대체적 표지'(proxy)를 찾아 공급장소에 관하여 정한다. 윤지현, "비거주자가 하는 국내 용역공급의 부가가치세 과세체계에 관한 연구 ―'사업자 간(B2B) 거래'를 중심으로 ―", 『조세학술논집』 제34집 제3호, 2018, 92~93면 등 참조. 이에 관하여 과학적·선험적으로 정해진 기준이 있는 것은 아니고, 거래의 성격 등

급자가 내국법인 또는 내국인 등 거주자일지라도 부가가치세 납세의무가 없다.[24] 반면 국내에서 이루어지는 재화와 용역의 공급 거래에 대해서는 외국법인 또는 외국인 등 비거주자일지라도 부가가치세법상 사업자에[25] 해당한다면 동일하게 부가가치세 납세의무가 있다.

'역무가 제공되거나 시설물, 권리 등 재화가 사용되는 장소'를 용역의 공급장소로 정한 부가가치세법 제20조 제1항[26] 규정의 해석, 특히 국제적 용역 거래에서 우리나라에 부가가치세 과세권이 있는지 판단과 관련하여 여러 견해가 제시되었고,[27] 판례는 '용역의 중요하고도 본질적인 부분'이 이루어진 곳이 어디인지를 공급 장소 판단의 기준으로 삼아 왔다.[28] 역무(役務)가 제공되기 위해서 이를 제공받는 자의 협력 행위가 필요한 경우에는 그 협력 행위가 어디에서 이루어졌는지도 아울러 고려하여 역무의 중요하고도 본질적인 부분이 어디에서 이루어졌는지를 판단한다.[29]

재화의 공급이 수출에 해당하면 영세율을 적용하고(부가가치세법 제21조 제1항), 국외에서 공급하는 용역에 대해서도 영세율을 적용한다(부가가치세법 제22조).[30] 수출의[31] 경우 국내에서 소비되지 않으므로 부가가치세 부담을 없애주는

제반 사정과 조세 행정적 측면을 종합하여 가장 적정한 대체적 표지를 정하게 되는데, 뒤에서 보는 'OECD 부가가치세 지침' 등도 이에 관한 합리적 방안을 제시하는 것이다.

24) 내국법인의 '전(全) 세계 소득'을 과세표준으로 삼되 외국납부세액공제 방식으로 이중과세를 조정하는 법인세 체제와는 다른 점이다.

25) 사업 목적이 영리이든 비영리이든 관계없이 사업상 독립적으로 재화 또는 용역을 공급하는 자를 말한다(부가가치세법 제2조 제3호).

26) 한편 부가가치세법 제20조 제2항에서는 "제1항에서 규정한 사항 외의 용역이 공급되는 장소에 관하여 필요한 사항은 대통령령으로 정한다"고 규정하고 있으나, 시행령에서 이에 관하여 따로 정하지 않고 있다.

27) '공급자 중심설', '공급받는 자 중심설', 절충설로 분류하여 이를 소개한 것으로, 남성우, 앞의 글, 10~11면; 이호섭, 『국제적 사업자 간 용역거래의 부가가치세 과세에 관한 연구』, 서울시립대학교 세무전문대학원 박사학위논문 (2023), 10~13면 등.

28) 대법원 2006. 6. 16. 선고 2004두7528, 7535 판결('스위프트 사건'), 대법원 2016. 1. 14. 선고 2014두8766 판결('CS채권 사건'), 대법원 2022. 7. 28. 선고 2018두39621 판결('마스터카드 사건') 등. 이러한 우리나라 판례에 대하여, 전통적인 방식의 용역 거래를 전제로 '역무 제공이 물리적으로 이루어지는 장소'를 중시하는 것이고, 최근 대두된 전자적인 수단으로 이루어지는 역무 제공의 경우에 대해 새로운 법리 설시 없이 기존과 마찬가지로 '용역의 중요하고 본질적인 부분'을 기준으로 삼는 것은 충분한 이론적 설득력이 없고 '역무 제공의 상대방이 소재한 곳'을 공급장소로 보는 새로운 해석론이 필요하다는 취지의 비판으로, 윤지현, 위의 글, 93~102면.

29) 대법원 2022. 7. 28. 선고 2018두39621 판결(주28)에서 판시한 내용이다.

30) 부가가치세법 제22조는 '국외에서 공급'이라는 표현을 쓰고 있다. 같은 법 제20조에서 용역의 공급장소를 '역무가 제공되거나 시설물, 권리 등 재화가 사용되는 장소'(제1항 제1호)로 정의하고 있는 점에서, 만일 용역의 공급장소가 해외라면 엄밀히 말해 납세의무 자체가 없고, 용역의

것인데, 사업자에게 영세율이 적용되면 매출세액이 0원이 되고 매입세액은 환급받는다.

수입하는 재화는 관세를 포함한 가격에 대해 국내 물품과 같은 부가가치세 부담을 지운다(부가가치세법 제3조 제2호, 제29조 제2항).[32] 재화의 수입자는 사업자 여부를 불문하고 납세의무가 있다. 수입 재화에 대해서는 세관장이 관세법에 따라 부가가치세를 징수하고 수입세금계산서를 발행한다(부가가치세법 제35조 제1항, 제58조 제2항). 사업자의 경우에는 수입물품에 대해 납부한 부가가치세를 이후 매입세액으로 공제받는다.

비거주자 또는 외국법인이 국내에 공급하는 용역의 경우에 국내의 면세사업자가 이를 공급받는 경우라면 위 면세사업자가 그에 대한 부가가치세를 납부할 의무가 있다(부가가치세법 제52조[33]). 과세사업자나 소비자의 경우에는 이러한 대리납부 의무가 없다. 물리적으로 관세선을 통과하지 않는 용역의 거래에 대해서 재화의 수입처럼 일일이 납세의무를 지우는 것이 현실적으로 어렵고, 과세사업자의 경우에는 어차피 매입세액 공제를 받으므로 결과적으로 세수에는 아무런 차이가 없으며, 종래 국경을 넘는 용역의 공급이라는 것 자체가 그리 흔하지 않고 거래액 등 규모 측면에서도 비교적 경제적 중요성이 크지 않았던 점 등을 고려한 것으로 보인다.[34] 한편 비거주자 또는 외국법인이 우리나라에 부가가치세법상 사업자등록 대상인 사업장을[35] 두고 있고 이와 관련되어 국내에 용역을 공

공급자는 국내에 있으나 그 공급을 받는 상대방이 비거주자인 경우에 위 제22조에 따라 영세율이 적용된다고 볼 수 있다.

31) 부가가치세법에서는 용역에 대해서 '수출'이나 '수입'이라는 용어를 사용하지 않는다. 전통적으로 세금 목적상 수출과 수입은 국경의 관세선(關稅線)을 물리적으로 통과하는 물품 거래를 전제로 하기 때문이다(관세법 제2조 제1호 및 제2호). 한편 무역 거래에 관한 일반법이라고 할 수 있는 대외무역법에서도 제정 당시에는 물품에 대한 수출·수입만을 다루었으나, 2000. 12. 29. 개정으로 전자적 형태의 무체물(無體物) 거래도 대상으로 확대하였고, 2003. 9. 29. 개정으로 용역의 수출·수입도 규율하게 되었으며, 그 용역의 범위도 점차 확대되어 현재는 '부가가치세법 제3조에 따른 용역'으로 규정하고 있다. 결국 '용역의 수출'이나 '용역의 수입'이라는 용어는 근래 전자상거래 확대 등에 따라 자연스럽게 사용하는 용어로서 아직 세법에만 없을 뿐이지 이제는 우리 법률 체계에 들어온 것으로 볼 수 있다.

32) 다만 가공되지 않은 식료품, 도서, 교육용 재화 등의 수입에 대해서는 면세한다(부가가치세법 제27조).

33) 부가가치세법에서는 '대리납부'라는 용어를 사용하고 있는데, 공급하는 자가 아닌 공급받는 자가 국가에 대해 납부의무를 진다는 점에서 유럽 등에서는 일반적으로 "reverse charge"라는 표현이 사용된다.

34) 이창희, 『세법강의』, 1247면 등.

35) 이에 대해서는 아래 (3)의 1)에서 다시 본다.

급하는 경우에는 통상적인 국내 용역 공급에 해당하여 일반적인 부가가치세 규정이 적용된다.

이러한 우리 부가가치세법의 기본 구조는 1977년 제정 이래로 지금까지 변화가 없다. 그러나 디지털 기술의 발전에 따른 전자상거래 활성화로 용역의 국제거래가 부가가치세 분야의 중요한 문제로 등장하였고, 뒤에서 보는 바와 같이 여러 논의를 거쳐 법 개정이 이루어지게 되었다.

(2) 디지털 경제의 등장에 따른 부가가치세제의 변동

1) 위에서 본 바와 같이, 용역의 국제거래에서는 면세사업자가 공급을 받는 경우 대리납부 제도를 통해 부가가치세를 납부하는 외에 다른 거래들은 사실상 부가가치세법의 규율 범위에서 벗어나 있었다. 20세기 후반 이후 디지털 경제 규모가 확대되고 해마다 크게 성장하였지만 디지털 컨텐츠 등 전자적 용역 거래로 인한 수익은 법인세나 소득세법상 국내원천 사용료소득으로 볼 수 있는 경우가 매우 제한적이고, 디지털 기업은 물리적인 국내 고정사업장이 없어 소득세 과세가 어렵고, 기존의 패러다임으로는 과세사업자나 소비자들에 대한 용역 공급에 대해서는 소비세 과세도 되지 않으므로, 결과적으로 다국적의 디지털 기업은 전자적 용역 거래를 통해 고객이 소재하는 수입국들로부터 대규모 수익을 거두고 있음에도 수입국들에서 과세가 거의 되지 않았다. 이에 대한 적정한 과세권 확보 내지 자본수출국과 수입국 간 세수의 공평한 분배를 위해서는 기존 소득세나 소비세 관련 국제조세 규칙에서 벗어나는 새로운 패러다임이 필요하게 되었고,[36] 앞서 1.에서 살펴본 이창희 선생의 2004년 글도 이러한 상황에서 발표되었다.

초기에는 디지털 컨텐츠 거래를 재화의 거래로 보자는 주장도 있었던 것으로 보이지만[37] WTO, OECD 등에서 논의된 결과 재화가 아닌 용역(서비스,

36) 전자상거래의 무국경성(無國境性)·무공간성(無空間性)은 국가 간 과세 관할권을 모호하게 하고, 익명성(匿名性)·이동성은 과세대상 거래의 인식이나 추적을 곤란하게 하는 등으로 전자상거래는 '조세 탈루망'(tax loophole)을 형성하여 특히 부가가치세 의존도가 높은 국가들에서 막대한 세수의 손실을 초래한다는 것으로, 김석오, "e－Commerce 관련 국제조세이슈에 관한 국제동향 비교분석과 접근전략－Indirect Taxation을 중심으로", 『조세연구』 제2권 (2002), 372~373면 등.

37) 미국 등 전자상거래 발전이 빠르고 전자상거래 수출 우위에 있으면서 간접세 비중이 낮은 국가들은 전자상거래에 대해 잠정적으로 비과세 조치를 하는 입장에 있었으나, 전자상거래 수입국 위치에 있으면서 간접세 비중이 높은 개발도상국이나 EU 국가들에서는 과세 형평을 위해 효율적 과세방안을 구축하고자 하는 입장이었는데, 실은 미국에서도 전자상거래 과세 찬반 논쟁이

service)의 거래로 정리가 되었는데, 그처럼 인터넷으로 전달되는 용역 거래를 용역의 공급으로 본다고 하여 자본수입국들이 과세를 포기한 것은 아니었다. 근본적으로 수출·수입의 개념에 재화뿐만 아니라 용역 거래와 같은 무형의 재산 거래도 포함시키자는 논의로 이어졌고,[38] 우리나라의 경우 대외무역법의 2000년 12월 29일 개정으로 전자적 형태의 무체물(無體物) 거래도 수입·수출의 대상에 포함시켰으며 2003년 9월 29일 개정으로 용역의 수출·수입도 규율하게 되었다. 부가가치세 과세 관련해서도 비거주자의 국내 고정사업장 개념을 확대하거나 정보통신 서비스의 공급 장소를 공급자의 사업장 소재지가 아니라 용역의 소비가 이루어지는, 소비자의 소재지로 정하여 수입국의 과세권을 확보하는 방안, 공급받는 자가 개인인 경우 서비스의 공급자가 소비자 소재지국에 사업자등록을 하여 납세하도록 하는 방안 등 여러 논의가 시작되었다.[39]

2) OECD는 1996년경부터 '재정(財政) 위원회'(Committee on Fiscal Affairs)에서 국제적 전자상거래 관련 세금 문제에 관하여 논의를 시작하였는데, 1998년 캐나다 오타와 회의에서 전자상거래에 관한 과세의 기본원칙을 정한 보고서를 채택하였다. 위 보고서에서는 원칙적으로 소비가 이루어진 국가에 부가가치세 과세의 관할권이 있다는 '소비지 과세 원칙'(destination principle)의 천명 아래 조세중립성·효율성·명확성 등 원칙을 발표하였다.[40] 이후 2001년 '소비세 가이드라인'과 2003년 '소비세 가이드라인' 등을 거쳐 2014년 '국제적 부가가치세 가이드라인'을[41] 발표하였고, 이후 2017년 '국제적 부가가치세 가이드라인'으로[42] 업데이트하였다. 이러한 'OECD 가이드라인'은 자체 연구 성과와 여러 논의 등을 정리한 것으로 법적 강제력은 없으나 각국의 정책 수립과 입법 조치 등에 참고가 되고 있다.

유럽연합(EU)은 종래 역내 거래에 대해서는 각국의 국내 거래에서처럼, 공급하는 사업자에 대해 부가가치세 납세의무를 부여하는 '생산지 과세 원칙'(origin

---

이루어졌다고 한다. 김석오, 위의 글, 375~377면 등.

38) 김동석, "전자상거래와 과세", 『경영법률』 제12집, 한국경영법률학회, 2001, 95~96면 등.

39) 김동석, 위의 글, 97면 등 참조.

40) 상세한 내용은 이미정, 『국제적 디지털 거래의 부가가치세 과세에 대한 연구』, 서울시립대학교 세무전문대학원 박사학위논문 (2015), 24~27면 등.

41) OECD, International VAT/GST Guidelines (2014). 그 주요 내용은 이미정, 위의 글, 30－39면 등.

42) OECD, International VAT/GST Guidelines (2017).

principle)에 의하되 회원국들 사이의 세수 분배는 소비지 과세 원칙에 부합하게 최종 소비 지출에 따르고, 역외 거래에 대해서는 앞서 본 바와 같이 소비지 과세 원칙에 따라 규율하고 있었다.[43] 디지털 경제 시대 도래와 함께 2006년 전면 개정('개편 부가가치세 지침')을 비롯한 여러 차례 개정과 업데이트를 통해 관련 규범을 정비하였는데, 현재 유럽연합은 사업자에 대한 용역 공급의 경우 소비지 과세 원칙에 따라 이를 공급받는 사업자의 소재지를 용역의 공급 장소로 보고 있고, 소비자에 대한 용역의 공급은, 일반적인 용역 거래는 생산지 과세 원칙에 따르지만 디지털 용역 공급 거래의 경우에는 소비지 과세 원칙을 따르고 있다. EU의 부가가치세법의 기본 원칙은 형평성·조세중립성·단순성·유연성 및 비례성으로 설명된다.[44]

위와 같은 부가가치세 관련 OECD 가이드라인이나 EU 지침의 입장은 기본적으로 국제적인 용역 거래를 두 가지 범주, 즉 기업이 최종 소비자가 아닌 다른 기업에게 디지털 상품 등을 공급하는 이른바 'B2B 거래'(business-to-business supplies)와 기업이 최종 소비자에게 이를 공급하는 이른바 'B2C 거래'(business-to-consumer supplies)를 구분하는 것에서 시작한다. 종국적인 세(稅) 부담을 지는 소비자에 대한 공급 거래와 그러한 종국 단계 이전까지의 부가가치세 연결 고리를 이어가는 단계별 공급 거래는 부가가치세 과세의 목적과 취지가 다르기에 과세 방식을 구분하여 설정할 필요가 있다는 것이다.[45]

3) 사업자 간 B2B 거래의 경우에는 비거주자로부터 용역을 공급받는 사업자에게 소비지국에 부가가치세 납부 의무를 지운다. 사업용 용역의 국제적 공급의 경우에, 공급을 받는 자가 소재한 국가가 소비지의 '대체적 표지'(proxy)로서 공급 장소가 되고 과세권을 가진다고 본다.[46] 사업자가 다른 나라로부터 용역이나

---

43) 1977년 개정 부가가치세 준칙(Sixth Council Directive 77/388/EEC of 17 may 1977 on the harmonization of the laws of the Member States relating to turnover taxes - Common system of value added tax: uniform basis of assessment). 이를 비롯한 EU 법령 자료는 EUR-Lex에서 공식 웹사이트를 통해 제공한다(http://eur-lex.europa.eu). EU의 2차적 법원인 "directive"에 대해 '준칙', "implementing regulation"에 대해 '시행명령'이라는 번역은, 엘레오노르 크리스토페르손 & 페르닐라 렌달, 앞의 책, 25면 등의 예에 따랐다. 참고로 이 책의 제11장에서는 '지침'이라는 번역이 쓰였음에 유의할 것.

44) Giorgio Beretta, *op. cit.*, 60~71면 등.

45) OECD, International VAT/GST Guidelines (2017), para 3.5 등.

46) OECD, International VAT/GST Guidelines (2017), paras 3.9 및 3.10 등. 뒤 (3)의 5)에서 보는 바와 같이 우리나라 세법에서는 일정한 전자적 용역의 국제 거래에 한하여 공급받는 자의 사업장 소재지 등을 공급장소로 본다고 규정하는 점과 다른 점이다.

무체재산을 구입하는 때에는 자신의 사업 운용에 사용하기 위한 것이기 때문이다. 국내 내지 역내 거래에서는 용역의 공급자에게 거래징수를 통한 납세의무를 지우는 것과 대비되어, 공급을 받는 자가 소비지국에 세금을 직접 납부하는 '대리납부'(reverse charge) 방식이 된다. 비거주자인 공급자보다 국내에 사업장 등록이 되어 있는 상대방이 현실적으로 납세의무를 수월하게 감당할 수 있고, '부가가치세 연결고리'를 이어가는 국가별 부가가치세 제도와 전체적으로 조화된다. 매입세액 공제를 전액 받을 수 있는 과세사업자에 대해서는 이러한 대리납부 의무를 면제할 수 있다.[47] 공급을 받는 사업자가 여러 국가에 '사업장'(establishment)을 두고 있는 경우에는 해당 용역 등을 사용하는 사업장이 위치한 국가에 과세권이 있다.[48]

반면 사업자와 소비자 사이의 B2C 거래에 대해서는 비거주자인 사업자로 하여금 일정한 범주의 용역 거래 관련하여 소비지국에 사업장이 없더라도 간이한 전자적 방식으로 '간편 사업자등록'을 하고 국내 거래처럼 소비자로부터 부가가치세를 거래징수하여 소비지국에 납부하도록 하는 간편 사업자등록 제도를 제안한다.[49] 디지털 거래의 특성상 용역의 '이행 장소'(place of performance)는 대부분의 경우 더 이상 실제 소비지에 대한 '대체적 표지'로서 기능하기 어렵고, '소비자의 통상적 거주지'(usual residence of the customer)가 실제 소비지에 가깝다고 본다.[50] 개별 소비자들에게 대리납부 의무를 지우는 것은 물리적 국경 통과가 없는 디지털 거래에서 현실성이 없고,[51] 전 세계에 걸쳐 대규모로 디지털 사업을 영위하는 다국적 기업이라면 물리적 사업장이 없더라도 각국에 간편 사업자등록을 하여 부가가치세를 납부하도록 하는 것이 현실적으로 가능하고 효율적이다.[52] 이를 통해 최종 소비 단계에서 소비지국에 세금이 납부되는 부가가치세

---

47) OECD, International VAT/GST Guidelines (2017), para 3.129.

48) 용역이나 무체재산을 사용하는 사업장이 어디인지 판단하는 기준은 해당 용역이 즉시 사용되는 것인지 여부 등 그 성격에 따라 달라진다. OECD, International VAT/GST Guidelines (2017), para 3.25 등.

49) EU에서는 1997년경부터 B2C 전자상거래에 대해 역외 공급자가 세금을 징수하여 소비지국에 자진 납부하도록 하는 '역외 공급자 납세 제도'(Non-Resident Registration) 도입을 시도하였는데, 이에 대해 미국 등의 반발이 있었고 납세 절차를 간소화하게 되었다. 김석오, 위의 글, 382~383면 등.

50) OECD, International VAT/GST Guidelines (2017), paras 3.112 및 3.113 등.

51) OECD, International VAT/GST Guidelines (2017), para 3.130.

52) OECD, International VAT/GST Guidelines (2017), para 3.131.

의 목적이 달성된다. 간편 사업자등록 제도를 어느 종류의 용역에 대해서까지 적용할 것인지 그 범주는 조세행정적 부담 등을 고려하여 각국이 결정할 정책적 문제로 보인다.[53] EU는 간편 사업자등록 제도의 일종인 '간이 등록 제도'(Mini One Stop Shop, MOSS)를[54] 운영하였는데, 최근 이를 확대하여 2021년부터 '원스톱 등록 제도'(One Stop Shop, OSS)로 변경하여 비거주자가 거주자에게 공급하는 모든 B2C 용역 거래에 소비지 과세 원칙을 적용하도록 하였다.[55]

'플랫폼'을 통한 전자적 거래의 경우에는 일정 요건 하에 플랫폼 사업자에게 간편사업자 등록 의무를 부여한다. 국제적 전자상거래의 대부분은 소수의 대규모 디지털 플랫폼을 통해 이루어지는데,[56] 막대한 양의 데이터를 보유·수집할 수 있는 능력을 갖춘 플랫폼 사업자로 하여금 부가가치세를 판매가격에 포함하여 구매자로부터 징수하고 이를 과세관청에 직접 납부하도록 하는 제도(Full VAT/GST Liability Regime, FLR, 디지털 플랫폼의 부가가치세 '완전 책임' 제도[57])를 운용한다면, 다수의 소규모 판매자들이 개별적으로 소비지국에 간편 사업자 등록을 하도록 하는 경우와 비교하여 조세행정 및 납세자의 '절차 준수 비용'이 절감되고, 투명하고 효율적으로 부가가치세 과세가 이루어질 수 있다.[58] 어떠한 경우에 디지털 플랫폼에게 부가가치세 납세 의무를 지울 것인지는 각국의 입법정책 사항에 속한다.

2015년 1월 1일부터 시행된 개정 EU '집행 명령'은 온라인 포털을 통해 전자적 용역이 공급되는 경우 일정한 조건이 충족되면 그 포털 등의 운영자가 해당 용역을 공급한 것으로 추정하고 있는데,[59] 온라인 플랫폼이 '대금을 청구하

53) 한병기, "비거주자가 거주자에게 제공하는 원거리 용역에 대한 부가가치세 과세 연구 ― 소비지국과세원칙의 이상과 용역의 공급장소라는 대체적 표지의 관계를 중심으로", 『조세학술논집』 제40집 제1호, 2024, 166면 등.

54) '간이등록제도'라는 번역은 김신언, 위의 글, 164면의 예를 따랐다.

55) Hui Ling McCarthy QC·Sarah Black, "Internet Transactions, Telecommunications", EU Value Added Tax Law, Edward Elgar Publishing (2020), paras 21.167.

56) 3개의 주요 디지털 플랫폼이 전 세계 전자상거래 거래의 55%를 차지한다고 한다. Cross－Border E－Commerce Shopper Survey 2021, International Post Corporation.

57) 디지털 플랫폼이 가능하게 한 온라인 판매에 대한 부가가치세를 신고·징수 및 납부하는 '책임을 온전하고도 유일하게 지도록'(fully and solely liable) 하는 제도를 뜻한다고 설명한다. OECD, The Role of Digital Platforms in the Collection of VAT/GST on Online Sales (2019), 21면.

58) OECD, The Role of Digital Platforms in the Collection of VAT/GST on Online Sales (2019), 22면.

59) EU 부가가치세 집행명령(Council Implementing Regulation No. 282/2011) 제9a조 제1항은

고 용역 공급의 일반 조건을 정할 수 있는 권한'을 가진 경우에는 위 추정이 번복될 수 없고 EU 부가가치세 준칙 규정에[60] 따라 플랫폼이 용역의 공급자로 간주된다고 본 최근 유럽연합 사법재판소(CJEU)[61] 판례가 있다.[62] 나아가 최근 유럽연합은 플랫폼 기업에 대한 부가가치세 규율 강화 등을 내용으로 하는 '디지털 시대 부가가치세 패키지'(the VAT in the Digital Age package) 제안을 채택하고 중장기 계획 아래 관련 개선 절차를 진행 중이다.[63] 이에 의하면 여객 운송 서비스나 단기 숙박 서비스의 공급을 중개하는 플랫폼 기업은 그러한 용역의 실제 공급자들이 비사업자이거나 면세점 이하의 소규모여서 부가가치세 납세의무가 없는 경우라면 해당 용역의 공급에 대하여 부가가치세를 거래징수하여 납부할 의무를 부담하게 되고, 또한 '마켓 플레이스'를 통한 상품 판매에 대해서 모든 유럽연합 내의 B2B, B2C 거래에 대해 공급자 간주 규정이 적용된다.[64]

4) 한편 비거주자 기업이 소비지국 내에 물리적인 사업 장소인 '부가가치세 고정사업장'(fixed establishment, FE)을 둔 것으로 인정되는 경우에는 공급자인 비거주자 기업은 위 사업장에서 이루어지는 용역 거래에 대하여 소비지국 법에 따라 정식의 사업자등록을 하고 거래징수를 통해 부가가치세를 납부할 의무가 있

"EU 부가가치세 준칙(VAT Directive 2006/112/EC) 제28조 적용에 있어서, 전자적으로 공급되는 용역이 전기통신망, 인터페이스 또는 애플리케이션 마켓플레이스와 같은 포털을 통하여 공급되는 경우에는, 그러한 공급에 관여한 사업자는 자신의 이름으로 해당 용역의 공급자를 위하여 행위한 것으로 추정"하고 "위 포털 운영자가 고객에 대한 대금 청구와 용역의 제공을 허가하거나 용역 공급의 일반 조건을 설정한 경우에는 해당 용역의 공급자로 다른 자를 명시하는 것을 불허"하도록 규정하고 있다.

60) EU 부가가치세 준칙(VAT Directive 2006/112/EC) 제28조에서는
"납세의무자가 자신의 이름으로 다른 사람을 위하여 용역의 공급에 관여한 경우 그는 해당 용역을 스스로 공급받고 이를 공급한 것으로 간주한다." (Where a taxable person acting in his own name but on behalf of another person takes part in a supply of services, he shall be deemed to have received and supplied those services himself.)
고 정하고 있다. 아래 3)의 2)에서 보는 우리나라 부가가치세법 제53조 위탁매매인등의 용역 공급자 간주 규정과 유사하다.

61) '유럽재판소' 또는 '유럽사법재판소' 등으로도 번역 되는데, 이 글에서는 박진완, "유럽연합법원과 유럽인권법원과의 관계", 『법학논고』 제64집, 경북대학교 법학연구원, 2019, 1면 등의 예에 따라 '유럽연합법원'이라고 하고, 판례번호를 인용할 때에는 'CJEU' 뒤에 사건번호를 쓴다.

62) CJEU C-695/20 *Fenix*, 2023. 2. 28. 선고 판결. "OnlyFans"라는 온라인 플랫폼 회사에 관한 사건이다. 이하 언급된 CJEU 판결들에 대해서는 뒤의 Ⅲ.에서 필요한 범위에서 다시 살펴본다.

63) 유럽의회 재(再) 심의 등을 거쳐 2025. 3. 11. 채택되었고, 개정 준칙(Directive 2025/516), 명령(Regulation 2025/517), 집행명령(Implementing regulation 2025/518)에 따른 새로운 제도들이 2027. 1.부터 2035. 1.까지 순차적으로 시행된다.

64) 유럽연합 집행위원회(European Commission), Proposal for a Council Directive amending Directive 2006/112/EC as regards VAT rules for the digital age (2022. 12. 8.) 등 참조.

다. 위 고정사업장과 관련 없이 용역 공급이 이루어진 경우에는 고정사업장이 없는 경우와 마찬가지로 공급받는 자가 대리납부 의무를 진다. 즉 국내에 고정사업장(FE)이 있고 이를 통해 용역을 공급하는 경우에는 통상의 국내 거주자인 사업자들과 마찬가지로 자신이 국내에서 공급하는 용역에 대하여 부가가치세를 거래징수하여 납부할 의무가 있는 것이고, 대리납부나 간편 사업자등록 규정이 적용되지 않는다. 또한 국내의 사업자가 비거주자의 국내 고정사업장(FE)에 용역을 공급한 경우에는 용역의 공급장소가 국내이므로 국내사업자로서는 비거주자의 고정사업장(FE)으로부터 부가가치세를 거래징수하여 납부할 의무가 있다.

유럽연합의 경우 부가가치세 고정사업장(FE) 개념은 1977년 제6차 부가가치세 준칙에서[65] 처음 도입되었는데,[66] 용역의 공급 장소에 관한 규정에서 사용되는 개념이다. 입법취지를 명확히 알 수 있는 자료는 부족하나, 소비지 과세 원칙에 따라 '실제 사용지'(country of use)가 위치한 국가에서 부가가치세 과세가 이루어지도록 공급 장소를 정하려는 목적과 함께 기업의 거주지국이 어디인지 차이에 무관하게, 동일한 경제적 거래에 대해 부가가치세 과세가 동일하게 이루어지도록 조세중립성을 보장하려는 목적이 아울러 있었다고 이해되고 있다.[67] 기업의 설립지만을 사업장으로 볼 경우 국내 거래와 비교하여 조세중립성이 무너지거나 적정한 조세 주권 확보가 어려울 수 있다는 것이다.[68]

EU 부가가치세 준칙 제44조의 내용은

> "원칙적으로 용역의 공급의 경우 공급받는 자의 사업장 소재지를 용역의 공급장소로 보지만, 공급받는 자가 설립지 외의 다른 곳에 고정사업장(FE)을 두고 있고 그곳에 용역이 공급된 경우에는 고정사업장 소재지를 용역의 공급장소로 본다."

는 것으로서,[69] 이러한 규정만으로는 부가가치세 고정사업장(FE)의 개념이나 성

---

65) Council Directive 77/388/EEC of 17 May 1977 on the harmonization of the laws of the Member States relating to turnover taxes - Common system of value added tax: uniform basis of assessment.

66) M.L. Schippers·J.M.B. Boender, "VAT and Fixed Establishments: Mysteries Solved?", Intertax, Vol. 43 (2015), p. 709.

67) M.L. Schippers·J.M.B. Boender, *op. cit.*, pp. 709~710.

68) 이호섭, 앞의 글, 80~81면 등.

69) 2008년 개정되어 2010. 1. 1.부터 시행된 EU 부가가치세 준칙(VAT Directive 2006/112/EC) 제44조. The place of supply of services to a taxable person acting as such shall be the

립요건이 명확하지 않다. 실무상 고정사업장(FE) 인정 여부는 중요한 쟁점이 되는데,[70] 그 개념 내지 구체적인 요건은 결국 CJEU의 판례를 통하여 정리되었다.[71] 이러한 과정을 거쳐 소득세제의 법령이나 조세조약에서 사용되는 '고정사업장'(permanent establishment, PE)과는 구별되는 부가가치세법상의 별도 개념으로 확립되었다.[72]

유럽연합 사법재판소(CJEU)는 대표적으로 버크홀츠(Berkholz) 사건과[73] ARO 리스(Lease) 사건에서,[74] 부가가치세 고정사업장(FE)은 용역의 공급에 필요한 인적·물적 자원을 갖추어야 한다고 판시한 바 있고, DFDS 판결에서는[75] 모회사에 의해 완전히 지배되는 독립된 법인도 고정사업장(FE)으로 볼 수 있다고 판단된 바 있는데, 이는 모두 개정 전 규정상 '공급하는 자'의 측면에서 고정사업장 유무가 쟁점이 된 사건들이다.[76] 개정 EU 부가가치세 준칙 제44조 관련하여 2011년 EU 집행명령 규정이[77] 마련된 이후 사례인 웰모리(Welmory) 사건에서

---

place where that person has established his business. However, if those services are provided to a fixed establishment of the taxable person located in a place other than the place where he has established his business, the place of supply of those services shall be the place where that fixed establishment is located. (이하 생략)

70) 한편 "부가가치세 과세권의 존재 여부는 고정사업장과 무관하고, 고정사업장 여부는 부가가치세를 걷는 방법을 결정하는 기능을 할 따름이"라고 설명되기도 한다(윤지현, 앞의 글, 109면 등). 그런데 뒤의 Ⅲ.1.에서 자세히 보는 바와 같이, 부가가치세 고정사업장이 인정되면 비거주자 또는 외국법인은 고정사업 소재지 국가에 사업자등록을 하고 이를 통해 이루어지는 거래에 대해 다른 국내 사업자들과 마찬가지로 부가가치세를 신고·납부할 의무를 지며, 이를 해태(懈怠)할 경우 가산세 등 부담을 지게 된다. 반대로 국외 사업자가 국내 사업자로부터 용역을 공급받는 경우에도 국내에 고정사업장이 존재하고 이와 관련하여 공급이 이루어진 경우에는 공급장소가 국내이므로 부가가치세가 면제되지 않고 통상의 거래징수를 통해 국내에 납부되게 된다. 또한 대리납부 제도는 적용범위가 제한적이고, 간편사업자등록 제도의 운용 범위도 입법례에 따라 차이가 있어 예컨대 현행 우리나라 부가가치세법처럼 B2C 거래에 한정되기도 한다. 따라서 고정사업장 유무에 따른 과세 방법의 차이는 실무상 상당한 의미가 있고 일정한 경우에는 국내 과세권 인정과도 관련이 있다.

71) Ben Terra, "Internet and the Concept of 'Fixed Establishment' of the Recipient of a Supply of Services: Case C−605/12 *Welmory*", Value Added Tax & the Digital Economy, Wolters Kluwer, 2016, p. 107.

72) 이에 대하여 소개한 국내 문헌으로는, 이호섭, 앞의 글, 19면; 김혜진·박준형, "디지털 용역거래에 있어 법인세법상 고정사업장(PE)과 부가가치세법상 국내사업장(FE)의 개념구분 및 구체적인 인정요건에 대한 고찰 ― 최근 프랑스 국사원의 Value Click 판결을 중심으로", 『조세학술논집』 제38집 제3호, 2022, 149면 등.

73) CJEU C−168/84, *Berkholz*, 1985. 7. 4. 선고 판결.

74) CJEU C−190/95, *ARO Lease*, 1997. 7. 17. 선고 판결.

75) CJEU C−260/95, *DFDS*, 1997. 2. 20. 선고 판결.

76) Ben Terra, *op. cit.*, pp. 109~110.

77) EU 부가가치세 집행명령(Council Implementing Regulation No. 282/2011) 제11조는 제1항에

는[78] '공급받는 자'의 측면에서 고정사업장(FE)의 인정 여부가 쟁점이 되었는데, '고정사업장은 충분한 정도의 영구성이 있고 인적 및 물적 자원 측면에서 스스로의 필요를 위해 용역을 공급받고 사용할 수 있는 적절한 구조를 갖춘 사업장'이라는 EU 집행명령 규정이 정한 기준은 기존 판례 법리와 부합하는 것임을 밝히면서, 반드시 근로자를 직접 고용하거나 본인 소유의 설비를 사용할 것을 요구하는 것은 아니며 자회사의 인적·물적 자원을 자신의 사업 목적을 위해 사용하는 경우도 포함한다는 전제에서 위 기준에 따라 구체적인 판단이 이루어져야 한다고 판시하였다.[79] 최근 우리나라 기업의 폴란드 자회사를 폴란드 내의 부가가치세 고정사업장(FE)으로 보아 폴란드의 기업이 제공한 용역이 위 고정사업장(FE)에 공급된 것으로 볼 수 있는지가 문제된 사건에서는 그 경제적·상업적 실질에 비추어 고정사업장의 존재가 인정되지 않았고, 한국에서 용역을 공급받은 것으로 보아 영세율이 적용되어야 한다고 판단된 사례가 있다.[80] 계열사 관계에 있는 벨기에 기업이 스위스 기업에 임가공(賃加工) 계약에 기한 용역을 공급하면서 약정에 따라 추가적인 용역을 함께 수행한 사안에서도 고정사업장(FE)의 존재가 인정되지 않았다.[81]

최근 프랑스 행정대법원(Conseil d'Etat)은 '밸류클릭'(ValueClick) 사건에서,[82] '용역을 공급하는 자' 측면에서 비거주자의 프랑스 내 FE의 존재를 인정한 판결을 선고하였다.[83] 온라인 광고 서비스 등을 영위하는 미국 회사가 아일랜드에 설립한 자회사인 '밸류클릭 아일랜드'가 프랑스에 다시 자회사인 '밸류클릭 프랑스'를 설립하였고, '밸류클릭 프랑스'는 '밸류클릭 아일랜드'를 위해 마케팅 보조, 고객 관리, 행정보조 업무 등을 수행하고 그에 대한 대가를 받았다. 데이터센터

서는 EU 부가가치세 준칙 제44조의 적용상 '공급받는 자'와 관련하여, '충분한 정도의 영구성이 있고, 인적 및 물적 자원(human and technical resources) 측면에서 스스로의 필요를 위해 그 공급된 용역을 받고(receive) 사용(use)할 수 있는 적절한 구조를 갖춘 사업장'을 FE로 인정한다고 규정하고 있고, 제2항에서는 EU 부가가치세 준칙 제45조, 제58조, 제192a조 등의 적용상 '공급하는 자'와 관련하여, '충분한 정도의 영구성이 있고, 인적 및 물적 자원 측면에서 그 공급하는 용역을 제공(provide)할 수 있는 적절한 구조를 갖춘 사업장'을 FE로 인정한다고 규정하고 있다.

78) CJEU C-605/12 *Welmory*, 2014. 10. 14. 선고 판결.
79) Ben Terra, *op. cit.*, pp. 111, 114.
80) CJEU C-547/18, *Dong Yang Electronics*, 2020. 5. 7. 선고 판결.
81) CJEU C-232/22, *Cabot Plastics Belgium*, 2023. 6. 29. 선고 판결.
82) 프랑스 행정대법원 N.420174, *ValueClick*, 2020. 12. 11. 선고 판결.
83) 위 판결 사안의 개요, 소송 경과 및 최종 판결 내용에 대한 소개로는, 김혜진·박준형, 앞의 글, 143~148면.

등 물적 시설은 프랑스에 소재하지 않으나 프랑스에 '밸류클릭 프랑스' 직원들을 통해 온라인 광고 서비스를 자율적으로 수행하는 데 필요한 인적 자원과 기술적 자원을 보유하고 있다는 이유로 부가가치세 고정사업장(FE)의 존재를 인정하였다.[84] 모회사에 의해 완전히 지배되는 자회사의 직원을 모회사의 사업을 위해 사용하는 경우에 대해 FE의 존재를 인정했다는 점에서 CJEU의 DFDS 사건과 유사하다. '구글 아일랜드' 사건에서는 프랑스 내 FE 성립이 인정되지 않았던 것과[85] 대비되었다.

(3) 국제적 용역거래 관련 부가가치세법 개정 경과 등

위와 같은 경제환경의 변화와 OECD 논의 및 EU를 비롯한 외국 입법례 등에 영향을 받아 우리나라에서도 전자상거래 관련 부가가치세 제도 개선을 위한 논의가 이루어져 아래에서 보는 바와 같이 몇 차례에 걸쳐 법률 개정이 되었다.

1) 대리납부 제도

앞서 본 바와 같이 부가가치세법은 최초 제정(1976. 12. 22. 법률 제2934호로 제정, 1977. 7. 1. 시행) 당시부터 비거주자 또는 외국법인으로부터 용역 등을 공급받는 경우 그 공급을 받는 자에 대해 부가가치세 납부의무를 정한 대리납부에 관한 규정을 두고 있었다(위 구(舊) 법 제34조 제1항). 국내사업장이 있는 비거주자 또는 외국법인의 경우에는 그 국내사업장과 관련 없이 용역 등을 제공하는 경우에 한하여 대리납부 규정이 적용된다.[86] 과세사업자나 소비자의 경우에는 대리납부 의무가 없다. 30년 이상 이러한 기본적인 틀을 그대로 유지하였는데, 예컨대 면세사업자인 국내 신용카드 회사들이[87] 미국의 마스터카드 사(社) 등 해외

84) 한편 밸류클릭 아일랜드 명의로 프랑스 내에서 체결되는 B2B 온라인 광고 서비스 계약 관련하여 밸류클릭 프랑스의 직원들이 계약 체결의 과정에 실질적으로 관여하여 계약의 세부 사항을 정하고 밸류클릭 아일랜드는 그렇게 만들어진 계약서에 자동적으로 서명만 하였다는 사실 인정을 바탕으로 법인세법상 종속대리인 PE의 존재도 인정하였다. 이는 1심인 파리행정법원 판결에서 물리적 고정사업장을 인정한 것과 구별되는데, 프랑스 행정대법원 판결에서는 물리적 고정사업장 인정 여부에 대하여 따로 판단하지 않았다. 김혜진·박준형, 앞의 글, 146면.

85) 파리 행정항소법원 판결(2019. 4. 25. 선고)에 대하여 과세당국이 프랑스 행정대법원에 상고하였다가, '공익상 합의'가 이루어져 구글 아일랜드가 프랑스에 약 5억 유로의 세금과 약 5억 유로의 벌금을 납부하고 상고를 취하하였다고 한다. 김혜진·박준형, 앞의 글, 142면.

86) 국내사업장과 관련하여 용역 등을 제공하는 경우에는 사업자등록을 하고 부가가치세법의 일반 규정에 따라 재화와 용역의 공급에 대하여 부가가치세 신고·납부 의무를 진다.

87) 여신전문금융업법에 따른 여신전문금융업을 영위하는 면세사업자에 해당한다(부가가치세법 시행령 제40조 제1항 제9호).

신용카드 회사와 '회원 자격 협약' 및 '라이선스 계약'을 체결하고 그에 따라 지급한 '분담금'(상표권 사용 대가 및 포괄적 역무 제공의 대가)은 외국법인으로부터 공급받은 용역에 대한 대가이므로 위 규정에 따른 대리납부가 적용된다.[88]

2011년 12월 31일 법률 제11129호 개정으로 대리납부 대상 거래에 '무체물인 재화의 수입'이 추가되었는데, 법제처가 밝힌 개정 이유에 따르면 '국외사업자와 거래가 증가됨에 따라 부가가치세 대리납부자로 비거주자 또는 외국법인으로부터 용역을 공급받는 자뿐만 아니라 무체물을 공급받는 자 등을 포함'한 것이다. 부가가치세법상 '권리'는 재화로 분류되는데,[89] 국제 물품 매매 등 물품의 수입과 달리 물리적인 국경의 통과 없이 국제거래가 이루어지는 특허권, 저작권 등 권리의 사용 관련 거래에 대하여는 재화의 수입에 관한 부가가치세법 규정을[90] 적용할 수 없다. 위 2011년 법 개정으로 이러한 무형의 재화 수입 거래에 대해 부가가치세 과세방법이 마련되었다.[91] 디지털경제의 성장에 따라 대외무역법 등에서는 2001년도부터 전자적 형태의 무체물 거래도 수입·수출의 대상에 포함시켰으나 부가가치세법상 규율은 이때 이루어진 것인데, 과세사업자에 대한 공급은 대리납부 대상에서 제외하는 기본 틀은 그대로 유지되었다.

2013년 6월 7일 법률 제11873호 전부 개정으로 대리납부 조문의 위치가 제52조로 이동하였고, '권리의 공급'으로 문구가 수정되면서 대리납부 대상이 되는

88) 다만 비씨카드 사(社)는 그 고유사업분 분담금 부분에 관하여, 국내 제휴 회원 은행들은 각 해당 대행사업분 분담금 부분에 관하여 부가가치세 대리납부 의무를 부담한다(대법원 2022. 7. 28. 선고 2019두33903 판결 및 그 원심인 서울고등법원 2019. 1. 15. 선고 2018누37481 판결, 제1심인 서울행정법원 2018. 1. 19. 선고 2014구합63107 판결). 한편 소득세(법인세) 측면에서 보면, 사용료소득에 해당하는 부분(상표권 사용의 대가, 발급사 분담금. 해외 신용카드사가 우리나라와 조세조약이 체결된 국가의 거주자인 경우 해당 조세조약이 적용됨)은 국내원천소득에 해당하여 법인세 원천징수가 이루어지고, 사업소득에 해당하는 부분(신용카드의 해외 사용이 가능하도록 제공되는 포괄적 역무의 대가, 발급사 일일분담금)은 국내 고정사업장이 없는 이상 법인세 납세의무가 없다. 한편 외국의 카드사로부터 제공된 위 용역은 이를 신용카드업의 본질적인 부분인 신용카드 이용과 관련된 대금의 결제 업무와 동일하거나 유사한 용역을 보기 어려우므로 부가가치세가 면제되는 금융 용역에 해당하지 않는다고 판단되었다.

89) 부가가치세법상 재화란 '가치가 있는 물건 및 권리'로 정의되고(부가가치세법 제2조 제1호), 여기서 권리는 '물건 외에 광업권, 특허권, 저작권 등 재산적 가치가 있는 모든 것'이다(부가가치세법 시행령 제2조 제2항).

90) 부가가치세법은 '물품을 국내에 반입하는 것'을 재화의 수입으로 정의하고(제13조), 관세법에 따른 수입신고가 수리된 때를 재화의 수입시기로 하며(제18조), 세관장이 부가가치세를 징수할 때 수입세금계산서를 발급한다(제35조).

91) 김신언, "디지털서비스 거래에서 국외사업자의 부가가치세 과세문제 ─ 부가가치세법 제53조의2를 중심으로 ─", 『세무와 회계연구』 제10권 제2호, 한국조세연구소, 2020, 150면 등.

거래가 '국내에서의 용역 공급'임을 명확히 하는 취지에서 '국내에서'라는 문구가 추가되었다.[92] 용역의 공급에 관한 이러한 대리납부 규정은 '용역을 공급받는 자는 국내에 소재하고, 공급하는 자는 국외에 소재하여 용역 공급의 현실적 수행은 국외에 있으나, 국내에서 해당 용역이 사용되는 것'을 기본으로 하는 규정이라는 설명이 있다.[93]

한편 부가가치세법은 사업자에 대해 사업장마다 사업자등록을 신청하도록 하고(부가가치세법 제8조 제1항) 사업장은 '사업을 하기 위하여 거래의 전부 또는 일부를 하는 고정된 장소'라고 정하면서(같은 법 제6조 제2항), 사업장의 범위에 관한 시행령 규정에서 사업자가 '비거주자인 경우에는 소득세법 제120조에 따른 장소'를, '외국법인의 경우에는 법인세법 제94조에 따른 장소'를 사업장으로 정하고 있다(같은 법 시행령 제8조 제6항).[94] 국내에 부가가치세법 제6조 제2항에 따른 사업장(실무에서는 편의상 '고정사업장'이라고 칭하고, 이 글에서는 계속하여 '고정사업장(FE)', 또는 '부가가치세 고정사업장'이라고 부르고 있는 것과 같다[95])이 있는 비거주자 또는 외국법인은 국내의 다른 사업자들과 마찬가지로 사업장과 관련하여 국내에서 이루어지는 용역 등의 공급 거래에 대해 부가가치세 신고·납부 의무가 있다. 이러한 소득세법 또는 법인세법상 고정사업장이 있는 비거주자 또는 외국법인으로부터 그 사업장과 관련되어 용역 등을 공급받는 경우에는 대리납부 대상이 아니다.[96]

은행이나 증권회사 등 금융기관은 면세사업사로서 그 특성상 채권 매매, 파생상품 컨설팅 등 복잡한 용역을 국외의 기관이나 업체에 맡기는 경우가 종종 있는데, 용역이 실제 수행되는 곳은 해외이지만 국내에서 사용·활용되고 있다는 이유로 대리납부 대상이라고 보아 부가가치세 과세처분이 이루어지도 한다.[97] 그러나 용역의 공급장소에 관한 규정에 아무런 변동이 없는 상황에서 위

---

92) 오윤, "부가가치세법상 대리납부의무의 '용역의 국내공급' 요건에 관한 연구", 『법률논집』 제39집 제3호, 한양대학교 법학연구소, 2022, 38~39면.

93) 오윤, 위의 글, 56면.

94) 이와 같은 내용은 1977. 6. 29. 대통령령 제8607호 개정(1977. 7. 1. 시행) 당시 시행령 제4조 제4항부터 규정되어 있던 것으로, 우리나라에 부가가치세 제도가 도입된 당시부터 동일하다.

95) 소득세제(소득세법, 법인세법, 조세조약)에서 사용되는 비거주자 또는 외국법인의 고정사업장은 '고정사업장(PE)' 또는 '소득세제 목적상 고정사업장'이라고 칭할 수 있겠다.

96) 부가가치세법 제52조 제1항 본문 및 각호에서는 적용대상을 '국내사업장이 없는 비거주자 또는 외국법인으로부터 용역등을 공급받는 경우', '비거주자 또는 외국법인으로부터 그 국내사업장과 관련없이 용역등을 공급받는 경우'로 한정하고 있다. 이는 1999. 12. 28. 법률 제6049호 개정 당시부터 동일한 내용으로 규정되어 있었다.

97) 과세실무는 예컨대, 국내사업장이 없는 외국법인으로부터 해외 투자대상 업종 및 관련 기업에

'국내에서 공급'이라는 문언을 두고 '국내에서 사용'의 의미로 해석하기는 어렵고, '용역의 결과물이 국내에서 사용되었다'는 점만을 들어 용역의 특성이나 종류를 불문하고 일괄적으로 우리나라 부가가치세 과세대상이라고 단정하기는 어렵다고 생각된다.[98] 용역의 공급 장소에 관한 일반 규정인 부가가치세법 제20조와 관련하여 '용역의 중요하고도 본질적인 부분'이 어디에서 이루어졌는지를 기준으로 삼는 판례 법리가 확립되어 있고, 법률 개정이나 판례 변경이 없는 이상 해당 용역의 대부분이 국외에서 이루어졌다면 우리나라 부가가치세 과세권이 있다고 보기 어렵기 때문이다.[99]

2) 위탁매매인 등의 용역 공급 간주 제도

2011년 12월 31일 법률 제11129호 개정으로 국내에 고정사업장이 없는 비거주자 또는 외국법인이 국내 사업자등록 대상인 위탁매매인, 준(準) 위탁매매인 또는 대리인을 통해 용역 또는 무체물을 공급하는 경우에는 위 국내 위탁매매인 등의 공급으로 보아 부가가치세를 신고·납부하도록 하는 특례 규정이 신설되었다(부가가치세법 제34조의2 제1항).[100] 법제처가 밝힌 개정이유에 따르면, '국내 사업장이 없는 비거주자 또는 외국법인이 위탁매매인 등을 통해 용역 또는 무체물을 공급하는 경우에는 위탁매매인 등의 공급으로 보아 부가가치세를 신고납부할 수 있도록 한 것'이라고 한다. 공급자와 공급 장소에 대한 간주 규정을 통하여 부가가치세 과세권을 국내에 배분하는 취지로 보인다.[101] 용역을 공급받는 자가 과세사업 또는 면세사업을 영위하는 사업자인지 아니면 소비자인지 불문하므로, 위탁매매인등은 통상적인 국내에서의 거래와 마찬가지로 B2B 거래와 B2C 거래의 차이 없이 거래 상대방으로부터 부가가치세를 거래징수하여 과세관

대한 동향 분석 등의 자문 용역을 제공받고 이를 참고하여 투자 여부에 대한 최종 의사결정을 국내에서 하는 경우에는 대리납부 대상이라고 본다. 사전－2019－법령해석부가－0569, 2019. 10. 21.

98) 과세실무 입장과 마찬가지로 "국외에서 국내로 제공되는 모든 사업자의 용역은 역무가 제공되는 우리나라에서 과세권을 가진다"는 주장도 있으나(김신언, 앞의 글, 180면 등), '국내 공급' 여부는 부가가치세법 제20조 제1항 및 판례 법리에 따라 판단되어야 하므로, 용역을 공급받는 자가 국내사업자 등이라는 점만으로 언제나 '국내에서 공급'이라고 볼 수 없다는 점을 간과한 주장으로 보인다.

99) 채권거래의 구조 설계 등 컨설팅 용역의 제공과 관련하여 소비지를 공급장소로 보아야 한다는 과세관청의 주장을 배척하고 대리납부 대상이 아니라고 본 사례로, 서울고등법원 2021. 9. 1. 선고 2021누32271 판결. 위 판결은 대법원에서 심리불속행 상고기각으로 확정되었다.

100) 부칙<제11129호, 2011. 12. 31.> 제1조 단서에 따라 2012. 7. 1.부터 시행되었다.

101) 이준봉, "고정사업장과 부가가치세 납세의무", 『조세법연구』 제28권 제3호, 2022, 144면 등.

청에 이를 납부할 의무가 있다. 과세표준도 구매 수수료 등이 아니라 구매자로부터 수취하는 총(總) 금액이다. 국외 사업자로부터 무체물(無體物)을 공급받는 경우에는 재화의 공급 장소 관련 일반 규정이 적용되지 않고 '공급받는 자의 사업장 또는 주소지'를 해당 무체물이 공급되는 장소로 본다(같은 조 제2항).

'위탁매매인, 준위탁매매인 또는 대리인'의 의미는 부가가치세법에서 달리 정하는 바가 없으므로 상법, 민법 등 일반적인 법률 규정에 따라 해석된다. 상법은 위탁매매인을 '자기 명의로써 타인의 계산으로 물건 또는 유가증권의 매매를 영업으로 하는 자', 준위탁매매인을 '자기 명의로써 타인의 계산으로 매매 아닌 행위를 영업으로 하는 자'로 정의하고 있다(상법 제101조, 113조). 민법은 제3절에서 대리에 관하여 규율하고 있는데, 대리인이 그 권한 내에서 본인을 위한 것임을 표시한 의사표시는 직접 본인에게 대하여 효력이 생기는 것으로(민법 제114조), 대리인은 본인으로부터 자신의 이름과 계산으로 법률행위를 할 수 있는 권한을 위임받은 자이다.

회원들이 개발한 모바일 어플리케이션을 판매하는 '원스토어'(One Store)라는 앱스토어가 위 규정상의 위탁매매인 등에 해당하여 해외 개발자들이 판매한 앱 거래에 관하여 앱스토어 운영사업자인 국내기업이 부가가치세 납세의무가 있는지가 다투어진 사안에서, 앱스토어 운영사업자는 해외 개발자에 대하여 위탁매매인, 준위탁매매인, 대리인 중 어느 항목에도 해당하지 않는다고 보아 부가가치세 과세처분을 취소한 사례가 있다.[102] 과세관청은 위 조문상의 '대리인'이 상법 제87조의 대리상(代理商, '일정한 상인을 위하여 상업사용인이 아니면서 상시 그 영업부류에 속하는 거래의 대리 또는 중개를 영업으로 하는 자')을 포함한다는 취지로도 주장하였으나 배척되었고, 설령 대리상을 포함하는 개념으로 보더라도 앱스토어가 이에 해당한다고 보기 어렵다고 판단되었다.

이후 2013년 부가가치세법 전부 개정에 따라 조문의 위치가 제53조로 이동하고 대리납부 규정에서와 같이 권리의 공급을 포함하는 '용역등의 공급'으로 수정되었으며, 2016년 12월 20일 법률 제14387호 개정(2017. 1. 1. 시행)으로 위탁매매인, 준위탁매매인, 대리인 외에 '중개인'이 추가되었는데, '구매자로부터 거

102) 수원지방법원 2020. 1. 23. 선고 2018구합73455 판결('원스토어 사건', 2012년 제2기부터 2015년 제1기까지 부가가치세 합계 약 11억 원이 부과되었던 사안이다). 이에 대하여 과세관청이 불복하였으나 항소기각(수원고등법원 2020. 9. 2. 선고 2020누10919 판결), 심리불속행 상고기각(대법원 2021. 1. 28.자 2020두51204 판결)으로 위 판결이 확정되었다.

래대금을 수취하여 판매자에게 지급하는 경우'에 한정하여 적용되는 것으로 하였다.[103] 이에 따라 앞서 본 판례 사안과 같은 앱스토어 등 '오픈 마켓'을 운영하는 플랫폼 사업자는 해외 앱 개발자들의 위 오픈마켓을 통한 국내 앱 판매 관련해서 국내 공급자로 간주될 가능성이 높다고 보인다. 통상 오픈마켓을 이용하는 구매자들은 스마트폰 등을 통해 오픈마켓이 지정한 결제 대행업체를 통해 판매대금을 결제하고 해당 앱을 다운로드 받게 되며 오픈마켓은 판매대금에서 서비스 이용료 등을 공제한 나머지 대금을 판매자에게 정산 지급하는데, 이러한 방식의 오픈마켓 사업자는 위 법 개정으로 추가된 '중개인'에 해당할 것이다. 국내 오픈마켓 사업자가 해외 앱 개발자 등 국외 사업자의 국내에서의 용역 등 공급에 관해 세법상 공급자로 간주되어 부가가치세 납세의무를 지도록 입법적으로 정비가 이루어진 것으로 보인다. 부가가치세 신고에 있어 국내 앱 개발자들 부분과 해외 앱 개발자들 부분을 구분하여야 한다. 다만 '구매자로부터 거래대금을 수취하여 판매자에게 지급하는 경우'에 해당하지 않는 경우에는 본조(本條)가 적용되지 않는다. 이에 따라 오픈마켓 운영 방식의 차이 등 사실관계에 따라서는 달리 평가될 경우도 있을 수 있고, 결국 사실인정과, 법적 포섭 내지 평가의 문제가 될 것이다.

한편 전자적 용역을 공급하는 국외사업자에게 '전자 지급결제 대행 업무'(PG)를 하는 국내 사업자는 '부가가치세법 제53조 제1항에 따른 위탁매매인 등' 또는 '제53조의2 제2항에 따른 제3자'에 해당하지 않는다.[104] 단순한 지급결제 대행을 하여서는 위탁매매인·준위탁매매인·대리인·중개인에 해당하지 않음이 분명하기 때문이다.

3) 간편 사업자등록 제도

2014년 12월 23일 법률 제12851호 개정으로 국내에 고정사업장이 없는 비거주자 또는 외국법인이 국내에 전자적 용역을 공급하는 경우 국내에서 해당 용역이 공급되는 것으로 간주하는 규정과 함께, 국내에 대통령령으로 정하는 간편한 방법으로 사업자등록을 하고 부가가치세를 신고·납부하도록 하는 간편 사업자등록 제도를 도입하였다(부가가치세법 제53조의2). 이에 대하여 법제처는 '국내

---

103) 판매자와 구매자를 이어주는 중개 역할만을 하고 대금의 수취에는 관여하지 않는 경우에는 위 조항이 적용되지 않는다.

104) 서면－2020－법령해석부가－3264, 2020. 12. 30.

개발자와 해외 개발자 간 과세형평을 높이기 위하여 국내 소비자가 해외 오픈마켓 등에서 구매하는 게임·음성·동영상 파일 또는 소프트웨어 등 전자적 용역에 대하여 해외 오픈마켓 사업자가 간편하게 사업자 등록을 하여 부가가치세를 납부할 수 있도록 하는 제도를 신설'한 것이라고 개정이유를 밝혔다.

2015년 12월 15일 법률 제13556호 개정으로 소득세법이나 법인세법에 따라 사업자등록을 한 자의 과세사업 또는 면세사업에 대하여 공급을 하는 경우에는 대상에서 제외하여 위 규정은 B2C 거래에 적용됨을 명확히 하였다.[105] 그러므로 예컨대 국외 오픈마켓 사업자가 국내 앱 개발자와 국내 소비자 사이의 앱 거래를 전자적으로 중개하고 앱 개발자로부터 수수료를 받는 경우 제53조의2 제1항 제4호의 전자적 중개 용역에는 해당할 수 있겠으나, 그 국내 앱 개발자가 부가가치세법 제8조 등에 따라 국내에 사업자등록을 한 사업자인 경우에는 위 국외 오픈마켓 사업자는 간편 사업자등록 대상이 아니다.[106]

2020년 12월 22일 법률 제17653호로 아래 5)에서 보는 바와 같이 용역의 공급 장소에 관한 제20조 개정이 이루어지면서, 본조 제1항의 '국내 공급 간주' 규정은 삭제되었고, 이후 간편 사업자등록을 한 국외 사업자에 대한 세원(稅源) 관리 강화를 위한 2021년 12월 8일 법률 제18577호 개정으로 거래명세 보관·제출, 실제 공급가액보다 과다하게 기재한 부분에 대한 가산세 부과의 근거 등이 마련되었다(부가가치세법 제53조의2 제6 내지 10항).

본조의 적용 대상이 되는 전자적 용역은 '스마트폰이나 컴퓨터 등 전자적 방식으로 공급'되는 용역으로서 ① '게임·음성·동영상 파일 또는 소프트웨어 등 용역',[107] ② '광고를 게재하는 용역', ③ '클라우드 컴퓨팅 서비스',[108] ④ '재화

105) 이에 따라 과세사업자가 간편 사업자등록을 한 외국법인의 페이스북에 광고를 게재하고 광고료를 지급하면서 부가가치세를 포함한 금액을 결제하고 영수증을 받급받은 경우 관련 매입세액은 자신의 매출세액에서 공제하는 매입세액에 해당하지 않는다. 사전-2019-법령해석부가-0404, 2019. 8. 28.

106) 이때 전자적 중개 용역을 공급받은 자가 면세사업자라면 앞서 본 대리납부 규정의 적용이 검토될 수 있으나, 과세사업자라면 대리납부 대상도 아니다.

107) 이동통신 단말장치 또는 컴퓨터 등에 저장되어 구동(驅動)되거나, 저장되지 아니하고 실시간으로 사용할 수 있는 것으로서, 게임·음성·동영상 파일, 전자 문서 또는 소프트웨어와 같은 저작물 등으로서 광(光) 또는 전자적 방식으로 처리하여 부호·문자·음성·음향 및 영상 등의 형태로 제작 또는 가공된 것, 또는 이에 따른 전자적 용역을 개선시키는 것을 뜻한다(부가가치세법 시행령 제96조의2 제1항). 이로써 재화와 용역의 분류 기준 관련하여 논란이 많았던 소프트웨어('저장되어 구동'되면 재화, '저장되지 않고 실시간으로 사용'하면 용역)가 모두 전자적 용역의 과세방식으로 통일된 것이라는 설명으로, 김신언, 앞의 글, 162면 등.

108) '클라우드 컴퓨팅'이란 집적·공유된 정보통신 기기, 정보통신 설비, 소프트웨어 등 정보통신

또는 용역을 중개하는 용역'[109] 등인데, 상세히는 부가가치세법 시행령에서 정하고 있다.[110] 예컨대, 스마트폰 등에서 구현되도록 고안된 앱, 온라인 쌍방향 또는 멀티미디어 게임, 전자 도박 또는 내기 게임, 전자책이나 전자 잡지 등, 오디오 책, 노래, 라이브 스트리밍 연주, 영화, 디지털 엔터테인먼트 콘텐츠, 개인적 사용 목적으로 다운받는 컴퓨터 소프트웨어 등이다.

과세실무 사례를 보면, 국외사업자가 '줌'(Zoom) 미팅, '구글 클래스' 등의 온라인 시스템을 통해 국내 소비자에게 영어 교육 등을 제공하는 경우로서 해당 용역이 부가가치세법 제53조의2 제1항에 따른 전자적 용역에 해당하는 때에는 간편 사업자등록 대상이 된다.[111] 국내 사업장이 없는 외국법인으로서 국외 오픈마켓을 운영하는 사업자가 국내 엔지니어와 국내 소비자(비사업자) 사이의 거래를 중개하는 용역을 제공하고 국내 소비자로부터 중개 수수료를 지급받은 경우,[112] 국외 오픈마켓에서 국내 앱 개발자와 국내 소비자 사이의 앱 용역 거래를 중개하는 경우로서 국내 개발자가 부가가치세법상 사업자등록을 하지 않은 경우[113] 등에도 간편 사업자등록을 하여야 한다.

간편 사업자등록 제도는 ① 국외사업자가 고객에게 전자적 용역을 직접 제공

자원을 이용자의 요구나 수요 변화에 따라 정보통신망을 통하여 신축적으로 이용할 수 있도록 하는 정보처리 체계를 말하고, '클라우드 컴퓨팅 서비스'란 이러한 클라우드 컴퓨팅을 활용하여 상용(商用)으로 타인에게 정보통신 자원을 제공하는 서비스를 뜻한다(「클라우드컴퓨팅 발전 및 이용자 보호에 관한 법률」 제2조).

109) '국내에서 물품 또는 장소 등을 대여하거나 사용·소비할 수 있도록 중개하는 것', '국내에서 재화 또는 용역을 공급하거나 공급받을 수 있도록 중개하는 것'을 뜻하는데, 재화 또는 용역의 공급에 대한 대가에 중개 용역의 대가가 포함되어 부가가치세법 제3조에 따른 납세의무자가 부가가치세를 신고하고 납부하는 경우는 제외한다(부가가치세법 시행령 제96조의2 제2항). 과세사업자에게 전자적 중개 용역을 공급하는 경우에는 간편 사업자등록 제도를 적용하지 않는다는 취지이다.

110) 한편 부가가치세법 제53조의2 제1항 제5호 '그 밖에 제1호부터 제4호까지와 유사한 용역으로서 대통령령으로 정하는 용역' 부분에 관해서는 아직 시행령에서 정하고 있지 않다.

111) 사전-2023-법규부가-0367, 2023. 6. 22. 해당 용역이 부가가치세법 제53조의2 제1항에 따른 전자적 용역에 해당하는지 여부는 '사실 판단할 사항'이라고 한다. 참고로 외국법인이 국내 시험 응시자에게 인터넷을 통하여 시험 문제를 전송하여 외국어능력 시험을 치르게 하고 국외에서 해당 법인의 소속 직원이 채점하고 점수를 산정하여 시험 응시자에게 시험 성적을 제공하는 용역은 전자적 용역에 해당하지 않는다고 본다(기획재정부 부가가치세제과-374, 2017. 7. 25.).

112) 해당 중개 용역은 부가가치세법 시행령 제96조의2 제2항 제2호에 해당하여 국외 사업자는 부가가치세법 제53조의2에 따라 간편 사업자등록 후 부가가치세를 신고·납부하여야 한다. 서면-2020-법령해석부가-5015, 2020. 12. 29.

113) 기획재정부 부가가치세제과-450, 2019. 7. 1. 이 경우에는 국외 오픈마켓 사업자가 부가가치세법 제53조의2 제1항 제4호의 중개 용역을 국내에 제공하는 경우에 해당하여 제53조의2 제1항에 따른 간편 사업자등록으로 분류할 수 있다.

하는 경우(부가가치세법 제53조의2 제1항)와 ② 국외사업자가 국외 플랫폼 등 제3자를 통하여 전자적 용역을 제공하는 경우(같은 조 제2항)를 나누어 볼 수 있는데, 전자(前者)의 경우에는 앞서 본 전자적 용역의 범주에 해당하는지 여부만 판명되면 간편 사업자등록 대상이 된다. 시행령에서 적용 대상을 비교적 상세히 정하고 있고, 스마트폰 등을 통해 개별 소비자에게 게임 등 전자적 용역을 직접 제공하는 경우 등 위 조항의 적용 관련하여 국내에 소송 등 법적 분쟁은 아직 없는 것으로 보인다. 후자(後者)의 경우에 대해서는 목(目)을 바꾸어 추가적인 요건 등에 대하여 본다.

4) 플랫폼 사업자 등의 간편 사업자등록 제도

온라인 플랫폼 등을 통하여 이루어지는 국제적인 전자적 용역 거래에 관하여 일정한 경우 플랫폼 사업자 등 제3자를 공급자로 간주하여 국내의 소비자로부터 부가가치세를 거래징수하여 납부하도록 하는 것으로, 이 경우 해당 제3자는 간편 사업자등록 의무가 있다. '국외사업자가 국내에 공급하는 전자적 용역'에 관하여 적용되므로, 국내 사업자가 국내 소비자에게 공급하는 전자적 용역을 해외 오픈마켓 등에서 중개한 경우에는 적용되지 않고, 그에 대해서는 위 3)에서 본 전자적 중개 용역의 공급 관련 간편 사업자등록 제도가 일정한 경우(이를 비사업자에게 공급한 경우) 적용될 수 있을 뿐이다. 또한 위 2)에서 본 국내 사업자등록 대상이 되는 위탁매매인 등을 통한 용역의 공급에 해당하는 경우에는 부가가치세법 제53조 규정이 적용되고 본 조항은 적용되지 않는다. 한편 2021년 12월 8일 법률 제18577호 개정(2022. 1. 1. 시행)으로 본 조항은 앞서 본 3)과 마찬가지로 등록 사업자의 과세사업 또는 면세사업에 대하여 용역을 공급하는 B2B 거래에는 적용되지 않고 B2C 거래에 적용되는 것으로 명시되었다.

위 규정에 따라 부가가치세 납부의무가 있는 제3자는 ① 정보통신망 등을 이용하여 전자적 용역의 거래가 가능하도록 오픈마켓이나 그와 유사한 것을 운영하고 관련 서비스를 제공하는 자(부가가치세법 제53조의2 제2항 제1호), 또는 ② 전자적 용역의 거래에서 중개에 관한 행위 등을 하는 자로서 구매자로부터 거래대금을 수취하여 판매자에게 지급하는 자(같은 항 제2호), ③ 그 밖에 이와 유사하게 전자적 용역의 거래에 관여하는 자로서 대통령령으로 정하는 자(같은 항 제3호)이다.[114] 어떠한 경우에 위 규정에 따른 제3자로 간주되어 간편 사업자등록 및 부가가치세 납부 의무가 있는지는 개별 사건의 사실 인정 문제로 보인다.

오픈마켓을 운영하는 외국법인이 전자적 용역 거래가 아닌 일반 상품의 매매를 연결·성사시켜 주는 용역을 제공하고 그 대가를 국내 판매 회원들로부터 받는 경우에는 전자적 용역의 공급에 해당하지 않아 위 조항에 따른 부가가치세 납부 대상이 아니다.[115] 한편 국외사업자가 국외 앱스토어를 통해 국외 앱 개발자와 국내 사업자 사이의 앱 공급을 중개하는 경우 간편 사업자등록 대상이라는 질의회신 사례가 있는데,[116] 이는 위 2021년 12월 8일 법률 개정 전의 사안에 한정된다고 보인다.

5) 전자적 용역의 공급 장소에 관한 특별 규정

용역의 공급 장소에 관한 일반규정에 대한 예외로서, 2020년 12월 22일 법률 제17653호 개정(2021. 1. 1. 시행)으로 '정보통신망'을 통하여 공급하는 일정한 전자적 용역의 경우 그 용역을 '공급받는 자'의 사업장 소재지, 주소지 또는 거소지를 공급 장소로 보는 규정이 신설되었다(부가가치세법 제20조 제1항 제3호).[117] 법제처에서 밝힌 개정이유에서는 '전자적 용역의 공급 장소는 용역을 공급받는 자의 사업장 소재지, 주소지 또는 거소지임을 명확히 함'이라고 하였다. 전자적 용역의 경우에는 공급 장소에 관하여 소비지 과세원칙에 따른 대체적 표지(proxy)를 '공급받는 자의 소재지'에서 찾은 것으로 평가할 수 있다. 디지털 경제 시대의 도래와 함께 이루어진 앞서 본 여러 논의와 국제적 동향 등이 배경이 되어, 전자적 용역이 국제적으로 거래되는 경우에는 그 특성상 소비자가 소재하는 장소를 기준으로 공급 장소, 즉 부가가치세 과세권의 범위를 정하는 것이 타당하다는 견해에 따른 것으로 보인다.

조문의 체계와 문언에 의할 때, 신설된 제3호의 규정은 제1호의 일반 규정에 대한 특례 성격으로 보인다. 우리 대법원 판례가 용역의 공급 장소에 관하여 '용역의 중요하고도 본질적인 부분'이 이루어진 장소를 기준으로 삼는 법리를 확립하고 있음은 앞서 살펴본 바와 같은데,[118] 위 신설 규정으로 인해 일정한 전자

---

114) 다만 제3호 관련해서는 아직까지 시행령에서 정하고 있지 않다.

115) 사전-2015-법령해석부가-0256, 2015. 10. 5.

116) 서면-2020-법령해석부가-4374, 2021. 1. 18.

117) 부가가치세법 제20조(용역의 공급장소) ① 용역이 공급되는 장소는 다음 각 호의 어느 하나에 해당하는 곳으로 한다.
3. 제53조의2제1항에 따른 전자적 용역의 경우 용역을 공급받는 자의 사업장 소재지, 주소지 또는 거소지

118) Ⅱ.2.의 (1) 참조.

적 용역에 대해서는 제1호의 일반 규정의 적용에 따른 판단을 거칠 필요 없이 공급받는 자, 즉 소비자의 소재지가 용역의 공급 장소로 된다. 이러한 전자적 용역이 국내에 공급된 경우에는 우리나라에 부가가치세 과세권이 있음이 분명해졌다고 하겠다.

신설 규정의 취지와 관련하여 부가가치세법이 용역의 공급과 관련하여 일반적으로 소비지 과세 원칙을 채택하여 공급받는 자의 소재지를 공급 장소로 보기로 한 것이라고 주장하는 견해가 있을 수 있으나, 부가가치세법 제20조 제1항 제1호의 문언에 변동이 없는 이상 개정의 취지를 그와 같이 확대하여 해석하기는 어렵다.[119)]

적용 대상은 '제53조의2 제1항에 따른 전자적 용역'이다. 정보통신망을 통하여 '이동통신 단말 장치' 또는 컴퓨터 등으로 공급하는 용역으로서 게임·음성·동영상 파일 등, 앞서 '3) 간편 사업자등록 제도' 부분에서 살펴본 전자적 용역을 뜻한다. 이러한 전자적 용역을 공급받는 자가 사업자인 경우에는 사업장 소재지, 개인 소비자인 경우에는 주소지 또는 거소지가 공급 장소가 된다.

위 개정 전에는 간편 사업자등록 제도에 관한 규정을 도입하면서 같은 조문에서 국외사업자의 전자적 용역 공급에 한정하여 공급 장소를 국내로 간주하는 규정을 두고 있었다.[120)] 그와 비교할 때 위 신설 조항은 용역의 공급 장소에 관한 일반 규정과 함께 위치하여 있고, 문언도 '제53조의2제1항에 따른 전자적 용역'이라고만 하고 있으며, 법제처 개정이유도 전자적 용역의 공급 장소 판정을 명확히 한다는 것으로 일반적 적용을 전제로 하고 있으므로, 이러한 체계·

---

119) 해외 업체와의 금융컨설팅 용역 거래가 대리납부 대상인지가 다투어진 사안에서 위 제20조 제1항 제3호 규정의 신설 취지 등을 들어 일반적으로 용역의 공급 거래의 경우 소비지를 공급장소로 보아야 한다는 과세관청의 주장을 배척하면서 "이는 일반규정에 의하면 전자적 용역의 공급장소가 국외에 해당하는 경우에도 부가가치세법 제53조의2 제1항에서 열거하는 특정 전자적 용역에 한하여 공급장소를 소비자가 소재하는 국내로 간주해서 우리나라가 과세권을 확보하기 위한 규정으로 보인다. 체계적 해석에 의하면 특례 규정이 적용되지 않는 일반적인 용역은 소비지를 용역의 공급장소로 보아서는 아니 된다"고 판단된 사례로, 위 1)의 대리납부 부분에서 본 서울고등법원 2021. 9. 1. 선고 2021누32271 판결의 8면.

120) 구 부가가치세법(2020. 12. 22. 법률 제17653호 개정되기 전의 것) 제53조의2(전자적 용역을 공급하는 국외사업자의 용역 공급과 사업자등록 등에 관한 특례) ① 제52조의제1항 각 호의 어느 하나에 해당하는 자가 정보통신망 (중략) 을 통하여 이동통신단말장치 또는 컴퓨터 등으로 국내에 제공하는 용역으로서 다음 각 호의 어느 하나에 해당하는 용역(이하 "전자적 용역"이라 한다)을 공급하는 경우(제8조, 소득세법 제168조제1항 또는 법인세법 제111조제1항에 따라 사업자등록을 한 자의 과세사업 또는 면세사업에 대하여 용역을 공급하는 경우는 제외한다)에는 국내에서 해당 전자적 용역이 공급되는 것으로 본다. (이하 생략)

문언·취지 등에 의할 때 일정한 전자적 용역의 범주에 해당하는 용역에 대해서는 그 '공급자' 또는 '공급받는 자'가 누구인지를 불문하고 그 전자적 용역의 공급 장소를 판단할 때 위 신설 규정이 적용된다고 볼 수 있다. 이러한 점에서 위 신설 규정이 국외사업자의 전자적 용역 공급만을 적용 대상으로 하고 국내사업자의 용역 공급에는 적용되지 않는다는 취지의 과세실무 해석은[121] 타당성에 의문이 있다.[122]

3. 현행 부가가치세법에 따른 과세 내용 정리

앞서 살펴본 내용들을 종합하여, 전자상거래 확대와 디지털 경제 발전에 따라 최근 급격히 증대된 비거주자 또는 외국법인 등 국외사업자의 국내의 사업자 또는 소비자에 대한 국제적 용역 공급에 관하여 현행 부가가치세법이 규정하고 있는 법률관계는 아래와 같이 정리할 수 있다.

먼저, 국외사업자가 국내에 용역을 공급하는 경우로서 우리나라에 해당 국외사업자의 고정사업장이 존재하고 그와 관련된 용역이 공급된 것이라면, 그 국외사업자는 고정사업장에 대해 사업자등록을 하고 통상의 절차를 통해 관련 부가가치세를 신고·납부한다. 공급받는 자가 과세사업자, 면세사업자 또는 최종 소비자인지 무관하다는 점은 다른 국내 사업자들과 마찬가지이다. 부가가치세 목적상 고정사업장 인정 요건이나 개념에 관하여 아직 명시적 판례가 없는데, 아래 Ⅲ.1.에서 살펴본다.

다음으로, 국내에 고정사업장이 없는 국외사업자가 국내의 과세사업자에게 용역을 공급하는 경우, 또는 고정사업장이 있더라도 그와 관련 없이 국내 과세사업자에게 용역을 공급하는 경우에는 부가가치세가 과세되지 않는다. 과세사업자에 대해서는 매출세액 과세가 이루어져 이를 과세하더라도 매입세액 공제 대상이 되므로 절차적 번거로움만 있고 실익이 없어 대리납부 대상으로 삼지 않는 것이고, 이는 부가가치세법 제정 이래 현재까지 그대로 유지되고 있다.

---

121) 국내사업자가 자기의 인터넷 홈페이지를 통해 해외 고객에서 서비스 형(型) 소프트웨어를 공급하는 경우 부가가치세법 제20조 제1항 제1호가 적용되고, 이에 따르면 용역의 국외 공급에 해당하지 않는다는 과세실무 사례로, 사전－2024－법규부가－0084, 2024. 5. 30.

122) 국내 사업자가 해외고객이 있는 국가들의 세법에 따라 그 나라들에서 간편 사업자등록을 하고 부가가치세를 납부해야 한다면 이중과세가 되고, 법에 열거된 특정 전자적 용역의 특성을 고려하여 공급장소의 대체적 표지를 소비자의 소재지에서 찾은 취지와도 논리적으로 일관성이 떨어지기 때문이다.

반면, 국내에 고정사업장이 없는 국외사업자가 국내의 면세사업자에게 용역을 공급하는 경우에는 공급받는 자인 국내의 면세사업자가 그 부가가치세를 납부하는 대리납부 제도가 적용된다. 국내 고정사업장이 있더라도 그와 무관한 용역을 공급하는 때에도 마찬가지이다. 전자적 용역의 공급 장소가 국내가 아닌 해외라고 판단되면 대리납부 대상이 아닌데, 부가가치세법 제53조의2 제1항에 정한 전자적 용역에 해당하는 경우에는 '공급받는 자의 사업장 소재지'인 우리나라가 공급 장소가 되고, 위 전자적 용역에 해당하지 않는 것이라면 같은 법 제20조 제1항 제1호 및 관련 판례 법리에 따라 '용역의 중요하고도 본질적인 부분'이 어디에서 이루어졌는지를 기준으로 공급 장소를 판단한다.

한편 국내에 고정사업장이 없는 국외사업자(국내 고정사업장이 있더라도 그와 무관한 용역을 공급하는 때에도 마찬가지)가 국내 사업자등록 대상인 위탁매매인, 중개인 등을 통하여 국내에 과세사업자, 면세사업자 또는 소비자에게 용역을 공급하는 경우에는 해당 국내 '위탁매매인 등'을 용역의 공급자로 간주하여 그 위탁매매인 등이 부가가치세를 납부한다.

국내에 고정사업장이 없는 국외사업자(국내 고정사업장이 있더라도 그와 무관한 용역을 공급하는 때에도 마찬가지)가 스마트폰이나 컴퓨터 등을 통해 국내 소비자에게 게임, 광고, 중개 등 부가가치세법 제53조의2 제1항에 정한 전자적 용역을 직접 공급하는 경우에는 간편 사업자등록을 하고 부가가치세를 납부한다.

국내에 고정사업장이 없는 국외사업자(국내 고정사업장이 있더라도 그와 무관한 용역을 공급하는 때에도 마찬가지)가 해외 오픈마켓 등 제3자(앞서 본 위탁매매인 등은 제외)를 통해 국내 소비자에게 게임·광고·중개 등의 부가가치세법 제53조의2 제1항에 정한 전자적 용역을 공급하는 경우에는 해당 플랫폼 사업자 등 제3자를 공급자로 간주하여 그 제3자가 간편 사업자등록을 하고 부가가치세를 납부한다. 플랫폼이 공급자로 간주되는 근거로서 이른바 '플랫폼 관여'와 관련해서는 아래 Ⅲ.2.에서 본다.

위에서 본 어느 유형에도 해당하지 않는 그 밖의 용역 공급의 경우, 예컨대 국내에 고정사업장이 없는 국외사업자가 국내 위탁매매인 등을 통하지 않고 국내 과세사업자에게 전자적 방식으로 중개나 광고 용역 등을 제공하는 경우 등에 대해서는 부가가치세법에 과세 규정이 없고 사실상 비과세된다.

이상의 내용을 간략히 표로 정리하면 아래와 같다.

공급자인 국외사업자의 국내 사업장 유무	국내 공급받는 자의 유형 등	부가가치세법상 법률관계
국내 고정사업장이 있고 그와 관련성 있는 경우	과세·면세사업자, 소비자	• 국내공급 • 통상적인 부가가치세 납세의무
국내 고정사업장이 없거나 그와 관련성이 없는 경우	면세사업자	• 공급 장소 판단 필요 • 국내공급의 경우 대리납부 제도
	위탁매매인등을 통하여 과세·면세사업자, 소비자에게 공급	• 위탁매매인등의 국내공급 간주 • 통상적인 부가가치세 납세의무
	특정 전자적 용역을 소비자에게 공급	• 국내공급 간주 • 간편 사업자등록 제도
	플랫폼 등을 통하여 특정 전자적 용역을 소비자에게 공급	• 플랫폼 등의 국내공급 간주 • 간편 사업자등록 제도
	그 밖의 경우	• 규정 없음(비과세)

Ⅲ. 플랫폼 거래 관련 부가가치세 주요 이슈로서 '부가가치세 고정사업장'(FE)과 '플랫폼의 관여'

1. '부가가치세 고정사업장'의 개념과 성립요건

(1) 배경

앞서 보았듯이, 부가가치세법은 속지주의(屬地主義)에 따라 납세의무자인 사업자의 국적이나 거주지에 상관없이 공급 장소가 국내인 재화와 용역의 공급에 대하여 과세하고, 위 표에서 정리한 바와 같이 일정한 경우 대리납부, 간편 사업자등록 등 과세방법에 차이를 두고 있다. 비거주자 또는 외국법인이 국내에 고정사업장을 두고 있고 이를 통하여 국내의 사업자나 소비자에게 공급하는 용역거래에 대해서는 통상의 부가가치세법상 사업자등록, 세금계산서 발급, 과세표준과 세액의 신고·납부 등 납세의무를 부담한다. 그러나 외국 기업이 국내에 고정사업장이 없거나 있더라도 그와 관련 없이 국내의 과세사업자에게 용역을 공급하는 경우 등과 같이 앞서 본 표의 마지막 행(行) '그 밖의 경우'에 해당하는 경우에는 그 공급 장소가 국내로 판정될지라도 해당 거래에 대해서는 우리나라 부가가치세가 과세되지 않고, 그 다음 거래 단계인, 예컨대 국내 과세사업자가 국내의 다른 과세사업자나 소비자에게 재화나 용역을 공급하는 단계에서 부가가치세 과세가 이루어진다.

한편 부가가치세법에서는 사업장에 관한 일반적인 규정 외에 별도로 비거주자 또는 외국법인의 국내에서의 '부가가치세 고정사업장'의 개념이나 그 성립요건에 관한 규정을 두지 않고 있으며, 사업장의 범위에 관한 시행령 규정에서 사업자가 비거주자 또는 외국법인일 경우 소득세법 및 법인세법(또는 조세조약)의 '고정사업장'(PE)을 부가가치세법상 '사업장'으로 한다고 정하고 있을 뿐이다. 또한 국외에서 공급하는 용역에 대하여는 속지주의에 충실하게 영세율을 적용하도록 하고 공급 장소 판정에 관한 일반 규정을 두고 있으면서, 여러 국가에 다수의 지점 등을 두고 국제적인 영업을 영위하는 다국적기업에 용역이 공급된 경우 그 공급 장소 판단과 관련해서 EU '부가가치세 지침'과[123] 같은 별도의 규정을 두고 있지 않다.

소득세제와 관련해서는, 소득세법 제120조와 법인세법 제94조의 국내사업장, 또는 조세조약상 고정사업장의 개념과 요건, 인정 기준 등과 관련하여 대법원 판례를 비롯하여 여러 선례가 있었고 이에 대한 비교적 많은 연구와 논의가 이루어져 왔으나, 부가가치세법 적용과 관련하여 고정사업장 쟁점이 독자적 또는 본격적으로 다투어진 사례는 아직 많지 않다.[124] '디지털 경제'의 시대 도래와 함께 다국적 기업의 영업 확장이 두드러지는 가운데 국제적인 과세권 확보 경쟁에서 소비세인 부가가치세의 중요성이 커지고 전체 세(稅) 수입에서 부가가치세가 차지하는 비중이 증대되면서, 유럽 등 부가가치세 제도를 운용하는 각국의 과세당국에서 입법적 정비와 함께 다국적기업에 대한 부가가치세 과세 시도가 이루어졌고, 이에 따라 앞서 보았듯이 부가가치세 목적상 고정사업장이 쟁점이 된 판례들도 다수 선고되고 있다. 다국적기업의 운영 및 영업 방식과 부가가치세 제도의 전 세계적인 유사성에 비추어 볼 때, 해석론이나 입법론 등 실무상 여러 측면에서 이에 관한 논의가 충분히 이루어질 필요가 있다.

아직 우리 판례가 없어서 심층적인 분석이나 논의에 한계가 있고 입법론적

123) 앞의 Ⅱ.2.(2)의 4)에서 보았듯이 EU는 1977년 부가가치세 지침에서 이러한 공급장소에 관한 규정에 처음으로 부가가치세 목적상 고정사업장('FE') 개념을 도입한 바 있다.

124) '블룸버그 사건'(대법원 2011. 4. 28. 선고 2009두19229, 19236 판결)에서 법인세와 함께 부가가치세 부과처분도 함께 다투어졌으나, 한미 조세조약상 고정사업장 인정 여부가 주된 쟁점이 되었고 부가가치세 목적상 고정사업장의 개념이나 요건은 별도의 쟁점으로 다루어지지 않았다.

으로도 여러 정책적 요소가 다각적으로 고려되어야 할 것이나, 아래에서는 '부가가치세 고정사업장'의 의미와 기능, 해석론적으로 상정 가능한 성립요건에 관하여 살펴본다. 유럽연합 사법재판소의 판례 등 논의는 입법론에도 참고가 될 것으로 보이고, 고정사업장 인정과 관련하여 전자적 용역 거래의 특성이 어떻게 고려될 수 있는지도 검토해 본다.

(2) 고정사업장(FE) 관련 현행 부가가치세법 규정과 그 개념이 소득세제상 고정사업장(PE)과 동일한지 여부

1) 앞서 대리납부 제도에 관한 부분에서[125] 잠시 본 바와 같이, 부가가치세법은 '사업자가 사업을 하기 위하여 거래의 전부 또는 일부를 하는 고정된 장소'라는 사업장에 관한 일반적인 정의 규정을 두고 있고(부가가치세법 제6조 제2항), 그 밖에 '비거주자 또는 외국법인'의 국내 부가가치세 과세상 사업장에 대한 개념이나 요건에 관한 별도의 정의 규정을 두고 있지는 않다.

또한 공급 장소의 판정과 관련해서도 국외 본점 외에 국내에 고정사업장을 두고 있는 국외 사업자가 국내의 사업자로부터 용역을 공급받는 경우 등에 대한 판단 기준이나 방법에 관해서 별도로 규정을 두고 있지 않고, 시행령이나 시행규칙에도 관련 내용이 없다. 용역의 공급 장소에 관한 규정인 부가가치세법 제20조 제2항에서는 "제1항에서 규정한 사항 외의 용역이 공급되는 장소에 관하여 필요한 사항은 대통령령으로 정한다"고 명시하고 있으나, 부가가치세 제도의 최초 출범 이래로 부가가치세법 시행령에서는 위 용역의 공급 장소 관련한 추가적인 규정이 없는 상태이며 여러 차례 법령 개정 과정을 거치면서도 이 부분은 현재까지 그대로 유지되고 있다.

위와 같은 법률 규정 내용에 따르면, 일단 부가가치세법상 비거주자 또는 외국 기업의 국내의 사업장은 그들 국외의 사업자가 '국내에서 사업을 하기 위하여 거래의 전부 또는 일부를 하는 고정된 장소'이고, '사업상 거래가 이루어지는 곳' 및 '고정된 공간'이라는 부가가치세법상 사업장의 일반 요건 내지 기준을 찾을 수 있다.

한편 부가가치세법 제6조 제2항은 "사업장의 범위에 관하여 필요한 사항은 대통령령으로 정한다"고 위임 규정을 두고 있는데, 이에 따른 부가가치세법 시

---

125) Ⅱ.2.(3)의 1) 4번째 문단.

행령 제8조에서는 사업장의 범위에 관하여 업종 별로 상세히 정하면서 제6항에서 "사업자가 비거주자인 경우에는 「소득세법」 제120조에 따른 장소를 사업장으로 하고, 외국법인인 경우에는 「법인세법」 제94조에 따른 장소를 사업장으로 한다"고 규정하고 있다. 위 시행령 제8조의 문언상, 위 시행령 규정은 상위법으로부터 위임받은 사항인 '사업장의 범위에 관하여 필요한 사항'에 대해 정하고 있다고 보이고, 위 시행령 제8조 제6항 규정에 따라 소득세제상 비거주자 또는 외국법인의 고정사업장(PE)이 인정되면 일단 부가가치세법상 고정사업장, 곧 '부가가치세 고정사업장'(FE)도 존재하는 것으로 인정되는 것으로 읽히기는 한다.

2) 그런데 부가가치세법 제6조 제2항에 따른 사업장의 범위가 위 시행령 제8조 규정에 한정되는가, 아니면 부가가치세법 제6조 제2항 요건의 구비 여부에 따라 부가가치세 고정사업장(FE) 인정 여부가 다시 판정될 수 있는가? 즉 부가가치세법 시행령 제8조 제6항이 국외 사업자의 국내 사업장 인정 범위에 관한 간주 규정이자 한정적 규정이어서 이로써 우리 세법상 소득세제의 고정사업장(PE)과 부가가치세 고정사업장(FE)의 개념이 완전히 동일한 것으로 되는가, 아니면 추정적 또는 예시적 규정으로 보아 일반적으로 PE가 존재하면 FE도 존재하는 것으로 볼 수 있지만 모법(母法) 규정의 적용에 따라서는 달리 볼 수도 있게 되는가? 즉 부가가치세법 제6조 제2항의 문언과 취지, 체계 등에 근거한 해석에 따라 부가가치세 고정사업장에 관한 독자적 개념에 관한 법리를 구성할 수 있는지의 쟁점이다.

이에 관한 본격적인 학설 대립은 아직 보이지는 않는다. 과세당국에서는 위 시행령의 문언 및 과세행정의 통일성과 간이성을 근거로 양자(兩者)를 동일한 개념으로 보는 입장에 있는 듯하다는 설명이 있는데,[126] 분명하지는 않다. 법인세법상 PE와 부가가치세법상 FE는 과세 목적상 그 역할과 기능 및 작동 원리가 다르므로, 양 세목(稅目)에서의 고정사업장 성립 여부를 반드시 같은 잣대로 판단하여야 할 이유는 없다는 견해가 있고,[127] 고정사업장이 없으면 원천지국에 과세권이 없게 되는 소득세제와 달리, 부가가치세의 경우에는 공급 장소가 국내라면 일정한 경우 대리납부를 통해 과세가 가능하므로 양자를 동일하게 볼 필요가 없다는 견해도 제시된다.[128] 기본적으로 양자의 개념이 동일하지 않다는 입

126) 박윤준, "외국기업 고정사업장에 대한 부가가치세 과세문제의 연구", 『조세학술논집』 제36집 제3호, 2020, 163면.

127) 김혜진·박준형, 앞의 글, 165면.

장에 있다고 하면서도 일단 과세당국 등의 입장에 따라 양자가 동일하다는 전제하에 고정사업장의 유형별 과세 요건 등에 관하여 분석한 연구도 있고,[129] 양자가 동일한지 여부는 국내 입법에 관한 해석 쟁점이라고 하면서 그에 대한 견해 제시 없이 부가가치세 과세권 배분 기준인 공급 장소에 주목하여 그 판정과 관련하여 해당 거래의 고정사업장 관련성 요건에 관한 분석에 집중한 연구도 있다.[130]

부가가치세법 시행령 제8조 제6항을 한정적인 간주 규정으로 본다면 과세행정의 편의 내지 간명성 측면에서 장점은 있을 것으로 보인다. 그러나 부가가치세제의 FE는 소득세제의 PE와 그 기능과 역할 등이 구분되고 부가가치세 과세 목적이나 원리도 소득세제와 본질적으로 다르며, 본래 부가가치세법상 사업장은 과세실무상 업종과 사업 형태 등에 따라 다양하고 유연하게 판정되어 왔다. 모법인 부가가치세법 제6조 제2항에서는 '사업장의 범위에 관하여 필요한 사항'을 시행령에 위임하고 있을 뿐이어서 시행령에서 정하지 않는 사항에 대해서는 법률 규정이 그대로 적용된다고 보는 것이 문언상으로 반드시 불가능하다고 보이지는 않는다. 무엇보다 세제의 본질적 차이에도 불구하고 입법자가 양자를 완전히 동일한 의미로 규정하려고 했다고 볼 만한 입법배경이나 목적에 관한 특별한 자료는 보이지 않고, 오히려 부가가치세법은 그 연혁상 유럽 등의 해석을 참조하지 않을 수 없는데[131] 유럽 등에서 FE는 독립된 개념으로 일찍이 정립되었음은 앞서 본 바와 같다. 부가가치세법 전체의 체계와 목적·취지에 맞고 조화롭다면, 부가가치세법 제6조 제2항의 문언을 근거로 FE의 성립요건에 관한 해석론을 도출하는 것이 보다 합리적일 것이다. 이러한 사정들을 종합하면 부가가치세법 시행령 제8조 제6항을 간주 규정은 아니라고 보고 우리 세법상으로도 FE를 PE와 유사하지만 반드시 일치하지는 않는 독자적 개념으로 해석하는 것이 가능할 수 있다.

---

128) 윤지현, 앞의 글, 111면.
129) 박윤준, 앞의 글, 164면 이하.
130) 이준봉, 앞의 글, 165면 이하.
131) 유럽에서 탄생한 부가가치세를 일본이 아직 이를 도입하기 전에 우리나라가 미리 들여오면서 당시 국제기구의 직원들이 영문(英文)으로 초안을 써 준 것을 번역하여 법을 만들었고, 정작 그 초안은 아직 발견되지 못했으며, 이러한 특수성으로 인해 부가가치세의 경우 유럽 등 매입세액 공제 형(型)의 다단계 일반 소비세의 모델이 우리 법의 공백이나 결함을 메워준다고 전제해야 한다는 것으로, 이창희, 『세법강의』, 1140면 등.

양자가 반드시 일치하지는 않을 수 있다는 견해에 따른다면, 소득세제와 부가가치세제의 본질이 다르고 사업장의 개념이 구분되는 이상 추상적으로 둘 중에 어느 것이 더 넓은 개념인가는 논할 이유나 실익은 없다고 보인다.[132] 다만 위에서 본 조문의 구조상, 결국 소득세제의 고정사업장(PE)의 요건을 갖춘 경우에 대해서 부가가치세법 고유의 요건을 추가적으로 심사하는 방식을 취하게 될 것이다. 이를 위해서는 부가가치세법 제6조 제2항의 문언과 관련 판례 법리, 국제거래 관련 부가가치세제 체계 등에 근거한 해석으로 국외 사업자의 FE 판정에 적용할 구체적인 기준을 도출하는 것이 필요하다.

(3) 부가가치세 고정사업장(FE)의 성립요건 등

1) 국제적 용역 거래에 따른 부가가치세 거래징수 및 신고·납부 등에서 고정사업장(FE)은 어떠한 의미와 기능이 있는가?

먼저 국외의 사업자가 용역을 '공급하는 자'인 경우를 보면, 외국기업의 국외 본점과 국내의 고정사업장 중에서 어느 곳이 용역을 공급하는 사업장인가에 따라 우리나라 부가가치세 과세권 및 과세 방식이 달라진다.[133] 고정사업장이 존재하고 이를 통하여 거래가 이루어진 것으로 인정된다면, 국외 사업자는 고정사업장을 통하여 세금계산서를 발행하고 거래 상대방인 국내 사업자 또는 소비자로부터 세액을 거래징수하여 이를 납부한다. 고정사업장이 존재하지 않거나 있더라도 이와 관련 없이 용역이 공급된 것이라면, 앞서 표에서 정리된 것처럼 상대방인 공급받는 자가 누구인지 등에 따라 과세 여부 및 과세방법이 달라지는데, 이때 용역을 공급받은 상대방이 면세사업자인 경우에는 공급 장소에 관한

132) 뒤에서 '카보 플라스틱'(Cabot Plastics) 사건에서 보듯이, 오히려 PE가 존재하지 않는 것으로 결정된 사안에서도 FE의 존재 여부가 다투어지기도 하였다. 다만 최근 OECD의 BEPS 기획 제1 행동계획(Action Plan) 논의 등의 영향으로 현행 소득세제 고정사업장 관련 기준의 문제점이 지적되고, 2018년 12월 법률 개정(2019. 1. 1.부터 시행)으로 계약 체결 권한이 없는 대리인이라도 계약 체결 과정에서 중요한 역할을 수행하는 경우에는 그 대리인의 사업장을 외국법인 또는 비거주자의 국내사업장으로 보는 규정이 신설되는 등(법인세법 제94조, 소득세법 제120조) 소득세제상 비거주자 또는 외국법인의 고정사업장(PE) 범위가 확대되었다. 소득세제의 고정사업장(PE) 개념이 확대됨에 따라 부가가치세법 시행령 제8조 제6항의 적용에 의해 부가가치세 고정사업장(FE)도 그 범위가 확대될 수 있게 된 것은 위와 같은 우리 시행령 규정 방식에 따른 해석상 불가피하다고 보이는데, 다만 아래에서 보는 부가가치세 목적상 고정사업장의 고유한 기능 및 부가가치세법 제6조 제2항의 해석에 터잡은 해석론에 의하여 양자(兩者)가 다르게 판정될 여지가 있다고 보인다.

133) 같은 취지의 설명으로, 박윤준, 앞의 글, 142면 등.

판정이 필요하고, 만일 국외에서 공급이 이루어진 것으로 인정된다면 과세권이 없어 부가가치세 대리납부 제도가 적용되지 않는다.

반대로 국외의 사업자가 용역을 '공급받는 자'인 경우를 보면, 비거주자 또는 외국법인의 국내 고정사업장(FE)에 대해 공급되는 용역은 통상적인 국내 거래에 해당하게 되므로, 그 공급을 하는 국내의 사업자는 상대방인 국외 사업자로부터 부가가치세를 거래징수하여 납부한다. 반면에 고정사업장이 인정되지 않거나 고정사업장이 존재하더라도 그 곳과 관련하여 용역을 공급한 것으로 인정되지 않는다면, 용역의 공급 장소에 관하여 부가가치세법 제20조 제1항에 따른 판단을 거쳐 만일 국외에서 공급이 이루어진 것으로 인정된다면 영세율이 적용되어 부가가치세가 과세되지 않는다.

납부세액 계산과 관련해서도 해당 고정사업장과 관련된 거래가 무엇인지, 즉 국외사업자가 해당 고정사업장을 통하여 공급한 것으로 보는 용역 거래가 무엇인지를 확정하는 단계를 거치게 된다. 예컨대 외국 기업의 국외 본점·지점 및 국내 지점 등 여러 사업장이 단일한 거래에 관여한 경우에는 그 중 어느 사업장에서 공급이 이루어졌다고 보아야 하는지를 살펴야 하고, 만일 여러 건의 거래가 복합적으로 이루어진 경우라면 각 거래별로 관련성 판정이 필요하다.

공급 장소 판정과 관련해서, 전자적 용역의 경우에는 공급받는 자의 사업장 소재지 등이 공급 장소가 되고, 그 밖의 경우에는 '용역의 가장 중요하고도 본질적인 부분'이 이루어진 장소를 찾아야 한다. 그런데 국외 사업자의 국내 고정사업장이 존재하고 그와 관련하여 해당 거래가 이루어진 경우에는 그가 용역의 공급자 또는 공급받는 자 중의 어디에 해당하든지 부가가치세법의 사업자등록이나 세금계산서 발행 의무 등 통상적인 규정들이 모두 적용되면서 그 고정사업장과 국내의 사업자 또는 소비자 사이의 용역 거래는 특별한 사정이 없는 한 국내에서 이루어진 것으로 볼 수밖에 없다.

결국 고정사업장은 국제적 용역 거래에서 부가가치세 과세권 및 과세방법 결정에 핵심적인 요소인 '공급 장소' 및 '관련성' 판정과 밀접하게 연관되어 있음을 알 수 있다.

2) 이러한 맥락에서 부가가치세법 제6조 제2항의 규정을 다시 자세히 보자. 문언에 의하여 도출되는 사업장의 일반 요건, 즉 '국내에서 사업을 하기 위하여 거래의 전부 또는 일부를 하는 고정된 장소'는 다국적 기업의 영업 활동과 관련해서는 어떤 의미가 있을까?

본래 부가가치세제에서는 법인격 단위가 아니라 사업장 별로 '공급 거래의 고리'(chain of supply)가 생성되고 하나의 법인이 여러 개의 사업장을 운용할 수 있으며, 사업장은 장소적 개념이다.[134] 기본적으로 어느 사업장과 관련된 거래인지를 확정하는 것이 필요하고 그 과정에서 사업장의 존재 여부가 판단되는데, 이는 국제 거래에서도 기본적으로 마찬가지이다.

사업장이라 함은 통상 '사업자 또는 사용인이 상시(常時) 주재하며 거래의 전부 또는 일부를 행하는 장소'로 이해된다.[135] 무인(無人) 카페 등 신종(新種) 사업들의 탄생으로 이제는 '사업자 또는 사용인의 상시 주재'가 모든 종류의 사업에서 일률적으로 사업장 인정의 일반적인 요건이 될 수는 없으나,[136] 해당 '거래의 전부 또는 일부'를 하기 위하여 필요한 수준의 인적·물적 요건은 갖추어야 하고, '고정된 장소'라는 물리적인 장소 요건도 여전히 필요하다.[137] 이러한 요건을 구비하였는지 여부는 해당 거래의 내용과 성질에 따라 사실 인정을 통해 판단될 수밖에 없다. 재화나 용역의 공급 없이 주문이나 대금만을 받거나 단순히 본점의 지시에 따라 보조적인 연락 업무만을 취급하는 장소는 사업장에 해당하지 않는다.[138] 설비의 규모 등이 거래의 전부 또는 일부를 하기 위해 필요한 수준을 갖추었는지는 구체적으로 해당 용역의 내용과 성질에 따라 개별적으로 판단되어야 할 것이다.[139] 고정된 장소는 임시적이지 않고 충분히 영구성 있는

---

134) 부가가치세는 다단계 거래징수 및 매입세액 공제 방식이라는 독특한 구조로 과세되는 세금으로서, 부가가치세법은 사업자를 납세의무자로 삼되, 사업장마다 따로 사업자등록을 하도록 하고 사업장을 실질적인 납세단위로 삼아 사업장마다 세금을 걷는다. 부가가치세는 법인세나 소득세와 달리 생산요소의 결합 단위인 사업장을 실질적 납세단위로 하여 경제의 투입산출 흐름을 따라 매출 및 매입세액 관계가 이어지는 것이라는 취지의 설명으로, 이창희, 『세법강의』, 1163면 등.

135) 대법원 1989. 4. 11. 선고 88누2359 판결 등.

136) 현행 부가가치세법 시행령 제8조 제1항에서는 이러한 사업의 특성을 반영하여 일정한 사업의 경우에는 사람의 주재에 관한 요건 없이 '사업에 관한 업무를 총괄하는 장소'를 사업장으로 정하고 있다.

137) 소득세제에서 장소적 요건은 거주지국 또는 원천지국 등 해당 국가의 과세권을 정당화하는 근거로서 물리적 연관성을 표상함에 반하여, 부가가치세제에서 장소적 요건은 과세대상 거래의 인식 및 과세단위 확정을 위한 근거라는 점에서 차이가 있다.

138) 과세실무로 부가46015-572, 1999. 2. 27. 등 참조.

139) 예컨대 의료보건 용역을 공급하는 사업자가 임상시험 센터를 건립하고 임상시험 센터에서 사

공간인지를 기준으로 하고, 사업이 이루어지는 이상 반드시 그 소유권이나 임차권 등을 요건으로 하는 것은 아니다.[140)]

동일한 사업자에게 둘 이상의 사업장이 있는 경우 실제 해당 용역을 공급하는 사업장이 부가가치세법상 '용역을 공급하는 자'로서 세금계산서 발급의무 등 세법상 의무를 부담한다.[141)] 한편 동일한 사업자에게 둘 이상의 사업장이 있는 경우에 '용역을 공급받는 자'의 의미 및 판단 기준에 관해서는 다음과 같은 판례 법리가 확립되어 있다. 즉 우리 대법원은

> "부가가치세법이 사업을 개시하는 자로 하여금 사업장마다 사업자등록을 하도록 규정함으로써 사업장을 실질적인 납세단위로 삼고 있으므로, 동일한 사업자에게 둘 이상의 사업장이 있는 경우 용역을 공급받는 자라 함은 계약상 또는 법률상의 원인에 의하여 역무 등을 제공받는 사업장을 의미한다."

라고 하여 계약상 원인 등에 의하여 해당 역무 등을 제공받는 사업장을 용역을 '공급받는 자'라고 하고, 이에 따라

> "계약상의 원인에 의하여 용역을 공급받는 사업장이 어느 사업장인가를 결정함에 있어서는 당해 용역공급의 원인이 되는 계약의 체결과 대금의 지급을 어느 사업장에서 하였으며 용역공급이 어느 사업장을 위한 것인지, 계약체결의 경위와 각 사업장간의 상호관계는 어떠한지 등의 제반 사정을 고려하여야 한다."[142)]

고 판시함으로써 계약 체결, 대금 지급, 용역 공급의 목적, 계약 체결의 경위와 사업장 간의 관계 등을 종합하여 판단하도록 하고 있다.

이러한 판단기준은 국제적 용역 거래의 경우에도 기본적으로 마찬가지로 적용될 수 있다. 외국 기업이 국내에 고정사업장을 두고서 거기에서 용역을 공급하거나 용역을 공급받는다고 보기 위해서는, 고정성 있는 장소에서 해당 용역

업자 또는 사용인이 상시 주재하며 임상시험 용역 등을 제공하는 경우 해당 임상시험 센터를 별도의 사업장으로 본다. 사전－2023－법규부가－0410, 2023. 8. 17.

140) 장소가 타인의 소유라고 하더라도 사업장에 해당할 수 있다는 과세실무 사례로, 부가46015－2907, 1997. 12. 26.

141) 과세실무도 동일하게 확립되어 있다. 서면－2018－부가－0840, 2018. 4. 27. 등.

142) 대법원 2009. 5. 14. 선고 2007두489 판결 등.

거래의 전부 또는 일부를 계약 체결하고 이행할 수 있는 정도의 충분한 인적 자원과 물적 설비를 갖추고 있어야 한다고 할 수 있겠다. 자회사나 계열회사 등의 인력이나 시설을 자신의 영업 목적을 위하여 사용한 경우에도 고정사업장이 성립될 수 있을까? 자신의 고유 인력이나 설비가 아닌 자회사 등의 것을 사용한다고 하여 곧바로 적용을 배제할 수는 없을 것이나, 그러한 경우는 경험칙상 예외적인 경우에 속하므로 증거에 따른 신중한 사실 인정이 필요할 것이다. 앞서 Ⅱ.2.(2)의 4)에서 언급한 유럽연합 사법재판소 판결례 중에서 이 쟁점을 다룬 사례들이 있는데, 참고가 될 수 있으므로 아래 (4)에서 살펴본다.

3) 부가가치세 고정사업장의 성립요건 판단과 관련하여 전자적 용역 거래의 특징은 어떻게 반영될 수 있을까? 인력이나 물적 시설을 따질 때에 컴퓨터 등 설비와 해당 프로그램을 사용할 수 있는 기술을 가진 직원 등의 요소가 중요하게 고려될 수 있을 것이다. 서버의 위치와 그 관리도 중요한 요소를 구성할 수 있겠지만, '거래의 전부 또는 일부'를 행하는 장소라는 측면에서 보면, 그 서버와 연결된 컴퓨터와 프로그램, 이를 작동·운용하여 이루어지는 용역 거래 관련 주요 영업 활동, 즉 계약 체결과 이행 등에 사용하는 시설과 인력의 존재 여부 등이 중요하다고 보인다.[143)]

다국적기업은 본점이나 서버(server) 소재지 외 여러 나라에 부가가치세 목적상 독립된 사업장으로 취급되는 고정사업장을 여러 곳 둘 수 있고, 디지털 경제 활동 관련해서도 전자적 용역을 공급하는 자의 고정사업장과 용역을 공급받는 자의 고정사업장은 그 판단기준에 일부 차이가 있을 수 있다. 예컨대 용역을 공급받는 자의 입장에서는 서버의 위치가 중요하다고 보기 어렵고, 전자적 용역을 공급받아서 자신의 사업 활동에 사용하기에 적합한 정도의 인력과 시설을 갖추었는지가 주된 기준이 될 수 있다. 한편 전자적 용역 거래 중 예를 들어 광고 등도 온라인에서 많이 이루어질 것인데, 그러한 광고 등에 사용되는 설비와 인력이 있다는 점만으로는 곧바로 그러한 용역을 공급하는 자의 측면에서 거래의 전부 또는 일부가 행하여지는 고정사업장을 구성하기는 어려울 것이다.[144)] 인력의

---

143) 서버를 소득세제상 고정사업장(PE)으로 볼 수 있는지에 관하여 각국의 과세관청을 비롯한 여러 견해가 다양한 의견을 제출하였으나 OECD 주석에서는 부정적으로 정리되었다는 등 설명으로, Pankaj Dhaundiyal, "Taxing E-Commerce: Its Challenges and Future Prospects - A Comparative Analysis", Internet taxation and e-retailing law in the global context, IGI Global, Business Science Reference (2018), pp. 67~68면, 72~85 등.

144) 그러한 곳은 소득세제상 고정사업장(PE)의 요건을 충족하기도 어려울 것으로 보이는데, 이는

수나 설비의 규모 등을 살필 때에는 해당 전자적 용역 거래의 내용과 특성을 충분히 반영할 필요가 있다. 계약 체결 등이 전자적 방식으로 이루어지는 등으로 인해 많은 인력이 필요하지 않다면 적은 수의 인원으로도 고정사업장을 구성할 수 있을 것이다. 이러한 사정들을 반영하여 부가가치세 시행령이나 시행규칙에 관련 규정이 마련된다면 실무상 예측가능성을 높이고 전자상거래의 특성도 잘 반영될 수 있을 것으로 보인다.

한편 '글로벌 디지털 경제' 시대의 도래를 반영한 유럽연합 등의 부가가치세제 변동 흐름을 참고하여, 우리나라에서도 모든 국제적 B2B 용역 거래에 대해 소비지 과세 원칙에 따라 공급받는 자의 소재지를 공급 장소로 보는 공급 장소 판정 규정의 개정, 간편 사업자등록 제도의 적용 범위 확대, 또는 디지털 플랫폼 사업자의 부가가치세 완전책임 제도 도입 등으로 입법적 변화가 이루어진다면, 부가가치세 고정사업장 인정 여부를 둘러싼 논의는 유럽연합 사법재판소 사례에서 보듯이 주로 공급받는 자의 측면으로 집중되고 분쟁의 소지가 줄어들 수 있을 것으로 보인다.

(4) 부가가치세 고정사업장(FE) 관련 최근 유럽연합 사법재판소 판결례

앞서 보았듯이 유럽에서 EU 부가가치세 준칙상 고정사업장에 관한 최근 판례들은 주로 해당 용역을 공급받는 자가 국내 또는 역내에 고정사업장을 두고 있는지 여부, 즉 부가가치세 과세권 판정, 또는 영세율이 적용되는 역외 거래 여부 판정과 관련하여 이루어졌다. EU법상 B2B 용역 거래의 공급 장소는 원칙적으로 용역을 공급받는 자의 설립지 사업장이고 그 설립지가 아닌 다른 장소의 고정사업장(FE)에 용역이 공급된 경우에는 고정사업장 소재지를 공급 장소로 보는 것이므로,[145] 고정사업장 유무 판정은 공급 장소의 판정, 즉 속지주의에 따른 부가가치세 과세권 판정과 곧바로 이어지기 때문이다. 한편 일정한 전자적 용역을 제외하고는 '용역의 가장 중요하고도 본질적인 부분'이 이루어진 곳을 공급 장소 판정의 기준으로 삼는 우리 부가가치세법 해석상으로는 고정사업장 판정이 곧바로 공급 장소 판정으로 이어지는 것은 아니지만,[146] 국내에 외국 기업의 고

이 글의 논제(論題)에서 벗어나므로 자세한 언급은 생략한다.

145) 앞서 Ⅱ.2.(2)의 4)에서 본 EU 부가가치세 준칙 제44조 등.

146) 용역의 공급장소에 관한 규정인 부가가치세법 제20조 제2항의 위임에 따른 시행령 규정이 현재까지 마련되어 있지 않지만, 향후 입법과정을 통해 시행령에 고정사업장과 공급장소 판정 관련 규정이 마련된다면 그에 따른 해석론이 전개될 수 있을 것으로 보인다.

정사업장이 존재하고 그 곳과 관련하여 용역의 공급 거래가 이루어졌다면 우리 판례 법리상의 ‘용역의 가장 중요하고도 본질적인 부분’이 제공된 장소 역시 국내라고 볼 여지가 높다는 점에서 공급 장소 판정과 긴밀히 연결되어 있다고 볼 수 있다.

아래에서는 고정사업장 유무 판단이 쟁점이 된 최근 유럽연합 사법재판소 판결들로서 중요하게 언급되는 사례들을 살펴본다.

1) 웰모리(Welmory) 사건(C-605/12, 2014. 10. 14. 선고 판결)[147]

가) 사안의 개요 및 쟁점

폴란드 법인인 ‘웰모리 폴란드’(이하 ‘WP’)는 모회사인 키프로스 법인 ‘웰모리 회사’(Welmory Ltd, 이하 ‘WC’)와 계약을 체결하고 폴란드에서 온라인 경매 웹사이트(auction site)를 운영하였다. WP는 자신의 계산으로 경매 웹사이트에 경매 물건을 올리고 이를 고객에 판매하였는데, 입찰에 참여하는 고객들은 사전에 WC로부터 ‘입찰 크레딧’(bid credits)을 구입하고 이를 통해 경매에 참여하였다.

WP는 WC로부터 물품 판매 용역 및 광고 등 관련 용역에 대해 계약에 따른 용역대금을 수령하였는데 그 용역의 공급 장소를 공급받는 자인 WC가 위치한 키프로스로 보아 폴란드에 부가가치세를 납부하지 않았다. 이에 대해 폴란드 과세관청은 WC의 고정사업장이 폴란드에 있다고 보아 과세하였고, ‘지역 행정법원’은 부과처분이 적법하다고 보았으나 이에 대하여 WP가 폴란드 ‘행정 대법원’에 상소하였다. 폴란드 ‘행정 대법원’은 ‘유럽연합 내의 다른 국가에 설립된 법인이 폴란드 법인의 인프라를 이용하여 경제활동을 영위한 경우에 폴란드 내에 EU 부가가치세 준칙 제44조의 고정사업장이 성립하는지’에 대하여 유럽연합 사법재판소에 ‘선결적 판결’(preliminary ruling)을 요청하였다.

나) 판단 요지

1977년 개정 부가가치세 준칙 제9조 제1항에[148] 관한 기존 판례는 EU ‘개편 부가가치세 준칙’ 제44조의 해석에 관련해서도 여전히 의미가 있다. 이에 따르면, 공급장소 판정에 있어 기업의 설립지 아닌 곳에 고정사업장이 존재하는지를 고려할 수 있는 것은, 그 설립지를 기준으로 공급 장소를 정할 경우 ‘합리적 결

---

147) ‘웰모리(Welmory) 사건’의 사실관계에 대한 상세한 소개를 포함한 국내 문헌으로는, 이호섭, 앞의 글, 72~76면 등.

148) 2006년 개정 전의 규정으로서, 용역의 공급장소를 원칙적으로 생산지 과세 원칙에 따라 용역을 공급하는 사업자의 소재지 또는 고정사업장으로 규정하고 있었다.

과'(rational result)에 이르지 못하거나 다른 회원국에서의 처리와 모순이 야기되는 예외적인 상황일 경우이다.

기존 판례[149] 및 그를 반영한 'EU 부가가치세 집행명령'(Council Implementing Regulation No. 282/2011) 제11조에 따라 고정사업장은 '충분한 정도의 영구성이 있고 인적 및 물적 자원 측면에서 스스로의 필요를 위해 용역을 공급받고 사용할 수 있는 적절한 구조를 갖춘 사업장'이라는 요건을 갖추어야 한다. 그러므로 WC가 폴란드에 인적·물적 자원 측면에서 자신의 사업, 즉 당해 전자적 경매 시스템을 운영하고 '입찰'(bids)을 발행 및 판매하는 사업 활동을 위하여 WP로부터 공급된 용역을 받아서 사용할 수 있는 적정한 구조의 충분히 영구성 있는 장소를 가지고 있다면 고정사업장이 인정될 것이다. WC의 사업 특징에도 불구하고 적어도 적합한 컴퓨터 설비, 서버와 소프트웨어 등 기술적 자원과 인적 자원이 필요하다.[150]

WC가 전자적 경매 시스템을 구동하고 '입찰'(bids)을 발행 및 판매하는 등의 자신의 사업 활동을 위해 필요한 인력과 컴퓨터 설비, 서버와 소프트웨어 등 물적 자원을 갖추었는지 평가하기 위한 여러 요소를 확인하는 것은 전적으로 국내 법원인 폴란드 법원의 관할 사항이다.

한편 WP가 WC에게 제공하는 용역은 WC가 폴란드 내의 소비자들에게 제공하는 용역과 구분되어야 한다. 두 회사의 협약에 따른 경제적 활동이 통합적으로 이루어졌고 그 결과물이 폴란드의 소비자들에게 필수적으로 효용을 주었다는 점은 폴란드 내의 고정사업장 존재 여부의 결정에 중요한 의미가 없다.

2) '동양'(Dong Yang) 사건(C-547/18, 2020. 5. 22. 선고 판결)

가) 사안의 개요 및 쟁점

폴란드 법인인 "Dong Yang Electronics"(이하 'DY')는, 한국 법인인 'LG 디스플레이 사'(社, LG Display Co. Ltd., 'LG 코리아')와 계약을 체결하고 LG 코리아에 인쇄회로 기판(基板, printed circuit boards, PCB) 조립에 관한 용역을 제공하였

149) CJEU C−73/06, *Planzer Luxembourg*, 2007. 6. 28. 선고 판결 등.

150) 이 사건 판결에 앞서 발표된 법무심의관(Advocat General)의 보고서에서는 기존 판례에 근거하여 고정사업장의 존재를 위해 사업자가 반드시 그 자신의 인적·물적 자원을 보유하여야 하는 것은 아니고, 사업자가 다른 사업자의 인적·물적 자원에 대한 접근권이 있을 수 있음을 배제하지는 않는다는 점을 언급하면서, WC가 폴란드에서 WP로부터 공급된 용역을 사용하여 자신의 사업 활동을 영위하였는지를 조사하여야 한다고 하였다. Ben Terra, *op. cit.*, pp. 110~111.

다. 하위부품·조립품 등 재료는 LG 코리아의 폴란드 자회사인 "LG Display Polska"(이하 'LG 폴란드 생산회사')로부터 제공되었고, DY는 LG 폴란드 생산회사에 조립 처리된 PCB를 제공하였다.

LG 폴란드 생산회사는 모회사인 LG 코리아와의 계약에 따라 LG 코리아 소유의 부품으로 'TFT-LCD 모듈'을 조립하였고 완성품의 보관·유통 등의 추가적인 용역을 수행하였다. 완성품은 LG 코리아의 또 다른 폴란드 자회사인 "LG Poland Sales"(이하 'LG 폴란드 판매회사')에게 매도되었고, LG 폴란드 판매회사는 이를 유럽 시장에 판매하였다. 이러한 LG 그룹 내 관계는 DY에 알려지지 않았다.

DY는 LG 코리아에 조립 용역에 대한 '청구서'(invoice)를 발행하면서 용역이 유럽연합 권역 밖으로 제공된 것이라는 이유로 부가가치세를 포함하지 않았다. 이에 대해 폴란드 과세관청은 DY의 용역은 한국의 LG 코리아가 아니라, 그 폴란드 내 고정사업장(FE)인 LG 폴란드 생산회사에 제공된 것이라고 보아 과세처분을 하였다.

폴란드 바르샤바의 '지역 행정법원'은 ① 유럽연합 권역 밖에 설립된 회사가 폴란드 내에 자회사를 가지고 있다는 사실만으로부터 EU 부가가치세 준칙 제44조의 고정사업장이 폴란드 내에 존재한다고 추정할 수 있는지, ② 그렇지 않다면, 고정사업장 유무를 판정하기 위해 거래 당사자인 제3자가 유럽연합 권역 밖에 설립된 상대방 회사와 그 자회사 사이의 계약 관계에 대해 조사할 의무가 있는지의 2가지 쟁점에 관해 유럽연합 사법재판소에 선결적 판결을 요청하였다.

나) 판단 요지

EU 부가가치세 준칙 제44조의 고정사업장의 존재 여부 문제는 용역이 제공되는 상대방 납세의무자가 누구인가의 측면에서 검토되어야 한다. 이러한 관점에서 고정사업장은 충분한 정도의 영구성이 있고 인적 및 물적 자원 측면에서 스스로의 특정한 필요를 위해 해당 용역을 공급받고 사용할 수 있는 적절한 구조를 갖춘 곳을 의미한다.

대한민국에 설립된 모회사의 사업 활동을 수행하기 위한 목적에서 폴란드 자회사가 그 모회사의 고정사업장을 구성할 수 있다는 점은 배제될 수 없다. 그런데 부가가치세 시스템 적용에서 '경제적 및 상업적 실질'(economic and commercial reality)이 '근본적인 기준'(fundamental criterion)이라는 점에서, 고정사업장의 성립요건은 '법적 지위'(legal status)에만 의존할 수 없다. EU 부가가치세 집행명령 제11조 제1항에서 정한 물적 조건은 반드시 경제적 및 상업적 실질에 비추어 평가되어야 한다. 따라서 용역의 공급자로서는 유럽연합 권역 내에 제3국가 법인의 고정사업장 존재를 그 회사가 유럽연합 권역 내에 자회사를 두고 있다는 사실만으로 추정할 수 없다.

EU 부가가치세 집행명령 제22조에 따라 용역의 공급자가 해당 용역의 성질과 사용관계, 계약서 및 '주문서', 부가가치세 번호, 대금의 지급 관계 등에 의해 '용역의 수령인'(service taker)으로서 고정사업장을 인식할 수 없다면, 공급자는 거래 상대방인 제3국가 법인의 설립지에 용역을 공급하는 것으로 적법하게 여길 수 있다. 따라서 용역의 공급자로서는 제3국에 설립된 법인이 상대방과 그 자회사의 계약 관계에 대해 조사할 의무가 있다고 할 수 없다.

3) '카보 플라스틱 벨기에'(Cabot Plastics Belgium) 사건(C-232/22, 2023. 6. 29. 선고 판결)

가) 사안의 개요 및 쟁점

벨기에 법인인 '카보 플라스틱 벨기에'(Cabot Plastics Belgium, 이하 '카보 플라스틱')는 스위스 법인인 '카보 스위스 유한회사'(Cabot Switzerland GmBH, 이하 '카보 스위스')와 임가공 계약을 체결하고 원자재를 플라스틱 상품으로 가공하였다. 두 회사는 같은 그룹에 속하는 계열사로 '카보 플라스틱'의 주식 99.99%는 스위스의 '카보 지주회사'(Cabot Holding)가 보유하고 있고, 다시 '카보 룩셈부르크 지주회사'(Cabot Lux Holding)가 '카보 지주회사'와 '카보 스위스'의 각 주식 전부를 보유하고 있었다.

카보 플라스틱은 카보 스위스가 구매한 원재료를 자신의 부지(敷地)에 보관하여 가공 처리하고 그 제품을 카보 스위스가 벨기에 및 그 밖의 유럽 시장에 판매하거나 수출하기 전까지 보관하였으며, 계약 조항에 따라 제조 공정의 최적화 방안 추천, 내·외부 기술적 점검과 평가 및 보고, 배송 등 추가적인 용역을 카보 스위스에 제공하였다.

카보 스위스가 벨기에의 법인세 목적상 고정사업장(PE)을 두고 있지 않다는 결정이 이루어졌는데, 그 이후 벨기에 과세관청에서는 카보 스위스가 벨기에의 부가가치세 목적상으로는 고정사업장(FE)을 두고 있다고 보아 과세처분을 하였다. 카보 플라스틱의 직원들이 카보 스위스가 벨기에 시장에 제품을 판매할 수 있도록 하였고 임가공 용역에 더하여 원재료 수령, 품질 관리, 주문 준비, 완제품 포장, 재고 보관 등 카보 스위스에 필수적인 추가 용역을 제공하였다는 점 등을 근거로 하였다.

벨기에의 항소 법원은 벨기에 과세관청이 카보 플라스틱을 용역의 공급자인 동시에 용역을 공급받는 자의 고정사업장으로 보고 있는 것에 주목하여, ① 법적으로 독립되어 있으나 같은 그룹 내에 속하는 용역의 공급자 법인에게 인적 및 물적 자원이 속하여 있고, 양자 사이에 체결된 계약에 따라 용역의 공급자가 그 자원들을 해당 용역 공급을 위하여 배타적으로 사용한 경우, 용역을 공급받는 법인이 고정사업장을 두고 있다고 볼 수 있는지, ② 계약에서 정한 바에 따라 용역의 공급자 법인의 직원들이 용역을 공급받는 역외(域外) 법인의 지시에 따라 추가적인 업무를 수행하였고 그것이 그 역외 법인의 역내 판매 거래에 기여한 경우, 용역을 공급받는 역외 법인의 역내 고정사업장이 존재한다고 볼 수 있는지에 대하여 유럽연합 사법재판소에 선결적 판결을 요청하였다.

나) 판단 요지

EU 부가가치세 준칙 제44조 및 EU 부가가치세 집행명령 제11조는, 유럽연합 권역 밖에 설립된 용역을 공급받는 사업자가 인적 및 기술적 자원의 측면에서 고정사업장 구성에 적합한 구조를 갖추고 있지 않은 경우에는 그와 법적으로 독립된 용역의 공급자가 설립된 유럽연합 소속 국가에 고정사업장을 두고 있지 않는 것으로 해석되어야 한다. 용역을 공급하는 사업자가 계약상의 배타적 의무에 따라 임가공 용역과 함께 부수적 내지 추가적 용역을 공급하였고 그것이 용역을 공급받는 사업자의 유럽연합 소속 국가에서의 영업에 기여하였다고 할지라도 마찬가지로 보아야 한다.

4) 평가

유럽연합에서 부가가치세 목적상 고정사업장의 인정 여부는 현재 EU 부가가치세 집행명령 제11조 제1항의 기준 충족 여부에 따라 판단되는 것으로 보인다. '충분한 정도의 영구성이 있고, 인적 및 물적 자원의 측면에서 스스로의 특정한 필요를 위해 해당 용역을 공급받고 사용할 수 있는 적절한 구조를 갖추었는지' 여부는 기본적으로 사실 인정 및 법리 포섭(包攝)의 영역에 속한다고 보이고, 특히 문제되는 용역의 내용과 성질 등에 따라 결론이 달라질 수 있을 것이다. 최근 이슈가 되는 구글(Google) 등 디지털 경제 확산에 따른 대규모 플랫폼 기업을 통한 전자적 용역 거래에 관하여는 아직 유럽연합 사법재판소에서 고정사업

장 요건 충족 여부를 판단한 사례가 보이지 않는다.[151)]

유럽연합 사법재판소의 기존 판례상 '모회사에 의해 완전히 지배되는 독립된 법인도 요건을 갖추면 고정사업장으로 볼 수 있다'는[152)] 법리는 '웰모리 판결'에서 다시 인용되며 2006년 부가가치세 준칙 개정 이후에도 살아있는 법리로서 여전히 유효함이 확인되기는 하였으나, 그에 의하여 실제 고정사업장이 존재하는 것으로 인정되는 경우는 설립지를 기준으로 공급 장소를 결정할 경우 비합리적인 결론에 이르게 되는 때 등 예외적인 상황에 적용되는 것임을 명확히 하였다. 어떠한 경우에 자회사의 인적 및 물적 자원을 모회사가 자신의 사업 활동에 이용하였다고 볼 수 있는지는 해당 용역의 내용과 실제 사업 형태 등 사실 인정 및 그에 대한 법리 포섭적(包攝的) 평가의 문제로 생각된다.

한편 웰모리 사건은 웹사이트에서 이루어진 '경매'(auction) 영업과 관련된 사안으로 명시적 판시는 없지만 전자적 용역의 특성을 어느 정도 반영하여야 하는지에 관한 고민도 나타나 있다. 인적·물적 측면에서 적절한 구조를 갖추었는지를 경제적 실질의 관점에서 검토할 때 해당 용역의 특성이 중요하게 고려될 수밖에 없는데, 전자적 '경매' 운영에는 최소한의 인력과 컴퓨터 등 기술적 설비가 필요하다고 판단되었다. 개별 사안별로 해당 용역의 종류와 내용 등에 따라 필요한 인적·물적 자원의 구비 수준은 달라질 수 있다고 보인다.

DY(동양) 사건은 모자(母子) 회사라는 점만으로 고정사업장의 존재를 추정할 수 없고 경제적·상업적 실질을 검토해야 한다는 점을 확인하였다는 점에서, 카보 플라스틱 사건은 계약상 의무에 따라 일정한 용역을 추가적으로 제공하고 인적·물적 자원을 해당 용역에 배타적으로 사용한다는 점만으로 공급받는 자의 고정사업장으로 보기는 어렵다는 점을 명확히 하였다는 점에서 의의가 있다.

---

151) 프랑스에서는 항소심 판결 이후 구글과 과세관청 사이에 '공익상 합의'가 이루어졌다는 점, 한편 그 뒤에 있었던 프랑스 행정대법원에서 2020년 선고된 '밸류클릭(ValueClick) 사건' 판결에서는 모회사에 의해 완전히 지배되는 자회사의 직원을 모회사의 사업을 위해 사용하는 경우로 인정되어 고정사업장(FE)의 존재가 인정되었다는 점은 앞서 본 바와 같다. Ⅱ.2.(2) 4)항의 다섯 번째 문단. 기본적인 법리의 구조는 유럽연합법원의 판례 법리와 유사하다.

152) Ⅱ.2.(2)의 4)에서 언급한 DFDS 사건 판결(C-260/95, 1997. 2. 20. 선고) 등에서 설시한 법리이다.

2. 플랫폼의 공급자 간주 요건으로서 '관여' 요건

(1) 플랫폼 등의 공급자 간주의 근거 등

1) 대규모 자본의 디지털 플랫폼을 통하여 이루어지는 전자적 용역 거래 관련하여 그 플랫폼 사업자로 하여금 해당 용역의 공급자로서 완전한 부가가치세 납세의무를 지도록 하는 FLR(Full VAT/GST Liability Regime, 디지털 플랫폼의 부가가치세 완전책임 제도) 도입에[153] 관하여 OECD 등에서 활발한 논의가 이루어졌고, EU 부가가치세 집행명령에서는 온라인 포털을 통해 전자적 용역이 공급되는 경우 일정한 조건이 충족되면 그 포털 등의 운영자를 해당 용역의 공급자로 간주하는 규정을 마련하였다는 점은 앞서 본 바와 같다.[154]

실제 공급자는 따로 있음에도 이와 같이 플랫폼 사업자에게 부가가치세 납세의무를 지우는 것은 플랫폼 기업들의 자본력, 정보력, 조세 행정의 편의 등을 종합 고려한 취지에 따른 것이다. '전(前) 단계 매입세액 공제' 방식의 부가가치세 제도에서는 개별 거래 단계마다 빠짐없이 세금을 거래징수하고 신고·납부하도록 하는 것이 중요한데, 온라인 마켓플레이스 등 플랫폼을 통해 거래하는 소규모 사업체나 개인들에 대해 그들이 공급하는 개별 거래에 대해 납세의무를 제대로 이행할 것을 기대하기는 상당히 어렵고, 이를 감시·감독하는 것은 과세 행정에 과도한 부담이 된다. 소규모 업체들이나 그 고객인 소비자들은 대규모 플랫폼 기업의 결제 시스템을 포함한 그 플랫폼 시스템에 대한 신뢰와 편의성 등을 바탕으로 개별적인 직접 거래보다는 플랫폼을 통한 거래를 선호하게 되었고, 이를 바탕으로 디지털 경제 규모가 대폭 확대되기도 하였다. 세법상으로는 플랫폼을 공급자로 간주하는 세법상 의제(擬制) 규정을 통하여 이러한 플랫폼을 통해 이루어지는 거래의 투명성과 이에 대한 납세의무 준수를 높일 수 있다는 점이 장점으로 꼽힌다. 이러한 배경으로 유럽연합 등을 중심으로 플랫폼 사업자에 대한 부가가치세 규율을 강화하는 흐름이 이어지고 있는 것으로 보인다.[155]

2) 플랫폼을 통한 거래에 대해, 실제 판매자가 아닌 플랫폼이 구매자와의 해

153) OECD에 따르면, 2024년 2월 현재 36개국에서 디지털 플랫폼의 '완전책임 제도'(FLR)를 도입하였고, 102개 국에서 디지털 거래를 대상으로 VAT/GST 특례 규정을 두었으며, 30개국에서 세제 개편 여부를 고려중이라고 한다.

154) Ⅱ.2.(2)의 3).

155) 유럽연합의 디지털 플랫폼에 대한 부가가치세 납세의무 규율의 연혁 등에 대해서는, Giorgio Beretta, *op. cit.*, pp. 282~293 등.

당 거래에 대한 공급자로 간주되면, 플랫폼은 중개에 따른 수수료 등이 아니라 거래된 판매대금을 기준으로 부가가치세를 납부하여야 한다. 어떠한 경우에 플랫폼이 해당 거래의 공급자로 간주될 수 있는가? 플랫폼이 중개 등의 용역에 대해서만이 아니라 그를 통해 이루어진 재화나 용역의 거래 자체에 대해서 공급자로 간주되는 기준은 무엇인가? OECD 등의 논의에서 본 바와 같이, 온라인 마켓플레이스가 전통적인 시장처럼 장소적 역할만 하는 것이 아니라 계약이 손쉽게 체결될 수 있도록 거래를 촉진하고 다운로드 등 용역 제공의 방법과 대금 결제의 방법 등 거래 조건을 설정하는 등으로 적극적으로 관여를 하는 점이 논리적 근거가 될 것인데, 이것이 법리적으로 어떻게 반영되는지는 섬세한 입법과 함께 다양한 사례에 대한 판결에서 법원의 해석 및 적용을 통하여 구체화될 수 있다.

이와 관련하여 우리 부가가치세법은 앞서 본 바와 같이 몇 차례 법률 개정을 통하여, 국외 사업자가 국내 사업자등록 대상인 '위탁매매인 등'을 통하여 국내에서 공급하는 용역 또는 권리의 공급과 관련하여 위탁매매인 등을 공급자로 간주하는 규정(제53조)과, 국외 사업자가 일정한 종류의 전자적 용역을 오픈마켓 등 제3자를 통하여 국내 소비자에게 공급하는 경우 그 제3자를 공급자로 간주하는 규정(제53조의2 제2항)을 두고 있을 뿐이다. 국내 사업자가 국내·외 플랫폼을 통해 국내에서 공급하는 용역 거래, 그리고 국외 사업자가 국내·외 플랫폼을 통해 국내 사업자에게 용역을 공급하는 B2B 거래에 대해서는 별도의 규율이 없다.[156] 한편 두 규정에서는 모두 중개 거래의 경우 '구매자로부터 거래대금을 수취하여 판매자에게 지급하는 경우여야 한다'는 요건을 두고 있다.

위 규정에 관련한 분쟁이 발생한다면 결국은 '위탁매매인등을 통하여' 또는 '제3자를 통하여'의 의미, 즉 플랫폼 등에게 세법상 책임을 부여하는 근거로서 '플랫폼 관여'의 의미와 그 요건 해당 여부를 가리기 위하여 플랫폼 사업자와 판매자 사이, 플랫폼 사업자와 구매자 사이의 각 계약 관계 및 실제 거래 실태에 대한 법률적 분석이 필요할 것이다. 앞서 본 '원스토어'(One Store) 사건에서[157] 1심 및 항소심 법원은 플랫폼 사업자인 해당 앱스토어가 '위탁매매인, 준위탁매

156) 전자(前者)의 경우에는 국내 사업자가 해당 거래에 대한 부가가치세 납세의무를 지고, 후자(後者)의 경우에는 해당 거래에 대해서는 과세가 이루어지지 않지만 그 다음 단계인 국내 사업자가 다른 국내 사업자 또는 소비자에게 재화나 용역을 공급하는 단계에서 부가가치세 과세가 이루어진다.

157) Ⅱ.2.(3)의 '2) 위탁매매인등의 용역 공급 간주 제도' 부분에서 살펴본 수원지방법원 2018구합73455 판결 사건이다(수원고등법원 2020누10919, 대법원 2020두51204).

매인, 대리인'에 해당하는지 여부에 관하여 판단하면서 앱스토어와 해외 개발자의 사이의 판매 서비스 이용 계약의 내용, 앱스토어의 운영 형태, 플랫폼 사업자의 관여 정도 등을 살펴본 바 있다. 위 사건은 부가가치세법 제53조에 '중개인'이 추가되기 전의 사안이어서 결과적으로 플랫폼 사업자의 공급자 간주에 따른 부가가치세 납세의무가 인정되지 않았는데, 그 결론을 떠나서 부가가치세법 제53조의 입법취지나 '위탁매매인등을 통하여'의 의미, 즉 플랫폼 등의 관여 요건에 관한 분석적 판시가 없었던 점은 아쉬운 부분이다.

3) 사실 디지털 플랫폼 기업은 인터넷 망(網)에 의하는 그 운영 방식의 특성상 실제 거래가 이루어지거나 고객들이 위치한 세계 각국에 '고정된 장소'를 전제로 하는 그 사업장을 두는 경우를 상정하기는 쉽지 않고, 그 적용을 피하는 방식으로 사업 구조를 짜기 쉽다. 기존 법인세제는 물론이고 앞서 본 부가가치세 고정사업장(FE) 개념을 비롯한 전통적인 부가가치세제의 틀로는 소비지국 입장에서 이들 플랫폼 사업자에 대해 과세권을 적정히 행사하기는 현실적으로 상당히 어렵다. '전 단계 매입세액 공제' 방식의 다단계 세제(稅制)라는 점에서 최종 소비자 단계에서 과세가 이루어진다고 하더라도 다른 거래와의 형평과 조세중립성의 측면에서 바람직하지 않다는 우려는 불식되지 않는다. 고정사업장 개념 등의 기존 세법상 개념 틀을 넓히거나 일부 변형하는 식의 방법은 일부 제한적으로 유용성이 있을 수 있겠으나 일반적으로 충분한 대응이 되기는 어렵고, 무리한 적용은 기존 법리와 모순, 법적 안정성을 해칠 우려 등으로 법리적으로도 한계가 있다.

플랫폼 거래 관련 부가가치세제 개편에 관한 OECD와 유럽연합 등의 논의는 디지털 경제의 확대에 따른 이러한 어려움을 배경으로 한 것으로 보이고,[158] 우리에게도 향후 입법 정책 수립 등을 위한 논의에 참고가 될 수 있다. 유럽연합에서는 앞으로 플랫폼의 공급자 간주를 역외 사업자에 의한 B2C거래에 한정하지 않고, 모든 종류의 전자상거래 거래, 즉 B2B와 B2C 거래 모두, 국내와 국제거래 모두에 대해 확대하여 적용할 것으로 보인다. OECD에서는 플랫폼 사업자

158) 디지털 경제의 등장으로 역외(域外) 사업자들이 유럽연합 내에 물리적 존재 없이도 전자적 용역의 제공이 가능하게 됨으로써 유럽연합 각국의 부가가가치세 수입에 큰 손실을 초래하였고, 이러한 상황에서 소비지 과세 원칙의 확대와 2015년 개정 등 EU 부가가치세법의 중요한 입법적 변동이 있게 되었다는 설명으로, Donato Raponi · David O'Sullivan, "VAT and Taxation of the Digital Economy from the Perspective of the EU Policy Maker", Value Added Tax & the Digital Economy, Wolters Kluwer (2016), 12－13면 등.

에 대해 부가가치세 거래징수 및 납부 책임을 강화하는 방향으로 입법을 권장하고 있다. 유럽연합 밖의 국가들 중에서는 호주와 싱가포르 등이 플랫폼에 대한 부가가치세제 개혁에 앞서 있는데, 예컨대 싱가포르의 경우 '소액 물품'(low value goods)의 거래, '원(遠) 거리 용역'(remote services, 디지털 용역뿐만 아니라 비(非) 전자적 용역을 포함하고,[159] B2B 거래, 국내 사업자에 의한 공급거래 포함) 거래에 대해 국내 및 해외 온라인 마켓플레이스가 GST, 곧 부가가치세 납세의무를 질 수 있도록 관련 입법을 정비하였다. 플랫폼 사업이 디지털 용역뿐만 아니라 다양한 분야로 확대되고 있는 상황에 대응한 조치로 보인다.

만일 우리나라에서도 B2B 용역 거래 등의 공급 장소를 소비지 과세 원칙에 따라 정하는 등의 법령 개정과 함께 플랫폼 사업자의 부가가치세 완전책임 제도가 도입되는 등으로 향후 큰 입법적 변화가 있게 된다면, 공급자 간주 요건으로서 플랫폼 관여의 기준과 그 인정 요건 등과 관련하여 심층적인 연구가 더 필요할 것으로 보인다.

(2) 플랫폼의 공급자 간주 여부 관련 최근 유럽연합법원 판결례

아래에서는 플랫폼 거래에 대한 부가가치세 과세 관련하여 최근 주목을 받고 있는 유럽연합 사법재판소의 판결례 2건을 살펴본다.[160]

1) 페닉스 인터내셔설(Fenix International) 사건(C-695/20, 2023. 2. 28. 선고 판결)

가) 사안의 개요 및 쟁점

영국 법인인 페닉스 인터내서널(Fenix International, 이하 '페닉스')은 전 세계 이용자들을 상대로 '온리 팬스'(OnlyFans)라는 온라인 동영상 플랫폼을 운영하였다. 이용자는 '창작자'(Creators)와 '팬'(Fans)의 두 그룹으로 분류되는데, '창작자'는 프로필과 함께 포르노그래피와 동영상을 업로드 하고, '팬'은 각 '창작자'에 대한 구독료를 납부하고 그 콘텐츠에 접근할 수 있으며 대가성 없는 '팁' 지불인

---

159) 2023년 1월부터 디지털 용역 여부를 불문하고 '원거리 용역'일 경우 적용되도록 확대되었다. 원거리 용역에는 전문적 용역(투자 자문, 중개 용역, 법률 및 세무, 회계 자문 용역 등), 교육 및 시험 용역(온라인 시험 등 포함) 등과 같이 용역을 공급받는 자의 물리적 위치와 용역의 물리적 수행 장소 사이의 연관 없이 원거리에서 제공될 수 있는 용역을 포함한다. Inland Revenue Authority of Singapore, e-Tax Guide GST: Taxing imported remote services by way of the overseas vendor registration regime (third edition, 2024), pp. 7~9 등.

160) 2024년 9월 파리에서 개최된 '세계 조세법관 회의'(IATJ) 제14차 총회에서 소개된 최신 사례들이고, 이를 바탕으로 판결문을 분석하여 정리하였다. 바로 이어서 살펴보는 '디지털 차지 솔류션스' 사건은 당시 법무심의관(AG) 의견만 공표된 상태였는데, 이후 판결이 선고되었다.

'모금'(Fundraising)도 가능하였다. 페닉스는 제3자 결제 서비스 업체를 통해 대금 지불 및 수령을 위한 설비도 제공하였는데, '팬'이 결제한 대금에서 20%를 플랫폼 이용 대금으로 부과하고 나머지 80%를 '창작자'에게 지급하였다. '페닉스'는 위 20% 부과금에 대해 부가가치세를 징수하여 납부하였다.

영국 과세관청은 페닉스가 EU 부가가치세 집행명령 제9a조에[161] 따라 포털 등을 통한 전자적 용역 공급에 관여한 플랫폼 사업자로서 '자신의 이름으로 공급자를 위하여 행위한 것'으로 추정되므로 EU 부가가치세 준칙 제28조에 따라 해당 용역의 공급자로 간주되고 '팬'의 지불액 전체에 대해 납세의무가 있다고 보고 부가가치세를 재(再) 산정하여 부과하였다. 페닉스는 위 집행명령 제9a조는 무효이고, 그렇지 않더라도 위 규정에 따른 추정이 번복되어 위 준칙상 간주 규정이 적용되지 않는다고 다투었다.

영국의 '조세 심판소'(the First-tier Tribunal)는 EU 집행명령 제9a조가 무효인지, 위 규정이 EU 부가가치세 준칙 제28조의 범위를 벗어나는 것은 아닌지에 관하여 유럽연합 사법재판소에 '선결적 판결'(preliminary ruling)을 요청하였다.[162]

나) 판단 요지

EU 집행명령 제9a조 신설은 법적 안정성을 보장하고 회원국 사이의 상이한 집행으로 인한 이중과세 또는 이중비과세를 방지하기 위하여 필수적이었다.

온라인 소셜 네트워크 플랫폼 운영에 의하여 전자적 수단에 의한 용역의 공급에 관여한 사업자가 해당 용역의 공급 및 그에 관한 대금 청구에 대한 허가, 용역 공급의 '일반적 조건'(general terms and conditions) 설정 권한을 가진 경우에는, 그 사업자는 해당 공급에 관련된 필수적 요소, 즉 용역의 제공 및 그 시기, 대가 지급이 이루어지는 조건, 용역의 '일반적 틀'(general framework)의 형성 규칙을 일방적으로 정할 수 있고(unilaterally define essential elements), 이러한 점들에 나타난 '경제적 및 상업적 실질'(economic and commercial reality)을 고려하

161) Ⅱ.2.(2)의 3)에서 본 바와 같이, 위 집행명령 제9a조는 '전자적으로 공급되는 용역이 전기통신망, 인터페이스 또는 애플리케이션 마켓플레이스와 같은 포털을 통해 공급되는 경우에는 그러한 공급에 관여한 사업자는 자신의 이름으로 해당 용역의 공급자를 위하여 행위한 것으로 추정'하고, 특히 세 번째 단락에서는 '위 포털 운영자가 고객에 대한 대금 청구와 용역의 제공을 허가하거나 용역 공급의 일반 조건을 설정한 경우에는 해당 용역의 공급자로 다른 자를 명시하는 것을 불허'함으로써 위 추정의 번복이 불가능하도록 규정하고 있다.

162) 영국은 2020. 2. 1. 발효된 탈퇴 약정 체결로 EU를 떠났으나 '전환기'(transition period) 종료 시점인 2020. 12. 31. 이전에 영국 법원의 요청에 따른 '선결적(先決的) 판결' 사건에 대해서는 재판 관할이 있다. 이 사건은 2020. 12. 22. 접수되어 유럽연합법원에 관할이 인정되었다.

면, 그 사업자는 EU 부가가치세 준칙 제28조에 따라 용역의 공급자로 간주되어야 한다.

EU 집행명령 제9a조 제1항의 세 번째 문단에 정한 사정들이 EU 부가가치세 준칙 제28조에 언급되어 있지 않다는 점은 이러한 분석을 뒤집을 수 없다. 위 집행명령 문단은 위 준칙 제28조의 규범적 내용을 변경하는 것이 아니고 오히려 제9a조 제1항에 언급된 특정한 용역에 대한 위 준칙 규정의 적용에 관하여 표현한 것이다. 고객이 본인과 대리인 사이의 약정 및 본인의 정체에 대하여 알고 있는 경우에도 대리인을 공급자로 간주하는 것이 위 준칙 제28조에 반한다는 페닉스의 주장은 받아들일 수 없다.

EU 집행위원회는 위 집행명령을 채택함에 있어서 권한을 초과하였다고 볼 수 없고, EU 집행명령 제9a조 제1항의 효력에 영향을 미칠 만한 요소는 발견되지 않는다.

2) 디지털 차지 솔루션스(Digital Charging Solutions) 사건(C-60/23, 2024. 10. 17. 선고 판결)

가) 사안의 개요 및 쟁점

독일 법인인 "Digital Charging Solutions GmbH"(이하 'DCS')는 전 세계 전기자동차 이용자들에게 스웨덴을 비롯한 '글로벌 마켓' 여러 국가의 충전소 네트워크에 대한 접근을 제공하였고, 스웨덴에 고정사업장(FE)을 두고 있지 않았다.

DCS와 계약을 체결한 '개별 운영자들'(charge－point operators, CPOs)이 충전소를 운영하였고, DCS는 전기차 이용자들에게 차량을 충전하기 위해 사용할 수 있는 충전 카드와 인증 '어플'을 제공하였다. 해당 카드와 어플이 사용되면 해당 충전 '세션'(session)이 네트워크에 등록되었고, 이에 근거하여 CPO는 DCS에게 매월 청구서를 발행하였다. DCS는 전기차 이용자들에게 매월 사용된 충전 요금 및 추가적으로 네트워크에 대한 접근 및 관련 용역에 대한 고정된 구독료를 함께 청구하였다.

스웨덴 과세관청(Revenue Law Commission)은, DCS의 공급은 재화인 전기의 공급을 주된 성격으로 하는 '복합적 거래'라고 보아 그 공급 장소가 스웨덴에 있다는 결정을 하고, 스웨덴 '행정 대법원'에 이에 대한 확인을 구하였다. 반면 DCS 또한 위 결정에 불복하여 위 행정대법원에 상소하였는데, 충전소 네트워크에 대한 접근과 관련 용역만을 공급하였고, 전기차 이용자들이 전기 사용의 양,

구매 시기 및 방법을 자유롭게 정할 수 있으므로 이에 대해 DCS가 공급자로 간주되지 않는다고 주장하였다.

스웨덴 행정대법원은 전기차 이용자들이 충전 수량, 구매 시기, 충전 장소 및 전기 사용의 방법을 결정할 권한을 가지는 경우에 모든 거래의 연결고리 단계에서 공급이 현존하는 것으로 간주되는지에 대하여 유럽연합 사법재판소에 선결적 판결을 요청하였다.

나) 판단 요지

당사자들의 계약 내용에 반영된 경제적 실질을 고려하면, DCS는 전기차 이용자들을 위하여 자신의 이름으로 CPO로부터 전기를 구매하고 이를 전기차 이용자들에게 공급한 것으로 봄이 타당하다. 부가가치세제에서 재화의 공급은 사법(私法) 상의 절차에 따른 소유권 이전을 뜻하는 것이 아니라, 마치 소유자와 같이 처분할 수 있는 권리를 부여하는 재산의 이전을 뜻한다. 반드시 물리적 소지(所持)를 수반하여야 하는 것은 아니다.

CPO는 DCS와 사이에서만 계약 관계가 있었고, DCS는 전기차 이용자들로부터 아무런 선(先) 결제를 받은 바가 없으며 사후적으로 실제 사용량에 따른 충전 대금을 청구하고 그와 함께 고정된 구독료를 받았다. 이러한 점에서 연료 대금의 선결제가 이루어졌던 "Auto Lease Holland" 사건이나[163] 모회사가 연료카드를 발행하여 연료비에 대한 사전 금융을 제공했던 "Vega International" 사건과는[164] 차이가 있다.

부가가치세 준칙 제14조 제2항 (c)호가[165] 적용되기 위해서는 2가지 조건이 충족되어야 한다("ITH Commercial Timişoara" 판결[166] 참조). 첫째, 재화의 공급에 있어 본인을 위하여 행위를 하는 '위탁매매인 등'(commission agent)이[167] 있어야

---

163) CJEU C-185/01, *Auto Lease Holland*, 2003. 2. 6. 선고 판결.

164) CJEU C-235/18, *Vega International Car Transport and Logistic*, 2019. 5. 15. 선고 판결.

165) EU 부가가치세 준칙 제14조
(1) "재화의 공급"은 유체 재산에 대한 소유자로서 처분권의 이전을 의미한다.
(2) 제1항의 거래에 더하여, 아래 각 호는 재화의 공급으로 간주된다:
(c) 구매 또는 판매 시에 수수료가 지급되는 계약에 따른 재화의 이전(the transfer of goods pursuant to a contract under which commission is payable on purchase or sale).

166) CJEU C-734-19, *ITH Commercial Timişoara*, 2020. 11. 12. 선고 판결.

167) "commission agent"는 통상 위탁매매인, 중개인, 위탁판매대리상 등으로 번역되는데 우리 상법상의 특정 개념과 일치하는 것은 아니므로 이 글에서는 부가가치세법 제53조 규정의 예에 따라 '위탁매매인 등'이라고 하였다.

하고, 둘째, 위탁매매인 등이 취득한 재화의 공급과 본인에게 판매된 또는 이전된 재화의 공급이 반드시 동일하여야(identical) 한다. 두 조건이 충족되면 두 개의 동일한 재화의 공급이 연속적으로 이루어진 것으로 보는 '법적 간주'(legal fiction)가 성립하고, '자신의 이름으로 타인을 위하여' 행위를 한 사업자는 자신이 공급을 받아서 공급을 한 것으로 간주된다.

주어진 사실관계에 의하면, CPO와 DCS 사이, 혹은 DCS와 전기차 이용자들 사이에 위탁매매 등 약정이 체결되었다고 보는 것이 가능하고, DCS가 CPO로부터 공급받아서 다시 전기차 이용자들에게 공급한 재화인 전기는 동일한 것으로 인정될 수 있으므로, 부가가치세 준칙 제14조 제2항 (c)호의 요건이 충족된다. 전기 사용의 질·양, 시간 및 방법의 선택이 이용자에게 달려있는 것은 전기차 충전 목적의 위탁매매 등 계약의 성질에 따른 것이다.

하나의 거래가 여러 요소와 행위의 묶음으로 구성되는 경우에, 부가가치세 목적상 이를 둘 이상의 공급으로 볼 것인지 아니면 하나의 단일한 공급으로 볼 것인지, 만일 단일한 공급으로 본다면 이를 재화의 공급으로 볼 것인지 아니면 용역의 공급으로 볼 것인지를 결정하기 위해서는 해당 거래가 이루어진 제반 사정을 종합적으로 고려하여야 한다. 충전 장소에 대한 접근, 기술적 지원, 충전 장소에 대한 예약 등 용역에 대한 대가로 청구되는 구독료가 전기 사용량과 무관하게 '고정된 금액'(fixed fee)이라면, 그 용역의 공급은 보조적인 것이 아니라 전기의 공급과 구분되는 '별개의 독립된'(distinct and independent) 거래로 볼 수 있다. 단일 거래의 요건을 충족하는지 여부는 스웨덴 법원에서 최종적으로 결정할 사항이다.

3) 평가

'페닉스 판결'은 전자적 용역 공급에 관여한 플랫폼을 해당 용역의 공급자로 간주하는 EU 부가가치세 집행명령 제9a조의 유효성을 확인한 것으로 중요한 의미가 있다. 실제 용역의 공급자가 숨겨져 있지 않고 상대방이 그 정체를 알 수 있다고 할지라도 전자적 용역 거래에 대한 플랫폼의 공급자 추정을 번복할 수 없다는 점이 분명해졌다고 하겠다. 플랫폼을 통한 전자적 용역의 공급에서 플랫폼의 역할은 핵심적이고 이 사건과 같은 사실관계에서 만일 플랫폼을 통하지 않았더라면 해당 용역의 실제 공급자와 상대방 사이의 거래는 거의 성립하기 어려웠다고 볼 수 있다. 이러한 점을 반영하여 부가가치세 준칙 제28조의 적용 관련

특례를 집행명령 개정으로 입법화한 것인데, 그 유효성이 유럽연합 사법재판소 판결로 인정됨으로써 앞으로 플랫폼 기업에 대한 규율을 강화하는 부가가치세 개편[168] 추진이 더 힘을 받을 것으로 보인다.

한편 유럽연합과 우리나라의 법령 체계가 다르고, 우리나라의 경우에는 조세 법률주의 아래 판례상 위임입법의 한계가 분명하므로, EU 부가가치세 집행명령 제9a조에 대응되는 내용 등을 마련한다면 반드시 법률에 그 주요 내용을 명시하도록 유의해야 할 것이다.

DCS 사건 판결은 EU 부가가치세법상 재화로 분류되는 전기 충전 거래에 관한 것이기는 하나 EU 부가가치세법에는 용역 거래와 마찬가지로 재화 거래의 경우에도 일정한 위탁매매인 등에 대해 공급자로 간주하는 규정이 있어 이를 적용하여 플랫폼이 해당 거래의 공급자로 간주된 사례로서 그 논증이 매우 구체적이고 상세하다. 금융적 요소 없이 실제 충전된 전기량에 따라 그 대금을 수수했다는 사정이 중요하게 고려된 점이 인상적이다.

아울러 DCS 사건 판결은 부가가치세 목적상 단일 거래 여부의 판단 기준에 관해서도 유의미한 판시를 하였는데, 거래된 물량과 무관하게 고정된 금액의 구독료를 수수했다는 사정이 단일한 공급 거래가 아닌 별개의 거래로 볼 수 있는 요소로 명시된 점에서도 실무상 의미가 있다. 다만 단일 거래 여부는 이 부분이 절대적인 요소는 아니라고 보이고 제반 사정을 종합하여 결정함이 타당할 것이다.

Ⅳ. 마치며

디지털 경제 시대의 도래와 함께 전자상거래, 특히 국제적 용역 거래에 대한 부가가치세 과세 방법과 내용 등에 관하여 지난 약 20년 이상 국내·외에서 많은 논의가 있었고, 우리나라 부가가치세법도 여러 차례에 걸쳐 개정이 되었다. 이 글의 본문에서는 OECD와 유럽연합에서 이루어진 관련 논의와 입법 등의 경과를 배경으로, 우리나라 부가가치세법의 개정 연혁, 내용과 적용 범위, 관련 사례와 판례 등에 대하여 살펴보았고, 국외 사업자의 국내 고정사업장 유무, 국내 공급받는 자의 유형 등에 따라 분류하여 비거주자 또는 외국법인이 국내에 공급하는 용역 거래에 관한 현행 부가가치세법상 법률관계를 정리해 보았다.

168) Ⅱ.2.(2)의 3)에 본 바와 같이 새로운 '부가가치세 패키지'가 2027년부터 시행 예정이다.

그리고 플랫폼 거래 관련 부가가치세 주요 이슈로서 고정사업장의 개념과 요건, 플랫폼 사업자에 대한 공급자 간주 요건인 플랫폼 관여의 의미 등에 관하여 추가로 검토하였고, 그 과정에서 유럽연합 사법재판소의 최근 판례들을 참고로 살펴보았다. 우리 세법상으로도 부가가치세 목적상 고정사업장을 소득세제의 고정사업장과 유사하지만 반드시 일치하지는 않는 독자적 개념으로 해석하는 것이 가능하다고 보이고, 부가가치세법 제6조 제2항의 문언과 전체 체계 및 관련 법리 등을 종합하여 그 개념과 기준을 정립할 수 있을 것이다. 다만 그러한 기준에 따른 고정사업장 개념에 의하더라도 디지털 경제 시대 플랫폼 기업의 다양한 활동에 대하여 모두 이를 통해 적정한 과세권을 확보하는 것은 어렵고 법리상 일정한 한계가 있을 수밖에 없다.

디지털 경제의 등장 이래 플랫폼 방식의 사업이 다방면으로 확대되고 있고, 이는 상법 등에서 예정한 전통적 방식의 사업 운영과는 상당한 차이가 있다. 전 세계에 흩어져 있는 판매자들과 구매자들을 온라인 '글로벌 마켓'에서 실시간으로 광범위하게 연결하고 안정된 결제 방법을 제공함으로써 거래를 촉진하고 이를 통해 막대한 수익을 올린다. 고정된 장소인 사업장을 찾아 재화나 용역의 공급자를 특정하고 그 공급 거래의 연결고리를 파악하여 각 단계별로 거래징수 방식으로 세금을 거두던 전통적 부가가치세제의 기존 틀만으로는 이러한 플랫폼에 대하여 적정한 납세의무를 지우기 쉽지 않다. 유럽에서와 같이 플랫폼 사업자에 대한 부가가치세 책임을 더욱 강화하는 방향으로 새로운 입법적 해결이 추진된다면, 어떠한 근거로 어떠한 경우에 그러한 책임을 지울 것인지, 적정한 입법과 그 해석 및 적용 과정에서 예측가능성을 보장하고 분쟁의 여지를 줄일 수 있는 정치(精緻)하고 타당한 법리 수립을 위하여, 앞으로 창의적이고 심층적인 연구가 다각도로 이루어질 필요가 있다. 그러한 길에 이 글이 조금이라도 도움이 되길 바란다.

참고문헌

[인용된 문헌]

Chang Hee Lee, "Impact of E-Commerce on Allocation of Tax Revenue between Developed and Developing Countries", Journal of Korean Law, Vol.4 No.1 (2004)

김동석, "전자상거래와 과세", 경영법률 제12집, 한국경영법률학회, 2001

김석오, "e-Commerce 관련 국제조세이슈에 관한 국제동향 비교분석과 접근전략 — Indirect Taxation을 중심으로", 『조세연구』 제2권 (2002)

김신언, "디지털서비스 거래에서 국외사업자의 부가가치세 과세문제 — 부가가치세법 제53조의2를 중심으로 —", 『세무와 회계연구』 제10권 제2호, 한국조세연구소, 2020

김영순, "4차 산업혁명이 조세에 미치는 영향 — 신종 세원에 대한 입법과제를 중심으로", 『법학연구』 제25집 제4호, 인하대학교 법학연구소, 2022

김혜진·박준형, "디지털 용역거래에 있어 법인세법상 고정사업장(PE)과 부가가치세법상 국내사업장(FE)의 개념구분 및 구체적인 인정요건에 대한 고찰 — 최근 프랑스 국사원의 Value Click 판결을 중심으로", 『조세학술논집』 제38집 제3호, 2022

남성우, "국제적 용역거래의 공급장소에 관한 대법원 판례의 경향", 『조세소송의 주요 쟁점』, 사법연수원, 2020

박윤준, "외국기업 고정사업장에 대한 부가가치세 과세문제의 연구", 『조세학술논집』 제36집 제3호, 2020

박진완, "유럽연합법원과 유럽인권법원과의 관계", 『법학논고』 제64집, 경북대학교 법학연구원, 2019

윤지현, "비거주자가 하는 국내 용역공급의 부가가치세 과세체계에 관한 연구 — '사업자간(B2B) 거래'를 중심으로 —", 조세학술논집 제34집 제3호, 2018

이미정, 『국제적 디지털 거래의 부가가치세 과세에 대한 연구』, 서울시립대학교 세무전문대학원 박사학위논문, 2015

이호섭, 『국제적 사업자 간 용역거래의 부가가치세 과세에 관한 연구』, 서울시립대학교 세무전문대학원 박사학위논문, 2023

한병기, "비거주자가 거주자에게 제공하는 원거리 용역에 대한 부가가치세 과세 연구 — 소비지국과세원칙의 이상과 용역의 공급장소라는 대체적 표지의 관계를 중심으로",

『조세학술논집』 제40집 제1호, 2024

엘레오노르 크리스토페르손(Eleonor Kristoffersson)·페르닐라 렌달(Pernilla Rendahl), 윤지현 등 15인 옮김, 『유럽 부가가치세법』, 박영사, 2021

Giorgio Beretta, European VAT and the Sharing Economy, Wolters Kluwer, 2019

Pankaj Dhaundiyal, "Taxing E−Commerce: Its Challenges and Future Prospects − A Comparative Analysis", Internet taxation and e−retailing law in the global context, IGI Global, Business Science Reference, 2018

Charlène Herbain, "Value Added Tax 3.0", Value Added Tax & the Digital Economy, Wolters Kluwer, 2016

Hui Ling McCarthy QC·Sarah Black, "Internet Transactions, Telecommunications", EU Value Added Tax Law, Edward Elgar Publishing, 2020

Alice Pirlot·Henri Culot, "When International Trade Law Meets Tax Policy: The Example of Digital Services Taxes", Journal of World Trade, Vol.55 No.6 (2021)

Donato Raponi·David O'Sullivan, "VAT and Taxation of the Digital Economy from the Perspective of the EU Policy Maker", Value Added Tax & the Digital Economy, Wolters Kluwer, 2016

M.L. Schippers·J.M.B. Boender, "VAT and Fixed Establishments: Mysteries Solved?", Intertax, Vol.43 (2015)

Ben Terra, "Internet and the Concept of 'Fixed Establishment' of the Recipient of a Supply of Services: Case C−605/12 *Welmory*", Value Added Tax & the Digital Economy, Wolters Kluwer, 2016

European Commission, Proposal for a Council Directive amending Directive 2006/112/EC as regards VAT rules for the digital age, 2022

OECD, International VAT/GST Guidelines, 2017

OECD, The Role of Digital Platforms in the Collection of VAT/GST on Online Sales, 2019

Inland Revenue Authority of Singapore, e−Tax Guide GST: Taxing imported re−mote services by way of the overseas vendor registration regime (Third Edition), 2024

[그 밖의 문헌]

권오현, "국제간 전자상거래의 과세방안 및 과세관할권에 대한 연구: 디지털 상품의 부가가치세 과세를 중심으로", 연세대학교 (2006)

박훈, "디지털 경제하에서의 고정사업장 개념 변경과 해외이전소득에 대한 과세제도의 도입에 관한 소고", 『조세학술논집』 제35집 제1호, 2019

백제흠, "조세조약상 외국법인 고정사업장의 구성요건", 『조세실무연구 IV』, 김·장 법률사무소, 2013

서보국, "부가가치세법상 용역의 공급장소에 관한 비교법적 연구 ― 독일의 부가가치세법을 중심으로", 『서울법학』 제28권 제1호, 서울시립대학교 법학연구소, 2020

오윤, "부가가치세법상 대리납부의무의 '용역의 국내공급' 요건에 관한 연구", 『법학논총』 제39집 제3호, 한양대학교 법학연구소, 2022

유철형, "신용카드사 분담금의 소득구분 및 용역의 공급장소 판단기준: 대법원 2022. 7. 28. 선고 2018두39621 판결", 『유철형의 판세 7』, 세정일보, 2023

이준봉, "고정사업장과 부가가치세 납세의무", 조세법연구 제28권 제3호, 2022

전세진, "독일의 전자상거래에 대한 새로운 부가가치세 과세제도 ― 부가가치세 탈세 방지를 위한 온라인 오픈마켓 운영자의 정보수집 의무규정과 부가가치세 납부책임규정 도입, 『최신외국법제정보』 2018년 제5호, 한국법제연구원 (2018)

정병준, 『디지털세 도입에 따른 주요 국가의 부가가치세 제도 개편 방안에 관한 연구와 시사점 ― 유럽과 OECD 비교를 중심으로』, 고려대학교 기술경영전문대학원 석사학위논문, 2025

정영기·박정우, "국제 전자상거래에 대한 과세방안의 고찰 ― 소득세 및 부가가치세를 중심으로", 『상사법연구』 제22권 제1호, 한국상사법학회, 2003

정재호·이정미·정희선, 『용역의 공급에 대한 부가가치세 과세제도 비교연구 ― 공급장소 및 무상공급을 중심으로』, 한국조세연구원, 2010

조일영, "국내은행이 SWIFT로부터 제공받은 이 사건 외환거래 메시지 전송용역이 외국법인이 국내에서 공급하는 용역에 해당하여 국내은행이 부가가치세 대리납부의무를 부담하는지 여부", 『대법원판례해설』 제61호, 법원도서관, 2006

16. 금융용역에 대한 면세의 근거와 적용범위에 관한 고찰
– 부수(附隨) 용역을 중심으로

정재희*

Ⅰ. 서론

우리나라의 부가가치세는 원칙적으로 모든 재화와 용역의 공급에 대하여 단일 세율로 과세하는 '일반 소비세'에 해당한다. 세제가 사람들의 의사 결정을 왜곡하지 않아야 한다는 '조세중립성'은 '효율'이라는 세법의 중요 이념 중 핵심적 개념이다.[1] 그런데 일반 소비세로서의 부가가치세는 일과 놀이의 선택에서, 또는 저축과 소비의 선택에서 조세중립성을 해치지 않는다는 점에서는 누진세율이 적용되는 소득세에 비하여 강점이 있고,[2] 더 중요한 것은 경쟁 관계에 있는 각종 재화나 용역의 선택에서 부가가치세가 개입하지 않는다는 의미에서 조세중립성이다.

그럼에도 현행 부가가치세법은 일반 소비세의 이러한 장점을 포기하고 일정한 종류의 재화나 용역의 공급에 대해서는 면세를 채택하고 있다. 면세는 원래

* 변호사, 법무법인(유) 바른.

1) 이창희, 『세법강의』, 40면.

2) 이창희, 『세법강의』, 387~390면. 물론 세법의 다른 이념인 '공평', 특히 수직적 공평의 측면에서 직접 소득세는 소비세가 따라갈 수 없는 장점이 있다. 이창희, 『세법강의』, 398면.

과세 대상이 되지만, 정책적·기술적 이유로 과세 대상에서 제외한다는 점에서 '비(非) 과세 대상'과는 구별된다. 면세는 생필품과 같은 최종 생산물의 가격을 낮추어서 부가가치세의 역진성(逆進性)을 완화하거나(연탄, 수돗물), 특정한 종류의 사업자와 국가가 법률관계를 맺을 만한 실익이 적은 경우(예컨대 농·어민), 마지막으로 부가가치세 자체의 이론적 어려움이나 행정 부담 때문에 어쩔 수 없이 면세를 하는 경우가 있는데 금융·보험업은[3] 마지막에 해당한다.[4]

그런데 현행 세법상 면세되는 금융·보험 용역의[5] 범위는 광범위하게 설정된 데다가, '부수(附隨) 용역'으로서 주(主) 된 용역의 공급에 포함되는 것으로 보는 부가가치세법 제14조 제1항이 적용되기도 하고, 부가가치세법 시행령 제40조 제2항에서 금융업을 하는 자 이외의 자가 사업과 관련하여 주된 사업에 부수하여 금융 용역과 같거나 유사한 용역을 제공하는 경우도 금융 용역으로 취급하도록 규정하고 있어서 각 조항의 관계와 적용범위를 정하는 것이 쉽지 않다. 그 결과 부수용역의 판단 범위가 과세관청의 일관되지 못한 유권(有權) 해석에만 의존하여 예측가능성을 저해한다는 비판이 많다.[6] 따라서 이 글은 각 조항의 유기적 관련성과 해석의 기준을 제공하는 것을 첫 번째 목표로 한다. 이를 위해서 다양한 판례나 유권해석의 사례를 일정한 체계에 따라 분류하면서 검토하는 방식을 취하기로 한다.

이 글의 다른 목표는 금융 용역을 면세하는 근본적인 이유를 이론적 측면에서 다시 살펴보는 것이다. 일찍이 이 글을 작성하게 된 계기를 제공한 선행 연구는[7] 금융기관이 개입되지 않은 상태에서 개인이나 기업 사이에서 이자를 주고받는 흐름 자체는 부가가치세를 과세하지 않는 영역이지만, 금융업자가 이자소득을 주고받는 자를 연결해주는 용역은 과세 대상임에도 용역 대가가 이자의 흐름 속에 숨겨져 있어서 부가가치세를 과세하기 어렵다는 기술적(技術的)인 이유에서 면세의 대상으로 삼고 있다고 설명한 바 있다.

그런데 비교적 최근에 선고된 대법원 판례는 '금융 지주(持株) 회사'가 자(子)

---

3) 이하 특별히 필요한 경우 외에는 '금융·보험업'을 편의상 '금융업'이라고만 부르기로 한다.
4) 이창희, 『세법강의』, 1222면.
5) 이하 특별히 필요한 경우 외에는 '금융·보험용역'을 편의상 '금융용역'이라고만 부르기로 한다.
6) 이성식, 『부가가치세의 합리적 개선방안에 관한 연구』, 서울시립대학교 박사학위 논문 (2005), 153~156면. 최은화, "금융·보험용역에 대한 세법상 취급에 관한 연구", 고려대학교 석사학위논문, 2017, 91면 등.
7) 이창희, "금융보험업에 대한 부가가치세", 『서울대학교 법학』 제43권 제3호, 2002.

회사에 자금을 대여하고 이자 명목으로 받은 돈은 부가가치세 면세 대상이 아니라 '비과세' 대상이라는 판단을 내린 바 있다(대법원 2019. 1. 17. 선고 2015두60662 판결, 이하 '대상 판결'이라고 한다). 대상판결이 명시적으로 언급하고 있지는 않지만, 전체적 맥락에 비추어 선행 연구의 이론적 설명을 참고한 것으로 추측된다. 그런데 금융지주회사가 자회사와 맺은 거래 관계가 순수하게 이자만을 주고받은 것으로 보기 어렵고 용역의 제공도 존재한다는 이유로 대상판결의 결론에 대한 비판적 논의가 작지 않다. 이 글은 현행 부가가치세법이 면세하는 금융보험업의 체계를 먼저 살펴본 후, 대상판결을 선행 연구에 비추어 조망(眺望)하면서 비판적 검토를 수행하기로 한다. 또한 이자를 포함한 금융용역에 대하여 과세 기술상 어려움을 보완하는 방안으로 '현금흐름에 의한 과세 방법'(cash flow system)을 간략히 소개하고, 이해를 도모하기 위한 사례를 고안해 보았다.

이 글의 첫 번째 목표인 부수용역과 관련하여 면세되는 금융용역의 범위를 정하는 문제와 두 번째 목표인 금융용역을 면세하는 이론적 근거에 관한 문제는 어떻게 보면 연관성이 크지 않아 보일 수 있다. 그러나 금융용역 면세의 이론적 토대를 명확히 하는 것은 금융용역의 면세의 범위를 정할 때, 해석의 방향성을 제시하는 데에 도움이 될 수 있고, 선행 연구의 이론적 함의(含意)를 현재 시점에서 되짚어 볼 계기를 제공한다는 점에서 의미가 있다고 본다.

다만 논리적 순서에 따라 Ⅱ.에서 금융용역을 면세하는 이론적 근거와 대상판결을 우선 살펴보기로 하고, 이어서 Ⅲ.에서 금융용역 중 부수용역으로서 면세되는 범위에 관하여 살펴보기로 한다.

Ⅱ. 금융용역에 대한 이론적 분석과 대상 판결에 대한 검토

1. 금융용역에 대한 이론적 분석

(1) 이자의 흐름을 부가가치세 과세 대상으로 삼지 않은 이유

자금의 여유가 있는 자(者)가 자금이 부족한 자에게 돈을 빌려주고 이자를 받는다면, 그러한 이자의 흐름은 누군가가 소비할 수 있는 부가가치를 만들어 내는가? 이자를 지급받는 사람의 부(富)가 늘어난 만큼 이자를 지급한 사람의 소비는 줄어들어 상쇄되고 이자 자체는 총소비에 영향을 미치지 못하는 '이전(移

轉) 지출'에 불과하여 부가가치를 만들지 못한다는 주장도 있다.[8)] 그러나 이자를 받는 채권자는 주주나 노동자와 마찬가지로 생산 과정에 참가하여 분배를 받는 지위에 있으므로, 부가가치 창출에 기여한다고 보아야 한다.

부가가치세는 '기업'(企業)의 차원(즉 사업자)에서 생산되는 최종 소비재(투자에 해당하는 자본재는 해당 없다)가 모두 소비된다는 가정 아래 최종 소비재의 각 생산 단계에 있는 개별 사업자들로부터 그들이 창출한 부가가치에 해당되는 금액만큼만 '전(前) 단계 세액공제' 방식(매출액−매입액)으로 산출한 부가가치세를 징수하는 제도이다. 이자는 지대(地代)·임금(賃金)·배당 등과 더불어 당연히 부가가치를 창출하는 생산요소의 대가이다. 다만 현행 부가가치세제는 각 생산 단계에 있는 '사업자'들로부터만 세금을 걷는 체계로 짜여 있고, 각 사업자들에게 생산요소를 제공한 대가로 성과를 분배받는 자들은 부가가치세의 납세의무자로 삼지 않고 있다.[9)]

물론 채권자가 받는 이자를 부가가치세로 과세하고, 이자를 지급하는 자에게 이를 매입세액으로 공제받는 체계로 할 수도 있으나, 현재의 전 단계 세액공제 제도 아래에서는 채권자의 수입이자에 대하여 부가가치세로 과세하지 않는 대신, 이를 지급하는 기업 단계에서도 지급이자를 매입세액으로 공제하지 않는 체제를 취하고 있는 것이다. 즉 이자는 부가가치를 만들어내는 생산요소에 대한 대가이지만, 현재의 부가가치세 체계에서는 기술적 이유로 비(非) 과세 대상으로 설정된 것으로 볼 수 있다.

다만 이러한 명제는 가계(家計)가 기업에 돈을 빌려주는 경우나 기업이 기업에게 돈을 빌려주는 경우처럼 자본이 기업의 부가가치 창출에 기여하는 상황에서만 타당하다. 이와 달리 기업이 가계에 돈을 빌려주는 경우에는 가계가 기업에 지불하는 이자만큼 소비가 줄고 그만큼 기업에 생산요소를 제공한 자의 소비가 늘어날 뿐, 소비의 총량(總量)에 영향이 없고 기업의 생산에 기여하는 것이 아니므로 처음부터 부가가치세의 과세 대상으로 보기 어렵다.[10)] 또한 가계가 가계에 돈을 빌려주고 이자를 받는 경우에도 마찬가지로 소비의 총량에 영향이 없을 뿐만 아니라, 기업 활동과 무관한 영역이므로 부가가치세제에 반영할 필요가 없다.[11)]

---

8) Yolanda K. Henderson, "Financial Intermediary under Value Added Taxation", 37 New England Economic Review 43(1988), 이창희, 『세법강의』, 1215면에서 재인용함.
9) 이창희, 『세법강의』, 1215면.
10) 이창희, "금융보험업에 대한 부가가치세", 37면. 이러한 경우 기업의 부가가치 계산 시 수입이자를 더하지 말아야 하고, 이자의 흐름을 무시하여야 한다고 본다.
11) 이창희, "금융보험업에 대한 부가가치세", 37면.

(2) 금융용역에 대하여 면세를 하는 이유

(1)에서 본 상황은 금융기관이 끼지 않은 상태에서 자금의 공급자와 수요자 사이에 직접 거래가 있는 경우에 관한 것이다. 자금의 수요자와 공급자를 매개하여 주는 것이 은행이 제공하는 가장 기본적인 형태의 용역이다. 더 정확히 말하자면, 은행은 차입자에게는 높은 이자를 받고 예금자에게는 낮은 이자를 지급하면서 그에 따른 '예대(預貸) 마진(margin)'을 주된 수입원(收入源)으로 삼고 있다. 이러한 용역을 부가가치세제에서 어떻게 취급할 것인가는 먼저 이러한 용역에 대하여 부가가치가 창출되는가를 묻고(즉 과세 대상인가, 비과세 대상인가), 과세 대상이 맞다면 그럼에도 불구하고 현행법이 면세로 취급하는 이유는 무엇인지를 따져보아야 한다.

1) 금융용역은 부가가치를 창출하는가[12)]

기업과 기업 사이의 금융을 은행이 중개한다면, 자금이 한결 좋은 투자 기회를 찾아가는 것이므로 분명 부가가치가 늘어난다. 특히 은행이 중개 역할만을 맡아 차입자 하나하나와 예금자 하나하나를 바로 연결해 주고 두 당사자에게 각각 중개 수수료를 받는다면, 위 용역대가에 대하여 은행에게 부가가치세를 걷고 수수료를 지급하는 자가 기업이라면 매입세액 공제를 허용하면 된다. (1)처럼 채권자가 직접 기업에 돈을 빌려 주고(즉 생산요소를 제공하고), 그에 대한 이자를 수취하는 것은 부가가치세의 사슬을 구성하는 기업 내부의 분배 문제인 반면, 은행이 개입할 경우에는 기업의 바깥에서 은행이 독자적인 부가가치를 만들어내는 활동이 존재한다는 점에서 차이가 있다.

은행이 가계와 가계 사이의 금융을 연결하는 활동은 현재의 소비와 장래의 소비를 교환하는 것으로 경제 전체를 볼 때 소비의 총량에는 영향이 없어서 얼핏 보면 부가가치를 창출하지 못하는 것으로 생각할 수 있다. 그러나 교환을 통하여 돈을 꾸는 사람과 꿔주는 사람이 자발적으로 돈의 흐름을 바꾸는 이상 두 사람의 소득이 줄어드는 일이 있을 수 없다.[13)] 그렇다면 은행의 소득은 국민경

---

12) 이하의 내용은 이창희, 『세법강의』, 1216~1218면을 주로 참조하여 정리하였다.

13) 이창희, 『세법강의』, 1217~1218면에서는 예를 들어 대구의 농사꾼이 사과 100kg만 생산하고 이천의 농사꾼은 쌀 100kg를 생산하여 각 절반씩을 장사꾼을 통하여 교환함에 따라, 대구의 농사꾼은 사과 50kg, 쌀 45kg을 가지고, 이천의 농사꾼은 쌀 50kg, 사과 45kg을 가지며, 장사꾼은 사과 5kg, 쌀 5kg을 분배받는 사례를 제시한다. 이때에도 총(總) 소비가 쌀 50kg, 사과 50kg이라는 사실에는 변화가 없지만, 쌀 농사꾼과 사과 농사꾼이 자발적인 의사로 교환에 임한

제 입장에서는 새로이 창출되는 부가가치임이 분명하다.

2) 금융용역에 대하여 부가가치세를 면세하는 이유

그런데 현실적으로 은행은 증권회사와 달리 그 스스로가 자금 흐름의 한 당사자의 지위를 택하여 예금자에 대해서는 채무자의 지위에 서고, 차입자에 대하여는 채권자의 지위에 서는 까닭에 은행의 수수료는 이자의 흐름 속으로 숨어 들어간다.[14] 대출이자와 수입이자 사이에 차액이 발생하는 원인은 '돈의 시간적 가치', '대출자금 회수의 위험에 대한 대가', '은행 자체가 제공하는 용역의 대가'의 세 가지인데, 앞의 두 가지는 소비와 무관하므로 부가가치세 과세 대상이 아니고, 용역 대가 역시 은행의 업무 형태상 예금이자와 대출이자의 차액 속에 숨어 구분이 불가능하므로, 이를 면세 대상으로 한 것이라고 설명하기도 한다.[15]

이에 대한 대안으로 예금주나 차입자를 무시하고 은행에서 창출한 부가가치에[16] 대해서만 세금을 걷는 방식을 생각해볼 수 있다. 그러나 은행에서 부가가치세를 걷는다면, 은행으로부터 용역을 제공받은 기업은 매입세액을 공제받을 수 있도록 해주어야 하는데, 이자의 흐름 속에 기업의 매입세액이 얼마인지를 확인할 방법이 없다.[17]

다른 한편, 은행의 부가가치란 '수입이자 - 지급이자'이므로, 이자의 흐름 자체를 재화의 흐름처럼 보아서 수입이자에 대해서는 매출세액을 매기고, 지급이자에 대해서는 매입세액을 공제해 주는 방식도 생각해볼 수 있다.[18] 차입자가 사업자가 아닌 개인이면 이자에 포함된 은행의 용역에 대해서만 과세하는 것이 아니라, 이자 전액을 과세하는 것이 불가피한 결과가 된다. 즉 이자의 흐름에 대하여 과세하면서 은행의 순수한 용역대가에 대해서만 과세하는 결과가 되려면,

---

것인 이상, 두 농사꾼의 소득은 그대로 남아있다고 보아야 하고, 결국 교환을 통하여 장사꾼의 소득(사과 5kg, 쌀 5kg)만큼 전체 국민소득이 늘어난 것으로 보아야 한다고 설명한다.

14) 이창희, "금융보험업에 대한 부가가치세", 41면.

15) 임승순·김용택, 『조세법』(제25판), 박영사, 2025, 1047면. 다만 '대출자금회수 위험에 대한 대가'가 부가가치세 과세 대상이 아니라는 부분은 의문이다. 채무보증 행위는 현행 부가가치세법상 면세 대상으로 규정되어 있는데(부가가치세법 시행령 제40조 제1항 제1호 라.목), 이것은 원래는 과세대상임을 전제한 것이고, 채무보증에 따른 수수료는 바로 '대출자금회수 위험에 대한 대가'이기 때문이다.

16) 예컨대 노동자의 임금과 주주의 소득을 더하는 방식으로 은행의 부가가치를 계산하여 은행에 세금을 물리는 방식이다.

17) 이창희, "금융보험업에 대한 부가가치세", 42면.

18) 이하의 내용은 이창희, 『세법강의』, 1219~1220면을 참고하였다.

부가가치세 사슬의 각 단계에 있는 당사자가 모두 사업자로서 매입세액을 공제받을 수 있어야 하는데, 차입자와 예금주가 모두 개인일 때에는 은행은 개인으로부터 매입세액을 공제받지 못하고,[19] 예금주가 기업이고 차입자가 개인인 경우에도 은행과 기업이 별도로 매출세액을 납부하여 과도한 과세가 이루어지는 것은 마찬가지 결과이다.[20]

3) 대안적 방식의 모색 : 현금흐름에 의한 부가가치세 과세 방식

이자를 포함한 금융서비스에 대한 과세 기술상 어려움을 보완하는 과세 방안으로서 '현금흐름에 의한 과세방법'(cash flow system)도 주장된 바 있다.[21] 자금 차입 및 대출로부터 발생하는 모든 현금 수입(차입금 원금, 수입이자, 배당수입 등)을 부가가치세 과세 대상인 매출로 간주하는 한편, 자금 및 대출에 따른 모든 현금의 지출(지급이자, 배당금, 지급액, 대출 원금)을 부가가치세법상 매입세액 공제가 가능한 중간재 구입으로 간주하여 부가가치세를 적용하는 것을 말한다.[22] 금융기관 입장에서 가계에 대한 서비스 공급의 가치는 현금의 수입에서 지급액을 공제한 순(純) 현금의 흐름으로 평가되는데, 이는 곧 현금흐름에 의한 부가가치세 과세표준이 된다.

이해의 편의상 사례를 들어본다.[23] 은행이 ① 사업자가 아닌 개인 A로부터

---

19) 은행이 개인과 개인 사이의 금융을 중개하는 예로 은행은 차입자(借入者)에게 이자 135원을 받아 예금주(預金主)에게 이자 105원을 지급한다고 가정한다. 은행은 차입자로부터 대출이자 135원에 매출세액 13.5원을 추가로 거래징수하지만, 예금주는 사업자가 아니므로 은행에 10.5원을 거래징수하지 아니한다. 결국 은행만 매출세액 13.5원을 내고, 매입세액을 공제받지 못하게 되는데, 결과적으로 은행이 창출한 부가가치 30원에 대하여 과세하는 것이 아니라, 수입이자 130원 전체에 대하여 부가가치세를 과세하는 결과가 된다.

20) 예금주가 기업이고, 차입자는 개인인 경우로서 같은 사례를 상정해본다. 은행은 차입자로부터 대출이자 135원에 매출세액 13.5원을 거래징수하고, 예금주인 기업은 이자 105원을 받으면서 10.5원을 거래징수할 것이다. 은행은 매출세액 13.5원에서 매입세액 10.5원을 공제한 3원에 대해서만 부가가치세를 납부하지만, 기업 역시 별도로 10.5원을 부가가치세로 납부할 것이므로, 결국 13.5원이 과세되는 결과가 된다.

21) Poddda, Sartya and English, Morley (1997), "Taxation of Financial Services Under a Value-Added Tax"; Applying the Cash-Flow Approach, National Tax Journal 50:1, pp. 89~111.

22) 김승래·박명호·홍범교, 『우리나라 부가가치세 정책과제의 경제적 분석 : 과세베이스 확대를 중심으로』, 한국조세연구원, 2007, 106면.

23) 현금흐름에 따른 과세방식에 대한 이해를 돕기 위하여 필자가 나름대로 만들어본 사례이다. 현금흐름에 따른 과세방식을 자세히 서술하는 이유는 이러한 제도가 현실적으로 채택되어야 한다는 생각이라기보다는 실제 현금흐름에 따른 과세 사례를 보여줌으로서 위와 같이 복잡한 체계를 통해서만 이자의 흐름에 관한 금융용역에 대하여 부가가치세를 과세하는 것이 가능함을 알리고, 이를 통해 현행의 면세 제도가 불가피하다는 점을 강조하려는 의도이다.

예금 1,000원을 받아 개인 B에게 대출해 주었는데, 차기(次期)에 B로부터 이자 135원을 받아 A에게는 이자 105원을 주면서 원리금을 상환하는 거래를 한 경우, ② 기업 X로부터 예금 1,000원을 받아 기업 Y에게 대출해 주면서 당기(當期)와 차기에 동일한 거래를 한 경우, ③ 기업 X로부터 예금 1,000원을 받아, 개인 B에게 대출해 주면서 당기와 차기에 동일한 거래를 한 경우, ④ 개인 A로부터 예금 1,000원을 받아 기업 Y에게 대출을 해주면서 당기와 차이에 동일한 거래를 한 경우를 상정하여 보기로 한다(숫자는 모두 같고 다만 예금을 한 사람과 대출을 한 사람의 조합(組合)을 개인과 기업으로 각각 달리한 것이다).

네 가지 경우를 모두 합쳐 보면, 당기에 은행은 예금 4,000원을 받아 대출금 4,000원을 각 차입자에게 제공하였으므로, 매출세액 400원에서 매입세액 400원을 공제하면, 납부할 부가가치세가 없다. 한편 ①의 경우 개인은 부가가치세 망(網)에서 제외되므로, 부가가치세 납세의무가 발생하지 아니한다. ②의 경우 은행이나 기업이나 모두 현금의 유입은 매출로 인식하고, 현금의 유출은 매입으로 취급하게 되므로, 기업 X에는 예금 1,000원에 대한 매입세액 100원이 발생하고, 기업 Y에는 대출금 1,000원에 대한 매출세액 100원이 발생하며, 국가적 차원에서는 매입세액과 매출세액이 서로 상계되어 부가가치세 세수(稅收)에 영향이 없다. ③의 경우 기업 X는 예금 1,000원에 대한 매입세액 100원을 공제받고, 개인 B에게는 아무런 영향이 없다. ④의 경우 기업 Y는 대출금으로 유입된 1,000원에 대한 매출세액 100원을 납부한다. 이것을 표로 정리하면 다음과 같고, 결국 은행이 예금을 받아 대출금을 실행하는 단계에서는 국가의 부가가치세 세수에는 영향이 없음을 알 수 있다.

	① (개인A → 개인B)	② (기업X → 기업Y)	③ (기업X → 개인B)	④ (개인A → 기업Y)
기업 X	–	매입세액 100원	매입세액 100원	–
기업 Y	–	매출세액 100원	–	매출세액 100원
개인 A	0원	–	–	0원
개인 B	0원	–	0원	–
은행	100원 - 100원 = 0원	좌동	좌동	좌동
국가 (세수)	0원	100원 - 100원 = 0원	－100원	＋100원

차기(次期)에 은행은 수입한 이자 540원(135원×4)의 10%인 54원과 상환된 대출금 원금 합계 4,000원의 10%인 400원을 합한 454원을 매출세액으로 신고하고, 지급한 이자 420원(105원×4)의 10%인 42원과 반환된 예금의 원금 합계 4,000원의 10%인 400원을 합한 442원을 매입세액으로 신고하면서, 12원의 부가가치세를 납부한다. ①의 경우 개인 A와 개인 B의 부가가치세 납세의무에 영향이 없고, 은행은 매출세액 113.5원(원금 1,000원+수입이자 135원의 합계액의 10%)에서 매입세액 110.5원(원금 1,000원+지급이자 105원의 합계액의 10%)을 차감한 3원을 납부한다(나머지 ②, ③, ④의 경우도 동일). ② 기업 X는 반환된 예금 1,000원의 10%인 100원과 수입이자 105원의 10%인 10.5원을 합한 110.5원을 매출세액으로 신고납부하고, 기업 Y는 상환한 예금 1,000원의 10%인 100원과 지급이자 135원의 10%인 13.5원을 합한 113.5원을 매입세액으로 공제받는다. ③ 기업 X는 앞서 본 ②의 경우와 마찬가지로 110.5원을 매출세액으로 신고납부하고, 개인 B의 부가가치세 납세의무에는 영향이 없다. ④ 개인 A의 부가가치세 납세의무에는 영향이 없고, 기업 Y는 ②의 경우와 마찬가지로 113.5원을 매입세액으로 공제받는다. 이 결과를 표로 정리하면 아래와 같다.

	① (개인A → 개인B)	② (기업X → 기업Y)	③ (기업X → 개인B)	④ (개인A → 기업Y)
기업 X	–	매출세액 110.5원	매출세액 110.5원	–
기업 Y	–	매입세액 113.5원	–	매입세액 113.5원
개인 A	0원	–	–	0원
개인 B	0원	–	0원	–
은행	113.5원 - 110.5원 = 3원	좌동(3원)	좌동(3원)	좌동(3원)
국가 (세수)	3원	−3원 + 3원 = 0원	110.5원 + 3원 = 113.5원	113.5원 + 3원 = −110.5원

국가 입장에서는 최종적으로 6원의 과세수입을 얻게 된다.[24] 은행이 창출한 부가가치는 1개의 거래 당(當) 30원에 4를 곱한 120원이고, 이에 대한 부가가치세 12원을 납부함으로써 이자 중 순수하게 자금을 중개한 용역 대가에 대해서만 부가가치세를 과세하는 결과가 만들어진다. 다만 자금의 차입자가 기업일 때에

24) =3원+0원+113.5원-110.5원

는 자금을 상환하는 시점에서 용역 대가에 해당하는 매입세액을 공제받게 되므로(②와 ④의 경우), 국가가 궁극적으로 세수로 확보하는 것은 차입자가 개인인 2가지 경우로서(①과 ③) 합계 6원에 해당한다. 얼핏 보면 국가의 세수 확보가 부족한 것처럼 보일 수 있으나, 기업이 은행 용역의 소비자가 되는 경우 은행이 제공한 용역은 중간재로서 기업 단계에서 매입세액의 공제로 씻겨나가고, 기업이 최종적으로 창출한 부가가치에 포함되어 과세되는 것이므로 문제가 될 것이 없다.

위 제도는 은행이 제공하는 순수한 용역 대가에 대해서만 부가가치세 부담을 지울 수 있다는 점은 장점이지만, 앞의 표에서 보는 바와 같이 자금을 차입하는 기업이 차입 시에 차입금의 10%을 매출세액으로 납부하여야 하므로, 사업자(나 거래 상대방)의 자금 부담을 압박하는 단점이 있다.

2. 현행 부가가치세법상 금융용역에 대한 면세

(1) 금융·보험용역에 대한 면세 규정의 개관

▪ 부가가치세법

제26조(재화 또는 용역의 공급에 대한 면세)

① 다음 각 호의 재화 또는 용역의 공급에 대하여는 부가가치세를 면제한다.

11. 금융·보험 용역으로서 대통령령으로 정하는 것

▪ 부가가치세법 시행령

제40조(면세하는 금융 · 보험 용역의 범위)

① 법 제26조제1항제11호에 따른 금융·보험 용역은 다음 각 호의 용역, 사업 및 업무에 해당하는 역무로 한다.

1. 「은행법」에 따른 은행업무 및 부수업무로서 다음 각 목의 용역

가. 예금·적금의 수입 또는 유가증권 및 그 밖의 채무증서 발행

나. 자금의 대출 또는 어음의 할인

다. 내국환·외국환

라. 채무의 보증 또는 어음의 인수

마. 상호부금

바. 팩토링(기업의 판매대금 채권의 매수·회수 및 이와 관련된 업무)

사. 삭제 <2015. 2. 3.>

아. 수납 및 지급 대행
자. 지방자치단체의 금고대행
차. 전자상거래와 관련한 지급대행
[생략]

④ 제1항에도 불구하고 다음 각 호의 어느 하나에 해당하는 용역은 법 제26조제1항제11호에 따른 금융·보험 용역으로 보지 아니한다.

1. 복권, 입장권, 상품권, 지금형주화 또는 금지금에 관한 대행용역. 다만, 수익증권 등 금융업자의 금융상품 판매대행용역, 유가증권의 명의개서 대행용역, 수납·지급 대행용역 및 국가·지방자치단체의 금고대행용역은 제외한다.
2. 기업합병 또는 기업매수의 중개·주선·대리, 신용정보서비스 및 은행업에 관련된 전산시스템과 소프트웨어의 판매·대여 용역
3. 부동산 임대용역
4. 제1호와 제2호에 따른 용역과 유사한 용역
5. 그 밖에 기획재정부령으로 정하는 용역

금융용역하면 기본적으로 은행의 여·수신(與受信) 업무를 떠올리기 쉽지만, 부가가치세법 시행령은 면세 대상 금융용역으로 은행업뿐만 아니라 자본시장법상 집합투자업, 신탁업(부가가치세법 시행령 제40조 제1항 제2호), 보험업에 따른 보험업(같은 항 제8호), 여신전문금융업법에 따른 여신전문금융업(같은 항 제9호) 등 다양한 형태의 금융·보험업을 포괄하고 있다.

은행업을 중심으로 살펴보면, 은행법은 은행의 본원적인 업무로서 '예금·적금의 수입 또는 유가증권, 그밖의 채무증서의 발행'을 통한 수신(受信) 활동과 '자금의 대출 또는 어음의 할인'을 통한 여신(與信) 활동 및 지급 내지 송금 행위인 '내국환·외국환'(內·外國換) 업무를 규정하고 있고(은행법 제27조 제2항), 부수적인 업무로서 채무의 보증, 상호부금(相互賦金), 팩토링(factoring), 보호예수(保護預受), 수납 및 지급대행, 지방자치단체의 금고대행, 전자상거래와 관련한 지급대행(은행법 제27조의 2 제2항 제1호 내지 제7호)과 그 밖에 다른 부수업무를 규정하고 있다.

▪ 은행법

제27조(업무범위)

① 은행은 이 법 또는 그 밖의 관계 법률의 범위에서 은행업에 관한 모든 업무(이하

"은행업무"라 한다)를 운영할 수 있다.

② 은행업무의 범위는 다음 각 호와 같다

1. 예금·적금의 수입 또는 유가증권, 그 밖의 채무증서의 발행
2. 자금의 대출 또는 어음의 할인
3. 내국환·외국환

第27조의2(부수업무의 운영)

① 은행은 은행업무에 부수하는 업무(이하 "부수업무"라 한다)를 운영할 수 있다.

② 은행이 부수업무를 운영하려는 경우에는 그 업무를 운영하려는 날의 7일 전까지 금융위원회에 신고하여야 한다. 다만, 부수업무 중 다음 각 호에서 정하는 업무는 신고를 하지 아니하고 운영할 수 있다.

1. 채무의 보증 또는 어음의 인수
2. 상호부금(相互賦金)
3. 팩토링(기업의 판매대금 채권의 매수·회수 및 이와 관련된 업무를 말한다)
4. 보호예수(保護預受)
5. 수납 및 지급대행
6. 지방자치단체의 금고대행
7. 전자상거래와 관련한 지급대행
8. 은행업과 관련된 전산시스템 및 소프트웨어의 판매 및 대여
9. 금융 관련 연수, 도서 및 간행물 출판업무
10. 금융 관련 조사 및 연구업무
11. 그 밖에 은행업무에 부수하는 업무로서 대통령령으로 정하는 업무

현행 부가가치세법 시행령 제40조 제1항 제1호는 가.목 내지 다.목에서 은행의 가장 본질적인 세 가지 업무를 면세의 대상으로 정하였을 뿐만 아니라, 은행법 제27조의2 제2항에서 부수적인 업무로 정한 것 중 제1호 내지 제7호에 대하여도 면세 대상으로 삼고 있다. 다만 은행법 제27조의2 제2항 제8호 내지 제10호의 업무는 은행 업무 중에서도 여·수신이라는 금융용역의 본질과 거리가 먼 것으로 보아 부가가치세법 시행령에서도 면세 대상으로 삼지 않은 것으로 보인다.[25)]

흥미로운 것은 부가가치세법 시행령 제40조 제4항에서는 복권에 관한 대행용역, 기업합병의 중개·주선 용역, 신용정보서비스업 등의 용역은 금융기관이

25) 특히 은행법 제27조의 2 제2항 제8호의 '은행업과 관련된 전산시스템 및 소프트웨어의 판매 및 대여' 업무는 부가가치세법 시행령 제40조 제4항 제2호에서 명시적으로 면세 대상에서 배제하고 있다.

제공하더라도 금융용역으로 보지 않도록 명시하고 있다는 점이다. 여기에 해당하는 용역은 금융기관이 부수적으로 공급하는 용역으로서 해당 용역의 대가인 수수료에 대한 구분 과세가 가능할 뿐만 아니라, 금융업자와 비(非) 금융업자 사이에 경쟁이 왜곡되는 것을 방지하고 세제를 단순화하기 위한 것이라고 설명된다.[26] 시행령 제40조 제4항에서 명시한 용역에 해당하고 대가를 구분하여 수수하였다면 금융용역이 아닌 것으로 간주되므로, 면세의 대상에서 제외된다.

(2) 금융용역에 대한 면세 범위의 개관(槪觀)

위와 같이 현행법은 금융용역에 대하여 면세를 광범위하게 인정하고 있다. 대체로 금융기관이 제공하는 용역의 대가에 이자와 다른 부분의 대가를 분리하는 것이 가능하면 가급적 과세로 전환되어야 하고, 분리가 어려우면 면세를 유지하는 방향으로 가자는 것이 일반적인 견해로 보인다.[27]

이자의 흐름이 섞여 있어서 과세하기 어려운 업종은 은행업뿐만 아니라, 금전신탁, 상호신용금고업, 금전대부업도 마찬가지로 볼 수 있다.[28] 보험회사가 제공하는 본질적 보험용역도 보험회사가 지불하는 보험금과 보험 가입자에게 받는 보험료에 묻혀 들어가서 순수한 용역 대가를 가리기 어려운 것은 마찬가지이다.[29] 증권투자신탁의 경우 용역 대가는 자신의 수수료를 공제한 나머지를 투자자에게 배당하게 되므로, 용역 대가가 별도로 드러나지 않아서 과세하기 어렵다. 다만 회사형(會社型) 펀드인, 증권투자회사를 통한 투자라면 용역 제공 기능은 따로 떼어서 자산운용사나 일반사무 수탁회사에 맡기게 되므로, 용역제공 회사의 용역 대가는 따로 드러나지만, 경쟁중립성 문제 때문에 수수료의 분리가 가능한 경우라도 함부로 과세하기 어려운 측면은 있다.[30] 개인이 증권회사를 통한 직접투자를 하면 증권회사는 투자중개업을 영위하는 경우이고, 이러한 경우에도 수수료를 산출하는 것이 어렵지 않다. 그러나 앞서 보았듯이 집합투자 등의 간접투자만 면세하고, 증권회사를 통한 직접투자만 과세하는 것도 경쟁중립

26) 최은화, 앞의 글, 29면; 배향미, 『부가가치세 면세범위 조정방안에 관한 연구』, 고려대학교 대학원 석사논문, 2014, 91면.

27) 김유찬·장근호, "금융서비스에 대한 부가가치세 과세전환의 경제적 타당성 및 기준에 관한 연구", 『조세학술논집』 제22집 제1호, 2006, 314면; 안창남, "금융용역과 부가가치세", 『조세법연구』 제8권 제1호, 2002, 190면.

28) 이창희, 『세법강의』, 1220~1221면.

29) 이창희, 『세법강의』, 1221면.

30) 김유찬·장근호, 위의 글, 316면.

성을 저해하므로 마찬가지로 면세 대상이다.[31)]

이와 같이 금융보험업에 대한 면세는 단순히 용역 대가를 산출하기 어렵다는 기술적인 문제 외에도 여러 금융상품들이 본질적으로 서로 경쟁 관계에 있으므로 일부만 면세할 경우 경쟁중립성을 저해하는 문제가 있다. 단순화의 관점에서 본다면, 금융보험업을 잘게 나누어 각 세분된 거래유형 별로 과세와 면세를 고민하기보다는 금융보험업 전반을 면세하는 편이 낫다고 볼 수도 있다.[32)] 다만 뒤에서 보는 바와 같이 부수용역의 범위 등 해석론상 애매한 부분에 대한 판단 기준을 명확히 제공하여 법적 안정성을 높이는 것이 바람직하다.

3. 대상판결에 대한 검토

(1) 대상판결의 사안과 판단 내용

사안을 간략히 요약하면 다음과 같다. 원고는 금융지주회사로서, 자(子) 회사에 대한 경영관리에 관한 업무를 수행하고 그에 부수하여 자회사에 대한 자금지원, 자회사 업무에 필요한 자원의 제공, 법무·회계 등 자회사의 지원 업무를 수행하였는데, 자회사로부터 ① 브랜드 사용수수료, ② 배당금 수익, ③ 자회사에 대한 대여이자 수입을 얻었다(여기서는 ③이 특히 중요하다. 이하 '이 사건 대여이자'). 원고의 과세사업 관련 매입세액은 브랜드 사용료에 직접 대응되는 광고선전비 등이 있었고, 불공제 매입세액으로는 자회사에 대한 출자 및 자금 대여를 위한 차입 관련 비용이 있었으며, '공통 매입세액'으로는 사무실 유지를 위한 임차료, 통신비, 비품 구입비 등이 있었다. 원고는 당초 공통매입세액에 대하여 총(總) 공급가액 중 면세 공급가액이 차지하는 비율에 해당하는 금액을 면세사업에 관련한 매입세액으로 안분하여 부가가치세를 신고하였으나, 이 사건 대여이자를 면세 공급가액에서 제외하여 공통매입세액 전액을 공제받아야 한다는 이유로 경정청구를 하였고, 과세관청은 이 사건 대여이자를 제외한 나머지 수입금액은 면세 공급가액에서 제외하였으나, 이 사건 대여이자는 면세공급가액에 해당한다고 보아 경정청구를 거부하였다.

대법원은 아래와 같이 은행 등 금융업이 제공하는 역무는 원칙적으로 부가가치세 과세대상에 해당하나, 이자 명목의 돈을 받더라도 이것에는 용역 대가

---

31) 부가가치세법 시행령 제40조 제2호 마목(투자매매업과 투자중개업).

32) 이창희, "금융보험업에 대한 부가가치세", 44~45면.

외에 다른 요소들이 섞여 있으므로 면세 대상으로 삼고 있는 반면, 자금 융통 등이 은행업자 등의 개입 없이 개별적으로 이루어진 경우라면, 부가가치세 부과 대상이 되지 않은 '비과세 사업'이라고 판시하였다.[33]

> "은행업이나 대부업(이하 '은행업 등'이라 한다)은 관련 법령에 따른 인가나 등록 등의 절차를 마친 다음 불특정 다수인을 상대로 자금을 융통하거나 중개하는 용역을 제공하는 것을 업으로 하여 그에 대한 수수료 성격의 대가를 지급받는 것을 본질로 하는 것으로서, 이러한 금융·보험 용역의 공급은 부가가치세 부과대상에 해당한다. 다만 은행업자 등이 자금을 융통하는 등의 용역을 제공하고 그에 따라 이자 명목으로 돈을 받더라도 이것에는 위와 같은 용역의 대가 이외에도 다른 요소들이 섞여 있으므로 그 받은 돈 전부를 곧바로 용역 공급에 대한 대가로 볼 수 없고 용역 공급의 대가만을 구분해 내기도 어려운 사정 등을 고려하여 부가가치세를 면제할 뿐이다. 이와 달리 자금융통 등이 은행업자 등의 개입 없이 개별적으로 이루어진 경우라면, 부가가치세 부과대상 자체가 되지 않는 비과세사업이어서 부가가치세 면제에 해당할 여지가 없다." (밑줄은 필자가 친 것. 이하도 같다)

이어서 대법원은 이 사건에서 원고도 은행의 개입 없이 개별적으로 자금을 대여하고 순수한 이자 명목으로 돈을 받은 것이므로, 비과세사업에 해당한다는 결론을 내리고 있다.

> "[…] 이처럼 금융지주회사는 경영관리업무 등의 하나로 자신이 지배·경영하고 있는 특정 자회사 등에 단순히 개별적인 자금지원을 할 수 있을 뿐이다. 이것이 은행업자 등이 인가 등을 받은 다음 불특정 다수인을 상대로 자금을 융통하거나 중개하여 수수료 성격의 대가를 받는 은행업 등에 해당하지 않음은 분명하다.
>
> 금융지주회사가 경영관리업무나 그에 따른 자금지원의 일환으로 은행업자 등의 개입 없이 자신이 지배·경영하는 자회사에 개별적으로 자금을 대여하고 순수한 이자 명목으로 돈을 받은 것이라면, 소비세인 부가가치세 부과대상 자체가 되지 않는 비과세사업을 하는 것에 지나지 않는다. 이것이 부가가치세 부과대상이기는 하지만 면제될

33) 아래에서 밑줄 친 부분은 필자가 임의로 표시한 것이다. 이하의 판례 원문에서도 마찬가지이다.

뿐인 금융·보험 용역이나 이와 유사한 용역을 제공한 것이라고 할 수 없다. […]

금융지주회사인 원고는 금융지주회사법에 따라 자회사 등에 자금지원업무를 수행하고 이들로부터 이 사건 대여이자를 받았더라도 자금융통의 직접 당사자라고 할 수 있다. 원고의 위와 같은 행위는 부가가치세 부과대상이 되지 않는 비과세사업에 해당한다. 또한 원고가 받은 이 사건 대여이자 전부가 곧바로 비과세사업에 해당하는 용역의 공급에 대한 대가로 볼 수 없으므로, 구 부가가치세법 시행령 제61조 제1항의 규정을 유추 적용하여 공통매입세액 중 비과세사업에 안분되는 매입세액을 가려낼 수 없다."

대상 판결은 '자금융통의 직접 당사자 사이의 거래는 부가가치세 비과세사업이다'라는 결론에 대한 논거를 명시하고 있지는 않다. 다만 Ⅱ.1.(1)에서 본 바와 같이 금융기관이 매개되지 않는 상태에서 기업과 기업 사이에 이자의 흐름이 존재하더라도, 현재의 부가가치세 체계상 각 사업자 단계 내에서 부가가치의 구성요소에 대하여 이자나 임금 또는 배당 등으로 분배한 것에 대하여는 부가가치세를 과세하지 않는다는 이론적 설명을 토대로 한 것으로 추측된다.[34)]

(2) 대상판결에 대한 비판적 검토

우선 판결문 중 '순수한 이자 명목으로 돈을 받은 것이라면'과 관련하여 원고가 순수한 이자만을 받은 것인지 별도로 수수료를 받은 것인지 대상판결에서 인정한 사실관계만으로는 분명하지 않다. 다만 대상판결 중 "위 지침에서는[35)] 조달금리, 조달부대비용, 대손충당금 적립비율, 업무원가만을 더한 금액을 대출이자율로 정하고 있고, 거기에 별도의 수수료 명목의 금전이 포함되어 있지 않다"고 사실 인정한 점과, 위 판결에 대한 『대법원 판례해설』이[36)] 이 사건의 대출이자율에는 일반적으로 시중은행이 대출금리를 결정할 때 고려하는 '목표이익률'이 없으므로 이윤 획득이라는 영리 목적을 갖추지 않은 것이라고 해석한 점 등

34) 특히 대상판결의 앞부분에서 '은행업자 등이 자금을 융통하는 용역을 제공하고 그에 따라 이자 명목의 돈을 받더라도 용역의 대가만을 구분하기도 어려운 사정을 고려하여 부가가치세를 면세할 뿐이다'라는 부분과 대비하여 '자금융통 등이 은행업자 등의 개입 없이 개별적으로 이루어진 경우라면'이라고 판시한 부분에 비추어, 앞의 Ⅱ.1.에서 살펴본 이론적 설명 체계에 기초하고 있는 것으로 보인다.

35) 원고 회사의 자회사에 대한 '자금지원 지침'을 의미한다.

36) 김범준, "금융지주회사의 자회사 자금대여에 대한 부가가치세 문제", 『대법원판례해설』 120호, 법원도서관, 2019, 331면(주19).

에 비추어, 대상 판결은 원고가 '순수한 이자 명목으로 돈을 받은 경우'에 해당한다고 판단한 것으로 보인다.

그러나 위 판결에 대한 비판적인 평석(評釋)은 국세청의 행정해석상 금융지주회사가 완전자회사에 대한 대출금리를 결정하는 과정에서 산정하는 업무원가에는 '마진 성격의 가산금리'가 포함되어 있다는 점 등을 이유로, 원고가 자회사로부터 받은 대여이자에는 수수료 명목의 금전이 포함되어 있다고 보고 있다.[37] 다른 논문에서 역시 대상판결이 언급한 '지침'을 보더라도 조달금리, 조달 부대비용, 대손충당금 적립 비율, 업무원가를 더한 금액을 대출이자율로 정하고 있는데, 이러한 사실관계만으로 원고가 단순히 돈의 시간적 가치 외에 자금지원 업무를 수행하기 위하여 필요한 비용을 가산하여 받았음을 알 수 있고, 회사채 발행 등의 방법으로 외부에서 자금을 조달했다면 금융기관이 용역을 제공하는 것과 다를 바 없다고 주장한다.[38]

이에 따라 앞서 본 평석은

> "대가가 수반되는 용역의 공급은 부가가치세 과세대상인데, 이 사건 대여이자는 자회사에 대한 자금대여용역의 대가로 지급된 것이고, 별도의 수수료 명목 금전도 포함되어 있으므로 자금대여용역을 무상공급으로 볼 수 없다. 다만 원고가 받은 대가에는 금전에 대한 시간적 가치인 이자와 수수료가 함께 섞여 들어가 있으므로, 금융보험 용역을 주된 사업으로 하지 않는 자가 금융보험용역과 같은 성격의 역무를 제공하는 것으로 시행령 제40조 제2항에 의한 면세대상으로 보아야 한다"

고 주장한다.[39]

원고가 자회사로부터 받은 이자에 수수료 명목의 돈이 섞여 있는지에 대하여 이 글에서 구체적 결론을 내리기는 어렵다. 아마도 대상판결은, 원고가 금융기관으로서 자금의 중개 기능을 한 것도 아니고, 이윤의 동기 없이 자회사에 자신의 돈을 직접 빌려준 것으로 보아 '순수한 이자 명목'의 돈을 받았다고 판단한 것으로 보인다. 그러나 원고 역시 회사채 등 타인자본을 통하여 자금을 조달하

---

37) 박현주·김석환, "금융지주회사의 자회사에 대한 자금대여는 부가가치세 비과세인가? ― 대법원 2019. 1. 17. 선고 2015두60662 판결 비판", 『조세법연구』 제29권 제1호, 2023, 199면.

38) 강성모, "2019년 부가가치세 판례회고", 『조세연구』 제20권 제1호, 한국조세연구포럼, 2020, 114면.

39) 박현주·김석환, 앞의 글, 203~204면.

였고, 자신의 사무처리 비용이나 대출자금 회수 위험에 대한 대가도 대출이자의 산정에 포함되었으며,[40] 단순히 이자를 받는 활동에 그치지 않고 자회사에 대한 지원 업무를 포괄적으로 수행한 것으로 보이는 이상, 순수한 의미에서 돈의 시간가치에 대한 대가만을 받았다고 보기는 어렵다고 생각된다.

4. 소결(小結)

지금까지 순수한 이자의 흐름에 대하여 부가가치세를 과세하지 않는 이유와 금융용역에 대하여 부가가치세를 면세하는 이론적 근거가 어떤 것인지를 살펴보았고, 현행 부가가치세법이 금융용역에 대하여 광범위하게 면세를 취하고 있는 체계를 소개하였으며, 대상판결은 금융지주회사가 자회사에게 자금을 지원하고 받은 이자를 받는 활동에 대하여 부가가치세 비과세 영역으로 판정하였으나, 그 결론에 의문이 있다는 점까지 살펴보았다. 이상과 같이 부가가치세를 광범위하게 면세하는 것은 이론적인 이유뿐만 아니라 경쟁중립성까지 고려한 결과이다. 과세와 면세 여부를 복잡하게 나누는 것보다는 포괄적으로 면세하되, 금융용역에 대한 면세가 '누적(累積) 효과'나 '환수(還收) 효과' 등의 문제를 심각하게 야기하는 특정 분야에서는 '영(0) 세율'의 적용도 고려해 볼 필요도 있다.[41] 그럼에도 불구하고 법에서 명시된 금융용역 외에 그와 연관성을 가지는 여러 가지 부수용역도 면세 대상이 되는지에 관하여 실무상 잦은 다툼이 있고, 법령의 여러 조항이 서로 얽혀져 있어서 판단이 쉽지 않다. Ⅲ.장에서 이 문제를 살펴보기로 한다.

Ⅲ. 금융용역의 부수용역에 대한 면세의 범위

1. 부수용역에 대한 면세의 범위를 정하는 틀

(1) 금융용역에 대한 면세 적용과 관련한 문제점

앞서 본 바와 같이 면세가 적용되는 금융용역은 매우 폭넓게 규정되어 있다.

---

40) 앞서 본 사실관계에 의하면, '자금지원 지침'(주35)에서 대출이자율을 결정할 때 업무원가(원고의 업무처리비용 관련)나 대손충당금 적립비율(대출자금 회수 위험 관련)도 고려하고 있다. 대출자금 회수 위험 관련 대가가 과세 대상인지에 관하여는 주15 참조.

41) 안종석, 『금융소득 및 금융거래 관련 과세특례에 관한 연구』, 한국조세재정연구원 연구보고서, 2005, 147면

그런데 금융업을 영위하는 자가 공급하는 용역이 금융용역 자체인지, 아니면 금융용역에 필수적으로 부수하는 공급으로 면세되는 것인지, 아니면 별개의 독립된 용역 공급으로 과세되는 것인지 여부가 불분명하고 행정당국의 유권해석에 자주 의존하고 있는데 그 기준이 명확하지 않다는 점이 문제이다. 또한 금융업이 아닌 다른 사업(예컨대 제조업)을 영위하는 자가 소유하고 있는 유가증권을 매각하거나 계열사를 위하여 담보로 제공하는 경우 주된 사업에 부수하여 금융·보험용역과 동일하거나 유사한 용역을 제공하는 것으로 면세 대상에 해당하는지 여부도 납세의무자 스스로 판단하기 어렵다는 점이 지적되고 있다.[42]

위와 같이 금융용역의 경우 부가가치세법 시행령에 따라 원래 면세되는 용역 자체에 해당하는지 여부도 해석을 필요로 하는 개념인 데다가, 부수용역의 경우 부가가치세법 제14조에 따른 부수용역의 공급에 관한 조항의 해석과 적용이 문제되고, 특히 부가가치세법 시행령 제40조 제2항에서는 '금융·보험용역 외의 사업을 하는 자가 주된 사업에 부수하여 같은 항의 금융·보험용역과 같거나 유사한 용역을 제공하는 경우에도 금융용역에 포함되는 것으로 본다'고 별도로 규정하고 있어서 위 규정들 사이의 유기적 관련성과 해석의 기준이 제공될 필요가 있다.

(2) 금융용역의 부수용역에 대한 면세 취급 방식의 개관(概觀)

면세취급 방식의 체계를 그림으로 표현하면 아래와 같다.

그림 1 | 금융용역의 부수용역에 대한 면세취급 방식의 개관

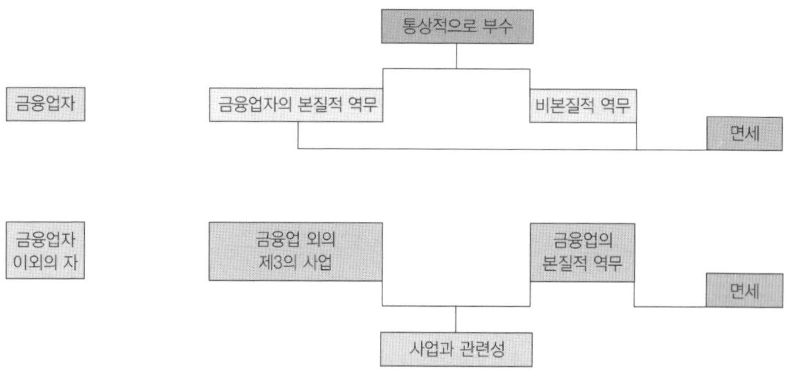

42) 이성식, "부가가치세법상 영세율제도와 면세제도의 개선방안", 『조세연구』 제8권 제1호, 한국조세연구포럼, 2008, 230면 이하 참조.

우선 문제되는 용역을 제공한 주체가 부가가치세법 시행령 제40조 제1항 각호의 용역을 본래의 업무로서 수행하는 자, 즉 '금융업자'인지를 판별하여야 한다. 금융업자일 경우에는 해당 용역 자체가 부가가치세법 시행령 제40조 제1항 각호에서 정하여진 본래의 면세 대상인지 여부를 살피고, 이에 해당하지 않는 비(非) 본질적 역무일 경우에는 부가가치세법 제14조 제1항 또는 제2항의 부수적 용역에 해당하는지 여부를 판단하여야 한다. 특히 위 제14조의 해석상(주로 제14조 제1항 제1호의 해당 대가가 주된 용역의 공급대가에 통상적으로 포함되어 있는지 여부, 같은 항 제2호의 거래의 관행으로 보아 통상적으로 주된 용역의 공급에 부수하여 공급되는 것으로 인정되는지), 위 조항의 적용요건을 충족하면 해당 역무가 금융업의 본질적 역무에 해당하지 않는 것이라도 주된 용역인 금융용역과 함께 면세용역으로 취급될 수 있다.[43]

한편 문제되는 용역을 제공한 주체가 금융업자가 아니라면 부가가치세법 제14조가 적용되는 부수용역으로서 면세 대상이 될 수는 없다. 부가가치세법 제14조의 부수용역으로 면세되기 위해서는 주된 용역의 공급자와 동일한 주체여야 한다는 것이 확고한 판례의 입장이므로, 금융업자가 주체가 아니라면 제14조의 문턱에도 들어설 수 없기 때문이다. 다만 이러한 사업자가 제공한 용역이 부가가치세법 시행령 제40조 제2항에 따라 '금융업 외의 사업을 하는 자가 주된 사업에 부수하여 금융용역과 같거나 유사한 용역을 제공한 것인지'를 따져보아야 한다. 판례는 '금융용역과 같거나 유사한 용역'이 되려면 금융업의 본질적인 업무에 해당하여야 한다고 보므로, 금융업이 아닌 다른 사업을 영위하는 자도 금융업의 본질적인 역무를 제공할 경우에는 면세될 수 있다.[44] 반면 해당 역무가 금융업의 비본질적인 영역에 해당할 경우에는 시행령 제40조 제2항에 의하여 면세될 수 없다.

---

43) 본문의 그림 1 상단에서 금융업자의 본질적 역무와 통상적으로 부수되는 비(非) 본질적 역무는 모두 면세 대상으로 취급된다.

44) 본문의 그림 1 하단에서 금융업자 이외의 자가 영위하는 제3의 사업은 면세 대상이 아니지만 (물론 다른 법령에 의하여 면세 대상이 될 수도 있다), 그가 제공하는 금융업의 본질적 역무만은 면세 대상으로 취급된다.

2. 부수용역의 면세에 관한 일반론

(1) 관련 규정

▪ 부가가치세법

제14조(부수 재화 및 부수 용역의 공급)

① 주된 재화 또는 용역의 공급에 부수되어 공급되는 것으로서 다음 각 호의 어느 하나에 해당하는 재화 또는 용역의 공급은 주된 재화 또는 용역의 공급에 포함되는 것으로 본다.

1. 해당 대가가 주된 재화 또는 용역의 공급에 대한 대가에 통상적으로 포함되어 공급되는 재화 또는 용역
2. 거래의 관행으로 보아 통상적으로 주된 재화 또는 용역의 공급에 부수하여 공급되는 것으로 인정되는 재화 또는 용역

② 주된 사업에 부수되는 다음 각 호의 어느 하나에 해당하는 재화 또는 용역의 공급은 별도의 공급으로 보되, 과세 및 면세 여부 등은 주된 사업의 과세 및 면세 여부 등을 따른다.

1. 주된 사업과 관련하여 우연히 또는 일시적으로 공급되는 재화 또는 용역
2. 주된 사업과 관련하여 주된 재화의 생산 과정이나 용역의 제공 과정에서 필연적으로 생기는 재화

제14조 제1항(주된 거래에 부수되는 경우)의 대표적인 예로서 피아노를 공급하면서 피아노의 의자를 제공하고 이를 운반해 주는 것, 미술학원에서 교육용역을 공급하면서 실습 자재를 제공하는 것, TV를 공급하고, 그 'A/S 용역'을 제공하는 것, 수선(修繕) 용역을 제공하면서 부속품을 교체하여 주는 것 등이 언급된다.[45] 제1호와 제2호는 주된 거래인 재화나 용역의 공급에 흡수되는 것으로 보고, 별도로 세금계산서를 발급할 필요가 없다. 주된 거래가 과세이면 부수 거래도 과세, 주된 거래가 면세이면 부수 거래도 면세된다.[46]

제14조 제2항(주된 사업에 부수되는 경우)은 제1항과 달리 별도의 독립된 거래로 보지만, 과세 또는 면세 여부는 주된 사업을 따라가는 것이 원칙이다. 제1호

45) 임상엽·정정운, 『세법개론』, 상경사, 2019, 63면. 이 책은 세무사나 공인회계사 시험을 위한 수험서의 성격이 있고 그만큼 시시콜콜한 과세실무는 정확하게 반영하고 있다.

46) 설령 '부수 거래' 자체는 면세 대상이더라도 '주된 거래'가 과세 대상이면 과세된다. 예컨대 과세 대상인 조경(造景) 공사를 수행하면서, 면세 대상인 수목(樹木)을 공급하는 경우를 들 수 있다.

의 예로 금융업자가 면세사업에 사용하던 건물을 양도하는 경우를 들 수 있고, 제2호의 예로 복숭아 통조림을 제조하는 사업자(과세사업자)가 복숭아 씨를 공급하는 경우를 예로 들 수 있다.[47] 전자의 경우 건물양도 자체는 과세 거래이지만 주된 사업과 관련하여 면세되는 것으로 볼 수 있고, 후자의 경우 복숭아 씨의 공급 자체는 면세이지만 주된 사업에 따라 과세되는 것으로 볼 수 있다.

(2) 위 조항에 대한 해석론[48]

부가가치세법 제14조 제1항에서 "주된 재화 또는 용역의 공급에 포함되는 것으로 본다"는 말의 의미는 '별도의 공급으로 보되'라고 규정하고 있는 제2항과 대비하여 보면, 원래 둘 이상의 재화나 용역의 공급으로 여겨지는 것이라고 하더라도, 제1항이 적용된 결과 주된 '공급'을 내용으로 하는 하나의 공급으로 본다는 뜻으로 볼 수 있다. 제1항에서 하나의 공급으로 보는 주된 실익은 과세·면세의 문제이다.[49]

제14조 제1항이 복수의 공급을[50] 하나의 거래로 보아 동일한 취급을 하는 취지는 납세자의 입장에서 순응(順應) 비용, 또는 과세관청 입장에서 행정 편의로 보아야 한다.[51] 즉 한 개의 '주(主) 된' 공급이 있고, 그 밖에 이러한 주된 공급이 더 원활하게 이루어지도록 하기 위한 또는 공급의 상대방이 이러한 재화나 용역으로부터 더 많은 편익을 누리도록 하기 위한 부수적인 공급들이 있다고 할 때, 납세자 또는 과세관청의 입장에서 '주된' 공급 외에 '부수적'인 공급의 과세·면세 여부를 따로 가려낸다든지, 그에 따라 거래징수·세금계산서 발급·부가가치세 신고납부 등을 다르게 하는 일은 매우 번거롭다는 것이다.

그러한 의미에서 이들 공급을 하나로 묶을 수 있는 기준이 필요할 것인데(질적 제한), 이와 관련하여 여러 표현들이 있으나, 어느 경우에나 그것을 구별하여

47) 부가가치세법 집행기준 14－1－0 참조.

48) 이하의 내용은 윤지현, "부가가치세법 제14조 제1항 제2호가 규정하는 이른바 '부수재화·용역의 공급'의 범위를 어떻게 정하여야 하는가 ― 대법원 2002. 11. 8. 선고 2001두4849 판결과 대법원 2013. 6. 28. 선고 2013두932 판결을 중심으로", 『서울대학교 법학』 제55권 제3호, 2014을 주로 참조하여 작성하였다.

49) 윤지현, 앞의 글, 297~298면.

50) 윤지현, 앞의 글, 314면에서는 "공급의 단위와 관련하여 하나의 공급에 복수의 구성요소가 있는 것인지, 복수의 공급에 주종관계가 있는 것인지와 관련하여 논의가 있을 수 있으나 부가가치세법 제14조 제1항은 둘 이상의 공급이 일단 있음을 전제로 하여 무엇이 주된 공급이고 무엇이 부수적인 공급인지 따지는 논리구조를 취하고 있다"고 서술한다.

51) 윤지현, 앞의 글, 330면.

별도로 부가가치세법을 적용하는 것이 납세자나 과세관청의 입장에서 볼 때 자연스럽지 않거나 일정 수준 이상으로 번거롭다고 생각될 정도로 강하게 연결되어 있어야 한다. 예컨대 어떤 것이 목적이 되면서 다른 것이 수단이 된다든가, 두 가지가 함께 공급되는 것이 거래의 관행이라고 말할 수 있을 정도로 상당히 흔하게 나타나는 현상이 있을 때 질적 제한의 표지를 갖추었다고 볼 수 있다.[52]

또한 양적(量的)인 제한으로 문제 되는 둘 이상의 공급가액이 각각 무시할 수 없을 정도로 상당히 크다면, 어느 하나를 다른 것에 부수한다고 보아 동일하게 취급하는 것은 정당화되기 어렵다. 만약 양적·금액적으로 일정 수준 이상을 넘어서는 경우까지 부수·재화용역으로 취급한다면, 부가가치세에서 쉽게 정당화될 수 없는 조세중립성의 훼손으로 이어질 수 있기 때문이다.[53]

3. 부수용역에 대한 판례의 유형화

(1) 들어가며

이상과 같은 내용을 바탕으로 구체적인 판례나 유권해석 사례를 통하여 부수용역에 해당하는지 여부에 관하여 살펴보기로 한다. 위와 같은 유형화 작업을 통하여 각 사례들에서 공통적으로 추출할 수 있는 나름의 판단기준을 세워볼 수 있기 때문이다. 앞서 본 금융용역의 부수용역에 대한 면세 취급의 틀에 의하면 금융용역을 제공하는 주체가 금융업자인지 여부가 우선 중요하다. 여기에 따라 면세가 적용될 수 있는 범위가 달라지기 때문이다. 이하에서는 부가가치세법 제14조가 적용되기 위한 전제로서 부수용역은 주된 재화나 용역의 공급자가 제공하는 것이어야 한다는 법리를 살펴보고, 금융업자와 금융업자가 아닌 사업자 별로 판례나 유권해석 사례가 어떻게 형성되어 있는지를 검토해보겠다.

(2) 주된 용역의 공급자와 동일하여야 함

금융용역에 대한 판례는 아니지만, 이러한 법리를 최초로 확립한 대법원 판례가 있다. 대법원은 곡물 가공업체인 사업자가 외국산 밀 등을 제분하는 과정

52) 윤지현, 앞의 글, 331~335면.

53) 윤지현, 앞의 글, 331~333면. 특히 대법원 판례(대법원 2013. 6. 28. 선고 2013두932 판결)가 장례식장 문상객들에게 음식을 제공하는 용역이 장의용역에 '부수'되어 공급하는 것으로 본 결론에 대하여 장의용역 자체에 대하여 음식물 제공 용역의 대가가 갖는 비중이 상대적으로나 절대적으로 매우 크다는 점(사안에는 매출액 전체 중 약 37%를 차지하였음)에서 양적(量的)인 제한의 범위를 벗어난 것으로 보고 있다. 위의 글, 342면.

에서 밀기울 등도 함께 생산 하여 공급하는 경우, 주된 재화인 밀가루가 면세대상 재화이므로 그 사업자의 그 밀가루 공급과 관련한 부수 생산물인 밀기울의 공급도 그 사업자의 공급 단계에서만 면세 대상으로 되는 것일 뿐, 그 사업자인 곡물 가공업체로부터 밀기울을 면세로 공급받아 이를 다시 제3자에게 전매하는 중간수집 판매상의 공급 단계에서까지 그 밀기울의 공급에 관한 부가가치세가 면세된다고 볼 수는 없다고 판단한 바 있다.[54] 특히 위 판결은

> "부가가치세가 면세되는 재화 또는 용역의 공급에 필수적으로 부수되는 재화 또는 용역의 공급으로서 면세되는 재화 또는 용역의 공급에 포함되는 것으로 보는 것의 범위는 부가가치세가 면세되는 주된 재화 또는 용역을 공급하면서 그에 필수적으로 부수되는 어느 재화 또는 용역을 공급하는 사업자 자신의 거래로만 국한하여야 할 것이다"

라고 일반적인 법리를 선언한 바 있다.

또한 대법원은

> "부가가치세법 제12조 제1항 제8호 소정의 부가가치세의 면제대상으로서의 '공중전화' 용역은 통화용역 자체를 의미하고, 공중전화의 관리용역은 체신관서에 공급되어 그가 최종소비자로서 공급받는 용역이지 공중전화의 이용자에게 공급되는 용역이라고는 할 수 없어 위 관리용역은 공중전화용역에 포함되지 아니한다고 봄이 상당하며, 또한 위 관리용역은 주된 거래인 공중전화의 사용(통화)용역의 공급과의 관계에 있어 그 각 용역의 내용 및 공급주체가 상이하여 부가가치세법 및 시행령에서 정하고 있는 각 부수용역의 어디에도 해당한다고 할 수 없으므로 부가가치세의 면세대상에 해당하지 않는다"

고 보았다.[55]

---

54) 대법원 2001. 3. 15. 선고 2000두7131 판결.
55) 대법원 1985. 11. 12. 선고 84누614 판결 .

(3) 금융용역을 제공하는 주체가 금융업자인 경우

1) 부수성을 부정한 사례

가) 금융투자회사가 제공하는 주식 종목에 대한 자문 용역[56)]

이 행정해석에서 '질의 법인'은 자본시장법에 따른 '투자매매업 및 투자중개업 등'을 영위하는 금융투자회사로 온라인 주식매매 중개시스템인 HTS를 통하여 고객에게 주식 관련 시장 정보를 제공하고 고객으로부터 대가를 받고 있었다. 위 용역의 주요 내용은 주식시장의 각 시간대 별 특정 시점에 매수 세력이 많은 종목에 대한 정보를 제공하는 것으로 이용료는 월 00,000원이며 질의법인의 계좌를 보유한 고객만이 이용할 수 있었다.

자본시장법상 금융투자회사가 HTS를 통하여 고객에게 주식 관련 정보를 제공하고 대가를 받는 경우 부가가치세 면제 여부를 질의하자, 위 행정해석은 「부가가치세법」 제26조 제1항 제11호 및 제2항에 따라 면세되는 금융용역에 해당하지 않는다고 보았다.

위 행정해석은 이유를 명시하고 있지 않지만, 관계 법령으로 '유사(類似) 자문업'을 언급하고 있는 것을 보면, 질의법인이 제공한 부수용역을 '유사자문업'의 일종으로 본 듯하다. 그런데 유사자문업은 면세 대상인 금융용역에 해당하지 않고,[57)] 나아가 위 '유사자문' 용역이 투자매매업을 영위하는 질의법인의 주된 용역의 대가에 함께 포함되거나, 거래 관행상 통상적으로 부수하여 제공되는 용역도 아니므로, 부수용역으로서 면세 대상이 될 수 없다는 결론은 타당해 보인다.

나) 금융기관이 제공하는 복권 판매대행 용역[58)]

대법원은

> "은행업에는 예금의 수입, 자금 대출, 환업무 등 본질적 요소가 포함된 본래의 의미의 은행업무와 그에 필수적으로 부수되는 업무만이 포함된다고 해석되므로 은행법에 따라 은행업을 영위하는 금융기관이라 하더라도 위와 같은 본래의 의미에서 벗어나는 용역을 제공하는 경우에는 이를 면세대상인 금융·보험용역에 포함된다고

56) 서면-2020-법령해석부가-1773, 2020. 6. 10.의 행정해석.
57) 부가가치세법 시행령 제40조 제1항 제2호 각목에서 투자자문업이 포함되었다가, 2015. 2. 3. 시행령 개정으로 삭제된 바 있다.
58) 대법원 2004. 2. 13. 선고 2002두10384 판결.

> 볼 수 없고, 금융기관이 제공하는 복권판매대행용역은 그 성질상 본래의 의미의 은행업무나 그에 필수적으로 부수되는 것으로 볼 수 없어 면세대상인 금융·보험용역에 해당하지 않는다 할 것이다"

라고 판단하여 복권의 판매대행 용역은 부수용역이 아니라고 보았다. 이후 2000년 12월 29일의 시행령 개정으로 '복권에 관한 대행용역'을 명시적으로 부수용역에서 배제하는 규정이 신설된 이래 현재까지 유지되고 있다.

다) 은행이 대출과 무관하게 제공한 금융자문 용역[59]

이 행정심판 사건의 청구법인은 「은행법」에 의한 은행업을 영위하는 법인으로, 주식회사 ○○○이 부동산 '프로젝트 파이낸싱' 대출로 OOO원의 부동산 개발 자금을 조달할 수 있도록 금융자문 용역을 제공하고 그 대가를 수령한 후, 부가가치세 면세 대상으로 신고한 사안에서, 조세심판원은

> "자금대출에 수반되지 아니한 금융상담용역의 경우 부가가치세 면세대상이 아닌 것으로 문리해석되는 점, 「부가가치세법」 제12조는 특정재화 또는 용역의 공급과 특정재화의 수입에 대하여만 제한적으로 면세하도록 열거하고 있으므로 그 면세대상 사업의 범위를 정한 같은법 시행령 제33조 제1항 제1호의 은행업은 은행의 본질적 요소가 포함된 본래의 의미의 은행업만을 지칭하는 것이라고 해석함이 타당하고(대법원 98두1192, 2000.12.26. 참조) 그와 같은 점을 고려하여 2013. 3. 23. 개정된 「부가가치세법 시행령」은 「은행법」상 은행업무 이외의 부수업무 중 금융 본래의 기능과 상이한 업무를 면세대상 은행업무에서 제외하고 면세대상 은행업무를 한정적으로 열거하는 것으로 규정방식을 변경하면서 금융자문용역은 위 면세대상으로 열거하고 있지 않은 점 등에 비추어 은행업의 본질적인 부분이 포함되어 있지 아니한 부수적인 업무에 불과한 금융자문용역은 면세대상 은행업에 해당하는 것으로 보기 어[렵다]"

고 판단하였다.

일단 금융자문용역은 부가가치세법 시행령 제40조 제1항 각호에서 정한 면세 대상 금융용역에서는 제외되어 있으므로, 면세 대상으로 정하여진 금융 역무

59) 조심 2013. 8. 22.자 2012서4242 결정.

에 부수하여 제공된 때에만 면세가 가능하다. 위 사안에서는 청구법인은 주식회사 ○○○에게 대출 과정에서 쟁점 자문 용역을 제공한 것이 아니라 대출과 관계 없이 제공한 것이므로, 부수 용역으로서 면세대상이 될 수는 없음은 분명하다.

2) 부수성을 긍정한 사례 : 자산유동화법률에 따른 자산관리자가 유동화자산 관리 업무를 위하여 자산관리 사업에 부수적으로 제공하는 전자문서화 용역은 면세함60)

이 행정해석의 신청인은 신용정보회사로서 「자산유동화에 관한 법률」 제10조 제1항에 따른 '자산 관리자'에 해당하고 신청인이 영위하는 자산관리사업은 「부가가치세법」 시행령 제33조 제1항 제15호에서 면세대상 금융·보험용역으로 정하여져 있었다. 신청인은 *** 유동화전문 유한회사와 자산관리위탁 계약을 체결하여 위탁자가 인수한 부실채권 등 유동화자산의 관리 업무를 수행하였는데, 위탁계약상 업무인 유동화자산인 채권 관련 서류에 대한 보관비용 절감, 훼손 방지 등을 통하여 보관·관리 업무의 효율화를 기하기 위하여 위탁자와 채권서류 전자문서 화(化) 용역계약을 체결하여 채권 서류의 전자문서화 업무를 수행하고 약 12억 원의 대가를 별도로 받은 사안에서 전자문서화 용역 계약이 면세대상인 유동화자산 관리 용역에 부수한 것으로 면세되는지 여부가 문제되었다.

해당 질의회신은 신청인이 유동화자산의 관리 용역을 제공하면서 유동화자산 관련 서류의 보관·관리 업무를 효율적으로 수행하기 위하여 관련 서류에 대한 전자문서화 용역을 제공하고 그 대가를 자산관리 보수 외에 추가로 받는 경우는 부수용역으로서 면세 대상이라고 보았다.

위 사안은 금융업자(자산관리 사업)가 주체가 된 경우이므로, 해당 용역이 금융용역으로서의 본질에 가까운지 여부가 쟁점이 아니라, 자산관리 업무에 부수한 용역에 해당하는지가 문제된다. 사안을 보면 전자문서화 용역 계약의 대가가 주된 용역인 자산관리위탁 계약 대가에 포함되지 않았음은 분명하고, 전자문서화 용역 계약이 거래의 관행상 자산관리 용역에 통상적으로 수반되는 것으로 보기도 어렵다. 따라서 부가가치세법 제14조 제1항 각 호가 적용되기는 어려우나, 주된 사업인 유동화자산 관리용역과 관련하여 우연히 또는 일시적으로 공급되는 용역에 해당한다고 볼 수 있으므로, 부가가치세법 제14조 제2항 제1호에 따른 부수용역으로서 면세 대상이라고 사료된다.

---

60) 법규부가 2012-510, 2013. 1. 8.의 행정해석.

(4) 금융업자 이외의 자가 제공하는 금융용역

1) 본질적 금융용역에 해당하지 않는 경우 : 과세

(가) 삼성생명서비스 사건[61)]

원고인 삼성생명서비스 사(社)가 삼성생명 사(社)에게 제공한 보험사고 조사용역이 면세 대상에 해당하는지 여부가 문제된 사안에서, 원심은 긍정하였으나, 대법원은

> "시행령 제33조 제2항에서는 '제1항 각 호의 사업 이외의 사업을 하는 자가 주된 사업에 부수하여 동항의 금융·보험용역과 동일 또는 유사한 용역을 제공하는 경우'에도 면세 대상으로 한다고 규정하고 있는바, 법 제12조는 특정 재화 또는 용역의 공급과 특정 재화의 수입에 대하여만 제한적으로 면세하도록 열거하고 있으므로 그 면세대상 사업의 범위를 정한 시행령 제33조 제1항 제10호의 보험업을 명문의 근거도 없이 부가가치세의 과세 대상이 되는 보험용역의 범위를 정한 시행령 제2조 제1항 제4호, 제2항 소정의 보험업과 같이 넓게 해석할 수는 없고, 보험의 본질적 요소가 포함된 본래의 의미의 보험업(한국표준산업 분류표상의 중분류 항목, 이하 '보험업'이라 한다)만을 지칭하는 것으로 해석하여야 할 것이다. 따라서 '보험업'의 관련 업무에 불과한 조사 업무를 주된 사업으로 하는 원고를 시행령 제33조 제1항 제10호에 규정한 '보험업'을 하는 자에 해당한다고 볼 수는 없고, 한편 앞서와 같이 원고는 '보험업'의 부수적인 용역에 불과한 보험조사 용역을 주된 사업으로 하고 있고, 이처럼 '보험업'의 본질적 부분이 포함되지 아니한 부수적인 업무는 이를 '보험업'을 하는 자가 하는 경우에는 필수적인 부수성(附隨性)의 법리에 따라 면세되지만(법 제12조 제3항), 부수적인 업무를 제3자가 독립적으로 영위하는 경우에는 면세 대상인 보험용역에 포함되지 아니한다고 할 것이므로, 원고는 시행령 제33조 제2항의 면세 대상에도 해당하지 않는다고 할 것이다"

라고 판단하여 원심을 파기하였다.

주의할 점은 당시 면세 범위를 정한 구 부가가치세법 시행령 제33조 제1항 제10호는 '보험업'이라고만 정하고 있었고, 현행 시행령과 같이 보험조사 용역을

61) 대법원 2000. 12. 26. 선고 98두1192 판결.

면세 대상에 포함하지 않고 있었다.[62] 이러한 상황에서 대법원은 보험조사 용역은 시행령상 면세 대상인 보험업에 해당하지 않고, 금융업자가 아닌 원고가 보험업의 본질적인 부분이 아닌 부수적인 업무를 수행한 경우이므로 부가가치세법 시행령 제40조 제2항(위 사건에서는 시행령 제33조 제2항)의 면세 대상도 아니라고 본 것이다. 대법원은 아울러 보험업자(사안에서 삼성생명)가 보험조사 용역을 주된 용역에 부수하여 제공하면 면세되지만, 보험업자가 아닌 자가 보험업의 본질적 부분이 포함되지 않은 부수용역을 제공하면 면세되지 않는다는 점을 명확히 하였다. 앞서 본 그림 1에서 상단과 하단의 면세 범위가 다르게 형성되어 있다는 점이 바로 그것이다. 한편 2001년 12월 31일 시행령의 개정으로 보험조사 용역이 면세 대상으로 명시된 이후에는 행정해석에서도 보험업자가 아닌 자가 보험조사 용역을 제공하는 경우에도 위 판례와 달리 면세를 긍정하고 있다.[63]

(나) ATM 기(機) 회사가 은행에게 제공하는 현금 자동지급기 설치·관리 용역[64]

대법원은

> "이 사건 용역은 금융자동화기기의 개발·제조 및 판매 등을 주된 사업으로 하는 원고가 현금자동지급기를 설치·관리하면서 은행에게 은행이 본래 그 고객에게 제공하는 현금인출·계좌이체와 잔액조회 서비스를 보조하여 주고, 그 대가로 은행으로부터 수수료를 지급받은 것에 불과하여, 부가가치세 면세대상인 '수납·지급대행 용역'과 동일 또는 유사한 용역에 해당한다고 볼 수 없다고 판단하였는바, 부가가치세법령 및 은행업 관련 법령의 관계 규정과 기록에 비추어 살펴보면, 원심의 위와 같은 판단은 정당하[다]"

고 판시하였다.

---

62) 제40조(면세하는 금융·보험 용역의 범위)
① 법 제26조제1항제11호에 따른 금융·보험 용역은 다음 각 호의 용역, 사업 및 업무에 해당하는 역무로 한다.
8. 「보험업법」에 따른 보험업(보험중개·대리와 보험회사에 제공하는 손해사정용역, 보험조사 및 보고용역을 포함하되, 보험계리용역 및 「근로자퇴직급여 보장법」에 따른 연금계리용역은 제외한다)

63) 서삼46015-11973, 2003. 12. 18.("사업자가 보험회사에 부동산권리보험과 관련한 보험조사 용역을 제공하는 경우에는 부가가치세법 시행령 제33조 제1항 제10호의 규정에 의하여 부가가치세가 면제되는 것입니다").

64) 대법원 2009. 10. 15. 선고 2007두24333 판결.

대법원의 판시 내용에는 언급되어 있지 않지만, 이 사건은 두 가지 관점에서 검토할 필요가 있다. 첫 번째로 원고는 금융업자가 아닌 자로서 은행의 소비자에게 용역을 공급하지 않고 은행에게 용역을 제공한 자이다. 따라서 부가가치세법 시행령 제40조 제4항(당시 시행령은 제33조 제2항)에 의하여 금융업 외의 사업을 하는 자가 주된 사업에 부수하여 금융용역을 제공하는 것으로 볼 수 있는지 여부만 문제된다. 특히 부가가치세법 시행령 제40조 제1항 아.목은 '수납 및 지급대행 용역'을 면세용역으로 규정하고 있으므로 원고가 제공한 용역이 여기에 해당하는지가 쟁점이 되었지만, 대법원은 이를 부정하였다.[65]

(다) 상호저축은행으로부터 대출모집 업무를 위탁받은 경우[66]

대법원은 원고 회사가 상호저축은행으로부터 대출모집 업무를 위탁받아 대출 신청을 접수하면서 본인 확인이나 신상정보 등 관련 자료를 제공받는 업무를 수행한 경우 상호저축은행의 본질적인 업무인 대출 업무에 포함되지 아니하므로, 부가가치세법 시행령 제40조 제2항의 금융업자 아닌 자의 금융용역으로서 면세 대상에 해당하지 않는다고 본 원심의 결론을 수긍하였다.

2) 본질적 금융용역에 해당하는 경우 : 면세

(가) 모회사가 자회사에 지급보증 용역을 제공하고 지급보증 수수료를 받은 경우[67]

자동차 제조판매업을 주된 영업으로 하는 모(母) 회사가 자신이 제조한 자동차의 판매를 위한 리스(lease) 업(業)을 하는 자회사에 지급보증 용역을 제공하고 지급보증 수수료를 받은 사안에서, 서울행정법원은 지급보증 용역은 모회사의 주된 사업에 부수하여 제공되었고, 이러한 지급보증은 은행법상 채무의 보증과 본질적인 내용 및 성격을 같이 하므로, 부가가치세법 시행령 제40조 제2항(당시 시행령 제33조 제2항)에 따라 면세의 대상이라고 판단하였다.

비록 제조업을 영위하는 법인이라도 주된 사업과 관련하여 본질적인 금융용역인 지급보증 용역을 제공한 경우에는 면세대상 용역으로 보겠다는 것으로 타당하다. 물론 부가가치세법 제40조 제1항 각 호에 열거된 면세 용역 중 어떠한

65) 판결에는 명시되어 있지 않지만, 해당 계약의 당사자는 국민은행과 원고였는데, 원고가 제공하는 CD 서비스에는 현금 지급이나 계좌이체 외에도 신용카드의 현금 서비스 기능도 있었고, 해당 CD기를 통해 타행(他行) 고객도 자신의 타행 계좌에서 다른 타행 계좌로 이체할 수 있으므로, 이러한 기능을 '지급 대행'으로 보기는 어렵다는 점도 검토된 것으로 보인다.

66) 대법원 2013. 2. 15. 자 2012두24443 판결(심리불속행 기각).

67) 서울행정법원 2018. 4. 5. 선고 2017구합60703 판결.

것이 본질적인 것이고 어떠한 것이 비(非) 본질적인 것인지에 관하여는 다툼이 될 수 있다. 제40조 제2항의 "같은 항의[68] 금융·보험요역과 같거나 유사한 용역을 제공한 경우"라는 문언의 기재에 비추어, 제40조 제1항 각호에 해당하면 일단 본질적인 역무에 해당한다고 볼 수 있겠다.

(나) 경영 컨설팅 업체가 수행한 자금대여 행위[69]

위 판결은 경영 컨설팅을 주업으로 하는 법인이 관계 회사를 포함한 다양한 법인 또는 개인을 상대로 자금을 대여한 행위에 대하여 주된 사업에 부수하여 금융용역과 유사한 용역을 제공한 것이어서 과세 사업인 경영 컨설팅 업(業)과는 별도로 부가가치세가 면세되는 금융·보험용역에 해당한다고 판단하였다. 특히 판시 내용 중

> "원고는 주된 사업에 부수하여 구 부가가치세법 시행령 제33조 제1항(현행 시행령 제40조 제1항)의 금융용역과 유사한 용역을 제공한 것이고, 이러한 용역이 동일한 과세기간에 이루어진 원고의 경영컨설팅 용역에 필수적으로 부수되거나 포함되는 용역이라고 볼 수 없으므로, 이는 과세사업인 경영컨설팅업과는 별도로 부가가치세가 면제되는 구 부가가치세법 제12조 제1항 제11호의 금융·보험용역에 해당한다고 봄이 상당하다"

고 판단한 부분이 흥미롭다.

위 판시 내용에 의하면, 주된 사업이 과세사업일 경우에 해당 용역이 부가세법 제14조 제1항의 부수용역이 될 경우 그 용역도 과세 대상이 되지만, 그러한 정도의 강한 견련성(牽聯性)이 없을 경우 오히려 부가가치세법 시행령 제40조 제2항에 따라 면세 용역이 될 수도 있다. 해당 사안에서도 과세 사업인 경영컨설팅 용역과 자금대여 용역의 질적(質的) 관련성이 높다고 평가되었다면 자금대여 용역도 주된 용역에 따라 과세로 판정되었을 것인데, 질적 관련성이 높지 않아서 본질적 금융 역무인 대여 행위라 하여 면세로 판정된 것이다. 따라서 시행령 제40조 제2항의 '주된 사업에 부수하여'의 의미는 부가세법 제14조 제1항의 부수용역과 달리 '주된 사업의 기회에 함께 제공되는' 정도의 느슨한 관련성 정도

---

68) 맥락상 제40조 제1항을 말한다.
69) 서울행정법원 2015. 10. 16. 선고 2015구합55639 판결.

만으로도 인정될 수 있지 않을까 생각된다.

Ⅳ. 결론

지금까지 현행 세법에서 금융용역을 부가가치세 면세로 취급하는 근거와 이자의 흐름이 부가가치세제 내에서 어떻게 받아들여져야 하는지에 관하여, 이창희 선생의 선행 연구의 업적을 다시 조명해 보았다. 선행 연구는, 최종 소비재의 각 생산 단계에 있는 개별 사업자들로부터 창출한 부가가치에 해당하는 금액만 부가가치세를 징수하는 현재의 제도 아래에서는 '돈의 시간적 가치'의 대가인 이자를 주고받는 행위는 각 사업자 단계에서 부가가치를 분배받는 요소에 불과하여 비과세 대상에 해당하는 반면, 은행 스스로 창출하는 부가가치에 대해서는 과세되어야 하나, 은행이 제공하는 '자금의 중개용역'에 대한 순수한 대가는 특정하기 어려운 관계로 면세 대상에 해당한다는 점에 관하여 자금 수수의 당사자(가계와 기업) 별로 명쾌하게 분석한 바 있다.

금융지주회사가 자회사에게 자금을 제공하고 이자를 수수한 사안에서 대상판결은 금융지주회사는 은행이나 대부업처럼 자금을 중개하는 용역을 제공한 것이 아니라 자회사에 개별적으로 자금을 제공하고 순수한 이자 명목으로 돈을 받은 것이므로, 부가가치세 비과세 대상이라고 보았다. 이러한 판단은 기본적으로 선행연구의 이론적 분석에 따른 것처럼 보이지만, 금융지주회사가 자회사에 대한 자금 제공의 대가를 결정할 때 순수한 이자의 흐름을 넘어서는 용역 제공의 측면이 존재함을 간과한 것이 아닐까 하는 아쉬움이 있다.

현행 부가가치세법이 금융용역 전반에 대하여 부가가치세를 광범위하게 면세하는 것은 용역에 대한 대가를 특정하기 어렵다는 기본적인 이유도 있지만, 금융용역의 대가를 수수료의 형태로 특정할 수 있는 직접 금융의 경우에도 간접금융과의 경쟁중립성까지 고려한 결과이다. 따라서 과세와 면세 여부를 복잡하게 나누어 납세의무자에게는 순응 비용을, 과세관청에게 행정 비용을 초래하는 것보다는 포괄적으로 면세하는 것이 바람직한 측면도 있다. 부가가치세법이 부수용역에 대하여 주된 용역에 따라 과세와 면세 여부를 결정하게 하는 것도 같은 취지이다. 다만 부수용역에 관한 일반 조항의 해석과 더불어 금융용역의 경우 비(非) 금융업자도 주된 사업에 부수하여 금융용역을 제공할 경우 면세하는 조항을 두고 있어서 각 규정들 사이에 유기적인 관련성과 해석의 기준이 제공될 필요가 크다.

금융용역의 부수용역에 대한 면세 취급은 우선 용역을 제공한 주체가 금융업자이면 해당 용역 자체가 부가가치세법 시행령에서 정한 본래의 면세 대상인지를 살피고, 여기에 해당하지 않는 비(非) 본질적 역무인 경우라도 주된 용역에 통상적으로 따라가는 부수용역으로서 면세되는지를 따져보아야 한다. 부수용역 여부를 판정할 때에는 주된 용역과의 강한 연관성이라는 질적 제한뿐만 아니라, 부수용역의 공급가액이 주된 용역에 비하여 비중이 낮아야 한다는 양적 제한도 고려할 필요가 있다. 용역을 제공한 주체가 금융업자가 아니라면 그가 제공한 용역이 금융업의 본질적인 역무에 해당하는지를 따져보아야 한다. 판례나 과세 실무도 대체로 위와 같은 기준에 맞추어 부수 용역에 대한 면세 여부가 결정해 온 것으로 보인다.

위와 같이 금융용역에 대한 면세는 불가피한 측면이 있지만, '기업 - 금융기관 - 기업 - 최종 소비자'로 이어지는 부가가치세 사슬에서는 오히려 과도한 과세가 이루어지기 쉽다. 즉 금융기관으로부터 용역을 제공받은 기업이 자신이 지급한 용역 대가를 매입세액으로 공제받지 못하게 되어 금융기관에게 면세된 세액은 해당 기업 단계에서 온전히 과세되는 결과를 초래하고('환수효과'), 금융기관이 자신이 거래징수당한 매입세액을 그대로 원가로 삼아 면세되기 전보다 가격이 상승한 부분에 대한 부가가치세가 최종 소비자에게 공급하는 기업 단계에서 추가되어('누적효과'), 오히려 부가가치세 부담이 많아지는 것이다. 이에 대한 대안으로 순수한 '현금 흐름에 의한 과세방법'(Cash Flow System)이나 영세율을 적용하는 방식을 고려할 수 있다.

참고문헌

1. 국내문헌

강성모, “2019년 부가가치세 판례회고”, 『조세연구』 제20권 제1호, 한국조세연구포럼, 2020

김범준, “금융지주회사의 자회사 자금대여에 대한 부가가치세 문제”, 『대법원판례해설』 120호, 법원도서관, 2019

김승래 · 박명호 · 홍범교, 『우리나라 부가가치세 정책과제의 경제적 분석 : 과세베이스 확대를 중심으로』, 한국조세연구원, 2007.,

김유찬 · 장근호, “금융서비스에 대한 부가가치세 과세전환의 경제적 타당성 및 기준에 관한 연구”, 『조세학술논집』 제22집 제1호, 2006

박현주 · 김석환, “금융지주회사의 자회사에 대한 자금대여는 부가가치세 비과세인가? — 대법원 2019. 1. 17. 선고 2015두60662 판결 비판”, 『조세법연구』 제29권 제1호, 2023

배향미, 『부가가치세 면세범위 조정방안에 관한 연구』, 고려대학교 대학원 석사학위논문, 2014

안종석, 『금융소득 및 금융거래 관련 과세특례에 관한 연구』, 한국조세재정연구원 연구보고서

안창남, “금융용역과 부가가치세”, 『조세법연구』 제8권 제1호, 2002

윤지현, “부가가치세법 제14조 제1항 제2호가 규정하는 이른바 ‘부수재화 · 용역 공급’의 범위를 어떻게 정하여야 하는가? — 대법원 2013. 6. 28. 선고 2013두932 판결을 중심으로”, 『서울대학교 법학』 제55권 제3호, 2014

이성식, 『부가가치세의 합리적 개선방안에 관한 연구』, 서울시립대학교 박사학위논문, 2005

이창희, “금융보험업에 대한 부가가치세”, 『서울대학교 법학』 제43권 제3호, 2002

임상엽 · 정정운, 『세법개론』, 상경사, 2019

임승순 · 김용택, 『조세법』 (제25판), 박영사, 2025.

최은화, 『금융 · 보험용역에 대한 세법상 취급에 관한 연구』, 고려대학교 석사학위논문

2. 국외문헌

Poddda, Sartya and English, Morley, “Taxation of Financial Services Under a Value−Added Tax”; Applying the Cash−Flow Approach, National Tax Journal 50:1, 1997

제5부

상속 · 증여세

17. 상속세 계산 방식의 전환에 관한 쟁점과 개정 방향

김범준*

Ⅰ. 서론(序論)

상속세는 자연인(自然人)의 사망으로 이전되는 재산에 매겨지는 세금이다. 상증세법[1] 제13조 및 제25조에 따르면, 상속세 과세표준의 계산은 피(被) 상속인

* 서울대학교 법학전문대학원 조교수

의 상속재산에서 출발한다. 이러한 방법을 '유산세(遺産稅) 방식'이라고 부른다. 바꾸어 말하면, 유산세 방식은 피상속인의 '유산'(estate)을 과세 대상으로 삼아 상속세를 계산하는 것이다.[2] 아래에서 설명하듯이 대법원과 헌법재판소는 우리나라의 상속세를 유산세 방식으로 보았다.

그런데 유산세 방식은 여러 이유로 비판을 받아 왔다. 이는 다른 상속세 계산 방법인 '유산취득세(遺産取得稅) 방식'의 도입 논의로 이어졌다. 예컨대 기획재정부는 2022년 10월 4일 유산취득세 도입을 위한 연구 용역을 발주하였고, 같은 달 14일 '전문가 회의'를 열었다.[3] 유산취득세 방식이란 피상속인의 유산이 아니라 각 상속인이 '승계한 재산'(inheritance)에 터 잡아 상속세를 계산하는 방법이다.[4]

이 글의 목적은 상속세 계산 방식의 전환에 관한 종전 연구 결과를 살펴본 다음, 앞으로 있을 상증세법 개정 논의에서 고려할 쟁점 및 개정 방향을 살펴보는 것이다. 이 글의 순서는 다음과 같다. 먼저 이론적인 시각에서 유산세와 유산취득세 방식을 비교·분석하고, 현행 상속세 제도를 평가한다(Ⅱ). 다음으로 상속세 계산 방식 전환에 관한 개정 논의와 근거를 정리한다(Ⅲ). 나아가 상속세 계산 방식의 전환 과정에서 고려할 쟁점을 검토한다(Ⅳ). 끝으로 상증세법의 개정 방향을 다룬다(Ⅴ).

Ⅱ. 유산세와 유산취득세 방식의 비교

1. 유산세 방식의 요약

(1) 과세 대상 및 특징

앞서 보았듯이 유산세 방식의 과세 대상은 피상속인의 유산이다. 그러므로

---

1) 이 글에서 말하는 '상증세법'은 2023. 12. 31. 법률 제19932호로 개정된 것이다.

2) 이창희, 『세법강의』, 1259면.

3) 기획재정부, "「상속세 유산취득 과세체계 도입을 위한 전문가 전담팀」 첫 회의 개최", 2022. 10. 14.자 보도자료, 1면. 위 보도자료는 아래의 기획재정부 웹페이지에서 확인하였다. https://www.moef.go.kr/nw/nes/detailNesDtaView.do?searchBbsId1=MOSFBBS_000000000028&searchNttId1=MOSF_000000000061433&menuNo=4010100 (최종 검색일자 2024. 10. 20.)

4) 이창희, 『세법강의』, 1259면.

전형적인 유산세의 납세의무자는 유산을 관리·청산하는 '유언 집행자'(executor) 또는 '상속재산 관리인'(administrator)이다. 또한 유산세 방식의 상속세액은 유산 전체에 누진세율을 곱한 방식으로 계산된다. 이처럼 유산세는 재산 자체에 대한 세금이므로, 재산과세의 성격을 갖는다.[5)]

유산세 방식의 이념적·이론적 근거는 다음과 같다. 첫째, 피상속인의 유산에 대한 권한은 사망과 함께 종료되므로, 국가 또는 사회는 유산에 세금을 매길 수 있다.[6)] 둘째, 피상속인의 경제활동 및 '미(未) 실현 이익'을 청산하면서 과세하려면, 경제활동의 결과인 유산을 과세 대상으로 삼아야 한다.[7)] 셋째, 유언집행자 또는 상속재산관리인이 유산을 청산하여 상속인들에게 이전하는 '관리청산주의' 상속제도에서는 유산세 방식이 적합하다.[8)]

(2) 장·단점

유산세 방식의 대표적인 장점은 과세행정의 편의이다. 유산 자체가 상속세의 과세 대상이므로, 과세관청은 각 상속인의 상속 내역을 굳이 파악할 필요가 없다. 또한 상속인들이 상속세를 줄이기 위하여 조세회피 행위를 할 가능성도 낮다. 나아가 유산의 크기에 누진세율을 곱하여 상속세를 계산하기 때문에, 유산세 방식은 재산 규모에 맞는 공평 과세에 기여할 수 있다. 그 밖에 상속세 세수(稅收)가 늘어나면서, 나라 또는 사회 전체적으로 볼 때 부(富)의 집중을 막고 소득을 적절히 분배할 수 있는 가능성이 커진다.

유산세 방식의 단점으로 지적되는 내용은 아래와 같다. 첫째, 유산세 방식의 과세 대상은 유산이므로, 상속세 계산 과정에 각 상속인의 특성을 반영하기 어렵다. 이를테면 인적(人的) 공제는 각 상속인의 구체적인 상황을 고려하거나 피상속인 사망 이후의 생활 안정을 위하여 상속재산·과세표준·세액을 빼는 항목이다.[9)] 또한 물적(物的) 공제는 상속재산의 특성을 고려하여 상속재산·과세표

5) 金子宏, 『租税法』(第二十四版), 弘文堂, 2021, 691면.

6) Richard A. Musgrave and Peggy B. Musgrave, *Public Finance in Theory and Practice* (5th ed.), McGraw−Hill Book Company, 1989, p.432; 임승순·김용택, 『조세법』(제25판), 박영사, 2025, 847면.

7) 한만수, 『조세법강의』(신정15판), 박영사, 2023, 787면.

8) 신호영, "「상속세 및 증여세법」상 유산세방식의 헌법적 정당성 연구 ― 헌법상 평등원칙 위반 여부를 중심으로", 『저스티스』 제163호, 한국법학원, 2017, 147면; 小林栢弘(編著), 『相続税法の論点』(小林 栢弘 집필 부분), 大蔵財務協会, 2015, 31頁.

9) 헌법재판소 2008. 7. 31. 2007헌바13 결정.

준·세액을 빼는 제도이다. 그런데 상속재산 또는 과세표준의 계산 단계에서 인적·물적 공제를 적용하면, 각 상속인의 상속세 계산 결과와 인적·물적 공제 사이의 연관성이 떨어진다.[10] 둘째, 상속인들의 실제 분배 비율과 상속세 분담 비율이 같지 않을 수 있다. 셋째, 피상속인이 사망 전에 세금을 적법하게 납부한 경우에는 유산에 대한 상속세 부과로써 이중과세 문제가 생길 수 있다.

2. 유산취득세 방식의 요약

(1) 과세 대상 및 특징

유산취득세 방식은 각 상속인이 취득하는 상속재산에 상속세를 매긴다. 따라서 유산취득세의 납세의무자는 상속재산을 받은 상속인이고, 상속재산 취득액에 누진세율을 곱하여 각 상속인의 상속세를 계산한다. 요컨대 유산취득세는 각 상속인의 '순(純) 자산' 증가를 과세 계기로 삼는 것이므로, 소득세를 보완하는 역할을 한다.[11]

유산취득세 방식의 이념적·이론적 근거는 아래와 같다. 첫째, 상속인이 자신의 노력 없이 취득한 상속재산에 세금을 부과함으로써, 출발의 평등을 실현하여야 한다.[12] 둘째, 상속인의 조세 부담을 줄임으로써 피상속인의 사망에 따른 경제적 충격으로부터 상속인을 보호할 필요가 있다.[13] 셋째, 피상속인의 사망으로 상속재산이 포괄적으로 승계되는 '포괄승계주의' 상속제도에서는 유산취득세 방식이 적절하다.[14]

(2) 장·단점

유산취득세 방식의 장점은 각 상속인의 담세력(擔稅力)에 따른 과세이다. 유산취득세 방식에서는 각 상속인이 받은 상속재산에 따라 상속인의 세액을 계산하기 때문이다. 그리하여 상속세 부담을 줄이려는 상속인들은 유산을 분할할 가능성이 크다. 또한 상속인에 관한 인적 공제 효과를 해당 상속인에게 귀속시키

---

10) 이창희, 『세법강의』, 1278면.

11) 金子 宏, 앞의 책, 691頁.

12) Richard A. Musgrave and Peggy B. Musgrave, *op. cit.*, p.432.

13) 김신언, "유산세형 상속과세제도에서 우리나라 상속공제의 문제점과 개선방안", 『조세와 법』 제4권, 서울시립대학교 법학연구소, 2011, 72면.

14) 신호영, "「상속세 및 증여세법」상 유산세방식의 헌법적 정당성 연구", 147면; 小林栢弘(編著), 앞의 책, 31頁.

기가 쉽다.

한편 과세관청이 상속인에게 상속세를 부과할 때에는 각 상속인 별 상속재산을 정확히 파악하여야 한다. 특히 상속인들은 유산의 위장(僞裝) 분할로써 상속세를 회피할 수 있으므로, 조세회피를 막기 위한 세무조사 필요성이 커진다. 이는 과세관청뿐 아니라 상속인에 대한 부담으로 이어질 수 있다.

3. 몇 가지 입법례

(1) 미국

미국의 루이지애나 주(州)는 '포괄승계주의'를 채택하였으나, 대부분의 다른 주는 '관리청산주의'를 따른다고 한다.[15] '미국 세법'(Internal Revenue Code, 이하 'IRC')에 따르면, 상속세는[16] 연방세(聯邦稅, federal tax)의 하나이다. 미국의 '연방상속세'는 유산세 방식이다.[17] 미국 연방상속세의 과세 대상은 피상속인의 유산이고, 피상속인이 납세의무자이며, 원칙적으로 상속재산 관리인이 상속세를 신고납부한다. 특히 피상속인이 사망 전에 증여한 재산 전부를 유산에 넣어 상속세 과세표준을 계산한다.[18] 또한 인적 공제에는 '배우자 공제'(marital deduction)가 있는데, 배우자 공제는 유산 계산 단계에서 적용된다.[19]

한편 미국의 여러 주는 주세(州稅, state tax)로서 상속세를 부과한다. 2023년 현재 뉴욕 주를 비롯한 12개 주의 상속세는 유산세 방식이나, 뉴저지 주를 포함한 5개 주는 유산취득세 방식을 따른다.[20] 메릴랜드 주는 유산세 방식과 유산취득세 방식의 상속세를 모두 부과한다.[21]

---

15) 신호영, "「상속세 및 증여세법」상 유산세방식의 헌법적 정당성 연구", 135~136면.

16) IRC의 용어는 "estate tax"이나, 설명의 편의를 위하여 '상속세'라는 용어를 쓴다.

17) 국가의 유산에 대한 과세 권한이라는 관점에서 유산세 방식의 미국 연방 상속세를 이해하는 입장으로는, Richard A. Musgrave and Peggy B. Musgrave, *op. cit.*, p.432.

18) IRC §2001(b).

19) IRC §2056; 원종학 외 2인, 『주요국의 상속·증여세제 현황 및 최근 동향』, 한국조세연구원, 2012, 38면.

20) '출발의 평등'이라는 시각에서 유산취득세 방식의 미국 주 상속세를 설명한 입장으로는, Richard A. Musgrave and Peggy B. Musgrave, *op. cit.*, p.432.

21) 미국 주(州) 상속세에 관한 내용은 아래의 인터넷 웹페이지에서 확인하였다. https://taxfoundation.org/data/all/state/state-estate-tax-inheritance-tax-2023/(접속일 2024. 10. 6.)

(2) 독일[22]

독일은 포괄승계주의와 유산취득세 방식을 채택하였다. 상속세 납세의무자는 상속인인데, 법적 지위에 따라 3개 등급으로 나뉜다. 첫 번째 등급은 배우자, 직계 비속(直系卑屬), 직계 존속(直系尊屬) 등이다. 두 번째 등급은 형제자매와 조카, 양(養) 부모, 사위와 며느리 등이다. 세 번째 등급은 첫 번째와 두 번째 등급에 해당하지 않는 자이다.

각 납세의무자는 상속세 과세표준 계산 단계에서 자신의 법적 지위에 따라 인적 공제(배우자공제, 자녀공제, 그 밖의 인적 공제)를 받을 수 있다. 또한 각 등급마다 다른 세율이 적용된다. 그 밖에 사업용 자산, 주택, 그 밖의 동산을 취득한 상속인은 각 상속재산에 대한 물적 공제를 받을 수 있다.

(3) 일본

일본은 1958년에 법정(法定) 상속분과 유산취득세 방식에 터 잡은 고유한 계산방법을 시행하였다. 이러한 상속세 제도를 '법정상속분 유산취득세 방식'이라고 부른다.[23] 일본이 법정상속분을 기준으로 상속세액을 계산하는 까닭은, 상속세를 줄이기 위한 상속재산 위장 분할을 막기 위한 것이다.[24] 일본 상속세의 계산 과정을 요약하면 다음과 같다.[25]

첫째, 피상속인의 유산 총액에 일정 금액을 가감하여 '과세가격 합계액'을 구한다. 이때 사업 승계에 관한 비상장(非上場) 주식 및 농지처럼 일정한 요건에 따라 납세 유예되는 상속재산은 과세가격에서 제외된다. 이는 과세가격 계산 단계에서 물적 공제를 적용한 것이다. 둘째, 과세가격 합계액에서 기초 공제액을 빼서 '과세 유산액'을 계산한다. 셋째, 법정상속인이 과세유산액을 법정상속 비율에 따라 취득한다고 가정하고 '상속인 별 취득액'을 계산한다. 넷째, 이렇게 계산한 상속인 별 취득액에 누진세율을 곱하여 각 상속인의 상속세를 구하고, 이들을 합하여 '상속세 총액'을 산출한다. 다섯째, 각 상속인이 실제로 취득한 과세가격과 과세가격 총액의 비율에 상속세 총액을 곱하여 상속인 별 산출세액을 계산한다. 여섯째, 각 상속인은 상속인별 산출세액에 세액공제를 적용하는 단계에

22) 아래의 내용은 원종학 외 2인, 앞의 보고서, 81~85면을 요약한 것이다.
23) 박훈 외 3인, 『상속·증여세 실무 해설』(제12판), 삼일인포마인, 2023, 75면.
24) 金子宏, 앞의 책, 712頁.
25) 아래의 내용은 원종학 외 2인, 앞의 보고서, 54~60면을 정리한 것이다.

서 자신에게 해당하는 인적 공제 ― 정확히 말하면 인적 세액공제 ― 를 뺄 수 있다. 일본의 인적 세액공제에는 배우자 세액공제·미성년자 세액공제·장애인 세액공제 등이 있다. 각 상속인은 이러한 과정을 거쳐 자신의 납부세액을 구한다.

위와 같이 상속세를 계산하면, 유산이 어떻게 분할되더라도 상속세 총액이 거의 같아진다고 한다.[26)]

(4) 소결(小結)

미국 연방상속세와 독일 상속세는 각각 유산세 및 유산취득세 방식의 대표적인 입법례이다. 두 나라의 제도는 유산세 또는 유산취득세 방식의 특징 및 장·단점을 잘 보여준다. 일본은 상속세 제도를 유산세 방식에서 유산취득세 방식으로 바꾸면서, 법정상속분에 터 잡아 상속인별 세액을 계산하도록 상속세법을 개정하였다. 이는 유산취득세의 단점 ― 위장 분할에 의한 조세회피 가능성 ― 을 보완하기 위한 입법적 대응이다. 그러나 법정상속분이라는 획일적 요소를 계산 과정에 반영하는 것은 유산취득세의 취지 ― 담세력에 따른 과세 ― 에 어긋난다. 결국 일본은 담세력에 따른 과세와 조세회피방지 가운데 후자(後者)를 앞세웠다.

한편 미국의 많은 주(州)와 독일은 각각 관리청산주의 및 포괄승계주의를 따른다. 두 나라가 유산세 및 유산취득세 방식을 채택한 것은 관리청산주의 또는 포괄승계주의 이념의 연장으로 볼 수 있다. 다만 상속 제도에 관한 관리청산주의 또는 포괄승계주의가 곧바로 상속세 계산에 관한 유산세 또는 유산취득세 방식을 정하는 논리필연적인 근거는 아니다. 미국의 대부분 주는 관리청산주의를 따르나, 몇몇 주는 유산취득세 방식에 따라 주(州) 상속세를 부과한다. 대만의 상속 제도는 포괄승계주의이나, 상속세는 유산세 방식에 따라 계산된다고 한다.[27)]

4. 우리나라 상속세 제도의 요약 및 평가

(1) 계산 방식의 개관

우리나라 상속세의 과세대상은 피상속인의 상속재산인데(상증세법 제3조), 구

---

26) 金子宏, 앞의 책, 712頁.
27) 신호영, "「상속세 및 증여세법」상 유산세방식의 헌법적 정당성 연구", 136면.

체적인 계산 과정은 아래와 같다. 상속재산에 '사전(事前) 증여재산'을 더하고 공과금(公課金)·장례비용·채무 등을 공제하여 상속세 과세가액을 계산한다(상증세법 제13조와 제14조). 사전증여재산은 피상속인이 사망에 앞서 상속인 또는 상속인 아닌 자에게 한 증여이다(상증세법 제28조). 한편 피상속인 또는 상속인이 공익법인 또는 공익신탁재산에 출연한 상속재산은 상속재산 과세가액에 산입되지 않는다(상증세법 제16조와 제17조).

상속세 과세가액에 각종 인적·물적 공제를 적용함으로써, 상속세 과세표준을 구한다(상증세법 제25조). 상속세 과세표준에 누진세율을 곱하여 상속세 산출세액을 계산한 다음(상증세법 제26조), 몇몇 세액공제를 적용하여 상속세액에 이른다(상증세법 제28조부터 제30조까지). 여기서 말하는 세액공제에는 사전증여재산에 관한 증여세액공제, 국외 상속재산에 관한 외국납부세액공제, '단기 재상속(短期再相續) 공제' 등이 있다.

(2) 인적·물적 공제

상속세 과세표준 계산 단계에서 적용되는 인적 공제는 다음과 같다.

먼저 '기초(基礎) 공제'는 상속세 과세가액에서 2억 원을 빼는 것이다(상증세법 제18조). '배우자 공제'는 피상속인의 배우자가 있을 경우 적용되는데, 30억 원의 한도 아래에서 상증세법 제19조 제1항에 따라 계산된다. 피상속인에게 자녀, 상속인 및 동거 가족인 미성년자, 상속인 및 동거 가족인 65세 이상인 사람(이하 '연로자'), 상속인 및 동거 가족인 장애인 등이 있으면, 상증세법 제20조에 따라 인적 공제가 적용된다. 이러한 인적 공제의 합계액이 5억 원에 미치지 않을 경우, 상속인 또는 수유자(受遺者)는 상증세법 제21조에 따라 5억 원의 일괄 공제를 적용할 수 있다.

상증세법은 아래의 물적 공제를 상속세 과세표준에 적용한다. 첫째, 피상속인의 '가업'(家業)이 상속되는 경우에는 상증세법 제18조의2에 따라 '가업상속 재산'의 가액(300억 원부터 600억 원까지)을 상속세 과세가액에서 뺀다(이하 '가업상속공제'). 둘째, 피상속인의 영농업(營農業)이 상속되는 경우에는 상증세법 제18조의3에 따라 '영농상속 재산'의 가액(30억 원까지)을 상속세 과세가액에서 뺄 수 있다. 셋째, 일정한 요건을 갖춘 금융재산은 상증세법 제22조에 따라 2억 원의 범위에서 상속세 과세가액에서 공제된다(이하 '금융재산공제'). 넷째, 피상속인과 상속인의 '동거(同居) 주택'은 상증세법 제23조의2에 따라 6억 원을 한도로 상속재산 과세가액에 차감된다. 다섯째, 상속세 신고기한 이내에 일정한 요건의 재난으로 상속재산이 멸실(滅失)·훼손되면, 상증세법 제23조에 따라 그 손실의 가액을 상속세 과세가액에서 뺄 수 있다.

(3) 특징 및 평가

앞서 보았듯이 상증세법은 피상속인의 유산을 과세 대상으로 삼고, 과세표준 계산 단계에서 인적·물적 공제를 적용한다. 대법원과 헌법재판소는 이러한 계산 방식을 이유로 들면서, 우리나라 상속세를 유산세 방식으로 보았다.[28] 특히 상증세법은 상속인 및 상속인 아닌 자에 대한 사전증여재산을 상속세 과세가액에 넣은 다음(상증세법 제13조 제1항 제1호와 제2호), 그 과세가액에 누진세율을 적용한다. 따라서 비록 위 증여에 대한 증여세액을 상속세 산출세액에서 공제하더라도(상증세법 제28조), 상속인들은 사전 증여액의 합산에 따른 누진 분(分)에 대한 상속세 납부의무를 지게 된다.[29] 이는 유산세 방식의 특징이다. 사전증여재산을 상속세 과세대상에 넣지 않으면, 피상속인이 사전 증여로 유산 규모를 줄임으로써 상속세의 누진세율을 피할 수 있기 때문이다.[30]

헌법재판소 2006. 7. 27. 2005헌가4 결정은 '상속인 아닌 자에 대한 사전증여재산 합산'을 합헌으로 판단하였다. 여기서 눈여겨 볼 부분은 헌법재판소의 판단 이유이다. 첫 번째 근거는 유산세 방식의 특징이다. 위 결정에 따르면, 각 상속인이 위 합산에 의하여 상속재산에 대한 상속세액을 넘어 상속세를 부담하더라도, 이는 유산세 방식에서 비롯한 결과이다. 두 번째 근거는 사전증여재산 합산 제도의 조세회피방지 기능이다. 상증세법은 상속세 산출세액에서 상속인 아닌 자에 대한 증여세만 공제한다. 이와 달리 (증여세가 아니라) '사전증여재산 가액에 의하여 누진된 상속세액'을 상속세 산출세액에서 뺄 경우, 피상속인의 사전증여로써 상속세 누진세율을 쉽게 피할 수 있다. 요컨대 헌법재판소는 유산세 방식 및 조세회피방지 필요성을 이유로 위 조항의 합헌성(合憲性)을 긍정하였다.

한편 인적·물적 공제의 시각에서 보면, 우리나라 상속세는 유산취득세 방식

28) 대법원 1977. 7. 26. 선고 75누184 판결; 대법원 2005. 9. 15. 선고 2003두12271 판결; 헌법재판소 2006. 7. 27. 2005헌가4 결정; 헌법재판소 2008. 10. 30. 2003헌바10 결정.

29) 헌법재판소 2000. 1. 27. 98헌바12 결정.

30) 이창희, 『세법강의』, 1279면.

인 독일 또는 일본과 비슷하다. 상속인의 지위 또는 상속재산의 특징에 관한 여러 요소를 상속세 계산에 적극적으로 반영하기 때문이다. 이와 달리 유산세 방식인 미국 제도는 인적 공제로 배우자공제를 두고 있을 뿐이고, 가업 상속공제를 허용하지 않는다. 인적·물적 공제는 우리나라와 미국 제도 사이의 중요한 차이이다. 다만 유산세 방식의 계산 구조 때문에 인적·물적 공제의 효과는 각 상속인이 아니라 상속인 집단에게 적용된다.

요컨대 우리나라 상속세 제도는 상속인 집단의 특성 및 담세력을 고려한 절충적 유산세 방식이다.[31)]

Ⅲ. 유산취득세 방식 전환의 근거에 대한 분석

1. 조세의 목적과 입법 과정의 고려 요소

헌법재판소 2008. 7. 31. 2007헌바13 결정에 따르면, 조세는 재정수요 충족, 소득의 재(再) 분배, 자원의 적정한 배분, 경기 조정과 같은 여러 목적을 갖는다. 따라서 세법으로 국민의 세(稅) 부담을 정할 때에는 재정·경제·사회 정책뿐 아니라, 과세요건에 관한 기술적·전문적 판단이 필요하다. 위 헌법재판소 결정은 이러한 이유로 입법자의 세법에 관한 입법 형성적 재량을 긍정하였다. 다만 위 결정이 밝혔듯이, 세법 개정을 위한 정책적·기술적 판단은 국가재정, 사회경제, 국민생활 등에 관한 정확한 실태 자료에 터 잡은 것이어야 한다.

앞서 살펴본 조세의 목적과 입법적 고려 요소는 상속세에도 그대로 적용된다. 상증세법 제1조는 상속세의 목적으로 공정한 과세, 납세의무의 이행 확보, 재정수입의 조달을 정하였기 때문이다. 특히 헌법재판소 2003. 1. 30. 2001헌바61 결정은 상속세의 목적으로 재정수입 확보뿐 아니라, 부(富)의 세습·집중 완화 및 국민의 경제적 균등이라는 경제·사회적 목적을 들었다. 그렇다면 상속세 계산 방식의 전환 방향을 검토할 때에도 헌법재판소 결정 및 상증세법 제1조에 나타난 상속세의 목적을 고려하여야 한다.

한편 선행 연구에서 제시된 유산취득세 전환의 근거는 상속인의 담세력, 인적·물적 공제의 특징, 상속세·증여세 과세방식의 통일, 부의 재분배, 사회·경

31) 한만수, 앞의 책, 787면; 박훈 외 3인, 앞의 책, 77면.

제적 정책 목표의 고려, 상속세 세수의 비중 등이다. 아래에서는 상속세의 목적이라는 시각에서 이들 근거를 살펴본다.

2. 담세력에 따른 공평 과세

유산세 방식의 대표적인 문제점은, 각 상속인의 담세력에 맞는 과세를 충실히 구현하기 어렵다는 것이다. 유산세 방식에서는 유산 전체에 누진세율을 곱하여 상속세를 계산한다. 특히 상속인들의 상속재산이 서로 다르더라도, 같은 (한계) 세율이 적용된다.[32] 그리하여 각 상속인의 상속재산 비율과 상속세 비율이 맞지 않을 가능성이 크다. 달리 말하면, 유산취득세 방식이 유산세 방식보다 각 상속인의 담세력에 잘 맞는다.[33]

3. 인적·물적 공제에 관한 과세 형평 및 입법 취지

앞서 살펴본 담세력 또는 공평 과세의 문제는 인적·물적 공제에서도 일어난다. 상증세법의 여러 인적·물적 공제는 과세표준 계산 단계에서 차감된다. 그러므로 상속인 모두가 그 혜택을 받는다.[34] 바꾸어 말하면, 인적·물적 공제 혜택 전부가 그 대상자에게 그대로 적용되지 않거나, 인적·물적 공제의 요건을 갖추지 않은 상속인들도 공제 혜택을 누릴 수 있다.

예컨대 배우자공제의 효과는 배우자뿐 아니라 나머지 상속인에게도 미친다. 특히 배우자가 협의분할 과정에서 형식적인 금액만 상속하더라도 배우자공제가 적용되고, 이때 배우자가 아닌 상속인들이 배우자공제의 혜택을 누린다.[35] 나아가 경제적 약자를 위한 자녀·미성년자·연로자·장애인공제에서도 같은 문제가 일어난다.[36] 이러한 결과는 과세 형평 및 인적·물적 공제의 입법 취지에 어긋난다.

---

32) 안경봉·박민, “우리나라 상속·증여세제의 합리적 개편방안”, 『세무와 회계연구』 제12권 제1호, 한국조세연구소, 2023, 325면.

33) 이창희, 『세법강의』, 1259면; 김성균, “피상속인 및 상속인에 대한 과세 — 미실현이익에 대한 과세를 중심으로”, 『조세법연구』 제8권 제2호, 2007, 403면.

34) 이창희, 『세법강의』, 1278면.

35) 안경봉·박민, 앞의 글, 324, 326면.

36) 안호영·박훈, “상속세 과세방식 전환 시 법제도적 개선방안 연구 — 위장분할 방지를 중심으로”, 『세무학연구』 제32권 제1호, 한국세무학회, 2015, 82면.

4. 상속세·증여세 제도의 정합성(整合性)

증여세가 없을 경우, 피상속인과 상속인은 피상속인의 사망에 앞서 미리 증여를 함으로써 상속세를 낮출 수 있다. 따라서 상속세 제도를 유지하려면, 증여세가 필요하다. 이처럼 증여세는 상속세를 보완하기 위하여 도입된 것이다. 그리하여 상증세법은 사전증여재산을 상속세 과세가액에 넣어서 누진세율을 적용한 다음, 사전증여재산에 대한 증여세액을 상속세 산출세액에서 공제한다. 그런데 상속세의 과세 대상은 피상속인 기준의 유산이나, 증여세는 수증자 기준으로 수증재산에 대하여 부과된다.

위와 같은 상속세와 증여세의 관계에 비추어 볼 때, 양자(兩者)의 과세 대상과 납세의무자를 같은 방식으로 맞추는 것이 바람직하다.[37] 현행 상증세법에서는 재산이 상속 또는 증여로 이전되는지에 따라 세 부담이 달라질 수 있기 때문이다.[38] 유산세 방식을 따르는 미국은 피상속인의 유산 및 증여자를 기준으로 상속세와 증여세를 부과한다. 유산취득세 방식을 채택한 독일과 일본의 경우, 상속세와 증여세 납세의무자는 각각 상속인 및 수증자(受贈者)이다.

5. 상속세 계산 방식과 부(富)의 재(再) 분배

국가는 헌법 제119조 제2항에 따라 '소득의 분배를 유지'할 수 있다. 조세의 부과와 징수는 대표적인 국가 활동이다. 그러므로 조세 제도가 소득 차이를 더욱 벌려서는 안 된다.[39] 한편 소득과세와 상속세는 모두 공평 이념에 터 잡은 것으로서, 각각 '결과의 평등' 및 '출발의 평등'을 목표로 삼는다.[40] 그러므로 부의 재분배는 상속세 계산 방식을 바꿀 때 검토할 중요한 쟁점이다.

유산취득세 방식의 채택을 주장하는 입장은 그 근거의 하나로 부의 재분배를 든다. 유산세 방식에서는 유산 자체가 과세 대상이므로, 상속세를 줄이기 위하여 상속재산을 분할할 실익이 적다. 이와 달리 유산취득세 방식의 과세 대상은 각 상속인이 취득한 재산이므로, 상속인들이 상속세를 줄이기 위하여 상속재산을 나눌 수 있다.[41]

---

37) 안호영·박훈, 앞의 글, 83면.
38) 안경봉·박민, 앞의 글, 324면.
39) 이창희, 『세법강의』, 73면.
40) 이창희, 『세법강의』, 1253면.
41) 안호영·박훈, 앞의 글, 82면.

그런데 부의 재분배는 유산세 방식의 근거 가운데 하나이기도 하다. 국가는 유산 전체에 누진세율을 적용하여 상속세를 부과한 다음, 이를 부의 재분배에 관한 국가 활동에 쓸 수 있기 때문이다. 예컨대 미국 연구에 따르면, 유산세 방식의 미국 연방상속세는 부의 재분배에 상당한 기여를 한다고 한다.[42] 또한 소득과세 제도의 한계를 보완하고 부를 재분배하는 것은 연방상속세(유산세 방식)의 역할 가운데 하나라고 한다.[43] 그 밖에 연방상속세(유산세 방식)가 공익 기부금 지출의 중요한 동기라고 분석한 미국의 연구도 있다.[44]

요컨대 유산취득세 방식에서 말하는 부의 재분배는 피상속인의 유산이 상속인들·사이에 분산되는 것이다.[45] 이와 달리 유산세 방식은 국가 또는 사회 전체적으로 소득 재분배에 기여할 수 있다.[46] 결국 두 방식은 모두 부의 재분배라는 이념에 터 잡은 것이나, 재분배의 범위 또는 방식에서 다르다.

6. 사회·경제적 정책 목표의 고려

유산취득세 방식의 근거 가운데 하나가 사회·경제적 정책 목표이다. 이에 따르면, 유산세 방식은 다(多) 자녀 가정에 불리하고, 배우자 부양에 적합하지 않아 고령화 사회에 대응하기 어려우며, 가업 승계에도 적절하지 않다고 한다.[47] 즉 유산세 방식보다는 유산취득세 방식이 사회·경제적 정책 목표를 이루기에 적합하다는 것이다.

여기서 생각할 문제는 “유산취득세 방식의 채택이 위와 같은 정책 목표를 얼마나 효율적으로 달성할 수 있는가”이다. 헌법재판소도 지적하였듯이, 이를 해결하기 위해서는 정책 목표의 타당성과 유산취득세 방식의 효과에 대한 전문

---

42) Paul L. Caron and James R. Repetti, “Occupy the Tax Code: Using the Estate Tax to Reduce Inequality and Spur Economic Growth”, *Pepperdine Law Review*, Volume 40, Issue 5, 2013, pp. 1276~1280; John K. McNulty and Grayson M.P. McCough, *Federal Estate and Gift Taxation* (9th ed.), West Academic Publishing, 2020, p. 13.

43) David Joulfaian, *The Federal Estate Tax*, the MIT Press, 2019, p. 175.

44) Clay B. Apperton, *Estate and Gift Taxes*, Nova Science Publishers, Inc., 2009, p. 199; Paul L. Caron and James R. Repetti, *op. cit.*, pp. 1278~1279; David Joulfaian, *op. cit.*, pp. 138, 177.

45) 정훈 외 2인, 『유산세와 유산취득세의 조세행정 비교 연구』, 한국조세재정연구원, 2023, 4면.

46) Paul L. Caron and James R. Repetti, *op. cit.*, pp. 1278~1279.

47) 이상신, “상속세제의 특징과 그 개편방향에 관한 연구 ― 유산취득세 전환의 법적 쟁점을 중심으로”, 『조세법연구』 제29권 제2호, 2023, 214~215면; 이상신, “상속세 부담 완화를 위한 상속세제 개편방향에 관한 연구”, 『세무와 회계저널』 제20권 제5호, 한국세무학회, 2019, 100면.

적·기술적 판단이 필요하다. 나아가 이러한 판단은 국가재정, 사회경제, 국민생활 등에 관한 정확한 실태 자료에 터 잡은 것이어야 한다.

예컨대 일정한 요건을 갖춘 가업상속의 경우 300억 원부터 600억 원까지의 '가업상속 재산'이 상속세 과세가액에서 차감된다(상증세법 제18조의2). 이러한 물적 공제는 현행 제도에서 유산에 가업상속 적용대상이 있는 경우와 그렇지 않은 경우 사이의 과세 형평을 해칠 수 있다.[48] 유산취득세 방식에서도 가업상속 공제를 두면, 상속인들 사이에서도 비슷한 형평성 문제가 일어나거나 세액이 크게 줄어들 수 있다. 이러한 결과는 유산취득세 방식에 관한 또 다른 근거인 공평과세 ─ 담세력에 따른 '응능(應能) 과세' 또는 인적·물적 공제에 관한 과세 형평 등 ─ 에 어긋날 수도 있다.

7. 상속세 세수(稅收)의 비중

상속세 세수 비중이 낮은 점은 유산취득세 방식의 전환에 관한 근거로 인용되기도 한다. 유산세 방식을 유산취득세 방식으로 바꾸어 세수가 줄더라도 재정운영에 큰 무리가 없을 것이라는 것이다.[49] 상속세 자체의 세수 비중은 비교적 낮다고 볼 수 있다. 그러나 상속세와 증여세는 서로 보완 관계에 있으므로, 상속세와 증여세를 합한 값으로 세수 비중을 평가하여야 한다.[50] 특히 상속세와 증여세의 과세 대상 및 납세의무자를 일치시킬 필요성이 유산취득세 방식의 근거라면, 두 세목의 합계액을 세수 비중의 판단 기준으로 삼아야 한다.

한편 상속세와 증여세를 합한 세수는 소득세, 법인세, 부가가치세 다음으로 크다. 구체적으로 2021년과 2022년의 상속세 및 증여세의 합계액은 각각 15조 원과 14.6조 원이었다.[51] 이들 합계액은 각각 해당 연도의 국세 가운데 4.5%와 3.8%를 차지하였다. 유산취득세 방식을 채택하여 상속세와 증여세가 줄어들 경

48) 이창희, 『세법강의』, 1285면.

49) 김두복·서희열, "상속세 과세체계의 개선방안에 관한 연구 ─ 과세체계와 배우자상속공제를 중심으로", 『세무학연구』 제35권 제2호, 한국세무학회, 2018, 71면.

50) 김신언, "상속세 유산취득세 전환에 대한 쟁점과 과제", 『세무와 회계연구』 제12권 제3호, 한국조세연구소, 2023, 230면.

51) 한국세정신문, "작년 국세청 세수 57조원↑...수영세무서, 2년 연속 세수 1위", 2022. 3. 31.자 기사(윤형하 기자); 국세신문, "2022년 국세청 세수 384.2조원...법인세 전년비 47% 급증", 2023. 3. 31.자 기사(이승겸 기자). 위 기사는 아래 인터넷 웹페이지에서 확인하였다.
http://taxtimes.co.kr/news/article.html?no=254178 (접속일 2024. 9. 5.)
https://www.intn.co.kr/news/articleView.html?idxno=2028059 (접속일 2024. 9. 5.)

우, 그 금액만큼 다른 세목으로 메워야 할 필요가 있을 수 있다.[52)]

8. 소결(小結)

이론적으로는 유산취득세 방식이 유산세 방식보다 담세력에 걸맞은 과세, 인적·물적 공제에 관한 과세 형평과 입법 취지, 상속세·증여세의 정합성을 추구하는 데 보다 적합하다. 그러나 유산취득세 방식의 근거에도 한계가 있다. 예컨대 부의 재분배는 유산세 방식에서도 이루어질 수 있고, 유산취득세 방식이 사회·경제적 정책 목표에 맞는지도 살펴볼 쟁점이다. 나아가 상속세·증여세의 합계 세수도 적지 않으므로, 유산취득세 방식과 재정 건전성의 관계를 검토하여야 한다. 특히 유산취득세 방식의 구체적인 모습 및 유산취득세 방식을 적용한 결과도 따져볼 필요가 있다.

아래에서는 상증세법을 유산취득세 방식으로 개정할 때 고려할 몇 가지 쟁점을 살펴본다. 구체적으로는 세수·세부담의 변화, 부의 재분배, 유산취득세 방식과 인적·물적 공제, 조세회피 가능성과 대응 방안, 연대납부의무 등을 분석한다.

Ⅳ. 유산취득세 방식을 채택할 때 고려할 몇 가지 쟁점

1. 세수(稅收)·세(稅) 부담의 변화와 부(富)의 재분배

(1) 세수의 감소 가능성

먼저 생각할 문제는 유산세 방식에서 유산취득세 방식으로 전환할 때 줄어들 수 있는 상속세·증여세 세수이다. 두 세목의 세수가 줄어들면, 다른 세목으로 감소액을 메워야 한다.[53)] 게다가 앞으로 재정 수요가 커지고 에너지·환경세제 등 조세 부담이 늘어날 수 있는데, 상속세 세수가 줄어들면 국가 구성원들이 적지 않은 부담을 지게 된다.[54)]

---

52) 백경엽, “상속증여세 과세체계 국제비교 및 시사점”, 『조세연구』 제23권 제4집, 한국조세연구포럼, 2023, 193면; 김신언, “상속세 유산취득세 전환에 대한 쟁점과 과제”, 203면. 미국 연방 상속세의 세수 비중이 적지 않다고 평가한 미국 자료가 있다. Clay B. Apperton, *op. cit.*, p.199.

53) 백경엽, 앞의 글, 193면; 김신언, “상속세 유산취득세 전환에 대한 쟁점과 과제”, 203면.

54) 권성오, “상속증여세제 개편방안”, 『조세재정 Brief』 No. 137, 한국조세재정연구원, 2022, 5면 (윤지현 서울대학교 법학전문대학원 교수 토론 부분).

(2) 유산취득세 방식을 채택할 경우의 세부담 변화

유산취득세 방식을 채택하더라도 기대만큼 상속인들의 세부담이 줄지 않거나 오히려 늘어날 수도 있다. 대표적인 선행 연구는 다음과 같다.

첫째, 김영순·강민조의 연구는 유산취득세 방식을 전제로 기초공제, '일괄공제', 자녀공제, 배우자공제의 적용 여부 또는 공제 한도를 여러 경우로 나누어 세부담 효과를 예측하였다. 이에 따르면, 상속재산 10~30억 원에서 세수가 늘어나는 반면, 상속재산 60억 원 이상부터 세수가 감소한다고 한다. 예컨대 기초공제 및 일괄공제를 폐지하되 자녀공제와 배우자공제를 현재처럼 유지할 경우, 상속재산 10~30억 원 구간에서 약 1조 원의 세수가 늘어나고, 상속재산 60억 원 이상 구간에서 세수가 줄어들어 전체적으로 약 8,100억 원의 세수가 증가할 것이라고 한다.[55]

둘째, 심충진의 연구는 현행 인적 공제 제도 아래에서 상속인의 구성을 달리한 다음, 유산취득세 방식의 세부담을 계산하였다. 구체적으로는 상속인이 배우자와 자녀 2명으로 이루어진 사례, 배우자와 자녀 1명으로 이루어진 사례, 자녀 2명으로 이루어진 사례, 자녀 1명으로 이루어진 사례에서 유산취득세 방식으로 상속세를 계산하였다. 배우자와 자녀 2명의 경우에는 상속재산 10억 원 구간에서 유산취득세 방식의 세액이 유산세 방식의 세액보다 컸다. 상속인이 배우자와 자녀 1명일 때 유산취득세 방식을 적용하면, 상속재산 10~50억 원 구간에서 세부담이 커졌다. 자녀 2명이 상속인인 경우에는 유산취득세 방식의 세부담이 전체적으로 줄어들었다. 1명의 자녀에게 유산취득세 방식을 적용하면, 상속재산 20억 원 이상의 구간에서 세부담이 늘었다.[56]

셋째, 정유석의 연구 결과는 다음과 같다.[57] 이에 따르면, 배우자의 세부담은 유산세 방식보다 유산취득세 방식에서 낮아지거나 없어지며, 상속재산이 100억 원 이상이어야 배우자가 상속세 부담을 진다. 반면 상속재산이 10억 원인 경우 자녀는 유산세 방식에서 상속세를 부담하지 않으나, 유산취득세 방식에서는

55) 김영순·강민조, 『상속세제 과세방식별 공제제도 비교연구 — OECD 회원국 사례를 중심으로』, 국회예산정책처 2023년도 연구용역보고서, 2023, 122면 이하.

56) 심충진, "상속세 과세체계와 인적공제에 관한 연구", 『세무와 회계연구』 제8권 제1호, 한국조세연구소, 2018, 397~400면.

57) 정유석, "상속세 과세방식 전환의 합리성 및 상속유류분 반환액에 대한 과세 적법성의 연구", 『국제회계연구』 제112집, 한국국제회계학회, 2023, 12~14면.

자녀의 상속세가 생긴다. 특히 상속인이 배우자와 자녀 1명인 상황에 유산취득세 방식을 적용하면, 자녀가 배우자보다 더 큰 세부담을 진다.

(3) 부(富)의 재(再) 분배

상속세는 소득·재산과세의 보완 또는 과세 형평 달성을 위한 중요한 정책 수단이다. 앞서 보았듯이 상속세의 세수·세부담이 바뀌면, 부의 재분배라는 상속세의 역할도 영향을 받게 된다. 상속세 부담이 낮아지면, 상속세가 이러한 기능을 제대로 하지 못할 수 있다.[58)]

예컨대 유산취득세 방식은 상속인 별 상속재산을 기준으로 상속세를 계산하므로, 상속인들 사이의 상속재산 분할을 유도할 수 있다. 그러나 다른 한편으로는 상속세 부담 자체가 낮아지면, 상속인들이 오히려 상속재산 분할의 필요성을 느끼지 못할 수도 있다. 나아가 피상속인 또는 상속인의 공익법인·공익신탁재산 출연에도 영향을 미칠 가능성이 있다. 그 밖에 부의 재분배에 관한 국가 활동의 방향이나 범위도 영향을 받을 수밖에 없다.

2. 유산취득세 방식과 인적·물적 공제

(1) 검토의 방향

상증세법은 유산세 방식을 따르면서도, 여러 인적·물적 공제를 두었다. 따라서 유산세 방식에서 유산취득세 방식으로 전환할 때에는 인적·물적 공제의 개정 방향을 검토하여야 한다.

한편 이들 공제는 대부분 사회·경제적 목표를 달성하기 위한 것이다. 이를테면 기초공제는 상속인들의 생계를 지원하기 위한 공제이고, 다른 요건을 요구하지 않는다.[59)] 배우자공제는 배우자의 재산형성 기여 및 생활 보장을 고려한 것이다.[60)] 자녀·미성년자·연로자·장애인에 대한 공제는 사회적 약자 보호를 위한 제도이다.[61)] 물적 공제의 하나인 금융재산 공제는 자산 사이의 평가 문제를 고려한 것이다.[62)] 금융재산의 경우 부동산과 달리 그 시가가 상속재산 과세

58) 권성오, 앞의 자료, 4면(강성훈 한양대학교 정책학과 교수 토론 부분).

59) 김두형, “상속공제 적용 한도의 문제점과 개선방안”, 『법학논총』 제33권 제2호, 국민대학교 법학연구소, 2020, 235면.

60) 김두형, 앞의 글, 237면.

61) 김두형, 앞의 글, 237면.

62) 김두형, 앞의 글, 239면.

가액에 그대로 반영되므로, 상속세 계산 과정에서 자산 유형 사이의 불균형 문제가 생기기 때문이다. 또 다른 물적 공제인 가업상속공제는 중소기업 또는 중견(中堅) 기업의 승계를 지원하기 위하여 도입되었다.[63)]

아래에서는 유산취득세 방식의 채택으로 공제 제도를 개정할 때 생각할 내용을 사회·경제적 정책 목표의 관점에서 분석한다.

(2) 배우자공제

유산취득세 방식의 채택을 지지하는 입장은 다음과 같은 이유로 배우자공제 금액을 늘리거나 배우자 상속분 전부에 대한 상속세를 면제하여야 한다고 주장한다. 첫째, 상속세는 1세대 1과세 원칙을 따라야 하고, 배우자 사이의 자산 이전은 같은 세대의 수평적 이동이다.[64)] 둘째, 피상속인의 배우자는 상속재산 형성에 기여하였을 가능성이 높다.[65)] 셋째, 피상속인의 사망에 따른 부부재산의 청산 및 배우자의 생계 보장을 고려하여야 한다.[66)]

이들 근거는 배우자공제 금액을 늘리거나 배우자 상속분 전부에 대한 상속세를 면제하는 이론적 배경이 될 수 있다. 다만 배우자공제를 늘리거나 배우자 상속분 과세를 면제하면, 그만큼 자녀의 상속세 부담이 커진다. 특히 정유석(2023)의 연구에 따르면, 유산취득세 방식에서 상속재산이 100억 원 이상이어야 배우자에게 상속세 부담이 생기고, 상속인이 배우자와 자녀 1명인 경우에는 자녀가 배우자보다 더 큰 세부담을 진다.[67)] 유산취득세 방식에서 배우자공제를 개정할 때에는, 위와 같은 상황에 대한 정책적 평가가 먼저 이루어져야 한다. 나아가 배우자공제 확대에 따른 세수 감소도 검토 대상이다.[68)]

(3) 기초·자녀·미성년자·연로자·장애인공제

유산세 방식에서 유산취득세 방식으로 바꿀 경우 유산 단계의 기초공제를 유지할 실익은 낮다. 따라서 각 상속인의 인적 특성을 고려한 미성년자·자녀·연로자·장애인공제의 중요성이 그만큼 커진다. 이들 인적 공제는 경제적으로

---

63) 박훈 외 3인, 앞의 책, 326면.
64) 김영순·강민조, 앞의 보고서, 11면.
65) 안경봉·박민, 앞의 글, 339면.
66) 이상신, “상속세 부담 완화를 위한 상속세제 개편방향에 관한 연구”, 94면.
67) 정유석, 앞의 글, 13~14면.
68) 김영순, “상속세 과세방식 전환 시 인적공제 제도의 개선방안 — OECD 회원국의 상속세 인적공제 제도의 비교 및 시사점을 중심으로 —”, 『조세학술논집』 제40집 제2호, 2024, 164~165면.

취약한 상속인을 위한 제도이다.

이러한 입법 취지를 고려하면, 유산취득세 방식에서 위와 같은 공제 제도를 유지하거나 확대할 필요가 있을 수 있다. 예컨대 심충진(2018) 및 김영순(2024)은 "미성년자와 연로자의 나이, 장애인의 중증 여부를 기준으로 미성년자·연로자·장애인공제의 공제금액을 늘려야 하고, 자녀 공제의 실효성을 높이기 위한 입법이 필요하다"고 주장하였다.[69] 위 입장은 미성년자·자녀·연로자·장애인공제의 기능이 약자 보호 또는 고령화 사회 대비라는 사회·경제적 목표 달성에 있음을 전제한 것이다.

(4) 금융재산공제와 가업상속공제

금융재산공제는 자산 유형 사이의 평가 불균형을 해소하기 위한 제도이다. 그런데 유산취득세 방식에서 금융재산공제를 적용하면, 금융재산을 상속받은 상속인과 그렇지 않은 상속인 사이에 형평 문제가 생길 수 있다.[70] 이러한 문제는 가업상속공제에서 더욱 심각해질 수 있다. 유산취득세 방식에서 현행 제도처럼 가업상속공제를 허용하면, 가업을 물려받은 상속인은 최대 600억 원의 상속재산에 대한 상속세를 납부하지 않을 수 있기 때문이다. 상속인들 사이의 세부담 차이가 가업상속 지원이라는 입법 목적으로도 정당화할 수 없을 만큼 커질 수 있다.

3. 조세회피에 관한 입법·행정적 대책

유산세 방식에서는 유산에 세율을 곱하여 상속세를 구하므로, 상속인들의 조세회피 가능성이 높지 않다. 그와 달리 유산취득세 방식에서는 각 상속인들이 취득한 상속재산이 과세대상이다. 따라서 상속인들이 조세회피행위를 하기 쉬울 뿐 아니라, 과세관청이 이를 파악하는 데 많은 노력과 시간이 들게 된다.

예컨대 비(非) 거주자인 상속인이 국외(國外) 재산을 물려받는 상황을 생각한다. 과세관청 입장에서 보면, 유산세 방식보다 유산취득세 방식에서 위 상속인에게 상속세를 부과하기 어렵다. 유산취득세 방식의 경우 국외재산에 대한 상속세 부과 및 징수는 비거주자인 상속인에게 이루어지기 때문이다. 그리하여 비거주자인 상속인이 국외재산을 상속함으로써, 상속세를 회피할 수 있다.

---

69) 심충진, 앞의 글, 407~408면; 김영순, 앞의 글, 167~170면.
70) 김영순·강민조, 앞의 보고서, 116면.

또한 유산취득세 방식에서는 누진세율을 피하기 위한 위장 분할이 일어날 가능성이 있다. 일본이 1953년 유산세 방식에서 유산취득세 방식으로 상속세 제도를 개정하자, 상속세 부담을 줄이기 위하여 양자(養子)를 입양하는 사례가 크게 늘었다고 한다.[71] 일본은 1958년 위장분할을 막기 위하여 '법정상속분 유산취득세' 방식을 채택하였다.[72] 그러나 일본 방식은 유산취득세 방식의 취지, 특히 응능과세에 어긋날 수 있다.[73]

4. 연대납부의무의 적용 여부

상증세법 제3조의2는 제1항에서 각 상속인에게 각자가 받았거나 받을 재산에 따른 상속세 납세의무를 지우면서, 제3항에서 다른 상속인 또는 수유자(受遺者)로 하여금 위 상속세에 대한 연대납부의무를 지도록 정한다. 다만 다른 상속인 또는 수유자의 연대납부의무는 이들이 받았거나 받을 재산을 한도로 한다.

유산세 방식에서 유산취득세 방식으로 전환할 때에는 연대납부의무의 적용 여부를 검토하여야 한다. 김신언은 유산취득세 방식의 이념 ― 각 상속인의 담세력에 따른 과세 ― 을 근거로 들면서, "유산취득세 방식에서 연대납부의무를 폐지하여야 한다"고 주장하였다.[74] 신호영은 연대납부의무의 이론적 근거를 상속인의 상속재산에 대한 관리·분할·처분 권한에서 찾은 다음,[75] 유산취득세 방식에도 연대납부의무 제도를 둘 수 있다고 한다.[76]

한편 독일과 일본은 유산취득세 방식을 따르면서도, 연대납부의무 제도를 두고 있다. 독일은 공동상속인에게 재산분할 전까지 연대납부의무를 지운다.[77] 일본의 경우 상속인은 우리나라와 비슷한 연대납부의무를 진다.[78] 비교법적 시각에서 연대납부의무를 도입하되, 귀속자가 명확하지 않은 상속재산으로 적용 범

---

71) 金子宏, 앞의 책, 712면.

72) 板田純一·杉田宗久·失内一好, 『国際相続の税務』, 税務研究会出版局, 2009, 143頁.

73) 村松 千恵里, "法定相続分課税方式の疑問点とその打開策― 遺産取得税並びに累積的課税を巡って―",『研究年報 社会科学研究』第33号, 山梨学院大学大学院 社会科学研究科, 2013, 167면; 김신언, "상속세 유산취득세 전환에 대한 쟁점과 과제", 254면.

74) 김신언, "상속세 유산취득세 전환에 대한 쟁점과 과제", 248면.

75) 신호영, "상속세 연대납부의무에 대한 연구 ― 정당한 근거 및 법적 성질을 중심으로", 『세무와 회계연구』 제7권 제2호, 한국조세연구소, 2018, 355면.

76) 신호영, "상속세 연대납부의무에 대한 연구 ― 정당한 근거 및 법적 성질을 중심으로", 358~359면.

77) 정훈 외 2인, 앞의 보고서, 62면.

78) 정훈 외 2인, 앞의 보고서, 36면.

위를 좁히자는 견해가 있다.[79)]

V. 상속세 계산 방식의 개정 방향

1. 객관적 실태의 조사 및 자료 축적

앞서 보았듯이 세법 개정을 위한 정책적·기술적 판단은 국가재정, 사회경제, 국민생활 등에 관한 정확한 실태 자료에 터 잡은 것이어야 한다. 상속세 계산 방식의 전환을 위하여 실태 조사 또는 예측이 필요한 대표적인 항목은 다음과 같다.

첫째, 유산세 방식을 유산취득세 방식으로 바꿀 때에는 상속세 세수(稅收)가 줄 수 있다. 이때에는 모자란 세수를 소득과세 또는 소비과세로 메꾸어야 하는 상황이 생길 수 있다. 따라서 유산취득세 방식에 따른 상속세·증여세 세수뿐 아니라 소득과세·소비과세의 보충 가능성을 예측하여야 한다.

둘째, 유산취득세 방식을 채택하더라도 상속인들의 세부담이 줄지 않거나 늘어날 수 있다. 선행 연구에 따르면, 세부담의 변화는 상속인의 구성과 상속재산 규모에 따라 달라질 수 있기 때문이다. 그러므로 상속인의 구성과 상속재산 규모를 기준으로 유산취득세 방식의 상속세 세수 및 여러 상황 별 상속인 세부담을 전망하여야 한다.

셋째, 헌법재판소 2003. 1. 30. 2001헌바61 결정이 밝혔듯이 부의 세습·집중 완화는 상속세의 목적 가운데 하나이다. 그러므로 유산세 방식과 유산취득세 방식이 부의 세습·집중 완화 또는 재분배에 미칠 영향도 앞으로 검토할 쟁점이다. 이를테면 현행 상증세법의 유산세 방식이 공익법인·공익신탁재산 출연에 미친 영향을 실증적(實證的)으로 파악하고, 유산취득세 방식이 미칠 영향을 전망하여야 한다.

넷째, 인적·물적 공제는 유산취득세 방식의 세수 및 각 상속인의 세부담에 직접적인 영향을 끼친다. 그렇다면 유산취득세 방식에서 인적·물적 공제를 어떻게 설계할지도 중요하다. 인적·물적 공제 제도를 개정하려면, 상속인의 구성과 상속재산 규모의 실태 조사에 터 잡아 각 제도의 적용 효과를 검토하여야 한

---

79) 정훈 외 2인, 앞의 보고서, 14, 121면.

다. 예컨대 기초·배우자·자녀·미성년자·연로자·장애인 공제의 요건 및 금액별 효과가 적절한지를 따질 필요가 있다. 또한 유산취득세 방식의 금융재산공제 및 가업상속공제의 효과에 대한 분석이 이루어져야 한다.

요컨대 유산취득세 방식을 채택하더라도 상속재산 규모, 상속인의 구성, 인적·물적 공제 제도의 변화 등에 따라 세수·세부담 및 부의 재분배에 관한 여러 결과가 나올 수 있다. 따라서 유산취득세 방식의 정책 목표를 이루려면, 세수·세부담의 변화, 피상속인의 상속재산, 상속인 구성의 분포, 인적·물적 공제의 효과, 부의 재분배 범위와 방법 등에 관한 객관적 실태를 확인하여야 한다. 다음으로 실태 자료에 터 잡아 여러 상황 별 결과를 분석·예측하여 유산취득세 제도를 설계하여야 한다.

2. 주요 쟁점에 대한 연구 및 사회적 합의

상속세 계산 방식의 변화는 국가재정, 사회경제, 국민생활 등에 큰 영향을 미친다. 그러므로 유산세 방식을 유산취득세 방식으로 바꿀 때에는 여러 쟁점에 관한 연구 및 사회적 합의를 거침으로써 신중하게 제도를 바꾸어야 한다. 한국조세재정연구원의 여론조사에 따르면, 응답자의 50.3%가 "유산취득세 방식의 채택이 필요하나, 신중하게 과세 체계를 전환하여야 한다"라는 의견이었다고 한다.[80] 앞으로 깊이 있는 연구와 사회적 합의를 거쳐야 할 대표적인 쟁점은 다음과 같다.

첫째, 유산취득세 방식을 채택할 때에는 앞서 살펴본 주요 쟁점의 조합(組合)에 따라 여러 가지 모습이 나타날 수 있다. 먼저 각 모습의 세수를 검토하여야 한다. 또한 유산취득세 방식으로 상속세·증여세 세수가 줄어들 경우 소득과세 또는 소비과세로 부족한 세수를 보충하여야 할 수 있다. 그러므로 이에 대한 연구뿐 아니라 사회적 논의를 거치는 것이 바람직하다.[81]

둘째, 이미 보았듯이 유산취득세 방식에서는 유산세 방식과 달리 상속재산 10억 원의 사례에서도 세부담이 생길 수 있다. 또한 상속재산 규모가 커질수록 유산취득세 방식의 채택에 따른 세부담 감소액이 커질 수도 있다. 나아가 상속인 가운데 배우자의 세부담이 줄어들면서도 자녀의 세부담이 늘어날 가능성이

---

80) 권성오, 앞의 자료, 12면.
81) 백경엽, 앞의 글, 193면.

있다. 따라서 여러 상황에 대한 실증(實證) 분석을 거친 다음, 구체적인 유산취득세 방식에 관한 합의 과정을 거쳐야 한다.[82)]

셋째, 유산취득세 방식의 채택은 부의 재분배라는 상속세의 역할에도 영향을 미칠 수 있다. 그러므로 유산취득세 방식에서 부를 재분배하는 범위·방식에 관한 논의가 필요하다. 같은 맥락에서 보면, 공익법인·공익신탁재산 출연을 유산취득세 방식의 상속세 계산에 어떻게 반영할지도 검토하여야 한다. 현행 유산세 방식의 공익법인·공익신탁재산 출연에 대한 영향을 분석하는 작업은 위와 같은 논의 및 검토 과정에서 중요한 자료가 될 수 있다.

넷째, 유산취득세 방식에서는 인적 공제의 중요성이 더욱 커지므로, 각 제도의 정책 방향에 대한 논의가 필요하다.[83)] 예컨대 배우자의 상속재산에 대한 기여와 청산 등의 시각에서 보면, 배우자공제 금액을 높여야 한다고 볼 수 있다. 그러나 이러한 정책 방향은 자녀의 세부담 증가라는 비판을 받을 수 있다. 특히 가구당 자녀 수가 1~2명인 인구 구조를 근거로 유산취득세 방식의 낮은 효용성을 지적한 견해도 있다.[84)] 이러한 비판에 대해서는 "배우자에게 귀속된 상속재산 역시 배우자의 사망으로 다시 자녀에게 상속되므로, 배우자 단계의 세부담을 줄여야 한다"라는 반박이 있을 수 있다.[85)] 미성년자·장애인공제의 적용 범위와 금액에서도 정책 논의를 하여야 한다.

다섯째, 물적 공제에서는 제도의 취지 및 상속인 사이의 형평성에 관한 비교형량(比較衡量)이 이루어져야 한다. 금융재산공제에서는 적정한 공제 금액뿐 아니라 부동산 등 다른 재산의 평가방법에 관한 개선 방안을 함께 다루는 것이 바람직하다. 가업상속공제에 대해서도 비슷한 고민이 필요하다. 이를테면 가업상속공제가 적용된 기업의 사례와 성과를 파악한 다음, 제도의 개선 방향을 분석하여야 한다.[86)] 장기적으로는 가업을 물려받은 상속인에게 상속세를 유예하되, 가업으로부터 받은 배당 또는 급여에 대하여 상속세를 매기는 방법을 연구할 필요가 있다.[87)]

여섯째, 유산취득세 방식은 유산세 방식보다 조세회피에 취약하다. 이를 해

82) 김영순, 앞의 글, 174면.
83) 김영순, 앞의 글, 174면.
84) 정유석, 앞의 글, 14면.
85) 김영순, 앞의 글, 163면.
86) 권성오, 앞의 자료, 6면(최승문 건국대학교 경제학과 교수 토론 부분).
87) 이창희, 『세법강의』, 1285면.

결하려면, 피상속인의 국외 재산을 미리 파악하고 비거주자인 상속인에 대한 조세행정 절차를 정비하여야 한다. 또한 위장 분할에 대응하기 위한 방안을 논의할 필요가 있다. 예컨대 "몇 가지 사유가 있을 경우 위장 분할을 추정하고 귀속자가 명확하지 않은 상속재산을 법정 상속비율에 따라 과세하도록 세법을 개정하여야 한다"는 견해가 있다.[88)]

일곱째, 유산취득세 방식에 연대납부의무를 적용할지도 중요한 쟁점이다. 상속인의 담세력 추구라는 제도의 취지를 고려하면, 유산취득세 방식에서는 연대납부의무를 적용하지 않거나 그 범위를 되도록 줄여야 한다. 다른 한편으로 과세행정의 부담은 유산세 방식보다 유산취득세 방식에서 더욱 커진다. 따라서 연대납부의무의 도입 여부와 적용 범위는 유산취득세 방식의 조세행정 체계 정비 방안과 함께 논의되어야 한다.

3. 유산세 방식에서 개선할 과제

(1) 검토의 필요성

지금까지 보았듯이 유산세 방식을 유산취득세 방식으로 바꾸려면, 여러 쟁점에 대한 신중한 분석 및 사회적 논의를 거치는 것이 바람직하다. 그런데 그 과정에서 많은 시간이 걸릴 수 있다. 아래에서는 유산취득세 방식 전환에 앞서 유산세 방식에서 개선할 수 있는 상속세 제도를 추린다.

(2) 인적 공제의 개정

유산세 방식의 단점은 상속세 계산과 인적 공제 사이의 연관성이 떨어진다는 것이다. 바꾸어 말하면, 인적 공제 혜택이 그 대상자에게 제대로 적용되지 않거나, 인적 공제의 요건을 갖추지 않은 상속인들도 공제 혜택을 누릴 수 있다. 게다가 자녀·미성년자·연로자·장애인 공제가 현행 제도의 상속공제에서 차지한 비중은 매우 낮았다고 한다.[89)] 이를 해결하기 위한 방안으로 인적 공제를 축소 또는 폐지하되 기초공제를 크게 늘리는 방법을 생각할 수 있다.[90)] 또한 물가 상승율에 따라 인적 공제 금액을 조정하는 방안도 논의 대상으로 삼을

88) 안경봉·박민, 앞의 글, 327~328면; 안호영·박훈, 앞의 글, 86~91면.
89) 박성욱·이재호·전혜진, "상속세 세율 및 인적공제에 관한 개선방안 연구", 『조세연구』 제23권 제3집, 한국조세연구포럼, 2023, 154-155면.
90) 박성욱·이재호·전혜진, 앞의 글, 156면; 김두형, 앞의 글, 260~261면.

만하다.[91)]

(3) 상속인 아닌 자에 대한 사전(事前) 증여재산 합산 제도의 정비

유산세 방식의 특징은 피상속인의 유산을 과세 대상으로 삼는 것과 피상속인의 사전증여재산을 상속세 과세표준에 넣는 것이다. 우리나라 상속세 제도는 기본적으로 유산세 방식을 따른다. 다만 상증세법은 상속세 과세표준 계산 단계에서 여러 인적·물적 공제 제도를 둠으로써 상속인 집단의 특성·상황·담세력을 세부담에 반영하고 있다. 이러한 시각에서 보면, 상속인 아닌 자에 대한 사전증여재산 합산 제도(상증세법 제13조 제1항 제2호)의 개정 방향을 검토하여야 한다. 위 조항은 상속인 집단의 특성·상황·담세력에 맞지 않는 세부담으로 이어질 수 있기 때문이다.

상속인 아닌 자에 대한 사전증여재산을 과세표준에 넣으면, 상속인 가운데 누구도 받지 않은 재산의 누진과세 분(分)이 상속인들의 납세의무에 들어간다.[92)] 또한 상속인들은 피상속인의 상속인 아닌 자에 대한 사전증여 내역을 정확히 알기 어려우므로, 신고납부 과정에서 빠뜨릴 수 있다. 이때에는 상속인들이 상속세에 더하여 가산세 납부의무까지 진다.[93)] 특히 '증여세 완전포괄주의'(상증세법 제4조 제1항)에서는[94)] 위와 같은 문제가 더욱 잘 드러날 수 있다. (사전) 증여의 범위와 경계가 명확하지 않고 증여가액을 계산하기도 어려우므로, 상속인들이 포괄적 (사전) 증여를 파악하지 못하거나 상속세 신고납부 과정에서 실수를 할 수 있기 때문이다. 앞으로 정책적 관점에서 위 제도의 개선 방향을 고민하여야 한다.

Ⅵ. 결론

이 글의 분석 결과는 다음과 같다.

우리나라 상속세는 상속인 집단의 특성 및 담세력을 반영한 절충적 유산세

91) 박성욱·이재호·전혜진, 앞의 글, 156면; 김영순, 앞의 글, 173면; 김신언, "상속세 유산취득세 전환에 대한 쟁점과 과제", 259면.

92) 한만수, 앞의 책, 798면.

93) 심경수, "제3자 증여재산의 상속재산합산과세의 위헌성 — 헌재 2006. 7. 27. 선고 2005헌가4 결정에 대한 분석", 『법학연구』 제18권 제1호, 충남대학교 법학연구소, 2007, 35면.

94) 증여세 완전포괄주의에 대해서는, 이창희, 『세법강의』, 1289면 이하.

방식이다. 유산세 방식에서는 각 상속인의 담세력에 맞는 과세를 하기가 쉽지 않다. 특히 인적·물적 공제 혜택은 그 대상자가 아니라 상속인 집단 전부에게 미친다. 그리하여 과세 형평 또는 인적·물적 공제의 입법 취지에 맞지 않는 결과가 일어날 수 있다. 나아가 상속세의 과세 대상은 피상속인 기준의 유산이나, 상속세를 보완하는 증여세는 수증자 기준으로 수증재산에 대하여 부과된다. 이러한 유산세 방식의 한계는 유산취득세 방식의 도입 논의로 이어졌다.

유산취득세 방식을 도입할 경우에는 세수·세부담이 달라질 수 있다. 이는 곧 재정 건전성 문제 또는 부의 재분배 방식에 관한 논의로 이어진다. 또한 인적·물적 공제의 적용 방식에 따라 상속인 사이에서 과세 형평이 무너질 가능성도 있다. 나아가 조세회피 가능성을 대비한 입법·행정적 대책이 필요하다. 같은 맥락에서 연대납부의무의 채택 또는 적용 범위 역시 검토의 대상이다.

상속세 계산 방식을 바꾸기 위해서는, 주요 쟁점에 관한 실증 조사 또는 예측을 거쳐 정확한 실태 자료를 마련하여야 한다. 실태 자료가 정리되면, 깊이 있는 연구와 사회적 합의를 거쳐 유산취득세 방식의 채택 여부 또는 구체적인 모습을 논의할 필요가 있다. 이러한 조사·연구·합의의 대상은 세수 변화와 보충 방법, 상속인별 세부담의 변화, 공익법인·공익신탁재산 출연의 세법상 취급, 인적·물적 공제의 효과와 개정 방향, 조세회피를 막기 위한 입법·행정적 대책, 연대납부의무의 도입 방법 등이다. 한편 유산세 방식을 유산취득세 방식으로 바꿀 때에는 많은 시간이 걸릴 수 있다. 유산세 방식 아래에서 논의할 쟁점에는 인적공제의 개정 및 상속인 아닌 자에 대한 사전증여재산 합산 제도의 정비가 있다.

이 글의 검토 내용이 상속세 계산 방식에 관한 논의에 도움이 되기를 바란다.

참고문헌

1. 국내 문헌

김영순·강민조, 『상속세제 과세방식별 공제제도 비교연구 ─ OECD 회원국 사례를 중심으로』, 국회예산정책처 2023년도 연구용역보고서, 2023

박훈 외 3인, 『상속·증여세 실무 해설』(제12판), 삼일인포마인, 2023

원종학 외 2인, 『주요국의 상속·증여세제 현황 및 최근 동향』, 한국조세연구원, 2012

임승순·김용택, 『조세법』(제25판), 박영사, 2025

정훈 외 2인, 『유산세와 유산취득세의 조세행정 비교 연구』, 한국조세재정연구원, 2023

한만수, 『조세법강의』(신정15판), 박영사, 2023

권성오, "상속증여세제 개편방안", 『조세재정 Brief』 No. 137, 한국조세재정연구원, 2022

김두복·서희열, "상속세 과세체계의 개선방안에 관한 연구 ─ 과세체계와 배우자상속공제를 중심으로 ─", 『세무학연구』 제35권 제2호, 한국세무학회, 2018

김두형, "상속공제 적용 한도의 문제점과 개선방안", 『법학논총』 제33권 제2호, 국민대학교 법학연구소, 2020

김성균, "피상속인 및 상속인에 대한 과세 ─ 미실현이익에 대한 과세를 중심으로", 『조세법연구』 제8권 제2호, 2007

김신언, "유산세형 상속과세제도에서 우리나라 상속공제의 문제점과 개선방안", 『조세와 법』 제4권, 서울시립대학교 법학연구소, 2011

김신언, "상속세 유산취득세 전환에 대한 쟁점과 과제", 『세무와 회계연구』 제12권 제3호, 한국조세연구소, 2023

김영순, "상속세 과세방식 전환 시 인적공제 제도의 개선방안 ─ OECD 회원국의 상속세 인적공제 제도의 비교 및 시사점을 중심으로", 『조세학술논집』 제40집 제2호, 2024

박성욱·이재호·전혜진, "상속세 세율 및 인적공제에 관한 개선방안 연구", 『조세연구』 제23권 제3호, 한국조세연구포럼, 2023

백경엽, "상속증여세 과세체계 국제비교 및 시사점", 『조세연구』 제23권 제4호, 한국조세연구포럼, 2023

신호영, "「상속세 및 증여세법」상 유산세방식의 헌법적 정당성 연구 ─ 헌법상 평등원칙 위반 여부를 중심으로", 『저스티스』 제163호, 한국법학원, 2017

신호영, "상속세 연대납부의무에 대한 연구 ─ 정당한 근거 및 법적 성질을 중심으로 ─", 『세무와 회계연구』 제7권 제2호, 한국조세연구소, 2018

심충진, “상속세 과세체계와 인적공제에 관한 연구”, 『세무와 회계연구』 제8권 제1호, 한국조세연구소, 2018

안경봉·박민, “우리나라 상속·증여세제의 합리적 개편방안”, 『세무와 회계연구』 제12권 제1호, 한국조세연구소, 2023

안호영·박훈, “상속세 과세방식 전환 시 법제도적 개선방안 연구 — 위장분할 방지를 중심으로 —”, 『세무학연구』 제32권 제1호, 한국세무학회, 2015

이상신, “상속세 부담 완화를 위한 상속세제 개편방향에 관한 연구”, 『세무와회계저널』 제20권 제5호, 한국세무학회, 2019

이상신, “상속세제의 특징과 그 개편방향에 관한 연구 — 유산취득세 전환의 법적 쟁점을 중심으로 —”, 『조세법연구』 제29권 제2호, 2023

정유석, “상속세 과세방식 전환의 합리성 및 상속유류분 반환액에 대한 과세 적법성의 연구”, 『국제회계연구』 제112집, 한국국제회계학회, 2023

기획재정부, “「상속세 유산취득 과세체계 도입을 위한 전문가 전담팀」 첫 회의 개최”, 2022. 10. 14.자 보도 자료

한국세정신문, “작년 국세청 세수 57조원↑...수영세무서, 2년 연속 세수 1위”, 2022. 3. 31.자 기사(윤형하 기자)

일간NTN 국세신문, “2022년 국세청 세수 384.2조원...법인세 전년비 47% 급증”, 2023. 3. 31.자 기사(이승겸 기자)

국세신문 웹사이트 https://www.intn.co.kr/

기획재정부 웹사이트 https://www.moef.go.kr/

한국세정신문 웹사이트 http://www.taxtimes.co.kr/

2. 국외 문헌

Clay B. Apperton, *Estate and Gift Taxes*, Nova Science Publishers, Inc., 2009

David Joulfaian, *The Federal Estate Tax*, the MIT Press, 2019

John K. McNulty and Grayson M.P. McCough, *Federal Estate and Gift Taxation* (9th ed.), West Academic Publishing, 2020

Richard A. Musgrave and Peggy B. Musgrave, *Public Finance in Theory and Practice* (5th ed.), McGraw−Hill Book Company, 1989

Paul L. Caron and James R. Repetti, “Occupy the Tax Code: Using the Estate Tax to Reduce Inequality and Spur Economic Growth”, *Pepperdine Law Review*, Volume 40, Issue 5, 2013

金子 宏,『租税法』(第二十四版), 弘文堂, 2021

小林 栢弘(編著),『相続税法の論点』, 大蔵財務協会, 2015

板田 純一·杉田 宗久·失内 一好,『国際相続の税務』, 税務研究会出版局, 2009

村松 千恵里, "法定相続分課税方式の疑問点とその打開策 ― 遺産取得税並びに累積的課税を巡って ―",『研究年報 社会科学研究』第33号, 山梨学院大学大学院 社会科学研究科, 2013

미국 조세재단(Tax Foundation) 웹페이지 https://taxfoundation.org/

18. 증여세 완전포괄주의의 제도화와 그 여정

정광진*

Ⅰ. 현행 '증여세 완전포괄주의(完全包括主義)' 세제(稅制)에 관한 이창희 선생의 발자취

1. 이창희 선생은 세법 모든 분야에서 자타(自他)가 공인하는 국내 최고의 권위자로서 입법과 판례, 학계와 실무 모두에 큰 영향을 미쳐 왔다. 그 중 국제조세와 법인세법 분야는 널리 알려진 선생의 전문 분야이지만, '증여세 완전포괄주의'에도 뚜렷한 발자취를 남겼다. 우리나라 증여세 제도의 연혁에 비추어 가장 큰 변화는 2003년 말에 개정된 상증세법에서 입법화한 이른바 완전포괄주의를 꼽을 수 있다. 개인에게 부과되는 세금 중 과세대상을 포괄적으로 규정한 경우는 현행 세법에서 흔하지 않다. 대표적인 소득세의 과세 대상인 소득은 열거주의(列擧主義)를 취하고 있고 이른바 '소득 원천설'(所得源泉說)에 따르는 입법례로 평가되고 있다. 과세대상 소득을 포괄적으로 규정함으로써 과세 기반을 확대하고 조세 평등을 추구할 수는 있으나, 현행 소득세법은 국가의 과세권이 개인의

* 김·장 법률사무소 변호사

사생활(私生活)의 자유 영역에서 양보하기로 하는 정책적 선택의 결과라고 할 수 있다. 그러나 법원이 종전 상증세법상 과세 대상인 '증여'를 민법상의 개념으로 좁게 해석하여 '변칙(變則) 증여'를 통해 부(富)가 무상(無償)으로 이전되는 것을 적절히 과세하지 못하였다는 반성적 고려와 당시 여론을 토대로 정부는 2003년 말에 상증세법의 증여세 과세대상을 포괄적으로 규정하고 이에 맞추어 증여세 과세체계를 대(大) 수술하는 법률 개정 작업에 착수하였다. 이창희 선생은 이때 상증세법상 증여세 완전포괄주의의 입법에 필요한 기초 연구를 수행하였고, 완전포괄주의 법제화의 산파(産婆) 역할을 하였다.

그 후 대법원은 증여세 완전포괄주의 조항에 관하여 독자적인 과세근거 조항의 지위를 인정함으로써 증여세 법체계에서 새로 편입된 완전포괄주의에 시민권을 부여하였다. 그러나 대법원은 '흑자(黑字) 영리법인'을 이용한 변칙증여에 완전포괄주의 조항을 적용할 수 있는지를 두고 혼란에 빠졌고, 세법학계 일부에서도 완전포괄주의의 전면적 적용을 경계하는 입장을 취하였다. 이에 이창희 선생은 새로운 제도의 정착을 위해 새로운 논문을 공간(公刊)하기도 하였다. 다만 대법원이 상증세법에 명시적으로 규정된 증여 유형에 해당하지 않는 변칙증여를 과세하기 위하여 도입된 완전포괄주의 조항의 입법취지를 개별 사건에서 충분히 구현하지 못하고 그 적용범위를 제한하자, 완전포괄주의 보완 입법을 위한 연구에 착수하였고, 위 연구 성과는 2015년 말에 개정된 상증세법에 반영되었다.

2. 이처럼 현행 상증세법의 가장 큰 특징 중 하나는 증여세 완전포괄주의이다. 완전포괄주의는 현행 증여세 체계를 이해하는 데 매우 중요하고 과세 실무에 미치는 영향력도 큰 개념이다. 완전포괄주의 입법은 증여세제의 큰 변화였고 법원이 위 변화를 수용하고 적용하는 과정에서 이를 도입한 정부의 의도를 결과적으로 굴절(屈折)시켰다. 법원의 세법 해석과 적용 결과가 정부의 조세정책에 반하는 경우 정부는 사실상 종전 판결을 뒤엎는 세법 개정을 시도하고, 법원은 세법 개정에도 불구하고 정부의 취지를 수용하지 않고 종전 판결의 태도를 유지하는 장면은 종종 발견된다. 하지만 증여세 완전포괄주의만큼 극적인 경우는 흔치 않다.

증여세 완전포괄주의 조항의 해석·적용에 관한 대법원 판례는 취지나 적용범위를 명확하게 파악하기 어렵다. 일부 세법학자들은 대법원이 증여세 완전포괄주의를 무력화(無力化)시켰다는 취지의 주장을 하지만, 꼭 그렇게 쉽게 단정할 수는 없어 보인다. 변칙증여에 대해 독자적인 과세근거 조항으로 인정한 대법원 판례 법리는 분명 증여세 완전포괄주의를 도입하기 전보다 진일보(進一步)하였고 증여세 과세대상에 관하여 포괄주의를 인정하였다고 충분히 평가받을 수 있다. 다만 완전포괄주의 조항의 적용 기준에 관한 판례 법리는 추상적이고 개별 사안에 적용하기에는 부족한 점이 많아서 증여세 제도의 법적 안정성이나 납세자의 예측가능성 측면에서 문제점이 적지 않은 것도 사실이다. 앞으로 증여세 완전포괄주의 관련 대법원 판례들이 축적되면 그 적용기준이나 범위가 조금 더 구체적이고 명확해질 것으로 기대한다.

3. 세법학자들과 실무자들이 지금까지의 입법 연혁과 판결례들을 기초로 증여세 완전포괄주의의 적용 기준과 범위를 예측하고 평가하는 것은 의미 있는 작업이라고 생각된다. 그 과정에서 이창희 선생의 학문적 성과는 반드시 거쳐 가야 하는 관문(關門)이라고 할 수 있다.

Ⅱ. 증여세 완전포괄주의에 관한 이창희 선생의 저작

1. 이창희 선생은 2003년경 같은 서울대학교 동료 교수로서 헌법학자인 성낙인 선생, 행정법학자 박정훈 선생과 함께 『상속세 및 증여세의 완전포괄주의 도입방안에 관한 연구』라는 기획재정부의 연구용역 과제를 수행하고 용역 보고서를 제출하였으며,[1)]『서울대학교 법학』에 같은 제목의 논문을 공간하였다.[2)] 이는 2003년 말 개정된 상증세법 중 증여세 완전포괄주의 관련 조항의 사실상 '입법 이유서(理由書)'에 해당하고 입법의 취지와 배경을 이해하는 가장 중요한 문헌이다. 위 문헌은 입법의 필요성, 관련 제도에 관한 주요국의 입법례, 입법 대상 조항의 문언은 물론 입법시 예상되는 위헌(違憲) 문제까지 심도 있게 검토하였다. 국회 소관 상임위원회에서 작성하는 법률안에 대한 검토보고서와 심사보고서, 또는 기획재정부에서 매년 발간하는 『간추린 개정세법』 정도를 겨우 입법자료로 참고하는 종전 입법 실무에 비추어 볼 때, 위 문헌은 우리 입법 문화

1) 행정안전부의 정책연구 관리 시스템 인터넷 홈페이지에 등록(https://www.prism.go.kr/homepage/entire/researchDetail.do?researchId=1190000-200300017&gubun=totalSearch&menuNo=I0000002)되어 있다.

2) 성낙인·박정훈·이창희, "상속세 및 증여세의 완전포괄주의 도입방안에 관한 연구", 『서울대학교 법학』 제44권 제4호, 2003, 163~363면

의 수준을 한 단계 높여주었다고 평가할 만하다.

2. 위 문헌은 증여세 완전포괄주의의 필요성에 관하여 상속세와 증여세의 존재 근거와 제도의 본질을 공평의 이념이라고 인정하는 이상 증여세 완전포괄주의는 당연한 선택이라고 설명한다.[3] 법인과 개인 사이의 변칙증여 거래를 과세하기 위하여 제한적 소득 개념을 취하는 소득세법을 개정하기는 입법 기술상 매우 어렵고, 유형별 포괄주의를 취하여 증여세법을 개정하는 것은 상증세법을 너무 복잡하게 만들 뿐만 아니라 역사적 경험에 비추어 실패하였다고 하였다.[4] 반면 증여세 완전포괄주의는 내재적 한계를 가지고 있다고 하였다. 즉 각자의 담세력에 따라 세금을 내야 한다는 공평의 이념도 자유의 영역과 국가의 간섭을 받지 않는 사생활의 영역을 인정해야 한다는 이념과 충돌하는 경우 후퇴할 수밖에 없다고 하였다.[5]

그리하여 위 문헌은 증여세 과세 대상을 포괄적으로 규정하는 방안으로 2가지를 제시하였다 첫 번째는 민법상 증여 개념을 넘어서 직·간접적인 모든 부(富)의 무상 이전(無償移轉)을 과세대상 증여라고 포괄적으로 규정하되, 위 완전포괄주의의 내재적 한계를 고려하여 미국 세법상 상속세와 증여세의 '통합 세액공제'(Unified Transfer Tax Credit, 참고로 2024년 현재 미화 1,361만 달러이다) 제도와 같은 과세 최저한(最低限) 내지 비과세(非課稅) 금액을 넉넉히 규정하면서 종전의 복잡한 증여 유형과 증여의제 조항을 모두 삭제하는 방안(포괄 규정 + 금액 기준 비과세)이다.[6] 두 번째는 포괄 규정의 내용을 증여의 유형 별로 나누어 구체화하는 규정을 여러 개 두면서 유형 별로 과세할 내용과 과세하지 않을 내용을 구분하는 방안이다.[7] 다만 실제 완전포괄주의의 조문 정비 방안으로는 위헌 시비를 피하고 예상치 못한 변칙증여를 과세하기 위하여, 한편으로는 증여세 과세대상인 증여를 포괄적으로 정의하는 규정을 신설하면서 다른 한편으로는 종전의 증여 '의제'(擬制) 규정을 증여 '예시'(例示) 규정으로 바꾸며, 증여세 비과세 규정(증여세의 부과가 사회통념상 사생활에 대한 지나친 침해라고 여겨지거나 사안의 성질상 증여세를 부과하기에 적당하지 않은 금품의 증여)을 정비하는 내용을 제안하였다.[8]

---

3) 성낙인·박정훈·이창희, 앞의 글, 226면.
4) 성낙인·박정훈·이창희, 앞의 글, 227~228면.
5) 성낙인·박정훈·이창희, 앞의 글, 229~230면.
6) 성낙인·박정훈·이창희, 앞의 글, 282면.
7) 성낙인·박정훈·이창희, 앞의 글, 283면.
8) 성낙인·박정훈·이창희, 앞의 글, 283~300면.

3. 아래에서 살펴보는 바와 같이 위 기획재정부 보고서와 논문을 중요한 입법 자료로 하여 2003년 말 상증세법에 증여세 완전포괄주의가 도입되었고 2004년부터 시행된 관련 조항이 과세 실무에 적용되기 시작하였으며, 대법원도 독립적인 증여세 과세근거 조항의 지위를 인정하기에 이르렀다. 그러나 흑자 영리법인에 대한 증여를 그 법인의 지배주주에 대한 간접 증여로 보고 증여세를 과세할 수 있는지가 문제된 사안에서 하급심 판결이 엇갈리고 대법원이 부정적인 입장을 취하자 정부는 완전포괄주의를 보완해야 할 필요성을 제기하였다. 이에 이창희 선생은 2015년경 강원대학교 교수 김석환 선생과 양한희 변호사 등 동료 세법학자들과 함께 기획재정부의 의뢰로, 『증여세 완전포괄주의 과세 정착을 위한 보완 방안에 관한 연구』의 보고서를 작성하고,[9] 『조세법연구』에 "증여세 완전포괄주의와 흑자 영리법인을 이용한 간접 증여"에 관한 논문을[10] 게재하였다. 위 2015년 보고서와 논문은 증여세 완전포괄주의가 입법취지와 달리 모든 법인을 이용한 간접증여에 적용되지 못하는 이유를, '과세요건 명확주의'를 주요 내용으로 하는 조세법률주의에 영향을 받는 법원의 사법(司法) 전통, 법원이 증여재산가액 계산이라는 사실 확정 문제를 과세요건이라는 법률 문제로 오인(誤認)하는 점, 법인 단계에서 발생하는 소득에 대한 법인세와 증여세의 이중과세 시 소득과세를 우선하는 잘못된 현행 입법 태도를 지적하였다. 그리고 이에 대한 대안(代案)으로 재산의 이전과 무관한 재산가치 증가를 포섭하기 위하여 '증여재산'이라는 용어 대신 '증여가액'이라는 용어로 통일하는 등 증여 개념을 재(再)정립하고 증여가액 계산에 관한 일반 원칙에 관한 조항이 열거적(列擧的)이 아니라 예시적(例示的)인 일반 조항이라는 의미를 명확하게 표현하며, 종래 유형별 포괄주의에 관한 조항을 해체하여 개별 조항으로 유형화(類型化)하는 방안과 함께 흑자 영리법인에 대한 증여가액 계산 시 지배주주에 직접 증여할 때보다 더 많은 세금을 부담하지 않도록 조정하는 방안을 제안하였다.

---

9) 해당 보고서도 행정안전부의 정책연구 관리 시스템에 등록되어 있다(https://www.prism.go.kr/homepage/entire/researchDetail.do?researchId=1051000-201600029&gubun=totalSearch&menuNo=I0000002).

10) 이창희·김석환·양한희, "증여세 완전포괄주의와 흑자 영리법인을 이용한 간접 증여", 『조세법연구』 제21권 제3호, 2015, 381~419면.

Ⅲ. 증여세 완전포괄주의 관련 상증세법의 입법 연혁(沿革)

1. 2003년 증여세 완전포괄주의 이전의 입법

우리나라의 구(舊) 「상속세법」은 1950년 3월 22일 제정되었고 1952년 개정 시 증여세 포괄주의로 볼 수 있는 조항(구 상속세법 제34조의3[11])을 입법하였다. 이는 일본의 상속세법 제9조를 비교법적으로 참조한 것인데, 일본의 판례는 위 조항을 근거로 민법상 증여 개념에 포함되지 않는 토지의 무상(無償) 사용에 따른 이익이나 불균등 증자(增資)와 같은 자본거래에서 사원들 사이에서 법인을 통하여 간접적으로 분여(分與)되는 증여이익을 과세할 수 있다는 입장이다.[12] 그러나 대법원 1979. 4. 24. 선고 78누423 판결은 위 포괄 조항에도 불구하고 실권주(失權株)를 액면가액(額面價額)으로 인수하여 얻은 이익에 대해 실권 주주나 주식발행 법인을 증여자로 볼 수 없다고 판단하였다.[13]

정부는 위와 같은 대법원의 입장을 확인한 후 실권주를 통한 간접증여에 대한 증여세 등 개별 증여 규정을 두는 열거주의를 채택하여 민법상 증여 개념으로 과세하기 어려운 증여이익을 과세하는 근거 조항을 입법하기 시작하였고, 2000년부터 2003년까지는 법률이 미처 예상하지 못한 변칙증여에 대응하기 위하여 증여 예시(例示) 규정에서 열거한 증여 유형과 '유사한 경우'에 증여세를 과세한다는 취지의 '유형별 포괄주의' 조항을 입법하였다.

2. 2003년 증여세 완전포괄주의 도입 당시 입법

상증세법은 2003년 12월 30일 개정되어 증여세 완전포괄주의 관련 조항을 입법하였다. 구(舊) 상증세법 제2조 제3항에서 민법상 증여뿐만 아니라 '재산의 직접·간접적인 무상이전'과 '타인의 기여에 의한 재산가치의 증가'를 증여의 개념에 포함하여 증여세 과세 대상을 포괄적으로 정의하고, 종전의 개별 증여 유

---

11) 1952. 11. 30. 법률 제261호로 개정되어 1956. 12. 31. 법률 제418호로 개정되기 전의 상속세법 제34조의3.
"제32조 내지 전조의 규정을 제외하고 대가를 지불하지 아니하거나 또는 현저히 저렴한 가액의 대가로서 이익을 주었을 경우에는 그 이익을 준 때에 있어서 그 이익의 가액에 상당한 금액([대가(對價)]의 [지불(支拂)]이 있은 [경우(境遇)]에는 그 [가액(價額)]을 [공제(控除)]한 [금액(金額)])을 그 이익을 준 자에게 증여한 것으로 간주한다."

12) 성낙인·박정훈·이창희, 앞의 글, 271~272면.

13) 서울고등법원 1979. 3.13. 선고 76구286 판결도 같은 취지이다.

형에 관하여 열거 방식으로 규정한 증여의제 조항을 증여의 시기(時期)와 증여재산 가액의 계산에 관한 규정으로 전환하였으며, 종전 유형별 포괄주의 조항도 '기타 이익 증여' 시(時)의 증여재산 가액 조항으로 존속시켰다. 종전 증여세 입법 방식으로는 변칙적인 상속 및 증여에 사전적(事前的)으로 대처하여 과세하기 어렵다는 반성적인 고려에서, 세법 고유의 포괄적인 증여 개념을 도입하고 법률상 증여세 규정 체계와 방식을 대폭 수정하였다고 평가된다.

3. 2015년 증여세 완전포괄주의 보완 입법

정부는 증여세 완전포괄주의를 입법한 후 약 10년 동안 이를 시행하면서 납세자의 대응, 증여세 과세실무, 이에 대한 법원의 판결 등을 참고하여 2015년 12월 15일 상증세법 관련 조항을 대폭 정비하는 입법을 단행하였다. 위 개정 입법은 당시 여러 조항에 분산 규정되어 있던 증여세 과세 대상을 제4조 제1항 각 호에 열거하면서, 제4호에서 '구 상증세법의 개별 가액산정규정에[14] 해당하는 경우의 그 재산 또는 이익'을 규정하는 한편, 이와 별도로 제6호에서 '제4호 각 규정의 경우와 경제적 실질이 유사한 경우 등 제4호의 각 규정을 준용하여 증여재산의 가액을 계산할 수 있는 경우의 그 재산 또는 이익'을 규정하였다. 즉 개별 증여가액 산정 규정을 준용하여 증여이익을 계산할 수 있는 경우의 경제적 이익을 증여세 과세대상으로 포괄적인 정의 조항을 두는 한편(상증세법 제4조 제1항 제6호), 종전 '유형별 포괄주의' 조항(구 상증세법 제42조)을 삭제하고 해당 조항의 내용을 개별 증여가액 산정 조항으로 규정하는 등 2003년 도입된 완전포괄주의 관련 조항을 보완하였다. 이는 상증세법상 증여 개념이 재산의 무상 이전에 한정되지 않는다는 취지를 명시하고, 완전포괄주의 조항과 개별 증여가액 산정 조항(또는 개별 증여 유형의 예시 조항)의 관계에서 증여세 과세 대상이 증여가액 산정 조항에 규정된 과세요건으로 제한된다는 오해를 제거하면서 개별 증여가액 산정 조항의 과세요건은 예시적인 성격임을 명확하게 하기 위한 입법적인 노력으로 평가된다.

---

14) 상속증여세법 제33조부터 제39조까지, 제39조의2, 제39조의3, 제40조, 제41조의2부터 제41조의5까지, 제42조, 제42조의2 또는 제42조의3을 의미한다.

Ⅳ. 증여세 완전포괄주의에 관한 대법원 판례의 형성 경과

2003년 도입된 증여세 완전포괄주의에 대한 대법원 판례는 비교적 많이 축적되고 있다. 그 중 증여세 완전포괄주의의 의미와 적용 범위에 관한 주요 판례는 3가지를 꼽을 수 있을 것이다.

① 먼저 대법원 2011. 4. 28. 선고 2008두17882 판결은 대주주의 '우선매수청구권' 포기가 특수관계에 있는 다른 '대(大) 주주'에 대한 증여로서 증여세 과세 대상에 해당하고 증여재산인 우선매수청구권의 시가(時價)를 상증세법에서 정한 신주(新株) 인수권의 평가 방법을 준용하여 합리적으로 평가함으로써 증여세를 과세할 수 있다고 판결하였다. 구체적인 증여 유형으로 열거되어 있지는 않지만 증여세 완전포괄주의 조항(구 상증세법 제2조 제3항)을 과세근거 조항으로 적용할 수 있다고 판단한 이 대법원 판결은, 완전포괄주의 조항이 선언적이고 장식적인 조항이 아닌 효력 규정이라는 법리를 명확히 함으로써, 완전포괄주의가 현행 증여세제에서 확고하게 뿌리내리는 초석(礎石)을 제공하였다.

② 그러나 대법원 2015. 10. 15. 선고 2013두13266 판결은, 흑자 영리법인에 대한 증여를 통하여 위 법인의 지배 주주들에게 간접 증여한 사안에서 구 상증세법상 '결손(缺損) 법인 등'에게 적용되는 '특정법인 증여의제' 조항을 적용할 수 없고, 완전포괄주의 조항인 구 상증세법 제2조 제3항도 적용할 수 없다고 판단하였다. 이 대법원 판결은

> "납세자의 예측가능성 등을 보장하기 위하여 개별 가액산정규정이 특정한 유형의 거래·행위를 규율하면서 그중 일정한 거래·행위만을 증여세 과세대상으로 한정하고 과세범위도 제한적으로 규정함으로써 증여세 과세의 범위와 한계를 설정한 것으로 볼 수 있는 경우에는, 개별 가액산정규정에서 규율하고 있는 거래·행위 중 증여세 과세대상이나 과세범위에서 제외된 거래·행위가 구 [상증세법] 제2조 제3항의 증여의 개념에 들어맞더라도 그에 대한 증여세를 과세할 수 없다"

고 판시하였다. 이 판결에 따르면, 비록 완전포괄주의 관련 조항이 독자적인 증여세의 과세근거 조항이라고 하더라도 개별 가액산정 규정이 특정한 유형의 거래와 행위만을 증여세 과세 대상으로 한정하는 취지인 경우 완전포괄주의를 근

거로 증여세를 과세할 수 없다는 한계를 선언하였다. 이는 완전포괄주의 관련 조항이 세법상 고유의 증여 개념을 정의한 것이고 독자적인 과세근거 조항이라는 점을 위 ① 판결과 같이 인정하면서도, 납세자의 예측가능성 등을 보장하기 위하여 일정한 내재적 한계가 있음을 최초로 선언한 의미가 크다. 다만 완전포괄주의의 내재적 한계를 증여 유형에 관한 과세요건을 포함하고 있는 개별 가액산정 규정의 취지, 의미 등의 해석론에서 찾았던 대목은 대법원이 새로운 완전포괄주의 입법에도 불구하고 종전 '유형별 포괄주의'를 취하던 입법 시기의 증여세 과세체계를 다시 소환한 것처럼 보일 수 있다는 점에서 학계와 과세관청의 우려를 자아냈다.

③ 대법원 2024. 4. 12. 선고 2020두53224 판결은 2015년 증여세 완전포괄주의 보완 입법이 적용되는 사안에 관한 첫 번째 판결이다. 이 대법원 판결은 '최대(最大) 주주'가 아닌 '2대(大) 주주'의 특수관계인이 '신주인수권 부(附) 사채(社債)'를 인수하여 위 사채로부터 분리된 신주인수권을 행사하고 주식을 취득함으로써 이익을 얻은 사안에서, 신주인수권을 행사하여 얻은 이익에 대해 증여세를 부과할 수 있는 구 상증세법 제 제40조 제1항 제2호 다목은 최대주주의 특수관계인이 신주인수권부 사채를 인수하여 신주인수권을 행사함으로써 이익을 얻은 경우에만 적용되고, 완전포괄주의 관련 조항인 상증세법 제4조 제1항 제6호를 근거로 증여세를 부과할 수 없다고 판단하였다. 즉 이 대법원 판결은

> "증여세 완전포괄주의 관련 법령의 문언, 체계, 개정 경과, 입법 취지 및 개별 가액산정규정이 설정한 증여세 과세의 범위와 한계에 따라 증여세 과세대상에서 제외된 거래·행위에 대하여 구 상증세법 제4조 제1항 제6호를 근거로 증여세를 과세할 경우 납세자의 예측가능성과 법적 안정성을 현저히 침해하게 되는 점 등을 종합하여 보면, 구 상증세법 제4조 제1항 제6호는 새로운 금융기법이나 자본거래 등의 방법으로 부를 무상이전하는 변칙적인 증여에 대처하기 위하여 그 거래·행위의 경제적 실질이 개별 가액산정규정과 유사한 경우 개별 가액산정규정을 준용하여 증여세를 부과하기 위한 규정이라고 봄이 상당하고, 개별 가액산정규정이 설정한 증여세 과세의 범위와 한계에 들어맞지 않아 증여세 과세대상에서 제외되는 거래·행위도 특별히 과세대상으로 삼기 위한 별도의 규정으로 볼 수는 없다"

고 판시하였다.[15] 결국 이 대법원 판결도 위 ② 판결과 같이 완전포괄주의 관련 조항인 상증세법 제4조 제1항 제6호를 독자적인 증여세 과세 근거조항이라고 인정하면서도 납세자의 예견가능성과 조세법률관계의 안정성 등을 이유로 개별 가액산정 조항에 의한 한계를 설정하였다.

V. 증여세 완전포괄주의에 대한 평가와 전망

1. 현행 증여세 완전포괄주의 입법의 한계와 대법원 판례에 대한 평가

증여세 과세 대상인 '증여'의 개념을 포괄적으로 정의한다는 취지에서 포괄주의에 '완전'이라는 수식어를 추가한 경위는 입법 연혁에 있다고 생각된다.[16] 1952년에 개정된 상속세법도 민법상 증여 개념을 벗어난 무상으로 재산이나 경제적 이익을 이전하는 것을 증여세 과세 대상으로 간주하는 조항을 두고 있었고, 2000~2003년 개정된 상증세법은 개별 증여 유형과 유사한 경우 과세한다는 취지의 유형별 포괄주의를 규정하였다가, 변칙 증여에 대한 종합적인 대책으로 다시 포괄주의를 도입하면서 종전 입법례와 차별화한다는 취지에서 '완전' 포괄주의라고 이름 붙인 것으로 이해된다. 이는 종전 증여세 과세 대상을 매우 엄격하게 제한적으로 해석하던 법원을 각성시킬 필요에 따라 상징적인 구호를 선택한 결과일 가능성도 있어 보인다.

(1) 그러나 상증세법은 증여 개념을 포괄적으로 규정한 일반 규정을 신설하면서도 종전의 개별 증여 유형에 관한 '증여의제 조항'의 내용을 개별 '증여가액 산정 조항'으로 명칭과 표현만 바꿔서 그대로 규정하였다. 이는 완전포괄주의에 관한 일반 조항과 개별 증여가액 산정 조항의 관계에 대한 해석을 어렵게 만들

---

15) 구 상증세법 제40조 제1항 제2호 다목은 전환사채, 신주인수권부사채 등의 주식 전환, 신주인수권 행사 등에 따른 모든 이익을 증여세 과세 대상으로 규율한 것이 아니라, 전환사채 등을 인수·취득한 자가 발행 법인 최대주주의 특수관계인으로서 발행 법인의 주주가 아닐 것을 요구하는 등 과세대상과 범위를 한정함으로써 증여세 과세의 범위와 한계를 설정한 것으로 보아야 하므로, 위 조항의 과세대상이나 과세범위에서 제외된 거래·행위(위 대법원 판결 사안에서 발행 법인 최대주주의 특수관계인이 아닌 자가 신주인수권부사채를 인수한 거래·행위)로 인하여 얻은 이익에 대하여는 이를 증여세 과세 대상으로 하는 별도의 규정이 있는 등의 특별한 사정이 없는 한 증여세 완전포괄주의를 근거로 증여세를 과세할 수 없다는 취지이다.

16) 다만 안세준, "증여세 완전포괄주의와 본래 의미의 증여세 포괄주의", 『조세법연구』 제27권 제1호, 2021, 420~433면에 따르면, 상증세법에서 정한 증여세 완전포괄주의는 본래 의미의 증여세 포괄주의만으로 담을 수 없는 내용을 증여의 개념 안에 담고 있기 때문이라고 한다.

었다. 정부와 국회는 개정 취지에서 개별 증여가액 산정 조항은 증여세 과세 대상인 증여 유형의 예시일 뿐이라고 명시적으로 밝혔으나, 조항의 내용에서부터 추단(推斷)되는 입법취지는 그와 달리 볼 여지가 많았다. 예컨대 2003년 개정 상증세법에서, 개별 가액산정 조항은, (i) 일정한 유형의 거래·행위를 대상으로 하여, (ii) 거래 당사자 간에 특수관계가 존재할 것을 요구하거나, (iii) 시가 등과 거래가액 등의 차액이 시가의 30% 이상일 것, 또는 증여재산 가액이 일정 금액 이상일 것 등을 요구하고 있고, 이러한 과세대상이나 범위에 관한 사항은 수시로 개정되고 있기 때문에 종전 증여의제 조항에서 규율되어 오던 증여세 과세대상과 범위에 관한 사항을 그대로 유지하려는 것이 입법의도라는 해석을 허용할 수 있었다.[17)]

(2) 이러한 사정은 2015년 완전포괄주의 보완 입법에도 마찬가지였다. 즉 완전포괄주의를 강화하는 내용의 규정 정비를 하면서도 종전의 개별 가액산정 조항에서 요구하던 과세 대상이나 과세 범위에 관한 사항을 꾸준히 개정하고 있었다.[18)] 2015년의 보완 입법 이전에도 2013년 1월 1일 개정된 상증세법 제32조는 증여재산 가액 계산의 일반 원칙을 규정하면서 제2호에서 개별 가액산정 조항의 증여 유형과 유사한 경우 개별 가액산정 조항에 따라 증여재산가액을 계산하라고 규정하고 있었는데, 이는 2015년 보완 입법에 따라 신설된 상증세법 제4조 제1항 제6호가 제4호에서 정한 가액산정 조항과 경제적 실질이 유사한 경우 제4호를 준용하여 가액을 계산하라고 규정한 것과 기본적으로 동일하므로 위 제4조 제1항 제6호를 종전 가액산정 조항에서 정하지 않은 증여 유형에 대해 모두 증여세를 부과하기 위하여 새롭게 마련된 조항으로 보기 어렵다.[19)]

(3) 또한 완전포괄주의 관련 상증세법 제4조 제1항 제6호도, 개별 가액산정 조항에서 정한 과세요건을 충족하지 않지만 포괄적인 증여의 개념에 포섭되는 거래와 행위를 과세하기 위하여는 개별 가액산정 조항과 '경제적 실질이 유사한 경우 등'이라는 추상적인 기준이 아니라 그 하위 법령 등에 '경제적 실질의 유사성'에 관한 구체적인 기준을 마련해 두어야 하고, 국회 심의 과정에서 '경제적 실질의 유사성'이라는 용어가 조세법률주의 위반이라는 지적을 받았으나 그 후

17) 대법원 2015. 10. 15. 선고 2013두13266 판결.
18) 대법원 2024. 4. 12. 선고 2020두53224 판결.
19) 유기웅, "구 상증세법 제4조 제1항 제6호의 법적 성격 및 증여세 과세대상", 『대법원판례해설』 제140호, 법원도서관, 43~44면 참조.

아무런 보완 조치가 이루어지지 않았다는 측면에서 고유한 문제점을 가지고 있다.[20)]

증여세 완전포괄주의를 개별 가액산정 조항에서 정한 과세요건으로 제한할 수 있다는 대법원의 법리는 완전포괄주의 관련 조항의 취지를 오해하거나 적용범위와 한계에 관한 예측가능성을 오히려 떨어뜨리는 결과를 초래하였다. 상증세법 제4조 제1항 제6호는 개별 가액산정 조항에서 정한 증여 유형과 경제적 실질이 유사한 경우 증여세를 과세할 수 있도록 규정하였는데, 개별 가액산정 조항이 과세범위를 한정하였기 때문에 과세요건으로 규정하지 않은 거래와 행위에 대해서는 증여세를 부과할 수 없다고 하면, 완전포괄주의 관련 조항이 과세근거 조항이 될 수 있다는 취지와 모순되거나 입법취지가 퇴색될 수 있다. 물론 개별 가액산정 조항의 문언·체계·입법취지 등을 종합하여, 위 조항에서 정한 증여 유형으로 과세범위를 한정하고 과세의 범위와 한계를 설정한 것인지에 따라, 완전포괄주의 관련 조항을 근거로 증여세를 과세할 수 있는 여지를 여전히 남겨두었다고 볼 수는 있다. 그러나 완전포괄주의 관련 조항에 따르면, 개별 가액산정 조항에서 정한 증여 유형과 경제적 실질이 유사한지 여부를 판단해야 한다. 예컨대 결손금이 있는 영리법인에 재산을 증여함으로써 법인의 지배주주에게 이익을 분여하는 행위와, 흑자 영리법인에 재산을 증여함으로써 그 지배주주에게 이익을 분여하는 행위의 경제적 실질이 동일한지, 또는 최대주주의 특수관계인이 주식발행 법인으로부터 '전환사채 등'을 인수하였다가 '전환권 등'을 행사하여 주식을 취득함으로써 얻은 이익과 2대 주주의 특수관계인이 '전환사채 등'을 인수하였다가 '전환권 등'을 행사하여 주식을 취득함으로써 얻은 이익의 경제적 실질이 동일한지 여부를 판단해야 할 것이다. 그럼에도 불구하고, 개별 가액산정 조항의 문리적·체계적 해석을 시도해야 한다는 판례 법리는 완전포괄주의 관련 조항의 문언·체계·취지에 부합한다고 보기 어렵고 완전포괄주의 조항의 적용 여부를 사전에 예상하기 어렵게 만들었다.

---

20) 유기웅, 앞의 글, 44~45면 참조.

2. 현행 증여세 완전포괄주의의 내재적(內在的) 한계

(1) 일반적인 논의

현행 상속세와 증여세가 조세 공평의 원칙에 제도적 근거를 두고 있다면, 변칙적인 상속·증여 행위에 대해서는 사전적(事前的)으로 충분히 과세할 수 있는 근거 조항을 마련해 두어야 할 것이다. 이를 위하여 증여세 과세 대상을 민법상 증여와 같이 '당사자가 재산 또는 경제적 이익을 무상으로 이전하기로 합의한 경우'에 한정할 수는 없을 것이다. 다만 경제적 이익의 무상이전을 증여세 과세 대상이라고 포괄적으로 정의하여 모든 증여 거래나 행위를 빠짐없이 과세하는 것이 헌법상 허용되거나 조세 정책적으로 바람직한가에 대해서는 답변이 간단치 않다.

(1) 상증세법에서 정한 완전포괄주의 관련 조항은 재산이나 용역 거래는 물론 경제적 이익의 무상이전을 수반하는 거래와 행위를 포괄적으로 증여로 정의하고 있고, 당사자들이 어떤 거래형식을 선택하든 증여 의사(意思)의 유무(有無)를 묻지 않는다. 또한 당사자들 사이에서 경제적 이익이 이전되는 결과가 동일하다면, 열거된 개별 가액산정 조항의 증여 유형과 '경제적 실질이 유사'하다고 평가될 수 있을 것이므로, 완전포괄주의 관련 조항에 따라 법인을 통한 간접증여 등 거의 모든 변칙 증여와 경제적 이익의 무상이전 행위들은 모두 증여세 과세 대상에 포함될 것이다. 그러나 과세 공평을 이념으로 하는 완전포괄주의도 다른 헌법적 가치나 다른 세법 체계와의 충돌 시 적용을 양보해야 하는 등 일정한 내재적 한계를 가지고 있다고 할 것이다.

(2) 실제로 상증세법에서 정한 증여세 완전포괄주의는 문언(文言)과 정부의 입법취지를 기준으로 하면, 미국 세법의 증여세 과세 대상보다 훨씬 범위가 넓다. 미국 세법은 법인을 통한 간접증여 등 증여세 과세범위가 우리 세법만큼 포괄적이지만, 상속세와 증여세의 '통합 세액공제' 금액이 상당히 크기 때문에 (2024년 기준 미화(美貨) 1,361만 달러), 실제 증여세나 상속세를 부담하는 경우가 흔치 않다. 또한 미국 세법은 통상적인 거래 관행에 따라 이루어지는 거래는 증여 거래가 아니라고 보는 비과세 규정을[21] 두고 있고, 노무(勞務)의 제공은 증여

---

21) 미국 재무부 규칙 § 25.2512－8 Transfers for insufficient consideration 제2문.
"However, a sale, exchange, or other transfer of property made in the ordinary course of business(a transaction which is bona fide, at arm's length, and free from any donative

세 과세 대상이 아니라고 해석하여[22] 비과세 영역을 넓고 명확하게 설정하고 있기 때문이다.

(3) 이창희 선생도 2003년 보고서와 논문에서 근대 세제(稅制)에서 공평의 이념이 유일한 척도는 아니고 자유의 이념과 충돌하는 지점에서 한계를 설정해야 한다는, 완전포괄주의의 내재적 한계를 인정하였다. 그리하여 완전포괄주의 관련 조항을 두더라도 미국 세법상 위 통합공제 한도와 같은 금액 기준 비과세 조항이나, 사생활에 대한 지나친 간섭 또는 사안의 성질상 증여세를 부과하기에 적당하지 않은 금품과 같은 '비과세 증여재산' 조항을 규정해야 한다고 주장하였다. 이때 '사생활에 대한 지나친 간섭'이나, '사안의 성질상 증여세를 부과하기 적당하지 않은 행위'의 범위는 과세관청과 법원의 구체적인 판단에 의할 수밖에 없다고 하였다.

(2) 어느 학설의 견해

상증세법상 증여세 완전포괄주의는 본래 의미의 포괄주의와 이를 벗어나는 부분을 모두 포함하고 있는데, 구체적인 법령상 근거가 없는 한 원칙적으로 전자(前者)의 증여 유형에 한정되어야 한다는 취지의 의견이 있다.[23] 위 의견에서 언급한 '본래 의미의 포괄주의'의 의미가 무엇인지는 명확하지 않으나, 대체로 포괄주의의 원형(原型)인 미국 세법 제2511조 (a)항과 그 위임을 받은 미국 재무부 규칙 §25.2512－1에서 열거하고 있는 개별 증여 유형을 의미하는 것으로 이해된다. 이 경우 본래 의미의 증여세 포괄주의는 저가(低價) 양수 또는 고가(高價) 양도 거래에 따른 이익의 증여, 채무면제, 부동산의 무상(無償) 사용, 합병, 증자(增資)·감자(減資), 현물출자, 법인의 조직변경, 초과 배당에 따른 이익의 증여, 금전의 무(無) 이자 대출, 용역 제공 등에 따른 이익의 증여 등을 포함한다.[24] 반면 '전환사채 등'을 인수한 후 '전환권 등'의 행사로 얻은 이익은 소득세 과세 영역을 증여로 의제한 것이고, 주식 취득 후 상장(上場)에 따른 이익이나

---

intent) will be considered as made for an adequate and full consideration in money's worth."

22) CIR v. Hogle, 165 F2d 352(1947). 미국 연방 항소법원은 아버지가 자녀들이 수익자로 되어 있는 신탁을 위해 주식 투자를 대행해 준 사안에서 아버지가 신탁에 제공한 것은 과세될 수 없는 그의 노무(勞務)라는 취지에서 증여세를 부과할 수 없다고 판단하였다.

23) 안세준, 앞의 글, 455~458면 참조.

24) 안세준, 앞의 글, 422~428면 참조.

합병에 따른 상장의 이익은 증여가 있었는지 여부에 관한 것이 아니라 비(非) 상장 주식을 일정한 경우 상장 후 가액으로 재평가하겠다는 평가의 특칙이며, 재산 취득 후 재산가치 증가 사유가 발생하면 그 이후의 가액으로 증여재산을 재평가하겠다는 평가의 특칙 등은 본래 의미의 증여세 포괄주의를 벗어나는 개별 증여 조항 또는 가액산정 조항이라고 한다.[25)]

개별 가액산정조항의 성격을 본래 의미의 포괄주의에 따른 증여 유형과 이를 벗어난 증여 유형으로 나누고, 후자(後者)에 속하는 조항에서 제외한 거래나 행위에는 완전포괄주의 관련 조항을 적용하지 않는다는 설명은, 개별 가액산정 조항을 기준으로 한 완전포괄주의의 적용범위를 조금 더 구체화하였다고 평가된다. 다만 완전포괄주의를 본래 의미의 포괄주의와 그렇지 않은 것으로 구분하는 법적 근거가 명확하지 않고 모든 증여 유형을 일관된 기준에 따라 객관적으로 분류하거나 법리화(法理化)하는 것은 쉽지 않아 보인다. 위 의견도 '특정법인' 증여의제, '일감 몰아주기' 증여의제, '사업기회 제공'에 따른 증여의제에 관해서는 본래 의미의 포괄증여인지 명시적인 설명이 없다. 또한 어떤 경제적 이익의 무상 이전 부분과 정상적인 부(富)의 증가 분(分)이 섞여 있는 경우, 본래 의미의 포괄주의에 해당하는 증여 유형과 이를 벗어난 증여 유형으로 획일적으로 2분하여 어느 한 쪽에 포함시키기 어려울 수도 있을 것으로 예상된다.

(3) 이 글의 입장

1) 내재적 한계 설정의 필요성

생각건대 증여세 완전포괄주의는 금액 기준 비과세 조항이 없는 이상 일반 법리에 따라 관련 조항의 문언·체계·취지의 해석으로 내재적 한계를 설정할 수 있고, 또 조세 정책적으로 내재적 한계를 설정할 필요가 있어 보인다. 예컨대 완전포괄주의 관련 조항은 개별 가액산정 조항과 '경제적 실질의 유사성'이라는 요건 및 가액산정 조항을 '준용' — 사안의 성격에 따라 그대로 적용할 수도 있고, 그대로 적용하지 않을 수 있다는 뜻 — 한다는 법률효과를 해석할 때 일정한 제한을 가할 수 있다. 위 경제적 실질의 유사성과 준용은 규범적인 해석·적용을 전제하는 문언이기 때문이다.

---

25) 안세준, 앞의 글, 429~433면 참조.

2) 소득과세 우선 원칙

먼저 사생활의 침해 방지라는 자유의 영역뿐만 아니라, 상증세법에서 정한 소득과세 우선의 원칙도 완전포괄주의의 내재적 한계가 될 수 있다. 입법부는 증여세를 소득과세를 보완하는 세금으로 자리매김하고 전체 세제를 설계하였다. 소득과세 우선의 원칙에 따르면, 개인이나 법인의 소득세 과세대상인 경우 원칙적으로 증여세 과세대상에서 제외해야 하므로, 소득세 대신 증여세를 과세하는 예외적인 특별 과세요건을 규정하는 개별 가액산정 조항의 과세요건은 엄격하게 해석할 필요가 있다. 소득과세 우선 원칙의 예외를 규정하는 개별 가액산정 조항은 명시적으로 정한 과세대상에 대해서만 증여세를 부과해야 할 것이고, 위 조항이 과세대상으로 명시하지 않은 거래나 행위는 원칙으로 돌아가 소득세나 법인세와 같은 소득과세의 대상으로 삼아야 할 것이다. 위 예외 조항에서 명시적으로 정하지 않은 과세대상도 '경제적 실질의 유사성' 개념의 해석을 통하여 증여세를 부과할 수 있다고 하면, 이는 법률상 정한 소득과세 우선의 원칙을 해석에 의하여 배제할 수 있다는 취지이므로 상증세법이나 다른 소득세 및 법인세법의 전체 체계와 취지에 반할 수 있다.

예컨대 흑자 영리법인에 대한 재산 증여 시 해당 영리법인의 자산 수증익(受贈益)은 법인세 과세대상인데, 같은 경제적 이익에 대해 증여세를 과세하는 것은 이중과세를 해소하여 증여세 하나만 과세하더라도 소득과세 우선 원칙의 예외이다. 대법원 2013두13266 판결(Ⅳ.의 ②)의 사안에서, 그 당시 상증세법이 결손영리법인에 대해서만 법인에 귀속된 재산을 지배주주에 대한 증여가액으로 보고 증여세를 과세하는 특정법인 증여의제 조항을 규정하고 있었다면, 위 특정법인 증여의제 조항에서 정하지 않은 과세대상을 증여세 완전포괄주의로 과세하는 것은 자칫 완전포괄주의 조항의 해석을 통하여 소득과세 우선의 원칙을 깨뜨리는 결과를 초래한다. 대법원 2013두13266 판결은 '특정법인 증여의제'에 관한 가액산정 조항이 흑자 영리법인에 대한 증여 분(分)을 증여세 과세대상에서 제외하려는 취지임을 근거로 완전포괄주의의 적용을 제한하였다. 위 특정법인 증여의제 조항이 법인을 이용한 간접증여를 과세하기 위한 증여 유형의 하나이고 간접증여의 증여가액 산정 방법이라고 하더라도, 위 판결은 위와 같이 영리법인에 귀속된 자산수증익이 법인세 과세대상이므로 상증세법이 증여세와 소득과세 사이의 관계에 관하여 소득과세 우선의 원칙을 명시한 취지를 살리는 방식으로 완전포괄주의의 내재적 한계를 설정하려는 해석으로 평가할 수 있다. 물론 동일한 경제적 이익 또는 부(富)에 대해 더 많은 세액이 산출되는 세금이 무엇인지에 따라 소득세보다 증여세를 우선 적용하고 소득과세 우선의 원칙이 적용되는 범위를 좁게 해석할 수 있다는 견해도 충분히 가능하다. 그러나 과세표준의 구간에 따라 소득세가 많이 산출되는 경우 소득과세 우선의 원칙을 적용하고, 그렇지 않은 경우 증여세를 우선 적용하는 것은 우연한 사정에 따라 과세되는 세금의 종류가 달라지는 자의적(恣意的)인 과세를 허용할 수 있다. 특히 소득과세 우선 원칙의 적용 범위에 관한 차이는 법해석론상 가능하지만, 위와 같은 흑자 영리법인에 귀속된 무상의 이익에 대해 법인세를 과세하고 그 법인의 지배주주에게 동일한 경제적 이익에 대해 증여세를 과세하는 것은 이중과세의 문제를 제외하더라도 경제적인 측면에서 소득과세 우선 원칙의 취지에 반한다는 점은 부인하기 어렵다.

3) 자산 가치의 증가분 과세에서

또한 소득과 증여 이익이 혼합된 경제적 부(富)의 증가에 대해 증여세를 부과하는 경우에도 완전포괄주의의 내재적 한계가 문제될 수 있을 것이다. 납세자에게 경제적인 부가 증가하였을 때 해당 경제적 부가 위험을 감수하고 취득한 자산의 가치 증가분이나 일정한 노무를 투입하여 얻은 소득과 제3자로부터 무상으로 얻은 경제적 이익이 혼재되어 있을 수 있고, 양자(兩者)가 모두 포함된 경제적 부에 대해 증여세를 부과하는 규정을 입법할 수 있다. 특히 소득과세 대상인 자본이득이나 소득이 전통적인 소득의 실현 시기가 도래하기 전에 다른 증여이익과 함께 증여세를 부과하는 것도 입법재량의 범위를 넘는다고 볼 수는 없을 것이다. 입법 기술적(技術的)으로 소득과 증여 이익을 구분하여 과세하는 것이 현실적으로 어렵다는 사정도 고려하여 납세자에게 증가한 부의 전체에 대해 증여세를 부과하는 증여가액 산정 조항을 규정할 수는 있으나, 이러한 증여세 과세의 예외적인 성격, '미(未) 실현 이익'에 대한 과세인 점 등을 고려하여 그 조항의 적용범위를 제한하는 것이 입법의 필요성과 법적 안정성 또는 납세자의 예견가능성 사이의 균형을 맞춘다고 생각된다.

예컨대 특수관계인 등으로부터 전환(轉換) 사채를 취득한 후 전환권을 행사하거나 분리형(分離型) 신주인수권부 사채를 취득하여 신주인수권을 행사하여 주식을 취득할 때, 위 전환사채 등의 취득가액과 주식의 시가 사이의 차액은 전환사채 등 투자자산을 취득한 전환권 행사시까지 발생한 자산의 통상적인 가치 상승분과, 특수관계인 등의 기여로 얻은 무상의 경제적 이익이 혼재(混在)되어 있는데, 이에 대해 증여세를 부과하는 내용의 증여가액 산정 조항을 상증세법에 규정할 수 있다. 대법원 2020두53224 판결(Ⅳ.의 ③)은, 2대 주주의 특수관계인인 납세자가 주식발행 법인으로부터 신주인수권부 사채를 취득한 후 신주인수권을 행사하여 주식을 취득한 사안인데, 상증세법은 최대주주의 특수관계인이 법인으로부터 신주인수권부 사채를 취득한 경우에 증여세를 부과하는 조항을 두고 있었다. 위 최대주주의 특수관계인이 법인으로부터 신주인수권부 사채를 취득한 경우에 증여세를 부과하도록 규정한 상증세법상 가액산정 조항은 명시된 적용대상에 대해 제한적으로 적용해야 하므로, 위 대법원 판결은 2대 주주의 특수관계인이 법인으로부터 신주인수권부 사채를 취득하여 그 후 얻은 이익과 위 조항에서 과세대상으로 규정한 이익이 경제적으로 유사하다고 하더라도, 완전포괄주의의 내재적 한계 때문에 증여세를 과세할 수 없다고 판단하였다고 평가할 수 있다.

3. 증여세 완전포괄주의의 보편적 적용 내지 강화를 위한 입법론적 제언

개인이 제3자로부터 얻은 무상의 경제적 이익을 빠짐없이 과세하는 것이 공평 과세 내지 평등의 원칙상 반드시 필요한지 여부는 법 공동체 구성원들의 사회적 합의 내지 컨센서스가 필요한 주제이고, '있는 법'의 해석론을 다루고자 한 이 글의 논의 범위를 넘는다. 다만 완전포괄주의를 철저하게 관철하려는 정부의 의지가 바람직하다고 가정하면, 종래 완전포괄주의 관련 일반 조항과 개별 가액산정 조항 사이의 관계를 명확히 하려는 방향의 입법 노력은 대법원 판례의 태도에 비추어 재고(再考)할 필요가 있다.

완전포괄주의의 보편적인 적용을 위해서는, 먼저 금액 기준 증여세 비과세 한도를 명확하게 규정하는 것이 필요하다. 미국 세법과 같이 물가 수준 등을 고려하여 조정되는, 상당한 금액의 비과세 한도를 규정하여 사회적 중산층(中産層)에게 상속세와 증여세가 부과되는 경우를 극도로 제한한다면, 증여세 과세 대상을 경제적 이익이 무상으로 이전되는 경우로 넓게 규정하더라도 불합리한 결과가 발생하거나 구체적 타당성이 훼손될 가능성이 낮으므로 완전포괄주의에 내재적 한계를 설정하거나 일정한 사법 통제를 가할 필요성도 축소될 것이다. 뿐만 아니라 과세관청이 개인의 사생활이나 자유의 영역에 간섭하면서 과세 대상을 확인하여 증여세나 상속세를 부과하려는 시도도 현저히 줄어들 것으로 예상된다.

또한 상증세법에서 정한 소득과세 우선의 원칙을 폐지하고, 반대로 증여세 우선의 원칙을 규정할 필요가 있어 보인다. 증여 또는 증여가액의 개념을 포괄적으로 정의하고 확대하다 보면, 필연적으로 소득 개념과 충돌할 수밖에 없다. 개념적으로는 소득과세의 대상과 증여세 과세의 대상을 구분할 수 있고 소득세법 또는 법인세법과 상증세법에서 과세대상이 중첩되지 않도록 세밀하게 규정할 수는 있으나 입법 기술상 쉽지 않다. 이러한 경우 완전포괄주의를 철저히 관철하려면, 차라리 소득과세를 양보해야 할 것이다. 미국 세법은 소득과 증여의 개념을 모두 포괄적으로 정의하면서, 소득의 개념에서 증여를 제외함으로써 증여세를 우선 적용하는 방식으로 조세 제도를 설계하고 있다. 따라서 미국 세법에서는 완전포괄주의를 적용할 때 소득과세 우선의 원칙이나 소득세와 충돌하는 경우가 발생하지 않는다. 물론 소득과세 우선의 원칙을 폐지하는 것은 현행 세법의 틀을 크게 수정하는 것이므로 충분한 검토가 선행되어야 한다고 생각된다.

나아가 개별 가액산정 조항에서 과세요건 및 과세 제외 등에 관한 내용을, 증여가액 산정 방법에 관한 내용에서 분리하여 별도로 규정할 필요가 있다. 즉 완전포괄주의 하에서 개별 가액산정 조항 중 과세요건 등은 증여 유형의 예시에 해당하므로 포괄적으로 정의된 증여 조항의 시행령에서 규정할 수 있을 것이다. 이 경우 증여 유형을 예시할 때 일정한 증여 유형과 경제적 실질이 유사한 거래나 행위에 과세할 수 있다는 유형별 포괄주의로 오해할 수 있는 문언의 표현도 불필요할 것이다. 종래 대법원 판례는 개별 가액산정 조항에서 증여세 과세요건 등을 구체적으로 규정하고 해당 과세요건을 자주 개정하는 점을 근거로 가액산정 조항이 단순히 증여세 완전포괄주의 관련 조항의 예시적 성격을 가진다고 보지 않은 것으로 이해되기 때문이다.

19. 명의신탁 증여의제 규정에 관한 소고(小考)

— 조세회피목적에 관한 해석 및 행정벌(行政罰)로의 전환 필요성을 중심으로 —

한원교*

Ⅰ. 들어가며

조세회피 목적의 명의신탁에 증여세를 부과하도록 정한 상증세법 제45조의2 규정(이하 '명의신탁 증여의제 규정'이라 한다)과 같이 입법 연혁이 복잡하고 그 위헌성(違憲性)에 관하여 다양한 논의가 이루어진 세법 규정도 없을 것이다. 명의신탁 증여의제 규정은 당초 부동산에 관한 명의신탁을 중심으로 명의신탁을 통하여 증여세를 회피하는 것을 방지하기 위하여 도입되었으나, 현재는 주식에 관한 명의신탁이 그 주된 적용대상이 되고 있고, 회피 대상이 되는 조세로 '증여세'가

* 법무법인(유) 율촌 변호사

문제되는 경우도 드물다. 또한 헌법재판소의 여러 차례의 합헌 결정에도 불구하고 여전히 과잉금지원칙 등에 어긋난다는 위헌 논란이 제기되고 있다.

헌법재판소가 명의신탁 증여의제 규정의 적용 범위를 제한하기 위하여 '조세회피목적이 없는 경우'에는 위 규정을 적용할 수 없다는 '한정 합헌'(限定合憲) 결정을 하였고, 그에 따른 법 개정이 이루어졌으나, '조세회피목적'의 부(不) 존재에 관하여 판례가 명확하고 일관된 기준을 제시하지 못하고 있다. 또한 최근의 법 개정으로 명의신탁 증여의제 규정의 적용에 따른 증여세 납세의무자가 '명의수탁자'에서 '명의 신탁자'로 변경됨에 따라, 더 이상 '증여세'의 속성을 가진 조세로 볼 여지도 없게 되었다.

아래에서는 명의신탁 증여의제 규정에 관한 입법 연혁에 관하여 먼저 살펴보고, 그 다음으로 '조세회피목적의 부존재'에 관한 대법원 판례의 검토를 통하여 애당초 조세회피목적의 존재 유무(有無)를 기준으로 삼아서는 의무 위반 정도에 상응하는 제재가 이루어질 수 없다는 점을 밝히고자 한다.

그런 다음 명의신탁 증여의제 규정에 따라 부과되는 증여세의 본질이 '조세'가 아닌 '행정벌'이 분명한 이상, 그와 같은 본질 내지 실질에 맞는 방향으로의 입법 개선이 필요하다는 의견을 제시하고자 한다.

Ⅱ. 명의신탁 증여의제 규정의 내용 및 입법 연혁

1. 명의신탁 증여의제 규정의 내용 및 구조

상증세법 제45조의2 제1항은

"권리의 이전이나 그 행사에 등기 등이 필요한 재산(토지와 건물은 제외한다[1]) 의 실제소유자와 명의자가 다른 경우에는 국세기본법 제14조에도 불구하고 그 명의자로 등기 등을 한 날에 그 재산의 가액을 실제소유자가 명의자에게 증여한 것으로 본다. 다만, 다음 각 호의 어느 하나에 해당하는 경우에는 그러하지 아니하다."

1) 부동산실명법이 1995. 3. 30. 제정됨에 따라 '부동산'에 관한 명의신탁 약정은 부동산실명법의 관련 규정에 따라 규율을 받게 되었고, '토지와 건물'이 명의신탁 증여의제 규정의 적용 대상에서 제외되었다. 그 결과 명의신탁 증여의제 규정은 주식 명의신탁에 주로 적용되고 있다.

고 정하고 있고, 그 단서 제1호에서 '조세회피의 목적 없이 타인의 명의로 재산의 등기 등을 하거나 소유권을 취득한 실제소유자 명의로 명의개서를 하지 아니한 경우'를 예외 사유의 하나로 들고 있다. 이어 같은 조 제3항 본문은 "타인의 명의로 재산의 등기 등을 한 경우 및 실제소유자 명의로 명의개서를 하지 아니한 경우에는 조세회피목적이 있는 것으로 추정한다"고 정하고 있다. 이러한 관련 규정의 내용에 따르면, '실제 소유자와 명의자가 다른 경우'에 해당하면[즉 명의신탁이 존재하면(1단계)], 조세회피목적이 추정되거나 또는 번복되고(2단계), 조세회피목적이 있는 명의신탁으로 인정되면 증여로 의제(3단계)되어 증여세가 부과되는 구조이다.

명의신탁 증여의제 규정이 적용되어 증여세가 부과되기 위해서는 첫 번째 단계로, 권리의 이전이나 그 행사에 '등기 등'이 필요한 재산에 관하여 명의신탁의 존재 내지 합의가 있어야 한다. 판례는[2] 명의신탁 설정에 관한 합의가 존재하여 해당 재산의 명의자가 실제 소유자와 다르다는 점에 관한 증명책임은 과세관청에 있다는 입장이다. 명의신탁 설정에 관한 합의가 없으면 명의신탁 증여의제 규정은 적용될 수 없는데, 과세관청은 실제 소유자가 명의자와 다르다는 점만을 증명하면 되고, 그 명의자의 등기 등이 명의자의 의사와는 관계없이 실제 소유자의 일방적인 행위로 이루어졌다는 증명은 이를 주장하는 명의자가 하여야 한다는 것이 판례의[3] 태도이다.

두 번째 단계로, 명의신탁 설정에 관한 합의가 증명되면 조세회피목적은 상증세법 제45조의2 제3항 규정에 의하여 추정(推定)되지만, 이러한 추정은 번복이 가능하다. 조세회피목적의 추정 내지 그 번복이 명의신탁 증여의제 규정의 적용과 관련하여 실무상 가장 빈번하게 다투어지는 부분이다.

마지막으로 조세회피목적이 인정된 명의신탁의 경우에는 '증여로 의제'되어 증여세가 부과된다. 이와 같이 '증여로 의제'하는 상증세법 제45조의2 제1항의 규정의 합헌성에 관하여 많은 학자들이 위헌이라는 견해를 취하고 있으나, 헌법재판소는 합헌이라는 결정을[4] 거듭하여 내리고 있다.

---

2) 대법원 2020. 8. 20. 선고 2020두3227 판결.
3) 대법원 2008. 2. 14. 선고 2007두15780 판결.
4) 헌법재판소 2012. 5. 31. 선고 2009헌바170·172 결정 등.

2. 명의신탁 증여의제 규정의 법적 성격 및 입법 연혁

(1) 명의신탁 증여의제 규정의 법적 성격: '추정설'과 '제재설'

이른바 '조세회피목적'에서 말하는 '조세의 범위'는 명의신탁 증여의제 규정의 법적 성격과 밀접한 관련이 있다. 명의신탁 증여의제 규정의 법적 성격에 대하여는 이른바 '추정설'(推定說)과 '제재설'(制裁說)의 견해 대립이 있다.[5)]

① 추정설(또는 증여세 한정설)은

> "어떤 재산에 대한 무상 명의이전이 있어 과세관청이 명의를 받은 사람에 대하여 증여세를 부과하려고 할 때, 납세자가 증여세 부과를 다투면서 사실관계가 증여 아닌 명의신탁에 불과하다는 주장을 하면 현실적으로 과세관청이 납세의무자의 증여사실을 증명할 방법이 마땅치 않다는 점에 대응하기 위한 조항으로 이해하는 입장"[6)]

이다. 기본적으로 증여에 대하여만 증여세를 부과할 수 있으므로, 증여세 부과대상이 되는 것은 '증여와 명의신탁으로 은폐된 증여'일 뿐이라는 입장으로, 명의신탁 행위가 있으면 증여 행위가 있었던 것으로 추정하고 이를 번복하기 위한 책임을 납세자에게 부담시키기 위하여 명의신탁 증여의제 규정을 두었다는 것이다. 이러한 추정설에 따르면 명의신탁 증여의제 규정을 둔 이유는 명의신탁으로 증여를 은폐하는 것을 막기 위한 것이므로, 회피대상이 되는 조세의 범위는 '증여세'로 한정된다.

② 이에 반하여 제재설(또는 비(非) 한정설)은 명의신탁 증여의제 규정은

> "증여세 이외의 다른 조세가 포함된 각종 조세의 회피 목적으로 명의신탁이 이용되는 것을 방지하는 데에 있다고 하는 견해"[7)]

5) 곽태훈, "명의신탁 증여의제와 조세회피 목적 ─ 조세회피 목적의 입증 문제를 중심으로", 『세무와 회계연구』 제5권 제2호, 한국조세연구소, 2017, 54면.
6) 김석범, "명의신탁 증여의제에 의한 증여세 부과의 한계", 『대법원판례해설』 제111호, 법원도서관, 2017, 568면.
7) 김석범, 위의 글, 568~569면.

이다. 명의신탁이 실제로는 증여를 은폐한 것인지는 문제되지 아니하고, 어떤 조세이든 회피 목적이 있는지가 문제될 뿐이며, 조세회피목적이 없음을 증명하지 못하면 행정벌 성격의 증여세가 부과되게 된다는 입장이다.

이러한 추정설과 제재설의 견해 대립은 명의신탁 증여의제 규정에 관한 법령의 개정 경과 및 판례의 입장 변경과 밀접한 관련이 있는바, 아래에서는 이에 관하여 살펴보기로 한다.

(2) 명의신탁 증여의제 규정 도입 전의 상황

명의신탁에 대한 증여세 문제는 1960년대로 소급한다.

① 대법원은 일찍이 1965. 5. 25. 선고 65누4 판결에서 명의신탁에 대한 증여세 부과를 인정한 바 있다.[8] 구 상속세법(1967. 11. 29. 법률 제1971호로 개정되기 전의 것) 제34조의4 본문(이하 '포괄증여 규정'이라고 한다)에서

> "제32조 내지 전조의 경우를 제외하고 타인으로부터 대가를 지불하지 아니하거나 또는 현저히 저렴한 대가로써 이익을 받은 자는 그 이익을 받을 때에 있어서 그 이익에 상당한 금액을 증여받은 것으로 간주한다."

는 규정을 두고 있었는데, 남편 소유의 부동산을 처(妻)가 대가 지급 없이 소유권 이전의 명의신탁을 받은 사안에서, 대법원은 수탁자인 처가 신탁계약에서 정한 바에 따른 대외적(對外的) 소유권을 취득하였으므로, 위 규정 소정의 '이익을 받은 자'에 해당한다고 판시하였다.

② 한편 대법원 1975. 4. 22. 선고 74누139 판결은 위 포괄증여 규정의 적용과 관련하여

> "1971. 12. 31.까지 시행된 1967. 11. 29.자 법률 1971호 상속세법 제34조의4는 '대가를 지불하지 아니하거나 또는 현저히 저렴한 대가로서 이익을 받은 자는 그 이익을 받은 때에 있어서 그 이익에 상당한 금액을 증여받은 것으로 간주한다'라고 규정한바, … (중략) … 대가를 지급하지 아니하였거나 또는 저렴한 가액을 지급하였더라도 그 이익의 전액 또는 저렴한 대가를 공제한 잔액에 해당하는 가액을 양도한

8) 이창희, 『세법강의』, 1336면.

> 그 타인에게 도로 반환하기로 약정한 사실이 인정되어 실질상 양수자에게 이익이 없는 경우에는 증여로 인한 과세처분을 할 수 없다”

고 판시하여 포괄증여 규정이 적용될 수 없다는 입장을 취하였다.

포괄증여 규정의 적용을 부정한 대법원 74누139 판결이 위 규정의 적용을 긍정한 대법원 65누4 판결의 입장을 변경한 것이라고 보는 견해도[9] 있으나, 대법원 74누139 판결의 사안에서는 ‘반환 약정’으로 인하여 명의수탁자가 ‘받은 이익’이 인정되지 아니한 반면, 대법원 65누4 판결의 사안에서는 명의수탁자가 ‘대외적 소유권을 취득’하여 ‘받은 이익’이 인정되었다는 점에서 대법원이 그 입장을 변경한 것으로 볼 것은 아니라고 생각된다.[10]

(3) 1974. 12. 21. 법률 제2691호로 개정된 상속세법 제32조의2

① 이후 1974년 12월 21일 법률 제2691호로 개정된 상속세법 제32조의2의 규정으로,

> “재산에 대하여 신탁을 설정한 경우에 신탁법 제3조의 규정에 의하여 신탁재산인 사실을 등기 또는 등록하지 아니하거나 증권에 표시하지 아니하거나 주권과 사

9) 김세현, 『차명거래 규제에 관한 연구』, 서울대학교 법학박사 학위논문, 2018, 95면.

10) 위 대법원 65누4 판결의 의미에 관하여 구체적으로 설명하고 있는 문헌[이태로, 『판례회고』 제8호, 서울대학교 법학연구소, 1980, 209~201면]의 내용을 그대로 옮기면 “상속세법 제32조의2는 74. 12. 31. 법률2691호로 신설된 규정이다. 이 규정이 제정되기 전의 대법원 판례들은 일관하여 ‘원고는 대외적 관계에 있어서는 소유권자가 되는 것이고 원고가 그 소유권의 취득에 있어 대가를 지급하지 아니하는 이상 상속세법의 해석상 증여를 받은 것이라고 함이 타당하므로’ 명의신탁에 의한 소유권이전이라 하더라도 구 상속세법 제34조의2의 규정에 의하여 증여세의 부과는 적법하다고 하였다(대법 65. 5. 25. 65누4; 66. 4. 6. 66누5호 등). 서울고법 67. 2. 16. 선고 66구299 판결의 이유 설시는 보다 자세하다. 여기에 옮겨 본다. ‘원래 소유권 이전의 명의신탁이 된 경우에 …… 신탁자와의 내부적인 약정에 의한 제한을 어겨 제3자에게 그 수탁재산을 처분하더라도 그 처분행위는 유효한 것이므로 수탁자가 신탁자와의 내부적 관계에 있어서는 수탁재산의 완전한 소유권을 취득하지는 못하였다 하더라도 외부적 관계에 있어 완전한 소유권을 취득하여 이를 유효하게 처분하까지도 할 수 있는 이익을 받았다고 보겠으며, 그 이익의 취득에 대한 대가의 지급이 없음은 명의신탁의 성질상 당연한 것이니 명의신탁으로 인하여 수탁자가 취득하게 되는 것 위와 같은 이익은 상속세법 제34조의4 소정의 이른바 대가를 지급하지 않고 받은 이익에 해당된다고 보아야 할 것이다.’ 명의신탁에 의한 소유권이전이 명목적인 것이요 소유권이전의 가장의 성격을 띠운 것이라고 볼 수 있을진대 명의수탁자의 그 수탁으로 인한 이익이 과연 무엇인지 조세이론상 이해하기 어렵다”는 것이다. 즉 위 대법원 65누4 판결은 당시 판례에 따르면 명의수탁자가 대외적 소유권을 취득하는 점을 중시하여 명의수탁자가 ‘이익’을 받은 것으로 평가한 것으로 보인다.

채권에 관하여는 또한 주주명부 또는 사채원부에 기재하지 아니하고 수탁자의 명의로 등기·등록·표시 또는 기재된 신탁재산은 당해 등기·등록·표시 또는 기재를 한 날에 위탁자가 그 신탁재산을 수탁자에게 증여한 것으로 본다."

는 규정이 신설되었다.

② 부동산에 관한 명의신탁에 대하여 과세관청은 위 규정에 근거하여 증여세를 부과하였으나, 대법원 1979. 1. 16. 선고 78누396 판결은

"소유권의 명의만이 이전되는 이른바 명의신탁은 신탁법 제1조 제2항이 규정하는 신탁법상의 신탁이라고 할 수 없으므로 신탁법 제3조의 규정에 의하여 이를 등기하지 않았다 하여 그 명의신탁을 상속세법 제32조의2 소정의 증여로 볼 수 없다."

고 판시하여 증여세 부과처분이 위법하다고 판단하였다.[11] 한편 이 사건에서 과세관청은 앞서 본 포괄증여 규정에 의하여 증여세를 부과할 수 있다는 주장도 하였으나, 대법원은

"사실관계가 위와 같다면 원고가 위 소외인으로부터 본건 부동산에 관한 소유권 이전등기를 경료받음으로써 대가를 지급함이 없이 형식상 본건 부동산을 양도받은 것이라고 하더라도 원고에게는 실질상 아무런 이익이 없다고 할 것이니 원고는 상속세법 제34조의4의 규정에 의하여 증여를 받은 것으로 볼 수도 없다."

고 판시하여 포괄증여 규정도 적용될 수 없다고 판단을 하였다. 이 판결에 관하여는 포괄증여 규정에 따라 명의신탁을 과세하던 종래의 법 해석을 변경하면서도, 전원합의체 판결을 통한 판례변경 절차를 밟지 아니하였다고 지적하는 유력한 견해가[12] 있다.

(4) 1981. 12. 31. 법률 제3474호로 개정된 상속세법 제32조의2

이에 따라 명의신탁에 관하여 증여세를 부과하기 위하여 1981년 12월 31일

11) 대법원 1979. 1. 16. 선고 78누396 판결.
12) 이창희, 『세법강의』, 1337면.

법률 제3474호로 개정된 상속세법 제32조의2 제1항 규정이

> "권리의 이전이나 그 행사에 등기·등록·명의개서 등을 요하는 재산에 있어서 실질소유자와 명의자가 다른 경우에는 국세기본법 제14조의 규정에 불구하고 그 명의자로 등기 등을 한 날에 실질소유자가 그 명의자에게 증여한 것으로 본다."

는 내용으로 개정되었다. 종전의 규정에서 '신탁법 제3조의 규정에 의한 신탁재산'이라는 표현으로 논란이 발생하자, 위와 같이 법령을 개정한 것이다.

(5) 1989년 헌법재판소의 한정합헌 결정과 그에 따른 법령 개정

그런데 위와 같이 개정된 상속세법 제32조의2 제1항(1981. 12. 31. 법률 제3474호로 개정되고 1990. 12. 31. 법률 제4283호로 개정되기 전의 것)의 규정에 관하여 헌법재판소 1987. 7. 21. 선고 89헌마38 결정은

> "상속세법 제32조의2 제1항은 형식상으로나 실질적으로 조세법률주의에 위배되지 아니하고, 위 규정이 실질과세의 원칙에 대한 예외 내지는 특례를 둔 것만으로 조세평등주의에 위배되지도 않는다. 다만 위 법률조항에는 무차별한 증여의제로 인한 위헌의 소지가 있으므로 예외적으로 조세회피의 목적이 없음이 명백한 경우에는 이를 증여로 보지 않는다고 해석하여야 하고, 위와 같이 해석하는 한, 헌법 제38조, 제59조의 조세법률주의 및 헌법 제11조의 조세평등주의에 위배되지 않는다."

고 판시하여 한정합헌 결정을 하였다. 이러한 헌법재판소의 한정합헌 결정의 취지를 반영하기 위하여 1990년 12월 31일 법률 제4283호로 개정된 상속세법 제32조의2 제1항 단서에는

> "다만, 타인의 명의를 빌려 소유권이전등기를 한 것 중 부동산등기특별조치법 제7조 제2항의 규정에 의한 명의신탁에 해당하는 경우 및 조세회피목적 없이 타인의 명의를 빌려 등기 등을 한 경우로서 대통령령이 정하는 때에는 그러하지 아니한다."

는 규정이 신설되었다. 한편 위와 같이 단서 규정이 신설되기 전의 상속세법 제32조의2 제1항 규정의 해석과 관련하여 대법원은

> "구 상속세법(1990. 12. 31. 법률 제4283호로 개정되기 전의 것) 제32조의2 제1항의 규정은 권리의 이전이나 행사에 등기 등을 요하는 재산에 있어서 명의신탁제도를 증여세를 회피하기 위한 수단으로 악용하는 것을 방지하려는 데에 그 입법취지가 있으므로 그 등기 등의 명의를 달리하게 된 것이 증여세를 회피하기 위한 것이 아니라 법령상의 제한이나 기타 이와 유사한 부득이한 사정 때문에 된 것이라면 이를 증여로 볼 것은 아니라는 것이 당원의 판례인바(당원 1990. 11. 13. 선고 90누240 판결; 동 1990. 11. 23. 선고 90누2321 판결 등 참조), 원심이 인정한 사실과 같이 … (중략) … 증여세를 회피할 목적으로 이루어진 것이 아니라면, 위 증여의제 규정을 적용할 수는 없다."

고 판시하여 이른바 추정설의 입장에서 회피 대상 조세가 '증여세'로 한정된다는 것임을 분명하게 밝혔다.[13]

(6) 회피대상이 되는 조세의 범위를 확장하는 규정 도입 및 '추정설'에서 '제재설'로의 입장 변경

대법원이 위와 같이 추정설의 입장에서 회피대상이 되는 조세의 범위를 '증여세'로 한정하자, 1993년 12월 31일 법률 제4662호로 개정된 상속세법 제32조의2 제3항에서

> "제1항에서 조세라 함은 국세기본법 제2조 제1호·제7호에 규정된 국세·지방세 및 관세법에 규정된 관세를 말한다."

는 규정을 신설하여 회피대상이 되는 조세의 범위를 국세·지방세 및 관세로 확장하였다. 다만 위 규정이 신설되기 이전의 사안에서도 대법원 1995. 11. 14. 선고 94누11729 판결은

13) 대법원 1992. 3. 10. 선고 91누3956 판결.

> "(1990. 12. 31. 법률 제4283호로 개정된) 상속세법 제32조의2 제1항의 입법취지는 명의신탁제도를 이용한 조세회피행위를 효과적으로 방지하여 조세정의를 실현한다는 취지에서 실질과세원칙에 대한 예외를 인정한 데에 있다고 할 것이므로, 명의신탁이 조세회피 목적이 아닌 다른 이유에서 이루어졌을 뿐 그에 부수하여 사소한 조세 차질이 생기는 것 등을 제외하고, 그 주된 목적이 조세회피에 있는 경우에는 그 단서 소정의 조세를 증여세에 한정할 필요는 없다."

고 판시하여 종전의 추정설에서 제재설로 그 입장을 변경하였다. 이와 같이 회피 대상이 되는 조세의 범위를 확장하는 조항이 도입되자 헌법재판소 또한 1998. 4. 30. 선고 96헌바87 결정에서

> "조세회피는 증여세회피뿐만 아니라 그 밖에 다른 조세회피도 포함된다고 하는 것이 합헌적인 올바른 해석이다."

고 판시하여 제재설의 입장을 취하였다.

(7) 소결(小結)

1981년 12월 31일 법률 제3474호로 개정된 상속세법 제32조의2 규정은 도입 당시 조세회피목적의 유무와 관련 없이 증여세를 부과할 수 있도록 되어 있어 위헌의 소지가 많았다. 이에 따라 헌법재판소가 조세회피목적이 없는 경우에는 조세를 부과할 수 없다는 한정합헌 결정을 함으로써 명의신탁 증여의제 규정의 합헌적(合憲的) 해석의 한계를 설정한 것으로 평가되고 있다.

그런데 위 헌법재판소 89헌마38 결정이 '증여세 회피목적'이라는 표현을 사용하지 아니하고 '조세회피목적'이라는 표현을 사용하고, 회피되는 조세의 범위에 관하여는 명시적 언급을 하지 아니하였다. 그러나 헌법재판소가 그 결정 이유에서[14] '증여의 은폐 수단으로 명의신탁을 이용'하는 것을 막기 위한 규정이

14) 헌법재판소 89헌마38 결정은 그 이유에서 "이러한 관점에서 볼 때, 이 사건 심판의 대상인 위 법률조항은 이미 위에서 지적한 바와 같이 명의신탁제도가 조세회피의 수단으로 악용되는 사례가 허다하기 때문에 이를 효과적으로 방지하기 위하여 조세법상의 대원칙인 실질과세의 원칙을 희생시키면서 명의신탁을 이용한 조세회피 내지 조세포탈을 원천적으로 봉쇄하겠다는 것이 그 입법의도이다. 우리나라의 현실에서 토지 등의 재산권이 대가의 지급 없이 이전되는 경우를 살펴보면, 증여인 경우도 있고 신탁인 경우도 있으며, 부득이한 사정으로 인한 명의신탁인 경우도

라는 판시한 점을 고려하면, 위 헌법재판소 결정 또한 이른바 '추정설'의 입장에 있었던 것으로 보인다. 대법원이 91누3956 판결 또한 앞서 본 바와 같이 '추정설'의 입장에 있었는바, 당초 증여의제 배제 사유로 추가 입법된 조세회피목적의 한계적 기능을 고려하여, 실질 소유자와 명의자가 다른 경우 실질소유 관계가 밝혀지면 실질과세 원칙에 입각하여 본래 회피하려 한 조세를 실질 소유자에게 부과할 수 있게 됨에도, 여기에 그 실질소유 관계와 배치되는 증여세가 재차 부과된다는 문제점을 고려하여 회피되는 조세를 증여세로 한정한 것으로 생각된다. 이후 1993년 상속세법의 개정으로 회피대상이 되는 조세의 범위를 확장하는 입법이 이루어지자 대법원은 비로소 94누11729 판결을 통해 추정설에서 제재설로 그 입장을 선회한 것이다.[15][16]

이러한 대법원의 판례들을 모두 종합하면, 1990년 12월 31일 법률 제4283호로 개정되기 전의 상속세법 제32조의2 제1항의 규정은 이른바 '추정설'에 따른

있다. 그러나 많은 경우에는 증여의 은폐수단으로 명의신탁이 이용되는 것이라고 할 수 있다. 즉 증여의 은폐수단으로 명의신탁을 이용하는 경우, 당사자들은 일단 가장된 법률관계를 취하였다가 그것이 과세관청에 포착되면 조세를 납부하고, 조세 시효기간 중에 포착되지 않으면 조세를 포탈하려는 유혹에 빠지게 된다. 이러한 현상을 과세관청의 제한된 인원과 능력으로 일일이 포착하는 것은 그리 쉬운 일이 아니다."라고 판시하고 있다.

15) 이와 같은 판례의 입장 변경과 관련하여 "판례가 위와 같이 태도를 변경한 것은 1993. 12. 31. 개정된 법 제32조의2 제3항을 신설하여 '제1항에서 조세라 함은 국세기본법 제2조 제1호·제7호에 규정된 국세·지방세 및 관세법에 규정된 관세를 말한다'고 규정한 것에 영향을 받은 것으로 보인다. 즉 대법원으로서는 위 규정이 신설된 후로는 회피목적의 조세를 증여세에 한정한 종전의 판례를 변경하든지, 아니면 신설된 위 제3항이 적용되는 시점에서 그 규정에 대하여 위헌제청을 하든지 택일하여야 할 입장에 처하게 되자, 위 제3항의 규정이 신설되기 이전의 법이 적용되는 사안에서 그 '조세회피목적'의 해석을 미리 제3항과 같이 해 주면서 '사소한 조세차질'의 경우에는 증여의제를 하지 아니하는 방법으로 탄력적으로 운용하면 위헌 시비를 피할 수 있다고 보고, 1990. 12. 31. 개정 후의 법이 적용되는 사안에서 미리 제재설의 입장을 취한 것이 아닌가 하고 짐작된다는 견해[강석훈, "명의신탁 주식의 증여의제에 관한 판례의 태도 및 해석론", 『특별법연구』 제8권, 사법발전재단, 2006, 549면]가 있다.

16) 이와 관련하여 대법원 1996. 4. 12. 선고 95누13555 판결은 1990. 12. 31. 법률 제4283호로 개정되기 전의 상속세법 제32조의2 제1항의 규정의 적용과 관련하여서는 추정설의 입장에서 '증여를 은폐하여 증여세를 회피하기 위한 것이 아니라 법령상의 제한이나 기타 이와 유사한 부득이한 사정 때문에 된 것이라면 이를 증여로 볼 것은 아니다'라고 판시하면서도, 동시에 1990. 12. 31. 법률 제4283호로 개정되고 1993. 12. 31. 법률 제4662호로 제3항이 신설되기 전의 상속세법 제32조의2 제1항 규정의 적용과 관련하여서는 제재설의 입장에서 "그 입법취지는 명의신탁 제도를 이용한 조세회피 행위를 효과적으로 방지하여 조세정의를 실현한다는 취지에서 실질과세원칙에 대한 예외를 인정한 데에 있다 할 것이므로 명의신탁의 목적에 조세회피 목적이 포함되어 있지 않은 경우에만 위 단서의 적용이 가능하고 또한 그 단서 소정의 조세를 명문의 근거 없이 증여세에 한정할 수 없다고 보아야 한다."고 판시하여 그 입장이 변경되었음을 분명히 하고 있다.

입법이고, 1990년 12월 31일 법률 제4283호로 개정된 상속세법 제32조의2 제1항의 규정은 제재설에 따른 입법이라는 것이지만, 명의신탁 증여의제 규정이 어느 한순간에 입법된 것이 아니라, 앞서 본 바와 같이 수차례의 개정을 거친 규정이라는 점에서 위와 같이 볼 수 있는지는 의문이다. 더욱이 1990년 12월 31일 법률 제4283호로 이루어진 법령의 개정은 헌법재판소의 한정합헌 결정을 반영하기 위한 법령의 개정인데, 앞서 본 바와 같이 헌법재판소 89헌마38 결정이 이른바 '추정설'에 가까운 결정으로 보이는 점을 고려하면, 1990년 12월 31일 법률 제4283호로 개정된 상속세법 제32조의2 제1항의 규정을 제재설에 따른 입법으로 보기는 어렵다.

결국 대법원과 헌법재판소가 결과적으로는 모두 제재설을 취하고 있기는 하지만, 앞서 본 명의신탁 증여의제 규정에 관한 개정 경위나 대법원 91누3956 판결 등에 비추어 보면, 명의신탁 증여의제 규정은 본래 '추정설'의 입장에서 명의신탁제도를 증여세를 회피하기 위한 수단으로 악용하는 것을 방지하려는 위하여 도입된 규정이라는 것 자체를 부인하기는 어렵다고 생각된다. 이러한 점은 당초 명의신탁 증여의제 규정에 따른 납세의무자가 '명의 신탁자'가 아닌 '명의 수탁자'라는 점에서도 극명하게 드러난다. '제재설'의 입장을 따를 경우 제재의 대상은 당연히 명의신탁을 한 '명의 신탁자'가 되어야 하기 때문이다.

Ⅲ. 조세회피목적 부존재에 관한 대법원의 해석론 및 이에 대한 검토

1. 들어가며

Ⅱ.5.(2)에서 살핀 헌법재판소 89헌마38 결정이 조세회피목적이 없는 경우에는 증여세를 부과할 수 없다는 취지의 한정합헌 결정이었고, 그에 따른 법 개정이 이루어짐에 따라 명의신탁 증여의제 규정이 적용되는 대부분의 사건에서는 '조세회피목적'이 있는지 여부가 쟁점이 되고 있다.

회피 대상이 되는 조세의 범위가 '증여세'에 한정되지 아니한다는 점은 앞서 본 바와 같으나, 조세의 '징수'를 회피하는 것도 '조세회피'에 포함되는지 여부가 문제된 바 있다. 한편 대법원은 제재설의 입장에 따라 회피 대상이 되는 조세의 범위를 모든 세목(稅目)의 조세로 확장하는 한편, 조세회피의 '개연성'(蓋然性)만이 있는 경우에도 조세회피목적을 인정하고 있다. 이와 관련하여 조세회피목적 부존재에 관한 증명 사항 및 증명 정도에 대한 판례들을 먼저 살펴본 다음, 이러한 판례들이 명확한 기준을 제시하지 못하고 있고 이와 같은 위 규정의 적용이 의무위반 행위에 상응하는 적정한 제재가 될 수 없다는 점에 대하여 살펴보도록 하겠다.

2. '조세회피'의 개념 및 징수 회피의 포함 여부

(1) '조세회피'의 개념에 관한 논의

상증세법 제45조의2 제1항 제1호에서 '조세회피의 목적 없이 타인의 명의로 재산의 등기 등을 하거나 소유권을 취득한 실제소유자 명의로 명의개서를 하지 아니한 경우'를 명의신탁 증여의제 규정이 적용되지 아니하는 하나의 사유로 들고 있는데, 여기에서의 '조세 회피'가 구체적으로 무엇을 의미하는지에 관하여는 아무런 규정이 없어 해석론에 맡겨져 있다.

'조세회피'의 개념은 일반적으로는 과세요건의 충족과 관련하여 이해되고 있는데,

"납세자가 합리적인 거래형식에 의하지 않고 우회행위, 다단계행위 그 밖의 비정상적인 거래형식을 취함으로써 통상적인 행위형식에 의한 경우와 같은 경제적 목적을 달성하면서도 조세의 부담을 부당히 감소시키는 행위"

로 설명되고[17] 있다.[18] 한편 조세회피를 조세 수입의 감소와 관련하여 이해하는 견해도 있다. 위 견해는

"합법적인 수단에 의한 것이지만 해당 조세법규가 예정하지 않은 비정상적인 행

17) 임승순·김용택, 『조세법』(제25판), 박영사, 2025, 73면.

18) 대법원은 이러한 조세회피행위와 관련하여 "실질과세의 원칙은 헌법상의 기본이념인 평등의 원칙을 조세법률관계에 구현하기 위한 실천적 원리로서, 조세의 부담을 회피할 목적으로 과세요건사실에 관하여 실질과 괴리되는 비합리적인 형식이나 외관을 취한 경우에 그 형식이나 외관에 불구하고 실질에 따라 담세력이 있는 곳에 과세함으로써 부당한 조세회피행위를 규제하고 과세의 형평을 제고하여 조세정의를 실현하고자 하는 데 주된 목적이 있다."고 판시하고 있는바(대법원 2012. 1. 19. 선고 2008두8499 전원합의체 판결), 이러한 판례는 결국 조세회피 행위를 과세요건의 충족과 관련한 개념으로 이해하고 있는 입장에 있는 것으로 평가할 수 있다.

위를 통해 조세의 절감을 추구하는 경우에 있어서 비정상적인 행위가 바로 조세회피행위이고, 탈세와 비교할 때 위법한 사기 기타 부정한 행위를 통한 것은 아니지만 결과적으로 과세징수권을 침해하여 조세수입을 감소시키는 행위"

를 의미한다는 견해이다.[19]

명의신탁 이후 조세채무가 성립 또는 확정될 때에는 명의신탁자에 대한 조세 '부과'가 회피될 수 있는데, 이러한 조세부과의 회피가 '조세회피'에 포함된다는 데에는 이론의 여지가 없다. 이와 달리 납세의무자의 조세채무가 확정된 다음 명의신탁이 이루어진 경우에는 부과회피 외에도 이미 '확정'된 조세채무에 대한 '징수'의 회피가 이루어질 수 있는바, 이러한 '조세의 징수 회피'도 '조세회피'에 포함되는지가 문제된다. 즉 명의신탁이 이루어진 경우에는 명의신탁자의 재산이 명의수탁자 이름으로 등기 또는 등록된 까닭에, 과세관청이 그 재산을 대상으로 강제징수 절차를 밟기가 어렵게 되어[20] '징수회피'의 결과가 초래될 수 있기 때문이다.

(2) 판례의 입장

이 부분 쟁점과 관련하여 헌법재판소 2015. 7. 30. 선고 2014헌바474 결정은

"조세 회피는 국가와 지방자치단체의 조세 채권 실현 과정 중 조세의 부과 단계나 징수 단계 어디서든 발생할 수 있다. [상증세법]도 조세의 부과 회피와 체납 조세의 징수 회피를 구분하고 있지 아니하다. … (중략) … 이와 같은 심판대상조항의 문언 및 입법 취지와 규정 체계, 이와 관련한 헌법재판소 결정 및 대법원의 해석 등을 고려할 때, 심판대상조항의 '조세 회피'는 국가 등이 조세를 강제로 부과·징수하는 것을 회피하여 조세 부담을 경감시키는 행위로 봄이 타당하다."

고 판시하여 조세의 '징수'를 회피하는 것 또한 '조세의 회피'에 포함된다는 입장을 취하고 있다.

---

19) 안경봉·오윤, "한국의 조세회피방지규정과 일반적인 조세회피방지규정(GAAR)의 도입방안", 『조세법연구』 제14권 제1호, 2008, 243면.

20) 김범준·김희철, "명의신탁 증여의제 규정과 조세회피목적-부과회피와 징수회피에 관한 해석론을 중심으로 ―", 『인권과 정의』 제486호, 대한변호사협회, 2019, 46면.

대법원 또한 2017. 12. 13. 선고 2017두39419 판결에서

> "이러한 사정 등에 비추어 보면, 2009년 주식 취득은 [소외 1]이 경영상 필요에 의하여 유상증자를 하면서 절차상의 번거로움을 피할 목적에서 종래 주식보유현황에 기초하여 원고 명의로 인수한 것으로서, 체납된 조세채무의 회피와는 무관하게 이루어진 것이라고 볼 수 있다."

고 판시하여 징수회피 목적이 조세회피목적에 포함됨을 전제로 판단하였다.

(3) 판례의 입장에 관한 검토

위 대법원 2017두39419 판결이 징수회피 목적을 조세회피의 목적의 범위에 포함시킨 이유를 이른바 '제재설'에서 찾는 견해가 유력하다. 즉

> "쟁점 규정의 입법취지가 명의신탁의 제재라고 본다면, 쟁점 규정의 조세회피 목적을 반드시 부과회피 목적으로 한정하여 해석하기는 어렵고, 조세정의와 조세공평이라는 관점에서 볼 때, 명의신탁에 의한 징수회피 역시 가볍게 지나칠 수 없기 때문"

에 제재설을 취하고 있는 대법원으로서는 징수회피의 목적이 조세회피의 목적에 포함된다고 판단을 하였다는 것이다.[21)]

그러나 명의신탁 증여의제와 관련된 '조세회피'에는 '징수회피'는 포함되지 않는다고 보는 것이 타당하다. 명의신탁 증여의제 규정은 과세를 저해하는 '조세회피' 행위를 방지하기 위한 것으로 이해되고 있는데, 세법상 조세회피 행위는 앞서 본 바와 같이 과세요건의 충족을 면하는 것을 의미한다는 점에서, 상증세법 제45조의2 제1항 제1호에서 정한 '조세회피' 역시 실질과세 원칙과 관련이 없는 개념으로 이해할 수는 없다. 따라서 '과세요건'의 충족과 관련이 없는 '조세의 징수회피'는 '조세회피'에 포함될 수 없다고 할 것이다.

무엇보다도 명의신탁 증여의제 규정 자체가 가지고 있는 위헌성을 고려하면,

---

21) 김범준·김희철, 앞의 글, 52면.

위 규정의 적용범위를 확대하는 것은 바람직하지 않다. 아래 Ⅳ.에서 자세하게 검토하는 바와 같이 위 규정에 따른 증여세의 부과가 의무 위반의 정도에 비하여 과도한 측면이 있음은 비교적 분명하고, 판례가 조세회피목적 부존재에 관하여 비교적 엄격한 증명을 요구하고 있는 상황을 아울러 고려하면, 조세의 징수회피 목적까지 포함하여 명의신탁 증여의제 규정을 적용하는 것은 부적절하다고 할 것이다.

3. 조세회피목적 부(不) 존재에 관한 증명의 정도

(1) 들어가며

상증세법 제45조의2 제3항 본문에 의하여 납세의무자의 조세회피목적은 추정되므로, 조세회피목적의 부존재에 대한 증명책임은 납세의무자에게 있다. 그러나 '조세회피목적'이라는 '주관적 요건'을 증명하는 것 자체가 애당초 어려운 일인데, 이러한 주관적 요건이 '부존재'한다는 점을 증명하기는 더더욱 어려운 일이 될 수밖에 없다.

이러한 증명의 어려움으로 인하여 '조세회피목적의 부존재'에 관한 증명의 정도가 완화되어야 한다는 주장은 꾸준히 제기되어 왔다. 그런데 조세회피목적의 추정 번복의 정도에 관한 판례의 입장은 일관되지 않는다고 평가되고 있다. 대법원 2006. 5. 12. 선고 2004두7733 판결이 '조세회피목적'의 추정이 번복될 수 있는 여지를 넓힌 판례로 이해되고 있으나, 위 판결 직후 곧바로 이와는 반대되는 대법원 판례가 선고되어 오히려 혼란이 초래된 측면이 없지 않다. 아래에서는 추정 번복을 위한 증명의 정도에 관한 판례의 경향에 관하여 먼저 살펴본 다음, 판례의 문제점에 관하여 살펴보도록 하겠다.

(2) 판례의 경향

1) 2005년 무렵까지의 판례의 경향[22]

제재설의 입장에서 최초로 선고된 대법원 1995. 11. 14. 선고 94누11729 판

---

22) 조세회피 목적의 추정 번복을 위하여, 납세의무자가 '증명해야 할 것들(목적·의도 관련)'로서 'ⓐ (조세회피 아닌) 다른 목적의 존재, ⓑ 조세회피 목적·의도가 일부라도 포함되어 있지 아니한 사실'이 있고, '허용되는 사유(결과 관련)'로서 'ⓒ 사소한 조세 차질·경감, ⓓ 장래 막연한 조세 경감 발생 가능성'이 있는데, 2005년 무렵까지의 판례는 실제 사안에서는 조세 경감이 있으면 조세회피목적이 포함되어 있다고 보아 ⓒ를 허용 사유로 활용하는 것에 엄격하였다는 견해가 있다(김석범, 앞의 글, 571면).

결은 조세회피목적의 추정 번복에 관하여도 그 기준을 제시하였다. 위 대법원 판결은 앞서 본 바와 같이

> "명의신탁이 조세회피 목적이 아닌 다른 이유에서 이루어졌을 뿐 그에 부수하여 사소한 조세차질이 생기는 것 등을 제외하고, 그 주된 목적이 조세회피에 있는 경우에는 그 단서 소정의 조세를 증여세에 한정할 필요는 없다."

고 판시하여, ① '명의신탁이 조세회피 목적이 아닌 다른 이유에서 이루어졌을 것'과 ② '명의신탁에 부수하여 사소한 조세차질이 생기는 것에 불과할 것'이 증명이 되어야 한다는 기준을 제시하였다. 그러나 위 대법원 94누11729 판결이 선고된 이후 대법원은 '명의신탁의 주된 목적이 다른 데에 있다거나 사소한 조세차질에 불과하다'는 납세의무자의 주장을 대부분 배척하였고, 극히 일부의 사례에서만[23] '조세회피목적'이 없다고 인정하였다.

① 대표적으로 대법원 1996. 4. 12. 선고 95누13555 판결은 주식에 대한 명의신탁을 함에 있어 기업 공개에 대비하는 목적 이외에 종합소득세의 부담을 경감시키려는 목적도 있었다면 이러한 경우에는 조세회피목적이 있었다고 보아야 한다는 이유로 조세회피목적이 인정되지 아니한다는 원심 판결을 파기하였다.

② 나아가 대법원 2005. 1. 27. 선고 2003두4300 판결은, 채권단으로부터 재무구조 개선 압력을 받는 상황이어서 이를 회피하기 위하여 명의신탁에 이르게 된 것이라는 원고의 주장에 대하여, 위와 같은 사정만으로는 조세회피의 목적이 없었다고 인정하기 부족하고, 조세회피의 목적이 있었는지 여부는 주식을 명의신탁할 당시를 기준으로 판단할 것이지 그 후 실제로 조세를 포탈하였는지 여부로 판단할 것은 아닌 이상, 계속 결손(缺損)이 나서 실제 주주에게 배당을 실시하지 아니하였다고 하여 주식의 명의신탁 당시 조세회피목적이 없었다고 할 수

---

23) 조세회피목적이 없다고 인정된 사례로는 대법원 1996. 5. 10. 선고 95누10068 판결을 들 수 있다. 위 판결은 부동산을 소유한 자에 대한 채권 원리금(元利金)의 담보 및 그 부동산상의 피(被)담보 채무 등을 정산하기 위하여 소유권이전에 따른 관련서류 일체를 위 부동산 소유권자로부터 교부받은 자가 위 부동산을 타인에게 매도한 후 위 부동산 소유권자의 협력 거부로 말미암아 그 소유권이전등기 절차를 이행하기 위하여 우선 제3자에게 명의신탁한 사안으로, 대법원은 명의신탁자가 자신이 사업을 하고 있는 관계로 만일 이 사건 부동산에 관하여 자신 명의의 소유권이전등기를 하게 되는 경우 위 부동산 취득에 따른 세금이 가중될지도 모른다는 생각에서 제3자의 명의를 빌려 소유권이전등기에 필요한 제반 등기서류를 교부받았다는 사정만으로 조세회피목적이 인정될 수 없다고 보았다.

없다고 판단하였다.

위와 같은 대법원 95누13555 판결 및 대법원 2003두4300 판결이 제시한 기준에 의하면, 명의신탁이 조세회피목적이 아닌 다른 이유에서 이루어졌다는 것을 증명하고, 더 나아가 실제 조세가 경감되지 아니하였다는 점을 증명하였다고 하더라도, '명의신탁 당시'를 기준으로 조세회피의 '개연성'이 있었다는 점이 인정되기만 하면 납세의무자로서는 '조세회피목적의 존재'의 추정 번복에 실패하게 되는 것이다.

이와 같은 판례의 태도에 대하여는, 명의신탁이 조세회피 목적이 아닌 다른 이유에서 이루어졌다고 하더라도 장래의 조세회피 또는 경감의 가능성이 존재한다는 이유로 조세회피 목적을 인정하는 것은 조세회피의 '가능성'을 조세회피의 '목적'과 동일시하는 것이고, 그 결과 사실상 모든 명의신탁을 증여로 의제하는 것이 되어 조세회피 목적이 있는 경우에 한하여 증여세를 부과할 수 있도록 한 상증세법의 입법 취지나 헌법재판소 1989. 7. 21. 선고 89헌마38 결정의 취지 등에 어긋난다는 비판이 제기되었다.[24)]

2) 대법원 2006. 5. 12. 선고 2004두7733 판결 등

2006년 5월 12일 선고된 대법원 2004두7733 판결은 조세회피목적 부존재의 증명 정도를 완화한 대표적인 판결로 평가된다. 위 사건에서는 상법상 요구되는 발기인(發起人) 수의 충족 등을 위하여 명의신탁을 한 것임이 인정되었는데, 대법원은 '단지 장래 조세경감의 결과가 발생할 수 있는 가능성이 있다는 막연한 사정'만으로는 조세회피의 목적이 있었다고 볼 수 없다고 판시하였다. 즉 위 판결은 '장래 막연한 조세경감 발생 가능성'은 조세회피 목적의 부존재를 인정하는 데에 방해가 되지 않는다고 판시함으로써 장래 발생할 수도 있는 조세회피의 '개연성'을 이유로 조세회피목적을 인정한 기존의 대법원 판례들에 제동을 걸었다.

이 판결에 대하여는 '조세회피 아닌 다른 목적의 존재'가 인정이 되면, '사소한 조세차질·경감' 내지는 '장래 막연한 조세경감 발생 가능성 허용'이라는 사유를 활용하여 조세회피 목적의 추정 번복을 넓게 인정하고 "조세회피 목적·의도 일부라도 포함되어 있지 않아야 된다"는 장애 요소의 활용을 자제하는 입장을

---

24) 윤지현, "주식 명의신탁에 관한 증여의제 규정의 적용요건에 관하여: 대법원 2004두7733 판결, 대법원 2004두132936 판결을 중심으로", 『조세』 제219호, 조세통람사, 2006, 82~83면.

취한 것이라는 평가가 있다.[25] 특히 위 대법원 2004두7773 판결 직후에 선고된 대법원 2006. 5. 25. 선고 2004두13936 판결, 대법원 2006. 6. 9. 선고 2005두14741 판결 및 대법원 2006. 6. 29. 선고 2006두2909 판결은 조세회피목적의 부존재에 대한 엄격한 증명을 요구하던 기존 판례의 태도를 완화한 판결로 평가되고 있다.

3) 2006년 하반기 선고된 판례들

그러나 위 대법원 2004두7733 판결이 선고된 이후 불과 수개월 후인 2006년 하반기에 선고된 일련의 판결들은 다시 조세회피 목적의 부존재 증명에 엄격한 입장을 취하였다. 대표적으로 대법원 2006. 9. 22. 선고 2004두11220 판결은

> "조세회피의 목적이 없었다는 점을 조세회피의 목적이 아닌 다른 목적이 있었음을 증명하는 등의 방법으로 입증할 수 있으나, 입증책임을 부담하는 명의자로서는 명의신탁에 있어 조세회피 목적이 없었다고 인정될 정도로 조세회피와 상관없는 뚜렷한 목적이 있었고, 명의신탁 당시에나 장래에 있어 회피될 조세가 없었다는 점을 객관적이고 납득할 만한 증거자료에 의하여 통상인이라면 의심을 가지지 않을 정도로 입증하여야 한다."

고 판시하면서 명의신탁자가 채권자로부터의 강제집행을 모면하기 위하여 명의신탁을 한 것이라는 원고의 주장을 배척하는 한편, 나아가 증거에 의하면 명의신탁으로 주식 평가시 최대주주로서의 할증(割增) 평가를 피하고, 배당에 대한 종합소득세 과세 시 받게 되는 세법상의 불이익을 피하는 등의 조세회피목적이 없었다고 단정할 수 없다고 본 원심의 판단을 수긍하였다.[26] 위 대법원 2004두11220 판결에 대하여는 '조세회피와 상관 없는 뚜렷한 목적이 있었을 것'이라고 그 표현을 강화하였을 뿐만 아니라, '조세회피 아닌 다른 목적의 존재'와 '조세회피의 목적·의도가 일부라도 포함되어 있지 아니할 것'이라는 요건을 엄격히 하

25) 김석범, 앞의 글, 571면.

26) 대법원 2009. 4. 9. 선고 2007두19331 판결 또한 조세회피목적의 추정 번복에 관하여 엄격한 입장을 취하여, 1인당 주식담보 대출 한도를 피하여 타인 명의로 추가 대출을 받기 위한 목적으로 주식을 명의신탁한 사안에서 "명의신탁의 목적에 조세회피목적이 포함되어 있지 않은 경우에만 조항 단서를 적용하여 증여의제로 의율할 수 없는 것이므로 다른 주된 목적과 아울러 조세회피의 의도도 있었다고 인정되면 조세회피의 목적이 없다고 할 수 없다"고 판시하면서 회피한 종합소득액이 상당한 액수에 달하는 것에 비추어 조세회피의 목적이 있다고 판시를 하였다.

여 통상인이 의심하지 않을 정도로 객관적 자료로 입증할 것을 요구하고 있다고 평가하는 견해가[27] 있다.

결과적으로 2006년 상반기와 2006년 하반기에 서로 상반되는 취지의 대법원 판례들이 선고됨에 따라 실무와 하급심 법원에 오히려 혼란만 준 셈이다.

(3) 판례의 경향에 관한 검토

2017년 이후 선고된 대법원 판례들 중 일부에서는[28] 조세회피목적의 부존재에 관한 납세의무자의 증명책임의 정도를 다시 완화하는 것들이 발견되기도 한다. 조세회피목적 부존재의 증명 정도에 관한 판례의 경향에 관하여

> "부수하여 사소한 조세경감이 생기는 경우 조세회피목적을 부정한 적도 있었으나, 전체적으로 과세를 넓게 인정하는 방향을 취하고 있다"[29]

는 견해,

> "여전히 조세회피목적의 부존재 입증과 관련하여 엄격한 입증을 요구하는 판결과 입증의 정도를 완화하는 판결이 혼재되어 있고, 또한 판례가 조세회피목적의 부존재 입증과 관련하여 어떠한 경우에는 엄격한 입증을 요구하고 어떠한 경우에는 입증의 정도를 완화하는지에 관한 구별기준을 찾는 것도 쉽지 않아 보인다"[30]

는 견해 및

27) 김석범, 앞의 글, 571면.

28) 대법원 2017. 6. 19. 선고 2016두51689 판결은 명의신탁 주식을 발행한 회사에 미(未) 처분 이익잉여금이 있어서 향후 배당 가능성이 있다고 하더라도, 실제로 이익배당이 이루어지지 않았고, 설령 이익배당이 실시되었다고 하더라도 주주의 구성이 명의신탁 전후로 유사하여 그 세액에 있어 거의 차이가 없을 것이라는 이유로, 납세자의 증명 부담을 완화한 것으로 평가되는 대법원 2004두7733 판결 등의 판시를 인용한 후 원고의 청구를 기각한 원심 판결을 파기하였다. 한편 대법원 2017. 6. 29. 선고 2017두38621 판결 또한 명의신탁 주식을 발행한 회사가 주식 보유의 기간 동안 이익배당을 실시한 적이 없고, 배당 가능한 이익잉여금이 있었던 것도 아니며, 주식이 그 취득 시점부터 약 5개월부터 1년 3개월 사이에 모두 양도되었다는 등의 사정을 들어 배당소득의 종합소득 합산과세에 따른 누진세율 적용을 회피할 목적이 없다고 판단하였다.

29) 임승순·김용택, 앞의 책, 943면.

30) 이준일, "명의신탁 증여의제와 조세회피목적 — 2017년 이후 조세회피목적 관련 판례의 분석을 중심으로", 『조세법연구』, 제29권 제1호, 2023, 262~263면.

"다시 엄격한 증명을 요구하는 입장이 증명을 다소 완화한 입장을 완전히 바꾸었거나 폐기하였다고 볼 수 없고, 현재 위 2가지 입장이 혼재되어 있는 상황이라고도 평가할 수 있다"[31)]

는 견해 등이 있다. 판례의 경향에 대한 평가 자체가 각기 다른 데에서 확인할 수 있듯이, 납세의무자가 조세회피목적의 부존재를 어느 정도로 증명해야 하는지에 관한 대법원의 입장은 일관되지 아니한 상황이다.

다른 관점에서 보면 대법원이 증명의 정도에 관하여 일관된 기준을 제시하지 않고 있는 것이 아니라 명확한 잣대를 제시하지 못하고 있다고도 볼 수 있다. 조세회피목적은 '주관적·불확정 요건'으로서, 이와 같은 요건을 규범적으로 판단하는 것 자체가 어려운 작업일 뿐만 아니라, 명의신탁 증여의제 규정을 적용함에 있어서는 '명의신탁'에 대한 담당 법관의 긍정적 또는 부정적 인식이 영향을 미칠 수밖에 없기 때문에 각각의 사안에서 다른 판단이 나오는 것이 오히려 당연할 것일 수도 있다.

4. 조세회피목적 부존재를 위한 증명사항

(1) '조세회피 목적이 아닌 다른 목적'과 '사소한 조세의 경감'의 관계

앞서 본 판례들을 종합하면, 조세회피목적의 부존재를 증명하기 위해서는 납세의무자로서는 '조세회피가 아닌 별도의 목적'이 있다는 점과 '조세경감이 사소하거나 없다'는 점을 일응 증명해야 한다. 언뜻 보면 단순해 보이기는 하지만, 그렇지는 않다. '조세회피목적이 아닌 다른 목적'과 '사소한 조세의 경감'은 조세회피목적의 부존재라는 요건을 추단하게 하는 '간접사실'에 불과하기 때문이다. 이는 대법원 2013. 11. 28. 선고 2012두546 판결의 판시에서[32)] 분명하게 드러

31) 김석범, 앞의 글, 572면.

32) 위 대법원 판결은 "구 상속세 및 증여세법 제45조의2 제1항의 입법 취지는 명의신탁제도를 이용한 조세회피행위를 효과적으로 방지하여 조세정의를 실현한다는 취지에서 실질과세원칙에 대한 예외를 인정한 데에 있으므로, 명의신탁이 조세회피목적이 아닌 다른 이유에서 이루어졌음이 인정되고 그 명의신탁에 부수하여 사소한 조세경감이 생기는 것에 불과하다면 그와 같은 명의신탁에 '조세회피목적'이 있었다고 단정할 수는 없다고 할 것이나, … (중략) … 조세회피의 목적이 없었다는 점에 관한 증명책임은 이를 주장하는 명의자에게 있고, 조세회피의 목적이 없었다는 점에 대하여는 조세회피의 목적이 아닌 다른 목적이 있었음을 증명하는 등의 방법으로 입증할 수 있다 할 것이나, 증명책임을 부담하는 명의자로서는 명의신탁에 있어 조세회피 목적이 없었다고 인정될 정도로 조세회피와 상관없는 뚜렷한 목적이 있었고, 명의신탁 당시에나 장

난다. 즉 대법원 2006. 5. 12. 선고 2004두7733 판결이

> "명의신탁이 조세회피목적이 아닌 다른 이유에서 이루어졌음이 인정되고 그 명의신탁에 부수하여 사소한 조세경감이 생기는 것에 불과하다면 그와 같은 명의신탁에 같은 조항 단서 소정의 '조세회피목적'이 있었다고 볼 수는 없다."

고 판시하고 있는 것과 달리, 위 대법원 2012두546 판결은

> "명의신탁이 조세회피목적이 아닌 다른 이유에서 이루어졌음이 인정되고 그 명의신탁에 부수하여 사소한 조세경감이 생기는 것에 불과하다면 그와 같은 명의신탁에 조세회피목적이 있었다고 단정할 수는 없다"

고 판시하고 있는바, 이는 결국 조세회피목적이 아닌 다른 이유가 있고 사소한 조세경감에 불과하다는 점이 증명된 경우에도 조세회피목적이 있는 것으로 인정될 수도 있다는 취지이다.

일례로 명의신탁자가 조세회피목적이 없었다는 점을 증명하기 위해서, ① 다른 일반채권자들로부터 강제집행을 모면하기 위해서 명의신탁을 한 것(조세회피목적이 아닌 다른 목적)이라고 주장하는 한편, ② 실제 명의신탁 이후 경감된 조세가 전혀 없다는 점을 주장하고 있다고 가정하여 보자. 이러한 경우에 있어 명의신탁으로 인하여 실제 경감된 조세가 없고 조세회피의 개연성이 없다는 점이 증명된 경우에는, 조세회피목적이 아닌 다른 별도의 목적으로 명의신탁한 것으로 추단(推斷)된다고 생각할 여지도 있으나, 판례에 따르면 여전히 '조세회피 목적이 아닌 다른 목적'이 있었다는 것에 대한 증명이 요구된다. 즉 명의신탁에 이르게 된 다른 목적이 입증되지 않은 이상 조세회피의 목적이 없었다고 보기는 어렵다.[33]

한편 "조세회피가 아닌 별도의 목적이 있었다"는 점이 증명되었다고 하더라도, "다른 목적과 아울러 조세회피의 목적도 있었다고 인정되는 경우에는 여전

래에 있어 회피될 조세가 없었다는 점을 객관적이고 납득할 만한 증거자료에 의하여 통상인이라면 의심을 가지지 않을 정도의 입증을 하여야 할 것이다"라고 판시하고 있다.

33) 조일영, "주식 명의신탁에 대한 증여의제에 있어 조세회피목적", 『대법원판례해설』 제61호, 법원도서관, 2006, 660면.

히 증여로 의제된다"는 것이 판례(대법원 2017. 2. 21. 선고 2011두10232 판결 등)의 입장이다. 결국 납세의무자가 "조세회피가 아닌 별도의 목적이 있다"는 점과 "조세경감이 사소하다"는 점을 모두 증명한 경우에도, 과세관청으로서는 이런저런 간접사실을 주장·증명하여 '명의신탁 당시' 납세의무자에게 조세회피목적이 있었다는 점을 증명할 기회는 여전히 남아 있는 것이다.

더욱이 "조세경감이 없거나 사소하다"는 점을 증명하는 것은 그 기준 자체의 모호성으로 인하여 쉽지 않다. '사소'하다는 기준 자체가 애매할 뿐만 아니라 경감된 조세의 규모를 판단함에 있어서 실제로 경감된 조세뿐만 아니라 실제 경감되지는 아니하였으나 회피의 개연성이 있는 '조세'도 포함되기 때문이다. 즉 회사가 실제 배당을 하지 아니하여 실제로 경감된 종합소득세가 없다고 하더라도, 회사에 상당한 규모의 배당가능이익이 있었다면 조세회피목적이 있는 것으로 평가될 수 있다.[34)]

(2) 조세회피목적이 아닌 다른 목적

1) 판례에 의하여 조세회피 목적이 아닌 다른 목적으로 인정된 사안으로는,

① 코스닥 상장(上場) 심사를 통과할 수 있도록 하기 위하여 명의수탁자 명의로 주식을 취득한 사안(대법원 2018. 10. 25. 선고 2013두13655 판결의[35)] 사안),

② 유상 증자(有償增資) 과정에서 절차상의 번거로움을 피하기 위하여 종래 주식보유 현황에 기초하여 주식을 인수한 사안(대법원 2017. 12. 13. 선고 2017두39419 판결의 사안),

③ 투자를 권유한 다음 절차상 번거로움을 피하기 위하여 자신의 명의로 주식을 한꺼번에 취득한 사안(대법원 2017. 6. 29. 선고 2017두38621 판결의 사안),

④ 건설공제조합에 대한 연대보증인을 교체하는 등 회사의 경영상 어려움을 타개하기 위하여 명의신탁이 이루어진 사안(대법원 2017. 6. 9. 선고 2016두51689 판결의 사안),

⑤ 코스닥시장 상장 규정(上場規定) 상 자기 명의로 주식을 취득할 경우 2년

34) 대법원 2004. 12. 23. 선고 2003두13649 판결은 "주식의 보유는 주식발행 법인의 실제 배당의 유무 또는 배당가능액의 다과에 불구하고 필연적으로 배당소득의 발생을 고려하지 않을 수 없는데 현행 소득세 과세체계 하에서 비상장주식의 배당소득은 종합과세되어 누진세율이 적용되는 점"을 조세회피목적을 인정하는 하나의 사정으로 삼고 있다.

35) 위 판결의 사안에서는 '명목회사인 [C.C.C]가 대주주라는 사정이 상장심사 과정에서 장애가 된다는 상장 주관(主管) 증권회사의 검토 결과가 제시되었다.

간 처분이 불가능한 사정이 있어 주식의 단기 매각을 위하여 다른 사람 이름으로 주식을 취득한 사안(대법원 2014. 5. 16. 선고 2014두786 판결의 사안),

⑥ 상호저축은행법상 주식취득 신고 의무를 회피하기 위하여 명의신탁한 사안(대법원 2008. 11. 27. 선고 2007두24302 판결의 사안),

⑦ 상법상 요구되는 발기인의 수를 채우기 위한 목적 및 회사에 입사시켜 중요하기 위하여 명의수탁자 이름으로 주식을 취득한 사안(대법원 2006. 5. 12. 선고 2004두7733 판결의 사안),

⑧ 증권거래법상 여러 규제 조항의 적용을 회피하면서 회사에 대한 경영권을 안정적으로 확보하고 자금 수요에 따라 자유롭게 주식을 매도할 수 있도록 하기 위한 목적으로 명의신탁한 사안(대법원 1996. 5. 28. 선고 96누4848 판결의 사안),

⑨ 사위의 재산 탕진 우려로 딸의 유일한 재산을 보전하기 위하여 자식 소유 재산을 아버지 앞으로 일시 명의신탁한 사안(대법원 1991. 10. 8. 선고 91누6429 판결의 사안),

⑩ 주식회사의 대표이사가 회사의 주식을 매입하면서 증권거래법 소정의 주식 소유 상한(上限)을 피하기 위하여 명의신탁한 사안(대법원 1991. 6. 11. 선고 91누810 판결 등 참조)

등이 있다. 이와 같은 사안들을 종합하면, 주로 상법 등 관련 법령에서 정한 규제 조항을 피하기 위하여 명의신탁을 한 경우에 있어서 '조세회피목적 이외의 다른 목적'이 인정되는 경우가 많다는 점이 확인된다.

2) 이에 반하여 대법원이 조세회피목적이 아닌 다른 목적에 관한 증명이 부족하다고 본 사안으로는,

① 채권자로 강제집행을 면하기 위한 것이라는 증명이 부족하다고 본 사안(대법원 2006. 9. 22. 선고 2004두11220 판결의 사안),

② 채권단으로부터 재무구조를 개선하라는 압력을 받고 있었다는 사정만으로는 조세회피 목적이 없었다고 인정하기에 부족하다고 본 사안(대법원 2005. 1. 27. 선고 2003두4300 판결의 사안)

등이 있다. 납세의무자로서는 "조세회피목적이 아닌 다른 목적이 있었다"고 추

상적으로 주장하는 것만으로는 부족하고, 조세회피목적이 아닌 다른 목적을 구체적으로 특정하여 주장해야 하고, 이와 같은 다른 목적이 있었다는 점을 뒷받침할 수 있는 증거자료를 제출하여 그와 같은 다른 목적의 존재를 인정받아야 한다.

앞서 본 바와 같이 상법 등 관련 법령의 규제를 피하기 위한 목적의 명의신탁이라는 주장은 법원에서 인정되는 경향이 있는 반면, 일반 채권자로부터의 강제집행을 면하기 위한 목적으로 명의신탁을 한 것이라는 주장이 실무상 자주 제기됨에도 불구하고, 이를 인정한 대법원 판결은 찾기가 어려운 상황이다.

3) '조세회피목적이 아닌 다른 목적'의 존재는 '조세회피 목적의 부존재'를 추단하게 하는 여러 사정 중의 하나이다. 따라서 조세회피목적이 아닌 다른 목적의 존재한다는 점에 관한 증명이 이루어진 경우라고 하더라도, 명의신탁으로 인하여 회피되는 조세가 상당한 경우에는 조세회피목적이 아닌 다른 목적과 아울러 조세회피목적이 있었다고 인정되는 경우가 대부분이다.

(3) 명의신탁에 부수한 '사소한 조세 경감(輕減)'

판례가 증명을 요구하고 있는 또 다른 주(主) 된 간접사실은 '조세 경감이 사소하다'는 사실이다. 위 기준의 가장 큰 문제는 어느 정도의 '조세 경감'을 '사소'하다고 볼 수 있는지 그 잣대가 불분명한 데에서 기인한다. 회피되는 조세 규모가 상당하거나 절대적인 금액이 큰 경우에는 사소한 조세경감이라고 보기 어렵다는 견해가[36] 있으나, 그 규모가 '상당'하다는 점 또한 객관적인 기준이 될 수가 없고, 결국 과세관청이나 법원의 주관적 판단이 개입될 수밖에 없는 영역이다.

또 다른 문제는 '사소한 조세경감'을 판단함에 있어서 실제로 회피된 조세만을 기준으로 따지지 아니하고 '장래 회피될 개연성이 있는 조세'도 포함한다는 데에 있다. 실제 경감된 조세의 규모만을 기준으로 '사소한 조세경감'인지 여부를 따진다면, 명의신탁으로 인하여 실제 회피된 조세가 없거나 극히 미미한 수준이라는 점만을 증명함으로써 납세의무자로서는 '명의신탁에 부수한 사소한 조세경감'이라는 사실을 증명할 수 있다. 그러나 판례는 '장래 회피될 개연성이 있는 조세'도 조세의 경감이 사소한지 여부를 판단함에 있어서 고려를 하고 있다. 이와 같은 입장에서는 앞서 본 바와 같이 회사가 '실제'로 배당을 하지 아니하였

---

36) 조일영, 앞의 글, 660~661면.

다고 하더라도 과세관청이 회사에 '배당가능 이익'이 있다는 점을 증명하면 회피될 개연성이 있는 조세의 존재가 인정되고, 그 결과 납세의무자의 조세회피목적도 인정되는 것이다.

납세의무자의 입장에서 '사소한 조세경감'을 증명하는 것이 어려운 또 다른 이유는, 회피대상이 되는 조세가 '증여세'에 한정되는 것이 아니라 '모든 세목'에 걸쳐 있다는 데에 있다. 대법원은[37] 조세회피의 목적이 있었는지 여부는 '명의신탁 당시를 기준'으로 판단할 것이지 그 후 실제로 조세를 포탈하였는지 여부로 판단할 것은 아니라는 입장에 있는데, 명의신탁 당시 해당 회사의 재무 상태나 경영 상태가 양호하여 배당가능이익이 있었다면 종합소득세를 회피할 목적이 있었다고 인정될 여지가 매우 크다. 따라서 납세의무자로서는 배당 등에 따른 종합소득세를 회피할 목적이 없었다는 점을 증명하기 위해서 명의신탁된 주식을 발행한 회사의 재무상태 등이 좋지 않았다는 점을 주장 및 증명해야 하는데, 회사의 재무 상태가 양호하지 아니한 때에는 '과점 주주'(寡占株主)로서의 제2차 납세의무가 회피될 개연성이 커지게 되는 딜레마에 빠지게 된다. 즉 납세의무자의 입장에서 보면 회사의 재무상태가 양호하건, 양호하지 않건 간에 명의신탁 당시 조세회피목적이 있었던 것으로 평가될 가능성이 매우 큰 것이다. 이러한 점 때문에 앞서 본 대법원 2006. 5. 12. 선고 2004두7733 판결에서 '장래 조세경감의 결과가 발생할 수 있는 가능성이 존재할 수 있다는 막연한 사정만이 있는 경우'에는 조세회피목적이 없다고 판시한 바 있으나, '막연한 사정'이라는 것 또한 매우 불분명한 기준에 불과하다.

Ⅳ. 상증세법상 명의신탁 증여의제 규정의 문제점과 행정벌로 전환할 필요성

1. 명의신탁 증여의제 규정의 근본적 문제: 제재설(制裁說)의 입장과 증여세 부과의 부조화(不調和)

상증세법상 명의신탁 증여의제 규정이 적용되면 '증여세'가 부과된다. 여기에서 증여세가 부과된다는 의미는 부과되는 세금 내지 제재의 명칭만이 '증여세'라

37) 대법원 2013. 11. 28. 선고 2012두546 판결 등.

는 것을 의미하는 것이 아니라, 명의신탁된 재산이 '증여'된 것으로 보아 상증세법상의 규정이 적용된다는 의미이다.

앞서 본 바와 같이 대법원은 당초에는 '추정설'(推定說)의 입장에서 회피 대상이 되는 조세를 '증여세'로 한정하였다가, 이후 제재설의 입장으로 변경하였다. 그러나 제재설의 입장을 따르는 경우에는 명의신탁이 이루어진 경우 그에 대한 제재로 '증여세'가 부과되어야 하는 아무런 필연적 이유를 찾을 수 없다.

더군다나 '부동산'에 관한 명의신탁 약정은 부동산실명법 제3조 제1항에 따라 사법적 효력이 인정되지 않지만, '주식'에 관한 명의신탁약정은 사법적 효력이 인정된다.[38] 명의신탁 증여의제 규정이 적용되기 위해서는 실질적인 소유권의 취득행위와 제3자에 대한 명의신탁행위가 모두 유효하여야 함이 원칙이다.[39][40] 이러한 점을 고려하면, 주식에 관한 명의신탁약정을 '제재'할 필요성은 부동산에 관한 명의신탁약정을 '제재'할 필요성보다 크지 않다는 점에는 의문의 여지가 없는데, 주식에 관한 명의신탁에 대해서 '증여세'를 부과하는 방식으로 제재가 이루어짐에 따라 오히려 과도한 제재가 이루어지고 있다.

2. '부동산'에 관한 명의신탁에 따른 제재와의 불균형[41]

앞서 검토한 바와 같이 명의신탁약정에 따라 등기 등이 이루어진 경우에 있어서 증여세를 부과해야 한다는 논의는 1960년 대부터 이루어졌는데, 당시 주된 논의의 대상이 '부동산'이었음은 비교적 분명하다. 1981년 12월 31일 개정된 상

38) 대법원 2018. 7. 12. 선고 2018다228097 판결 등.

39) 강석규, 『조세법 쟁론』(제8판), 삼일인포마인, 2024, 1422면.

40) 다만 대법원 2011. 9. 8. 선고 2007두17175 판결은,
"이 사건 법률조항의 입법 취지는 명의신탁제도를 이용한 조세회피행위를 효과적으로 방지하여 조세정의를 실현한다는 취지에서 실질과세원칙에 대한 예외를 인정한 데에 있는바, 이 사건 법률조항 단서 제1호에서 말하는 조세는 증여세에 한정되지 아니하는 점, 이 사건 법률조항이 재산의 실제 소유자와 명의자가 다른 경우를 그 규율대상으로 한다고 규정하고 있을 뿐 명의자 앞으로의 등기 등이 법률상 유효할 것까지를 요구하고 있지는 아니한 점, 명의신탁약정에 따른 등기 등이 이루어진 이상 그 등기 등이 강행법규 위반 등으로 인하여 무효인 경우에도 조세회피의 목적은 달성될 수 있는 점 등에 비추어 보면, 명의신탁약정에 따라 실제 소유자가 아닌 제3자 명의로 이루어진 등기 등이 강행법규 위반 등으로 인하여 무효라는 이유만으로 이 사건 법률조항 본문의 적용이 배제되는 것은 아니라고 할 것이다"
라고 판시하여 명의신탁 약정이 무효인 경우에도 명의신탁 증여의제 규정이 적용된다고 판단하였다.

41) 부동산에 관한 명의신탁에 대한 제재와 비교할 때 주식 등에 관한 명의신탁에 관한 제재가 과도하다는 지적은 일찍이 강석훈 변호사가 한 바가 있다(강석훈, 앞의 글, 569면 이하 참조).

속세법 제32조의2 제1항 규정이 그 적용 대상의 범위를 '권리의 이전이나 그 행사에 등기·등록·명의개서 등을 요하는 재산'으로 정함으로써 '명의개서를 요하는 재산'인 주식도 명의신탁 증여의제 규정의 적용 대상에 포함되기는 하였지만, '권리의 이전이나 그 행사에 등기를 요하는 재산'인 '부동산'이 명의신탁 증여의제 규정의 주된 적용 대상이었다는 점은 부인하기 어렵다.

그런데 부동산실명법이 1995년 3월 30일 제정되어 1995년 7월 1일부터 시행됨에 따라 부동산에 관한 명의신탁에 관한 법률관계에 대해서는 부동산실명법이 적용되었고, 이에 따라 부동산에 관한 명의신탁에 대하여는 '증여세'가 아닌 '과징금'이 부과되게 되었다. 부동산에 대하여는 이른바 '제재설'에 따른 입법이 이루어진 것이다. 1995년 3월 30일 제정된 부동산실명법 제5조 제1항은 부동산에 관하여 명의신탁을 한 경우 부동산 가액의 100분의 30에 해당하는 과징금을 부과하도록 정하고 있었으나, 헌법재판소는 위와 같은 30%의 과징금 부과율이 과잉금지 원칙 및 평등의 원칙에 어긋난다는 이유로 '헌법 불합치(不合致)' 결정을 하였다(헌법재판소 2001. 5. 31. 선고 99헌가18 결정 참조). 이에 따른 법 개정으로 현행 부동산실명법 제5조 및 부동산실명법 시행령 제3조 등의 규정에서는 부동산 평가액 및 의무 위반의 경과 기간에 따라 10% 내지 30%의 과징금이 부과되고 있는데, 명의신탁된 부동산 가액이 30억 원을 초과하고 의무위반의 경과 기간이 2년을 초과하는 때에 한하여 30%의 과징금 부과율이 적용된다.

이와 관련하여

> "구 상속세법상 부동산과 주식 명의신탁이 같은 취급을 받았던 것에도 알 수 있듯이, 부동산 명의신탁과 주식 명의신탁을 굳이 다르게 취급하여야 할 뚜렷한 이유는 발견되지 않고, 주식의 경우라고 하여 명의신탁과 관련된 정황을 일절 구체적으로 고려하지 않고 일률적으로 최고세율의 증여세를 부과하는 것이 타당하지 것인가에 분명 의문이 남는다"

는 견해가[42] 유력하다. 일률적으로 단정하기는 어렵지만, 우리나라 자산가들의 보유 재산의 현황 등에 비추어 보면, 명의신탁된 '부동산'의 가액이 명의신탁된 '주식'의 가액보다 더 큰 경우가 대부분이다. 또한 부동산에 관한 명의신탁 약정

42) 윤지현, "주식의 명의신탁에 대한 증여세 과세에 있어서의 몇 가지 문제점에 관한 소고", 『조세법연구』, 제9권 제2호, 2003, 151면.

은 사법적(私法的)으로 효력이 없는 데에 반하여, 주식에 관한 명의신탁 약정은 그 사법적 효력이 인정된다. 더욱이 명의신탁 증여의제 규정이 적용되는 경우에는 증여세 과세표준 등을 신고해야 하는 의무가 있고, 이를 신고하지 아니한 때에는 가산세도 부과되는바, 이러한 가산세까지 고려하면 주식에 관한 명의신탁에 대한 제재의 정도가 부동산에 관한 명의신탁에 대한 제재보다 더욱 크다고 할 수 있다.

요약하면, 부동산에 관한 명의신탁이 주식에 관한 명의신탁에 비하여 사회적 비난가능성이나 조세회피의 규모가 더 큼에도 불구하고, 오히려 주식에 관한 명의신탁에 대하여 더 과도한 제재가 이루어지고 있는바, 이러한 불균형은 입법 개선을 통하여 바로 잡을 필요가 있다.

3. '회피'되는 조세와 '부과'되는 증여세 간의 불균형

현행 상증세법상 명의신탁 증여의제 규정은, 명의신탁된 재산의 가액을 기준으로 과세표준을 산정하고, 여기에 증여세율을 곱하여 증여세를 부과하는 방식으로, 이러한 증여세액 계산 방식 자체는 '추정설'에 입각한 방식이라는 점을 부인하기는 어렵다. 그러나 대법원 및 헌법재판소의 입장은 앞서 본 바와 같이 제재설의 입장에 있고, 이는 결국 명의신탁으로 인하여 발생하였거나 발생할 수도 있었던 조세회피에 대하여 제재를 가하는 입장에 따른 것이므로, 그에 따라 부과되는 제재도 회피되거나 회피될 수 있었던 조세의 크기에 비례하는 것이 마땅하다.

대법원이 경감된 조세가 사소한 경우에는 명의신탁 증여의제 규정이 적용될 수 없다고 판시하고 있는 근저(根底)에는, 결국 회피되거나 회피될 수 있었던 조세의 규모가 '사소'한 경우에까지 증여세를 부과하는 것은 과잉금지 원칙에 어긋나는 제재가 될 수 있다는 생각이 있는 것으로 보인다. 그런데 이러한 대법원의 입장에 의하면, 납세의무자로서는 조세회피목적 이외의 다른 목적이 있고 조세경감이 '사소'한 때에는 '아무런' 제재를 받지 않는 반면, 조세경감이 사소하지 아니한 때에는 거액의 증여세 부과라는 제재를 받을 수밖에 없다. 한편 과세관청의 입장에서 보더라도, 명의신탁자의 의무 위반 정도에 비례하는 적절한 제재를 하고자 해도 '과도한' 제재를 하거나 '아무런' 제재도 할 수 없는 두 가지의 선택지 중 하나만을 선택해야 하는 상황에 놓이게 되는 것이다.

더욱이 1980년대 무렵까지는 명의신탁 증여의제 규정이 적용된 많은 사안에서 회피 대상이 된 조세가 '증여세'였음에 반하여, 2000년대 이후에는 회피 대상이 된 조세가 '증여세'인 경우를 찾기가 어렵고, 배당에 따른 '종합소득세', 과점주주의 '제2차 납세의무', 과점주주의 '간주취득세' 등이 오히려 그 주류(主流)를 이루고 있다. 이러한 시대 상황의 변화까지 아울러 고려하면, 주식에 관한 명의신탁에 대하여 '증여세'를 부과의 방식으로 제재하는 것은 재고(再考)할 시점이 되었다고 생각된다.

4. 행정벌(行政罰)로 전환할 필요성

앞서 본 바와 같이 대법원과 헌법재판소는 명의신탁 증여의제 규정을 '제재설'의 입장에서 바라보고 있다. 주식에 대하여 명의신탁이 이루어진 경우에 증여세가 부과되고 있지만, 2018년 말 상증세법 개정으로 증여세를 명의수탁자가 아닌 명의신탁자에게 매김으로써 이름만 세금이지 실제는 행정벌이라는 점을 정면으로 인정하는 입법이 이루어졌다.[43]

이와 같이 명의신탁 증여의제 규정의 실질이 '행정벌'임이 입법적으로도 명확해 진 이상, 이에 관한 제재를 계속하여 '증여세'의 형태로 하는 것은 부적절하다.

> "일단 세금이라는 이름을 달고 있는 이상은 법원이나 행정청에 재량의 여지가 없으므로 납세의무자에게 억울한 주관적 사정이 있다고 하더라도 옥석을 가릴 수 없고, 그러다 보니 아예 법해석 자체가 온정주의에 흐리기도 한다"

는 견해를[44] 경청할 필요가 있다. 구체적 사안에서 납세의무자가 억울한 사정이 있는 경우에는 법원에서 "조세회피의 목적이 없다"는 이유로 드물게 구제받는 사례가 있기도 하나, 그러다 보니 법원의 판례도 일관되지 못한 측면이 있고, 납세의무자에게 명확한 기준도 제시되지 못하고 있는 상황이다. 더욱이 명의신탁 증여의제 규정 적용에 따른 증여세의 납세의무자가 '명의수탁자'인 경우에는 (정확한 이론 구성은 차치하더라도) 그나마 명의수탁자가 명의신탁자로부터 명의신탁

43) 이창희, 『세법강의』, 1344면.
44) 이창희, 『세법강의』, 1345면.

재산을 증여받은 것으로 '의제'할 여지도 있었으나, 명의신탁자가 납세의무자가 된 상황에서는 명의신탁자에게 증여세가 부과되는 것을 논리적으로 설명하는 것은 더 이상 불가능하다.45)

명의신탁 증여의제 규정에 관한 위헌성(違憲性) 시비가 여전히 끊이지 아니하는 점, 오히려 주식에 관한 명의신탁에 대하여 부동산에 관한 명의신탁과 비교할 때 과도한 제재가 이루어지고 있는 점, '조세회피목적'이라는 주관적이고 불명확한 요건으로는 제재의 필요성이 큰 명의신탁과 제재의 필요성이 떨어지는 명의신탁을 구별하기 어려운 점 등을 고려하면, 입법 개선을 통하여 주식 등에 관한 명의신탁에 대하여도 행정벌의 형식으로 제재하는 것이 바람직하다고 할 것이다. 이에 관하여는 특별법을 통하여 과징금이나 형사처벌의 제재를 가할 수 있는 입법 개정이 필요하다는 견해와46) '과태료'를 부과하는 방안이 적절하다는 견해의47) 대립이 있다. 생각건대 주식에 관한 명의신탁 약정의 경우에는 그 사법적 효력이 인정되는 점 등을 고려하면 형사처벌을 하거나 과징금을 부과할 정도로 위법성이 크다고 볼 수는 없다. 주식에 관한 명의신탁의 경우에 있어서 그 위법성이 큰 유형을 설정하여 그에 한하여 '과태료'를 부과하는 방식으로 제재하는 것이 적절하다고 생각된다.

V. 결론

현재의 상증세법상 규정이나 대법원의 판례 등에 비추어 보면, 명의신탁 증

---

45) 상증세법 제45조의2 제1항에서는
"권리의 이전이나 그 행사에 등기 등이 필요한 재산 …(중략)… 실제소유자가 명의자에게 증여한 것으로 본다."
고 규정하는 한편, 상증세법 제4조의2 제2항에서는
"제45조의2에 따라 재산을 증여한 것으로 보는 경우에는 실제소유자가 해당 재산에 대하여 증여세를 납부할 의무가 있다."
고 규정하고 있는바, 실제 소유자가 명의자에게 증여한 것으로 의제하면서 실제 소유자가 해당 재산에 대하여 증여세를 납부할 의무가 있다고 정한 상증세법 제45조의2 제1항의 규정과 상증세법 제4조의2 제2항 규정은 그 자체로 앞뒤가 맞지 않는 규정이다. 즉 실제 소유자가 명의자에게 증여하는 것으로 의제함과 동시에 명의신탁자를 이와 같이 의제된 증여의 납세의무자로 규정하는 것은 입법재량의 범위를 넘어선 것으로 볼 수밖에 없다.

46) 김영심, "주식명의신탁 과세연구 ― 외국의 입법례와 문제점 중심" , 『비교사법』 제15권 제4호, 한국사법학회, 2008, 336면.

47) 이전오, "명의신탁재산 증여의제 규정 폐지시의 대안에 관한 연구", 『성균관법학』 제29권 제3호, 성균관대학교 법학연구원, 2017, 415면.

여의제 규정에 의하여 부과되는 증여세의 실질은 '조세'가 아닌 '행정벌'임이 분명하다. 그 실질이 '조세'가 아닌 것을 증여세의 형태로 부과하다 보니 상증세법상 규정만이 복잡해지고 체계에 맞지 않는 규정이[48] 자꾸 들어올 뿐이다. 헌법재판소가 조세회피목적이 없는 경우에는 명의신탁 증여의제 규정을 적용할 수 없다는 '한정 합헌'(限定合憲) 결정을 통하여 위 규정의 위헌적 요소를 제거하였고 그에 따른 입법 개정도 이루어졌으나, '조세회피목적의 부존재'라는 요건은 주관적 요건에 불과하여 납세의무자가 이를 증명하기란 매우 어려운 일이고, 대법원도 이에 관한 명확한 기준을 제시하지 못하고 있다. 이러한 모든 상황을 고려하면, 주식에 대하여 이루어진 명의신탁을 '증여세'의 형태로 제재하는 것은 이제 한계 상황에 이르렀다고 보이므로, 입법 개선을 통해 행정벌의 형태로 제재를 하는 것이 타당하다고 생각된다.

---

48) 2019. 12. 31. 법률 제16841호로 개정된 국세기본법 제26조의2 제5항의 규정에 의하여 명의신탁 증여의제 규정이 적용되는 경우에는 해당 재산의 상속 또는 증여가 있음을 안 날부터 1년 이내에 상속세 및 증여세를 부과할 수 있도록 정하고 있는데, 이러한 입법 개정에 관하여 형법 용어로 '거동범'(擧動犯)이 아니라 '상태범'(狀態犯)이라고 본 셈이라고 평가하는 견해가 있다(이창희, 『세법강의』, 1345면).

참고문헌

단행본

강석규, 『조세법 쟁론』(제8판), 삼일인포마인, 2024

임승순·김용택, 『조세법』(제25판), 박영사, 2025

논문

강석훈, "명의신탁 주식의 증여의제에 관한 판례의 태도 및 해석론", 『특별법연구』 제8권, 사법발전재단, 2006

곽태훈, "명의신탁 증여의제와 조세회피 목적 -조세회피 목적의 입증 문제를 중심으로 -", 『세무와 회계연구』 제5권 제2호, 한국조세연구소, 2017

김범준·김희철, "명의신탁 증여의제 규정과 조세회피목적-부과회피와 징수회피에 관한 해석론을 중심으로-", 『인권과 정의』 제486호, 대한변호사협회, 2019

김석범, "명의신탁 증여의제에 의한 증여세 부과의 한계", 『대법원판례해설』 제111호, 법원도서관, 2017

김세현, 『차명거래 규제에 관한 연구』, 서울대학교 법학박사 학위논문, 2018.

김영심, "주식명의신탁 과세연구 — 외국의 입법례와 문제점 중심", 『비교사법』 제15권 4호, 한국사법학회, 2008

안경봉·오윤, "한국의 조세회피방지규정과 일반적인 조세회피방지규정(GAAR)의 도입방안", 『조세법연구』 제14권 제1호, 2008

윤지현, "주식의 명의신탁에 대한 증여세 과세에 있어서의 몇 가지 문제점에 관한 소고", 『조세법연구』, 제9권 제2호, 2003

윤지현, "주식 명의신탁에 관한 증여의제 규정의 적용요건에 관하여: 대법원 2004두7733 판결, 대법원 2004두132936 판결을 중심으로", 『조세』 제219호, 조세통람사, 2006

이전오, "명의신탁재산 증여의제 규정 폐지시의 대안에 관한 연구", 『성균관법학』 제29권 제3호, 성균관대학교 법학연구원, 2017

이준일, "명의신탁 증여의제와 조세회피목적 — 2017년 이후 조세회피목적 관련 판례의 분석을 중심으로", 『조세법연구』, 제29권 제1호, 2023

이태로, 『판례회고』 제8호, 서울대학교 법학연구소, 1980

조일영, "주식 명의신탁에 대한 증여의제에 있어 조세회피목적", 『대법원판례해설』 제61호, 법원도서관, 2006

〈대담〉

이창희(李昌熙) 교수 정년기념 대담*

일　　시 : 2025. 7. 29.(화) 16:00 ~ 18:00
　　　　　 2025. 9. 8.(월) 16:00 ~ 18:00

장　　소 : 법무법인(유) 세종 회의실

대 담 자 : 김석환 교수(강원대학교 법학전문대학원)
　　　　　 윤지현 교수(서울대학교 법학전문대학원)
　　　　　 김정홍 미국 변호사(법무법인(유) 광장)
　　　　　 이동진 교수(서울대학교 법학전문대학원)
　　　　　 강성모 교수(서울시립대학교 세무전문대학원)
　　　　　 양인준 교수(서울시립대학교 세무전문대학원)
　　　　　 김범준 교수(서울대학교 법학전문대학원)

녹취·정리 : 김광수(서울대학교 법학연구소 조교)

〈목 차〉

* 아래의 대담은 서울대학교 법학연구소의 동의를 받아 『서울대학교 法學』 제66권 제3호(2025년 9월) 7~75면을 옮긴 것이다.

1. 참석자의 자기소개와 인연

김범준: 안녕하십니까? 저는 오늘 대담 진행을 맡은 김범준입니다. 이창희 교수님의 정년기념 대담회에 참석해 주셔서 정말 감사합니다. 먼저 참석자들께 이창희 교수님과의 인연을 중심으로 간단히 자기소개를 부탁드리겠습니다.

양인준: 이창희 선생님으로부터 2011년에 박사 학위를 받고 지금 서울시립대학교 세무전문대학원에서 일하고 있는 양인준이라고 합니다. 반갑습니다.

강성모: 서울시립대학교 세무전문대학원 교수 강성모입니다. 대학원에서 세법을 전공하리라 마음을 먹고 선생님을 처음 찾아뵈었을 때의 기억이 아직도 생생합니다. 꽤 긴장했었는데 선생님께서 반갑게 맞이해 주셨고, 그 긴장된 마음을 금방 풀어주셨습니다. 선생님께 배우면서 세법에 어떻게 접근해야 하느냐를 조금이나마 알게 되었고, 그때의 배움이 지금도 큰 자산이 되고 있습니다. 선생님의 지도로 2004년 2월에 석사 학위를 받았습니다. 그리고 선생님께 세법을 배운 게 계기가 되어 법무법인(유한) 율촌에서 변호사로 일할 때도 세법 관련 업무를 하게 되었습니다. 변호사로 일하면서 일본에 유학 갈 기회가 있었는데, 그때도 선생님께서 도움을 많이 주셨습니다. 선생님께서 도쿄대학교의 마스이 요시히로(增井良啓) 교수님에게 저를 추천해 주셨고, 마스이 교수님께서 정말 잘 챙겨주신 덕분에 유학 생활을 보람 있고 즐겁게 보낼 수 있었습니다. 2013년 8월에 선생님께 박사 학위를 받았고, 이후 서울시립대학교에서 연구하고 가르치는 기회를 얻게 되었습니다. 돌이켜 보면 인생의 중요한 시기에는 늘 선생님이 계셨던 것 같습니다. 선생님께서 베풀어 주시고 가르쳐 주신 것을 이어가려 애쓰고 있습니다.

김정홍: 저는 현재 법무법인 광장에서 미국 변호사로 근무하고 있는 김정홍입니다. 선생님과 인연은 2009년인 것 같아요. 제가 2009년 기획재정부 세제실에 있을 때 미국과 한미 조세조약 개정 협상을 하였습니다. 그때 제가 선생님을 국제조세 자문, 즉 리걸 카운슬(legal counsel)로 모셔서 미국 출장을 같이 가서 협상했던 것이 인연의 시작인 것 같고요.

이창희: 그 전에 캘리포니아 팔로 알토(Palo Alto)에서 처음 만났었죠?

김정홍: 맞습니다. 그전에 제가 처음 뵈었던 기회는, 선생님께서 스탠포드 대학교(Stanford University)에 아마 교환 교수로 계실 때입니다. 저는 외교부에서 일하다가 미국으로 유학 왔을 때고요. 2000년이나 2001년이었던 것 같습니다.

이창희: 그때에는 인사하러 그냥 한번 왔었어요. (일동 웃음)

김정홍: 저보다 더 정확하게 기억하시네요. 그래서 세법 공부를 좀 더 하려고 박사 과정에 들어가서, 2014년 8월에 전문박사 학위를 받고 지금까지 계속 학은(學恩)을 입고 있습니다.

김석환: 저는 2010년에 선생님에게 박사 학위를 받고 지금은 강원대 법학전문대학원에서 세법을 가르치고 있는 김석환이라고 합니다. 선생님과의 인연은 참 긴데요. 2003년에 사기업에서 직장생활을 열심히 하고 있다가, 기회가 되어서 미국 유학을 다녀왔습니다. 귀국하고 서점에 갔는데, 교수님의 『세법강의』 책이 나왔더군요. '새로운 세법 책이 나왔네?' 이러면서 그 책을 사서 우연히 읽고, '그동안 내가 알고 있던 세법이 다 엉터리구나.'라는 느낌을 많이 받았어요. 그래서 3~4회독을 한 것 같습니다. 그때 바로 선생님한테 연락을 드려서 "세법을 제대로 공부하고 싶습니다."라고 말씀드렸고, 그때 39살 정도 됐던 것 같습니다. 느지막이 선생님 덕분에 이렇게 또 직업도 바꾸고요. 사람의 운명이 좀 많이 바뀐 것 같습니다. 계속 선생님한테 많은 지도를 받으면서 오늘까지 이렇게 올 수 있었던 것 같습니다.

양인준: 아니, 간단히 하라고 하셔서 저는 진짜 간단하게 (소개를) 했는데요. (일동 웃음) 다시 하겠습니다. (일동 웃음) 제가 선생님 처음 뵀던 것은 1997년에 제가 대학원 석사과정에 들어갔을 때입니다. 그때 저는 사법시험 공부를 하던 때라서 입대를 연기하기 위해서 대학원에 있다가 논문을 못 쓰고, 선생님한테 엄청 혼났습니다. 그래서 제가 가끔 서울대 박사 논문 심사에 가서 혼나는 친구들 보면 꼭 불러서 "너무 혼자라고 생각하지 마라. 내가 많이 혼나 봐서 안다. 괜찮다. 다 학위 받는다." 위로하는 역할을 제가 맡고 있고요. (일동 웃음)

그 뒤에 제가 군대 제대하고 나이 서른이 넘어서 어떤 길로 갈지 잘 모르고 있을 때, 선생님께서 연구실로 불러주셨습니다. 아무래도 석사 학위 논문도 마무리해야 했는데, 그때 "양군이 나이가 좀 있지만 지금 공부하면 어쩌면 선생을 할 수도 있다."라고 말씀을 해주셨어요. 사실은 제가 선생님 뵙기 전에는 좁게는 세법 혹은 (넓게는) 법학 자체에 대해서 크게 관심을 가지지 못했습니다. 선생님 만나면서, '아! 이렇게 공부를 하면 법이 재미있을 수도 있구나. 내가 내 머리로 이해할 수도 있겠구나.'라는 걸 깨닫게 됐고요. 이제 그렇게 시작된 인연을 선생님께서 학은을 베풀어 주셔서 2011년에 학위를 받았습니다. 그 뒤로 선생을 하고 여러 젊은 제자들을 만나면서 선생님 뜻을 생각하며 가르치고 있습니다.

김범준: 제가 대학교 학부에 있을 때 이창희 교수님께서 서울대학교 법과대학에 부임하셨습니다. 당시에는 법과대학이 공법학과와 사법학과로 나눠 있었습니다. 2학년으로 올라갈 때 두 학과 가운데 하나를 지원하면, 1학년 성적에 따라 선발되었습니다. 공법학과로 가면 3, 4학년 때 사법시험과 관계없는 노동법, 국제법, 세법을 필수과목으로 수강하여야 했습니다. 사법시험 공부하는 데 방해받지 않으려고 1학년 때 다들 학점 잘 받아서 사법학과로 가려고 했습니다. 저도 덩달아 사법학과로 갔는데, 나중에 진로를 고민하다 보니까 '정말 중요한 과목이 공법학과에 있구나.' 그걸 대학교 3학년 때 깨달았습니다. (일동 웃음)

그래서 '대학원에 가면 꼭 세법을 제대로 공부해야겠구나.'라고 생각했고, 제가 석사 과정에 입학할 때 교수님을 찾아뵈었습니다. 당시에는 학부 학점 위주로 선발하는 특별전형이 있었습니다. 교수님께 상의드리고 운 좋게 특별전형으로 합격해서, 세법 공부를 본격적으로 했고요. 2004년 2월에 석사 학위를 받으면서 박사 과정에 입학한 다음, 사법연수원에 갔습니다. 사법연수원 마치고 법무법인 율촌에서 일하면서 2016년 2월에 선생님께 박사 학위를 받았고요.

선생님께서 배려해 주신 덕분에 『법인세와 회계』 책 초판의 교정 작업을 맡았습니다. 학부 시절 사법시험을 준비할 때 조문과 판례를 어떻게 이해해야 할지를 몰랐습니다. 저는 책의 교정 작업을 맡으면서 많은 것을 깨달았습니다.

윤지현: 법학전문대학원에서 2008년부터 선생님을 모시고 세법을 가르치고 있는 윤지현이고요. 법학전문대학원에 왔을 때는 조교수였는데 어느덧 저도 두 번 승진해서 정교수까지 왔습니다. 제가 세법 전공하게 된 것 자체가 우연이었던 것 같고요. 그 우연에 의해서 선생님이랑 인연을 맺게 됐고, 그 결과 이 자리에까지 왔습니다. 제가 돌이켜봐도 제 삶에서 중요한 전환점이었다고 생각합니다.

저는 석사 과정에서 민법 전공이었고요. 석사 때 민법 전공을 한 이유는 아마 제가 20대에 '그 당시에 사법시험 합격한 많은 사람들처럼 앞으로 판사의 길을 가지 않을까.' 이렇게 생각을 했었기 때문이었던 것 같습니다. 그때 '민법을 좀 잘 아는 게 중요하겠다.'라고 생각을 해서 민법을 전공했습니다. 어떻게 하다 보니까 진로가 처음에 생각했던 것과 바뀌어서 변호사로 경력을 시작하게 됐고요. 사실 변호사로 시작을 할 때도 세법 전공을 하리라고는 전혀 생각하지 못했었는데, 변호사 일을 하니까 세법 쪽에 발을 들여놓게 됐고, 세법 쪽에 발을 들여놓게 되니까 이제 자연스럽게 선생님이랑 인연이 닿게 된 것 같아요.

그래서 박사 과정에서 공부를 계속하고 싶다고 생각했을 때는 민법이 아니라 세법으로 방향을 틀게 된 것이고요. 그때 이후로 계속해서 선생님한테 세법을 배웠고 지금에 이르게 됐습니다. 박사 학위를 받기 전에 선생님이 또 손을 내밀어 주셔서, 그러니까 로스쿨이 생겼을 때 세법을 가르칠 수 있는 자리가 더 생겨서 제가 운 좋게 그 자리에 오게 됐습니다. 그렇게 생각해 보면 자격 미달이었던 셈인데 선생님이 잘 이끌어주셔서 일단 학교에 자리부터 잡았고요. 박사 학위는 2011년 2학기에 받았습니다.

이동진: 짧게 하겠습니다. 저는 세법이 아니라 민법 전공이고요. 조금 전에 윤지현 선생님이 말씀하신 것과 동일한 이유에서 저에게 누가 와서 "민법에 관심 있습니다."라고 하면, "네가 공부를 잘해서, 지금 제일 공부 많이 한 게 민법이라 그렇게 생각하는 것일 수도 있어."라고 얘기하거든요. 그런데 저는 법원을 갔고, 그 뒤에 학교에 와서 지금까지 그걸로 밥 벌어먹고 만족하면서 잘살고 있습니다.

사실 저는 조금 전에 김범준 선생님 말씀하신 것과 비슷한 이유에서 학부 때 세법을 전혀 듣지 않았고요. 군법무관으로 근무할 때 회계 공부를 조금 했었는데, 그다음에 읽었던 책이 말씀하신 『법인세와 회계』였습니다. 그 뒤에도 여러 번 다시 읽었고, 대학원에서도 선생님 수업을 한 번 들었고요. 선생님 수업이 아니었지만 몇 개의 세법 수업을 수강하거나 청강하긴 했습니다. 그래도 '뭔지 잘 모르겠다.'라고 생각했는데, 요새는 '이 분야가 재미있는 분야였겠다.'라는 생각을 합니다.

오늘은 선생님께서 "이야기 나누면서 재미있는 시간을 갖자."라고 말씀하셔서 즐거운 마음으로 왔습니다. (일동 웃음)

이창희: 이동진 선생님을 모신 이유는, 세법 이야기는 세법 선생님들끼리나 통하는 얘기고 남들은 다 재미없어하니까 다른 얘기도 하자고 해서, 또 제가 평소에 우리 이동진 선생을 좋아하니까 오시라고 그랬던 거고요.

이제부터 제 얘기를 하면, 먼저 양인준 선생이나 김범준 선생은 사실 우리나라 사법시험 제도의 피해자죠. 양 선생은 시험이 잘 안 됐고 김 선생은 좀 시간이 오래 걸렸어요. 다 똑똑한 사람들인데 가만히 보고 있으니까 머리가 점점 망가지는 게 눈에 보이더라고요. (일동 웃음) 가령 윤지현 선생, 강성모 선생, 이동진 선생은 시험에 금방 붙었으니까 이제 머리가 안 망가져서 아무 지장이 없었는데, 정말 안타까웠어요. 그래서 이제 양 선생은 아예 포기하고 이제 교수가 됐으니까 그 뒤에 시간이 걸려서 차차 돌아왔고, 김 선생은 보니까 사법연수원 다닐 때까지도 정상으로 안 돌아오더군요. (일동 웃음) 그런데 법무법인 율촌에 가서 한 1년 지나니까 이제 정상으로 돌아왔네요. 실제로 업무에 부딪히니까, 살아 있는 문제에 부딪히기 시작하니까 그래서 이제 다시 정상으로 돌아오는 거고요.

그리고 김석환 선생은 처음에 저를 보고 대학원에서 공부를 하겠다고 찾아왔어요. 그때 하이닉스에서 차장, 부장 그쯤 됐는데 '이 양반이 뭐 하러 공부를 해?' 그런 생각이 드는 거야. 그때는 박사가 미어터지던 시절이고 기다리는 순서도 있고 해서 두 번은 내가 추천을 안 해줬어요. 세 번째에 입학해서 공부하셨는데, 아예 직업을 교수로 바꾸셨고요. 김석환 선생은 정말 학생 때도 보면, 밤 10시 반에 수업 끝나면 다시 회사 들어가서 또 일하고, 그래서 '인간이 이렇게 살 수도 있구나.' (일동 웃음) 이런 놀라운 경험을 했고요.

김정홍 변호사는 기재부 시절 한미 조세조약 협상을 위해 함께 갔어요. 김 변호사가 워낙 머리가 좋으니까 김 변호사한테 많이 배웠는데, 함께 협상하니까 나보다 훨씬 잘해요. 특히 김 변호사는 상대방 페이스에 전혀 말려들지 않고 딱 자신의 말을 해 나가는 거야. 그래서 '그동안 외교관으로 쌓아온 내공이라는 게 엄청나구나.' 그때 깨달았던 거죠.

윤지현 선생은 민법 논문 심사에서 우연히 처음 만났어요. 그때는 세법 선생이 나뿐이었으니까요. 그래서 주제에 따라서는 민법 선생님 또는 상법 선생님과 같이 학위 논문 심사를 했습니다. 그때는 양도소득세 사건이 여러 개 있어서 민법 선생이랑 같이 논문 심사를 하는데, 윤 선생이 답변을 참 잘하더군요. 나중에 세법 하겠다고 찾아왔고, 그렇게 인연이 이어졌네요.

강성모 선생은 일찍부터 세법에 많은 관심을 가졌고, 법무법인 율촌에서 조세 변호사로서 경력을 잘 닦았습니다. 제 추천으로 도쿄대학교로 유학 가서도 마스이 교수 지도로 열심히 공부했구요. 여러분들과 이야기를 하게 되어 기쁩니다.

2. 정년 소감과 장래 계획

김범준: 선생님께서 저에게 '대담에서는 자유롭게 이야기를 나누자.'라는 취지로 말씀하셨습니다. 대화의 물꼬를 트는 의미에서 정년 소감을 간단히 말씀해 주시면, 저희가 이어서 대화 주제를 찾아보겠습니다. 저희가 각자 준비한 질문을 서로 이야기했는데, 이동진 교수님께서 "질문들이 너무 무거운 것 아니냐?"라고 말씀하셔서 저희가 적절히 수위 조절을 하겠습니다. (일동 웃음)

이창희: 원래는 정년을 하면 쉬려고 생각했어요. 그런데 아시듯이 연금제도는 통째로 붕괴하는 게 시간문제일 것 같고, 연금제도가 무너지면 살아갈 길이 없어요. 그래서 이건 '뭔가 생계 대책을 만들어 놓지 않으면 안 되겠다.'라고 생각하게 됐고요. 또 한편에서는 이제 기억력은 많이 떨어지기 시작하는데 아직 판단력은 그다지 허물어졌다고는 생각하지 않아요. 또 머리를 안 쓰면 또 치매가 금방 찾아온다고 하니까, 머리를 써야 할 필요가 있어요. 머리를 쓰는 방식이라는 게 혼자 어려운 책을 읽으면서 글 쓰는 것도 있을 수 있고, 아니면 좀 더 실무적인 것을 하면서 머리를 좀 돌려보는 것도 있을 수도 있지요. '어차피 돈도 벌어야 하니까 실무적인 일을 좀 더 하자.'라고 생각해서 한 몇 년 동안 법무법인 세종에서 일할 생각이에요. 그거 넘어가면 뭘 할지는 그건 또 좀 두고 보아야겠고요.

3. 출생과 유년 시절

김범준: 먼저 선생님의 성장 과정을 말씀해 주실 수 있을까요?

이창희: 개인사에 관한 이야기는 태어날 때 이야기부터 쭉 시작하는 것이 자연스럽고 좋을 것 같아요. 그냥 편하게 물으면 제가 생각나는 대로 이야기하지요.

김석환: 혹시 출생의 비밀이 있을까요? (일동 웃음)

이창희: 출생의 비밀은 없는데, (일동 웃음) 사실 죽어서 태어났어요. 태어날 때 숨을 못 쉬어서 죽어서 태어났어요. 어머니께서 경상북도의 무의촌인 집에서 나를 낳으셨어요. 무의촌이라 의사 노릇을 하는 동네 사람 하나가 와서 출산을 도왔는데, 그 사람이 잘못했는지 어쨌는지 알 수 없지만, 하여튼 죽어서 태어났어요. 그 사람은 집으로 돌아갔고, 어머니는 죽었다고 생각하시고 방 윗목에 나를 밀어놓으셨어요. 그때가 1월이었고, 또 워낙 추운 지역이에요. 태백산에서 멀

지 않은 곳이니까. 원래 사람의 호흡이 끊어지고 5분 지나면 뇌세포가 파괴된다고 그러잖아요.

그런데 신기하게도 죽은 사람이 살아난 이야기들이 있어요. 사람이 죽었다고 생각해서 바로 냉장고에 넣었는데, 30분이나 1시간 뒤에 냉장고에서 꺼내면서 살아난 사례들이지요. 그 경우에는 뇌에 큰 손상이 없어. 그러니까 나는 바로 냉장을 한 그런 꼴을 당한 것이지요. 그렇게 한 30분을 윗목에 밀어놨는데 할머니가 들어오셔서, "야야 그래도 애가 불쌍하지 않나." 그러시면서 아랫목으로 옮기셨어요. 10분 지나니까 "끽끽" 소리가 나기 시작했대요. 내 숨통이 터지기 시작한 거지. 그래서 태어날 때부터 고생이었어요. 내가 죽을 고비를 여러 번 넘겼는데, 첫 번째 죽을 고비를 넘긴 게 그거죠.

양인준: 성년에 가까운 때에 대해서는 이런저런 기회에서 선생님으로부터 들었는데 어린 시절은 어떠셨습니까? 초등학교 때 또는 더 어린 시절이 궁금합니다.

이창희: 그렇게 해서 시골에서 태어났어요. 우리 아버지가 원래 경북고등학교에 다니셨다가 6·25 때 학교를 중간에 그만두셨어요. 그때 피난을 가신 곳이 우리 할머니의 고향인 봉화군 현동입니다. 6·25 난리통에 할아버지는 피난길을 가던 중간에 객사하셨어요. 그래서 아버지와 고모 둘하고 같이 할머니 고향을 찾아가서 눌러앉게 된 거죠. 아버지가 그때 16세 또는 17세이었겠지. 거기서 가난하니까 남의 땅도 좀 부치고 국유림도 파면서 농사를 지으셨어요. 내가 거기서 4살 정도까지 살았던 것 같아요.

그때의 기억이 몇 가지가 남아 있는데, 그중 하나가 옥수수에요. 여름에 아버지와 어머니 다 같이 옥수수 농사를 지으러 가셨는데, 거기 가서 내가 "나중에 옥수수가 열리면 옥수수를 많이 주라."라고 얘기를 했어. 그해 겨울이 오자 내내 옥수수만 먹는 거야. 정말로 옥수수를 매달아 말렸다가 삶아서 먹거든요. 그것을 '범벅'이라고 그래요. 그때 어린 생각에 '내가 옥수수를 많이 달라고 말해서 이렇게 됐나 보다.'라고 생각했었어요. 아이들은 다 자기 잘못이라고 생각하니까.

다른 기억으로는 밖에서 놀다가 길거리에서 뭔가 번쩍번쩍 빛나는 걸 보면서 '이건 틀림없이 금덩이다.'라고 생각하고 나뭇등걸 밑에 숨겼어. 물론 금이 아니지.

또 두 번째 죽을 고비를 넘겼어요. 우리 어머니가 허가 없이 미장원을 하셨는데, 내가 두 돌 좀 지났을 때 거기서 파마약을 먹었어. 미장원에 있던 파마약이요. 한 일주일 동안 생사를 헤매다가 일주일 만에 다시 깨어났어요.

그러다가 4살 무렵에 이사 갔어요. 아버지가 원래 태어난 곳은 현동이라는 곳이었고, 그 옆에 있는 대현으로요.

양인준: 행정구역상으로는 어디인지요?

이창희: 경상북도예요. 봉화군의 대현이라는 곳. 거기 아연광이 있는데, 아버지가 광부로 취직을 하셨어요. 그래서 거기로 옮겨 살게 됐는데, 거기서 세 번째 죽을 고비를 넘겼어요. 처음에는 아버지가 광산에 취직하신다고 왔다 갔다 하실 동안 광산촌보다 좀 더 위쪽에 있는 다른 조그마한 마을에서 살았어요. 우리 할아버지의 사촌 동생인 작은 할아버지가 그 마을에 살고 계셨어요. '오마을'이라고 딱 집이 5채 있는 동네이고, 전기도 안 들어오는 곳이었어요. 거기서 살 때 동네 애들과 같이 산에 올라가서 소나무 껍질을 벗겼어요. 그러면 그 안에 속껍질이 나오는데, 그걸 먹었지요. 사실 내 생각에 그 정도로 굶주리지는 않았지만, 아마 일제 말기나 6·25 때 습관이 남아 있었는지 애들은 다 산에 가서 그걸 벗겨 먹는 거예요. 속껍질 벗겨 먹고 소나무 새순도 잘라 먹고 그랬지요.

그런데 나보다 한 살 많은 아이가 새순을 자르기 위해 나무 위에 올라가서 아래로 낫을 던졌는데, 그대로 내 이마에 꽂혔어요. 지금도 머리카락 안에 흉터가 있어요. 발밑으로 피를 철철 흘리면서 그 산을 막 뛰어 내려오던 기억이 지금도 생생해. 집으로 뛰어와서 그냥 기절했지요. 아버지는 광산에 가셨고, 그때 어머니는 아직까지 저쪽 고향에서 안 오셨어요. 할머니, 아버지, 나만 셋만 와 있던 상태였어요. 할머니가 그 상태에서 어떻게 하겠어요? 약도 없고 당연히 의사도 없는데 피가 막 철철 흐르고 지혈을 못 하니까, 할머니가 집에 있던 된장을 꺼내서 이마에 바르셨어. 그것으로 지혈은 됐는데 파상풍 안 걸린 게 천하의 기적이지. 그래서 다시 또 며칠 만에 깨어났고. 그게 세 번째 죽을 고비였어요.

김범준: 선생님께서 광산촌의 가슴 아픈 이야기를 말씀하셨던 기억이 납니다.

이창희: 아버지가 광산에 취직하셔서 거기서 쭉 살았어요. 광산에서는 재수가 좋으면 1년에 한두 번, 재수가 나쁘면 1년에 여러 번 사람이 죽습니다. 계속해서 사람이 죽어요. 사람 죽는 것을 계속 보면서 살았죠. 그러면 장사를 지내고, 애들한테는 구경거리죠. 광산에서 사람이 제일 많이 죽는 경우는 발파 때 갱

에 물이 쫙 차 올라오기 때문이에요. 우리 아버지가 발파 기술자이셨어요. 내가 동네에서 그래도 조금 잘 사는 편이었던 것은 아버지가 다이너마이트를 다루시니까 위험수당을 좀 더 받으셨기 때문이지요. 발파가 잘못되면 물길을 터뜨리는데, 물이 쫙 올라오면 갱의 중간에서 막는 수밖에 없습니다. 아니면 다른 광부들이 다 죽으니까요. 밑에 사람이 있더라도 그냥 막습니다. 그 안에 있는 사람이 다 죽는 거예요.

'연화광업소'라는 아연광 동네에서 그렇게 살다가 또 다른 사고를 겪었지요. 초등학교 2학년 때 애들이 놀면서 양쪽에서 쫙 달려들어 "우리 쪽이랑 놀자."라고 양쪽에서 이렇게 팔을 잡아당겼어요. 그때 팔이 뽑혀버렸어. 팔이 완전히 뽑혀서 그냥 덜렁덜렁 매달려 있었어요. 무의촌이니까 의사는 없고, 광산에 군대 의무병으로 지낸 사람이 있었어요. 그분이 의무병으로 보았던 게 있으니까 억지로 끼웠는데, 제대로 맞추어졌을 리가 없지요. 지금 생각해 보면 어려서부터 팔이 반쯤 빠져 있는 상태로 쭉 자란 거예요. 평생 몸이 약해진 제일 큰 이유는 그 때문일 겁니다. 이미 여러 번 죽을 고비를 넘긴 것도 있었겠지만, 그 사고로 결정적으로 몸의 균형이 다 틀어져 버린 것 같아요. 형편없는 체력의 기원은 그 때문인 것 같고요.

아직 어디에서 말한 적이 없는 이야기를 하면, 어릴 때 인근 사람 들이 다 나를 보러 구경 왔었어요. 꽤 멀리서부터 신기한 아이를 본다고 왔어요. 그때 내가 5살이고, 작은형이 나보다 2살 위였고, 큰형은 그보다 다시 두 살 더 위였어요. 작은형이 학교를 들어갔는데, 어느 날 갑자기 내가 책을 거꾸로 들고 줄줄 읽기 시작하는 거야. 형들이 책으로 글자를 배울 때 형의 머리맡에서 책을 위에서 아래로 거꾸로 내려보면서 글을 깨친 거예요. 그렇게 책을 거꾸로 줄줄 읽으니까 신기한 구경거리였지. "희한한 애가 있다.", "책을 거꾸로 잡고 학교도 들어가기 2년 전인데 책을 줄줄 읽는다." 그 이야기가 연예인처럼 퍼졌지요. (일동 웃음)

윤지현: 묘기 대행진 그런 것 같네요. (일동 웃음)

4. 초등학교 시절(경북 봉화와 부산 서면)

김석환: (1월에 태어나셨으니) 학교를 1년 먼저 들어가셨나요?

이창희: 아니요. 학교는 제 나이에 들어갔어요. 시골에서는 출생 신고를 할 때 그 날짜를 생일로 신고했지요. 그래서 호적이 몇 달 늦게 됐고요. 초등학교에 가서도 책을 거꾸로 읽었는데, 3학년 때까지는 책을 거꾸로 들고 읽는 게 편했어요. 처음 그렇게 배웠으니까요. (일동 웃음) 그러다가 4학년부터 교과서에 한자가 섞여 나오기 시작합니다. 그때부터 똑바로 읽을 수밖에 없었어요. 한자를 새로 배우니까.

초등학교 가서 처음에는 우리 부모님이 학교에 불려가시기도 했어요. 어려서부터 책을 줄줄 읽었고 초등학교 가기 전부터 라디오 연속극 이런 것들을 모두 이해했어요. 주위 사람들이 내가 책 읽는 것을 보려고 내게 책을 사다 줬으니까, 집에 책이 꽤 생겼어요. 그 책들을 읽으면서 어휘가 확 늘어나니까, 사람들이 와서 말을 시켜보면 어른처럼 어려운 말을 줄줄 쓰는 거예요. 그러다가 초등학교로 가니까 학교에서 배우는 것은 아무것도 아니지. 다른 아이들은 "가갸거겨" 하는데, 배울 게 있을 리가 없잖아요. 그래서 맨날 책상 위에서 이리저리 콩콩 뛰어다니고 선생님에게 혼도 났어요. 1학년 때에는 3학년 애들이 받아쓰기 같은 것을 하다가 모르면 나한테 "이렇게 쓰면 맞니?"라고 물어봐요. 그러면 어떤 애들은 "얘는 1학년이야."라고 말하고, 물어본 아이는 "얘는 1학년이라도 달라."라고 말했지요. 시골에서 그렇게 살다가 3학년 때 부산으로 내려갔어요.

강성모: 부산으로 가신 계기가 있는지요?

이창희: 부산으로 내려온 것은 우리 고모부 덕분입니다. 원래 처음에 우리 어머니가 당신 친구네 집에 놀러 왔었는데, 그게 우리가 원래 살고 있던 고향인 거야. 내가 태어난 곳. 그곳에 놀러 오셔서 아버지랑 눈이 맞으셔서 결혼하셨는데, 우리 어머니 친정집은 강원도 상정이라는 곳이에요. 상정에 살던 머리가 아주 좋은 청년 하나가 처음에 9급 공무원으로 철도청에 취직하셔서 우리 큰고모와 결혼하셨죠. 그 뒤 다시 공부를 계속하셔서 세무공무원이 되셨어요. 세무공무원이 되셔서 거기 있다가 부산으로 발령을 받으셨어요. 이 고모부에 의지해서 부산으로 온 거야.

그 시절 국세청 공무원은 대단했기 때문에 9급이었더라도 의지가 됐어요. 고모부 도움으로 부산에서 어떻게든 먹고 살기 시작했어요. 그런데 부산에 갔더니 세상에서 제일 가난한 거야. 시골 살 때는 내가 가난한 줄 전혀 몰랐어요. 시골에서는 우리 아버지가 다이너마이트를 다루시니까 좀 더 잘 살았고, 사람들이 아버지에게 '감독님'이라고 부르면서 대접했으니까요. 가난하다는 것을 안 때부터 행복하지 않은 거야. 몸도 아프기 시작하고 팔이 빠진 영향이 나타났지요.

윤지현: 그때가 몇 년쯤이었나요?

이창희: 3학년이었을 때이니까 1968년쯤이었을 겁니다. 시골 살 때는 내가 가난한 줄 모르니까 불행하지 않았는데, 부산에서는 이제 너무너무 힘든 거야. 그리고 3학년 때 담임 선생님은 괜찮았지만, 4학년과 5학년 2년 연속 같은 선생이었는데, 이 사람이 참 나빴어요. 우리 반에 모자라는 아이가 있었는데 아침에 출근하면 그 아이 머리를 쾅쾅 책상에 찧는 걸로 하루를 시작해요. 아이들을 막 잔인하게 때리고. 나는 많이 맞진 않았어. 선생이 불분명한 질문을 하고 애들이 답을 못하면 무조건 막 때리면서 쫙 오는 거야. 나는 그사이에 '도대체 무엇을 묻나?'라고 생각하고 답을 말하면, 내가 거의 다 맞추었으니까. 그러면 나머지 애들은 안 맞는 거야.

또 이 선생이 여름방학 끝나고 갑자기 나에게 무슨 경진대회에 나가라는 거야. 그러니까 학생들이 여름방학 동안에 실험한 것으로 경쟁하는 것이죠. 나야 실험도 안 했고 아무것도 안 했는데, 나에게 거기 나가라고 하면서 뭔가 실험한 것을 만들어 가지고 오라는 거야. 그래서 4학년 학생이 백과사전과 학교 도서관을 다 뒤져서 누에를 키운 스토리를 쫙 만들었어요. 그것으로 구 예선은 통과했어요. 부산시 본선에 올라갔는데, 내가 얘기를 하니까 장학사가 관심을 보였어요. 재미있으니까 무슨 질문을 했지요. 그런데 내가 예상하지 않았던 질문이라서 제대로 답하지 못했지. 그래서 거기서 떨어졌는데, 선생이 때리지는 않았지만 "그것도 미리 준비를 못 했냐?"라면서 야단치더라고요.

양인준: 선생님의 어린 시절 얘기가 사실 많이 알려지지 않아서 좀 궁금하기도 하고, 일대기 정리를 위해서라도 여쭙습니다. 봉화에 계시다가 3학년 때 부산에 오시고 그 뒤로는 대학 가실 때까지 부산에 계속 계셨습니까?

이창희: 서울로 옮겼어요. 6학년으로 올라갈 때쯤인 5학년 말에 옮겼는데, 그 전에 또 죽을 뻔한 얘기가 하나가 더 있었어요. 그것마저 이야기하고 넘어갑시다.

김석환: 여기에 부산 사람이 많습니다. (일동 웃음)

이창희: 부산에서는 서면의 부전국민학교를 다녔는데, 그 동네가 좋았어요. 처음에 거기 살다가 선생이 하도 못살게 굴어서 우리 집은 초읍으로 이사 갔거든요. 초읍으로 이사 갔으니 전학 가겠다고 하니까 선생이 전학을 안 시켜줘요. 내가 필요한 거야. 말하자면 나를 계속 무엇에라도 써먹기 위해서요. 그래서 그냥 초읍부터 서면까지 걸어 다녔는데, 어릴 때는 꽤 먼 거리였어요.

강성모: 지금도 먼 거리입니다.

이창희: 그 무렵에 결핵에 걸렸어요. 검사를 했더니 어머니와 나 둘이 결핵인 거야. 어머니는 결핵성 늑막염이었고, 나는 폐결핵이었고요. 그 시절 결핵의 사망률이 매우 높았고, 약을 구할 형편도 아니었어요. 다행히 장기려 박사님이라고 부산에서 '복음병원'을 운영하시는 분이 환자들을 무료로 치료하였어요. 돈이 있는 사람한테는 조금 받기도 했는데, 거기에 반년쯤 다녔지요. 꽤 먼 거리였지만, 돈이 있으면 버스를 타기도 하고, 아니면 걸어서 갔다 오기도 하고요. 그때는 그 선생님이 누군지도 몰랐어요. 나중에 다 커서 30대가 됐을 때 장기려 박사님 이야기를 신문에서 보고 '아, 이분이셨구나!'라고 깨달았어요.

장기려 박사님이 그렇게 병원을 운영하니까 당연히 돈이 별로 없으셨지요. 그런데 간호사와 그 밖에 도와주는 사람들이 병원에 있어야 하니까, 장기려 박사님이 일주일 동안 기도를 하셨습니다. 그리고 결론을 딱 알렸어요. '받은 돈 전체를 여기 속한 사람 모두의 식구 수로 계산하겠다.'라는 것이었지요. 식구가 다섯인 사람은 5, 넷이면 4, 혼자면 1, 이렇게 합산해서 돈을 식구 수로 나누었대요. 의사, 간호사, 수위 모두 똑같이요. 이렇게 하면 모두 먹고살 수 있다는 뜻이었겠지요.

5. 초등학교 시절(서울 불광동)

강성모: 그 뒤에 서울로 오셨군요?

이창희: 우리 아버지가 부산에서 고생하면서 사셨는데, 다시 서울로 올라왔어요. 우리 고모부가 일을 잘하셔서요. 참 머리가 좋으신 분이에요. 그렇게 고모부가 올라오시니까 우리도 뒤따라 부산에서 서울로 같이 올라왔어요. 그게 5학년 말이에요. 또 생각나는 일이 있네요. 시골 살다가 3학년 때 부산에 내려오니까 선생님이 "얘가 뭐 시골에서 잘했지만, 여기에서는 어림도 없다."라고 하셨는데, 시험 치니 그냥 1등을 했어요. 부산에서 서울로 올라오니까 또 선생님이 "얘

가 부산에서나 잘했지, 여기서는 어림없다."라고 하셨는데, 시험 치니까 또 1등이더라고요. 그때 새로 배운 것이 '시험공부'라는 개념이었어요. 부산에 살 때까지도 시험 친다고 따로 공부하는 아이들은 별로 본 적이 없었는데, 서울에서는 아이들이 시험 치기 전에 다 시험공부를 하더군요.

나는 어려서부터 어른이 일찍 된 셈인데요. 집안이 어려워서 그랬겠지만, 어른이 일찍 됐어요. 4, 5학년부터는 어른이 하는 말을 다 이해할 수 있었어요. 5학년 말에 서울로 올라와서 보니까, 이 선생이 애들한테 돈을 받으려고 혈안이 돼 있는 거야. 처음에는 그냥 나를 무시했다가 공부를 잘하니까 돈을 뺏고 싶은 생각이 드신 거예요. 갑자기 관심을 보이시는 거야. "너는 집이 어디니?"라고 물으면서요. 그런데 사실 위장전입을 해서 서울에 있는 학교에 다녔어요. 그때 집이 구파발에 있었는데, 구파발이 (지금은 서울이지만) 그때는 경기도였습니다.

위장전입이라고 선생님에게 얘기하면 또 안 될 테니까, 그 동네에서 제일 가난한 애들이 모여 사는 곳을 생각했어요. 지금의 '독바위골'인데 그때 내 귀에는 '똑박골'로 알아들었어요. 그래서 "똑박골 삽니다."라고 답했더니 선생님이 딱 관심을 끊으시더군요. (일동 웃음) 그렇게 그 선생의 마수(魔手)를 벗어나고 6학년이 되었어요. 6학년의 담임 선생님은 좋으셨지만, 나는 1학기에 굉장히 고생했어요.

'전교 어린이회'라는 게 있었는데, 어린이회 임원을 간선 방식으로 뽑았어요. 각 반의 회장과 전교 회장이 따로 있었어요. 내가 시골에서 올라왔는데도 말을 잘하니까 반 선거에서 회장으로 뽑혔어요. 이제 반 회장끼리 모여서 전교 회장을 뽑는데, 우리 반 부회장이었던 정해완이란 아이가 나를 확 밀어내서 갑자기 후보군에 서게 된 거야. 진짜 얼떨결에 후보가 됐는데, 다른 애들하고 비교가 안 돼. 사투리를 쓰지만, 말을 잘하니까요. 내가 전교 회장이 되니까, 선생님들로서는 황당한 사태가 벌어진 거야.

당연히 미리 뽑으려고 정한 애가 있었는데, 나는 가난한 집 자식이니까 일이 힘들어지지요. 학교 행사가 있을 때 회장 부모가 돈을 걷어서 학교에 무엇을 해주어야 하는데, 이게 불가능한 상황이죠. 게다가 전교 어린이회 지도교사는 내가 걷은 돈을 빼어서 챙겨 먹는 거야. 한번은 내가 시골 학생들에게 선물을 사서 보내려고 했더니 선생이 자기가 사겠다고 그러더군요. '낙도 어린이 행사'였던 것 같은데, 내가 그래서 돈을 드렸어. 사 온 것을 보니 내가 준 돈의 3분의 1도 안 되는 양을 딱 준비했더라고요. '세상이 이렇게 돌아가는구나.'라고 느꼈어요. 6학년 2학기에 회장 자리는 다른 아이에게 넘어가고, 고생은 그렇게 끝났어요. 학교를 여러 번 옮기니까 초등학교 동창이 거의 없어요. 홍익대학교 (경제학과) 전성인 교수가 나와 동창인데, 반은 달랐어요. 나는 6학년 18반이었고 그 친구는 6학년 19반이었구요.

윤지현: 그때는 한 반에 몇 명 정도이었습니까?

이창희: 85명 정도. 85명인데 6학년의 경우 19반까지가 남학생들이고 20반에서부터 한 34반 정도까지 여학생. 엄청난 숫자죠.

윤지현: 오전반, 오후반으로 나누었겠군요.

이창희: 1, 2, 3학년은 오전, 오후반으로 했어요. 그러니까 전체 학생 수는 아마 몇만 명이었을 겁니다.

김정홍: 학교 이름은 무엇이었나요?

이창희: 불광동의 불광초등학교.

6. 성장 과정 – 중학교 시절(서울 응암동)

이창희: 그러다가 중학교 배치를 받았는데, 그곳이 응암동에 있는 영락중학교이었습니다. 영락교회에서 세운 학교입니다. 응암동은 당시에 서대문구이었고, 지금은 은평구죠. 영락중학교에 들어갔는데 그때부터 진짜 고생이 시작되었어요. 중학교에 들어갔는데 입학금이야 내고 들어갔지만, 등록금 낼 돈이 없으니까요. 등록금을 못 낸 애들은 담임교사가 맨날 야단치고 때리기도 하고.

사태가 더욱 나빠진 것은 교복이 없어서입니다. 교복을 사려면 돈이 있어야 하니까요. 그래서 우리 어머니가 동네에서 헌 교복을 얻어오셨어요. 그런데 그 얻어온 교복이 배재중학교 교복이에요. 배재중학교 교복은 파란 색깔이 좀 들어있어요. 영락중학교 교복하고는 좀 다른 거야. 그때 영락중학교와 영락상업고등학교가 같이 있었는데 거기에 교련 선생님, 그러니까 전에 군인이었던 교관이 있었죠. 이분은 원래 하사관 출신이었고 그때 교련 선생님으로 와 있었는데, 아침에 교문에서 중학생과 고등학생들을 검사해요. 뭐 잘못하면 때렸어요. 그러니 나는 교문에 들어설 때부터 맞는 거야. 그렇게 아침에 맞으면서 학교에 가면, 또 등록금 안 냈다고 맞고요. 나중에 중2가 되었을 때 새 반에서 최덕현이라는 단짝 친구가 생겼어요. 그 친구 집이 넉넉한 편이었는데, 새 교복을 사면서 헌 교복을 내게 주어서 그때부터는 매질을 벗어났어요. 최악은 미술 시간이었는데,

그 이유가 중학교에서 포스터 컬러 그림을 그렸기 때문이에요. '에노크'라는 수채화 물감이 아니라 포스터 컬러 물감을 사야 하는데, 돈이 없으니까 집에 가서 사달라고 말도 못 하지요. 처음에는 옆 반에 가서 친구들한테 빌렸는데 그것도 한두 번이지. 몇 번은 빌렸지만, 그다음부터 매시간 따귀를 열 대씩 그냥 맞았어요.

그러다가 사태가 더욱 나빠진 일이 있었어요. 친구와 막 뛰어나오다가 학교 현관문 유리창을 깨뜨렸어요. 소사(小使)[1] 아저씨가 돈을 물어내라는 거야. 등록금도 못 내는데, 집에 가서 이걸 어떻게 얘기를 해요. 그러니까 소사가 나만 보면 막 소리 지르고 쫓아다니는 거야. 학교만 오면 그 사람을 피해 다니기 위해서 여기저기 살펴보면서 살금살금 다녔어요. 그렇게 어쩌다가 돈이 조금 생기면 가져다가 주고 그렇게 몇 달 그랬더니 이 사람도 지쳐서 "그만하면 됐다."라고 하더군요.

중학교 1학년이 지나갔는데, 입학금 말고는 등록금을 하나도 못 냈어요. 선생님들이 보시니까 내가 공부를 잘하는데, 전교 1등이 아니라 전교 2등이야. 왜냐하면 나중에 우리 법대 동기가 된 노영재 변호사가 전교 1등이었어요. 지금도 김·장 법률사무소에 있는데, 머리가 굉장히 좋은 친구입니다. 내가 평생 살아오면서 만난 가장 머리가 좋은 사람 가운데 하나죠. 노영재는 잘 살아서 부모님도 교수였고. 과외도 받았어요. 그러니 내가 경쟁을 해서 못 이기는 거야. 1년 12달이면 영재가 한 8번쯤 1등 하고, 내가 한 서너 번 1등 했어요. 그런데 학교에서 제도적으로 주는 장학금은 전교 1등 한 명이야. 그러니까 영재가 장학금을 받고 나는 받지를 못하는 거야. 그러니까 선생님들이 보시고 연말에 돈을 모으셔서 나의 1년 치 등록금을 해결해 주셨어요.

중학교 2학년이 되자, 담임선생이 "영락교회 나가면 내가 뒷일을 해결해 주겠다."라고 하셨지요. 그래서 원래 다니던 교회를 그만두고 영락교회로 갔죠. 영락교회에서 장학금을 주어서, 영락교회 돈으로 중2와 중3을 마쳤어요. 중3이 되니까 고등학교에 가야 할 때가 되었어요. 앞으로 어떻게 해결될 수도 있었겠지만, 그 중학교 1학년 때 너무너무 고생한 기억이 있어서 도저히 고등학교에 가고 싶지 않은 거야. '새 학교에 올라가서 그 고생을 어떻게 또 하나?' 싶은 거야.

1) 소사(小使): 관청, 회사, 학교, 가게 따위에서 잔심부름을 시키기 위하여 고용한 사람. 아래의 국립국어원 표준국어대사전 웹페이지 참조. https://stdict.korean.go.kr/search/searchView.do?searchKeywordTo=3&word_no=185951.

그런데 성적이 어느 정도 이상인 학생들이 영락상업고등학교로 가면 등록금을 다 준다고 하더군요. 담임 선생님께 그렇게 말씀드렸더니, 어떻게 보면 나쁜 선생님이셨을 수도 있는데 학교 또는 본인의 입장 때문인지 좋아하셨어요.

7. 고등학교 시절, 검정고시, 대입 준비

이창희: 중3 초에 영락상업고등학교에 가기로 하고 '내가 지금부터 무엇을 할 것인가?' 생각했어요. 그때에도 '나는 대학을 가서 훌륭한 사람이 될 것이다.'라는 생각에는 아무런 의심이 없었어요. 어려서부터 '나는 뭔가 대단한 사람이 될 것이다.'라고 스스로 생각했어요. 결국 못 되고 말았지만, 그때는 '무엇인가 대단한 사람이 될 것이다.'라고 생각했어요. 사실 자의식이 굉장히 높았어요. 그래서 다른 아이들 보면, '나는 얘들하고 다르다, 나는 다른 사람이다.' 이렇게 생각했으니까. 그런데 그때 '내가 지금 수학을 열심히 해도, 머리라는 건 깨우치는 나이에 맞춰 가는 거니까 수학 공부에는 한계가 있어서 크게 도움이 안 될 것이다. 영어를 해야겠다.'라고 생각했어요. 그래서 1년 내내 영어 공부만 했어요. 그때 생각으로 다른 건 열심히 할 필요가 없으니까 영어만 공부했어요.

1년 동안 다른 것 그만두고 죽으라고 영어 공부만 했어요. 학교 성적도 좀 떨어졌지만 그냥 영어 공부만 했어요. 중3이 끝날 무렵에는 영어를 읽는 데 아무 문제가 없었어요. 중3 지나면서 영어 공부를 하지 않아도 됐어요. 그때 『영문해석연습 1200제』라는 책이 있었는데, 중3 때부터 고1 초반까지 그 책을 다 보고 나니까 영어는 정말 아무 문제가 없었어요. 어휘도 굉장히 어려운 책이었으니까요. 아주 어려운 학술논문이 아니면, 다 읽거나 쓸 수 있게 됐어요.

그 무렵 우리 큰형이 덕수상고를 졸업하고 은행에 다닐 때 친구에게 『Grolier Classics』라는 영어책을 강매당했어요. 나중에 보니 미국 사람들이 장식용으로 쓰는 영문고전 시리즈이더군요. 다 합치면 1만 쪽은 넘고 2만 쪽은 안 되었던 듯해요. 그것을 거의 다 읽었어요. 톨스토이, 도스토옙스키, 디킨스, 아담 스미스, 밀, 벤담 온갖 책. 지금 생각해도 신통한 것은 벤담의 『Introduction to the Principles of Morals and Legislation』을 그 시절에 다 읽었어요. 스피노자도 읽었는데 제대로 이해했다는 느낌은 들지 않았지만, 이신론(理神論, deism)이라는 개념을 이해하면서 기독교관이 많이 바뀌기도 했어요.

강성모: 그렇게 해서 영락상업고등학교로 가셨군요?

이창희: 영락상업고등학교로 갔는데, 가르치는 내용이 엉망일 때가 많았지. 심지어 이런 선생님도 있었어요. 책에 나온 문제가 '100원짜리 물건이 있다. 이 100원에 10% 마진을 얹어서 가격을 잡았다. 그런데 팔리지 않아서 판가의 10%를 깎았다. 물건값이 얼마냐?' 선생님은 100원이 답이라더군요. 10% 올렸다가 10% 내렸으니까요. 내가 "100원이 아니라 99원이다."라고 아무리 설명해도 못 알아들으시더군요. 그렇게 학교를 1년 다녔어요. 1년 조금 넘어 2학년 초까지. 수업 시간에 따로 할 일이 없으니까, 선생님들이 말하면 영어로 받아 적었어요. 그런데 생각하니까 대학을 가야 하는데, 학교에 앉아 있는 시간이 너무 아까운 거야. 그래서 학교를 그만두고, 고등학교 2학년 나이에 검정고시 시험을 쳐서 붙었지요.

김범준: 그때의 기억이나 공부 환경을 말씀해 주실 수 있을까요?

이창희: 그 무렵의 기억이라면, 내가 살던 동네에 무허가 주택들이 많았는데, 우리 집은 그때 양성화를 받았어요. 그래서 우리 집은 안 걸렸지만, 사람들이 양성화를 못 받은 무허가 주택을 올리면 기동 타격대가 수시로 와서 다 때려 부숩니다. 중학교 동창 가운데 한 친구가 어느 날 아침 일어났더니 걔네 집이 없어져서 걔가 인사를 하러 온 거야. "살 곳이 없어서 시골 내려간다."라고 말하면서요. 전라도 아이였는데 전라도로 아침에 내려간다고 하더군요. 그런 것을 늘 보면서 컸어요.

그 와중에 공부를 시작하였는데, 그전에는 공부를 많이 하기가 어려웠어요. 제일 큰 이유 중 하나는 앉을 책상이 없었기 때문이에요. 방 두 칸에 식구가 많으니까요. 아버지, 어머니, 동생들 셋이 한쪽 방에 살고, 이쪽 방에는 할머니, 삼촌, 우리 삼 형제가 살았는데, 방이 두 평쯤밖에 안 되었어요. 거기에 다섯이 사니까 공부를 할 수 있겠어요? 게다가 형들이 이미 공부를 하고 있었지요. 형들이 조그마한 책상 두 개를 놓고 공부를 하는데 나는 앉을 곳이 없었어요. 그래서 두 책상 사이에 한 20cm 공간이 비었는데, 할 수 없이 거기에 접이식 바둑판을 딱 얹었어요. 바둑판에서 책을 보고 그랬지요. 우리 큰형이 덕수상고를 나왔는데, 고등학교를 졸업하고 한일은행에 취직하면서 집안 형편이 좀 나아지기 시작했죠.

우리 큰형은 참 머리가 좋은 사람인데, 고등학교 졸업하자 그때부터 내가 큰형 책상을 뺏은 거야. "큰형은 고등학교 졸업했으니까 이제 책상 필요 없다."라고 말하면서 책상을 뺏으니까, 형은 공부할 데가 없어진 거야. 그래서 머리 좋은 양반이 공부를 많이 하지 못했어요. 큰형이 나중에 동국대학교 야간을 나왔는데 그 얘기는 곧 할 수 있을 테고요.

김석환: 그러면 남자 삼 형제에 여자 형제는요?

이창희: 아니요, 4형제입니다. 하나, 둘, 그리고 셋째가 저고요. 8살 밑 여동생이 있고, 그 아래에 10살 밑 남동생이 있고, 다시 14살 밑 여동생이 있습니다. 막냇동생은 나이 차가 워낙 많죠. 그래서 우리 큰형이랑 18살 차이가 나니까.

강성모: 그러한 환경에서 검정고시와 입시 공부를 하셨군요.

이창희: 그렇게 대학 입시 공부를 하는데 책상에 앉아서 그냥 밤새운 날이 많아요. 책상에 앉아서 밤새고 싶은 게 아니라, 막상 자려면 누울 자리가 없는 거야. 워낙 조그마한 방이니까. 자는 사람들을 막 밀쳐서 옆으로 누울 자리를 만들어 거기에 눕거나 포기하고 책상에서 그냥 잤어요. 어떤 날은 책상에 앉아서 밤을 새우기도 하고, 어떤 날은 자리를 만들어서 눕기도 하고, 그때는 공부를 참 열심히 했어요.

공부하다가 새벽 3시, 아니 4시네요. 3시 방송이 없었고 4시가 되면 라디오에서 시조창(時調唱)[2]이 나옵니다. 라디오 방송이 '동창이 밝았느냐'라는 시조창으로 시작합니다. FM은 아직 없었고 그냥 라디오 방송이죠. 시조창이 나오는 것을 듣고 자는 정도로 그 시절에 한 2년 가까이는 정말 말도 안 되는 형편없는 체력을 가지고 하루에 4시간씩 자고 공부를 했어요.

학년으로 치면 고2 말에 서울대를 지원했어요. 평생 좋은 선생님들도 참 많이 만났어. 나쁜 선생님도 만났지만 좋은 선생님들을 더 많이 만났는데, 교회 선생님이 소개해 주셔서 학원을 좀 공짜로 다니기도 하고요. 그렇게 서울대학교에 시험을 치러 갔죠. 시험을 치고 생각해 보니까, 총점은 아마 합격에 들었을 것 같은데 아무리 보아도 수학이 빵점이야. 영어는 20분 만에 다 풀고 괜히 맞는 답 틀리게 고칠까 봐 시험 끝나기 전에 퇴실 허가 종이 울리자마자 튀어나왔지요. 수위 아저씨가 '저 녀석 시험 포기하고 나왔구나.'라는 표정으로 불쌍하게 쳐다보더군요.

김정홍: 본고사 시절이었지요?

---

2) 시조창(時調唱): 우리나라 고유의 시(詩)인 시조를 가사로 삼아 부르는 노래. 아래의 한국민족문화대백과사전 웹페이지 참조. https://encykorea.aks.ac.kr/Article/E0067224

이창희: 본고사죠. 그 시절에는 수학을 30점만 맞으면 안정권입니다. 본고사는 수학이 0점부터 100점까지 차이가 나니까, 대부분의 응시자들이 0점에서 한 20점 사이의 점수를 받는데, 수학이 빵점이면 과락입니다. 내 생각에 수학을 5점만 받아도 붙는데, 아무리 생각해도 한 문제도 제대로 푼 게 없는 거야. 그렇게 생각해 보니까 '앞으로 1년 동안 수학만 공부하면 대학 들어가는 데 문제가 없구나!'라고 생각했어요. 그 뒤 1년 동안 형이 취직해서 돈을 대주었기 때문에 종로학원을 다녔고, 학원 다니면서 1년 내내 수학만 했어요. 학원 수업도 들었지만 1년 내내 수학을 했고 아주 좋은 성적으로 서울대학교에 들어갔어요. 고3 나이 때는 중학교 때 교복을 주었던 최덕현이네 집에 가서 아예 1년을 살았어요. 밤에 잠잘 공간이 필요해서요. 먹는 것도 좀 나았고. 덕현이 어머님께는 평생 감사하는 마음으로 지냈습니다. 더 자주 찾아뵀어야 했는데….

윤지현: 고2 때 고등학교를 그만두시고, 그해 입시에서는 잘되지 않았고, 그다음 해에 대학에 들어가셨군요?

이창희: 그다음 해에 정상적인 나이에 들어갔어요. 그래서 중학교 동창인 노영재와 다시 대학 동기가 되었지요. 거기까지가 사람들이 잘 모르는 나의 전사(前事)지요.

김정홍: 본고사 문제가 일본 동경대학 입시 문제를 베껴서 굉장히 어려웠지요?

이창희: 예, 『경향과 대책』이라는 일본 책이 있어요. 입시 문제집인데요. 그걸 그냥 거의 베껴서 내다시피 하는 경우가 많이 있었어요. 1년 내내 수학을 했다는 말은, 시중에 있는 수학책을 다 봤다는 뜻입니다. 정말로 모든 수학책을 다 공부했어요. 좋은 성적으로 대학에 들어갔고, 아르바이트로 학생들 그룹과외를 많이 가르쳤는데 거의 신의 수준이지. 애들이 문제를 풀어오면 "이 문제는 한 7가지 방법 정도로 풀 수가 있는데, 네가 푼 건 네 번째 방법이야. 1시간 만에 푸는 방식부터 딱 1분 만에 푸는 방법까지 온갖 방법이 다 있어." 이렇게 이야기해 주었지요. 내 사촌 동생이 나보다 네 살 밑이고 서울대학교 경영학과 나왔어요. 동생이 고2 때인가 고3 때인가 "형, 이 문제의 풀이를 보아도 잘 모르겠어."라면서 들고 왔어요. 그래서 내가 딱 보고 암산으로 "답이 이거 아니냐?"라고 말했더니 애가 창피해서 혼자 풀겠다고 그냥 물러난 적도 있어요. 워낙 모든 문제를 다 풀어 봤으니까.

사실 초등학교 5학년 때부터 돈을 벌기 시작했는데, 5학년 때 신문 돌린 것부터 시작해서 6학년도 그렇게 살았지요. 중학교 1학년 때부터는 애들 과외를 가르치기 시작하고, 중학교 2학년 때는 우리 고모네 집에 입주해서 사촌 동생을 가르쳤고요. 사실 뭐 가르쳤다기보다는 우리 집 먹는 입을 덜어주려고 고모부가 나를 데려가셨다고 보는 게 더 정확하겠죠. 그래도 사촌 동생이 서울대 경영학과를 나왔으니 내 덕도 있으려나요. (일동 웃음) 집에 돌아와서는 과외를 계속 가르쳤어요. 대학 들어와서도 이리저리 과외를 가르쳤지요.

양인준: 누가 저희 어린 시절에 "꿈이 뭐냐?" 이렇게 물으면, "외교관을 한다, 대통령을 한다." 이렇게 나름 큰 꿈을 말하지 않습니까? 혹시 선생님도 어릴 때 그런 생각을 하셨나요? 지금 같은 구체적인 꿈은 언제 가지기 시작하셨나요?

이창희: 가령 '법대를 가서 대통령이 된다.' 이런 생각은 해본 적이 없어요. 6학년 때 친구 어머니가 물어보시는데, 그분이 교회 선생님이었네요. 교회 선생님이 꿈을 물어보셔서 내가 "정치인은 안 한다."라고 얘기했지요. 그리고 또 이야기하다가 "내가 장관을 해보는 건 괜찮다."라고 말했더니, 이분이 "너 정치 안 한다고 그랬잖아."라고 하시더라고요. 그때 '장관은 관료이고 정치는 다른 것이다.'라고 생각했지요. 그래서 '이분이 잘 모르는구나.'라고 생각하면서 논박을 하지 않았어요.

과학자가 되려는 생각은 했지만, 좀 더 자라니까 아니더군요. 저의 공간 감각은 정말 나쁩니다. 지금도 광화문 지하도 이런 데 들어가면 엉뚱한 구멍으로 나오니 자연과학은 안 되는 거야. (일동 웃음) 공간 감각이 나쁘니까, 특히 중학교 수학을 배울 때 기하 쪽을 잘하지 못했어요. 기하에서는 보조선을 그려야 하는데 어떻게 그려야 할지 도저히 알 수가 없어요. 남들은 잘 긋는데 이게 도대체 눈에 안 보여. 그래서 '과학자는 안 되겠다'라고 생각했어요. 나중에 수학 실력이 조금 늘면서 웬만한 기하 문제는 대수와 좌표 문제로 바꿔서 풀었어요. 그러면 웬만큼 풀려요. 그래도 보조선을 그어야 하는 문제는 안 풀리지만요.

윤지현: 데카르트 방식으로 푸셨네요. (일동 웃음) 어려서부터 아마 책을 많이 읽으셨을 것 같고요. 우리와 같은 또래 사람들이 읽는 것보다 훨씬 다른 방식으로 더 깊이 있게 읽으셨을 듯싶습니다. '사상가로서 위대한 저술을 남겨서 위인이 돼야겠다.'라는 생각은 안 해보셨나요?

이창희: '이 사람을 본받아야겠다.'라고 생각한 적은 거의 없어요. 그냥 좋아

했던 사람들은 있었어요. 대표적으로 나폴레옹이었어요. 우리 집에 나폴레옹을 중심으로 한 성인용 책이 있었어요. 나폴레옹과 조세핀의 관계, 다른 여자와의 관계처럼 나폴레옹의 사생활에 관한 거야. 4학년 때 읽어도 이해하는 데 아무 문제가 없었어요. 그 사람이 코르시카에서 태어나 세상을 이겨나가는 것을 보면서 '이런 것을 다 극복할 수 있는 거로구나!'라는 세상에 대한 턱도 없는 자신감을 가지게 되었지요.

윤지현: 체력이 좋으셨으면 나폴레옹처럼 되셨을 수도 있었겠습니다. (일동 웃음)

이창희: 그리고 6학년 때쯤 케네디 전기를 읽어보니까 재미있었고, 케네디가 좋은 사람이라는 생각이 들었어요. 나중에 커서 보니 그렇게 좋은 사람이 아니었지만요. 그 정도 생각이 있었고 특별히 본받아야겠다고 생각한 사람은 사실 없어요.

내가 대학교 3학년 때 중앙정보부에 잡혀가 있었을 때, 존경하는 사람이 누군지 쓰라고 하더군요. 그래서 내가 "존경하는 사람 없는데요."라고 말했더니, 중앙정보부 사람들이 왜 없냐고 묻더군요. 내가 "그 사람을 존경하면 내가 그 사람을 넘어설 수가 없잖아요?"라고 답하니까, 그 사람들이 "그건 그러네."라고 동의하더군요. 지금에 와서는 퇴계 선생, 율곡 선생, 백범 선생도 존경하고, 그 밖에 존경하는 사람이 많지. 어릴 때는 워낙 기고만장했으니까. 일단 대학 들어오는 이야기까지 말했네요.

윤지현: 사투리를 쓰시지 않는 것은 서울 생활을 오래 하셔서 그렇겠지요?

이창희: 6학년 때부터 살았으니까요. 지금도 경북 사람끼리 만나면 조금 알아요. 경제학과 어느 선생님이 영주 출신이었는데, 나를 처음 만났을 때 대뜸 "안동, 영주, 봉화 그쪽 출신이군요."라고 말씀하시더군요.

김정홍: 억양이 있으니까요. 경북 북부 등 지역마다 차이가 조금씩 있더라고요.

이창희: 그래서 알아듣는 사람은 금방 알아듣는구나 싶었어요.

김석환: 옛날에는 강원도 사투리와 비슷했지요.

이창희: 강원도에 가깝죠. 사실 말은 강원도와 굉장히 가깝습니다.

김정홍: 유명인들 중에 봉화 출신이 많지요?

이창희: 유명하신 분들 많지요. 우리 법대 교수에서도 최종고 선생과 권오승 선생 등 여러 사람이 있었어요.

김정홍: 영양 이쪽도 가깝지요?

이창희: 가깝죠. 우리 이태로 선생님이 그쪽 출신이고. 아실지 모르겠는데 이태로 선생님과 나는 같은 집안입니다. 진성 이가(眞城 李家). 진성 이가는 7세손인 퇴계 선생 덕택에 최고의 양반으로 자리 잡았습니다. 우리 집안은 한 대 위로 퇴계의 삼촌이자 어릴 적 스승이신 송재 선생의 후손이라 '송재파' 또는 '송당파'라 불리고, 한국학중앙연구원에서 송재파에 관한 책을 내기도 했습니다. 퇴계 부친이 일찍 돌아가셔서 작은아버지인 송재 선생이 퇴계 선생을 키우면서 공부를 가르쳤지요. 집안 이야기로는 송재가 당신 아들보다 퇴계를 훨씬 예뻐했다네요. 더 똑똑하니까.

시조는 중국에서 넘어오셨고 집안 초기에는 지방에서 아전을 하셨어요. 이 집안이 처음으로 양반에 들기 시작하는 것은 송재 대에 이르러 과거에 붙은 거죠. 평민도 과거 시험을 칠 수는 있으니 시험에 붙고 어딘가 관찰사도 지내셨지요. 그런데 송재 선생이 거기까지 이른 사연은 그 윗대였던가 누가 책을 많이 가진 유생 집안과 혼인하시면서 부인이 시집올 때 책을 꽤 많이 가지고 오셨어요. 책이 생긴 거지. 그러니까 공부를 시작한 거야. 책이 없으면 공부할 수 없고, 과거에 합격할 재주가 없지. 그 뒤 송재 덕분에 집안이 어느 정도 반열에 올랐어요.

진성 이가에서 '진성'은 고장 이름이 아닙니다. 송재 선생이 벼슬하실 때 임금이 집안 내력을 듣고 그 윗대에 '진성군(眞城君)'이라는 이름을 붙여주었어요. 그때부터 진성 이가가 된 거예요. 진성 이가라는 이름은 송재 덕택에 생겼지만, 뒤에 퇴계 선생이 워낙 대유학자가 되니까 퇴계파가 가장 큰 세력이 되었어요. 그 윗대들의 높은 항렬이 퇴계파 밑에 들어갈 수 없으니, 모두 다른 파가 되어서 분파가 엄청 복잡합니다. 나한테 비하면 이태로 선생은 (어느 파인지 잊었지만 원래 종손에 가까우셔서) 조상 대대로 내려온 재산이 많으시죠. 우리 집안은 지손(支孫)이고요.

더구나 6·25 때 집안이 풍비박산이 났죠. 실상은 이미 그 전에 풍비박산이 났어요. 고조부께서 구한말에 의병으로 나가셨다가 객사를 하셨어요. 그때부터 그 자식들, 우리 증조부부터 뿔뿔이 다 흩어져 떠돌기 시작했습니다. 아무튼 진성 이가는 사람 수가 워낙 적습니다. 18세기 말 신분제가 흐트러진 때에 족보가 관리된 까닭이려나. 지금도 10만 명이 안 되거든요. 그러다 보니까 내가 평생 만난 진성 이가가 몇 명 안 되고, 이태로 선생이 그중 한 분이십니다. 그 말고는 이종로 사장님이라고 이태로 선생의 사촌 동생 분이 있고, 학원 다닐 때 친구가 하나가 있었고, 삼일회계법인에서 회계사 하던 시절 클라이언트 가운데 이삼직 이사라는 분과 서로 일가라는 것을 알게 되어 맨날 먹을 것도 보내주고 하셨어요. (일동 웃음) 아, 정긍식 교수 부인인 이 선생도 일가네요. 송재파에 관한 책도 정 선생이 보내주셨고요.

윤지현: 이태로 선생님하고는 언제 이렇게 맞추어보셨나요?

이창희: 사제지간에 일가인 것을 알 리가 없잖아요? 우연이었지요. 먼저 제가 알게 된 분은 사촌 동생이신 이종로 사장님입니다. 1980년대 말 로펌에서 일할 때 우리 클라이언트의 상대방이셨어요. 홍은동에 있는 스위스 그랜드 호텔을 만들 때 스위스 쪽이 우리 클라이언트였고, 한국 쪽은 신영무 변호사님이 이끄시는 법무법인 세종이었어요. 한국 쪽의 사장이 이종로 사장님이었습니다. 그 땅 주인은 이우영 회장이라는 왕손이셔서, 그 땅은 아마 왕실에서 받은 궁방전(宮房田)[3]이었을 것입니다. 해방 이후 토지개혁 때 왕실 직계들의 재산은 모두 국유화되었지만 방계들의 재산은 사유재산이 됐습니다. 나중에 친일파 재산 환수 때 시비가 걸렸던 것 같긴 하네요.

어쨌든 이종로 사장님과 얘기하는데, 옛날 사람들은 아까 이삼직 이사 때처럼 본관 등을 묻는 것이 기본이지요. 서로 '진성 이가'라고 인사하니까, 이종로 사장님이 "우리 사촌 형 이태로 선생 알아?"라고 물으시더군요. 나는 서울대학교 다니다 잘렸으니까 뵌 적이 없었고, 학교 다닐 때는 세법에 관심도 별로 없어서 당시에는 이태로 선생님을 잘 몰랐지요. 그 뒤 회계법인에 있을 때부터 세금 일을 하다 보니까 이태로 선생님 성함을 알게 되었고, 찾아뵙고 인사를 드렸었어요. 선생님은 제 처를 지금도 '할매'라고 부르시죠. 종손에 가까운 쪽의 대(代)가 빨리 내려가니까요. 실제 항렬을 따져보니 제가 할아버지뻘이더군요.

8. 서울대학교 법과대학 시절

이동진: 말씀 나오니까 질문이 생각나고, 또 어떤 답을 하실지 짐작이 가기

3) 궁방전: 조선 후기 왕실 집안인 궁방(宮房)의 여러 경비와 제사를 위하여 궁방이 소유하거나 수조권(收租權)을 가진 토지. 아래의 한국민족문화대백과사전 웹페이지 참조. https://encykorea.aks.ac.kr/Article/E0006781.

도 합니다. 왜 법대를 가셨는지요?

이창희: 법대를 왜 갔냐고 물으면 우리 세대에서는 거의 다 같은 답이 나올 수밖에 없어요. 공부 잘하니까 법대 간 거예요. 다른 답이 별로 없습니다. 법대 갈 수 있는데 다른 과를 간다고 하면 학교 선생님들이 야단을 쳤죠. 극히 예외적인 경우를 빼고 나머지는 다 법대로 갔으니까요. 어려서부터 공부 잘하면 그냥 '나는 서울법대 가는가 보다.'라고 생각했으니까요. 정확히 우리는 사회계열로 들어왔어요. 사회계열에 들어와서 경제학과 갈 생각도 있었는데, 법대를 간 이유는 조금 안전하게 생각했던 셈이겠죠.

경제학과를 가면 학교에서 배우는 걸 다 때려치우고 그 당시에는 주로 좌파 경제학이니까 그걸 공부해서 그쪽으로 가는 길이 있었어요. 그런데 제가 그것을 할 수 있다고 생각하지 않았어요. 제일 큰 이유는 어려서부터 몸이 약해서 노동자 생활을 하면서 이론가를 한다는 건 도저히 불가능하다고 생각했어요. 법대를 갈 수밖에 없는 다른 이유는 그 밑의 다른 과를 가는 건 자존심이 허락하지 않으니까요. (일동 웃음) "서울대 갔더니 무슨 과 갔네." 그런 소리를 듣고 싶지 않았습니다.

법대 와서 판사나 검사가 되겠다는 생각도 없었어요. 처음에는 '영어를 잘했으니까 외무고시를 쳐서 외교관을 해야겠다.'라는 생각이 좀 있었어요. 1년 정도 그런 생각을 가졌어요. 그러다가 2학년 말에 10·26 사태 때문에 세상이 다 틀어졌고, 그때부터는 이제 세상이 움직이는 대로 흘러오게 되었지요.

김석환: 선생님의 대학 시절은 워낙 격변기였지요.

이창희: 대학 1학년에 들어가서 처음에는 '내가 학생 운동을 하겠다.'라는 생각이 있을 리가 없었고요. 당연히 불만스럽기는 했지요.

김석환: 1980년에 3학년이셨겠네요.

이창희: 1978년에 입학했으니까, 그렇지요. 내가 자라난 성장 과정이 있다 보니까, '이 나라가 이래서는 안 된다.'라고 생각하면서도 '내가 내 몸 바쳐서 나라를 바로잡겠다.'라고 생각하지는 않았어요. 그러다가 학생 운동에 좀 관여하면서 '개인의 희생이 있더라도 나라에 이바지해야겠다.'라고 생각하기 시작했고요. 더 중요한 것은 대학에서 사회과학 서적들을 선배들과 같이 읽으니까 세상이 다 보이더군요.

그때까지는 이미 나름대로 세상 이치를 깨우쳤다고 생각했지만, 자본주의라는 큰 사회가 어떻게 움직이고 우리나라가 어떻게 돌아가는지 등까지 생각이 미치지 않았으니까요. 선배들과 같이 책을 읽으면서 그런 게 보이니까 재미있었어요. 또 원래 나의 관심사가 더 넓어서 철학책, 신학책, 역사책도 많이 읽었어요. 대학 다닐 때 학교 공부는 거의 안 하다시피 했지만, 하루에 14시간씩 따로 열심히 공부했어요. 대학교 1학년 2학기 무렵까지는 읽어야겠다고 생각한 책을 거의 다 읽었어요. 여태껏 읽은 책 대부분을 그 시절에 읽었고, 나의 사고방식은 다 그 시절에 생겼다고 생각해요. 그때 법대에서 배운 거는 사실 뭐 그냥 수업 안 들어도 똑같은 것들이니까. 교양과정에 좋은 선생님도 계셨고요.

윤지현: 그때는 학교 수업을 제대로 하지 않던 시절이었지요?

이창희: 수업도 제대로 안 했고요. 사실 한 학기에 잘해야 6~7주 수업을 했을 거예요. 학기가 시작되어도 데모를 하니까 학교를 닫고 그랬으니까. 그래도 선생님한테 배우는 게 커요. 2학년 2학기 때 물권법을 김증한 선생님한테 배우러 수업을 왔는데, 그다음 주부터 휴교령이 났어요. 이왕 왔으니까 수업을 하시는데 딱 1시간 만에 남아 있는 진도 중 한 200페이지를 쫙 설명해 주셨어요. 로드맵을 잡아주신 거죠. 그 부분은 나중에 읽을 때 쭉쭉 읽혔어요. 거기 지나니 다시 또 '맨땅에 헤딩'을 했지요. '배운다는 게 이렇게 중요한 거구나!'라고 그때 깨달았습니다.

윤지현: 2학년 2학기라면, 1979년 10·26 사태 때이었겠군요? 선생님께서 법대에서 제대로 공부할 수 있었던 마지막 학기였을 것 같습니다.

이창희: 그렇지요.

김정홍: 당시에는 1학년 때 사회계열로 들어가셔서 1학년 마치고 전공 선택을 하게 되는데, 1학년 성적으로 지원해서 법학 전공에 들어가셨지요?

이창희: 사회계열 학생들 대다수가 법대 아니면 경제학과 지원인데, 지원자가 많았어요. 그래서 법대는 원래 150명인데 180명 정도 뽑았던 것 같고, 경제학과는 100명인데 130명 정도 뽑았어요. 우리 학번이 1978년에서 1979년으로 넘어가면서 전공을 선택하던 그해는 경제학부의 커트라인이 더 높았습니다. 법학과 간다는 애들은 잘 말도 꺼내지 않았어요. "이 판국에 고시 쳐서 판검사가 되겠다."라는 말은 창피해서 입에서 꺼낼 수도 없었어요. 그러니까 경제학과 커트라인이 올라간 거죠. 나도 경제학과 갈까 싶기도 했었는데, 학교 수업을 워낙 안 듣다 보니까 성적이 잘 안 나왔어요. 경제학과는 간당간당한데 떨어지면 어

느 과로 밀려날지 모르니까, 그냥 법대에 지원했습니다. (일동 웃음)

김석환: 유시민 씨가 언제 방송 인터뷰에서 그 이야기를 했습니다. 유시민 씨가 2학년으로 올라갈 때 경제학과 커트라인이 법대보다 더 높았다고 말했습니다.

이창희: 맞아요. 그때 그랬을 겁니다.

김석환: 그러면 1학년 때 유시민 씨와 같이 학교 다니고 서로 아셨나요?

이창희: 아니요, 유시민 씨와 같은 반이 아니었어요. 1학년 학생들이 여러 반으로 나뉘었는데, 유시민 씨와 같은 반이 아니었어요. 그때 알았던 건 아니고요. 유시민 씨는 2학년이나 3학년 때 얼굴이나 알았던 정도일까요? 나중에 강제징집 당해서 군대를 같이 끌려갔으니까, 그때 알았죠. 유시민 씨와 유종일 교수 모두 같이 끌려갔어요. 유종일 교수는 써클 1년 선배이기도 하고요.

김정홍: 중앙정보부에서 고초를 당하신 계기는 글을 쓰신 것 때문이었나요?

이창희: 네, 1979년 10·26 지나고 1980년 초까지 그 기간이 일종의 해방 공간이었어요. 그때 법대에서 학생들끼리 보는 잡지를 우리가 만들었어요. 『현장』이라는 제목이었어요. 내가 거기에 글을 썼는데, 내용은 결국 '노학 연대가 필요하다.'라는 얘기예요. 제목은 "헌법과 허위의식"이라고 붙였는데, 여기 '허위의식'은 '이데올로기'라는 말입니다. 지금은 '이데올로기'를 '정치 이념'이란 뜻으로 쓰지만, 원래는 정치 이념이 아니라 '잘못된 의식'을 말합니다. 객관적 현실과 다른 의식이 사람 머릿속에 생겨나는 것, 맑스(Karl Marx)가 말한 '도이치 이데올로기(die deutche Ideologie)'의 그 이데올로기라는 뜻이죠. 정확하게 말하면, 그것은 '독일 관념론'인 '이데알리스무스(der deutsche Idealismus)'를 비꼰 제목입니다.

독일 사람들이 철학이라 생각하는 '이데알리스무스'가 다 헛된 착각, 현실과 전혀 다른 의식이 관념 속에 박힌 '이데올로기'라는 것이지요. "헌법과 허위의식"이라는 글의 테제(these) 절반은 '법률 제도가 사람들에게 현실과 전혀 다른 의식을 낳고, 자기 자신의 객관적 존재를 깨닫지 못하게끔 하는 그런 역할을 한다.'라는 말이었습니다. 헌법에 나온 공익이나 인권이 그 당시에는 거짓말이잖아요. 마치 국가가 공공복리를 위해서 움직이고 사람들의 인권을 보호하는 척하는 것이지요. '이걸 깨기 위해서는 지금까지의 학생운동과 시민운동으로는 어렵다.', '노동자가 정치세력으로 직접 나서야 한다.', '노학 연대가 필요하다.' 등의 얘기를 썼어요.

5·17이 터지고 나서는 그냥 넘어갈 수 없게 되었지요. 5·17전부터 벌써 나를 잡으려는 손길이 뻗어오기 시작하더라고요. 그래서 이미 20일쯤 전에 일단 도망쳤었어요. 그 뒤 5·17 터지고 광주민주화운동도 벌어지니까 더 도망갈 수 없어요. 날 잡으려고 우리 큰형을 잡아들여서 모질게 고생을 시켰거든요. 큰형이 버티지 못하고 내가 있던 곳을 얘기했고요. 큰형은 그것 때문에 굉장히 미안해하는데, 나는 큰형을 원망한 적이 전혀 없어요. 당연히 그렇게 될 수밖에 없었어요.

김석환: 도피 생활을 하다가 잡히신 겁니까?

이창희: 뭐 잡혔다고 말해야겠지. 그것은 보기에 따라 다르지요. 우리 큰형이 '자수로 처리해 주겠다.'라는 타협을 하고 그 자리에서 나한테 전화도 해줬어요. 나를 잡은 사람들은 '검거'라고 보고했어요.

김석환: 5·17 또는 5·18이 지난 다음에 잡히셨나요?

이창희: 5·17이 터지고 광주민주화운동 진압 전이었으니까, 5월 20일이나 21일쯤일 겁니다.

윤지현: 그때에는 경찰이 학교 안에 들어와 있었지요?

이창희: 경찰이 서울대 안으로 밀고 들어와서 학생들을 한꺼번에 다 잡아가고 그랬죠. 그 뒤의 일이지만, 우리 법대 동기 가운데 박영범 목사 ― 그 친구는 나중에 목사님이 됐어요 ― 의 아버지가 그때 시경 국장이었는데 백골단이 방패를 가지고 머리를 깼어.

윤지현: 경찰이 시경 국장의 아들 머리를….

이창희: "우리 아버지가 시경 국장이다."라고 얘기하지 않은 것이지요. 그 얘기를 하기 싫어서 그냥 잡혀 있다가 풀려났는데, 방패로 머리를 찍어 머리가 깨진 거죠.

김석환: 광주민주화운동의 비극을 모르는 상태에서 그냥 잡혀 들어가셨군요?

이창희: 들려오는 소식은 안에서 알 수 있었어요. 여기저기 끌려다니면 책상에 있는 신문에서 광주민주화운동 기사가 보이니까요. 그때 옆 방에 이문구 선생[4]이 계셨던 것 같아요. 그분이 말을 걸어오셨지만 내가 너무 겁에 질려 있어서 대꾸도 못 했어요.

---

4) 이문구(李文求, 1941~2003): 『산 너머 남촌』, 『매월당 김시습』, 『관촌수필』 등을 저술한 우리나라의 문학 작가. 아래의 한국민족문화대백과사전 웹페이지 참조. https://encykorea.aks.ac.kr/Article/E0071241.

김석환: 이문구 선생님을 중앙정보부에서 보신 거군요.

이창희: 거기 옆방에서요. 어떤 때에는 문을 다 걸어 잠그는 방이었고, 또 어떤 때에는 쇠창살 안이기도 했어요. 쇠창살 안에 들어갔을 때 이문구 선생님이 말을 걸어오시는데, 너무너무 공포에 질려서 대답도 못 했어요. 처음 잡혀 들어갔을 때 기억도 나네요. 처음 들은 말이 "너 법대 다니지? 묵비권이라고 배웠지? 그건 교과서에나 있는 거야!"이었어요. 그리고 네 명이 둘러서서 그냥 패기 시작해요. 워낙 전문가들이라 사방에서 매질해도 잘 쓰러지지 않아요. 1시간 반쯤 패고 나서 첫 질문을 던져요. 기선을 제압하는 거지.

원하는 답이 나올 때까지 때리고 고문하는 거야. 나는 전기 고문 같은 건 안 받았지만 당장의 고초를 피하려면 걔들이 원하는 답을 뭔가 줘야 해요. 거기서 나를 보호해야 하고, 지켜야 할 친구들도 있고요. 난데없이 나한테 김홍일을 어디서 만났느냐고 추궁하기 시작한 거야. 김대중 대통령 아들 김홍일을. 내가 그 사람을 어디서 만났겠어? 그런데 만난 적 없다고 버티면 맞아 죽겠더군요. 얘들은 이미 그림을 만들어서 간첩 사건을 엮으려고 했을 겁니다. 김대중 대통령을 간첩이라고 몰고 갔으니까 '그 조직이 학원에까지 이렇게 침투해 있었다.'라는 그림이었겠죠. 그냥 있으면 맞아 죽을 판인데 이 궁지를 어떻게 벗어나나 생각해 보니, (특정인의 이름은 대지 않겠지만) '우리 법대 선배 가운데 이분 정도 이름을 대면 당장은 모면하겠다.' 싶어서 그 선배 이름을 댔어요. 그랬더니 딱 멈추고 "그래, 어디서 만났는지 자세히 진술해!"라고 말하더군요. 그 형님 만난 적은 있죠. 근데 뭐 1대1로 만난 것은 아니고, 우리 친구들 여럿이 있는 자리에 오셨을 때 말씀 나눈 정도였어요. 대단한 일이 전혀 아니지요. 어쨌든 상황을 쭉 진술하고 그 사람들은 그것으로 충분하다고 생각했겠지요.

조사를 받는 것은 기억력 싸움인데, 자술서를 몇십 번 썼을 거야. 쓰고 또 쓰게 해서 읽어보고, 지난 이야기와 다른 부분이 있으면 뭔가를 더 캐기 위해서 다시 패는 거야. 또 그들이 원하는 스토리에 맞추어서 완전히 기억 속에 각인시킬 때까지 그걸 하는 거예요. 조사받는 사람도 모든 스토리를 다 밝히지는 못하니까 걔들이 원하는 대로 어느 정도 맞춰 들어가고, 이렇게 하면서 스토리 하나가 완성될 때까지 가는 거야. 그때까지 계속 맞는 거야. '걔들도 오케이, 나도 오케이.' 하는 스토리가 나올 때까지요. 후환, 특히 가족의 안위를 생각하면, 나중에 못 뒤집어요.

그래서 '천상 감옥에 가는구나.'라고 생각했는데, 갑자기 대세가 바뀌었어요. 아마 미국이 뭔가를 했겠지요. 그래서 다들 풀려났어요. 그렇게 집에 왔고 두어 달 있으니까 갑자기 군대에 가라는 영장이 왔어요. 징집 영장을 받아서 군대에 갈 때 수도통합병원에서 신체검사를 했어요. 그런데 정상 항목이 별로 없었어요. 몸이 워낙 엉망이었던 마당에 잡혀가서 고생까지 했으니까요. 군의관들이 벌벌 떨었습니다. 당연히 면제시켜야 맞는데, 그렇게 하기가 어려웠겠지요. 시력 하나만으로 면제가 당연한 것은 아시는 바와 같고요. 결국 현역 판정을 받아서 논산으로 갔어요.

논산으로 들어갔는데, 거기 현역 군의관들도 또 아주 곤혹스러워했어요. '나를 집어넣으면 틀림없이 죽을 것 같고, 아니면 내가 그 전에 총 들고 난리를 칠지도 모르겠다.'라고 생각했겠지. 원래 사나흘이면 다들 훈련소에서 훈련을 받기 시작하는데, 나는 한 달 가까이 입영 장정[5)]으로 갇혀 있었어요. 논산에서 그냥 가만히 있는 거야. 맨날 밤중에 식당 취사병 도와서 두부만 한 달 동안 자르다가 집에 가라고 해서 집에 왔죠. 그렇게 집에 온 것이 1980년 9월 하순이었습니다.

9. 동국대학교 졸업과 서울대학교 복학

양인준: 그때 서울대에서 제적된 상태였습니까? 제적되고 동국대학교로 가셨나요?

이창희: 서울대학교에서 제적되었고, 다시 대학 갈 생각이 없이 취직하려고 했어요. 우리 집안이 어려우니까 뭐라도 도와야 했으니까요. 그런데 어디를 가도 당연히 취직이 안 돼. 더구나 대학 중퇴이고 검정고시니까 최종 학력은 중졸이잖아요. 중학교 때 선생님 한 분이 사업을 시작하셔서 찾아갔더니, "너한테 시킬 수 있는 것은 공장 일밖에 없어." 그러시는 거야. 그런데 건강 때문에 공장 일을 할 수 없었어요.

그때쯤 일부 대학들에서 광고가 나오는 거야. 당시에 본고사가 없어지고 예비고사인가 학력고사인가 그 점수만으로 학생을 뽑는데, 이 시험 점수가 몇 점 이상이면 돈을 주겠다는 거야. 등록금 다 주고 생활비까지 준다는 거지. 단국대

5) 입영 장정: 군역에 소집되어 군대에 들어갔으나, 아직 훈련을 받거나 부대 배치를 받지 않은 남자. 아래의 국립국어원 우리말샘 웹페이지 참조. https://opendict.korean.go.kr/dictionary/view?sense_no=739195&viewType=confirm.

학교와 동국대학교가 그랬어요. 단국대학교가 돈을 더 많이 줬지만, 동국대학교에 원서를 냈어요. 우리 큰형이 다니던 한일은행이 동국대학교와 가까웠어요. 큰형이 나중에 대학에 가면 내가 좀 도와줘야 하니까, 동국대학교에 원서를 넣게 됐죠. 그래서 시험을 쳤는데 성적을 굉장히 잘 받았어요. 사실 그때 군에 있는 동안 체력장 원서 접수 날짜가 지나서 20점 손해를 봤는데도요.

체력장 이야기하면 내가 처음에 대학 들어가려고 1977년에 체력장 시험을 쳤어요. 20점 만점인데 특급은 20점이고, 제일 못하면 5급으로 11점을 줍니다. 내가 하루 종일 뛰었는데 딱 11점이었어요. 그래서 '이것을 할 가치가 없다.'라고 생각하고 1978년에 대학 들어갈 때는 원서만 내고 딱 10점 받고 말았어요. 예비고사 10점 손해 보고 들어갔는데도 서울대학교 입학시험에는 아주 좋은 성적으로 들어갔어요. 1980년에는 아예 체력장 원서를 못 냈으니 20점 손해를 봤는데, 성적이 서울법대에 간당간당 합격할 수 있을 정도이었어요. 서울법대에 다시 들어갈 수는 없으니, 그 성적으로 동국대학교에 들어가서 장학금으로 다달이 꽤 많은 돈을 받았어요. 그 당시 삼성전자에 취직하면 한 27만 원 정도 받았을 텐데, 학교에서 준 돈이 15만 원쯤 됐습니다. 꽤 많은 돈이죠.

윤지현: 그때에는 사립학교들이 우수 학생 유치에 많이 노력했다고 들었습니다.

이창희: 그렇지요. 그렇게 동국대학교에 들어갔어요.

김석환: 동국대는 80학번이신가요?

이창희: 81학번이지요. 처음에는 경찰이 우리 집 앞에서 죽치고 있었으니까 학교에 갈 수가 없었어요. 학교에 가면 또 당연히 잡았을 테니까요. 학교에 말해서 야간 대학으로 해놓고 학교에 가지 않았어요. 저녁에 경찰이 퇴근하면 나는 학교로 갔어요. 그렇게 몇 달 지나니, 경찰이 포기하더군요. 아무것도 나오는 게 없으니까.

김석환: 동국대학교에서 4년 졸업을 하고 복학하셨는지요?

이창희: 네. 동국대학교 다녔던 얘기부터 하지요. 처음에 다시 대학에 왔으니 '경제학을 공부해서 이제 교수가 되어야겠다.'라고 생각을 했어요. 원래 경제학에 관심이 있었으니까요. 그래서 경제학 공부를 했어요. 약 1년 공부하니까 경제학을 웬만큼 다 알겠는데, 여러 여건 때문에 경제학자의 길을 가기 어렵다고 생각했지요.

그래서 뭘 할까 고민하다가 친구 권유로 회계사 시험을 준비했어요. 상업고등학교를 다녔으니까 부기를 할 줄 알아서 회계사 시험을 쉽게 붙었어요. 공부를 시작해서 곧바로 붙었고 1982년 말에 삼일회계법인에 취직했어요.

1983년이나 1984년에 다시 정치 체제가 변동이 생기면서 복학이 됐어요. 양승규 교수님이 부학장이셨던 시절인데, 그동안 스토리를 말씀드렸더니 '동국대학교 졸업하고 오라.'라고 말씀하시더라고요. 그래서 1년인가 더 다녀서 졸업하고, 서울법대에 복학했지요. 1986년인가 복학했는데 학교에 다닐 수가 없는 거야. 동국대학교는 야간 과정이니까 문제가 없었는데 서울대학교에는 다닐 수가 없는 거야. 내가 이미 직장생활을 하면서 처자식이 딸려 있고 부모 형제의 생계도 책임지고 있었으니까요. 복학 당시에는 회계법인 생활 2년 반을 마치고, 1985년부터 '아세아 합동법률사무소' 로펌에서 일할 때였어요. 그곳에서 일하던 법대 동기가 나를 추천해서 옮겼어요. 민병국 변호사님이라고 법대 22년 선배님이 대표로 계셨던 직장입니다. 1년이나 2년쯤 로펌에서 일하다가 복학을 하려니 학교 다니는 것이 참 힘들었어요. 다행히 선생님들과 조교를 하던 법대 동기들이 도와주어서 학교를 마쳤어요. 여러 교수님들과 재미있는 이야기들도 있었고, 송상현 교수님과의 이야기는 송 교수님 기념논문집에도 썼습니다. 그렇게 해서 1987년쯤 졸업을 했어요. 그래서 학사 학위가 두 개입니다. 사람들이 '왜 동국대학교 학사가 이력서에 먼저 나오나?'라고 궁금해 하는 것도 이러한 사연입니다.

10. 회계법인과 로펌 근무

윤지현: 회계사 시험 치기를 결정하시면서 세법을 향한 첫 발자국을 내딛으신 셈이네요.

이창희: 그렇게 된 거죠. 회계사를 하고 싶어서 한 것도 아니고요. (일동 웃음) 그러니까 인생에서 정말로 큰 것은 다 하늘이 정하지요. 회계사 시험을 치게 된 것은 학생운동을 하다가 퇴학을 당해서 그런 것이고요.

김정홍: 동국대학교에서 경제학 공부를 하신 것이 나중에 세법 공부에 큰 도움이 되었겠네요?

이창희: 크게 도움이 됐죠. 세법뿐만이 아니고 세상을 보는 데 굉장히 도움이 됐어요. 경제학자가 되지는 못했지만 나름대로 '경제학이란 무엇이구나!'를 깨달았어요. 미시경제학에서부터 화폐금융론, 거시, 국제경제학, 후생경제학까지 쭉 공부해 보고 깨달은 것은 '근대 경제학이라는 것이 생각하는 틀이 다 같다.'

라는 것이었어요. '가정만 조금씩 바꾸고 수학만 조금씩 달라지는 것뿐이지 다 똑같네.'라고 생각하기 시작했어요. 지금 돌이켜보면 건방지기 짝이 없는 생각이지만요.

윤지현: 본의 아니게 경제학 공부를 많이 하셨고 역시 본의 아니게 회계사가 되시면서, 결국 세법 공부하시는 틀이 어느 정도 마련되었던 것 같습니다.

이창희: 그렇게 된 거죠. 세금 실무는 회계법인에서 공부하였고, 로펌에 가서는 법을 배운 거죠. 사실 그전에 법대를 제대로 다니지도 않았지만, 대학 2학년 마칠 때 1차 시험을 쳤더니 붙었어요. 동기 160명 가운데 한 30명이 붙었는데, 저도 1차 시험에 붙었어요. 지금 김·장 법률사무소에 있는 어느 동기가 어이없어서 "너도 붙었니?"라고 말하더군요. 2차 시험은 칠팔백 명을 모아서 '헌법개정 심포지움' 모임을 열어서 발표하느라고 아예 못 치고 말았지만. 난 정말 법이 별 것 아니라고 생각해요. "우리가 논리적 사고 방식을 가르친다."라고 말하지만, 그것도 불가능한 얘기입니다. 사고방식이란 어려서부터 형성되어 있으니까요. 법 가르치는 것은 어려운 글을 읽는 방법을 가르치는 것뿐입니다. 판례나 법전이나 내용과 문장이 너무 어렵지요. 어려운 글을 포기하지 않고 읽는 것을 배우고 가르치는 것이죠. 각자 나름대로 생각하는 방식은 그 전에 이미 잡혀 있던 것이지요.

로펌 갈 때 처음에는 세법 일만 한다고 생각을 했는데, 그 사무실에 세금 일이 많지 않았어요. 처음 면접 볼 때 민병국 대표변호사님이 내가 영어를 잘하는 걸 알았으니까 계약서 번역을 시키더군요. 나보다 훨씬 선배 변호사들도 있었지만 내가 영어를 훨씬 더 잘하니까, 남들이 10시간 걸릴 일을 두어 시간에 훨씬 깨끗하게 잘했어요. 다음으로 한글 계약서 영어 번역을 많이 했는데, "내 생각에는 계약서의 이런저런 부분을 고쳐야겠다."라고 말했더니, 그다음부터는 의견서나 계약서 초안을 쓰라고 하더군요. 나중에 아예 협상 일을 다 떠맡았고, 소송을 하지 않았을 뿐이지 법률 일을 다 했어요. 그걸 몇 년 하면서 법을 그때 다 배웠어요. 온갖 일을 다 했으니까요. 그래서 법은 그 시절에 전반적으로 다 익혔어요.

양인준: 선생님 책을 보면 법적인 분석을 하시면서 경제학적인 시각을 투영하시는 내용이 있는데, 또 한편으로는 여러 역사 또는 철학과 같은 사회과학적인 시각들이 많이 녹아 있지 않습니까?

이창희: 주로 대학 1, 2학년 때 공부한 거예요. 기본적으로는 그때 읽은 책들의 연장입니다. 당연히 좌파 쪽 문헌을 많이 읽었지만, 그것만 읽지는 않았어요. 나는 관심이 넓었기 때문에, 특히 역사학과 철학 책을 많이 읽었어요. 헤겔은 꽤 여러 책을 읽었고, 역사학 책은 가령 야코브 부르크하르트나 크로체처럼 사람들이 잘 모르는 학자들 책을 다 읽었습니다. 신학책으로는 바르트, 불트만, 니이버, 안병무를 많이 읽었어요. 틸리히는 어려워서 제대로 못 읽었지만. 이들 책에는 영어로 된 것도 있고 한글로 된 것도 있었어요. 부르크하르트는 영어로 읽었고, 크로체 책은 그때 번역이 있었던 것 같아요. 그때 읽은 헤겔의 영문판 『역사철학강의』와 『정신현상학』을 지금도 가지고 있어요.

1980년대 중후반 직장을 다닐 때에도 책을 계속 읽었어요. 그 시절에는 유럽 좌파 문헌이 열려서 만델, 밀리반드, 뿔란짜, 알뛰세 이런 것을 주로 읽었죠. 처음으로 소련 책도 들어오기 시작했고요. 국내에서는 '식민지반봉건사회론'과 '국가독점자본주의론'이 대립하던 시대였죠. 이진경의 『사회구성체론과 사회과학방법론』은 그 당시 엄청난 책이었습니다. 공산주의가 막을 내린 뒤에는 결국 '문화게릴라나 하자'라는 어떻게 보면 어처구니없는 결말에 이르고 말았지만.

윤지현: 1980년대가 엄청난 시기인데 그 와중에 고초를 많이 겪으시고 원래 생각하셨던 경로가 많이 틀어졌지만, 경제학을 공부하실 기회를 가지셨고, 공인회계사 자격이 나중에 유학이나 세법 진로에 큰 영향을 미친 것 같습니다. 아까 1980년대 중반에 벌써 가족을 두셨다고 말씀하셨는데, 그 부분에 대하여 여쭈어도 될까요?

이창희: 로펌을 5년 반 다녔는데, 그때만 해도 로펌에 회계사라는 게 굉장히 드물었어요. 그때 김·장 법률사무소에 김우택 회계사가 계셨고, 그다음으로 백우현 회계사가 두 번째로 김·장 법률사무소에 합류하셨고 거의 같은 시기에 내가 아마 세 번째로 로펌 업계에 들어갔던 셈입니다. 그 뒤 여동준 회계사가 김·장 법률사무소로 가시면서, 로펌에 회계사들이 늘기 시작했습니다. '회계사들을 유학 보내주느냐?'라는 논의도 있었지만, 우리 대표님은 유학을 보내주셨어요. 그래서 미국에 갔죠. 아이 둘 데리고 미국으로 갔고, 미국에서 셋째가 태어났어요.

윤지현: 가정을 언제 이루셨는지요?

이창희: 결혼은 1986년에 했어요. 그때는 딱 보통 나이였습니다. 28살쯤이었

으니까. 교회에서 내 처를 만나 결혼하게 됐어요.

11. 유학 시절 및 박사 학위 과정

이동진: 그러면 유학 갔다 오신 다음 '교수를 해야겠다.'라고 생각하셨나요?

이창희: 유학 갈 때까지는 딱 교수를 하겠다는 생각이 없었어요. 사실은 제가 회계법인에 약 3년, 로펌에 약 5년을 다녔어요. 회사에서 유학을 보내주니까, 그때는 일 자체가 너무 지겹고 힘들고 싫어서 그냥 일단 도망가듯이 유학 갔어요. 처음에는 로펌에 안 돌아간다고 생각하고 '다른 곳에 취직을 해야겠다.'라고 생각했어요. 컨설팅 회사 맥킨지(McKinsey & Company)가 그때 한국에 안 들어왔는데, 맥킨지와 얘기가 다 됐었어요. 그때 맥킨지 갔으면 지사장 맡아서 돈을 많이 벌었겠죠. 그런데 오랜만에 학교에 가 있으니까 좋은 거야. 그래서 이제 '선생을 해야겠다.'라고 거기서 마음을 먹었죠. 공부하다가 거기서 박사 과정에 들어갔죠.

이동진: 박사 과정 전공으로 세법을 정하신 계기가 있는지요?

이창희: 사실 세법이 별로 재미가 없었어요. 세법은 테크니컬(technical)한 것에서 벗어나지 못하는데, 나는 그런 주제를 별로 좋아하지 않았거든요. 테크니컬한 내용은 학생들을 가르쳐야 하니까 계속하는 것이지, 즐기지 않습니다. 그래서 다른 전공을 하려고 생각했어요. 로펌에 5년 반 일하면서 합작투자 같은 회사법 일을 세법보다 더 많이 했으니까, 회사법을 하려고 했어요.

하지만 박사 과정 입학 경쟁을 뚫기에는 세법이 훨씬 좋더라고요. 세법을 하는 사람이 별로 없으니까. 그래서 경쟁을 뚫기 위해서 세법을 하게 됐고, 그때 LL.M. 페이퍼를 정말 잘 썼어요. 그 페이퍼는 버클리에서 출판되었어요. LL.M. 시절 하버드에서 엄청 좋은 성적을 받았습니다. 모조리 'straight A'를 받았으니까요. J.D. 학생을 포함해서 10년에 하나 정도 나오는 성적이래요. 행정 직원들도 "네가 Chang Hee Lee구나!"라고 알아볼 정도였어요.

이동진: 제가 하나만 좀 사소한 걸 여쭤보면요. 하버드 유학 시절은 어떠셨어요? 아까 "학교 가서 공부하니 좋았다."라고 말씀하셨는데요.

이창희: 좋았어요. 거기서 선생님의 수업 내용을 받아 적으면 그냥 논문이에요. 그때 그게 제일 큰 충격이었죠.

김석환: 제가 한번 물어본 것 같기도 한데요. 선생님과 하버드 지도교수님의

관계가 어떠셨습니까? 지도교수님이 매우 엄하셨다는 이야기를 들었는데요.

이창희: 워런(Alvin C. Warren Jr.) 선생님은 학생을 대할 때 굉장히 프로페셔널한 관계만 딱 유지하세요. 사적인 말씀 안 하시고요. 처음에 내가 가서 페이퍼를 쓰겠다고 얘기를 하니까, 워런 선생님이 "성적이 어떠냐?"라고 물어보시는 거예요. 그래서 성적을 말씀드렸는데도, 받겠다고 말씀하시지 않더군요. 그래서 아까 말한 LL.M. 페이퍼를 써서 드렸더니 일주일 뒤에 받아주겠다고 말씀하시더라고요. 내가 "경쟁률이 몇십 대 일로 높다."라고 말씀드렸더니, "전혀 문제 되지 않는다."라고 말씀하시더군요. 사실 그 LL.M. 페이퍼에 아마 천 시간을 들였어요. LL.M. 공부하면서 천 시간 들여서 글을 쓴다는 게 말이 안 되지요.

김정홍: 그 페이퍼의 주제가 무엇이었나요?

이창희: 한미 조세조약을 중심으로 한 기술 도입 계약 관련 해석론과 입법론입니다. 몇 년 전에 쓴 미등록 특허권 문제도 쟁점의 하나로 나옵니다. 다음 문제는, 어드미션(입학허가)은 받았는데 다시 박사 과정을 할 돈이 없는 거야. 로펌에서 지원하지 않는 것은 당연한 얘기이니까요.

윤지현: 로펌에서 바로 돌아오라고 압박하지는 않았는지요?

이창희: 우리 대표님이 점잖으신 분이라 그렇게 강요하지 않으셨어요. '왜 안 들어오나?' 그러셨겠지만. 어쨌든 돈이 없으니까 또 워런 선생을 찾아가서 "어드미션 주셔서 고마운데 돈이 없어서 저는 집에 가야겠습니다." 그랬더니 "그래? 그러면 기다려라." 그러시더라고요. 얼마 지나니까 학교에서 아예 생활비까지 다 주는 걸로 해놓고 말씀하시더라고요. 그래서 이제 박사 과정 들어가면서 하버드 로스쿨의 리서치 펠로우(research fellow)라는 직함을 받았어요.

그렇게 박사 과정 1년 공부를 하고, 2년차부터는 올드만(Oliver Oldman) 선생님이라고 계시는데, 올드만 선생님의 추천으로 '하버드 국제 및 지역 연구 아카데미'(Harvard Academy for International and Area Studies)라는 연구소의 pre-doc fellow가 됐어요. 이제 거기서 돈을 받게 됐고요. 그 연구소는 굉장히 좋은 곳입니다. 브레진스키(Zbigniew Brzezinski)가 거기 연구원이었고요. 여러분들이 이름을 알 만한 사람으로는 새뮤얼 헌팅턴(Samuel P. Huntington)이 여기 연구원이었고, 하버드 대학 총장을 언제든지 하려면 할 수 있었던 헨리 로소브스키(Henry Rosovsky)가 있었어요. 그렇게 시니어 펠로우들이 있고 그 밑에 주니어 펠로우들이 있었네요. 주니어 펠로우 대부분은 포스트닥(post-doc)인데요. 프리닥(pre–doc)은 나와 한 명 더 있었던 것 같아요. 주니어 펠로우 채용은 내셔널 컴피티션(national competition)인데, 포스트닥이나 프리닥 관계없이 지원해서 논문 프로포절(proposal) 검토 결과에 따라 채용하는 것입니다. 1992년에 그 자리에 가면서 2년을 해결했고, 또 많이 배웠어요. 그 연구소에서 법을 공부한 사람은 나밖에 없었고, 경제학, 정치학, 사회학, 인류학 여러 가지 있었는데, 그 친구들한테도 많이 배웠어요. 시니어 펠로우들이야 워낙 대가들이니까 당연히 많이 배웠죠. 사회과학이라든가 이런 것들을 보는 눈이 더 넓어지고 국제정세를 보는 눈도 조금 생기고.

윤지현: 전에 말씀하시기로, 하버드 대학에 가서 공부를 다시 시작하셨을 때 한국 변호사들도 연수를 많이 가던 무렵이라 하버드대에서 그분들과 같이 공부를 하셨었던 것 같습니다. 그런데 실무가 출신이라서 그런지 아니면 원래 성향인지는 모르겠지만, 그분들은 "실정법 공부는 재미있지만 법제사 같은 과목은 너무 재미없어서 듣고 싶지 않다."라고 말씀하셨고, 선생님은 "법제사가 얼마나 재밌는데."라고 답변하셨다고 회고해 주신 적이 있습니다.

이창희: 이제 이름을 직접 말해도 돼요. 우리 법대 졸업생 가운데 박병무, 분명히 천재거든요. 나는 정말 미국 법제사에서 가장 많이 배웠어요. 미국에서 LL.M 과정 24학점을 들었는데 나머지 다 합친 것보다 미국 법제사 하나에서 더 많이 배웠다고 생각해요. 빌 피셔(Bill Fischer)라고 나보다 한 10살 많은 정도의 교수님이었는데 그 수업이 재미있었어요. 사상사의 관점에서 미국 법제사를 다뤘던 수업이었고, 읽으라고 주는 판례 말고도 내가 판례를 한 이, 삼백 개는 더 읽었어요. 역사책, 사상사책, 판례를 쫙 읽었더니 그다음부터 미국에 관한 무슨 문제를 들어도 다 알게 된 거야. 컨텍스트(context)가 머릿속에 들어오니까 누가 무슨 문제를 말해도 마치 미국에 쭉 살았던 사람처럼 알게 되더라고요.

그래서 박병무 변호사에게 이 과목을 들으라고 얘기했는데, 1시간 딱 듣고 나오더니 그분이 "그런 걸 뭐 하러 배워요?"라고 말하는 겁니다. 그래서 '사람이 천재라고 해서 다 같은 게 아니구나.' 싶었어요. 나는 머리가 좋으면 다 나랑 관심이 비슷하리라고 생각했어요. 그런데 그게 아니라는 걸 그때 딱 깨달았고요.

윤지현: 박사 과정 선발이 어렵다는 압박이 없었다면, 회사법이나 법제사를 전공으로 선택하시지 않았을까요?

이동진: 저도 비슷한 질문을 드리면, 만약 다른 것을 한다면 무엇을 하셨을

지 생각해 보신 적 있으신가요?

이창희: 아까 말했듯이 회사법을 했을 가능성이 충분히 있고요. 법제사는 안 했겠죠. 그거 공부해서 먹고 살 수가 없으니. 관심은 있었지만요. 회사법은 했을 수 있는 것이 기업금융(corporate finance)까지 루시안 벱척(Lucian Bebchuk) 선생한테 다 배웠으니까요. 할 스콧(Hal Scott)한테 국제금융 배운 것도 재미있었는데, 워낙 일본 사람만 감싸는 분이라서 안 맞았고요.

김석환: 이번 정년기념논문집에서 제가 맡은 주제가 '법인세 본질'입니다. 논문 각주에 제가 썼고, 선생님께도 워런 교수님과 앤드류스(William D. Andrews) 교수님과의 관계에 대하여 굉장히 신선했던 에피소드를 말씀드린 적 있는데요. 앤드류스 교수님이 약 10년 전에 돌아가시고 제자들이 조사(弔辭)를 많이 인터넷에 올려놨습니다. 그 당시에 앤드류스 교수님은 하버드를 대표하는 세법 교수님이셨습니다. 듀크 대학교에 계시던 워런 교수님이 앤드류스 교수님의 소비세를 정면으로 비판하는 글을 쓰고, 바로 이어서 앤드류스 교수님이 반박하는 논문을 썼습니다. 이들 논문 하나하나가 굉장히 역사적인 랜드마크인데요. 이렇게 싸우는 와중에 그다음 해쯤 워런 교수님이 하버드로 옮기시더라고요. 우리나라 학교 풍토나 문화에서는 상상할 수 없는 일이었어요. 나는 처음에 워런 교수님이 하버드에서 쓴 글들인 줄 알았어요. 그런데 '역시 미국이라는 나라에 이런 모습이 있구나.'라고 느꼈습니다.

이창희: 워런 선생이 시카고 대학교에서 J.D.를 마치시고 아마 그때는 듀크 대학교가 아니라 커네티컷 대학교였을 거예요.

김석환: 듀크 대학교 교수로 되어 있더라고요.

이창희: 아마 처음에 논문을 쓸 때는 커네티컷 대학교 교수였을 거예요. 그런데 커네티컷 대학교에 교수로 있으면서, 그 당시에 앤드류스 선생이 최고의 대가니까, 앤드류스 선생의 글을 정면 비판하는 글을 낸 것이지요. 비판이라고는 하지만 사실은 테크니컬한 비판은 아니고요. 기본적으로 거기에 깔린 가치관의 차이를 보이는 거죠. 그다음에 앤드류스 선생이 그 논문을 높이 샀고, 결론에서 반대하지만, 그거는 가치 판단의 차이인 거니까요. 그렇게 해서 앤드류스 선생이 워런 선생을 스카우트한 거죠. 그래서 워런 선생이 들어오시게 됐고요. 이제 생각하면 대단한 것이 앤드류스 선생의 강의는 재미없어요. 그런데 워런 선생님은 너무 강의를 잘하거든요. 그렇게 되면 자기는 선생으로 인기가 없을 게

분명히 눈에 보였을 텐데, 개의치 않고 모셔왔던 거니까요. 예상대로 워런 선생 수업에서는 학생이 250명씩 듣고, 앤드류스 선생님 수업에는 몇십 명 듣는 정도였어요. (일동 웃음) 앤드류스 선생님 수업은 재미없지만 집중하면 되는데, 문제는 수업이 졸려서 집중하기가 어려워요. (일동 웃음) 나도 앤드류스 선생님한테 파트너십을 배웠는데, 그때 많이 졸았어요. 정말 졸리게 말씀하세요. (일동 웃음)

김석환: 선생님 개인적으로는 고난과 역경을 겪어서 어려운 과정이었는데, 달리 생각해 보면 우리 세법 학계로서는 굉장히 다행스러웠던 것 같기도 합니다. 여러 환경 때문에 영어 공부를 열심히 하셨고, 회계 · 경제학 · 역사까지 공부하셨구요. 이들이 모두 세법 공부에 필요한 지식인데, 그런 것들이 다 묶여 우리나라 세법을 이렇게 발전시키는 데 기여를 하셨네요.

이창희: 결과적으로 그렇지요. 다만 나 개인으로서는 세법이 내가 제일 잘할 수 있는 것이었다고 생각하지 않아요. 더 재미있고 더 잘할 수 있는 일이 많이 있었다고 생각해요. '역사 선생님이 되거나 법을 가르친다면 헌법이나 법철학이 더 좋지 않았을까?'라는 생각도 합니다. 결국 세법도 괜찮았는데, 테크니컬한 것에서 자유롭지 못한 것은 지금도 불편해요.

김석환: 흔히 '어릴 때부터 자기가 하고 싶은 것이나 잘하는 것을 열심히 하다 보니까 이렇게 훌륭한 사람이 되었다.'라는 내용의 이야기가 대부분인 것 같은데, 선생님 같은 경우에는 그 반대인 것 같습니다.

이창희: 결국 별로 훌륭한 사람이 되지 못했으니까요.

김정홍: 미국에서 프랙티스(practice)를 하신 것은 어떠했는지요?

이창희: 먼저 박사 과정 끝날 무렵을 말하지요. 논문을 4월 말까지 내면 5월에 졸업해요. 그런데 나는 4월 말까지 논문을 다 쓰지 못해서, 6월에 냈어요. 그래서 다음 학기인 가을 학기 졸업으로 넘어갔어요. 그 전에 논문이 통과되어야 했는데, 심사위원들이 바빠서 만나지 못했어요. 나는 이미 로젠블룸(H. David Rosenbloom) 선생님의 로펌 Caplin & Drysdale에서 일하고 있었어요. 그 무렵 로젠블룸 선생이 늘 하버드에 오셔서 국제조세 강의를 하셨는데, 수업 시간에 잘 보여서 Caplin & Drysdale에서 일했거든요. 그렇게 Washington D.C.에서 일하는데, 논문심사 일정이 안 잡히는 겁니다. 그래서 학교 규정을 찾아봤더니 심사위원들이 모두 우수 논문으로 인정하면, 논문심사 디펜스(defense)를 면제받을 수 있더군요. 그래서 "이런 규정이 있으니까 그냥 통과시켜 달라."라고 말씀

드렸어요. 워런 선생이 알겠다고 말씀하시더니 정말 그렇게 하셨어요. 나중에 보니 하버드 법대 역사에서 심사 면제 논문은 3편이었다고 해요. 그렇게 논문이 통과되면서 학위를 받았어요.

윤지현: 다른 교수님들도 모두 우수 논문으로 인정하셨으니 논문이 통과되었겠지요? 앤드류스 선생이라던가요.

이창희: 앤드류스 선생은 심사위원이 아니었고요. 워런 선생, 올드만 선생, 아비-요나(Avi-Yonah) 선생, 젠킨스(Jenkins)라는 경제학 교수까지 넷이었어요. 물론 모든 심사위원들이 우수 논문으로 인정해서 학위를 받았어요.

김정홍: 박사 논문 제목이 무엇이었나요?

이창희: "Toward a Small Country Theory of Designing an In-bound Income Tax System and Interpreting Tax Treaties"라는 긴 이름입니다. '개발도상국 또는 자본 수입국 입장에서 자국의 국익을 극대화하려면 국내법을 어떻게 만들고 조세조약을 어떻게 해석해야 하는가?'라는 일종의 전략적 게임 이론입니다. 명시적으로 게임 이론을 쓰지는 않았지만, 결국 쫙 흘러가는 사고 방식은 '서로 주고받는 과정에서 무엇을 해야 하는가?'를 다룬 게임 이론의 틀입니다. 가령 미국과 우리나라의 관계를 사례로 들면, '조세조약 해석에서 미국이 국내법 또는 조세조약 해석에서 택하는 입장을 역이용해서 자본수입국이 자국의 세금을 미국에서 공제받을 수 있는 한계가 어디까지인지?', '공제를 받지 못할 경우 국내법 입법과 조세조약 해석을 어떤 식으로 해야 하고, 그 한계가 어디까지인가?' 등과 같은 분석입니다.

워낙 비전형적인 접근인데, 심사위원들은 굉장히 높게 평가하셨어요. 아비-요나 선생은 "논문 심사를 하면서 많이 배웠다."라고 말하기도 했어요. 문제는, 이 글을 세상에 꺼냈더니 좋아하는 사람이 없다는 것이었어요. 정통적 방법론과 거리가 너무 멀었어요. 기존의 국제조세 문헌과 워낙 달랐지요. 그래서 글 가운데 경제학 부분만 잘라서 논문 몇 개로 따로 발표했죠. 분석의 전제인 현행법 부분을 법학 논문으로 낸 것도 있고요. 가령 종속대리인 고정사업장에 관한 글이 그 예입니다. 논문 전체를 하나의 책으로 출판하지는 못했어요. 사실 출판하려고 처음에 포겔(Klaus Vogel) 선생한테 보냈고, 포겔 선생은 아주 좋다고 그러셨어요. 그런데 뒤에 반대하는 사람들이 있어서 못 냈어요. 이름 대면 다 아는 유럽 사람들입니다.

김석환: 그때 포겔 교수님이 하버드에 계셨나요?

이창희: 아니요, 그냥 내가 '워런 선생님으로부터 배웠다.'라고 소개하고 원고를 보냈어요.

김정홍: 출판을 유럽의 저널 같은 곳에서 하려고 하셨나요?

이창희: 처음에 Kluwer에서 단행본으로 내고 싶어서 포겔 선생한테 연락했지요.

윤지현: 2000년대에 우리나라에서 조세조약이 문제 되면서, 선생님께서 계속 방법론에 관한 글도 쓰시고 법원에 가서 발표도 하셨습니다. 그때 많은 사람들이 '우리나라가 자본수입국에 가깝다.'라고 생각했었던 것 같은데, 박사 논문 내용에서 그 당시의 우리나라 논의에 도움이 될 만한 부분이 없었을까요?

이창희: 팔이 안으로 굽으니까 뭐 도움이 될 내용이 있었겠지만, 접근 방법 자체가 쉽게 받아들일 수 없는 내용이지요. 법학에서는 추상적 원칙이든지 뭐든지 모두가 받아들일 수 있도록 해석하여야 하는데, 내 글은 그런 접근이 아니었어요.

양인준: 선생님께서 옛날 논문을 끌어와서 말씀하시는 것을 들어본 적이 없습니다.

이창희: 내 논문은 '우리나라 국익을 극대화하려면 이렇게 해석하여야 한다.'라는 내용인데, 판사들은 그렇게 생각하지 않지요.

양인준: 가벼운 질문인데, 박사 논문을 쓰신 과정을 말씀해 주실 수 있을지요?

이창희: 고생 많이 했죠. full-time으로 그것만 하라고 돈이 나왔으니까 걱정 없이 썼어도 2년 반 걸렸어요. 많이 읽었고 하루에 열 줄 쓰면 잘 쓰는 것이었으니까요. 어느 날에는 하루에 한 페이지 넘게 썼지만, 나중에 다시 또 고치니까요. 하루에 10줄 쓰면서 막바지 6개월 동안에는 시간이 아까워서 점심을 굶었어요. 점심 먹을 마음의 여유가 없는 거예요. 이번 여름에 끝내야 한다고 생각하니까요.

윤지현: Caplin & Drysdale에는 얼마나 계셨는지요?

이창희: 여름에 내려가서 쭉 근무하다가 1995년 2월쯤 동국대학교 선생님들이 연락을 하시더군요. '미국에서 교수 자리를 잡아볼까?'라는 생각도 있었는데, 그냥 돌아가기로 정했어요. 그냥 있었으면 미국 어디에서 자리를 잡았을 것이라고 생각해요. 워런 선생과 상의했더니 "영어가 네이티브가 아니니까 그야말로

연구 능력으로 탑 스쿨(top school)에 자리 잡지 않으면 어렵다."라고 말씀하시더라고요.

양인준: 가족 분들은 미국에 남고 싶어 하시지 않았나요?

이창희: 가족들은 미국에 남는 것이 좋다고 생각했지만, 결국 가장의 결단으로 돌아왔지요. 돌아와서 애들은 한국에 적응하기 어려워 고생 많이 했어요. 지금도 미안하게 생각합니다. 결국 둘째와 셋째는 중고등학교 때 미국에 돌아가 나머지 공부를 다 미국에서 했습니다. 암튼 다들 무사히 잘 커서 고맙고요.

12. 외국 학자와의 교류

김석환: 1995년 3월에 귀국하셨다가 외국에 방문 교수로 언제 가셨지요?

이창희: 2001년에 동경대를 갔습니다. 동경대에서 1년간 강의했어요. 도쿄대의 마스이 교수가 미국 유학 시절에 가까운 친구가 되었지요. 마스이 교수는 1991년에 유학을 왔어요. 제가 한 다섯 살 더 많지만 가까운 친구가 되어서 나를 초대했어요. 그리고 2005년에 하버드를 갔다가 뒤이어 뉴욕 대학교(New York University, 'NYU')에 갔습니다. 스탠포드 대학교에는 2000년 여름에 석 달 동안 있었지요. 김건식 선생, 정상조 선생, 저 셋이서 가족과 같이 지냈습니다.

윤지현: 동경대에서는 일본어로 가르치셨는지요?

이창희: 영어로 했어요. 1978년과 1979년에 일본 책을 많이 읽어서 읽기는 잘했는데, 말은 당연히 못 하죠. 동경대학교 가기로 정하고, 처음으로 학원에 등록해서 일본말을 서너 달 배웠죠. 지금도 양인준 선생이 나보다 말을 더 잘 하지요.

김석환: 홍콩은 언제 가셨는지요?

이창희: 홍콩은 여름 동안 가서 두 달을 가르쳤습니다. 두 번 그랬어요. 먼저 홍콩대학에 갔었고, 그다음에 홍콩시립대학 갔어요. 2000년 무렵인 것 같네요.

윤지현: 유럽 학자들과의 교류는 어떠셨나요? 지난 여름학기에 왔던 오스트리아 비인대학(Wirtschaftsuniversität Wien)의 코플러(Georg Kofler) 교수는 언제 만나셨는지요?

이창희: 코플러는 NYU에서 만났어요. 내가 NYU에서 강의할 때요. 코플러는 NYU에서 LL.M.을 했지만, 워낙 똑똑하니까 로젠블룸 선생님이 NYU의 acting assistant professor[6)]를 시켜서 강의하고 있었어요. 그때 거기서 만났죠. 호주의

릭 크레버(Rick Krever)는 동경대에서 강의할 때 처음 만났고, 리차드 밴(Richard Vann)은 하버드에서 강의할 때 가까워졌습니다.

김정홍: 루스트(Alexander Rust)와 메이슨(Ruth Mason) 교수는 언제 보셨나요?

이창희: 루스트는 그때 NYU 학생으로 내 수업을 들었어요. 메이슨도 NYU에서 만났어요. 메이슨도 그때 NYU에서 acting assistant professor로서 가르치고 있었어요.

윤지현: 아비-요나 선생님은 언제 알게 되셨는지요?

이창희: 처음 유학 갔던 1990년에 하버드에는 International Tax Program이 따로 있었어요. 아비-요나 교수는 그 프로그램의 여름 과정에서 '미국법 입문'과 '세법'을 가르쳤어요. 아비-요나는 J.D.를 졸업하고 로펌에 바로 안 가고 워런 선생 조교를 1년 했어요. 그때 처음 만나서 계속 가까이 지내게 되었지요.

김석환: 그러면 두 분의 나이가 비슷하시겠네요.

이창희: 나보다 한 살인가 많아요. 아비-요나가 워런 선생 조교 끝나고 로펌에 갔다가 하버드 조교수로 돌아왔고, 제 박사 논문의 second reader가 되었죠.

윤지현: 작년에 왔던 진얀 리(Jinyan Li) 교수는 언제 만나셨는지요?

이창희: 잘 기억나지 않는데, 뉴욕 아니면 IFA(International Fiscal Association) Congress에서 만났어요. 진얀 리 교수가 캐나다의 Osgoode Hall Law School에 인터뷰하러 간다고 이메일을 보낸 기억이 있네요. 40대 중반부터 처자식이 미국에 살아서 유럽 학자들과 많은 교분을 쌓지 못했어요. 내가 또 여기저기 사람들을 만나러 다니는 성격이 아니니까요.

13. 교육 활동과 학생 지도

이동진: 학교에 오실 때 연세가 어떻게 되셨죠?

이창희: 제가 동국대에 1995년에 왔고, 서울대에 1997년에 왔으니까 만 35세, 37세 그렇게 되네요.

이동진: 아세아합동법률사무소에 가시기 전에 막연하게라도 선생이 될 것이라는 그런 생각을 하셨는지요?

이창희: 선생이 될 수 있을 것이라고 생각해 본 적이 사실 없었고요.

---

6) acting assistant professor: 미국 대학에서 학위 과정을 마치기 전의 학생이 임시로 강의를 할 수 있는 조교수의 지위.

이동진: 제가 학부 때 선생님 수업을 듣지 않았는데, '참강의기획단'이라는 활동을 하면서 강의 리뷰 책자를 만들었거든요. 제가 사본을 가지고 있었는데, 그 책자에 "선생님 강의가 전에 본 다른 선생님들한테 볼 수 없었던 강의이다." 라는 얘기가 있었습니다. 그래서 부임하실 때 '이런 선생이 되어야겠다.'라는 생각을 하셨는지 궁금합니다. 저는 아무 생각 없이 시작하였습니다. (일동 웃음)

이창희: '내가 아는 걸 가르쳐야겠다.'라고 생각을 했어요. 그러니까 뭔가 책에 있는 걸 내가 외워서 기억하고 가르치는 건 도저히 할 수 없었습니다. 일단 나는 기억력이 나빠요. 외우는 재주가 없어요. 그렇게는 못 가르치겠고요. 동국대학교에 있을 때는 가르치는 내용도 좀 달랐어요. 거기는 상과대학이었으니까, 상과대학에 맞는 내용을 가르쳐야 했으니까요. 서울대학교 와서 일단 이태로 선생님 책으로 시작했는데, 그 책을 그냥 그대로 가르치려면 기억을 하는 수밖에 없어요. 그런데 그렇게 못 하겠더군요. 그래서 '학생들에게 내가 모르는 것이나 남이 말해놓은 것을 가르치지는 않겠다.'라고 생각했어요. 그런데 내가 아는 것을 강의하려니까 처음에 굉장히 힘들었어요. 처음 3년은 수업 들어갈 때마다 배가 아팠어요. 내가 그때까지 강의 내용을 다 깨우치지 못했으니 '오늘 가서 뭘 가르쳐야 하나?' 걱정한 것이죠. 3년 지나니까 내 생각이 정리되면서 논리체계가 서고 그때부터 괜찮아졌습니다.

이동진: 아까 김석환 교수님이 교수님을 세 번 찾아가셨다고 말씀하셨는데요. 그런데 잘 모르겠지만 원래 세법 전공자가 그렇게까지 많았을 것 같지는 않습니다. 언제쯤부터 세법 전공자가 많아졌는지 궁금합니다.

이창희: 이태로 선생님이 서울대에 오래 계셨지만 박사 학위가 이철송, 안경봉 교수 두 분과 돌아가신 김철권 교수, 그리고 막판에 저도 심사위원이었던 이성우 교수 네 분뿐이에요. 석사학위를 다 합쳐야 몇십 명이고요. 내가 잘해서 그런 건 아닐 테고 90년대 말부터 세법이 중요하다고 학생들이 알기 시작한 것인지 모르겠어요. 아무튼 학생들로서는 새로운 강의를 듣는 것이죠. 여태 법대에서 들어오던 그런 말이 아니니까요. 처음에는 어떤 쟁점에 관해서 수업 시간에 내가 그 자리에서 생각하면서 말했어요. 생각하는 과정을 적나라하게 노출시킨 거죠. 우수한 학생들이 많이 모여들기 시작했어요. 그때에는 1년에 석사 과정에 몇십 명씩 찾아오고, 박사 과정에도 20명 가까이 찾아오고 그랬었으니까요.

그 시절에는 굉장히 우수한 학생들이 세법 전공으로 들어왔고요. 사법시험

안 붙은 학생들은 기본적으로 안 받았어요. 대학원에서 사법시험 공부를 하면 세법 공부를 할 수 없으니까요. 그래서 "너 (대학원에서 사법시험 공부를 하면) 세법 공부를 할 수 없다, 두 가지는 양립할 수 없다."라고 얘기했어요. 일화로 어느 날, 지금 대형 법무법인에서 일하는 학생이 찾아왔어요. "선생님 제가 드디어 세법을 공부할 수 있게 되었습니다." 내가 뭔 얘기냐고 물었더니, "제가 이번 사법시험에 붙었습니다."라고 답하더군요. (일동 웃음)

윤지현: 세법 전공의 전성기 내지는 요즘 말로 '리즈(Leeds) 시절'[7]이라고 하는 때가 2000년대 전반이죠. 로스쿨 생기기 전이요.

양인준: 제가 들어올 때가 아마 그 호황이었던 때였고 저도 운 좋게 들어 왔던 것 같은데요. 아마 여러 지원자들이 있었겠지만 제가 2007년에 대학원 박사과정을 들어왔습니다. 선생님께서 그해 4명을 뽑아주셔서 많이 들어왔습니다. 저희 박사 과정 전체 입학 정원이 그렇게 많지 않았던 걸로 알고 있습니다. 24명 정도이었던가요? 그중 4명이 세법 전공자로 들어와서 좀 이례적이었던 것 같습니다.

이창희: 그때는 지원자 수에 안분했어요. 세법 지원자 수가 워낙 많으니까 많이 들어왔지요. 그 시절에 지적재산권법과 세법이 대학원 입학생 전체의 60%쯤이었어요. 지적재산권법이 세법보다 조금 더 많았고요. 지적재산권법은 학생들이 뭔가 이걸 해야 돈을 벌 수 있다고 생각해서 정말 많이 모였어요. 세법에서도 그러한 이유가 있었겠지만 여태 못 배웠던 걸 배운다는 생각이 학생들에게 있었던 거죠.

윤지현: 아까 저의 석사 논문 심사 과정을 말씀하셨는데, 저는 그때만 해도 민법 전공을 하고 있을 때였고 선생님에 대해서 전혀 아는 내용이 없었는데요. 누가 "석사 심사에 선생님께서 들어오신다."라고 말했습니다. 그게 2000년대, 이제 세기가 바뀌는 그 시점 무렵이었습니다. 그때 제가 그분한테 미리 들어서 가졌던 인상은 굉장히 무서운 분이라는 것입니다. "학생들이 좀 이상한 소리를 하면 거기서 바로 면박을 당할 수도 있다."라는 얘기를 많이 들었었거든요. 저는

---

7) 리즈(Leeds) 시절: 외모, 인기, 실력 등이 절정에 올랐던 시기. 영국 프리미어 리그의 축구 선수 Alan Smith가 '리즈 유나이티드 에프씨'(Leeds United FC)라는 축구 클럽에서 가장 뛰어난 활약을 펼쳤던 것에서 비롯한 말. 아래 국립국어원 우리말샘 웹페이지 참조. https://opendict.korean.go.kr/search/searchResult?focus_name_top=query&query=%EB%A6%AC%EC%A6%88+%EC%8B%9C%EC%A0%88.

'그날 별로 그런 느낌을 받지 못하고 지나간 거 아닌가?'라는 생각이 들기도 했는데요. 막상 제가 학교에 와서 옆에서 교수님을 지켜보면서, 굉장히 학생들한테 잘해주신다는 느낌을 많이 받았습니다. 그 과정에서 변화가 있었던 건가요? (일동 웃음)

이창희: 원래 잘해줬어요. (일동 웃음) 그런데 성질이 별로 좋지 않으니까요. 틀린 얘기를 하면 그냥 보고 지나가지 못하니까요. 윤 선생과 있으면 틀린 얘기를 안 하니까 다른 얘기가 없었겠지요. 사실 워낙 어렵게 자랐으니까 내가 살아남는 길은 남의 눈에 드는 길뿐이었어요. 어릴 때부터 누가 얘기하면 그 사람이 생각하지 못한 것을 이야기했어요. 내가 살아남는 길은 선생님들 눈에 드는 것뿐이었거든요. 그러다 보니까 그렇게 말하는 스타일이 굳어져 있는 거예요.

양인준: 그런데 윤지현 선생님이 말씀하신 것처럼 선생님께서 부드러워지셨다는 것에 저도 정말 동의합니다. (일동 웃음) 개인적인 에피소드인데 처음 선생님이 학교 부임하시고 얼마 안 됐을 때 제가 엉뚱한 소리를 해서 선생님한테 많이 혼났습니다. 군대를 갔다 와서 선생님을 다시 뵈러 갔었는데, "양군은 날도 추운데 왜 이렇게 땀을 흘리나?" (일동 웃음) 제가 속마음대로, 선생님 때문이라고 말씀드리지 못했고요. 그 뒤에 제가 이제 또 선생이 되고, 선생님을 뵈러 가서 학생들에게 수업하시는 것도 보고 했는데, 확실히 많이 여유 있게 학생들을 대해 주셨습니다.

이동진: "양군은 날도 추운데 왜 이렇게 땀을 흘리나?" 이건 몇 년도인지 혹시 기억나시나요? (일동 웃음)

양인준: 2006, 7년 정도 되었던 거 같습니다. (일동 웃음)

이창희: 어떻게 보면 '을'의 위치를 벗어나니까 그런 거죠. 그전에는 내가 계속 돌파를 하면서 앞으로 나아가야 하니까, 어떻게 보면 공격적일 수밖에 없는 거였죠.

김석환: 제가 지켜본 지극히 주관적인 평가인데 딱 그 선생님의 스타일이 바뀌신 때가 우리 양 교수 전역할 무렵인가요? (일동 웃음) 2008, 9년 정도 되죠? 그 전과 후가 조금 달라졌던 것 같습니다. 그전에는 모두 어려워하였지요. (일동 웃음)

이창희: 학생들한테 사적으로는 다 잘해줬다고 생각해요. 다만 학생이 공부하는데 틀린 얘기를 할 때 선생은 틀린 얘기를 말해주는 게 당연한 거니까요.

14. 연구 활동

이동진: 하나 더 여쭤보겠습니다. 『법인세와 회계』(2000) 책을 집필하신 동기가 궁금합니다. 학위논문을 제외하고 그렇게 모범적인 모노그라프(monograph)가 별로 없고요. '뭔가 이런 식으로 나는 뭘 해야겠다.'라는 나름의 생각이 있으셨을 것 같습니다.

이창희: 법학 분야에서는 거의 최초의 모노그라프라고 해도 틀린 말은 아닐 텐데요. 학위논문이 있지만, 우리나라의 학위논문도 제대로 된 모노그라프가 많지 않으니까요. 그걸 쓰게 된 이유는 '세법'을 하는 사람이 이태로 선생님밖에 안 계셨고요. 나머지는 모두 회계사들이었는데, '법학'의 관점에서 맞지 않는 설명을 했어요. 그래서 '세무회계를 평정해야 하겠다.'라고 생각하고 그 책을 쓰기 시작했네요. 그래서 '세법 밑에 쫙 깔린 논리의 흐름을 보여주어야겠다.'라고 생각하면서 책을 쓰기 시작했습니다. 물론 그 책에 있는 논리의 흐름은 내가 다 생각해서 만든 건 아니고요. 미국에서 자리 잡은 학문이니까 그걸 쫙 정리해서 보여주었지요.

이동진: 회계를 이해하는 데 꽤 도움이 되었습니다. (기존의 다른) 회계학 책도 매우 기술적으로 적혀 있을 뿐이지, 논리 흐름을 보여주지 않았으니까요. 그 책은 초기의 목적을 어느 정도 달성했나요? 잘 팔렸는지도 궁금합니다. (일동 웃음)

이창희: 많이 팔리진 않았고요. 경영학과의 박사 과정 학생들은 꽤 읽었어요. 그래서 그 점에서는 소기의 목적을 이룬 셈이에요.

윤지현: 모노그라프라는 형식에 대해서 말씀하셔서 질문을 드립니다. 법학 전공의 많은 교수들이 교과서라고 보통 불리는 그런 종류의 책을 쓸지 아니면 논문을 쓸지에 대해서 약간 고민을 하는 경우들이 있고요. 특히 규모가 큰 논문을 이렇게 쓰신 셈인데, 이거 한 권 쓰시고 그런 유형의 책은 더 쓰시지 않으셨잖아요?

이창희: 네. (일동 웃음)

윤지현: 세무회계를 일단 평정하면 '그다음에 또 어디를 평정할까?' 그런 생각을 안 하셨나요? 갑자기 그런 생각이 들어서요.

이창희: 『세법강의』(초판: 2001)가 그 목적을 달성한 셈이죠. 그런데 우선 법하는 사람들은 모노그라프에 관심이 없더라고요. 어떤 현실적인 문제를 풀어나가면서 좀 더 큰 틀을 얘기하는 수밖에 없었어요. 게다가 모노그라프 쓰는 건

힘들어요.

윤지현: 책 얘기가 나와서 말인데요. 최근에 블로그를 열심히 하시다가 책을 내신 다른 선생님의 책을 제가 빌려드린 적이 있었는데, 그런 것처럼 대중서 발간 같은 것을 생각해 보신 적이 있으신가요? 대중과 소통한다든지요.

이창희: 원래 대중적인 글을 못 쓰잖아요. (일동 웃음) 정상조 선생님은 몇만 권씩 팔린 베스트셀러를 벌써 두세 권 내셨죠. 우선 그런 주제들을 쓰고 싶지도 않고요. 대중적인 글로 '문학 작품을 번역할까?'라는 생각은 있었어요. (일동 웃음)

김범준: 교수님께서 『미국 법인세법』(2018) 서문에서 "다른 연구를 하지 않은 채 2년 반 동안 이 책을 썼다."라고 밝히셨거든요. 그 계기와 어려움을 여쭙습니다.

이창희: 대학에서 미국 법인세를 가르쳐야 했으니까요. 그런데 미국법 자체가 워낙 어려워서 영어책으로 수업을 하기 힘들었어요. 그래서 좀 쉽게 읽을 수 있는 책을 써야겠다고 생각을 했지요. 막상 쓰기 시작하니까 시간이 오래 걸렸구요. 미국세법이 워낙 복잡하고 어려우니까요. 그래서 2년 반이 걸렸어요. 물론 내가 몸이 아파서 빨리 쓰지 못하기도 했지요.

이동진: 대략 30년 정도 교수 생활을 하셨지요? 선생님 스스로 생각하시는 어떤 시기 같은 게 있으신가요? 나눌 수 있는 기간요.

이창희: 나눈다면 아프기 전과 그 후로 나눌 수 있겠네요. (일동 웃음)

이동진: 제 가설이긴 한데, 인문사회계 교수님들의 경우에는 30년을 교수 생활하면 10년, 10년, 10년으로 나뉘는 경우가 좀 있는 것 같다고 하더라고요.

이창희: 대략 2007년 그 무렵부터 아팠으니까 사실은 앞의 12년 그 정도고, 그다음부터 한 5~6년은 굉장히 심하게 아팠고, 그다음부터 좀 나아진 거고요. 그러니까 그렇게 따져서 3기로 나누면, 처음 12년, 중간 5년, 나머지 한 12년 되겠네요. 처음에는 공부를 열심히 했어요. 그 시절에는 논문도 많이 썼으니까, 1년에 10편 가까이 쓰기도 했으니까요. 그다음 아픈 시절에는 그전에 다 썼던 글들을 정리해서 논문으로 냈고요. 그다음에 좀 나아지면서부터 다시 이제 글을 쓰기 시작한 것이죠. 젊었을 때는 그냥 계속 머릿속이 팽팽 돌아가니까 논문 쓸 것은 끝없이 있었어요.

김석환: 질문은 아닌데, 사실 저도 선생님이 이렇게 쌓아놓은 학문의 세계에 들어가게 된 가장 큰 계기라고도 할 수 있고, 다른 제자들도 다 공감하리라고

생각합니다. 『세법강의』와 『국제조세법』 책을 보면, 지적인 마력(魔力)이 있잖아요. 선생님의 교과서에 "신화나 미신을 몰아내고 과학을 이렇게 세워야 한다."라는 표현들이 많이 나와요. 그러면서 초창기와 1990년대 후반 논문부터 계속 치열하게 하신 작업이 그런 신화나 미신을 뽑아내는 것이라고 평가하고요. 대표적으로 '우리가 당연하게 생각했던 조세법률주의, 법인실재설, 인격합일설 등 세법이나 상법, 사법학계에 널리 퍼져 있던 도그마들을 걷어내는 데 굉장히 큰 역할을 한 게 아닌가.', '그게 선생님의 가장 큰 공이 아닌가.' 그렇게 생각합니다.

그런데 '그런 작업을 일관되게 해 오신 그 원천이 과연 뭘까?' 그런 고민을 많이 했거든요. 저는 선생님으로부터 굉장한 인문학적인 소양, 많은 독서량, 세법뿐만 아니라 특히 역사적인 맥락을 짚어나가는 어떤 통찰력 등을 많이 느꼈습니다. 이런 기회에 그런 부분에 대해서 한번 말씀해 주실 수 있을까요?

이창희: 어려서부터 살아온 방식이겠죠. 뭔가 계속 돌파구를 만들어야 하니까요. 그러려면 앞뒤를 맞춰서 인과관계를 따지고 '이렇게 되겠구나.'라고 생각했지요. 아까 말했듯이 초등학교 6학년 무렵부터는 정신적으로 어른이었어요. 그때 그 무렵부터 어른들이 무슨 얘기를 해도 다 알아들을 수 있었고, 신문을 봐도 뭔 일이 돌아가는지 다 읽어낼 수 있었어요. 다만 정서적으로 안정이 안 돼서, 안정될 때까지 다시 몇 년이 더 걸렸는데, 적어도 지적인 면에서는 초등학교 때 이미 벌써 어른이 됐었다고 생각하고요. 결국 부모가 잘 돌봐주지 못하면 빨리 어른이 돼요. 애들이 독립해서 살아야 하니까 그렇게 됐지요. 그러다 보니까 삼라만상을 맞춰서 예측하는 습관이 몸에 붙은 거죠. 그러려면 남들이 하는 말을 그대로 믿지 않는 게 첫 번째죠. (일동 웃음) 남들이 하는 말을 그대로 믿으면 예측이 안 되잖아요. 그래서 옛날부터 계속 이론을 만들어내는 그 습관이 몸에 붙었던 것뿐이죠.

양인준: 김석환 선생님에 이어서 저도 이제 질문을 드립니다. 같은 질문입니다만 한 30년 정도 교수로 또 연구자로 봉직하셨는데, 선생님께서 실무 또는 이론이든지 또는 논문이나 연구 방법이든지 세법 학계에 제일 크게 기여하셨다고 생각하는 것이 무엇일까요? 그리고 이제 변화된 환경이 저희에게 많이 다가왔지 않습니까? AI를 포함해서요. 법조인들이 겪는, 이런 세상의 변화와 관련해서 특히 초학자인 법조인들한테 해주고 싶은 말씀이 있는지 궁금합니다.

이창희: 개념 법학이 아직 우리 사회에 굉장히 팽배해 있어요. 우리 법학계

의 그러한 점을 깨는 게 평생 해온 작업이라고 생각해요. 그러니까 개념 법학이라는 말은 이런 거죠. 구체적인 질문이 나오면 그 질문에 대해서 답이 뭔지 찾는 게 아니고, 그냥 추상화된 개념에서 끄집어 내려가고 이것이 답이라고 말하는 거거든요. 그게 정답이라는 보장이 전혀 없어요. 그리고 대부분 오답을 내고요. 추상화된 개념이 불필요하다는 말은 아니에요. 구체적인 문제를 분석하면 답이 나오고 공통적인 걸 추출해서 추상화하면 여기서 개념이 나오는 거죠. 그리고 개념이 필요한 이유는 모순이 안 생기도록 하기 위해서입니다. 그런데 구체적인 문제를 풀지 않고 독일 사람들이 만들어 놓은 개념에서 답을 끌어내려는 거예요. "그렇게 하면 결국은 다 오답이다." 그 얘기를 이제 평생 해왔던 셈이고요. 그게 과학적인 사고방식이니까요. AI가 오더라도 초학자는 이러한 사고방식을 기본적으로 갖추어야 할 것입니다. 지금 우리 이동진 선생님 글처럼 민법도 굉장히 좋아졌지만, 나는 옛날에 전혀 이해할 수가 없었어요.

15. 기억나는 연구 업적과 뒷이야기

김석환: 저는 개인적으로 선생님 그동안의 연구 중 제일 의미 있는 연구논문이라고 생각하면 1990년대 후반에 출간하신 "Impact of E-commerce on Allocation of Tax Revenue between Developed and Developing Countries", Tax Notes International, Vol. 18 (1999)인 것 같습니다. 최근에 벌어지고 있는 국제조세 상황을 분석하고 해답을 찾아가는 과정에서도 이 연구가 중요합니다. 이 논문은 벌써 30년 가까이 된 것입니다. 그때는 전자상거래(E-commerce), 특히 인터넷이 막 등장하던 시기였는데 사실 지금 그 주제를 가지고 연구하는 사람은 그 논문을 꼭 읽어보아야 합니다. 이 논문을 쓰게 된 계기를 듣고 싶고요. 그리고 그 논문 말고도 선생님이 '이 논문은 역사적인 의미가 있다.'라고 생각하시는 것이 있는지 말씀 부탁드립니다.

이창희: 그때 학회에서 전자상거래를 주제로 삼았어요. 내가 이제 학술대회를 구성하게 됐는데, 처음에는 그냥 (그 주제를) 쓰는 분을 하나 찾아서 발표를 부탁하면 되겠다고 생각을 했어요. 누군지는 밝히지 않겠고요. 그래서 글을 찾아서 읽었더니 세법학회에서 할 수준이 아닌 거예요. 그래서 제가 쓸 수밖에 없게 됐어요.

그다음에 그 글은 실제로 그 뒤에 굉장한 임팩트가 있었어요. 가령 인도 정부에서 나온 보고서는 이창희 교수의 논문에 큰 영향을 받았다고 밝혔을 정도니까요. 인도 정부 보고서는 찰스 맥루어(Charles McLure)라는 굉장히 유명한 미국 경제학 교수도 언급했어요. 그 교수와 제 이름을 나란히 들면서, 두 글의 영향을 받았다고 썼지요.

제가 이제 그 글을 쓰고 난 다음에, 제프리 오웬스(Jeffrey Owens)가 제 이름을 딱 언급하지는 않았는데 "이걸 정치적으로 접근하는 그런 사람들도 있다."라고 비판한 적도 있었어요. 사실 윤 선생이 자주 말하지만, 정치와 정책이 과연 구별되는 것인지 의문입니다. 내가 그 당시에 그 논문을 쓰면서 본 것은 선진국인 미국이나 유럽이 (그때 유럽은 미국과 대등하다고 생각을 했으니까) 너무너무 위선적이라는 점입니다. 그러니까 자기네 이익을 찾는 것이 눈에 딱 보이는데 '이것이 마치 보편의 진리다.' 그렇게 막 호도해 나가는 거예요. 우리나라는 그때도 전자상거래에서 발달한 편이니까 선진국 입장으로 논문을 썼어도 크게 문제는 없었을 겁니다. 우리나라는 전자상거래에 관해서 개발도상국 입장은 아니었어요. 그렇지만 적어도 지식인으로서는 그렇게 말해서는 안 된다고 생각해요. 나중에 OECD의 한 친구가 우리나라 와서 토크를 할 때 제가 토론자로 그 얘기를 했어요. "너희들 완전히 이건 위선적(hypocritical)이다."라고 말하니 이렇게 얘기하는 거야. "한국은 선진국 입장인데 왜 그러냐?" (일동 웃음) 그 글은 뒤에 아비－요나 교수가 쓴 국제조세법 책에도 들어갔고 상당히 임팩트가 있었어요. 한동안 미국이나 유럽에서 글을 많이 내던 시절이었으니까, 제 이름 얘기하면 사람들이 알기도 하고 그랬었으니까요.

그다음에 기억에 남는 글을 얘기하라면 다 비슷비슷한데요. "소득세제의 이론적 기초"(『서울대학교 법학』, 제41권 제4호, 2001) 논문에서는 '결국은 소득세제라는 게 모든 사람을 납세의무자로 삼아서 포괄적인 소득 개념에 대해서 누진 과세를 하는 것이다.'라고 썼습니다. 지금 생각하면 너무나 당연한 말이지만, 결국 근대적 또는 현대적인 소득세제의 기본 틀과 이론 구조가 무엇인지에 대해 해명하려고 했었어요. 그게 아주 신경을 많이 썼던 글이고, 지금도 중요한 공헌을 했다고 생각해요. 일본에서는 아직 그 글을 많이 읽습니다.

그다음에는 "조합 및 회사의 설립과 자본 출연 ― 세법의 입장에서 본 법인격의 의의 ―"(『서울대학교 법학』, 제43권 제1호, 2002)라는 글이 있었죠. 법인격이라는 것이 어떤 역할을 하는지, 세법으로 좁혀 썼지만 다른 법 분야에도 일반화할 수 있는 글이라고 생각하고요.

그 밖에도 나중에 다시 읽다가 '좀 이거 잘못 썼네.' 생각했어도 다시 또 읽으면 원래 쓴 게 맞더라고요. (일동 웃음) 지금까지도 크게 틀렸다고 생각하는 것은 없어요. 테크니컬하게 실수한 것들은 있는데 가령 문헌을 잘못 읽거나, 조문을 거꾸로 읽었다든가 이런 것이 있어요. 그것 말고는 아직까지 내 글이 크게 생각이 틀렸다고는 생각하지 않아요.

윤지현: 제 개인적으로는 그런 논문이 지금 『세법강의』 책에 다 들어가 있지만, 소득세의 기본 부분에서는 역사적인 접근으로 이야기를 풀어가시잖아요. 영국 수상 윌리엄 핏(William Pitt)이 나폴레옹과 전쟁을 벌일 때 임시로 소득세제를 들여왔다고 하면서 옛날이야기가 쫙 펼쳐집니다. 미국 이야기로 넘어가면, 미국에서 소득세제가 한 번 들어왔다가 폐지됐다가 다시 들어오는 이런 과정을 설명하셨지요. 역사적인 접근을 쭉 이어간 다음에 결국에 와서 '자유와 공평이라는 두 이념이 타협하는 지점에서 소득세제가 존재한다. 그런데 어느 나라에서나 그 타협점이 지금은 비슷비슷하다. 그러니까 어느 나라 소득세제든 모양새가 꽤 비슷하게 닮았는데 그건 이제 자유와 공평에 관한 어떤 타협이라고 하는 논점을 두고 볼 때 어디서 타협을 볼 것인가에 관한 각 나라 사람들의 생각이 크게 다르지 않은 때문이다.'라는 결론에 이르렀습니다. 처음 읽었던 순간 그 결론 부분에 도달했을 때 카타르시스가 느껴졌습니다. '여기까지 이야기가 계속 이어져서 결론으로까지 딱 떨어지는구나.' 그때 정말 굉장한 감동을 받았습니다. 지금도 사실 저는 이제 그런 이야기를 들으면 굉장히 재미있고 그런 걸 더 공부하고 싶다는 생각이 드는데, 막상 그런 이야기를 해도 요즘 학생들은 별로 관심 없는 것 같아요. (일동 웃음)

이창희: 좀 아쉽다 싶은데, 그게 로스쿨이라서 그런 것 같아요. 학부 법대생들은 공부 잘해서 서울대 법대 왔지 꼭 법률가가 되겠다고 왔던 것도 아니니까요. 그러니까 이제 사고와 가능성이 열려 있으니까 재미있게 받아들인 겁니다. 로스쿨은 직업학교, 특화된 경영대학원이니까 그렇게 되지 않은 것 같네요.

16. 법학전문대학원 제도의 발전 방향

김범준: 선생님께서 방금 법전원을 "특화된 경영대 MBA"라고 말씀하셨고, 법전원 제도 이전과 이후에 모두 강의를 하셨습니다. 특히 로스쿨 제도의 단점

을 방금 말씀하셨습니다. 혹시 장점이 있어서 앞으로 좀 보완할 부분이 있다면 저희가 어떠한 고민을 해야 할까요?

이창희: 로스쿨이라는 생각 자체는 맞죠. 옛날에는 학생들한테 엉터리를 가르쳤으니까요. (일동 웃음) 옛날에는 “이게 무엇에 관한 이론이다.” 그랬는데, 원래 그런 이론이라는 게 어디 있어? 학생들한테 뭔가 앞뒤를 쫙 맞춰서 생각할 수 있는 능력을 가르쳐야 하는데, 종래 법학 교육이 그렇지 않았으니까요. 그래서 ‘법학전문대학원에서 살아 있는 문제를 가르친다.’ 당연히 맞는 말이죠. 그런데 세법 입장에서는 당연히 나빠지지요. 학생이 다 없어져 버렸으니까요. (일동 웃음) 가령 김범준 선생이 학부에서 세법 수업을 들었을 당시에는 학생이 7~80명 정도이었을 거예요. 그때에는 정원이 꽉꽉 채워졌는데, 지금 수강생은 10명도 안 되니까요. 일반대학원에서 겨우 수업을 유지해 나가는 셈이고, 로스쿨 학생은 정말 딱 조세 분야에 취직하겠다고 마음먹은 그 숫자 정도밖에 없으니까요. 그런데 세법은 적어도 사람마다 다르겠지만 나와 윤 선생이 가르치는 것은 세법의 기초 지식이지 전문적인 내용이 아닙니다. 학생들이 법률가로서 알아야 할 큰 틀을 가르칠 수밖에 없어요.

김범준: 그러면 로스쿨 제도를 살릴 방법이 있을까요?

이창희: 학생들을 이제 시험에서 풀어줘야 해요. 이렇게 개선하지 않고는 안 되는 거고요. 학교로서는 시험공부를 3년 동안 계속 가르칠 필요가 없지 않아요? 결국은 막판에 판례를 기억하도록 해야 하는데, 선생님이 미리 가르쳐준다고 기억하는 것도 아니고요. 내 생각에는 거의 마지막 3학년 2학기 정도를 시험에 투입하는 걸로 하고 그전에는 좀 시험과 무관하게 가르치는 게 좋겠다고 생각했어요.

이동진: 저는 그렇게 생각하는데 학생들이 믿지 않아서 괴롭습니다. (일동 웃음)

이창희: 미국에서 변호사시험(bar exam) 쳐봤으면 알 수 있듯이, 학교에서 배우는 것은 시험과 무관하잖아요. 나중에 따로 시험공부를 해야 하니까요. 아무리 똑똑한 학생도 그거 공부 안 하면 다 떨어지지요.

이동진: 원래 전쟁 준비란 졸속으로 하는 건데요. (일동 웃음)

이창희: 그러니까 지금 판례를 몇만 개씩 외우라고 그러면 말이 안 되죠. 그게 완전히 머리를 망가뜨리는 교육이 되는 건데요.

17. 세법 제도 개선 활동과 발전 방향

김정홍: 이건 좀 틀에 박힌 질문일 수 있지만, 학교 밖의 활동에 관하여 말씀 나누고 싶습니다. 선생님께서 학교에서 강의도 하셨지만, 정부 특히 기획재정부 등에서 세제 분야 자문위원 활동도 활발히 하셨는데요. 과거에 활동하시면서 기억나는 제도 개선 부분, 선생님이 기여하셨다고 생각하시는 부분을 말씀해 주시고요. 우리나라 세법에서 제도 개선이 필요한 부분 또는 우리나라 세제가 나아가야 할 방향에 관하여도 말씀 부탁드립니다.

이창희: 정부 일로서 제일 큰 것은 이른바 '증여세 완전포괄주의'입니다. 처음에 노무현 대통령이 증여세 완전포괄주의를 하는 것이 대통령 선거 공약이었어요. 그 당시 기재부에서 연락을 했어요. 사실 이미 법을 많이 보완했었는데, 이걸 다 아우르는 작업이 필요해진 거예요. 먼저 과세범위를 넓히면서도 어느 정도 예측가능성도 보장해야 했어요. 재벌들이 제도를 악용해서 많은 부분에서 빼먹고 한 건 맞으니까, 그 점을 어느 정도 제어할 수도 있어야 했고요. 그다음에 국회를 통과하고 더 중요한 게 헌법재판소에서 위헌결정이 안 나오게 해야 하였지요.

그래서 성낙인·박정훈 선생님을 모시고 헌법재판소와 대법원에서도 파견을 받는 식으로 위원회를 만들었어요. 위원회가 법안을 만들기로 하고, 제가 법안 초안을 짰지요. 그렇게 나온 게 현행 「상속세 및 증여세법」의 기본 구조입니다. 문제는 불확실한 부분이 분명히 커지니 이걸 어떻게 할 것인가 처음부터 고민하였지요. 막판에 위원회에서 "나중에 판례가 쌓이면 그때 가서 한 번 더 정리해서 법으로 만들자."라고 정했어요. 그렇게 해서 불확실한 부분도 그대로 가보자고 했는데, 결국 지금에 와서는 법원이 중간 정도에서 머물러 있는 셈이긴 하지요. 조문이 이렇게 돼 있으니까 법원이 어떻게 하기 어려운 면도 있었을 테지요.

윤지현: 그게 20년 전 일인데 지금처럼 되리라고 예상하셨었나요? 법원의 입장에 대해서요?

이창희: 그러리라고 생각했어요. 법원 판례를 모아 마무리 짓자고 생각을 했는데, 그 작업은 결국 다시 국회 또는 정치권의 몫이잖아요.

윤지현: '완전포괄주의 세제의 숨은 설계자' 이렇게 누가 얘기하면 어떤 느낌이 드시나요? (일동 웃음)

이창희: 완전포괄주의는 제 교과서에도 좋은 표현이 아니라고 써놨듯이, 나

는 한 번도 그 말에 동의해 본 적이 없어요. 아무튼 그 법을 만들어서 위하(威嚇) 효과는 상당히 생겼어요. 그러니까 '이제 무슨 일을 당할지 모르겠다.'라고 생각하고 재벌들이 조심하게 됐으니까 그것으로 소기의 목적은 결국 달성한 셈이 됐어요.

18. 국제정세 및 조세 제도의 전망

김정홍: 『국제조세법』 교과서 제3판(2023)부터 계속 말씀하셨던 내용인데, 트럼프라는 보수 세력과 미숙련 노동자들의 결합은 미국뿐 아니라 세계 흐름인 것 같습니다. 그래서 이런 흐름 속에서 국제조세 질서가 큰 영향을 받을 수밖에 없습니다. 벱스 2.0 (BEPS 2.0)이라는 국제조세 질서 재편 논의가 트럼프 세력의 등장으로 어떤 식으로 변화할지 전망을 하실 수 있을까요?

양인준: 관련해서 저는 국제조세 관점뿐만 아니라 한 가지 조금 더 덧붙여서 말씀드리려고 합니다. 저 역시 개인적으로는 선생님의 어떤 법 미신 얘기나 역사적인 접근법 부분에 많이 매료됐던 게 사실입니다. 그래서 국제조세는 아니지만 관세에 대해서 조금 여쭤보고 싶은데요. 트럼프 정부에 들어서면서 전 세계 각국이 관세전쟁 중인 것으로 보입니다. 예전에 미국세법사를 공부하면서 느꼈던 것은, 관세가 국가 운영 재원으로서 갖는 역할이 상당히 제한적이고, 이제 소득세로 무게 중심추가 넘어왔고, 사실 그런 재원을 조달하는 수단으로는 관세는 좋은 세금이 아니라는 것입니다. 최근에는 좀 다른 양상을 보여주고 있습니다. 그래서 오늘날의 관세전쟁이나 복잡하게 돌아가는 형세를 어떻게 전망하시는지요? 국제조세 얘기도 있을 수 있고 관세 문제를 생각할 수도 있을 것 같습니다.

이창희: 핵심은 미국이 자기네가 생산하는 것보다 더 많이 쓰는 것이죠. 딱 그것이거든요. 소비가 생산보다 더 크니까, 그러려면 결국 다른 나라가 물건을 계속 공급해야지요. 공급을 하면 현재 미국이 가진 달러가 해외로 계속 유출되는 거니까, 이제 장기적으로는 달러 가치가 떨어질 수밖에 없어요. 그러면 미국이 좀 가난해지겠지요. 트럼프 생각은 어떻게 보면 참 기가 막힌 답이긴 해요. "미국만 관세를 매기고 다른 나라는 매기지 말아라." 딱 그 얘기거든요. 미국은 관세를 매기고 다른 나라는 말라고 해서 무역 역조를 해결하겠다는 말인데요.

이 체제가 유지될 것인가의 문제는 다른 나라가 받아들일 것인가에 달렸지요. 일단 두 가지 요소가 있어요. 하나는 중국이 미국에 이제 호락호락 당하지 않겠다고 생각하고 있고, 그다음에 나머지 나라들이 블록을 만들어서 미국에 대항하면 당연히 미국보다 파워가 더 크죠. 우리와 일본만 동맹을 맺어도 상당한 여파가 있을 거예요. 우리와 일본은 다 직접적인 경쟁 구조를 갖추고 있으니까요. 그런데 저렇게 일본의 이시바 총리가 아주 이상한 방식으로 풀어버려서 어떻게 될지 모르겠고요.

내 생각에는 트럼프는 미국의 구조적인 문제를 이렇게 해서 풀 수 있다는 걸 일단 보여준 셈입니다. 그리고 다른 나라들이 동맹을 맺어서 미국에 대항하지 않고, 미국에 잘 보이겠다고 나선 셈이 됐으니까요. 이건 구조적으로 쭉 가리라 생각해요. 그렇게 다른 나라는 관세가 없고 미국은 관세를 매긴다고 전제한다면, 기존의 국제조세 시스템도 통째로 바뀌겠죠. 기존의 국제조세 시스템은 원래 관세가 없어진다고 생각하고 짜둔 제도이니까요. 그게 아니라면 어디로 갈지는 좀 더 두고 보아야겠지요. 어떻게 갈지 아직 예측하기 어렵네요.

지금 벱스가 어떻게 되는가는 사소한 문제인 것 같고요. 그런데 한편으로 대개 일방적으로 관세를 매기면, 매기는 나라 스스로 손해를 봅니다. 지금 트럼프가 생각하는 건 관세도 아니고, 다른 나라로부터 상납금을 받겠다는 얘기입니다. 원래 그냥 '동네 패싸움을 한다. 덩치 큰 놈이 다른 사람 것을 뺏어가는 것이다. 세상이 원래 그런 것이다.'라는 생각이거든요.

김정홍: 선생님께서 비교적 최근에 쓰신 조세피난처 글("조세피난처/피지배외국법인 세제의 회고와 전망", 『조세학술논집』 제38권 제3호, 2022)과 관련되는 질문입니다. 결국 지금 형세는 전 세계적인 자본 유치 경쟁입니다. 그러면서 트럼프 정책은 관세 부과를 막으려면 미국에 투자하라는 것이지 않습니까? 그리고 관세율을 얼마 정도 내려줄 테니까 투자금액 얼마 가져오라는 식으로 협상을 하는 건데, 이런 현상도 어떻게 보면 자본 유치 경쟁의 한 부분이라고 볼 수 있을까요?

이창희: 그렇죠. 당연한 말이죠. 자본 유치 경쟁은 국내 고용을 확대하자는 얘기이니까요. 국내 생산을 확대해서 고용을 확대하자는 것입니다. 미국이 왜 저런 꼴에 빠졌는가 하면 미국에게 경쟁력이 없기 때문입니다. 그런데 미국만 인정하지 않지요. 미국 자동차 산업을 국가에서 억지로 살려준 것이 벌써 네 번쯤이잖아요. 철강도 사실 전혀 경쟁력이 없어요. 미국 정책은 현재의 유치산업 보호론을 뒤집은 것인데, 가령 철강에 50% 혹은 그보다 높은 관세를 매겨서, 장기적으로 포스코와 일본제철을 망하게 하겠다는 거죠. 망하면 미국 철강 산업은

살겠죠. 상대방을 죽임으로써 경쟁력을 결과적으로 확보한다는 거죠. 이런 방식인 건데 그렇게 하면 우리로서는 — 일본 사람들도 마찬가지인데 — 미국에 상납금을 바칠 일이 아니라, 우리가 그 산업을 지원해 주면서 싸워야 하겠지요. 문제는 그 뒤에 정치적으로 무슨 보복이 더 나올지 알 수가 없는 거죠. 일본도 사실 그게 불안했을 거예요. 그러지 않고서는 이시바가 한 일은 설명이 안 됩니다.

우리가 일본과 동맹을 맺는다는 말은, '어떻게 우리나라가 어떻게 선진국이 됐는가?'를 생각하면 됩니다. 미국이 1985년 일본과 플라자 합의(Plaza Accord)를 하면서 일본의 물건값을 갑자기 끌어올렸지요. 우리는 일본에 대해서 한 5년에서 10년 처져서 쫓아가는 거의 비슷한 산업 구조를 갖추고 있으니까, 갑자기 우리가 경쟁력이 생긴 거예요. 일본 물건 값이 다 올라버렸으니까요. 그게 우리나라가 선진국으로 가는 계기가 된 거죠. 일본을 쫓아가서 지금 대등한 수준에 이르렀고요. 트럼프의 말처럼, "친구가 적보다 더 나쁘다." 누구를 보고 한 말이겠어요?

김석환: 소득세의 운명이 문제이지 않습니까? 그러니까 19세기 이전에는 사실 국가 재정이라는 게 관세에 의지하다가 그 이후에 소득세 또는 부가세 같은 내국세의 비중이 커지면서, 관세는 국가 재정에서는 큰 역할을 못 하는 상황이었습니다. '관세의 재발견', '19세기 이전의 관세의 역할과는 전혀 다른, 어떤 자본 유치라든지 자국 산업 보호라든지 이런 일종의 산업 정책의 수단으로 이렇게 관세가 다시 옛날 위용을 이렇게 한 번 발휘하게 하자.'라는 것이 트럼프의 생각인 것 같아요. 그렇게 되면 지금 한 1세기 넘게 국가 재정에 대부분을 차지하던 내국세인 소득세가 그 역할을 계속 유지할 수 있을까요? 특히 OECD가 제시하는 필러(Pillar) 1, 2가 앞으로 어떻게 될까요? 아무도 지금 답을 못 내놓지만, 앞으로 우리가 어떠한 맥을 짚어야 할지라도 좀 알면 좋겠는데 혼란스럽습니다.

이창희: 필러 1, 2 작업의 기본적인 사고는 자본의 이동성을 높여서 전세계적으로 생산을 끌어올린다는 것입니다. 관세는 그걸 딱 막는 거니까 정반대로 가는 것이죠. 관세를 가지고 산업 경쟁력을 확보한다는 건 말이 안 되죠. 억지로 그 산업을, 좀비들을 붙잡고 있는 것이니까 말이 안 되는 이야기인데요. 철강이나 자동차 분야는 본질적으로 독점 산업이 될 수밖에 없으니까 기본적으로 한 나라에 하나씩이거든요. 규모의 경제 때문에 여러 개로 쪼개져 있을 수가 없으니까요. 그렇게 보면 다른 나라를 무너뜨리면 된다는 생각은 그럴듯하거든요.

결국 가령 우리나라 국민 입장에서는 정부가 현대자동차나 포스코에 보조금을 준다는 말도 안 되는 어이가 없는 얘기가 되는데요. 이제 그런 게 필요할지도 모르는 상황까지 왔어요.

윤지현: 지금까지 그동안 쓰신 글들을 말씀하셨는데, 이제 퇴임하시고 다시 실무를 하시면서 논문을 계속 쓰실 생각이 있으신지 궁금합니다. (일동 웃음)

이창희: 별로 쓸 생각은 없어요. 글을 쓴다면 '법학통론' 같은 것을 써볼까 생각하는데, 굉장히 품이 많이 가는 작업이라서. 품이 많이 가는 작업인 게 제가 처음에 1997년에 와서 '법학통론'을 가르칠 때 일주일에 3시간 가르치고 거의 20시간 정도 준비를 했어요. 책에 있는 걸 가르치면 간단하겠지만 그렇게 가르치지는 않겠다고 생각했으니까요. 학생들에게 3시간 가르칠 만큼 내가 뭘 깨달으려면 한 20시간은 걸리더라고요. 엄청난 공이 들어가는 작업이니까 그것을 다시 할 수 있을지 잘 모르겠어요. 글을 쓴다면 그런 것을 쓰고 싶네요.

19. 세법의 연구방법론

윤지현: 학회를 포함해서 학문 공동체랄까요? 미국에도 계셨고, 한국에서도 계속 속해 계셨던 셈인데, 학회 활동에 대해서는 어떻게 평가하세요?

이창희: 미국 가기 전에는 학회를 안 다녔었어요. 돌아와서 처음으로 학회에 갔는데, 좀 당황했어요. 우선 첫 번째로 누가 발표를 하면 그에 대해서 토론을 하지 않고 그냥 연결된 다른 주제에 관한 발제를 3개씩 하더라고요. 그리고 저 사람이 틀린 얘기를 해도 아무도 틀렸다는 말을 안 하고요. 주제를 잡는 것 자체도 '세법과 민법의 관계가 어떠냐?' 이런 식의 세상과 무관한 얘기를 하는 수준이야. '실질과세가 무엇이냐?' 그런 추상적인 얘기만 하고 있었던 거예요. 그래서 '이렇게 하면 안 되겠다.'라고 생각하고, 누가 얘기를 하면 틀렸다고 (제가) 정면으로 비판하니까 사람들이 놀라는 거야. (일동 웃음)

미국에서는 학생이었으니까 학회에 간 적이 거의 없었는데, 세미나에서 여러 선생님들이 말씀하시는 것을 보았어요. 그 사람들은 아주 잔인하게 말합니다. 서로 사이가 나쁘면 정면에서 "그 말 같잖은 얘기!"라고 하기도 해요. 로젠블룸(H. David Rosenbloom) 선생님과 스티븐 쉐이(Stephen E. Shay) 선생님도 그때는 두 분 다 기본적으로 실무가였어요. 로젠블룸 선생은 대학에서도 가르치고 실무도 했지만요. 쉐이 선생은 그때 실무가였고, 나중에 하버드 교수로 왔었는데요.

쉐이 선생이 하는 말이 뭔가 마음에 안 드니까 로젠블룸 선생이 돌아앉아요. (일동 웃음) 속으로 '저 자식, 말도 안 되는 소리하네.' 이런 거죠.

윤지현: 한국에서는 그렇게 하면 완전히 인간관계 자체가 파탄이 날 것 같은데 미국에서는 그렇지 않은가 보네요.

이창희: 그렇지는 않더라고요. 옛날에 그런 경우도 있었겠죠. 김영란 교수[8]가 학생 때 무슨 일로 쉐이 선생에게 상의했더니, 쉐이 선생이 로젠블룸 선생한테 전화를 했던가, 그 반대 상황이었던가? 하여튼 그 자리에서 서로 얘기를 했대요.

윤지현: 여전히 우리나라 학계는 바로 앞에서 말할 것도 없고 글로도 서로 비판하는데 좀 조심스러운 면이 있으니까요.

이창희: 조심스럽죠. 그래도 많이 좋아진 거예요. 그것은 내 덕이 크죠. (일동 웃음) 적어도 세법에 대해서는 우리 다 비판하잖아요. 틀렸다고 얘기하고요. 우리 학교 안에서도 제 덕을 많이 보았습니다. 후배님들이 아시는지 모르겠지만요.

이동진: 그랬으리라고 생각합니다. 저는 2009년에 학교를 왔는데, 제가 뵈었을 때는 무서웠던 적은 없거든요. 공식적인 회의나 이런 데서 말씀하실 때는 훨씬 거침이 없으셨어요. 아까 그 말씀을 좀 생각해 보니까 개인적으로 만났을 때 그러신 적은 없는데 여러 사람이 있는 자리에서는 그러셨던 거 같죠.

이창희: 그전에는 처음에 교수가 되니까 신참 교수들은 말도 안 하고 가만히 있는 거예요. 개의치 않고 내가 말하기 시작했죠.

이동진: 로스쿨 학생이나 공부하는 후배에게 '이런 걸 하면 참 좋겠다.' 이런 것이 혹시 있으실까요?

이창희: 기본적으로 우리 모두 방법론에 대한 반성을 철저하게 해야 합니다. 내가 사회계열을 1년 다니고 법대에 처음 들어왔을 때 '세상에 무슨 이런 학문이…'라고 놀랐어요. 아무런 방법론이 없는 거야. (일동 웃음) '이런 걸 공부해야 하나.' 정말 재미없었는데 민법 책을 한 3회독 정도 하니까 그때부터 조금씩 재미있어지더라고요. 처음에는 정말 황당했어요. 그런데 그게 결국 민법 책을 몇 회독 하면, 사고방식이 조금 들어오니까 이제 남들이 쓰는 것처럼 이해할 수 있게 되는 걸 텐데요. 그때나 지금이나 여전히 생각하는데, 배운 것 가운데 절반은

8) 김영란 교수는 이창희 교수님의 제자이고, 현재 미국 뉴욕주의 예시바 대학교(Yeshiva University)의 세법 교수임.

엉터리였다고 생각해요. 결국은 과학적 방법이 아니었으니까요. 다만 이렇게 해서 이 논리의 앞뒤를 맞추고 그런대로 재미는 있지만, 논리의 앞뒤를 꼭 맞춘 것도 아니고 뒤에서 끌어냈다고 억지로 우기는 것에 불과한 것들도 워낙 많아요. 법학 전체에 걸쳐서 방법론을 정말 진지하게 고민하는 것이 제일 큰 문제인 것 같아요. 아직도 멀었고요.

김석환: 조금 더 구체적으로 방법론이라는 그거 하면 어떤 게 있을까요?

이창희: 나는 스스로 "법학자라기보다는 사회과학자로서 생각한다."라는 말을 옛날부터 했었거든요. 결국 이게 세상의 문제를 다루는 거니까요. 사회 문제를 다루는 것이고 그 사회 문제는 현실 사회에서 답이 맞아야 하잖아요. 추상화된 사고에서 끌어낸 답이 맞다는 보장이 하나도 없죠. 구체적인 문제에 맞는 답이 나오면, 거기서부터 끌어올려서 어느 정도 추상화할 수 있는 걸 찾아내야 합니다. 그다음에 추상화된 개념 체계가 생기면 이걸 가지고 푸는데, 밑에 가서 답이 안 맞으면 개념을 바꿀 때가 온 것이지요. 이 개념을 억지로 유지해서 '여기 밑에 가서는 이래야 한다.'라고 강요하면, 그것이 세상을 망가뜨리는 거니까요. 문제를 악화시키는 것은 우리가 쓰는 개념 체계입니다. 개념을 서로 분명히 하고 써야 하는데, 법전에 없는 개념을 서로 다르게 말하잖아요. 그러니까 법학을 할 때 법전에 없는 개념을 함부로 만들어 쓰면 안 됩니다. 그런데 그런 개념을 워낙 많이 만들고 서로 다 각각 다른 뜻으로 쓰니까 문제이지요. 아까 얘기한 '조세법률주의' 같은 것도 마찬가지죠. 그 개념을 만들면서 다른 내용을 담기 시작하니까요.

양인준: 그 방법론의 정치함을 얘기하시니까, 제가 가르치는 세무전문대학원은 다 아시겠지만 여러 전공의 선생들이 있습니다. 세법 관점에서 생각하면, 뭔가 철저하게 글자에 의존하는 문언주의(textualism) 같은 방식으로 글귀를 따지는 방법도 있을 수 있고, 아니면 뭔가 세금을 계산하는 어떤 경제학 또는 수치 측면에 혹은 실증적인 측면에 기대는 방법이 있을 수 있다고 생각합니다. 그런데 저희가 이제 또 법을 다룬 법학자라고 하는 관점에서 보면 글자라는 것이 수학과 다르니까, 즉 같은 글자가 서로 다른 의미를 담을 수 있으니까 그 자체가 필연적으로 뭔가 정치하지 않다는 생각이 듭니다.

표현이 적절한지 모르겠지만, 논의 과정에서 여러 가지 잡음이 낄 수 있는 것들이 있을 수 있는데, 그런 측면까지 고려하면 법학의 방법론을 정치하게 한다고 하는 부분을 어떤 방향으로 생각하시는지 궁금합니다. (제 개인적으로는 아까 선생님의 그 말씀을 좋아하는데) 제가 학생 때도 “나는 법학자라기보다 사회과학자다.” 이런 말씀을 많이 들었습니다. 또 하나의 현상을 설명할 때 그게 꼭 반드시 규범 해석이어야 하느냐에 대해서 이제 동의하지 않았고, 사실 그런 부분에서 많은 제자들이 선생님 글을 읽으면서 매료되는 부분이 있었다고 생각합니다. 이렇게 우리가 현상을 해석할 수 있는 다양한 연구방법론이 있을 텐데 이제 장차 어떻게 이들 방법론을 활용해야 할지 궁금합니다.

이창희: 우리가 결국 사회 문제를 푸는 건데, 법률이라는 건 사실 제약 조건이잖아요. 거기에 대한 법률이 정해져 있으니까요. 그 법률을 제약 조건으로 받아들이면 되지만, 그것이 반드시 답을 준다는 보장은 없지요. 물론 제약 조건이 사실관계에 딱 맞아서 답이 하나밖에 안 나오면 그게 답이겠지만, 안 그런 수가 훨씬 많으니까요. 결국 글자에서만 답이 나오지 않으니까요. 이건 다 하는 말이지만, ‘글자가 주는 범위가 어디까지인가? 그 안에서 어디로 가야 맞는가?’라는 답을 따로 찾아야 하니까요. 그건 과학적으로 따져야 하죠. 지금까지 우리 법학에서는 자기 하고 싶은 대로 말하고 “이게 답이다.”라고 하고 다른 사람은 “왜 그게 답이야? 나는 이게 답이라고 생각한다.”라고 그 얘기를 서로 하니까요.

사회과학에서 나오는 답이 정답이라는 보장은 전혀 없지만, 일단 앞뒤 맞추는 방법을 가지고 “이게 답이다.”라고 설명할 수 있어야지요. 그러면 다른 사람이 “그게 왜 틀렸다.”라고 말해야 토론이 되는데, 지금까지는 토론이 안 되었잖아요. 계속 재미없는 얘기로 흘러 들어가네요. (일동 웃음)

윤지현: 앞으로 일을 하시면 AI를 좀 쓰시게 될 것 같은데 해보셨나요?

이창희: 안 해봤어요. 새로운 것을 배운다는 게 귀찮은 거예요. (일동 웃음)

이동진: 막상 해보면 금방 됩니다.

이창희: 다른 것보다 제가 눈이 워낙 나쁘니까 화면으로 뭘 보면 굉장히 피곤해요. 그래서 굳이 보고 싶지 않아요. ‘하면 하겠지.’라고 생각하지만, 지금도 다 출력해서 읽으니까요. 내가 이 나쁜 눈을 혹사할 만큼 가치가 있을까? 잘 모르겠어요.

20. 남은 이야기

양인준: 아까 나온 질문과 비슷한 내용입니다만, ‘인생의 어떤 선택 중에 다

른 길을 선택했으면 좋지 않을까?'라고 생각하시는 게 있으신가요? 선생님의 여러 선택에 모두 의미가 있어서 여쭙습니다.

이창희: 나는 지나간 일을 생각하지 않아요. 좋은 것일 수도 있고 나쁜 것일 수도 있지만, 지나간 것은 다 잊어버리기 때문에 과거를 잘 기억하지 못해요. 사람 사는 것이 뭐 큰일은 다 하늘이 정하는 거죠. 제가 이것저것 선택해야 다 부처님 손바닥 안에 노는 것이지요.

김석환: 연애 결혼하신 겁니까?

이창희: 연애 결혼이죠. 그전에 이미 여러 해 우리 처를 알고 있었고요. 나이가 좀 차니까 부모님과 사는 게 불편해서 결혼하려고 했어요. 내가 아는 여자를 모두 추려보고, 그중에서 이 사람이 제일 좋겠다 싶었어요. 찾아가서 애인 있냐고 물어보니까 없대요. 나랑 좀 사귀어보자고 해서 사귀어서 결혼했어요. 결혼할 때 내가 본 조건은 집의 가정 형편이 어느 수준 이하이면서 대학을 나온 여자라는 것. 내 살아온 방식 때문에 가난한 집 딸을 일부러 찾았어요. 부잣집 딸과 결혼하면 인생 보는 게 너무 달라서 안 될 것 같은 생각이 들었거든. 그래서 일부러 가난한 집 딸을 찾았지만 그래도 대학은 나와야 서로 의논을 할 수 있을 것 같았어요. 그런 드문 요건을 맞춘 게 우리 처라서.

윤지현: 그런 기준으로 사귀었다고 말씀하신 적이 있으신가요? (일동 웃음)

이창희: 아니요. (일동 웃음)

김석환: 그런 기준을 후회하신 적은 없나요?

이창희: 후회까지는 아니지만, 당연히 처가가 어려웠지요. 그래도 큰 부담은 아니었어요. 괜찮았어요. 대개는 뭐 부잣집 자식이 착하긴 하겠지요. 그래도 내가 살아가는 방식을 전혀 이해하지 못하면, 훨씬 더 큰 문제니까 그렇게 결혼한 거죠. 나는 괜찮았는데 막상 처는 결혼 후 마음고생을 많이 했어요. 할머니, 아버지, 어머니, 동생 셋, 이렇게 여섯도 다 내 부양가족이었으니까. 절대적 빈곤은 벗어났지만 20대에 결코 만만한 부담이 아니었으니, 내 처가 마음고생을 많이 했지요.

김석환: 개인적인 질문이지만 종교는 기독교이신가요?

이창희: 기독교죠. 근본주의자는 아니고요. 스스로 기독교인이냐고 물으면 그렇다고 생각하는데요. 내가 생각하는 기독교인이란 보통 사람들이 기독교인이라고 받아들이는 의미하고는 좀 다르지 않을까 생각해요. 10대 시절에 스피노자

와 벤자민 프랭클린을 읽은 이래로.

김정홍: 큰형님께서 목사님이시라고 들었습니다.

이창희: 네, 목사님입니다. 형은 그때 고등학교를 졸업하고 동국대학교 야간 과정을 마치고 은행 다니다가 갑자기 유학 갔어요. 원래 똑똑한 양반인데 제대로 펼치지 못했으니까, '뭔가 아쉽다.'라는 생각이 있었겠지요. 프랑스에서 경영학을 공부했었는데 갑자기 지도교수가 죽어버렸어요. 과정도 다 마치고 논문도 이미 절반쯤 썼는데. 지도교수를 바꾸었더니 새 지도교수가 마음에 안 든다고 "수업 과정을 다시 들어라."라고 말하는 거야. 그러자 우리 형이 공부를 그만두었어요.

우리 집안이 기독교 집안이니까 갑자기 선교사로 러시아로 가버린 거야. 그때 소련이 망한 직후였으니까 정말 고생했지요. 러시아에서 조금 자리 잡았나 싶더니 그다음에 코소보를 갔어. 총탄이 슝슝 날아오는 곳으로요. 그 뒤 자기를 돕던 LA의 교회로 가고, 거기서 후원을 받아서 정식 목사가 되고 목회를 시작했죠. 우리 조카들에게 엄청난 고생을 시켰지. 우리 부모님은 선교사와 목회를 한다고 좋아하셨지만 다른 형제 입장에서 보면 맏형이 결국 맏이 노릇을 안 한 셈이죠. 할 수 없지요. 자기 인생은 자기가 사는 것이니까. 우리 법대 동기에 꽤 유명한 스님이 계신데, 그분은 사법연수원 졸업하면서 그대로 입산했어요. 여동생이 "오빠, 나 시집은 보내주고 가야 하는 것 아니야?"라고 말하면서 붙잡았대요. 아버지는 이미 돌아가셨으니까요. 그런데도 그 동기가 "그건 네 일이다."라고 말하면서 그대로 산에 들어갔습니다. 생사와 영원을 생각하면 다른 일은 다 사소하지요.

윤지현: 마무리 멘트랄까, 정리 말씀 부탁드립니다.

이창희: 그렇게 고생하고 살아왔는데 어릴 때 생각한 만큼 훌륭한 사람이 되지는 못한 것 같아요. 아무리 생각해도 그게 지금 별로 행복하지 않은 이유 아닌가 싶어요. 어렸을 때 가졌던 자의식이 워낙 높았으니까. '인생이 그냥 그저 그렇게 풀렸네.'라는 생각이 드네요.

윤지현: 1950년대 출신으로 선생님 보시기에 저 정도면 훌륭하다고 생각할 만한 분은 어떤 분인가요.

이창희: 1950년대 출신은 잘 모르겠네. 좀 넓혀서 생각하면 퇴계 선생, 율곡 선생, 백범 선생이나 이런 분들은 모두 대단하시죠. 그렇지만 아무나 그렇게 살

수 있는 건 아니니까. 나는 뭔가 대단한 인물이 될 거라고 생각을 했었지만 결국은 못 했습니다. 그러면 이제 여기서 마칠까요? 두 번이나 시간 내주어서 고맙습니다!

일동: 감사합니다! (일동 박수)

이창희 교수 정년기념논문집 간행위원회

강성모 서울시립대학교 세무전문대학원 세무학과 교수
김범준 서울대학교 법학전문대학원 조교수
김석환 강원대학교 법학전문대학원 교수
김정홍 법무법인(유) 광장 외국변호사(전 기획재정부 세제실)
양인준 서울시립대학교 세무전문대학원 세무학과 교수
윤지현(대표 편집) 서울대학교 법학전문대학원 교수
(가나다 순)

집필진

강성모(서울시립대학교 세무전문대학원 세무학과 교수)
곽상민(조세심판원 변호사)
김범준(서울대학교 법학전문대학원 조교수)
김석환(강원대학교 법학전문대학원 교수)
김성환(법무법인(유) 광장 변호사)
김영란(미국 Benjamin N. Cardozo School of Law, Yeshiva University 교수)
김정홍(법무법인(유) 광장 외국변호사)
노미리(동아대학교 법학전문대학원 교수)
방진영(법무법인(유) 태평양 변호사)
서경미(성균관대학교 법학전문대학원 부교수)
양인준(서울시립대학교 세무전문대학원 세무학과 교수)
윤준석(전주지방법원 정읍지원 부장판사)
윤지현(서울대학교 법학전문대학원 교수)
이의영(광주고등법원 고법판사)
이정렬(법무법인(유) 세종 변호사)
정광진(김·장 법률사무소 변호사)
정재희(법무법인(유) 바른 변호사)
조경준(법무법인(유) 광장 변호사)
한원교(법무법인(유) 율촌 변호사)
(2026. 1. 1. 기준, 가나다 순)

이창희 교수 정년기념논문집

세법학 연구의 좌표 1995~2025

초판발행 2026년 1월 16일

지은이 이창희 교수 정년기념논문집 간행위원회
펴낸이 안종만 · 안상준

편 집 이승현
기획/마케팅 조성호
표지디자인 BEN STORY
제 작 고철민 · 김원표

펴낸곳 (주) 박영사
서울특별시 금천구 가산디지털2로 53, 210호(가산동, 한라시그마밸리)
등록 1959. 3. 11. 제300-1959-1호(倫)
전 화 02)733-6771
f a x 02)736-4818
e-mail pys@pybook.co.kr
homepage www.pybook.co.kr
ISBN 979-11-303-9949-2 93360

copyright©이창희 교수 정년기념논문집 간행위원회, 2026, Printed in Korea

* 파본은 구입하신 곳에서 교환해 드립니다. 본서의 무단복제행위를 금합니다.

정 가 45,000원